lonely planet

Island

Alexis Averbuck, Carolyn Bain, Jade Bremner, Belinda Dixon

REISEPLANUNG

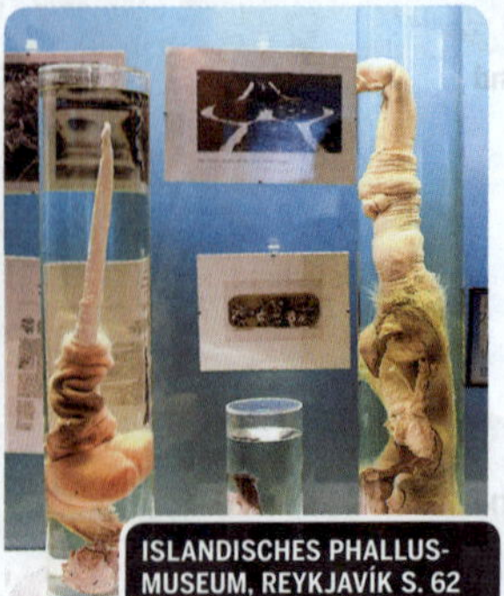

ISLANDISCHES PHALLUS-MUSEUM, REYKJAVÍK S. 62

© CHALIE CHULAPORNSIRI/SHUTTERSTOCK

HALLGRIMSKIRKJA, REYKJAVÍK S. 61

© SHOTAROBKK/SHUTTERSTOCK

REISEZIELE IN ISLAND

Inhalt

Willkommen in Island

Schlagzeilenfutter, Sehnsuchtsort, Pilgerziel für Naturfreunde und Magnet für wachsende Besucherscharen – das atemberaubende Land im hohen Norden verblüfft mit immer neuen Facetten.

Eine Symphonie der Elemente

Island ist immer noch im Entstehen begriffen – ein riesiges vulkanisches Laboratorium, in dem mächtige Kräfte die Erde umgestalten: Geysire sprudeln, Schlammtöpfe blubbern, eisbedeckte Vulkane grummeln und Gletscher schlagen breite Schneisen durch die Berge. Die gewaltige Pracht scheint dafür geschaffen, den Besuchern ihre eigene Bedeutungslosigkeit vor Augen zu führen. Und es funktioniert: Frische, klare Luft und dazu Breitband-Landschaften – und alle sind hin und weg!

Die Macht der Natur

Die isländische Natur kann Alltäglichkeiten in außergewöhnliche Erlebnisse verwandeln: Hier badet man in warmen Lagunen, spaziert über glitzernde Gletscher und eine stille Nacht im Zelt wird durch die flammenden Schleier des Polarlichts oder das sanfte Rosa der Mitternachtssonne zu einem Fest für die Sinne. Island verändert auch die Menschen – seine Sagas verwandelten ungehobelte Kerle in Poeten, seine Geschichten vom *huldufólk* (verborgenen Volk) können Skeptiker zu Gläubigen machen. Eine der weltweit größten Ansammlungen von Träumern, Autoren, Künstlern und Musikern bevölkert das Land, allesamt inspiriert von ihrer Umwelt.

Ein persönliches Erlebnis

Eine Islandreise ist auch wegen der Menschen ein Erlebnis. Ihre Wärme ist entwaffnend, ihr Fleiß beeindruckend – sie haben hart gearbeitet, um sich von der Finanzkrise zu erholen und ein Reiseziel zu schaffen, das jährlich über sechsmal so viele Besucher empfängt, wie es Einwohner hat. Man stelle sich eine mittelgroße Stadt im eigenen Land vor und dazu weit verstreute Universitäten, Flughäfen und Krankenhäuser, rund 30 aktive Vulkane und Hunderte Hotels – würde diese Stadt so gut funktionieren wie Island und dann auch noch die Zeit finden, um ergreifende Musik und schicke Wollklamotten zu produzieren?

Nordisches Nirwana

In Island dreht sich keineswegs alles nur um die Natur. Das Gegenstück zu so viel natürlicher Schönheit bildet die Kultur des Landes, von den mittelalterlichen Sagas über einen Nobelpreisträger bis zu modernen Thrillern. Überall erklingt Livemusik und ist Kunst, Kunsthandwerk und heimische Küche zu finden. Die nördlichste Hauptstadt der Welt wartet mit dem typischen Egalitarismus, grünen Denken und unangestrengten Stilbewusstsein der skandinavischen Länder auf – hier zusätzlich verpackt in die stolze Individualität Islands.

Warum ich Island so liebe

Carolyn Bain, Autorin

Seit meinem ersten Besuch bin ich hingerissen von Island. Ich fuhr immer wieder hin, aber meine Sehnsucht blieb und ich freundete mich mit dem Gedanken an, nach Island umzusiedeln. Isländische Freunde gaben mir den weisen Ratschlag, das Land mal im Winter kennenzulernen – also nahm ich im Februar 2017 die Fähre von Dänemark Richtung Norden. Am Valentinstag lief diese dann unter einem rosaroten Himmel zum Sonnenaufgang in den Seyðisfjörður ein – und meine Entscheidung war gefallen! Später im Jahr zog ich von Australien nach Reykjavík und bin jetzt überglücklich, dass Island mein neues Zuhause ist.

Mehr Infos über unsere Autorinnen gibt's auf S. 487.

Oben: Svartifoss (S. 200)

Island

GRÖNLANDSEE
Naturschutzgebiet Hornstrandir
Skálavík
Bolungarvík
Drangajökull
Bolungarvík
Suðureyri
Ísafjörður
Norðurfjörður
Tröllaskagi
Herrliche Aussichten abseits der Ringstraße (S. 300)
Siglufjörður
Fljótakiv
Skagafjörður
Halbinsel Tröllaskagi
Þingeyri
Húnaflói
Skagaströnd
Sauðárkrókur
Bíldudalur
Patreksfjörður
Hólmavík
Blönduós
Brjánslækur
Hóp
Varmahlíð
Breiðafjörður
Flatey
Hvammstangi
Die Westfjorde
Majestätische Steintürme und stille Fjorde (S. 254)
Blöndulón-Stausee
Stykkishólmur
Búðardalur
Rif
Grundarfjörður
Hellissandur
Ólafsvík
Snæfellsnes
Nationalpark Snæfellsjökull
Eiríksjökull (1675 m)
Langjökull
Halbinsel Snæfellsnes
Ein Mikrokosmos von Islands Natur-Highlights (S. 232)
Borgarnes
Hvítárvatn
Reykjavík
Hier tobt das isländische Nachtleben (S. 52)
Akranes
NATIONALPARK ÞINGVELLIR
Geysir
Gulfoss
Faxaflói
Fimmvörðuháls
Sprudelnde Wasserfälle und vulkanische Dämpfe (S. 163)
REYKJAVÍK
Þingvallavatn
Hafnarfjörður
Kópavogur
Keflavík
Ytri-Njarðvík
Hveragerði
Landmannalaugar
Grindavík
Selfoss
Selvogsgrunn
Þorlákshöfn
Hella
Tindfjallajökull
Hvolsvöllur
Blaue Lagune
Entspannung pur im dampfenden Kieselerde-Kessel (S. 111)
Vestmannaeyjar
Zerklüfteter Archipel mit viel Vogelgeschrei (S. 180)
Katla (1250 m)
Eyjafjallajökull
Mýrdalsjökull
Skógar
NORD-ATLANTIK
Heimaey
Vestmannaeyjar
Vík
Surtsey
24°W
23°W
22°W
21°W
20°W
19°W

0
100 km
Polarkreis
GRÖNLAND-SEE
Grímsey
Húsavík
Zentrum für Walbeobachtung und Tor zum unberührten Nordosten (S. 335)
Borgarfjörður Eystri
Wo Papageitaucher und Elfen wohnen (S. 364)
Þistilfjörður
Öxarfjörður
Eyjafjörður
Bakkaflói
Bakkafjörður
Flatey
Ólafsfjörður
Í Fjörðum
Húsavík
Dalvík
JÖKULSÁRGLJÚFUR (NATIONALPARK VATNAJÖKULL – NORD)
Vopnafjörður
Dettifoss
Akureyri
Goðafoss
Reykjahlíð
Mývatn
Njarðvík
Húsavík
Seyðisfjörður
Wasserfälle umrahmen Fjord und Künstlerkolonie (S. 367)
Askja
Sagenumwobener Vulkankrater in einem entlegenen geologischen Wunderland (S. 399)
Egilsstaðir
Seyðisfjörður
Hengifossárvatn
Neskaupstaður
Reyðarfjörður
Eskifjörður
65°N
Fáskrúðsfjörður
Askja
Stöðvarfjörður
Hálslón Reservoir
Dyngjujökull
Breiðdalsvík
Hofsjökull
Þrándarjökull
Djúpivogur
Bárðarbunga (2009 m)
Kverkfjöll (1860 m)
Eyjabakkajökull
Hágöngulón
Grímsvötn (1719 m)
Vatnajökull
Hoffellsjökul
Stafafell
Lón
Lonsvík
Fláajökull
Stokksnes
Heinabergsjökul
Höfn
Þórisvatn
SKAFTAFELL (NATIONALPARK VATNAJÖKULL – SÜD)
Nationalpark Vatnajökull
Eine gigantische Eiskappe krönt den faszinierenden Nationalpark (S. 200)
Siðujökull
Hvannadalshnúkur (2110 m)
Breiðamerkurjökull
Skaftafell
Öræfajökull
NORD-ATLANTIK
Kirkjubæjarklaustur
HÖHE
1500 m
1000 m
500 m
200 m
0
Gletscher
Jökulsárlón
Eisberge treiben auf einer ätherischen Lagune (S. 208)
Kúðafljót
18°W
17°W
16°W
15°W
14°W

Islands Top 14

1

Rein ins heiße Wasser

1 Islands inoffizieller Nationalsport ist das Herumplanschen in seinem Überangebot an geothermischem Wasser. Überall gibt es „Hot Pots" – von der Innenstadt Reykjavíks bis zu den entlegenen Halbinselfingern der Westfjorde. Sie sind unglaublich entspannend, ein ideales Mittel gegen einen Kater und eine tolle Möglichkeit, Einheimische zu treffen (die sie als gesellige Treffpunkte nutzen – wie Stammkneipe oder Dorfplatz). Die Blaue Lagune (S. 111) ist das absolute Highlight; ihre dampfenden Thermalbecken voller Kieselerde-Ablagerungen liegen in bequemer Nähe zum Flughafen Keflavík und sind damit ein perfekter Abschiedsstopp vor dem Heimflug

Polarlicht

2 Jeder will es erleben, das berühmte Polarlicht (S. 302), das lange Winternächte in natürliche Lavalampen verwandelt. Das Licht, auch *Aurora borealis* genannt, entsteht, wenn Sonnenwindteilchen vom Magnetfeld der Erde zum Nordpol gelenkt werden. Dadurch bilden sich ätherische Schleier aus grünem, weißem, violettem oder rotem Licht, die schimmern und tänzeln wie ein stilles Feuerwerk.
Es gehört schon eine gute Portion Glück dazu, aber grundsätzlich besteht zwischen Mitte September und Mitte April bei klarem, dunklem Himmel immer die Chance, den Lichtzauber zu sehen.

PURIPAT LERTPUNYAROJ/SHUTTERSTOCK ©

EVRENKALINBACAK/SHUTTERSTOCK ©

3

4

Westfjorde

3 Islands Repertoire an Superlativen der Natur erreicht mit den Westfjorden (S. 254) – dem Outdoorabenteuer par excellence – einen dramatischen Höhepunkt. Breite bunte Strände flankieren die Südküste und überall gibt es Kolonien kreischender Vögel; Fjordwände ragen auf und stürzen abrupt in die Tiefe. Die Pisten, die sich durch die Region schlängeln, verstärken das Gefühl von Abenteuer. Die nördlichste Halbinsel, Hornstrandir, ist echtes Grenzland: Die Kliffs sind bedrohlicher, die Polarfüchse präsenter und Wanderwege führen durch unberührte Wildnis, die den Polarkreis küsst.

Die Ringstraße

4 Es gibt keine bessere Art, Island zu erkunden, als eine Runde auf der Nationalstraße 1 zu drehen, der Ringstraße (S. 36). Auf dem Weg um die Insel passiert die 1340 km lange asphaltierte Strecke grüne Täler mit Wasserfällen, Gletscherzungen, die sich von den Eiskappen ergießen wie Zuckerguss von einem Kuchen, wüstenähnliche Ebenen mit grauen Sanderflächen und moosbewachsene Lavafelder. Das alles ist wirklich sehr spektakulär, doch sollte man auf jeden Fall ab und zu von der Ringstraße abbiegen (z. B. zum Dettifoss, s. Abb.; S. 199) und ein paar Abstecher in die Wildnis machen.

Jökulsárlón

5 Eine gespenstische Prozession von blauen Eisbergen treibt ruhig durch die 25 km² große Jökulsárlón-Lagune (S. 208), bevor sie hinaus aufs Meer gleitet. Diese surreale Szene (praktischerweise direkt an der Ringstraße) ist die perfekte Filmkulisse: Mancher hat sie sicher schon in *Batman begins* oder dem Bond-Film *Stirb an einem anderen Tag* gesehen. Das Eis stammt vom Gletscher Breiðamerkurjökull, einem Ausläufer des Vatnajökull. Beliebt sind Boots- und Kajakfahrten zwischen den Eisbergen oder man spaziert am Seeufer entlang und hält nach Robben Ausschau.

Halbinsel Tröllaskagi

6 Die atemberaubende Landschaft der Halbinsel Tröllaskagi (S. 300) zu erkunden ist eine Freude, besonders seit Tunnel die spektakulär gelegenen Orte Siglufjörður und Ólafsfjörður verbinden. Zu Zwischenstopps verlocken der schöne Swimmingpool am Fjord in Hofsós, leckere heimische Produkte in Lónkot und das hervorragende Heringsmuseum in Siglufjörður. Außerdem warten hier grandiose Panoramen, tolle Wandermöglichkeiten, Skigebiete, Mikrobrauereien und Bierbäder, Walbeobachtungstouren und Fähren zu den Inseln Grímsey und Hrísey.

Halbinsel Snæfellsnes

7 Mit ihrem Reichtum an wilden Stränden, Vogelschutzgebieten, Reiterhöfen und Lavafeldern ist die Halbinsel Snæfellsnes (S. 232) einer der schönsten Rückzugsorte Islands – ob als Tagesausflug von der Hauptstadt oder für ein langes Wochenende. Nicht umsonst nennt man sie auch „Island en miniature". Sie besitzt sogar einen Nationalpark und einen Schichtvulkan mit Gletscherkappe. Jules Verne hatte definitiv einen guten Riecher, als er die Eiskrone des Snæfellsjökull zum magischen Einstieg zum Mittelpunkt der Erde machte. Rechts oben: Küste bei Arnarstapi

Cafékultur & Bierkneipen in Reykjavík

8 Das kleine Reykjavík bietet alle Attraktionen einer europäischen Hauptstadt wie ausgezeichnete Museen und Geschäfte, vor allem aber ein überwältigendes Verhältnis von Kaffeehäusern zu Einwohnern. Das Gesellschaftsleben dreht sich um diese zwanglosen Lokale (S. 89), die zu später Stunde die Lautstärke aufdrehen, Tee gegen Drinks austauschen und die Tanzfläche eröffnen. Mit größter Ernsthaftigkeit werden hier Koffeinkreationen und Designer-Craft-Biere an unangestrengte Hipster in schlabberigen Islandpullovern ausgeschenkt.

7

UHRYN LARYSA/SHUTTERSTOCK ©

8

HFNN PHOTOGRAPHY/GETTY IMAGES ©

Borgarfjörður Eystri & Seyðisfjörður

9 Zwei Fjorde im Osten. Der von Bergen und Wasserfällen gesäumte Seyðisfjörður kriegt die meiste Aufmerksamkeit – er liegt nur 27 (asphaltierte) Kilometer von der Ringstraße entfernt und empfängt wöchentlich die Fähre aus Europa. Der schöne Borgarfjörður Eystri (S. 364) dagegen liegt 70 km von der Ringstraße, ein Großteil davon ungeteert. Seine Reize sind weniger offensichtlich: Papageitaucher und zerklüftete Rhyolithgipfel. Beide bieten reichlich natürliche Pracht und tolle Wanderwege.

Unten: Dyrfjöll, Borgarfjörður Eystri

Vatnajökull-Nationalpark

10 Europas größter Nationalpark nimmt rund 14 % der Landesfläche ein und schützt den mächtigen Vatnajökull (S. 200), die größte Eiskappe jenseits der Pole (dreimal so groß wie Luxemburg). Aus seiner frostigen Masse ergießen sich zahlreiche Gletscherzungen, im Untergrund befinden sich aktive Vulkane und Berggipfel. Hier liegt der Ursprung all der „Feuer und Eis"-Klischees. Die Vielfältigkeit von Landschaft, Wanderwegen und Aktivitäten in diesem riesigen Park ist beeindruckend. Es gibt verschiedene Zugänge, u. a. Skaftafell im Süden oder Ásbyrgi im Norden.

GUITAR PHOTOGRAPHER/SHUTTERSTOCK ©

WITOLD ZIOMEK/SHUTTERSTOCK ©

Fimmvörðuháls

11 Wer keine Zeit für einen von Islands mehrtägigen Treks hat, kann seine Wanderlust mit einer 23-km-Tageswanderung auf der Fimmvörðuháls-Hochebene (S. 163) stillen. Sie beginnt beim Skógafoss (s. Abb.; S. 372) und führt hinauf ins Hinterland, wo eine wahre Parade von Wasserfällen wartet. Dann überquert man die dampfenden Hinterlassenschaften des Eyjafjallajökull-Ausbruchs und wandert an mit Wildblumen übersäten Steinterrassen entlang bis ins stille Þórsmörk, ein von Gletscherkämmen eingefasstes Camper-Paradies.

12

CHRIS HOWEY/SHUTTERSTOCK ©

Vestmannaeyjar

12 Vestmannaeyjar (S. 180), ein zerklüfteter Archipel, liegt gerade einmal 30 Fährminuten vor der Küste, aber man fühlt sich dort unendlich weit von allem entfernt. Eine Bootstour zu den verstreuten Inselchen führt zu kreischenden Seevögeln, schwindelerregenden Steilküsten und Bilderbuchansichten von auf Felsen balancierenden einsamen Jagdhütten. Der Großteil der gut 4000 Inselbewohner lebt in Heimaey, einer Kleinstadt aus windumtosten Bungalows, durch deren Zentrum ein Lavastrom verläuft – eine eindringliche Erinnerung an Islands unbeständige Natur.

Askja & Umgebung

13 Die nur ein paar Monate im Jahr zugängliche Askja (S. 399) ist eine gewaltige Caldera mit einem saphirblauen See. Zu diesem wundervollen Ort gelangt man nur mit einem robusten Allradfahrzeug, nach einer mehrtägigen Wanderung oder mit einer Superjeeptour. Hochlandexkursionen warten gewöhnlich mit Flussdurchquerungen, riesigen Lavafeldern und majestätischen Bergkulissen auf – und einem Bad in warmem Wasser. Als Dreingabe kann man bei einem Abstecher nach Süden Islands jüngstes Lavafeld Holuhraun besuchen.

Papageitaucher & Wale

14 Islands größte tierische Trümpfe sind putzige Papageitaucher, die wie nervöse Hummeln herumdüsen, und mächtige Wale – diverse Arten, darunter auch riesige Blauwale, besuchen die Küstengewässer des Landes. Es gibt genug Gelegenheiten, die Tiere zu Land bzw. zu Wasser zu sehen. Das Zentrum der Walbeobachtung ist Húsavík (S. 335), doch werden auch von anderen Orten an der Nordküste und von Reykjavík Touren angeboten. Papageitaucher tummeln sich an Steilküsten und auf Inseln, u. a. auf Heimaey, Grímsey, Drangey, am Látrabjarg und Borgarfjörður Eystri.

ROXANA BASHYROVA/SHUTTERSTOCK ©

Gut zu wissen

Weiteres siehe Praktische Informationen (S. 450)

Währung
Isländische Krone (ISK)

Sprache
Isländisch und Englisch

Einreise
EU-Bürger und Schweizer brauchen nur einen Reisepass oder Personalausweis, der drei Monate über das Ausreisedatum hinaus gültig ist.

Geld
Island ist eine fast bargeldlose Gesellschaft. Bezahlt wird praktisch überall mit Kreditkarten, selbst in den entlegensten Provinznestern (PIN erforderlich). In allen größeren Orten gibt es Geldautomaten.

Handy
In den meisten Regionen kann mit jedem GSM-Handy per Roaming telefoniert werden; bei längeren Aufenthalten lohnt sich eine isländische SIM-Karte.

Zeit
Westeuropäische Zeit (WEZ) – 1 Std. früher als MEZ; keine Sommerzeit!

Reisezeit

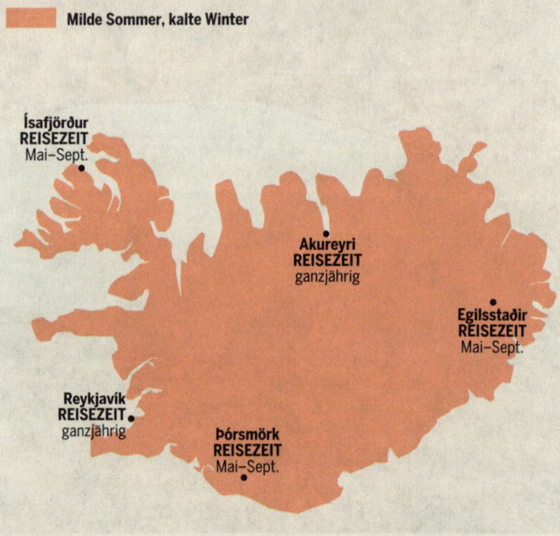

Hauptsaison
(Juni–Aug.)

- Besucheransturm vor allem in Reykjavík und im Süden. Hohe Preise; unbedingt reservieren!
- Endloses Tageslicht, viele Festivals, ausgebuchte Touren.
- Bergstraßen im Inland frühestens ab Mitte Juni für Allradautos geöffnet. Gute Zeit zum Wandern.

Zwischensaison
(Mai & Sept.)

- Windigeres Wetter; im Landesinneren stellenweise Schnee (Befahrbarkeit der Bergstraßen ist wetterabhängig).
- Ideale Bedingungen für alle, die mehr Wert auf weniger Andrang und niedrigere Preise legen als auf wolkenlose Tage.

Nebensaison
(Okt.–April)

- Bergstraßen geschlossen; manche Nebenstraßen wetterbedingt gesperrt.
- Winteraktivitäten wie Skifahren, Schneeschuhwanderungen, Eishöhlentouren.
- Wenig Tageslicht, lange Nächte, vielleicht mit Polarlicht.

Websites

Visit Iceland (www.visiticeland.com) Offizielles Tourismusportal.

Visit Reykjavík (www.visitreykjavik.is) Offizielle Seite der Hauptstadt.

Isländischer Wetterdienst (http://en.vedur.is) Beste Quelle für Wettervorhersagen.

Isländische Straßenverwaltung (www.road.is) Aktuelle Straßenbedingungen.

Reykjavík Grapevine (www.grapevine.is) Tolle englischsprachige Zeitung und Website.

Lonely Planet (www.lonelyplanet.com/iceland) Infos, Hotelbuchungen, Travellerforum und mehr.

Wichtige Telefonnummern

Um in Island anzurufen, wählt man die jeweilige internationale Vorwahl, dann die isländische Landesvorwahl (354) gefolgt von der siebenstelligen Rufnummer – Ortsvorwahlen gibt es keine.

Notruf (Polizei, Krankenwagen, Feuerwehr, Such- & Rettungsdienste)	☎112
Auskunft	☎118
Landesvorwahl Island	☎354
Internationale Vorwahl	☎00
Wetter (nach der Einleitung die 1 drücken)	☎902 0600
Verkehr	☎1777

Wechselkurse

Eurozone	1 €	134 ISK
Schweiz	1 SFr	118 ISK

Aktuelle Wechselkurse siehe www.xe.com.

Tagesbudget

Budget: unter 18 000 ISK

- Camping: 1500–1800 ISK
- Schlafsaalbett: 4000–7000 ISK
- Hostelfrühstück: 1800–2000 ISK
- Imbiss oder Suppe: 1500–2200 ISK
- Busticket Reykjavík–Akureyri (einfach): 10 120 ISK

Mittelklasse: 18 000–35 000 ISK

- Doppelzimmer in einer Pension: 18 000–28 000 ISK
- Essen im Café: 2000–3500 ISK
- Museumseintritt: 1000 ISK
- Miete für Kleinwagen (pro Tag): ab 8000 ISK

Gehoben: über 35 000 ISK

- Boutiquehotel-Doppelzimmer: 30 000–45 000 ISK
- Hauptgericht im Spitzenrestaurant: 3500–7000 ISK
- Leihwagen mit Allradantrieb (pro Tag): ab 15 000 ISK

Öffnungszeiten

Die Öffnungszeiten schwanken je nach Jahreszeit (manche Betriebe schließen außerhalb der Hauptsaison ganz) und sind gewöhnlich von Juni bis August erheblich länger.

Banken Mo–Fr 9–16 Uhr

Büros Mo–Fr 9–17 Uhr

Café-Bars So–Do 10–1, Fr & Sa 10 bis zwischen 3 und 6 Uhr

Cafés 10–18 Uhr

Geschäfte Mo–Fr 10–18, Sa 10–16 Uhr; einige Geschäfte in Einkaufszentren und -straßen in Reykjavík auch sonntags

Postämter Mo–Fr 9–16 oder 16.30 Uhr (in größeren Orten bis 18 Uhr)

Restaurants 11.30–14.30 & 18–21 oder 22 Uhr

Supermärkte 9–20 Uhr (in Reykjavík bis 23 Uhr)

Tankstellen 8–22 oder 23 Uhr (automatisiert 24 Std.)

Ankunft in Island

Internationaler Flughafen Keflavík Islands wichtigster internationaler Flughafen liegt 48 km südwestlich von Reykjavík. Die meisten Reisenden nehmen den Bus in die Stadt (45–60 Min.). Flybus und Airport Express fahren zu den Busterminals (2700–2950 ISK) oder zu Unterkünften (3300–3950 ISK). Flybus fährt auch zum Inlandsflughafen von Reykavík (3950 ISK) und zur Blauen Lagune (4990 ISK). Taxis ab Keflavík sind teuer. Viele Reisende mieten am Flughafen ein Auto.

Fährhafen Seyðisfjörður Die wöchentliche Autofähre der Smyril Line von Dänemark über die Färöer nach Island steuert Seyðisfjörður in Ostisland an.

Unterwegs vor Ort

Auto Die beliebteste Reiseart. Mietwagen sind oft teuer, aber dafür ist man flexibel. Im Sommer kommt man mit einem normalen Pkw fast überall hin. Fürs Hochland und für F-Straßen braucht man aber ein Allradfahrzeug.

Bus Im Juli und August werden die meisten wichtigen Ziele (auch im Hochland) durch ein gutes Busnetz abgedeckt. Zu anderen Zeiten gibt es weniger Verbindungen.

Flugzeug Inlandsflüge sind prima für Leute mit wenig Zeit.

Mehr zum Thema **Unterwegs vor Ort** S. 463

Was gibt's Neues?

Tourismus-Abschwung?

Nach ein paar Jahren mit astronomischem Wachstum der Besucherzahlen (jährlich 20–30 %) scheint der Tourismusboom jetzt ein wenig abgeflaut zu sein. Nach wie vor ist Island ein sehr beliebtes Reiseziel und die Besucherzahlen steigen weiter, aber 2018 nicht mehr so stark wie zuvor.

Umlegung der Ringstraße

In Ostisland (S. 353) verläuft die Ringstraße jetzt anders: Zwischen Breiðdalsvík und Egilsstaðir führt sie über die Fjorde Reyðarfjörður, Fáskrúðsfjörður und Stöðvarfjörður und ist somit etwa 10 km länger, dafür aber besonders außerhalb der Sommermonate sicherer und einfacher.

Boom beim Planschen

Dem Wunsch der Reisenden, in warmem Wasser zu planschen, wird jetzt vermehrt Rechnung getragen. In Reykjavík ist das Bad Sundhöllin saniert worden, in Westisland hat das Krauma eröffnet. In Húsavík ist das GeoSea (S. 337) neu, bei Egilsstaðir werden die Vök Baths (S. 357) gebaut. Für Spaß sorgt auch das Bierbad Bjórböðin (S. 309) nördlich von Akureyri.

Weniger Busverbindungen

Im Sommer 2018 gab es in Nord- und Ostisland merklich weniger Busverbindungen als vorher. Wer das Land mit dem Bus bereisen möchte, muss genau planen und mehr Zeit einplanen.

Craft-Bier-Manie

Island hat landesweit einen Craft-Bier-Boom erlebt: An den unwahrscheinlichsten Orten werden inzwischen tolle Biere gebraut, so im winzigen Breiðdalsvík (S. 381) im Osten, Hólmur (S. 214) im Südosten und Siglufjörður (S. 304) im Norden. Im Süden kann man bei Ölverk (S. 140) in Hveragerði und Smiðjan (S. 179) in Vík vorbeischauen oder eine Führung im Ölvisholt Brugghús (S. 146) buchen. In Akureyri kredenzt eine neue Brauerlounge (S. 96) Einstök-Biere.

Parkgebühren

Bei einigen Sehenswürdigkeiten werden jetzt Parkgebühren fällig, z. B. im Nationalpark Þingvellir (S. 124), in Skaftafell im Nationalpark Vatnajökull (S. 200) und am Seljalandsfoss (S. 157) – und bald wohl auch an weiteren touristischen Hotspots.

Aktivitäten im Eis

Vor ein paar Jahren konnte man nur am Heinabergsjökull (S. 211) auf einem Gletschersee Kajak fahren; inzwischen sind ähnliche Paddeltouren auf dem Jökulsárlón (S. 208) und am Sólheimajökull (S. 174) möglich. Auch winterliche Eishöhlentouren (S. 202) sind nach wie vor sehr beliebt.

Arctic Coast Way

Mitte 2019 startete in Nordisland ein neues Tourismusprojekt: Auf einer 800 km langen Strecke werden in der Nähe des Polarkreises 21 Dörfer miteinander verbunden.

Mehr Betten

Der Tourismusboom findet Niederschlag in einem Bauboom: In Reykjavík entsteht ein Marriott-Hotel mit 250 Zimmern, während das Retreat Hotel (S. 115) an der Blauen Lagune und Deplar Farm (S. 304) eine neue Stufe des Luxus darstellen. Auch das Hótel Geysir (S. 132) und das Fosshotel Mývatn (S. 333) können überzeugen.

Weitere Empfehlungen und Berichte gibt's unter lonelyplanet.com/iceland

Wie wär's mit ...

Landschaften

Unter den unvergleichlichen Panoramen eine Auswahl zu treffen fällt schwer – die Liste ist endlos ...

Von Þingeyri nach Bíldudalur Die Landzungen zwischen den Fjorden liegen wie steinerne Schlachtschiffe aufgereiht. (S. 264)

Breiðafjörður In der weiten Bucht liegen Tausende von Inselchen verstreut, über die sich nach Sommerschauern bunte Regenbogen spannen. (S. 234)

Von Skaftafell nach Höfn Glitzernde Gletscher, düstere Berge und eine Lagune voller Eisberge säumen diesen Abschnitt der Ringstraße an der Südostküste. (S. 204)

Ostfjorde Der prächtige Seyðisfjörður stiehlt allen die Schau, aber auch die Nachbarfjorde sind äußerst fotogen. (S. 364)

Þórsmörk Üppige Vegetation, Vulkangipfel, wilde Steinwüste und mächtige Gletscher in „Thors Tal". (S. 171)

Askja Über ausgedehnte karge Lavafelder führt der Weg zu einem einsamen, saphirblauen See im Herzen einer gewaltigen Caldera. (S. 399)

Tröllaskagi-Halbinsel Die Straße klammert sich an steile Berghänge und taucht dann aus Tunneln auf, um zauberhafte Ausblicke freizugeben. (S. 301)

Tierwelt

Papageitaucher auf den Vestmannaeyjar Auf der Inselgruppe lebt die größte Papageitaucher-Kolonie der Welt. (S. 423)

Walsafaris von Húsavík Bei Touren rund um die Walhochburg gibt es Wunder der Meereswelt und zahlreiche Vögel zu bestaunen. (S. 335)

Polarfüchse in Hornstrandir Islands einziger heimischer Landsäuger fühlt sich in der einsamen Landschaft pudelwohl. (S. 278)

Vögel am Mývatn Ein Paradies für Vogelfreunde, in dem sich Gänse und andere Wasservögel tummeln. (S. 329)

Robben auf Vatnsnes Auf Boottrips von Hvammstangi oder einer Spritztour rund um die Halbinsel sonnenbadende Seehunde beobachten. (S. 292)

Lagunen & Schwimmbäder

Blaue Lagune Das Planschen in dieser dampfenden Brühe inmitten erstarrter Lava bleibt ein Erlebnis. (S. 111)

Naturbad Mývatn Das nördliche Gegenstück zur Blauen Lagune und ein ideales Mittel gegen den Muskelkater nach dem Wandern. (S. 333)

Krossneslaug Ein echtes Paradies ist der von warmen Quellen gespeiste Pool am Ufer des eisigen Nordatlantiks. (S. 286)

Lýsuhólslaug Das mineralreiche Wasser ist, als würde man sich in warmem Gin Fizz mit Algengarnierung aalen. (S. 251)

Hofsós Schon die traumhafte Fjordlage seines Freibads macht das Dorf Hofsós an der Nordküste besuchenswert. (S. 300)

Gamla Laugin Von der „geheimen Lagune" in Flúðir steigt inmitten von blumenübersäten Wiesen Dampf auf. (S. 135)

Víti Ein Krater mit lauem, milchig blauem Wasser in supercooler Lage am Rand der Askja-Caldera im einsamen Hochland. (S. 334)

Sundhöllin Das Art-déco-Juwel im Zentrum von Reykjavík mit Hallen- und Freiluftbecken ist jetzt saniert worden. (S. 65)

Geschichte

Landnahmeausstellung Clever gemachte Ausstellung rund um die Ausgrabungsstätte eines Wikinger-Langhauses. (S. 55)

Landnahmezentrum Bietet mit schönen Holzfiguren Einblick in die Geschichte der Besiedlung Islands und die berühmte *Egils saga*. (S. 224)

Museum der Herings-Ära Erinnert an die Boomzeit der

Heringsfischerei, die Siglufjörður hektische Betriebsamkeit und Reichtum bescherte. (S. 304)

Víkingaheimar Hauptattraktion des modernen Museums ist der Nachbau des ältesten bekannten Wikingerschiffs. (S. 116)

Lakagígar Der Schauplatz einer der schlimmsten Vulkankatastrophen der Menschheitsgeschichte. (S. 194)

Eldheimar Das Museum zum „Pompeji des Nordens" erzählt vom Vulkanausbruch auf Heimaey 1973. (S. 182)

Fáskrúðsfjörður An das französische Erbe des Fjords erinnert ein neues Hotel und Museum. (S. 379)

Nationalmuseum Ein großartiger Überblick über Islands Geschichte von der Landnahmezeit bis zur Moderne. (S. 55)

Isländisches Auswanderungszentrum Erläutert, warum es Ende des 19. Jhs. so viele Isländer in die Neue Welt zog. (S. 301)

Wilderness Center Zeitreise in die Vergangenheit auf einem Gehöft mit kreativen Unterkünften und Ausstellungen. (S. 362)

Wasserfälle

Dettifoss Der Dettifoss, der mächtigste Wasserfall Europas, ist eine wahrhaft respekteinflößende Naturgewalt. (S. 346)

Goðafoss Der „Götterfall" voll spiritueller Symbolik sieht aus wie einer Shampoo-Werbung entsprungen. (S. 324)

Skógafoss Camper können auf einer Hochlandwanderung 20 weitere Wasserfälle ganz in der Nähe entdecken. (S. 159)

Dynjandi Der eisige Wasserfächer des Dynjandi plätschert aus 100 m Höhe über Felsterrassen und eröffnet ein traumhaftes Fjordpanorama. (S. 265)

Oben: Schnitzerei zur *Egils saga* im Landnahmezentrum (S. 224) in Borgarnes

Unten: Harpa (S. 62), Reykjavík

Seljalandsfoss An dem malerischen Wasserfall führt ein rutschiger Felspfad zu einem Blick hinter die Kulissen. (S. 157)

Hengifoss Der zweithöchste Wasserfall Islands ergießt sich in eine fotogene, braun-rot-gestreifte Schlucht. (S. 361)

Wandern

Landmannalaugar Grandioses Wanderrevier mit endlosem Auslauf. Die Wanderroute ins Þórsmörk ist der Inbegriff des Wildniswanderns. (S. 164)

Hornstrandir Das Wanderparadies knapp unterm Polarkreis bietet unberührte Natur, so weit das Auge reicht. (S. 278)

Skaftafell Hier können Wanderer zwischen Krüppelbirken wandeln oder Ausläufer der gigantischen Vatnajökull-Eiskappe hinaufkraxeln. (S. 200)

Jökulsárgljúfur Ein regelrechtes Smörgåsbord geologischer Wunder, mit Wasserfällen und Islands Antwort auf den Grand Canyon. (S. 342)

Kerlingarfjöll Das Hochlandmassiv mit geothermischer Aktivität wird bei Wanderern immer beliebter. (S. 392)

Borgarfjörður Eystri Ausgangspunkt für wunderschöne Wanderwege wie zu den Felsen und Teichen des Stórurð. (S. 364)

Landesküche

Fischsuppe Fast jedes Lokal hat deftige Fischsuppe auf der Karte – besonders lecker bei Narfeyrarstofa (S. 236) und im Tjöruhúsið (S. 274).

Lamm Ein zarter Traum für Verfechter der Regionalkost und in vielen Restaurants zu genießen, z. B. beim Fjallakaffi. (S. 335)

Kaisergranat Die Fischer von Höfn holen Unmengen der in den Restaurants des Orts servierten Krebse aus den Gewässern. (S. 214)

Skyr Jeder Supermarkt führt die leckere quarkähnliche Creme. Kreativ verarbeitet wird sie im Slippurinn. (S. 186)

Hverabrauð Das Roggenbrot, das im Erdofen mit Erdwärme gebacken wird, schmeckt am Mývatn am besten. (S. 327)

Friðheimar Serviert in einem geothermal beheizten Gewächshaus Tomatensuppe und erstklassige Bloody Marys. (S. 134)

Köstliches aus Milch Cremige Köstlichkeiten in Hofcafés – besonders gut im Efstidalur II (S. 130) und Kaffi Kú (S. 323).

Vallanes Gerste und Kräuter auf einem Biohof, der zeigt, was alles in Island gedeiht. (S. 360)

Aparte Nachtlager

Hótel Egilsen Ein heruntergekommenes Kaufmannshaus am Hafen wurde zum hinreißenden Boutiquehotel voll stilvoller Ausstattungsdetails. (S. 236)

Hótel Djúpavík Der legendäre Schlupfwinkel erfüllt alle Fjordfantasien. Die Band Sigur Rós drehte hier einen Teil ihres Dokumentarfilms. (S. 286)

HI-Hostel Dalvík Die charmante, nostalgisch angehauchte Jugendherberge ist völlig anders: Boutiquedekor zum Sparpreis. (S. 308)

Silfurberg In der luxuriösen Pension im Breiðdalur kann man in einem Hot Pot unter einer Glaskuppel baden. (S. 382)

Ion Luxury Adventure Hotel In dem preisgekrönten Designhotel planschen die Gäste im Thermalbad und schmausen regionale Biokost. (S. 127)

Wilderness Center Auf dem Bauernhof in einem herrlich einsamen Tal im Osten nächtigen die Gäste in einer nachgebauten *baðstofa* (historischen Wohn-/ Schlafkammer). (S. 362)

Buubble Hotel Die durchsichtigen Kuppelbauten sind ideal, um nachts nach Polarlicht Ausschau zu halten. (S. 134)

Tungulending Der abgeschiedene Außenposten am Wasser lädt mit umwerfender Aussicht zur Entschleunigung ein. (S. 341)

Þakgil In einem smaragdgrünen Tal zwischen schroffen Bergen und spektakulären Felsformationen kampieren. (S. 180)

Retreat Hotel Exklusive Bleibe an der Blauen Lagune mit Privatbecken und dekadentem unterirdischem Spa. (S. 115)

Architektur & Design

Kirchen Zu den wildesten Auswüchsen der isländischen Architektur gehören Kirchen wie die in Stykkishólmur (S. 234), Akureyri (S. 310) und Reykjavík (S. 59).

Iceland Design Centre Fördert isländische Designer und Architekten und veranstaltet jedes Jahr den DesignMarch. (S. 435)

Harpa Reykjavíks Konzerthalle und Kulturzentrum leuchtet im Dunkeln wie das Schaltpult eines Raumschiffs. (S. 62)

Torfhäuser Die drolligen Hobbithäuser wie das Glaumbær bieten wunderbare Einblicke ins vormoderne Island. (S. 295)

Designläden in Reykjavík Von Fischlederportemonnaies über *lopapeysur* (Islandpullover) bis zu von der Natur inspiriertem Schmuck. (S. 100)

Þórbergssetur Das Museum, dessen Fassade einem riesigen Bücherregal ähnelt, ist einem isländischen Schriftsteller gewidmet. (S. 210)

Monat für Monat

TOP-EVENTS

Bræðslan, Juli

Þjódhátíð, August

Reykjavíker Kulturnacht, August

Polarlicht, Mitte September–Mitte April

Iceland Airwaves, November

Januar

Nach den Dezember-Festivitäten kommt der Partykater. Im neuen Jahr droht ein Stimmungstief – zu dem die langen Nächte und das miese Wetter das Ihre beitragen.

Þorrablót

Das Winterfest der Wikinger von Ende Januar bis Mitte oder Ende Februar wird landesweit mit gewöhnungsbedürftigen Spezialitäten wie *hákarl* (fermentiertem Grönlandhai), *hrútspungar* (Widderhoden) und *svið* (abgesengtem Schafskopf) gefeiert. Dazu gibt's *brennivín,* einen hammerharten Schnaps. Na, hungrig?

Februar

In weiten Teilen Islands der kälteste Monat, auch wenn das den Alltag der Hauptstadt kaum tangiert. Das Land liegt unter einer dekorativen Schneedecke, bleibt aber bei nur sieben bis acht Stunden Tageslicht meist düster.

Winter-Lichterfest

Reykjavík glänzt mit einem viertägigen Anti-Winter-Fest, mit Museums- und Schwimmbadnacht, Lichtinstallationen und Konzerten. Siehe www.winterlightsfestival.is.

Food & Fun

Riesiger Kochwettbewerb im Februar oder März, bei dem internationale Spitzenköche Teams mit heimischen Küchenchefs bilden. Ihre Meisterwerke kreieren sie natürlich aus besten isländischen Zutaten wie Lamm und Meeresfrüchten. Siehe www.foodandfun.is.

März

Der Winter ist offiziell vorbei, aber zum Feiern ist es noch zu früh. Das Land erwacht allmählich aus seinem Schlummer und die längeren Tage werden fleißig für Wintersportaktivitäten wie Skilaufen genutzt.

Biertag

Kaum noch vorstellbar: 75 Jahre lang war Bier in Island verboten. Am 1. März feiern die Isländer die Aufhebung der Bier-Prohibition im Jahr 1989. An diesem Abend fließt das Bier in den Kneipen, Restaurants und Clubs von Reykjavík noch reichlicher als sonst.

Isländische Winterspiele

In Akureyri, Islands Wintersporthauptstadt, dreht sich alles um Aktivitäten im Schnee, u. a. mit internationalen Freeski- und Snowboard-Wettkämpfen. Veranstalter bieten Hundeschlitten-, Schneemobil-, Superjeep- und Helikoptertouren in die Schneelandschaft an. Siehe www.icelandwintergames.com.

DesignMarch

Bei diesem viertägigen Designfest für alles von Mode bis zu Möbeln, Architektur und Food Design feiert sich die Reykjavíker Designszene. Veranstaltet vom Iceland Design Centre; siehe www.designmarch.is.

Sónar Reykjavík

Musik, Kreativität und Technik: Das dreitägige Festival im März oder April bringt diese drei Elemente im Konzerthaus Harpa zusammen, wo über 70 Electronica- und Hip-Hop-Bands und DJs aus dem In- und Ausland auftreten. Siehe www.sonarreykjavik.com.

April

Ostern wird mit Ostereiersuche und Lammbraten gefeiert. Ein Hauch von Frühling liegt in der Luft, die Tage werden länger und die Quecksilbersäule klettert. Nach der Schneeschmelze sprießt das Grün und Scharen von Zugvögeln treffen ein.

Reykjavík International Literary Festival

Das etablierte Festival holt vier Tage lang Autoren aus aller Welt zu Lesungen und Diskussionen in die Hauptstadt. Mehr dazu unter www.bokmenntahatid.is.

Sumardagurinn Fyrsti

Schon am ersten Donnerstag nach dem 18. April feiern die Isländer mit Festivitäten und Umzügen den ersten Sommertag. Das ist kein Zeichen von Winterkoller, sondern hat mit dem altskandinavischen Kalender zu tun, in dem es nur zwei Jahreszeiten gab: Winter und Sommer.

Papageitaucher-Parade

Zur Freude von Vogelbeobachtern und Fotografen fallen zur Brutsaison im April riesige Schwärme der putzigen Papageitaucher ein (geschätzte 10 Mio. Vögel). Mitte August verabschieden sie sich wieder in ihre Winterreviere. Papageitaucherkolonien gibt es rund ums Land.

Mai

Die Zwischensaison im Mai, bevor der Touristenrummel richtig losgeht, verspricht zivile Preise, länger werdende Tage, Wildblumenblüte und beste Aussichten für Hobbyornithologen.

Reykjavík Arts Festival

Der wichtigste Termin für Kulturfans ist das Reykjavíker Kulturfestival. Es präsentiert alle zwei Jahre (in geraden Jahren) Theater, Filme, Tanz, Musik und Kunst aus Island und dem Rest der Welt. Details unter www.listahatid.is.

Juni

Hallo, Sommer! Jetzt beginnt die dreimonatige Touristensaison. Pro: das schönste Wetter, fast endloses Tageslicht, Riesenauswahl an Touren und Unterkünften. Kontra: Menschenmassen, happige Preise und die Notwendigkeit, alle Unterkünfte rechtzeitig zu reservieren.

Seemannstag

Die Fischerei ist tief im isländischen Alltag verwurzelt und am Seemannstag (Sjómannadagurinn) steigt in den Fischerdörfern die große Party: Am ersten Juniwochenende liegen alle isländischen Schiffe im Hafen. Am Sonntag feiern die Seebären mit Trink-, Ruder- und Schwimmwettbewerben, Tauziehen und simulierten Seenotrettungen.

Wikingerfest Hafnarfjörður

Mitte Juni feiern wilde Wikingerhorden im friedlichen Küstenort bei Reykjavík ein viertägiges familienfreundliches Fest mit Geschichtenerzählern, Scheinkämpfen, Bogenschießen und Musik. Siehe www.visithafnarfjordur.is.

Wale beobachten

In isländischen Gewässern sind ganzjährig etwa elf verschiedene Walarten zu sehen, am besten jedoch von Juni bis August. Walbeobachtungstouren starten vom Raum Reykjavík, aus Akureyri und Umgebung und von Húsavík, dem Zentrum des Waltourismus.

Unabhängigkeitstag

Der größte Festtag des Jahres mit Umzügen und patriotischem Frohsinn zur Feier der Republikgründung am 17. Juni 1944. Der Überlieferung nach soll an diesem Tag die Sonne nicht scheinen und meist hält sie sich auch daran.

Öffnung der Bergstraßen

Islands Hochlandregionen liegen meist bis weit in die wärmeren Monate unter einer Schneedecke. Die Öffnung der nur mit Allradantrieb befahrbaren Bergstraßen ist wetterabhängig: Meist erfolgt sie etwa Mitte Juni. Oft sind sie Ende September/Oktober schon wieder zu. Aktuelle Infos unter www.road.is.

Secret Solstice

Zur Sommersonnenwende findet dieses ausgezeichnete Musikfestival (www.secretsolstice.is) mit in- und ausländischen Musikern statt. Die Party mit 24 Stunden Tageslicht steigt in Laugardalur, Reykjavík.

Mittsommer

Mittsommer ist hier zwar nicht ganz so ein Riesending wie im übrigen Skandinavien, aber auch Island feiert den längsten Tag des Jahres zwischen dem 21. und 24. Juni mit Mittsommerpartys und Freudenfeuern.

Humar-Festival

Der leckere *humar* (kein Hummer, sondern Kaisergranat) landet beim Schlemmerfest Humarhátíð im Fischerort Höfn Ende Juni/Anfang Juli in verschiedenen schmackhaften Zubereitungsvarianten auf den Tellern.

Juli

Islands Festivalgeschehen belebt sich parallel zum (hoffentlich) steigenden Thermometer und den wachsenden Besucherscharen. Die Straßen, Wanderwege, Campingplätze, Pensionen etc. sind voll.

Landsmót Hestamanna

In geraden Jahren findet an wechselnden Orten eine Woche lang das beliebte isländische Reitturnier statt, ein guter Vorwand für eine Landsause. Siehe www.landsmot.is.

Volksmusikfestival

Bei dem kleinen, aber feinen fünftägigen Volksmusikfestival in Siglufjörður treten Musiker aus dem In- und Ausland auf. Geboten werden traditionelle Weisen, Kurse in isländischer Musik, Kunst und Kunsthandwerk; siehe www.folkmusik.is.

Skálholt-Sommerkonzerte

Die Kirche der einstigen christlichen Hochburg Skálholt veranstaltet über einen fünfwöchigen Zeitraum von Juli bis August Konzerte, Vorträge und Workshops. Der Schwerpunkt liegt auf Klassik und zeitgenössischer religiöser Musik. Mehr unter www.sumartonleikar.is.

Eistnaflug

Im Städtchen Neskaupstaður geht es in der zweiten Juliwoche mächtig zur Sache. Dann verdoppelt sich seine Einwohnerzahl nahezu durch die Besucherhorden des Heavy-Metal-Festivals Eistnaflug. Siehe www.eistnaflug.is.

Bræðslan

Das heiß geliebte Pop-/Rockfestival Bræðslan hat sich einen Ruf für tolle Musik in heimeliger Atmosphäre gemacht. Ende Juli reisen einheimische (und ein paar internationale) Berühmtheiten an, um im winzigen, entlegenen Borgarfjörður Eystri aufzuspielen. Infos unter www.braedslan.com.

August

Die betriebsame Touristensaison geht ihren Gang. Um die Monatsmitte verabschieden sich die letzten Papageitaucher und einige Walarten. Ende August müssen die isländischen Kinder wieder in die Schule und die Nächte werden allmählich länger.

Verslunarmannahelgi

Das lange erste Augustwochenende nutzen die Isländer zu ländlichen Festen, Rockkonzerten und wüsten Campingpartys.

Þjóðhátíð

In Heimaey erinnert Anfang August dieses ohrenbetäubende Event an den Tag im Jahr 1874, als die Inselbewohner wegen des schlechten Wetters das Inkrafttreten der isländischen Verfassung nicht mitfeiern konnten. Dafür kommen heute bis zu 16 000 Besucher, um Bands und Feuerwerk zu erleben und reichlich Alkohol zu trinken. Siehe www.dalurinn.is.

Heringsfest

An dem langen ersten Augustwochenende feiert Siglufjörður seine glorreiche Heringsära mit Schwof, Schmaus, Schnaps und fischigen Aktivitäten.

Reykjavík Pride

Schon seit 1999 bringt das Festival am zweiten Augustwochenende buntes Karnevalstreiben in die Stadt. Bis zu 100 000 Leute – über ein Viertel der Einwohner des Landes – kommen zum Umzug und zu den begleitenden Partys. Siehe www.hinsegindagar.is/en.

Reykjavíker Kulturnacht

Bei der Kulturnacht (Menningarnótt) Mitte des Monats schwelgt Reykjavík einen Tag und eine Nacht lang in Kunst, Musik, Tanz und Feuerwerk. Viele Galerien, Ateliers, Läden, Cafés und Kirchen bleiben bis spätabends geöffnet. Programminfos unter www.menningarnott.is.

Reykjavík Marathon

Mitte des Monats schwitzen über 15 000 Teilnehmer beim Voll- und Halbmarathon sowie Spaßläufen. Siehe www.rmi.is.

Jökulsárlón-Feuerwerk

Kann es einen schöneren Schauplatz für ein Feuerwerk geben als die Gletscherlagune Jökulsárlón? Zu dem nächtlichen Wohltätigkeits-Event Mitte oder Ende August karren Busse die Zuschauer von Höfn, Kirkjubæjarklaustur und Skaftafell herbei. Siehe www.visitvatnajokull.is.

September

Eine gute Zeit für einen Besuch, denn die Zahl der Touristen fällt rapide und die Preise purzeln. Das Wetter mag noch angenehm sein; viele Hotels und Attraktionen sind schon geschlossen. Gegen Monatsende werden die Straßen ins Hochland gesperrt.

Reykjavík Jazz Festival

Anfang des Monats swingt Reykjavík fünf Tage lang im Jazzrhythmus. Heimische und internationale Musiker hauen in der ganzen Stadt auf die Pauke. Infos unter www.reykjavikjazz.is.

Réttir

Ein Herbst-Highlight ist das *réttir*, bei dem die Bauern, oft hoch zu Ross, die Schafe, die den Sommer über wild grasen durften, zum Sortieren in Pferche treiben (Helfer und Zuschauer willkommen). Das Ganze wird von allen möglichen Belustigungen begleitet.

Reykjavík International Film Festival

Das angenehm überschaubare elftägige Event mit eigenwilligem Programm präsentiert ab Ende September Independent-Filme aus dem In- und Ausland. Foren und ein „Talentlabor" begleiten das Programm. Infos unter www.riff.is.

Oktober

Mit dem Oktober kommt der offizielle Wintereinbruch: kühlere Temperaturen, längere Nächte und Polarlicht am Himmel.

Polarlicht

Die bunten Lichtschleier am Himmel entstehen durch elektrisch geladene Sonnenwindteilchen, die auf die Erdatmosphäre treffen. Sie sind nur in dunklen, wolkenlosen Nächten zu beobachten. Am aussichtsreichsten dafür sind die Monate von Oktober bis April (mit viel Glück auch September).

November

Der Sommer ist nur noch eine schwache Erinnerung, die Nächte werden immer länger (die Sonne geht schon um 16 Uhr unter) und es wird kühler, doch beim Musikfestival in Reykjavík feiern die Besuchermassen bis zum Umfallen.

Iceland Airwaves

Man könnte den Eindruck bekommen, dass Island eine einzige gigantische Musikmaschinerie ist. Seit der ersten Ausgabe der Iceland Airwaves 1998 hat sich dieses fantastische Festival zu einer der weltweit wichtigsten Bühnen für neue Musiktalente aus Island und dem Rest der Welt gemausert. Infos unter www.icelandairwaves.is.

Tage der Dunkelheit

Ostisland (Egilsstaðir und die Fjorde) begrüßt beim zehntägigen Festival Dagar Myrkurs (Tage der Dunkelheit) Anfang bis Mitte November den Winter mit Tänzen im Dunkeln, Gespenstergeschichten, Zaubershows und Fackelzügen.

Eishöhlen

Etwa von November bis März ist die frostig blaue Unterwelt natürlicher Eishöhlen in der Nähe der Gletscherränder zugänglich. Aus Sicherheitsgründen dürfen sie nur mit Führern besucht werden – Touren sind bei örtlichen Veranstaltern im Südosten, zwischen Skaftafell und Höfn, buchbar. (S. 202)

Dezember

In der düstersten Zeit des Jahres verbreiten Weihnachtsmärkte, -konzerte und -feiern festliche Stimmung. Und dann kommen ja schon die Silvesterpartys. Achtung: Einige Hotels schließen von Weihnachten bis Neujahr.

DENNIS VAN DE WATER/SHUTTERSTOCK ©

Reiseplanung

Reiserouten

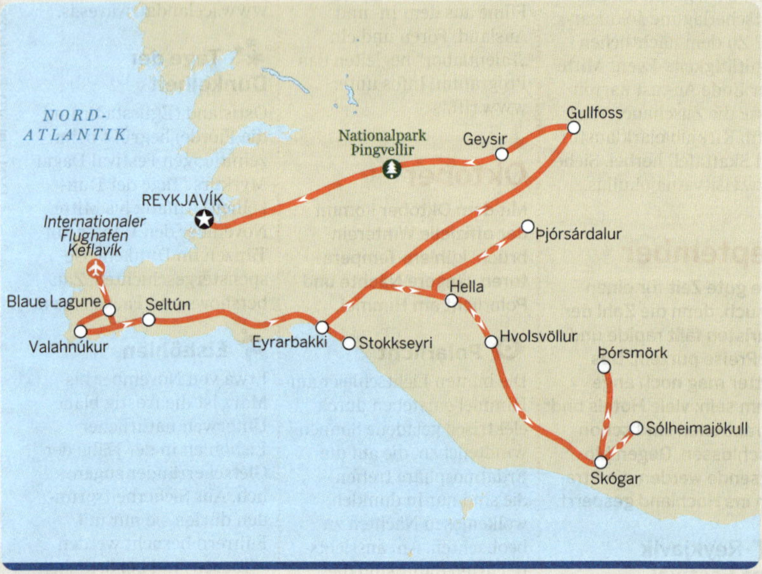

4 TAGE Kurztrip nach Reykjavík

Ob bei einem mehrtägigen Zwischenstopp oder einem verlängerten Wochenende – auf keinen Fall sollte man versäumen, die Hauptstadt zu verlassen und einige der Naturwunder zu erkunden, die nur einen Katzensprung entfernt liegen. Leicht sind hier Top-Sehenswürdigkeiten wie der Goldene Kreis mit weniger touristischen Attraktionen zu verbinden und dann ist immer noch genug Zeit, um den Reiz Reykjavíks voll auszukosten.

Nach der Landung auf dem Internationalen Flughafen von **Keflavík** wird erst mal in der **Blauen Lagune** der Jetlag ausgeschwitzt. Vom Bummel durch das qualmende Geothermalgebiet **Valahnúkur** oder **Seltún** führt die Küstenstraße weiter zum Meeresfrüchte-Schmaus in **Eyrarbakki** oder **Stokkseyri**. Eine Unterkunft bei **Hella** oder **Hvolsvöllur** ist ideal für einen Reitausflug z. B. ins von Wasserfällen gesäumte Fljótshlíð-Tal. Oder man versucht in den kälteren Monaten, einen Blick aufs Polarlicht zu erhaschen. Aktivurlauber lockt die tolle Fimmvörðuháls-Wanderung von **Skógar** über den

Der Geysir Strokkur (S. 131)

Pass zwischen zwei mächtigen Gletschern (Schauplatz des Eyjafjallajökull-Ausbruchs von 2010) hinunter ins stille Märchenreich **Þórsmörk**, ein Tal mit wilden Arktisblumen. Weniger Aktive nehmen einen Superjeep oder Amphibienbus ins Þórsmörk, um Tageswanderungen im Tal zu unternehmen. Wenn die Zeit knapp ist, tut's stattdessen auch eine Wanderung über die Gletscherzunge **Sólheimajökull**.

Auf dem Rückweg nach Reykjavík kann man das **Þjórsárdalur** erkunden, ein breites vulkanischen Flusstal mit ein paar unterschiedlichen Sehenswürdigkeiten wie einem Hof der Sagazeit, versteckten Wasserfällen und den Vorbergen des Vulkans Hekla. Oder man klappert den brausenden **Gullfoss**, den speienden **Geysir** und den **Strokkur** ganz in der Nähe sowie die klaffende Kontinentalspalte mit der alten Versammlungsstätte im **Nationalpark Þingvellir** ab – der klassische Goldene Kreis.

Die isländische Hauptstadt **Reykjavík** selbst strotzt vor tollen Geschäften, Museen und Galerien sowie quirligen Bars und Restaurants mit köstlichem Essen – und vom alten Hafen werden sogar Walbeobachtungstouren angeboten.

Flatey
Stykkishólmur
Grundarfjörður
Öndverðarnes
Rauðfeldsgjá
Breiðavík
Hellnar
Arnarstapi
Oberer
Borgarfjörður
Langjökull
Borgarnes
Kaldidalur-
Piste
NORD-
ATLANTIK
Geysir
Gullfoss
Nationalpark
Þingvellir
REYKJAVÍK

1 WOCHE

Das Beste im Westen

Wer eine Woche Zeit hat, kann sich vom beliebten Goldenen Kreis und vom trubeligen Südwesten Islands wegbewegen. Schön ist ein Abstecher ins weniger besuchte Westisland mit all seiner Geschichte und seinen Lavafeldern, weiten Fjorden und Eiskappen, die einen Eindruck von der wundervollen Abgeschiedenheit des Landes vermitteln.

Von **Reykjavík** mit seinen Museen, Cafés und Kneipen geht es einen Tag lang über den Goldenen Kreis mit dem tosenden **Gullfoss**, dem speienden **Geysir** und dem historischen **Nationalpark Þingvellir**, wo man den Kontinentalplatten beim Auseinanderdriften zusehen kann. Abenteuerlustige holpern landeinwärts über die **Kaldidalur-Piste** mit ihren atemberaubenden Ausblicken auf mehrere Eiskappen. Der **Langjökull** lohnt einen Stopp, um eisglitzernde Tunnel und Höhlen zu erkunden oder frostige Schneemobiltouren zu erleben. Heraus kommt man im **Oberen Borgarbyggð**, wo man auf dem Land nächtigen, Lavahöhlen erkunden und in einem schicken Bad planschen kann. Wem die Kaldidalur-Piste zu abenteuerlich ist, der kann stattdessen auf der Küstenstraße nach **Borgarnes** fahren und im Landnahmezentrum etwas über die Sagas erfahren.

Dann steht die wunderbare Halbinsel Snæfellsnes auf dem Programm. Los geht's mit einem Ausritt an der **Breiðavík**-Bucht oder einer Kraxeltour in die bizarre Schlucht Rauðfeldsgjá. Ab **Arnarstapi** lädt ein Küstenpfad zu einer Wanderung nach **Hellnar** ein oder man wandelt auf einer Snæfellsjökull-Gletschertour auf den Romanspuren von Jules Verne. Das Gebiet gehört zum Nationalpark Snæfellsjökull und wartet mit zahllosen Wandermöglichkeiten zu Vogelfelsen, Vulkankratern, Lavaröhren und Gebieten voller geschützter Wildblumen auf.

An der Spitze der Halbinsel bei **Öndverðarnes** tummeln sich öfters Schwertwale; bei **Grundarfjörður** werden Ausflüge zu Walen und Papageitauchern angeboten. Das reizende **Stykkishólmur** bietet interessante Museen und köstliche Muscheln. Wer Zeit übrig hat, kann mit der Fähre *Baldur* noch einen kleinen Ausflug zur urigen Insel **Flatey** unternehmen, um wirkliche Abgeschiedenheit zu erleben.

Oben: Stykkishólmur (S. 234)
Unten: Nationalpark Þingvellir (S. 124)

10 TAGE Klassische Ringstraße

Das wilde Island erweist sich als überraschend kompakt – die klassische Reise über die Ringstraße führt an den beliebtesten Attraktionen vorbei. Wer mehr Zeit hat, kann unterwegs noch viele weitere Abenteuer einbauen.

Von **Reykjavík** geht es im Uhrzeigersinn über die Ringstraße nach **Borgarnes** mit dem faszinierenden Landnahmezentrum, historischen Stätten und guten Restaurants. Darauf folgt das hübsche **Stykkishólmur** an einer von Inseln übersäten Bucht. Wer mehr Zeit hat, kann von hier einen Schlenker über die Halbinsel Snæfellsnes machen. Der nächste Abstecher von der Ringstraße gilt dann den urigen Orten und den Küstenpanoramen der Halbinsel **Tröllaskagi**. Hinter **Akureyri**, der inoffiziellen Hauptstadt von Nordisland, erreicht man das geologische Wunderland der Region **Mývatn** und dann das atemberaubende Naturschauspiel des **Dettifoss**. Weiter östlich lockt ein Abstecher zum **Borgarfjörður Eystri**, wo sich im Sommer Scharen von Papageitauchern tummeln. Nach einer Rast in **Seyðisfjörður** schlängelt sich die Straße an Dutzenden herrlicher Fjorde vorbei.

Höfn, wo es himmlischen *humar* zu schmausen gibt, lädt zu einer Pause ein. Ein Stück weiter locken Erkundungen des eisigen **Vatnajökull**, ob per Schneemobil oder Superjeep. Dann passiert die Straße die Gletscherseen **Jökulsárlón** und Fjallsárlón, wo sich Eisberge von den Gletschern lösen, um Richtung Meer zu driften. Die Wanderstiefel kann man im **Skaftafell** für Gletscherwanderungen schnüren. Anschließend geht es über bemooste Lavafelder und vorbei an großen Flussmündungen Richtung Süden nach **Vík** mit seinem Basaltsäulenstrand und seinen Papageitaucherfelsen. Bei **Skógar** beginnt eine wunderbare Wanderroute ins grüne Binnental **Þórsmörk**. Oder man fährt einfach weiter auf der Ringstraße, vorbei an den gewaltigen Wasserfällen **Skógafoss** und **Seljalandsfoss**. Schließlich lohnt ein letzter Abstecher von der Ringstraße zum Goldenen Kreis, um den **Gullfoss**, den **Geysir** und den **Nationalpark Þingvellir** zu bestaunen. Der Rest des Urlaubs geht dafür drauf, in **Reykjavík** mit den Einheimischen zu schwatzen, ob in einem Thermalbad oder bei einem Kneipenbummel.

ANDREW MAYOVSKYY/SHUTTERSTOCK ©

/ GETTY IMAGES PETR BREZINA/SHUTTERSTOCK ©

Oben: Dettifoss (S. 346)
Unten: Lava in Hverir (S. 333)

Halbinsel
Tröllaskagi
Akureyri
Mývatn
Dettifoss
Borgarfjörður
Eystri
Seyðisfjörður
Stykkishólmur
Borgarnes
Nationalpark
Þing-
vellir
Geysir
Gullfoss
REYKJAVÍK
Vatnajökull
Höfn
Skaftafell
Jökulsárlón
Þorsmörk
Skógar
Seljalandsfoss
Skógafoss
Vík

Hornstrandir
Ísafjörður
Dynjandi
Hólmavík
Rauðasandur
Látrabjarg
Stykkishólmur
Halbinsel Snæfellsnes
Borgarnes
Oberer Borgarfjörður
Langjökull
REYKJAVÍK
Nationalpark Þingvellir
Internationaler Flughafen Keflavík
Blaue Lagune
Seljalandsfoss
Vestmannaeyjar
Vík
Kirkjubæjarklaustur
Skaftafell
Jökulsárlón
Vatnajökull
Höfn
Djúpivogur
Seyðisfjörður
Borgarfjörður Eystri
Langanes
Ásbyrgi
Húsavík
Dettifoss
Vopnafjörður
Mývatn
Askja
Akureyri
Grímsey
Siglufjörður
Hofsós

1TOMM/SHUTTERSTOCK ©

ANDREW MAYOVSKYY/SHUTTERSTOCK ©

Oben: Wandern auf Hornstrandir (S. 278)
Unten: Víkurkirkja, Vík (S. 178)

4 WOCHE

Die große Rundreise

Bei einem längeren Aufenthalt kann man auch weiter abseits der Ringstraße gelegene Gebiete besuchen wie die prächtigen Westfjorde oder das Allradparadies des Hochlands.

Vom Flughafen in **Keflavík** geht es über die **Blaue Lagune** ein Stück über die Küstenstraße und dann landeinwärts zu Wasserfällen wie dem **Seljalandsfoss**. Danach folgt eine Bootsfahrt auf die **Vestmannaeyjar**, wo Papageitaucher über frische Lava watscheln. Anschließend folgt **Vík** mit seinem schwarzen Strand.

In **Kirkjubæjarklaustur** locken schöne Wege und ein feuriges Erbe. Rund um den **Skaftafell** können sich dann Wanderer austoben. Faszinierend sind auch der Gletschersee **Jökulsárlón** sowie Schneemobil- und Superjeepsafaris auf den **Vatnajökull**. Auf den *humar*-Schmaus in **Höfn** folgen kurvige Fjordstraßen mit grandiosen Ausblicken. Mit herrlichen Panoramen punktet auch **Seyðisfjörður**. **Borgarfjörður Eystri** beeindruckt mit seinen Papageitauchern und Wanderrouten.

Über **Vopnafjörður** gelangt man auf die Halbinsel **Langanes** und über **Ásbyrgi** weiter zum Walbeobachtungs-Städtchen **Húsavík**. Der schöne **Mývatn** ist ein guter Ausgangspunkt für die Erkundung geothermischer Phänomene und zum Besuch des **Dettifoss**. Außerdem bietet sich von hier ein Abstecher zur **Askja**-Caldera an. Auf eine Prise Zivilisation in **Akureyri** folgt der Vorstoß zum Polarkreis auf **Grímsey**, dann eine Erkundung der Halbinsel Tröllaskagi mit dem Ort **Siglufjörður** sowie eine Runde schwimmen in **Hofsós**.

Jetzt geht es in die Westfjorde, um in **Hólmavík** etwas über die alte Kunst der Hexerei zu lernen. Das quirlige **Ísafjörður** dient als Tor zum Naturparadies **Hornstrandir**. Nach einer Visite beim tosenden **Dynjandi** geht's durch die Fjorde zum Vogelfelsen **Látrabjarg** und zum rosaroten Strand **Rauðasandur**.

Stykkishólmur ist ein guter Ausgangspunkt, um die Naturschätze der **Halbinsel Snæfellsnes** zu erkunden. Hinter **Borgarnes** wartet das **Obere Borgarbyggð** mit Saga-Schauplätzen und Höhlen. Am **Langjökull** lockt ein Eistunnel. Noch mehr Historie bietet der **Nationalpark Þingvellir**. Den Schlusspunkt der Rundreise setzt die Hauptstadt **Reykjavík**.

Reiseplanung

Ringstraßen-planer

Wer vorher noch nie in Island war, dem fällt außer Reykjavík wahrscheinlich keine isländische Stadt ein. Vielleicht hat manch einer Bedenken, die Reise durch ein so weites, unbekanntes Land zu planen. Aber keine Angst, der Weg ist vorgezeichnet: die Ringstraße!

Die schönsten Abstecher

Halbinsel Snæfellsnes

Die Halbinsel hat ihre eigene Ringstraße, die Lavafelder, wilde Küstenabschnitte und eine beeindruckende Eiskappe passiert; Umweg: 200 km.

Halbinsel Tröllaskagi

Die Straßen 76 und 82 führen durch haarsträubende Tunnel hinauf Richtung Arktis und bieten schöne Panoramablicke; Umweg: 90 km.

Borgarfjörður Eystri

Auf der Straße 94 geht es zu einem verschlafenen Dorf, wo Papageitaucher und tolle Wanderwege warten; Umweg: 150 km.

Vestmannaeyjar

Von Landeyjahöfn fährt die Fähre zu dem Grüppchen schroffer Inseln hinüber; Umweg 30 km plus 30-minütige Fährfahrt in jede Richtung.

Þórsmörk

Vom Parkplatz am Seljalandsfoss fahren Busse in das Wanderparadies; 50 km Umweg über eine nur mit entsprechendem Fahrzeug befahrbare Holperstrecke; wahlweise auch per pedes zu erreichen.

Der „Diamantene Kreis“

Der von Werbestrategen ersonnene Diamantene Kreis führt vom Mývatn Richtung Norden zur Walbucht Húsavík, zur Schlucht Ásbyrgi und zum tosenden Dettifoss; Umweg: 180 km.

Straße 1

Die Straße 1 (Þjóðvegur 1), die Ringstraße, ist die 1340 km lange, asphaltierte Hauptstraße des Landes mit jedoch selten mehr als einer Fahrspur pro Richtung. Zahllose Attraktionen säumen die Straße und Nebenstraßen führen zu weiteren Abenteuern.

Beste Reisezeit

Die Ringstraße ist außer vielleicht bei Winterstürmen ganzjährig befahrbar, doch viele Nebenstraßen sind während der kälteren Monate gesperrt. Unter www.road.is sind detaillierte Infos über Straßensperrungen und unter www.vedur.is Wetterprognosen zu finden.

Im oder gegen den Uhrzeigersinn?

Es ist egal, in welcher Richtung man die Ringstraße befährt – die Landschaft präsentiert sich aus beiden Blickwinkeln gleichermaßen spektakulär.

Allen, die in der zweiten Sommerhälfte (August/September) unterwegs sind, empfehlen wir die Fahrtrichtung im Uhrzeigersinn, um die Attraktionen im Norden zuerst abzuhaken. Im Süden hält sich das wärmere Wetter einen Tick länger.

Zeitplanung

Die reine Fahrzeit rund um die Ringstraße beträgt etwa 16 Stunden. Bei einer einwöchigen Fahrt rund um die Insel wären also im Durchschnitt ungefähr 2½ Stunden Fahrzeit pro Tag einzuplanen. Das ist nicht zu viel, da die Fahrt durch außerordentlich schöne Landschaft führt und im Sommer die Tage endlos lang sind.

Für die Ringstraße sollte man eigentlich mindestens zehn Tage veranschlagen (besser sind zwei Wochen). Wer weniger als eine Woche zur Verfügung hat, konzentriert sich besser auf ein oder zwei Regionen (z. B. Reykjavík plus Süden oder Westen oder eine Woche im Norden).

Mit dem Auto

Ein Mietwagen ist das bei Weitem praktischste Fortbewegungsmittel, allerdings auch das teuerste.

Mietwagen

Wer einen preiswerten Mietwagen sucht, sollte möglichst weit vorausplanen. Das Internet ist die beste Informationsquelle, aber immer sorgfältig prüfen, ob im Preisangebot alle Gebühren enthalten sind!

Für den Sommer sollte man sowieso früh buchen – manchmal gehen den Autovermietungen die Fahrzeuge aus!

Allrad oder nicht?

Wer nur auf der Ringstraße oder größeren Nebenstraßen unterwegs ist, ist im Sommer mit einem normalen Pkw gut bedient. Für die „F-Straßen" im Landesinneren benötigt man aber ein robustes Allradfahrzeug – oder man mietet einen Pkw und bucht Bus- oder Superjeeptouren in die unwegsameren Gebiete.

Im Winter ist ein Pkw nicht zu empfehlen; da ist man per Allrad sicherer unterwegs (zumal die Mietpreise im Winter deutlich niedriger liegen).

Etappengliederung

Man sollte die Ringstraße als eine Art Leitschiene sehen, die zu spannenden Abstechern führt. Am besten wählt man sich entlang der Strecke fünf Zwischenstationen als Ausgangsbasis für weitere Erkundungen aus. Sinnvoll ist ein Zwischenstopp in jeder Region, die auf der Ringstraße passiert wird: Westen, Norden, Osten, Südosten und Südwesten. Je nach Länge der Reise sollte man für jede Station mehrere Übernachtungen einkalkulieren.

ERGÄNZENDE TIPPS

- Die Ringstraße ist nicht zu verwechseln mit dem Goldenen Kreis, einer Touristenroute im Südwesten.
- Die Ringstraße führt nicht durchs Landesinnere. Dafür verlaufen zwei Hochlandpisten quer durch die Inselmitte. Diese Straßen sind nur im Sommer und nur für Fahrzeuge mit Allradantrieb geöffnet, werden in den Sommermonaten aber auch von Geländebussen befahren.

Mit dem Bus

Das Busnetz ist für Alleinreisende die kostengünstigste Fortbewegungsmöglichkeit. Im Sommer 2018 wurde das Busnetz in Ostisland jedoch stark eingeschränkt – somit ist es jetzt erheblich schwieriger, die gesamte Ringstraße mit dem Bus zu bereisen. Busreisende sollten für die Rundfahrt doppelt so viel Zeit veranschlagen wie Mietwagennutzer. Eine Bustour rund um die Insel für zwei Personen kostet etwa so viel wie eine Woche Mietgebühr für einen Kleinwagen (ohne Benzin).

Mit dem Fahrrad

Für Radfahrer kann die Ringstraße zur nervenaufreibenden Strapaze werden. Das wechselhafte Wetter macht das Fahren zur Mühsal. Die Strecke ist zwar asphaltiert, aber der Seitenstreifen bietet kaum Platz, um sicheren Abstand vom motorisierten Verkehr zu halten.

Trampen & Fahrgemeinschaften

Die billigste Methode, auf der Ringstraße voranzukommen, heißt: Daumen raus. Im Sommer ist es durchaus machbar, den ganzen Weg um die Ringstraße zu trampen; jedoch sollte man sich der eventuellen Risiken (S. 470) bewusst sein.

Viele Hostels haben Pinnwände für Mitfahrmöglichkeiten in ihren Foyers. Eine weitere Möglichkeit ist die Mitfahr-Website www.samferda.is.

Jökulsárlón (S. 208)

Reiseplanung

Outdoor-abenteuer

Islands spektakulär schöne Natur lockt mit dem größtem Nationalpark Westeuropas und der mächtigsten Eiskappe außerhalb der Polarregionen, einem Meer voller Wale, den größten Papageitaucherkolonien der Welt, einsamen Bergen, düsteren Schluchten, tosenden Wasserfällen und tiefen Fjorden. Hier in die Natur einzutauchen, ist ein wirklich tolles Erlebnis.

DENNIS VAN DE WATER/SHUTTERSTOCK ©

Beste Reisezeit

Mehrtägige Wandertouren Das Frühlingstauwetter abwarten; die beste Zeit zum Wandern geht von Juli bis Mitte September.

Hochlandtouren Die Bergstraßen sind von Mitte Juni/Anfang Juli bis etwa Ende September/Anfang Oktober geöffnet.

Mitternachtssonne Um die Sommersonnenwende (21. Juni) herum ist das Tageslicht besonders im Norden endlos.

Polarlicht Nur in dunklen, klaren Nächten zu beobachten; grundsätzlich möglich von etwa Mitte September bis April.

Skifahren Die Skisaison geht von Dezember bis April, die besten Bedingungen (mit mehr Tageslicht) herrschen im Februar und März.

Walbeobachtung Touren gibt's ganzjährig, die beste Zeit ist aber von Juni bis August.

Papageitaucher Mitte Mai bis Anfang oder Mitte August.

Eistouren Gletscherwanderungen und Schneemobiltouren sind ganzjährig möglich. Bootstouren auf dem Jökulsárlón gibt es von Mai bis Oktober. Für Eishöhlentouren ist die Zeit von Mitte November bis März am besten.

Reiten Optimal für mehrtägige Reittouren ist die Zwischensaison (Mai und September/Anfang Oktober); dann ist es kühler, aber immer noch mild, und es sind weniger Besucher unterwegs.

Aktivitäten

Wandern

Die Wandermöglichkeiten sind schier endlos. Wer auf Schusters Rappen umsteigt, kann riesige Regionen unberührter Natur entdecken. Ein heikler Faktor ist allerdings das unberechenbare Wetter. Regen, Dunst und Nebel können eine schöne Wanderung zur nervtötenden Strapaze machen. Man sollte immer entsprechend ausgerüstet sein!

Ferðafélag Íslands (www.fi.is) betreibt Hütten und Campingplätze, bietet Wandertouren überall im Land und fundierte Infos – vor allem für den Laugavegurinn.

Die besten Kurzwanderungen

Skaftafell Der beliebteste Abschnitt des Vatnajökull-Nationalparks bietet viele Kurzwanderwege zu Gletschern und Wasserfällen.

Þórsmörk Durch das grüne Märchenreich im Inselinneren führen mittelschwere bis anspruchsvolle Wanderrouten.

Skógar Landeinwärts warten etliche Wasserfälle auf Wanderer; der Weg nach Fimmvörðuháls und dann ins Þórsmörk hinunter ist eine der schönsten Tageswanderungen Islands.

Halbinsel Snæfellsnes Halbtägige Wanderungen durch bizarre Lavafelder und der tolle Küstenweg von Hellnar nach Arnarstapi.

Mývatn Am platten Seeufer warten geologische Wunder und Scharen von Vögeln.

Borgarfjörður Eystri Tolle Wanderungen zwischen Rhyolithhängen oder auf die Landspitze hinauf.

Die besten Mehrtagestreks

Laugavegurinn Islands Klassiker führt durch karamellfarbige Dünen, dampfende Erde und wilde Wüste. Dauer: 2–5 Tage.

Von Ásbyrgi zum Dettifoss Ein Querschnitt durch die geologischen Phänomene Islands, vom Nordende des Jökulsárgljúfur (im Vatnajökull-Nationalpark) durch eine Schlucht zum mächtigsten Wasserfall Europas. Dauer: 2 Tage.

Königliches Horn Diese grandiose Hornstrandir-Strecke bietet Ausblicke auf einsame Fjorde, smaragdgrüne Kaps und auf den Lüften segelnde Möwen. Dauer: 2–4 Tage.

Fimmvörðuháls Von Wasserfällen geht es zwischen mächtigen Gletschern in eine Wüste. Dann erscheinen die dampfenden Steine des Ausbruchs von 2010 und der Pfad führt hinunter ins blumige Þórsmörk. Dauer: 1–2 Tage.

Kerlingarfjöll-Rundweg Dieser Rundweg durchs größtenteils unberührte Landesinnere gewährt malerische Ausblicke. Dauer: 3 Tage.

Tiere beobachten

Islands Tierwelt ist nicht besonders artenreich, aber äußerst faszinierend.

Polarfüchse

Der Polarfuchs, der einzige heimische Landsäuger auf Island, ist so niedlich wie ein Schoßhund, aber so scheu wie ein Nagetier. Er lässt sich nur selten blicken, am ehesten noch an den folgenden Stellen:

CHECKLISTE FÜR WANDERER

Je nach Aktivität, Jahreszeit, Abgeschiedenheit des Wanderwegs und Dauer der Wanderung (Tages- oder Mehrtageswanderung; Übernachten in Hütten oder im Zelt) variieren die Anforderungen an die Ausrüstung. Eine Konstante sind jedoch die Launenhaftigkeit des Wetters und die damit einhergehenden Risiken.

Grundausrüstung

- Gute Navigationshilfen – topografische Karten und GPS sind lebenswichtig.
- Ganz wichtig: Nach dem Zwiebelprinzip kleiden. Erste Schicht: Thermounterwäsche (Wolle oder Synthetik). Zweite Schicht: leichte Woll- oder Fleece-Oberbekleidung; schnell trocknende Hosen. Dritte Schicht: wasser- und winddichte Jacke (z. B. Gore-Tex). Außerdem braucht man atmungsaktiven Regenschutz inklusive wasserdichter Überhose. Auch der Tagesrucksack sollte wasserdicht sein.
- Baumwollkleidung (Jeans, T-Shirts, Socken) ist eher ungünstig – wenn sie nass ist, verliert sie ihre Wärmeeigenschaften und es dauert Stunden, bis sie wieder trocken ist. Besser ist Polypropylen (schnell trocknend, aber entflammbar) oder Merinowolle, die auch nass noch wärmt, aber nur langsam trocknet.
- Ins Gepäck gehören Handschuhe, Hut, Sonnenbrille und -creme, Woll- oder Synthetiksocken und wasserdichte, eingelaufene Wanderstiefel oder -schuhe.

Für längere Touren

- Wasserdichter Überzug für den Rucksack sowie trockene Ersatzkleidung.
- Erste-Hilfe-Material, Kopf- oder Taschenlampe und Überlebensausrüstung (Wärmedecke, Trillerpfeife usw.).
- Schlafsack für Temperaturen unter null, Camper auch wind- und wasserfestes Zelt, Kocher und Kochutensilien; wer in Hütten nächtigt, braucht das vielleicht nicht.
- Badesachen (für warme Quellen), leichte Sandalen (für Flussdurchquerungen, dann bleiben die Schuhe trocken) und Wanderstöcke für steile Anstiege und Flussdurchquerungen.
- Plastiktüten sind praktisch zur Trennung von nasser und trockener Ausrüstung und zum Mitnehmen von Müll.

Ausrüstung kaufen oder leihen

In größeren Orten kann man Wander- und Campingausrüstung kaufen, am besten natürlich in Reykjavík und auch in Akureyri. Die Preise sind recht hoch; am besten bringt man die Sachen von zu Hause mit oder leiht sie vor Ort aus.

Manche Autovermieter, besonders Verleiher von Wohnmobilen, verleihen auch Campingausrüstung. Ansonsten sind zwei gute Ausrüstungsverleiher in Reykjavík Fjallakofinn (S. 101) und Iceland Camping Equipment Rental (S. 101).

Hornstrandir Das Hauptrevier der Polarfüchse – hier schlagen die Polarfuchsforscher im Sommer ihr Lager auf.

Suðavík Standort des Polarfuchszentrums, das auch verwaiste Füchse aufzieht.

Breiðamerkursandur Eins der Hauptbrutgebiete für Raubmöwen; es lockt auch viele Polarfüchse auf der Suche nach leckeren Snacks an.

Vögel

An den Küstenfelsen rund ums Land brüten unzählige Meeresvögel, oft in riesigen Kolonien. Die beste Zeit für Vogelbeobachter ist Juni bis Mitte August; dann wimmelt es von Papageitauchern, Tölpeln, Lummen, Tordalken, Dreizehenmöwen und Eissturmvögeln.

Die besten Vogelfelsen und -kolonien:

Vestmannaeyjar Papageitaucher schwirren über den Felsen, wenn man mit der Fähre in den Hafen von Heimaey tuckert. Auf praktisch jedem Steinhaufen, der hier aus dem Meer ragt, nisten irgendwelche Flattermänner.

Hornstrandir Hier fällt eine endlos lange Felswand unter grünen Wiesen senkrecht ins Meer ab – in der Brutsaison wird sie zum Zuhause für unzählige Vögel.

Borgarfjörður Eystri Einer der besten Plätze, um Papageitaucher zu beobachten, die ihre aufwendigen Bruthöhlen nur Meter von den Beobachtungsplattformen entfernt anlegen.

Látrabjarg Legendärer Vogelfelsen in den Westfjorden.

Mývatn Die sumpfige Landschaft des „Mückensees" bietet ein ganz anderes Ökosystem als die schroffen Vogelfelsen an der Küste und ist ein Paradies für Zugvögel.

Langanes Einsame, windgepeitschte Felsen warten mit einer reichen Vogelwelt auf; über einer Basstölpelkolonie gibt es eine Beobachtungsplattform.

Ingólfshöfði Mit dem Traktor geht es zu dieser dramatischen Landspitze, wo Raubmöwen kreisen und Papageitaucher posieren.

Grímsey Die Insel auf dem Polarkreis beherbergt außer einigen zähen menschlichen Bewohnern vor allem unzählige Papageitaucher und Küstenseeschwalben.

Drangey Wer das sagenumwobene Inselchen im Skagafjörður mithilfe von Seilen und Leitern erklimmt, begegnet Papageitauchern, Lummen, Tölpeln und anderen Vögeln aus nächster Nähe.

Robben

Robben sind nicht so allgegenwärtig wie Vögel, aber sehr unterhaltsam zu beobachten.

Hvammstangi und Vatnsnes-Halbinsel Ein Robbenmuseum, Bootstouren und eine Halbinsel, auf der sich pelzige Sonnenanbeter aalen.

Ísafjarðardjúp An der verzweigten Küste und den felsigen Stränden lassen sich bestens Robben inspizieren.

Jökulsárlón Als ob der Gletschersee nicht schon fotogen genug wäre – zwischen den Eisbergen tummeln sich auch noch Robben.

Húsey Der einsame, herrlich gelegene Hof bietet Robbentouren hoch zu Ross an.

Wale

Island gehört zu den besten Orten der Welt, um Wale und Delfine zu beobachten. Am häufigsten sind Zwerg- und Buckelwale, aber auch Finn-, Sei- und – sehr selten – Blauwale gibt es hier zu sichten.

SANTIAGO URQUIJO/GETTY IMAGES ©

Islandpferd

Die Topspots für Walbeobachtungen:

Húsavík Islands traditionelle Walhochburg, mit einem tollen Walmuseum. Im Sommer 99%-ige Erfolgsquoten.

Eyjafjörður Ab Akureyri, Dalvík und Hauganes starten Walbeobachtungstouren durch Islands längsten Fjord.

Reykjavík Hauptstadtbesucher können vom alten Hafen am Stadtzentrum zur Walbeobachtungstour starten.

Halbinsel Snæfellsnes Auf Bootstouren im Breiðafjörður wird nach Walen, besonders Schwertwalen, und Papageitauchern Ausschau gehalten.

Reiten

Pferde sind ein Teil der isländischen Lebenswelt und viele Höfe bieten kurze Ausritte an, u. a. eine Handvoll Reitställe in direkter Nähe zu Reykjavík. Ein oder zwei Stunden Reiten kosten etwa 8000 bis 13 000 ISK.

Die besten Regionen zum Reiten

Südliche Snæfellsnes-Halbinsel Die wilden Strände im Schatten eines schimmernden Gletschers sind ideal für einen Ausritt. Hier gibt es mehrere preisgekrönte Pferdehöfe.

Hella In den Ebenen um Hella bieten viele Pferdefarmen mehrtägige Wanderritte und kürzere Reitausflüge für Anfänger an.

Skagafjörður Die Region ist stolz auf ihre lange Tradition der Pferdezucht und -dressur.

Schwimm- & Heilbäder

Dank der im Überfluss vorhandenen Geothermalwärme ist das Baden ein Nationalhobby der Isländer. Fast jeder Ort hat mindestens ein *sundlaug* (beheiztes Schwimmbecken), oft draußen. Die meisten Schwimmbäder bieten auch *heitir pottar* (Hot Pots; kleine Becken mit rund 40 °C warmem Wasser), Saunen und Whirlpools. Der Eintritt kostet 800 bis 1300 ISK (für Kinder die Hälfte).

Die chemiefreien Schwimmbäder und natürlichen heißen Quellen erfordern strenge Hygienevorschriften. Badegäste müssen sich vor Betreten des Schwimmbereichs ohne Badekleidung gründlich mit Seife abduschen.

Informationen

Swimming in Iceland (www.swimminginiceland.com) Infos über Islands Thermalbäder.

Thermal Pools in Iceland von Jón G. Snæland und Þóra Sigurbjörnsdóttir Umfassender Führer zu Islands natürlichen Quellen; in den meisten isländischen Buchläden vorrätig.

Blaue Lagune (www.bluelagoon.com) Islands beliebteste warme Quelle und unangefochtene Topattraktion.

Visit Reykjavík (www.visitreykjavik.is) Hier kann man sich zu den Schwimmbädern in der Region durchklicken.

Gletscherwanderungen & Schneemobiltouren

Eine Wanderung über die weißen Eismassen kann zu den tollsten Erlebnissen einer Islandreise gehören. Zum Glück hat die Insel diverse Schneeoasen, die selbst im Sommer noch Winterfeeling garantieren.

Auf keinen Fall sollte man ohne entsprechende Ausrüstung und Führer auf den Gletschern herumlaufen.

Gletscher & Eiskappen

Vatnajökull Die größte europäische Eiskappe ist ideal für Schneemobiltouren; Dutzende Auslassgletscher bieten sich für geführte Wanderungen und Klettertouren an, die von Skaftafell oder Orten weiter östlich Richtung Höfn starten.

Eyjafjallajökull Ursprungsort der berüchtigten Aschewolke von 2010. Zuerst geht es per Superjeep auf die Eisfläche, dann zu Fuß weiter zum immer noch qualmenden Magni.

Snæfellsjökull Von Jules Verne verewigt; lässt sich gut per Pistenraupentour von Arnarstapi erkunden.

Langjökull In der Nähe von Reykjavík; lockt Besucherscharen mit seinem neuen, künstlich geschaffenen Eishöhlensystem.

Sólheimajökull Erstreckt sich vom Eisschild des Mýrdalsjökull. Tolles Ziel für eine Nachmittagswanderung.

Boot, Kajak & Rafting

Vom Wasser aus können Besucher Island aus ganz neuen Blickwinkeln entdecken.

Hotspots für Bootstouren

Heimaey Zwischen den schroffen Steilküsten und den Vogelschwärmen der Vestmannaeyjar-Inseln herumschippern.

Stykkishólmur Im stillen Breiðafjörður liegen unzählige Inseln verstreut.

Húsavík und Eyjafjörður Holzschiffe und Schlauchboote touren durch die Walgewässer.

Jökulsárlón und Fjallsárlón Auf Gletscherseen zwischen Eisbrocken herumfahren.

Top-Gewässer für Kajaktouren

Hornstrandir, **Ísafjörður und Ísafjarðardjúp** Seekajakfahren vom Feinsten, vom Tagesausflug zum Inselchen Vigur bis zu mehrtägigen Touren durch arktische Fjorde.

Seyðisfjörður Schwer zu sagen, was hier die Hauptattraktion ist – der charismatische Tourführer oder der schöne Fjord.

Gletscherseen Der Südosten bietet einige wundervolle Möglichkeiten, zwischen Eisbrocken herumzupaddeln, u. a. auf dem Jökulsárlón.

Die besten Flusstrips

Varmahlíð Der Wildwasserrafting-Stützpunkt Nordislands mit zwei unterschiedlich schwierigen Gletscherflüssen.

Reykholt Wildwasserrafting auf der Hvítá und die einzigen Jetboottouren in Island.

TATONKA/SHUTTERSTOCK ©

Oben: Wasserfall im Vestdalur (S. 369)

Unten: Walbeobachtung bei Húsavík

NACHHALTIG REISEN

Der enorme Tourismusboom in Island bedeutet eine erhebliche Belastung für die Bevölkerung, die Natur und die Infrastruktur. Besucher sollten auf ihre eigene Sicherheit achten und sich möglichst rücksichtsvoll und umweltschonend verhalten.

Warnungen und Ratschläge befolgen Wenn ein Einheimischer erklärt, dass ein Auto für eine bestimmte Straße ungeeignet oder ein Gebiet wegen eines drohenden Gletscherlaufs gesperrt ist, dann, weil er sein Land und dessen Gefahren genau kennt. Da heißt es flexibel sein und seine Pläne nötigenfalls anpassen.

Rücksicht nehmen Die Zahlen sprechen für sich: 350 000 Einheimische bei 2,2 Mio. Touristen 2017. Der Einzelne denkt vielleicht, es wäre kein Problem, wenn er im Wohnmobil am Straßenrand nächtigt. Ist es aber doch, wenn Tausende es machen – weshalb es offiziell verboten ist (S. 459.

Richtig planen Wettervorhersagen und Straßenverhältnisse online checken (S. 19). Wichtig sind eine gute Karte, geeignete Ausrüstung, gesunder Menschenverstand und Flexibilität. Nicht in Jeans wandern, keine Flussdurchquerung mit einem normalen Pkw versuchen, nicht ohne Führer und geeignete Ausrüstung auf Gletschern herumwandern (S. 40).

Die Natur respektieren Subglaziale Vulkane, Geothermiegebiete und Lavafelder sind tolle Attraktionen. Dafür kommt man schließlich nach Island, oder? Also sollte man sie nicht kaputt machen. Mit Geländewagen immer auf den markierten Pisten bleiben. Querfeldeinfahrten sind verboten und richten irreparable Schäden an.

Umweltbewusst reisen Die Website www.nature.is strotzt von guten Tipps zum nachhaltigen Reisen in Island und bietet eine Online-Karte und Apps, die umweltfreundliches Verhalten erleichtern sollen.

Radfahren

Kurze Fahrradausflüge können eine vergnügliche und gesunde Möglichkeit sein, die Insel zu entdecken. In Reykjavík gibt es mehrere Fahrradläden. Einige bieten Tagestouren zu nahegelegenen Attraktionen wie dem Goldenen Kreis. Auch in anderen Orten des Landes kann man Räder leihen.

Eine Fahrradreise durch Island hat aber ihre Tücken. Das Wetter ist unberechenbar; Radfahrer müssen oft gegen heftige Winde ankämpfen. Auf der Ringstraße fahren Radfahrer unmittelbar neben dem motorisierten Verkehr – es gibt keinen Seitenstreifen. Auf www.cyclingiceland.is gibt's die ausgezeichnete Karte *Cycling Iceland*, die auch in gedruckter Form erhältlich ist.

Tauchen & Schnorcheln

Island ist ein wenig bekanntes, aber ungeheuer lohnendes Tauchziel. Klares Wasser (100 m Sicht!), faszinierende Tierwelt, spektakuläre Lavaschluchten, Wracks und Thermalschlote sorgen für unvergleichliche Taucherlebnisse. Topziele sind die Silfra-Spalte im Þingvellir-Nationalpark und der Eyjafjörður mit seinen „Weißen Rauchern".

Empfohlen ist ein PADI-Dry-Suit-Diver-Tauchschein, den man in Island bei einigen Tauchschulen machen kann. Der spezielle PADI-Tectonic-Plate-Awareness-Kurs von Dive.is (www.dive.is) informiert über die Plattentektonik und was es heißt, zwischen den Erdplatten zu tauchen.

Touren

Angesichts des schwierigen Terrains und hohen Preisniveaus können organisierte Touren in Island selbst für Reisende attraktiv sein, die sonst lieber auf eigene Faust unterwegs sind. Touren können Zeit und Geld sparen und spektakuläre Landschaften erschließen, die mit einem normalen Mietwagen nicht zu erreichen sind. Es gibt Touren mit Bussen, Allradfahrzeugen, Superjeeps, aber auch per Schneemobil, Quad oder Kleinflugzeug. Die meisten lassen sich mit Aktivitäten wie Wildwasserrafting, Reiten und Gletscherwandern kombinieren.

Silfra-Spalte (S. 126), Þingvellir-Nationalpark

Wer plant, eine feste Unterkunft in Reykjavík zu beziehen und die isländische Landschaft auf Tagesausflügen zu erkunden, sollte sich klarmachen, dass er viel Zeit damit verbringen wird, von der Hauptstadt zu den Naturschätzen der Insel zu pendeln. Dann ist es schon sinnvoller, einen ländlichen Stützpunkt zu wählen, der näher an den Sehenswürdigkeiten liegt, die einen besonders interessieren. Das hat noch einen Vorteil: Einige der besten und individuellsten Touren werden von kleinen Anbietern vor Ort veranstaltet, die Eishöhlen, Gletscher, Berge und/oder Wege ihrer Heimatregion wie ihre Westentasche kennen und Besuchern eine echte Insiderperspektive bieten (anders als die großen Firmen aus der Stadt, die ganze Busladungen zu beliebten Topzielen karren).

Es gibt Hunderte von Touranbietern in Island, kleine wie große. Hier folgt eine Liste einiger der größten und renommiertesten Tourveranstalter; ihre Websites bieten einen Überblick über das jeweilige Angebot. Aber es lohnt sich, auch kleinere Anbieter zu berücksichtigen.

Reykjavík Excursions (www.re.is) Der beliebteste Veranstalter von Tagesausflügen ab Reykjavík bietet sein umfangreiches Tourenprogramm ganzjährig an.

Arctic Adventures (www.adventures.is) Spezialist für actionreiche Touren, vom normalen Sightseeing bis zum Mountainbiken, Seekajaken und sogar Surfen.

Grayline Iceland (www.grayline.is) Der Bustourveranstalter bietet verschiedenste Tagesausflüge und Aktivitäten an.

Icelandic Mountain Guides (www.mountainguides.is) Unglaublich vielfältiges Angebot an Aktivitäten sowie mehrtägige Wander-, Berg-, Rad- und Skitouren und Expeditionen für richtig zähe Outdoor-Freaks.

Midgard Adventure (www.midgardadventure.is) Anbieter in Südisland mit großer Sachkenntnis und viel Flair.

Saga Travel (www.sagatravel.is) Der ursprünglich in Nordisland verwurzelte Veranstalter bietet das ganze Jahr über ein abwechslungsreiches Tourprogramm ab Reykjavík, Akureyri und Mývatn an.

Air Iceland Connect (www.airicelandconnect.is) Islands größte Inlandsfluggesellschaft bietet eine ganze Reihe von Flug-, Bus-, Wander- und Allradtouren von Reykjavík und Akureyri an, außerdem Trips nach Grönland.

Outdooraktivitäten

0
100 km
AKUREYRI
Islands zweitgrößte Stadt ist Ausgangspunkt für Touren im Norden, dazu gibt's Walbeobachtung, Reiten und einzigartiges Tauchen. Im Winter fungiert sie als Skizentrum. (S. 310)
SEYÐISFJÖRÐUR
Der Künstlerort dient als Stützpunkt für Wanderungen durch Berge voller Wasserfälle, Kajak- und Angeltrips auf ruhigen Fjorden oder Mountainbiketouren in reizvolleTäler. (S. 367)
Polarkreis
Grímsey
Raufarhöfn
Skoruvík
Þistilfjörður
Öxarfjörður
Þórshöfn
Flatey
Skjálfandi
Bakkaflói
Húsavík
Bakkafjörður
Ólafsfjörður
JÖKULSÁRGLJÚFUR (NATIONALPARK VATNAJÖKULL – NORD)
Dalvík
Eyjafjörður
Dettifoss
Vopnafjörður
Vopnafjörður
Reykjahlíð
AKUREYRI
MÝVATN
MÝVATN
Der See lockt mit reicher Vogelwelt, Radeln am Ufer und Wanderwegen durch Lavafelder zu geologischen Highlights. Das Hochland ist leicht per Superjeeptour erreichbar. (S. 325)
Egilsstaðir
SEYÐISFJÖRÐUR
Lagarfljót
Neskaupstaður
Eskifjörður
Reyðarfjörður
Fáskrúðsfjörður
Stöðvarfjörður
Hálslón-Stausee
Breiðdalsvík
Þrándarjökull
Hofsjökull
Dyngjujökull
Djúpivogur
Tungnafellsjökull
Bárðarbunga (2009m)
Kverkfjöll (1860 m)
Hágöngulón
SKAFTAFELL (NATIONALPARK VATNAJÖKULL – SÜD)
Hoffellsjökull
Stafafell
Grímsvötn (1719 m)
Vatnajökull
Fláajökull
Heinabergsjökull
Höfn
Hvannadalshnúkur (2110 m)
SKAFTAFELL
SKAFTAFELL
Nur einen Steinwurf von den eisigen Verlockungen des Vatnajökull entfernt: Gletscherwanderungen, Bootstouren in eisgefüllten Lagunen, Schneemobilfahrten und Eishöhlen. (S. 200)
Kirkjubæjarklaustur
SKÓGAR
Die Gegend um Hella und Skógar bietet Reiten, Wasserfälle und Ausflüge zur Hekla oder zum berühmten Laugavegurinn, der Landmannalaugar und das Þórsmörk verbindet. (S. 159)

Island im Überblick

Reykjavík

Kultur
Nachtleben
Kleine Fluchten

Kulturhauptstadt

Inmitten endloser Weiten urwüchsiger Natur ist Reykjavík die unangefochtene Bastion der isländischen Kultur, von Museen und schicken Galerien bis zur blühenden Musikszene, dem vollen Festivalkalender und der bunten Riege von Kunsthandwerkern und Designern.

Weiße Nächte

Reykjavíks berühmt-berüchtigte Nachtschwärmerszene ist klein, aber oho! Die besten Partyabende starten in einem der Dutzenden Cafés oder mit Vorglühdrinks bei Freunden, gefolgt von einer bierseligen Kneipentour und spätnächtlichem Abrocken zu DJ- oder Livemusik.

Lange Wochenenden

Reykjavík als Zwischenstopp zwischen Europa und Nordamerika: Stadtrundgänge klappern die Sehenswürdigkeiten ab und gleich außerhalb entfaltet sich der wahre Zauber der Insel – die gut geölte Tourismusmaschinerie bringt Besucher ruckzuck in die weite Wildnis.

S. 52

Südwestisland & der Goldene Kreis

Landschaft
Aktivitäten
Tierwelt

Vulkane & Panoramen

Der Slogan für den Südwesten könnte lauten: „Je weiter du kommst, desto besser wird es." Wer ins Landesinnere hineinwandert, erlebt sagenhafte Panoramen im drohenden Schatten grummelnder Vulkane.

Wanderer, Reiter & Wikinger

Oben in den Bergen wartet ein Paradies auf Wanderer und rund um Hella locken viele ländliche Reithöfe. Dazu noch ein paar interessante Überbleibsel aus der Sagazeit – und fertig ist das Menü für jeden Besuchergeschmack.

Putzige Papageitaucher

Die malerische Inselgruppe Vestmannaeyjar beherbergt die größte Papageitaucherkolonie der Welt. Als standesgemäßes Begrüßungskommando schwirren die ulkigen Vögel wie orientierungslose Knallkörper über den einlaufenden Fähren umher.

S. 110

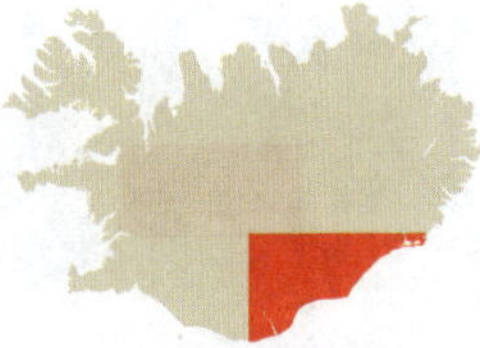

Südostisland

Landschaft
Tierwelt
Aktivitäten

Gletscherglamour

Nicht umsonst gehört der Südosten zu den meistbesuchten Regionen: Er punktet mit glitzernden Gletschern, rauschenden Wasserfällen, den Eisbergen des Jökulsárlón und Islands beliebtestem Wanderrevier, dem Skaftafell. Einen schroffen Kontrast bilden die trostlosen grauen Sander (Sanddeltas).

Tierwelt

Als nette Dreingabe beherbergt der fotogene Jökulsárlón auch Robben. In den Sandern brüten Raubmöwen, die schon mal menschliche Besucher attackieren. Ingólfshöfði wimmelt von Papageitauchern und anderen Meeresvögeln und ist prima per traktorgezogenem Karren zu erreichen.

Expeditionen ins Eis

Außer Gletscherwanderungen, Schneemobilfahrten, winterlichen Eishöhlentouren, Boots- und Kajaktrips zwischen den Eisbergen der Gletscherseen locken tolle Mountainbikeausflüge ab Kirkjubæjarklaustur mit anschließendem Krebsscherenknacken in Höfn.

S. 188

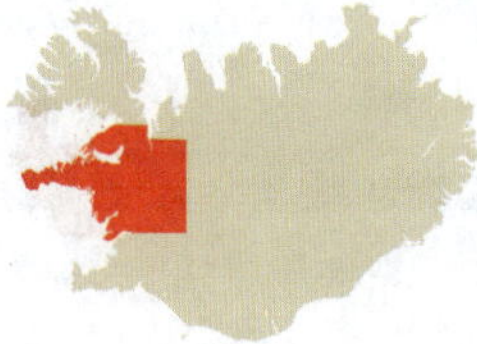

Westisland

Landschaft
Geschichte
Aktivitäten

Inseln ohne Ende

Die Halbinsel Snæfellsnes ist ein Technicolor-Traum mit Lavalandschaften, Wasserfällen, arktisch blauem Wasser und einer glitzernden Eiskappe. Einen der eindrucksvollsten Anblicke bietet der weite Breiðafjörður mit seinen Tausenden von Inselchen.

Wikingersagen

Geschichtsfans sind hier in ihrem Element: Der Westen wird wegen seiner spannenden Wikingervergangenheit auch Sagaland genannt. Faszinierende Einblicke in die Historie und die Sagenwelt verspricht das Landnahmezentrum im betriebsamen Borgarnes.

Reitabenteuer

Die Südküste der Halbinsel Snæfellsnes gehört zu den besten Gegenden, um die kleinen, robusten Islandpferde zu reiten – auf sandigen Stränden oder zu versteckten Thermalquellen in den Hügeln.

S. 220

Die Westfjorde

Landschaft
Aktivitäten
Tierwelt

Am Rand der Welt

Auf der Landkarte sieht die tief eingeschnittene Küste der Westfjorde wie riesige Hummerscheren aus, die den Polarkreis attackieren. Die spektakuläre Meeres- und Felslandschaft lässt an ferne Fantasywelten denken.

Subpolare Abenteuer

Islands Wilder Westen am Rand der Arktis, der mit gezackten Landzungen begehrlich nach Norden ausgreift, ist die ideale Kulisse für rustikales Mountainbiking, Seekajaktouren, Segeltörns und im Frühjahr Skitouren. Das Wanderparadies Hornstrandir setzt dem Ganzen die Krone auf.

Tierische Freunde

Überall sind Pferde mit wilden Mähnen anzutreffen, doch die Hauptattraktionen sind die eindrucksvollen Vogelfelsen der Region und die vereinzelten Füchse, die zwischen den Grashügeln umherhuschen. Wer mag, kann als Freiwilliger bei der Beobachtung des einzigen heimischen Landsäugers helfen.

S. 254

Nordisland

Landschaft
Tierwelt
Aktivitäten

Von allem etwas

Es gibt eigentlich nichts, was es in Nordisland nicht gibt. Küstennahe Inseln, einsame Halbinseln, eisige Gipfel, idyllische Pferdehöfe, blubbernde Schlammtöpfe, verschlafene Fischerdörfer, tosende Wasserfälle, zerklüftete Lavafelder, prustende Wale …

Wal-Wunderland

Robben räkeln sich am Ufer der Vatnsnes-Halbinsel; Papageitaucher und andere Meeresvögel nisten überall. Auch der Mývatn wimmelt von Wasservögeln. Húsavík ist das Epizentrum der Walbeobachtungsszene; Alternativen sind Orte am westlichen Eyjafjörður wie Akureyri.

Eingenordet

Der Nordwesten ist ideal für Reiter. Der Mývatn ist das Ziel für Vogelbeobachter, aber auch die entlegene Langanes-Halbinsel und die arktische Insel Grímsey haben ihre Reize. Wanderer zieht es in die nördlichen Gefilde des Vatnajökull-Nationalparks, Skiläufer auf die Halbinsel Tröllaskagi.

S. 288

Ostisland

Landschaft
Aktivitäten
Tierwelt

Fan-fjord-tastisch

Besonders dramatisch ist die Landschaft der Ostfjorde um die nördlichen Fjorddörfer herum, hinter denen Wasserfälle die steilen Bergflanken herabstürzen. Landeinwärts locken der malerische See Lagarfljót und der Wald an seinem Ostufer sowie der 1833 m hohe Snæfell im Vatnajökull-Nationalpark.

Zu Land & zu Wasser

Kajaktouren im Seyðisfjörður sind ein Highlight; Landratten trösten sich mit Mountainbiketouren am Fjordufer. Bei Húsey sind Robbenbeobachtungstouren zu Pferd ein einmaliges Erlebnis. Auch bei Wanderern sind die Ostfjorde sehr beliebt – vor allem der Borgarfjörður Eystri.

Tierwelt des Ostens

Wilde Rentiere durchstreifen die Berge und im Lagarfljót wohnt Islands Version des Ungeheuers von Loch Ness. Besonders viele Vögel tummeln sich um einsame Höfe wie Húsey und die Papageitaucher-Beobachtungsplattform am Borgarfjörður Eystri.

S. 353

Das Hochland

Landschaft
Einsamkeit
Aktivitäten

Mondlandschaften

Diese Region ist praktisch unbewohnt – es gibt keine Städte oder Dörfer, nur Sommerhütten und -unterkünfte. Hier trainierten einst die Astronauten der NASA. Durch die jüngste Eruption im Holuhraun hat das alte Lavafeld ganz neue Dimensionen angenommen.

Karge Schönheit

Eine Reise durchs Hochland erschließt ganz neue Bedeutungen des Wortes „Einöde". Die Einsamkeit ist berauschend, der Blick unendlich weit. Manche Besucher sind angesichts der endlosen grauen Sandwüste enttäuscht, andere voller Ehrfurcht vor der Natur in ihrer rauesten Form.

Extremwandern

Wander-, Rad- oder Reittouren durchs Landesinnere sind ungeheuer hart, aber lohnend. Kerlingarfjöll und die Askja-Region haben erstklassige Wanderrouten, Hveravellir heiße Quellen. Viele Besucher erkunden die Region aber lieber auf einer komfortablen Superjeeptour.

S. 386

Reiseziele in Island

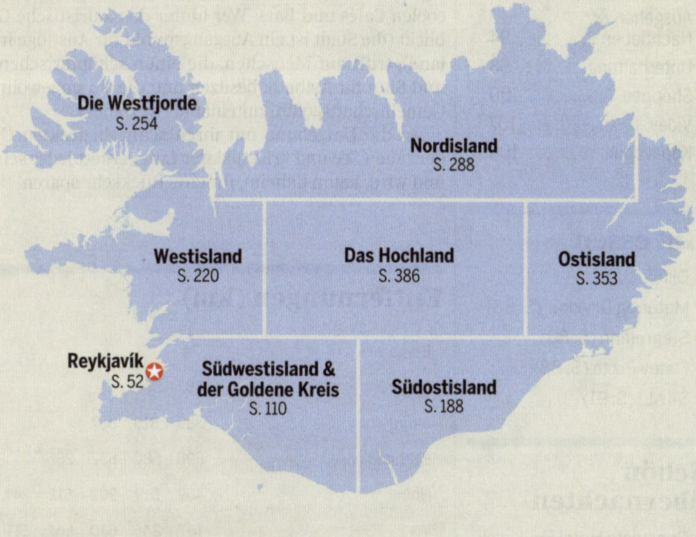

Reykjavík

STADTZENTRUM: 124 847 EW.; GROSSRAUM REYKJAVÍK: 217 711 EW.

Inhalt ➡

Gut essen

- Dill (S. 92)
- Matur og Drykkur (S. 88)
- Sægreifinn (S. 88)
- Flatey Pizza (S. 88)
- SKÁL! (S. 91)

Schön übernachten

- Consulate Hotel Reykjavík (S. 78)
- Icelandair Hotel Reykjavík Marina (S. 79)
- Eyja Guldsmeden (S. 83)
- Alda Hotel (S. 82)
- Forsæla Apartmenthouse (S. 81)

Auf nach Reykjavík!

Die nördlichste Hauptstadt der Welt ist ein Mix aus bunten Häusern, einem eigenwilligen, kreativen Menschenschlag, flottem Design und wildem Nachtleben – und besitzt eine kapriziöse Seele.

Für seine Größe ist Reykjavík erstaunlich weltstädtisch. Im Vergleich mit London oder Paris ist es eine Kleinstadt, aber voll von großartiger Kunst, kulinarischer Vielfalt und coolen Cafés und Bars. Wer hinter das touristische Gesicht blickt (die Stadt ist ein Ausgangspunkt für Ausflüge ins Umland), trifft auf Menschen, die einen schöpferischen Geist und Sinn für Ästhetik besitzen und die ein ungewöhnliches Gemeinschaftsgefühl miteinander verbindet.

An die Umgebung mit ihren schneebedeckten Gipfeln, der rauen See und kristallklarer Luft verliert jeder sein Herz und wird, kaum daheim, für eine Rückkehr sparen.

Entfernungen (km)

	Reykjavík	Borgarnes	Ísafjörður	Akureyri	Egilsstaðir	Höfn
Borgarnes	74					
Ísafjörður	457	384				
Akureyri	389	315	567			
Egilsstaðir	698	580	832	265		
Höfn	459	519	902	512	247	
Vík	187	246	630	561	511	273

Highlights

1 Altstadt (S. 54) Das historische Viertel erkunden und auf dem Laugavegur shoppen.

2 Nationalmuseum (S. 55) In die faszinierende Geschichte Islands eintauchen.

3 Alter Hafen (S. 59) Museen, Restaurants und eine Mikrobrauerei besuchen.

4 Hallgrímskirkja (S. 61) Auf den Turm des modernen Kirchenbaus hinauffahren.

5 Kunstmuseum Reykjavík (S. 55) In herausragenden Museen Kunst genießen.

6 Landnahmeausstellung (S. 55) Fundstücke aus Reykjavíks Gründungszeit bestaunen.

7 Harpa (S. 62) Im glitzernden Konzerthaus eine Aufführung erleben.

8 Partyszene (S. 98) In Lokalen wie Kaffibarinn oder Kiki ordentlich feiern.

9 Cafés (S. 89) In urigen Läden wie dem Stofan Kaffihús Kaffee schlürfen.

10 Laugardalur (S. 63) Im Thermalbad oder dem Botanischen Garten entspannen.

Geschichte

Der norwegische Landesflüchtling Ingólfur Arnarson wurde 871 n. Chr. der erste offizielle Isländer. Angeblich warf er seine *öndvegissúlur* (Hochsitzpfosten) über Bord und siedelte dort, wo die Götter sie an Land treiben ließen. Das war bei Reykjavík, der „Rauchbucht", wie er sie nach dem Dampf ihrer Thermalquellen taufte. Nach Aufzeichnungen aus dem 12. Jh. baute Ingólfur seinen Bauernhof in der Nähe der heutigen Aðalstræti, wo bei Ausgrabungen tatsächlich ein Langhaus aus der Wikingerzeit gefunden wurde.

Jahrhundertelang blieb Reykjavík eine bloße Ansammlung von Bauernhäusern. 1225 entstand auf der Insel Viðey vor der Küste ein bedeutendes Augustinerkloster. Es wurde allerdings während der Reformation im 16. Jh. zerstört.

Im frühen 17. Jh. verhängte der dänische König ein erdrückendes Handelsmonopol, das Island in Hunger und Armut stürzte. Um die Handelssperre zu umgehen, richtete Landvogt Skúli Magnússon, der „Vater von Reykjavík", in den 1750er-Jahren Webereien, Gerbereien und Wollfärbereien ein.

Reykjavíks große Stunde schlug im Zweiten Weltkrieg. Die Stadt hatte die britischen und US-amerikanischen Soldaten zu versorgen, die in Keflavík stationiert waren. Das ungebremste Wachstum der Hauptstadt setzte sich fort, bis es 2008 während der Finanzkrise einen heftigen Dämpfer bekam. Inzwischen haben wachsende Besucherzahlen und der ungebrochene Einfallsreichtum der Einheimischen dem Zentrum von Reykjavík zu einer neuen Blüte verholfen.

Sehenswertes

Die meisten Sehenswürdigkeiten liegen im kompakten Stadtzentrum, von interessanten Flanier- und Shoppingmeilen bis zu hervorragenden Museen und schönen See- und Strandpromenaden.

Altstadt

★ Altstadt STADTTEIL

(Karte S. 60) Das Herz von Reykjavík bildet die Altstadt mit einer Reihe von Sehenswürdig-

REYKJAVÍK IN …

… einem Tag

Der Tag beginnt mit einem Spaziergang durch die Altstadt (s. o.) und am Tjörnin. Danach geht's in die besten Museen der Stadt, z. B. ins eindrucksvolle Nationalmuseum (S. 55), ins Kunstmuseum Reykjavík (S. 55) oder in die Landnahmeausstellung (S. 55). Am Nachmittag wird die kunstsinnige Skólavörðustígur bis hinauf zur riesigen Hallgrímskirkja (S. 61) erkundet. Die Fahrt im Aufzug auf den Turm wird von einem tollen Ausblick gekrönt. Anschließend warten die Geschäfte auf dem Laugavegur. Bravó (S. 97) ist die richtige Adresse für einen Drink und um Leute zu beobachten, dann ist es auch schon Zeit fürs Abendessen. Für ein zwangloses Essen eignet sich Hlemmur Mathöll (S. 91), isländische Fusionsküche gibt's in der Mat Bar (S. 91).Viele Cafés – z. B. Kaffi Vínyl (S. 96) – verwandeln sich am späteren Abend in Partylocations. Am Wochenende geht's auf in die berüchtigte Reykjavíker Kneipentour. Gute Ausgangspunkte sind das Kaffibarinn (S. 96) oder das bierselige Kaldi (S. 97). Später schließt man sich den Einheimischen auf dem Weg zur neuesten Kneipe an oder geht im Kiki (S. 97) tanzen.

… zwei Tagen

Nach einer langen Nacht kommt ein Brunch im Bergsson Mathús (S. 87) gerade recht. Wer sich von der Seeluft durchpusten lassen will, schlendert stattdessen zum Kaffivagninn (S. 89) im alten Hafen oder zu den Imbissständen im Grandi Mathöll (S. 88). Nach der Besichtigung des Hafens und des neu eingerichteten Seefahrtsmuseums (S. 59) geht's weiter zu Kling & Bang (S. 63) und anderen großartigen Galerien im Marshall Húsið. Eine Alternative wäre eine Walbeobachtungstour. Am Nachmittag geht's in Laugardalur zu den heißen Quellen, Gärten, cooler Kunst und ins Café Flóra (S. 93). Wer abends in einem der schicken, isländischen Toprestaurants schmausen möchte, sollte reservieren, z. B. im Dill (S. 92) oder im Matur og Drykkur (S. 88). Bodenständigere Typen probieren Reykjavíks beliebteste Hotdogs im Bæjarins Beztu (S. 86). Zu später Stunde tobt in Läden wie Paloma (S. 94), Húrra (S. 98) oder Prikið (S. 97) die Party.

keiten, die auf den historischen Stadtrundgängen üblicherweise angesteuert werden. Sie grenzt an den Tjörnin, einen See mitten in der Stadt. Zwischen ihm und dem Park Austurvöllur im Norden liegen Raðhús (Rathaus) und Alþingi (Parlament).

★Nationalmuseum MUSEUM

(Þjóðminjasafn Íslands; Karte S. 56; ☎530 2200; www.nationalmuseum.is; Suðurgata 41; Erw./Kind 2000 ISK/frei; ⊙Mai–Mitte Sept. 10–17 Uhr, Mitte Sept.–Mai Mo geschl.; 🚌1, 3, 6, 12, 14) In den innovativ gestalteten Räumen des hervorragenden isländischen Nationalmuseums sind Artefakte von der Landnahmeära bis zur Moderne ausgestellt. Die Exponate geben einen hervorragenden Überblick über Islands Geschichte und Kultur, mit zusätzlichen Infos vom kostenlosen Smartphone-Audioguide. Die größte Abteilung ist der Sagazeit gewidmet und beschäftigt sich u. a. mit der Herrschaft der Häuptlinge und der Einführung des Christentums. Die Sammlungen im oberen Stock umfassen den Zeitraum von 1600 bis heute und vermitteln anschaulich, wie Island unter Fremdherrschaft litt und schließlich die Unabhängigkeit errang. Gezeigt werden auch originelle Alltagsobjekte, die aus allem erdenklichen Material gefertigt wurden, wie die Spielsteine aus Ohrknochen vom Kabeljau, oder die Holzpuppe, die auch als Küchengerät diente. Mittwochs, samstags und sonntags werden um 11 Uhr kostenlose Führungen auf Englisch angeboten. Die Eintrittskarte gilt auch für das Kulturhaus (S. 62).

★Landnahmeausstellung MUSEUM

(Landnámssýningin; Karte S. 60; ☎411 6370; www.reykjavikmuseum.is; Aðalstræti 16; Erw./Kind 1650 ISK/frei; ⊙9–18 Uhr) Das faszinierende archäologische Museum ist rund um die Ruine eines Wikinger-Langhauses aus dem 10. Jh. aufgebaut, das hier 2001/2002 ausgegraben wurde und zusammen mit anderen Fundstücken aus der Siedlungsära, die alle aus Reykjavíks Zentrum stammen, präsentiert wird. Modernste Technik kommt zum Einsatz, um einen Einblick in das Leben der frühen Siedler zu geben. Besonders interessant ist das Stück **Grenzmauer** hinter dem Museum, das noch weiter zurückdatiert wird und als das älteste Bauwerk in Reykjavík gilt. Zu den faszinierenden Hightech-Präsentationen des Museums gehört ein Rundumpanorama, das das Gelände zu der Zeit zeigt, als das Langhaus gebaut wurde.

KUNSTMUSEUM REYKJAVÍK

Das exzellente Kunstmuseum Reykjavík (Listasafn Reykjavíkur; www.artmuseum.is; Erw./Kind 1650 ISK/frei; 📶) ist auf drei hervorragend kuratierte Standorte verteilt: Das große, moderne Hafnarhús (s. u.) in der Innenstadt steht im Zeichen zeitgenössischer Kunst, das Kjarvalsstaðir (S. 62) in einem Park östlich der Snorrabraut zeigt moderne Kunst in Wechselausstellungen und das Ásmundarsafn (S. 64), eine Oase in der Nähe des Stadtviertels Laugardalur, ist den Skulpturen von Ásmundur Sveinsson gewidmet. Ein Ticket (24 Stunden gültig) verschafft Eintritt zu allen drei Häusern.

Interaktive Multimediatafeln erläutern die Ausgrabungen und die Besucher können mit einem raumschiffartigen Instrumentenbord durch die unterschiedlichen Schichten der Konstruktion navigieren. Führungen gibt es von Juni bis August werktags um 11 Uhr.

★Kunstmuseum Reykjavík – Hafnarhús KUNSTMUSEUM

(Karte S. 60; ☎411 6400; www.artmuseum.is; Tryggvagata 17; Erw./Kind 1650 ISK/frei; ⊙10–17, Do bis 22 Uhr; 🚌1, 3, 6, 11, 12, 13, 14) Das Hafnarhús des Kunstmuseums Reykjavík ist ein wunderbar restauriertes altes Lagerhaus, das zu einem riesigen Ausstellungsraum aus Stahl und Beton umgebaut wurde. Die Ausstellungen isländischer Avantgardekunst (Installationen, Videos, Gemälde und Skulpturen) wechseln häufig, ein Bereich ist aber immer für den politischen Künstler Erró (eigentlich Guðmundur Guðmundsson) und seine Gemälde im Comicstil reserviert, der dem Museum mehrere Tausend Werke gespendet hat.

★Tjörnin SEE

(Karte S. 56) Der stille See mitten in der Stadt hallt wider vom Schnattern und Quaken der über 40 Vogelarten an seinen Ufern, darunter Schwäne, Gänse und Küstenseeschwalben. Das Entenfüttern ist ein beliebter Zeitvertreib bei Knirpsen im Vorschulalter. Radfahrer und Jogger nutzen die Wege der hübschen Grünanlagen am Südufer – z. B. den Hljómskálagarður-Park (S. 59) –, in denen allerlei Skulpturen stehen. Im Winter ziehen abgehärtete Naturen Schlittschuhe an und verwandeln das flache Gewässer in eine Eisbahn.

Reykjavík

Austurvöllur

PARK

(Karte S. 60) Die Grünflächen des Austurvöllur waren einmal die Heuwiesen des ersten Dauersiedlers Ingólfur Arnarson. Heute ist der Park ein beliebtes Plätzchen für einen gemütlichen Kaffee, ein Mittagspicknick oder ein Sonnenbad neben dem Alþingi. Manchmal wird er auch für Freiluftkonzerte und politische Demonstrationen genutzt. Die Statue in der Platzmitte stellt Jón Sigurðsson dar, Vorkämpfer der isländischen Unabhängigkeitsbewegung.

Alþingi HISTORISCHES GEBÄUDE

(Parlament; Karte S. 60; ☎563 0500; www.althingi.is; Kirkjustraeti) GRATIS Islands erstes Parlament versammelte sich im Jahr 930 n. Chr. in Þingvellir. Nach dem Verlust seiner Souveränität im 13. Jh. gewann das Land im 19. Jh. seine Unabhängigkeit schrittweise zurück. 1880 hielt das moderne Alþingi in diesen Basaltbau Einzug. 2002 entstand ein schicker Anbau aus Glas und Stein. Besucher können von Mitte September bis Anfang Juni viermal wöchentlich den Parla-

Reykjavík

Highlights
1 Laugardalur ... G4
2 Nationalmuseum ... B4
3 Kunstmuseum Reykjavík – Ásmundarsafn ... F4
4 Tjörnin ... C3

Sehenswertes
5 Ásgrímur-Jónsson-Sammlung ... C4
6 Hljómskálagarður-Park ... C4
7 Landakotskirkja ... B3
8 Miklatún-Park ... D4
9 Nordisches Haus ... B4
10 Peace Tower ... H1
11 Perlan ... D5
12 Botanischer Garten Reykjavík ... G4
13 Universität Reykjavík ... D6
14 Zoo & Familienpark Reykjavík ... G4
15 Sigurjón-Ólafsson-Museum ... F2
16 Universität Island ... B4
17 Kirche von Viðey ... H1
18 Viðeyarstofa ... H1
Wonders of Iceland: Glaciers & Ice Cave ... (s. 11)

Aktivitäten, Kurse & Touren
19 Air Iceland Connect ... C5
Atlantsflug ... (s. 19)
Eagle Air Iceland ... (s. 19)
20 Laugar Spa ... F3
21 Laugardalslaug ... F3
22 Geothermalstrand Nauthólsvík ... C6
23 Norðurflug ... C5
24 Reykjavík Excursions ... C4
25 Reykjavík Helicopters ... C5
26 Reykjavíker Eislaufhalle ... G4
27 Vesturbæjarlaug ... B3

Schlafen
28 Embassy Apartments ... C3
29 Ferðafélag Íslands ... G5
30 Guesthouse Butterfly ... C3
31 Hilton Reykjavík Nordica ... F4
32 Icelandair Hotel Natura ... C5
33 Oddsson Hostel ... B2
34 Reykjavík Campingplatz ... G3
35 Reykjavík City Hostel ... G3
36 Three Sisters ... C2

Essen
37 10–11 ... E4
38 Bónus ... E5
39 Café Flóra ... G4
40 Frú Lauga ... F3
41 Kaffihús Vesturbæjar ... B3
42 Le Kock ... G5
43 Nauthóll ... D6
Viðeyarstofa Café ... (s. 18)
44 Viðeyjarnaustt-Hütte ... G1
Vox ... (s. 31)

Ausgehen & Nachtleben
45 Bike Cave ... B5
46 Stúdentakjallarinn ... B4

Unterhaltung
47 Isländischer Fußballverband ... F3
Icelandic Dance Company ... (s. 50)
48 Laugardalshöllin ... F4
49 Nationalstadion Laugardalsvöllur ... F3
50 Stadttheater Reykjavík ... E5

Shoppen
51 Kringlan ... E5

mentssitzungen beiwohnen (Details auf der Website).

Ráðhús SEHENSWERTES GEBÄUDE
(Rathaus; Karte S. 60; Vonarstræti; ⌚Mo–Fr 8–16 Uhr) GRATIS Das Raðhús ist ein postmoderner Bau mit getönten Scheiben und bemoosten Wänden, der sich in schönster Lage, nämlich auf Betonpfeilern aus dem Tjörnin, erhebt. Drinnen befinden sich eine interessante 3-D-Reliefkarte von Island und die zentrale Touristeninformation (S. 104).

Fotografiemuseum Reykjavík MUSEUM
(Ljósmyndasafn Reykjavíkur; Karte S. 60; ☎411 6390; www.photomuseum.is; 6. OG, Tryggvagata 15, Grófarhús; Erw./Kind 1000 ISK/frei; ⌚Mo–Do 10–18, Fr 11–18, Sa & So 13–17 Uhr; 📶) Die Fotogalerie hoch über der Stadtbibliothek von Reykjavík lohnt einen Besuch wegen der erstklassigen regionalen Fotografen, die hier ausstellen. Wer mit dem Aufzug hochfährt, sollte runter unbedingt zu Fuß gehen, denn im Treppenhaus hängen alte Schwarz-Weiß-Fotografien.

Gröndalshús MUSEUM
(Schriftstellerhaus; Karte S. 60; ☎411 6020; www.bokmenntaborgin.is; Fischersund; ⌚Mitte Juni–Aug. Do–So 13–17 Uhr) GRATIS Das kleine, rote Haus des Schriftstellers, Illustrators und Naturkundlers Benedikt Gröndal gibt einen wunderbaren Eindruck vom Leben in Reykjavík um die Jahrhundertwende. Gröndal lebte hier von 1880 bis 1907 und zu den Ausstellungsstücken gehört auch seine Sammlung mit berühmten Farbzeichnungen *Die Fauna Islands*. Besonders interessant ist der Riesenalk, ein flugunfähiger Vogel, der bereits Mitte des 19. Jh. durch Jagd ausgerottet war.

Volcano House MUSEUM
(Karte S. 60; ☎555 1900; www.volcanohouse.is; Tryggvagata 11; Erw./Kind 1990/1000 ISK; ⌚9–22 Uhr; 📶) Das moderne Kino mit einer Mineralienausstellung zum Anfassen im Foyer zeigt stündlich zwei Filme mit einer Gesamtlänge von 55 Minuten über die Vulkane auf den Vestmannaeyjar und den Eyjafjallajökull. Im Sommer werden sie einmal täglich auch auf Deutsch, Französisch, Isländisch und Schwedisch gezeigt.

Dómkirkja KIRCHE
(Karte S. 60; www.domkirkjan.is; Kirkjustræti; ⌚Mo–Fr 10–16.30 Uhr, Gottesdienst So 11 Uhr) Dass die Dómkirkja Islands wichtigste Kathedrale ist, sieht man ihr nicht unbedingt an. Sie spielte eine entscheidende Rolle beim Übertritt der Bevölkerung zur lutherischen Konfession. Der heutige Bau entstand Ende des 18. Jhs. und wurde in den 1840er-Jahren erweitert. Das Ergebnis war ein noch immer kleines, aber perfekt proportioniertes Bauwerk mit schlichtem Holzinterieur und Goldakzenten.

Hljómskálagarður-Park PARK
(Karte S. 56) GRATIS Der Park erstreckt sich direkt südöstlich des Tjörnin. In einem Bereich des Parks stehen Skulpturen von fünf isländischen Künstlerinnen – Gunnfríður Jónsdóttir (1889–1968), Nína Sæmundson (1892–1962), Þorbjörg Pálsdóttir (1919–2009), Ólöf Pálsdóttir (geb. 1920) und Gerður Helgadóttir (1928–1975) – sowie der Dänin Tove Ólafsson (1909–1992).

Aðalstræti 10 HISTORISCHES GEBÄUDE
(Karte S. 60; Aðalstræti 10; ⌚9–16 Uhr) GRATIS Das älteste Holzhaus in Reykjavík stammt von 1762 und ist Schauplatz für Wechselausstellungen zur Geschichte der Stadt.

Alter Hafen

★ Alter Hafen STADTTEIL
(Karte S. 66; Geirsgata; 🚌1, 3, 6, 11, 12, 13, 14) Bis vor Kurzem noch größtenteils als solcher in Betrieb, ist der alte Hafen zusammen mit dem Nachbarviertel Grandi als touristischer Hotspot mit wichtigen Kunstgalerien, mehreren Museen, Filmschauen über Vulkane und Nordlicht sowie ausgezeichneten Restaurants zu neuem Leben erwacht. Am Kai legen Boote zu Wal- oder Papageitaucherbeobachtung ab. Fischerboote, das Konzerthaus Harpa und die schneebedeckten Berge dahinter lassen Fotografen auf Motivsuche fündig werden.

Westlich vom Hafen eröffnen in Grandi, das nach der ansässigen Fischfabrik benannt wurde, mehr und mehr Restaurants und Läden.

★ Omnom Chocolate FABRIK
(Karte S. 66; ☎519 5959; www.omnomchocolate.com; Hólmaslóð 4, Grandi; Erw./Kind 3000/1500 ISK; ⌚Mo–Fr 11–18, Sa 12–16 Uhr) Wer rechtzeitig reserviert, kann bei einer Führung (Mo–Fr 14 Uhr) durch die Schokoladenfabrik miterleben, wie edle Kakaobohnen zu feinster Schokolade verarbeitet werden. Die stilvoll verpackten Tafeln mit dem ausgefallenen Logo gibt es in vielen raffinierten Geschmacksrichtungen.

Seefahrtsmuseum Reykjavík MUSEUM
(Sjóminjasafnið í Reykjavík; Karte S. 66; ☎411 6300; www.maritimemuseum.is; Grandagarður 8; Erw./Kind 1650 ISK/frei; Óðinn & Museum 2600 ISK; ⌚10–17 Uhr, Óðinn-Führungen 11, 13, 14 & 15 Uhr; 👪; 🚌14) Die bedeutende Rolle der Fischerei in der isländischen Wirtschaft wird in dieser ehemaligen Fischgefrierfabrik durch originelle Exponate gewürdigt. Die neue Ausstellung **Fisch & Mensch** erzählt anhand von Artefakten, sepiagefärbten Fotos und interaktiven Spielen 150 Jahre Fischereigeschichte von den Ruderbooten des späten 19. Jhs. bis zu den Trawlern des 21. Jhs. Auch die tägliche Führung durch das ehemalige Schiff der Küstenwache, *Óðinn*, lohnt sich (1300 ISK).

Whales of Iceland MUSEUM
(Karte S. 66; ☎571 0077; www.whalesoficeland.is; Fiskislóð 23; Erw./Kind 2900/1500 ISK; ⌚10–17 Uhr; 📶; 🚌14) Schon mal unter einem Blauwal hindurchspaziert? Das Museum zeigt lebensgroße Modelle der 23 Walar-

INFO-QUELLEN

Visit Reykjavík (www.visitreykjavik.is) Offizielle Website zum Tourismus.

Grapevine (www.grapevine.is) Englischsprachiges Stadtmagazin mit hervorragenden Inhalten.

Iceland Review Online (www.icelandreview.com/de) Tägliche Berichte aus der Politik, Tagesgeschehen, Kulturbetrieb und mehr in Island.

I Heart Reykjavík (www.iheartreykjavik.net) Kurzweiliger Blog in englischer Sprache.

Reykjavík Altstadt

ten, die sich vor Islands Küsten tummeln, sowie Modelle von Walskeletten und ist die größte Institution dieser Art in Europa. Gute Audioguides und Multimedia-Bildschirme erläutern den Besuchern, was sie zu sehen bekommen. Es gibt ein Café und einen Souvenirshop sowie ermäßigte Online- und Familientickets (5800 ISK).

Saga Museum MUSEUM

(Karte S. 66; ☎511 1517; www.sagamuseum.is; Grandagarður 2; Erw./Kind 2200/800 ISK; ⌚10–18 Uhr; 📶; 🚌14) Das liebenswert blutrünstige Museum erweckt die Sagazeit mit unheimlichen Silikonpuppen und einem Soundtrack aus Axthieben und haarsträubendem Geschrei zum Leben. Besucher sollten sich nicht wundern, wenn sie einige der Gestalten in der Stadt herumlaufen sehen – Reykjavíker Einwohner haben für die Figuren Modell gestanden (Die irische Prinzessin und das kleine Sklavenmädchen, das an einem Fisch kaut, sind die Töchter des Betreibers).

Aurora Reykjavík MUSEUM

(Nordlichtzentrum Karte S. 66; ☎780 4500; www.aurorareykjavik.is; Grandagarður 2; Erw./Kind 1600/1000 ISK; ⌚9–21 Uhr; 🚌14) Die Ausstellung macht ihre Besucher mit den klassi-

Reykjavík Altstadt

Highlights
1 i8 ... A1
2 Altstadt ... B4
3 Kunstmuseum Reykjavík – Hafnarhús ... B2
4 Landnahmeausstellung ... A4

Sehenswertes
5 Aðalstræti 10 ... A3
6 Alþingi ... B4
7 Austurvöllur ... C4
8 Dómkirkja ... C4
9 Gröndalshús ... A2
10 Ingibjörg-H.-Bjarnason-Statue ... B4
Jón-Sigurðsson-Statue ... (s. 7)
11 Ráðhús ... A5
12 Fotografiemuseum Reykjavík ... B1
13 Skúli-Magnússon-Statue ... A4
14 Volcano House ... A1

Aktivitäten, Kurse & Touren
15 Free Walking Tour Reykjavik ... D4
16 Grayline Iceland ... D3
17 Haunted Walk ... B2
18 Literarisches Reykjavík ... B1

Schlafen
19 Apotek ... C4
20 Black Pearl ... A1
21 CenterHótel Plaza ... B3
22 Consulate Hotel Reykjavík ... D3
23 Hótel Borg ... C4
24 Hótel Reykjavík Centrum ... A4
25 Kvosin Downtown ... C5
26 Radisson Blu 1919 ... C3
27 Reykjavík Downtown Hostel ... A1

Essen
28 10–11 ... C3
Apotek ... (s. 19)
29 Bæjarins Beztu ... C3
30 Bergsson Mathús ... B5
31 Bio Borgari ... A1
32 Fiskfélagið ... B2
33 Fiskmarkaðurinn ... A3
34 Grillmarkaðurinn ... D4
35 Hornið ... C3
36 Icelandic Fish & Chips ... A1
37 Icelandic Street Food ... C5
38 Jómfrúin ... D4
39 Lobster Hut ... D3
40 Matarkjallarinn ... B2
41 Messinn ... C5
42 Stofan Kaffihús ... B2
43 Tapas Barinn ... A2
44 Torfan Lobsterhouse ... D5

Ausgehen & Nachtleben
45 Frederiksen Ale House ... C2
46 Klaustur ... C5
47 Loftið ... B3
48 Micro Bar ... B2
49 Pablo Discobar ... B3
50 Paloma ... B2
51 Sæta Svínið Gastropub ... B2
52 Skúli Craft Bar ... B3

Unterhaltung
53 Gaukurinn ... B2
Húrra ... (s. 53)
54 Tjarnarbíó ... A5

Shoppen
Akkúrat ... (s. 56)
Eymundsson ... (s. 19)
55 Fischer ... A2
56 Iceland Design Centre ... B2
57 Kirsuberjatréð ... A2
58 Kogga ... A2
59 Flohmarkt Kolaportið ... C2
60 Nordic Store ... D4
61 Vínbúðin – Austurstræti ... C3

schen Sagen über das Nordlicht bekannt, aber auch mit der wissenschaftlichen Erklärung für das Naturphänomen. Dazu gibt es einen 35-minütigen Film in Panorama-HD und mit Surround Sound über die Nordlichter in Island.

Laugavegur & Skólavörðustígur

★ Hallgrímskirkja — KIRCHE

(Karte S. 70; ☎510 1000; www.hallgrimskirkja.is; Skólavörðustígur; Turm Erw./Kind 1000/100 ISK; ⌚Mai–Sept. 9–21 Uhr, Okt.–April bis 17 Uhr) Die riesige Kirche aus weißem Beton (1945–1986), auf unzähligen Postkarten abgebildet, dominiert die Skyline und ist auch aus 20 km Entfernung noch sichtbar. Wer mit dem Aufzug den 74,5 m hohen Turm hinauffährt, wird mit einem einzigartigen Blick über die Stadt belohnt. Im Gegensatz zur spektakulären Fassade ist der Innenraum protestantisch-unspektakulär. Ins Auge fällt vor allem die riesige Orgel mit 5275 Pfeifen, die 1992 eingebaut wurde. Die Größe und die radikale Architektur der Kirche lösten heftige Kontroversen aus. Ihr Architekt Guðjón Samúelsson (1887–1950) starb lange vor Abschluss der Bauarbeiten.

Zum Konzept von Samúelssons nationalem Architekturstil gehören die Säulen aus Basalt beidseitig des Turms, welche die durch Vulkane geprägte Landschaft Islands repräsentieren. Davor blickt eine Statue des Wikingers Leifur Eiríksson stolz in die Ferne. Eiríksson gilt als der erste Europäer, der amerikanischen Boden betrat.

Die Hallgrímskirkja (gesprochen *hotl-krims-kirkja*) ist nach dem Dichter und Pastor Hallgrímur Pétursson (1614–1674) benannt, der das berühmteste Gesangbuch Islands schrieb, die *Passíusálmar* (Passionshymnen).

Von Mitte Juni bis Ende August sind mittwochs um 12 Uhr halbstündige **Chorkonzerte** (www.scholacantorum.is; 2500 ISK) sowie donnerstags und samstags um 12 Uhr (2000 ISK) und sonntags um 17 Uhr einstündige (2500 ISK) **Orgelkonzerte** (www.listvinafelag.is) zu hören. Der Sonntagsgottesdienst beginnt um 11 Uhr, ein kürzerer mittwochs um 20 Uhr. Am letzten Sonntag im Monat findet um 14 Uhr ein englischsprachiger Gottesdienst statt.

★ Harpa — KULTURZENTRUM

(Karte S. 70; ☎Kartenverkauf 528 5050; www.harpa.is; Austurbakki 2; ⌚8–24 Uhr, Kartenverkauf 12–18 Uhr; 📶) Mit seiner changierenden Fassade ist das Konzerthaus und Kongresscenter Harpa direkt am Wasser eine echte Augenweide. Neben hochkarätigen Aufführungen (teilweise kostenlos) lohnt sich auch die Besichtigung der ebenfalls schimmernden Innenräume mit Hafenblick oder eine höchst empfehlenswerte 30-minütige Führung (1500 ISK), die das ganze Jahr über zwei- oder dreimal täglich stattfindet, von Mitte Juni bis Mitte August sogar bis zu achtmal.

★ Kulturhaus — MUSEUM

(Þjóðmenningarhúsið; Karte S. 70; ☎530 2210; www.culturehouse.is; Hverfisgata 15; Erw./Kind inkl. Nationalmuseum 2000 ISK/frei; ⌚Mai–Mitte Sept. 10–17 Uhr, Mitte Sept.–April Mo geschl.; 📶) Das herausragende Gemeinschaftsprojekt von Nationalmuseum, Nationalgalerie und vier weiteren Institutionen zeigt eine hervorragend kuratierte Ausstellung zum künstlerischen und kulturellen Erbe Islands von der Siedlungszeit bis heute. Die unschätzbaren Ausstellungsstücke sind nach Themenbereichen geordnet. Zu den Highlights gehören Manuskripte aus dem 14. Jh., zeitgenössische Kunst und das Skelett eines Riesenalks (heute ausgestorben). Termine für kostenlose Führungen stehen auf der Website.

Das renovierte Gebäude von 1908 ist ein Juwel mit tollem Hafenblick und einem schicken Café (S. 90) im Erdgeschoss. Die Eintrittskarte gilt auch für das Nationalmuseum (S. 55).

★ Isländisches Phallusmuseum — MUSEUM

(Hið Íslenzka Reðasafn; Karte S. 80; ☎561 6663; www.phallus.is; Laugavegur 116; Erw./Kind 1500 ISK/frei; ⌚10-18 Uhr, Juni–Aug. ab 9 Uhr) Klar, alle Witze zu diesem Museum sind schon gemacht. Aber die riesige Penissammlung ist ausgezeichnet präsentiert. Zu bestaunen sind 286 getrocknete, ausgestopfte oder in Alkohol konservierte Exemplare von heimischen und sonstigen Säugetieren, darunter solche von einem Pottwal und einem Eisbär. Dazu winzige Mäusegenitalien sowie Silberabgüsse von den besten Stücken aller Mitglieder der isländischen Handballmannschaft. Das einzige menschliche Original stammt von dem verstorbenen Bergsteiger Páll Arason.

★ Kunstmuseum Reykjavík – Kjarvalsstaðir — KUNSTMUSEUM

(Karte S. 80; ☎411 6420; www.artmuseum.is; Flókagata 24, Miklatún-Park; Erw./Kind 1650 ISK/frei; ⌚10–17 Uhr; 📶) Der eckige Glas-Holz-Bau am Miklatún-Park ist nach Jóhannes Kjarval (1885–1972) benannt, dem bekanntesten und beliebtesten Künstler Islands. Er war Fischer, bis seine Schiffsmannschaft zusammenlegte, um ihm das Studium an der Akademie der Künste in Kopenhagen zu finanzieren. Neben einer Dauerausstellung seiner atmosphärischen Landschaftsbilder zeigt das Museum in Wechselausstellungen meist isländische Kunst des 20. Jhs.

★ Isländische Nationalgalerie — MUSEUM

(Listasafn Íslands; Karte S. 70; ☎515 9600; www.listasafn.is; Fríkirkjuvegur 7; Erw./Kind 1800 ISK/frei; ⌚Mitte Mai–Mitte Sept. tgl. 10–17 Uhr, Mitte Sept.–Mitte Mai Di–So 11–17 Uhr; 📶) Der hübsche Bau mit Atrien und geräumigen Galerien am Tjörnin bietet wechselnde Ausstellungen aus einer Sammlung mit 10 000 Kunstwerken, von denen das Museum immer nur einen kleinen Teil zeigen kann. Das Angebot an Ausstellungen reicht von populären isländischen Künstlern des 19. und 20. Jhs. (wie Jóhannes Kjarval oder Nína Sæmundsson) bis zu Skulpturen von Sigurjón Ólafsson und anderen.

Der Eintritt gilt gleichzeitig für die Ásgrímur-Jónsson-Sammlung (S. 63) und das Sigurjón Ólafsson Museum (S. 64).

GALERIEN IN REYKJAVÍK

In Reykjavík gibt es viele kleine Galerien für zeitgenössische Kunst und Geschäfte mit Produkten lokaler Designer.

Kling & Bang (Karte S. 66; ☎554 20 03; http://this.is/klingandbang; Grandagarður 20, Marshall Húsið, Grandi; ⏲Mi & Fr–So 12–18, Do bis 21 Uhr) GRATIS Die Ausstellungen junger Avantgarde-Künstler in neuen Galerieräumen stehen bei den Einheimischen hoch im Kurs.

Stúdíó Ólafur Elíasson (Karte S. 66; ☎551 3666; www.olafureliasson.net; Grandagarður 20, Marshall Húsið, Grandi; ⏲Di, Mi & Fr–So 12–18, Do bis 21 Uhr; 🚌14) GRATIS Vermittelt einen Einblick in das Werk des hochgelobten isländisch-dänischen Künstlers.

i8 (Karte S. 60; ☎551 3666; www.i8.is; Tryggvagata 16; ⏲Di–Fr 11–18, Sa 13–17 Uhr) GRATIS Die Galerie zeigt einige der bekanntesten zeitgenössischen Künstler des Landes. Viele von ihnen stellen auch im Ausland aus

Hverfisgallerí (Karte S. 70; ☎537 4007; www.hverfisgalleri.is; Hverfisgata 4; ⏲Di–Fr 13–17, Sa 14–17 Uhr) In der großen, zentral gelegenen Galerie gibt es zeitgenössische isländische Kunst zu entdecken.

Gallerí Fold (Karte S. 80; ☎551 0400; www.myndlist.is; Rauðarárstígur 12; ⏲Mo–Sa 10–18 Uhr) GRATIS Großer isländischer Kunsthändler mit Auktionshaus.

Nýló (Nýlistasafnið – The Living Art Museum; Karte S. 66; ☎551 4350; www.nylo.is; Grandagarður 20, Marshall Húsið, Grandi; ⏲Di, Mi & Fr–So 12–18, Do bis 21 Uhr) GRATIS Stellt zeitgenössische Werke junger und etablierter Künstler aus. Hin und wieder sind auch Livemusik oder Theater zu sehen.

Ásgrímur-Jónsson-Sammlung MUSEUM
(Karte S. 56; ☎515 9625; www.listasafn.is; Bergstaðastræti 74; Erw./Kind 1000 ISK/frei; ⏲Mitte Mai–Anfang Sept. 13–17 Uhr, Anfang Sept.–Nov. & Feb.–Mitte Mai Sa & So 14–17 Uhr) Ásgrímur Jónsson (1876–1958) war der Sohn eines Bauern und Islands erster Maler, der eine Akademie besuchte. Er lebte und arbeitete hier. Besucher können in seinem Atelier Bilder sehen, in denen er Volksmärchen und die Natur seiner Heimat thematisierte.

Einar-Jónsson-Museum GALERIE
(Karte S. 70; ☎551 3797; www.lej.is; Eriksgata 3; Erw./Kind 1000 ISK/frei; ⏲Di–So 10–17 Uhr) Einar Jónsson (1874–1954) gehört zu Islands führenden Bildhauern. Er schuf eindrucksvolle symbolistische Skulpturen: Seine gemeißelten Allegorien der Hoffnung, der Erde und des Todes brechen aus Basaltfelsen hervor, weinen über nackten Frauen und erschlagen Drachen. Das Gebäude, das von 1916 bis 1923 gebaut wurde, als der Hügel noch am Stadtrand lag, ist ebenfalls ein Entwurf von Jónsson. Im Haus ist auch die puristische Wohnung des Künstlers mit Atelier und Blick auf die Stadt zu besichtigen.

Der **Skulpturengarten** (Karte S. 70; www.lej.is; Freyjugata; ⏲24 Std.) GRATIS hinter dem Museum liegt im Schatten der Hallgrímskirkja; hier stehen 26 Bronzeplastiken.

Árnarhóll DENKMAL
(Karte S. 70) Eine Statue des ersten isländischen Siedlers, Ingólfur Arnarson, dominiert die Grünanlage Árnarhóll, die auch als zentraler Versammlungsort für Paraden und Demonstrationen genutzt wird.

Tün

In Reykjavík stehen diverse faszinierende Skulpturen, aber keine scheint ihre Betrachter mehr in den Bann zu ziehen als Jón Gunnar Árnasons *Sonnenfahrt (Sólfar;* (Sólfar; Karte S. 70; Sæbraut)*)*. Wie das Gerippe eines Schiffs liegt das Kunstwerk am Strand – mit den schneebedeckten Bergen im Hintergrund ein Traummotiv für Fotografen.

Laugardalur

★Laugardalur STADTVIERTEL, PARK
(Karte S. 56; 🚌2, 5, 14, 15, 17) Laugardalur ist eine Parkanlage 4 km östlich vom Stadtzentrum. Das „Tal der heißen Quellen" war einst der Hauptlieferant für Reykjavíks Warmwasserversorgung. Im Zentrum des Parks stehen noch die Überreste eines alten Waschhauses. Der Park ist wegen seines riesigen Thermalbadkomplexes (S. 65) mit Spa, Café (S. 93), Schlittschuhbahn, botanischem Garten, Sport- und Konzerthallen sowie Kinderzoo und Spielplatz sehr beliebt.

ERMÄSSIGUNGEN

- Die **Reykjavík City Card** (www.citycard.is; 24/48/72 Std. 3800/5400/6500 ISK) bietet freien Eintritt zu zehn städtischen Schwimm- und Thermalbädern sowie zu einem Großteil der wichtigsten Museen und Kunstgalerien, außerdem Ermäßigungen für einige geführte Touren, in Geschäften und für Unterhaltungsangebote. Auch ermöglicht sie kostenlose Nutzung der Stræto-Stadtbusse und der Fähre nach Viðey. Die 24 Stunden gültige **City Card für Kinder** (1600 ISK) bringt nicht viel, da Kinder ohnehin in vielen Museen freien Eintritt haben. Die Karten sind bei der zentralen Touristeninformation (S. 104), in manchen Reisebüros und Hotels, bei der Supermarktkette 10–11, in HI-Hostels und einigen Hotels erhältlich.
- Die Eintrittskarte für das Kunstmuseum Reykjavík gilt für alle drei Museumsstandorte.
- Ein Kombiticket für die Nationalgalerie, die nahe gelegene Ásgrímur-Jónsson-Sammlung und das weiter entfernte Sigurjón-Ólafsson-Museum kostet 1800 ISK.

★ Kunstmuseum Reykjavík – Ásmundarsafn KUNSTMUSEUM
(Ásmundur Sveinsson Museum; Karte S. 56; ☎411 6430; www.artmuseum.is; Sigtún; Erw./Kind 1650 ISK/frei; ⏲Mai–Sept. 10–17 Uhr, Okt.–April 13–17 Uhr; 📶; 🚌2, 4, 14, 15, 17, 19) Die Skulpturen von Ásmundur Sveinsson (1893–1982)im von ihm selbst entworfenen Atelier und Museum, einem weißen Rundbau, haben etwas sehr Verspieltes. Monumentale Betonplastiken stehen im Garten, während in der beschaulichen Stille unter den Kuppelgewölben innen Werke aus Holz, Ton und Metall gezeigt werden, die teilweise beweglich sind und von sehr unterschiedlichen Themen wie Folklore und Physik handeln.

Botanischer Garten Reykjavík GARTEN
(Grasagarður; Karte S. 56; ☎411 8650; www.grasagardur.is; Laugardalur; ⏲Mai–Sept. 10–22 Uhr, Okt.–April bis 15 Uhr; 🚌2, 5, 14, 15, 17) GRATIS Über 5000 subarktische Pflanzenarten wachsen im städtischen botanischen Garten und bringen in der entsprechenden Jahreszeit eine Fülle farbenprächtiger Blüten hervor. Dazu kommen zahlreiche Vögel, vor allem Graugänse und ihren flauschigen Küken. Im Sommer öffnet im Gewächshaus das hoch gelobte Café Flóra (S. 93).

Zoo & Familienpark Reykjavík ZOO
(Fjölskyldu og Húsdýragarðurinn; Karte S. 56; ☎411 5900; www.mu.is; Laugardalur; Erw./Kind 880/660 ISK, Ticket für 1/10 Fahrten 330/2520 ISK; ⏲Juni–Mitte Aug. 10–18 Uhr, Mitte Aug.–Mai 10–17 Uhr; 👪; 🚌2, 5, 15, 17) An sonnigen Tagen zieht es einen ganzen Schwarm gut gelaunter Familien in den Kinderpark in Laugardalur. Wer Löwen und Tiger erwartet, wird allerdings enttäuscht sein. In den einfachen Gehegen leben Robben, Füchse und Tiere vom Bauernhof. Die Aquarien bevölkern Kaltwasserfische. Lustig ist der Freizeitbereich. Hier gibt es eine Minirennbahn, Bulldozer im Kleinformat, ein Riesentrampolin, Boote und Fahrgeschäfte für Kinder.

Sigurjón-Ólafsson-Museum KUNSTMUSEUM
(Listasafn Sigurjóns Ólafssonar; Karte S. 56; ☎553 2906; www.lso.is; Laugarnestanga 70; Erw./Kind 1000 ISK/frei; ⏲Mitte Mai–Mitte Sept. tgl. 13–17 Uhr, Mitte Sept.–Nov. & Feb.–Mitte Mai Sa & So 14–17 Uhr; 🚌12, 16) Das friedliche Haus am Meer war einst das Atelier des Bildhauers Sigurjón Ólafsson (1908–1982). Heute ist hier sein eindrucksvolles Œuvre zu sehen: Porträtbüsten, Totempfähle aus Treibholz und abstrakte Skulpturen. Durch die modernen Räume weht eine salzige Brise und das Gelände ist mit Pfaden durchzogen, die einen freien Blick auf Reykjavík erlauben.

Südlich vom Zentrum

Nordisches Haus KULTURHAUS
(Norræna Húsið; Karte S. 56; ☎551 7030; www.nordichouse.is; Sæmundargata 11; ⏲10–17, Mi bis 21 Uhr; 📶; 🚌1, 3, 6, 12, 14) Das Kulturzentrum pflegt die Beziehungen zwischen Island und seinen skandinavischen Nachbarn mit einem vielfältigen Veranstaltungsprogramm. Es hat eine Bibliothek, Raum für eine Ausstellungen und ein Bistro.

Perlan SEHENSWERTES GEBÄUDE
(Karte S. 56; ☎566 9000; www.perlanmuseum.is; Öskjuhlíð; Erw./Kind 3900/1950 ISK; ⏲8–20 Uhr; 🚌18) Auf einem Hügel etwa 2 km vom Stadtzentrum entfernt überwölbt die verspiegelte Kuppel des Perlan riesige geothermische Wassertanks. In dem Speicher nach einem Entwurf von Ingimundur Sveinsson befindet sich außerdem eine Ausstellung zu den Na-

turwundern Islands mit audivisuellen Hightech-Nachbildungen von eisigen Gletschern, einer künstlichen Eishöhle, realitätsnahen Computersimulationen der gewaltigen Vogelfelsen von Látrabjarg und eindrucksvollen Ausstellungen zu Vulkanen, Erdbeben und geothermischen Zonen. Die umlaufende **Aussichtsterrasse** (Erw./Kind 490 ISK/frei) bietet einen großartigen Panoramablick über Reykjavík und die Berge dahinter.

Diverse **Wander- und Radwege** überziehen den Hügel. Ein Weg führt hinunter zum geothermischen Strand Nauthólsvík (s. u.).

Einen Rundumblick haben auch die Besucher des Bistro-Restaurants und Cafés im 5. Stock des Perlan. Ein kostenloser Shuttlebus (9–17 Uhr) verkehrt zwischen dem Konzerthaus Harpa und Perlan.

Stadtrand

Seltjarnarnes STADTTEIL

(www.seltjarnarnes.is; 11) Seltjarnarnes 5 km westlich vom Zentrum von Reykjavík an der Küste gelegen, wirkt wie eine andere Welt.

Die küstennahe Insel **Grótta** mit dem rot-weißen Leuchtturm, auf der 106 Vogelarten leben, ist ein Paradies für Vogelbeobachter. Sie ist bei Ebbe zu Fuß zu erreichen, in der Nistzeit von Mai bis Mitte Juli allerdings für Besucher gesperrt. Am besten kommt man auf dem hübschen Küstenpfad her, der auch bei Wanderern, Joggern und Radfahrern beliebt ist.

Freilichtmuseum Árbær MUSEUM

(Árbæjarsafn; 411 6300; www.reykjavikmuseum.is; Kistuhylur 4, Ártúnsholt; Erw./Kind 1650 ISK/frei; Juni–Aug. 10–17 Uhr, Sept.–Mai ab 12 Uhr; 12, 24) Rund 20 pittoreske alte Gebäude wurden von ihren ursprünglichen Standorten ins Freilichtmuseum Árbæjarsafn verlegt. Neben Häusern aus dem 19. Jh. befinden sich hier eine Kirche mit Grassodendach, diverse Ställe mit Haustieren, Schmieden, Scheunen und Bootshäuser – alles sehr malerisch. Das ganze Jahr über werden täglich um 13 Uhr Führungen angeboten. Im Sommer stehen Vorführungen alter Handwerke auf dem Programm. Das Museum liegt 4 km südöstlich vom Stadtzentrum.

Aktivitäten

Vor Ort kann man Stadtrundgänge unternehmen, Fahrräder mieten, um die Wege an Seen und Küsten abzufahren, oder in einen der vielen Hot Pots der Stadt hüpfen. Reykjavík ist außerdem Ausgangspunkt für alle möglichen Aktivitäten und Touren zu ganz unterschiedlichen Zielen außerhalb der Stadt. Die meisten Anbieter holen die Teilnehmer entweder direkt an ihrer Unterkunft oder von Bushaltestellen in nächster Nähe ab.

★ Laugardalslaug THERMALBAD, HOT POT

(Karte S. 56; 411 5100; www.reykjavik.is/stadir/laugardalslaug; Sundlaugavegur 30a, Laugardalur; Erw./Kind 950/150 ISK, Verleih von Badekleidung/Handtuch 850/570 ISK; Mo–Fr 6.30–22, Sa & So 8–22 Uhr; ; 12, 14) Eine der größten Badeanlagen in ganz Island mit vorzüglicher Ausstattung. Dazu gehören ein überdachtes Olympiabecken sowie mehrere Becken im Freien, etliche Hot Pots, ein Salzwasserbecken, ein Dampfbad und eine 86 m lange, spiralförmige Wasserrutsche.

★ Laugar Spa SPA, FITNESS

(Karte S. 56; 553 0000; www.laugarspa.com; Sundlaugavegur 30a, Laugardalur; Tageskarte 5800 ISK; Mo–Fr 6–23, Sa & So 8–21.30 Uhr) Das fantastische Laugar Spa liegt neben dem Thermalbad Laugardalslaug und bietet unzählige Möglichkeiten, sich zu verwöhnen. Zur Auswahl stehen sechs Erlebnissaunen und -dampfbäder, ein Meerwasserbecken, ein gut ausgestatteter Fitnessraum (mit Kursangebot) sowie Schönheits- und Massagebehandlungen, darunter Entschlackung, Gesichtsbehandlung und Hot-Stone-Massagen. Der Eintritt erst ab 18 Jahren; die Eintrittskarte gilt auch für Laugardalslaug.

Außerdem gibt es ein Café (Gerichte 2500–3000 ISK) und Kinderbetreuung – allerdings nur in isländischer Sprache.

★ Sundhöllin THERMALBAD

(Sundhöll Reykjavíkur; Karte S. 80; 411 5350; www.reykjavik.is/stadir/sundholl-reykjavikur; Barónsstígur 16; Erw./Kind 950/150 ISK; Mo–Fr 6.30–22, Sa & So ab 8 Uhr;) Unser Lieblingsschwimmbad im Stadtzentrum von Reykjavík wurde 2017 nach einem einjährigen Umbau, bei dem eine ganze Freiluftanlage mit Hot Pots, Sauna und Pool hinzukam, wieder eröffnet. Das alte Hallenbad ist weiterhin nutzbar, ebenso der Hot Pot im oberen Stock mit herrlichem Blick auf die Stadt.

Geothermalstrand Nauthólsvík STRAND

(Karte S. 56; 551 3177; www.nautholsvik.is; Sommer/Winter frei/600 ISK; Mitte Mai–Mitte Aug. 10–19 Uhr, Mitte Aug.–Mitte Mai Mo–Fr 11–13 und Mo & Mi 17–19.30, Sa 11–15 Uhr; ; 5) Der kleine Sandbogen des Geothermalstrands am Atlantik ist im Sommer ziemlich überfüllt. Nur dann wird während der Öffnungszeiten warmes Thermalwasser in die Bucht geleitet, um die Wassertemperatur bei 15 bis 19°C zu halten.

Alter Hafen

Es gibt auch einen beliebten Hot Pot (ganzjährig 38°C), eine Snackbar und Umkleiden.

Vesturbæjarlaug THERMALBAD, HOT POT

(Karte S. 56; ☎411 5150; Hofsvallagata; Erw./Kind 900/140 ISK; ⏲Mo–Fr 6.30–22, Sa & So 9–22 Uhr; 👪; 🚌11, 13) Vesturbæjarlaug ist vom Zentrum aus zu Fuß erreichbar und hat ein 25-Meter-Becken, Dampfbad, Sauna, drei Hot Pots und ein kaltes Tauchbecken.

Árbæjarlaug THERMALBAD, HOT POT

(☎411 5200; www.reykjavik.is/stadir/arbaejarlaug; Fylkisvegur 9, Elliðaárdalur; Erw./Kind 950/150 ISK; ⏲Mo–Do 6.30–22, Fr bis 20, Sa & So 9–18 Uhr; 👪; 🚌5) Das schicke Árbæjarlaug 10 km südöstlich vom Stadtzentrum ist als eines der besten Familienbäder der Gegend bekannt. Seine Wasserlandschaft – teils drinnen, teils draußen – hält die Kids mit diversen Wasserattraktionen (Rutschen, Wasserfälle und Massagedüsen) bei Laune.

Reykjavíker Eislaufhalle SCHLITTSCHUHLAUFEN

(Skautahöllin; Karte S. 56; ☎588 9705; www.skautaholl.is; Múlavegur 1, Laugardalur; Erw./Kind 1000/700 ISK, Schlittschuhverleih 500 ISK; ⏲Sept.–Mitte Mai Mo–Mi & Fr 13–14.30, Do 13–14.30 & 17–19.30, Sa & So 13–17 Uhr) Die Reykjavíker Eislaufhalle öffnet ihre Tore von September bis Mitte Mai.

Alter Hafen

Highlights
1 Alter Hafen ... C5

Sehenswertes
2 Aurora Reykjavík ... A4
Kling & Bang ... (s. 7)
3 Nýló ... D2
4 Omnom Chocolate ... D1
5 Seefahrtmuseum Víkin ... A4
6 Saga Museum ... A4
7 Stúdíó Ólafur Elíasson ... D2
8 Whales of Iceland ... B2

Aktivitäten, Kurse & Touren
Bryggjan Brugghús ... (s. 34)
9 Dive.is ... D1
10 Elding Adventures at Sea ... C5
11 Reykjavík Bike Tours ... C4
12 Reykjavík By Boat ... C5
13 Reykjavík Sailors ... B4
14 Reykjavík Sea Adventures ... C5
15 Special Tours ... C5
16 Whale Safari ... C5

Schlafen
17 Icelandair Hotel Reykjavík Marina ... B5
18 Reykjavík Marina Residence ... B5

Essen
19 17 Sortir ... A3
20 Bergsson RE ... C3
Burið ... (s. 39)
21 Coocoo's Nest ... B3
22 Fish & Chips ... B4
23 Flatey Pizza ... A3
24 Forréttabarinn ... B5
25 Grandi Mathöll ... C3
26 Hamborgara Búllan ... B5
27 Kaffivagninn ... B3
28 Kumiko ... C2
29 Lamb ... A4
30 Matur og Drykkur ... A4
31 Messinn Granda ... B3
32 Sægreifinn ... C5
Salt ... (s. 32)
33 Valdís ... A3

Ausgehen & Nachtleben
34 Bryggjan Brugghús ... A4
Café Haiti ... (s. 36)
Marshall ... (s. 3)
35 Slippbarinn ... B5

Unterhaltung
36 Cinema at Old Harbour Village No 2 ... C5

Shoppen
37 Farmers & Friends ... D1
38 Jen's ... B3
39 Kjötkompaní ... B3
40 Steinunn ... A3

Mink Viking FOTOATELIER
(Karte S. 70; ☎786 2525; www.mink.is; Laugavegur 11; pro Pers. 10 900 ISK; ⊙Mo–Fr 10–18 Uhr) Es ist schon sehr speziell, aber wer immer mal den Wikinger rauslassen wollte, sollte sich zu diesem schrägen Atelier begeben, das sich auf die berühmt-berüchtigten skandinavischen Eroberer spezialisiert hat. Hier kann man in authentischen Kostümen, Waffen schwingend und mit grimmiger Miene posieren und die Fotografen schaffen es, ihre Modelle ohne Lachanfall zu knipsen. Im Preis enthalten sind digitale Daten von sechs ausgewählten Pics. Buchung ist erforderlich.

Borgarhjól RADFAHREN
(Karte S. 70; ☎551 5653; www.borgarhjol.is; Hverfisgata 50; pro 4 Std./Tag 2600/3600 ISK; ⊙Mo–Fr 8–18, Sa 10–14 Uhr) Verleiht und repariert Fahrräder.

Kurse

★ Creative Iceland KUNSTHANDWERK
(☎615 3500; www.creativeiceland.is) Vermittelt Kontakte zu lokalen Kreativen, die Workshops auf verschiedenen Gebieten anbieten, von Stricken (19 500 ISK), Kochen (24 900 ISK), Grafikdesign, Malerei und Kunsthandwerk bis zu Musik und so ziemlich allem, was einem sonst noch einfallen könnte.

Icelandic Culture & Craft Workshops KUNSTHANDWERK
(☎869 9913; www.cultureandcraft.com; Hotel Laxnes, Háholt 7) Strickworkshops, bei denen Islandwolle verarbeitet wird. Die Kursdauer variiert von drei Stunden (19 500 ISK) bis zu vier Tagen (145 000 ISK).

Geführte Touren

Stadtrundgänge

Die Touristeninformation (S. 104) hat Infos zu Stadtführungen sowie stapelweise kostenlose Stadtpläne und Broschüren mit Stadtrundgängen zu Themen wie Literatur oder nordische Mythologie. Stramme Spaziergänger können im Buchhandel den ausführlicheren Band *Reykjavík Walks* (2014; 3100 ISK) von Guðjón Friðriksson erwerben.

Smartphone-Apps stehen zum Download bereit, darunter Guides von Lonely Planet und Locatify (Smartguide).

TAGESTOUREN

Besucher, die mehr als einen Tag in Reykjavík verbringen, sollten sich Zeit für Islands schöne Natur nehmen. Die beliebteren Tagesziele werden in der Hochsaison förmlich überrannt. Aber wer sich den Luxus eines Mietwagens gönnt, kann andere Tageszeiten und weniger frequentierte Ziele wählen. Die Busse von **Strætó** (☎540 2700; www.straeto.is), Reykjavík Excursions (S. 72), Iceland By Bus und Trex (S. 469) bieten sich als Verkehrsmittel für Ausflüge auf eigene Faust an.

Der **Goldene Kreis** (S. 123) Drei Attraktionen – Þingvellir (wunderschöner Standort der ersten isländischen Volksvertretung und des kontinentalen Grabenbruchs), Geysir (riesiges Geysirenareal) und Gullfoss (gewaltiger Wasserfall) – machen den Goldenen Kreis zur ultimativen (und intensiv vermarkteten) Kostprobe der isländischen Landschaft. Eine Tour entlang dem Goldenen Kreis lässt sich mit Aktivitäten von Quadbikefahren über Höhlenklettern bis zum Rafting kombinieren. Tagesausflüge beginnen meist um 8.30 Uhr und enden gegen 18 Uhr. Kürzere Touren starten mittags und sind um 19 Uhr zurück. Im Sommer gibt es auch Abendtrips (19–24 Uhr). Mit dem eigenen Auto dauert die Fahrt etwa vier Stunden.

Blaue Lagune (S. 111) Sehr populär und entsprechend stark besucht. Viele Tagesausflüge ab Reykjavík schließen einen Besuch der Lagune ein. Auch die Fahrt zum/vom Internationalen Flughafen Keflavík lässt sich mit einem Besuch verbinden. In der Hochsaison ist es abends am besten, man sollte aber immer reservieren, um auf jeden Fall reinzukommen.

Halbinsel Snæfellsnes (S. 232) Eine weniger frequentierte, wunderschöne Gegend, die man allein oder im Rahmen einer Fahrt entlang dem Goldenen Kreis besuchen kann. Mögliche Aktivitäten sind kurze Wanderungen auf knirschenden Lavafeldern, Schneemobilfahrten auf dem Gletscher, Spaziergänge durch Küstendörfer und Bootsfahrten zur Walbeobachtung oder zu den Inselchen, auf denen Papageitaucher nisten.

Südküste (S. 255) Eine wilde Mischung aus geologischen Wundern, einschließlich aktiver Vulkane, herrliche Wanderungen und frostige Eisfelder. Touren werden ganzjährig von Reykjavík und anderen regionalen Zentren aus durchgeführt.

Þórsmörk (S. 171) Das wunderschöne, abgelegene Vulkantal bietet haufenweise längere Wanderrouten, aber auch bei einem Tagesausflug per Superjeep oder Bus sollte sich ein kurzer Fußmarsch einschieben lassen.

Landmannalaugar (S. 164) Für Tagesausflügler ist ein (sehr kurzer Besuch) der Thermalregion Landmannalaugar nur im Rahmen einer Superjeep- oder Bustour möglich und der größte Teil des Tages wird mit Fahren verbracht. Die Jeeps halten jedoch unterwegs, u. a. oft an der Hekla. Im Sommer ist Landmannalaugar ziemlich überlaufen.

Jökulsárlón (S. 208) Die Gletscherlagune liegt ziemlich weit von der Hauptstadt entfernt. Die Tagestour dorthin ist daher eine der längsten. Außerdem kommen die Besucher an, wenn die Lagune am vollsten ist. Wer es einrichten kann, sollte an der Südküste übernachten und die Lagune außerhalb der Hauptbesuchszeit aufsuchen.

★ Literarisches Reykjavík STADTFÜHRUNG
(Karte S. 60; www.bokmenntaborgin.is; Tryggvagata 15; ⌚Juni–Aug. Do 15 Uhr) GRATIS Die Führung *Dark Deeds* („Dunkle Machenschaften"), die durch das Stadtzentrum führt und sich mit Verbrechen aus der Kriminalliteratur beschäftigt, startet an der Bibliothek. Auch die App *Culture Walks* bietet einen Rundgang zu Krimis, aber auch weitere Themen wie Landnahme und queere Literatur.

Free Walking Tour Reykjavik STADTFÜHRUNG
(Karte S. 60; www.freewalkingtour.is; ⌚Juni–Aug. 12 & 14 Uhr, Sept.–Mai 13 Uhr) GRATIS Der 90-minütige, 1,5 km lange Rundgang durchs Zentrum startet am kleinen Uhrenturm auf dem Lækjartorg-Platz.

Haunted Walk STADTFÜHRUNG
(Karte S. 60; www.hauntedwalk.is; Erw./Kind 2500 ISK/frei; ⌚Anfang Juni–Aug. Sa-Do 20 Uhr) Die 90-minütige Führung beginnt an der Ecke Aðalstræti/Vesturgata und beschäftigt sich mit isländischer Folklore und Spuk. Buchung ist nicht erforderlich.

TukTuk Tours STADTRUNDFAHRT
(Karte S. 70; ☎788 5500; www.facebook.com/tuktukiceland; Konzerthaus Harpa, Austurbakki 2;

ab 30 Min. Erw./Kind 4700/2700 ISK) Stadtrundfahrten mit einer Motorrikscha, darunter auch eine Kneipentour. Abfahrt ist am Konzerthaus Harpa.

Reykjavík Sightseeing STADTFÜHRUNG
(☎497 5000; www.reykjaviksightseeing.is) Stadtführungen durch Reykjavík (z. B. zu Fuß/mit dem Fahrrad 7000/10 000 ISK, kulinarische und Biertouren 9000 ISK) und Ausflüge in die Umgebung (Goldener Kreis ab 6500 ISK).

Radtouren

Reykjavík Bike Tours RADFAHREN
(Karte S. 66; ☎694 8956; www.icelandbike.com; Ægisgarður 7; Fahrradverleih pro 4 Std. ab 3500 ISK, Touren ab 7500 ISK; ⌚Juni–Aug. 9–17 Uhr, Sept.–Mai kürzere Zeiten; 🚌14) Verleiht Räder und organisiert Touren wie *Classic Reykjavík* (2½ Std., 7 km), *Coast of Reykjavík* (2½ Std., 18 km) sowie *Golden Circle and Bike* (8 Std., mit 1½ Std. 25 km Radfahren). Die praktischste Adresse, um ein Rad zu leihen, bevor man die Fähre zur Insel Viðey besteigt.

Bike Company RADFAHREN
(☎590 8550; http://bikecompany.is) Touren mit dem Rad (ab 10 900 ISK) und Fatbike (ab 20 000 ISK) für alle Leistungsstufen durch die ganze Region.

Walbeobachtungs-, Angel- & Bootstouren

Die nördlicheren Gewässer bei Akureyri und Húsavík sind als Ziel für Walbeobachtungstouren besser bekannt, aber auch Reykjavík hat einiges zu bieten. Die Touren laufen im Allgemeinen ganzjährig, in den warmen Monaten (die beste Walsaison) werden jedoch mehr Fahrten angeboten. Viele Veranstalter bieten Gutscheine für eine Wiederholungsfahrt an, falls sich wirklich mal kein einziger Wal zeigt.

Mehrere Anbieter haben auch Hochseeangeln und Ausflüge zu Papageitaucherkolonien im Angebot. Die Papageitaucher sind allerdings auch bei den Walbeobachtungsfahrten auf den kleinen Inseln zu sehen.

★ **Elding Adventures at Sea** TIERBEOBACHTUNG
(Karte S. 66; ☎519 5000; www.whalewatching.is; Ægisgarður 5; Erw./Kind 11 000/5500 ISK; ⌚Hafenkiosk 8–21 Uhr; 🚌14) Bewährte und umweltbewusste Walbeobachtungstour. Dazu gehört auch ein Gang durch eine Ausstellung zum Wal in einem umgebauten Fischerboot. An Bord werden Erfrischungen verkauft. Elding bietet auch Angeltouren (Erw./Kind 14 900/7450 ISK) und Ausflüge zu Papageitaucherkolonien (Erw./Kind ab 6500/3250 ISK) sowie Kombitouren an. Die Fähre nach Viðey (S. 107) wird ebenfalls von Elding betrieben. Abholung nach Vereinbarung.

Special Tours TIERBEOBACHTUNG
(Karte S. 66; ☎560 8800; www.specialtours.is; Ægisgarður 13; ⌚Hafenkiosk 8–20 Uhr; 🚌14) Eines der kleineren und schnelleren Boote in der Flotte diverser Anbieter; wird für Hochseeangeln (Erw./Kind 13 000/6175kr) und Walbeobachtung (Erw./Kind 11 000/5200 ISK) eingesetzt. Auch Fahrten zu den Papageitauchern (Erw./Kind 5700/2700 ISK) und diverse Kombitouren sind im Angebot.

Reykjavík Sailors TIERBEOBACHTUNG
(Karte S. 66; ☎571 2222; www.reykjaviksailors.is; Hlésgata, Alter Hafen; Erw./Kind 9900/4950 ISK; ⌚9–19 Uhr, im Winter unterschiedliche Öffnungszeiten; 🚌14) Bootsfahrten zur Walbeobachtung, auch zu Papageitauchern und zum Nordlicht.

Whale Safari TIERBEOBACHTUNG
(Mr. Puffin; Karte S. 66; ☎497 0000; www.whalesafari.is; Ægisgarður 7; pro Passagier 22 000 ISK; ⌚Hafenkiosk Mitte April–Okt. 8–20 Uhr; 🚌14) Fährt mit kleinen, schnellen Schlauchbooten zu Walen und Papageitauchern hinaus.

Reykjavík By Boat BOOTSTOUR
(Karte S. 66; ☎841 2030; www.reykjavikbyboat.is; Ægisgarður 9; Erw./Kind 5600/2800 ISK; 🚌14)

i REYKJAVÍKS THERMALBÄDER

Die Thermalquellen sind in Reykjavík – wie in vielen anderen Städten Islands – gesellschaftliche Treffpunkte: In den Thermalbädern spielen Kinder und flirten Teenager, Geschäfte werden abgeschlossen und alle tauschen den neuesten Klatsch aus. Vulkanische Wärme hält die Temperatur bei angenehmen 29°C; die meisten Bäder haben auch Whirlpool-ähnliche *heitir pottar* mit 37°C bis 42°C. Wer keine Badesachen und Handtücher dabeihat, kann sich vor Ort welche leihen. Weitere Informationen und Adressen unter www.spacity.is.

Die Reykjaviker sind sehr verärgert, wenn sich ungewaschene Touristen in ihre sauberen, chemiefreien Bäder begeben. Wer keinen Anstoß erregen möchte, sollte sich gänzlich unbekleidet gründlich mit Seife waschen, bevor er ins Thermalbad hüpft.

Laugavegur

0
200 m
A
B
C
D
E
F
G
1
2
3
4
Anleger für kleine Kreuzfahrtschiffe
Alter Hafen
48
Harpa
3
Sterna
15
14
Iceland By Bus
Faxagata
NORD-ATLANTIK
Kalkofnsvegur
Geirsgata
Naustin
21
Sæbraut
Tryggvagata
Skúlagata
Ingólfsstræti
Sölvhólsgata
Hafnarstræti
Lækjargata
Austurstræti
5
Lindargata
Sæbraut
Pósthússtræti
ALTSTADT
Hverfisgata
Kulturhaus
11
9
1
Austurvöllur
Bankastræti
17
43
71
80
Kirkjustræti
46
82
72
29
45
Smiðjust
Klapparstígur
Lindargata
Skúlagata
83
85
22
Skólastræti
74
Kirkjutorg
56
54
Smiðjustígur
19
Vatnsstígur
Frakkastígur
Templarasund
Lækjargata
Amtmannsst
97
63
89
13
88
Veghst
34
73
Þingholtsstræti
76
52
65
Bergstaðastræti
84
100
12

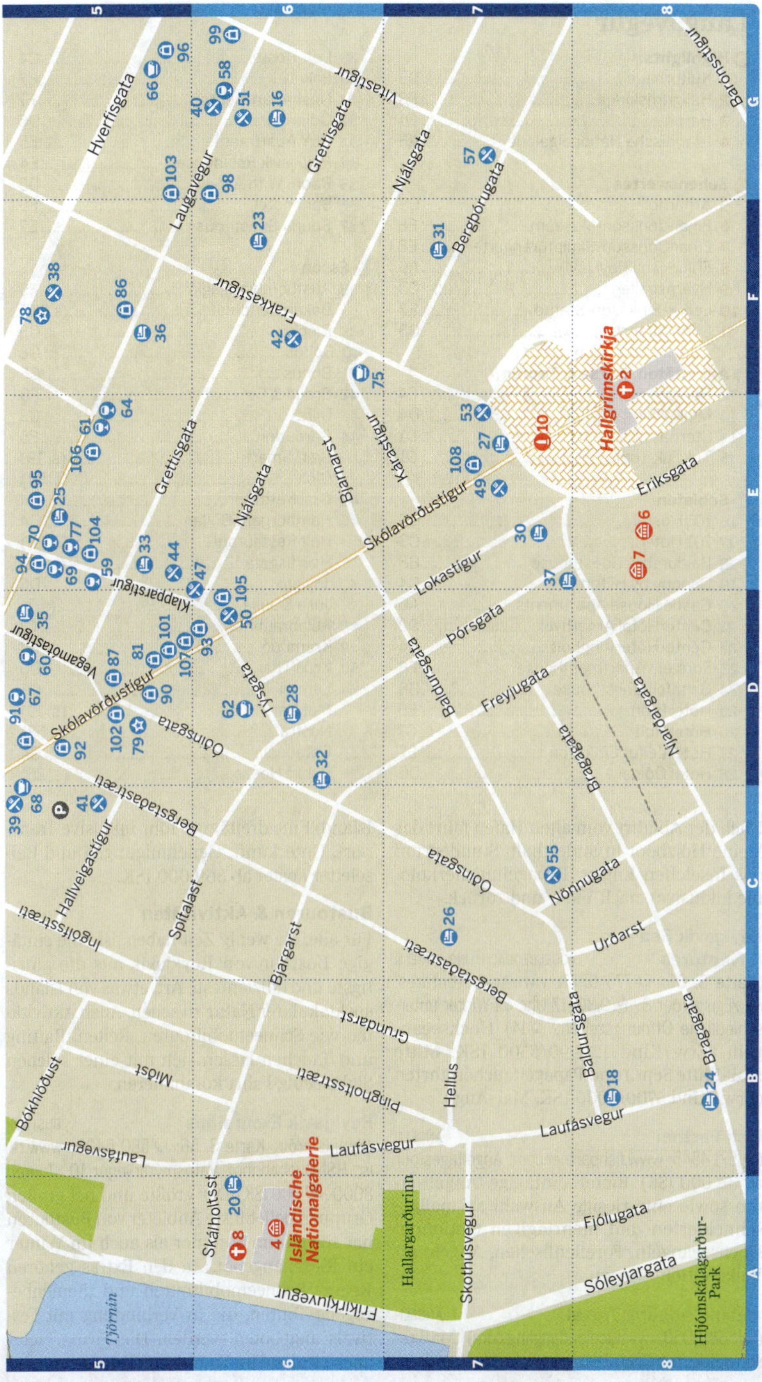

Hverfisgata
Laugavegur
Grettisgata
Vitastígur
Njálsgata
Bergþórugata
Frakkastígur
Barónsstígur
Kárastígur
Bjarnarst
Skólavörðustígur
Hallgrímskirkja
Eiríksgata
Lokastígur
Þórsgata
Baldursgata
Freyjugata
Njarðargata
Bragagata
Klapparstígur
Vegamótastígur
Týsgata
Óðinsgata
Bergstaðastræti
Hallveigarstígur
Spítalast
Ingólfsstræti
Bjargarst
Nönnugata
Urðarst
Grundarst
Miðst
Þingholtsstræti
Hellus
Bókhlöðust
Laufásvegur
Skálholtsst
Isländische Nationalgalerie
Hallargarðurinn
Skothúsvegur
Fjólugata
Sóleyjargata
Fríkirkjuvegur
Tjörnin
Hljómskálagarður-Park

Laugavegur

Highlights

1 Kulturhaus D3
2 Hallgrímskirkja F8
3 Harpa D1
4 Isländische Nationalgalerie A6

Sehenswertes

5 Árnarhóll C3
6 Einar-Jónsson-Museum E8
7 Einar-Jónsson-Skulpturengarten E8
8 Fríkirkjan í Reykjavík A6
9 Hverfisgallerí C3
10 Leifur-Eiríksson-Statue E7
11 Sonnenfahrt G3

Aktivitäten, Kurse & Touren

12 Borgarhjól E4
13 Mink Viking D4
14 Sterna D1
15 TukTuk Tours D1

Schlafen

16 101 Hostel G6
17 101 Hotel C3
18 Baldursbrá Guesthouse B8
19 Canopy by Hilton D4
20 Castle House Apartments A6
21 CenterHótel Arnarhvoll D2
22 CenterHótel Þingholt C4
23 Forsæla Apartmenthouse F6
24 Galtafell Guesthouse B8
25 Hótel Frón E5
26 Hótel Holt C7
27 Hótel Leifur Eiríksson E7
28 Hótel Óðinsvé D6
29 Loft Hostel C4
30 Loki 101 .... E7
31 Nest Apartments F7
32 Óðinn D6
33 REY Apartments E5
34 Reykjavík Residence E4
35 Room With A View D5
36 Sandhotel F5
37 Sunna Guesthouse E7

Essen

38 Austur Indíafélagið F5
Bakarí Sandholt .... (s. 36)
39 Block C5
40 Bónus G6
41 Bónus C5
42 Brauð & Co F6
43 Dill C3
44 Garðurinn E5
Geiri Smart .... (s. 19)
Gló .... (s. 94)
45 Grái Kötturinn D4
46 Hamborgara Búllan C4
Holt Restaurant .... (s. 26)
Hverfisgata 12 .... (s. 71)
47 Joylato D6
Julia & Julia .... (s. 1)
48 Kolabrautin C1
49 Krambúð E7
50 Krua Thai D6
51 Lemon G6
Mat Bar .... (s. 19)
Nostra .... (s. 58)
52 Ostabúðin C4
Public House .... (s. 25)

Nach der Abfahrt vom alten Hafen fährt das kleine Holzboot in anderthalb Stunden um das Inselchen Engey (Papageitaucherkolonie inklusive), nach Viðey und zurück.

Reykjavík Sea Adventures VOGELBEOBACHTUNG, ANGELN
(Karte S. 66; ☎775 5777; www.seaadventures.is; Ægisgarður 3; ⏲9.30–17 Uhr, im Winter unterschiedliche Öffnungszeiten; 🚌14) Hochseeangeln (Erw./Kind 12 990/6500 ISK, Mitte Mai–Mitte Sept.) und Papageitaucherfahrten (Erw./Kind 5700/3000 ISK, Mai–Aug.).

Fish Partner ANGELN
(☎571 4545; www.fishpartner.com; Angeltagestour ab 32 000 ISK) Bietet eintägige Angeltouren sowie eine riesige Auswahl an maßgeschneiderten und mehrtägigen Optionen: Hochseeangeln, Forellenfischen, Angeln im Vulkan, Heli-Fischen.

Iceland Angling Travel ANGELN
(☎568 6050; www.icelandangling.com) Maßgeschneiderter Urlaubstrips für Angler rund um Island. Eine dreitägige Tour inklusive Transport, Unterkunft, Genehmigungen und Reiseleiter kostet ab 369 000 ISK.

Bustouren & Aktivitäten

Für alle, die wenig Zeit haben, ist eine eintägige Bustour von Reykjavík aus die günstigste und effizienteste Art, etwas von Islands spektakulärer Natur zu sehen. Auch Aktivitäten wie Schneemobiltouren, Reiten, Rafting und Tauchen lassen sich mit einer solchen Sightseeing-Fahrt kombinieren.

Reykjavík Excursions BUSTOUR
(Kynnisferðir; Karte S. 56; ☎580 5400; www.re.is; BSÍ-Busbahnhof, Vatnsmýrarvegur 10; Touren 8000–47 300 ISK) Der größte und bei großen Gruppen beliebteste Anbieter von Bustouren hat sowohl im Sommer als auch im Winter ein Riesenangebot. Zu den Extras gehören Reiten, Schneemobiltouren und themenbezogene Touren, die in Verbindung mit Festivals angeboten werden. Die Firma bietet auch „Iceland on Your Own"-Fahrkarten und

53	ROK	E7
	Snaps	(s. 28)
	Súpa	(s. 91)
54	Sushi Social	C4
55	Þrír Frakkar	C7
56	Torfan Lobsterhouse	B4
57	Vitabar	G7
	Ausgehen & Nachtleben	
58	Artson	G6
59	Bar Ananas	E5
60	Bastard	D5
61	Boston	E5
	Bravó	(s. 70)
62	C is for Cookie	D6
63	Den Danske Kro	C4
64	Dillon	E5
65	Kaffi Mokka	D4
66	Kaffi Vínyl	G5
67	Kaffibarinn	D5
68	Kaffifélagið	C5
69	Kaldi	E5
70	Kiki	E5
71	Mikkeller & Friends	C3
72	Petersen Svítan	C4
73	Port 9	F4
74	Prikið	C4
75	Reykjavík Roasters	F6
76	Spánski	C4
77	Veður	E5
	Unterhaltung	
78	Bíó Paradís	F5
79	Mengi	D5
80	Nationaltheater	D3
	Shoppen	
81	12 Tónar	D5
82	66° North	C4
83	Aurum	C4
84	Blue Lagoon Shop	D4
85	Cintamani	C4
86	Dogma	F5
87	Eymundsson	D5
88	Fjallakofinn	D4
89	Fóa	C4
90	Geysir	D5
91	Geysir	D5
92	Geysir Heima	D5
93	Handstrickverband Island	D6
94	Heilsuhúsið	E5
95	Hrím	E5
96	Húrra Reykjavík	G5
97	Kiosk	C4
98	Kron	G6
99	KronKron	G6
	Mál og Menning	(s. 35)
100	Ófeigur Björnsson	D4
101	Orrifinn	D5
102	Rammagerðin	D5
103	Reykjavík Foto	G5
104	Reykjavík Record Shop	E5
105	Skúmaskot	D6
106	Spúútnik	E5
107	Stígur	D5
108	Tulipop	E7

Fahrpässe, mit denen Individualreisende ihre Busse als bloßes Verkehrsmittel nutzen können, und betreibt den Flybus zum Internationalen Flughafen Keflavík.

Icelandic Mountain Guides ABENTEUERTOUR
(Iceland Rovers; ☎587 9999; www.mountainguides.is; Stórhöfði 33) Der hoch angesehene Action-Anbieter ist auf Bergsteigen, Trekking, Eisklettern (ab 24 900 ISK) und Ähnliches spezialisiert. Der Betreiber steckt auch hinter den Superjeeptouren (Essential Iceland Tour 35 000 ISK) von Iceland Rovers.

Grayline Iceland BUSTOUR
(Iceland Excursions; Karte S. 60; ☎540 1313; www.grayline.is; Hafnarstræti 20) Veranstalter mit einem umfassenden Angebot an Tagesausflügen (Goldener Kreis 8700 ISK), die häufig mit einer Aktivität am Zielort kombiniert werden, z. B. Wildwasserrafting oder Reiten. Wer online bucht, kommt in den Genuss von Rabatten; die Reisegruppen sind groß.

Sterna BUSTOUR
(Karte S. 70; ☎551 1166; www.sternatravel.com; Konzerthaus Harpa, Austurbakki 2; ⏱Juni–Aug. 7–24 Uhr, Sept.–Mai 8–22 Uhr) Einfache Bustouren durch Island (z. B. Goldener Kreis und Grüne Energie 11 900 ISK). Sterna bietet auch Iceland By Bus an und verkauft Buspässe und -fahrkarten und für Individualreisende.

Saga Travel ABENTEUERTOUR
(☎558 8888; www.sagatravel.is) Kleine Gruppen und ein breites Spektrum an Touren, darunter eine zum Thema *Game of Thrones* (11 000 ISK). Einige größere Touren werden in Kooperation mit anderen einheimischen Veranstaltern angeboten..

Arctic Adventures ABENTEUERTOUR
(☎562 7000; www.adventures.is) Mit seinen jungen engagierten Mitarbeitern hat sich dieser Veranstalter auf actionreiche Touren spezialisiert: Kajakfahren (ab 13 000 ISK), Rafting (ab 14 000 ISK), Reiten, Quadbike-Fahren und Gletscherwanderungen (16 000 ISK)

Gateway to Iceland BUSTOUR
(☎534 4446; www.gtice.is) Wird von Individualreisenden wegen der beschlagenen Guides hoch gelobt. Hinzukommt, dass die Minibustouren (z. B. Goldener Kreis 12 000 ISK, Südisland 13 700 ISK) kleinere Teilnehmerzahlen haben als die der Großanbieter.

Hidden Iceland TOUREN
(☎770 5733; www.hiddeniceland.is) Höchst empfehlenswerter Veranstalter mit engagierten Guides, die kleine Gruppen auf Touren in kaum bekannte Gegenden, aber auch auf den üblichen Routen begleiten. Das Angebot reicht vom Goldenen Kreis (20 000 ISK) bis zu einem zweitägigen Ausflug zur Gletscherlagune Jökulsárlón (ab 52 000 ISK) und einer viertägigen Tour zu den Westfjorden (250 000 ISK). Abholung ist möglich.

Icelandic Knitter KULTURTOUR
(www.icelandicknitter.com; 6 Tage ab 255 800 ISK) Die Designerin Hélène Magnússon bietet in Zusammenarbeit mit den Icelandic Mountain Guides (S. 73) mehrtägige Touren rund ums das Strickhandwerk an, die Unterweisungen im Spinnen, in Stricktechniken, zu Mustern und Folklore sowie Wanderungen und Sightseeing umfassen.

Bustravel BUSTOUR
(☎511 2600; www.bustravel.is; Goldener Kreis halber/ganzer Tag ab 6750/10 000 ISK) In der Hostelszene sehr beliebt wegen der kenntnisreichen Fahrer/Guides. Große Gruppen, niedrige Preise.

Go Green BUSTOUR
(☎694 9890; www.gogreen.is; Touren ab 44 000 ISK) 🍃 Kleiner Luxusanbieter, der Methangas-Fahrzeuge nutzt und umweltbewusste Richtlinien einhält. Zum Programm gehören der Goldene Kreis, Angelausflüge und Kajaktouren. Abholung ist möglich.

Reykjavík Hiking WANDERN
(☎893 2200; www.reykjavikhiking.is) Neben der Besteigung der Esja (15 000 ISK) wird auch eine leichtere Wanderung durch die Lavaschlucht Búrfellsgjá (12 000 ISK) angeboten, beides in der Nähe von Reykjavík.

Dog Sledding HUNDESCHLITTENTOUR
(☎863 6733; www.dogsledding.is; Touren ab 19 900 ISK) Die Gäste sitzen auf dem Schlitten, den ein Musher lenkt. Bei Schnee starten die Touren vom Skálafell-Skigebiet in der Nähe von Reykjavík. Wenn kein Schnee liegt, finden sie bei Hólmasel im Südwesten auf dem Trockenen statt. Aktuelle Infos stehen auf der Website. Von Mitte Mai bis Mitte Juli sind die Schlitten oft auf dem Langjökull-Gletscher in Westisland unterwegs.

Ferðafélag Íslands UNTERKUNFTSVERMITTLUNG
(Isländischer Wanderverein; Karte S. 56; ☎568 2533; www.fi.is; Mörkin 6) Der isländische Wanderverein unterhält in ganz Südisland Hütten und Campingplätze, vor allem entlang des Laugavegur-Wanderwegs. Der Verein übernimmt die Buchung und informiert u. a. über die Öffnungszeiten.

Extreme Iceland ABENTEUERTOUR
(☎588 1300; www.extremeiceland.is; Goldener Kreis/Halbinsel Snæfellsnes Bustour 12 250/15 250 ISK) Jede Menge Touren mit Bus, Superjeep und Quad sowie durch Höhlen und zum Nordlicht. Abholung ist möglich.

Green Energy Travel BUSTOUR
(☎453 6000; www.get.is; Touren ab 14 900 ISK) Umweltfreundlicher Veranstalter, der sich neben den Massenattraktionen hauptsächlich auf kleine Gruppen, weniger bekannte Strecken und weniger besuchte Sehenswürdigkeiten spezialisiert hat.

Iceland Horizons BUSTOUR
(☎825 8886; www.icelandhorizon.is) Kleiner Veranstalter, der mit Minibussen mit nur 20 Plätzen vier hoch gelobte Touren unternimmt (Goldener Kreis 10 900 ISK, Südküste 13 900 ISK, Halbinsel Snæfellsnes 16 000 ISK, Nordlicht 10 900 ISK).

Superjeep- & Supertrucktouren

Superjeeptouren bieten kleinen Gruppen (vier bis sechs Personen) ein individuelleres Erlebnis. Man kommt schneller ans Ziel und kann weiter in die Wildnis vordringen. Die Preise sind entsprechend höher als bei Bustouren.

Icelandic Mountain Guides und Superjeep.is haben Superjeeptouren im Angebot. Bei der Touristeninformation gibt es Broschüren für jede Menge weitere Anbieter.

Mountaineers of Iceland ABENTEUERTOUR
(☎580 9900; www.mountaineers.is) Hervorragende, gut informierte Führer, von denen viele im nationalen Rettungsdienst gearbeitet haben. Jede Menge Superjeeptouren (ab 30 000 ISK) und Schneemobilausflüge (ab 25 500 ISK). Ein Hauptziel ist der Langjökull, wo der Veranstalter mehrere Basislager unterhält.

Superjeep.is JEEPTOUR
(☎660 1499; www.superjeep.is; Touren halber/ganzer Tag ab 28 000/29 000 ISK) Die ganze Pa-

AUF DEN FÄRÖERN

Flüge und Fähren geben Arktikabenteurern die Möglichkeit, drei oder vier Tage lang die wahrhaft magischen Färöer-Inseln zu erkunden. Eine halbe Woche reicht gerade, um folgende Highlights zu besuchen:

Tórshavn Als Erstes fallen die Grassodendächer ins Auge, die praktisch jedes der bunten Häuser im Hafen bedecken. Zwar gibt es nicht besonders viel Sehenswertes in Tórshavn, aber die Stadt ist ein guter Ausgangspunkt für Tagesausflüge.

Gjógv Der Name ist kaum aussprechbar (sprich: djaykf), aber in den Ort selbst verliebt sich jeder sofort. Winzige Hütten mit Grassodendächern liegen rund um einen Hafen versammelt, der aussieht, als hätte der Blitz eingeschlagen. Hier kann man schöne Wanderungen machen und es gibt einen Gasthof.

Mykines Auf Mykines (sprich: *mii*-tschi-ness) am westlichen Ende der Inselkette warten zahllose Vogelkolonien (Papageitaucher), gespenstische Flutbasaltfelsen und einsame Steilküsten. Die Insel mit nur elf Einwohnern ist selbst nach färöischen Maßstäben weitab vom Schuss, aber per Helikopter und Fähre mit Vágar verbunden.

Hestir Die gleich südlich von Streymoy gelegene Insel ist für tiefe Grotten bekannt, die durch die heftige Brandung in den Fels gegraben wurden.

lette der Superjeeptouren mit allen Extras (Schneemobil, Quadbike usw.).

Into the Wild JEEPTOUR
(☎866 3301; www.intothewild.is) Superjeeptouren zu allen Zielen vom Goldenen Kreis (35 000 ISK) bis Eyjafjallajökull und Landmannalaugar (32 500 ISK).

Höhlen- & Lavaröhrenwanderungen

Die schönste Art, mit Islands Geologie Bekanntschaft zu machen, ist eine Tour durch den wilden Untergrund unter seinem vulkanischem Boden. Viele Lavaröhren und Höhlen sind nur im Rahmen einer Führung zugänglich. Von Reykjavík aus bieten sich vor allem Touren zur Halbinsel Reykjanes und zum oberen Borgarfjörður an. Arctic Adventures, Icelandic Mountain Guides und viele Anbieter von Bus- und Superjeeptouren haben Höhlenwanderungen im Programm.

Inside the Volcano ABENTEUERTOUR
(☎519 5609; www.insidethevolcano.com; Touren 42 000 ISK; ⌚Mitte Mai–Mitte Okt.) Dieses einmalige Erlebnis führt Abenteuerlustige in eine vollständig erhaltene, 4000 Jahre alte Magmakammer. Nach 3 km Fußwanderung (ca. 50 Min.) oder per Hubschrauber (86 900 ISK) erreichen die Teilnehmer den Thrihnukagigur-Krater, wo ein Aufzug jeweils sechs Personen 120 m tief bis auf den Grund eines vasenförmigen Hohlraums befördert, der einst mit kochender Lava gefüllt war. Das Licht ist gedämpft und die Aufenthaltsdauer begrenzt. Mindestalter ist zwölf Jahre.

Iceland Expeditions ABENTEUERTOUR
(☎777 0708; www.icelandexpeditions.is) Zu den angebotenen Abenteuertouren gehört eine Lavaröhrentour (18 900 ISK).

Reitausflüge

In der Mitternachtssonne auf einem Islandpony über Lavafelder zu reiten, ist ein unvergessliches Erlebnis. Die Reiterhöfe bieten vom 90-minütigen Ausritt bis zu mehrtägigen Touren alles an. Auch Kombinationen mit anderen Aktivitäten wie einem Ausflug zum Goldenen Kreis und zur Blauen Lagune sind möglich.

Eldhestar REITEN
(☎480 4800; www.eldhestar.is; Vellir, Hveragerði) Eldhestar in der Nähe von Hveragerði gehört zu den bekanntesten Reitställen Islands. Die Reitausflüge und -touren führen durch die Graslandschaft der Umgebung (1 Std. 8000 ISK, halber Tag ab 13 500 ISK) und zu vielen anderen Zielen in der Region. Ein Highlight ist die Tagestour „Pferde und heiße Quellen“ (22 750 ISK) einschließlich Baden in dampfenden Naturteichen.

Íshestar REITEN
(☎555 7000; www.ishestar.is; Sörlaskeið 26, Hafnarfjörður; halber/ganzer Tag 12 200/22 000 ISK) Einer der größten und ältesten Ställe der Insel, mit gut organisierten Ausritten und mehrtägigen Touren durch die zerklüfteten Lavafelder.

Íslenski Hesturinn REITEN
(Isländisches Pferd; ☎434 7979; www.theicelandichorse.is; Surtlugata 3; ab 14 500 ISK) Der haupt-

TAGESAUSFLUG NACH GRÖNLAND

Bei einer Flugzeit von knapp zwei Stunden ist ein Tagesausflug von Reykjavík nach Grönland kein Problem. Im Sommer bietet **Air Iceland Connect** (www.airicelandconnect.is) Touren nach Kulusuk im Osten von Grönland (ab ca. 70 750 ISK) an. Der winzige Ort vor der gebirgigen Inselkulisse aus eisigen Weiß- und Blautönen hat nur 250 Einwohner. Bei einer atemberaubenden Wanderung, die direkt am Flughafen losgeht, kommen die bunten Holzhäuser in der eiskalten Bucht langsam in Sicht. Und auch wenn die Aufführung eines traditionellen Trommeltanzes eher kitschig ist, bleibt dieses Erlebnis wie eine einzige gigantische Traumsequenz in Erinnerung. Greenland Travel bietet mehrtägige Touren an

stadtnahe Anbieter arbeitet mit erfahrenen, ortskundigen Guides und legt besonderen Wert darauf, jedem Reiter das geeignete Pferd zuzuteilen. Kleine Gruppen.

Viking Horses REITEN
(☎537 9590; www.vikinghorses.is; Almannadalsgata 19; halber Tag 18 900 ISK) Der Familienbetrieb ist bekannt für seine gut geführten Ausritte mit kleinen Gruppen rund um den Hólmsheiði und die umliegenden Seen.

Reykjavík Riding Center REITEN
(☎477 2222; www.reykjavikridingcenter.is; Brekknaás 9; halber/ganzer Tag 13 900/23 900 ISK) Der Anbieter liegt nahe dem größten Reitzentrum von Reykjavík und führt kleine Gruppen (bis zu zehn Personen) aller Leistungsstufen um den Rauðholar (roten Hügel). Eine Tour in der Mitternachtssonne ist auch dabei.

Gletscherwanderungen & Eisklettern

Eine Wanderung über einen wilden Gletscher ist ein besonderer Kick. Die Touren führen zum Sólheimajökull (S. 174), der am besten zugänglichen Zunge des gewaltigen Mýrdalsjökull-Gletschers. Gletscherwanderungen werden ganzjährig angeboten, Eisklettern nur von September bis April. Potenzielle Eiskletterer müssen einiges an Können und Kondition mitbringen. Wer sich eine Unterkunft in Gletschernähe sucht und einen örtlichen Guide nimmt, kommt bedeutend günstiger weg.

Anbieter in Reykjavík sind u. a. Arctic Adventures (S. 73) und Icelandic Mountain Guides (S. 73).

Asgard Beyond ABENTEUERTOUR
(☎779 6000; www.asgardbeyond.com) Gletscherwanderungen (30 000 ISK), Felsklettern (ab 35 000 ISK) und andere Outdooraktivitäten.

Quadbiketouren

Quadbiketouren führen in die Lavafelder der Halbinsel Reykjanes. Viele große Veranstalter von Bustouren und Aktivitäten (z. B. Arctic Adventures und Reykjavík Excursions) bieten auch Ausflüge mit dem Quadbike an.

Safari Quads QUADBIKETOUR
(Safari Buggy; ☎414 1533; www.quad.is; Lambhagavegur) Allrad- und Buggytouren in die Hügel bei Mosfellsbær. Die Fahrten dauern zwischen einer Stunde (ab 16 900 ISK) und einem Tag (ab 51 500 ISK), es werden auch abendliche Touren mit Sonnenuntergang und Blick auf die Lichter der Stadt angeboten. Solofahrer zahlen einen Zuschlag ab 4000 ISK.

ATV Reykjavík QUADBIKETOUR
(☎861 0006; www.atvreykjavik.is) Hat Touren mit Allradantrieb auf dem Berg Hafrafell (20 000 ISK, plus 5900 ISK Zuschlag für Solofahrer) und in die weitere Umgebung.

Rafting- & Schnellboottouren

Spaß für die ganze Familie: Die Ausflüge mit Arctic Rafting (S. 133) oder Iceland Riverjet (S. 134) starten in Reykholt. Abholung in Reykjavík möglich.

Tauch- & Schnorcheltouren

Island bietet weltweit einzigartige Tauch- und Schnorchelgründe. Die Veranstalter haben Tauchgänge in der Silfra, einer Gesteinsspalte mit kristallklarem Wasser bei Þingvellir am Goldenen Kreis, und technisch anspruchsvollere Tauchtouren in einem nahen See im Angebot. Ohne Reservierung geht gar nichts, dafür werden die Teilnehmer auf Wunsch auch in der Stadt abgeholt. Im Sommer sind auch Nachttauchgänge möglich.

Taucher müssen ein PADI-Zertifikat vorlegen. Tauchen steht auch bei einigen der größeren Anbieter von Aktivitäten auf dem Programm, so bei Arctic Adventures (S. 73) mit dem Tochterunternehmen **Dive Silfra** (www.divesilfra.is).

Dive.is TAUCHEN
(Karte S. 66; ☎578 6200; www.dive.is; Hólmaslóð 2; 2 Tauchgänge bei Þingvellir 34 000 ISK) Der älteste und bekannteste Veranstalter in Island bietet Schnorchelausflüge ins eisige Wasser in einem Spalt zwischen den tektonischen Platten bei Þingvellir an (ab 15 000 ISK), ebenso Tauchgänge und kombinierte Touren.

Scuba Iceland TAUCHEN
(☎562 7000; www.scuba.is; 2 Tauchgänge ab 35 000 ISK, Schnorcheln ab 13 900 ISK) Scuba Iceland betreut Tauchgänge in Silfra, im geothermischen See Kleifarvatn und im Ozean. Hat einen guten Ruf für kleine Gruppen und bietet auch Schnorchelausflüge an.

Schneemobiltouren

Die meisten Schneemobiltouren starten zwar weit außerhalb der Hauptstadt, aber ein paar führen zum nahe gelegenen Langjökull. Eine Stunde mit zwei Passagieren kostet etwa 25 000 ISK pro Person, für Einzelpersonen liegt der Preis bei 35 000 ISK. Die besten Anbieter in Reykjavík sind Mountaineers of Iceland (S. 74) und **Snowmobile.is** (☎562 7000; www.snowmobile.is).

Polarlichttouren

Im Winter bieten die meisten Busunternehmen und Veranstalter Nordlichttouren aufs Land an, wo die Lichtverschmutzung geringer ist. Die Touren dauern etwa vier Stunden und starten meist um 21 oder 22 Uhr. Wo die fantastischen Lichterscheinungen auftauchen, lässt sich nicht vorhersagen. Ein oder zwei Übernachtungen auf dem Land steigern die Chance, sie wirklich zu erleben, erheblich.

Wer außerhalb der Nordlichtsaison nach Island kommt, kann auf die Multimediaversion bei Aurora Reykjavík (S. 60) ausweichen.

Rundflüge

Mit einem größeren Budget sind Rundflüge und Tagesausflüge zu entfernteren Zielen möglich, z. B. zum See Mývatn, zu den Westfjorden, zur dampfenden Südküste, ins Hochland, zu den Vestmannaeyjar oder sogar bis nach Grönland.

Atlantsflug RUNDFLUG
(Karte S. 56; ☎854 4105; www.flightseeing.is; Inlandsflughafen Reykjavík; Erw./Kind ab 26 900/13 450 ISK) Bietet Sightseeing-Flüge ab Reykjavík sowie von den Flughäfen Bakki und Skaftafell. Vom Inlandsflughafen Reykjavík aus kann man den Goldenen Kreis und die Berge Hengill, Bláfjöll und Esja überfliegen oder einen Tagesausflug mit Touren rund um Skaftafell und die Gletscherlagune Jökulsárlón machen. Außerdem regelmäßige Flüge zu den Vestmannaeyjar.

Air Iceland Connect RUNDFLUG
(Karte S. 56; ☎570 3030; www.airicelandconnect.is; Inlandsflughafen Reykjavík) Bei der größten Inlandsfluggesellschaft Islands steht ein breites Angebot von Tagestouren in ganz Island zur Wahl, die Flug, Bus, Wandern, Rafting, Reiten, Walbeobachtung und Gletscherausflüge kombinieren. Ausgangsort sind Reykjavík oder Akureyri. Auch Tagesausflüge nach Grönland und zu den Färöer-Inseln stehen auf dem Programm.

Eagle Air Iceland RUNDFLUG
(Karte S. 56; ☎562 2640; www.eagleair.is; Inlandsflughafen Reykjavík) Eagle Air Iceland bietet Sightseeing-Flüge über Vulkane (61 800 ISK) und Gletscher und viele Kombitouren an. Es gibt feste Routen ab Reykjavík: Vestmannaeyjar (hin & zurück 37 700 ISK), Höfn (hin & zurück 54 400 ISK), Húsavík (hin & zurück 52 600 ISK) sowie Bíldudalur (hin & zurück 50 600 ISK) und Gjögur (hin & zurück 50 600 ISK) in den Westfjorden.

Reykjavík Helicopters RUNDFLUG
(Karte S. 56; ☎589 1000; www.reykjavikhelicopters.com; Inlandsflughafen Reykjavík) Veranstaltet alle möglichen Helikopterrundflüge, z. B. über Reykjavík (27 000 ISK), mit Gletscherlandung (99 000 ISK) und zu Vulkanen wie Eyjafjallajökull (139 000 ISK) oder Hekla.

Norðurflug RUNDFLUG
(Karte S. 56; ☎562 2500; www.helicopter.is; Nauthólsvegur 58d, Inlandsflughafen Reykjavík; Reykjavík-Flug 27 900 ISK) Die Helikopter fliegen über Reykjavík oder hinaus zu Kratern (69 900 ISK), Wasserfällen, Gletschern und weiter. Zu ihrem umfangreichen Angebot gehören Flüge zu den Westfjorden sowie zum See Mývatn (439 900 ISK) und zur Askja.

Greenland Travel TOUREN
(☎in Dänemark 45 3313 1011; www.greenland-travel.com; Touren ab 109 400 ISK) Der Reiseveranstalter der Air Greenland bietet mehrtägige Touren von Reykjavík nach Grönland.

Schlafen

Von Juni bis Ende August ist alles komplett ausgebucht und ohne Reservierung geht wirklich gar nichts. Die Preise sind hoch. Wer knapp bei Kasse ist, muss sich bei Hostels und Campingplätzen umsehen oder ein Apartments für kürzere Zeit mieten. Die meisten Bleiben sind ganzjährig geöffnet; viele bieten bei Onlinebuchung Nachlässe oder variable Preise.

Altstadt

Hótel Reykjavík Centrum HOTEL €€
(Karte S. 60; ☎514 6000; www.hotelcentrum.is; Aðalstræti 16; DZ/Apt./Suite ab 27 400/39 300/ 51 800 ISK; P 📶) Zwischengeschosse und ein Glasdach verbinden die beiden historischen Häuser im Zentrum und verleihen dem Hotel Luftigkeit. Die 89 gut proportionierten Zimmer, Suiten und Apartments verfügen alle über Minikühlschrank, Satelliten-TV und Kaffeemaschine. Onlinepreise schwanken stark, je nach Datum.

CenterHótel Plaza HOTEL €€
(Karte S. 60; ☎595 8500; www.centerhotels.com; Aðalstræti 4; EZ/DZ mit Frühstück ab 25 400/ 26 300 ISK; @📶) Eine der langweiligeren Niederlassungen der CenterHótel-Kette mit Zimmern, die auf die Bedürfnisse von Geschäftsreisenden ausgerichtet sind, aber mit toller Aussicht von den oberen Etagen. Die Lage ist absolut zentral.

★**Consulate Hotel Reykjavík** LUXUSHOTEL €€€
(Karte S. 60; ☎514 6800; www.curiocollection3.hilton.com; Hafnarstraeti 17; DZ mit Frühstück ab 44 700 ISK, Suite ab 112 700 ISK; ❄@📶) Hiltons neues Curio-Hotel ist eine Nobeladresse mit untadeligem Service und gedämpfter Geräuschkulisse. Das einfühlsam umgebaute Kaufhaus aus dem letzten Jahrhundert hat behagliche Zimmer voller Antiquitäten und modernem Komfort (Espressomaschinen, Verdunkelungsvorhänge und große TVs). Zum Haus gehören auch ein Fitnessraum und ein Spa.

★**Apotek** BOUTIQUEHOTEL €€€
(Karte S. 60; ☎512 9000; www.keahotels.is; Austurstræti 16; DZ mit Frühstück ab 42 200 ISK; 📶) Das Apotek befindet sich in einem der bekanntesten Gebäude der Stadt, einer liebevoll renovierten, ehemaligen Apotheke mitten in der Altstadt, die von Guðjón Samúelsson entworfen und 1917 eröffnet wurde. Es hat schicke, moderne Zimmer in gedämpften Farben und eine beliebte Restaurant-Bar, die Tapas-artige Kleinigkeiten serviert (S. 87).

★**Kvosin Downtown** HOTEL €€€
(Karte S. 60; ☎571 4460; www.kvosinhotel.is; Kirkjutorg 4; Suite für 2/4/6 Pers. mit Frühstück 43 600/49 800/67 300 ISK; 📶) Das historische Hotel in bester Lage gehört zweifellos in die Reihe von Reykjavíks neuen Luxusunterkünften. Die Suiten firmieren unter den Namen „Junior", „Executive" und „Valkyrie". Zur Ausstattung gehören neben Nespresso-Maschinen und allen modernen Schikanen auch Toilettenartikel von Sóley Organics.

Black Pearl APARTMENTS €€€
(Karte S. 60; ☎527 9600; www.blackpearlreykjavik.com; Tryggvagata 18a; Apt. 50 000–150 000 ISK; P@📶👪) Die 17 voll ausgestatteten Apartments belegen mehrere schwarze Wohntürme in Meeresnähe. Die Rezeption organisiert Zimmerreinigung, Wäscherei und Kinderbetreuung. Die geräumigen, klar eingerichteten Suiten sind mit Kingsize-Betten, Designermöbeln und Balkonen, teilweise mit Meerblick, ausgestattet und haben Platz für vier bis sechs Personen.

Hótel Borg LUXUSHOTEL €€€
(Karte S. 60; ☎551 1440; www.hotelborg.is; Pósthússtræti 11; DZ ab 49 800 ISK; @📶) Das 1930 erbaute Hotel ist heute superschick in Beige, Schwarz und Creme mit Parkettboden, Lederkopfteilen am Bett und Flachbildschirmen von Bang & Olufsen ausgestattet. Die Turmsuite bietet auf zwei Stockwerken puren Luxus mit Panoramablick.

Radisson Blu 1919 HOTEL €€€
(Karte S. 60; ☎599 1000; www.radissonblu.com; Pósthússtræti 2; DZ ab 32 200 ISK; @📶) Das Hotel gehört zwar zu einer großen Kette, verströmt aber viel Stil, auch dank seiner Fassade aus dem 19. Jh. Innen trifft Tradition auf Moderne: Die zeitgenössisch eingerichteten Zimmer haben große Betten und Flachbild-TVs, während eine verschnörkelte Treppe zu den großen, komfortablen Suiten hinaufführt.

Alter Hafen

★**Reykjavík Downtown Hostel** HOSTEL €
(Karte S. 60; ☎553 8120; www.hostel.is; Vesturgata 17; B in 4-/10-Bett-Zimmer 9200/5700 ISK, DZ mit/ohne Bad 20 800/18 400 ISK; @📶; 🚌14) Die Bewertungen dieses blitzsauberen, reizenden und gut geführten Hostels fallen so gut aus, dass es regelmäßig Nichtbackpacker anzieht. Weitere Pluspunkte sind der freundliche Service, die Gästeküche und die hübschen Zimmer. 800 ISK Nachlass mit HI-Jugendherbergsausweis.

Guesthouse Butterfly PENSION €€
(Karte S. 56; ☎894 1864; www.butterfly.is; Ránargata 8a; DZ mit/ohne Bad mit Frühstück 21 900/

15 250 ISK;) Das auffällige Wandbild an dem Haus in einer ruhigen Wohnstraße nicht weit vom Zentrum ist nicht zu übersehen. In den gepflegten, hell eingerichteten Zimmern, der Gästeküche und bei den netten isländisch-norwegischen Inhabern fühlen sich die Gäste gleich wie zu Hause. Die Apartments für Selbstversorger (ab 25 000 ISK) mit Küche und teils auch Balkon sind ideal für Familien.

Three Sisters APARTMENTS €€
(Þrjár Systur; Karte S. 56; 565 2181; www.threesisters.is; Ránargata 16; Apt. für 2/4 Pers. 24 400/49 800 ISK; Mitte Mai–Aug.; @) Ein überaus freundlicher Besitzer, der sich alle Mühe gibt, sämtlichen Bedürfnissen seiner Gäste gerecht zu werden, macht das Three Sisters zu einer besonderen Unterkunft. Die sieben Apartments im Eckhaus sind behaglich eingerichtet und haben komfortable Betten und Flachbild-TVs. Jedes Apartment hat eine Küche.

★ Icelandair Hotel Reykjavík Marina BOUTIQUEHOTEL €€€
(Karte S. 66; Buchung 444 000, Hotel 560 8000; www.icelandairhotels.is; Mýrargata 2; DZ 34 850–42 500 ISK, Suite ab 47 600 ISK; @; 14) Faszinierende Kunst, eine schicke maritime Einrichtung und hochmoderne Annehmlichkeiten tragen dazu bei, dass dieses Designhotel am Hafen ein wahres Refugium ist Eine intelligente Raumnutzung macht die kleinen Zimmer zum Knaller. Die Dachzimmer auf der Hafenseite haben einen wunderbaren Meerblick. In der Lobby befindet sich die angesagte Cocktailbar Slippbarinn (S. 95).

Reykjavík Marina Residence APARTMENTS €€€
(Karte S. 66; 560 8500; www.reykjavikmarinaresidence.is; Mýrargata 14; Suite 77 400–103 000 ISK; @; 14) Mit sieben stilvollen Suiten in zwei restaurierten Altbauten hat sich das Angebot des benachbarten Icelandair Hotel Reykjavík Marina in die Luxuskategorie erweitert. Concierge-Service, Nutzung der Einrichtungen des Hotels, Toilettenartikel von Sóley Organics und Designereinrichtung sorgen für hohen Komfort. Die Aðalbjörg-Suite, die sich über zwei Etagen erstreckt, ist die größte.

Laugavegur & Skólavörðustígur

★ KEX Hostel HOSTEL €
(Karte S. 80; 561 6060; www.kexhostel.is; Skúlagata 28; B in 4-/16-Bett-Zi. 7900/4800 ISK, DZ mit/ohne Bad 34 500/20 000 ISK; @) Das KEX, inoffizielles Hauptquartier der Backpackergemeinde und beliebter Treffpunkt, ist ein Megahostel voller Geselligkeit und Stil (eine Mischung aus Varieté und Rodeo). Die Waschräume werden zwar von vielen Leuten geteilt, aber mit seiner lebhaften Restaurant-Bar mit Innenhof und Meerblick ist das KEX nach wie vor angesagt.

Loki 101 PENSION €
(Karte S. 70; 864 0944, 553 9344; www.loki101.is; Lokastígur 24a; EZ/DZ ab 11 600/14 800 ISK;) Die Lage könnte nicht besser sein. Das Loki 101 befindet sich in einer ruhigen Seitenstraße der Skolavörðustígur, nur ein paar Schritte von der Hallgrímskirkja entfernt. Zu den einfachen Zimmern mit Hartholzboden gehören Gemeinschaftsbäder und eine gut ausgestattete Gästeküche. Der Nachteil: Der Schallschutz lässt zu wünschen übrig.

101 Hostel HOSTEL €
(Karte S. 70; 661 4767; 101hostel@mail.com; Laugarvegur 58b; B 5800–6700 ISK;) Die freundliche Familie, die dieses kleine Hostel betreibt, ist enorm stolz auf einige historische Besonderheiten aus den 1840er-Jahren. Die behaglichen Schlafsäle haben jeweils sechs bzw. zehn Betten, drei der Nasszellenduschen haben Fußbodenheizung. Zum Chillen können sich Gäste in der Küche im Stil der 1950er-Jahre oder auf der Veranda aufhalten, beide sehr atmosphärisch.

★ Nest Apartments APARTMENTS €€
(Karte S. 70; 893 0280; www.nestapartments.is; Bergthorugata 15; Apt. ab 20 000 ISK;) Die vier Apartments mit hübschen Antiquitäten in einer zentralen, stillen Straße sind ein wunderbares zweites Zuhause. Sie liegen in einem hohen Stadthaus und haben Platz für zwei bis vier Personen. Das Apartment unter

KURZZEITMIETE

Die unglaublich hohen Unterkunftspreise im Sommer haben bei geschäftstüchtigen Bewohnern der beliebteren Stadtviertel die Idee entstehen lassen, die eigene Wohnung (oder einzelne Zimmer) an Kurzurlauber zu vermieten. Die Preise liegen oft unter den kommerziellen Tarifen, allerdings gibt es natürlich keinen Service, keinen Concierge usw. Wer zentral wohnen will, sucht sich am besten eine Adresse mit der Postleitzahl 101 Reykjavík.

Laugavegur Ost

Laugavegur Ost

Sehenswertes
1 Gallerí Fold B2
2 Isländisches Phallusmuseum A2
3 Kunstmuseum Reykjavík – Kjarvalsstaðir B3

Aktivitäten, Kurse & Touren
4 Sundhöllin A2

Schlafen
5 Alda Hotel A1
6 Eyja Guldsmeden C2
7 Fosshotel Reykjavík B1
8 Grettir Apartments A1
9 Hlemmur Square B2
10 KEX Hostel A1
11 Luna Hotel Apartments A1
12 OK Studios A1
13 Opal Apartments B2
14 Skuggi Hotel A1
15 Snorri's Guesthouse A3
16 Útivist D2

Essen
17 10–11 .... A1
18 10–11 .... D1
19 Ban Thai B2
Hlemmur Mathöll .... (s. 24)
20 Johansen Deli B1
21 Matwerk A2
22 Noodle Station A2
23 Restó B2
24 SKÁL! B2
25 Yummi Yummi B2

Ausgehen & Nachtleben
KEX Bar .... (s. 10)

Shoppen
26 Handstrickverband Island D1
27 Iceland Camping Equipment Rental A1
28 Iðnú B2
29 Jokla Icelandic Design A2
30 Lucky Records B2
31 Orr A2

dem Dach mit seinem Blick auf Meer und Berge ist der Knüller. Mindestaufenthalt von zwei Nächten.

★ **Loft Hostel** HOSTEL €€
(Karte S. 70; ☎553 8140; www.lofthostel.is; Bankastræti 7; B 8500–9900 ISK, DZ/4BZ 26 200/36 700 ISK; @📶) Das moderne Hostel hoch über dem geschäftigen Treiben der Bankastræti zieht eine junge Klientel an – darunter auch Einheimische, die die trendige Bar und Caféterrasse besuchen. Die gesellige Bleibe hat saubere Schlafsäle mit jeweils eigenem Bad. Bettwäsche ist vorhanden.

★ **Forsæla Apartmenthouse** PENSION, APARTMENTS €€
(Karte S. 70; ☎551 6046; www.apartmenthouse.is; Grettisgata 33b; DZ/3BZ ohne Bad mit Frühstück 25 700/34 500 ISK, Apt./Haus ab 45 150/90 300 ISK;) Der Hit im Angebot ist ein 100 Jahre altes Holz-Wellblech-Haus, das Platz für vier bis acht Personen bietet und mit hübschen Dachbalken und geschmackvollen modernen Annehmlichkeiten ausgestattet ist. Auch die kleineren Apartments haben gemütliche Schlaf- und Wohnzimmer, eine Küche und eine Waschmaschine. Es gibt auch Zimmer mit Frühstück. Mindestaufenthalt von drei Nächten.

★ **Grettir Apartments** APARTMENTS €€
(Karte S. 80; ☎694 7020; contact@grettisborg.is; Grettisgata 53b; Apt. 23 500–57 700 ISK;) Die Einrichtung scheint direkt aus einem Magazin für skandinavisches Einrichtungsdesign zu stammen. In den durch und durch modernen Studios und Apartments dominieren hochwertiges Mobiliar und schicke Einbauelemente. In der geräumigsten Variante ist Platz für sechs bis sieben Personen.

★ **REY Apartments** APARTMENTS €€
(Karte S. 70; ☎771 4600; www.rey.is; Grettisgata 2a; Apt. 30 000–55 800 ISK;) Wer private Unterkünfte einem Hotel vorzieht, ist im REY genau richtig. Die modernen Apartments für zwei bis acht Personen sind über ein verwirrendes Treppensystem zu erreichen. Sie sind gepflegt und stilvoll eingerichtet.

Luna Hotel Apartments APARTMENTS €€
(Karte S. 80; ☎852 7572; www.luna.is; Rezeption 3. OG, Laugavegur 77; Apt. ab 24 200 ISK) Ein beachtenswerter Neuzugang im Reykjavíker Luxusapartment-Angebot ist das Luna mit 15 ausgezeichneten Apartments in der Nähe des Skólavörðustígur. Die Straßen hier sind relativ ruhig und die Apartments hell und fröhlich, von kleinen Studios bis zu Wohnungen mit bis zu vier Schlafzimmern für acht Personen.

Baldursbrá Guesthouse PENSION €€
(Karte S. 70; ☎552 6646; baldursbra@centrum.is; Laufásvegur 41; EZ/DZ/3BZ ohne Bad mit Frühstück ab 9 700/17 800/19 000 ISK;) Die kleine Pension in einer ruhigen Straße in der Nähe des Tjörnin hat relativ große, gemütliche Zimmer mit Waschbecken. Zur allgemeinen Ausstattung gehören ein Wohnzimmer und ein Garten mit Hot Pot und Grill. Die Inhaber bieten einen freundlichen, aufmerksamen Service.

Castle House Apartments APARTMENTS €€
(Karte S. 70; ☎511 2166; www.hotelsiceland.net; Skálholtsstígur 2a; Apt. ab 20 500 ISK;) Die modernen Apartments liegen recht zentral und sehr ruhig. Sie sind persönlicher als ein Hotel, bieten aber trotzdem Zimmerservice: Jeden Tag gibt es frische Handtücher und das schmutzige Geschirr verschwindet wie von Zauberhand. Die gleichen Leute betreiben auch die **Embassy Apartments** (Karte S. 56; ☎511 2166; www.hotelsiceland.net; Garðastræti 40; Apt. ab 24 400 ISK) am Nordwestufer des Tjörnin.

Galtafell Guesthouse PENSION €€
(Karte S. 70; ☎699 2525; www.galtafell.com; Laufásvegur 46; DZ mit/ohne Bad ab 25 300/24 600 ISK, Apt. ab 29 000 ISK;) Die vier Einzimmer-Apartments in dieser umgebauten alten Villa haben eine voll ausgestattete Küche, einen gemütlichen Wohnbereich und Zugang zu einem hübschen Garten. Die drei Doppelzimmer teilen sich eine Gästeküche. Das Haus liegt in einem ruhigen Stadtviertel am See und in Laufnähe zum Stadtzentrum.

Óðinn APARTMENTS €€
(Karte S. 70; ☎561 3400; www.odinnreykjavik.com; Óðinsgata 9; Apt. für 6/8/10 Pers. 25 200/41 200/80 000 ISK;) Schlichte, weiße Zimmer, Holzboden, große TVs und bunte, fröhliche Kunst zeichnen die vier schicken Apartments in einer ruhigen, aber immer noch zentralen Straße aus. Alle haben eine Waschmaschine und eine voll ausgestattete Küche, das Penthouse mit vier Schlafzimmern auch eine Terrasse mit Blick auf die Hallgrímskirkja.

Hlemmur Square HOSTEL €€
(Karte S. 80; ☎415 1600; www.hlemmursquare.com; Laugavegur 105; B 5200–5600 ISK, DZ 22 000–33 000 ISK, Apt. ab 38 000 ISK;) Es kann etwas laut sein und die Qualität der Ausstattung schwankt ein wenig, aber dafür sind die Angestellten freundlich, die Lage großartig und die Atmosphäre fröhlich. Ein Plus bringen auch die großen Schlafsäle mit frischer Bettwäsche sowie die geräumigen Doppelzimmer mit Kingsize-Betten. Einige haben sogar einen Balkon mit Meerblick.

Sunna Guesthouse PENSION €€
(Karte S. 70; ☎511 5570; www.sunna.is; Þórsgata 26; DZ mit/ohne Bad 33 400/27 000 ISK, Apt. 51 000 ISK;) Die verschiedenen Zimmer und Apartments sind allesamt schlicht und sonnig und mit honigfarbenem Parkettboden ausgestattet, einige haben auch einen

schönen Blick auf die Hallgrímskirkja. Frühstück ist im Preis enthalten und es gibt einige wenige kostenlose Parkplätze. Familien haben die Wahl zwischen Apartments mit nur einem Zimmer und solchen mit Platz für acht Personen.

Hótel Leifur Eiríksson HOTEL €€
(Karte S. 70; ☎562 0800; www.hotelleifur.is; Skólavörðustígur 45; EZ/DZ mit Frühstück ab 24 700/26 800 ISK) Das Hotel in einer der besten Lagen von Reykjavík liegt am Ende der Kunstmeile Skólavörðustígur gleich vor der Hallgrímskirkja. Über die Hälfte der Zimmer haben einen schönen Blick auf die Kirche. Die Zimmer sind ziemlich klein und einfach, aber man zahlt hier für die Lage nicht für die Ausstattung.

Hótel Frón HOTEL €€
(Karte S. 70; ☎511 4666; www.hotelfron.is; Laugavegur 22a; DZ/Apt. ab 27 100/28 600 ISK; @ 📶 👪) Das Hotel hat eine hervorragende Lage am Laugavegur (in den Zimmern im vorderen Bereich kann es am Wochenende recht laut sein). Im neueren Flügel liegen gute Doppelzimmer und große, stilvolle Apartments mit Küchenzeile. Die älteren Zimmer sind weniger schön.

Snorri's Guesthouse PENSION €€
(Karte S. 80; ☎552 0598; www.guesthousereykjavik.com; Snorrabraut 61; EZ mit/ohne Bad 22 600/16 600 ISK, DZ mit/ohne Bad 28 200/21 000 ISK; P 📶 👪) Die sehr gepflegten Zimmer in diesem Haus mit Kieselfassade sind in gedämpften Farbtönen eingerichtet. Die Familienzimmer (ab 30 100 ISK) und der freundliche Inhaber machen aus der Bleibe eine gute Ausgangsbasis für Reisende.

★ **Alda Hotel** BOUTIQUEHOTEL €€€
(Karte S. 80; ☎553 9366; www.aldahotel.is; Laugavegur 66; DZ/3BZ 40 500/47 400 ISK, Suite ab 87 300 ISK; 📶) Details lassen das schicke Alba aus der Konkurrenz hervorstechen: gestrickte Lampenschirme, Sauna und Hot Pot sowie Handys, die den Gästen kostenlos überlassen werden (Ortsgespräche und Surfen gratis). Der großen King-Suite verleihen ein riesiger TV-Bildschirm, eine Kaffeemaschine und eine freistehende Badewanne einen Hauch von Luxus.

★ **Reykjavík Residence** APARTMENTS €€€
(Karte S. 70; ☎561 1200; www.rrhotel.is; Hverfisgata 45; Apt. für 2/3/8 Pers. 33 500/37 300/87 000 ISK; @ 📶 👪) Die Apartments in den sechs alten Villen sind genau das, was man sich unter einer luxuriösen Unterkunft im Stadtzentrum vorstellt. Die Bettwäsche ist schön, der Service aufmerksam und die Beleuchtung strahlt in warmem Gold. Am schönsten sind die Royal-Suiten im ehemaligen Haus des isländischen Premierministers – benannt nach einstigen Gästen, dem König und der Königin von Dänemark.

★ **Hótel Holt** LUXUSHOTEL €€€
(Karte S. 70; ☎552 5700; www.holt.is; Bergstaðastræti 37; EZ 31 000–34 000 ISK, DZ 35 000–45 000 ISK; @ 📶) Hier machen Gäste eine supercoole Zeitreise in eine luxuriöse Vergangenheit. Das in den 1960er-Jahren als eines der ersten Hotels in Reykjavík erbaute Holt schmücken Gemälde, Zeichnungen und Skulpturen einer der größten Privatsammlungen in Island, umgeben von den warmen Farben der Einrichtung.

Sandhotel BOUTIQUEHOTEL €€€
(Karte S. 70; ☎519 8090; www.sandhotel.is; Laugavegur 34; Zi. ab 40 000 ISK; 📶) Wenn die Besitzer einer der besten Bäckereien (S. 90) Islands ein Hotel eröffnen, kann das wohl nur prima werden. Im Sandhotel verbindet sich ein Hauch von Art déco mit nordischem Design und Luxus des 21. Jhs.: Die Zimmer sind mit Espressomaschinen, Bluetooth-Lautsprechern, edler Bettwäsche und weichen Handtüchern ausgestattet. Brot und süßes Gebäck zum Frühstück sind selbstverständlich erstklassig.

Canopy by Hilton BOUTIQUEHOTEL €€€
(Karte S. 70; ☎528 7000; www.canopybyhilton.com; Smiðjustígur 4; DZ ab 42 500 ISK; @ 📶) Die Zimmer mit viel aufwendigem Komfort sind in Farbtönen gehalten, die an Meer, Vulkangestein und Eis erinnern, einige haben Meer- oder Bergblick. Außerdem gibt's Leihfahrräder, gesundes Frühstück, nachmittägliche Bierverkostungen und einen Fitnessraum.

Opal Apartments APARTMENTS €€€
(Karte S. 80; ☎860 1300; www.opalapartments.is; Laugavegur 151; Apt. ab 41 300 ISK; P 📶) Die acht heiteren Apartments im Laugavegur Höhe Hlemmur-Platz sind trotz der Lage an einer unspektakulären, verkehrsreichen Straße makellos und mit allen erdenklichen Küchenutensilien und Annehmlichkeiten ausgestattet.

CenterHótel Arnarhvoll HOTEL €€€
(Karte S. 70; ☎595 8540; www.centerhotels.com; Ingólfsstræti 1; DZ mit Frühstück ab 37 500 ISK; @ 📶) Das verspiegelte 100-Zimmer-Hotel am Wasser bietet unverbaute Ausblicke auf

die Bucht und die Esja. Die großen Fenster lassen viel schönes nordisches Licht in die kühlen, skandinavisch inspirierten Zimmer mit ihren klaren Linien. Insgesamt sind die Zimmer eher klein, was die extrem komfortablen Betten aber wettmachen. Schön sind die kleine Sauna und das Dampfbad sowie die Ský Bar im obersten Stock.

OK Studios APARTMENTS €€€
(Karte S. 80; ☎578 9850; Laugavegur 74; Apt. für 2/4 Pers. ab 24 800/28 800 ISK; 📶) Die individuell eingerichteten Zimmer verströmen mit ihrem coolen, zusammengewürfelten Mobiliar und den Mona-Lisa-Porträts eher kreatives Flair. Doch trotz dieses Upcycling-Ambientes sind die Unterkünfte mit komfortablen Betten, Balkonen und einem täglichen Reinigungsdienst sehr ansprechend.

Skuggi Hotel BOUTIQUEHOTEL €€€
(Karte S. 80; ☎590 7000; www.keahotels.is; Hverfisgata 103; DZ mit Frühstück ab 30 700 ISK; P 📶) Kingsize-Betten, elegante Möblierung, Satelliten-TV und die 1a-Lage in unmittelbarer Nähe zum Laugavegur machen das Hotel zu einem Top-Tipp. Als Sahnehäubchen gibt es kostenlose Parkplätze dazu.

CenterHótel Þingholt BOUTIQUEHOTEL €€€
(Karte S. 70; ☎595 8530; www.centerhotels.com; Þingholtsstræti 3; DZ/Suite ab 34 400/50 400 ISK; @📶) Das Þingholt strotzt vor Charakter. Es wurde von der Architektin Gulla Jónsdóttir vollständig mit natürlichen Materialien eingerichtet. Heraus kam eines der originellsten Hotels in Reykjavík. Die anheimelnden, kompakten Zimmer sind stimmungsvoll beleuchtet und mit einem eleganten grauen Boden und Bett-Kopfteilen aus schwarzem Leder ausgestattet. Manche haben eine schicke Badewanne im Schlafzimmer.

Hótel Óðinsvé HOTEL €€€
(Karte S. 70; ☎511 6200; www.hotelodinsve.is; Þórsgata 1; DZ/Suite ab 36 000/47 000 ISK; @📶) Das Oðinsvé vermittelt den Eindruck von Individualität und Persönlichkeit – die 50 sonnigen Zimmer sind mit klassischen Möbeln, Holzboden und originalen Kunstwerken eingerichtet. Einige haben zwei Etagen, manche Badewanne oder Balkon und die Suiten im obersten Stock Meerblick. Frühstück kostet 2800 ISK.

101 Hotel BOUTIQUEHOTEL €€€
(Karte S. 70; ☎580 0101; www.101hotel.is; Hverfisgata 10; DZ ab 47 500 ISK; @📶) Das 101 umschmeichelt die Sinne mit daunenweichen Betten, einem puristischen Farbkonzept in Schwarz und Weiß, Soundsystemen von Bang & Olufsen und verglasten Duschen. Ein Spa, ein kleines Fitnesscenter und ein glamouröses Bar-Restaurant komplettieren das luxuriöse Angebot.

Room With A View APARTMENTS €€€
(Karte S. 70; ☎552 7262; www.roomwithaview.is; Laugavegur 18; Apt. 34 000–75 000 ISK; 📶♿) Die Lage ist ganz zentral, das Design reinster skandinavischer Luxus und die Ausstattung verlockend: Küchenzeile, CD-Spieler, feinste Toilettenartikel und eine Sonnenterrasse mit Whirlpool. Der einzige Haken ist der nächtliche Partylärm.

Eyja Guldsmeden BOUTIQUEHOTEL €€€
(Karte S. 80; ☎519 7300; www.hoteleyja.is; Brautarholt 10; EZ/DZ mit Frühstück ab 40 700/45 500 ISK; P 📶) 🍃 Wem Reykjavíks Apartments zum Selbsteinchecken nicht liegen, sollte es mit dem Eyja Guldsmeden probieren, wo aufmerksamer Service, exzellentes Frühstück und Himmelbetten in schicken Zimmern mit Holz- und Steinausstattung zusammengehören. Die Lage am Rand der Innenstadt und kostenlose Parkplätze sind ein zusätzlicher Bonus.

Tün

Fosshótel Reykjavík HOTEL €€€
(Karte S. 80; ☎531 9000; www.islandshotel.is; Þór-unnartún 1; DZ/FZ mit Frühstück ab 31 200/42 800 ISK; 🚌4, 12, 16) Der 320-Zimmer-Klotz gehört zur neuen Generation von Hotelhochhäusern, die sich vor allem im Bereich des Tün-Viertels östlich vom Stadtzentrum drängen. Die modernen Zimmer mit allem gewohnten Komfort (Flachbildfernseher, Haartrockner) werden immer besser, größer und teurer, je höher es nach oben geht. Weitere – kleinere und ältere – Fosshótels liegen in der Hauptstadt verstreut.

Laugardalur

Campingplatz Reykjavík CAMPINGPLATZ €
(Karte S. 56; ☎568 6944; www.reykjavikcampsite.is; Sundlaugavegur 32; Stellplatz pro Erw./Kind 2400 ISK/frei; ⏲Mai–Sept.; P@📶; 🚌14) 🍃 Der einzige Campingplatz in Reykjavík ist riesig und bietet auf drei Feldern Stellplätze für 650 Gäste. Zur umfangreichen, modernen Ausstattung gehören kostenlose Duschen, ein Fahrradverleih (5 Std. 4000 ISK), Küchen und Grillbereiche. Er liegt 2 km östlich vom Stadtzentrum in Laugardalur neben dem Schwimmbad (S. 65).

LOTTIE DAVIES/LONELY PLANET ©

1. Bauernhaus nahe der Hekla (S. 149) 2. Eishöhle, Skaftafell (S. 200) 3. Eyjafjallajökull (S. 175) 4. Magni (S. 163)

ANNA OM/SHUTTERSTOCK ©

Feuer & Eis

„Land von Feuer und Eis" hört sich nach einem abgedroschenen Werbeslogan an, aber es ist wirklich nicht übertrieben. Unter den stillen, majestätischen Landschaften Islands verbirgt sich ein feuriger Kern – es gibt rund 30 aktive Vulkane, viele davon unter dickem Eis. Und wenn sie Feuer spucken, dann hält die Welt den Atem an – wie beim Ausbruch des Eyjafjallajökull.

Vatnajökull

Die Eiskönigin der Insel ist die größte Eiskappe Europas und Namensgeberin des größten Nationalparks (S. 200). Diese endlose weiße Weite lässt sich am besten auf einer Schneemobiltour erkunden.

Eyjafjallajökull

Jeder hat den Namen schon gehört (oder zumindest die Versuche der Leute, ihn richtig auszusprechen), nachdem der Übeltäter 2010 riesige Aschewolken spie, die den Flugverkehr in weiten Teilen Europas lahmlegten (S. 175).

Hekla & Katla

Wie böse Stiefschwestern aus einem isländischen Gruselmärchen: Die ruhelosen Ungetüme Hekla (S. 149) und Katla (S. 175) in Südisland drohen immer wieder, Dampf, Rauch und Lavaströme auszuspucken, die Gletscher zum Schmelzen bringen und Überschwemmungen auslösen können.

Snæfellsjökull

Jules Verne verewigte ihn als Ausgangspunkt seiner Reise zum Mittelpunkt der Erde – der markante Eisbuckel der Halbinsel Snæfellsnes (S. 244) ist an klaren Tagen von Reykjavík sichtbar.

Magni & Móði

Islands jüngste Vulkankegel (S. 163) entstanden bei Ausbrüchen im Jahr 2010. Wer ein Päckchen *pýlsur* (Würstchen) mit auf den Magni bringt, kann sie in der noch dampfenden Erde ruckzuck garen.

Reykjavík City Hostel HOSTEL €€
(Karte S. 56; 553 8110; www.hostel.is; Sundlaugavegur 34; B ab 4500 ISK, DZ mit/ohne Bad 23 100/19 100 ISK; ; 14) Reykjavíks ältestes Hostel ist ein großer, umweltfreundlich betriebener Komplex mit authentischem Backpacker-Feeling. Es liegt zwei Kilometer östlich vom Stadtzentrum in Laugardalur neben dem Schwimmbad. Flybus und viele Tourenbusse halten hier. Es hat einen Fahrradverleih, eine Gästeküche, einen Grillplatz und eine geräumige Terrasse.

Hilton Reykjavík Nordica HOTEL €€€
(Karte S. 56; 444 5000; www.hilton.com; Suðurlandsbraut 2; DZ ab 31 500 ISK; ; 2, 5, 14, 15, 17) Geräumige Zimmer im lässigen skandinavischen Schick machen das Hilton zu einer angenehmen Bleibe. Zur Ausstattung gehören 24-Stunden-Zimmerservice, Fitnessraum, Spa, Bar und das Gourmetrestaurant Vox (S. 94). Die hellen Zimmer in unaufdringlichen Creme- und Mokkatönen haben riesige Betten – und in den oberen Stockwerken einen wunderbaren Meerblick. Das Hotel liegt etwa 2 km vom Stadtzentrum entfernt in der Nähe von Laugardalur.

Südlich vom Zentrum

Icelandair Hotel Natura HOTEL €€
(Karte S. 56; 444 4500; www.icelandairhotels.com; Nauthólsvegur 52; DZ ab 22 100 ISK; ; 15) Das etwas abgelegene Hotel ist die ideale Wahl für alle, die über den Inlandsflughafen reisen. Es ist ein großes Haus mit modernen Zimmern, heimischer Kunst, einem Spa und Pflegeprodukten von Sóley Organics.

Essen

Das kleine Reykjavík hat ein erstaunliches kulinarisches Angebot, von Hotdogs am Imbissstand bis zu Gourmetspeisen an weiß gedeckten Tischen. Meeresfrüchte stehen natürlich hoch im Kurs und Lokale mit isländischer oder neuer nordischer Küche servieren bewährte Variationen der regionalen Fisch- und Lammgerichte. Aber auch wer internationale Kost bevorzugt, ist in der Hauptstadt gut aufgehoben. Der Flohmarkt Kolaportið (S. 100) hat einen Bereich mit traditionellem isländischen Essen.

Altstadt

Bæjarins Beztu HOTDOGS €
(Karte S. 60; www.bbp.is; Tryggvagata; Hotdog 450 ISK; So–Do 10–1, Fr & Sa bis 4.30 Uhr;) Die Isländer schwören, dass es die besten Hotdogs der Stadt in diesem Imbisswagen in Hafennähe gibt (besucht von Bill Clinton und Nachtschwärmern). Der wichtige Satz *eina með öllu* („Einen mit allem“) garantiert die volle Ausstattung mit süßem Senf, Ketchup und Röstzwiebeln.

Icelandic Street Food STREET FOOD €
(Karte S. 60; 691 3350; www.icelandicstreetfood.com; Laekjargata 8; Hauptgerichte ab 1300 ISK; 8–23 Uhr) Die Hausmannskost, die in diesem winzigen Lokal serviert wird, ist eine günstige Kostprobe der alten isländischen Küche. Besitzer Unnar hat seine Großmutter verpflichtet, einige der Gerichte von Fischeintopf und Lammsuppe bis zu gerollten, mit Zucker bestreuten Pfannkuchen, persönlich zuzubereiten. Ihr Prinzip „Niemand verlässt hungrig mein Haus“ bedeutet kostenlosen Nachschlag.

Bio Borgari BURGER €
(Karte S. 60; 519 5195; www.facebook.com/bioborgari; Vesturgata 12; Burger ab 1500 ISK; Mi–Fr 11–14 & 17–21, Sa & So 12–21 Uhr;) Der konventionelle Burger erfährt in diesem erfindungsfreudigen Laden eine Erfrischungskur. Biofleisch und Linsenfrikadellen in weichen Körnerbrötchen werden mit dünnen Scheiben von knusprigem Wurzelgemüse gereicht.

Jómfrúin SANDWICHES €
(Karte S. 60; 551 0100; www.jomfruin.is; Lækjargata 4; Sandwiches ab 2230 ISK; 11–22 Uhr) Der schmucklose Anlaufpunkt aller Dänen fern der Heimat ist spezialisiert auf das traditionelle dänische *smørrebrød,* mit typisch nordischem Belag in unzähligen Variationen.

10–11 SUPERMARKT €
(Karte S. 60; www.10-11.is; Austurstræti 17; 24 Std.) Der überall präsente 10–11 ist meistens durchgehend geöffnet und verlangt überhöhte Preise. Weitere Filialen sind in der **Barónsstígur** (Karte S. 80), **Borgartún** (Karte S. 80) und **Laugalækur** (Karte S. 56).

★ **Messinn** FISCH & MEERESFRÜCHTE €€
(Karte S. 60; 546 0095; www.messinn.com; Lækjargata 6b; Hauptgerichte mittags 1850–2200 ISK, abends 2700–4200 ISK; 11.30–15 & 17–22 Uhr) Das Messinn ist unbedingt einen Besuch wert, denn hier gibt es die beste Fischküche von ganz Reykjavík. Die Spezialität des Hauses ist gebratener Fisch: Der gewünschte Fisch kommt in einer gusseisernen Pfanne brutzelnd auf den Tisch, begleitet von gebut-

terten Kartoffeln und Salat. Die Atmosphäre ist fröhlich und gemütlich, das Personal freundlich.

Bergsson Mathús CAFÉ €€
(Karte S. 60; ☎ 571 1822; www.bergsson.is; Templarasund 3; Hauptgerichte 2200–2800 ISK; ⏱ Mo–Fr 7–19, Sa & So bis 17 Uhr; ☑) Raffiniert ist hier nichts, aber dafür ist das Brot hausgebacken und die Zutaten sind frisch. Daher sitzen hier vor allem Einheimische, die durch Zeitschriften blättern, tratschen und einen leckeren Brunch genießen.

Icelandic Fish & Chips FISCH & MEERESFRÜCHTE €€
(Karte S. 60; ☎ 511 1118; www.fishandchips.is; Tryggvagata 11; Hauptgerichte 1600–6300 ISK; ⏱ 11.30–21 Uhr) Fisch auswählen – und schon landet er in Dinkelpanade auf dem Tisch. Dazu schmecken regionales Bier, Bio-Salat (990 ISK) und „Skyronnaisen", diverse Saucen auf *skyr*-Basis (z. B. Basilikum und Knoblauch), die den altbewährten Klassiker köstlich aufpeppen.

Lobster Hut FISCH & MEERESFRÜCHTE €€
(Karte S. 60; humarkofi@gmail.com; Lækergata; Hauptgerichte 1800–2800 ISK; ⏱ Mo–Do 11–1, Fr & Sa bis 6 Uhr) Was darf's sein? Hummersuppe? Hummersalat? Hummersandwich? Der Imbisswagen für eilige Gourmets hat alles, was das Herz begehrt. Tagsüber steht er gegenüber dem Harpa, nach 21 Uhr an der Lækergata im Stadtzentrum.

Hornið ITALIENISCH €€
(Karte S. 60; ☎ 551 3340; www.hornid.is; Hafnarstræti 15; Hauptgerichte 1900–5200 ISK; ⏱ 11–23.30 Uhr; ☐) Das lichte Café-Restaurant im Art-déco-Stil erfreut mit zwangloser Atmosphäre. Außer Pizza, die vor den Augen der Gäste frisch zubereitet wird, und hübsch angerichteten, sättigenden Pasta-Gerichten stehen auch Fisch und Fleisch auf der Karte.

★ **Apotek** FUSIONSKÜCHE €€€
(Karte S. 60; ☎ 551 0011; www.apotekrestaurant.is; Austurstræti 16; Hauptgerichte 2800–6000 ISK; ⏱ So–Do 12–23, Fr & Sa bis 24 Uhr) Das schöne Bar-Restaurant mit blitzeblankem Glas und coolem Flair ist für seine köstlichen Häppchenteller (ideal zum Teilen) und hochklassigen Cocktails bekannt. Es residiert im Erdgeschoss des gleichnamigen Hotels.

★ **Grillmarkaðurinn** FUSIONSKÜCHE €€€
(Grill Market; Karte S. 60; ☎ 571 7777; www.grillmarkadurinn.is; Lækargata 2a; Hauptgerichte 3500–9500 ISK; ⏱ 11.30–14 & 18–22.30 Uhr, Sa & So mittags geschl.) Feinste Gastronomie ist hier an der Tagesordnung, beim Cocktail unter den goldenen Kugelleuchtern im gläsernen Atrium angefangen. Der Service ist ebenfalls tadellos und Einheimische wie Gäste schwärmen vom Essen, das aus isländischen Zutaten von Meisterköchen kreativ zubereitet wird.

★ **Fiskfélagið** FISCH & MEERESFRÜCHTE €€€
(Karte S. 60; ☎ 552 5300; www.fishcompany.is; Vesturgata 2a; Hauptgerichte mittags 2700–4600 ISK, abends 4800–6600 ISK; ⏱ 11.30–14.30 & 17.30–22.30 Uhr, Sa & So mittags geschl.) Das „Fischunternehmen" bereichert isländische Fischrezepte um internationale Einflüsse – von der Fidschi-Kokosnuss bis zur spanischen Chorizo. Gegessen wird draußen auf der Terrasse oder in gedämpfter Atmosphäre zwischen Steinwänden und Holzbalken, Kupferlampen und originellen Möbeln.

★ **Fiskmarkaðurinn** FISCH & MEERESFRÜCHTE €€€
(Fishmarket; Karte S. 60; ☎ 578 8877; www.fiskmarkadurinn.is; Aðalstræti 12; Hauptgerichte 4800–9900 ISK, Probiermenü 11 900 ISK; ⏱ 17–22.30 Uhr) Die aufwendigen Speisen werden in diesem behaglichen, kunstvoll ausgeleuchteten Restaurant spektakulär präsentiert. Die Köche verfeinern isländische Meeresfrüchte auf überaus gekonnte Weise mit asiatischen Zutaten, z. B. Lotuswurzel. Das Probiermenü wird hoch gelobt, zudem ist das Restaurant berühmt für seine exzellente Sushi-Bar (3600–4100 ISK).

Tapas Barinn TAPAS €€€
(Karte S. 60; ☎ 551 2344; www.tapas.is; Vesturgata 3b; Tapas 2000–3400 ISK; ⏱ So–Do 17–23.30, Fr & Sa bis 1 Uhr) Ein lebensgroßer Bulle aus Fiberglas in den spanischen Nationalfarben Rot und Gelb begrüßt die Gäste, die hier zwischen 50 Tapas wählen können. Zu den Oliven und *patatas bravas* (Bratkartoffeln mit scharfer Sauce) gesellen sich isländisches Lamm, eingelegte Tomaten, Stockfisch und gebratene Hummerschwänze. Tischreservierung ist ratsam

Matarkjallarinn ISLÄNDISCH €€€
(Karte S. 60; ☎ 558 0000; www.matarkjallarinn.is; Aðalstræti 2; Hauptgerichte mittags 2300–4000 ISK, abends 4200–6500 ISK; ⏱ Mo–Fr 11–15, tgl. 17–23 Uhr) Im Matarkjallarinn („Vorratskeller") herrscht Eleganz. Brasserie-Gerichte, isländische Zutaten, eine zauberhafte Einrichtung und ungemein gekonnte Cocktails sind unbedingt verlockend. Ebenso der langsam gegarte Kabeljau, der mit Moos gebelzte Lachs oder der geräucherte Seesaibling.

Alter Hafen

★ Grandi Mathöll STREETFOOD €

(Karte S. 66; ☎577 6200; www.grandimatholl.is; Grandagarður 16; Hauptgerichte ab 1200 ISK; ⏱Mo–Do 11–21, Fr–So bis 22 Uhr) Es gibt kein sprechenderes Bild für die Wiederbelebung von Grandi als diese zu der einer modernen Food Hall umgebaute alte Fischfabrik. Lange, aufgebockte Tische stehen zwischen den Buden, die verschiedenste Lamm-, Fisch- und Gemüsegerichte verkaufen. Besonders empfehlenswert ist der Gastro Truck. Sein Hühnerfleisch-Burger ist einfach Chili-scharf.

★ Sægreifinn FISCH & MEERESFRÜCHTE €

(Seegraf; Karte S. 66; ☎553 1500; www.saegreifinn.is; Geirsgata 8; Hauptgerichte ab 1500 ISK; ⏱11.30–22 Uhr) Die grüne Hütte am Hafen kredenzt die berühmteste Hummersuppe der Hauptstadt. Es steht aber auch ein ganzer Kühlschrank voll frischer Fischspieße für den Grill bereit. Zwar hat der „Seegraf", der das Lokal eröffnete, es schon vor einigen Jahren verkauft, aber der bodenständige Charme blieb erhalten.

★ Flatey Pizza PIZZA €

(Karte S. 66; ☎588 2666; www.flatey.pizza; Grandagarður 11; Pizza 1750–2650 ISK; ⏱11–22 Uhr) Das Flatey hat das Pizzabacken zu einer Kunstform erhoben. Der Sauerteigboden wird mit Bio-Weizen hergestellt und bei 500 °C nur eine Minute gebacken, um den Geschmack des Belags nicht zu beeinträchtigen. Der Laden ist sehr hip und sehr elegant. Da eine Reservierung nicht möglich ist, muss Anstehen in Kauf genommen werden.

Hamborgara Búllan BURGER €

(Hamborgarabúlla Tómasar; Karte S. 66; ☎511 0800; www.bullan.is; Geirsgata 1; Burger/Gerichte ab 1300/2000 ISK; ⏱11.30–21 Uhr; 📶👪) Der Burgerjoint im alten Hafen serviert Buletten, bei denen alle gern zugreifen. Hier haben schon Hollywood-Stars ihren Hunger gestillt.

Lamb STREETFOOD €

(Karte S. 66; ☎557 9777; www.facebook.com/lambstreetfood; Grandagarður 7; Hauptgerichte ab 1900 ISK; ⏱11–22 Uhr) Das flotte Imbissrestaurant serviert mit Lammfleisch und Falafel gefülltes Fladenbrot, verfeinert mit knackigem Gemüse und würzigen Saucen auf *skyr*-Basis.

Fish & Chips FISCH & MEERESFRÜCHTE €

(Karte S. 66; www.fishandchipsvagninn.is; Hlésgata, Alter Hafen; Hauptgerichte 1200–2200 ISK; ⏱11–21 Uhr; 🚌14) Der schlichte Imbisswagen in der Nähe des Seefahrtmuseums Víkín verkauft köstlichen, brutzelheißen Fisch mit Pommes.

Valdís EISCREME €

(Karte S. 66; ☎586 8088; www.valdis.is; Grandagarður 21; Kugel 490 ISK; ⏱11.30–23 Uhr; 👪) Den ganzen Sommer über ziehen hier fröhliche Familien eine Nummer und warten geduldig, bis sie an der Reihe sind und zwischen den zahlreichen hausgemachten Eissorten wählen dürfen. Total locker, total spannend.

Burið KÄSE €

(Karte S. 66; ☎551 8400; http://blog.burid.is; Grandagarður 35; ⏱Mo–Fr 11–18, Sa 12–17 Uhr; 🚌14) Hier wählt man aus einem breiten Angebot an isländischen Käsesorten und *skyr* (isländischer Quark) sowie anderen Feinkostleckereien und Süßspeisen.

17 Sortir BÄCKEREI €

(Karte S. 66; ☎571 1701; www.sautjansortir.is; Grandagarður 19; ⏱Mo–Fr 10–18, Sa & So 11–17 Uhr) Von Toblerone-Cupcakes und veganem Kuchen bis zur vierschichtigen Schokoladentorte – die täglich frische Auswahl hat für jede Naschkatze etwas zu bieten. Der Name „17 Sortir" bezieht sich auf eine gewissenhafte Hausfrau in einem Roman des Nobelpreisträgers für Literatur Halldór Laxness, die glaubt, dass Gästen mindestens 17 Kuchensorten angeboten werden müssten.

★ Matur og Drykkur ISLÄNDISCH €€

(Karte S. 66; ☎571 8877; www.maturogdrykkur.is; Grandagarður 2; Hauptgerichte mittags/abends ab 1900/3400 ISK, Probiermenü 10 000 ISK; ⏱11.30–15 & 18–22 Uhr, So mittags geschl.; 🖉; 🚌14) Eines der besten gehobenen Restaurants in Reykjavík. Matur og Drykkur bedeutet „Essen und Trinken" und den Gästen wird hier beides vom Allerfeinsten vorgesetzt. Das Lokal des Kochgenies Gísli Matthías Auðunsson, dem auch das hervorragende Slippurinn (S. 186) gehört, kreiert einfallsreiche Neuerfindungen der isländischen Traditionskost. In der Hauptsaison und zum Abendessen unbedingt rechtzeitig reservieren!

Messinn Granda FISCH & MEERESFRÜCHTE €€

(Karte S. 66; ☎546 0095; www.messinn.com; Grandagarður 8; Büffet mittags/abends 2300/5000 ISK; ⏱mittags 11.30–14 Uhr, abends 18–22 Uhr) Das Büffet-Restaurant am Hafen serviert fangfrischen Fisch in dampfenden Bratpfannen mit Wurzelgemüse und Spinat. Die delikate, schlichte Art der Zubereitung geht zurück auf den großen Bruder (S. 86) in der Innenstadt.

Bergsson RE FISCH & MEERESFRÜCHTE €€
(Karte S. 66; ☎571 0822; www.bergsson.net; Grandagarður 16; Hauptgerichte 1500–2600 ISK; ⌚Mo–Fr 9–16 Uhr; 🚌14) Ein hoch gelobtes Fischrestaurant mit tollem Hafenblick und täglich wechselnden Mittagsgerichten, aus dem frischesten Fang. Die Familie führt auch das Bergsson Mathús (S. 87) in der Altstadt.

Coocoo's Nest CAFÉ €€
(Karte S. 66; ☎552 5454; www.coocoosnest.is; Grandagarður 23; Hauptgerichte 1500–4500 ISK; ⌚Di–Sa 11–22, So bis 16 Uhr; 📶) Das coole Lokal serviert einen leckeren Brunch (Fr–So 11–16 Uhr) und umwerfende Cocktails. Es ist zwanglos, klein und mit seinen mosaikverzierten Sperrholztischen einfach spitze. Die abendlichen Spezialitäten reichen von Pizza bis Tacos und sind immer erstklassig.

Kaffivagninn IMBISSLOKAL €€
(Karte S. 66; ☎551 5932; www.kaffivagninn.is; Grandagarður 10; Hauptgerichte 1600–3000 ISK; ⌚Mo–Fr 7.30–21, Sa & So ab 9 Uhr; 📶) Ein Imbisslokal am Hafen mit breiten Fenstern, die auf schaukelnde Boote blicken, gutem Frühstücksangebot und deftigen Fischgerichten am Mittag.

Salt FISCH & MEERESFRÜCHTE €€
(Karte S. 66; ☎552 0011; www.saltkitchenandbar.is; Geirsgata 3; Hauptgerichte 2000–3500 ISK; ⌚Do–Mo 11.30–22.30, Di & Mi ab 17 Uhr) Kabeljau, Lengfisch, Hummersuppe? In Sachen Meeresfrüchte ist das Salt direkt am Hafen

KAFFEEKULTUR IN REYKJAVÍK

In Reykjavík wird Kaffee großgeschrieben. Entsprechend viele schöne Orte gibt es, an denen man seinen Kaffee in Ruhe genießen oder auch mitnehmen kann.

Reykjavík Roasters (Karte S. 70; ☎517 5535; www.reykjavikroasters.is; Kárastígur 1; ⌚Mo–Fr 7–18, Sa & So 8–17 Uhr) Hier ist Kaffee eine ernste Sache. Das winzige Hipster-Café ist an warmen Tagen leicht an den Holztischen und Kartoffelsäcken zu erkennen, die auf den gepflasterten Platz gestellt werden. Ein schöner Ort für einen perfekten Latte Macchiato mit Croissant.

Kaffi Mokka (Karte S. 70; ☎552 1174; www.mokka.is; Skólavörðustígur 3a; ⌚9–18.30 Uhr, Juni–Aug. bis 21 Uhr) Die Einrichtung in Reykjavíks ältestem Café hat sich seit den 1950er-Jahren kaum verändert und die Mosaiksäulen und Kupferlampen besitzen ausgesprochenen Retro-Charme. Zur Kundschaft gehören sowohl einheimische Familien und Künstler als auch Touristen, und die Sandwiches, Kuchen und Waffeln sind fabelhaft.

Kaffi Vínyl (S. 96) Die hippe Institution in der Reykjavíker Kaffee-, Restaurant- und Musikszene wird für eine lockere Atmosphäre, tolle Musik und leckeres veganes und vegetarisches Essen geschätzt.

Stofan Kaffihús (Karte S. 60; ☎546 1842; www.facebook.com/stofan.cafe; Vesturgata 3; Gerichte 1650–1900 ISK; ⌚So–Mi 10–22, Do–Sa bis 24 Uhr; 📶) Geräumig und relaxed präsentiert sich dieses nette Kaffeehaus in einem urigen historischen Gebäude im Stadtzentrum.

Café Haiti (Karte S. 66; ☎588 8484; www.cafehaiti.is; Geirsgata 7c, Marshall Húsið, Grandi; ⌚So–Do 8–22, Fr & Sa bis 24 Uhr) Für wahre Kaffeeliebhaber ist dieses winzige Café im alten Hafen die richtige Adresse. Die Inhaberin Elda bezieht die Bohnen aus ihrer Heimat Haiti, röstet und mahlt sie vor Ort und kocht den besten Kaffee im ganzen Land. Das sagen zumindest die Stammgäste.

C is for Cookie (Karte S. 70; www.facebook.com/cookie.reykjavik; Týsgata 8; ⌚Mo–Sa 7.30–17, So 10–18 Uhr) Ein heiteres Café, das zu Ehren des Krümelmonsters aus der *Sesamstraße* benannt wurde. Es gibt tollen Kaffee und großartigen, hausgemachten Kuchen sowie Salat, Suppe und gegrillte Sandwiches.

Kaffifélagið (Karte S. 70; www.kaffifelagid.is; Skólavörðustígur 10; ⌚Mo–Fr 7.30–18, Sa 10–16 Uhr) Beliebtes Kleinstcafé für einen Kaffee zum Mitnehmen. Es gibt auch ein paar Tische im Freien.

eine exzellente Wahl und zudem eines von vielen „walfreundlichen" Restaurants in Reykjavík.

Forréttabarinn TAPAS €€
(Tapas-Bar; Karte S. 66; ☎517 1800; www.forrettabarinn.is; Nýlendugata 14, Eingang an der Mýrargata; Tapasteller 1750–2650 ISK; ⏲16–22 Uhr; 📶) Tapaslokale sind in der Hauptstadt beliebt. Dieser hippe Laden in Hafennähe ist dank seiner kreativen Happen wie Kabeljau und Schweinebauch mit weißen Bohnen ein besonderer Favorit. Genauso schön wie die luftige, entspannte Bar (16–23 Uhr) mit verwitterten Holztischen und breiten Sofas.

Laugavegur & Skólavörðustígur

★ **Gló** BIO, VEGETARISCH €
(Karte S. 70; ☎553 1111; www.glo.is; Laugavegur 20b; Hauptgerichte 1000–2400 ISK; ⏲11.30–22 Uhr; 📶🖉) Wirklich coole Typen besuchen das luftige Restaurant im oberen Stockwerk, das frische Tagesgerichte voller asiatischer Kräuter und Gewürze serviert. Auch wenn das Angebot nicht rein vegetarisch ist, lockt ein vielfältiges Schlaraffenland der Roh- und Bio-Kost mit einer langen Theke aufwendiger Salate von Wurzelgemüse bis zum griechischen Salat.

★ **Bakarí Sandholt** BÄCKEREI €
(Karte S. 70; ☎551 3524; www.sandholt.is; Laugavegur 36; Snacks 700–2700 ISK; ⏲So–Do 7–19, Fr & Sa 6.30–21 Uhr; 📶) Reykjavíks Lieblingsbäckerei ist meistens prall gefüllt mit Kunden, die sich die frischen Baguettes, Croissants, Sandwiches und anderes Gebäck einverleiben. Die Tagessuppe (1850 ISK) wird mit leckerem Sauerteigbrot serviert.

★ **Brauð & Co** BÄCKEREI €
(Karte S. 70; www.braudogco.is; Frakkastígur 16; ⏲Mo–Fr 6–18, Sa & So bis 17 Uhr) In dem kunterbunt bemalten Haus gibt es, so sagen es die Einheimischen, die besten *snúður* (Zimtschnecken) der Stadt. Beim Warten in der Schlange kann man den Wikinger-Hipstern beim Backen zuschauen.

Súpa SUPPEN €
(Súpubarinn; Karte S. 70; www.facebook.com/supubarinn; Bergstaðastræti 4; Hauptgerichte 1500 ISK; ⏲Mo–Sa 12–20 Uhr; 🖉) Sechs Töpfe mit dampfenden Suppen locken Leute, die kein Fleisch mögen, mittags in dieses schicke Ecklokal in der Innenstadt. Alles ist rein vegetarisch (manches auch vegan). Neben den Suppen werden auch Sandwiches aus Sauerteigbrot und Salate verkauft. Das Essen gibt's auch zum Mitnehmen.

Garðurinn VEGETARISCH €
(Karte S. 70; ☎561 2345; www.kaffigardurinn.is; Klapparstígur 37; Hauptgerichte 1400–2200 ISK; ⏲Mo, Di, Do & Fr 11–20.30, Mi bis 17, Sa 12–17 Uhr; 🖉) In dem netten Lokal gibt's wechselnde vegetarische und vegane Suppen (950 ISK) und Tagesgerichte mit asiatischem, orientalischem und mediterranen Touch.

Grái Kötturinn CAFÉ €
(Karte S. 70; ☎551 1544; www.facebook.com/graikotturinn; Hverfisgata 16a; Hauptgerichte 1100–2500 ISK; ⏲Mo–Fr 7.15–14, Sa & So 8–14 Uhr) Das Café mit nur sechs Tischen (ein Lieblingscafé von Björk) ist so winzig, dass man es leicht übersieht. Es sieht aus wie eine Kreuzung aus exzentrischer Buchhandlung und Underground-Kunstgalerie und serviert leckeres Frühstück mit Toast, Bagels, Pfannkuchen oder Eiern mit Speck auf dicken Scheiben frisch gebackenem Brot mit viel Butter.

Julia & Julia CAFÉ €
(Karte S. 70; ☎866 5703; www.juliaogjulia.com; Hverfisgata 15; Suppe 1200 ISK; ⏲8–17 Uhr) Die Isländerin Júlía und die Schwedin Julia betreiben das stilvolle Café, dessen Name sich noch dazu auf ein Buch und den gleichnamigen Film mit Meryl Streep bezieht. Suppen und Kuchen sind alte skandinavische Familienrezepte, passend zur Lage des Cafés im Kulturhaus, dem ältesten Gebäude in der Hverfisgata.

Vitabar BURGER €
(Karte S. 70; Bergþórugata 21; Hauptgerichte 900–3400 ISK; ⏲11.30–23 Uhr, Bar Fr & Sa bis 1 oder 2 Uhr) Bestellt wird an der Bar, auf den Tisch kommt ein Burger mit den besten handgeschnittenen Pommes frites der Stadt. Aus den Boxen kommt amerikanischer Rock, und die Einheimischen in dem einfachen Laden mit Kachelboden und Resopaltischen zechen eiskaltes Einstök- und Viking-Bier.

Block BURGER €
(Karte S. 70; ☎511 0011; www.blockburger.is; Skolavörðustígur 8; Burger/Gerichte ab 1200/1900 ISK; ⏲11–21 Uhr) Saftige Burger, würziger Sauce, knusprige Pommes frites und, für Reykjavík, gute Preise machen den schlichten Burgerladen zu einer Empfehlung. Sie liegt hinter dem Feinkostgeschäft Ostabúðin, etwas zurückgesetzt vom Skolavörðustígur, und ist nicht ganz einfach zu finden.

Hamborgara Búllan BURGER €
(Tommi's Burger Joint; Karte S. 70; www.tommis.is; Bankastræti 5b; Burger/Gerichte ab 1300 ISK/2000 ISK; ⏲11.30–21 Uhr) Die winzige Burgerbude, die zu einer bekannten heimischen Kette gehört, liegt versteckt hinter dem Club B5. Die Pattys sind delikat.

Yummi Yummi THAILÄNDISCH €
(Karte S. 80; ☎588 2121; www.yummy.is; Hverfisgata 123; Hauptgerichte 1000–1800 ISK; ⏲Mo–Fr 11.30–21, Sa & So ab 17 Uhr) Schnell und einfach zubereitete Thai-Nudeln und Hauptgerichte zum Essen vor Ort oder zum Mitnehmen.

Noodle Station THAILÄNDISCH €
(Karte S. 80; ☎551 3198; www.noodlestation.is; Laugavegur 103; Hauptgerichte 960–1640 ISK; ⏲Mo–Fr 11–22, Sa & So 12–22 Uhr) Das ebenso bewährte wie beliebte Lokal treibt keinerlei Firlefanz, sondern reicht einfach nur Schüsseln mit seinen köstlichen thailändischen Nudelsuppen über die Theke.

Bónus SUPERMARKT €
(Karte S. 70; www.bonus.is; Hallveigarstígur 1; ⏲Mo–Do 11–18.30, Fr 10–19.30, Sa 10–18, So 12–18 Uhr) Guter Billigsupermarkt in zentraler Lage.

Joylato EISCREME €
(Karte S. 70; www.joylato.is; Njálsgata 1; Kugeln ab 650 ISK; ⏲12–22 Uhr) Erlesene hausgemachte Eiscreme und Sorbets in unwiderstehlichen Geschmacksvariationen, u. a. mit isländischen Erdbeeren.

Lemon NATURKOST €
(Karte S. 70; www.lemon.is; Laugavegur 56; Säfte 900–1000 ISK, Sandwiches 800–1500 ISK; ⏲Mo–Fr 8–21, Sa ab 10, So ab 12 Uhr; 📶) Lemon ist der Top-Tipp für Smoothies und gesunde Sandwiches zum Mitnehmen.

Bónus SUPERMARKT €
(Karte S. 70; www.bonus.is; Laugavegur 59; ⏲Mo–Do 11–18.30, Fr 10–19.30, Sa 10–18, So 12–18 Uhr) Der preiswerteste Supermarkt im Zentrum. Filialen gibt's im Hallveigarstígur (s. o.), in Grandi nahe dem alten Hafen und im **Einkaufszentrum Kringlan** (Karte S. 56; ☎527 9000; www.bonus.is; Kringlunni 4; ⏲Mo–Do 11–18.30, Fr 10–19.30, Sa 10–18, So 12–18 Uhr; 🚌1, 3, 6).

Krambúð SUPERMARKT €
(Karte S. 70; www.samkaup.is; Skólavörðustígur 42; ⏲24 Std.) Teuer, aber zentral gelegen.

★ **Hlemmur Mathöll** FOOD HALL €€
(Karte S. 80; www.hlemmurmatholl.is; Laugavegur 107; Hauptgerichte ab 800 ISK; ⏲8–23 Uhr) Wenn nur alle Busbahnhöfe einen solchen Food-Court hätten. Gut zehn Stände bieten multikulturelle Vielfalt, u. a. dänisches *smørrebrød* (Roggenbrot), mexikanische Tacos und vietnamesisches Street Food. Unsere Empfehlung ist SKÁL! (s. u.). Die meisten öffnen erst zur Mittagszeit.

★ **SKÁL!** STREET FOOD €€
(Karte S. 80; ☎775 2299; www.skalrvk.com; Laugavegur 107; Hauptgerichte 1000–2500 ISK; ⏲So–Mi 12–22, Do–Sa bis 23 Uhr; 🍸) SKÁL! lässt aufmerken – mit dem Schriftzug in Großbuchstaben samt Ausrufezeichen, aber am überzeugendsten mit dem Essen. Die experimentellen Speisen verbinden ungewöhnliche Aromen (fermentierter Knoblauch, arktisches Thymiansalz) mit isländischen Zutaten. Das überzeugende Ergebnis lässt sich am besten auf einem Hocker neben dem neonbeleuchteten Tresen probieren. Es gibt auch ein Angebot an veganen Speisen und Cocktails mit Wildkräutern.

★ **Hverfisgata 12** PIZZA €€
(Karte S. 70; ☎437 0203; www.hverfisgata12.is; Hverfisgata 12; Pizza 2450–3450 ISK; ⏲Mo–Fr 17–22.30, Sa & So 11.30–22.30 Uhr; 🍸) Ein entsprechendes Schild fehlt zwar, aber Eingeweihte wissen, dass es in dem cremefarbenen, umgebauten Eckhaus mit die besten Gourmet-Pizzas der Stadt und fabelhafte Cocktails gibt. Die gut gelaunten Angestellten zapfen hinter dem Kupfertresen Bier. Besonders beliebt ist der Brunch am Wochenende (11.30–15 Uhr).

Mat Bar FUSIONSKÜCHE €€
(Karte S. 70; ☎788 3900; www.matbar.is; Hverfisgata 26; Tapas ab 1600 ISK; ⏲Di–Do 15–22, Fr & Sa bis 23 Uhr) In diesem behaglichen Lokal werden traditionell italienische Gerichte mit Elementen aus der nordischen Küche zubereitet: Die Tomaten sind eingelegt und die Kapern getrocknet. Die Portionen in Tapasgröße sind zum Teilen gedacht. Auch nett für ein paar Drinks.

Matwerk SKANDINAVISCH €€
(Karte S. 80; ☎555 1550; www.matwerk.is; Laugavegur 96; Hauptgerichte 3700–5800 ISK; ⏲So–Do 17.30–22, Fr & Sa bis 23 Uhr) Preiswerte Neue Nordische Küche wird im eleganten Matwerk geboten, z. B. Entensalat oder Seesaibling. Das zweistöckige Restaurant ist ziemlich groß, aber mit der offenen Küche und dank einer geschickten Beleuchtung ist das Ambiente freundlich und zwanglos. Besonders preiswert ist das Mittagsangebot.

Snaps FRANZÖSISCH €€

(Karte S. 70; ☎511 6677; www.snaps.is; Þórsgata 1; Hauptgerichte mittags ab 2000 ISK, abends 3900–6200 ISK; ⏰tgl. 19–22, So 11.30–22, Fr & Sa bis 23 Uhr) Reservierung empfiehlt sich in diesem bei Einheimischen megabeliebten französischen Bistro. Das Erfolgsrezept ist einfach: perfekt zubereitete Meeresfrüchte und Bistroklassiker (wie Steak oder *moules frites*) zu erstaunlich fairen Preisen. Diverse Mittagsgerichte (2000 ISK) und ein verlockender Brunch (Sa & So 11.30–16 Uhr) tun das Ihre dazu.

Geiri Smart EUROPÄISCH €€

(Karte S. 70; ☎528 7050; www.geirismart.is; Hverfisgata 30; Hauptgerichte 3100–5900 ISK; ⏰6.30–10, 11.30–14 & 18–22 Uhr) Das Geiri Smart gehört zum Canopy by Hilton (S. 82), ist aber bei Weitem mehr als nur ein Hotel-Restaurant: Es verarbeitet heimische Zutaten auf kreative Weise und ist für seinen Service und seine Sommeliers bekannt. Auch das Ambiente ist cool – eine dezente Mischung aus Gegenwarts- und 70er-Jahre-Design. Die Bar oben ist ideal für einen gepflegten Drink am Kamin und das Theatermenü mit zwei Gängen (5500 ISK) ist ein prima Angebot. Reservierung ist ratsam.

Public House FUSIONSKÜCHE, TAPAS €€

(Karte S. 70; ☎555 7333; www.publichouse.is; Laugavegur 24; Tapasteller 1100–2500 ISK; ⏰11.30–23 Uhr) Exzellente asiatisch angehauchte Tapas und wunderbares heimisches Bier vom Fass sind nur zwei von einigen Pluspunkten dieser zentral gelegenen Restaurantkneipe. Hämmernder Pop aus den Boxen und gleich zwei (!) Happy Hours (16–18 & 23–1 Uhr) sorgen zudem dafür, dass man hier prima abhängen kann.

Ostabúðin FEINKOST €€

(Käsegeschäft; Karte S. 70; ☎562 2772; www.ostabudin.is; Skólavörðustígur 8; Hauptgerichte 1550–4700 ISK; ⏰Restaurant 12–22 Uhr, Laden Mo–Do 10–18, Fr bis 19, Sa 11–16 Uhr) Ostabúðin, halb Restaurant, halb Delikatessengeschäft, hat einen freundlichen Besitzer und serviert Käse- und Aufschnittteller, Suppen und fangfrischen Fisch mit hausgebackenem Brot. Es lohnt sich, im Anschluss an den Besuch noch ein paar regionale Spezialitäten wie Terrinen und Entenconfit einzukaufen.

Ban Thai THAILÄNDISCH €€

(Karte S. 80; ☎552 2444; www.banthai.is; Laugavegur 130; Hauptgerichte 2000–3100 ISK; ⏰So–Do 18–22, Fr & Sa bis 23.30 Uhr) Das Ban Thai gleich östlich vom Hlemmur-Platz ist bei Weitem das beliebteste thailändische Restaurant der Stadt, das auch schon von einigen Hollywood-Stars besucht wurde. Dazu gehört auch ein preiswerteres Imbisslokal, das Yummi Yummi (S. 91) gleich gegenüber.

Krua Thai THAIÄNDISCH €€

(Karte S. 70; ☎552 2525; www.kruathai.is; Skólavörðustígur 21a; Hauptgerichte 1600–2600 ISK; ⏰Mo–Sa 12–21.30, So ab 17 Uhr) Serviert schmackhafte thailändische Currys und Nudeln mit knackigem Gemüse und prallen Garnelen in einem kleinen Imbissladen oder oben im sonnigen Restaurant.

Restó FISCH & MEERESFRÜCHTE €€

(Karte S. 80; ☎546 9550; www.resto.is; Rauðarárstígur 27; Hauptgerichte 3500–5400 ISK; ⏰So–Do 17.30–22, Fr & Sa bis 22.30 Uhr) Das gemütlich kleine Restaurant lohnt den Weg bis zum Hlemmur wegen seiner wechselnden Auswahl köstlicher Fischgerichte und Meeresfrüchte und der netten Familie, die das Lokal betreibt. Der Inhaber und Koch Jóhann Helgi Jóhannesson, ehemals Küchenchef des kultigen Fischlokals von Ostabúðin, hat hier mit seiner Frau Ragnheiður Helena Eðvarðsdóttir ein neues Highlight des aufstrebenden Viertels geschaffen.

ROK ISLÄNDISCH €€

(Karte S. 70; ☎544 4443; www.rokrestaurant.is; Frakkastígur 26a; Gerichte 1300–2400 ISK; ⏰11.30–23 Uhr) Das kleine Holzhaus mit Grassodendach und Sonnenterrasse gegenüber der Hallgrímskirkja kredenzt kleine Gerichte der Extraklasse, leckeres Bier und guten Wein. Im Sommer und am Wochenende ist Reservierung unbedingt ratsam.

Austur Indíafélagið INDISCH €€

(Ostindien-Kompanie; Karte S. 70; ☎552 1630; www.austurindia.is; Hverfisgata 56; Hauptgerichte 4000–5500 ISK; ⏰So–Do 18–22, Fr & Sa bis 23 Uhr) Wen die Aromen, die aus dem nördlichsten indischen Restaurant der Welt ziehen, hinein locken, den erwartet ein erlesenes kulinarisches Ereignis (Besonders empfehlenswert ist der Tandoori-Lachs). Dabei verzichtet es auf jeden Dünkel – die Atmosphäre ist locker und die Bedienung äußerst zuvorkommend.

★Dill ISLÄNDISCH €€€

(Karte S. 70; ☎552 1522; www.dillrestaurant.is; Hverfisgata 12; 5/7 Gänge 11 900/13 900 ISK;

⌚Mi–Sa 18–22 Uhr) Exquisite Neue Nordische Küche ist in dem eleganten Sterne-Bistro die Hauptattraktion. Die erfahrenen Köche verwenden nur wenige Zutaten, um für die verschiedenen Gänge höchst komplexe Gerichte zu kreieren. Die Besitzer sind mit dem Team vom berühmten Kopenhagener Restaurant Noma befreundet und führen die isländische Küche in vergleichbare ähnliche Gefilde. Die Tische sind höchst begehrt, frühe Reservierung ist daher angebracht.

★ **Nostra** NEUE NORDISCHE KÜCHE €€€
(Karte S. 70; ☎519 3535; www.nostrarestaurant.is; Laugavegur 59; 4/6/8 Gänge 8900/11 900/13 900 ISK; ⌚Di–Sa 17.30–22 Uhr; ✎) Im Nobelrestaurant Nostra werden frische, heimische Zutaten – à la Neue Nordische Küche – zu französisch inspirierten mehrgängigen Probiermenüs verarbeitet, darunter auch vegane, vegetarische und pescetarische (mit Fisch). Das Nostra bezeichnet seine Menüs als „Erlebnisse" und mit den intensiven Aromen und der bildschönen Präsentation ist das durchaus stimmig.

★ **Þrír Frakkar** ISLÄNDISCH, FISCH & MEERESFRÜCHTE €€€
(Karte S. 70; ☎552 3939; www.facebook.com/3frakkar.is; Baldursgata 14; Hauptgerichte 4200–6250 ISK; ⌚Mo–Fr 11.30–14.30 & 18–22, Sa & So 18–23 Uhr) Úlfar Eysteinsson, Inhaber und Küchenchef, hat sich mit diesem schnuckeligen Restaurant einen ausgezeichneten Ruf erworben. Zu seinen Spezialitäten gehören eingesalzener Kabeljau und Heilbutt sowie *plokkfiskur* (Fischeintopf) mit Schwarzbrot. Wer keinen Fisch mag, bekommt Trottellumme, Pferd, Lamm oder Wal.

Holt Restaurant INTERNATIONAL €€€
(Karte S. 70; ☎571 3800; www.holtrestaurant.is; Hótel Holt, Bergstaðastræti 37; Hauptgerichte abends 4300–6200 ISK; ⌚Mi–Sa 11.30–14 & 18–21.30 Uhr) Im noblen Holt werden alltägliche isländische Lebensmittel wie Rhabarber, Kabeljau und Seesaibling mit überwiegend europäischem Flair neu interpretiert und zu exquisiten Speisen zusammengestellt. Das Probiermenü ist entsprechend opulent (5/7 Gänge 10 900/12 900 ISK). Die Mittagsgerichte sind ein wenig einfacher, aber noch immer erstklassig.

Kolabrautin ITALIENISCH €€€
(Karte S. 70; ☎519 9700; www.kolabrautin.is; Konzerthaus Harpa, Austurbakki 2; Hauptgerichte 3900–5700 ISK; ⌚Di–Sa 17.30–22 Uhr) Im obersten Stockwerk des Konzerthauses Harpa werden im Kolabrautin isländische Zutaten delikat auf mediterrane Art verarbeitet. Nach einem schicken Cocktail zum Auftakt schmecken Kreationen wie scharf gebratener Lachs mit Zitronencreme.

Sushi Social FUSIONSKÜCHE €€€
(Karte S. 70; ☎568 6600; www.sushisocial.is; Þingholtsstræti 5; Sushi 1600–3300 ISK, mehrgängige Menüs 9000–10 000 ISK; ⌚So–Do 17–23, Fr & Sa bis 24 Uhr) Das Sushi Social ist seit jeher eines der liebsten Lokale der Reykjavíker mit Appetit auf die kleinen Happen aus rohem Fisch auf Reis, die hier eine isländische und südamerikanische Note haben. Es gibt auch Fleisch- und Fischgerichte.

Torfan Lobsterhouse FISCH & MEERESFRÜCHTE €€€
(Karte S. 60; ☎561 3303; www.torfan.is; Amtmannsstígur 1; Hauptgerichte 4200–11 000 ISK; ⌚11.30–15 & 17–22 Uhr, So mittags geschl.) Das dezent elegante Torfan wird für sein Angebot an Schalentieren, Kaiserhummern und Hummern völlig zu recht sehr geschätzt. Die Krustentiere sind zwar in der Überzahl, auf der Karte stehen aber auch Wild, Rind und Fisch sowie vegetarische Gerichte.

Tún

Der verführerische Duft aus dem hell gekachelten **Johansen Deli** (Karte S. 80; ☎517 0102; www.facebook.com/johansendeli; Þórunnartún 2; Hauptgerichte 1600 ISK; ⌚Mo–Fr 8–18 Uhr) verlockt zu einem Gourmetfrühstück oder zum Kauf von Picknickzutaten. Das Geschäft ist ein prima Boxenstopp zwischen den Hoteltürmen des Viertels.

Laugardalur

★ **Frú Lauga** MARKT €
(Karte S. 56; ☎534 7165; www.frulauga.is; Laugalækur 6; ⌚Mo–Fr 10–18, Sa bis 16 Uhr; ✎) Reykjavíks Vorzeige-Bauernmarkt bezieht sein Warenangebot aus der ganzen Region, so köstlichen *skyr* (isländischer Quark) aus Erpsstaðir, Bio-Gemüse, eingemachten Rhabarber, Honig und Fleisch. Dazu kommen ausgewählte internationale Spezialitäten wie Pasta, Schokolade und Wein.

★ **Café Flóra** CAFÉ €€
(Flóran; Karte S. 56; ☎553 8872; www.floran.is; Botanischer Garten; Kuchen ab 950 ISK, Hauptgerichte 1550–3150 ISK; ⌚Mai–Sept. 8–22 Uhr; ✎) Das hübsche Café im Botanischen Gar-

ten hat sonnige Tische im Glashaus sowie im Freien auf einer Terrasse voller Blumen. Seine Spezialität sind die guten Zutaten aus regionalem Anbau, die teilweise sogar aus dem eigenen Garten hier stammen. Die Suppen werden mit Sauerteigbrot serviert und die Snacks reichen vom Sandwich mit Schweinebraten bis zur Käseplatte mit Nüssen und Honig. Als Sahnehäubchen obendrauf gibt es Wochenendbrunch, guten Kaffee und selbst gebackene Kuchen.

Vox ISLÄNDISCH €€€
(Karte S. 56; ☎444 5050; www.vox.is; Suðurlandsbraut 2; Hauptgerichte 4700–13 800 ISK, Mittagsbüffet 3950 ISK; ⌚11.30–22.30 Uhr) Das Fünfsternelokal des Hilton zieht mit seinem modernen, aber einladenden Ambiente, seiner Neuen Nordischen Küche und dem berühmten Wochenendbrunch (4400 ISK) nach wie vor Gäste in Scharen an.

Südlich vom Zentrum

★ Le Kock BURGER €€
(Karte S. 56; ☎555 4774; www.lekock.is; Ármúli 42; Hauptgerichte ab 2400 ISK; ⌚11.30–21 Uhr; 🚌2, 12, 15) Die drei Köche, die dieses charismatische Lokal gegründet haben, haben auf dem Gebiet der isländischen Küche, aber auch in anderen Richtungen, bereits einiges an Erfahrung. Ihr ganzes Können zeigt sich in der Neuinterpretation von Fast Food: Burger mit koreanischem Krautsalat, Pommes frites mit Avocado und Wasabi-Nüssen sowie Donuts mit Salzlakritz und Schokolade. Lohnt sich und ist spannend.

Nauthóll ISLÄNDISCH €€
(Karte S. 56; ☎599 6660; www.nautholl.is; Nauthólsvegur 106; Hauptgerichte 2950–6800 ISK; ⌚11–22 Uhr) Dieses tolle Restaurant für isländisches Essen residiert etwas außerhalb des Zentrums in einem zierlichen Glaskasten direkt neben dem Thermalstrand Nauthólsvík mit Blick aufs Wasser. Tagsüber ist es ganz ungezwungen.

Außenbezirke

Kaffihús Vesturbæjar BISTRO €€
(Karte S. 56; ☎551 0623; www.kaffihusvesturbaejar.is; Melhagi 20; Hauptgerichte 2500–4000 ISK; ⌚Mo–Fr 8–23, Sa & So 9–23 Uhr; 🚌11, 15) Das beliebte Bistro im Stadtteil Vesturbær ist eine echte Hipster-Hochburg mit zusammengewürfelter Trödeleinrichtung. Die wunderbaren Gerichte reichen von Suppen und spitzenmäßigen Sandwiches bis zu veganen Burgern, die wohl zu den besten in der Stadt gehören.

Ausgehen & Nachtleben

In Reykjavík ist es nicht immer ganz einfach, Cafés, Restaurants und Bars zu unterscheiden: Abends (ob die Sonne nun untergegangen ist oder nicht) werfen viele Coffeeshops und Bistros die Stereoanlage an und tauschen Cappuccino gegen Cocktail. Craft-Beer-Kneipen, vornehme Cocktailbars, Musik- und Tanzlokale ergänzen die Szene. Einige Hotels und Hostels haben ebenfalls trendige Bars.

Altstadt

★ Paloma CLUB
(Karte S. 60; http://palomaclub.is; Naustin 1; ⌚Do & So 20–1, Fr & Sa bis 4.30 Uhr) Einer der besten Tanzclubs der nächtlichen Szene in Reykjavík. Im Obergeschoss legen DJs Reggae, Electronica und Pop auf; im Keller tobt sich eine düstere Deep-House-Tanzszene aus. Im gleichen Gebäude wie das Dubliner.

Pablo Discobar COCKTAILBAR
(Karte S. 60; ☎552 7333; www.facebook.com/discobarrvk; Veltusundi 1; ⌚So–Do 16–1, Fr & Sa bis 3 Uhr) In der nördlichsten Hauptstadt der Welt bietet die Pablo Discobar ein Entrinnen aus Dunkelheit und miesem Wetter zum Preis eines Cocktails. Das neonbunte, nostalgische, tropisch angehauchte Pablo ist die beste Bar für exotische Drinks in Reykjavík. Am Wochenende legen DJs auf, mittwochs gibt's Drinks zum Sonderpreis. Bis Mitternacht liefert die Bar auch die Getränke für das Tapas-Restaurant Burro im Erdgeschoss.

Loftið COCKTAILBAR
(Jacobsen Loftið; Karte S. 60; ☎551 9400; www.facebook.com/loftidbar; 2. OG, Austurstræti 9; ⌚Mi–Sa 16–1 Uhr) Im Loftið dreht sich alles um Edelcocktails und das Gute im Leben. Die luftige Bar im Obergeschoss hat eine Zinntheke, eine Einrichtung im Stil einer Herrenschneiderei früherer Tage, alte Fliesen und ein etwas reiferes, gut gekleidetes Publikum. Hier kommen nur Spirituosen höchster Qualität ins Glas und ab und zu spielen Jazzbands.

Skúli Craft Bar CRAFT-BIER
(Karte S. 60; ☎519 6455; www.facebook.com/skulicraft; Aðalstræti 9; ⌚So–Do 15–23, Fr & Sa bis

1 Uhr) 14 Craft-Biere vom Fass, die meisten in der Regel aus Island, sind hier der große Knüller. Es gibt aber auch Flaschenbier – etwa 130 Sorten (oder so). Ein Probiertablett mit sechs Bierchen kostet 4500 ISK. Happy Hour ist von 16 bis 19 Uhr.

Micro Bar BAR
(Karte S. 60; ☎865 8389; www.facebook.com/MicroBarIceland; Vesturgata 2; ⊙So–Do 15–24, Fr & Sa bis 1 Uhr) Bier aus Hausbrauereien sind das A und O in dieser ungezwungenen Kneipe mitten im Geschehen. Gezapft werden 14 Biere aus den besten Kleinbrauereien der Insel und zur Happy Hour (16–19 Uhr) kostet ein Bier 900 ISK. Ein Probiertablett mit fünf Bieren vom Fass kostet 3000 ISK, eines mit zehn Gläsern 5000 ISK.

Klaustur WEINBAR
(Karte S. 60; ☎571 4421; www.klaustur.bar; Kirkjutorg 4; ⊙So–Do 16–24, Fr & Sa bis 2 Uhr) Das ungezwungene, nette Klaustur, eines der bezauberndsten Nachtlokale in der Altstadt, ist überwiegend eine Weinbar, aber zum Angebot gehören auch interessante Spirituosen wie der heimische Malt Whisky Flóki und der weiche Wodka Katla.

Stúdentakjallarinn BAR
(Karte S. 56; ☎570 0890; www.studentakjallarinn.is; Universitätsplatz; ⊙So–Mi 11–23, Do–Sa bis 1 Uhr) Man muss kein Student sein, um die Bar auf dem Campus der Universität Island zu besuchen. In der dämmrigen, stilvollen Kellerkneipe treffen sich Akademiker jeden Alters und aller Nationalitäten. Zur Happy Hour gibt's Drinks zum Schnäppchenpreis, die Events, von DJs bis zu Stand-up-Comedy, sind kostenlos. Die Bar ist auch während der Semesterferien im Sommer geöffnet.

Frederiksen Ale House KNEIPE
(Karte S. 60; ☎571 0055; www.frederiksen.is; Hafnarstræti 5; ⊙Mo–Sa 11–1, So bis 23 Uhr) Hier trifft eine bescheidene Auswahl an Fassbieren (zur Happy Hour von 16 bis 19 Uhr gibt es zwei Biere zum Preis von einem) auf ein üppiges Sortiment an Flaschenbieren und ein gutes Angebot an Kneipenkost, einschließlich Brunch. Der anderslautenden Adresse zum Trotz ist die Bierkneipe an der Ecke Tryggvagatta/Naustín zu finden.

Sæta Svínið Gastropub KNEIPE
(Karte S. 60; www.saetasvinid.is; Hafnarstræti 1; ⊙11.30–23.30 Uhr) Bei diesem Mitglied der Reykjavíker Gastropub-Szene kann man sich über drei Stockwerke zum heimischen Gebräu fleischreiche, kreative Kneipenkost schmecken lassen. Happy Hour ist von 15 bis 18 Uhr.

Alter Hafen

★ Bryggjan Brugghús CRAFT-BIER
(Karte S. 66; ☎456 4040; www.bryggjanbrugghus.is; Grandagarður 8; ⊙So–Do 11–24, Fr & Sa bis 1 Uhr; 📶) Das Bryggjan Brugghús am Hafen ist eine riesige, schummrige und mit altem Kneipenkrimskrams vollgestopfte Hausbrauerei mit zwölf Zapfhähnen, aus denen das eigene, frisch schmeckende Bier fließt. Es lohnt sich, an einer der regelmäßigen **Brauereiführungen** (Führungen 3500–5000 ISK; ⊙12–22 Uhr) teilzunehmen und im Anschluss ein Bier des Hauses zu kippen – 600 ISK während der Happy Hour (15–19 Uhr).

★ Slippbarinn COCKTAILBAR
(Karte S. 66; ☎560 8080; www.slippbarinn.is; Mýrargata 2; ⊙So–Do 12–24, Fr & Sa bis 1 Uhr; 📶) In der gut besuchten Bar im Icelandair Hotel Reykjavík Marina (S. 79) am alten Hafen trifft sich der Jetset. Zwischen alten Plattenspielern schlürfen coole Einheimische Cocktails, die zu den besten der Stadt gehören. Preisgünstiger wird's zur Happy Hour (15–18 Uhr).

Marshall BAR
(Karte S. 66; ☎519 7766; www.marshallrestaurant.is; Grandagarður 20; ⊙Di–So 11.30–23 Uhr; 📶; 🚌14) Das Marshall befindet sich im gleichen Gebäude wie drei spitzenmäßige Galerien und ist daher der perfekte Treff für Kunstliebhaber. Entsprechend gefällig ist die Ästhetik: Industrieschick und Kupfernuancen, eine schöne Bar mit Hintergrundbeleuchtung und tolle Aussichten auf die Stadt.

ALKOHOL KAUFEN

- In Bars und Restaurants ist Alkohol ziemlich teuer, da lohnt sich die Happy Hour.
- Eine Alkoholverkaufslizenz haben nur die staatlichen Vínbúðin (www.vinbudin.is), von denen es in Reykjavík fünf gibt.
- Die günstigsten Preise zahlt, wer sich bei der Ankunft im Internationalen Flughafen Keflavík im Duty-free-Shop eindeckt.

Laugavegur & Skólavörðustígur

★ Mikkeller & Friends CRAFT-BIER
(Karte S. 70; ☎437 0203; www.mikkeller.dk; Hverfisgata 12; ⏲So–Do 17–1, Fr & Sa 14–1 Uhr; 📶) Die dänische Craft-Bier-Kneipe logiert im Obergeschoss über der ausgezeichneten Pizzeria Hverfisgata 12 (S. 91). Aus 20 Zapfhähnen fließen außer den Bieren von Mikkeller auch isländische Craft-Biere. Die coole, poppige und gelassene Atmosphäre ist mindestens genauso attraktiv.

★ Kaffi Vínyl CAFÉ
(Karte S. 70; ☎537 1332; www.facebook.com/kaffivinyl; Hverfisgata 76; ⏲So–Do 8–23, Fr & Sa bis 1 Uhr; 📶) „Vegan is the new black" steht auf dem Neonschild, auf dem Plattenteller dreht sich Vinyl und eine coole Kundschaft lässt sich vegane Nudeln, Burger und Pasta schmecken (Hauptgerichte ab 1400 ISK). Die Happy Hour dauert hier von 16 bis 19 Uhr – die ideale Zeit, um isländisches Bier oder einen veganen Whiskey Sour zu probieren.

★ Kaffibarinn BAR
(Karte S. 70; ☎551 1588; www.kaffibarinn.is; Bergstaðastræti 1; ⏲So–Do 15–1, Fr & Sa bis 4.30 Uhr; 📶) Das alte Haus mit dem Schild der London Underground über der Tür beherbergt eine der coolsten Bars von Reykjavík, die sogar eine Starrolle im Kultfilm *101 Reykjavík* (2000) spielte. Am Wochenende braucht

ALKOHOLISCHE GETRÄNKE IN ISLAND

Die Isländer haben im Winter eine Menge Zeit, ihre Braukünste zu verfeinern. Kein Wunder, dass es inzwischen eine ganze Reihe guter Brauereien und Destillerien gibt. Hier ein kleiner Spickzettel für die nächste Kneipenbestellung:

Spirituosen

64° Reykjavík (www.reykjavikdistillery.is) Die Mikrobrennerei produziert Katla Wodka, Aquavit, Kräuterliköre und Schnaps aus wilden Früchten und Pflanzen.

Brennivín Neongrüner Kümmelschnaps mit dem Spitznamen „Schwarzer Tod" und umwerfenden 40 Vol.-%.

Flóki Isländischer Single-Malt-Whisky aus der **Eimverk-Brennerei** (☎698 9691; www.flokiwhisky.is; Lyngas 13).

Opal Aromatisierter Wodka mit mehreren Menthol- und Lakritzvarianten (26 Vol.-%).

Reyka Islands erste Schnapsbrennerei steht in Borgarnes und stellt kristallklaren Wodka her.

Bier

Egils, Gull, Thule und Viking sind Islands beliebteste (typischerweise helle) Biere. Seit geraumer Zeit rollen jedoch Kleinbrauereien das Feld von hinten auf. Ihre Biere sind in Reykjavík und allen größeren Städten in den meisten Bars zu haben.

Borg Brugghús (www.borgbrugghus.is) Preisgekrönte Kleinbrauerei mit leckeren Bieren vom Bríó-Pils bis zum Úlfur India Pale Ale und dem Dunkelbier Garún. Das über Schafdung geräucherte IPA Fenrir ist gewöhnungsbedürftig.

Bryggjan Brugghús (S. 95) Mikrobrauerei am alten Hafen in Reykjavík, die auch Führungen anbietet.

Einstök Brewing Company (www.einstokbeer.com) Die Kleinbrauerei in Akureyri mit dem einprägsamen Wikingeremblem braut ein herausragendes isländisches Pale Ale sowie weitere helle und dunkle Sorten.

Kaldi (www.bruggsmidjan.is) Die beliebten Biere dieser Mikrobrauerei werden nach tschechischem Verfahren gebraut und sind weit verbreitet. Die coole Bar Kaldi (S. 97) schenkt saisonale Fassbiere aus, die es sonst nirgends gibt.

Ölvisholt Brugghús (www.brugghus.is) Stattliche Auswahl an Mikrobieren aus Südisland, darunter ein auffälliges Lava-Bräu.

Steðji Brugghús (www.stedji.com) Die kleine Familienbrauerei in Borgarnes kreiert gute Saisonbiere, vom Erdbeerbier bis zum Hellen.

man ein berühmtes Gesicht oder einen Rammbock, um reinzukommen. Zu anderen Zeiten hängen hier Künstlertypen mit ihren Macs ab.

★ Kaldi BAR

(Karte S. 70; ☎581 2200; www.kaldibar.is; Laugavegur 20b; ⊙So–Do 12–1, Fr & Sa bis 3 Uhr) Das lässig coole Kaldi mit zusammengewürfelten Sitzmöbeln und blaugrünen Sitzbänken sowie einem beliebten Innenhof ist allein schon wegen seines Sortiments von fünf Bieren aus der Mikrobrauerei Kaldi toll, die es sonst nirgends gibt. Zur Happy Hour (16–19 Uhr) kosten sie nur 750 ISK. Jeder, der kann und will, darf auf dem Piano spielen.

★ Port 9 WEINBAR

(Karte S. 70; ☎832 2929; www.facebook.com/portniu; Veghúsastígur 7; ⊙Di–Sa 16–23, So & Mo bis 21 Uhr) Das Port 9 betrat die Barszene Reykjavíks mit Selbstvertrauen, was die Qualität seiner Weine und den Sachverstand der Angestellten angeht – das Angebot reicht von bezahlbaren Schoppen bis zu sündhaft teuren Edeltropfen. Gedämpftes Licht, eine kulturbeflissene Kundschaft und das Flair einer verschwiegenen Bar (sie liegt versteckt in einer winzigen Straße) sind ein Anreiz, sie zu finden.

★ KEX Bar BAR

(Sæmundur í Sparifötunum; Karte S. 80; www.kexhostel.is; Skúlagata 28; ⊙11.30–23 Uhr; 📶) Die Reykjavíker lieben das Bar-Restaurant (Hauptgerichte 2000–2500 ISK) des gleichnamigen Hostels in einer alten Keksfabrik (*kex* heißt „Keks"), vor allem wegen der großen Fenster mit Meerblick, dem Innenhof und dem hausgebrauten Bier. Gut gelaunte Hipster genießen die 1920er-Jahre-Vegas-Atmosphäre: Schwingtüren, eine altmodische Friseurkonsole, ein abgewetzter Boden und angeregtes Stimmengewirr. Regelmäßig werden kostenlose Jazz-Sessions geboten.

Bravó BAR

(Karte S. 70; Laugavegur 22; ⊙Mo–Do 11–1, Fr & Sa bis 3 Uhr; 📶) Die angeblich längste Happy Hour der Stadt (11–20 Uhr, heimisches Fassbier 800 ISK) ist nicht der einzige Vorzug des Bravó. Dazu zählen auch die freundlichen Barkeeper, tolle Gelegenheiten Leute zu beobachten, coole Musik aus den Boxen und eine entspannte Atmosphäre.

Kiki SCHWULE

(Karte S. 70; www.kiki.is; Laugavegur 22; ⊙Mi, Do & So 20–1, Fr & Sa bis 4.30 Uhr) Die Schwulenbar ist *der* Ort zum Tanzen (hauptsächlich zu Pop und Electronica). Generell wird in Reykjavíks Nachtleben eher getrunken als getanzt.

Prikið KNEIPE

(Karte S. 70; ☎551 2866; www.prikid.is; Bankastræti 12; ⊙Mo–Do 8–1, Fr bis 4.30, Sa 11–4.30, So 11–1 Uhr) Das Prikið ist eine der ältesten Kneipen der Stadt. Die Atmosphäre liegt irgendwo zwischen Diner und Saloon und ist großartig für alle, die fettiges Essen (Hauptgerichte 2000–4000 ISK) und Geselligkeit suchen. In den frühen Morgenstunden wird zu Hip-Hop getanzt und wer die Nacht überlebt hat, kann am nächsten Tag zum Katerfrühstück (3000 ISK) wiederkommen.

Dillon BAR

(Karte S. 70; ☎697 6333; www.dillon.is; Laugavegur 30; ⊙So–Do 12–1, Fr & Sa bis 3 Uhr) Bier, Bärte und fliegende Flaschen ... das urige Dillon ist eine rockige Kneipe mit großartigem Biergarten nach hinten raus. Auf der winzigen Eckbühne treten lautstarke Livebands auf. Mehr als 170 Whiskeys stehen zur Auswahl.

Artson COCKTAILBAR

(Karte S. 70; ☎519 3535; www.nostrarestaurant.is/artson; Laugavegur 59; ⊙Di–Sa 17–1 Uhr) Das stilvolle, geräumige Artson führt eine Liste edler Cocktails, die länger als ein Arm ist. Sechs davon sind saisonal, zehn sind alkoholfrei, und sie werden alle mit Aplomb serviert. Zur Happy Hour (17–19 Uhr) sinkt der Preis auf 1500 ISK.

Veður BAR

(Karte S. 70; www.vedurbarinn.is; Klapparstígur 33; ⊙So–Do 12–1, Fr & Sa bis 3 Uhr) Das behaglich coole Veður hat eine schön beleuchtete Bar, eine freundliche Atmosphäre, hoch gelobte Cocktails und eine lange Happy Hour (12–19.30 Uhr).

Bastard CRAFT-BIER

(Karte S. 70; ☎558 0800; www.bastard.is; Vegamótastígur 4; ⊙So–Do 11.30–1, Fr & Sa bis 4 Uhr) Aus den Zapfhähnen fließen zwei erfrischende Biere der hauseigenen Kleinbrauerei und rund ein Dutzend andere. Schicke Kneipe mit peppigem Soundtrack und quirliger Atmosphäre. Happy Hour ist von 16 bis 19 Uhr.

Boston BAR

(Karte S. 70; www.facebook.com/boston.reykjavik; Laugavegur 28b; ⊙Do–Do 14–1, Fr & Sa bis 3 Uhr) Im schummrig beleuchteten Boston funkeln

DJAMMIÐ: AUF KNEIPENTOUR IN REYKJAVÍK

Reykjavík ist bekannt für seine Partyszene am Wochenende, in der die Nächte zum Tag gemacht werden. Besonders im Sommer kann sich die Party auch auf den einen oder anderen Wochentag ausweiten. So richtig einen draufmachen, heißt in der Hauptstadt *djammið* oder auch *pöbbarölt*: auf Kneipentour gehen.

Schon wegen der hohen Alkoholpreise kommt das Geschehen erst spät in Schwung. Die Isländer stürzen sich erst mal ins Getümmel in den staatlichen Alkoholläden Vínbúðin (www.vinbudin.is), um sich anschließend mit ihrer Beute zum Vorglühen nach Hause zurückzuziehen. Gegen Mitternacht strömen sie dann in die Stadt, feiern bis 5 Uhr, essen einen Hotdog und kippen schließlich ins Bett.

Statt sich den ganzen Abend in einem Lokal einzunisten, stromern die Isländer lieber von Bar zu Bar und werden im Laufe des Abends immer lauter und hemmungsloser. Vor den angesagten Clubs stehen teils lange Schlangen, die sich aber dank der ständigen Gästerotation meist schnell vorwärtsbewegen.

Am meisten los ist rund um Laugavegur und Austurstræti. Von Sonntag bis Donnerstag haben die meisten Lokale bis 1 Uhr auf, am Freitag und Samstag bis 4 oder 5 Uhr. Ein Bier kostet 1200 bis 1600 ISK, Cocktails 2000 bis 2800 ISK. Manche Lokale verlangen nach Mitternacht Eintritt (rund 1000 ISK), viele haben eine Happy Hour am frühen Abend, die ein Bier um 500 bis 700 ISK billiger machen. Infos dazu gibt's über die Smartphone-App „Reykjavík Appy Hour".

An Personen unter 20 Jahren darf kein Alkohol ausgeschenkt werden.

Lichterketten an verspiegelten Säulen, ein Billardtisch, eine sonnige Terrasse und gelegentliche Livemusik sorgen dafür, dass alles schön cool bleibt.

Petersen Svítan LOUNGE

(Gamla Bíó; Karte S. 70; ☎563 4000; www.gamlabio.is; Ingólfsstræti 2a; ⌚So–Do 12–1, Fr & Sa bis 3 Uhr) Die große Terrasse dieser Lounge-Bar auf dem Dach eines restaurierten, alten Theaters ist mit Überdachung, Rattansofas und einem weiten Ausblick extrem stilvoll und daher bei Sonnenschein eine der angesagtesten Bars der Stadt.

Den Danske Kro BAR

(Danski Barinn; Karte S. 70; www.danski.is; Ingólfsstræti 3; ⌚So–Do 12–1, Fr & Sa bis 4.30 Uhr) Die „Dänische Kneipe" hat gute Cocktails, eine feuchtfröhliche Atmosphäre und eine belebte Straßenterrasse, im Mittelpunkt steht aber zweifellos das Bier.

Spánski WEINBAR

(Karte S. 70; ☎8328881; www.spanski.is; Ingólfsstræti 8; ⌚Mo–Mi 11–23, Fr & Sa bis 1, So 14–23 Uhr) In der spanisch angehauchten Weinbar werden Tempranillo und Rioja als offene Weine ausgeschenkt (ab 1200 ISK), dazu gibt's Tapas (ab 800 ISK).

Bar Ananas BAR

(Karte S. 70; www.facebook.com/barananas.tikibar; Klapparstígur 38; ⌚So–Do 16–1, Fr & Sa bis 3 Uhr) Die Bar mit Tropenflair ist der ideale Ort zum Vorglühen vor einer langen Nacht.

Stadtrand

Bike Cave CAFÉ

(Karte S. 56; ☎770 3113; www.facebook.com/bikecavereykjavik; Einarsnes 36; ⌚9–22 Uhr, im Winter kürzere Zeiten; 🚌12) Das ungewöhnliche Café (Gerichte 990–3700 ISK) versorgt Radfahrer mit Kaffee, Bier und Wein und bietet ihnen darüber hinaus eine Dusche, einen Waschsalon und eine Werkstatt für Do-it-yourself-Reparaturen.

☆ Unterhaltung

Die pulsierende Unterhaltungsszene Reykjavíks ist ständig im Wandel. Ihre Bühne sind Bars und Cafés, kleine Theater und das Konzerthaus Harpa.

Termine sowie die neuesten Infos aus der isländischen Musik- und Theaterszene bieten das englischsprachige Gratismagazin *Grapevine* (www.grapevine.is) und dessen Veranstaltungskalender-App *Appening*, die Websites Visit Reykjavík (www.visitreykjavik.is), What's On in Reykjavík (www.whatson.is/magazine) und Musik.is (www.musik.is) sowie die Musikläden der Stadt.

★ **Húrra** LIVEMUSIK

(Karte S. 60; www.facebook.com/hurra.is; Tryggvagata 22; ⌚Mo–Do 18–1, Fr & Sa bis 4.30, So bis

23.30 Uhr; 📶) Die dunkle, unprätentiöse Bar wird fast jeden Abend, sobald das Hinterzimmer geöffnet ist, zur vielgeliebten Bühne für Livemusik jeglicher Art oder DJs und gehört zu den besten Läden der Stadt, wenn es darum geht, die Nacht ausklingen zu lassen. Es gibt diverse Biere vom Fass und bis 21 Uhr ist Happy Hour.

★ Bió Paradís KINO
(Karte S. 70; ☎412 7711; www.bioparadis.is; Hverfisgata 54; Erw. 1600–1800 ISK; 📶) Das supercoole Kino ist mit Filmplakaten und alten Büromaschinen eingerichtet und zeigt ausgesuchte isländische Streifen mit englischen Untertiteln sowie internationale Produktionen. Eine einmalige Chance, Filme zu sehen, die wahrscheinlich nirgendwo anders laufen.

Cinema at Old Harbour Village No 2 KINO
(Karte S. 66; ☎898 6628; www.thecinema.is; Geirsgata 7b; Erw./Kind 1800/900 ISK; 🚌14) Das winzige Kino im Dachgeschoss eines sanierten Lagerhauses am alten Hafen zeigt Naturfilme über Vulkane (Eyjafjallajökull, Vestmannaeyjar), die Entstehung von Island und das Nordlicht. Die meisten Vorführungen sind auf Englisch; gelegentlich sind auch deutsche darunter. Das Programm steht online.

Tjarnarbíó THEATER
(Karte S. 60; ☎527 2100; www.tjarnarbio.is; Tjarnargata 12; Karten ab 2000 ISK) Schauspiel, Stand-up-Comedy, Improtheater und Tanz gehören ins Programm dieses traditionsreichen Hauses der freien Szene. Viele Aufführungen sind auch auf Englisch. Die lebhafte Café-Bar, die zum Theater gehört, ist auch tagsüber geöffnet.

Gaukurinn LIVEMUSIK
(Karte S. 60; www.gaukurinn.is; Tryggvagata 22; ⏲So–Do 14–1, Fr & Sa bis 3 Uhr) Grungy und genial – eine verlässliche Adresse für Livemusik, Comedy, Karaoke und Open-Mike-Abende. Happy Hour von 19 bis 21 Uhr.

Mengi LIVEAUFTRITTE
(Karte S. 70; ☎588 3644; www.mengi.net; Óðinsgata 2; ⏲Di–Sa 12–17 Uhr & bei Aufführungen) Das Mengi mag klein sein, bietet aber ein innovatives Programm mit Musik, bildender und darstellender Kunst.

Nationaltheater THEATER
(Þjóðleikhúsið; Karte S. 70; ☎551 1200; www.leikhusid.is; Hverfisgata 19; ⏲Juli geschl.) Das Nationaltheater zeigt ein breites Programm, von isländischer Gegenwartsdramatik bis zu Musicals, Oper und Shakespeare. Es umfasst fünf Spielstätten: das große Haus, das Studiotheater, ein Kindertheater und zwei Puppenspielbühnen.

Stadttheater Reykjavík THEATER, TANZ
(Borgarleikhúsið; Karte S. 56; ☎568 8000; www.borgarleikhus.is; Listabraut 3, Kringlan; ⏲Juli & Aug. geschl.) Sprechtheater und Musicals. Hier ist außerdem die **Icelandic Dance Company** (Karte S. 56; ☎588 0900; www.id.is; Listabraut 3, Kringlan) zu Hause.

Nationalstadion Laugardalsvöllur STADION
(Karte S. 56; ☎510 2914; Laugardalur) In Island herrscht große Begeisterung für Fußball. Pokalspiele und internationale Begegnungen finden im Nationalstadion in Laugardalur statt. Termine sind dem Sportteil der Stadtzeitungen zu entnehmen oder beim **isländischen Fußballverband** (Knattspyrnusamband Íslands, KSÍ; Karte S. 56; ☎510 2900; www.ksi.is)

LGBTI-SZENE

Reykjavík ist ausgesprochen schwulenfreundlich. Der alljährliche **Reykjavík Pride** mit Parade (www.hinsegindagar.is; ⏲Aug.) gehört zu den meistbesuchten Events im Land: Um die 100 000 Menschen (über 25 % der Landesbevölkerung) nehmen an den Partys teil. Tipps und Neuigkeiten für die LGBT-Gemeinde gibt es bei Gayice (www.gayice.is) und Gay Iceland (www.gayiceland.is).

Literary Reykjavík bietet eine *Culture-Walks*-App (Kulturspaziergänge) mit einer Rubrik „Queer Literature" an. Das schwule Nachtleben pulsiert im Tanzclub Kiki.

Die LGBT-Organisation **Samtökin '78** (Karte S. 60; ☎552 7878; www.samtokin78.is; Suðurgata 3; ⏲Büro Mo–Fr 13–16 Uhr, Queer Centre Do 20–23 Uhr, im Juli geschl.) erteilt während der Bürozeit Auskünfte und betreibt donnerstagabends einen Treffpunkt.

Pink Iceland (☎562 1919; www.pinkiceland.is; Hverfisgata 39; ⏲Mo–Fr 9–17 Uhr) ist Islands erstes Reisebüro von und für Schwule und Lesben, heißt aber jeden willkommen. Es organisiert Reisen aller Art, Events, Hochzeiten und geführte Touren, z. B. einen zweistündigen Happy-Hour-Stadtrundgang durch Reykjavík (6000 ISK).

zu erfragen. Karten können direkt am Stadion gekauft werden.

Laugardalshöllin KONZERTHALLE
(Karte S. 56; ☎585 3300; www.ish.is; Engjavegur 8, Laugardalur) Riesige Konzerthalle für internationale Künstler.

Shoppen

Die lebhafte Designkultur macht Reykjavík zu einem tollen Shoppingziel. Hier findet jeder etwas, das ihm gefällt, vom schicken Geldbeutel aus Fischleder oder einem *lopapeysur* (Islandpullover) bis zu isländische Musik oder isländischem Schnaps, dem *brennivín.* In der ganzen Stadt gibt es interessante Läden. Die größte Ladendichte hat aber der Laugavegur. Mode ist hauptsächlich auf dem Stück Richtung Frakkastígur- bzw. Vitastígur zu haben. Wer Kunst und Schmuck sucht, schaut am besten auf dem Skólavörðustígur, während für Souvenirs Bankastræti und Austurstræti die bessere Adresse sind.

Ausländer können sich bei ihren Einkäufen unter gewissen Voraussetzungen (siehe www.tollur.is/english/individuals/customs/traveling-to-iceland/tax-free-vat-refund) die Mehrwertsteuer von 15 % erstatten lassen.

Altstadt

★ **Fischer** CONCEPT STORE
(Karte S. 60; www.fischersund.com; Fischersund 3; ⌚Mo–Sa 12–18 Uhr) Durch das Concept Store – früher das Tonstudio des isländischen Musikers Jónsi, der als Leadsänger von Sigur Rós bekannt ist – läuft man wie durch eine große Ausstellung. Parfum, isländische Kräuter, handgefertigte Seifen und Kerzen sowie Kunst betören alle Sinne.

★ **Kirsuberjatréð** KUNSTHANDWERK
(Kirschbaum; Karte S. 60; ☎562 8990; www.kirs.is; Vesturgata 4; ⌚Mo–Fr 10–19, Sa & So bis 17 Uhr) Talentierte Designerinnen stellen in diesem alteingesessenen Frauenkollektiv für Kunst und Design ihre Werke aus. Highlights sind Armbänder und Handtaschen aus weichem, buntem Fischleder, Spieldosen aus Instrumentensaiten und schöne bunte Schalen aus Radieschenscheiben.

★ **Flohmarkt Kolaportið** MARKT
(Karte S. 60; www.kolaportid.is; Tryggvagata 19; ⌚Sa & So 11–17 Uhr) Kolaportið ist eine Institution in Reykjavík. Am Wochenende füllt sich eine große Industriehalle am Hafen mit einem gewaltigen Wust an Secondhandklamotten, altem Spielzeug und billigen Importwaren. Lebensmittelstände verkaufen traditionelle Spezialitäten wie *rúgbrauð* (geothermisch gebackenes Roggenbrot) und *brauðterta* („Brottorte", mehrere Brotlagen mit verschiedenen Mayonnaisefüllungen).

Akkúrat DESIGN
(Karte S. 60; ☎868 7613; www.facebook.com/akkuratreykjavik; Aðalstræti 2; ⌚Mo–Fr 10–19, Sa bis 18, So 11–17 Uhr) Der Concept Store unter dem Schirm des Iceland Design Centre (S. 435) führt das beste nordische Design, von handbemalten Bechern bis zu Fischerpullovern. Lohnenswert sind vor allem die Mützen und Pullover der isländischen Modemarke Döðlur.

Eymundsson BÜCHER
(Karte S. 60; www.eymundsson.is; Austurstræti 18; ⌚Mo–Sa 9–22, So 10–22 Uhr; 📶) Die große, zentral gelegene Buchhandlung hat eine exzellente Auswahl englischsprachiger Bücher, Zeitungen, Zeitschriften und Landkarten sowie ein großartiges Café.

Eine Filiale ist in der **Skólavörðustígur** (Karte S. 70; www.eymundsson.is; Skólavörðustígur 11; ⌚Mo–Fr 9–22, Sa & So 10–22 Uhr; 📶).

Kogga KERAMIK
(Karte S. 60; ☎552 6036; www.kogga.is; Vesturgata 5; ⌚Mo–Fr 9–18, Sa 11–15 Uhr) Das kleine Keramikatelier im Untergeschoss eines altehrwürdigen Reykjavíker Hauses bietet fantasievolle Töpferwaren an.

Vínbúðin – Austurstræti ALKOHOLISCHE GETRÄNKE
(Karte S. 60; www.vinbudin.is; Austurstræti 10a; ⌚Mo–Do & Sa 11–18, Fr bis 19 Uhr) Die zentralste Filiale der landesweiten Kette staatlicher Alkoholläden. Eine weitere liegt auf dem Weg nach Laugardalur in der Borgartún 26.

Alter Hafen

Farmers & Friends KLEIDUNG
(Farmers Market; Karte S. 66; ☎552 1960; www.farmersmarket.is; Hólmaslóð 2; ⌚Mo–Fr 10–18, Sa & So 11–17 Uhr) 🍃 Tolle Stiefel, Kleider und Accessoires in Erdfarben füllen die Regale in diesem Designgeschäft. Auf Naturstoffe und -materialien wird großer Wert gelegt.

Steinunn KLEIDUNG
(Karte S. 66; ☎588 6649; www.steinunn.com; Grandagarður 17; ⌚Mo–Fr 11–18, Sa 13–16 Uhr) Bei den Couture-Kollektionen der bekannten isländischen Modedesignerin Steinunn Sigurðardóttir dreht sich alles um innovative Strickwaren.

Jen's SCHMUCK
(Karte S. 66; ☎546 6446; www.jens.is; Grandagarður 31; ⏲Mo–Fr 11–17 Uhr) Edler Schmuck mit isländischen Runen und Edelsteinen aus dem Atelier einer etablierten Juweliersfamilie.

Kjötkompaní ESSEN & GETRÄNKE
(Karte S. 66; www.kjotkompani.is; Grandagarður 29; ⏲Mo–Fr 11.30–18.30, Sa 10–17 Uhr) Feinkostgeschäft mit einem verlockenden Sortiment an Fleischgerichten, Sauerkonserven, Saucen und Ölen.

Laugavegur & Skólavörðustígur

★ **Skúmaskot** KUNSTHANDWERK
(Karte S. 70; ☎663 1013; www.facebook.com/skumaskot.art.design; Skólavörðustígur 21a; ⏲Mo–Fr 10–18, Sa bis 17, So 12–16 Uhr) Die geräumige, renovierte Galerie bildet einen schönen Rahmen für die originellen Kreationen von isländischen Designerinnen, u. a. ausgefallene Porzellanobjekte, Damen- und Kindermode, Gemälde und Karten.

★ **Kiosk** KLEIDUNG
(Karte S. 70; ☎571 3636.; www.kioskreykjavik.com; Ingólfsstræti 6; ⏲Mo–Fr 11–18, Sa bis 17 Uhr) Die Designerkooperative präsentiert in einer Boutique mit Glasfront kreative Damenmode. Im Verkauf wechseln sich die Designerinnen ab.

★ **Geysir** KLEIDUNG
(Karte S. 70; ☎519 6000; www.geysir.com; Skólavörðustígur 16; ⏲Mo–Sa 10–19, So 11–18 Uhr) Eine der besten Adressen in der Stadt für traditionelle isländische Kleidung und originelles modernes Design. Geysirs Herrenbekleidungsgeschäft führt eine elegante Auswahl an Pullovern, anderen Kleidungsstücken, Schuhen, Taschen und Decken. Die Filialen für **Damenbekleidung** (Skólavörðustígur 7) und **Wohnaccessoires** (☎519 6033; Skólavörðustígur 12) liegen einen Block weiter.

★ **12 Tónar** MUSIK
(Karte S. 70; ☎511 5656; www.12tonar.is; Skólavörðustígur 15; ⏲Mo–Sa 10–18, So ab 12 Uhr) Der Schuppen ist ein supercooler Ort zum Abhängen. Für einige der beliebtesten isländischen Bands ist er bereits zum Sprungbrett geworden. In dem zweigeschossigen Laden kann man CDs hören, Kaffee trinken und im Sommer freitagabends ab und an Liveauftritte erleben.

★ **KronKron** KLEIDUNG
(Karte S. 70; ☎561 9388; www.kronkron.com; Laugavegur 63b; ⏲Mo–Fr 10–18, Sa bis 17 Uhr) Reykjavík goes Haute Couture mit Labels wie Marc Jacobs und Vivienne Westwood. Aber etwas Besonderes sind die skandinavischen Designer (u. a. Kron by KronKron) und das Angebot an Seidenkleidern, Strickcapes, Schals und sogar Wollunterwäsche. Einzigartig sind die handgemachten Schuhe, die auch bei **Kron** (Karte S. 70; ☎551 8388; www.kron.is; Laugavegur 48; ⏲Mo–Fr 10–18, Sa bis 17 Uhr), in der gleichen Straße, angeboten werden.

★ **Orrifinn** SCHMUCK
(Karte S. 70; ☎789 7616; www.orrifinn.com; Skólavörðustígur 17a; ⏲Mo–Fr 10–18, Sa 11–16 Uhr) Die dezenten, schönen Schmuckkreationen von Orrifinn sind von Islands Naturschönheit und Wikingervergangenheit inspiriert. Fein gearbeitete Anker, Äxte und Schreibfedern baumeln an mattierten Ketten. Im Laden stehen auch Werkbänke, an denen man die Juweliere manchmal an der Arbeit sieht.

OUTDOORAUSRÜSTUNG

Die führende isländische Bekleidungsmarke **66° North** (Karte S. 70; ☎535 6680; www.66north.is; Bankastræti 5; ⏲Mo–Sa 9–20, So 10–20 Uhr) hat mit Allwetterbekleidung für Arktisfischer angefangen. Mit der Zeit wurde daraus teure, modische Streetwear: Jacken, Fleecejacken, Mützen und Handschuhe. Ähnliche Marken zogen nach, wie **Cintamani** (Karte S. 70; ☎533 3800; www.cintamani.is; Bankastræti 7; ⏲9–21 Uhr).

Ausrüstung für Wanderungen und Camping (Zelte, Schlafsäcke, Kocher, Rucksäcke, Schuhe, Kletterausrüstung, GPS, WLAN-Hot-Spot usw.) verleihen **Iceland Camping Equipment Rental** (Karte S. 80; ☎647 0569; www.iceland-camping-equipment.com; Barónsstígur 5; ⏲Mai–Okt. 9–17 Uhr, Nov.–April nach Vereinbarung) in Laugavegur und **Rent-A-Tent** (☎848 5805; www.rentatent.is; Smiðjuvegur 6; ⏲Juni–Aug. Mo–Fr 9–16 Uhr, im Winter kürzere Zeiten) in Kópavogur. **Fjallakofinn** (Karte S. 70; ☎510 9505; www.fjallakofinn.is; Laugavegur 11; ⏲Mo–Fr 9–18, Sa 10–17, So 12–18 Uhr) verkauft (hochpreisige) Markenausrüstung für Camper und Kletterer, GoPros u. v. m. und verleiht auch Ausrüstung.

ISLANDPULLOVER

Lopapeysur heißen die allgegenwärtigen Islandpullover, die Einheimische wie Touristen tragen. Die aus wasserabweisender Islandwolle gestrickten Pullover sind mollig warm und dick, mit geometrischem Muster oder regionalen Motiven. Sie sind nicht mehr so günstig wie noch in den 1960er-Jahren. Der Preisunterschied zwischen handgemacht und maschinengestrickt macht sich zusätzlich bemerkbar (manche kosten deutlich über 27 500 ISK), aber die ebenso schönen wie praktischen Teile (und die dazu passenden Mützen, Handschuhe und Schals) sind äußerst tragbare Souvenirs.

Isländischer Handstrickverband (Handprjónasamband Íslands; Karte S. 70; ☎552 1890; www.handknit.is; Skólavörðustígur 19; ⏲Mo–Fr 9–22, Sa bis 18, So 10–18 Uhr) Die Strickgenossenschaft verkauft handgestrickte Mützen, Socken und Pullover, aber auch Garn, Stricknadeln und Strickmuster. Sie betreibt noch eine kleinere **Filiale** (Handprjónasamband Íslands; Karte S. 80; ☎552 1890; www.handknit.is; Borgartún 31; ⏲Mo–Fr 9–18, Sa 10–17 Uhr), die ausschließlich fertige Strickwaren verkauft.

Nordic Store (Karte S. 60; ☎445 8080; www.nordicstore.net; Lækjargata 2; ⏲9–22 Uhr) Verkauft in seinem Laden in der Altstadt haufenweise hand- und maschinengestrickte *lopapeysur* und andere Strickwaren.

Álafoss (☎566 6303; www.alafoss.is; Álafossvegur 23, Mosfellsbær; ⏲Mo–Fr 8–20, Sa & So 9–20 Uhr; 🚌15) Auch dieser Laden im Vorort Mosfellsbær hat ein gutes Sortiment.

★ Fóa KUNSTHANDWERK
(Karte S. 70; ☎571 1433; www.facebook.com/foaiceland; Laugavegur 2; ⏲Mo–Fr 10–18, Sa 11–19, So 12–18 Uhr) Eine prima Adresse, um sich mit witzigen Souvenirs und coolen, handgefertigten Schreibwaren, Schmuckstücken oder Keramiken einzudecken.

★ Mál og Menning BÜCHER
(Karte S. 70; ☎580 5000; www.bmm.is; Laugavegur 18; ⏲Mo–Fr 9–22, Sa 10–22 Uhr; 📶) Ein netter, gut sortierter unabhängiger Buchladen mit einer soliden Auswahl englischsprachiger Bücher zum Thema Island. Er verkauft auch Karten und Stadtpläne, CDs, Spiele und Zeitungen und betreibt ein gutes Café (Suppe und Brot 1000 ISK).

★ Rammagerðin GESCHENKE & SOUVENIRS
(Iceland Gift Store; Karte S. 70; ☎535 6690; www.icelandgiftstore.com; Skólavörðustígur 12; ⏲10–21 Uhr) Einer der besseren Souvenirläden der Stadt mit einer großen Auswahl an Wollsachen, Kunsthandwerk und Sammlerobjekten. Weitere Filialen: Skólavörðustígur 20, Bankastræti 9 und am Internationalen Flughafen Keflavík.

Tulipop GESCHENKE & SOUVENIRS
(Karte S. 70; www.tulipop.com; Skólavörðustígur 43; ⏲10–18 Uhr) Schreibwaren, Geschirr und Spielsachen sind mit den niedlichen isländischen Cartoonfiguren von der magischen Insel Tulipop versehen: Gloomy, Bubble, Mama Skully und Mr. Tree.

Húrra Reykjavík KLEIDUNG
(Karte S. 70; ☎571 7101; www.hurrareykjavik.is; Hverfisgata 50; ⏲Mo–Do & Sa 11–18, Fr bis 19 Uhr) Coole Streetwear und internationale Spitzenmarken in einem schön gestalteten Laden.

Jokla Icelandic Design KLEIDUNG
(Karte S. 80; www.facebook.com/jokla.iceland; Laugavegur 86-94; ⏲Mo–Fr 11–18, Sa bis 17 Uhr) Klobiger Schmuck, edle Stiefel und elegante Damenkleidung sowohl in dezenten Naturtönen als auch in kräftigen, leuchtenden Farben.

Blue Lagoon Shop KOSMETIK
(Karte S. 70; ☎420 8849; www.bluelagoon.com; Laugavegur 15; ⏲Mo–Fr 10–18, Sa bis 16, So 13–17 Uhr) Wer sich bei der Blauen Lagune nicht mit Gesichtsmasken und anderen Pflegeprodukten eingedeckt hat, kriegt hier eine zweite Chance. Die Blue-Lagoon-Pflegeserie bekommt auch in den Lyfa-Apotheken, bei Hagkaup und im Duty-free-Shop am Internationalen Flughafen Keflavík.

Spúútnik VINTAGE
(Karte S. 70; ☎533 2023; Laugavegur 28; ⏲10–18 Uhr) Der vollgestopfte Secondhandladen eröffnet eine etwas günstigere Möglichkeit, den ersehnten Islandpullover zu erstehen.

Hrím DESIGN
(Karte S. 70; www.hrim.is; Laugavegur 25; ⏲Mo–Sa 10–18, So 13–18 Uhr) In einem großen Concept Store der gehobenen Art und einem kleineren Küchenwarengeschäft (Laugavegur 32) verkauft Hrim kreativen und hochwertigen

skandinavischen Schnickschnack, Heimtextilien und vieles andere, das man gern mit nach Hause nimmt.

Lucky Records MUSIK

(Karte S. 80; ☎551 1195; www.luckyrecords.is; Rauðarárstígur 10; ⏲Mo–Fr 10–18, Sa & So 11–17 Uhr) Dieser Hort der guten Klänge versammelt stapelweise moderne isländische Musik, aber auch jede Menge altes Vinyl. Das riesige Angebot umfasst alles von Hip-Hop über Jazz bis zu Electronica. Hin und wieder gibt's Livemusik.

Reykjavík Record Shop MUSIK

(Karte S. 70; ☎561 2299; www.facebook.com/reykjavikrecordshop; Klapparstígur 35; ⏲Mo–Fr 11–18, So 13–18 Uhr) Der Miniladen im Stadtzentrum ist ein Pilgerziel für Vinylfans.

Ófeigur Björnsson MODE & ACCESSOIRES

(Karte S. 70; ☎551 1161; www.ofeigur.is; Skólavörðustígur 5; ⏲Mo–Fr 10–18, Sa 11–16 Uhr) Ófeigur Björnsson und weitere einheimische Goldschmiede fertigen Schmuck aus Lava und anderen Naturmaterialien. Hildur Bolladóttir ist eine meisterliche Damenschneiderin und stellt auch moderne Taschen und Filzhüte vor. Im Obergeschoss befindet sich eine Kunstgalerie.

Aurum SCHMUCK

(Karte S. 70; ☎551 2770; www.aurum.is; Bankastræti 4; ⏲Juni–Aug. Mo–Fr 10–20, Sa & So bis 18 Uhr, Sept.–Mai kürzere Zeiten) Inhaberin Guðbjörg ist eine von Reykjavíks interessantesten Schmuckdesignerinnen. Viele ihrer raffinierten, hauchfeinen Silberkreationen sind von Blatt- und Blütenformen inspiriert. Die andere Hälfte des Ladens offeriert dem Besucher eine Fülle attraktiver Dekoartikel.

Orr SCHMUCK

(Karte S. 80; ☎511 6262; www.orr.is; Skólavörðustígur 17b; ⏲Mo–Sa 10–18 Uhr) Ein kunstfertiges Paar gestaltet hier zarte, durch die Natur inspirierte Schmuckkreationen aus Perlen, Halbedelsteinen und schimmernden Metallen.

Stígur KUNSTHANDWERK

(Karte S. 70; ☎551 5675; Skólavörðustígur 17b; ⏲Mo–Sa 10–18, So bis 16 Uhr) Sieben Künstlerinnen und Künstler kreieren Textilien, Grafik, Keramik, Glas und Gemälde. Besonders gut haben uns die Vasen gefallen. Dies ist eine der wenigen Kunsthandwerksgalerien, die auch sonntags öffnen.

Heilsuhúsið LEBENSMITTEL

(Karte S. 70; ☎552 2966; www.heilsuhusid.is; Laugavegur 20; ⏲Mo–Fr 10–18, Sa 11–16, So 12–16 Uhr) Der Laden unter dem Bio-Restaurant Gló führt außer Bio-Lebensmitteln, Smoothies und Nahrungsergänzungsmitteln auch die großartige isländische Bio-Pflegeserie Sóley.

Dogma KLEIDUNG

(Reykjavík T-Shirts; Karte S. 70; ☎562 6600; www.dogma.is; Laugavegur 32; ⏲Juni–Sept. 10–20 Uhr, Okt.–Mai bis 18 Uhr) Der schrullige T-Shirt-Spezialist ist *die* Adresse für originelle heimische Motive mit Comic-Flair. Witzig sind auch die Kühlschrankmagneten und Untersetzer, die den Tourismus dezent auf die Schippe nehmen. Eine Filiale befindet sich im Kringlan-Zentrum.

Iðnú LANDKARTEN

(Karte S. 80; ☎517 7210; www.ferdakort.is; Brautarholt 8; ⏲Mo–Fr 10–16 Uhr) Ferðakort, die Kartenabteilung der Buchhandlung Iðnú, bietet eine große Auswahl an Straßen- und Wanderkarten.

Reykjavík Foto ELEKTRONIK

(Karte S. 70; ☎577 5900; www.reykjavikfoto.is; Laugavegur 51; ⏲Mo–Fr 10–18, Sa 11–16 Uhr) Haufenweise Kameras, Stative und wasserdichte Behältnisse sowie hilfreicher Service.

Südlich vom Zentrum

Kringlan EINKAUFSZENTRUM

(Karte S. 56; ☎517 9000; www.kringlan.is; Kringlunni 4–12; ⏲Mo–Sa 10–18, Do bis 21, Fr bis 17, So 13–18 Uhr; 🚌1, 3, 4, 6) Einen Kilometer außerhalb von Reykjavík liegt das größte Einkaufszentrum der Stadt mit 170 Geschäften. Ein kostenloser Shuttlebus fährt zu jeder vollen Stunde vor der Touristeninformation im Ráðhús ab.

Praktische Informationen

GELD

Kreditkarten werden überall (außer in den Stadtbussen) akzeptiert und das Geldautomatennetz ist dicht. Die Geldwechselgebühren in Hotels oder privaten Wechselstuben können unverschämt hoch sein.

GEPÄCKAUFBEWAHRUNG

Im BSÍ-Busbahnhof, am Inlandsflughafen Reykjavík und an mehreren anderen Standorten in der Stadt gibt es Gepäckschließfächer (www.luggagelockers.is). Viele Hotels in Reykjavík bewahren Gepäckstücke auf, wenn man für ein paar Tage aufs Land fährt.

INTERNETZUGANG

Kostenloses WLAN steht in der zentralen Touristeninformation, in fast allen Unterkünften und vielen Cafés zur Verfügung. Auch die Benutzung von Computern in Bibliotheken ist möglich (pro Std. 350 ISK). Die Hauptbibliothek **Aðalbókasafn** (Stadtbücherei Reykjavík; ☎ 411 6100; www.borgarbokasafn.is; Tryggvagata 15; pro Std. 350 ISK; ⌚ Mo–Do 10–19, Fr 11–18, Sa & So 13–17 Uhr; 📶) ist hervorragend ausgestattet.

MEDIZINISCHE VERSORGUNG

Gesundheitszentrum (Heilsugæslan Miðbæ; ☎ 513-5950; Vesturgata 7; ⌚ nur mit Termin) Nur nach Terminvereinbarung.

Læknavaktin (☎ Bereitschaftsarzt 1770; ⌚ Mo–Fr 17–23.30, Sa & So 8–23.30 Uhr) Regulärer Arztbesuch außerhalb der normalen Praxiszeiten.

Universitätsklinik Landspítali (☎ 543 1000, Bereitschaftsarzt 1770; www.landspitali.is; Fossvogur) Krankenhaus und Notfallzentrum.

Zahnarzt (☎ 575 0505)

NOTFÄLLE

Polizeiwache (☎ Notruf 112, sonstige Anliegen 444 1000; Hverfisgata 113) Zentrale Polizeiwache.

POST

Bei Erscheinen dieses Buchs sollte das **Hauptpostamt** (Karte S. 60; www.postur.is; ⌚ Mo–Fr 9–18 Uhr) von der Pósthússtræti in der Altstadt in das Erdgeschoss des **Radisson Blu Saga Hotels** (Karte S. 56; www.postur.is; Hagatorg 107) umgezogen sein. Eine weitere **Filiale** (Karte S. 56; ☎ 580 1000; Síðumúla 3; ⌚ Mo–Fr 9–18 Uhr) befindet sich am Rand von Laugardalur.

REISEBÜROS

Icelandic Travel Market (ITM; ☎ 552 4979; www.icelandictravelmarket.is; Bankastræti 2; ⌚ Juni–Aug. 8–21 Uhr, Sept.–Mai 9–19 Uhr) Informationen, Tourenbuchung und Gepäckaufbewahrung (1 Tag/jeder weitere Tag 1000/500 ISK).

Trip (☎ 433 8747; www.trip.is; Laugavegur 54; ⌚ 9–19 Uhr) Bucht Touren und Transportmittel.

TELEFON

Öffentliche Fernsprecher sind selten. Am größten sind Chancen bei der zentralen Touristeninformation, beim Postamt an der Südwestecke des Austurvöllur, in der Lækjargata oder im Einkaufszentrum Kringlan.

TOURISTENINFORMATION

Inspired By Iceland (www.inspiredbyiceland.com) ist die offizielle Tourismus-Website des Landes mit umfassenden Informationen.

Zentrale Touristeninformation (Upplýsingamiðstöð Ferðamanna; Karte S. 60; ☎ 411 6040; www.visitreykjavik.is; Ráðhús, Tjarnargata 11; ⌚ 8–20 Uhr; 📶) Die offizielle Touristeninformation der Stadt befindet sich im Ráðhús (Rathaus). Freundliches Personal und Berge von kostenlosen Broschüren stehen zur Verfügung, außerdem gibt es Landkarten, die Reykjavík City Card und Strætó-Busfahrkarten zu kaufen. Buchung von Unterkünften, Touren und Aktivitäten. Der SafeTravel-Schalter, eine Initiative der Rettungsorganisation Icelandic Search & Rescue, bietet wertvolle Beratung für alle, die Outdoor-Aktivitäten planen z. B. Wanderungen mit Übernachtung oder Fahrten im Hochland.

Touristeninformationszentrum Grófin (Hauptsitz der Iceland Travel Assistance; Karte S. 60; ☎ 570 7700; www.ita.is; Grófin 1; ⌚ 8–20 Uhr) Große Touristeninformation mit freundlichen Angestellten, Geldwechsel, Druckern und Gepäckaufbewahrung. Unter der Leitung von Iceland Travel Assistance agiert das Büro mit mehreren Filialen in Reykjavík in erster Linie als Buchungsservice. Spezielle Reiseinformationen sind in der öffentlich offiziellen Touristeninformation (s. o.) im Ráðhús nahebei erhältlich.

WASCHSALON

Wäsche waschen ist ein ewiges (und teures) Problem in Island. Zur Zeit der Recherche gab es im ganzen Land keinen einzigen Waschsalon. Zum Glück stehen in den meisten Apartments und Hostels und in vielen Pensionen Waschmaschinen zur Verfügung.

Úðafoss (☎ 551 2301; www.udafoss.is; Vitastígur 13; ⌚ Mo–Fr 8–18 Uhr) Chemische Reinigung.

ℹ An- & Weiterreise

BUS

Die Busverbindungen in Island ändern sich ständig, es ist daher ratsam, sich auf den Websites der Busunternehmen oder Touristeninformationen über aktuelle Fahrpläne und -preise zu informieren. Der kostenlos erhältliche Netzplan *Public Transport in Iceland* (www.publictransport.is) bietet einen guten Überblick über das öffentliche Verkehrsnetz.

Von Reykjavík aus kann man Tagestouren unternehmen (die meisten Veranstalter bieten Abholung vom Hotel an) oder die regulären Busse von Strætó (S. 68) oder anderen Unternehmen nutzen. Sie bieten eine Vielzahl verschiedener Buspässe an.

Von Mitte Mai bis Mitte September verkehren die Busse häufig. In den übrigen Monaten sind Verbindungen in entferntere Regionen oft seltener (oder gar nicht vorhanden).

Bei Zielen an der Nord- und Ostküste (z. B. Egilsstaðir, Mývatn und Húsavík) ist normalerweise Umsteigen in Höfn oder Akureyri angesagt, bei Zielen im Westen und in den Westfjorden in Borgarnes.

Strætó (S. 68) Betreibt Fernbusse ab Reykjavík. Sie fahren vom 8 km südöstlich vom Stadtzentrum gelegenen **Busbahnhof Mjódd** (☎ 540 2700; www.bus.is; ⏲ Fahrkartenbüro Mo–Fr 7–18, Sa 10–18, So 12.30–18 Uhr) ab, der von den Regionalbussen 3, 4, 11, 12, 17, 21 und 24 bedient wird. Strætó betreibt außerdem Stadtbusse und hat eine Smartphone-App, mit der Fahrpläne eingesehen und Fahrkarten gekauft werden können. In den Fernbussen können Fahrgäste nur mit Bargeld, Kredit-/ Girokarte mit PIN oder (Bündeln von) Bustickets zahlen.

BSÍ-Busbahnhof(Karte S. 56; ☎ 580 5400; www.bsi.is; Vatnsmýrarvegur 10; 📶) Reykjavík Excursions (und deren Flybus) nutzt den BSÍ-Busbahnhof rund 2 km südlich des Stadtzentrums. Er hat einen Fahrkartenschalter, Touristenbroschüren, Schließfächer, Gepäckaufbewahrung (www.luggagelockers.is), ein Büro der Autovermietung Budget sowie eine Cafeteria mit WLAN. Der Busbahnhof wird von den Stadtbussen 1, 3, 5, 6, 14 und 15 bedient. Reykjavík Excursions bietet einen Shuttledienst vom Hotel zum Busbahnhof (vorher reservieren!). Außerdem halten dort auch einige Busse von Grayline (S. 73).

Sterna (Sterna; Karte S. 70; ☎ 551 1166; www.icelandbybus.is; 📶) Fahrkarten und Abfahrt am Konzerthaus Harpa. Busse fahren auf der südlichen Ringstraße und zu den touristischen Highlights.

Trex (S. 469) Fahren an der zentralen Touristeninformation, von der Shell-Tankstelle am Einkaufszentrum Kringlan und vom Campingplatz Reykjavík ab. Busse nach Þórsmörk und Landmannalaugar im Süden.

FLUGZEUG

Internationaler Flughafen Keflavík

Islands größter internationaler Flughafen, der Internationale Flughafen Keflavík (S. 463), liegt 48 km westlich von Reykjavík auf der Halbinsel Reykjanes.

Der Flughafen hat Geldautomaten, Wechselstuben, Autoverleiher, einen **Informationsschalter** (☎ 425 0330, Buchungsservice 570 7799; www.visitreykjanes.is; Reykjanesbraut; ⏲ Mo–Fr 6–20, Sa & So 12–17 Uhr) und Cafés. Die Duty-free-Shops im Ankunftsbereich verkaufen Spirituosen zu deutlich günstigeren Preisen als die Läden in der Stadt. Es gibt auch einen Schalter, an dem man sich die Mehrwertsteuer für erstattungsfähige Einkäufe in Island bar auszahlen lassen kann. Der 10–11-Supermarkt führt SIM-Karten. Große Tourenanbieter wie Reykjavík Excursions und Grayline haben Schalter am Flughafen.

Inlandsflughafen Reykjavík

Der **Inlandsflughafen Reykjavík** (Reykjavíkurflugvöllur; Karte S. 56; www.isavia.is; Innanlandsflug) befindet sich in der Reykjavíker Innenstadt, nur 2 km südlich vom Tjörnin. Er bietet Sightseeingflüge, Inlandsflüge und Verbindungen nach/von Grönland und zu den Färöern an.

Air Iceland Connect (S. 77) Fliegt Akureyri, Egilsstaðir, Ísafjörður und Grönland an. Es gibt einen Schalter am Flughafen, aber normalerweise ist es billiger, online zu buchen.

Atlantic Airways (☎ auf den Färöern 298 34 10 00; www.atlantic.fo) Fliegt zu den Färöern.

Eagle Air Iceland (S. 77) Bietet Sightseeingflüge an und bedient fünf feste Routen ab Reykjavík: Vestmannaeyjar, Höfn und Húsavík sowie Bíldudalur und Gjögur in den Westfjorden.

ℹ Unterwegs vor Ort

AUTO & MOTORRAD

Ein Auto ist in Reykjavík überflüssig, da man problemlos zu Fuß und mit dem Bus herumkommt. An beiden Flughäfen sowie am BSÍ-Busbahnhof und an einigen Stellen in der Stadt kann man Autos und Wohnmobile mieten.

Parken

In den Straßen im Stadtzentrum sind die Parkmöglichkeiten begrenzt. Parken kostet 320 ISK pro Stunde in der roten Zone und 170 ISK pro Stunde in der blauen, grünen und gelben Zone. Kostenpflichtig ist das Parken montags bis freitags von 9 bis 18 Uhr und samstags von 10 bis 16 Uhr, ansonsten ist es kostenlos. Gezahlt wird mit Münzen oder Kreditkarte (nur mit PIN). Außerhalb des Zentrums ist das Parken ebenfalls kostenlos.

Das **Parkhaus Vitatorg** (Skúlgata; 1. Std. 80 ISK, danach pro Std. 50 ISK; ⏲ 7–24 Uhr) liegt relativ zentral.

BUS

Strætó (S. 68) betreibt regelmäßige Buslinien in Reykjavík und in die Vororte Seltjarnarnes, Kópavogur, Garðabær, Hafnarfjörður und Mosfellsbær. Das Unternehmen hat außerdem Fernbusse. Es bietet Online-Fahrpläne, eine Smartphone-App und einen gedruckten Netzplan. Auf vielen kostenlosen Stadtplänen (z. B. *Welcome to Reykjavík City Map*) ist auch das Busnetz eingezeichnet.

Die Stadtbusse verkehren täglich von 7 bis 23 oder 24 Uhr (sonntags ab 11 Uhr) im 15- oder 30-Minutentakt. Freitags und samstags gibt es bis 4.30 Uhr einen eingeschränkten Nachtbusservice. Die Busse halten nur an den regulären Haltestellen, die mit einem gelben „S" markiert sind.

Bustickets & Fahrpreise

Fahrkarten kosten 460 ISK und sind am Busbahnhof, im Bus (allerdings wird da kein Wechselgeld herausgegeben) oder per Strætó-

App erhältlich. Fahrkarten für einen/drei Tage (1700/4000 ISK) gibt es am Busbahnhof Mjódd, bei der zentralen Touristeninformation, in Supermärkten der 10–11-Kette, vielen Hotels, den Einkaufszentren Kringlan (S. 103) und Smáralind sowie in großen Schwimmbädern. Die Busfahrer geben *skiptimiði* (Umsteigetickets, in der Stadt 75 Min. gültig, im Umland 120 Min.) an Fahrgäste aus, die umsteigen müssen, um ihr Ziel zu erreichen.

Die Reykjavík City Card (S. 64) ist gleichzeitig ein Strætó-Fahrpass.

Haltestellen & Linien

Zwei zentrale Strætó-Haltestellen befinden sich am **Hlemmur** (Karte S. 80) am östlichen Ende

BUSVERBINDUNGEN AB REYKJAVÍK

Im Folgenden sind einige Routen mit Preisbeispielen aufgeführt; die aktuellen Preise müssen bei dem jeweiligen Busunternehmen erfragt werden. Strætó (S. 68) ist meist am günstigsten. Einige dieser Routen werden auch von privaten Anbietern wie Reykjavík Excursions (RE; S. 72) und Sterna (S. 73) befahren. Sie bieten eventuell auch eine Abholung an, kosten aber mehr (außer mit Buspass).

FAHRTZIEL	UNTERNEHMEN & LINIE	EINFACHE FAHRKARTE (ISK)	FAHRTZEIT	HÄUFIGKEIT	GANZJÄHRIG
Akureyri	Strætó 57	10 120	6½ Std.	tgl.	ja
Blaue Lagune	RE	3000	45 Min.	tgl.	ja
Borgarnes	Strætó 57	1840	1½ Std.	tgl.	ja
Geysir/Gullfoss	RE 610	5000	2½ Std.	tgl.	Mitte Juni–Anfang Sept.
Höfn	Strætó 51	13 340	7 Std.	tgl.	ja
Hólmavík	Strætó 57/59 via Borgarnes	6900	3½ Std.	2- bis 5-mal wöchentl.	ja
Keflavík	Strætó 55/1	1840	1 Std.	tgl.	ja
Kirkjubæjarklaustur	Strætó 51/ Sterna 12	7820/7800	4¼/6½ Std.	tgl.	ja/Juni–Aug.
Landmannalaugar	Trex/RE/ Sterna	8400/8500/ 7950	4½ Std.	tgl.	Ende Juni–Anfang Sept.
Selfoss	Strætó 51/52, auch Sterna & RE	1840	1 Std.	tgl. vielmals	ja
Skaftafell	Strætó 51/ Sterna 12/ RE 20	10 120/10 000/ 11 200	5¼/7¾/ 7¾ Std.	tgl.	ja/Juli–Aug./ Juli–Aug.
Skógar	Strætó 51/ Sterna/RE	5520/5300/ 6700	2½/3/ 3½ Std.	tgl.	ja/Juni–Mitte Sept./Juni–Anfang Sept.
Stykkishólmur	Strætó 57 to 58	4140	2½ Std.	tgl.	ja
Landeyjarhöfn (Hafen zu den Vestmannaeyjar)	Strætó 52	4600	2¼ Std.	tgl.	ja
Vík í Mýrdal	Strætó 51/ Sterna/RE	6440/6000/ 7800	3/4¼/4 Std.	2-mal tgl.	ja/Ende Juni–Anfang Sept.
Þingvellir	nur Touren (z. B. RE)	6700	halber Tag	tgl.	Mai–Sept.
Þórsmörk	Trex/RE/ Sterna	7400/8000/ 6950	4/7/12 Std.	tgl.	Juni–Mitte Sept.

des Laugavegur und am **Lækjartorg** (Karte S. 60) im Stadtzentrum. Der Busbahnhof Mjódd (S. 105), 8 km südöstlich vom Stadtzentrum, ist der zentrale Busbahnhof, von dem auch die Strætó-Fernbusse abfahren. Viele von ihnen fahren eine Schleife um den Tjörnin und halten im Stadtzentrum sowie am Nationalmuseum und am BSÍ-Busbahnhof, bevor sie in verschiedene Richtungen weiterfahren.

Ein kostenloser Shuttlebus fährt von der Touristeninformation zum Einkaufszentrum Kringlan (Karte S. 56).

FAHRRAD

Reykjavík verfügt über ein Netz von Fahrradwegen, das immer größer wird. Die zentrale Touristeninformation (S. 104) hält entsprechende Stadtpläne bereit. Auf dem Gehweg fahren ist erlaubt, vorausgesetzt, man behindert damit die Fußgänger nicht.

Das Fahrradverleihsystem **WOW City Bike** (☎ 590 3085; www.wowcitybike.com; pro Std. 850 ISK) hat in der Stadt acht Stationen. Fahrräder verleihen auch Reykjavík Bike Tours (S. 69) im alten Hafen oder **Örninn** (☎ 588 9890; www.orninn.is; Faxafen 8; ⌚ Mo–Fr 10–18, Sa 11–15 Uhr) im Südosten der Stadt. Das Bike Cave (S. 98) in der Nähe des Inlandflughafens Reykjavík ist bei Reparaturen behilflich.

TAXI

Die Taxipreise sind happig. Die Grundgebühr beginnt bei etwa 700 ISK. Trinkgeld muss nicht sein. Die Fahrt vom BSÍ-Busbahnhof zum Konzerthaus Harpa kostet etwa 2200 ISK. Vom Busbahnhof Mjódd sind es ca. 4300 ISK.

Taxis stehen normalerweise vor den Busbahnhöfen und an den Flughäfen sowie am Wochenende vor den Kneipen und Bars (da bilden sich dann lange Schlangen), außerdem an der Bankastræti nahe der Lækjargata.

BSR (☎ 561 0000; www.taxireykjavik.is)
Hreyfill (☎ 588 5522; www.hreyfill.is)

VOM/ZUM FLUGHAFEN

Internationaler Flughafen Keflavík

Die Fahrt vom Internationalen Flughafen Keflavík bis Reykjavík dauert etwa 50 Minuten. Das beste Verkehrsmittel sind drei unkomplizierte Buslinien, die Reykjavík mit dem Flughafen verbinden; Kinder fahren ermäßigt.

Flybus (☎ 580 5400; www.re.is; einfache Fahrt 2950 ISK; 📶) Der Fahrplan ist auf den internationalen Flugplan abgestimmt. Ein Hotelshuttle zur/von der Flybus-Haltestelle am BSÍ-Busbahnhof kostet 3950 ISK; der Hotelshuttle muss mindestens einen Tag im Voraus gebucht werden. Ein weiterer Bus fährt zur Blauen Lagune (4990 ISK); von dort kann man zum Stadtzentrum bzw. zum Flughafen weiterfahren. Tickets sind online, in vielen Hotels oder am Schalter im Flughafen erhältlich. Der Flybus holt Fahrgäste auch in Garðabær und Hafnarfjörður südlich von Reykjavík ab bzw. bringt sie vom Flughafen dorthin. Flybus gehört zu Reykjavík Excursions (S. 72).

Airport Express (Karte S. 60; ☎ 540 1313; www.airportexpress.is; 📶) Verbindet den Flughafen mit dem Lækjartorg im Zentrum von Reykjavík (2700 ISK) bzw. dem Busbahnhof Mjódd – auch als Hotelshuttleservice (3300 ISK; rechtzeitig reservieren). Bietet außerdem Verbindungen nach Borgarnes und zu Zielen weiter nördlich, wie Akureyri. Wird von Grayline Iceland (S. 73) betrieben.

Airport Direct (☎ 497 5000; www.reykjavik sightseeing.is/airport-direct; einfach/hin & zurück ab 5500/10 000 ISK; 📶) Minibusse von Reykjavík Sightseeing pendeln zwischen Unterkünften und Flughafen.

Strætó (S. 68) Bus 55 verkehrt ebenfalls zwischen BSÍ-Busbahnhof und Flughafen (1840 ISK, 1¼ Std., Mo–Fr 9-mal tgl.). Er fährt weniger häufig.

Taxis vom Flughafen Keflavík nach Reykjavík kosten rund 16 100 ISK.

Inlandsflughafen Reykjavík

Vom Inlandsflughafen Reykjavík sind es 2 km zu Fuß bis ins Stadtzentrum. Alternativ hält die Buslinie 15 in der Nähe des Terminals von Air Iceland und fährt bis zur Bushaltestelle Hlemmur. Ein Taxi ins Stadtzentrum kostet rund 1300 ISK.

GROSSRAUM REYKJAVÍK

Der Großraum Reykjavík umfasst außer der faszinierenden Hauptstadt selbst auch ihre trubeligen Vororte Mosfellsbær im Norden und Kópavogur, Garðabær und Hafnarfjörður im Süden. Am besten ist aber eine Unterkunft direkt in Reykjavík, da sich dort die wichtigsten touristischen Sehenswürdigkeiten befinden.

Viðey

Bei schönem Wetter ist das winzige, unbewohnte Inselchen Viðey ein wunderbares Ziel für einen Tagesausflug. Es liegt nur 1 km nördlich vom Industriehafen Sundahöfn, ist aber eine Welt für sich. Gut erhaltene historische Gebäude, verblüffende moderne Kunst, ein verlassenes Dorf und großartige Vogelfelsen verstärken die melancholische Stimmung. Die einzigen Geräusche, die man hört, sind das Rauschen des Windes, das Branden der Wellen und das Summen der goldgelben Hummeln, die zwischen Wickenbüscheln und Habichtskraut pendeln.

Das kleine Viðey wurde um 900 n. Chr. erstmals besiedelt und bis in die 1950er-Jahre landwirtschaftlich genutzt. Ab 1225 stand hier ein einflussreiches Kloster, das aber 1539 während der Reformation von dänischen Soldaten zerstört wurde. Im 18. und 19. Jahrhundert lebten hier mehrere bedeutende Isländer.

Mehr Informationen zu Öffnungszeiten, Preisen und Fährfahrplänen stehen auf www.videy.com.

Sehenswertes & Aktivitäten

Viðey hat eine großartige Vogelwelt (hier brüten 30 Arten) und Botanik (über ein Drittel aller einheimischen Pflanzen gedeiht auf der Insel). Ende August kommen einige Reykjavíker her, um den Wiesenkümmel zu pflücken, den Skúli Magnússon hier anpflanzte.

Viðeyarstofa HISTORISCHES GEBÄUDE

(Karte S. 56; ☎411 6360; www.videy.com; Viðey; Fähre & Eintritt Erw./Kind 1550/775 ISK; ⏲Mitte Mai–Sept. 10.30–17 Uhr, Okt.–Mitte Mai Sa & So 13.30–16 Uhr) Gleich hinter dem Hafen von Viðey steht das Viðeyarstofa, das älteste Steinhaus in Island. 1751 erhielt der isländische Landvogt Skúli Magnússon die Insel und erbaute Viðeyarstofa als seine Residenz. Heute ist dort ein Café (s. u.).

Kirche KIRCHE

(Karte S. 56; ☎411 6360; www.videy.com; Viðey; Fähre & Eintritt Erw./Kind 1550/775 ISK; ⏲Mitte Mai–Sept. 10.30–17 Uhr, Okt.–Mitte Mai Sa & So 13.30–16 Uhr) Die zweitälteste Holzkirche Islands stammt aus dem 18. Jh. Bemerkenswert sind die originale Innenausstattung und das Grab des ehemaligen Herrn von Viðey, Skúli Magnússon, der hier 1794 beigesetzt wurde. Bei Ausgrabungen zu einem Kloster, das hier einmal stand, wurden Wachstafeln aus dem 15. Jh. und ein Liebesbrief in Runenschrift gefunden, die heute im Nationalmuseum (S. 55) aufbewahrt werden.

Peace Tower DENKMAL

(Karte S. 56; ☎411 6360; www.videy.com; Viðey; Fähre & Eintritt Erw./Kind 1550/775 ISK; ⏲Mitte Mai–Sept. 10.30–17 Uhr, Okt.–Mitte Mai Sa & So 13.30–16 Uhr) Yoko Onos Imagine Peace Tower (2007) ist ein „Wunschbrunnen", der zwischen dem 9. Oktober (John Lennons Geburtstag) und dem 8. Dezember (seinem Todestag) jeden Abend eine schillernde Lichtsäule in den Himmel schickt. Auf der Website von Viðey sind Führungen zum Peace Tower ab Reykjavík ausgeschrieben.

Inselwege

Die ganze Insel ist von Wanderwegen durchzogen. Manche sind fahrradtauglich, andere etwas holperiger. Wenn die Fähren vom alten Hafen verkehren, kann man dort bei Reykjavík Bike Tours (S. 69) ein Fahrrad mieten und es mit auf die Insel nehmen.

Vom Hafen führen Wege nach Südosten am natürlichen Schafpferch **Réttin** und der kleinen **Paradíshellir** (Paradieshöhle) vorbei zum verlassenen Fischerdorf von Sundbakki.

Wege nach Nordwesten führen nach **Vesturey**, zur Nordspitze der Insel. Man passiert flache Teiche, Denkmäler an diverse Schiffbrüche und die Felsen von **Eiðisbjarg**. In diesem nördlichen Teil der Insel steht auch Richard Serras Basaltsäulen-Skulptur **Áfangar** (Stehende Steine; 1990).

Schlafen & Essen

Es gibt keine Unterkünfte oder Campingmöglichkeiten auf Viðey, aber ein vom Angebot mittelmäßiges **Café** (Karte S. 56; Hauptgerichte 2450–3900 ISK; ⏲Mitte Mai–Sept. 11.30–17 Uhr, Okt.–Mitte Mai Sa & So 13.30–16 Uhr; 📶), das aber in einem schönen historischen Gebäude untergebracht ist. Besucher können sich Proviant mitbringen, um an der **Viðeyjarnaust-Hütte** (Karte S. 56) GRATIS zu picknicken oder zu grillen. Sie steht etwa 400 m nordwestlich vom Fähranleger.

An- & Weiterreise

Viðey ist mit der Fähre ab Reykjavík zu erreichen. Die Fahrt mit der **Viðey-Fähre** (Karte S. 56; ☎533 5055; www.videy.com; Skarfabakki; hin & zurück Erw./Kind 1500/750 ISK; ⏲ab Skarfabakki Mitte Mai–Sept. stündl. 10.15–17.15 Uhr, Okt.–Mitte Mai Sa & So 13.15–16.30 Uhr) dauert fünf Minuten ab Skarfabakki, 4,5 km östlich des Stadtzentrums. Im Sommer legen täglich auch zwei Fähren in Elding im alten Hafen und am Konzerthaus Harpa ab. Die Buslinie 16 fährt nach Skarfabakki, das auch ein Stopp auf der Busroute von **City Sightseeing Reykjavík** (☎580 5400; www.city-sightseeing.com; Erw./Kind pro 24 Std. 4080/2040 ISK; ⏲halbstündl. 10–16.30 Uhr) ist.

Kópavogur

35 966 EW.

Kópavogur, ein südlicher Vorort von Reykjavík, ist nur eine kurze Busfahrt entfernt, aber weitab der Touristenpfade. Reizvoll mögen das Museum und der Konzertsaal im Kulturkomplex Menningarmiðstoð Kópavogs oder das riesige Einkaufszentrum **Smáralind** (☎528 8000; www.smaralind.is; Ha-

DIE GEHEIMNISVOLLEN WELTEN VON HAFNARFJÖRÐUR

Viele Isländer sind überzeugt, dass sie ihr Land mit allerlei unsichtbaren Mitbewohnern teilen: *jarðdvergar* (Gnome), *álfar* (Elfen), *ljósálfar* (Feen), *dvergar* (Zwerge), *ljúflingar* („Lieblinge", eine Elfenart), *tívar* (Berggeister), *englar* (Engel) und *huldufólk* (verborgene Wesen). Obwohl sich die meisten genieren, es offen zuzugeben, würden sie auch nicht geradeheraus sagen, dass sie *nicht* daran glauben. Viele isländische Gärten sind mit kleinen *álfhól* (Elfenhäusern) geschmückt.

Hafnarfjörður, 12 km südlich von Reykjavík, soll im Schnittpunkt mehrerer mystischer Energielinien liegen. Der Überlieferung nach ist dieser Schnittpunkt 7300 Jahre alt und birgt ein ganzes Elfenuniversum. Wer durch den **Hellisgerði** GRATIS, einen friedlichen Park mit Lavahöhlen, läuft, sollte sich bewusst sein, dass er angeblich auch ein Lieblingsplatz der verborgenen Wesen ist. Die 90-minütige **Hidden Worlds Tour** (☎694 2785; www.alfar.is; pro Pers. 4500 ISK; ⏲Juni–Aug. Di & Fr 14.30 Uhr) startet an der **Touristeninformation** (☎585 5500; www.visithafnarfjordur.is; Strandgata 6; ⏲Mo–Fr 8–16 Uhr), die auch Elfenlandkarten verkauft. Am Wochenende, wenn die Touristeninformation geschlossen ist, kann man am Pakkhúsið nachfragen.

Das **Hafnarfjörður-Museum** ist die zweite große Attraktion der Stadt. Es verteilt sich auf mehrere alte, zinkverkleidete Häuser in Hafennähe und beleuchtet die Geschichte des Ortes. Der Rundgang beginnt am Hauptstandort, dem **Pakkhúsið** (585 5780; http://museum.hafnarfjordur.is; Vesturgata 6; ⏲Juni–Aug. 11–17 Uhr, Sept.–Mai Sa & So 11–17 Uhr) GRATIS. Das **Hafnarborg-Zentrum für Kultur & Kunst** (☎585 5790; www.hafnarborg.is; Strandgata 34; ⏲Mi–Mo 12–17 Uhr; 🚌1) GRATIS zeigt sorgfältig zusammengestellte Wechselausstellungen. In **Krýsuvík** südlich des Orts gibt es heiße Quellen und Schlammtümpel.

Übernachten kann man, wenn es nötig ist, im **Lava Hostel & Campsite** (☎565 0900; www.lavahostel.is; Hjallabraut 51; Stellplatz pro Erw./Kind 1700/1000 ISK, B ab 5800 ISK, DZ ohne Bad 15 500 ISK; 📶). Gutes Essen serviert das beliebte Café **Súfistinn** (☎565 3740; www.sufistinn.is; Strandgata 9; Gerichte 1400–1750 ISK; ⏲Mo–Fr 8.15–23.30, Sa ab 10, So ab 11 Uhr). Anfahrt mit der Strætó-Buslinie 1 (www.bus.is; 30 Min. von Reykjavík). Weitere Strætó-Linien verkehren innerhalb der Stadt. Der **Flybus** (☎580 5400; www.re.is) zum Internationalen Flughafen Keflavík hält auf rechtzeitige Anfrage in Hafnarfjörður.

gasmára 1, Kópavogur; ⏲Mo–Mi 11–19, Do & Fr bis 21, Sa bis 18, So 13–18 Uhr; 🚌2) sein. Allgemeine Informationen stehen auf www.kopavogur.is.

Kunstmuseum Gerðarsafn KUNSTMUSEUM
(☎441 7600; www.gerdarsafn.is; Hamraborg 4; Erw./Kind 1000 ISK/frei; ⏲Di–So 11–17 Uhr) In dem schönen Museum sind hervorragende Wechselausstellungen moderner Kunst sowie eine bemerkenswerte ständige Sammlung isländischer Kunst des 20. Jhs. zu sehen. Es ist nach der Buntglaskünstlerin und Bildhauerin Gerður Helgadóttir benannt und hat auch ein kleines Café mit Blick auf die Berge.

Menningarmiðstoð Kópavogs KULTURZENTRUM
(Hamraborg 6) Im Menningarmiðstoð Kópavogs ist das **Naturkundemuseum** (Náttúrufræðistofa Kópavogs; ☎441 7200; www.natkop.is; Hamraborg 6a; ⏲Mo–Do 9–18, Fr & Sa 11–17 Uhr) GRATIS von Kópavogur untergebracht. Es zeigt u. a. ein Schwertwalskelett, ausgestopfte Tiere und einige seltsam anzusehende *marimos* (kanonenkugelgroße Algenbälle) aus dem Mývatn. In dem Komplex befindet sich auch Islands erster Konzertsaal, der eigens zu diesem Zweck geschaffen wurde. Der **Salurinn** (☎441 7500; www.salurinn.is; Hamraborg 6) ist gänzlich aus heimatlichen Materialien wie Treibholz und Fichte gebaut.

Gló NATURKOST €
(☎553 1111; www.glo.is; Hæðasmári 6; Hauptgerichte 1400–2400 ISK; ⏲11–21 Uhr; 📶✍) 🌿 Thailändische, indische und mexikanische Einflüsse peppen Bio-Zutaten zu Gerichten auf, bei denen es sich überwiegend um vegetarische Wraps, Suppen und aufwendigen Salate handelt. Die Einrichtung ist ebenso lässig cool wie das Essen.

ℹ An- & Weiterreise

Strætó-Busse (S. 68) nach Kópavogur halten an der Haltestelle Hamraborg (an der Kirche). Die Fahrkarten kosten 460 ISK aus dem Großraum Reykjavík. Die Busse verkehren alle 15 Minuten und die Fahrt dauert rund 20 Minuten.

- Bus 1 ab Haltrestelle Lækjartorg im Zentrum von Reykjavík und ab Haltestelle Hlemmur.
- Bus 2 ab Hlemmur.
- Bus 4 ab Hlemmur via Einkaufszentrum Kringlan.

Südwestisland & der Goldene Kreis

Inhalt ➜

Gut essen

- ➜ Slippurinn (S. 186)
- ➜ Við Fjöruborðið (S. 143)
- ➜ Bryggjan (S. 122)
- ➜ Efstidalur II (S. 130)

Schön übernachten

- ➜ Héraðsskólinn (S. 130)
- ➜ Mengi (S. 132)
- ➜ Hótel Geysir (S. 132)
- ➜ Buubble Hotel (S. 134)

Auf nach Südwestisland und zum Goldenen Kreis!

Schwarze Strände erstrecken sich am Atlantik, aus Thermalfeldern schießen Geysire hervor und Wasserfälle stürzen über Felsabbrüche. Im Landesinneren erheben sich düstere Vulkane und glitzernde Eiskappen: Der Südwesten besticht mit einzigartiger Natur. Deshalb ist in dieser Ecke der Insel auch am meisten los. Der Goldene Kreis, die Touristenroute mit den drei Highlights Þingvellir, Geysir und Gullfoss, lockt die meisten Besucher, doch wer außerhalb der Hauptreisezeiten kommt oder in die Wildnis vorstößt, erlebt stille Wanderrouten und magische Landschaften.

Zur Blauen Lagune und der alten Parlamentsstätte Þingvellir ist's von Reykjavík nicht weit. In der See vor der Südküste liegen die Vestmannaeyjar. Weiter entfernt erheben sich die Vulkane Hekla und Eyjafjallajökull, in der gleichen Region liegen auch die Örtchen Skógar und Vík sowie die versteckten Täler Þórsmörk und Landmannalaugar.

Entfernungen (km)

	Keflavík	Selfoss	Gullfoss	Landmannalaugar	Vík
Selfoss	100				
Gullfoss	156	71			
Landmannalaugar	230	130	147		
Vík	226	130	177	218	
Reykjavík	51	57	113	185	186

HALBINSEL REYKJANES

Je weiter man sich von der Hauptstraße zwischen Reykjavík und dem Flughafen Keflavík entfernt, desto spektakulärer präsentiert sich die Halbinsel Reykjanes. Hier gibt's außer der Blauen Lagune, der berühmtesten Sehenswürdigkeit Islands, auch zahlreiche andere hinreißende und interessante Attraktionen, viele davon bei aktiven Vulkanen. Die geschäftigsten Orte sind Keflavík mit etlichen öffentlichen Einrichtungen und das benachbarte Njarðvík, aber die hübschen, windumtosten Fischerdörfchen Garður und Sandgerði – toll zur Walbeobachtung – liegen nur ein paar Minuten westlich des Flughafens auf einer kleinen, nordwestlich gelegenen Landzunge. Der Rest der Halbinsel, vom dramatischen Reykjanestá im Südwesten bis zum Naturschutzgebiet Reykjanesfólkvangur im Osten, ist eine wilde Landschaft mit bunten Vulkankratern, Mineralseen, blubbernden warmen Quellen, zerklüfteten Bergen und Lavafeldern an der Küste.

Die Halbinsel Reykjanes ist ein Unesco Global Geopark (www.reykjanesgeopark.is) zur Erforschung und zum Schutz der heimischen Kultur und der ungewöhnlichen Geologie der Halbinsel mit Kissenlava, Meeresrücken, aufeinanderstoßenden tektonischen Platten und sagenhaften vier Vulkansystemen.

ℹ An- & Weiterreise

Öffentliche Verkehrsmittel von Reykjavík nach Keflavík und zur Blauen Lagune fahren schnell und häufig. Zu anderen Dörfern gibt es zwar eingeschränkten Busverkehr, aber die entlegeneren Teile der Halbinsel sind fast nur mit eigenem Fahrzeug zu erreichen.

Blaue Lagune

Was der Eiffelturm für Paris ist, das ist die Blaue Lagune für Island ... mit allen positiven und negativen Assoziationen. Die von zerklüfteter, teils mit Moos überwachsener Lava umgebenen milchig-blaugrünen Thermalbäder werden mit Wasser des Geothermalkraftwerks Svartsengi gespeist. Während die Badegäste mit weißem Silikatschlamm bedeckt herumhüpfen, wabern Dampfwolken aus silbrigen Türmen.

Aktivitäten

★ Blaue Lagune THERMALBAD

(Bláa Lónið; ☎420 8800; www.bluelagoon.com; Nordurljosavegur 9; Erw./Kind ab 7000 ISK/frei, Premium-Zugang ab 9600 ISK/frei; ⌚Juli–Mitte Aug. 7–24 Uhr, Ende Mai–Juni bis 23 Uhr, Jan.–Ende Mai & Mitte Aug.–Sept. 8–22 Uhr, Okt.–Dez. bis 21 Uhr) Die milchig-blaugrünen Thermal-

Halbinsel Reykjanes

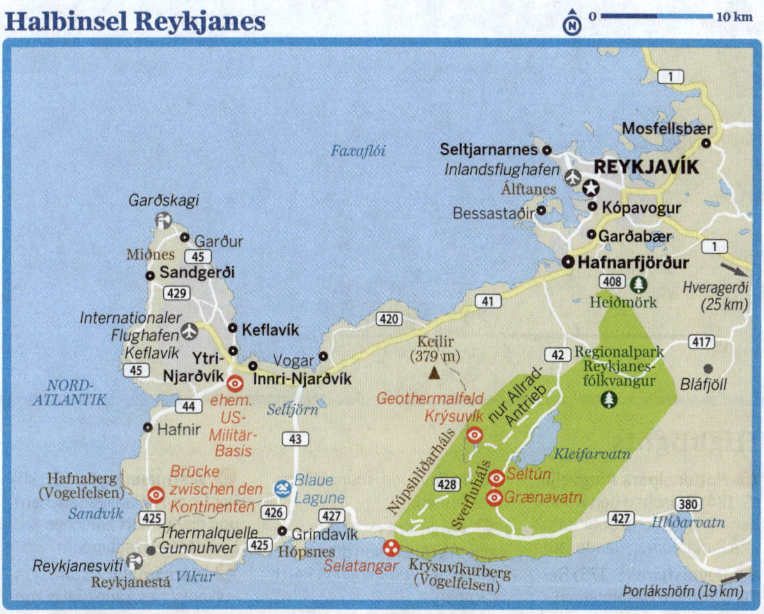

Highlights

1 **Nationalpark Þingvellir** (S. 124) Zwischen den Kontinentalplatten und über das alte Parlamentsgelände laufen.

2 **Reynisfjara** (S. 175) Bei Vík schwarze Basaltsäulen, Felsnadeln und -monolithen bestaunen.

3 **Þórsmörk** (S. 171) In einem grünen, von düsteren Gletschern umgebenen Reich campen.

4 **Vestmannaeyjar** (S. 180) Per Boot zu Papageitauchern und einem Dorf zwischen Lavaströmen schippern.

5 **Þjórsárdalur** (S. 146) Ein vulkanisches, raues Tal erkun-

den, das der mächtige Fluss Þjórsá schuf.

6 **Landmannalaugar** (S. 164) An unberührten Seen entlang vielfarbige Gipfel passieren und dann auf dem Laugavegurinn wandern, dem berühmtesten Wanderweg Islands.

7 **Blaue Lagune** (S. 111) In der Luxus-Version isländischer Hot Pots alle Sorgen vergessen.

8 **Geysir** (S. 131) Warten, dass das Wasser hochschießt.

9 **Wasserfälle** (S. 132) Die glitzernden Wasserfälle Háifoss, Seljalandsfoss, Skógafoss und Gullfoss bestaunen.

bäder der Blauen Lagune in einem Feld aus schwarzer Lava werden mit Wasser des futuristischen geothermischen Kraftwerks Svartsengi gespeist. Mit den silbrigen Türmen, den wabernden Dampfwolken und Menschen voller weißem Silikatschlamm mutet dieser Ort fast unwirklich an. Wer meint, die Blaue Lagune sei zu kommerziell und zu überfüllt, hat schon irgendwie recht, aber wer deswegen nicht hinfährt, verpasst etwas Besonderes. Vorherige Buchung unerlässlich.

Das auf ideale 38 °C erhitzte Wasser (70 % Meerwasser, 30 % Süßwasser) ist reich an blaugrünen Algen, Mineralsalzen und feinem Silikatschlamm – eine pflegende Peeling-Mischung für die Haut. Es hört sich wie ein Werbespruch an, aber die Haut wird wirklich so zart wie ein Babypopo. Das Wasser ist an den Zuläufen am heißesten und an der Oberfläche mehrere Grade wärmer als am Grund.

Die Lagune ist inzwischen touristisch erschlossen, mit einem großen modernen Komplex samt Umkleideräumen, Restaurants, Hotel, Spa und Andenkenladen sowie Hot Pots, Dampfbädern, Sauna, Bar – ein Getränk ist im Eintrittspreis inbegriffen – und einem heißen Wasserfall, der für eine kräftige Massage sorgt, etwa so, als würde ein Troll auf einen einschlagen. Hinzu kommt eine VIP-Abteilung mit Hallenbecken, Lounge und Aussichtsplattform. Kürzlich wurden im Komplex noch das luxuriöse Retreat Spa, das Moss Restaurant und das Fünfsterne-Retreat-Hotel eröffnet.

Mit dem Premium-Eintritt zur Lagune erhält man eine Algenmaske, Schlappen und einen Bademantel für die Zeit des Aufenthalts, eine Reservierung im LAVA Restaurant (das Essen selbst ist aber nicht inbegriffen) und zum Abendessen ein Gratisgläschen Sekt.

Wer nur einmal einen Blick auf die Lagune werfen und ein paar Fotos machen möchte, kann den kurzen Weg rund um den Komplex nutzen, der weiter zum Silica Hotel führt.

Die Anlage liegt in der Nähe der Straße zwischen Keflavík und Grindavík.

Retreat Spa SPA

(☎420 8703; www.bluelagoon.com; The Retreat Hotel; 4 Std. für mind. 2 Pers. ab 29 000 ISK, Anwendungen 5300–31 200 ISK; ⏲8–12 Uhr, Anwendungen 9–19 Uhr) Das Retreat Spa, einer der dekadentesten Wellnesstempel weltweit, bietet u. a. eine zweistündige Wassermassage: Dabei schwimmt man in einem von Lava umgebenen Schwefelbecken auf einer Matratze und wird von oben bis unten durchgeknetet. Im Eintrittspreis inbegriffen ist ein eigener Umkleideraum, Zugang zur privaten Lagune des Retreat Hotel und zur Blauen Lagune. Anwendungen kosten extra.

Geführte Touren

Ein Besuch der Blauen Lagune lässt sich mit allerlei Touren verknüpfen. ATV Adventures (S. 121) bietet Quad- und Fahrradtouren und verleiht Fahrräder (Touren ab 10 900 ISK). Teilnehmer werden an der Blauen Lagune abgeholt und wieder dort abgeliefert.

TOP-TIPPS FÜR DIE BLAUE LAGUNE

- Eine Reservierung ist unbedingt notwendig, zudem gibt es eine stündliche Obergrenze für den Eintritt; auf der Website E-Tickets oder bei den Tourenanbietern wie Reykjavík Excursions Gutscheine besorgen.
- Auf der Website nach Sonderangeboten Ausschau halten und die Winterpreise checken.
- Im Sommer den größten Trubel zwischen 10 und 14 Uhr meiden und frühmorgens oder nach 19 Uhr eintreffen.
- Das Wasser der Lagune kann Silber und Gold korrodieren; Uhren und Schmuck im Schließfach lassen!
- Nach isländischer Hot-Pot-Etikette vor dem Baden unbekleidet gründlich duschen.
- Im Rahmen einer organisierten Tour oder als Zwischenstopp auf der Fahrt vom oder zum Flughafen zur Lagune zu fahren, kann Zeit und Geld sparen. Reykjavík Excursions (S. 72) bietet Busverbindungen zwischen dem Flughafen Keflavík, der Blauen Lagune und Reykjavík.
- Am Parkplatz gibt's eine Gepäckaufbewahrung (550 ISK pro Tag und Tasche) – ideal, wenn man die Lagune auf dem Weg vom oder zum Flughafen aufsucht.

Schlafen

In direkter Nachbarschaft zur Blauen Lagune gibt's drei moderne Hotels, allesamt mit einer erdverbundenen Ästhetik, passend zur Natur drum herum. In Reykjavík oder in Orten auf der Halbinsel Reykjanes zu übernachten ist jedoch erschwinglicher und zur Lagune kommt man auch von dort aus problemlos.

Retreat Hotel DESIGNHOTEL €€€
(☎420 8800; www.bluelagoon.com/accommodation/retreat-hotel; Norðurljósavegur 9; Zi. ab 140 600 ISK; P❄📶🚭) Jedes der 62 Zimmer in diesem exklusiven Hotel verfügt über bodentiefe Fenster, sodass man schön auf das mineralienblaue Wasser und die Lava draußen schauen kann. Das Design ist klassisch minimalistisch und in Erdtönen gehalten, die sich auch draußen in der Natur finden. Die Zimmer verfügen entweder über einen Balkon oder über eine Terrasse.

Blue Lagoon – Silica Hotel HOTEL €€€
(☎420 8800; www.bluelagoon.com; Norðurljósavegur 7; DZ mit Frühstück ab 54 000 ISK; P@📶🚭) Das schicke Hotel liegt 600 m über die Lavafelder von Islands berühmtester Attraktion entfernt. Die 35 Zimmer sind behaglich und elegant, haben Badezimmer mit Fußbodenheizung und jeweils eine kleine Veranda, vor der sich eine endlose Mondlandschaft ausbreitet. Außerdem verfügt das Hotel über ein eigenes Becken mit Wasser der Blauen Lagune. Im Preis ist ein einmaliger Eintritt zur Blauen Lagune enthalten.

Northern Light Inn HOTEL €€€
(☎426 8650; www.northernlightinn.is; DZ mit Frühstück ab 28 000 ISK; P@📶) Die 42 geräumigen, stilvoll eingerichteten Zimmer des Bungalowhotels blicken auf ein Lavafeld. Es gibt einen sonnigen Aufenthaltsraum, eine Selbstbedienungsbar mit Vertrauenskasse und nachmittags kostenlos Waffeln; außerdem beteiligt sich das Hotel an den Taxikosten vom/zum Flughafen Keflavík. Die Lagune ist nur 1 km entfernt. Das hauseigene **Max's Restaurant** (☎426 8650; www.nli.is/restaurant; Hauptgerichte 2200–5300 ISK; ⏲12–21.30 Uhr) serviert nordische Gerichte. Durch die deckenhohen Fenster fällt der Blick auf die Lava und das dampfende Kraftwerk.

Essen & Ausgehen

Blue Café CAFÉ €
(☎420 8800; Norðurljósavegur 9; Snacks 850 ISK, Sandwiches 1200 ISK, Tabletts mit kalten Speisen 2200 ISK; ⏲Juni–Mitte Aug. 7–24 Uhr, Mitte Aug.–Mai kürzere Öffnungszeiten; 📶) Das einfache Café im Lagunenkomplex bietet Smoothies, Sandwiches, gebratenen Lachs mit Reis, Gemüse und abgepacktes Sushi.

LAVA Restaurant ISLÄNDISCH €€€
(☎420 8800; www.bluelagoon.com; Norðurljósavegur 9; Hauptgerichte mittags/abends 4500/5900 ISK, Probiermenü 10 300 ISK; ⏲Juni–Aug. 11.30–21.30 Uhr, Sept.–Mai bis 20.30 Uhr; 📶) Das große Restaurant der Blauen Lagune wirkt ein bisschen wie ein Veranstaltungssaal, aber der Blick auf die Lagune ist entspannend, die Bedienung exzellent und auf der Speisekarte stehen isländische Klassiker wie gebackener Sellerie, Rindfleisch vom Grill oder Fisch des Tages.

Moss Restaurant ISLÄNDISCH €€€
(☎420 8700; www.bluelagoon.com/restaurant/moss; Norðurljósavegur 11; 7-Gänge-Probiermenü 15 900 ISK; ⏲18.30–21.30 Uhr) Oben im Retreat Hotel werden Probiermenüs für Feinschmecker serviert, die außerdem den Ausblick auf die Vulkanlandschaft genießen. Die regelmäßig wechselnden Speisen werden aus frischen regionalen und saisonalen Zutaten zubereitet; so entstehen Gerichte wie Rote Bete mit Schimmelkäse oder Kaisergranat mit Bärlauch und Butter sowie Lamm mit Zwiebeln, Steckrüben, Senf und Brühe.

INFOS ÜBER DEN SÜDWESTEN

South Iceland Tourist Information (www.south.is) Hat ausgezeichnete kostenlose detaillierte Karten für jede Unterregion, erhältlich in den Touristeninformationen.

Visit Reykjanes (www.visitreykjanes.is) Informationen über die Halbinsel Reykjanes.

An- & Weiterreise

Die Lagune liegt 47 km südwestlich von Reykjavík und 23 km südöstlich vom Flughafen Keflavík an der Straße zwischen Keflavík und Grindavík. Das ganze Jahr über fahren Busse zur Lagune und es werden zahlreiche Touren angeboten, die teils günstiger sind, als Busticket und Laguneneintritt separat zu bezahlen. Buchung erforderlich. Falls bei Bus oder Tour das Eintrittsgeld zur Lagune nicht enthalten ist, muss im Voraus gebucht werden.

Offizieller Partner der Blauen Lagune ist das Unternehmen Reykjavík Excursions (S. 72) mit Buslinien zur Lagune ab Reykjavík und vom Flughafen (einfach/hin & zurück 3000/4990 ISK). Da zwischen 7 und 20 Uhr rund zehn Busse am Tag verkehren, besteht die Möglichkeit, auf dem Weg vom Flughafen nach Reykjavík (oder umgekehrt) einen Stopp an der Lagune einzulegen. Fahrkarten inklusive Rückfahrt nach Reykjavík können online gebucht werden, und wer mag, kann zum Busticket gleich den Eintritt zur Lagune dazubuchen (10 980 ISK mit Eintritt zur Blauen Lagune).

Bustravel (S. 74) bietet mit seinem Partner Destination Blue Lagoon ebenfalls Transfers vom Flughafen oder Reykjavík an (einfach/hin & zurück 2750/5500 ISK). Von 6 bis 23 Uhr fahren die Busse stündlich ab Reykjavík.

Keflavík & Njarðvík (Reykjanesbær)

19 500 EW.

Die Doppelorte Keflavík und Njarðvík an der Küste 47 km südwestlich von Reykjavík sind eine wenig ansehnliche Ansammlung vorstädtischer Wohnkästen und Esslokale. Zusammen werden sie „Reykjanesbær" genannt. Zwar gibt's vor Ort gute öffentliche Einrichtungen, doch sollte man hier nur übernachten, wenn man frühmorgens am Flughafen sein muss; ansonsten lohnt sich die 40-minütige Fahrt nach Reykjavík auf jeden Fall.

Sehenswertes

Keflavík

Die meisten Hotels und Restaurants der Stadt liegen am Wasser, genauso wie das Museum Duushús (s. u.). Richtung Osten steht am Ufer eine eindrucksvolle **Ásmundur-Sveinsson-Skulptur** (zw. Hafnargata & Ægisgata), die von Kindern gern als Klettergerüst genutzt wird. Gleich dahinter sitzt in einem Schaukelstuhl in ihrer schwarzen Höhle am Rand des kleinen Hafens eine überlebensgroße **Riesin** (Skessa; Bootshafen Gróf; ⏲10–17 Uhr) GRATIS, eine Figur der isländischen Kinderbuchautorin Herdís Egilsdóttir.

Duushús MUSEUM

(☎420 3245; Duusgata 2–8; Erw./Kind 1500 ISK/frei; ⏲12–17 Uhr) Das Duushús ist ein langer, roter Speicher am Hafen und das Kulturzentrum von Keflavík. Eine ständige Ausstellung zeigt etwa 60 der vielen Hundert Miniaturschiffe, die Grímur Karlsson in seinem Leben geschaffen hat. Hinzu kommen das Kunstmuseum Reykjanes mit internationaler Kunst und eine lokalgeschichtliche Ausstellung mit wechselnden Exponaten.

Isländisches Museum für Rock 'n' Roll MUSEUM

(Rokksafn Íslands; ☎420 1030; www.rokksafn.is; Hjallavegur 2; Erw./Kind 2000 ISK/frei; ⏲11–18 Uhr) Das Museum beschäftigt sich mit der großartigen isländischen Musikszene, von Björk bis Sigur Rós und Of Monsters and Men. Im Eintritt enthalten ist eine App für einen Rundgang mit Musik. Dazu kommen noch die Music Hall of Fame, Instrumente, auf denen Besucher spielen können, sowie ein Café und ein Laden, in dem man sich mit isländischer Musik eindecken kann.

Njarðvík

★ Víkingaheimar MUSEUM

(Wikingerwelt; ☎422 2000; www.vikingworld.is; Víkingabraut 1; Erw. 1500 ISK, Familienticket 3000 ISK; ⏲7–18 Uhr) Die spektakuläre „Wikingerwelt" am Ostrand von Njarðvík liegt in einem schönen, weitläufigen Bau. Prachtstück ist die 23 m lange *Íslendingur*, ein exakter Nachbau des Wikingerlangschiffs *Gokstad*. Gunnar Marel Eggertsson, der im Jahr 2000 zum 1000. Jahrestag von Leif Erikssons Amerikafahrt mit dem Boot von Island nach New York segelte, baute es fast ohne fremde Hilfe.

Aktivitäten

Whale Watching Reykjanes WALBEOBACHTUNG

(☎779 8272; www.whalewatchingreykjanes.is; Ægisgata; Erw./Kind 10 900/5450 ISK; ⏲Walbeobachtungstouren 9 & 13 Uhr) Am Hafen von Keflavík beginnen drei- bis vierstündige Walbeobachtungstrips rund um die Halbinsel Reykjanes. Außerdem stehen Touren zum Beobachten von Papageitauchern und zum Hochseeangeln auf dem Programm. Höchstens 23 Passagiere, also vorab buchen!

Schwimmbad SCHWIMMEN

(☎420 1500; Sunnubraut 31; 800 ISK; ⏲Mo–Do 6.30–20.30, Fr bis 19.30, Sa & So 9–17.30 Uhr) In Keflavík gibt es ein gutes Schwimmbad mit einem 25 m langen Außenbecken, einem 50 m langen Hallenbad, Hot Pots und Sauna.

Schlafen

Keflavík hat massenweise Pensionen und Hotels – siehe www.visitreykjanes.is. Viele

Hotels der Gegend organisieren kostenlose Flughafentransfers.

Stapakot B&B B&B €
(☎421 4647; www.facebook.com/stapakot; Stapagötu 20; DZ ab 11 500 ISK) Die schön eingerichtete rote Pension in einem Wohngebiet nur zehn Autominuten vom Flughafen bietet eine Handvoll Zimmer mit Gemeinschaftsbad. Kaffee, Tee und Kekse gibt's kostenlos und dazu einen freundlichen Stubentiger.

Bjorkinn Apartments & Rooms PENSION €
(☎864 6663; www.bjorkinn.com; Hafnargata 41; Studios ab 13 000 ISK;) Mit seinen zwei Studios für zwei bis vier Personen, die jeweils mit eigenem Eingang und kleiner Küche auf zwei Stockwerken liegen, ist das Bjorkinn eine gute und preiswerte Wahl für Familien und kleine Gruppen. Die saubere, schön ausgestattete Unterkunft befindet sich direkt an der Hauptstraße von Keflavík mit zahlreichen Restaurants und Geschäften.

Svítan Guesthouse & Apartments APARTMENTS €
(☎663 1269; www.svitan.is; Túngata 10; EZ/DZ ohne Bad mit Frühstück ab 6100/13 100 ISK, Apt. mit Bad ab 26 800 ISK;) In dem zentral gelegenen historischen Gebäude stehen einfache Zimmer und voll möblierte Apartments zur Wahl. Die Zimmer haben Zugang zur Küche und Terrasse, einige auch ein eigenes Bad. In den Apartments haben vier Personen Platz.

Guesthouse 1x6 PENSION €€
(☎857 1589; www.1x6.is; Vesturbraut 3; DZ ohne Bad ab 16 500 ISK;) Mit recyceltem Holz, Treibholz und Vulkangestein wurde in dieser Pension ein ganz besonderes Ambiente geschaffen, wobei jedes Zimmer einzigartig ist. Die freundlichen Eigentümer haben außerdem einen steinernen Hot Pot gebaut und bieten bei entsprechender Vorwarnung die Abholung am Flughafen.

Hótel Berg B&B €€
(☎422 7922; www.hotelberg.is; Bakkavegur 17; DZ mit Frühstück ab 27 000 ISK; P@) Die heimelige Pension an einer kleinen Bucht hat reizend eingerichtete Gemeinschaftsräume und moderne Zimmer mit Flachbild-TVs und Originalfotos an den Wänden. Die sehr einladende Unterkunft liegt im nördlichen (und nettesten) Teil von Keflavík. Kostenlose Shuttles zum Flughafen.

Nupan Deluxe B&B €€
(☎565 3333; www.hotelnupan.com; Aðalgata 10; EZ ohne Bad mit Frühstück 10 500 ISK, DZ/3BZ mit Frühstück 24 700/26 700 ISK;) Das B&B in einem Wohngebiet an einer Hauptzufahrtsstraße zur Stadt bietet schicke, saubere Zimmer ohne Schnickschnack und hat auch einen Hot Pot. Kostenlose Flughafentransfers möglich. Gratis-Kaffee und -Tee.

B&B Keflavík Airport HOTEL €€
(☎426 5000; www.bbhotel.is; Valhallarbraut & Keilisbraut; DZ/4BZ mit Frühstück ab 18 400/26 500 ISK; P@) In einem Gebäude des ehemaligen Militärstützpunkts Keflavík bietet das große, aufgefrischte Hotel mit moderner Einrichtung und Betonwänden verschiedene einfache Unterkünfte in Flughafennähe. Außerdem gibt's eine Bar und einen Loungebereich.

Hótel Keflavík HOTEL €€
(☎420 7000; www.hotelkeflavik.is; Vatnsnesvegur 12–14; EZ/DZ mit Frühstück ab 18 600/46 200 ISK; @) Die schickste Unterkunft der Stadt bietet goldfarbene Armaturen, eine besonders bunte Rezeption und zweckmäßige Zimmer in zentraler Lage, einige mit Meerblick. Außerdem verfügt das Hotel über einen Fitnessraum und eine Sauna. Die Onlinepreise schwanken beträchtlich. Das Hotel betreibt gegenüber auch eine kleine **Pension** (www.hotelkeflavik.is; Vatnsnesvegur 9; DZ ohne Bad ab 15 200 ISK; P) mit einfachen Zimmern und Gemeinschaftsbädern.

Alex HOTEL €€
(☎421 2800; www.alex.is; Aðalgata 60; DZ ohne Bad mit Frühstück ab 13 900 ISK, DZ in Schlafsack-Hütte mit Frühstück ab 14 900 ISK; @) Dieser Komplex an der Hauptstraße zwischen Keflavík (1,5 km) und dem Flughafen bietet in einem schmucklosen Hauptgebäude Zimmer mit Gemeinschaftsbad und dahinter coole winzige Hütten.

Airport Hotel Aurora Star HOTEL €€€
(☎595 1900; www.hotelairport.is; Blikavöllur 2, Keflavík International Airport; EZ/DZ/3BZ mit Frühstück 30 500/33 000/39 000 ISK; P@) Das einzige Hotel direkt am Flughafen liegt rund 100 m vom Terminal entfernt und bietet auf mehreren Stockwerken solide geschäftsmäßige Zimmer mit Flachbild-TVs. Die Superior-Zimmer sind größer und verfügen über jeweils zwei Doppelbetten. Es gibt eine kleine Bar, eine Lounge und ein Restaurant mit typischen Hauptgerichten (Lamm, Fish and Chips, Burger) für ab 2300 ISK.

Keflavík

Essen & Ausgehen

Kökulist BÄCKEREI €

(555 6655; www.kokulist.is; Hólagata 17; Backwaren ab 350 ISK; Mo–Fr 7–18, Sa & So 8.30–16 Uhr) Stadtauswärts, ein paar Gehminuten vom Isländischen Museum für Rock 'n' Roll (S. 116) entfernt, liegt diese ausgezeichnete Bäckerei mit Café. In modernen Räumlichkeiten gibt's hier jede Menge Backwaren, Kuchen und Sandwiches sowie Kaffee.

Vikings Pizza PIZZA €

(561 3636; Hafnargata 36; Pizza ab 1650 ISK; Mo–Do 11.30–22, Fr & Sa bis 23, So 14–22 Uhr) Hier gibt's gute Pizza mit lustigen Namen nordischer Gottheiten und Krieger wie Ingólfr Arnarson (mit Rinderhack, Huhn, roten Zwiebeln, Sauce béarnaise und extra viel Käse), Odin (mit Huhn, Jalapeños und Frischkäse), Thor (Schinken, Peperoni, Hackfleisch, Bacon) und Berserker (mit drei Sorten Käse und Pilzsauce). Außerdem sind auch Hamburger erhältlich.

Biryani INDISCH €

(774 2242; www.facebook.com/biryanikeflavik; Hafnargata 31; Hauptgerichte 1100–1600 ISK; So–Do 11–23, Fr & Sa bis 5 Uhr;) Der indisch-orientalische Imbiss hat alles Mögliche von Falafeln bis Currys. Dies ist eine der sehr wenigen Adressen zum Essen, die abends länger geöffnet sind. Auch vegetarische und vegane Gerichte.

Olsen Olsen FAST FOOD €

(421 4457; www.olsenolsendiner.com; Hafnargata 62; Hauptgerichte 900–2700 ISK; 11–22 Uhr) Als in den 1950er-Jahren die Amerikaner kamen und den Rock and Roll mitbrachten, war Keflavík der coolste Ort in Island. Das „amerikanische" Imbisslokal bringt die Einwohner mit glänzenden Chromtischen, roten Plastiksitzen und Bildern von Elvis an der Wand zurück in jene Glanzzeit. Unter den Imbissspeisen befinden sich z. B. zwölf verschiedene Burger- und Sandwich-Varianten.

Keflavík

Bonus SUPERMARKT €
(☎527 9000; Túngata 1; ⏲Mo–Do 11–18.30, Fr 10–19.30, Sa 10–18, So 12–18 Uhr) Lebensmittel.

Fernando's Restaurant ITALIENISCH €€
(☎555 1044; www.facebook.com/hafnargata28; Hafnargata 28; Hauptgerichte 2200–5900 ISK; ⏲So–Mi 11.30–22, Do–Sa bis 23 Uhr) Das kleine, beliebte Lokal serviert Pasta, Pizza, Burger und Mittagsgerichte wie Grillhühnchenspieße in Pita-Brot und Grilllachs-Teriyaki. Freunde scharfen Essens sollten die „Lava"-Pizza mit hausgemachter Sauce, Jalapeños, grünem Pfeffer, Habanero-Chilis und Chili-Gewürz probieren.

Thai Keflavík THAILÄNDISCH €€
(☎421 8666; www.thaikeflavik.is; Hafnargata 39; Hauptgerichte 1900–2800 ISK; ⏲Mo–Fr 11.30–22, Sa & So 16–22 Uhr; 📶) Die authentischen Thaigerichte sind eine super Sache, wenn man genug hat von Fisch und Lamm. In den wärmeren Monaten stehen auch draußen Tische.

Kaffi Duus FISCH & MEERESFRÜCHTE, INDISCH €€
(☎421 7080; www.duus.is; Duusgata 10, Duushús; Hauptgerichte 2850–7500 ISK; ⏲11–23 Uhr) Die freundliche, maritim eingerichtete Café-Restaurant-Kneipe ist mit Walrossstoßzähnen geschmückt und blickt auf einen kleinen Bootshafen. Serviert werden große Teller mit frischem Fisch, ein paar Pastagerichte, Salate und Hamburger sowie seltsamerweise auch indisches Essen. Abends ist das Kaffi Duus ein beliebter Treffpunkt.

Paddy's BAR
(☎421 8900; Hafnargata 38; ⏲Mo–Do 18–1, Fr bis 4, Sa 12–4, So 12–1 Uhr) In der kleinen Kneipe kann es am Wochenende ruppig zugehen; manchmal wird Livemusik geboten. Bei großen Turnieren wird Sport übertragen.

Shoppen

Vínbúðin ALKOHOLISCHE GETRÄNKE
(☎421 5699; www.vinbudin.is; Krossmói 4; ⏲Mo–Do 11–18, Fr bis 19, Sa bis 16 Uhr) Staatlicher Alkoholladen.

Praktische Informationen

Touristeninformation Reykjanes (☎420 3246; www.visitreykjanes.is; Duusgata 2–8, Keflavík; ⏲Sommer Mo–Fr 9–17, Sa & So 12–17 Uhr, Winter 12–17 Uhr) Informationen, Karten und Broschüren zur Halbinsel Reykjanes im Duushús (S. 116).

An- & Weiterreise

BUS

Bus 55 von Stræto (S. 68) verkehrt von 6.30 bis 22 Uhr zwischen dem Flughafen Keflavík und dem Busbahnhof BSÍ in Reykjavík (Erw./Kind 1840/880 ISK, 1¼ Std., Mo–Fr 12-mal tgl.). Samstags (6.30–22 Uhr 10-mal) und sonntags (10.30–22 Uhr 7-mal) fahren die Busse Richtung Osten nur bis nach Hafnarfjörður.

Bus 88 fährt von Keflavík nach Grindavík (460 ISK, 2-mal tgl., 1-mal vor- und 1-mal nachmittags, 20 Min.), an Wochenenden von Grindavík nur bis zu der Kreuzung mit Anschluss an den Bus 55 (ca. 4-mal tgl.).

Bus 89 fährt von Keflavík nach Garður und Sandgerði (beide Strecken 460 ISK, Mo–Fr 6–22 Uhr 11-mal tgl., Sa 8.30–23 Uhr 4-mal, So 10.30–23 Uhr 3-mal).

SBK (☎420 6000; www.sbk.is; Grófin 2–4, Keflavík) betreibt ab Keflavík auch Tourbusse.

Flughafenbusse halten auf Wunsch auch am Ortsrand.

FLUGZEUG

Der wichtigste internationale Flughafen Islands, der Keflavík International Airport (S. 105), liegt 48 km westlich von Reykjavík auf der Halbinsel Reykjanes. Bis auf Flüge von Grönland und den Färöern steuern alle internationalen Flüge diesen Flughafen an.

Der Flughafen wird jedes Jahr weiter ausgebaut und wartet mit allen üblichen Einrichtungen wie Geldautomaten, Möglichkeiten zum Geldwechsel, Duty-Free-Shops, Autovermietungen, Cafés und Mini-Märkten auf.

Der Nordwesten von Reykjanes

Die Westküste der Halbinsel Reykjanes ist zerklüftet und den Elementen ausgesetzt – ideal für Liebhaber regengepeitschter Steilküsten und Strände. Es gibt mehrere Fischerdörfer und in den Lavafeldern einige interessante Sehenswürdigkeiten.

Um die Landschaft im Nordwesten von Reykjanes zu erkunden, ist ein eigenes Fahrzeug von Vorteil, egal ob Fahrrad oder Kraftfahrzeug. Bus 89 von Strætó (S. 68) fährt von Keflavík nach Garður und Sandgerði.

Garður

1600 EW.

Von Keflavík führt die Straße 41 nach 9 km durch das Dorf Garður und weiter bis zur windumtosten **Landspitze Garðskagi**, einem der besten Orte in Island für **Vogelbeobachter** – ein ausgedehntes Brutgebiet für Seevögel und oft der erste Landeplatz für Zugvögel. Manchmal lassen sich hier auch Robben (und gelegentlich Wale) blicken. Außerdem bietet die Landspitze einen großartigen Blick über das Meer zum Snæfellsjökull. Zwei prächtige **Leuchttürme**, ein großer und ein sehr kleiner, bringen Abwechslung in die Landschaftsansicht. Von dem großen bietet sich ein fast vollständiger Rundumblick übers Meer.

Garðskagi-Museum MUSEUM

(Geschichts- und Seefahrtsmuseum; ☎422 7220; www.svgardur.is; Skagabraut 100; Erw./Kind 12–16 J./Kind unter 12 J. 1000/500 ISK/frei; ⌚April–Okt. 13–17 Uhr; P ♿) Das kleine Museum zeigt ein nettes Sammelsurium aus Schifffahrtsandenken, landwirtschaftlichen Gerätschaften und alten isländischen Waren. Im Eintrittspreis ist der Zugang zum **Gardur-Leuchtturm** (The Old Lighthouse Cafe; www.facebook.com/TheOldLighthouseCafe; ⌚Juni–Sept. 12–20.30 Uhr) inbegriffen.

Campingplatz CAMPINGPLATZ €

(Stellplatz 1000 ISK pro Pers.) Direkt vor dem Gardur-Leuchtturm befindet sich ein sehr einfacher Campingplatz – das Bad teilt man sich mit dem Garðskagi-Museum –, aber der Preis ist natürlich unschlagbar.

Röstin Restaurant ISLÄNDISCH €€

(☎893 8909; Skagabraut 100; Hauptgerichte 2300–3450 ISK; ⌚11.30–20.30 Uhr) Das einfache Restaurant über dem Garðskagi Museum bietet mit seinen großen Fenstern tolle Ausblicke aufs Meer sowie für die Sommermonate eine schöne Terrasse. Auf der Karte stehen übliche Gerichte wie Fish and Chips, Lammkoteletts und Burger.

Sandgerði & Umgebung

1750 EW.

Sandgerði ist ein geschäftiges Fischerdorf 5 km südlich von Garður. An der Küste südlich von Sandgerði gibt es ein paar nette Strände und im Marschland der Umgebung tummeln sich über 190 Vogelarten. Rund 5 km südlich steht in **Hvalsnes** eine einsame Kirche, die in einem berühmten isländischen Kirchenlied von Hallgrímur Pétursson (1614–1674) vorkommt, komponiert zum Tode seiner kleinen Tochter, die hier bestattet ist. Außerdem kann man 2 km südlich zu den Ruinen des Fischerdorfs **Básendar** aus der Saga-Zeit gehen; das Dorf wurde 1799 durch eine Springflut zerstört.

Ein einfacher **Campingplatz** (☎854 8424; www.istay.is; Byggdavegur; Stellplatz 1500 ISK pro Pers., Hütte ab 17 500 ISK; ⌚April–Sept.; P 📶) vermietet auch kleine Hütten.

Sudurnes Science & Learning Center MUSEUM

(☎423 7551/5; www.thekkingarsetur.is; Garðskagavegur; Erw./Kind 6–15 J./Kind unter 6 J. 600/300 ISK/frei; ⌚Mai–Sept. Mo–Fr 10–16, Sa & So 13–17 Uhr, Okt.–April Mo–Fr 10–14 Uhr) Das wissenschaftliche Forschungszentrum zeigt eine faszinierende Ausstellung über den Arktisforscher Jean-Baptiste Charcot, dessen Schiff *Pourquoi Pas?* 1936 ganz in der Nähe Schiffbruch erlitt, wobei alle Besatzungsmitglieder bis auf eins ums Leben kamen. Zu sehen sind Originalgegenstände aus dem Schiffswrack sowie andere Erinnerungsstücke, zudem ausgestopfte und in Gläsern konservierte isländische Tiere, darunter ein Walross. Ein kleines Aquarium gibt es auch.

★ **Vitinn** FISCH & MEERESFRÜCHTE €€

(☎423 7755; www.vitinn.is; Vitatorg 7; Hauptgerichte 2700–6900 ISK; ⌚Mo–Sa 11.30–14 &

18–21 Uhr) Das maritim eingerichtete Vitinn ist ein Muss. Ein freundliches Team serviert in schickem maritimem Ambiente Fisch und Meeresfrüchte, die hinten im Hof in Fischtanks gehalten werden. Besonders köstlich ist die Krebs- und Muschelcremesuppe mit Sahnehäubchen. Oder man gönnt sich isländischen Hummer (Kaisergranat) mit Würzreis, frischem Salat und hausgemachtem Brot mit Knoblauchbutter.

Der Südwesten von Reykjanes

Die südwestliche Spitze der Halbinsel Reykjanes ist eine wilde und interessante Landschaft aus Vulkangelände um den Grabenbruch zwischen den Kontinentalplatten Nordamerikas und Europas. Hier können blubbernde Schlammtöpfe und ein schöner Leuchtturm entdeckt werden und es gibt Möglichkeiten zur Vogelbeobachtung.

Ein eigenes Fahrzeug ist in dieser Gegend unabdingbar, da es keine öffentlichen Verkehrsmittel gibt – oder man nimmt an einer privaten Tour teil.

Sehenswertes

Nach dem Abzweig von der Straße 41 auf die Straße 44 gleich hinter Keflavík kommt man am verlassenen **amerikanischen Militärstützpunkt** vorbei und erreicht dann das alte Fischerdorf **Hafnir**. Hier gibt's außer Huckeln auf einem Acker nicht viel zu sehen: Aber dabei soll es sich um ein Langhaus aus dem 9. Jh. handeln, das Ingólfur Arnarsons Ziehbruder gehört haben soll. Außerdem liegt hier der Anker des „Geisterschiffs" *Jamestown*, das 1870 mit einer kompletten Ladung Holz, aber ohne Mannschaft an die Küste trieb.

Südlich der Vogelfelsen von **Hafnaberg** kommt man zur **Brücke zwischen den Kontinenten** (Negur). Hier führt eine winzige Brücke über eine sandgefüllte Spalte zwischen der amerikanischen und der eurasischen Kontinentalplatte.

Ganz im Südwesten der Halbinsel besteht die Landschaft abwechselnd aus Lavafeldern und schroffen vulkanischen Felsen und Kratern, daher der Name **100-Krater-Park**. Mehrere Kraftwerke nutzen die geothermische Energie, um aus dem Meerwasser Salz zu gewinnen und Strom zu erzeugen.

Einer der wildesten und wunderbarsten Orte der Halbinsel ist **Valahnúkur** (Reykjanesvitavegur). Hier zweigt von der Straße 425 eine windige Straße durch ein Lavafeld aus dem 13. Jh. ab. Wer an der T-Kreuzung rechts abbiegt, erreicht nach 900 m auf einer unbefestigten Piste atemberaubende Küstenfelsen, die erklettert werden können, und den **Leuchtturm Reykjanesviti** (nahe Reykjanesvitavegur) von 1878.

Von Valahnúkur und der nahen Küste ist in 14 km Entfernung die abgeflachte Felsspitze der Insel **Eldey** zu sehen, wo die größte Tölpelkolonie der Welt nistet. Manche meinen, hier wurde der letzte Riesenalk getötet, doch dem widersprechen die Färöer – sie meinen, dass dies auf Stóra Dímun passiert sei. Heute ist die Insel Eldey ein Vogelschutzgebiet.

Wer an der oben genannten T-Kreuzung links abbiegt, erreicht nach 500 m ein dampfendes, vielfarbiges Geothermalfeld um die heiße Quelle **Gunnuhver** (Reykjanesvitavegur). Ihren Namen erhielt sie nach der Geisterhexe Gunna, die in das kochende Wasser gelockt und von einem Priester gefangen wurde.

Grindavík

3300 EW.

Grindavík ist die einzige Ortschaft an der Südküste von Reykjanes und eines der wichtigsten Fischereizentren Islands. Hier gibt es keinen Seebad-Budenzauber, sondern Molen, Kräne und Lagerhäuser. Allerdings haben die Nähe zur Blauen Lagune und recht preiswerte Übernachtungsmöglichkeiten den Tourismus in den vergangenen Jahren angekurbelt.

Sehenswertes

Kvíkan MUSEUM

(Magma; ☎420 1190; www.visitgrindavik.is; Hafnargata 12a; Erw./Kind 1500 ISK/frei; ⏲10–17 Uhr) Die einzige Touristenattraktion von Grindavík ist das Kvíkan, ein Museum mit zwei Ausstellungen, eine gut gemachte über die Fischsalzerei sowie eine zu geothermischer Energie. Im selben Gebäude wie die Touristeninformation.

Geführte Touren

ATV Adventures QUADTOUR

(4x4 Adventures Iceland; ☎857 3001; www.4x4adventuresiceland.is; Tangasund; 1-stündige Quadtour 13 000 ISK, 2- bis 3-stündige Radtour 10 900 ISK, Leihräder 4/24 Std. 4900/6900 ISK) Mit dem Hauptanbieter von Quadtouren auf der Halbinsel lassen sich Lavafelder erkunden und

Schiffswracks besichtigen (Führerschein erforderlich). Außerdem bietet das Unternehmen Radtouren in der Gegend um die Blaue Lagune und verleiht Fahrräder.

Arctic Horses REITEN
(☎848 0143; www.arctichorses.is; Hópsheiði 16; Erw./Kind unter 14 J. 900/6000 ISK) Der kleine Familienbetrieb bietet Ausritte über die Halbinsel an. Die beliebte Leuchtturmtour führt über bemooste Lavafelder und dauert eine bis anderthalb Stunden.

Vikur Hestar REITEN
(☎691 2196; http://vikurhestar.is; Hópsheiði 16; Erw./Kind Reittouren ab 9000/5000 ISK) Die Ausritte durch die in ihrer Kargheit schöne Landschaft dauern eine bis fünf Stunden.

Salty Tours TOUR
(☎820 5750; www.saltytours.is; Ganztagestour für bis zu 7 Pers. 95 000 ISK) Private Tagestouren über die Halbinsel Reykjanes und darüber hinaus. Teilnehmer werden am Flughafen oder in Reykjavík abgeholt.

Schlafen

Grindavík hat gute Unterkünfte und liegt nur eine kurze Fahrt von der Blauen Lagune entfernt, wird also immer beliebter für eine Übernachtung.

Mar Guesthouse PENSION €
(☎856 5792; www.marguesthouse.is; Hafnargata 28; DZ ohne Bad ab 13 000 ISK, Studios ab 23 500 ISK; WLAN) Einige dieser modernen Zimmer und Studios mit Kochnische blicken auf den Hafen. Alles ist sauber, die Angestellten sind hilfsbereit und die Gäste können Küche und Waschmaschine nutzen.

Guesthouse Borg PENSION €
(☎895 8686; www.guesthouseborg.com; Borgarhraun 2; EZ/DZ ohne Bad mit Frühstück 9500/14 500 ISK; @WLAN) In dem älteren Wohnhaus im Ortszentrum ist's gemütlich wie bei Oma. Es gibt ein gutes Frühstück mit Müsli, Brot, Aufschnitt und Käse sowie eine Lounge mit Fernseher und Büchern. Außerdem können die Gäste Küche und Waschmaschine nutzen.

Campingplatz Tjaldsvæði CAMPINGPLATZ €
(☎660 7323; www.visitgrindavik.is/site/grindavik-campground; Austurvegur 26; Stellplatz Erw./Kind 1800 ISK/frei; ⏰Mitte Mai–Okt.) Grindavíks gepflegter Campingplatz ist ein grünes Fleckchen nahe dem Hafen und gut ausgestattet, u. a. mit einer Küche und einem warmen Gemeinschaftsbereich sowie Grillplätzen und einem Spielplatz. Strom kostet 1100 ISK, eine Ladung Wäsche 550 ISK. Jeder mitreisende Gast zahlt nur 1500 ISK.

Harbour View Cabins HÜTTEN €€
(☎773 3993; www.harbourview.is; Hópsvegur; DZ ab 28 500 ISK; P WLAN) Auf einem kleinen Hügel oberhalb des Hafens neben dem Campingplatz von Grindavík stehen zehn perfekt und schick im minimalistischen Stil eingerichtete Hütten, jede mit Bad mit ebenerdiger Dusche, gut ausgestatteter Küche und kleinem Wohnbereich.

Essen

★ **Bryggjan** CAFÉ €
(☎426 7100; www.facebook.com/bryggjancafe grindavik; Miðgarður 2; Kuchen/Sandwiches 850/1000 ISK, Suppe 1700–2000 ISK; ⏰Mo–Fr 8–22 Uhr; WLAN) Das nette kleine Café in einem Block aus Lagerhäusern am Wasser ist mit Fischerbojen, Segelandenken und gerahmten Fotos geschmückt. Es serviert hausgemachte Hummersuppe und hausgemachten Kuchen sowie belegte Brote mit Fisch. Besonders im Sommer ist es hier oft voll, sodass man sich aufs Warten einstellen sollte.

Papa's FISCH & MEERESFRÜCHTE €€
(☎426 9955; Hafnargata 28; Pizza ab 1290 ISK, Burger ab 1600 ISK, Hauptgerichte 2290 ISK; ⏰Mo–Fr 11.30–21, Sa & So 12–21 Uhr) Fish and Chips bei Papa's sind eine Delikatesse, aber Einheimische schätzen hier auch Pizza, Salate, Burger und Pulled-Pork-Sandwiches. Die Räumlichkeiten sind recht leger, mit Fernsehern, Holztischen und einer Bar aus gestapelten Paletten. Wer möchte, kann sich das Essen auch bringen lassen.

Salthúsið FISCH & MEERESFRÜCHTE €€
(☎426 9700; www.salthusid.is; Stampholsvegur 2; Hauptgerichte 2400–7600 ISK; ⏰Mitte Mai–Mitte Sept. 12–21 Uhr) Das feine hölzerne Salthúsið ist auf *saltfiskur* (Salzfisch) spezialisiert, der auf verschiedene Arten zubereitet wird. Außerdem gibt's Lachs, Hummer, Hühnchen und Lamm. Das Ambiente prägen rote Heimtextilien und eine Art Hüttenstil.

Praktische Informationen

Touristeninformation (☎420 1190; www.visitgrindavik.is; Hafnargata 12; ⏰Mitte Mai–Mitte Sept. 10–17 Uhr) Das hilfsbereite Personal erteilt Tipps für die Gegend. Oben im Museum Kvíkan.

An- & Weiterreise

Bus 88 von Strætó (S. 68) fährt direkt nach Keflavík (20 Min., Mo–Fr 2-mal tgl.). Außerdem gibt es tägliche Verbindungen über Reykjanesbær; dort hat man Anschluss an den Bus 55 nach Keflavík und zum internationalen Flughafen (einfach Erw./Kind 460/220 ISK). Mit Umsteigen dauert die Fahrt etwa 40 Minuten.

Naturschutzgebiet Reykjanesfólkvangur

Ein Besuch in dem 300 km² großen, wilden Naturschutzgebiet, nur 40 km von Reykjavík entfernt, vermittelt einen Eindruck von Islands rauen Landschaften. Das Gebiet wurde 1975 unter Naturschutz gestellt, um die komplexen Lavaformationen aus den Vulkanen von Reykjanes zu schützen. Seine drei Attraktionen sind der Kleifarvatn, ein tiefer See mit unterirdischen heißen Quellen und schwarzsandigen Stränden, das sprühende und brodelnde Geothermalfeld Krýsuvík in Seltún und die größten Vogelfelsen des Südwestens, der gewaltige Krýsuvíkurberg. Das gesamte Gelände ist durchzogen von Wanderwegen. Gute Karten sind in den Touristeninformationen in Keflavík, Grindavík und Hafnarfjörður erhältlich. Parkbuchten gibt es an den Startpunkten der beliebtesten Wanderwege, wie dem Rundweg um den Kleifarvatn und den Wegen durch die schroffen Bergzüge Sveifluháls und Núpshliðarháls.

Sehenswertes & Aktivitäten

Kleifarvatn SEE

(Krýsuvíkurvegur) Der tiefe, düstere See füllt eine Vulkanspalte und ist von winderodierten Lavafelsen und schwarzem Sand umgeben. Ein Wanderweg am Seeufer entlang bietet spektakuläre Ansichten und das Knirschen vulkanischer Schlacke unter den Schuhsohlen. Der Legende nach soll ein wurmartiges Ungeheuer in der Größe eines Wals unter seiner Oberfläche lauern – aber das arme Viech verliert Bewegungsspielraum, da der See seit zwei größeren Erdbeben in der Gegend im Jahr 2000 beständig schrumpft.

Seltún THERMALQUELLEN

(Krýsuvíkurvegur) Das unberechenbare Geothermalfeld Austurengjar, etwa 2 km südlich des Kleifarvatn, wird oft nach einem verlassenen Gehöft in der Nähe Krýsuvík genannt. An der Hauptsehenswürdigkeit in Seltún führen Holzstege um eine Gruppe heißer Quellen. Die Schlammtümpel und dampfenden schwefeligen Solfatare (vulkanische Dampfaustritte) schimmern wegen der Mineralien in der Erde in allen Regenbogenfarben.

Grænavatn SEE

(abseits des Vigdisarvallavegur) Der See gleich nördlich der heißen Quellen von Seltún ist ein alter Explosionskrater, der durch eine Kombination aus Mineralien und wärmeliebenden Algen mit großartig blaugrünem Wasser gefüllt ist. Die Schotterstraße zum See ist u. U. nur mit einem Allradfahrzeug befahrbar und zu verschiedenen Zeiten des Jahres gänzlich unpassierbar.

Krýsuvíkurberg VOGELBEOBACHTUNG

(abseits des Suðurstrandarvegur) Etwa 3 km südlich von Seltún führt über die Lavafelder von Krýsuvíkurhraun ein Feldweg hinab zur Küste und zu den Felsen von Krýsuvíkurberg (an der Hauptstraße als Krýsuvíkurbjarg ausgeschildert). Die schwarzen Felsen erstrecken sich über 4 km und sind im Sommer übersät mit Seevögeln, rund 57 000 Paare brüten hier: von Lummen bis hin zu einigen Papageitauchern. Ein Pfad schlängelt sich über die ganze Länge der Steilküste.

DER GOLDENE KREIS

In Gletscherwasser tauchen, durch die Schlucht des Mittelatlantischen Rückens gehen, die Erhabenheit der ersten Parlamentsstätte der Welt genießen und der Erde dabei zuschauen, wie sie kochend heißes Wasser 40 m hoch in die Luft schießen lässt: All das kann man am Goldenen Kreis.

Die Route ist ungefähr 300 km lang und wartet u. a. mit drei wirklich umwerfenden Sehenswürdigkeiten auf: Þingvellir, wo Kontinentalplatten aufeinandertreffen, Geysir, wo Wasser mehr als hundert Mal am Tag in die Höhe schießt, sowie dem reißenden Wasserfall Gullfoss.

Da diese Mega-Attraktionen jeweils nur zwei Autostunden von Reykjavík entfernt sind, wird es hier ziemlich voll und die Orte können sehr durchkommerzialisiert wirken. Aber trotz der Besuchermassen ist der Goldene Kreis nach wie vor eine der spannendsten Routen weltweit. Hier sind Dutzende Bustouren unterwegs, doch wer außerhalb der Stoßzeiten bei den Sehenswürdigkeiten

ABSTECHER

HALLDÓR-LAXNESS-HAUS

Der Literaturnobelpreisträger Halldór Laxness (1902–1998) verbrachte sein ganzes Leben in Mosfellsbær. Sein Wohnhaus am Fluss ist heute das **Gljúfrasteinn Laxness Museum** (☎586 8066; www.gljufrasteinn.is; Þingvallavegur, Mosfellsbær; Erw./Kind 900 ISK/frei; ⏲Juni–Aug. 9–17 Uhr, Sept.–Mai Di–So 10–16 Uhr). Es liegt an der Straße von Reykjavík nach Þingvellir (Straße 36) und ist daher ohne große Umstände zu erreichen. Der Schriftsteller ließ sich das noble Domizil in den 1950er-Jahren errichten und es ist noch vollständig mit Originalmöbeln, dem Arbeitszimmer und der Kunstsammlung von Laxness (mit Stickereien seiner Frau Auður) ausgestattet. Für den Rundgang durchs Haus gibt's einen Audioguide. Vor dem Haus parkt sein geliebter Jaguar.

aufschlägt, erlebt diese erheblich intensiver. Auch für andere Dinge sollte man sich noch Zeit nehmen, z. B. für Kletter- und Raftingtouren, fürs Baden in Thermalbecken, für einen Besuch im Wasserkraftmuseum, zum Angeln und für einen 6500 Jahre alten Eruptionskrater.

Nationalpark Þingvellir

Der Nationalpark Þingvellir 40 km östlich von Reykjavík ist Islands wichtigste historische Stätte und ein Ort entrückter Schönheit. Hier schufen die Wikinger bereits 930 n. Chr. das erste demokratische Parlament der Welt, das Alþingi. Die Versammlungen fanden unter freiem Himmel statt und wie an vielen aus den Sagas bekannten Orten sind auch hier nur noch die Steinfundamente der Lagerplätze zu sehen. Aber die Landschaft in einem breiten Grabenbruch voller Spalten, die durch das Auseinanderdriften der amerikanischen und der eurasischen Kontinentalplatte entstanden sind, bietet eine herrliche Naturkulisse mit Flüssen und Wasserfällen. Þingvellir wurde zum ersten Nationalpark des Landes erklärt und 2004 von der Unesco als Welterbe aufgenommen.

Geschichte

Viele Siedler kamen nach Island, weil sie mit den Königen auf dem skandinavischen Festland in Konflikt geraten waren. Die Abenteurer und Gesetzlosen fanden, dass sie in dem neuen Land sehr gut ohne Könige leben konnten. Zur Rechtsprechung hielten sie regionale *þing* (Versammlungen) ab, auf denen örtliche Häuptlinge, die Goden *(goðar)*, Urteile fällten.

Mit der Zeit wurde ein überregionaler *þing* nötig. Bláskógur – das heutige Þingvellir (Parlamentsfelder) – lag an einer Stelle, wo sich zwei Straßen an einem großen, fischreichen See kreuzten. Außerdem gab es reichlich Brennholz und eine Szenerie, die auch dem erbärmlichsten Redner Pathos verlieh. Fortan wurden hier Islands Geschicke gelenkt, Gesetze erlassen, Hochzeiten arrangiert und sogar die Religion des Landes wurde hier bestimmt. Die alljährliche Versammlung war auch ein gesellschaftliches Ereignis, das Händler und Gaukler in Scharen anzog.

In den folgenden Jahrhunderten führte die eskalierende Gewalt zwischen den mächtigsten Gruppen im Land zum Zusammenbruch von Recht und Gesetz. Die Verwaltung wurde der norwegischen Krone übertragen und 1271 verlor das Alþingi seine gesetzgebende Funktion. Bis 1798 diente es nur noch der Rechtsprechung und wurde schließlich vollständig aufgelöst. Als ihm 1843 endlich wieder die alten Befugnisse übertragen wurden, beschlossen die Mitglieder, ihre Versammlungen nach Reykjavík zu verlegen.

Sehenswertes

Vom Parkzentrum (S. 127) an der Straße 36 (Parken 500 ISK) führt ein Pfad ab dem Aussichtspunkt hinab zum Lögberg (Gesetzesfelsen) und zu den einzigen Bauten, die noch im Grabenbruch stehen. Der Wasserfall Öxarárfoss ist auch ab einem Parkplatz an der Straße 36 zu Fuß hinab in den Grabenbruch zu erreichen. Wer über die Straße 361 am Ostrand der Stätte anfährt, kann an der Straße 362 parken (300 ISK). Karten sind auf www.thingvellir.is erhältlich.

Kostenlose einstündige Führungen werden von Juni bis August fast täglich angeboten; zuletzt fanden diese um 10 und 15 Uhr statt – die aktuellen Termine sind im Besucherzentrum (S. 127) zu erfahren.

★ **Kontinentalplatten** SCHLUCHT, WASSERFALL
(zu erreichen über Straße 35 & Straße 361; Parken 300 ISK) Die Þingvellir-Ebene erstreckt sich dort, wo die amerikanische und die eurasische Kontinentalplatte aufeinandertreffen

und mit einer Geschwindigkeit von 1 bis 18 mm pro Jahr auseinanderdriften. Daher ist die Ebene mit faszinierenden Spalten, Seen und Flüssen gespickt, u. a. mit der **Almannagjá**, der „Allmännerschlucht". Ein schöner Pfad führt vom Besucherzentrum (S. 127) durch die Spalte und oben auf den Felsen entlang zur Alþingi-Stätte (s. u.).

Die westliche Platte wird vom Fluss **Öxará** durchschnitten, der sich in einer Reihe hübscher Kaskaden über ihren Rand ergießt. Am eindrucksvollsten ist der **Öxarárfoss** am Nordrand der Alþingi-Stätte. Im Becken **Drekkingarhylur** wurden früher Frauen ertränkt, die des Kindsmordes, des Ehebruchs oder anderer schwerwiegender Vergehen für schuldig befunden worden waren.

Am Ostrand der Stätte befinden sich weitere kleinere Einschnitte. In der **Brennugjá** (Brandschlucht) wurden im 17. Jh. neun Männer wegen Hexerei auf dem Scheiterhaufen verbrannt. Ganz in der Nähe liegen die Spalten **Flosagjá** (benannt nach einem Sklaven, der sich durch einen Sprung in die Freiheit rettete) und **Nikulásargjá** (benannt nach einem betrunkenen Schultheiß, der tot im Wasser aufgefunden wurde). Das Südende der Nikulásargjá ist als **Peningagjá** (Münzschlucht) bekannt: Tausende Besucher haben Geldstücke hineingeworfen (was heute verboten ist). Rund um die Sehenswürdigkeiten gibt's verschiedene Parkplätze; eventuell kostet das Parken etwas.

★ Alþingi WAHRZEICHEN

(erreichbar über Straße 36 und 362) In Sichtweite der dramatischen Almannagjá-Schlucht liegt der **Lögberg** (Gesetzesfelsen), vor dem heute ein Plankenweg verläuft. Hier versammelte sich einmal im Jahr das Alþingi (Parlament) und der *lögsögumaður* (Gesetzessprecher) verlas die bestehenden Gesetze (jedes Jahr ein Drittel). Nach der Bekehrung Islands zum Christentum wurde der Versammlungsort an den Fuß der Almannagjá-Felsen verlegt. Die Felsen trugen die Stimmen der Redner wie ein natürlicher Verstärker zum Publikum herüber. Ein Fahnenmast mit der isländischen Flagge markiert die Stelle.

Þingvallakirkja KIRCHE

(☎482 2660; www.thingvellir.is; Parken 300 ISK; ⊙Juni–Aug. 9–17 Uhr) Die Þingvallakirkja hinter dem Bauernhaus Þingvallabær ist eine der ersten Kirchen Islands. Sie wurde im 11. Jh. eingeweiht, aber das heutige Holzgebäude stammt von 1859. Innen befinden sich Glocken aus den Vorgängerkirchen, eine Holzkanzel aus dem 17. Jh. und ein Altargemälde von 1834. Zwei Dichter aus der Zeit der isländischen Unabhängigkeitsbewegung, Jónas Hallgrímsson und Einar Benediktsson, sind auf dem Friedhof neben der Kirche begraben. Vom Parkplatz am Ende der Straße 363 geht man über den Fluss Óxará und folgt dann links dem Pfad.

Þingvallabær HISTORISCHES GEBÄUDE

(erreichbar über Straße 363; Parken 300 ISK) Der kleine Bauernhof Þingvallabær auf dem Grund des Grabenbruchs wurde 1930 anlässlich des 1000. Jahrestags des Alþingi von Staatsarchitekt Guðjón Samúelsson entworfen. Heute dient es als Parkwächterbüro und als Sommerhaus des Premierministers. Vom Parkplatz am Ende der Straße 363 geht man über den Fluss Óxará und folgt dann links dem Pfad.

Búðir RUINE

Zu beiden Seiten des Flusses Öxará liegen die Ruinen verschiedener Lager, *búðir* (Buden) genannt. In diesen kleinen Schuppen aus Stein und Grassoden nächtigten die Parlamentsmitglieder. Tagsüber dienten sie als Verkaufsstände für Pergamentrollen, Bier und Essen – ähnlich wie bei heutigen Musikfestivals. Die meisten Überreste stammen aus dem 17. und 18. Jh. Die größte und eine der ältesten, die **Biskupabúð** nördlich der Kirche, gehörte den Bischöfen von Island.

Þingvallavatn SEE

(erreichbar über Straße 361; Parken 300 ISK) Der Þingvallavatn erstreckt sich über einen großen Teil des Grabenbruchs und ist mit 84 km^2 Islands größter See. Klares Gletscherwasser des Langjökull sickert über 40 km durch das Grundgestein und ergießt sich schließlich in den See, ebenso wie die heiße Quelle **Vellankatla**, die am Nordostufer unter den Lavafeldern hervorsprudelt. Der Þingvallavatn ist ein wichtiger Zwischenstopp für Zugvögel (darunter Eistaucher, Kragen- und Spatelenten).

In seinen Gewässern tummeln sich massenweise *bleikja* (Seesaiblinge), die hier so isoliert leben, dass sich vier Unterarten ausgebildet haben. Mit Dive Silfra kann man hier auf Tauchgang gehen und sie vielleicht aus nächster Nähe erleben.

Kraftwerk Ljósafoss MUSEUM

(Ljósafossstöð; ☎896 7407; www.landsvirkjun.com; Ljósafoss; ⊙Juni–Aug. 10–17 Uhr, Sept.–Mai kürzere Öffnungszeiten) GRATIS Das 1937 erbaute Kraftwerk Ljósafoss erzeugt mit dem Ab-

DER GOLDENE KREIS AUF EIGENE FAUST

Es ist ganz einfach, den Goldenen Kreis per Rad oder Auto auf eigene Faust abzufahren – und dabei eventuell auch individuellen Interessen nachzugehen. Hier ist alles klar ausgeschildert, die Straßen sind asphaltiert und die Entfernungen recht kurz – mit dem Auto braucht man ohne zusätzliche Zwischenstopps für die gesamte Schleife etwa vier Stunden. Einige Sehenswürdigkeiten kann man auf einer selbst zusammengestellten Bustour abfahren, denn die Busse fahren auch in Hochlandgebiete, die mit einem normalen Fahrzeug nicht zugänglich sind. Detaillierte Infos zur Region bietet die ausgezeichnete und kostenlose Karte *Uppsveitir Árnessýslu*; sie ist in Touristeninformationen erhältlich.

Die wichtigsten Stationen des Goldenen Kreises sind Þingvellir, Geysir und Gullfoss. Wer auf eigene Faust unterwegs ist, kann zusätzlich folgende Sehenswürdigkeiten ansteuern:

Laugarvatn (S. 130) Der kleine Ort an einem See zwischen Þingvellir und Geysir hat zwei lohnenswerte Dinge zu bieten: das exzellente isländische Restaurant Lindin (S. 131) und das Fontana (S. 130), ein schickes Thermalbad.

Þjórsárdalur (S. 146) Das weitgehend untouristische stille Tal des Flusses Þjórsá ist mit Wikingerruinen und geheimnisvollen Naturwundern wie dem Gjáin (S. 148) gespickt. Das Tal erstreckt sich am Ende hinauf ins Hochland und ist die Hauptroute nach Landmannalaugar, dem Ausgangspunkt des berühmten Laugavegurinn-Wanderwegs (bei der Laugavegur-Hütte).

Reykholt (S. 133) & Flúðir (S. 135) Auf dem Weg vom Gullfoss nach Süden kann man bei Reykholt auf dem Fluss Hvítá raften (S. 133) oder dem geothermischen Gebiet Flúðir mit seinem schönen natürlichen Thermalbad und einem tollen Angebot an frischem Gemüse fürs Abendessen einen Besuch abstatten.

Eyrarbakki (S. 141) & Stokkseyri (S. 142) Die beiden Küstenorte südlich von Selfoss sind verblüffend anders als die Nachbarorte. Hier warten leckere Meeresfrüchtegerichte, Kunstgalerien und eine vielfältige Vogelwelt in den benachbarten Sümpfen.

Kaldidalur-Piste (S. 232) Nicht alle Mietwagen dürfen auf dieser Holperpiste (Straße 550) fahren, aber wer einen mit der entsprechenden Genehmigung mietet, kann die einsame Straße erkunden, die sich um massive Gletscher schlängelt. Sie beginnt nahe Þingvellir und endet bei Húsafell. Es ist auch möglich, den Goldenen Kreis in entgegengesetzter Richtung zu befahren und hier Richtung Westen abzubiegen, wo viele weitere Abenteuer warten.

Kerlingarfjöll (S. 392) Hinter dem Gullfoss geht's nur mit einem Allradfahrzeug (oder dem Bus) weiter, aber der Abstecher in dieses Naturschutzgebiet im Hochland, einem Paradies für Wanderer rund zwei Stunden hinter dem Wasserfall, lohnt sich auf jeden Fall.

fluss aus dem See Úlfljótsvatn Strom. 2016 wurde die aufwendige, hochmoderne Multimediaausstellung „Energie für die Zukunft" eröffnet, die Prinzipien der Stromerzeugung, Wasserkraft und geothermischen und erneuerbaren Energie veranschaulicht.

Aktivitäten

Angeln

In den Parkzentren sind die Vorschriften zum Angeln in den Seen zu erfahren (zu einigen Arealen ist der Zutritt verboten und alles importierte Angelgerät muss desinfiziert werden) und im Informationszentrum sind Genehmigungen erhältlich (Mai–Mitte Sept.; 2000 ISK pro Angelrute und Tag). Die Angelkarte (www.veidikortid.is) gilt auch für andere Angelspots, z. B. für Teile des Þingvallavatn.

Tauchen & Schnorcheln

Eine der außergewöhnlichsten Aktivitäten in Island ist eine Tour mit Maske (oder Schnorchel) und Trockenanzug in die mit kristallklarem Wasser gefüllten **Silfra-Spalte** im Grabenbruch. Auch im Þingvallavatn gibt es eine Spalte, die **Davíðsgjá**, die aber schwerer zu erreichen ist. Die Tauchgänge können bei Anbietern in Reykjavík wie **Dive Silfra** (erreichbar über Straße 363; Schnorcheln/Tauchen ab 13 900/34 900 ISK; ⌚9–18 Uhr) gebucht werden. Wer eine eigene Ausrüstung hat, muss einen Tauchschein vorlegen, mindestens zu zweit tauchen und im Besucherzentrum (s. u.) oder auf www.thingvellir.is eine Genehmigung (1000 ISK) erwerben.

Reiten

Der Reiterhof **Laxnes** (☎566 6179; www.laxnes.is; Mosfellsbær; 2-stündiger Ausritt 11 900 ISK) im Tal an der Straße 36 (von Reykjavík kommend) bietet Ausritte und Mountainbiketouren an.

Schlafen

Im Nationalpark Þingvellir gibt es Campingplätze und am südlichen Teil des Þingvallavatn Hotels, Pensionen und Hütten.

Campingplatz Þingvellir CAMPINGPLATZ €
(www.thingvellir.is; Straße 361; Stellplatz Erw./Zelt/Kind 1300/300 ISK/frei; ⏲ Juni–Sept.) Einfacher Campingplatz gegenüber vom Informationszentrum (s. u.) mit Bädern und Laden für Campingausrüstung.

Ljósafossskóli Hostel PENSION €
(☎699 2720; www.ljosafossskoli.is; Brúarási 1, Ljósafossskóli; DZ ohne Bad ab 10 500 ISK; P 📶) Viele der guten, einfachen Zimmer in dem modernen ehemaligen Schulhaus haben großartige Aussichten auf See und Berge. Eine Besonderheit ist die große Sporthalle mit Basketballkörben im Erdgeschoss, die Gäste gratis benutzen können. Frühstück kostet 1500 ISK. Das Hostel liegt am Ufer des Úlfljótsvatn 28 km südlich von Þingvellir und 21 km nördlich von Selfoss.

Útilífsmiðstöð Skáta Úlfljótsvatni CAMPINGPLATZ €
(☎482 2674; www.ulfljotsvatn.is; abseits der Straße 360, Úlfljótsvatn; Stellplatz Erw./Kind 1600 ISK/frei, B mit Frühstück 4400 ISK; P 📶 ≋) Im Pfadfinderzentrum wird im Sommer auf einem Campingplatz und im Winter in einfachen Schlafhütten genächtigt. Es bietet ein umfangreiches Programm mit Aktivitäten am See und hat große Spielplätze. Das Zentrum befindet sich am Südufer des Þingvallavatn, des Sees von Þingvellir, und umfasst auch einen kleinen Laden.

Lake Thingvellir Cottages HÜTTEN €€
(☎892 7110; www.lakethingvellir.is; Heiðarás; Hütte 19 500 ISK, plus 2500 ISK pro Pers./Nacht; P 📶) Vier moderne Hütten aus Fichtenholz mit kleiner Küche und Seeblick liegen nahe dem Eingang zum Nationalpark an der Straße 36. Von Juni bis September zwei Nächte Mindestaufenthalt.

Ion Adventure Hotel BOUTIQUEHOTEL €€€
(☎482 3415; www.ioniceland.is; Nesjavellir 801; DZ ab 44 000 ISK; P @ 📶 ≋) 🍃 Das Ion ist hip, hypermodern und zugleich abgeschieden. Mit einem Thermalwasserbecken, einem rein biologischen Spa und einem **Restaurant** (☎482 3415; www.ioniceland.is; Ion Luxury Adventure Hotel, Nesjavellir vid Þingvallavatn; Hauptgerichte mittags 2600–4500 ISK, abends 4000–12 000 ISK, 3-Gänge-Abendmenü ab 9900 ISK; ⏲11.30–22 Uhr) mit Slow Food aus heimischen Zutaten setzt es ganz auf Nachhaltigkeit. Die supercoole Bar wartet mit Designer-Lampenschirmen aus Pappe und deckenhohen Fenstern auf, durch die Polarlichter beobachtet werden können. Die Zimmer sind ein bisschen klein, dafür aber makellos eingerichtet.

Hótel Grimsborgir HOTEL €€€
(☎555 7878; www.grimsborgir.com; Ásborgir 30; DZ mit Frühstück ab 58 500 ISK, Apt. mit 2 Schlafzimmern 66 000 ISK; 📶) Das Hotel bietet komplett ausgestattete Luxuszimmer, -suiten und -apartments mit Terrasse oder Balkon, Flachbildfernseher, Holzböden und hochwertigen Heimtextilien. Das angeschlossene Restaurant serviert isländische und internationale Speisen. Das Hotel liegt an der Straße 36, 5,5 km südlich von Ljósafossstöð und 5 km nördlich der Kreuzung mit der Straße 35.

Essen

Im Informationszentrum Þingvellir gibt es ein kleines **Café** (Straße 36, Informationszentrum Þingvellir; gegrillte Sandwiches ab 400 ISK; ⏲April–Okt. 9–22 Uhr, Nov.–März kürzere Öffnungszeiten) mit Mini-Markt, das Sandwiches, Hotdogs und Suppe serviert. Das nächstgelegene richtige Restaurant befindet sich im Ion Adventure Hotel. Oder man bringt sich seinen Proviant selbst mit.

Praktische Informationen

Besucherzentrum Þingvellir (Gestastofa; ☎482 3613; abseits der Straße 36; ⏲Juni–Aug. 9–19 Uhr, Sept.–Mai bis 18.30 Uhr) Oben auf den Felsen der Almannagjá-Schlucht befindet sich ein einfaches Besucherzentrum mit Toiletten (200 ISK).

Informationszentrum Þingvellir (Leirar Þjónustumiðstöð; www.thingvellir.is; Straße 36; ⏲Mai–Aug. 9–22 Uhr, Sept.–April bis 18 Uhr) Das größere Informationszentrum nördlich vom See bietet neben stapelweise Informationen ein Café und einen kleinen Laden.

GIEDRIIUS/SHUTTERSTOCK ©

1. Polarfuchs (S. 39) **2.** Robbenbaby (S. 41) **3.** Buckelwal (S. 41) **4.** Papageitaucher (S. 423)

EMKA74/SHUTTERSTOCK ©

Islands Tierwelt

Islands märchenhafte Natur ist ein Tummelplatz für Wunderwesen wie Wale und Robben, scheue Polarfüchse und eine reiche Vogelwelt mit ihrem absoluten Topstar, dem putzigen Papageitaucher. Auch andere Tiere wie frei umherschweifende Schafe und Pferde mit wilden Mähnen geben vor der Breitwand-Bergkulisse ein unglaublich malerisches Bild ab.

Besonders artenreich ist Islands Vogelwelt, vor allem wenn in den warmen Monaten die Zugvögel zum Brüten kommen. An den Küstenfelsen und auf den Inseln rund ums Land sind dann unvorstellbare Scharen von Meeresvögeln zu sehen. Organisierte Küstenwanderungen führen zu einigen der größten Vogelfelsen der Welt – besonders sehenswert sind die Papageitaucher (S. 423).

Zu den beliebtesten Aktivitäten in Island gehören Walbeobachtungstouren. Das ganze Jahr über (in den kälteren Monaten seltener) schippern Boote Besucher hinaus, um ihnen einen Blick auf die imposanten Meeressäuger zu verschaffen, wenn sie prustend aus der Tiefe auftauchen. Besonders viele Wale (vor allem Zwerg- und Finnwale) gehen in den nördlichen Gewässern bei Húsavík und Akureyri auf Futtersuche. Besucher mit wenig Zeit können auch direkt im Reykjavíker Zentrum aufs Boot klettern (S. 116). Im Winter pflügen Schwertwale (Orcas) durch das eisige Meer – am besten auf Touren von der Halbinsel Snæfellsnes (S. 232) zu beobachten.

TOP-SPOTS FÜR TIERBEOBACHTER

Vestmannaeyjar (S. 180) Die Vogelwelt dieser Inselchen könnte einen kompletten Vogelführer füllen.

Borgarfjörður Eystri (S. 364) Das Papageitaucher-Paradies verspricht ganz persönliche Begegnungen mit den drolligen Flattermännern.

Húsavík (S. 335) Von dem reizenden Fischerstädtchen, der traditionellen Hochburg der Walbeobachtungen, starten vor allem im Sommer jede Menge Touren.

An- & Weiterreise

Die einfachste Anreisemöglichkeit bietet ein Mietwagen. Parken kostet zwischen 300 und 750 ISK.

Derzeit halten hier keine regulären Busse, doch Þingvellir ist Bestandteil so gut wie jeder organisierten Bustour zum Goldenen Kreis.

Laugarvatn

190 EW.

Der Laugarvatn (See der heißen Quellen) wird nicht nur von den in Sprühnebel eingehüllten Wasserfällen gespeist, sondern auch von der schon im Mittelalter bekannten heißen Quelle Vígðalaug. Am Westufer des Sees liegt in einer Falte der Bergausläufer ein Dorf, das ebenfalls Laugarvatn heißt. Es ist einer der beliebteren Orte, die sich im Gebiet des Goldenen Kreises als Standort eignen.

Aktivitäten & Geführte Touren

★ Fontana THERMALBAD

(☎486 1400; www.fontana.is; Hverabraut 1; Erw./Kind 3800/2000 ISK; ⏲Anfang Juni–Ende Aug. 10–23 Uhr, Ende Aug.–Anfang Juni 11–22 Uhr) Das schicke Bad am See verfügt über drei Becken und ein Dampfbad aus Zedernholz, das durch einen natürlichen Schlot gespeist wird. Vom coolen Café (Büffet mittags/abends 2900/3900 ISK) blicken die Gäste auf den See. Handtücher und Badesachen (je 800 ISK) sowie Bademäntel (1500 ISK) kann man ausleihen.

Schwimmbad Laugarvatn THERMALBAD

(☎480 3041; Hverabraut 2; Erw./Kind 1000/550 ISK; ⏲Juni–Mitte Aug. Mo–Fr 10–21, Sa & So bis 18 Uhr, Mitte Aug.–Mai kürzere Öffnungszeiten) Wer den ganzen Hot-Pot-Rummel im Fontana vermeiden will, kann sich in das schlichte Thermalbad mit Hot Pots und Sauna nebenan begeben, das nicht so schick ist, aber auch nur ein Drittel des Eintrittspreises verlangt.

Laugarvatn Adventures KLETTERN, HÖHLENWANDERN

(☎862 5614; www.caving.is; Laugarvatnshellir; Höhlenwandertouren ab 9900 ISK; ⏲10–18 Uhr) Der Anbieter veranstaltet zwei- bis dreistündige Höhlenwanderungen und Felsklettertouren in den umliegenden Bergen. Die Touren beginnen oft am Laugarvatnshellir, einem in den Fels und die Höhle gebauten Haus, in dem seit hundert Jahren zwei Familien wohnen.

Schlafen

HI-Hostel Laugarvatn HOSTEL €

(☎486 1215; www.laugarvatnhostel.is; Laugarvatnsvegur; B/DZ ohne Bad 5100/9900 ISK, DZ/3BZ/4BZ 14 200/16 100/20 300 ISK; ⏲Feb.–Nov.; P @ 📶 🐾) Das große, saubere und freundliche Hostel residiert in einem renovierten zweistöckigen Haus mit einer großen Küche (mit tollem Seeblick beim Abwasch oder aus dem Speiseraum). Außerdem gibt's einen Billardtisch, eine Bar und ein Frühstücksbüffet (1500 ISK). HI-Mitglieder zahlen weniger für die Übernachtung.

Campingplatz Laugarvatn CAMPINGPLATZ €

(Dalbraut; Stellplatz Erw./Kind 1300/700 ISK; ⏲Ende Mai–Mitte Sept.; P) Der Campingplatz an der Fernstraße gleich außerhalb des Dorfs ist eine einfache Grasfläche mit einigen Bäumen und Dixi-Klo.

★ Héraðsskólinn HOSTEL, PENSION €€

(☎537 8060; www.heradsskolinn.is; 840 Laugarvatn; B/DZ/4BZ ohne Bad ab 4700/11 100/23 000 ISK, DZ mit Bad 18 500 ISK; P 📶) Die einzigartige Unterkunft in einem schönen Haus, das 1928 von Guðjón Samúelsson entworfen wurde, ist leicht an ihren grünen Spitzdächern zu erkennen. In der schicken Einrichtung im Retrostil klingt die Vergangenheit des Gebäudes als Schule an, z. B. in den Holztische, den alten Karten und den 50er-Jahre-Stühle. Die Unterkunft bietet Zimmer (manche für bis zu sechs Personen) mit Gemeinschaftsbad sowie Schlafsäle.

★ Efstidalur II PENSION €€

(☎486 1186; www.efstidalur.is; Efstidalur 2, Bláskógabyggð; EZ/DZ/3BZ mit Frühstück ab 19 800/24 200/34 200 ISK; P 📶) Die Pension Efstidalur befindet sich auf einem Milchbauernhof 12 km nordöstlich des Laugarvatn und stellt einladende Unterkünfte, köstliche Mahlzeiten und sensationelle Eiscreme bereit. Von den hinreißenden Doppelhäuschen eröffnet sich ein toller Blick auf die gewaltige Hekla. Das **Restaurant** (☎486 1186; www.efstidalur.is; Efstidalur 2; Kugel Eis 500 ISK, Hauptgerichte 2250–5800 ISK; ⏲Eisdiele 10–22 Uhr, Restaurant 11.30–22 Uhr; P 📶) serviert Rindfleisch vom Hof und Forellen aus dem See. In der Eisdiele gibt's selbst gemachtes Eis und durch Fenster blickt man direkt in den Kuhstall.

Galleri Laugarvatn Guesthouse PENSION €€

(☎486 1016; www.gallerilaugarvatn.is; Háholt 1; DZ mit/ohne Bad ab 18 800/15 600 ISK, 2BZ ohne Bad 22 800 ISK; 📶) Die Pension Galleri Laugarvatn am östlichen Ortsrand hat einfach eingerichtete Zimmer mit weißen Wänden und Bettwäsche in Naturfarben. Jedes Zimmer ist mit Föhn, Wasserkocher und Kühlschrank ausgestattet. Einige Zimmer verfügen über eine Terrasse mit atemberaubendem Bergblick. Frühstück kostet 1600 ISK.

Golden Circle Apartments APARTMENTS €€
(☎537 8060; www.goldencircleapartments.is; Laugarbraut 1; Apt. mit 1/2/3 Schlafzimmern ab 22 400/28 400/47 200 ISK; P ☎) In mehreren unscheinbaren, weißen Wohnblöcken am Hang neben dem Laugarvatn werden geräumige, moderne Apartments mit kompletter Küche vermietet, praktisch als Unterkunft am Goldenen Kreis, wie der Name schon sagt.

Essen & Ausgehen

Good Burger BURGER €
(☎666 1234; Dalbraut 6; Burger ab 1100 ISK; ⌚11–21 Uhr) Der einfache Imbiss serviert die besten Burger weit und breit, mit nur vier verschiedenen, aber köstlichen Rindfleischfrikadellen in drei Größen – groß heißt hier wirklich groß! Am besten ist der Aruba mit einem Zwiebelring auf dem Fleischklops. Zusätzlich können Gemüse, Bacon, Käse, Sauce béarnaise und Fritten bestellt werden. Zu trinken gibt's Boli-Bier und Limo vom Fass.

★ **Lindin** ISLÄNDISCH €€
(☎486 1262; www.laugarvatn.is; Lindarbraut 2; Hauptgerichte 2200–5600 ISK; ⌚Mai–Sept. 12–22 Uhr, Okt.–April kürzere Öffnungszeiten; P ☎) Das Lindin ist vielleicht das beste Restaurant meilenweit – der Besitzer Baldur ist ein geselliger, gefeierter Koch. Das Restaurant in einem hübschen Häuschen mit silbernem Anstrich, einfacher Einrichtung und Holztischen bietet neben Seeblick reinste Gourmetküche mit isländischen Speisen aus lokalen oder aus der Wildnis stammenden Zutaten, u. a. Suppen und einen fabelhaften Rentier-Burger. In der Hochsaison sollte man fürs Abendessen reservieren.

Galleri Laugarvatn Cafe CAFÉ
(www.gallerilaugarvatn.is; Háholt 1; Speisen ab 950 ISK; ⌚Do–Di 8–18 Uhr) Das einfache Café mit netter Terrasse serviert neben gutem Kaffee Roggenbrot mit Räucherforelle oder Brie sowie Suppe, Waffeln, Kekse und Muffins.

Shoppen

Galleri Laugarvatn KUNSTHANDWERK
(☎486 1016; www.gallerilaugarvatn.is; Háholt 1; ⌚Do–Di 8–18 Uhr) Regionales Kunsthandwerk: von Süßigkeiten aus Island und Schmiedearbeiten über Keramik bis zu Wollwaren.

Samkaup Strax LEBENSMITTEL & GETRÄNKE
(www.samkaup.is; Dalbraut 8; ⌚Mo–Fr 9–21, Sa & So 10–21 Uhr) Lebensmittel, Campingzubehör und Imbiss mit Hotdogs und Burgern. Draußen gibt's einen Geldautomaten.

An- & Weiterreise

Bus 73 von **Strætó** (S. 68) ab Selfoss (Erw./Kind 1840/880 ISK, 1¼ Std., Mo–Fr 2- bis 3-mal tgl., Sa & So 1-mal) hält in Laugarvatn.

Reykjavík Excursions (S. 72) bietet zwischen Reykjavík und Akureyri den Service „Iceland On Your Own" mit Stopp in Laugarvatn (Mitte Juni–Anfang Sept. 1-mal tgl., Abfahrt am Busbahnhof BSÍ in Reykjavík um 8 Uhr). Bis nach Akureyri kostet die Fahrt 17 900 ISK, einfach bis nach Laugarvatn 3500 ISK.

Geysir

Eine der berühmtesten Attraktionen Islands ist Geysir, die heiße Springquelle, der alle Verwandten weltweit ihren Namen verdanken. Der Geysir befindet sich in der Geothermalregion Haukadalur, einem Tal mit heißen Quellen und glasigen blauen Becken, Schlammtöpfen und bunten Mineralien. Hier sollte man aufpassen, wohin man tritt: Das Wasser ist teils über 100 °C heiß!

Der **Große Geysir** spuckt schon seit etwa 800 Jahren seine Fontänen in die Luft. Nach einem Erdbeben im Jahr 2000 schoss das Wasser mehr als 120 m weit in den Himmel, doch der Geysir durchläuft auch ruhige Phasen und zuletzt galt er als inaktiv. Zum Glück liegt der ausgesprochen zuverlässige Wasserspucker **Strokkur** (Biskupstungnabraut) GRATIS gleich nebenan. Mindestens alle fünf bis zehn Minuten schießt das heiße Wasser in einer eindrucksvollen 15 bis 30 m hohen Fontäne in die Luft, um dann in einer Art riesigem Abflussloch zu verschwinden. Wie alle Geysire verdankt auch der Strokkur seine Aktivität Wasser, das auf durch Magma erhitztes Gestein trifft; das Wasser beginnt dann zu kochen und spritzt schließlich unter Druck in die Höhe. Nicht in Windrichtung stellen, sonst wird's nass!

Geführte Touren

Geysir Hestar REITEN
(☎847 1046; www.geysirhestar.com; Kjóastaðir 2; ⌚1/2/3 Std. 10 000/15 000/18 000 ISK) Der Reiterhof Kjóastaðir, 4 km östlich von Geysir,

unternimmt für alle Reitkenntnisse Ausritte in die Umgebung und durch das Flusstal des Hvítá nach Gullfoss. Auch werden auf dem Hof tolle Unterkünfte vermietet, Gästezimmer (ab 8600 ISK ohne Bad) und ein Häuschen (für bis zu 6 Pers., ab 38 000 ISK).

Iceland Safari JEEP- & BUSTOUR
(☎896 4019; www.icelandsafari.com; Goldener-Kreis-Bustouren ab 9900 ISK pro Pers., Superjeeptouren ab 38 000 ISK pro Pers.) Superjeep- und Minibustouren im Südwesten Islands.

Schlafen

Gljasteinn Skálinn HÜTTEN, PENSION €
(☎486 8757; www.gljasteinn.is; Myrkholt; B Erw./Kind 6500/4000 ISK, DZ ohne Bad 11 000 ISK;) Das schöne Gehöft in der Verbreiterung des Tals zwischen Geysir und Gullfoss vermietet eine Gruppe schmucker Häuser. Eines bietet Vierbettschlafsäle (Schlafsack mitbringen!) und Doppelzimmer mit Gemeinschaftsbädern, Küche und Aufenthaltsraum. Zum Angebot gehören auch Hütten mit Schlafsälen im Hochland an der Kjölur-Straße (F35).

Skjól Camping CAMPINGPLATZ €
(☎899 4541; www.skjolcamping.com; Kjóastaðir, bei Biskupstungnabraut; Stellplatz Erw./Kind 1500 ISK/frei; Mitte Mai–Mitte Sept.;) Feldstellplätze 3,5 km nordöstlich von Geysir neben dem Gestüt Kjóastaðir. Strom für Camper kostet 900 ISK, Duschen 400 ISK. Im Sommer serviert eine Bar skandinavisches Bier, Pizza und größere Gerichte.

Campingplatz Geysir CAMPINGPLATZ €
(Biskupstungnabraut; Erw./Kind 1800/500 ISK;) Der Campingplatz fast gegenüber vom Geysir Center bietet Waschmaschinen und Duschen (Dusche 400 ISK) sowie einen Kinderspielplatz.

★ **Hótel Geysir** HOTEL €€
(☎480 6800; www.hotelgeysir.is; Biskupstungnabraut; EZ/DZ mit Frühstück ab 18 000/22 900 ISK;) Das Viersternehotel mit 77 Zimmern glänzt durch minimalistische Coolness. Die Fassade besteht gänzlich aus Holz und lässt nur Raum für eine kleine Tür. Durch sie geht's in eine stattliche Lobby mit Mauerrelikten des ursprünglichen Gebäudes – hier befand sich eine Trainingseinrichtung für Glima, einen skandinavischen Kampfsport, den schon die Wikinger praktizierten. Die Wände schmücken Schwarz-Weiß-Fotos von Athleten der Vergangenheit.

Im Restaurant wird täglich von 12 Uhr bis spät ein Büffet (4200 ISK) aufgefahren. Zuletzt war ein neuer Wellnessbereich in Planung. Das Hotel befindet sich neben dem Geysir Center.

Mengi PENSION €€
(☎780 1414; www.mengi-kjarnholt.com; Kjarnholt; DZ ohne Bad ab 17 500 ISK;) Das frisch renovierte Bauernhaus auf dem Land 10 km südlich von Geysir hat zehn Gästezimmer mit weitem Blick. Jedes ist stilvoll mit bunter Kunst, Holzböden und weißen Laken und Wänden ausstaffiert. Es gibt auch eine Bar und einen Aufenthaltsbereich sowie einen geothermischen Hot Pot.

Litli Geysir HOTEL €€
(☎480 6800; www.geysircenter.is; Biskupstungnabraut; EZ/DZ mit Frühstück ab 19 600/21 500 ISK;) Das einfache, moderne Hotel gehört zum weitläufigen Geysir Center und vermietet nette Zimmer, einige mit schönem Blick auf Landschaft und Geysir. Gästen stehen auch ein Hot Pot, eine Sauna und eine Lounge zur Verfügung. Neben dem Geysir Hotel.

Essen & Ausgehen

Geysir Center LEBENSMITTEL & SHOPPEN
(☎519 6020; www.geysircenter.com; Biskupstungnabraut; Juni–Aug. 9–22 Uhr, Sept.–Mai bis 18 Uhr;) Das große Zentrum gegenüber den Geysiren wurde zur Bewältigung des großen Besucheransturms errichtet. Hier gibt es ein Restaurant namens Kantína, ein Café, eine Eisdiele und den Suppenimbiss Supa sowie einen Souvenirladen in Kaufhausgröße mit isländischen Markenartikeln. Außerdem befinden sich hier Toiletten.

An- & Weiterreise

Reykjavík Excursions (S. 72) bietet zwischen Reykjavík und Geysir den Service „Iceland On Your Own" mit Weiterfahrt nach Gullfoss und Akureyri (Mitte Juni–Anfang Sept. 1-mal tgl., Abfahrt am Busbahnhof BSÍ in Reykjavík um 8 Uhr). Bis nach Akureyri kostet die Fahrt 17 900 ISK und an den großen Sehenswürdigkeiten wird eine halbe Stunde gehalten, sodass man ein bisschen auf Erkundung gehen kann. Die einfache Fahrt bis nach Geysir kostet 4800 ISK und dauert rund zwei Stunden.

Sämtliche Touren entlang dem Goldenen Kreis legen hier einen Halt ein.

Gullfoss

Der atemberaubende tosende **Gullfoss** (Goldener Wasserfall; www.gullfoss.is; Straße 35/Kjalvegur) GRATIS am Fluss Hvítá stürzt in zwei spektakulären Kaskaden in eine wilde

Schlucht. Jeden Tag ergießen sich hier Abertausende Liter Wasser über 32 m in die Tiefe – rund 80 m^3 pro Sekunde. An sonnigen Tagen verwandelt sich der Sprühnebel oft in einen schillernden Regenbogen, im Winter erstarrt die Pracht zu funkelndem Eis.

Dies ist einer der am leichtesten zugänglichen Wasserfälle Islands, mit großem Parkplatz und zwei Zufahrtsmöglichkeiten, die eine von der Touristeninformation Gullfoss; die zweite führt zu einem unteren Aussichtspunkt, ist aber für Behinderte reserviert.

Geschichte

Dass es den seit 1875 touristisch erschlossenen Wasserfall überhaupt noch gibt, ist reine Glückssache, denn in den 1920er-Jahren wollten ausländische Investoren den Fluss Hvítá für ein Wasserkraftwerk stauen. Als der Landeigentümer Tómas Tómasson nicht verkaufen wollte, holten sich die Planer die Genehmigung hinter seinem Rücken direkt von der Regierung. Tómassons Tochter Sigríður marschierte (barfuß!) nach Reykjavík, um dagegen zu protestieren, und drohte, sich in den Wasserfall zu stürzen, wenn das Projekt nicht eingestellt würde. Zum Glück konnten die Investoren die Pacht nicht zahlen. Die Genehmigung wurde zurückgezogen und der Gullfoss war gerettet. Seit 1975 ist er Allgemeineigentum und Naturschutzgebiet.

Schlafen & Essen

Hótel Gullfoss HOTEL €€

(☎486 8979; www.hotelgullfoss.is; Brattholt; DZ mit Frühstück 20 000 ISK; 📶) Das Hótel Gullfoss ein paar Kilometer südlich des Wasserfalls ist ein stilvolles Bungalowhotel. Die sauberen Zimmer mit Bad blicken über das Heideland (die zum Tal raus sind netter); alle verfügen über die Möglichkeit, sich selbst Tee oder Kaffee zu kochen, und eigene Bäder. Außerdem gibt es zwei Hot Pots und ein Restaurant (Hauptgerichte 2500–4900 ISK) mit weitem Ausblick.

Touristeninformation CAFÉ €

(www.gullfoss.is; Kjalvegur/Straße 35; Speisen ab 990 ISK; ⏲Juni–Aug. 9–21 Uhr, Sept.–Mai bis 18.30 Uhr; 📶) Die kleine Touristeninformation oberhalb des Gullfoss hat auch einen großen Andenkenladen und ein Café mit einem guten Angebot an Suppen, Salaten, Sandwiches und Kuchen.

An- & Weiterreise

Gullfoss ist gewöhnlich die letzte Station auf der traditionellen Tour entlang dem Goldenen Kreis; wer auf mehr Abenteuer aus und mit einem eigenen Allradfahrzeug unterwegs ist, kann auf der Straße F35, der Kjölur-Route (S. 387), ins Hochland weiterfahren. Die ersten 14,8 km sind asphaltiert und auch mit einem normalen Pkw zu bewältigen, danach benötigt man wie auf allen F-Straßen ein Allradfahrzeug.

Reykjavík Excursions (S. 72) bietet zwischen Reykjavík und Geysir den Service „Iceland On Your Own" mit Weiterfahrt über Gullfoss nach Akureyri (Mitte Juni–Anfang Sept. 1-mal tgl., Abfahrt am Busbahnhof BSÍ in Reykjavík um 8 Uhr). Bis nach Akureyri kostet die Fahrt 17 900 ISK und an den großen Sehenswürdigkeiten wird eine halbe Stunde gehalten, sodass man ein bisschen auf Erkundung gehen kann. Die einfache Fahrt bis zum Gullfoss kostet 5000 ISK und dauert rund 2½ Stunden.

Hvítá-Tal (vom Gullfoss nach Selfoss)

Die letzte Etappe auf der üblichen Route entlang dem Goldenen Kreis ist die Strecke vom Gullfoss zurück zur Ringstraße bei Selfoss. Auf diesem Stück gibt es weitere interessante Angebote. Die meisten Besucher nehmen die asphaltierte Straße 35, die über Reykholt führt, wo die Möglichkeit zum Rafting besteht. Eine Alternative ist ein Abstecher nach Flúðir mit geothermal beheizten Gewächshäusern und einer heißen Quelle oder nach Skálholt, einem ehemals religiösen Zentrum des Landes.

Wer weiter gen Osten und nicht zurück nach Reykjavík fährt, den erwarten im Tal Þjórsárdalur die nächsten interessanten Sehenswürdigkeiten.

Reykholt

100 EW.

Die ländliche Gemeinde Reykholt – es gibt mehrere mit gleichem Namen im Land – liegt an der heißen Quelle Reykjahver und hat das übliche Thermalbad vorzuweisen. Interessanter dürfte sein, dass der spektakuläre Fluss Hvítá Südislands Zentrum für Wildwasserrafting ist.

Geführte Touren

Arctic Rafting RAFTING

(☎562 7000; www.arcticrafting.com; Drumboddsstaðir; Touren Rafting/Rafting & Reiten/Rafting & Quadfahren ab 19 000/30 000/34 000 ISK pro Pers.; ⏲Mitte Mai–Mitte Sept.) Am Ende einer unbefestigten Straße liegt dieses Freizeitzentrum mit Umkleideeinrichtungen und einer Bar. Es bietet alle möglichen Wildwasser-Raftingtouren auf der Hvítá sowie drei- bis vierstündige Kombitouren (Reiten, Quadfahren, Bierproben). Wer möchte, kann sich in Reykjavík abholen lassen. In Reykjavík ist der Anbieter bei Arctic Adventures (S. 73) zu finden. Kinder müssen mindestens elf Jahre alt sein, zahlen aber nur die Hälfte.

Iceland Riverjet BOOTSTOUR
(☎562 7000; www.icelandriverjet.com; Drumboddsstaðir; Jetboot/Goldener Kreis & Jetboot 14 900/20 000 ISK pro Pers.; ⌚Mitte April–Sept.) Iceland Riverjet bietet im selben Zentrum wie Arctic Rafting vierzigminütige Jetboottrips auf der Hvítá, auch mit Abholung oder als Kombitour mit Goldenem Kreis. Kinder müssen mindestens acht Jahre alt sein, zahlen aber nur die Hälfte.

Schlafen

Við Faxa CAMPINGPLATZ €
(☎774 7440; Faxavegur; Stellplatz 1200 ISK pro Pers.) Der schön am Faxi-Wasserfall gelegene Campingplatz hat ein kleines Café, aber keine Küche. Im Café gibt's Fish and Chips, Suppe, Burger, Pizza und Lammkoteletts (10–22 Uhr, Gerichte 1600–3800 ISK). Strom kostet 1000 ISK.

★ **Fagrilundur Guesthouse** B&B €€
(☎486 8701; www.fagrilundur.is; Skólabraut 1; EZ/DZ ohne Bad 13 700/17 500 ISK, 4-Pers.-FZ mit Bad 23 000 ISK, jeweils mit Frühstück; 📶) Ein von Blumentöpfen gesäumter Weg durch den Wald führt zu einem märchenhaften Holzhaus. Die behaglichen Zimmer sind mit gemusterten Steppdecken eingerichtet und die Gäste teilen sich eine Veranda. Die aufmerksamen Betreiber bereiten jedem einen herzlichen Empfang und bieten neben einem tollen Frühstück auch jede Menge Tipps für Ausflüge in der Gegend.

★ **Buubble Hotel** ZELTCAMP €€€
(www.buubble.com; Blaskogabyggd, bei Reykholt; Kugelzelte ab 32 900 ISK) Diese einmalige Unterkunft bietet Übernachtungen in durchsichtigen Kugelzelten auf dem Land in der Nähe des Goldenen Kreises. Im Liegen lässt sich dann die Mitternachtssonne betrachten oder im Winter das Nordlicht. In einer kleinen, modernen Hütte sind die Badezimmer und eine Küche untergebracht. Jedes Kugelzelt bietet Platz für zwei Personen und ein Kind unter zwölf Jahren. Die Preise sind hoch, aber das Erlebnis ist auch wirklich einzigartig.

★ **The White House** B&B €€
(☎660 7866; Dalbraut; DZ mit Bad und Frühstück ab 18 500 ISK; P⊕📶🐾) Das große weiße Holzhaus in einem ruhigen Wohngebiet ist makellos gepflegt und wartet mit einer klassischen Einrichtung mit Holzböden, zurückhaltenden Farbtönen und weißen Bettdecken auf. Die sechs Zimmer sind unterschiedlich groß; im ganzen Haus haben 12 bis 14 Personen Platz – es kann auch für Gruppen gebucht werden. Außerdem gibt's einen Hot Pot.

Essen

Friðheimar CAFÉ €€
(☎486 8894; www.fridheimar.is; Friðheimar, abseits der Straße 35; Gerichte ab 2200 ISK; ⌚12–18 Uhr) Dieser Bauernhof bietet einen surrealen Anblick: In riesigen, hellen Gewächshäusern wachsen mithilfe geothermischer Energie Tomaten und anderes Gemüse, das verkauft wird. Außerdem gibt es ein gutes Büffet mit Tomatensuppe, Gurkensalsa und frischem Brot. Gewächshausführungen werden nach Anmeldung für Gruppen ab zehn Personen angeboten, Reitvorführungen für Gruppen ab 15 Personen.

Café Mika INTERNATIONAL €€
(☎486 1110; https://mika.is; Skólabraut 4; Hauptgerichte 1950–7000 ISK; ⌚11.30–21 Uhr; 📶) Die Ortsansässigen mögen am Café Mika die große Auswahl auf der Karte, den Pizzaofen draußen, die Sandwiches und die isländischen Hauptgerichte. Besonders gut ist der geröstete Kaisergranat (Norwegischer Hummer) mit Knoblauchbutter. Ein Genuss sind auch die hausgemachten Pralinen.

An- & Weiterreise

Von Selfoss fahren die Busse 72 und 73 von Strætó (S. 68) nach Reykholt (Erw./Kind 2300/1100 ISK, 45 Min., Mo–Fr 2-mal tgl., So 1-mal); Bus 73 verkehrt auch samstags.

Tickets sind auf der Strætó-Website oder über die App erhältlich; die Busfahrer haben kein Wechselgeld.

Skálholt

Das bedeutende religiöse Zentrum **Skálholt** (☎486 8870; www.skalholt.is; Skálholtskirkjuvegur; Museumseintritt 500 ISK; ⌚Mitte Mai–Mitte Sept. 9–18 Uhr, Mitte Sept.–Mitte Mai bis 17 Uhr) GRATIS war einst einer von zwei Bischofssitzen (neben Hólar im Norden), die zwischen dem 11. und 18. Jh. über die Gläubigen Islands herrschten. Bedeutung erlangte es unter Gissur Ísleifsson, der die Christianisierung Islands vorantrieb. Der katholische Bischofssitz hatte bis zur Reformation Bestand: 1550 wurden auf Befehl des dänischen Königs Bischof Jón Arason und seine beiden Söhne hingerichtet. Skálholt war in der Folge bis 1797 ein protestantisches Zentrum; dann wurde der Bischofssitz nach Reykjavík verlegt.

Leider zerstörte ein starkes Erdbeben im 18. Jh. die große Kathedrale von Skálholt. An ihrer Stelle stehen heute ein modernes protestantisches theologisches Zentrum mit **Besucherzentrum**, das nachgebaute **Torfhaus** Þorlagsbúð und eine nüchterne **Kirche**. In ihrem Keller befindet sich ein **Museum**, in dem der Steinsarkophag von Bischof Páll Jónsson (Bischof 1195–1211) aufbewahrt ist. Laut der *Páls saga*, einer alten nordischen Lebensbeschreibung des Bischofs, wurde die Erde bei seinem Tod von Unwettern und Erdbeben erschüttert. Als sein Sarg 1956 geöffnet wurde, brach genau in diesem Moment ein gewaltiges Unwetter aus.

Das Zentrum veranstaltet im Sommer auch Konzerte und verfügt über ein kleines Restaurant mit einfachen Mahlzeiten.

Es fahren keine öffentlichen Verkehrsmittel nach Skálholt. Nach Laugarás (3 km von Skálholt) fahren von Selfoss (Erw./Kind 2300/1100 ISK, 40 Min.), Flúðir und Reykholt der Bus 72 (Mo–Fr 2-mal tgl., So 1-mal) und der Bus 73 (Mo–Fr 2- bis 4-mal tgl., Sa & So 1-mal), beide von Strætó (S. 68).

Slakki Petting Zoo ZOO

(☎486 8783; www.facebook.com/slakki; Laugarás; Erw./Kind 1200/600 ISK; ⏲11–18 Uhr) Seit über 20 Jahren ist dieser ländliche Streichelzoo beliebt bei Familien, die durchs Dorf Laugarás kommen. Draußen im Garten leben verwaiste Füchse. Ziegen, Kaninchen, Papageien, Nager und Kätzchen sind sicher vor ihnen untergebracht.

Sólheimar Eco-Village PENSION €€

(☎422 6000; www.solheimar.is; Straße 354, abseits der Straße 35, Sólheimar; B 11 500 ISK, DZ mit/ohne Bad ab 18 700/22 500 ISK, Apt. ab 28 600 ISK; P 📶 🏊) 🍃 Das Sólheimar Eco-Village ist eine Ansammlung von Wohn- und Gewächshäusern, die nach ökologischen Kriterien betrieben werden. Die zwei Gästehäuser im Dorf haben saubere Zimmer und Dorms mit eigenem Bad oder mit Gemeinschaftsbad sowie ein Apartment mit Platz für bis zu vier Personen. Hinzu kommen Gemeinschaftsküchen und Wohnzimmer sowie ein netter Pool und ein Hot Pot.

Engi MARKT

(☎486 8913; www.beintfrabyli.is/engi; Ferjuvegur, Laugarás; ⏲Juni–Aug. Fr, Sa & So 12–18 Uhr) Laugarás ist eigentlich nur eine Ansammlung von Bauernhöfen, von denen viele ihre frischen Bio-Erzeugnisse direkt ab Hof verkaufen. Engi z. B. verkauft Obst und Gemüse aus dem Gewächshaus sowie hübsche Souvenirs. 3 km südöstlich von Skálholt.

Kerið

Rund 15,5 km nördlich von Selfoss führt die Straße 35 am **Kerið** (Biskupstungnabraut; Erw./Kind 400 ISK/frei; ⏲Juni–Aug. 8.30–21 Uhr, Sept.–Mai bei Tageslicht) vorbei, einem 6500 Jahre alten Explosionskrater mit roter und sienabrauner Erde und einem unwirklich grünen Kratersee. Björk gab einst auf einem Floß in der Mitte ein Konzert. Man kann den Krater leicht am Rand umrunden (10–20 Min.) und auch zum See unten im Krater hinabsteigen.

Flúðir

790 EW.

Bei der Anfahrt zum kleinen, ländlichen Flúðir wird die Landschaft mit ihren interessanten Felskuppen, die sich aus dem sanft gewellten grünen Umland erheben, immer spektakulärer. Das Dorf ist für seine geothermischen Gewächshäuser bekannt, die mit ihrer Pilzzucht fast ganz Island versorgen. Es ist auch ein beliebtes Wochenendziel für Reykjavíker, die hier Ferienhäuschen besitzen. In jüngster Zeit empfiehlt sich Flúðir außerdem mit gutem Essen und aufs Beste verschönerten heißen Quellen als Ausflugsziel.

Aktivitäten

★ **Gamla Laugin** THERMALBAD

(Secret Lagoon; ☎555 3351; www.secretlagoon.is; Hvammsvegur; Erw./Kind 2800 ISK/frei; ⏲Mai–Sept. 10–22 Uhr, Okt.–April 12–20 Uhr) Das breite, ruhige Thermalwasserbecken ist von Dampf eingehüllt und von natürlichen Felsen umgeben. Der Spazierweg um den Rand dieser wunderbaren heißen Quellen führt an einem Fluss und einigen zischenden Spalten und Geysiren vorbei. Auf den Wiesen in der Umgebung blühen im Sommer Wildblumen. Die Lagune wird immer beliebter und ist am Nachmittag voll mit Bustouristen. Es empfiehlt sich daher, früher oder später einzutreffen.

Schlafen

Grund – Guesthouse Flúðir PENSION €€

(Gistiheimilið Flúðum; ☎565 9196; www.gistingfludir.is; Skeiða- og Hrunamannavegur (Straße 30); DZ mit/ohne Bad mit Frühstück 16 000/22 000 ISK; P WLAN) Die fünf heimeligen Zimmer in dieser bezaubernden Pension sind mit Antiquitäten ausgestattet. Die Zimmer im modernen Anbau haben jeweils ein eigenes Bad und eine Terrasse mit Bergblick. Das beliebte Restaurant legt Wert auf frisches Essen aus der Region.

Flúðir Camping CAMPINGPLATZ €

(www.tjaldmidstod.is; abseits des Skeiða- og Hrunamannavegur (Straße 30); Stellplatz Erw./Kind 1750/1000 ISK; ⏲Juni–Sept.; Mai–Okt. je nach Wetter; P WLAN) Gut gelegener Campingplatz mit Elektroanschlüssen (100 ISK), Einrichtungen zum Wäschewaschen (300 ISK pro Ladung) und WLAN (500 ISK für 75 Std.).

Essen & Ausgehen

Sindri Bakari Cafe CAFÉ €

(☎859 5417; www.facebook.com/sindribakari; Sneiðin; Gebäck ab 380 ISK; ⏲9–21 Uhr) Gutes kleines Café mit netter Terrasse und einem Zeltdach, unter dem man bei gutem Wetter speisen kann. Neben Gebäck und Kuchen gibt's auch Suppen und Sandwiches.

★ **Minilik Ethiopian Restaurant** ÄTHIOPISCH €€

(☎846 9798; www.minilik.is; Skeiða- og Hrunamannavegur, Straße 30; Hauptgerichte 2000–2500 ISK; ⏲Di–Fr 18–21, Sa & So 14–21 Uhr; ✎) In dem einladenden und unprätentiösen Lokal, das mit afrikanischen landwirtschaftlichen Geräten und bunten Stoffen dekoriert ist, kocht Azeb traditionelle äthiopische Spezialitäten. Neben vegetarischen Gerichten gibt's auch *awaze tibs* (pikantes Lamm mit Zwiebel, Knoblauch und Ingwer) und *doro kitfo* (Huhn). Dies ist das einzige äthiopische Restaurant in Island – ein Muss für Fans würziger Speisen.

Flúðasveppir Farmers Bistro ISLÄNDISCH €€

(☎519 0808; www.farmersbistro.is; Garðastígur; Hauptgerichte ab 1900 ISK; ⏲Juni–Aug. 12–18 Uhr, Sept.–Mai bis 16 Uhr) Dieses Restaurant gehört zum einzigen Pilzzuchthof Islands. Die Pilzsuppe wird nach einem Geheimrezept zubereitet und an einem Büffet mit hausgemachtem Brot und verschiedenen Belägen serviert; die Zutaten stammen allesamt aus Gewächshäusern und von Milchhöfen der Umgebung. Außerdem gibt es Hühnchensalat, Lamm-Wraps und Gemüsebratlinge.

Grund Restaurant ISLÄNDISCH €€

(☎565 9196; www.gistingfludir.is; Skeiða- og Hrunamannavegur/Straße 30; Hauptgerichte 2000–4900 ISK; ⏲Juni–Mitte Aug. 12.30–21 Uhr, Öffnungszeiten variieren) Das beliebte Restaurant serviert in einfachem, freundlichem Ambiente frisches Essen. Voll ins Schwarze treffen die Kräuter-Lammkoteletts mit Gemüse, Salat, Kartoffeln und Rhabarbermarmelade.

Vínbúðin ALKOHOLISCHE GETRÄNKE

(☎487 8701; www.vinbudin.is; Akurgerði; ⏲Mo–Do 11–18, Fr bis 19, Sa bis 16 Uhr) Alkoholhandlung.

Samkaup-Strax LEBENSMITTEL

(Skeiða- og Hrunamannavegur/Straße 30; ⏲Mo–Fr 9–21, Sa & So 10–21 Uhr) Lebensmittel. Neben dem Grund Restaurant.

An- & Weiterreise

Die Busse 72 und 73 von Strætó (S. 68) fahren ab Selfoss (2300/1100 ISK, 40–60 Min., 2-mal tgl., So 1-mal) nach Flúðir. Die 73 fährt auch samstags (1-mal). Der Anschlussbus 76 fährt weiter nach Árnes.

DER SÜDEN

Auf der Straße 1 (Ringstraße) von Reykjavík Richtung Osten gelangt man durch eine karge vulkanische Berglandschaft mit surrealen Dampfschloten um Hveragerði zu einem breiten, flachen Küstenstreifen mit Pferdehöfen und Gewächshäusern. Hinter Hella und Hvolsvöllur wird die Landschaft allmählich herrlich schroff. An der landwärts gelegenen Straßenseite türmen sich steile Berge – einige davon Vulkane wie der Eyjafjallajökull, der 2010 ausbrach und einen Großteil des europäischen Flugverkehrs lahmlegte – und bald zeigt sich auch schon der erste, atemberaubende Gletscher. Gewaltige Flüsse wie die Þjórsá bahnen sich ihren Weg zu den schwarzsandigen Stränden am Atlantik.

In der ganzen Region führen Nebenstraßen tief ins Inselinnere, in eine Welt mit üppigen Tälern wie Þjórsádalur und Fljótshlíð, in die sich Wasserfälle ergießen, und mit Ehrfurcht gebietenden Vulkanen wie der Hekla. Zwei der bekanntesten Gebiete im

Landesinneren sind Landmannalaugar, wo bunte Rhyolithgipfel und blubbernde heiße Quellen nebeneinander liegen, und Þórsmörk, ein herrliches Gletschertal, das mächtige Eiskappen vor den brutalen Naturgewalten des Nordens schützen. Zwischen beiden verläuft der berühmte Wanderweg Laugavegurinn, Islands beliebteste Trekkingroute. Diese Gebiete liegen an Straßen, die mit normalen Fahrzeugen manchmal nicht befahrbar sind. Die meisten Besucher kommen mit organisierten Touren oder mit Amphibienbussen von den Städten im Süden her. Das wirklich schöne Wandergebiet Þórsmörk ist gut im Rahmen eines Tagesausflugs zu erkunden.

Die von öffentlichen Verkehrsmitteln vielbefahrene Ringstraße (Straße 1) führt durch eine Reihe interessanter Ortschaften: Hveragerði mit seinen Geothermalfeldern und heißen Quellen, Skógar, die Pforte zum Wandergebiet Þórsmörk mit atemberaubenden Wasserfällen, und das von schwarzen Sandstränden, hohen Steilwänden und Gletschern umschlossene Vík. Südlich der Ringstraße verströmen winzige Fischerdörfer wie Stokkseyri und Eyrarbakki erfrischend isländisches Flair. Zahlreiche Bauernhöfe, deren Existenz teils bis in die Sagazeit zurückgeht, bieten hübsche ländliche Unterkünfte und echte isländische Gastfreundschaft.

ÜBERNACHTEN IM SÜDEN

Der Süden ist die erschlossenste Region außerhalb Reykjavíks, wo es Unterkünfte in allen Ortschaften an der Ringstraße sowie viele Bauernhöfe mit Gästezimmern gibt. Die Hotels bleiben immer häufiger das ganze Jahr über geöffnet.

Für den Sommer oder für Feiertage sehr frühzeitig reservieren, besonders ganz im Süden, da es oft mehr Besucher als Betten gibt.

Campen ist bei gutem Wetter kein Problem, denn es gibt in jedem Ort einen kommunalen Campingplatz. Wildes Campen wird nicht gern gesehen und ist für Wohnmobile verboten.

Hveragerði & Umgebung

2500 EW.

Hveragerði, eine Ansammlung kastenförmiger Gebäude, liegt zwischen unwirklich anmutenden Lavafeldern und Hügeln, die surreal von natürlichen Dampfschloten durchbrochen sind. Nicht die Architektur ist interessant, sondern Hveragerðis hochaktives geothermisches Feld, das Wärme für Hunderte Gewächshäuser liefert. Der Ort ist für seine Gartenbauschule und die naturheilkundliche Klinik in ganz Island berühmt. In der Umgebung gibt es einige fantastische Wanderwege, die aber im Sommer manchmal ziemlich überlaufen sind.

Sehenswertes

★ Geothermischer Park HEISSE QUELLEN

(Hveragarðurinn; ☎483 4601, 483 5062; Hveramörk 13; Erw./Kind 300 ISK/frei; ⏲Juni–Aug. Mo–Sa 9–18, So 10–18 Uhr, April, Mai & Sept. kürzere Öffnungszeiten, Okt.–März geschl.) Im geothermischen Park Hverasvæðið im Ortszentrum gibt es dampfende Wasserbecken und Schlammtümpel, in denen Besucher ihre Füße (jedoch nicht mehr) wärmen können. Für Gruppen ab 15 Personen werden auch vorauszubuchende Führungen um die Quelle angeboten, bei denen die einzigartige Geologie und die daraus gewonnene Treibhausenergie erläutert werden (850 ISK pro Pers.). In einem kleinen Café wird Brot angeboten, das mit Erdwärme gebacken wurde.

★ Listasafn Árnesinga GALERIE

(☎483 1727; www.listasafnarnesinga.is; Austurmörk 21; ⏲Mai–Sept. 12–18 Uhr, Okt.–April Do–So) GRATIS Die helle, moderne Kunstgalerie zeigt tolle Ausstellungen. Wenn nicht viel los ist, führt das Personal Besucher gern durch die Galerie und erläutert die ausgestellte Kunst. Außerdem gibt's hier ein gutes Café mit warmen Getränken und Kuchen.

The Lava Tunnel HÖHLE

(Raufarhólshellir; ☎519 1616; www.thelavatunnel.is; Raufarhólshellir, abseits der Straße 39; Führungen ab Erw./Kind 6400/3200 ISK; ⏲9–17 Uhr) Die im 11. Jh. entstandene Lavaröhre Raufarhólshellir ist 1360 m lang – die drittlängste in Island – und enthält wunderschöne Lavasäulen. Zu jeder vollen Stunde werden einstündige Führungen angeboten. Auf der spannenden „Extremtour" (Erw./Kind 19 500/9950 ISK) geht's tief in die Höhle hinein und die Teilnehmer müssen über Felsen kraxeln und sich durch enge Spalten zwängen. Helme und Taschenlampen werden gestellt, aber man sollte festes Schuhwerk tragen.

Gesteins- & Mineralienmuseum Hveragerði MUSEUM
(Ljósbrá-Steinausstellung; ☎847 3460; www.ljosbra.is; Breiðamörk 1b; Führungen auf Nachfrage; ⏲13–17 Uhr) GRATIS Eine der größten privaten Steinsammlungen Islands gehört der Familie Thor. In einem Gebäude neben der N1-Tankstelle kann man sich Kristalle und andere geologische Objekte anschauen. Außerdem sind hier außergewöhnliche Mitbringsel erhältlich, die der Sohn der Familie, Hafsteinn, anfertigt.

Geothermiekraftwerk Hellisheiði MUSEUM
(ON Power Geothermal Exhibition; ☎412 5800; www.onpower.is; Straße 378; Eintritt inkl. Führung 1950 ISK; ⏲9–17 Uhr) Das elegante Kraftwerk Hellisheiði ist eines der wenigen Geothermiekraftwerke, die zusammen 30 % des isländischen Stroms erzeugen. Eine Multimediaausstellung und eine Führung informieren über die Nutzung von Erdwärme als Energiequelle und die Ursprünge der geothermischen Energie. Man kann den Maschinenraum inspizieren und sich isländisches Mineralgestein anschauen. Außerdem gibt's ein Café. Das Kraftwerk liegt 17 km westlich von Hveragerði abseits der Straße 1.

Aktivitäten

★ Reykjadalur THERMALBAD
(Tal des heißen Flusses; Breiðamörk) Reykjadalur ist ein reizvolles geothermisches Tal mit einem heißen Fluss, in dem gebadet werden kann – Badezeug nicht vergessen! In der Touristeninformation sind Karten erhältlich, auf denen der 3 km lange Weg vom Parkplatz zur Badestelle verzeichnet ist. Er führt durch Felder, die Schwefel speien (ca. 1 Std. einfache Strecke). Wer nicht auf dem markierten Pfad bleibt, läuft Gefahr, sich die Schuhe wegschmelzen zu lassen. Keinen Müll zurücklassen!

BESUCHERZENTRUM SÜDISLAND

Hveragerði ist Sitz der regionalen **Touristeninformation** (Upplýsingamiðstöð Suðurlands; ☎483 4601; www.southiceland.is; Sunnumörk 2–4; ⏲Juni–Aug. Mo–Fr 8.30–17, Sa & So 9–13 Uhr, Sept.–Mai kürzere Öffnungszeiten) für ganz Südisland, mit Informationen zu den Wildblumen in der Gegend und einer kleinen Ausstellung zum Erdbeben, das die Gegend 2008 erschütterte.

Seit einiger Zeit wird die Gegend manchmal von Touristen überrannt. Aufwärmen kann man sich im nahen **Dalakaffi** (☎862 8522; www.dalakaffi.is; Reykjakoti 2; Fladenbrot ab 500 ISK, heiße Schokolade 700 ISK, Suppe & Brot ab 1200 ISK; ⏲So–Fr 13–18, Sa 11–18 Uhr) z. B. mit einer erstklassigen heißen Schokolade.

HNLFÍ-Kurklinik SPA
(Heilsustofnun Náttúrulækningafélags Íslands; ☎483 0300; www.heilsustofnun.is; Grænumörk 10; Kräuter-/Schlammbad ab 4000/6500 ISK, Massagen ab 7500 ISK; ⏲nach Vereinbarung) Islands berühmteste Klinik behandelt nicht nur Patienten mit ärztlicher Überweisung, sondern heißt auch Besucher willkommen, die Lust auf eine entspannende Massage oder ein Moorbad mit Tiefenwärme haben. Die Klinik hat viele Pauschalangebote und ist erstklassig ausgestattet, z. B. mit Innen- und Außenbecken, Hot Pots, Sauna und Dampfbad. Für Gäste, die hier Anwendungen erhalten, gibt es eher einfache Unterkünfte (Zi. ab 5500 ISK).

Geothermisches Schwimmbad SCHWIMMEN
(Sundlaugin Laugaskarði; ☎483 4113; https://sundlaugar.is; Reykjamörk; Erw./Kind 900/350 ISK; ⏲Juni–Aug. Mo–Fr 6.45–21.30, Sa & So 9–19 Uhr, Sept.–Mai kürzere Öffnungszeiten) Das geothermische Freibad von Hveragerði, neben der Varmá gleich nördlich der Stadt, gehört zu den beliebtesten in Island. Besonders schön ist ein Massage-Hot-Pot und ein Dampfbad direkt über einer natürlichen heißen Quelle.

Geführte Touren

Iceland Activities ABENTEUERTOUR
(☎777 6263; www.icelandactivities.is; Mánamörk 3–5; Touren ab 15 600 ISK; ⏲Mo–Fr 9–17, Sa bis 16 Uhr) Das familiengeführte Unternehmen ist auf Fahrradtouren, Surfen und Wanderungen im Südwesten spezialisiert. Touren zu heißen Quellen, Vulkantouren mit Übernachtung, Superjeeptouren und maßgeschneiderte Ausflüge sind ebenfalls möglich.

Eldhestar REITEN
(☎480 4800; http://eldhestar.is/tours; Vallavegur, abseits des Hringvegur; 1 Std. Erw./Kind ab 8000/6400 ISK; ⏲8.45–16.30 Uhr) Mehr-, ganz- und halbtägige Reitausflüge für Reiter aller Fertigkeitsstufen, darunter Landritte, Expeditionen zum Thema Geschichte sowie Ausflüge zu heißen Quellen, Flüssen und Vulkanen. Außerdem sind Kombitouren wie Radfahren und Reiten, Reiten und Rafting sowie Kombinationen mit anderen Abenteuersportarten möglich.

Sólhestar REITEN
(☎892 3066; www.solhestar.is; Borgargerði, Ölfus, abseits des Hvammsvegur (Straße 374); 1/2 Std. ab 9000/12 000 ISK) Verschiedene Halb- oder Ganztagesritte durch die vulkanische Wildnis oder am Strand entlang. Um zum Gestüt zu kommen, 8 km südlich von Hveragerði von der Ringstraße auf die Straße 374 abzweigen; von hier sind es noch 500 m Richtung Norden.

Schlafen

Gistiheimilið Frumskógar PENSION €
(☎896 2780; www.frumskogar.is; Frumskógar 3; DZ/Apt. ohne Bad mit Frühstück ab 13 600/22 200 ISK; WLAN) Die behagliche, in Erdtönen gehaltene Unterkunft ist einfach eingerichtet und besitzt auch einen Hot Pot und ein Dampfbad.

Hjarðarból Guesthouse PENSION €
(☎567 0045; www.hjardarbol.is; Straße 374; DZ ab 14 900 ISK, DZ/4BZ ohne Bad 12 100/23 700 ISK; P WLAN Haustiere) Die butterblumengelbe Ansammlung von Häuschen und Pensionsgebäuden – mit kleiner Küche, Hot Pot und freundlichen Gastgebern – inmitten sanft gewellter Felder 8 km südöstlich von Hveragerði unmittelbar nördlich der Ringstraße, präsentiert sich ländlich und einladend.

Campingplatz CAMPINGPLATZ €
(hveracamping@gmail.com; Reykjamörk 1, abseits der Straße 377; Stellplatz Erw./Kind 1500/700 ISK) Der Campingplatz liegt gleich östlich des Ortszentrums und ist mit Toiletten, Duschen, einem Kochbereich und Waschmaschinen ausgestattet.

Hótel Hlíð HOTEL €€
(☎860 4644; Krókur, abseits der Straße 38; EZ/DZ/3BZ ab 17 800/24 600/30 600 ISK; WLAN) Das schmale Haus mit modernen Zimmern liegt vor einer großartigen Kulisse aus Felsausläufern und einem üppig grünen Tal, das sich bis zur Küste erstreckt. Es gibt einen Hot Pot, Loungebereiche und ein Restaurant (19–21 Uhr).

★ **Frost & Fire Hotel** BOUTIQUEHOTEL €€€
(Frost og Funi; ☎483 4959; www.frostogfuni.is; Hverhamar, Hveragerði; DZ/3BZ mit Frühstück 24 800/46 100 ISK; P @ Restaurant) Das hübsche kleine Hotel liegt an einem blubbernden Flüsschen und im Schatten zischender geothermischer Fontänen. Die gemütlichen Zimmer blicken auf die Flussklamm, die Einrichtung ist skandinavisch schick und an den Wänden hängen originale Kunstwerke.

Hveragerði

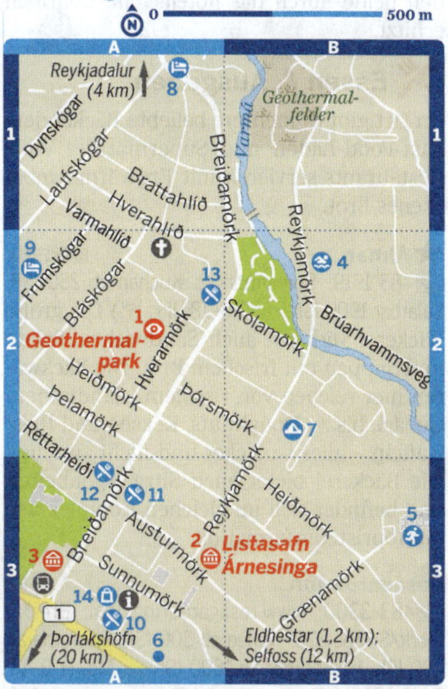

Hveragerði

Highlights
- 1 Geothermalpark ... A2
- 2 Listasafn Árnesinga ... A3

Sehenswertes
- 3 Gesteins- & Mineralienmuseum Hveragerði ... A3

Aktivitäten, Kurse & Touren
- 4 Geothermalbad ... B2
- 5 HNLFÍ-Kurklinik & Spa ... B3
- 6 Iceland Activities ... A3

Schlafen
- 7 Campingplatz ... B2
- 8 Frost & Fire Hotel ... A1
- 9 Gistiheimilið Frumskógar ... A2

Essen
- 10 Almar ... A3
- Bonus ... (s. 14)
- 11 Fiskverslun Hveragerðis ... A3
- Ölverk ... (s. 11)
- 12 Rósagarðurinn ... A3
- 13 Skyrgerðin ... A2
- Varmá ... (s. 8)

Shoppen
- 14 Vínbúðin ... A3

Die Sauna und die siedenden Hot Pots werden beide durch das hoteleigene Bohrloch erhitzt.

Essen & Ausgehen

Im Ort gibt es mehrere beliebte Bäckereien, Fast-Food-Läden und Supermärkte. Viele Restaurants servieren mit Erdwärme gebackenes Brot.

★ Almar BÄCKEREI €
(☎ 483 1919; Sunnumörk 2; Kuchen ab 250 ISK, Salatbar 1900 ISK; ⏲ 7.30–18 Uhr; 📶) Die große Bäckerei verkauft auch Sandwiches, Salate und Suppen mit frischem Brot. Die Backwaren hier reichen von riesigem isländischem Gebäck bis zu Doughnuts, Keksen und Reiswaffeln – alles ist lecker und nicht zu teuer. Die Bäckerei bietet auch Sitzgelegenheiten und befindet sich im gleichen Komplex wie die Touristeninformation.

Rósagarðurinn CAFÉ €
(☎ 483 3300; www.rosagardurinn.com; Breiðamörk/Straße 376; Kaffee ab 300 ISK, Eiscreme ab 480 ISK, Hamburger ab 1600 ISK; ⏲ Mo–Fr 9–18, Sa 11–17 Uhr) Dieser Ort ist Rosengarten, Coffeeshop und Andenkenladen in einem – in einem großen Wintergarten werden Pflanzen, Kissen, Kerzen und Nippes sowie Kuchen und andere Speisen verkauft. Nebenan stehen imposante geothermisch beheizte Gewächshäuser, in denen ganzjährig Rosen wachsen. Auf einer Führung (1000 ISK pro Pers.) kann man etwas über die Wachstumsprozesse erfahren und verschiedene Rosenprodukte wie Marmelade probieren.

Fiskverslun Hveragerðis FISH & CHIPS €
(☎ 851 1415; www.fiskverslunhveragerdis.com; Breiðamörk 2; Fish & Chips 1600 ISK; ⏲ Mo–Fr 11.30–18 Uhr) Dieser Fischhändler verkauft Frisches aus dem Meer und bietet ein einziges warmes Gericht – köstliche Fish and Chips. Den Fisch kann man sich aus dem Tagesfang aussuchen.

Bonus SUPERMARKT €
(https://bonus.is; Sunnumörk; ⏲ Mo–Do 11–18.30, Fr 10–19, Sa 10–18, So 12–18 Uhr) Lebensmittel.

Skyrgerðin CAFÉ €€
(☎ 481 1010; www.skyrgerdin.is; Breiðamörk 25; Hauptgerichte 2000–2500 ISK; ⏲ Mo–Do 11–22, Fr–So bis 23 Uhr; 📶) Das coole Café ist mit groben Holzmöbeln, Antiquitäten und alten Fotos eingerichtet. Die kreativen Speisen bestehen aus frischen isländischen Zutaten. Das Angebot reicht von frischen Smoothies und Getränken mit *skyr* (isländischer Quark) bis zu Mini-Sandwiches, Lasagne und Fisch. Und der Kuchen ist wirklich mehr als verführerisch! Das Gebäude beherbergt außerdem die älteste *skyr*-Fabrik Islands – daher der Name.

Ölverk PIZZA €€
(☎ 483 3030; www.olverk.is; Breiðamörk 2; Pizza ab 1900 ISK; ⏲ So–Do 11.30–22, Fr & Sa bis 23 Uhr) Die minimalistische Pizzeria und Kleinbrauerei bietet eine schöne Kombination aus Bar und Restaurant. Die Pizzabeläge sind äußerst ausgefallen – z. B. Banane – und das Hausbier legt die Messlatte sehr hoch. Gruppen ab zehn Personen können eine Brauereiführung buchen, auf der auch auf die Geschichte des Bierbrauens in Island eingegangen wird; die Führung dauert 30 bis 40 Minuten und kostet 2700 ISK pro Person.

★ Varmá ISLÄNDISCH €€€
(☎ 483 4959; www.frostogfuni.is; Hverhamar, abseits der Straße 376; Hauptgerichte 3800–7650 ISK, Wildmenü 10 500 ISK; ⏲ 18–21 Uhr; P 📶) In dem wunderbar gelegenen Restaurant im Hotel Frost & Fire blicken die Gäste durch raumhohe Fenster auf den Fluss und die Schlucht. Frische Zutaten aus der Region werden zu isländischen Gerichten verarbeitet, die zum Teil mit Erdwärme gekocht werden. Das viergängige Wildmenü umfasst heiß geräucherte Gänsebrust mit Brie und Rentiersteak. Im Sommer sollte reserviert werden.

Shoppen

Vínbúðin ALKOHOLISCHE GETRÄNKE
(☎ 481 3932; www.vinbudin.is; Sunnumörk 2; ⏲ Mo–Do 11–18, Fr bis 19, Sa bis 16 Uhr) Staatlicher Alkoholladen.

An- & Weiterreise

Die **Bushaltestelle** (abseits der Straße 1, Hveragerði) befindet sich bei den Tankstellen an der Hauptstraße, die in den Ort führt. Vorher nachfragen, ob der gewünschte Bus an der Shell- oder an der N1-Tankstelle hält.

Die Busse 51 (Reykjavík–Vík/Höfn) und 52 (Reykjavík–Landeyjahöfn) von **Strætó** (S. 68) halten in Hveragerði (1380 ISK, 35 Min., Mo–Fr 13-mal tgl., Sa & So ca. 9-mal tgl.).

Bus 12/12A (Reykjavík–Höfn) von **Sterna** (S. 73) hält in Hveragerði (1700 ISK, 55 Min., Juni–Sept. tgl.).

Reykjavík Excursions (S. 72) Die Busse 9/9a (Reykjavík–Þórsmörk), 11/11a (Reykjavík–Landmannalaugar), 17/17a (Reykjavík–Mývatn), 18 (Reykjavík–Álftavatn–Emstrur), 20/20a

(Reykjavík–Skaftafell), 21/21a (Reykjavík–Vík) und 610/610a (Reykjavík–Kjölur–Akureyri) halten alle in Hveragerði (2500 ISK). Die Fahrt dauert 45 Minuten bis 1½ Stunden und von Juni bis September verkehren mehr als ein Dutzend Busse am Tag.

Die Busse T21 (Reykjavík–Landmannalaugar) und T11 (Reykjavík–Þórsmörk) von Trex halten bei Vorausbuchung in Hveragerði (5100 ISK, Juni–Aug. 2-mal tgl.).

Thule Travel (☎519 3399; www.thuletravel.is) Busse nach Hveragerði ab Landmannalaugar (7650 ISK, 3 Std., Mitte Juni–Mitte Sept. 2-mal tgl.) und Þórsmörk (6400 ISK, 4 Std., Juni–Mitte Sept. 2-mal tgl.).

Þorlákshöfn

Früher kamen viele Leute in das 20 km südlich von Hveragerði gelegene Fischerdorf Þorlákshöfn, um die Fähre zu den Vestmannaeyjar zu nehmen. Inzwischen legt die Fähre jedoch in Landeyjahöfn bei Hvolsvöllur an der Südwestküste ab. Nur wenn es stürmisch ist, fährt das Schiff noch von hier. Ansonsten gibt's kaum einen Grund herzukommen.

Nach Þorlákshöfn fährt ab Hveragerði (920 ISK, ca. 25 Min., Mo–Fr 4-mal tgl.) der Bus 71 von Strætó (S. 68). Nach Hveragerði wiederum fahren ab Selfoss (920 ISK, 20 Min.) die Busse 52 (Mo–Sa 3-mal tgl.) und 51 (Mo–Fr ca. 10-mal tgl., Sa & So 6-mal).

Eyrarbakki

570 EW.

Kaum zu glauben, aber das winzige Eyrarbakki war bis ins 20. Jh. hinein Islands wichtigster Hafen und eine blühende Handelsstadt. Einst versammelten sich hier Bauern aus dem gesamten Süden, um im Gemischtwarenladen um Vorräte zu feilschen – der Andrang war so groß, dass man erst nach drei Tagen an die Reihe kam! Heute ist der Küstenort für sein Gefängnis bekannt – das größte in ganz Island – und für seine guten Museen und das nahegelegene Naturschutzgebiet.

Sehenswertes

★ **Naturschutzgebiet Flói** NATURSCHUTZGEBIET
(☎562 0477; www.fuglavernd.is; abseits der Straße 34) Vogelfans kommen im Naturschutzgebiet Flói 3 km nordwestlich von Eyrarbakki auf ihre Kosten. Der breite Marschlandstreifen am Ostufer der Ölfusá ist ein bevorzugtes Revier vieler Wattvögel, darunter Sterntaucher und verschiedene Gänse- und Entenarten. In der Brutzeit (Mai–Juli) ist am meisten los. Ein 2 km langer Rundweg führt durch das Gelände. Von der Straße 34 zweigt eine mit einem kleinen Zeichen beschilderte Straße ab, die 5 km an Schafshöfen vorbei zu einer Beobachtungshütte führt.

Wer Einzelheiten über das Naturschutzgebiet Flói wissen will, wendet sich an den **Isländischen Vogelschutzbund** (☎562 0477; https://fuglavernd.is).

★ **Húsið á Eyrarbakka** MUSEUM
(Haus in Eyrarbakki; ☎483 1504; www.husid.com; Eyrargata; Erw./Kind inkl. Sjöminjasafnið á Eyrarbakka 1000 ISK/frei; ⏲Mitte Mai–Mitte Sept. 11–18 Uhr) Das Húsið á Eyrarbakka wurde 1765 von dänischen Kaufleuten gebaut und ist eines der ältesten Häuser Islands. In Glasvitrinen wird die Geschichte des Orts dokumentiert und die interessanten Zimmer sind mit den originalen Möbeln eingerichtet. Außerdem sind hier ausgestopfte Vögel ausgestellt. Sehenswert sind Ólöf Sveinsdóttirs Schal, Mütze und Pulswärmer, die aus ihrem eigenen Haar gestrickt sind. Im Eintrittspreis inbegriffen ist der Zugang zu den anderen Sehenswürdigkeiten des Orts wie dem Seefahrtsmuseum Sjöminjasafnið á Eyrarbakka.

Sjöminjasafnið á Eyrarbakka MUSEUM
(☎483 1082; Túngata 59; Erw./Kind inkl. Húsið á Eyrarbakka 1000 ISK/frei; ⏲Mai–Sept. 11–18 Uhr) Gleich hinter dem Húsið á Eyrarbakka liegt das kleine Museum zur einheimischen Fischerei. Im Mittelpunkt der Ausstellung steht das schöne Fischerboot *Farsæll* mit zwölf Rudern. Im Eintrittspreis inbegriffen ist das Museum Húsið á Eyrarbakka.

Schlafen & Essen

Eyrarbakki ist ein Fischerdorf mit ein paar wenigen Restaurants, die gute Meeresfrüchtegerichte zubereiten.

Bakki Hostel & Apartments HOSTEL, APARTMENTS €
(☎788 8200; www.bakkihostel.is; Eyrargata 51–53; B/Studio/DZ 4500/18 000/19 000 ISK; P 📶) In dem breiten Gebäude befinden sich Sechser-Dorms mit Gemeinschaftswohnzimmer und Küche sowie Studios (für bis zu 4 Pers.) und Apartments für Selbstversorger (für bis zu 4 Pers.) mit einem Schlafzimmer, einige mit Meerblick.

★ **Sea Side Cottages** HÜTTEN €€
(☎898 1197; www.seasidecottages.is; Eyrargata 37a; Hütte ab 26 000 ISK; 📶) Was der Name

verspricht, halten die beiden urigen Hütten, die nur einige wenige Schritte vom tosenden Atlantik entfernt hinter einer schützenden Böschung stehen. Jede Hütte ist mit Antiquitäten, Flachbild-TV, komplett ausgestatteter Küche und Sitzbereich draußen edel eingerichtet.

★**Hafið Bláa** FISCH & MEERESFRÜCHTE €€
(☎483 1000; www.hafidblaa.is; Straße 34; Hauptgerichte 2300–3900 ISK; ⌚Juni–Aug. 12–21 Uhr, Sept.–Mai kürzere Öffnungszeiten) Das Fischrestaurant 3 km westlich von Eyrarbakki an der Brücke über die Ölfusá an der Straße 34 liegt in einem ovalen Gebäude am Wasser und verfügt über eine schöne Holzeinrichtung. Wer keinen Tisch mit Meerblick bekommt, kann sich mit dem ebenfalls tollen Ausblick auf die Flussmündung auf der anderen Seite trösten. Die Speisekarte bietet eine kleine Auswahl an Meeresfrüchten und Lammgerichten.

★**Rauða Húsið** FISCH & MEERESFRÜCHTE €€
(☎483 3330; www.raudahusid.is; Búðarstígur 4; Hauptgerichte 2700–5800 ISK; ⌚12–21 Uhr; 📶) In dem eleganten und romantischen Restaurant in einem „roten Haus" tischt freundliches Personal leckere, perfekt zubereitete Meeresfrüchte auf. Auf der Karte stehen aber auch viele andere Gerichte, vom Rinderfilet über Kaisergranat bis zu Pasta und Nusssteak.

An- & Weiterreise

Bus 75 von Strætó (S. 68) fährt von Selfoss nach Eyrarbakki (460 ISK, 30 Min., Mo–Fr 8-mal tgl., Sa 4-mal).

Stokkseyri

450 EW.

Auf den ersten Blick sieht Stokkseyri wie ein Zwillingsort von Eyrarbakki aus, aber wer ein bisschen genauer hinschaut, entdeckt hier ein paar schräge Sehenswürdigkeiten. Es ist zwar ebenfalls ein kleines Fischerdorf, hat aber dank einem Elfenmuseum und einem Hostel voll ungewöhnlicher Kunst auch eine originelle Seite.

Sehenswertes & Aktivitäten

Draugasetrið MUSEUM
(Geistermuseum; ☎854 4510; http://icelandicwonders.is; Hafnargata 9, abseits der Straße 33; Erw./Kind 2000/1200 ISK; ⌚Juni–Aug. 13–18 Uhr) Das „Geistermuseum" in einem großen, weinrot-schwarz gestrichenen Lagerhaus im Dorfzentrum wird von einer Gruppe blutrünstiger junger Leute geführt. Ein 50-minütiger Audioguide (in vielen Sprachen erhältlich) erzählt 24 Gruselgeschichten vor verschiedenen von Trockeneis umwaberten Kulissen – für Kleinkinder nicht empfehlenswert. Im selben Gebäude erklärt das **Elfenmuseum** (☎483 1202; www.icelandicwonders.com; Hafnargata; Erw./Kind 1500/1200 ISK; ⌚Juni–Aug. 13–18 Uhr) ein wenig die isländische Faszination für geisterhafte Wesen. Vorne gibt's einen Andenkenladen. Ein Kombiticket kostet für Erwachsene bzw. Kinder 2800/1800 ISK.

Kajakferðir Stokkseyri KAJAKTOUR
(☎868 9046, 695 2058; www.kajak.is; Heiðarbrún 24, abseits der Straße 33; Touren ab 4950–12 900 ISK; ⌚April–Okt.) Mit diesem Unternehmen kann man in einem Kajak die nahe Lagune erkunden oder sich aufs Meer begeben. Bei der Tour zum Löngudæl-See paddelt man durch schmale, grasgesäumte Kanäle. Der Anbieter hat seinen Sitz gegenüber vom Schwimmbad des Orts, dem **Sundlaug Stokkseyrar** (☎480 3260; Ranakot, Straße 33; Erw./Kind 980/150 ISK; ⌚Juni–Mitte Aug. Mo–Fr 13–21, Sa & So 10–17 Uhr, Mitte Aug.–Mai Mo–Fr 13–20.30, Sa & So 10–15 Uhr).

Schlafen & Essen

Art Hostel HOSTEL, APARTMENTS €
(☎854 4510; www.arthostel.is; Hafnargata 9; Schlafsackunterkunft 3000 ISK, B 4500 ISK, EZ/2BZ ohne Bad 10 000/14000 ISK, EZ/DZ mit Bad 14 000/20 000 ISK; 📶) Das Hostel liegt im zweiten Stock des Kulturzentrums im alten Lagerhaus im Ortszentrum über Mosaik-, Bilder- und Fotogalerien. Zur Verfügung stehen ein Schlafsaal mit 15 Betten, kleine Zweibettzimmer und größere Studios mit Mikrowelle und Bad. Die Einrichtung ist ein bisschen altbacken, doch in einigen Fluren und Zimmern sorgt die Kunst an den Wänden für ein wenig Auflockerung.

Stokkseyri Camping CAMPINGPLATZ €
(☎896 2144; www.facebook.com/tjaldastokkseyri; abseits der Sólvellir; Erw./Kind 1400/900 ISK; ⌚Mai–Okt.) Einfacher Campingplatz mit beheizten Toilettenkabinen, Wascheinrichtungen (Duschen 200 ISK) und Möglichkeiten zum Wäschewaschen (200 ISK pro Wäsche).

Freyja B&B B&B €€
(☎567 1060; www.bbfreyja.com; Blomsturvellir 2; DZ ohne Bad mit Frühstück ab 12 700 ISK; ⌚Mai–Sept.; 📶) Tina und Torfi sind die Gastgeber

in diesem makellosen Landhaus im Dorf Stokkseyri mit einfachen sauberen Zimmern. Zur Entspannung gibt's neben Brettspielen auch Reflexzonenmassagen. Der einzige Nachteil ist, dass es keine Gemeinschaftsküche gibt.

Kvöldstjarnan PENSION €€
(Evening Star; ☎483 1800; www.kvoldstjarnan.is; Holtsvegur, Straße 314; EZ/DZ ohne Bad mit Frühstück 11 000/17 000 ISK, 3-Schlafzimmer-Apt. 31 400 ISK; 📶) Die drei hellen, weißen Zimmer haben Waschbecken und flauschige Bettdecken. Es gibt eine Lounge und eine Terrasse, einen Hot Pot, einen Grillplatz und eine blitzblanke Küche. Auch ein modernes Apartment mit zeitgenössischer isländischer Kunst und Platz für fünf Personen wird vermietet.

★ **Við Fjöruborðið** FISCH & MEERESFRÜCHTE €€€
(☎483 1550; www.fjorubordid.is; Eyrabraut 3a; Hauptgerichte 2900–7900 ISK; ⏲12–21 Uhr; P📶) Das große Fischrestaurant direkt an der Küste hat den Ruf, eine der besten Hummercremesuppen Islands zu kredenzen. Der Gastraum ist mit gläsernen Fischernetzglaskugeln und anderem maritimem Krimskrams geschmückt. Auch der hausgemachte Kuchen schmeckt gut. Für abends reservieren!

Shoppen

Icelandic Handcraft & Wool Shop KUNSTHANDWERK
(☎843 0398; Hafnargata 1; ⏲Sa & So 13–18 Uhr sowie nach Vereinbarung) Handgestrickte Wollsachen wie Babysocken und -fäustlinge, Strickjacken, Hüte und Schals.

Praktische Informationen

Informationszentrum & Kaffigott (☎468 1486; www.facebook.com/kaffigott; Hafnargata; ⏲12–18 Uhr) Einfaches Café und Infozentrum mit Tipps zur Gegend sowie köstlichem hausgemachtem Kuchen, Kaffee (ab 440 ISK) und Softdrinks.

An- & Weiterreise

Bus 75 von Strætó (S. 68) ab Selfoss (460 ISK, 20 Min., Mo–Fr 8-mal tgl., Sa 4-mal) hält auf dem Weg nach Eyrarbakki in Stokkseyri.

Stokkseyri ist mit dem Auto über die Straße 33 an der Südküste zu erreichen.

Flóahreppur

Der am stärksten befahrene Abschnitt der Ringstraße (Straße 1) verläuft in unmittelbarer Nähe, trotzdem hat man das Gefühl, sich in einer ländlichen Region zu befinden. Die sanft hügeligen Felder erstrecken sich bis zum Ozean. In dem kleinen Agrargebiet zwischen der Ringstraße im Norden, dem Fluss Þjórsá im Osten, dem Atlantik im Süden und der Straße 34 im Westen gibt es ein paar Bauernhöfe, die erholsame Unterkünfte vermieten.

Turf House HISTORISCHES GEBÄUDE
(☎892 2702; www.islenskibaerinn.is; Meðalholt; Erw./Kind 1600/600 ISK; ⏲So 13–18 Uhr) Dieses Bauernhaus ist ein *work in progress:* Jeden Sommer übt hier eine Gruppe in- und ausländischer Studenten den Bau isländischer Torfhäuser aus hiesigen Materialien. In einem großen, modernen Ökohaus informiert eine Ausstellung über die Geschichte dieser traditionellen Bauweise. Außerhalb der regulären Öffnungszeiten wird der Eintritt eventuell im Voraus verlangt. Besucher können auch einen Blick in ein renoviertes Torfhaus an der Straße werfen.

Schlafen & Essen

Möglichkeiten zum Essen gibt es eher in Selfoss oder Stokkseyri – Flóahreppur selbst ist ziemlich ländlich.

★ **Julia's Guesthouse** B&B €
(☎856 4788; www.julias-guesthouse.com; Hnaus; DZ ohne Bad 13 000 ISK, 3BZ mit Bad ab 16 400 ISK, jeweils mit Frühstück; P📶) Die nette Schweizerin Julia führt dieses zauberhafte B&B auf dem Land mit Schweizer Perfektion. Eine Menagerie aus Vögeln, Katzen und einem Kaninchen füllt das blitzblanke Haus mit Leben, das Julia und ihr Mann Mike mit viel Liebe eingerichtet haben – und es gibt ein üppiges, hausgemachtes Frühstück. Einige Zimmer haben herrliche Ausblicke und das Dreibettzimmer hat eine eigene Toilette. Nur Barzahlung.

Vatnsholt PENSION €€
(☎482 4829; www.hotelvatnsholt.is; Straße 305; DZ mit/ohne Bad 16 700/13 500 ISK, Hütte ab 17 000 ISK; ⏲Mitte-Feb.–Mitte Dez.; @📶) Das Vatnsholt, etwa 16 km südöstlich von Selfoss und nur 8 km abseits der Ringstraße, ist für Leute mit Kindern ein Glücksfall. Es hat über 30 sonnige Zimmer und Hütten in einem weitläufigen Gehöft mit Blick auf den Eyjafjallajökull, die Hekla und die Vestmannaeyjar. Büffet-Mahlzeiten werden ebenfalls angeboten.

Bitra B&B B&B €€
(☎4800 700; https://guesthousebitra.is; Straße 1; DZ mit/ohne Bad ab 20 000/16 500 ISK; P📶)

Dieses Gebäude sollte ursprünglich ein Frauengefängnis beherbergen – daraus ist aber nie etwas geworden und so ist es heute ein einladendes Gästehaus mit 17 sauberen, einfachen Zimmern, einige davon mit Ausblick auf die Hekla. Hier gibt's ein tolles Frühstücksbüffet, eine große Lounge mit Büchertauschregal, jedoch keine Gästeküche. Das B&B liegt rund 15 km östlich von Selfoss an der Straße 1.

Shoppen

Þingborg BEKLEIDUNG
(☎482 1027; http://thingborg.net; abseits der Straße 1, Þingborg; ⏲Mo–Fr 10–17, Sa & So bis 16 Uhr) In diesem gemeinnützigen Wollatelier an der Ringstraße wird Bekleidung verkauft, die mehr als 25 ortsansässige Frauen und Männer hergestellt haben. Es gibt ein breites Angebot an traditionellen *lopapeysa* (isländische Wollpullover) sowie einen *lopapeysa*-„Bausatz" mit Wolle und Anleitung. Es können auch Besuche außerhalb der Öffnungszeiten vereinbart werden.

Selfoss

6940 EW.

Selfoss, der größte Ort in Südisland, ist ein wichtiges Zentrum, um Geschäftliches zu erledigen, und nicht besonders hübsch, außer in den Wohnvierteln. Die Hauptstraße des Ortes ist die Ringstraße (Straße 1). Der einzige Grund für einen Aufenthalt in Selfoss ist der Umstieg während einer Busfahrt, die Beschaffung von Proviant für die Weiterfahrt oder eine vernünftige Mahlzeit.

Sehenswertes & Aktivitäten

Bobby-Fischer-Zentrum MUSEUM
(☎894 1275; www.fischersetur.is; Austurvegur 21; Erw./Kind 1000 ISK/frei; ⏲Mitte Mai–Mitte Sept. 13–16 Uhr) Das kleine Museum zeigt Memorabilien des Schachmeisters Bobby Fischer, der 2 km nordöstlich auf dem Friedhof von Laugardælirkirkja beerdigt ist. Außerdem ist es ein beliebter Treffpunkt für Schachspieler. Gelegentlich finden hier Unterricht und Turniere statt – Näheres drinnen!

Sundhöll Selfoss THERMALBAD, HOT POT
(☎480 1960; https://sundlaugar.is/sundlaugar/sundholl-selfoss; Tryggvagata 15; Erw./Kind 900/150 ISK; ⏲Mo–Fr 6.30–21.30, Sa & So 9–19 Uhr) Selfoss hat ein schönes Thermalbad mit Hot Pots, Wasserrutschen und einem Planschbecken für Kinder.

Schlafen

In und um Selfoss gibt es zahlreiche Unterkünfte, von Hostels und Campingplatz bis zu Hotels, daher ist der Ort ein praktischer Ausgangspunkt, um Tagesausflüge im Süden Islands zu unternehmen.

★ **Geirakot** PENSION €
(☎482 1020; geirakot@simnet.is; Gehöft Geirakot; Schlafsackunterkunft 4000 ISK, EZ/DZ ohne Bad mit Frühstück 8000/15 000 ISK; ⏲Feb.–Okt.; P Wi-Fi) Eine schöne Alternative zum Ort Selfoss. Die freundlichen Betreiber eines Milchviehhofs haben das kleine großelterliche Bauernhaus in eine heimelige Pension verwandelt. Das gute Frühstück mit regionalen Zutaten wird auf Porzellan serviert. Es sind auch Kocheinrichtungen vorhanden. Buchung über Icelandic Farm Holidays (www.farmholidays.is).

Gesthús CAMPINGPLATZ, PENSION €€
(☎482 3585; www.gesthus.is; Engjavegur 56; Stellplatz 2000 ISK pro Pers., DZ ab 16 200 ISK; P Wi-Fi) Die freundliche Unterkunft beim Park bietet Campingmöglichkeiten, Doppelzimmer in Zwei-Zimmer-Hütten – Küche und Bad werden jeweils zusammen genutzt – sowie ein Sommerhäuschen mit Kochnische und TV. Eine warme Lounge und eine Küche stellen gemütliche Treffs für die Camper dar. Diese zahlen für die Nutzung der Hot Pots (17–23 Uhr) 300 ISK, die anderen Gäste dürfen gratis hineinsteigen. Frühstück kostet 1700 ISK.

HI-Hostel Selfoss HOSTEL €
(☎482 1600; www.hostel.is; Austurvegur 28; B/EZ/DZ ohne Bad ab 4100/5500/12 600 ISK; Wi-Fi) In der Jugendherberge von Selfoss gibt's jede Menge Gemeinschaftsräume mit Spielen und bequemen Polstersesseln sowie einen Hot Pot, eine Küche und Einrichtungen zum Grillen und Wäschewaschen. Die Privatzimmer haben Waschbecken. HI-Mitglieder erhalten eine Ermäßigung. Das Frühstück, zu dem es auch hausgemachte Waffeln gibt, kostet 1350 ISK.

★ **Icelandic Cottages** HÜTTEN €€€
(☎898 0728; www.icelandiccottages.is; Hraunmörk, abseits der Straße 30; Hütte ab 30 000 ISK; Wi-Fi) Diese supercoolen, modernen Hütten liegen auf den Lavafeldern 18 km östlich von Selfoss, gleich nördlich der Ringstraße an der Straße 30. Sie sind sehr schön ausgestattet – mit allem von Bügelbrettern und Föhnen bis zu Geschirrspülmaschinen –, haben Terrassen und Grillplätze sowie Platz für bis

Selfoss

Selfoss

Sehenswertes
1 Bobby-Fischer-Zentrum C2

Aktivitäten, Kurse & Touren
2 Sundhöll Selfoss B3

Schlafen
3 Bella Apartments & Rooms C2
4 Gesthús D3
5 Hótel Selfoss A2
6 Selfoss HI Hostel C2

Essen
7 Bókakaffið C2
8 Kaffi Krús B2
9 Krónan B2
10 Surf & Turf C2
11 Tryggvaskáli B2

Shoppen
12 Vínbúðin D2

zu sechs Personen. Mindestaufenthalt drei Nächte.

★ **Bella Apartments & Rooms** APARTMENTS €€€
(☎859 6162; http://bellahotel.is; Austurvegur 33–35; DZ/Apt. mit Frühstück 23 500/37 300 ISK; 📶) In dem blitzsauberen Haus an der Hauptstraße werden sowohl komfortable Doppelzimmer als auch luxuriöse Apartments mit zwei Schlafzimmern samt Balkon und Küche vermietet. Die Apartments bieten Platz für bis zu sieben Personen, und es gibt für alle eine Waschmaschine mit Trockner.

Hótel Selfoss HOTEL €€€
(☎480 2500; www.hotelselfoss.is; Eyravegur 2; EZ/DZ ab 29 400/35 600 ISK; @📶) Der 99-Zimmer-Koloss an der Brücke präsentiert sich innen mit schicken, funktional eingerichteten Zimmern und tollen Extras, darunter ein gutes Restaurant. Das Haus ist überall mit Lavakunst und isländischen Fotografien geschmückt. Das Hotelspa verfügt über ein Dampfbad, eine Sauna, Relaxduschen und eine Bar für Snacks und Drinks. Die Zimmer mit Blick auf den Fluss sind schöner als die Richtung Parkplatz.

Essen & Ausgehen

Selfoss ist der beste Ort im Süden, um sich mit Proviant einzudecken, bevor es tiefer in die Wildnis geht. Praktisch alle großen Supermärkte sind hier vertreten, auch **Bónus** (Larsenstræti 5; ⏲Mo–Do 11–18.30, Fr 10–19.30,

Sa 10–18, So 11–18 Uhr) und **Krónan** (☎585 7000; Austurvegur 3–5; ⌚Mo–Fr 9–20, Sa & So bis 19 Uhr). Restaurants mit frischen Speisen und zahlreiche Fast-Food-Läden gibt's ebenfalls.

Bókakaffið CAFÉ €
(☎482 3079; Austurvegur 22; Kuchen ab 900 ISK; ⌚Mo–Fr 11–18, Sa & So 12–18 Uhr; 📶) In der Buchhandlung mit neuen und antiquarischen Büchern gibt es auch Kaffee und Kuchen.

★ **Tryggvaskáli** ISLÄNDISCH €€
(☎482 1390; www.tryggvaskali.is; Austurvegur 1; Hauptgerichte 3450–6250 ISK; ⌚So–Do 11.30–22, Fr & Sa bis 23 Uhr) Das Tryggvaskáli residiert im ältesten Haus von Selfoss, erbaut 1890 für die Brückenbauarbeiter. Es wurde liebevoll restauriert und ist mit Antiquitäten eingerichtet. Von einigen Tischen im romantischen Speiseraum blickt man auf den Fluss. Auf der Karte stehen Gerichte der gehobenen isländischen Küche, zubereitet mit regionalen Zutaten, z. B. langsam gegarter Schweinebauch mit Pflaumen oder Kabeljau mit Pilzkruste und Chorizo. Die Besitzer betreiben auch das Kaffi Krús.

★ **Kaffi Krús** INTERNATIONAL €€
(☎482 1266; www.kaffikrus.is; Austurvegur 7; Hauptgerichte 1200–4900 ISK; ⌚Juni–Aug. 10–22 Uhr, Sept.–Mai kürzere Öffnungszeiten) Der „Kaffeebecher" ist ein beliebtes Café und Restaurant in einem zauberhaften alten orangefarbenen Haus an der Hauptstraße. Wer möchte, kann die große Auswahl an isländischen und internationalen Gerichten (von Salat und Pasta bis zu Speisen aus marktfrischen Zutaten) auch draußen genießen. Die Pizza (Tipp: mit Ente oder Kaisergranat) und die Burger sind ebenfalls ausgezeichnet.

Surf & Turf AMERIKANISCH €€
(☎482 2899; Austurvegur 22; Hauptgerichte 1900–5200 ISK; ⌚11–22 Uhr) Das schicke Lokal im amerikanischen Stil ist mit Holzböden und coolen Spanplattenwänden minimalistisch und zurückhaltend eingerichtet. Serviert werden verschiedene Burger (z. B. mit Blaukäse oder Sauce béarnaise oder auch als „Mexiko"-Burger), Pulled-Pork-Sandwiches, Fischgerichte, Grillrippchen, Lamm und Pferdesteaks.

Ölvisholt Brugghús MIKROBRAUEREI
(☎767 5000; www.olvisholt.is; Ölvisholti, abseits der Straße 1; ⌚nur für Gruppen nach Vereinbarung) Hier gibt's ein solides Angebot an Craft-Bieren aus Südisland wie das ins Auge stechende Lava-Bier. Bei den 30- bis 40-minütigen Führungen (3000 ISK pro Pers.) werden auch ein paar Kostproben gereicht. Die Teilnehmer müssen mindestens 20 Jahre alt sein.

Shoppen

Vínbúðin ALKOHOLISCHE GETRÄNKE
(☎482 2011; www.vinbudin.is; Vallholt 19; ⌚Mo–Do 11–18, Fr bis 19, Sa bis 16 Uhr) Staatlicher Alkoholladen.

Praktische Informationen

Touristeninformation Árborg (☎480 1990; www.arborg.is; Austurvegur 2; ⌚Mai–Aug. Mo–Fr 8–18 Uhr, Sept.–April kürzere Öffnungszeiten) Im selben Gebäude wie die Bücherei, mit Karten und Infos zur Gegend, aber die Touristeninformation in Hveragerði ist besser.

An- & Weiterreise

Die meisten Busse zwischen Reykjavík und Höfn, Skaftafell, Fjallabak, Þórsmörk, Flúðir, Gullfoss, Laugarvatn und Vík halten an der **N1-Tankstelle** (Ecke Austurvegur & Rauðholt) in Selfoss.

Strætó (S. 68) Bus 51 Reykjavík–Vík/Höfn und 52 Reykjavík–Landeyjahöfn (1840 ISK, 50 Min., Mo–Fr 13-mal tgl., Sa & So 9-mal tgl.). Außerdem Busse 72 und 73 Selfoss–Flúðir (2300 ISK, 40–60 Min., Mo–Fr 2- bis 4-mal tgl., Sa 1-mal, So 2-mal) und Bus 75 Selfoss–Eyrarbakki (460 ISK, 20 Min., Mo–Fr 8-mal tgl., Sa 4-mal tgl.).

Sterna (S. 73) Bus 12/12a Reykjavík–Vík–Höfn (2200 ISK, 55 Min., Juni–Mitte Sept. 1-mal tgl.).

Reykjavík Excursions (S. 72) Die Busse 9/9a Reykjavík–Þórsmörk, 11/11a Reykjavík–Landmannalaugar, 17/17a Reykjavík–Mývatn, 18 Reykjavík–Álftavatn–Emstrur, 20/20a Reykjavík–Skaftafell, 21/21a Reykjavík–Skógar und 610/610a Reykjavík–Kjölur–Akureyri halten alle in Selfoss (2800 ISK, 1–1½ Std., ca. 13-mal tgl.).

Trex Bus T21 Reykjavík–Landmannalaugar (Selfoss–Landmannalaugar 8700 ISK, 3 Std., Mitte Juni–Mitte Sept. 2-mal tgl.). Bus T11 Reykjavík–Þórsmörk (Selfoss–Þórsmörk 7400 ISK, 3¼ Std., Mitte Juni–Mitte Sept. 2-mal tgl.).

Thule Travel (S. 141) Befährt die Route Reykjavík–Landmannalaugar (Selfoss–Landmannalaugar, 7650 ISK, 3 Std., Juni–Mitte Sept. 2-mal tgl.).

Westliches Þjórsárdalur

Die Þjórsá ist Islands längster Fluss, eine reißende, tosende Masse aus milchigem Gletscherwasser, das 230 km vom Vatnajökull bis zum Atlantik fließt. Einschließlich ihrer Nebenflüsse erzeugt sie fast ein Drittel des hydroelektrischen Stroms in Island. Die Straße 32 folgt ihr am Westufer flussaufwärts ins Hochland, durch weite Ebenen, die der mächtige Fluss teilt, durch Vulkanfelder und schließlich in die Ausläufer der Berge dahinter. Die Gegend mit Wikingerruinen, versteckten Wasserfällen und urzeitlichen Flusslandschaften ist touristisch wenig erschlossen.

Die Straße 32 gehört zu den bevorzugten Anfahrten nach Landmannalaugar, dem Startpunkt des berühmten Wanderwegs Laugavegurinn. Für die Straße F26 ist jedoch ein Allradfahrzeug vonnöten. Wer keins hat, kann auch eine Tagesrundfahrt unternehmen: auf dieser Seite des Tals hochfahren, den Fluss hinter dem Wasserkraftwerk Búrfell überqueren und auf der anderen Seite des Tals auf der Straße 26 nach Hella zurückfahren.

Die Gegend bietet auch Wanderwege und entlang der Straße 32 gibt es mehrere Höfe, die Reitausflüge im Programm haben.

Öffentliche Verkehrsmittel gibt es nach und jenseits von Árnes keine. Am besten ist ein eigenes Fahrzeug oder die Teilnahme an einer Tour.

Árnes

Die winzige Siedlung Árnes an der Kreuzung der Straßen 30 und 32 bietet die letzte Möglichkeit, sich vor der Fahrt ins westliche Þjórsárdalur mit Proviant einzudecken. In einem großen weißen Gebäude befindet sich außerdem das Besucherzentrum **Þjórsárstofa** (☎486 6115; www.thjorsarstofa.is; ⊙Juni–Aug. 10–18 Uhr) GRATIS mit Restaurant und einer ausgezeichneten Ausstellung zu den Sehenswürdigkeiten in der Umgebung. Im Dorf gibt's auch einen Campingplatz und ein gutes Schwimmbad, und ganz in der Nähe werden Ausritte angeboten.

Geführte Touren

Núphestar REITEN
(☎852 5930; www.nupshestar.is; Breiðanes; 1/2/3 Std. ab 7000/9500/13000 ISK) Der freundliche, familiengeführte Pferdehof bietet kurze Ausritte in die Umgebung und zum Fluss Þjórsá sowie mehrtägige Reittouren an. Er liegt in der Nähe der Kreuzung der Straßen 30 und 32.

Steinsholt REITEN
(☎486 6069; www.steinsholt.is; Steinsholt II, abseits der Straße 326; 1/2 Std. 6500/11 000 ISK) Der schmucke Pferdehof bietet mehrtägige Reitausflüge, kurze Ausritte und behagliche Gästezimmer an (DZ mit/ohne Bad mit Frühstück 13 900/16 200 ISK). Er liegt am Ende der Straße 326 gleich nördlich von Árnes.

ABSEITS DER ÜBLICHEN PFADE

PRIVATINSEL TRAUSTHOLTSHÓLMI

Wenn Hákon hinausfährt, um seine Lachsnetze zu überprüfen, nimmt er auch Besucher mit, die seine grasbewachsene **Privatinsel Traustholtshólmi** (☎699 4256; www.thh.is; Tour 19 800 ISK pro Pers.; ⊙mit Reservierung) im Fluss Þjórsá erkunden können. Anschließend gibt es zum Abendessen frisch gefangenen Fisch mit Kräutern von der Insel und vielleicht sogar ein Lagerfeuer. Wer will, kann auch längere Aufenthalte auf der Insel buchen, mit Übernachtung in einer Jurte (DZ 66 000 ISK).

Schlafen & Essen

Árnes Camping CAMPINGPLATZ €
(☎845 9116, 697 7004; Rettarholt, abseits der Straße 32; Erw./Kind 12–16 J./Kind unter 12 J. 1500/900 ISK/frei; ⊙Mai–Aug.) Einfacher Campingplatz mit drei grasbewachsenen Feldern, Toiletten, Wascheinrichtungen und kostenlosen Duschen. Stromanschluss kostet 900 ISK. Bezahlt wird im Museum und Besucherzentrum Þjórsárstofa.

Guesthouse Denami BAUERNHOF €€
(☎698 7090; www.denami.is; Háholtsvegur, Straße 326; EZ mit Gemeinschaftsbad und Frühstück 9000 ISK, DZ mit/ohne Bad mit Frühstück 19 500/14 000 ISK; WLAN) Übernachtung auf einem herrlichen, familiengeführten Hof in der grünen, hügeligen Landschaft am Nordrand von Árnes. Die neun Zimmer sind einfach, aber ordentlich, und die Aussicht auf die Vulkane ist oft umwerfend. Auf dem 350 ha großen Hof sind rund 80 Pferde, zwei Dutzend Schafe und eine freundliche Katze namens Sigg zu Hause. Beim Frühstücksbüffet kommen regionale Zutaten zum Zuge.

Fosshótel Hekla HOTEL €€
(☎486 5540; www.hotelhekla.is; Brjánsstaðir; DZ/4BZ mit Frühstück ab 22 000/41 500 ISK; P @ WLAN) Der Hotelkomplex liegt 17 km vor Árnes an der Straße 30 im Þjórsá-Tal. Zu den 42 Zimmern zählen große moderne Doppel-

zimmer mit frischer Bettwäsche und Flachbild-TVs. Noch größer sind die Familienzimmer.

Búrfell & Umgebung

Je abgeschiedener das Þjórsá-Tal wird, desto spektakulärer und ungewöhnlicher werden die Sehenswürdigkeiten. Das karge Flussdelta aus schwarzem Gestein um das Wasserkraftwerk Búrfell führt zu zerklüfteten Bergen, alten Ruinen, tosenden Wasserfällen und verborgenen Tälern. Da es hier keine öffentlichen Verkehrsmittel gibt, ist die Gegend touristisch weit weniger erschlossen.

Sehenswertes

Folgende Sehenswürdigkeiten liegen an der Straße 32 Richtung Nordosten auf dem Weg.

Hjálparfoss WASSERFALL

(abseits der Straße 32) 26 km nordöstlich von Árnes führt von der Straße 32 ein kurzer Abzweig (1 km) über einen ausgeschilderten Weg zu diesem hinreißenden Wasserfall. Das himmelblaue Wasser stürzt in zwei Teilen über bizarre Basaltsäulen aus abgekühlter Lava in ein tiefes Becken.

Þjóðveldisbærinn SEHENSWERTES GEBÄUDE

(☎488 7713; www.thjodveldisbaer.is; Erw./Kind 1000 ISK/frei; ⌚Juni–Aug. 10–17 Uhr) Das Þjóðveldisbærinn ist ein Nachbau von Stöng (s. u.) mit genau dem gleichen Grundriss und samt benachbartem Kirchlein. Das Personal hier trägt der alten Zeit angemessene Kleidung und im Kamin lodert oft ein Feuer. Das Haus liegt nicht weit von der Straße 32.

★ **Stöng** RUINE

(Straße 327, abseits der Straße 32) GRATIS Beim Ausbruch der Hekla 1104 begrub weiße Vulkanasche das alte Gehöft, das im 10. Jh. dem draufgängerischen Wikinger Gaukur Trandilsson gehörte. Stöng wurde 1939 ausgegraben und war Islands erste echte archäologische Stätte. Mit ihrer Hilfe ließ sich das Alter weiterer Wikingerbehausungen feststellen. Die Ruinen umfassen die Fundamente eines Bauernhauses, einer Scheune, einer Schmiede und einer Kirche und liegen am Ende einer holprigen, 5 km langen Schotterstraße (327), die 26 km nordöstlich von Árnes von der Straße 32 abbiegt.

★ **Gjáin** SCHLUCHT

(Straße 327) Ein Fußweg hinter dem Gehöft Stöng endet nach ein paar Kilometern in dem hübschen kleinen Tal Gjáin mit merkwürdigen Lavaformationen, unwirklichen Höhlen und spektakulären Wasserfällen. Die unbefestigte Straße (ein Allradfahrzeug ist empfehlenswert) von Stöng führt zudem weiter zum Höhenrücken des Tals und zu einem kleinen Wasserfall. Gjáin bedeutet Graben oder Spalte.

★ **Háifoss** WASSERFALL

(Straße 332, abseits der Straße 32) Islands zweithöchster Wasserfall, der Háifoss, fällt über den Rand eines majestätischen Plateaus 128 m in eine wellige Lavaschlucht. Einige der Lavaformationen hier im Þjórsárdal sind 2 Mio. Jahre alt. Mit einem Allradfahrzeug oder auch zu Fuß folgt man 10 km der mit Schlaglöchern übersäten Straße 332 (abseits der Straße 32 bzw. weiter ab Gjáin) zu einem Parkplatz, von dem ein Pfad zu einer atemberaubenden Aussicht auf den Wasserfall und die Schlucht führt.

Schlafen & Essen

Lebensmittelläden und Restaurants sind nirgendwo in der Nähe vorhanden. Proviant sollte daher mitgeführt werden oder man isst vor der Fahrt.

Sandartunga Camping CAMPINGPLATZ €

(asolfsstadir@simnet.is; abseits der Straße 32; Stellplatz Erw./Kind 1250 ISK/frei; ⌚Mitte Mai–Aug.) Auf dem einfachen, geschützten Campingplatz gibt es Wasser und Toiletten sowie einen Kinderspielplatz. Großartig ist die herrliche Lage in den weiten Lavafeldern und dem Flusstal der Þjórsá, aber die Fliegen können nerven. Der Platz liegt rund 8 km westlich des Þjóðveldisbærinn abseits der Straße 32.

Östliches Þjórsárdalur

Zwischen der Gemeinde Hella im Südwesten und Landmannalaugar im Nordosten erstrecken sich vom Meer her die endlosen Schwemmlandebenen der Þjórsá und gehen allmählich in eindrucksvolle Vulkanformationen und Lavafelder über, bis sich schließlich die Hekla zeigt, einer der unheilvollsten Vulkane Islands.

Die Straße 26 zur Hekla führt an einigen Pferdehöfen vorbei, die diverse Reitausflüge anbieten, und trifft schließlich auf die Straße 32, auf der man die ebenso eindrucksvolle Westseite des Flusstals erkunden kann. Der einfachste Weg nach Landmannalaugar führt über die Straße 26. Der letzte Vorpos-

HEKLA

Der Name von Islands berühmtestem und aktivstem Vulkan bedeutet „Die Verhüllte", denn der 1491 m hohe Gipfel versteckt sich fast immer hinter bedrohlichen Wolken. In der Vergangenheit hat die **Hekla** (F255, abseits der Straße 26) bereits mehrmals ihr Temperament bewiesen und galt im Mittelalter sogar als „Tor zur Hölle".

Schon zu Wikingerzeiten errichteten Siedler Höfe auf den fruchtbaren vulkanischen Böden rund um die Hekla. Der Ausbruch 1104 machte ihnen jedoch den Garaus: Im Umkreis von 50 km begrub die Lava alles. Seitdem gab es 15 weitere große Eruptionen – im Jahr 1300 verschwanden über 83 000 km^2 unter einem Ascheteppich.

In jüngerer Zeit ist die höllische Hekla in regelmäßigen Zehnjahresabständen ausgebrochen. Die größte Gefahr geht von der Asche aus, deren hoher Fluorgehalt schon Tausende von Schafen vergiftete. Der Ausbruch von 2000 erzeugte auch einen kleinen pyroklastischen Strom (eine tödliche Lawine aus Gas und Gesteinspartikeln, die sich mit über 130 km/h voranwälzt und bis zu 800 °C heiß sein kann). Der graue Bimsstein, der bei der Fahrt durch die Region zu sehen ist, stammt größtenteils aus der Hekla.

Die Isländer leben im ständigen Bewusstsein, dass der gewaltige Berg jeden Moment ausbrechen könnte – eine Eruption ist überfällig.

Mehr Infos zur Hekla gibt's in der Ausstellung im Hekla-Zentrum.

Hekla-Besteigung

Es ist möglich, auf die Hekla zu kraxeln – man sollte nur wissen, dass der Vulkan seine Ausbrüche nicht groß ankündigt. Normalerweise gibt's eine halbe bis anderthalb Stunden vorher mehrere kleine Erdbeben. Wer es tatsächlich wagen will, sollte einen wolkenfreien Tag aussuchen und viel Wasser mitnehmen – Vulkanasche macht durstig. Die meisten Besteigungen werden von Juni bis September unternommen.

Am Abzweig der F225 von der Straße 26 liegt ein kleiner Parkplatz (rund 45 km nordöstlich von Hella) als Ausgangspunkt für Wanderer. Mit Mietwagen darf man in der Regel nicht auf F-Straßen fahren, sie sollten daher hier abgestellt werden. Allerdings sind es lange und staubige 16 km bis zum Fuß des Vulkans. Glückspilze ergattern eine Mitfahrgelegenheit.

Wer mit einem großen Allradfahrzeug unterwegs ist, kann auf der F225 bis an den Fuß des Vulkans gelangen (ca. 14,7 km); große Fahrzeuge können sogar noch ein paar Kilometer weiterfahren, für die meisten ist hier jedoch Schluss. Von diesem unteren Ausgangspunkt führt ein gut markierter Wanderweg beständig die Nordostflanke hoch zum Kamm und dann weiter bis zum Krater; oben ist mit Schnee zu rechnen. Auch wenn der Gipfel oft von Schnee bedeckt ist, bleibt der Kraterboden heiß. Vom Fuß des Vulkans dauert der Aufstieg rund dreieinhalb Stunden.

Es besteht auch die Möglichkeit, eine individuelle Superjeeptour zu buchen – allerdings meiden einige Tourenanbieter die Gegend wegen der Möglichkeit von Ausbrüchen.

ten (und die letzte Tankgelegenheit) vor dem Hochland ist das Highland Center Hrauneyjar (S. 395).

Sehenswertes

Hellnahellir HÖHLE
(☎847 5015, 487 6583; www.hellar.is; Hellavegur; Erw./Kind 1100 ISK/frei; ⏰nach Vereinbarung) Die 50 m lange künstliche Höhle auf dem Gehöft Hellar in Landsveit liegt bis zu 11 m unter dem Erdboden. In einer Scheune geht man durch einen geheimen Durchgang in einen dunklen Gang, der mit Lampen beleuchtet ist. Die Höhle ist 700 bis 1100 Jahre alt, und es sind noch fünf alte Kamine und verschiedene Felsritzungen vorhanden, die möglicherweise von Mönchen stammen.

Hekla-Zentrum MUSEUM
(Heklusetrið; ☎487 8700; www.leirubakki.is; Leirubakki; Erw./Kind 900/450 ISK; ⏰Mo–Fr 12–21 Uhr; Ⓟ) Das Hekla-Zentrum gehört zur Leirubakki-Anlage (Campingplatz, Hotel und Restaurant). Es erläutert in Räumen, die bewusst schummrig gehalten sind, mit blitzenden Lichtern und Multimediaexponaten die explosive Geschichte der Hekla. Eine Eruption des Vulkans ist längst überfällig – auch das erfährt man hier. Das Zentrum hält außerdem Infos zur Region bereit und

bietet Ausritte und Wanderungen in der Umgebung an. Außerhalb der Öffnungszeiten ist das Zentrum bei Voranmeldung für Gruppen geöffnet.

Geführte Touren

Die vielen Pferdehöfe im Þjórsárdalur bieten Ausritte und zumeist auch sehr gute Gästezimmer an.

Skeiðvellir REITEN
(Icelandic Horse World; 487 6572, Reiten 899 5619; www.skeidvellir.is; Straße 26, Skeiðvellir; Stallbesichtigung Erw./Kind 2000 ISK/frei, 1-/2-stündige Ausritte 9500/15 000 ISK) Das angesehene Gestüt hat ein Besucherzentrum und Infos zur Pferdepflege und Bedeutung von Pferden in Island; außerdem kann man neugeborene Fohlen sehen, Pferde streicheln und striegeln und Ausritte unternehmen. Dazu sind hier ausgezeichnete Unterkünfte vorhanden: Eine Hütte für bis zu sechs Personen mit Küche und kostenlosem Frühstück kostet 11 000 ISK pro Person. Das Gestüt liegt etwa 9 km nördlich der Straße 1 an der Straße 26.

Hekluhestar REITEN
(487 6598; www.hekluhestar.is; Austvaðsholt; mehrtägige Ausritte ab 275 000 ISK) Der Hof liegt über die Straßen 271 und 272 9 km nordöstlich von Hella. Die Besitzer, eine freundliche französisch-isländische Familie, bietet sechs- bis achttägige Ausflüge durch das Hochland an. Schlafsackunterkünfte stehen zur Verfügung (4500 ISK, Bettwäsche 2000 ISK). Für die Reittouren ist eine vorherige Anmeldung erforderlich – sie sind Monate im Voraus ausgebucht.

Kálfholt REITEN
(487 5176; www.kalfholt.is; Straße 288, Kálfholt 2, Ásahreppi; Anfänger-/2-stündige Ausritte ab 7100/9300 ISK;) Der familiengeführte Hof hat ein sehr umfangreiches Angebot, z. B. einstündige Ausritte, Tagesausflüge und zwei- bis achttägige Exkursionen für Reiter jeglichen Niveaus. Gemütliche Unterkunft gibt's in zwei kleinen Hütten (4000 ISK pro Pers.). Der Hof liegt 17 km westlich von Hella südlich der Ringstraße an der Straße 288.

Herríðarhóll REITEN
(487 5252; www.herridarholl.is; Herríðarhóli) Mehrtägige Reitexpeditionen (ab 217 500 ISK) und kürzere Ausritte sowie eine freundliche Aufnahme all jener, die einfach nur auf einem Bauernhof übernachten wollen (DZ mit Gemeinschaftsbad und Frühstück 8100 ISK für 1 Pers. bzw. 11 250 ISK für 2 Pers.) durch eine deutsch-isländische Familie. Der Hof liegt westlich von Hella an der Straße 284, 6 km nördlich der Ringstraße.

Hestheimar REITEN
(487 6666, 854 5491; www.hestheimar.is; Straße 281) Der oberhalb eines plätschernden Bachs gelegene familiengeführte Hof organisiert Reitausflüge (2 Std./1 Tag 12 000/ 20 000 ISK), verleiht Pferde und vermietet diverse gemütliche Unterkünfte (DZ ab 23 000 ISK). An der Straße 281, 7 km nordwestlich von Hella.

Schlafen & Essen

Die meisten Pferdehöfe auf der Ebene um Hella können ihren Reitgästen gute Unterkunft bieten und stehen auch anderen Reisenden offen. Dazu kommen noch zwei Campingplätze.

Essensmöglichkeiten sind rar gesät, aber einige Hotels und Pensionen bieten auch Mahlzeiten.

Laugaland CAMPINGPLATZ €
(895 6543; www.tjalda.is/en/laugaland; Straße 26; Stellplatz Erw./Kind 1500 ISK/frei; Anfang Mai–Mitte Sept.) Eine Campinganlage für Familien nordwestlich von Hella mit Kocheinrichtungen, Swimmingpool und Hot Pots (Erw./Kind 900/400 ISK). Strom kostet 1000 ISK. Der Platz liegt rund 6 km nördlich der Straße 1 an der Straße 26.

Rjúpnavellir HÜTTEN, CAMPINGPLATZ €
(892 0409; www.rjupnavellir.is; Straße 26, Landsveit; Stellplatz/Schlafsackunterkunft 1300/ 4900 ISK pro Pers., Hütte 10 000–12 000 ISK pro Pers.;) Am Ende einer asphaltierten Straße stehen zwei große Hütten mit Schlafsackunterkünften für 44 Gäste (Duschen 400 ISK). Außerdem gibt's hier Kochgelegenheiten, Möglichkeiten zu zelten und eine Sechs-Personen-Hütte mit Küche. Dies ist die nächstgelegene Unterkunft von der Kreuzung der Straßen 26 und F225 aus.

Hótel Leirubakki HOTEL €€
(487 8700; www.leirubakki.is; Leirubakki; EZ/ DZ ohne Bad 17 800/23 400 ISK, EZ/DZ mit Bad 25 600/31 000 ISK, jeweils mit Frühstück; @) Der moderne Hotelblock gegenüber vom Hekla-Zentrum und das große Gehöft nebenan gehören zu den letzten Außenposten der Zivilisation vor den Vulkanen und dem Hochland und sind eine geeignete Basis für Leute, die die Hekla besteigen möchten. Die

Gäste können im sogenannten Viking Pool eine Sauna und einen Swimmingpool benutzen. Die Zimmer bieten ein karges Design mit Holzböden und weißen Wänden.

An- & Weiterreise

Busse nach Landmannalaugar halten in Leirubakki und/oder Hrauneyjar.

Reykjavík Excursions (S. 72) Bus 11 von Reykjavík nach Landmannalaugar (8500 ISK) hält in Leirubakki (6000 ISK, 2½ Std.) und Hrauneyjar (7000 ISK, 3 Std.). Mitte Juni–Mitte Sept. 3- bis 5-mal tgl.

Bus 14 und 11a Landmannalaugar–Mývatn (16 400 ISK, 10 Std.) Halten in Hrauneyjar (3500 ISK, 1 Std., Ende Juni–Aug. 1-mal tgl.). Oder man fährt von Hrauneyjar nach Mývatn (12 900 ISK, 8½ Std.).

Sterna (S. 73) Bus 13/13a ab Reykjavík hält in Landmannalaugar (15 500 ISK, ca. 5 Std.) und Leirubakki (6500 ISK, 2½ Std., Ende Juni–Anfang Sept. 1-mal tgl.).

Trex Bus T21 ab Reykjavík hält in Landmannalaugar (9100 ISK einfach, 4½ Std.) und Leirubakki (5100 ISK, 2 Std., Mitte Juni–Mitte Sept. 2-mal tgl.).

Hella & Umgebung

860 EW.

Die Ringstraße (Straße 1) führt direkt vorbei an dieser kleinen, landwirtschaftlich geprägten Gemeinde am Ufer des malerischen Flüsschens Ytri-Rangá, die im Herzen einer bedeutenden Pferdezuchtregion in der Ebene um die Þjórsá liegt. Sie ist der nächste Ort zum 35 km nördlich gelegenen düsteren Vulkan Hekla und trotz der neuen Hotels in der Gegend noch immer relativ verschlafen. Somit nächtigt man hier recht ruhig, kann die Sehenswürdigkeiten des Südens aber trotzdem gut erreichen.

Aktivitäten & Geführte Touren

FFF Skydive Iceland FALLSCHIRMSPRINGEN
(☎699-5867; http://skydive.is; Sprungplatz bei Dynskálar, abseits der Straße 1, Hella; Tandemsprünge ab 55 000 ISK; ⏲April–Sept.) Aus 3000 oder 3650 m Höhe abspringen, den Süden vom Himmel aus betrachten und dann auf dem Sprungplatz im Hella zu landen. Der ganze Sprung inklusive 30 Sekunden freiem Fall dauert etwa 25 Minuten – aber er ist sicher ein unvergessliches Erlebnis! In Juni und Juli bietet FFF Skydive Iceland auch Mitternachtssprünge. Buchung unerlässlich.

Sundlaugin Hellu THERMALBAD, HOT POT
(☎487 5334; Útskálum 4; Erw./Kind 900/300 ISK; ⏲Juni–Mitte Aug. Mo–Fr 6.30–21, Sa & So 10–19 Uhr, Mitte Aug.–Mai kürzere Öffnungszeiten) Hellas Top-Attraktion ist vielleicht das Thermalbad mit Hot Pots, Sauna und toller Wasserrutsche (April–Okt.) für die Kinder. Handtuchleihe 600 ISK.

Hella Horse Rental REITEN
(☎864 5950; www.hellahorserental.is; Gaddstaðaflatir, abseits der Straße 1; 1,5/3 Std. ab 8500/15 000 ISK; 👪) Bietet im Sommer täglich Ausritte für Anfänger und erfahrene Reiter in der Umgebung und zum Wasserfall Ægisíðufoss.

Mud Shark ANGELN, JEEPTOUR
(☎691 1849; www.mudshark.is; Angel-/Jeeptouren 47 000/15 000 ISK pro Pers.) Im Angebot sind Angeltouren im Hochland und Jeeptouren zu schwarzen Stränden (mind. 2 Pers.).

Schlafen & Essen

Árhús CAMPINGPLATZ, HÜTTEN €
(South Door; ☎487 5577; www.arhus.is; Rangárbakkar 6; Stellplatz 2500 ISK pro Zelt, Hütte mit/ohne Bad ab 18 000/13 400 ISK; 📶) Árhús liegt am Fluss gleich südlich der Ringstraße und besteht aus einer Gruppe von Hütten (vom einfachen Zimmer bis zur voll ausgestatteten Hütte mit kleiner Küche und Bad), reichlich Zeltstellplätzen, einer Gästeküche und einem guten Restaurant (Hauptgerichte 1800–4900 ISK) für Steaks, Pasta, Lachs und Pizza in der Nähe. Das Empfangsbüro dient gleichzeitig als Buchungsschalter für Arctic Adventures.

★**River Hotel** HOTEL €€
(☎487 5004; www.riverhotel.is; Þykkvabæjarvegur, Straße 25; DZ/FZ ab 20 000/26 000 ISK; 🅿📶) Durch die riesigen Glaswände in der Lounge dieses blitzblanken Hotels am Ufer der Ytri-Rangá lässt sich ganz entspannt der gemächlich fließende Fluss betrachten. Die zeitgenössisch eingerichteten Zimmer und eine separate Hütte sind höchst komfortabel, Abendessen wird im hauseigenen Restaurant serviert. Es ist auch ideal, um das Polarlicht zu beobachten, und die Besitzer sind passionierte Angler. Ist immer schnell ausgebucht!

Guesthouse Nonni PENSION €€
(☎894 9953; Arnarsandur 3; EZ/DZ ohne Bad mit Frühstück 14 700/18 000 ISK; 📶) Die kleine Pension in einer Wohnstraße wird vom freundlichen Nonni geführt, der seinen Gästen gerne

ein Riesenfrühstück zubereitet (frisches Brot und Waffeln). Zu den fünf holzverkleideten Zimmern führt eine Treppe mit Korkstufen.

★ Hótel Rangá HOTEL €€€
(☎487 5700; www.hotelranga.is; Hjarðarbrekka; DZ/Suite mit Frühstück ab 54 000/119 000 ISK; @📶) Das Hótel Rangá südlich der Ringstraße, 8 km östlich von Hella, mit einem ausgestopften Eisbären in der Lobby, sieht aus wie ein einfaches Holzhaus, richtet sich jedoch an betuchte Islandreisende. Der Service ist spitzenmäßig und die holzgetäfelten Zimmer und luxuriösen Gemeinschaftsbereiche sind gemütlich. Durch die breiten Fenster des Restaurants (Hauptgerichte 2600–10 500 ISK) blicken die Gäste auf das offene Weideland.

Stracta Hótel HOTEL €€€
(☎531 8010; www.stractahotels.is; Rangárflatir 4; DZ mit/ohne Bad ab 23 700/20 200 ISK, Studio/Apt. ab 31 300/61 000 ISK, jeweils mit Frühstück; 📶) Das Stracta ist eines der neuen gehobenen Touristenhotels in Island. Die Zimmer reichen von modernen, komfortablen Doppelzimmern über Studios mit Mikrowelle und Kühlschrank bis zu familienfreundlichen Apartments für bis zu sechs Personen. Vom Restaurant oben sind weite Ausblicke auf die Vestmannaeyjar und die Vulkane möglich; unten befindet sich ein Bistro, das mittags und abends geöffnet ist. Außerdem gibt's eine Lounge und einen Hot Pot.

Restaurant Árhús INTERNATIONAL €€
(☎487 5577; http://arhusrestaurant.is; Rangárbakkar, abseits der Straße 1; Hauptgerichte 1800–4900 ISK; ⏲11–22 Uhr; 🅿) Das Árhús am Ufer der Rangá serviert köstliche Pasta-, Fleisch- und Fischgerichte sowie Burger und Pizza. Bei gutem Wetter bietet die Terrasse mit Blick auf den Fluss den besten Ausblick im Haus, aber auch die Tische drinnen direkt an den großen Fenstern sind schön.

Kjarval SUPERMARKT €
(☎585 7585; Suðurlandsvegur 1; ⏲Mo–Fr 9–20, Sa bis 18, So bis 17 Uhr) Supermarkt mit Bäckerei und Alkoholladen.

ℹ An- & Weiterreise

BUS

Busse halten an der Olís-Tankstelle.

Strætó (S. 68) Bus 51 Reykjavík–Vík–Höfn und 52 Reykjavík–Landeyjahöfn (Reykjavík–Hella 3220 ISK, 1½ Std., Mo–Fr 5-mal tgl., Sa & So 2-mal).

Sterna (S. 73) Bus 12/12a Reykjavík–Vík–Höfn (Reykjavík–Hella 3300 ISK, 1½ Std., Juni–Mitte Sept. 1-mal tgl.).

Reykjavík Excursions (S. 72) Die Busse 9 Reykjavík–Þórsmörk, 11 Reykjavík–Landmannalaugar, 17/17a Reykjavík–Mývatn, 18 Reykjavík–

DIE EDDAS

Im mittelalterlichen Kloster von **Oddi** in Rangárvellir, ungefähr 8 km südlich von Hella an der Straße 266, liegt der Ursprung der nordischen Eddas, der wichtigsten erhaltenen Bücher der Wikingerdichtkunst. Die *Prosa-Edda* verfasste der Dichter und Historiker Snorri Sturluson um 1222 als Dichterlehrbuch. Sie enthält detaillierte Beschreibungen der Sprache und Versmaße der Skalden (Hofdichter). Das Epos *Gylfaginning* schildert den Besuch des schwedischen Königs Gylfi im legendären Göttersitz Asgard und erzählt die altnordischen Schöpfungsmythen, Geschichten über einzelne Götter sowie deren Untergang, Ragnarök.

Etwas später im 13. Jh. entstand die *Lieder-Edda*, deren Aufzeichnung Sæmundur Sigfússon zugeschrieben wird. Es ist eine Zusammenfassung von Werken unbekannter Autoren, einige älter als die Besiedlung Islands. Das erste Gedicht, *Völuspá (Weissagung der Seherin)*, ist sozusagen die altnordische Version von Genesis und Offenbarung. Es beschreibt Erschaffung und Untergang der Welt. Spätere Gedichte erzählen u. a., wie Óðinn die Macht der Runen entdeckte, sowie die Sage von Siegfried und den Nibelungen, die Richard Wagner später in seinem *Ring der Nibelungen* nacherzählte. Am berühmtesten ist wahrscheinlich das Gedicht *Þrymskviða* über den Riesen Þrym, der Þórs Hammer klaute und ihn nur im Tausch gegen die Hand der Göttin Freyja zurückgeben wollte. Daraufhin verkleidete sich Þór als die zukünftige Braut und ging an ihrer Stelle zur Hochzeit. Lange Teile des Gedichts beschreiben seine ungehobelten Tischmanieren während des Hochzeitsmahls – er soll einen kompletten Ochsen sowie acht Lachse vertilgt und mit drei Schläuchen Met heruntergespült haben.

Heute besteht Oddi aus einer Kirche und ein paar Bauernhöfen.

ABSEITS DER ÜBLICHEN PFADE

DIE FJALLABAK-STRASSE

Im Sommer ist die Fjallabak-Straße (Fjallabaksleið Nyrðri; F208) eine spektakuläre Alternative zur Küstenstraße zwischen Hella im Südwesten Islands und Kirkjubæjarklaustur. Der Name bedeutet „hinter den Bergen" und genau dorthin führt sie auch. Voraussetzung ist ein großes Allradfahrzeug.

Von der Ringstraße (Straße 1) westlich von Hella zweigt die Straße 26 (am Ostufer der Þjórsá) ab, dann geht es in der Nähe des Kraftwerks Sigölduvirkjun auf die F208 bis nach Landmannalaugar. Von dort führt die F208 ostwärts an den **Kirkjufell-Sümpfen** und dem **Jökuldalur** vorbei und mehr als 10 km über die eisigen Verästelungen eines Flussbetts. Schließlich steigt sie hoch zum **Aussichtspunkt Hörðubreið** und wieder hinab in die **Eldgjá**. Die Straße F235 zum See **Langisjór** zweigt etwa 3 km westlich von Eldgjá von der Straße F208 ab. In **Hólaskjól** (www.holaskjol.com) kann man zelten (1600 ISK) oder in einer Hütte (6800 ISK) nächtigen.

Der 40 km lange Abschnitt der Straße F208 von der Eldgjá nach **Búland** ist in halbwegs gutem Zustand, aber es sind einige Flüsse zu durchqueren, bevor die Straße in die Straße 208 abbiegt und südwestlich von Kirkjubæjarklaustur wieder auf der Ringstraße (Straße 1) endet.

Ein Pkw hat keine Chance, auch nur einen kleinen Abschnitt der Strecke zu schaffen, und Mietwagenfirmen verbieten Pkw-Fahrten auf F-Straßen. Da ein großer Teil der Fjallabak-Straße an Flüssen entlangführt (oder eher durch Flüsse hindurch!), ist sie für Mountainbikes nicht geeignet. Viele Leute probieren es trotzdem, aber mit lockerem Radeln hat das nichts mehr zu tun.

Die gesamte Strecke wird auch von Bussen befahren: Der Bus 11 von Reykjavík Excursions (S. 72) nach Landmannalaugar (8500 ISK, ca. 5 Std.) fährt frühmorgens in Reykjavík ab. Möglich ist auch eine Unterbrechung der Reise für ein paar Nächte in Landmannalaugar, um die Gegend zu erkunden, bevor es mit dem Bus zurückgeht oder man weiter nach Skaftafell (9500 ISK, ca. 5½ Std.) fährt.

Der etablierte Wanderreisenanbieter **Fjallabak** (☎ 511 3070; www.fjallabak.is; 4-Tages-Trek ab 140 000 ISK) veranstaltet im gesamten südlichen Hinterland, besonders im Naturschutzgebiet Fjallabak, durch das die Fjallabak-Straße führt, mehrtägige geführte Wanderungen. Ein anderer guter Anbieter ist Midgard Adventure (S. 154).

Álftavatn–Emstrur, 20 Reykjavík–Skaftafell und 21 Reykjavík–Hvolsvöllur halten alle in Hella (5000 ISK, 1½–2½ Std.). Mind. 5-mal tgl.

Trex Bus T21 Reykjavík–Landmannalaugar (Hella–Landmannalaugar 6900 ISK, 2¼ Std., Mitte Juni–Mitte Sept. 2-mal tgl.). Bus T11 Reykjavík–Þórsmörk (Hella–Þórsmörk 5400 ISK, 2 Std., Mitte Juni–Mitte Sept. 2-mal tgl.).

Thule Travel (S. 141) Reykjavík–Landmannalaugar (Hella–Landmannalaugar 6300 ISK, 3 Std., Juni–Mitte Sept. 2-mal tgl.). Außerdem Reykjavík–Þórsmörk (Hella–Þórsmörk 4650 ISK, 2¾ Std., Mitte Juni–Mitte Sept. 2-mal tgl.).

TAXI

Mountain Taxi (☎ 862 1864) Jón Pálsson bietet Taxifahrten in die Berge und ins Hochland an. Er lebt in Hella, kann aber Fahrgäste überall abholen.

Hvolsvöllur & Umgebung

950 EW.

Auf den Höfen um Hvolsvöllur spielten sich die blutigen Episoden der bekannten und beliebten *Njáls saga* ab. Leider sind von ihnen nur noch die Namen übrig geblieben. Über die Ruinen ist längst Gras gewachsen und auf vielen historischen Plätzen stehen moderne Landwirtschaftsgebäude. Hvolsvöllur selbst war nicht mehr als eine Raststation an der Straße mit zwei Tankstellen und ein paar Häusern, aber dank der Eröffnung eines großen Vulkan-Infozentrums und zahlreicher Pensionen wird der Ort als Ausgangspunkt für Südisland-Abenteuer immer beliebter.

Sehenswertes

In der Umgebung kann man Ruinen erkunden und nach versteckten Wasserfällen Ausschau halten und man hat leicht Zugang zu Abenteueraktivitäten im gesamten Süden.

LAVA Centre MUSEUM

(Iceland Volcano & Earthquake Centre; ☎ 415 5200; www.lavacentre.is; Austurvegur 14, Hvolsvöllur; Erw./Kind 2400 ISK/frei, nur Kino 1200 ISK/frei, Ausstellung & Kino 3200 ISK; ⏲ Ausstellung 9–19 Uhr, Lavahaus bis 21 Uhr) Das LAVA-Zentrum erzählt quasi die Geschichte der Ge-

NJÁLS SAGA

Eine der beliebtesten (und längsten) Isländersagas ist gleichzeitig eine der kompliziertesten. Sie handelt von den Freunden und Nachbarn Gunnar Hámundarson und Njáll Þorgeirsson. Ein belangloses Gezänk zwischen ihren Frauen löst die blutigen Fehden aus, bis am Ende praktisch alle tot sind. Die Saga wurde im 13. Jh. niedergeschrieben, die Ereignisse trugen sich aber bereits im 10. Jh. in den Bergen um Hvolsvöllur zu.

Der tragische Held Gunnar von Hlíðarendi (im Fljótsdalur) verliebt sich in die schöne, temperamentvolle Hallgerður mit den langen Beinen und (man ahnt Böses!) den „Augen einer Diebin". Die beiden heiraten und Hallgerður legt sich mit Bergþóra an, der Gemahlin von Njáll. Als Hallgerður und Bergþóra anfangen, sich gegenseitig die Diener abzumurksen, wird das Verhältnis zwischen Njáll und Gunnar zusehends gespannter.

Eine wichtige Episode beschreibt, wie Hallgerður einen Diener beauftragt, bei einem Mann namens Otkell Essen zu klauen. Als Gunnar seine Gemahlin beim gestohlenen Festmahl ertappt, sieht er rot. „Das wäre fürwahr furchtbar, würde ich nun zum Kumpan einer Diebin", sagt er und schlägt Hallgerður – eine Tat, die sich später rächen wird (die beiden vorherigen Ehemänner Hallgerðurs starben, nachdem sie sie geschlagen hatten).

Weitere unglückliche Umstände führten dazu, dass Gunnar Otkell umbringt und ins Exil geschickt wird. Als er fortreiten will, stolpert sein Pferd. Er dreht sich um, wirft einen letzten Blick auf seinen geliebten Hof Hlíðarendi und bringt es nicht über sich, das Tal zu verlassen. Seine Feinde schließen sich zusammen und belagern den Hof, aber Gunnar kann sie aufhalten – bis die Sehne seines Bogens reißt. Er bittet Hallgerður um eine Haarsträhne, um den Bogen zu reparieren. Sie weigert sich aus Rache für die Schläge, die er ihr vor Jahren verpasst hat, und Gunnar wird getötet.

Als Vergeltung für gefallene Sippenangehörige schlachten sich Gunnars und Njálls Familien nun gegenseitig ab. Njáll selbst versucht vergeblich, Frieden zu stiften. Sein Anwesen, wo er sich mit seiner Frau verschanzt hat, wird belagert. Die beiden verkriechen sich mit ihrem kleinen Enkel im Bett und gehen in den Flammen unter.

Einziger Überlebender des Feuers ist Njálls Schwiegersohn Kári. Er bringt die Brandstifter vor Gericht, mordet selbst aber fröhlich weiter und schließt letztlich mit seinem Erzfeind Flosi, der das Feuer angeordnet hatte, Frieden.

burt Islands und bietet ein umfassendes multimediales Erlebnis zu vulkanischen und seismischen Aktivitäten. Das Museum ist in mehrere Zimmer aufgeteilt und umfasst u. a. einen Erdbebensimulator (das Beben entspricht der Stärke 4 auf der Richterskala) und eine Staubwolke, die Vulkanasche ähnelt. Am Ende hat man sicher ein besseres Verständnis davon, wie Erdbeben und Vulkane zusammenhängen.

Keldur RUINE

(☎530 2200; www.thjodminjasafn.is; Rangárvallavegur/Straße 264; Eintritt 1200 ISK; ⏱Mitte Juni–Mitte Aug. 10–18 Uhr) Etwa 5 km westlich von Hvolsvöllur führt die unbefestigte Straße 264 über etwa 8 km nordwärts durch das Tal Rangárvellir bis zum mittelalterlichen Torfgehöft Keldur. Der historische Hof gehörte einst Ingjaldur Höskuldsson, einer Figur aus der *Njáls saga*. Das Gebäude wird von der Abteilung für historische Gebäude des Nationalmuseums verwaltet. Es hat eine idyllische Lage und zeigt interessante historische Gegenstände.

Geführte Touren

★Midgard Adventure WANDERN, ABENTEUERTOUR

(☎578 3370; www.midgardadventure.is; Dufþaksbraut 14; Touren 14 000–34 000 ISK) Einer der besten Anbieter individueller Touren im Süden Islands; der Gründer Siggi Bjarni und die seine Partner und Führer kennen die Gegend unglaublich gut und sind für Wanderführungen auf dem Fimmvörðuháls oder Laugavegurinn und anderen Wegen einfach spitze. Sie bieten zahlreiche Tagestouren mit Abholung an, darunter auch tolle Jeepausflüge, Canyoning und Eisklettern. Midgard betreibt auch ein Hostel und ein Café.

Schlafen

Im Dorf Hvolsvöllur und in der grünen Umgebung, z. B. in Fljótshlíð, gibt es exzellente Unterkünfte. Der kommunale Campingplatz liegt gleich hinter der Ringstraße (Straße 1) im Ortszentrum und im Osten des Orts gibt's ein hippes Abenteuerhostel.

Campingplatz CAMPINGPLATZ €
(☎866 8945, 898 2454; https://tjalda.is/en/hvolsvollur; Vestri-Garðsauki, abseits der Straße 1; Erw./Kind 1500/500 ISK; ⊙Juni–Nov.) Der geschützte Platz nur eine Gehminute von den Geschäften und Restaurants von Hvolsvöllur bietet Waschmaschinen (300 ISK pro Waschgang) und Duschen (400 ISK). Strom kostet 1000 ISK pro Tag.

Midgard Base Camp HOSTEL €€
(☎578 3180; www.midgard.is; Dufþaksbraut 14; B/DZ ab 5300/23 300 ISK; P📶) Hier gibt's in Vierer- bis Sechser-Dorms schicke, von hiesigen Eisenschmieden gefertigte Etagenbetten. Von den Privatzimmern bieten sich fabelhafte Ausblicke, wie auch vom Dach mit Hot Pot und Sauna. Unten kann Tischfußball gespielt werden und es gibt eine gemütliche Lounge und ein Restaurant mit herzhaften Mahlzeiten – toll nach einem Tag in der Natur! Die Hochlandtouren, die hier beginnen, werden stets in den höchsten Tönen gelobt.

Spói Guesthouse B&B €€
(☎861 8687; www.spoiguesthouse.is; Hlíðarvegur 15/Straße 261; EZ/DZ ohne Bad 13 200/18 900 ISK; P📶) Das makellose, familiengeführte Haus vermietet blitzblanke Zimmer, die sich um einen geräumigen Speiseraum mit einem großen Holztisch gruppieren, an dem ein üppiges Frühstück serviert wird. Die Besitzer teilen gerne ihre enormen Kenntnisse der Region.

Asgarður HÜTTEN €€
(☎487 1440; www.asgardurinn.is; Hvolströð, abseits der Straße 261; DZ ohne Bad mit Frühstück 17 900 ISK; 📶) Die Gruppe niedlicher Hütten mit weißen Lattenzäunen inmitten von Bäumen neben der Kirche des Orts haben jeweils zwei Schlafzimmer mit Bad und Kochnische. Im Zentrum steht ein uriges restauriertes Schulhaus von 1927. Betten mit Bettzeug kosten 11 000 ISK, wer einen Schlafsack mitbringt, zahlt 5500 ISK.

Essen

Katla Restaurant BÜFFET €
(☎415 5252; http://katlarestaurant.is; LAVA Centre, abseits der Straße 1; Hauptgerichte ab 2000 ISK, Büffet 3600 ISK pro Pers.; ⊙9–21 Uhr) Wem der Sinn nach einem deftigen Essen steht, der sollte sich ins LAVA Centre aufmachen: Hier wird in einem großen modernen Speisesaal ein recht gutes Büffet aufgefahren. Zur Auswahl stehen Suppen, Brot, Salate, ein paar Hauptgerichte mit Fisch, Schweinefleisch, Frikadellen und Huhn; dazu gibt's ein Dessert und ein Getränk. Wer möchte, kann auch à la carte bestellen. Nebenan ist noch ein Café.

Kronan Supermarket SUPERMARKT €
(https://kronan.is; Austurvegur 4; ⊙9–20 Uhr) Lebensmittel.

★ **Eldstó Art Café** CAFÉ €€
(☎482 1011; www.eldsto.is; Austurvegur 2, Hvolsvöllur; Hauptgerichte 2150–4250 ISK; ⊙Juni–Aug. 10–22 Uhr; P📶) Das Eldstó bietet frisch gebrühten Kaffee, hausgemachte Tagesgerichte wie traditionelles isländisches Fladenbrot mit geräuchertem Lamm und heißer Schokolade (1350 ISK) sowie Hauptgerichte wie langsam geröstete Lammhaxe oder im Ofen gebackenen Lachs. Auf der Karte stehen außerdem Burger und Salate sowie hausgemachter Kuchen. Das einladende Café hat mehrere Tische.

Gallerí Pizza FAST FOOD €€
(☎487 8440; www.gallerypizza.weebly.com; Hvolsvegur 29; Hauptgerichte 1300–4460 ISK; ⊙11.30–22 Uhr, Nov.–März Mo–Fr bis 21 Uhr) Die Pizzeria, eine Straße hinter der Hauptstraße gelegen, ist ein viel besuchtes, simples Lokal mit Vinyl-Sitznischen und 20 verschiedenen Pizzen, von einer Meeresfrüchtepizza und der Lava (mit Peperoni, Pilzen, Knoblauch, Oliven, Jalapeños und Frischkäse) bis zur Pizza Hawaii und der klassischen Margherita. Außerdem gibt's neun verschiedene Burger, u. a. einen Béarnaise-Burger.

Shoppen

Una Local Products KUNSTHANDWERK
(Sveitabúðin Una; ☎544 5455; www.unalocalstore.is; Austurvegur 4, Hvolsvöllur; ⊙10–18 Uhr; 📶) Der große Hangar an der Ringstraße ist vollgestopft mit jeglicher Art von isländischem Kunsthandwerk, von Geldbörsen aus Fischhaut über Wollpullover und Schmuck bis hin zu Lederwaren.

Vínbúðin ALKOHOLISCHE GETRÄNKE
(☎486 1886; www.vinbudin.is; Austurvegur 1; ⊙Mo–Do 11–18, Fr bis 19, Sa bis 16 Uhr) Staatlicher Alkoholladen.

An- & Weiterreise

Busse von Reykjavík ins Þórsmörk halten in Hvolsvöllur.

Strætó (S. 68) Busse 51 Reykjavík–Vík–Höfn und 52 Reykjavík–Landeyjahöfn (Reykjavík–Hvolsvöllur 3680 ISK, 1¾ Std., Mo–Fr 7-mal tgl., Sa & So 5-mal).

Sterna (S. 73) Busse 12/12a Reykjavík–Vík–Höfn (Reykjavík–Hvolsvöllur 3700 ISK, 2¾ Std., Juni–Mitte Sept. 1-mal tgl.).

Reykjavík Excursions (S. 72) Die Busse 9/9a Reykjavík–Þórsmörk, 18 Álftavatn–Reykjavík, 20/20a Reykjavík–Skaftafell und 21/21a Reykjavík–Skógar halten allesamt in Hvolsvöllur (Reykjavík–Hvolsvöllur 5000 ISK, ca. 2 Std., ca. 9-mal tgl.).

Trex Bus T11 Reykjavík–Þórsmörk (5400 ISK, 2 Std., Mitte Juni–Mitte Sept. 2-mal tgl.) hält in Hvolsvöllur.

Thule Travel (S. 141) Reykjavík–Þórsmörk (Hvolsvöllur–Þórsmörk 4650 ISK, 2¾ Std., Mitte Juni–Mitte Sept. 2-mal tgl.).

Von Hvolsvöllur nach Skógar

Hinter Hvolsvöllur führt die Ringstraße (Straße 1) weiter gen Osten Richtung Vík. Drei wichtige Nebenstraßen zweigen von ihr ab. Die erste ist die zum Fljótshlíð (Straße 261) direkt am östlichen Stadtrand von Hvolsvöllur, die zweite die Straße 254, die über 12 km Richtung Süden nach Landeyjahöfn und zur Fähre zu den Vestmannaeyjar führt. Die dritte ist die Straße 249 Richtung Norden am Seljalandsfoss vorbei ins Þórsmörk-Tal. Weiter auf der Ringstraße geht es am massigen Eyjafjallajökull vorbei, der 2010 durch seine aschereiche Eruption berühmt wurde, und schließlich nach Skógar.

Fljótshlíð

Die Straße 261 führt am moosgrünen Rand der üppigen Fljótshlíð-Berge entlang und bietet großartige Ausblicke auf Wasserfälle wie den **Gluggafoss** auf der einen Seite sowie das Flussdelta des Markarfljót und den Eyjafjallajökull auf der anderen Seite.

Der asphaltierte Abschnitt der Straße endet bald hinter dem Gehöft und der Kirche in **Hlíðarendi**, wo einst Gunnar Hámundarson aus der *Njáls saga* lebte. Mit einem Amphibien- oder großen Allradfahrzeug ist es möglich, auf der Straße F261 Richtung Landmannalaugar und zu den **Tindfjöll** weiterzufahren – ein Paradies für Wanderer. Das Þórsmörk-Tal scheint zwar zum Greifen nahe, kann aber nur über die Straße F249 erreicht werden.

Geführte Touren

Midgard Adventure (S. 154) und Southcoast Adventure organisieren Wandertouren und Schluchtenklettern in den Tindfjöll und in der Region.

Óbyggðaferðir QUADTOUR
(ATV Travel; ☎661 2503; www.atvtravel.is; Touren ab 32 500 ISK pro Pers., 2 Pers. 25 500 ISK pro Quad) Quadtouren um den Eyjafjallajökull, im Þórsmörk und anderswo. Die Touren dauern zwei bis drei bzw. neun bis 14 Stunden.

Schlafen & Essen

Auf ganzer Länge des Tals gibt es etliche gute Pensionen und Hotels, manche mit Zeltplätzen.

Einige der Hotels servieren auch Essen, ansonsten gibt es Restaurants in Hvolsvöllur.

★ **HI-Hostel Fljótsdalur** HOSTEL €
(☎487 8498; www.hostel.is; Straße 261; B ab 4200 ISK; ⏲April–Okt.) Das Hostel ist sehr einfach, aber wer eine ruhige, abgeschiedene Basis für Wandertouren sucht, ist hier genau richtig: schöner Garten, behagliche Küche, gemütlicher Aufenthaltsraum und ein umwerfendes Bergpanorama. Es gibt nur sieben Matratzen unterm Dach (Schlafsack mitbringen!) und zwei Vierbettzimmer unten. Vorausbuchung ist erforderlich; HI-Mitglieder zahlen weniger.

Die Herberge liegt 27 km östlich von Hvolsvöllur; am Ende der Strecke wird die Straße recht unwegsam und nur Geländefahrzeuge schaffen den steilen Hügel hoch zum Parkplatz des Hostels. Wer mit einem normalen Pkw unterwegs ist, sollte unten parken und die 50 m zu Fuß hochgehen. Proviant muss mitgebracht werden!

Kennarabústaður PENSION €
(abseits des Fljótshiðarvegur; DZ ohne Bad ab 9000 ISK; P 📶) Sehr sauberes ehemaliges Lehrerhaus mit preisgünstigen einfachen Zimmern sowie Gemeinschaftsküche und -bädern, großem Essbereich und sehr freundlichem Personal.

★ **Hótel Fljótshlíð** HOTEL €€
(Guesthouse Smáratún; ☎487 1416; www.smaratun.is; Straße 261, Smáratún; Stellplatz Erw./Kind 1350/670 ISK, EZ/DZ/3BZ mit Bad 22 400/27 400/34 500 ISK; P 📶) Auf dem hübschen weißen Gehöft mit blauem Blechdach werden schicke hotelähnliche Zimmer, Pensionszimmer mit Gemeinschaftsbad und Sommerhäuser für vier bis sechs Personen vermietet. Es gibt auch Schlafsackunterkünfte (4600 ISK) und Zeltplätze. Zum Entspannen steht ein Hot Pot bereit und die Kinder können sich auf dem Spielplatz austoben oder Billard spielen. Das angeschlossene Restaurant bietet isländische Kost und

ein Frühstücksbüffet (1850 ISK). Das Hotel liegt 12,5 km östlich von Hvolsvöllur.

Fagrahlíd Guesthouse B&B €€
(☎863 6669; www.fagrahlid.is; Straße 261, Gehöft Fagrahlíd; DZ ohne Bad ab 13 500 ISK, Apt. mit 2 Schlafzimmern ab 22 300 ISK, jeweils mit Frühstück; P 📶) Die Ansammlung hübscher weißer Häuser liegt an einem Hang mit weitem Blick über das Tal und die Vulkane in der Ferne. Der nette Besitzer hält alles tipptopp in Ordnung, die Zimmer und das Apartment mit zwei Schlafzimmern sind komfortabel und es gibt einen Hot Pot für alle. Die Anlage liegt 6,5 km östlich von Hvolsvöllur an der Straße 261.

Hótel Eyjafjallajökull B&B, CAMPINGPLATZ €€
(☎487 8360; www.hoteleyjafjallajokull.is; Straße 261, Hellishólar; Stellplatz Erw./Kind 1300/800 ISK, EZ/DZ mit Frühstück ab 16 200/18 800 ISK; P 📶) Das lange, schmale Holzhotel betreibt auch einen edlen Campingplatz mit Hot Pots und Wäscherei. Die Hotelzimmer haben allesamt ein eigenes Bad und Flachbild-TVs. Kinder können auf einem Spielplatz toben. Die Gäste können außerdem Leihräder, Ausritte und Quadtouren buchen und eine Runde auf einem Golfplatz mit neun Löchern spielen. Das Hotel liegt 11 km östlich von Hvolsvöllur an der Straße 261.

Seljalandsfoss

Schon von Weitem ist der glitzernde, 60 m hohe Seljalandsfoss zu sehen, der die unteren Felshänge des Vulkans Eyjafjallajökull hinabdonnert. Ein rutschiger Pfad führt hinter dem Wasserfall herum. Ein paar Hundert Meter weiter über die Þórsmörk-Straße rauscht der Wasserfall **Gljúfurárbui** in eine verborgene Schlucht.

Der Seljalandsfoss ist ein beliebter Stopp an der Ringstraße und eine Haltestelle der Busse ins Þórsmörk (das Þórsmörk ist wegen der großen Flüsse, die durchfahren werden müssen, mit normalen Pkws nicht zu erreichen). Die Straße ins Þórsmörk (Straße 249/F249) beginnt gleich östlich des Flusses Markarfljót neben dem Seljalandsfoss und verläuft nach Norden. Sie wird bald zu einer spektakulären Piste, die nur mit Allradfahrzeugen zu bewältigen ist.

Geführte Touren

★ **Southcoast Adventure** ABENTEUERTOUR
(☎867 3535; www.southadventure.is; Campingplatz Hamragarðar, Straße 249; 3-/5-stündige Touren ab 22 900/32 900 ISK, Preis jeweils für 2 Pers.) Den kleinen Tourenanbieter Southcoast Adventure leitet eine Gruppe enthusiastischer Einheimischer, die sich bestens auskennen und einen ausgezeichneten Ruf genießen. Sie bieten individuelle Superjeeptouren: Beliebt sind z. B. Touren vom Þórsmörk nach Landmannalaugar und zum berühmten Gletscher Eyjafjallajökull. Außerdem stehen Schneemobiltouren, Vulkantouren und Wanderungen auf dem Programm. Ein Infoschalter steht auf dem Campingplatz Hamragarðar an der mit normalen Pkws befahrbaren Straße 249 neben dem Seljalandsfoss.

> **ABSTECHER**
>
> **RUNDFLÜGE ÜBER DIE VULKANE**
>
> **Atlantsflug** (☎555 1615; www.flightseeing.is; Straße 253; Rundflüge ab 19 900 ISK) bietet ab dem Flughafen Bakki an der Küste 5 km nordwestlich von Landeyjahöfn Rundflüge über Wasserfälle, Schluchten und Berge sowie über den Krater des Eyjafjallajökull-Gletschers und das Hochland. Außerdem gibt's Flüge nach Heimaey, einer der Westmännerinseln.

Schlafen & Essen

Auf dem Parkplatz am Wasserfall verkauft ein kleines Freiluftcafé Kuchen, Sandwiches und Suppen. Restaurants sind in Hvolsvöllur und Skógar zu finden.

★ **Hamragarðar** CAMPINGPLATZ €
(☎866 7532; Straße 249; Stellplatz Erw./Kind 1500 ISK/frei; ⊙Mai–Sept.) Hier kann man direkt neben dem versteckt liegenden Wasserfall in Gljúfurárbui am Beginn der Straße 249 zelten. Das kleine Café (Juni–Aug. 9–23 Uhr) verkauft Kaffee und Kuchen, es gibt Waschmaschinen (400 ISK), Duschen (300 ISK), Stromanschlüsse (1000 ISK) und eine Gästeküche sowie einen Infoschalter von Southcoast Adventure (s. o.).

Nicehostel Seljaland HOSTEL €
(☎419 0100; https://nicetravel.is; abseits der Straße 1; B/DZ mit Frühstück 5900/16 500 ISK) Das schicke Hotel rund 2 km südlich vom Seljalandsfoss bietet vier makellose Zimmer sowie Dorms mit zwölf Betten samt Leselampen. Es stehen eine Küche und kostenlos Tee und Kaffee zur Verfügung. Das Hostel liegt an der Straße 1 auf dem Weg nach Skógar.

★ Stóra-Mörk III PENSION, HÜTTEN €€

(☎487 8903; www.storamork.com; abseits der Straße 248; DZ mit/ohne Bad mit Frühstück 19 500/14 500 ISK; 📶) Etwa 5 km über die Straße 249, jenseits des vielbesuchten Wasserfalls Seljalandsfoss, führt ein Feldweg zum historischen Gehöft Stóra-Mörk III, das natürlich in der *Njáls saga* erwähnt wird und große, gemütliche Zimmer mit Landschaftsbildern an den Wänden vermietet. Im Haupthaus gibt's ein paar Zimmer mit Bad, eine große Küche sowie einen Speiseraum mit tollem Berg- und Meerblick.

An- & Weiterreise

Parken am Seljalandsfoss kostet jetzt 700 ISK pro Tag. Die Busunternehmen müssen ebenfalls tiefer in die Tasche greifen, um hier halten zu dürfen; der Strætó-Bus hält hier nicht mehr und auch andere Busunternehmen scheinen darüber nachzudenken, den Wasserfall nicht mehr anzufahren.

Bei Redaktionsschluss hatten Sterna und Trex noch Busse von Reykjavík zum Seljalandsfoss; das neue Unternehmen Thule Travel bietet Verbindungen vom Seljalandsfoss nach Reykjavík und ins Húsadalur/Þórsmörk.

Südlich des Eyjafjallajökull

Die Ringstraße (Straße 1) führt geradewegs durch das Gebiet südlich des Eyjafjallajökull (sprich: *äi*-ja-*fjat*-la-*jö*-kütl), das während der berüchtigten Eruption von 2010 von Aschenschlamm überflutet war. Das hinreißende Areal grenzt an die unteren Felshänge und Ausläufer und ist durchsetzt von Wasserfällen und Gehöften.

Sehenswertes & Aktivitäten

Seljavallalaug THERMALBAD

(Seljavallavegur, abseits der Straße 242) GRATIS Das ruhige Freibad Seljavallalaug von 1923 wird von einer natürlichen heißen Quelle gespeist und ist mittlerweile sehr beliebt bei Touristen. Ab Edinborg (7 km westlich von Skógar) folgt man der Straße 242 und der Ausschilderung nach Seljavellir; vom Parkplatz am Bauernhof sind es noch 15 Minuten zu Fuß flussaufwärts. An der Quelle gibt es sehr einfache Campingmöglichkeiten.

Skálakot REITEN

(☎487 8953; www.skalakot.com; Skálakotsvegur; 1-stündige Touren ab 7000 ISK, halbtägige Ausritte ab 19 000 ISK, 4-Tages-Ritte ins Þórsmörk 183 500 ISK) Der Pferdehof Skálakot 15 km westlich von Skógar an der Straße 246 bietet verschiedene Ausritte, halbtägige Exkursionen zum Gletscher und viertägige Reittouren ins Þórsmörk. Diverse **Unterkünfte** (☎487 8953; www.skalakot.com; Moldnúpsvegur, abseits der Straße 246; Standard-DZ/Suite mit Frühstück ab 52 500/68 250 ISK; P 📶) gehören auch zum Angebot.

Schlafen & Essen

An der Ringstraße (Straße 1) finden sich hier und da Pensionen und Gehöfte mit Gästezimmern.

Hótel Lambafell HOTEL €€

(☎487 1212; www.lambafell.is; Lambafell, abseits der Straße 242; DZ/4BZ ab 23 600/48 600 ISK; 📶) Das große, sehr saubere Hotel im Blockhüttenstil vermietet geräumige Zimmer mit Bad. Auf der Veranda steht ein Hot Pot.

Guesthouse Edinborg PENSION €€

(☎487 1212; www.greatsouth.is; Straße 242, Lambafell; DZ mit Frühstück 16 100 ISK; @📶) Das frühere Hótel Edinborg (an der Hauptstraße noch immer so ausgeschildert) ist ein hohes, blechverkleidetes Bauernhaus mit einladenden Gästezimmern mit Bad, Holzböden und bequemen Betten sowie einem Wohnzimmer mit Gletscherblick unter dem Dach. Obwohl es nicht weit von der Ringstraße entfernt ist, hat man das Gefühl, weitab vom Schuss und mitten in der Natur zu sein. Unter gleicher Leitung steht auch das Hótel Lambafell in der Nähe.

Country Hotel Anna HOTEL €€

(☎487 8950; www.hotelanna.is; Moldnúpur, abseits der Straße 246; EZ/DZ mit Frühstück 23 200/30 000 ISK; 📶) Anna, die Namensgeberin des Hotels, schrieb Bücher über ihre Reisen durch die ganze Welt – und das Hotel ihrer Nachfahren ehrt ihre Leidenschaft fürs Reisen mit sieben nostalgischen Zimmern, die mit Antiquitäten und bestickten Bettüberwürfen eingerichtet sind. Das Hotel und sein kleines Restaurant (11–20.30 Uhr, Juni–Aug. bis 21 Uhr; Hauptgerichte 3900–5100 ISK) befinden sich am Fuß des Vulkans Eyjafjallajökull unmittelbar bei der Straße 246.

★ Gamla Fjósið ISLÄNDISCH €€€

(Alter Kuhstall; ☎487 7788; www.gamlafjosid.is; Hvassafell, abseits der Straße 1; Hauptgerichte 3900–6900 ISK, Burger ab 2070 ISK, Vulkansuppe 2400 ISK; ⏲Juni–Aug. 11–21 Uhr, Sept.–Mai kürzere Öffnungszeiten; 📶) Das hübsche Restaurant in einem alten Stall, in dem noch bis

1999 Kühe standen, serviert hauptsächlich Gerichte mit Fleisch von freilaufenden Tieren, von Hamburgern bis zur Vulkansuppe, einem pikanten Fleischeintopf. Der Raum mit Holzfußboden und niedrigen Balken ist mit glänzenden Tischen und großen Holzkisten aufgepeppt. Für gute Stimmung sorgt auch das freundliche Personal.

An- & Weiterreise

Zwar fahren die Busse ab Reykjavík hier durch, doch halten sie derzeit nicht in der Gegend. Am besten ist man mit einem Mietwagen oder einem Allradfahrzeug unterwegs.

Skógar

25 EW.

Skógar schmiegt sich nicht weit von der Ringstraße an den Fuß der Eiskappe des Eyjafjallajökull. Die kleine touristische Siedlung ist der Startpunkt (manchmal auch der Endpunkt) für die atemberaubende Wanderung über den Fimmvörðuháls-Pass ins Þórsmörk-Tal und eines der Aktivitätenzentren im Südwesten. Am westlichen Ortsrand stürzt sich der Skógafoss aus schwindelerregender Höhe in die Tiefe, im Ostteil befinden sich ein fantastisches Heimatmuseum und der versteckte Wasserfall Kvernufoss.

Sehenswertes

★ Skógafoss WASSERFALL

(Skogafossvegur, abseits der Straße 1) Der 62 m hohe Wasserfall Skógafoss rauscht spektakulär die zerklüfteten Felsen am Westrand von Skógar hinab. Wer die steilen Stufen hochklettert, wird mit einem schwindelerregenden Blick nach unten belohnt. Bei Sonnenschein schillert der Gischtschleier in allen Regenbogenfarben. Der Legende nach soll ein Siedler namens Þrasi eine mit Gold gefüllte Kiste hinter dem Skógafoss versteckt haben. Oben am Wasserfall beginnt die spannende, 23 km lange Fimmvörðuháls-Wanderung (S. 163) ins Þórsmörk.

★ Heimatmuseum Skógar MUSEUM

(Skógasafn; ☎487 8845; www.skogasafn.is; Skógavegur, nahe Straße 1; Erw./Kind 2000 ISK/frei; ⏲Juni–Aug. 9–18 Uhr, Sept.–Mai 10–17 Uhr) Das wunderbare Heimatmuseum ist das Highlight im kleinen Skógar: Es beleuchtet alle Aspekte isländischen Lebens. Mehr als 75 Jahre lang hat Þórður Tómasson diese riesige Sammlung Stück für Stück zusammengetragen – im Alter von 92 Jahren setzte er sich schließlich zur Ruhe. Die Anlage umfasst mehrere restaurierte Gebäude (Kirche, mit Grassoden gedecktes Bauernhaus, Ställe) sowie ein großes modernes Gebäude mit einem interessanten Verkehrs- und Kommunikationsmuseum und einem Laden.

★ Kvernufoss WASSERFALL

(Skógavegur, abseits der Straße 1) Dieser versteckte, 20 m hohe Wasserfall, hinter dem man hindurchgehen kann, liegt abseits der Touristenpfade – wahrscheinlich ist man ganz allein hier. Der kurze Weg zum Wasserfall beginnt hinter dem grauen Gebäude am östlichen Ende des Parkplatzes vom Heimatmuseum in Skógar. Hinter dem Zaun folgt man dem Pfad etwa 15 Minuten zur Klippe und durch eine schöne moosbewachsene Schlucht zum prächtigen tosenden Wasserfall, der sich in ein Becken ergießt.

Geführte Touren

Mehrere größere Tourenveranstalter haben ihren Sitz bei Skógar. Sie bieten Touren zu den Naturwundern der Gegend wie etwa zu Gletschern und Vulkanen. Zu den herausragenden Anbietern um Skógar zählen South-coast Adventure (S. 157), Midgard Adventure (S. 154) und Arctic Adventures (S. 73), die alles im Programm haben von Trekking- und Superjeep- bis zu Eisklettertouren. Die Abholung ab Skógar kann jeweils organisiert werden.

Icelandic Mountain Guides ABENTEUERTOUR

(☎587 9999, Büro in Skógar 894 2956; www.mountainguides.is; Straße 221; Gletscherkajaktour ab 12 900 ISK, geführte Fimmvörðuháls-Wanderungen ab 89 900 ISK; ⏲9.30–17 Uhr) Icelandic Mountain Guides, einer der größten und besten Tourenanbieter des Landes, hat sich mit Arcanum (S. 175) in Sólheimajökull zusammengetan und bietet auch Buchungsmöglichkeiten im Hótel Skógafoss (S. 162). Hier werden u. a. Kajaktouren rund um den Gletscher, Wanderungen über den Fimmvörðuháls und viele andere Touren in der weiteren Umgebung angeboten. Abholung in Reykjavík ist möglich.

Schlafen

Skógar ist zwar touristisch geprägt und hat diverse Unterkünfte, aber in der Hochsaison ist eine frühzeitige Reservierung nötig.

1

KOTENKO OLEKSANDR/SHUTTERSTOCK ©

2

4

KAVRAM/SHUTTERSTOCK ©

ANDREY BAYDA/SHUTTERSTOCK ©

BEKETOFF /SHUTTERSTOCK ©

1. Hverir (S. 333)
Die magische Welt von Hverir bietet sichere Wege durch die Mondlandschaft aus blubbernden Schlammtöpfen und Schwefel.

2. Fjaðrárgljúfur (S. 193)
Das Flüsschen Fjaðrá fließt durch die malerische Schlucht Fjaðrárgljúfur.

3. Gatklettur (S. 245)
An der Südwestküste ragt der Felsbogen Gatklettur am Strand von Djúpalón auf.

4. Strand von Reynisfjara (S. 175)
Hinter dem schwarzsandigen Strand von Reynisfjara stapeln sich Basaltsäulen wie eine versteinerte Kirchenorgel.

★ **Campingplatz Skógar** CAMPINGPLATZ €
(Skógafossvegur, nahe Straße 1; Stellplatz 1500 ISK pro Pers.; ⏲Mai–Sept.) Einfacher Rasenplatz in toller Lage direkt am Skógafoss, dessen rauschendes Wasser einen in den Schlaf wiegt. Es gibt einen schlichten Sanitärblock (Dusche 300 ISK pro Pers.) sowie Waschbecken für Töpfe und Pfannen; gezahlt wird am kleinen Bürofenster neben den Duschen.

HI-Hostel Skógar HOSTEL €
(☎487 8780; www.hostel.is; Skógafossvegur, abseits der Straße 1; B/DZ ab 5900/17 800 ISK; 📶) Ein solides Hostel der HI-Kette, das nur einen Steinwurf vom Skógafoss in einer ehemaligen Schule untergebracht ist und zweckmäßige Zimmer bereithält. Eine Gästeküche und eine Waschküche sind vorhanden.

★ **Skógar Guesthouse** PENSION €€
(☎894 5464; www.skogarguesthouse.is; Ytri Skógar, abseits des Skógaveur; DZ/3BZ ohne Bad mit Frühstück 23 800/35 700 ISK; 📶) Das reizende weiße Bauernhaus liegt hinter dem Hótel Edda, versteckt inmitten von Bäumen und fast am Rand des Felshangs. Die freundliche Familie bietet urige, makellos gepflegte Zimmer mit frischer Bettwäsche und kuscheligen Bettdecken, dazu eine große Küche sowie auf einer Terrasse unter den Ahornbäumen einen Hot Pot. Obwohl die Pension nur zehn Gehminuten vom Skógafoss entfernt liegt, wirkt sie abseits des Touristentrubels.

Hótel Skógafoss HOTEL €€
(☎487 8780; www.hotelskogafoss.is; Skógafoss vegur, abseits der Straße 1; DZ mit Frühstück 27 200–29 500 ISK; 📶) Das Hotel wartet mit 19 gut ausgestatteten, modernen Zimmern (die Hälfte bietet Ausblick auf den Wasserfall) und guten Bädern auf. Durch die großen Fenster der schön gelegenen Bistro-Bar ist der Wasserfall zu sehen und es gibt heimisches Bier vom Fass.

Hótel Edda Skógar HOTEL €€
(☎444 4000; www.hoteledda.is; Skógavegur, abseits der Straße 1; DZ ohne Bad ab 21 800 ISK; ⏲Anfang Juni–Ende Aug.; 🅿📶) Jeden Sommer verwandelt sich die örtliche Schule nahe dem Museum in ein Hotel. Die Zimmer (mit Gemeinschaftsbad) sind absolut zweckdienlich, wenn auch eher langweilig und verwohnt, und verteilen sich auf zwei Gebäude.

Hótel Skógar HOTEL €€€
(☎487 4880; www.hotelskogar.is; Skógarfossvegur, nahe Straße 1; EZ/DZ/3BZ mit Frühstück 24 300/27 600/34 100 ISK; 📶) Die zwölf kleinen Zimmer des architektonisch interessanten Hotels sind mit witzigen Antiquitäten eingerichtet und bieten teilweise Blick auf die Berge. Vom Garten sind der Gletscher Eyjafjöll und der Wasserfall Skógafoss zu sehen. Ein Hot Pot und eine Sauna sowie ein elegantes Restaurant (12–15 & 18–22 Uhr; Hauptgerichte 1600–4900 ISK) runden das Ganze ab. Gutes Frühstück.

✕ Essen

Mia's Country Kitchen FISH & CHIPS €
(☎696 6542; Skógafossvegur, nahe Straße 1; Fish & Chips 2000 ISK; ⏲12–16 Uhr) Mias rot-weiß getüpfelter Food Truck verkauft nur Fish and Chips mit knusprigen Wedges und Sauce (z. B. isländische Sauce Tatar, süße Chilisauce oder Ketchup). Steht dauerhaft an der Straße zum Skógafoss.

Fossbúð ISLÄNDISCH, ENGLISCH €€
(☎487 4880; Skógafossvegur, abseits der Straße 1; Hauptgerichte 1500–3000 ISK; ⏲Juni–Aug. 9–21 Uhr; 📶) Die Fossbúð ist nicht gerade glamourös eingerichtet, hat aber freundliches Personal, das herzhafte Speisen zu vernünftigen Preisen serviert. Neben Suppen, Hamburgern, Sandwiches und Kuchen gibt's auch Fish and Chips und warmes englisches Frühstück mit Bohnen, Tomaten, Toast, Würstchen, Bacon und Eiern. Außerdem gibt's kostenloses WLAN, eine **Touristeninformation** (Skógafossvegur, abseits der Straße 1; ⏲Juni–Aug. 9–21 Uhr) und einen Laden für Lebensmittel und Campingzubehör.

Hótel Skógafoss Bistro-Bar ISLÄNDISCH €€
(☎487 8780; www.hotelskogafoss.is; Skógar, abseits der Straße 1; Hauptgerichte 1900–3300 ISK; ⏲11–21 Uhr) Die Bistro-Bar im Hótel Skógafoss ist sehr praktisch gelegen und lockt mit ihren großen Fenstern mit Blick auf den Wasserfall in der Nähe. Allerdings ist das Essen (Burger, Pasta, Fisch) nur mittelmäßig und die Bedienung manchmal langsam und unfreundlich. Dafür gibt's heimisches Bier vom Fass (ab 1100 ISK).

ℹ An- & Weiterreise

Strætó (S. 68) Bus 51 ab Reykjavík (5520 ISK, 2½ Std., 2-mal tgl.) hält in Skógar, ebenso Bus 12/12a von Sterna (S. 73) ab Reykjavík (5300 ISK, 3 Std., Juni–Mitte Sept. 1-mal tgl.).

Reykjavík Excursions (S. 72) Ebenfalls Busse ab Reykjavík, u. a. Bus 20/20a (6700 ISK, 3¼–4 Std., Juni–Anfang Sept. 1-mal tgl.) und Direktbus 21/21a (6700 ISK, 3¼–4 Std., Juni–Aug. 2-mal tgl.).

FIMMVÖRÐUHÁLS-WANDERUNG

Die Fimmvörðuháls-Wanderung (www.fimmvorduhals.is) – benannt nach einem Pass zwischen zwei düsteren Gletschern – betört das Auge mit dem Anblick wilder Landschaften. Der großartige Wanderweg zwischen Skógar und Þórsmörk ist 23,4 km lang und bietet einen Einblick in alle Landschaftsformen Islands. Er kann in drei Abschnitte von ungefähr gleicher Länge aufgeteilt werden. Die Wanderung dauert etwa zehn Stunden, in denen sind Pausen und Besichtigungen der dampfenden Relikte des Eyjafjallajökull-Ausbruchs enthalten. Für die Wanderung ist die Zeit von Ende Juni bis Anfang September am besten, aber nicht ohne sich vor Ort nach den Rahmenbedingungen zu erkundigen und auf www.safetravel.is Informationen einzuholen. Außerdem sollte man die App 112 Iceland herunterladen und sich zu Beginn und auch unterwegs mit seinen Standort anmelden; die App verfügt auch über einen Button für Notfälle. Handyempfang gibt's unterwegs immer wieder mal. Man sollte genau überlegen, was unterwegs gebraucht wird: Auf dieser Wanderung sind alle vier Jahreszeiten auf einmal zu erleben. Wenn man einigermaßen fit ist, kann die Wanderung bei gutem Wetter problemlos absolviert werden, doch wer sich nicht sicher ist, sollte lieber mit einem Führer gehen, da es zwei heikle Pässe zu überwinden gibt.

Teil 1: Wasserfallweg Der Pfad beginnt rechts des rauschenden Skógafoss und führt rasch hoch zum Fall und schließlich zu weiteren Wasserfällen gleich dahinter. Dicht am stürzenden Wasser geht es weiter über kleine Steine und krumme Bäume – es sind insgesamt 22 Wasserfälle, jeder großartiger als der nächste. Der Pfad flacht ab und die Bäume werden zu windzerzausten Büschen. Schließlich kommt die „Brücke" in Sicht, ein grober Holzsteg über den sprudelnden Fluss. Wanderer müssen diesen Steg unbedingt nehmen, da der Fluss ansonsten nirgends für den Weitermarsch in das Þórsmörk überquerbar ist.

Teil 2: Der Aschenbecher Nach Überquerung des Stegs beginnt auf der linken Flussseite das düstere Herz des Passes zwischen zwei Gletschern: dem Eyjafjallajökull und dem Mýrdalsjökull. Das Wetter ist hier oft sehr unbeständig – es kann auf dem Pass regnen, während in Skógar die Sonne scheint. Es ist sinnvoll, sich dick einzupacken, da im Frühsommer der Weg durch eisige Gräben und wahrscheinlich durch Schnee führt. Wer die Wanderung auf zwei Tagestouren verteilen will, sollte sich einen Platz entweder in der 20-Personen-Hütte **Baldvinsskáli** (☎568 2533; www.fi.is; N 63°36.622', W 19°26.477'; Schlafsackbett 7000 ISK; ⏲Mitte Juni–Mitte Sept.) oder in der Hütte **Fimmvörðuháls** (☎893 4910, Buchung 562 1000; www.utivist.is; N 63°37.320', W 19°27.093'; Schlafsack-Unterkunft 6500 ISK pro Pers.; ⏲Mitte Juni–Aug.) reservieren. Letztere liegt 600 m abseits des Hauptwegs etwa auf halber Strecke dieser Wanderung (sie ist bei schlechtem Wetter schwer zu finden – bevor man losgeht GPS-Koordinaten notieren). Einen Campingplatz gibt es dort nicht. Ein Stück weiter kommt die Eruptionsstätte in Sicht, wo der berühmte Eyjafjallajökull-Ausbruch begann. Zeugen davon sind die dampfende Erde und die zwei jüngsten Berge der Welt – der Magni und der Móði. Auf der Spitze des Magni haben Leute schon Würstchen über den zischenden Dampflöchern gebraten.

Teil 3: Goðaland Nach dem Abstieg vom Magni beginnt der letzte Teil der Wanderung. Die karge Aschenlandschaft setzt sich noch eine Weile fort, bis sich ein übernatürliches Reich eröffnet – ein Ort wie direkt einem Märchen entsprungen. Hier in Goðaland – dem treffend benannten „Götterland" – blühen wilde arktische Blumen und in der Ferne ragen Felsenkathedralen empor, deren Strebebögen ineinandergreifen wie eine Art himmlischer Reißverschluss. Eine Aussicht auf endloses Grün bietet sich beim Abstieg ins Þórsmörk, dem Ende der Wanderung.

GPS-Koordinaten Die Wanderung ist zwar relativ kurz im Vergleich zu den mehrtägigen Trecks für die Island so berühmt ist, aber es ist wichtig, ein Navi mitzunehmen – besonders für den zweiten Abschnitt der Wanderung, wo der Weg nicht immer sehr deutlich ist. Mit den folgenden neun GPS-Koordinaten bleiben Wanderer auf Kurs:

1 N 63°31.765, W 19°30.756 (Start)

2 N 63°32.693, W 19°30.015

3 N 63°33.741, W 19°29.223

4 N 63°34.623, W 19°26.794 (die „Brücke")

5 N 63°36.105, W 19°26.095

Landmannalaugar

Landmannalaugar ist mit Bergen in Wahnsinnsfarben, wohltuenden heißen Quellen, endlosen Lavaströmen und klaren blauen Seen eine einzigartige Landschaft und ein Muss für alle, die das Landesinnere erkunden. Sowohl Isländer als auch Besucher schätzen die Gegend – solange das Wetter mitspielt.

Zu Landmannalaugar (600 m ü. d. M.), das Teil des Naturschutzgebietes Fjallabak ist, gehört das größte geothermische Feld außerhalb des Grímsvötn-Kraters auf dem Vatnajökull. Die Berge bestehen aus Rhyolith, einer mineralreichen Lava, die ungewöhnlich langsam abkühlte und dadurch die intensiven Farbschattierungen hervorbrachte – es ist, als stünde man mitten in einem Aquarell.

Das Gebiet ist der offizielle Startpunkt der berühmten Laugavegurinn-Wanderung. Aber es gibt auch einige wunderbare Tageswanderungen sowie ein natürliches Wasserbecken.

Sehenswertes

Hnausapollur VULKAN

(abseits der F208) Hinter einem Vulkanrand unmittelbar abseits der Straße nach Landmannalaugar versteckt sich ein riesiger Krater. Der Hnausapollur brach vor rund 11 000 Jahren aus und ist heute mit blendend türkisblauem Wasser gefüllt. Wer mit einem Allradfahrzeug unterwegs ist, kann direkt bis zum Kraterrand hochfahren und vom Auto aus hineinblicken. Außerdem kann man – vorsichtig! – am Kraterrand entlanggehen und sich in der Mountain Mall eine Angelgenehmigung (3500 ISK) für den See besorgen.

Der großartige, 200 m von der Straße entfernte Kratersee ist an der F208 nicht ausgeschildert – vor dem See Frostastaðavatn führt links ein Pfad den Berg hinauf.

Naturbecken HEISSE QUELLEN

(abseits der F224) GRATIS Von der Landmannalaugar-Infohütte führen Plankenwege zu einem heißen Thermalbecken, das von Vulkanhügeln umgeben ist. Offiziell ist dies keine „Badestelle“, doch wer möchte, kann hier auf eigenes Risiko ein Bad nehmen. Schilder weisen darauf hin, dass das Wasser nicht desinfiziert und vollkommen natürlich ist. Hier ist schon Badekrätze vorgekommen – trotzdem baden hier jeden Tag jede Menge Wanderer.

Stútur VULKAN

(abseits der F224) Der Krater Stútur, übersetzt etwa „das Nadelöhr“, erhebt sich auf dem Lavafeld Norðurnámshraun und ist an der Straße F224 ausgeschildert. Zwei recht steile Pfade führen im Westen und Osten hoch zum Kraterrand. An klaren Tagen kann man von oben den See Frostastaðavatn sehen. An der Straße befinden sich zwei Parkbuchten. Oder man wandert von Landmannalaugar hierher.

Aktivitäten

In und um Landmannalaugar lässt sich viel unternehmen, aber viele Wanderer lassen die Besonderheiten der Gegend links liegen und machen sich direkt auf die mehrtägige Wanderschaft auf dem Laugavegurinn. Wer etwas bleibt, wird erleichtert erleben, dass am Abend die Menschenmassen verschwinden und trotz des chaotischen Treibens auf dem Campingplatz in den Bergen Stille herrscht.

Wandern

Wer in Landmannalaugar Tageswanderungen unternimmt, sollte sich in der Informationshütte die hilfreiche Wanderkarte für Tagestouren kaufen (300 ISK), die die besten Wanderungen in der Region beschreibt. Die Gegend lässt sich auch wunderbar auf geführten Wanderungen erkunden, die von Veranstaltern um Hvolsvöllur und Skógar angeboten werden.

Der Laugavegurinn-Wanderweg (S. 167) beginnt hinter der Landmannalaugar-Hütte und ist rot markiert.

★ Ljótipollur WANDERN

(abseits der F208) Lohnenswert ist eine Tageswanderung zum Krater mit dem unzutreffenden Namen Ljótipollur („hässlicher Tümpel“), ein hinreißender roter Krater, der mit hellblauem Wasser gefüllt ist. Das tiefe Feuerrot wird durch Eisenerzablagerungen verursacht. Merkwürdigerweise hat der See einen reichen Bachforellenbestand, obwohl er durch eine Vulkaneruption entstanden ist. Auf dem Weg zum Tümpel gibt es viele schöne Ansichten, von Tephra-Wüsten und Lavaströmen bis zu ineinander verflochtenen Gletschertälern.

Zu erreichen ist er von Landmannalaugar über den 786 m hohen Gipfel des **Norðurnámur** oder über den westlichen Fuß des Bergs bis zur Straße (ein Rundweg von 10 bis 13,3 km, je nach Strecke). Wer eine kürzere Wanderung unternehmen möchte, parkt in der Nähe des Wegs an der F208 und wandert zum Krater – auf dem Weg nach Landmannalaugar auf die Schilder zum Weg achten!

Brennisteinsalda WANDERN

Bei klarem Wetter lohnt eine Wanderung mit spektakulären Aussichten auf die Gegend. Der Aufstieg von Landmannalaugar auf den regenbogenfarbenen Brennisteinsalda, der von dampfenden Schloten und Schwefelablagerungen überzogen ist, belohnt mit einem schönen Blick über die zerklüftete und vielfältige Landschaft. Von Landmannalaugar sind es hin und zurück 6,5 km.

Vom Brennisteinsalda sind es weitere 90 Minuten über die Þórsmörk-Route zum eindrucksvollen geothermischen Feld Stórihver. In der Landmannalaugar-Hütte kann man sich erklären lassen, wie man zum Beginn des Wegs gelangt.

Frostastaðavatn WANDERN

(abseits der F208) Der blaue See liegt hinter dem Rhyolithkamm direkt nördlich der Landmannalaugar-Hütte. Jenseits des Kamms erwartet die Wanderer eine Aussicht in die Ferne sowie auf die nahen interessanten Felsformationen und moosbedeckten Lavaströme um den See.

Angeln

Angelgenehmigungen (3500 ISK pro Pers.) für die Seen der Umgebung sind im Mountain Mall in Landmannalaugar oder beim Landmannahellir erhältlich.

Geführte Touren

In Landmannalaugar werden von Juli bis Mitte August **Reitausflüge** (☎868 5577; www.hnakkur.is; 1/2 Std. 9000/13 000 ISK) angeboten. Die Pferdehöfe in der Ebene um Hella bieten ebenfalls Ausritte (meist längere Touren) in und um Landmannalaugar an.

Schlafen

Landmannalaugar hat ein großes Zeltlager mit Campingplatz und Hütten. Der Platz öffnet seine Pforten, sobald die Straßen frei sind, meist im Juni. Spätestens Mitte Oktober schließt er wieder, manchmal auch früher, wenn es viel Schnee gibt oder das Wasser abgestellt werden muss.

Hütten- & Campinganlage Landmannalaugar HÜTTEN, CAMPINGPLATZ €

(☎Buchung 568 2533, Hütte Juli–Sept. 860 3335; www.fi.is; F244; Stellplatz/Hütte 2000/9000 ISK pro Pers., Nutzung der Einrichtungen 500 ISK pro Tag) Im Hochsommer wirkt der Campingplatz mit Hunderten Zelten, mehreren Hütten, in denen sich Wanderer drängen, und zahllosen Wäscheleinen ziemlich chaotisch. In der Hütte kommen (dicht gedrängt) 78 Personen unter; eine frühzeitige Buchung ist erforderlich. Es gibt ein Küchenhaus für die Hüttengäste sowie Duschen für alle (500 ISK für fünf Minuten heißes Wasser).

Camper schlagen ihr Zelt auf den ausgewiesenen Plätzen auf und können einen mit Zeltplanen geschützten Essbereich benutzen. Wildes Campen ist strikt verboten, da die gesamte Gegend im Naturschutzgebiet Fjallabak liegt. Mehrere Wärter halten sich auf dem Gelände auf. Zur Zeit der Recherche gab es keine Höchstgrenze für Camper in Landmannalaugar, Reservierung ist nicht möglich. Die Landmannalaugar-Hütte ist mit einem Allradfahrzeug über die F244 zu erreichen.

Landmannahellir CAMPINGPLATZ €

(☎893 8407; www.landmannahellir.is; Stellplatz Erw. 1500 ISK, Schlafsackunterkunft 6100 ISK pro Pers., plus 333 ISK Steuer pro Pers. & Buchung; ⏲Mitte Juni–Anfang Sept.) Auf dem abgelegenen Campingplatz gibt es einfache Sanitäranlagen wie eine Dusche (500 ISK) und Toiletten sowie eine Hütte (Schlafsack erforderlich). Zudem werden hier Angelgenehmigungen (3500 ISK pro Tag) verkauft. Der Bus 21 von Trex (www.trex.is) von Reykjavík nach Landmannalaugar hält nach vorheriger Vereinbarung am Landmannahellir (7450 ISK, 3¾ Std., Mitte Juni–Anfang Sept. 1- oder 2-mal tgl.).

Essen

Es gibt keine richtigen Restaurants in Landmannalaugar, Proviant muss also mitgebracht werden. Der Laden Mountain Mall verkauft Suppe und einige einfache, aber überteuerte Lebensmittel; in der Hütten- und Campinganlage Landmannalaugar stehen den Gästen Kochgelegenheiten zur Verfügung.

Shoppen

Mountain Mall LEBENSMITTEL & GETRÄNKE

(www.landmannalaugar.info; abseits der F224; ⏲Juni–Mitte Sept. 8–20 Uhr, Mitte Sept.–Mai 10–17 Uhr) Auf dem Landmannalaugar-Gelände verkauft die Mountain Mall in drei Bussen allerlei praktische Dinge wie Mützen, lange Unterhosen, Landkarten und Campingausrüstung, außerdem heiße Schokolade (500 ISK), frisch zubereitete Suppe (ab 1300 ISK), Lebensmittel und Snacks. Hier werden auch Angelgenehmigungen ausgestellt (2000 ISK pro Pers. und Tag).

Praktische Informationen

Die Landmannalaugar-**Hüttenwarte** (abseits der F224; ⌚ Juni–Sept. 8–19 & 20–21.30 Uhr) beantworten Fragen und geben Wegbeschreibungen und Tipps zu Wanderrouten. Sie verkaufen Karten mit Infos zu Tageswanderungen (300 ISK) und zur Laugavegurinn-Wanderung (1800 ISK) sowie eine Broschüre zum Wanderweg auf Englisch und Isländisch (3000 ISK). Allerdings haben sie keine Ahnung, ob es regnen wird (auch wenn das hier die häufigste Frage ist). Zur Zeit der Recherche gab es kein WLAN, aber hin und wieder Handyempfang.

Die **Informationshütte** (www.fi.is; abseits der F224; ⌚ Juni–Sept. 8–19 & 20–22 Uhr) – schlicht Landmannalaugar genannt – wird von dem isländischen Wanderverein Ferðafélag Íslands (S. 168) betrieben und bietet Wander-, Übernachtungs- und allgemeine Informationen sowie Karten der Gegend. Derselbe Verband betreibt auch den Campingplatz und die Hütte nebenan sowie die Hütten am Laugavegurinn-Wanderweg. Auch auf der Website des Verbands finden sich zahlreiche Infos.

An- & Weiterreise

AUTO

Die Straßen nach Landmannalaugar sind nur im Sommer geöffnet (ca. Ende Juni–Anfang Sept.), je nach Wetterlage und Straßenzustand (Infos auf www.safetravel.is und www.road.is). Von der Ringstraße (Straße 1) führen drei Straßen nach Landmannalaugar, für alle ist ein Allradfahrzeug notwendig. Die Fahrt vom Mývatn nach Landmannalaugar über die Sprengisandur-Straße (nur Allradfahrzeug) dauert den ganzen Tag. Wer ein kleines Allradfahrzeug fährt, muss das Auto auf einem Parkplatz etwa 1 km vor Landmannalaugar abstellen, da die Flussüberquerung zu riskant für kleine Fahrzeuge ist, und die Fußgängerbrücke benutzen. Normale Mietwagen dürfen nicht auf F-Straßen nach Landmannalaugar fahren.

In Landmannalaugar gibt es kein Benzin. Die nächsten Tankstellen liegen 40 km nördlich in **Hrauneyjar** (Hotel Highland; ☎ 487 7782; www.hrauneyjar.is; Straße 26, Hrauneyjar; P 📶), nahe am Beginn der F208 und noch im Naturschutzgebiet Fjallabak, außerdem 90 km südöstlich in Kirkjubæjarklaustur. Um sicherzugehen, sollte bei Anfahrt von Westen oder Norden bereits an der Ringstraße (Straße 1) vollgetankt werden.

F208 Nordwesten Im Sommer ist auf dieser Strecke recht viel los: Zahlreiche Fahrzeuge fahren nach oder kommen aus Landmannalaugar. Die Strecke folgt dem Westufer der Þjórsá (Straße 32), an Árnes vorbei, dann von Norden über die Straße F208 nach Landmannalaugar. Es ist die einfachste Strecke für kleine Allradfahrzeuge. Die Straße von Hrauneyjar wird nach dem Kraftwerk furchtbar holprig und kurvt bis zum Ljótipollur zwischen den Stromleitungen hindurch.

F225 Am Ostufer der Þjórsá führt die Straße 26 landeinwärts über die Tiefebene hinter Hella und um die Hekla herum. Dann geht es weiter über die Straße F225 in westliche Richtung bis zum Basislager. Diese Strecke ist schwieriger zu bewältigen (schlechtere Straßen).

F208 Südosten Die schwierigste Straße zweigt zwischen Vík und Kirkjubæjarklaustur von der Ringstraße ab. Es ist die Strecke, die der Bus von Skaftafell nach Landmannalaugar nimmt. Möglich ist auch die Teilnahme an einer Superjeeptour mit einem lokalen Anbieter. Sie fahren von Reykjavík oder jedem beliebigen Ort im Süden nach Landmannalaugar raus.

BUS

Landmannalaugar ist mit robusten, amphibischen Bussen aus drei Richtungen zu erreichen. Sie fahren, wenn die Straßen nach Landmannalaugar im Sommer schneefrei und freigegeben sind (Infos auf www.road.is).

Von Reykjavík Die Busse fahren über den westlichen Abschnitt der Fjallabak-Straße, die zunächst über die Straße 26 östlich der Þjórsá zur F225 führt.

Von Skaftafell Die Busse folgen der Fjallabak-Straße (F208).

Vom Mývatn Die Busse fahren durch das Hochland und das Tal Nýidalur an der Sprengisandur-Straße (F26).

Bei einem Tagesausflug ab Reykjavík hat man in Landmannalaugar zwei bis zehn Stunden Zeit; wer nach Skaftafell weiterfährt, hat etwa drei bis fünf Stunden. Das reicht für ein Bad in den heißen Quellen und/oder eine kurze Wanderung. Die Fahrpläne wechseln, aber Busse, die morgens abfahren, sind ungefähr zur Mittagszeit in Landmannalaugar. Eine Alternative ist eine Übernachtung, um dann nach der Erkundung den Bus zurück zu nehmen.

Reykjavík Excursions (S. 72) Bus 10/10a Skaftafell–Landmannalaugar (9500 ISK, 5¾ Std., Ende Juni–Anfang Sept. 1-mal tgl.) und Bus 11/11a Reykjavík–Landmannalaugar (8500 ISK, 4½–5 Std., Mitte Juni–Mitte Sept. 5-mal tgl.). Außerdem Bus 14/14a Mývatn–Landmannalaugar (16 100 ISK, 10 Std., Ende Juni–Anfang Sept. 1-mal tgl.).

Sterna (S. 73) Bus 13/13a Reykjavík–Landmannalaugar (7950 ISK, 4¾ Std., Ende Juni–Anfang Sept. 1-mal tgl.).

Trex Bus T21 Reykjavík–Landmannalaugar (9100 ISK, 4¼ Std., Mitte Juni–Anfang Sept. 2-mal tgl.).

Thule Travel (S. 141) Reykjavík–Landmannalaugar (8200 ISK, 4 Std., Mitte Juni–Mitte Sept. 2-mal tgl.), ab Hella (6300 ISK, 3 Std.), Selfoss (7650 ISK, 3 Std.), Hvergerði (7650 ISK, 3 Std.).

Laugavegurinn-Wanderung: Von Landmannalaugar ins Þórsmörk

Auf der zwei- bis fünftägigen Wanderung von Landmannalaugar ins Þórsmörk – Laugavegurinn genannt – verdienen sich Wanderer in Island ihre Sporen. Der Name bedeutet „Straße der heißen Quellen", was schnell einleuchtet. Die herbe, jenseitige Schönheit der Landschaft ändert auf dem Marsch durch das Landesinnere der Insel beständig ihr Gesicht. Der Weg windet sich durch Mondlandschaften, die zumeist durch die intensive Aktivität unter der Erdoberfläche dampfen und brodeln. Wanderer dürfen sich auf knallbunte Berghänge, Gletscherflüsse und Gletscher freuen, bis sie schließlich im Þórsmörk in einem üppigen Naturschutzgebiet ankommen. Die Infrastruktur entlang Islands beliebtestem Wanderweg ist ausgezeichnet – an der 55 km langen Strecke stehen an günstigen Stellen Hütten, die allerdings Monate im Voraus gebucht werden müssen. Camper brauchen nicht vorab reservieren.

Wanderer sollten sich zuvor immer bei www.safetravel.is informieren (und dort ihre Planung protokollieren). Außerdem sollte man die 112-App herunterladen und sie unterwegs checken; sie verfügt über eine Notfallfunktion. Zudem sollte man sich auf jeden Fall bei der Informationshütte in Landmannalaugar anmelden. Auf keinen Fall sollte die Wanderung außerhalb der Sommersaison unternommen werden (die Öffnungszeiten sind wetterabhängig, reichen aber meist von etwa Anfang Juli bis Anfang September), da die Zustände lebensgefährlich sein können und es keine Versorgungsdienste auf der Strecke gibt. Selbst im Sommer ist mit Schnee, Nebel und Flussüberquerungen zu rechnen; ensprechende Vorkehrungen sind also ein Muss.

Schlafen & Essen

Da der Laugavegurinn viel bewandert ist, gibt es unterwegs einen ganzen Haufen günstig gelegener Hütten, die alle Ferðafélag Íslands (www.fi.is) gehören. Die Hütten bieten Dutzenden Leuten Platz, aber die meisten buchen (und bezahlen) Monate im Voraus – Wanderer können sich im Vorjahr auf die Warteliste setzen lassen; Buchungen sind offiziell ab Oktober oder November vor dem entsprechenden Sommer möglich. Es kann nicht oft genug gesagt werden, dass die Betten ganz schnell ausgebucht sind. Auch sollte beachtet werden, dass man für die Hüttenbetten einen Schlafsack benötigt und die Etagenbetten in den meisten Hütten für jeweils vier Personen angelegt sind – jeweils zwei (nebeneinander) auf jeder Etage. Alleinreisende schlafen also wahrscheinlich neben einem Fremden.

Die Hütten sind gewöhnlich mit Solarzellen ausgestattet, damit die Hüttenwarte ihr Kommunikationsequipment aufladen können, manchmal auch für Licht in den Hütten, für Wanderer steht jedoch kein Strom zur Verfügung. In allen Hütten gilt von Mitternacht bis 7 Uhr morgens strikte Nachtruhe.

Um die Hütten herum befinden sich auch ausgewiesene Zeltplätze, aber mit der zunehmenden Popularität des Wanderwegs können auch sie sehr schnell voll belegt sein (zur Zeit der Recherche gab es keine Obergrenze für die Anzahl der Camper). Zu beachten ist, dass Camper keinen Zugang zu den Küchen und Sanitäranlagen der Hütten haben und Camping- und Kochausrüstung komplett selbst mitbringen müssen. Camper dürfen Toiletten und fließendes Wasser benutzen. Die Zeltplätze sind oft dem Wind ausgesetzt. Am besten macht man es den anderen Campern nach, stellt das Zelt in Windrichtung auf und stabilisiert es mit Felsbrocken. Zelten kostet 2000 ISK pro Person und muss nicht reserviert werden. Die Hüttenwarte akzeptieren in der Regel Barzahlung und Kreditkarten.

Die Hütten sind normalerweise je nach Wetter von Ende Juni bis Anfang September geöffnet. Am besten vorher nachfragen! Im Winter sind die Hütten zugesperrt. Wildes Zelten ist den ganzen Weg entlang streng verboten, da er durch ein Naturschutzgebiet führt.

Proviant ist unterwegs nicht erhältlich und muss mitgebracht werden.

Hrafntinnusker HÜTTE, CAMPINGPLATZ €
(Höskuldsskáli; ☎499 0679; www.fi.is; N 63° 56.014', W 19°10.109'; Stellplatz/Schlafsack-Hütte 2000/9000 ISK pro Pers.) Die Hütte hat Platz für 52 Personen (davon 22 Schlafplätze auf Matratzen unter dem Dach). In den Sommermonaten gibt es kaltes fließendes Wasser, es gibt ein Außenklo und eine Erdwär-

meheizung, jedoch weder Müllentsorgung noch Duschen – der Müll muss zur Hvanngil-Hütte mitgenommen werden.

Die Hütte liegt auf 1027 m Höhe – für Camper kann das Wetter dort sehr ungemütlich werden – und die Einrichtung ist extrem einfach. Einige Camper kochen ihr Essen auf den natürlichen Dampfschloten in der Umgebung; der Hüttenwart, der nur im Juli und August anwesend ist, weist den Weg dorthin. Wenn kein Hüttenwart vor Ort ist, muss man sich Wasser aus einem Bach holen oder Schnee schmelzen.

Álftavatn HÜTTEN, CAMPINGPLATZ €
(☎ 823 4008; www.fi.is; N 63°51.470', W 19°13.640'; Stellplatz/Schlafsack-Hütte 2000/9000 ISK) Es gibt zwei Hütten für insgesamt 72 Personen; beide haben Trinkwasser und Matratzen. Die Küche ist mit Gasöfen ausgestattet. Duschen kostet 500 ISK. Die Öffnungszeiten sind die gleichen wie die der hiesigen F-Straßen, beginnen also je nach Wetter irgendwann zwischen Anfang und Ende Juni. Dann sind die Hütten mit einem Allradfahrzeug erreichbar. Die Hütten schließen Mitte September.

Hvanngil HÜTTE, CAMPINGPLATZ €
(☎ 860 3336; www.fi.is; N 63°50.026' W 19°12.507'; Stellplatz/Hütte 2000/8500 ISK pro Pers.) Die Hütte liegt 5 km südlich der Álftavatn-Hütte an einem Nebenweg des Laugavegurinn. Sie hat Platz für 60 Personen, eine Küche und eine Dusche (500 ISK) und ist günstig für Leute, die den Laugavegurinn in zwei Tagen bewandern wollen. Hier ist meist viel weniger los als am Álftavatn.

Emstrur HÜTTEN, CAMPINGPLATZ €
(Botnar; ☎ 490 0137; www.fi.is; N 63°45.980', W 19°22.450'; Stellplatz/Hütte 2000/8500 ISK pro Pers.) Hier gibt es drei Hütten mit insgesamt 60 Betten. Zwei Duschen (500 ISK für fünf Minuten heißes Wasser), Toiletten und ein Gasherd stehen zur Verfügung. Müllentsorgung und Steckdosen gibt es nicht. Emstrur liegt zwar zu Füßen eines Gletschers, aber andere Hütten auf dem Weg sind schöner gelegen. Der Handyempfang ist hier übrigens sehr instabil.

Im Sommer sind die Hütten eventuell mit einem Jeep zu erreichen – die unbefestigte Piste zweigt von der Emstruleið/F261 ab.

ℹ Praktische Informationen

Ferðafélag Íslands (Isländischer Wanderverein; ☎ 568 2533; www.fi.is) betreibt die Einrichtungen in der Gegend und auf der Website des Verbands stehen jede Menge Informationen, darunter ist auch eine genaue Beschreibung der Wanderung. Der Verband hat auch eine kleine Broschüre zum Wanderweg auf Englisch und Isländisch (3000 ISK) herausgegeben sowie eine Karte (1800 ISK), beides ist in Landmannalaugar erhältlich. Wer sich schon vor der Reise einlesen möchte: Die Ferdakort-Wanderkarten (ca. 2300 ISK) kann man bei mehreren größeren Internethändlern bestellen.

Die meisten Anbieter von Abenteueraktivitäten in Südisland haben geführte Wanderungen auf dem Laugavegurinn im Programm – zu gepfefferten Preisen. Zusätzlich zur traditionellen Wanderung werden auch längere Exkursionen abseits des Weges angeboten. Sie führen über einsame Berge, die parallel zum offiziellen Weg verlaufen.

Die meisten Leute wandern wegen des abflachenden Geländes und der Infrastruktur des Þórsmörk-Tals von Nord nach Süd. Vom Þórsmörk sind mit dem Amphibienbus Orte im Süden wie Hvolsvöllur, Hveragerði, Hella und Reykjavík zu erreichen (einfache Fahrt ab 4500 ISK vom Þórsmörk mit Reykjavik Excursions). Hartgesottene Wanderer können auf dem wunderschönen Fimmvörðuháls-Weg (S. 163) nach Skógar wandern (zusätzlich etwa 23 km), was einen oder zwei Tage dauert.

WETTER & AUSRÜSTUNG

Zwar ist der Weg gut markiert, doch wer die Wanderung ohne Führer unternehmen will, sollte unbedingt eine Wanderkarte und ein GPS-Navi mitnehmen. Und obwohl der Pfad gut ausgetreten ist, kann er bei Schnee, Nebel oder einem Whiteout schwer zu finden sein.

Der Weg ist von Anfang Juli bis Mitte September fast immer passierbar. Zu Beginn der Saison (Ende Juni bis Anfang Juli) kann es zu vereisten oder tief verschneiten Flächen kommen, die schwer zu bewältigen sind – die angekündigten Hüttenöffnungszeiten sind ein guter Indikator für die Bedingungen. Im Sommer können manche Flüsse zu tief für eine Durchquerung sein. Außerhalb der Sommersaison sind die Hütten verschlossen – den Weg zu dieser Zeit zu begehen kann ziemlich gefährlich sein.

Die Wanderung von Landmannalaugar ins Þórsmörk sollte zu keiner Jahreszeit auf die leichte Schulter genommen werden. Wanderstiefel und wirklich wetterfeste und warme Kleidung und Ausrüstung sind unerlässlich, da das Wetter sich jeden Moment dramatisch ändern kann. Unterwegs sind Flüsse zu durchqueren und Nebel und Regen können jederzeit aufziehen. Daher sollte man keine Jeans oder Baumwollkleidung direkt am Körper tragen. Unerfahrene Wanderer, die nicht wissen, was sie mitnehmen sollen, sollten sich umfassend informieren. Die Hüttenwarte berichten, dass immer häufiger schlecht vorbereitete Leute unterwegs

Laugavegurinn-Wanderung

WANDERN AUF DEM LAUGAVEGURINN

In vier Tagen

Ferðafélag Íslands (www.fi.is) teilt den Laugavegurinn in vier Abschnitte auf – auf der Website gibt's eine detaillierte Beschreibung. Viele Wanderer ziehen es deswegen vor, jeweils einen Abschnitt pro Tag zu marschieren, da die Hütten (mit Campingplätzen) jeweils am Anfang und Ende eines jeden Abschnitts gelegen sind.

Teil 1: Von Landmannalaugar nach Hrafntinnusker (12 km; 4–5 Std.) Der relativ einfache Start der Wanderung zur ersten Hütte führt an der heißen Erde von Stórihver und an glitzernden Obsidianflächen vorbei. Wer die Wanderung ausdehnen will, kann von Landmannalaugar über Skalli nach Hrafntinnusker laufen – die Informationshütte in Landmannalaugar hat ein Infoblatt zu der weniger besuchten Route. Es ist wichtig, genug Wasser mitzunehmen, da es bis zur ersten Hütte keine Quelle gibt. Etwa 2 km vor der Hrafntinnusker steht ein Denkmal für einen israelischen Wanderer, der 2005 starb, nachdem er die Warnung eines Hüttenwarts missachtet hatte – eine Mahnung an alle, sich gut vorzubereiten und Hinweise von Ortskundigen zu beachten.

Teil 2: Von Hrafntinnusker zum Álftavatn (12 km; 4–5 Std.) Von der Hrafntinnusker-Hütte sind ein paar kurze Abstecher in die Umgebung ohne Gepäck möglich – zum Södull (20 Min. hin & zurück) und zum Reykjafjöll (1 Std. hin & zurück) sowie zu einem geothermischen Feld hinter den Eishöhlen (3 Std. hin & zurück). Der Hüttenwart gibt Tipps. Der Weg zum Álftavatn bietet ebenfalls schöne Aussichten, wie der über den Gipfel des nördlichen Ausläufers des Gletschers Kaldaklofsfjöll. Auf dem Weg zum Álftavatn sind der Tindfjallajökull, der Mýrdalsjökull und der berüchtigte Eyjafjallajökull zu sehen. Endpunkt ist der stille und schöne See, wo die Nacht verbracht wird.

Teil 3: Vom Álftavatn zum Emstrur-Botnar (15 km; 6–7 Std.) Zum Emstur muss mindestens ein breiter Bach überquert werden – das geht entweder recht nass barfuß oder man wartet am Ufer, bis ein Allradfahrzeug kommt und einen mitnimmt. Unbedingt empfehlenswert ist ein Abstecher in die spektakuläre Markarfljótsgljúfur, eine gewaltige, vielfarbige Schlucht. Der Weg dorthin ist vom Emstur gut ausgeschildert und dauert etwa eine Stunde (der Rückweg ist der gleiche).

Teil 4: Vom Emstrur-Botnar ins Þórsmörk (15 km; 6–7 Std.) Die karge Landschaft geht schnell in ein leuchtend grünes Reich voller arktischer Blumen über. Wer nicht vorhat, im Þórsmörk zu übernachten, muss hier ankommen, bevor der letzte Bus nachmittags bzw. abends abfährt.

In drei Tagen

Wer fit genug ist, schafft die Wanderung durchaus auch in drei Tagen. Der erste und zweite Teil sind an einem Tag zu bewältigen; der Álftavatn ist dann nach acht bis zehn Stunden Marsch erreicht. Am zweiten Tag geht es zum Emstur und am Abend des dritten Tages ist das Þórsmörk erreicht.

In zwei Tagen

Zügige und passionierte Wanderer können die 55 km in zwei langen Tagen schaffen. Am ersten Tag geht es direkt zum Álftavatn – oder noch besser weitere 5 km zur Hvanngil-Hütte. Es ist möglich, Teil 3 und 4 am zweiten Tag zu bewältigen, da die 30 km über relativ flaches Terrain führen – es geht insgesamt 100 m abwärts.

In fünf Stunden

Ganz Verrückte können am Ausdauerrennen **Laugavegur Ultra Marathon** (Laugavegshlaupið; www.marathon.is; ⏲ Juli) teilnehmen: Die besten Läufer der Welt schaffen den gesamten 55 km langen Weg in weniger als fünf Stunden. Den derzeitigen Rekord hält Þorbergur Ingi Jónsson mit einer Zeit von 3:59:13.

Der Laugavegurinn mit Abstechern

Wenn das Wetter mitspielt und man genug Proviant dabeihat, muss man die Gegend nicht im Eiltempo erkunden. Jede Hütte dient als Ausgangspunkt für Wanderungen abseits des Laugavegurinn-Wanderwegs. Oder man verbring ein paar Tage in Landmannalaugar, bevor es weitergeht. Schöner ist jedoch ein Aufenthalt im Þórsmörk.

sind, die die Wanderung abbrechen müssen. Das sollte man sich nicht antun.

Auch muss ausreichend Proviant und Wasser mitgeführt werden. Empfehlenswert ist leichtes Trockenessen. Wer in Hütten übernachtet, kann dort seine Wasservorräte auffüllen. Müll sollte in den dafür vorgesehenen Bereichen entsorgt werden, falls diese bei den Hütten vorhanden sind.

GEPÄCKTRANSPORT

Man muss nicht unbedingt sein gesamtes Gepäck über den Laugavegurinn schleppen. Bei manchen Pensionen kann man überschüssiges Gepäck gegen eine kleine Gebühr unterstellen. Tourenveranstalter bieten an, nicht benötigtes Gepäck zum Ende des Wegs sowie z. T. auch von Hütte zu Hütte zu transportieren.

Þórsmörk

Das nach dem nordischen Gott Thor (Þór) benannte Naturschutzgebiet ist mit seinen fantastischen Landschaften ein echtes Paradies für Wanderer. Es ist eine grüne Oase mit schneebedeckten Bergkämmen, Tälern voller Wildblumen, tosenden Schluchten und eisigen Flüssen und bietet Aussichten auf drei gewaltige Gletscher (Tindfjallajökull, Eyjafjallajökull und Mýrdalsjökull), die das stille Fleckchen vor rauerem Wetter schützen – oft ist es im Þórsmörk wärmer und trockener als in der Umgebung.

Das sogenannte **Goðaland** (Götterland) in den höheren, nordöstlichen Lagen des Tals ist, wie der Name schon sagt, einfach göttlich. Felsformationen winden sich himmelwärts wie Steinbögen einer uralten Kathedrale. Leuchtende arktische Blumen treiben aus dem schwammigen, smaragdgrünen Moos und sorgen für strahlende Farbtupfer. In den Hochlagen herrscht in Goðaland oft ein raueres Wetter als im Þórsmörk.

Orientierung

Zwar sieht es auf der Landkarte so aus, als läge das Þórsmörk relativ dicht an der Ringstraße, aber tatsächlich müssen Besucher einen Amphibienbus nehmen oder auf einen Jeep mit hoher Bodenfreiheit ausweichen – z. B. auf einer Superjeeptour –, um die Flüsse zu durchqueren, die ihren Weg zum Naturschutzgebiet kreuzen (oder von Skógar oder Landmannalaugar ins Þórsmörk wandern). Auf dem Weg von Süden muss der gefährliche Fluss Krossá durchfahren werden. Mit normalen Allradfahrzeugen ist das nicht machbar. Oft sieht man sie am Weg geparkt, wo die Fahrer wohl noch ein Plätzchen in einem Bus oder Superjeep ergattert haben.

Goðaland ist der Endpunkt des großartigen Fimmvörðuháls-Wanderwegs (S. 163), der in Skógar beginnt. Básar (S. 173) ist das größte Campingareal in Goðaland. Um es vom Þórsmörk mit dem Auto zu erreichen, muss der bereits erwähnte Fluss Krossá überquert werden. Wanderer können Fußgängerbrücken benutzen – diese stehen auf Rädern und können sich je nach Wasserstand bewegen.

Aktivitäten

In dieser atemberaubenden Landschaft zu wandern ist ein echter Traum. Man kann auf eigene Faust losziehen oder sich einer organisierten Tour anschließen.

Wer sich der Sache verbunden fühlt, kann den Þórsmörk Trail Volunteers (www.trailteam.is), einer Freiwilligeninitiative des Iceland Forest Service, bei der Instandhaltung des Wanderwegs helfen. Dafür ist keinerlei Vorbildung notwendig; man wird eingewiesen und erhält außerdem Verpflegung und die Unterkunft im Zelt.

★ Stakkholtsgjá WANDERN

(F249) Die Schlucht Stakkholtsgjá ist eine Traumkulisse für *Herr der Ringe*-Verfilmungen. In der 100 m tiefen, sich dramatisch windenden Schlucht mit ihren moosbewachsenen Wänden liegt ein versteckter Wasserfall. Man geht unten am Fluss entlang und an der Gabelung nach links in eine schmale Schlucht hinab. Nach dem Überkraxeln einiger Felsbrocken kommt eine tosende Kaskade in Sicht (oder im Winter Eiszapfen).

Die Wanderung dauert rund anderthalb Stunden hin und zurück. Die Schlucht ist u. U. schwer zu erreichen, es sei denn, man ist mit einer organisierten Tour mit einem Amphibienbus unterwegs – mit einem normalen Pkw sind die Flüsse in der Nähe nicht zu durchfahren. Der Wasserstand in den Flüssen in der Nähe der Schlucht ändert sich täglich, und eventuell sind die Flüsse auch zu Fuß nicht zu durchqueren (es sei denn, es gibt eine vorübergehende Behelfsbrücke). Man kann den örtlichen Ranger anrufen und sich nach den Wasserständen erkundigen oder den Fahrer eines der täglich verkehrenden Busse bitten, hier zu halten (Thule, Reykjavík Excursions, Sterna und Trex halten oft in Básar an der F249 – an dieser Straße liegt auch die Schlucht). Im Verlauf des Tages legen hier viele Bustouren einen Halt ein, sodass man vielleicht mit zurückgenommen werden kann, was (auch in Privatfahrzeugen) eventuell etwas kostet.

★ Valahnúkur-Rundweg WANDERN

(Beginn bei der Langidalur-Hütte oder in Húsadalur) Der 2½-stündige Rundweg führt hinauf zum großartigen Aussichtspunkt auf dem Valahnúkur, mit Blick auf Schluchten, Gletscher und bis zum Meer, und wieder hinab ins Langidalur. Von dort geht es den Bergkamm zwischen den Tälern entlang zurück zum Startpunkt. Selbstverständlich kann man den Weg auch in umgekehrter Richtung gehen.

Außerdem ist es möglich, nur einen Teil der Strecke zu machen und mit dem Bus weiterzufahren.

Útigönguhöfði WANDERN

Nach dem aufregenden Aufstieg auf den Kamm des 850 m hohen Útigönguhöfði (ca. 5,5 km, ca. 4–5 Std.) genießt man spektakuläre Ausblicke auf die Schlucht, die surreale Mondlandschaft unten und sogar die Gletscher dahinter. Der Weg beginnt hinter den Toiletten auf dem Campingplatz Básar. Auf dem Gipfel kann es windig sein, und der Weg hinauf ist manchmal stellenweise rutschig und instabil – also aufpassen, wohin man tritt, und sich nicht zu viel zutrauen!

Réttarfell WANDERN

(Beginn in Básar) Dieser Aufstieg (ca. 4 km hin & zurück, 1–2 Std.) ab Básar (S. 173) ist kürzer als auf den Útigönguhöfði, aber genauso schön, mit weiten Ausblicken auf die spektakuläre Schlucht. An der Weggabelung nimmt man die rechte Abzweigung und nicht die linke auf den Útigönguhöfði. Vom Gipfel geht's denselben Weg wieder zurück.

Oder man geht eine Schleife, indem man den Weg hinunter ins Tal nimmt und dann über die F249 geht. Landkarten gibt's im Büro in Básar.

Tindfjöll-Rundweg WANDERN

Der längste und beliebteste „Kurzwanderweg" in der Gegend (ca. 10 km) beginnt gewöhnlich im Schluchttal und dauert ab Básar (S. 173) etwa drei bis vier Stunden, etwa 4½ Stunden von Langidalur (S. 173) und ungefähr sechs Stunden von Húsadalur (s. u.) und führt die Tindfjöll-Schlucht und den Tindfjöll-Bergkamm entlang. Karten für diese Wanderungen werden in allen Hütten verkauft.

Durch das **Slyppugil-Tal** (oder über den gleichnamigen Bergkamm) geht es über Moränen neben einem zweiten Bergkamm und dann weiter durch die **Tröllakirkja** („Trollkirche") mit ihren weiten Steinbögen. Nach einem üppig grünen Feld eröffnet sich schließlich ein postkartenwürdiger Blick über das Þórsmörk-Tal. Ein Bergkamm aus Sandstein führt weiter bis zum tosenden Fluss Krossá, der den Weg zurück nach Langidalur oder weiter nach Húsadalur weist. Auf der gesamten Strecke ist der Weg gut mit orangefarbenen Pfählen markiert. Unterwegs kann es verschiedentlich sehr windig werden.

Geführte Touren

Eine Superjeeptour ins Þórsmörk kann ein tolles Erlebnis sein, bei dem man mehr sieht als auf eigene Faust.

Alle Führer von südisländischen Unternehmen, wie Southcoast Adventure (S. 157), Midgard Adventure (S. 154) und Icelandic Mountain Guides (S. 159), sind Gold wert: Sie führen ihre Gäste nicht nur durch die Region, sondern auch zu versteckten Tälern, Wasserfällen und Gletschern, die mit dem normalen Bus nicht erreichbar sind, und vermitteln geologisches und kulturelles Wissen. Zum Beispiel kommt man so zur Gletscherzunge des **Gígjökull** mit ihrer einst gewaltigen Moräne. Beim Ausbruch des Eyjafjallajökull war dieser Gletscher am stärksten von den Lavafluten betroffen; einige Touren führen hautnah an die Gletscherzunge heran.

Schlafen & Essen

In drei Gebieten im Þórsmörk gibt es Unterkünfte: Langidalur mit Slyppugil ganz in der Nähe, Básar (eigentlich in Goðaland) und Húsadalur. Alle bestehen aus Hütten und Campingplätzen, haben Kochgelegenheiten und fließendes Wasser. Im Sommer sind sie gerammelt voll, es ist also wichtig, einen Platz in den Hütten im Voraus zu buchen. Wir empfehlen, selbst einen Schlafsack und Proviant mitzubringen. Wildes Campen ist in der Gegend verboten.

Bei den Volcano Huts Þórsmörk im Húsadalur gibt's ein einfaches Büffetrestaurant sowie in Langidalur einen Laden für sehr einfache Lebensmittel zu hohen Preisen. Am besten bringt man seinen eigenen Proviant mit.

Húsadalur – Volcano Huts Þórsmörk HÜTTEN, CAMPINGPLATZ €€

(☎552 8300; www.volcanohuts.com; Húsadalur; Stellplatz 2600 ISK pro Pers., B/DZ/Hütte/Glamping ohne Bad 8400/26 600/29 000/32 000 ISK; 📶) Das vielbesuchte Volcano Huts Þórsmörk im Húsadalur besteht aus einfachen Schlafsaalhütten, Privatzimmern, Fünf-Personen-Hütten (Schlafsackbetten und Kochnische; Bettwäsche 3000 ISK), einem Campingplatz und beheizten Glamping-Zelten (mit Doppelbetten samt Bettwäsche), alle mit Gemeinschaftsbädern und Sauna. Es gibt einen Kochplatz, aber man muss seinen eigenen Kocher sowie Geschirr mitbringen.

Das gute Restaurant (Frühstück/Mittagessen/Abendessen 2300/2700/4500 ISK) serviert ein Mittagessen aus Suppe, frischem Brot, Kaffee und Kuchen sowie ein Abendbüffet und es hat WLAN. Hier werden auch Wanderkarten verkauft, und es gibt einen kleinen Laden für Camping- und andere Outdoorausrüstung. In der Bar wird sogar Bier gezapft – dies ist der einzige Ort im Þórsmörk, wo man ein Bierchen bekommt. Amphibienbusse aus Reykjavík halten hier.

Básar HÜTTEN, CAMPINGPLATZ €

(☎893 2910, Buchung 562 1000; www.utivist.is; F249, N 63°40,559', W 19°29,014'; Stellplatz/Schlafsack-Hütte 1500/6000 ISK pro Pers.) Básar ist unter Isländern der beliebteste Platz, vor allem wegen der schönen Lage unter Bäumen. In der Hütte können auf Matratzen 83 Personen übernachten. Der Zeltplatz ist an Sommerwochenenden total überfüllt. Es gibt einen Grillbereich und eine recht große Küche mit Holzbänken. Das Aufladen des Handys kostet 500 ISK, Duschen ebenfalls 500 ISK.

Básar liegt am Ende der F249, ist aber wegen der Flussdurchquerungen unterwegs nicht mit einem normalen Geländewagen zu erreichen. Hier halten Amphibienbusse. Im Sommer reservieren!

Campingplatz Slyppugil CAMPINGPLATZ €

(☎575 6700; www.hostel.is; Stellplatz 1300 ISK pro Pers.; ⏲Juni–Aug.) Der von Hostelling International betriebene Campingplatz ist die billigste Unterkunft der Gegend. Er liegt in Sichtweite (500 m) von Langidalur und verfügt über Duschen (500 ISK pro Pers.), Toiletten und Grillplätze. Der Platzwart gibt Auskünfte zu Tageswanderungen.

Langidalur HÜTTEN, CAMPINGPLATZ €

(Þórsmörk, Skagfjörðsskáli; ☎893 1191, Buchung 568 2533; www.fi.is; N 63°40.960', W 19°30.890'; Stellplatz/Hütte 2000/8000 ISK pro Pers.; ⏲Mai–Sept.) Die Hütte Langidalur liegt am Beginn des Wegs nach Landmannalaugar und ist die rustikalste der vier Hütten im Þórsmörk, aber gut in Schuss. Sie bietet Platz für 75 Personen und hat zwei Küchen. Camper müssen ihren eigenen Kocher und dergleichen mitbringen. Zum gepflegten Zeltplatz gehört ein großer Sanitärblock (500 ISK pro Pers.).

Langidalur-Laden LEBENSMITTEL & GETRÄNKE

(Langidalur-Hütte; ⏲Mai–Sept.) Ein kleiner Laden bietet zu gesalzenen Preisen Kaffee und Tee sowie Campinggas, Wollsocken, Karten und einige Lebensmittel (Suppe, Nudeln, Marmelade usw.). Nach einer langen Wanderung zischen Wanderer gerne eine Dose Bier aus dem Laden. Die Öffnungszeiten variieren; auf Nachfrage öffnet das Personal der Langidalur-Hütte den Laden vielleicht.

ℹ Praktische Informationen

Der **Langidalur-Hüttenwart** (☎893 1191; Langidalur-Hütte) hat Informationen zu den Wasserständen der Flüsse und zum Wetter; auch in Notfällen kann man ihn anrufen.

ℹ Anreise & Unterwegs vor Ort

AUTO

Es ist nicht möglich, mit dem Mietwagen bis ganz ins Þórsmörk zu fahren. Keine Diskussion. Mit einem eigenen Allradfahrzeug mit hoher Bodenfreiheit geht es immerhin über die Straßen 249 und F249 bis zur Kreuzung nach Húsadalur und Básar am Fluss Krossá. Dort muss das Auto zurückgelassen werden – den rauschenden Fluss kann man nicht durchqueren, es sei denn, man ist mit einem Superjeep unterwegs und weiß, was man tut.

Die Busse, die ins Þórsmörk fahren, sind spezielle Amphibienfahrzeuge, die so ausgestattet sind, dass sie den tiefen Fluss und Schluchten voller Felsbrocken durchfahren können. Wer an der Kreuzung parkt, kann vielleicht mit dem Bus (falls der Fahrer einen mitnimmt; kostet eventuell etwa 2000 ISK pro Pers.) oder einem Superjeep weiterfahren. Superjeeps können auch im Winter dorthin fahren.

BUS

Spezielle Geländebusse fahren bis ins Þórsmörk, wenn die Straßen freigegeben sind (siehe www.road.is). Busse von Reykjavík ins Þórsmörk-Tal halten in Hveragerði, Selfoss, Hella, Hvolsvöllur und Seljalandsfoss. Mit den Bussen von Reykjavík-Excursions kommt man innerhalb des Þórsmörk besonders gut vorwärts. Die Busse sind speziell dafür ausgerüstet, Flüsse zu durchqueren – schon die Fahrt ist ein Erlebnis!

Reykjavík Excursions (S. 72) Bus 9 fährt direkt (ist aber auch am schnellsten ausgebucht) von Reykjavík ins Þórsmörk (8000 ISK, kürzeste Strecke 4 Std., Mai–Mitte Okt. 6-mal tgl.) und hält in Hveragerð, Selfoss und Hella; in Hvolsvöllur muss man umsteigen. Oder man kombiniert Bus 20 oder 21 mit Bus 9.

Sterna (S. 73) Bus 14/14a von Reykjavík ins Þórsmörk (6950 ISK, 4 Std., Ende Juni–Anfang Sept. 1-mal tgl.).

Trex (S. 469) Bus T11 von Reykjavík ins Þórsmörk (8700 ISK, 4½ Std., Mitte Juni–Mitte Sept. 2-mal tgl.) hält in Hveragerði (7400 ISK), Selfoss (7400 ISK), Hella (5400 ISK), Hvolfsvöllur (5400 ISK), Seljalandsfoss (5400 ISK), Gígjökull, Básar und Langidalur.

Thule Travel (S. 141) Hat einen Wandererbus von Reykjavík ins Þórsmörk (7050 ISK, 4¾ Std., Juni–Mitte Sept. 2-mal tgl.). Dieser Bus fährt auch ab Hveragerði (6400 ISK, 4 Std.), Hvolsvöllur und Hella (4650 ISK, 2¾ Std.).

ZU FUSS

Das Þórsmörk ist gewöhnlich der Endpunkt des beliebten Wanderwegs Laugavegurinn (S. 167), den die meisten Wanderer in Landmannalaugar beginnen; beliebt ist auch der Anmarsch über den schönen Fimmvörðuháls-Weg (S. 163) von Skógar. Wer zu Fuß ins Þórsmörk will, sollte das über eine dieser beiden Strecken tun; der Marsch über die Straßen 249 und F249 ab Seljalandsfoss ist weit weniger malerisch.

Zwischen Langidalur und Húsadalur sind es auf dem kürzesten Weg rund 30 Minuten zu Fuß.

Von Skógar nach Vík

An der Ringstraße von Skógar Richtung Osten nach Vík erstrecken sich die Vorberge hinauf zu den Gletschern, Gipfeln und Vulkanen im Landesinneren und aus geheimnisvollen Schluchten ergießen sich Flüsse, die durch weite Weiden zu den schwarzen Stränden am tosenden Ozean strömen. Das ländliche Gebiet ist mit Bauernhöfen gespickt, von denen viele Zimmer für Gäste bereithalten. In der gleichermaßen atemberaubend und idyllisch anmutenden Gegend sind im Sommer viele Touristen unterwegs.

Sehenswertes

Die folgenden Sehenswürdigkeiten sind von Westen nach Osten aufgeführt.

★ Sólheimajökull — GLETSCHER

(Straße 221) Der Sólheimajökull gehört zu den leicht erreichbaren Gletschern. Der Eisstrom schiebt sich sanft vom Hauptgletscher Mýrdalsjökull weg und ist sehr beliebt für Gletscherwanderungen und zum Eisklettern. Die Straße 221 führt 4,2 km von der Ringstraße zu einem kleinen Parkplatz und zum Basiscamp Arcanum (S. 175); von dort sind es auf einem breiten Weg am Gletschersee entlang noch etwa 800 m bis zum Eis. Niemand sollte auf eigene Faust auf dem Gletscher herumklettern.

Es bilden sich oft Spalten, sodass man den Gletscher nur im Rahmen einer der Führungen begehen sollte, die am Parkplatz beginnen.

Mýrdalsjökull — GLETSCHER

Der hinreißende Mýrdalsjökull ist Islands viertgrößter Gletscher und erstreckt sich über 700 km². An manchen Stellen ist die Eisdecke fast 750 m dick. Darunter schlummert der Vulkan Katla, der gelegentlich durch die Eisdecke bricht und dann die Ebene an der Südküste mit einer Flut aus Schmelzwasser, Sand und Tephra überzieht. Es gibt mehrere Touren über den Gletscher als Teil eines längeren Ausflugs. Die Gegend sollte nicht allein erkundet werden; das Eis ist instabil und der Weg zum Krater nicht immer zu begehen.

Sólheimasandur — STRAND

(Straße 1) Am 21. November 1973 musste ein Flugzeug der US-Marine auf dem Sólheimasandur notlanden. Die Besatzung überlebte, doch das Wrack der fürs Militär umgebauten Douglas DC-3 blieb auf dem schwarzen Sandstrand – eine schlanke, vom Wind gepeitschte Hülle. Früher gab es eine Straße hinunter zum Strand; heute muss man von einem einfachen Parkplatz aus laufen. Dieser Weg ist einfach, aber nicht schön (4 km pro Strecke, ca. 3 Std. hin & zurück).

Es wird überlegt, eine befestigte Straße zum Strand zu bauen. Der Parkplatz, von dem der Weg zum Sólheimasandur führt, liegt Richtung Vík 8 km von Skógar entfernt auf der rechten Seite.

★ Dyrhólaey — NATURSCHUTZGEBIET

(Straße 218) Zu den markantesten Naturschönheiten an der Südküste gehört das Felsplateau mit dem Brandungstor auf Dyrhólaey (sprich: *dier*-hou-läi), das 10 km westlich von Vík am Ende der Straße 218 dramatisch aus der Ebene ragt. Der Ausflug zu den von Wellen gepeitschten, schwarzen Stränden lohnt sich und oben von der Landzunge ist die Aussicht umwerfend. Die kleine Insel ist ein Naturschutzgebiet mit einer vielfältigen Vogelpopulation, darunter Papageitaucher; während der Brutzeit (15. Mai bis 25. Juni) ist sie für Besucher tabu.

Es gibt zwei Parkplätze, einen oben auf der Klippe beim Dyrhólaey-Leuchtturm und einen unten. Wer nicht mit einem Allradwagen unterwegs ist, parkt am besten unten, da die Straße hinauf mit Schlaglöchern übersät und bei Regen u. U. schwer zu befahren ist. Den besten Blick auf das Felstor

GEOPARK KATLA

Im Jahr 2011 gründete Island den ersten „Geopark" des Landes, um eine Region von großer geologischer Bedeutung zu schützen, die heimische Kultur und eine nachhaltige Entwicklung zu fördern und interessierte Besucher aufzuklären. Der **Geopark Katla** (☎862 4066; www.katlageopark.is) erstreckt sich von Hvolsvöllur nach Nordosten zum großen Vatnajökull und hinunter bis zu den schwarzen Sandstränden; zum Areal gehören der namensgebende Vulkan Katla, der berühmte **Eyjafjallajökull** und die schroffe Landschaft von Lakagígar – insgesamt sind das 9 % der Fläche Islands. Der Park hat kein Besucherzentrum, doch die Website bietet gute Informationen.

Von allen isländischen Vulkanen wird aller Voraussicht nach die Katla in den nächsten Jahren die meisten Probleme bereiten. Dieser hochgradig aktive, 30 km lange Vulkan tief unter dem Mýrdalsjökull-Gletscher ist in der Vergangenheit etwa zweimal pro Jahrhundert ausgebrochen. Da der letzte Ausbruch 1918 stattfand, ist der nächste nun schon mehrere Jahrzehnte überfällig.

Man geht davon aus, dass der Ausbruch der Katla tagelang giftigen Ascheregen, Tephra-Wolken und Blitzeinschläge sowie durch das plötzliche Schmelzen des Gletschereises Sturzfluten verursachen wird. In der Vergangenheit haben Ausbrüche immer wieder auch Flutwellen ausgelöst, die von den Vestmannaeyjar zurückgeworfen wurden und das Gebiet der heutigen Stadt Vík überschwemmten.

Die Einheimischen werden für einen Ausbruch der Katla regelmäßig mit Evakuierungsübungen geschult. Im Falle einer Eruption wird an alle Handys, die sich in Reichweite eines Mobilfunksenders befinden, eine Warnung versendet – auch an die der Touristen. Nach der Warnung müssen die Bauern als Zeichen dafür, dass sie das Haus verlassen haben, ein Schild an ihre Haustür hängen, dann die Stromversorgung ihrer elektrischen Weidezäune kappen, ihre Ställe öffnen, damit das Vieh auf höher gelegenes Gelände flüchten kann, und sich in eines der Evakuierungszentren in Hvolsvöllur, Vík und Kirkjubæjarklaustur begeben.

hat man vom Strand Reynisfjara ein Stückchen die Küste entlang.

Laut der *Njáls saga* hatte Kári – der Einzige, der das Feuer überlebte, das Njálls Sippe auslöschte – hier seinen Hof. Eine weitere Verbindung zur Wikingerzeit stellt die Höhle **Loftsalahellir** dar: Sie ist über einen Weg kurz vor dem Damm nach Dyrhólaey zu erreichen und wurde in der Sagazeit für Ratstreffen genutzt.

★Reynisfjara STRAND

(Straße 215) Auf der Westseite des Reynisfjall, des hohen Kamms oberhalb von Vík, führt die Straße 215 hinunter an den schwarzen Sandstrand Reynisfjara, gesäumt von **Basaltsäulen**, die wie riesige Orgelpfeifen aussehen. Von hier eröffnen sich nach Westen großartige Ausblicke bis nach Dyrhólaey. Von den Steilküsten der Umgebung mit ihren zahlreichen aus dem Basaltgestein ausgewaschenen Höhlen stürzen sich im Sommer Papageitaucher ins tosende Meer. Direkt vor der Küste ragen die Felsnadeln Reynisdrangur aus dem Wasser. Vorsicht vor plötzlichen Riesenwellen: Hier werden regelmäßig Menschen weggerissen.

Manchem ist die Szenerie vielleicht aus dem Bon-Iver-Musikvideo *Holocene* von 2011 bekannt – einer Ode an Island. In der Hochsaison kann hier viel los sein, sodass man am besten früh oder spät am Tag herkommt.

Reynisdrangur WAHRZEICHEN

(Straße 215) Víks berühmteste Sehenswürdigkeit sind die Felsnadeln Reynisdrangur, die am westlichen Ende des schwarzen Sandstrands von Vík wie Ebenholztürme aus dem Meer ragen. Im Volksglauben heißt es, sie seien Schiffsmasten, die Trolle zu stehlen versuchten, die aber bei Sonnenaufgang zu Stein wurden. Die Steilhänge in der Umgebung eignen sich prima, um Papageitaucher zu beobachten. Ein belebender Spaziergang führt vom westlichen Ortsrand von Vík hinauf auf den **Reynisfjall** (340 m) mit großartigem Blick.

☞ Geführte Touren

Arcanum ABENTEUERTOUR

(☎487 1500; www.arcanum.is; Straße 221; Gletscherspaziergänge ab 9500 ISK, Quadtouren ab 19 000 ISK, Schneemobilfahrten ab 27 000 ISK für

RESPEKT VOR DER NATUR

So verlockend die Sehenswürdigkeiten Islands mit den schwarzsandigen Stränden und glitzernden Gletschern entlang der Straßen auch sein mögen, es ist unabdingbar, daran zu denken, dass sie echte Gefahren bergen. Der berühmte Strand Reynisfjara bei Vík zum Beispiel ist bekannt für seine Monsterwellen; immer wieder müssen Touristen gerettet werden oder ertrinken. Die Gletscher dürfen auf keinen Fall ohne erfahrenen Führer betreten werden. Es können sich plötzlich Eisspalten auftun, die unter dem Schnee oft unsichtbar sind. Auch können aufgrund vulkanischer Aktivitäten Gase austreten und von oben mitunter nicht sichtbare Überschwemmungen können das Eis weiter destabilisieren.

Da Island für immer mehr Leute zum Reiseziel wird, häufen sich auch die Berichte über waghalsiges Verhalten unerfahrener Besucher – so fuhr ein Tourist seine Familie mit einem Mietwagen auf einen Gletscher. Man muss es im Urlaub nicht unbedingt in die Schlagzeilen schaffen! Besucher sollten sich immer über die örtlichen Zustände erkundigen und ihre Pläne ändern, wenn die Sicherheit nicht gewährleistet ist. Außerdem sollte man die App 112 Iceland herunterladen und seine Wanderungen auf www.safetravel.is protokollieren.

2 Pers.; 9.30–17 Uhr) Das beliebte Tourunternehmen bietet täglich Gletscherwanderungen auf dem Sólheimajökull sowie Schneemobil-, Quad- und andere Touren für alle Altersgruppen an. Das Unternehmen hat einen Laden auf dem Parkplatz des Sólheimajökull-Gletschers; hier geben Guides freundlich Auskunft.

Mountain Excursion ABENTEUERTOUR
(897 7737; www.mountainexcursion.is; Ketilsstaðaskólavegur, abseits der Straße 1; Gletscherwanderungen ab 10 500 ISK, Superjeeptouren ab 21 500 ISK; 9–17 Uhr) Das kleine Unternehmen bietet dreistündige Sólheimajökull-Gletscherwanderungen und eine Vulkantour mit dem Superjeep an. Sitz des Unternehmens ist das Volcano Hotel.

Schlafen & Essen

Camping ist auf Dyrhólaey nicht gestattet.

★ Garðar PENSION €€
(487 1260; www.reynisfjara-guesthouses.com; Reynisfjara, Straße 215; Hütte 16 000–29 000 ISK) Das Garðar am Ende der Straße 215, westlich von Vík, ist ein zauberhaftes Haus mit großartigen Aussichten. Der freundliche Bauer Ragnar vermietet fünf separate Hütten am Strand: eine Steinhütte für vier Personen und Holzhütten für zwei bis vier Personen. Vier der Hütten verfügen über Kücheneinrichtungen, Toiletten und Duschen.

★ Grand Guesthouse Garðakot B&B €€
(894 2877; www.ggg.is; Garðakotsvegur, Garðakot; ganzes Haus 60 000 ISK;) Das kleine, propere Haus auf einer ländlichen Schaffarm wird als Ganzes vermietet. Es hat vier schöne Gästezimmer, zwei mit eigenem Bad und zwei mit Gemeinschaftsbad. Es hat unten Fußbodenheizung unter den Holzböden, oben einen weiten Blick auf Vulkane und das Meer, nette Besitzer, eine hübsche Einrichtung und Flachbild-TVs und bietet viel Ruhe. Das Haus liegt 14 km westlich von Vík südlich der Ringstraße an der Straße 218. Mindestaufenthalt zwei Nächte.

Farmhouse Lodge B&B €€
(625 8905; www.farmhouse.is; Skeiðflöt; EZ ohne Bad ab 20 200 ISK, DZ mit/ohne Bad mit Frühstück ab 29 500/25 000 ISK; P) Die Zimmer in dem unauffälligen Bauernhäuschen an der Ringstraße 14 km westlich von Vík sind überraschend elegant und zeitgenössisch. Die Nachttische sind aus Baumstämmen gefertigt, die Gemeinschaftsräume geschmackvoll eingerichtet und das Frühstücksbüffet ist üppig.

Sólheimahjáleiga Guesthouse B&B €€
(864 2919; www.solheimahjaleiga.is; Sólheimahjáleiga Farm, Straße 222; DZ mit/ohne Bad ab 19 900/24 400 ISK, FZ ab 38 700 ISK; P) In einigen gemütlichen, renovierten Hofgebäuden werden Zimmer mit eigenen und Gemeinschaftsbädern und einer Küche vermietet. Die Familienzimmer verfügen jeweils über ein eigenes Bad. Tierfreunde können sich über rund 400 Schafe, sechs Pferde, Hühner und zwei freundliche Hofhunde freuen. Der Hof liegt 11 km östlich von Skógar gleich nördlich der Ringstraße.

Mið-Hvoll Cottages HÜTTEN €€
(863 3238; https://midhvoll.is; abseits der Straße 1; Hütte 27 000 ISK; P) Die sieben ge-

mütlichen Hütten stehen in Sichtweite des Kaps Dyrhólaey auf einem idyllischen Landstreifen südlich der Ringstraße und bieten Berg- und Meerblicke. In jedem der mit einer Küche ausgestatteten Häuschen haben fünf Personen Platz. Es werden außerdem Ausritte auf nahen Stränden und Wiesen für alle Altersgruppen und Fertigkeiten angeboten (ab 8000 ISK).

Die Hütten liegen rund 12 km westlich von Vík, 3 km über eine kleine Straße, unmittelbar westlich der Abzweigung zum Kap Dyrhólaey (Straße 218).

Giljur Gistihús PENSION €€

(☎866 0176; Giljavegur, abseits der Straße 1; EZ/DZ ohne Bad ab 16 000/20 000 ISK, DZ/3BZ 25 000/46 600 ISK; ⌚Juni–Mitte Sept.; 📶) Diese kleine Hofpension mit einem isländischen Torfhaus nur 7 km westlich von Vík liegt abseits der Ringstraße am Fuß üppiger Steilwände, über die sich ein Wasserfall ergießt und an denen Pferde weiden. Angeboten werden Zimmer mit und ohne Bad sowie ein herzhaftes Frühstück. Buchung über Icelandic Farm Holidays (www.farmholidays.is).

Gistiheimlilið Reynir PENSION €€

(☎894 9788; www.reyni.is; Reynisfjara, Straße 215; DZ ohne Bad 12 500 ISK, FZ mit/ohne Bad 26 200 ISK; 📶) Die Zimmer in der familiengeführten Pension haben alle einen Ausblick aufs Meer bei Dyrhólaey. Die Zweibettzimmer und das Familienzimmer für fünf Personen teilen sich Gemeinschaftsbäder und eine Küche; die Familienzimmer für vier Personen haben jeweils ein eigenes Bad.

Volcano Hotel HOTEL €€

(☎486 1200; www.volcanohotel.is; Ketilsstadaskóli, abseits der Straße 1; DZ mit Frühstück ab 21 900 ISK; 📶) Das 11,5 km westlich von Vík gelegene Hotel mit sieben Zimmern spielt bei der Einrichtung mit Vulkanmotiven. Die Böden sind mit Kieselsteinmosaiken belegt und im ganzen Haus leuchten Kerzen. Auch das Frühstück mit Eiern, frischem Obst, Waffeln, Kaffee, Tee und Saft ist gut. Als Spitzenhotel in der Gegend ist es schnell ausgebucht, frühe Buchung ist also ratsam. Im Hotel hat auch der kleine Tourenanbieter Mountain Excursions sein Büro.

Hótel Dyrhólaey HOTEL €€

(☎487 1333; www.dyrholaey.is; Brekknavegur, abseits der Straße 1; DZ mit Frühstück ab 30 000 ISK; @📶) Das 88-Zimmer-Hotel auf einem Hügel 10 km westlich von Vík wartet mit herrlichen Ausblicken auf und ist höchst beliebt bei Gruppen. Die großen Zimmer mit einfacher Ausstattung verteilen sich auf drei Flügel entlang der breiten Flure mit Teppichböden und Fotos von Island. Das Restaurant (Mai–Okt. 19–21 Uhr, 2450–4300 ISK) serviert Fisch-, Fleisch- und Gemüsegerichte.

Guesthouse Steig PENSION €€€

(☎487 4660; www.guesthousesteig.is; Steigsvegur; DZ mit/ohne Bad mit Frühstück ab 28 000/21 500 ISK; @📶) Das nette Gästehaus Steig liegt 16 km westlich von Vík und 1,5 km nördlich der Ringstraße an einer unbefestigten Straße. Es ist ein einfaches Bauernhaus mit zwölf überraschend geräumigen, modernen und hellen Zimmern. Sechs der Zimmer verfügen über Waschbecken und es gibt eine Gemeinschaftsküche. Das Personal ist freundlich und das Ganze verströmt das Flair eines netten Aufenthalts auf dem Land.

Black Beach Restaurant CAFÉ €€

(Svarta Fjaran; ☎571 2718; www.svartafjaran.com; Reynisfjara, Straße 215; Snacks 990 ISK, Hauptgerichte abends 2200–4000 ISK; ⌚11–21 Uhr; 📶) Schwarze und vulkanische Würfel, die dem nahegelegenen schwarzen Strand Reynisfjara mit seinen berühmten Basaltsäulen nachempfunden sind, beherbergen das zeitgemäße Café. Es serviert tagsüber hausgemachten Kuchen und kleine Speisen sowie Fish and Chips, Suppen und Hühnchensalate. Durch die Fenster blicken die Gäste aufs Meer und Kap Dyrhólaey.

Vík

320 EW.

Die besucherfreundliche kleine Gemeinde Vík (genauer: Vík í Mýrdal) hat sich zu einem florierenden Zentrum eines sehr schönen Abschnitts an der Südküste Islands entwickelt. Die südlichste Stadt des Landes ist auch die regnerischste, aber das tut der wahnsinnigen Atmosphäre keinen Abbruch, die hier herrscht, wenn im Sommer sämtliche Zimmer im Umkreis von 100 km ausgebucht zu sein scheinen. Vík ist mit seinem großen Serviceangebot ein praktischer Ausgangspunkt zum schönen Basaltstrand Reynisfjara und seinen Papageitaucherfelsen und dem Felsplateau Dyrhólaey (S. 174) und zu den Vulkanen von Skógar und der Gletscherlagune Jökulsárlón. An der Küste klatschen weiß gischtende Wellen auf schwarzen Sand und die Steilküste leuchtet von all dem Regen in sattem Grün. Kurzum, es ist schon etwas ganz Besonderes.

Sehenswertes & Aktivitäten

Víkurkirkja KIRCHE
(Hátún) Víks Kirche aus den 1930er-Jahren hoch über dem Ort hat Buntglasfenster in spitzen geometrischen Formen sowie tolle Ausblicke auf das Dorf.

True Adventure PARAGLIDING
(☎698 8890; www.trueadventure.is; Suðurvíkurvegur 5; Paragliding ab 35 000 ISK; ⊙Mai–Okt.) Der Abenteueranbieter in der Jugendherberge von Vík bietet spannende ein- bis zweistündige Tandemflüge über Vík und die Landschaft Südislands.

Geführte Touren

Die Zentren für Aktivitätentouren an der Südküste sind Skógar (33 km westlich von Vík) und Hvolsvöllur. In Vík kann man sich im Hostel nach Touren zum Mýrdalsjökull sowie nach Gleitschirmflügen über das gewellte Weideland erkundigen. Auch viele Tourunternehmen in Reykjavík bieten die Fahrt bis hierher an.

Katla Track AUTOTOUR
(☎849 4404; www.katlatrack.is; Eishöhlen- & Vulkantouren ab 19 900 ISK) Katla Track bietet Touren durch die Gegend an, die zu Sehenswürdigkeiten in der Region und zum Rand des Mýrdalsjökull führen.

Schlafen

Ob Hotel, Pension, Hütten oder Ferienhaus – im Sommer ist rund um Vík alles ausgebucht. Man muss also weit im Voraus reservieren. Jedoch sind auf den letzten Drücker noch Zeltstellplätze im Ort zu ergattern. Auf Dyrhólaey ist Zelten verboten.

★**HI-Hostel Vík** HOSTEL €
(Norður-Vík Hostel; ☎487 1106; www.hostel.is; Suðurvíkurvegur 5; B/EZ/DZ mit Frühstück ohne Bad 6500/10 200/18 000 ISK, Hütte ab 40 000 ISK; @📶) 🍃 Víks kleines, heimeliges und ganzjährig geöffnetes Hostel befindet sich in dem beigefarbenen Haus auf dem Hügel hinter dem Dorf. Zu den Angeboten gehören eine Gästeküche und mehrere separate Hütten mit Platz für bis zu acht Personen. Die Mitarbeiter organisieren auch Touren durch die Umgebung wie Ziplining und Gleitschirmfliegen (Mai–Sept., 14 900 bzw. 35 000 ISK). HI-Mitglieder erhalten Ermäßigung. Mit Ökosiegel.

Campingplatz Vík CAMPINGPLATZ €
(Tjaldsvæðið Vík; ☎487 1345; www.vikcamping.is; Klettsvegur 7; Stellplatz Erw./Kind 1750 ISK/frei; ⊙Juni–Sept.; P📶) Der Campingplatz liegt zu Füßen eines grasbewachsenen Bergkamms am Ostrand des Orts gleich hinter dem Icelandair Hótel Vík. In einem achteckigen Bau sind Kochgelegenheit, Waschmaschine (500 ISK), Toiletten und Duschen (200 ISK) untergebracht. Außerdem werden vier Hütten (25 000 ISK) vermietet.

★**Guesthouse Carina** B&B €€
(☎699 0961; www.guesthousecarina.is; Mýrarbraut 13, abseits der Straße 1; EZ/DZ/3BZ ohne Bad ab 16 900/21 900/25 900 ISK; P📶) Eine der besten Unterkünfte in Vík wird von der freundlichen Carina und ihrem Ehemann Ingvar angeboten. Sie vermieten in ihrem großen, umgebauten Haus in der Nähe des Ortszentrums blitzblanke, geräumige und helle Zimmer mit sauberen Gemeinschaftsbädern.

★**Icelandair Hótel Vík** HOTEL €€€
(☎487 1480, Buchung 444 4000; www.icelandairhotels.com; Klettsvegur 1–5; DZ Economy/normal ab 22 000/45 000 ISK; P📶) Das schicke Hotel mit einer Fassade aus dunklem Glas wurde mit dem ehemaligen Hótel Edda nebenan zusammengelegt. Es befindet sich am östlichen Ortsrand und bietet 88 Zimmer, einige davon elegant, die Zimmer im ehemaligen Hótel Edda zwar modern, aber einfacher und billiger. Man hat die Wahl zwischen einem Blick auf die Felswände hinterm Haus oder aufs Meer. Die helle Einrichtung aus Naturmaterialien spiegelt die umliegende Landschaft. Frühstück kostet 3000 ISK.

Essen & Ausgehen

Ice Cave Restaurant INTERNATIONAL €
(☎788 5070; Austurvegur, Straße 1; Hauptgerichte ab 1450 ISK; ⊙11–21 Uhr) Das moderne, cafeteriaartige Restaurant im selben Komplex wie das Geschäft Icewear (S. 179) bietet eine futuristische Beleuchtung und serviert überraschend gutes Essen wie Sandwiches, Salate, Nudeln, marinierte Hühnerkeulen, Lammkoteletts, Hühnchencurry und Burger.

Víkurskáli INTERNATIONAL €
(☎487 1230; Austurvegur 18; Hauptgerichte 1250–1900 ISK; ⊙11–20.30 Uhr) Der altmodische Imbiss in der N1-Tankstelle serviert Burger mit Blick auf Reynisdrangur. Als Tagesgericht gibt es z. B. Auflaufgerichte oder traditionellen isländischen Lammeintopf.

Kjarval SUPERMARKT €
(☎487 1325; Austurvegur, Straße 1; ⊙9–21 Uhr) Lebensmittel. An der Hauptstraße.

★ **Suður-Vík** ISLÄNDISCH, ASIATISCH €€
(☎487 1515; www.facebook.com/Sudurvik; Suðurvíkurvegur 1; Hauptgerichte 1300–5350 ISK; ⏲12–22 Uhr, im Winter kürzere Öffnungszeiten) Durch sein nettes Ambiente mit Holzboden und interessanter Kunst in einem Gebäude, das von warmem Licht erfüllt ist, setzt sich das neue Restaurant von der Konkurrenz ab. Das Essen ist isländisch herzhaft und bietet eine große Vielfalt von Bauernplatten und Quinoasalat mit Huhn bis zu Pizza und asiatischen Gerichten wie einem scharfen Penang-Curry mit Reis. Im Sommer reservieren! Für einen abendlichen Absacker bietet sich die **Man Cave** (☎487 1515; Suðurvíkurvegur 1; Bier ab 1000 ISK; ⏲18 Uhr bis spät) unten an.

Ströndin Bistro INTERNATIONAL €€
(☎487 1230; www.strondin.is; Austurvegur 18; Hauptgerichte 2000–5000 ISK; ⏲18–22 Uhr; 📶) Das lässig-schicke, holzgetäfelte Bistro mit Blick auf die Felsnadeln liegt hinter der N1-Tankstelle. Zu den einheimischen Gerichten gehören Lammsuppe oder Fischeintopf, zu den internationalen Pizza und Burger.

Halldórskaffi INTERNATIONAL €€
(☎487 1202; www.halldorskaffi.com; Víkurbraut 28; Hauptgerichte 2000–5000 ISK; ⏲Juni–Aug. 12–22 Uhr, Sept.–Mai bis 21 Uhr) Das muntere, holzgetäfelte Lokal im Museum Brydebúð erfreut sich dank eines klassischen Angebots, das von Burgern und Pizza bis zum Lammfilet reicht, in der Hochsaison großer Beliebtheit. Im Sommer ist mit Wartezeiten zu rechnen, da es keine Reservierung annimmt. Sehr verführerisch ist auch der Kuchen – besonders gut ist die isländische Baisertorte.

Smiðjan Brugghús MIKROBRAUEREI
(http://smidjanbrugghus.is; Sunnubraut 15; ⏲So–Do 11.30–24, Fr & Sa bis 1 Uhr) Der hippste Treff von Vík ist dieses Brauhaus im Lagerhausstil mit grauen Wänden, Fenstern zum Brauraum und Schiefertafeln, auf denen die zehn Fassbiere verzeichnet sind. Zu den Icelandic India Pale Ales und zu anderen Gebräuen passt sicher einer der Burger – es gibt auch eine vegane Version.

Shoppen

Icewear GESCHENKE & SOUVENIRS
(☎487 1250; www.icewear.is; Austurvegur 20; ⏲8–22 Uhr) Der große Souvenir- und Icewear-Strickwarenladen neben der N1-Tankstelle ist ein Hit bei Reisebustouristen. Sie können in der Werkstatt zuschauen, wie die Wollsachen hergestellt werden. Außerdem gibt's hier jede Menge Island-Souvenirs und das Ice Cave Restaurant (S. 178).

Vínbúðin ALKOHOLISCHE GETRÄNKE
(☎486 8660; www.vinbudin.is; Ránarbraut 1; ⏲Mo–Do 16–18, Fr 13–19, Sa 12–14 Uhr) Staatlicher Alkoholladen mit eingeschränkten Öffnungszeiten.

Praktische Informationen

Touristeninformation (☎487 1395; www.kotlusetur.i; Víkurbraut 28; ⏲Mai–Sept. 10–20 Uhr, Okt.–April 12–18 Uhr; 📶) Bietet im Museum **Brydebúð** (☎487 1395; Víkurbraut 28; Erw./Kind 500 ISK/frei; ⏲Juni–Aug. Mo–Fr 10–18, Sa & So 12–19 Uhr) Tipps zur Umgebung, Karten, Bücher und einen kleinen Andenkenladen.

An- & Weiterreise

In Vík halten alle Busse von Reykjavík nach Höfn; Haltestelle ist die N1-Tankstelle am Austurvegur (Straße 1) im Ortszentrum.

Strætó (S. 68) Bus 51 von Reykjavík (1840 ISK, 2¾ Std., 2-mal tgl.) hält auf dem Weg nach Höfn in Vík. Wer mit dem frühen Bus unterwegs ist, kann in Vík aussteigen und später mit dem anderen Bus nach Höfn weiterfahren. Von September bis Mai kann man auf diese Möglichkeit allerdings nicht vertrauen.

Sterna (S. 73) Bus 12/12a von Reykjavík nach Höfn hält unterwegs in Selfoss und Vík. Von Juni bis Mitte September verkehrt ein Bus am Tag zwischen Selfoss (3800 ISK, 3¼ Std.) und Vík.

Reykjavík Excursions (S. 72) Bus 20/20a von Reykjavík (7800 ISK, 4–5 Std., Juni–Anfang Sept. 1-mal tgl.) nach Skaftafell hält in Vík.

Nach Vík kann man auch problemlos selbst fahren. Die Ringstraße (Straße 1) führt direkt durchs Ortszentrum. Vík liegt 2½ Autostunden von Reykjavík entfernt.

Östlich von Vík

Mælifell

Der 642 m hohe Berg Mælifell am Rand des Gletschers Mýrdalsjökull und seine Umgebung sind einfach spektakulär.

Wer entsprechend ausgerüstet und erfahren ist, kann den Mælifell oder den *nunatak* (Hügel oder Berg, der aus einem Gletscher hervorragt) **Huldufjöll** besteigen. Es gibt auch einfachere Wanderungen zwischen den Flüssen in der Nähe. Vor dem Aufbruch sollte nach Wetter und Wegzustand gefragt werden.

In diese abgeschiedene Gegend verkehren keine öffentlichen Verkehrsmittel. Man braucht ein Auto (am besten ein Allradfahrzeug). Östlich von Vík nimmt man die Straße 214 und fährt dann 15 km weiter in die Berge.

Schlafen & Essen

Lebensmittel müssen in Vík gekauft werden – in der abgelegenen Gegend um den Mælifell gibt es keine Geschäfte.

★ Þakgil CAMPINGPLATZ €

(☎893 4889; www.thakgil.is; Höfðarbrekkuafrétti; Stellplatz 2000 ISK pro Pers., Hütte 25 000 ISK; ⊙Juni–Mitte Sept.) Der einfache, idyllische Campingplatz in Þakgil, einem grünen Talkessel zwischen schroffen Bergen und spektakulären Felsformationen, ist ein praktischer Ausgangspunkt für Erkundungen des Gebiets rund um den Mælifell. Die einfachen Hütten verfügen über Bäder und kleine Küchen. Auf dem Gelände gibt's auch Duschen und Grillplätze.

Hótel Katla – Höfðabrekka HOTEL €€

(☎487 1208; www.hotelkatla.is; Höfðabrekka, Straße 214; DZ mit Frühstück ab 23 700 ISK; @🛜) Das Hótel Katla – Höfðabrekka am Anfang der Straße 214, 5,5 km östlich von Vík, ist ein großes Landhotel mit 72 komfortablen Zimmern mit Bad, die sich auf verschiedene alte Gebäude verteilen und zwischen Landkitsch und modern variieren. Zum Komplex gehören auch eine Sauna und ein geothermaler Hot Pot sowie ein gutes Restaurant (18.30–21 Uhr, Büffet 5900 ISK pro Pers.).

Mýrdalssandur

Mýrdalssandur, die weite Ebene aus schwarzem Lavasand östlich von Vík, entstand durch Ausschwemmungen aus dem Inneren des Mýrdalsjökull während der Katla-Ausbrüche. Die 700 km² große Wüste ist öde und trostlos (manche behaupten auch verwunschen), aber auf ihre Art atemberaubend. Sie wirkt unbelebt, dennoch sind manchmal Polarfüchse und Seevögel zu sehen.

Südlich der Ringstraße ragt der kleine Berg Hjörleifshöfði (221 m) aus der Sandfläche hoch und bietet einen guten Blick auf die Vestmannaeyjar. Der grüne Berg Hafursey (582 m) auf der anderen Seite der Ringstraße ist ebenfalls ein schönes Wanderziel von Vík aus.

VESTMANNAEYJAR

Schwarz und zerklüftet ragen die bizarren Silhouetten der 15 Westmännerinseln vor der Südküste aus dem Meer. Sie wurden vor 11 000 Jahren von unterirdischen Vulkanen geschaffen – mit einer Ausnahme: Surtsey erblickte erst 1963 das Licht der Welt. Die Unesco erklärt die Insel 2008 zur Welterbestätte und sie darf wegen ihrer wissenschaftlichen Bedeutung außer zu Forschungszwecken nicht betreten werden.

Nur Heimaey ist ständig bewohnt. Das Minidorf und sein geschützter Hafen liegen eingebettet zwischen schroffen *klettar* (Felsabbrüchen) und zwei Unheil verkündenden Vulkanen – dem blutroten Eldfell und dem kegelförmigen Helgafell. Heimaey ist berühmt für seine Papageitaucher – rund 10 Mio. Vögel brüten hier –, für die Þjóðhátíð, Islands größtes Open-Air-Fest (jeden August), und für sein hochmodernes Vulkanmuseum.

Heimaey

4500 EW.

Der kleine Ort Heimaey (sprich: *hey*-mai) ist umgeben von einer Festung aus zerklüfteter Lava; der Hafen befindet sich am Ende eines gewundenen Wasserlaufs, der sich zwischen hohen Felswänden voller Vogelnester seinen Weg sucht. Heimaey liegt zwar nur ein paar Kilometer vor dem Festland, wirkt aber Welten entfernt, eine Insel einsam im eisigen Wasser des Nordatlantiks.

Die Vulkane, die Heimaey hervorgebracht haben, trieben die Insel schon mehrere Male an den Rand des Untergangs. Die berühmteste Eruption in jüngster Vergangenheit begann völlig überraschend um 1.45 Uhr am 23. Januar 1973. Eine lange Spalte tat sich auf, aus der der Vulkan Eldfell entstand. Die Insel musste evakuiert werden. Man kann sehen, wo der Lavastrom auf die Häuser des Orts trifft.

Geschichte

Jahrhundertelang wurde Heimaey von Räubern und Plünderern heimgesucht. Im 15. Jh. überfielen die Engländer die Insel und errichteten die Festung Skansinn als ihr Hauptquartier. 1627 wüteten algerische Piraten auf der Insel, metzelten 34 Einwohner nieder und nahmen darüber hinaus weitere 230 gefangen (fast drei Viertel der Bevölkerung). Die restlichen Insulaner konnten flüchten, indem sie sich von den Steilhängen

Heimaey

Heimaey

Highlights

1 Eldheimar D4
2 Sæheimar B2
3 Skansinn D1

Sehenswertes

4 Landlyst D1
5 Park C3
6 Sagnheimar Byggðasafn C3
7 Stafkirkjan D1
8 Stóraklif & Heimaklettur A1

Aktivitäten, Kurse & Touren

Eyja Tours .... (s. 10)
9 Heilsueyjan Spa C2
Rent A Bike .... (s. 10)
10 Ribsafari B1
11 Schwimmbad A3
12 Viking Tours C1

Schlafen

13 Aska Hostel C2
14 B&B Hrafnabjörg B2
15 Gistiheimilið Hreiðrið B2
16 Hótel Eyjar C2
17 Hótel Vestmannaeyjar C2
Sunnuhöll HI Hostel .... (s. 17)

Essen

18 Einsi Kaldi C2
Gott .... (s. 13)
19 Krónan C2
20 Slippurinn B1
21 Stofan Bakhús C2
22 Tanginn C1

Shoppen

23 Útgerðin C2
24 Vínbúðin C2

abseilten oder in den Höhlen an der Westküste versteckten. Die Gefangenen wurden als Sklaven nach Nordafrika gebracht. Jahre später wurden 27 von ihnen freigekauft ... und konnten den langen Weg nach Hause antreten.

Sehenswertes

Die Sehenswürdigkeiten der Insel sind v. a. im und um das Hauptdorf, an der Landspitze um Skalinn und im faszinierenden neuen Lavafeld samt Vulkan zu finden sowie an der Steilküste außerhalb des Orts, auf der Papageitaucher zu beobachten sind. Ein Inselführer mit Schnitzeljagd kann unter dem Suchbegriff „Vestmannaeyjar" im App Store heruntergeladen werden.

Im Ortszentrum

★ Eldheimar MUSEUM

(Pompeji des Nordens; ☎488 2700; www.eldheimar.is; Gerðisbraut 10; Erw./Kind 2300/1200 ISK; ⌚11–18 Uhr) Mehr als 400 Gebäude liegen unter der Lava aus dem Ausbruch von 1973 begraben. Am Rand des Lavastroms erzählt das neue Museum „Pompeji des Nordens" die Geschichte eines Hauses, das aus 50 m Bimsstein ausgegraben wurde. Dies war einst das Zuhause von Gerður Sigurðardóttir und Guðni Ólafsson sowie ihren drei Kindern, darunter ein Baby. Während des Ausbruchs musste die Familie das Haus Hals über Kopf verlassen und konnte nur einen einzigen Gegenstand mitnehmen – eine Babyflasche.

Der moderne Vulkangesteinbau ermöglicht einen Blick in das Haus mit seinen zerbröselnden Wänden und den umgestürzten, aber intakten Einrichtungsgegenständen. Außerdem gibt es Multimedia-Exponate zur Eruption und ihren Folgen, u. a. fesselnde Filmaufnahmen, Augenzeugenberichte und die Geschichte der Hausbesitzer. Durch die Ausstellung geleitet einen ein Audioguide; oben führt ein Steg über die Trümmer und es gibt einen Raum zu Surtsey sowie ein Café mit weitem Ausblick über den Ort.

★ Skansinn FESTUNG, HISTORISCHE STÄTTE

In dem hübschen grünen Areal abseits des Skansvegur am Meer liegen mehrere historische Sehenswürdigkeiten. Skansinn, das älteste Bauwerk der Insel, wurde im 15. Jh. als Festung errichtet, um den Hafen zu ver-

DER AUSBRUCH VON 1973

Ohne Vorwarnung erschütterte am 23. Januar 1973 um 1.45 Uhr eine gigantische Explosion die Winternacht. Auf der Ostseite der Insel klaffte eine 1,5 km lange Vulkanspalte. Das Eruptionsgebiet entwickelte sich allmählich zu einem wachsenden, kegelförmigen Krater, der Lava- und Aschefontänen ausstieß.

Wegen eines Sturms der Windstärke 12 waren die Fischerboote am Nachmittag zuvor nicht ausgelaufen. So lagen genügend Boote im Hafen, das Wetter hatte sich beruhigt und die 5273 Bewohner der Insel konnten bis auf 200 bis 300 Personen aufs Festland evakuiert werden. Wie durch ein Wunder gab es nur ein Todesopfer, und zwar durch giftige Dämpfe.

In den folgenden fünf Monaten ergossen sich über 30 Mio. t Lava über Heimaey, zerstörten 360 Häuser und schufen einen neuen Berg, den roten Schlackekegel Eldfell. Ein Drittel des Orts verbrannte unter dem Lavastrom, die Insel vergrößerte sich um 2,5 km^2.

Die ausströmende Lava drohte den Hafen zu blockieren, was die Aussichten der Evakuierten auf eine Rückkehr zunichte gemacht hätte – ohne Fischerei konnte die Insel nicht leben. Um den unaufhaltsamen Strom aus flüssigem Gestein aufzuhalten, bespritzten ihn Feuerwehrleute mit über 6 Mio. t kaltem Meerwasser. Nur 175 m vor der Hafeneinfahrt kam er zum Stillstand – und schenkte der Hafenanlage einen neuen Schutzwall.

Die bei Verwandten einquartierten Inselbewohner beobachteten das flammende Inferno vom Festland aus und bangten, ob sie jemals zurückkehren könnten. Erst Ende Juni, fünf Monate später, war die Eruption zu Ende und zwei Drittel der Evakuierten kehrten zum großen Reinemachen auf ihre Insel zurück. Im Ort sind in gefährlicher Nähe zu Häusern noch immer verrückte Lavaformationen zu sehen und im Osten kann eine Art Marslandschaft erkundet werden.

Das fabelhafte Museum Eldheimar (S. 182) gibt einen Einblick in die dramatischen Ereignisse.

teidigen (was aber nicht wirklich gelang – die algerischen Piraten gingen 1627 einfach auf der anderen Inselseite an Land). Seine Mauern fielen 1973 der Lava zum Opfer, aber Teile davon wurden wieder aufgebaut. Darüber sind die Überreste der alten Wassertanks von Heimaey zu erkennen, die der glühende Magmastrom ebenfalls unter sich begrub.

➡ **Landlyst** MUSEUM

(abseits des Strandvegur; ⌚Mitte Mai–Mitte Sept. 11–17 Uhr) GRATIS Einst starben unfassbare drei Viertel der Babys auf Heimaey aufgrund von Wassermangel und kontaminierter Erde an Wundstarrkrampf, bis eine Frau namens Sólveig ins Ausland geschickt wurde, um sich als Hebamme ausbilden zu lassen. Das winzige Holzhaus Landlyst diente Sólveig als Entbindungsheim – es ist das zweitälteste Gebäude der Insel. Heute zeigt es einen alten Arzneischrank, eine kleine Ausstellung über ihre Aderlassinstrumente und andere Gegenstände aus dem 19. Jh.

➡ **Stafkirkjan** KIRCHE

(Stabkirche; Skansinn, abseits des Skansvegur; ⌚Mitte Mai–Mitte Sept. 11–17 Uhr) Die mit Bitumen gestrichene Stafkirkjan ist ein Nachbau einer hölzernen Stabkirche aus dem Mittelalter, nämlich der Holtdalen-Stabkirche im norwegischen Trondheim. Die norwegische Regierung stiftete sie im Jahr 2000 als Geschenk zur Feier von 1000 Jahren Christentum.

★ **Sæheimar** AQUARIUM

(✆481 1997; www.saeheimar.is; Heiðarvegur 12; Erw./Kind 10–17 J./Kind bis 9 J. 1200/500 ISK/frei; ⌚Mai–Sept. 10–17 Uhr, Okt.–April 13–16 Uhr; 👪) Das Aquarium und Naturkundemuseum zeigt eine interessante Sammlung ausgestopfter Vögel und Säugetiere, Filmmaterial zu Papageitauchern und Seewölfen sowie Aquarien mit isländischen Fischen. Toll für Familien! Nicht selten watschelt hier ein Papageitaucher herum – das Museum ist auch ein inoffizielles Vogelkrankenhaus.

Sagnheimar Byggðasafn MUSEUM

(Heimatmuseum; ✆488 2045; www.sagnheimar.is; Raðhústræti; Erw./Kind 1000 ISK/frei; ⌚Mitte Mai–Mitte Sept. 11–17 Uhr, Mitte Sept.–Mitte Mai Sa 13–16 Uhr) Das interaktive Heimatmuseum in der Stadtbücherei erzählt die Geschichte Heimaeys seit der Zeit der plündernden Piraten bis zum Vulkanausbruch 1973 und darüber hinaus. Hinzu kommen Exponate über lokale Sporthelden, Religion, vulkanische Aktivitäten und einheimische Vögel.

Stóraklif & Heimaklettur AUSSICHTSPUNKT

(Eiðisvegur) Hinter der Tankstelle im Hafen führt ein nicht allzu gut gesicherter Kletterpfad in 30 Minuten auf die Spitze der schroffen Steilküste Stóraklif. Am Anfang weisen die ausgefahrenen Spuren der Allradfahrzeuge den Weg. Sobald es steiler wird, leisten Seile und Ketten Kletterhilfe (sehen aber nicht sehr vertrauenerweckend aus). Wer seine Angst überwinden kann, wird mit einer tollen Aussicht belohnt. Noch gefährlicher ist der Aufstieg auf den Heimaklettur, der über wackelige Leitern führt. Beide Berge sind Papageitaucher-Nistplätze. Bei Regen, Nässe oder Wind sollte man keinen der beiden Aufstiege in Angriff nehmen.

Außerhalb des Orts

★ **Eldfellshraun** LAVAFELD

(zugänglich über den Eldfellsvegur) Die durch den Lavafluss von 1973 entstandene marsähnliche Landschaft wurde Eldfellshraun getauft. Ein Labyrinth aus Wanderwegen führt hinunter zur Festung Skansinn und zum Areal, wo die Lava auf die Häuser des Orts trifft, sowie um die rote, schroffe Ausbuchtung der Ostküste herum. Dort locken kleine, schwarze Kiesstrände, der Lavagarten Gaujulundur und ein Leuchtturm.

★ **Eldfell** VULKAN

(abseits des Fellavegur; P) Wie aus dem Nichts tauchte in den frühen Morgenstunden des 23. Januar 1973 der 221 m hohe Vulkankegel Eldfell auf. Nachdem das Megafeuerwerk vorbei war, konnte Heimaey von 1976 bis 1985 seinen Energiebedarf mit der Hitze des Vulkans decken. Noch heute ist der Boden an manchen Stellen so warm, dass Brot gebacken oder Holzkohle hergestellt werden kann. Der Aufstieg zum Eldfell ist ein netter Spaziergang vom Dorf aus über die eingestürzte Nordwand des Kraters. Da die Einwohner ihren jüngsten Vulkan vor Erosionsschäden bewahren wollen, sind Besucher angehalten, auf dem Weg zu bleiben.

Nach oben, wo es ziemlich windig sein kann, sind es etwa 1,5 km (30 Min.–1 Std.). Unten am Vulkan stehen nur begrenzt Parkplätze zur Verfügung.

Helgafell VULKAN

(Helgafell-Straße) Der benachbarte Vulkan Helgafell (226 m) brach schon vor 5000 Jahren aus. Auf seinen Schlackehängen wächst mittlerweile Gras. Gipfelstürmer schaffen den Aufstieg problemlos vom Bolzplatz an der Straße zum Flughafen.

Aktivitäten

In der Touristeninformation sind detaillierte Rad- und Wanderkarten von Heimaey erhältlich. Am malerischsten sind Wanderungen über die Lavafelder, an den Nistplätzen der Papageitaucher entlang und an der Westküste der Insel.

★ Stórhöfði WANDERN, VOGELBEOBACHTUNG
(Straße 240) Eine windige **meteorologische Station** steht auf Stórhöfði (122 m), der felsigen Halbinsel an der Südseite von Heimaey. Sie ist über eine schmale Landbrücke mit der Hauptinsel verbunden, die durch Lava aus der Eruption des Helgafell vor 5000 Jahren entstand. Von dort oben eröffnen sich schöne Aussichten. Auf halber Strecke den Berg hinauf steht eine kleine **Vogelbeobachtungshütte**, auf der man Papageitaucher ins Visier nehmen kann. Von der ersten Haltebucht auf der rechten Seite führt ein mit einem Schild markierter Weg über eine Schafweide zu der Hütte.

Man kann hinunter zum Gesteinsstrand von **Brimurð** klettern, weiter über die Steilküste der Ostküste laufen und kurz vorm Flughafen über die Hauptstraße zurückkehren. Zwischen Juni und August sind **Kervíkurfjall** und **Stakkabót** ideal, um Papageitaucher zu beobachten.

Westküste WANDERN, VOGELBEOBACHTUNG
(Dalvegur) Mehrere nicht ganz ungefährliche Pfade schlängeln sich an den steilen Berghängen des Herjólfsdalurs hoch und führen über den Gipfel des Norðklettur nach **Stafnsnes**, eines der wichtigsten Papageitaucher-Brutgebiete. Der Aufstieg ist aufregend, aber es gibt ein paar steile Abhänge. Wer es gemütlicher angehen will, nimmt die südliche Variante an der Westküste entlang, über Lavahöhlen hinweg, in denen sich die Insulaner 1627 vor den Piraten versteckt hatten. In den Felsen von **Ofanleitishamar** nisten Hunderte Papageitaucher.

★ Schwimmbad SCHWIMMEN
(Sundlaug Vestmannaeyja; ☎488 2400; Brimhólabraut; Erw./Kind 900/300 ISK; ⏱Juni–Aug. Mo–Fr 6.15–21, Sa & So 10–17 Uhr, Sept.–Mai kürzere Öffnungszeiten) Heimaey hat eine großartige Sportanlage mit Salzwasser-Hallenbad, Freibädern, Hot Pots, einem Whirlpool, Wasserrutschen (eine mit Trampolin) und einem Fitnesszentrum.

Rent A Bike RADFAHREN
(☎896 3340; https://visitwestmanislands.com/tours/rent-a-bike; Básaskersbryggja 8; Leihräder 5/24 Std. 3900/5900 ISK; ⏱unterschiedlich) Heimaey lässt sich gut per Drahtesel erkunden. Mieten kann man einen in diesem Laden beim Fähranleger. Reservieren!

Heilsueyjan Spa MASSAGEN
(☎481 1513; www.facebook.com/heilsueyjanspa; Vestmannabraut; 30-/60-Min.-Massage ab 4500/8000 ISK, Infrarotsauna 1500 ISK; ⏱Mo–Fr 10–18, Sa & So 13–18 Uhr) Bietet verschiedene Anwendungen, von Massagen über Maniküre bis zu einer Infrarotsauna.

Westman Islands Golf Course GOLF
(☎481 2363; www.gvgolf.is; Hamarsvegur; Platzgebühr 7500 ISK, Leihschläger 3500 ISK, Driving Range 350 ISK; ⏱8–21 Uhr) Golfer können auf diesem wilden, wunderbar windigen 18-Loch-Platz am Meer im Herjólfsdalur eine Runde spielen. Es gibt Leihschläger und auch eine Driving Range – die Bälle werden über die Straße gedroschen, die zum Golfclub führt.

Geführte Touren

Die meisten Bootstouren richten sich nach dem Fahrplan der Fähren, was für Tagesausflügler sehr praktisch ist.

★ Ribsafari BOOTSFAHRTEN
(☎661 1810; www.ribsafari.is; Básaskersbryggja 8, Harbour; 1 Std. Erw./Kind 11 900/6500 ISK, 2 Std. 17 950/9500 ISK; ⏱Mitte April–Okt.) Die aufregenden Touren durch die Inselgruppe finden täglich in einem aufgemotzten Schlauchboot statt. Das kleine Boot ermöglicht dem Kapitän, durch kleine Höhlen und zwischen Felsen hindurchzufahren, damit Vogelkolonien aus der Nähe beobachtet werden können. Wer Glück hat, sieht vielleicht auch Wale und Robben.

Viking Tours BOOTSFAHRTEN, BUSTOUR
(☎488 4884; www.vikingtours.is; Strandvegur 65; Erw./Kind Bootsfahrten ab 7400/6400 ISK, Bustrips ab 6400/5400 ISK; ⏱Mai–Mitte Sept. 10–18 Uhr) Die Bootstouren führen zu den großen Vogelbrutgebieten an der Südküste und weiter in die Meereshöhle Klettshellir. Auf den Bustouren wird die Insel erkundet.

Eyja Tours BUSTOUR
(☎852 6939; www.eyjatours.com; Básaskersbryggja; Papageitaucher- & Vulkantouren Erw./Kind 7000/3500 ISK) Die Bustouren führen zu den Highlights der Insel, z. B. zu Papageitaucherkolonien und Vulkanen.

Lyngfell REITEN
(☎898 1809; www.lyngfell.123.is; abseits der Straße 240; 1 Std. ab 7000k; ⏱Juni–Aug.) Lyngfell an der

SURTSEY

Im November 1963 machte die Besatzung der *Ísleifi II* eine seltsame Beobachtung: Das Meer südlich von Heimaey schien in Flammen zu stehen. Anstatt sich in Sicherheit zu bringen, fuhr das Fischerboot näher heran und so erlebte die Crew die Geburt der jüngsten Insel der Welt.

Die unterseeische Eruption dauerte viereinhalb Jahre. Aus der emporgeschleuderten Schlacke und Asche bildete sich ein 2,7 km² großes Stück Land (das erosionsbedingt heute nur noch 1,4 km² groß ist). Die Insel bekam den Namen Surtsey (Surturs Insel) – nach dem altnordischen Feuerriesen Surt, der in der Ragnarök die Welt in Brand stecken wird.

Man beschloss, die jungfräuliche Insel als Versuchslabor zu nutzen, das einen einmaligen Einblick in die Entwicklung von Pflanzen und Tieren in einem neuen Territorium geben sollte. Deshalb ist Surtsey (www.surtsey.is) für Besucher tabu. Interessant zu wissen: Das Rennen um die erste Besiedlung des neuen Lands machte die blaugrüne Alge *Anabaena variabilis*. Eine weitere Entdeckung: Während der Eruption gelangten mit der Lava auch Fossilien an die Erdoberfläche und sind heute Teil der Insel.

Ribsafari (S. 184) und Viking Tours (S. 184) bieten Bootstouren an (ohne Betreten der Insel). Eine filmische Nachstellung der donnernden Geburt Surtseys wird im Museum Eldheimar (S. 182) gezeigt.

Straße zur Halbinsel Stórhöfði bietet Ausritte auf schwarzen Sandstränden und, wenn der Wind nicht allzu sehr bläst, auch auf den Klippen. Der Reiterhof liegt an der Straße Richtung Stórhöfði auf der linken Seite.

Festivals & Events

★ Þjóðhátíð MUSIK

(Nationalfestival Þjóðhátíð Vestmannaeyjar; www.dalurinn.is; Dalvegur; 23 900 ISK, Fähre 1380 ISK; Juli oder Aug.) Das dreitägige Festival Þjóðhátíð am letzten Juli- oder ersten Augustwochenende auf dem Festplatz im Herjólfsdalur ist das größte Open-Air-Fest des Landes. Bis zu 17 000 Besucher genießen Musik, Tanz, Feuerwerk, ein riesiges Freudenfeuer, hektoliterweise Alkohol und eine Lichtshow mit roten Fackeln, eine Verbeugung vor den Vulkanen der Insel.

Das Fest wurde erstmals gefeiert, als die Bewohner der Insel Vestmannaeyjar wegen schlechten Wetters nicht zu den Feierlichkeiten anlässlich der ersten Verfassung Islands (1. Juli 1874) aufs Festland reisen konnten. Also feierten sie einen Monat später ihr eigenes Fest, das seither zur alljährlichen Tradition gehört.

Ab Reykjavík starten Sonderflüge; Fahrt und Übernachtung müssen Monate im Voraus gebucht werden.

Schlafen

Die Fähre vom Festland braucht nur 30 Minuten, ein Besuch der Vestmannaeyjar ist also gut als Tagesausflug zu machen. Wer dort lieber übernachten will (was höchst empfehlenswert ist), hat außerhalb der Festivalzeit gewöhnlich keine Probleme, eine Unterkunft zu finden. Ein komplettes Unterkunftsverzeichnis steht auf www.vestmannaeyjar.is.

B&B Hrafnabjörg B&B €

(858 7727; www.facebook.com/BogBGuesthouse; Hásteinsvegur 40; EZ/DZ ohne Bad mit Frühstück 8100/13 400 ISK; April–Nov.;) Das von den freundlichen Gastgebern Hrefna und Jónas betriebene behagliche B&B hat ordentliche Zimmer und einen großen Frühstücksraum, ideal für das üppige Frühstück u. a. mit hausgemachten Waffeln.

Aska Hostel HOSTEL €

(662 7266; www.askahostel.is; Bárustigur 11; B/DZ/3BZ ohne Bad 5200/14 000/16 900 ISK;) Das in fröhlichem Gelb gestrichene historische Haus im Ortszentrum ist heute ein gutes Hostel mit hellen modernen Zimmern und freundlichen Mitarbeitern. Es gibt eine nette Fernsehlounge, eine Küche, kostenlose warme Duschen und Handtücher. Morgens stehen gratis Frühstücksflocken sowie Tee und Kaffee zur Verfügung.

HI-Hostel Sunnuhöll HOSTEL €

(481 2900; www.hihostels.com; Vestmannabraut 28; DZ mit/ohne Bad 13 700/18 600 ISK;) Im heimeligen Hostel Sunnuhöll, das sich im selben Gebäude wie das Hótel Vestmannaeyjar befindet, herrscht meist eine ruhige

und ungezwungene Atmosphäre. Geboten wird eine Handvoll sauberer Zimmer. Die Gäste haben Zugang zum Spa und es gibt Waschmaschinen und Leihräder. HI-Mitglieder zahlen weniger.

Glamping & Camping CAMPINGPLATZ €
(☎846 9111; www.glampingandcamping.is; Dalvegur; Stellplatz Erw./Kind 1500 ISK/frei, Hütte & Tonnenhütte 7900–11 000 ISK; ⊙Mitte Mai–Mitte Sept.) Der Campingplatz in einem erloschenen Vulkan im Herjólfsdalur hat heiße Duschen, eine Waschküche und Kochgelegenheiten. Es ist hier oft sehr windig, aber die Betreiber weisen Campern gern den Weg zu einem geschützten Fleckchen. Vermietet werden auch Nurdach- und Tonnenhütten. Bettwäsche kostet 1600 ISK pro Person.

Gistiheimilið Hreiðrið PENSION €
(☎481 1045; http://tourist.eyjar.is; Faxastígur 33; EZ/DZ/4BZ ohne Bad 7900/12 500/18 700 ISK; 📶) Das Haus sieht von außen schon etwas mitgenommen aus, aber die nette Eigentümerin sorgt dafür, dass sich ihre Gäste wie zu Hause fühlen. Zur Verfügung stehen eine gut ausgestattete Küche und ein behagliches Fernsehzimmer. Im Sommer werden auch drei- bis vierstündige Wandertouren angeboten. Schlafsackunterkunft kostet 4300 ISK, Frühstück 1600 ISK pro Person.

Hótel Eyjar HOTEL €€
(☎481 3636; www.hoteleyjar.is; Bárustíg 2; EZ/DZ mit Frühstück 23 000/26 000 ISK; 📶) Die geräumigen, einfachen Zimmer sind hell und haben jeweils ein eigenes Bad; einige Zimmer sind besonders groß und mit Kochnische ausgestattet. Zusätzliche Matratzen für Kinder kosten 2500 ISK. Im Erdgeschoss befindet sich die Touristeninformation.

Hótel Vestmannaeyjar HOTEL €€€
(☎481 2900; www.hotelvestmannaeyjar.is; Vestmannabraut 28; EZ/DZ mit Frühstück ab 18 800/ 31 200 ISK; @📶) Islands erstes Kino ist heute ein nettes Hotel mit modernen Zimmern, teils mit guten Blicken auf den Hafen und den Ort, freundlichem Personal und dem Top-Restaurant Einsi Kaldi. Das Spa verfügt über zwei Hot Pots und eine Sauna und es gibt auch ein Billardzimmer. Im Sommer ist rechtzeitige Reservierung ratsam.

Essen & Ausgehen

Stofan Bakhús BÄCKEREI €
(☎481 2424; www.facebook.com/stofanbakhus; Bárustígur 7; Backwaren 300–990 ISK; ⊙Mo–Fr 8–17, Sa & So 9–16 Uhr; 📶) Leckere Backwaren, u. a. Schokoladenkuchen und frisch gebackenes Brot, dazu erstklassiger Kaffee.

Krónan SUPERMARKT €
(☎585 7000; Strandvegur 48; ⊙Mo–Fr 9–21, Sa & So 10–19 Uhr) Lebensmittel.

★ **Slippurinn** ISLÄNDISCH €€
(☎481 1515; www.slippurinn.com; Strandvegur 76; Mittagessen 2400–7200 ISK, Hauptgerichte abends 3700–4900 ISK, Menü 6400–9900 ISK; ⊙Anfang Mai–Mitte Sept. 12–14.30 & 17–22 Uhr; 📶) Das quirlige Slippurinn befindet sich im Obergeschoss einer schön umgebauten alten Maschinenwerkstatt, die einst die Schiffe im Hafen wartete – heute genießt man hier wunderbare Ausblicke. Das Essen ist isländisch und so kreativ, dass es den meisten Restaurants des Landes deutlich überlegen ist. Die Zutaten sind erstklassig und die Gerichte mit Fisch, heimischen Erzeugnissen und Fleisch aus dem Umland sind himmlisch.

★ **Gott** FUSIONSKÜCHE €€
(☎481 3060; www.gott.is; Bárustigur 11; Hauptgerichte 1390–4800 ISK; ⊙Mo 11–13, Di & So bis 21, Mi–Sa 11.30–21 Uhr; 🖉) In diesem Lokal mit Holzboden und bunten Stühlen wird aus gesunden Biozutaten sorgfältig Fusionskost zubereitet wie Salat mit Ziegenkäse und Roter Bete, Toast mit Avocado, Hummus und Pesto oder Grillhühnchen im Dinkelmantel. Auch vegane Gerichte.

Tanginn ISLÄNDISCH €€
(☎414 4420; www.facebook.com/tanginn.is; Básaskersbryggja 8; Hauptgerichte 2200–3000 ISK; ⊙So–Mi 11.30–21.30, Do bis 13, Fr & Sa bis 14 Uhr; 📶👶) Riesige Fenster zum Hafen raus und eine komfortable, moderne Einrichtung aus Schiefer und Holz sorgen für ein nettes Ambiente bei einer Mahlzeit aus frischem Fisch, Burgern, Crêpes, kreativen Salaten und dergleichen. Die Gerichte sind schön angerichtet, zudem gibt's isländisches Bier vom Fass.

Einsi Kaldi FISCH & MEERESFRÜCHTE €€€
(☎481 1415; www.einsikaldi.is; Vestmannabraut 28; Hauptgerichte 2900–7000 ISK; ⊙Juni–Mitte Sept. 17–22 Uhr, Mitte Sept.–Mai kürzere Öffnungszeiten; 📶) Das Einsi Kaldi im Erdgeschoss des Hótel Vestmannaeyjar ist das edelste Restaurant auf der Insel und serviert gut zubereitete Meeresfrüchte. Der von den Westmännerinseln stammende Küchenchef kreiert Gerichte mit Seeteufel, Kaisergranat und Rindfleisch – alles aus der Region; zum Abschluss gibt's dann eine Panna cotta mit *skyr* (isländischer Quark) oder einen Lavastrom-Schokoladenkuchen.

Shoppen

Útgerðin BEKLEIDUNG, KUNSTHANDWERK

(☎891 9060; www.facebook.com/utgerdin; Vestmannabraut 30; ⏲Mo–Sa 11–18 Uhr) Gute Adresse für Kunsthandwerk und Design aus Island.

Vínbúðin ALKOHOLISCHE GETRÄNKE

(☎481 1301; www.vinbudin.is; Vesturvegur 50; ⏲Mo–Do 11–18, Fr bis 19, Sa bis 16 Uhr) Staatlicher Alkoholladen.

Praktische Informationen

Touristeninformation (☎482 3683; www.vestmannaeyjar.is; Strandvegur; ⏲Mo–Fr 9–18, Sa 10–16, So 13–16 Uhr; 📶) Die nur im Sommer geöffnete Touristeninformation in einem Buchladen mit Café bietet Broschüren und Wanderkarten.

Anreise & Unterwegs vor Ort

FAHRRAD

Heimaey ist eine kleine Insel. Sie ist etwa 8 km lang; ein Fußmarsch von einem Ende zum anderen dauert etwa 1½ Stunden. Man kann ein Fahrzeug mitbringen (Fahrräder können einfach auf die Fähre mitgenommen werden, Pkws mit Buchung) oder am Fähranleger auf Heimaey ein Fahrrad leihen (S. 184).

FLUGZEUG

Der **Flughafen Vestmannaeyjar** (Vestmannaeyjaflugvöllur; VEY; ☎481 1969; www.isavia.is; Dalavegur, abseits der Straße 238) liegt etwa 3 km südlich von Heimaey. Atlantsflug (S. 157) fliegt regulär ab Bakki (in der Nähe des Fährhafens in Landeyjahöfn; einfach Erw./Kind 8500/6900 ISK).

Zweimal täglich verkehren Flugzeuge von Eagle Air (S. 470) zwischen dem Inlandsflughafen von Reykjavík und den Vestmannaeyjar (ab ca. 17 000 ISK einfach).

SCHIFF/FÄHRE

Die Eimskip-Fähre **Herjólfur** (☎481 2800; www.eimskip.is; Skildingav; Erw./Kind/Fahrrad/Auto 1380/760/690/2220 ISK) verkehrt ganzjährig zwischen Landeyjahöfn (etwa 12 km von der Ringstraße zwischen Hvolsvöllur und Skógar) und **Heimaey**. Die Fahrt dauert etwa 30 Minuten. Autofahrer müssen grundsätzlich vorab buchen, andere Fahrgäste sollten es in der Hochsaison tun, besonders für die Stoßzeiten, zu denen die Tagesausflügler unterwegs sind: morgens auf die Insel und nachmittags zurück. Man muss mindestens eine halbe Stunde vor Abfahrt der Fähre am Anleger sein. Am Fährhafen Landeyjahöfn gibt's Verkaufsautomaten, Toiletten und Wasser, aber sonst keine weiteren Einrichtungen.

Vom 15. Mai bis zum 14. September legen täglich fünf Boote ab, samstags und sonntags eine Fähre zusätzlich. In der Nebensaison ist der Fahrplan eingeschränkt (meist 2 Fähren pro Tag). Die Fahrt kostet für Erwachsene/Kinder ab 1380/690 ISK. Ein Fahrrad kostet 690 ISK, Autos bis 5 m Länge 2220 ISK. Die Fährbuchung kann für eine Gebühr von 500 ISK auf eine andere Abfahrtszeit umgebucht werden.

Bei sehr schlechtem Wetter kann sich der Hafen in Landeyjahöfn sommers wie winters mit Sand auffüllen. In dem Fall legt die Fähre vielleicht in Þorlákshöfn ab bzw. an, und zwar nur zweimal am Tag. Von hier dauert die Überfahrt 2¾ Stunden und ist erheblich teurer. Die Änderung der Route wird auf der Website und der Facebook-Seite der Reederei bekanntgegeben und man muss sich um eine Umbuchung kümmern. Die Autofahrt von Landeyjahöfn westwärts nach Þorlákshöfn dauert ungefähr zwei Stunden.

Nach Landeyjahöfn fährt ab dem Busbahnhof Mjódd in Reykjavík (4600 ISK, 2¼ Std., im Sommer 3-mal tgl.) der Bus 52 von Strætó (S. 68). Er hält in Hveragerði, Selfoss, Hella und Hvolsvöllur. In Landeyjahöfn gibt's ein Taxi.

Südostisland

Gut essen

- Humarhöfnin (S. 217)
- Pakkhús (S. 217)
- Jón Ríki (S. 214)
- Viking Cafe (S. 217)
- Heimahumar (S. 210)

Schön übernachten

- Hrífunes Guesthouse (S. 192)
- Glacier View Guesthouse (S. 192)
- Milk Factory (S. 216)
- Magma Hotel (S. 193)
- Lækjaborgir Guesthouse (S. 197)

Auf nach Südostisland!

Der 200 km lange Abschnitt der Ringstraße zwischen Kirkjubæjarklaustur und Höfn ist überwältigend. Er führt durch riesige Deltas aus grauem Gletschersand, um zerklüftete Bergketten herum und vorbei an verwaisten Höfen, Gletscherzungen und Lagunen, in denen Eisblöcke schwimmen. Ortschaften findet man hier nicht.

Dominiert wird die Region vom mächtigen Vatnajökull, dessen Eisflüsse sich durch tiefe Täler Richtung Meer ergießen. Die Gletscherlagune Jökulsárlón ist ein Traum für Fotografen. Wind und Wasser formen hier aus Eisbergen fantastische Skulpturen.

Die Wüsten aus Gletschersand an der Küste zeugen von gewaltigen Begegnungen zwischen Feuer und Eis. Weiter im Landesinneren liegt das Epizentrum des größten Vulkanausbruchs, den Island je erlebte: die Lakagígar (Laki-Krater). Bei so viel Ödnis ist es kein Wunder, das Skaftafell so beliebt ist. Die geschützte Enklave zwischen Gletschern und Sandwüste steckt voller Leben und Farbe – und voller Wanderer.

Entfernungen (km)

	Höfnt	Reykjavík	Jökulsárlón	Skaftafell
Reykjavík	459			
Jökulsárlón	79	378		
Skaftafell	135	323	57	
Kirkjubæjarklaustur	200	257	122	69

Kirkjubæjarklaustur & Umgebung

195 EW.

Mancher Ausländer hat sich schon die Zunge verknotet bei dem Versuch, Kirkjubæjarklaustur auszusprechen. Hier eine kleine Hilfestellung: Am besten zerlegt man den Namen in seine Einzelteile: *Kirkju* (Kirche), *bæjar* (Hof) und *klaustur* (Kloster). Die Einheimischen machen es sich einfach und sagen „Klaustur" (ausgesprochen „Klöüstür").

Klaustur ist sogar für isländische Verhältnisse winzig – ein paar Häuser und Höfe liegen verstreut inmitten einer leuchtend grünen Landschaft. Dennoch ist dies der einzige richtige Ort, um sich zu versorgen, zwischen Vík und Höfn und ein wichtiger Knotenpunkt auf dem Weg zu den Sehenswürdigkeiten im Landesinneren wie Landmannalaugar und Laki.

Geschichte

Im *Landnámabók* (Landnahmebuch), das von der Besiedelung Islands berichtet, heißt es, das beschauliche Dörfchen zwischen den Bergen und dem Fluss Skaftá sei von irischen Mönchen *(papar)* besiedelt gewesen, bevor die Wikinger kamen. Ursprünglich hieß es Kirkjubær. Das „klaustur" wurde 1186 angehängt, als Benediktinerinnen hier ein Kloster gründeten (neben der heutigen Kirche).

Durch den verheerenden Laki-Ausbruch im späten 18. Jh. wurde die Region schwer getroffen. Westlich von Kirkjubæjarklaustur sind heute noch die Ruinen von Höfen zu sehen, die von ihren Bewohnern verlassen oder vom Lavastrom vernichtet wurden. Das Lavafeld Eldhraun ist durchschnittlich 12 m dick. Es umfasst mehr als 15 km³ Lava und erstreckt sich über ein Gebiet von 565 km². Damit ist es der größte dokumentierte Lavastrom aus einer einzigen Eruption.

Sehenswertes & Aktivitäten

Wer Genaueres zu den Naturgewalten und der Geschichte der Gegend erfahren möchte, besorgt sich die Broschüre *Klaustur trail* (600 ISK). Sie beschreibt einen 20 km langen Wanderweg rund um das Dorf, vorbei an diversen geologischen Besonderheiten. Eine Alternative ist *Hiking Trails In and Around Kirkjubæjarklaustur* (750 ISK). Karten und gute Infos gibt es im Besucherzentrum Skaftárstofa (S. 194).

Kirkjugólf WAHRZEICHEN

Die Basaltsäulen, geglättet und von Moos zusammengehalten, wurden früher für einen alten Kirchenboden *(kirkjugólf)* gehalten und nicht für das Werk der Natur. Die wabenförmigen Platten befinden sich auf einem Feld etwa 400 m nordwestlich der N1-Tankstelle. Einfach der Straße 203 folgen, die zu einem kleinen Parkplatz mit Zugangstor und Schild führt.

Systrafoss & Systravatn WASSERFALL

(Schwesternwasserfall) Am Westende des Dorfes ergießt sich der wunderschöne, doppelstromige Wasserfall Systrafoss über den Felshang. Auf einer Tafel sind drei kurze Wanderungen durch das hübsche Waldgebiet eingezeichnet (hier stehen die größten Bäume Islands!). Der See, der Systravatn, ist auf einem gemächlichen Aufstieg über Treppen zu erreichen, die im Hang neben dem Wasserfall gehauen sind. In ihm badeten einst Nonnen. Vom See führt ein ausgeschilderter 2,5 km langer **Spazierweg** mit großartigen Ausblicken hinab in die Nähe der Kirkjugólf.

Landbrotshólar WAHRZEICHEN

Westlich des Dorfes und südlich der Ringstraße liegt das riesige, unebene und leuchtend grüne Pseudokraterfeld. Pseudokrater entstehen, wenn sich heiße Lava über Feuchtgebiete ergießt: Das unterirdische Wasser kocht, Dampf schießt nach oben und schafft so die grabhügelähnlichen Erderhebungen.

TIPPS FÜR DEN SÜDOSTEN

- In der ganzen Region gibt es vereinzelte Hotels und Pensionen, aber nicht annähernd genug, um die Nachfrage zu befriedigen. Früh buchen und sich auf hohe Preise gefasst machen!
- Die größte Auswahl gibt es in den Gegenden um Kirkjubæjarklaustur und Höfn. Um Skaftafell und den Jökulsárlón ist das Angebot sehr überschaubar.
- Höfn hat das beste Restaurantangebot. Lebensmittel und anderer Proviant müssen in Kirkjubæjarklaustur und/oder Höfn gekauft werden.

Nützliche Infos im Internet:

- www.south.is
- www.visitvatnajokull.is
- www.vjp.is

Highlights

1 **Jökulsárlón** (S. 208) Die fantastischen Eisskulpturen an der bezaubernden Lagune bestaunen.

2 **Skaftafell** (S. 200) Den beliebtesten Nationalpark Islands besuchen, eine grüne Oase inmitten riesiger Gletschersanddeltas.

3 **Laki** (S. 194) Für einen herrlichen Blick auf drei Gletscher und eine unglaubliche Geschichtslektion den Laki besteigen.

4 **Heinabergslón** (S. 211) Mit IceGuide auf diesem stillen Gletschersee zwischen Eisbergen paddeln.

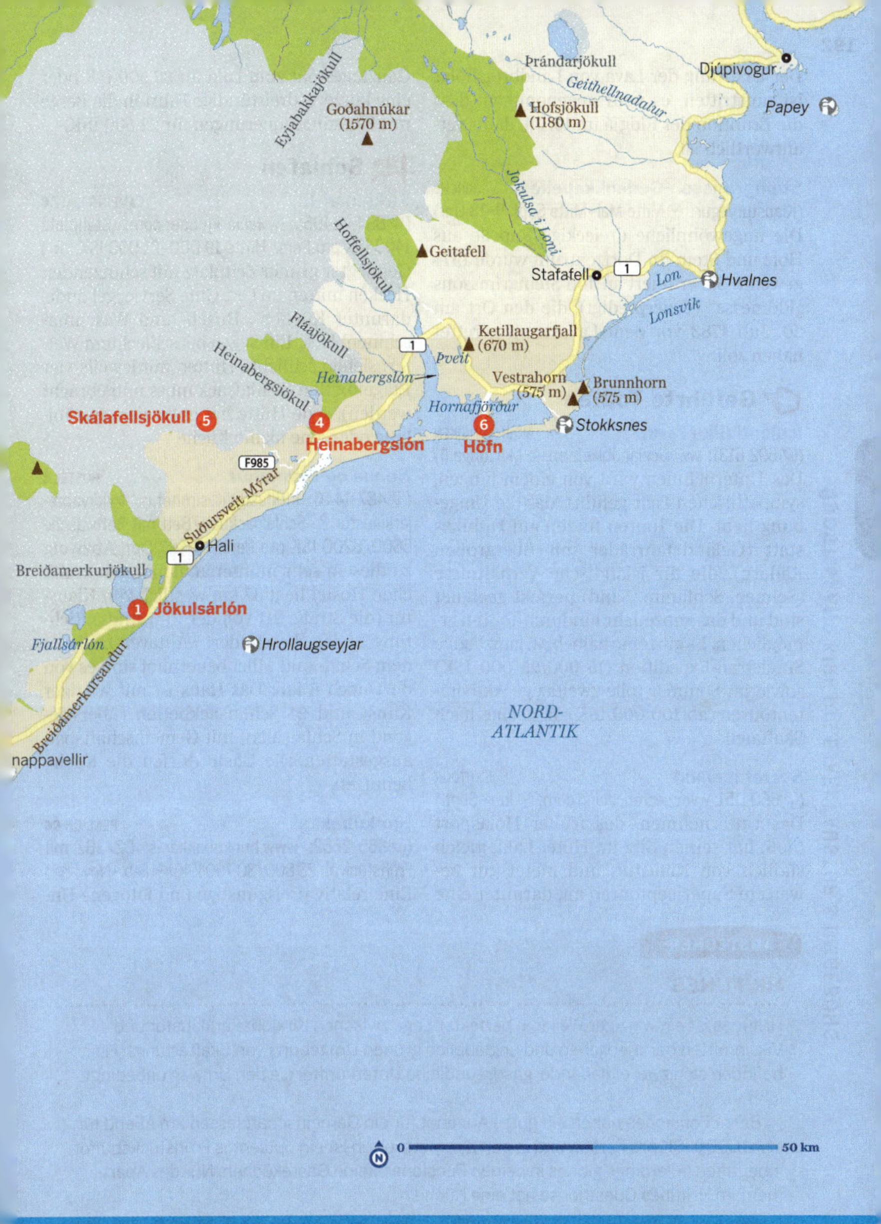

5 Skálafellsjökull (S. 207) Bei einer Schneemobiltour jauchzend über einen Gletscher brettern.

6 Höfn (S. 214) In den Restaurants köstliche Meeresfrüchte frisch aus den Netzen der heimischen Fischerflotte verspeisen.

7 Ingólfshöfði (S. 206) Heuwagenfahren und auf ein Kap klettern, um Papageitaucher zu sehen – vor Raubmöwen in Deckung gehen.

8 Fjaðrárgljúfur (S. 193) Von einem großartigen Wanderweg auf den Felsen in eine gähnende Schlucht blicken.

Der Ursprung der Lava von Landbrotshólar ist umstritten, es wird angenommen, dass die Eruption der Eldgjá im 10. Jh. dafür verantwortlich ist.

Steingrímsson-Gedenkkapelle KIRCHE
(Klausturvegur; ⏲ Mitte Mai–Mitte Sept. 9–18 Uhr) Die ungewöhnliche dreieckige Kapelle aus Holz und Stein im Dorfzentrum wurde 1974 geweiht. Sie erinnert an Jón Steingrímssons „Eldmessa" (Feuerpredigt), die den Ort am 20. Juli 1783 vor dem Lavastrom gerettet haben soll.

Geführte Touren

Iceland Bike Farm MOUNTAINBIKEN
(☎ 692 6131; www.icelandbikefarm.is; Mörtunga II) Das Unternehmen wird von einem jungen, sympathischen Paar geführt, das die Umgebung liebt. Die Touren finden auf Fatbikes statt (Geländefahrräder mit übergroßen Rädern), die für isländische Verhältnisse (Schnee, Schlamm, Sand) perfekt geeignet sind und das ganze Jahr hindurch Touren ermöglichen. Es gibt eine halb- bzw. ganztägige Singletrail-Expedition (15 000/25 000 ISK) sowie im Sommer tolle zweitägige Aktivitätentouren (ab 100 000 ISK), u. a. eine nach Skaftafell.

Secret Iceland JEEPTOUR
(☎ 660 1151; www.secreticeland.com; ⏲ Juni–Sept.) Das Unternehmen, das früher Hólasport hieß, hat seinen Sitz im Hótel Laki, gleich südlich von Klaustur, und bietet gut bewertete Superjeeptouren an, darunter eine Ganztagestour zum Laki für 32 500 ISK oder eine kürzere, dreistündige Fahrt in die Berge mit Flussdurchquerungen für 22 500 ISK.

Schlafen

Kirkjubær II CAMPINGPLATZ €
(☎ 894 4495; www.kirkjubaer.com; Stellplatz 1400 ISK pro Pers., Hütte 19 000–21 000 ISK; 👪) Gepflegter grüner Zeltplatz mit schützenden Hecken mitten im Ort. Gute Servicegebäude, darunter Küchen-, Dusch- und Waschmaschinenblock. Ein Segen bei schlechtem Wetter: sieben schlichte Hütten mit jeweils vier Etagenbetten (Schlafsack muss mitgebracht werden). Jede Hütte hat entweder eine Toilette oder eine kleine Küche.

Nonna og Brynjuhús HOSTEL €
(☎ 487 1446; kiddasiggi@simnet.is; Þykkvabæjarklaustur 2; Schlafsackbett/Bett mit Bettwäsche 5600/8200 ISK pro Pers.; 📶👪) Der Abzweig zu diesem sehr munteren, familienfreundlichen Hostel liegt 37 km westlich von Klaustur (die Straße 211 von der Ringstraße Richtung Süden, beschildert „Álftaver"). Bis zu dem Schaf- und Milchbauernhof sind es von dort noch 8 km. Das Haus ist mit witziger Kunst und 21 Schlafsackbetten (überwiegend in Schlafsälen) mit Gemeinschaftsbad ausgestattet. Die Gäste dürfen die Küche benutzen.

Hunkubakkar PENSION €€
(☎ 865 2652; www.hunkubakkar.is; DZ/3BZ mit Frühstück ab 23 800/30 700 ISK; ⏲ Feb.–Nov.; 📶) Eine relativ preisgünstige und fotogene Un-

ABSTECHER

HRÍFUNES

Hrífunes ist ein winziger Weiler in perfekter Lage zwischen Kirkjubæjarklaustur und Vík, inmitten der friedlichen und unglaublich grünen Umgebung von Skaftártunga. Hier befinden sich zwei einladende, gastfreundliche Unterkünfte, die den Umweg unbedingt lohnen.

Beide Pensionen haben ein gutes Angebot für ein Gemeinschaftsessen am Abend für etwa 6000 ISK pro Person und in den Zimmerpreisen ist ein opulentes Frühstücksbüffet inbegriffen. Allerdings gibt es in beiden Pensionen keine Gästeküchen. Nur das Apartment im Hrífunes Guesthouse hat eine Küche.

Glacier View Guesthouse (☎ 771 8811; www.glacierviewguesthouse.is; DZ mit Frühstück ab 35 600 ISK; 📶) Die Besitzer Borgar und Elín sind Reiseexperten. Bei gutem Wetter kann man vom Wohnzimmer aus den Vatnajökull und den Mýrdalsjökull sehen.

Hrífunes Guesthouse (☎ 863 5540; www.hrifunesguesthouse.is; DZ mit Frühstück ab 31 400 ISK; 📶) Haukur und Hadda, die Eigentümer, haben dem alten Gemeindehaus neues Leben und Flair eingehaucht, u. a. mit hinreißenden Fotos, die Haukur geschossen hat. Er veranstaltet Fototouren (www.phototours.is).

terkunft: Kleine, rote Hütten verteilen sich auf dem sattgrünen Gelände der Schaffarm 7 km westlich von Klaustur (an der Straße 206, 2 km von der Fjaðrárgljúfur-Schlucht). Einige Zimmer haben ein eigenes Bad, andere teilen sich eins. Frühstück wird im hauseigenen Restaurant serviert (wo auch Abendessen angeboten wird, u. a. Lamm, frisch vom Hof).

Hörgsland HÜTTEN, PENSION €€
(☎487 6655; www.horgsland.is; Stellplatz 1600 ISK pro Pers., Hütte für 2/6 Pers. ab 24 800/39 000 ISK, DZ/4BZ mit Bad und Frühstück 24 700/34 400 ISK; 📶) Das Minidorf aus 13 blitzblanken, separaten Hütten für bis zu sechs Personen (auf der Website werden diese Hütten „Gistihúsin", Gästehäuser, genannt) liegt an der Ringstraße 8 km nordöstlich von Klaustur. In einem Neubau stehen schmucke Zimmer mit und ohne Bad zur Verfügung. Auch ein Campingplatz ist vorhanden sowie Hot Pots und ein einfaches Laden-Café.

★ **Magma Hotel** BOUTIQUEHOTEL €€€
(☎420 0800; www.magmahotel.is; DZ mit Frühstück ab 43 000 ISK; 📶) Das neue kleine Hotel gewinnt mit schönem Design, seiner stillen Umgebung und seinem freundlichen Personal die Herzen der Gäste – ein echtes Juwel! Es liegt nur ein paar Kilometer südlich von Klaustur via Straße 204 an einem See mit schönem Ausblick ins Grüne. Die freistehenden, nach Vulkanen benannten Hütten mit Grassodendächern sind sehr geschmackvoll eingerichtet und mit Kühlschrank, Kaffeemaschine und Bluetooth-Lautsprecher ausgestattet und verfügen außerdem über eine Veranda.

Hótel Laki HOTEL €€€
(Efri-Vík; ☎412 4600; www.hotellaki.is; DZ mit Frühstück ab 33 800 ISK; 📶) Aus der ehemals einfachen Unterkunft in einem Bauernhaus ist ein großes Hotel mit 65 Zimmern geworden. Dieses steht auf einem landschaftlich schönen Stück Ackerland 5 km südlich von Klaustur an der Straße 204. Neben den komfortablen (aber extrem teuren) Zimmern gibt es 15 winzige Selbstversorgerhütten (sie werden im Internet als Efri-Vík Bungalows angeboten und sind günstiger als die Zimmer) sowie Superjeeptouren, ein großes Bar-Restaurant und Angelmöglichkeiten am See.

Das renommierte Restaurant bietet auf seiner Abendkarte (Hauptgerichte 2700–5300 ISK) überwiegend Gerichte aus regionalen Zutaten und steht auch Nichtgästen offen. Buchung empfohlen!

NICHT VERSÄUMEN

FJAÐRÁRGLJÚFUR

Die düster-malerische Schlucht **Fjaðrárgljúfur** wurde vom Fluss Fjaðrá ausgewaschen und ist inzwischen dank Instagram und einem gewissen Justin Bieber, der hier einen Videoclip drehte, bekannt wie ein bunter Hund. Ein Wanderweg, der ein paar Kilometer an ihrem Südrand entlang verläuft, gibt an vielen Stellen Blicke in gähnende, felsige Abgründe frei und die Gelegenheit, die Schönheit der Schlucht und ihrer smaragdgrünen Umgebung zu genießen.

Die Schlucht liegt nicht weit westlich von Klaustur, 3 km nördlich der Ringstraße und ist über die Straße 206 erreichbar.

Icelandair Hótel Klaustur HOTEL €€€
(☎487 4900; www.icelandairhotels.com; Klausturvegur 6; DZ ab 31 700 ISK; 📶) Das verlässlich gute Hotel hat freundliche Mitarbeiter, 57 gut ausgestattete, ansprechend eingerichtete Zimmer (darunter Superior-Zimmer in einem Neubau) sowie eine sonnige, geschützte Essterrasse und eine Bar-Lounge. Im Restaurant (Hauptgerichte abends 2650–5750 ISK), das zu den besten im Ort gehört, serviert regionale Küche wie gegrillten Seesaibling, langsam gegarte Lammhaxe, Kaisergranat usw.

Essen

Die meisten Reisenden essen in ihren Unterkünften, wobei die meisten dieser Restaurants auch Nichtgästen offen stehen. Wer gerne nobel speist, kann das Restaurant des Icelandair-Hotels ansteuern. Der Seesaibling lohnt sich, er kommt aus dem sauberen Wasser direkt unter dem Lavafeld in der Nähe.

Kjarval SUPERMARKT €
(Klausturvegur 13; ⏲Juni–Sept. 9–21 Uhr, Okt.–Mai Mo–Fr 10–18, Sa 10–14 Uhr) Für Selbstversorger. Ein Geldautomat befindet sich nebenan.

Systrakaffi INTERNATIONAL €€
(☎487 4848; www.systrakaffi.is; Klausturvegur 12; Hauptgerichte 1100–4700 ISK; ⏲12–21 Uhr) Am meisten los ist in dieser Café-Bar, die im Sommer manchmal proppenvoll ist. Auf der umfangreichen Karte stehen Suppen, Salate, Pizzas und Burger. Spezialitäten des Hauses sind naheliegender Weise aber Forelle und Lamm aus der Region.

Kaffi Munkar CAFÉ €€

(Klausturvegur 1-5; Hauptgerichte 1400–3600 ISK; ⏲Feb.–Nov. 10–22 Uhr) Das helle Café am westlichen Ende des Ortes dient gleichzeitig als Rezeption der Pension Klausturhof. Zur Auswahl stehen Suppe, pikantes Huhn, Fischeintopf oder „Seesaibling von nebenan" (so der Hinweis auf der hübschen Kreidetafel).

Vínbúðin ALKOHOLISCHE GETRÄNKE

(Klausturvegur 15; ⏲ Mo–Do 14–18, Fr 13–19, Sa 12–14 Uhr) Staatlicher Alkoholladen.

ℹ Praktische Informationen

Die hilfreiche Touristeninformation im **Besucherzentrum Skaftárstofa** (☎487 4620; www.visitklaustur.is; Klausturvegur 10; ⏲ Mitte Juni–Mitte Sept. 9–18 Uhr, Mitte Mai–Mitte Juni bis 17 Uhr, Mitte Sept.–Mitte Mai Mo–Fr 9–14 Uhr) bietet gute Infos zur Region sowie Auskünfte und eine Ausstellung zum Katla-Geopark und zum Nationalpark Vatnajökull. Sie ist der Anlaufpunkt für den weniger besuchten westlichen Teil des Nationalparks, der am günstigsten über die Fjallabak-Straße (S. 153) und nur mit Allradfahrzeug oder Sommerbus erreichbar ist. Außerdem wird ein Kurzfilm über den Laki-Ausbruch gezeigt.

ℹ An- & Weiterreise

Die Busse der Strecke Reykjavík–Vík–Höfn halten in Klaustur. Der Ort ist ein wichtiger Verkehrsknotenpunkt nach Landmannalaugar und zum Laki. Die Busse halten an der N1-Tankstelle.

Die Busse Richtung Osten halten in Skaftafell und am Jökulsárlón.

Sterna (S. 73):

- Bus 12 nach Skaftafell (2200 ISK, 1¼ Std., Juli & Aug. 1-mal tgl.)
- Bus 12 zum Jökulsárlón (4200 ISK, 2¼ Std., Juli & Aug. 1-mal tgl.)
- Bus 12a nach Vík (1800 ISK, 1 Std., Juli & Aug. 1-mal tgl.)

Strætó (S. 68):

- Bus 51 nach Höfn (5980 ISK, 2¾ Std., 2-mal tgl.)
- Bus 51 nach Vík (1380 ISK, 1 Std., 2-mal tgl.)
- Bus 51 nach Reykjavík (7820 ISK, 4¼ Std., 2-mal tgl.)

Reykjavík Excursions (S. 196):

- Bus 10/10a Skaftafell–Klaustur–Eldgjá–Landmannalaugar (Juli & Aug. 3-mal wöchentl.) Kann als Tagestour oder als reguläres Transportmittel genutzt werden. Die einfache Fahrt von Klaustur nach Landmannalaugar kostet 7300 ISK (4¾ Std.).
- Bus 16/16a Klaustur–Lakagígar (3½ Std., Ende Juni–Aug. 6-mal wöchentl.) Für einen Tagesausflug, mit 4 Stunden Aufenthalt am Laki (11 000 ISK hin & zurück).
- Bus 20 nach Skaftafell (3400 ISK, 1 Std., Juli & Aug. 1-mal tgl.)
- Bus 20a nach Vík (3400 ISK, 1 Std., Juli & Aug. 1-mal tgl.)
- Bus 20a nach Reykjavík (9100 ISK, 5¼ ., Juli & Aug. 1-mal tgl.) Hält 45 Min. in Vík und 30 Min. am Lava Centre in Hvolsvöllur.

Lakagígar

Das Ausmaß der Laki-Eruption, einem der katastrophalsten Vulkanausbrüche in der Geschichte der Menschheit, ist schier unbegreiflich. Heute ist dem Lavafeld das apokalyptische Szenario, aus dem es vor über 235 Jahren entstand, kaum noch anzusehen. Seine bizarren, schwarzen Lavaformationen sind mit weichem, grünem Moos überwuchert. Es ist eine faszinierende Sehenswürdigkeit, die zudem relativ wenige Besucher zu Gesicht bekommen.

Geschichte

Im Frühsommer 1783 rissen Spalten auf und aus 135 Kratern, den Lakagígar (Laki-Kratern), wurde geschmolzenes Gestein bis zu 1 km hoch in die Luft geschleudert. Diese Skaftáreldar („Feuer des Skaftá") dauerten acht Monate und dabei wurden schätzungsweise mehr als 15 km³ vulkanischen Materials ausgespuckt. Das daraus entstandene Lavafeld (das sogenannte Eldhraun) bedeckte ein Gebiet von 565 km². 20 Höfe in dieser Region wurden vernichtet und weitere 30 so schwer beschädigt, dass sie vorübergehend verlassen werden mussten.

Noch verheerender waren die Hunderte Mio. Tonnen Asche und Schwefelsäure, die aus den Vulkanspalten aufstiegen. Ihre Wolken verdunkelten die Sonne und vernichteten das Gras. Zwei Drittel des Viehs im Land erstickte oder verhungerte. Über 9000 Menschen – ein Fünftel der Landesbevölkerung – wurden getötet. Der Rest litt unter der folgenden Hungersnot, die Moðuharðindin („Nebelkatastrophe") genannt wurde.

Der Schaden blieb nicht auf Island begrenzt. Auf der Nordhalbkugel verdunkelten Aschewolken die Sonne. Die Temperaturen kühlten ab und saurer Regen fiel vom Himmel, was zu verheerenden Missernten in Japan, Alaska und Europa führte (wo sie als Mitauslöser für die Französische Revolution gelten können).

Sehenswertes & Aktivitäten

Laki BERG

Obwohl der als Laki bekannte Vulkangipfel (818 m) nicht ausgebrochen ist, wurde die noch immer aktive, 25 km lange Lakagígar-Kraterreihe nach ihm benannt. Sie erstreckt sich von seinem Fuß in nordöstlicher und südwestlicher Richtung. Der Laki lässt sich vom Parkplatz aus in ca. 40 Minuten besteigen. Vom Gipfel reicht der Blick über die Vulkanspalte, riesige Lavafelder und glitzernde Gletscher in der Ferne.

Lakagígar-Kraterkette WAHRZEICHEN

Die Kraterkette ist faszinierend zu erkunden. Das gesamte Gebiet durchziehen schwarze Sanddünen und Lavatunnel, viele davon mit winzigen Stalaktiten. Am Fuß des Laki führen gekennzeichnete Wanderwege in die beiden nächstgelegenen Krater und zu einem interessanten Lavatunnel.

Besucherweg SPAZIERGANG

Durch das Kratergebiet wurde ein exzellenter, 500 m langer Besucherweg angelegt. Dazu gibt es eine Broschüre, die auch von der Website des Nationalparks heruntergeladen werden kann. Sie informiert über die Geschichte, Geologie und Ökologie der Gegend. In dieser fragilen Natur sollte man sich unbedingt an die ausgewiesenen Wege halten.

Fagrifoss WASSERFALL

Der Name Fagrifoss („Schöner Wasserfall") ist absolut berechtigt: Der Wasserfall ist einer der bezauberndsten Islands und stürzt über einen riesigen Felsen in die Tiefe. Die Abzweigung liegt auf dem Weg zum Laki nach 24 km an der F206. Der Fagrifoss ist ein Programmpunkt bei sämtlichen Lakagígar-Touren.

Geführte Touren

Für den Besuch der Gegend sind ein großer, robuster Jeep und Erfahrung mit Allradan-

JÖKULHLAUP! GLETSCHERFLUT!

Ende 1996 erschütterte der verheerende Ausbruch des Grímsvötn – Islands viertgrößte Eruption im 20. Jh. nach Katla 1918, Hekla 1947 und Surtsey 1963 – Südostisland und führte zu einem dramatischen Gletscherlauf *(jökulhlaup)* über den gesamten Skeiðarársandur. Wie zur Mahnung zeigten Ereignisse, die ihm vorausgingen, einmal mehr, wie fragil die einzigartige Konstellation von Feuer und Eis in Island ist.

Am Morgen des 29. September 1996 erschütterte ein Erdbeben der Stärke 5,0 den Vatnajökull. Magma aus einem neuen Vulkan im Gebiet des Grímsvötn unterhalb des Vatnajökull hatte sich seinen Weg durch die Erdkruste ins Eis gebahnt und eine 4 km lange Spalte (Gjálp genannt) unter der Oberfläche aufgerissen. Am nächsten Tag brach die Oberfläche auf. Eine 10 km hohe Dampfsäule wurde in den Himmel geschleudert.

Wissenschaftler waren besorgt, als sich der subglaziale See im Grímsvötn-Krater aufgrund der Eruption mit Schmelzwasser füllte. Vorhersagen am 3. Oktober gingen davon aus, dass sich das Eis heben und sich der See über den Skeiðarársandur ergießen und die Ringstraße und ihre Brücken bedrohen würde. In der Hoffnung, das Flutwasser von den Brücken ableiten zu können, wurden am Skeiðarársandur umfangreiche Deichbauprojekte gestartet.

Am 5. November, über einen Monat nach Beginn der Eruption, hob sich das Eis tatsächlich und der Grímsvötn-Krater entlud sich in einem gewaltigen *jökulhlaup*, bei dem bis zu 3000 Mrd. Liter Wasser innerhalb von ein paar Stunden austraten. Das Flutwasser, das Eisberge in der Größe von dreistöckigen Häusern mit sich riss, zerstörte die 375 m lange Gígjukvísl-Brücke und die 900 m lange Skeiðará-Brücke über den Skeiðarársandur. Ein Video von dem Ausbruch und den tonnenschweren Eisblöcken, die über den Skeiðarársandur fegten, ist im Gamlabúð (S. 214) in Höfn zu sehen.

Der Ausbruch des Grímsvötn schuf auch die Ásbyrgi-Schlucht, die in nur wenigen Tagen durch verheerende Wassermassen ausgewaschen wurde. 1934 setzte eine Eruption einen *jökulhlaup* von 40 000 m^3 Wasser pro Sekunde frei, der den Fluss Skeiðará auf 9 km Breite anschwellen ließ und riesige landwirtschaftliche Flächen vernichtete.

Der Grímsvötn ist seither wiederholt ausgebrochen, im Dezember 1998, im November 2004 und zuletzt im Mai 2011. Eine gewaltige Aschefahne wurde in die Atmosphäre geschleudert und behinderte den Flugverkehr (das war aber nichts verglichen mit dem Ausbruch des Eyjafjallajökull 2010). Keine der drei Eruptionen zog einen *jökulhlaup* nach sich.

trieb nötig (Flüsse müssen durchquert werden). Wer diese Anforderungen nicht erfüllt, sollte sich am besten einer Tour anschließen. Die Abfahrtszeiten zu den Laki-Kratern hängen von Straßen- und Wetterverhältnissen ab.

Reykjavík Excursions BUSTOUR
(☎ 580 5400; www.re.is) Bei der Tagestour hat man etwa vier Stunden Zeit, um die Kratergegend zu erkunden. Sie erscheint in Broschüren als Busroute 16 und findet von Ende Juni bis August außer dienstags täglich statt. Los geht's um 9 Uhr an der N1-Tankstelle in Kirkjubæjarklaustur (11 000 ISK hin & zurück). Auf dem Weg zum Laki halten die Busse an der Schlucht Fjaðrárgljúfur, auf dem Rückweg am Wasserfall Fagrifoss. Proviant muss jeder selbst mitbringen.

Secret Iceland JEEPTOUR
(☎ 660 1151; www.secreticeland.com; Hótel Laki) Der Anbieter – früher Hólasport – ist im Hótel Laki (S. 193) gleich südlich von Kirkjubæjarklaustur zu finden und hat gute achtstündige Jeeptouren zu den Laki-Kratern im Angebot (Juni–Sept., 32 500 ISK). Proviant muss jeder selbst mitbringen.

Schlafen & Essen

Campen ist im Laki-Reservat verboten. Der nächstgelegene Campingplatz mit Hütten, Toiletten und Duschen ist in **Blágil** (klaustur@vjp.is; Bett/Stellplatz 5000/1700 ISK pro Pers.; Mitte Juni–Mitte Sept.), etwa 11 km vom Laki entfernt.

Lebensmittel werden hier nirgends verkauft. Besucher müssen ihren eigenen Proviant mitbringen, auch für ganztägige geführte Touren.

Praktische Informationen

Das gesamte Lakagígar-Gebiet gehört zum Nationalpark Vatnajökull (S. 200). Die Park-Website gibt ausgezeichnete Reiseinformationen. Wenn die Zufahrtsstraße geöffnet ist, stehen von 11 bis 15 Uhr Parkranger an den Parkplätzen bereit.

Das Besucherzentrum Skaftárstofa (S. 194) in Kirkjubæjarklaustur ist eine gute Anlaufstelle für Tipps vor dem Besuch.

An- & Weiterreise

Die F206 gleich westlich von Kirkjubæjarklaustur ist von Mitte Juni bis Mitte September meist geöffnet (www.road.is konsultieren). Bis zur Lakagígar-Kraterreihe sind es 50 lange und sehr holprige Kilometer. Die Straße ist für Autos mit Zweiradantrieb absolut ungeeignet, weil sie durch einige Flüsse führt. Selbst Geländewagen mit niedrigem Radstand können im Frühling bei Tauwetter oder nach Regen Probleme haben, wenn die Flüsse viel Wasser führen.

Die Sander

Die Sander sind trostlos-flache Einöden an der Südostküste Islands. In den Bergen sammeln sich in Gletschern Schlick, Sand und Kies. Dieses Gemisch wird durch Gletscherflüsse oder (deutlich dramatischer) Gletscherbrüche zur Küste transportiert und lagert sich dort in Form von riesigen, wüstenähnlichen Ebenen ab. Die Sander sind so beeindruckend riesig und erschreckend, dass sich der isländische Begriff (Singular: *sandur*) zur Beschreibung dieses topografischen Phänomens einer von einem Gletscher ausgewaschenen Fläche international durchgesetzt hat.

Der Skeiðarársandur ist ein besonders spektakuläres Beispiel. Er erstreckt sich über gut 40 km zwischen Eisfeld und Küste von Núpsstaður bis Öræfi. Schnell fließende, graubraune Gletscherflüsse durchziehen ausgedehnte Ebenen von grauschwarzem Sand, über die heftige, schneidende Winde fegen (ein Albtraum für Radfahrer).

Hinweis: In diesen Gegenden darf auf gar keinen Fall abseits der Straße gefahren werden. Das ist nicht nur verboten, sondern hätte auch verheerende Auswirkungen auf das empfindliche ökologische Gleichgewicht.

Sehenswertes

★ Lómagnúpur BERG
Einen zusätzlichen Reiz auf der ohnehin eindrucksvollen Fahrt bietet die steil abfallende, 767 m hohe Felswand des Lómagnúpur, die fotogen die Landschaft überragt. Sie ist legendenumwoben und sieht mit dem mit Grassoden gedeckten Dach des Bauernhofs Núpsstaður im Vordergrund besonders schön aus.

Núpsstaður BAUERNHOF
Steil ragt der Lómagnúpur über den hübschen alten Bauernhof Núpsstaður mit Grassodendach empor. Die Hofgebäude stammen aus dem frühen 19. Jh. Bei der idyllischen Kirche handelt es sich um eine der letzten Torfkirchen des Landes. Früher war der Hof ein Museum, doch bei Redaktionsschluss war er der Öffentlichkeit nicht zugänglich.

Das Grundstück ist nicht mit dem Auto erreichbar, aber man kann an der Straße parken und zu Fuß zu den Gebäuden gehen, um sie näher anzusehen und zu fotografieren.

Skeiðarársandur WAHRZEICHEN

Der Skeiðarársandur, der größte Sander der Welt, bedeckt ein 1300 m^2 großes Areal und wurde von dem mächtigen Skeiðarárjökull gebildet. Seit der Besiedlungszeit hat der Skeiðarársandur schon eine Menge Ackerland unter sich begraben und wächst immer noch weiter. Das Gebiet war (für isländische Verhältnisse) relativ dicht bevölkert, aber 1362 brach der Vulkan unter dem Öræfajökull (damals Knappafellsjökull genannt) aus und der nachfolgende *jökulhlaup* (Gletscherlauf; durch vulkanische Aktivität unter dem Eis verursachte Flutwellen) verwüstete den gesamten Bezirk. Nach dem Ausbruch von 1362 erhielt der Bezirk den Namen Öræfi (Ödland).

Núpsstaðarskógar WALD

Landeinwärts vom Lómagnúpur erstreckt sich an den Hängen des Berges Eystrafjall das schöne Waldgebiet Núpsstaðarskógar. Da der Fluss Núpsá auf eigene Faust nicht gefahrlos zu durchqueren ist, erkundet man diese Gegend am besten im Rahmen einer organisierten Tour. Im Juli und August bietet Icelandic Mountain Guides (S. 203) eine fünftägige Wanderung (65 km) durch Núpsstaðarskógar hinüber zum Gletschersee Grænalón, über den Gletscher Skeiðarárjökull und anschließend ins Morsárdalur in Skaftafell. Die Tour kostet ab 135 000 ISK.

Schlafen & Essen

Der 70 km lange Abschnitt hat kaum touristische Einrichtungen zu bieten – nur ein paar Unterkünfte in hübschen, grünen Oasen.

★ **Lækjaborgir Guesthouse** HÜTTEN €€

(☎833 5500; lækjaborgir@gmail.com; Studio ab 27 000 ISK) Die schönen, hochwertig eingerichteten Studios und Hütten sind ein ausgezeichneter Grund für einen Abstecher von der Ringstraße bei Kálfafell, unmittelbar östlich vom Fosshótel (ca. 26 km von Klaustur). Ein weiterer Grund sind die vom Betreiber veranstalteten morgendlichen **Superjeeptouren** in die atemberaubende Natur direkt vor der Haustür (15 900 ISK pro Erw.; offen für alle, Gäste bekommen eine Ermäßigung).

★ **Dalshöfði Guesthouse** PENSION €€

(☎487 4781; http://dalshofdi.is; DZ/FZ ohne Bad mit Frühstück 21 090/33 250 ISK) Das Dalshöfði Guesthouse auf einem abgeschiedenen und malerisch gelegenen Gehöft 5 km nördlich der Ringstraße ist in dieser Gegend eine einladende Unterkunft. Die Zimmer sind hell und sauber und die Gäste können eine Küche und eine sonnige, begrünte Terrasse benutzen. Eine Ferienwohnung mit zwei Schlafzimmern wird ebenfalls vermietet (37 050 ISK). Zudem gibt es einige herrliche Wanderwege in der Umgebung.

Hvoll Guesthouse PENSION €€

(☎487 4785; www.road201.is; DZ/FZ ohne Bad ab 17 500/25 700 ISK; 📶) Die gut geführte Pension, früher ein HI-Hostel und auch als „Road 201" bekannt, liegt am Rand des Skeiðarársandur, 3,5 km südlich der Ringstraße (über eine Schotterpiste zu erreichen). Sie wirkt trotz ihrer Größe sehr abgeschieden, hat aber eine quirlige Atmosphäre. Zur Anlage gehören mehrere Gästeküchen (Lebensmittel mitbringen – der nächste Supermarkt befindet sich im 25 km entfernten Klaustur) und Waschmaschinen.

Fosshótel Núpar HOTEL €€

(☎517 3060; www.fosshotel.is; DZ mit Frühstück ab 21 000 ISK; 📶) Westlich vom Hvoll Guesthouse liegt das kürzlich erweiterte Kettenhotel mit containerartiger Fassade und modernen, minimalistisch eingerichteten Zimmern, von denen viele eine schöne Aussicht haben. Hier gibt's eine gemütliche Bar/Lounge sowie das einzige **Restaurant** weit und breit, mit einer kleinen Auswahl an Abendgerichten (Hauptgerichte 2890–4590 ISK).

ANGRIFF DER RAUBMÖWEN

Die großartigen Sanderregionen an Islands Südküste sind das weltgrößte Brutgebiet der Großen Raubmöwe (*Stercorarius skua*, isländisch *skúmur*). Die großen, kräftigen und schmutzigbraunen Vögel bauen ihre Nester in den Grasbüscheln im Aschensand. Oft zwingen sie Möwen, ihr Futter auszuspeien, töten und fressen Papageitaucher und andere kleinere Vögel – und stoßen auf Menschen herab, die sich zu nah an ihre Nester wagen.

Glücklicherweise (und im Gegensatz zu den Küstenseeschwalben) lassen die Raubmöwen einen in Ruhe, sobald man sich aus dem Gebiet entfernt, das sie verteidigen. Luftangriffe lassen sich auch mit Stöcken oder durch das Tragen von Hüten abwehren.

SNOMEDIA/SHUTTERSTOCK ©

SMIT/SHUTTERSTOCK ©

1. Kirkjufellsfoss (S. 241)
Einer der kürzeren Wasserfälle, der Kirkjufellsfoss, ergießt sich vor dem Hintergrund des Kirkjufell, einem der meistfotografierten Motive in Island.

2. Dettifoss (S. 346)
Der Dettifoss, einer der mächtigsten Wasserfälle Islands, ist, was das Volumen betrifft, die Nummer eins in Europa.

3. Seljalandsfoss (S. 157)
Ein beliebter Zwischenstopp auf der Ringstraße: Der Seljalandsfoss donnert über eine Felskante des Vulkans Eyjafjallajökull.

4. Gullfoss (S. 132)
Der faszinierende und voluminöse Gullfoss (Goldener Fall) am Fluss Hvítá ist ein besonders leicht zugänglicher Wasserfall.

3

GARY LATHAM/LONELY PLANET ©

Skaftafell (Nationalpark Vatnajökull – Süd)

Skaftafell, das Kronjuwel des Nationalparks Vatnajökull, umfasst atemberaubende Berggipfel und Gletscher und ist das beliebteste Wildnisgebiet des Landes: Über 500 000 Besucher pro Jahr bestaunen tosende Wasserfälle, knorrige Birkenwälder, ein verworrenes Netz aus Flüssen, die sich durch den Sander schlängeln, und den strahlend blauweißen Vatnajökull mit seinen sich windenden Eiszungen, die wie Kuchenglasur die Berghänge zieren.

Skaftafell ist zu Recht berühmt und nur wenige Besucher – sogar solche, die sonst die freie Natur scheuen – lassen eine Besichtigung des Parks aus. Im Hochsommer scheint es manchmal, als ob sich sämtliche Islandreisenden hier ein Stelldichein geben. Wer jedoch bereit ist, sich auf etwas abgelegenere Pfade zu wagen, und die fabelhaften Wanderrouten über Heide- und Hinterland nutzt, lässt die Menschenmengen hinter sich. Die lassen sich auch vermeiden, wenn man den Svartifoss zur Mitternachtssonne besucht.

Geschichte

Historisch war Skaftafell ein großer Bauernhof am Fuß der Berge westlich des heutigen Campingplatzes. Gletschersand begrub allmählich die Felder und drängte den Bauernhof in das besser geeignete Heidegebiet 100 m oberhalb des Sanders. Der Bezirk wurde *Hérað milli sandar* („Bezirk zwischen den Sandern") genannt, aber nachdem durch die Eruptionen von 1362 sämtliche Höfe vernichtet worden waren, wurde er zum „Land unter dem Sand" und bekam seinen neuen Namen *Öræfi* (Ödland). Als wieder Pflanzen zu wachsen begannen, wurde der Hof Skaftafell erneut an seiner ursprünglichen Stelle errichtet.

1967 erklärte die isländische Regierung auf Betreiben des WWF Skaftafell zum Nationalpark. Im Juni 2008 wurde er mit dem Nationalpark Jökulsárgljúfur im Norden Islands zusammengelegt. So entstand der riesige, unberührte Nationalpark Vatnajökull.

Aktivitäten

Skaftafell ist ideal für Tageswanderungen, bietet sich aber auch für längere Wanderstrecken an. Die Parkverwaltung gibt gute Karten heraus, auf denen kürzere Wanderwege eingezeichnet sind (350 ISK), und verkauft auch größere topografische Landkarten anderer Verlage.

Die meisten Besucher halten sich an die bekannten Wege durch die **Skaftafellsheiði**. Wanderungen in anderen, ebenfalls zugänglichen Gebieten wie im oberen **Morsárdalur** oder im **Kjós-Tal** erfordern mehr Zeit, Organisation und Planung. Vor dem Aufbruch zu abgelegeneren Strecken sollten Wanderer das Personal im Besucherzentrum kontaktieren, das gern bei der Vorbereitung hilft und auf potenzielle Gefahren hinweist. Man sollte sich auch nach Flussdurchquerungen auf der anvisierten Strecke erkundigen und außerdem bei www.safetravel.is einen Routenplan hinterlegen.

Eine weitere Option ist ein Tagestrip durch den Bæjarstaðarskógur ins zerklüftete **Skaftafellsfjöll-Gebirge**. Ein lohnendes Ziel ist der 862 m hohe Gipfel des **Jökulfell-Kamms**, der einen fantastischen Blick auf die endlosen Weiten der Gletscherzunge **Skeiðarárjökull** bietet. Noch besser ist ein dreitägiger Ausflug ins Kjós-Tal.

Ein Hinweis: Die Parkranger leiten von Mitte Juni bis Mitte August gewöhnlich täglich kostenlose Wanderungen, bei denen man viel über diese Gegend erfahren kann. Los geht's am Besucherzentrum. Einfach auf der Website nachschauen oder die Mitarbeiter fragen.

Svartifoss

Das Starmotiv auf Hunderten von Ansichtskarten ist der atemberaubende, düster wirkende Svartifoss („Schwarzer Wasserfall"), der von schwarzen Basaltsäulen flankiert wird. Ein recht einfacher 1,8 km langer Weg führt vom Besucherzentrum über den Campingplatz hinauf.

Um den viel genutzten Weg zum Svartifoss zu entlasten, empfehlen die Parkangestellten einen alternativen Weg zurück zum Besucherzentrum. Er führt vom Svartifoss weiter nach Westen zum **Sjónarsker**, wo auf einer Scheibe die Orientierungspunkte in der Umgebung namentlich verzeichnet sind, um sich zurechtzufinden, und eine unvergessliche Aussicht über den Skeiðarársandur geboten wird. Von hier besteht die Möglichkeit, das traditionelle, mit Grassoden gedeckte Bauernhaus **Sel** zu besichtigen. Der zweistündige Weg (S2; hin & zurück 5,5 km) wird als einfach eingestuft.

Eine Alternative ab Svartifoss ist der Aussichtspunkt **Sjónarnípa** mit Blick über den Skaftafellsjökull. Er liegt östlich vom Wasserfall; der Weg dorthin führt durch die Heide. Diese Wanderung (S5/S6) ist allerdings schwieriger (hin & zurück 7,4 km, 3 Std.).

Skaftafellsjökull

Ebenfalls sehr beliebt ist der Weg zum Skaftafellsjökull, der hin und zurück leicht in einer Stunde zu bewältigen ist. Der markierte Weg (S1; hin & zurück 3,7 km) startet am Besucherzentrum und führt zur Gletscherfläche, wo die Ächzer und Stöße des Eises deutlich zu hören sind. Allerdings ist der Gletscher hier ziemlich grau und kiesig. Das Eis ist in den letzten Jahrzehnten stark zurückgegangen und hat den Boden unter sich Schritt für Schritt wieder freigegeben. Eine Broschüre informiert über die geologischen Eigenheiten entlang des Wanderwegs.

Skaftafellsheiði-Rundweg

An schönen Tagen ist die fünf- bis sechsstündige Wanderung (S3; 16,7 km) in der Skaftafellsheiði (Skaftafell-Heide) ein Traum für Wanderer. Sie beginnt mit einem Aufstieg vom Campingplatz zum **Sjónarsker** und führt weiter über die Heide zum 610 m hohen **Fremrihnaukur**. Von dort geht es am Rand des Plateaus entlang bis zur nächsten Erhebung, dem **Nyrðrihnaukur** (706 m), der einen traumhaften Blick auf das Morsárdalur, den Morsárjökull und die mit Eisblöcken übersäte Lagune bietet. An diesem Punkt dreht der Weg ab nach Südosten zum Aussichtspunkt **Gláma** auf dem Felsen über dem Skaftafellsjökull. Von hier führt er hinunter zum Aussichtspunkt Sjónarnípa und von dort zurück zum Campingplatz.

Um die beste Aussicht auf den Skaftafellsjökull, das Morsárdalur und den Skeiðarársandur zu genießen, lohnt es sich, den Gipfel des **Kristínartindar** (1126 m) zu erklimmen. Der schönste Weg folgt einer gut markierten 2 km langen Route (der Kategorie „schwierig") das markante Tal südöstlich vom Aussichtspunkt am Nyrðrihnaukur hinauf und nahe Gláma zurück.

Geführte Touren

Gletscherwanderungen & Eisklettern

Höhepunkt des Besuchs der südlichen Ausläufer des Vatnajökull ist eine Gletscherwanderung. Mit Steigeisen die Eisdecke hinaufzukraxeln, hat etwas wunderbar Befreiendes. Außerdem gibt es eine ganze Menge zu sehen, von Eishöhlen und „Gletschermäusen" (Moospolster) bis zu verschiedenfarbiger Asche, die ein Überrest uralter Explosionen ist. Aber Vorsicht: Auch wenn die Gletscher

Nationalpark Skaftafell

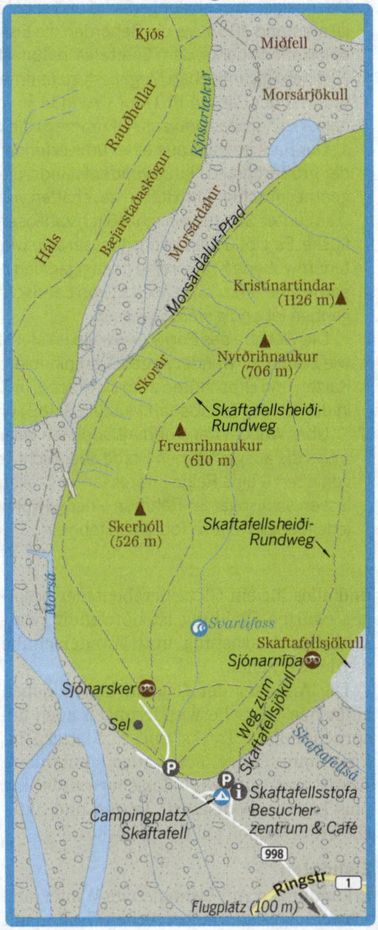

eine magnetische Anziehungskraft ausüben, sie sind von Spalten durchzogen und gefahrenträchtig. Man sollte sich also niemals dazu verleiten lassen, ohne entsprechende Ausrüstung und Anleitung loszuziehen.

In der Umgebung (und an weniger besuchten Gletscherzungen weiter östlich Richtung Höfn) arbeiten das ganze Jahr über etliche anerkannte Führer. Die größten Unternehmen, Icelandic Mountain Guides (S. 203) und Arctic Adventures (S. 203), unterhalten Info- und Buchungshütten neben dem Besucherzentrum Skaftafellsstofa (S. 204). Dort kann man sich mit Fachleuten unterhalten

NATIONALPARK VATNAJÖKULL

Der riesige, abwechslungsreiche und spektakuläre **Nationalpark Vatnajökull** (www.vjp.is) entstand 2008, als die Behörden die Eiskappe Vatnajökull mit zwei bereits bestehenden Nationalparks, dem Skaftafell in Südosten und dem Jökulsárgljúfur im Nordosten, zu einem gigantischen Megapark zusammenlegten. Mit Ergänzungen aus jüngerer Zeit umfasst der Park 14 100 km² – rund 14 % von ganz Island. Er ist einer der größten Nationalparks Europas und zur Aufnahme in die Welterbeliste der Unesco nominiert worden.

Der Park besteht aus einer umwerfenden landschaftlichen Vielfalt und enthält einige der großartigsten Naturwunder Islands, die von Flüssen, Gletschereis, vulkanischen und geothermischen Aktivitäten geschaffen wurden. Die gesamte Eiskappe des Vatnajökull steht unter Schutz, einschließlich zahlloser gleißender Auslassgletscher und Gletscherflüsse. Es gibt unglaubliche Wasserfälle wie den Dettifoss und Svartifoss, die geschichtenumwobene Kraterreihe Lakagígar, den Askja und andere Vulkane des Hochlands sowie eine unendliche Vielfalt von Landschaften, die Geologie, Ökologie und die Vergangenheit lebendig werden lassen.

Die Website des Parks (www.vjp.is) steckt voller wichtiger und nützlicher Informationen wie Details zu Wanderwegen, Campingplätzen, Zufahrtsstraßen usw. Auch gibt es dort Karten und Broschüren zum Download. In Südostisland gibt's nützliche Besucherzentren in den Orten Kirkjubæjarklaustur (S. 189) und Höfn (S. 214) sowie in Skaftafell (S. 200).

Über Wanderwege und Allradpisten gelangt man zu abgeschiedenen Juwelen, man muss die ausgetretenen Pfade aber nicht verlassen, um einige Highlights des Parks zu genießen – eine Reihe interessanter Stellen und atemberaubender Aussichtspunkte lassen sich sogar im Rahmen einer gewöhnlichen Ringstraßentour erreichen. Es werden jede Menge weitere Touren angeboten.

und alles für ein Gletscherabenteuer besorgen (warme Kleidung ist notwendig, wasserdichte Ausrüstung und Wanderschuhe werden verliehen).

Die Anbieter der Gegend haben neben einfachen Gletscherwanderungen auch anspruchsvollere Trecks und Eisklettern im Programm. Einige bieten auch kombinierte Exkursionen an, wie Gletscherwanderung plus Lagunenbootsfahrt. Touren und aktuelle Preise stehen auf den Websites.

Eishöhlen

Erkundungen von Eishöhlen im Winter sind schwer angesagt. Die herrlichen Grotten mit ihrem wunderbaren blauen Licht (meist am Rand der Gletscher) sind nur etwa von November bis März zugänglich. Sie können nur bei eisiger Kälte besichtigt werden, da sie bei wärmerem Wetter instabil und unsicher werden. Temporäre Eishöhlen entstehen auf natürliche Weise jeden Winter neu und werden von heimischen Experten erkundet. Sie dürfen nur mit Führer besichtigt werden, die für Sicherheit und richtige Ausrüstung sorgen. Wie bei Gletscherwanderungen erhalten die Teilnehmer eine Ausrüstung (Klettereisen, Helme usw.), werden an den Gletscherrand gefahren und laufen dann zum Zielort. Angemessene Fitness und Mobilität sind Voraussetzung.

Die größten und zugänglichsten Eishöhlen sind oft stark besucht und mitunter überfüllt, wenn Reisegruppen auftauchen (die sogar aus Reykjavík bis hierher kommen). Es kommt häufig vor, dass Gruppenführungen alle die gleiche Höhle aufsuchen. Nicht wenige Reisende sind enttäuscht, wenn sie vor dem Eingang auf Besucherschlangen treffen. Deswegen führen einige Unternehmer private Touren in abgelegenere Höhlen durch. Sie sind länger, teurer und erfordern generell mehr Fitness.

Immer mehr Veranstalter bieten Eishöhlenbesuche an. Tagestouren ab Reykjavík in diese Gegend sind wegen der reinen Fahrzeit (von Reykjavík nach Skaftafell und zurück 4 Std. pro Strecke) keine so gute Idee. Besser schließt man sich der Tour eines Anbieters vor Ort an. From Coast to Mountains (S. 206) und das Schwesterunternehmen Local Guide sind Experten für Eishöhlen im Süden und führen ihre Gäste auch zu abgeschiedenen, nicht öffentlich zugänglichen Höhlen, sofern diese genug Zeit, Ausdauer und Geld mitbringen. Wer möchte, kann sogar eine Nacht in einer Eishöhle verbringen!

Weitere empfehlenswerte Veranstalter von Eishöhlenbesuchen in der Region sind Glacier Adventure (S. 212), IceGuide (S. 209), Glacier Journey (S. 211), Ice Explorers (S. 212) und Glacier Trips (S. 211). Einige Anbietern beginnen die Touren in Skaftafell, die meisten jedoch am Jökulsárlón-Parkplatz (S. 208) 57 km östlich von Skaftafell. Beim Buchen auf das Kleingedruckte achten!

Touranbieter

★ Local Guide ABENTEUERTOUR
(☎ 894 1317; www.localguide.is; Freysnes) Local Guide ist ein Familienbetrieb. Die Betreiber leben seit Generationen in der Gegend und verfügen deshalb über ausgezeichnete Kenntnisse über die Region. Die Touren beginnen an der Tankstelle in Freysnes rund 5 km von Skaftafell. Von hier aus unternehmen die Führer das ganze Jahr über Gletscherwanderungen und Eisklettertouren. Die kürzeste Eistour dauert eine Stunde und kostet 9490 ISK (Kinder 8900 ISK, Mindestalter zehn Jahre).

Local Guide ist auch ein etablierter Experte für Eishöhlen und bietet solche Touren von Mitte November bis März an. Die reguläre Eishöhlentour kostet 19 900 ISK, aber es gibt auch längere sowie private Exkursionen zu abgelegeneren Höhlen. Alle Angebote stehen auf der Website.

Icelandic Mountain Guides ABENTEUERTOUR
(IMG; ☎ Reykjavík 587 9999, Skaftafell 894 2959; www.mountainguides.is) Der Bestseller von IMG ist die familienfreundliche Wanderung „Blaueis-Erlebnis“, bei der die Teilnehmer 1½ bis 2 Stunden auf dem Eis verbringen (Erw./Kind 10 900/7900 ISK, Mindestalter acht Jahre). Das ganze Jahr hindurch starten diese Touren täglich vier- bis achtmal ab Skaftafell. Angeboten werden auch dreistündige Wanderungen auf den gleichen Gletscher (16 900 ISK) sowie die Möglichkeit, diese mit einer Einführung ins Eisklettern zu kombinieren (19 900 ISK).

Arctic Adventures ABENTEUERTOUR
(Glacier Guides; ☎ 562 7000; www.glacierguides.is) Zusätzlich zu unterschiedlich langen und schwierigen Gletscherwanderungen bietet Arctic Adventures (früher Glacier Guides) Eisklettern (24 990 ISK) und im Winter Eishöhlenbesuche (Erw./Kind 19 990/14 993 ISK) ab Skaftafell und Jökulsárlón an. Die familiengerechte Gletscherwanderung für Einsteiger heißt „Gletscherwunder“, dauert 3½ Stunden und beinhaltet eine einstündige Runde auf dem Falljökull (Erw./Kind 10 750/5375 ISK, Mindestalter zehn Jahre). Termine auf der Website.

Schlafen & Essen

Im Park selbst ist nur Campen möglich. In der Nähe des Parks gibt es einige wenige Unterkünfte und die Hotels im Südosten sind enorm gefragt. Wer hierher kommt, muss also entweder ein Zelt mitbringen oder eine verbindliche Hotelreservierung haben.

Das nächstgelegene Hotel ist in Freysnes (S. 205) 5 km östlich vom Eingang zum Nationalpark. Ein paar weitere Hotels liegen in Hof (S. 206), noch einmal 15 km weiter östlich.

Im Sommer ist ein Café im Besucherzentrum des Parks geöffnet und in der Nähe ein Imbisswagen, aber es gibt keine ganzjährigen Angebote im Park. Mahlzeiten und ein paar Lebensmittel sind das ganze Jahr über im Söluskálinn Freysnesi (S. 205) in Freysnes erhältlich.

Mit Proviant kann man sich in den Supermärkten in Kirkjubæjarklaustur und Höfn versorgen.

Campingplatz Skaftafell CAMPINGPLATZ €
(☎ 470 8300; www.vjp.is; Stellplatz Erw./Teenager/Kind 1400/800 ISK/frei; 📶) Die meisten Besucher kommen mit Zelt (oder Wohnmobil) zu diesem großen, kiesigen und wunderschön gelegenen Campingplatz (mit Waschmaschinen und Warmwasserduschen für 500 ISK). Im Sommer wird es hier sehr voll (bei einer Kapazität von 400 Stellplätzen). Der Platz ist das ganze Jahr über geöffnet. Reservierungen sind nur für große Gruppen (mehr als 40 Pers.) erforderlich. Kochgelegenheiten sind nicht vorhanden, WLAN gibt's im Besucherzentrum.

Wer eine weniger dicht bevölkerte Ausweichmöglichkeit sucht, sollte den 8 km weiter östlich gelegenen Zeltplatz (S. 205) bei Svínafell ansteuern.

Glacier Goodies FAST FOOD €€
(www.facebook.com/glaciergoodies; Hauptgerichte 2200–2700 ISK; ⏲ Mitte Mai–Sept. 11.30–20 Uhr)

RUNDFLUG ÜBER SKAFTAFELL

Atlantsflug (☎ 854 4105; www.flightseeing.is; ⏲ Mai–Sept.) unternimmt Rundflüge, die eine fantastische Perspektive über die ganze Pracht der Natur bieten. Der winzige Flugplatz befindet sich an der Ringstraße, gleich neben der Abzweigung zum Besucherzentrum Skaftafellsstofa. Sieben verschiedene Flüge stehen zur Auswahl: Landmannalaugar, Lakagígar, Skaftafell-Gipfel, Jökulsárlón oder Grímsvötn. Die Preise beginnen bei 26 100 ISK für 20 Minuten auf der „Überraschungsstrecke“ (je nach Wetterbedingungen).

Der Imbisswagen am Besucherzentrum hat ein kleines Angebot leckerer Gerichte aus heimischen Zutaten: Hummersuppe, Fish and Chips, Rippchen und Pommes frites.

Café beim Besucherzentrum CAFÉ €€
(Hauptgerichte 1490–2290 ISK; ⏲ Juni–Sept. 9–21 Uhr, Mai, Okt. & Nov. 9–18 Uhr, Dez.–April 10–18 Uhr) Neben dem Besucherzentrum serviert ein gut besuchtes Café gegrillte Panini, Kuchen und Waffeln und verkauft dazu Wanderproviant wie *skyr*. Ab mittags gibt's auch warmes Essen (Suppen, Tagesgerichte), vegetarische und vegane Speisen eingeschlossen.

Praktische Informationen

Flora, Fauna und geologische Formationen im Park stehen unter Naturschutz. Offenes Feuer ist verboten und Müll muss mitgenommen werden. Es ist wichtig, sich an die markierten Wege zu halten, um eine Schädigung der empfindlichen Pflanzen zu vermeiden.

Ohne offizielle Genehmigung sind Drohnen im Nationalpark verboten.

Besucherzentrum Skaftafellsstofa (☎ 470 8300; www.vjp.is; ⏲ Juni–Sept. 8–19 Uhr, Feb.–Mai & Okt. 9–18 Uhr, Nov.–Jan. 10–18 Uhr; 📶) Das hilfreiche Besucherzentrum ist ganzjährig geöffnet, verkauft Landkarten und hat einen Informationsschalter, informative Ausstellungen, ein Sommercafé und Internetzugang. Die Angestellten kennen sich bestens aus und helfen gerne bei der Planung von Wanderungen.

WINTER IN SKAFTAFELL

Die Region erlebt seit einiger Zeit einen erheblichen Zuwachs an Wintergästen. Hauptanziehungspunkte sind das Nordlicht und die Eishöhlen (Höhlen, die sich im Eis eines Gletschers bilden und in den kältesten Monaten so stabil werden, dass sie sich gefahrlos besuchen lassen). Gletscherwanderungen sind auch im Winter möglich. Zu dieser Jahreszeit sehen die Gletscher unberührter aus und nehmen diesen blauen Schimmer an, den Fotografen so lieben. Wenn das Wetter mitspielt, erstarrt der Svartifoss im Januar/Februar zur Eissäule (allerdings lässt sich der Wasserfall im Winter nicht immer erreichen, weil Schlamm die Pfade oft unbegehbar macht). Zwischen Dezember und März hängt die Begehbarkeit der Wanderwege vom Wetter ab, für einige sind eventuell sogar Steigeisen erforderlich. Auch sind die Tage erheblich kürzer, es lohnt sich also, die Parkangestellten nach den besten Möglichkeiten zu befragen.

An- & Weiterreise

Busse auf der Strecke Reykjavík–Höfn halten vor dem Besucherzentrum in Skaftafell, das auch Ausgangspunkt für Touren in Wildnisgebiete wie Landmannalaugar ist. Im Sommer bestehen regelmäßige Verbindungen zum Jökulsárlón, die auch für Ausflüge genutzt werden können.

Sterna (S. 73):

- Bus 12 zum Jökulsárlón (2000 ISK, 1 Std., Juli & Aug. 1-mal tgl.) Für einen Tagesausflug nutzbar, mit 2 Std. Aufenthalt an der Lagune; 4000 ISK hin & zurück.
- Bus 12a nach Vík (4000 ISK, 2½ Std., Juli & Aug. 1-mal tgl.)

Strætó (S. 68):

- Bus 51 nach Höfn (3680 ISK, 1¾ Std., 2-mal tgl.) Hält in Freysnes und am Jökulsárlón.
- Bus 51 nach Reykjavík (10,120 ISK, 5 Std., 2-mal tgl.).

Reykjavík Excursions (S. 196):

- Bus 10/10a nach Landmannalaugar (9500 ISK, 5 Std., Juli & Aug. 3-mal wöchentl.) Fährt über Eldgjá. Kann für einen Tagesausflug genutzt werden oder als reguläres Verkehrsmittel.
- Bus 15 zum Jökulsárlón (2800 ISK, 45 Min., Juli & Aug. 2-mal tgl.)
- Bus 20a nach Reykjavík (11 200 ISK, 6¼ Std., Juli & Aug. 1-mal tgl.)

AUTO & MOTORRAD

Alle Besucherfahrzeuge müssen fürs Parken in Skaftafell zahlen. Auf Schildern ist angeschlagen, was es kostet und wie es funktioniert: Man gibt auf einer Website, einer App oder auf Bildschirmen im Besucherzentrum sein Autokennzeichen ein. Pkws/Motorräder kosten 600/300 ISK, größere Fahrzeuge und Busse entsprechend mehr.

Die Parkgebühr gilt jeweils bis 24 Uhr am selben Tag. Man kann für drei Tage auf einmal zahlen.

Von Skaftafell zum Jökulsárlón

Glitzernde Gletscher und düstere Berge säumen den 60 km langen Streckenabschnitt zwischen Skaftafell und der Lagune Jökulsárlón, auf der Eisblöcke trudeln. Angesichts der traumhaften Kulisse ist es nicht ganz leicht, sich aufs die Straße zu konzentrieren.

Svínafell & Freysnes

Das erste Dörfchen östlich von Skaftafell ist Freysnes, wo es ein Hotel und eine Tankstelle mit Laden gibt. Ein weiterer kleiner Weiler östlich von Freysnes ist Svínafell mit Möglichkeiten zum Zelten und außerdem ein Saga-Schauplatz.

Das Gehöft Svínafell war das Haus von Flosi Þórðarson, der in der *Njáls saga* Njáll und seiner Familie das Haus über dem Kopf anzündete. Später versöhnten sich die Familien an diesem Ort und beendeten eine der blutigsten Fehden in der Geschichte Islands. Im 17. Jh. begrub der Gletscher Svínafellsjökull den Bauernhof fast unter sich, inzwischen ist er aber wieder zurückgewichen.

Svínafellsjökull GLETSCHER

An der Ringstraße ab Skaftafell Richtung Osten weist ein Schild auf den Weg zum Gletscher Svínafellsjökull. Die Schlaglochpiste endet nach 2 km an einem Parkplatz, von wo es noch ein kurzes Stück zu Fuß bis zum Nordrand des Gletschers ist. Hier bieten sich schöne Fotomotive. Ohne Begleitung sollte sich niemand auf den Gletscher wagen, mit einer geführten Gletscherwanderung ist es sicherer.

Im Sommer 2018 befürchteten Geologen Bergrutsche in der Gegend rund um den Svínafellsjökull, weshalb zur Zeit der Recherche für dieses Buch keine geführten Wanderungen mehr angeboten wurden. Die Veranstalter sind auf andere Auslassgletscher in der Nähe ausgewichen.

Geführte Touren

Glacier Horses REITEN

(☎847 7170; www.glacierhorses.is; Erw./Kind 11 000/5000 ISK; ⌚Juni–Okt.) Kurz hinter Svínafell (auf der Strecke nach Hof) bietet dieser Veranstalter kurze Ausritte (1- bis 1½-Std.) über ein Gelände mit wunderbaren Ausblicken an. Reservierung, telefonisch oder per E-Mail, erforderlich.

Schlafen & Essen

Ferðaþjónustan Svínafelli CAMPINGPLATZ €

(☎478 1765; www.svinafell.com; Stellplatz 1700 ISK pro Pers., Zi. & Hütte 4500–5200 ISK pro Pers.; ⌚Campingplatz Mai–Sept.;) Gut organisierter Campingplatz mit sechs einfachen Hütten für jeweils vier Personen, blitzsauberen sanitären Anlagen und einem großen Speisesaal. Für Reisende mit eigenem Wagen eine brauchbare Alternative zum Zeltplatz in Skaftafell. (Achtung: Keine Stellplätze mit Stromanschluss!) Darüber hinaus vermietet der Besitzer das ganze Jahr hindurch Schlafsackbetten in Apartments und Zimmern im Ort.

Hótel Skaftafell HOTEL €€€

(☎478 1945; www.hotelskaftafell.is; Freysnes; EZ/DZ/3BZ mit Frühstück 30 500/37 250/42 900 ISK;) Das Skaftafell am nächsten gelegene Hotel gehört zur Fosshótel-Kette und steht 5 km östlich, in Freysnes. Da es sich um eines der ganz wenigen Hotels in der Gegend handelt, ist es ungeheuer begehrt, was die Preise belegen. Die 63 Zimmer sind eher gepflegt und zweckmäßig als luxuriös (und dafür arg überteuert!), die Mitarbeiter hilfsbereit. Es gibt ein passables Restaurant (Hauptgerichte 3750–5750 ISK) mit Spezialitäten aus der Region wie Seesaibling und Lammfilet.

Söluskálinn Freysnesi ISLÄNDISCH €

(Hauptgerichte 1000–3200 ISK; ⌚9–20 Uhr) Die Cafeteria in der Tankstelle gegenüber dem Hótel Skaftafell hat außer Burgern, Pizzas und einem kleinen Lebensmittelsortiment auch ein preiswertes warmes Tagesgericht im Angebot.

Hvannadalshnúkur

Islands höchster Berg Hvannadalshnúkur (2110 m) ragt aus dem Gletscher **Öræfajökull** hervor, einem Ableger des Vatnajökull. Der hohe Gipfel ist eigentlich der Nordwestrand eines riesigen Kraters von 5 km Durchmesser, bei dem es sich um den größten aktiven Vulkan in Europa nach dem Ätna auf Sizilien handelt. Bei seinem Ausbruch 1362 erzeugte er den größten Tephra-Auswurf in der isländischen Geschichte. Die gesamte Region war verwüstet – daher auch ihr Name *Öræfi* (Ödland).

Ende 2017 und im Jahr 2018 bemerkten die Wissenschaftler vermehrte Aktivitäten in dem Vulkan unter dem Öræfajökull (Gletscher und Vulkan teilen sich denselben Namen). Er ist seit rund 250 Jahren inaktiv, gilt aber als einer der mächtigsten in ganz Island.

Geführte Touren

Den besten Zugang für eine Besteigung des Hvannadalshnúkur bietet die Sandfellsheiði, etwa 12 km südöstlich von Skaftafell. Die meisten geführten Expeditionen schaffen die Strecke in einem langen, mühsamen Tagesmarsch (los geht's gegen 5 Uhr morgens). Die Tour verlangt zwar keine technischen Fähigkeiten, ist aber eine Herausforderung für Körper und Geist. Insgesamt sind mehr als 2000 Höhenmeter zu überwinden und ungefähr 23 km zurückzulegen. Wer auf eigene Faust loszieht, sollte genügend Proviant und Ausrüstung gleich für mehrere Tage mitnehmen und muss viel Erfahrung mit Gletschertouren haben.

Die beste Zeit für den Aufstieg ist April oder Mai, bevor die Eisbrücken, ohne die die Wanderung unmöglich wäre, schmelzen. Leider schwinden sie jedes Jahr ein bisschen früher und schneller, die Klettersaison wird also zusehends kürzer. Einige Reiseunternehmen geben manchmal eine längere Saison an (z. B. von April bis August), aber es ist unwahrscheinlich, dass ein Aufstieg später als Juni noch möglich ist.

Mehr Infos stehen auf den Websites.

Icelandic Mountain Guides und From Coast to Mountains organisieren Besteigungen des Hvannadalshnúkur; am Abend vor der Wanderung findet ein Informationsgespräch statt. Die Preise sind nicht fix, da die Gegebenheiten die Veranstalter zuweilen zwingen, zusätzliche Führer einzustellen, was die Kosten in die Höhe treibt. Vorher reservieren und ein paar zusätzliche Tage einkalkulieren, falls einem das Wetter einen Strich durch die Rechnung macht.

From Coast to Mountains ABENTEUERTOUR
(Öræfaferðir; ☎894 0894; www.fromcoasttomountains.is; Fagurhólsmýri) Mit etwa 300 Aufstiegen auf den Hvannadalshnúkur hält Firmeneigentümer Einar einen Rekord. Von März bis Mai bietet er private Ski- und Bergtouren an. Die Preise richten sich nach der Teilnehmerzahl (bei zwei Personen sind es 80 000 ISK pro Pers.; die Kletterer müssen ihre eigene Skiausrüstung mitbringen). Wenn die Wetterbedingungen stimmen, besteht auch im September und Oktober die Möglichkeit für einen Aufstieg. Der Hauptsitz des Unternehmens befindet sich in Fagurhólsmýri 26 km von Skaftafell.

Icelandic Mountain Guides ABENTEUERTOUR
(☎Büro in Reykjavík 587 9999, Skaftafell 894 2959; www.mountainguides.is) Eine geführte zehn- bis 15-stündige Gipfelbesteigung kostet 42 900 ISK pro Person (mind. zwei Teilnehmer) Die Touren werden in der Saison dreimal wöchentlich angeboten, wenn die Gegebenheiten es zulassen. IMG bietet eine zweite Bergbesteigung im Park an: auf den 1875 m hohen Hrútsfjallstindar (42 900 ISK). Das Büro befindet sich auf dem Parkplatz des Nationalparks Skaftafell.

Hof

Im Dörfchen Hof steht eine malerische **Kirche** aus Holz und Torf auf den Fundamenten eines Gebäudes aus dem 14. Jh. Sie wurde 1884 wiederaufgebaut und liegt nun besonders schön in einem Birken- und Eschendickicht. Auf dem Grassodendach wachsen sogar Blumen.

Hof liegt ungefähr 17 km von der Abzweigung nach Skaftafell entfernt. Man benötigt ein eigenes Transportmittel.

Vesturhús Hostel HOSTEL €
(☎854 5585; http://vesturhus.is; DZ/3BZ ohne Bad 14 000/18 000 ISK) Das Sechs-Zimmer-Hostel wartet mit einfachen Zimmern und einem gemütlichen Koch-, Ess- und Wohnbereich auf. Es gibt keine Dorms, doch in den schnörkellosen Zimmern mit Platz für bis zu fünf Personen stehen Etagenbetten. Bettwäsche kann man selbst mitbringen oder ausleihen (1800 ISK pro Pers.), ebenso wie Handtücher (400 ISK).

Nónhamar HÜTTEN €€
(☎620 4000; www.nonhamar.is; DZ/4BZ 24 900/30 900 ISK; ⌚März–Okt.; 📶) Nónhamar besteht aus drei ausgesprochen gemütlichen Hütten mit Etagenbetten für bis zu vier Personen (für vier Erwachsene sind die 18-m²-Zimmer allerdings recht eng). Jede Hütte verfügt über Küchenzeile und Bad.

Adventure Hotel Vatnajökull HOTEL €€€
(☎478 2260; www.hof1.is; DZ mit/ohne Bad mit Frühstück 31 900/25 900 ISK; 📶) Das ehemalige Hof 1 Hotel hat neue Eigentümer, nämlich den Tourenanbieter Arctic Adventures, ist erweitert und renoviert worden und bietet auf mehrere Gebäude verteilt verschiedene Arten von Zimmern. Abendessen gibt's auch (Hauptgerichte 2300–3800 ISK), darunter vegetarische Gerichte. Das Hotel liegt am Fuße des Öræfajökull-Gletschers.

Ingólfshöfði

In diesem spektakulären Teil Islands richten sich natürlich alle Blicke landeinwärts. Doch spricht auch einiges dafür, aufs Meer hinaus zu schauen, insbesondere auf die 76 m hohe Landspitze Ingólfshöfði, die sich wie ein bizarres Traumgebilde aus dem Flachland erhebt.

Im Frühjahr und Sommer ist das schöne, abgelegene Naturschutzgebiet mit nistenden Papageitauchern, Skuas und anderen Seevögeln übersät. Außerdem werden vor

FAHRT ÜBER DEN VATNAJÖKULL

Die Eiskappe des Vatnajökull und seine benachbarten Gletscher sehen von der Ringstraße aus spektakulär aus und die meisten Reisenden wollen ihn dann unbedingt aus nächster Nähe sehen. Wanderführungen auf Gletscherzungen sind eine wunderbare Einführung, aber der Zugang zum Hauptteil des Vatnajökull ist nur etwas für erfahrene Leute, die wie für eine richtige Polarexpedition ausgerüstet sind: Die Eiskappe ist von tiefen Rissen durchzogen, die durch die Schneedecke praktisch unsichtbar sind. Außerdem kommt es oft zu heftigen Schneestürmen. Das sollte jedoch nicht abschrecken. Fahrten über die weißen Weiten sind mit organisierten Schneemobil- und Superjeeptouren möglich, die von ein paar heimischen Unternehmen angeboten werden, auch im Winter.

Die Anbieter nutzen die einfachste Route zum Vatnajökull hinauf: die Allradstrecke F985 (S. 210; 35 km östlich vom Jökulsárlón, 45 km westlich von Höfn) zum breiten Gletscherableger **Skálafellsjökull**. Am Ende der Straße 985, 840 m über dem Meeresspiegel und mit spektakulärem Rundumblick, entscheiden sich die meisten Reisenden für eine fantastische **Schneemobilfahrt**. Mit Schneeanzug, Helmen, Stiefeln und Handschuhen ausstaffiert folgen sie dem Führer auf einer festgelegten Piste. Das macht viel Spaß und verschafft einen Eindruck davon, wie es ist, einen Gletscher zu befahren. Eine Stunde lang übers Eis jagen mit Benzingestank in der Nase – das reicht den meisten. Wer nicht auf Schneemobile steht, kann auch eine **Superjeeptour** auf dem Eis oder eine **Gletscherwanderung** unternehmen.

Glacier Jeeps (S. 212) und Glacier Journey (S. 211) bieten Schneemobil- und Superjeeptouren an, Glacier Jeeps auch Gletscherwanderungen. Da diese Touren immer beliebter werden, lohnt es sich, im Voraus zu buchen (online). Kinderpreise bei Schneemobilfahrten gelten für das Alter von sechs bis zwölf Jahren (die Fahrten sind für Kinder unter sechs nicht geeignet). Selbstfahrer müssen einen Führerschein vorlegen.

Glacier Journey bietet im Winter Schneemobilfahrten sowie Eishöhlenerkundungen. Aktuelle Preise, Termine und Treffpunkte stehen auf den Websites.

der Küste manchmal Wale gesichtet. Auch historisch ist der Flecken Erde bedeutsam. Ingólfur Arnarson, Islands erster Siedler, verbrachte hier 874 n. Chr. auf seiner ersten Erkundungsreise den Winter.

Der ausgeschilderte Ausgangspunkt für die Ingólfshöfði-Touren ist etwa 25 km östlich von Skaftafell, in der Nähe der Tankstelle und der Buchungsagentur in Fagurhólsmýri. Die Starthütte liegt etwa 2 km abseits der Ringstraße.

Geführte Touren

★ **Ingólfshöfði Puffin Tour** ÖKOTOUR
(☎894 0894; www.puffintour.is; Touren Erw./Kind 7500/2500 ISK; ⌚Touren Mitte Mai–Mitte Aug. Mo–Sa 10.15 & 13.30 Uhr) Das Naturschutzgebiet Ingólfshöfði ist für Besucher geöffnet. Die Touren beginnen mit einer vergnüglichen, 6 km langen Fahrt in einem traktorgezogenen Heuwagen durch die flache Tidenlagune, gefolgt von einer kurzen, aber steilen Sandkraxeltour mit anschließender 1½-stündiger geführter Wanderung rund um die Landzunge. Dabei geht es schwerpunktmäßig um Vogelbeobachtung, aber „nebenbei" kann man auch die sagenhafte Bergkulisse bewundern. Wichtig zu wissen: Die Papageitaucher ziehen ungefähr Mitte August wieder nach Süden.

★ **From Coast to Mountains** ABENTEUERTOUR
(Öræfaferðir; ☎894 0894; www.fromcoasttomountains.is; Fagurhólsmýri) Im Sommer bietet der Veranstalter vergnügliche Touren ins Naturschutzgebiet Ingólfshöfði. Im Frühjahr geht's auf den Hvannadalshnúkur (S. 205), im Winter in Eishöhlen (ab 12 500 ISK). Das neueste Angebot sind Übernachtungen in Eishöhlen (125 000 ISK). Alle Einzelheiten stehen auf der Website – wo auch darauf hingewiesen wird, dass das Übernachten bei Temperaturen unter dem Gefrierpunkt nur etwas für psychisch widerstandsfähige und gut vorbereitete Personen ist.

Schlafen & Essen

Proviant muss bei Bedarf mitgebracht werden. Im Buchungsbüro in Fagurhólsmýri gibt es eine Café-Theke mit Kaffee, Sandwiches und Kuchen. Das Fosshótel verfügt über ein gutes Restaurant.

Fosshótel Glacier Lagoon HOTEL €€€
(☎514 8300; www.fosshotel.is; Hnappavellir; Zi. ab 39 000 ISK; 📶) Der Name ist irreführend:

Das große Vier-Sterne-Hotel liegt in Hnappavellir, auf halbem Weg zwischen Skaftafell und Jökulsárlón etwa 3 km östlich vom Startpunkt für die Ingólfshöfði-Touren. Es gibt keinen Lagunenblick – der Jökulsárlón ist 20 Minuten Fahrt entfernt. Das 2016 eröffnete Hotel hat 104 einfache, aber stilvolle Zimmer (weitere sind im Bau), ein gutes Restaurant und eine einladende Bar.

Fjallsárlón & Breiðamerkursandur

Breiðamerkursandur, der östlichste Teil des großen Sander-Gebiets, liegt vor einem eindrucksvollen Panorama aus von Gletschern überzogenen Bergen, zu deren Füßen sich auch ein paar Gletscherlagunen erstrecken wie der prächtige Fjallsárlón.

Breiðamerkursandur ist eine der wichtigsten Brutstätten der isländischen Großen Raubmöwe. Dank zunehmender Anzahl der bodenbrütenden Vögel nimmt auch die Population an Polarfüchsen zu.

Der Breiðamerkursandur taucht auch in der *Njáls saga* auf, die damit endet, dass Kári Sölmundarson an diesem idyllischen Fleckchen ankommt und fortan „glücklich bis in alle Ewigkeit" lebt – was in einer Saga fast an ein Wunder grenzt.

Sehenswertes & Aktivitäten

Fjallsárlón SEE

Ein Schild an der Ringstraße weist den Weg zum Fjallsárlón, einem gut erreichbaren Gletschersee, in dem die Eisberge vom Fjallsjökull treiben. Auf dem See werden Touren im Festrumpfschlauchboot angeboten, und um den See gibt es einige großartige Wanderwege. Er ist eine gute Alternative zum vielbesuchten Jökulsárlón 10 km weiter östlich.

Wer Zeit hat, sollte beide Seen besuchen, da sie sehr unterschiedlich sind: Der Jökulsárlón ist viel größer und spektakulärer, während vom Ufer des Fjallsárlón die Gletscherspitze zu sehen ist. An beiden Seen werden Bootsfahrten angeboten. Der Fjallsárlón hat noch den großen Pluspunkt, dass dort ein schönes neues Besucherzentrum mit einem geräumigen **Café** (☎666 8006; www.fjallsarlon.is; Hauptgerichte 1700–2500 ISK; ⏲Juni–Sept. 9.30–18 Uhr, Okt.–Mai 10–17 Uhr) gebaut wurde.

Bootstouren auf dem Fjallsárlón BOOTSTOUR

(☎666 8006; www.fjallsarlon.is; Erw./Kind 6900/3500 ISK; ⏲Mai–Okt.) Am Besucherzentrum Fjallsárlón werden 45-minütige Schlauchbootfahrten zwischen den Eisbergen des Gletschersees angeboten. Die Touren können online gebucht werden. Im Sommer finden sie von 9.30 bis 16.30 Uhr stündlich statt, in der Zwischensaison seltener.

Kvíárjökull GLETSCHER

Der Kvíárjökull-Gletscher schlängelt sich zum Fluss Kvíá hinab und ist von der Ringstraße aus leicht zu erreichen: Gleich westlich der Brücke über den Fluss dem Schild nach Kvíármýrarkambur folgen. Vom kleinen Parkplatz geht es zu Fuß weiter über den Pfad in das schöne Tal.

Wanderweg Breiðármörk WANDERN

Ein Wanderweg führt vom Fjallsárlón 5 km ostwärts zum Breiðárlón, einem weiteren Gletschersee, in diesem Fall des Breiðamerkurjökull, der auch der Ursprung des Jökulsárlón ist. Vom Breiðárlón führt der Weg weiter in Richtung Osten zum Jökulsárlón – insgesamt rund 15 km.

Jökulsárlón

Spektakuläre, leuchtend blaue Eisblöcke treiben auf der Gletscherlagune Jökulsárlón direkt neben der Ringstraße zwischen Höfn und Skaftafell. Es lohnt sich, hier ein paar Stunden zu verbringen und die herrlichen Eisskulpturen zu bestaunen (manche sind von Aschestreifen durchzogen, Zeugnis früherer Vulkanausbrüche), nach Robben Ausschau zu halten oder an einer Bootstour teilzunehmen.

Die Eisblöcke stammen vom Breiðamerkurjökull, einem Ableger des Vatnajökull. Sie krachen ins Wasser und treiben hinaus auf den Atlantik. Sie können bis zu fünf Jahre lang in der 25 km² großen und 250 m tiefen Lagune vor sich hin dümpeln, schmelzen, wieder gefrieren und gelegentlich auch mit einem kräftigen Klatschen umkippen und die Vögel erschrecken. Dann treiben sie weiter, erst auf Islands kürzestem Fluss **Jökulsá** und zuletzt ins Meer hinaus.

Obwohl die Lagune aussieht, als gäbe es sie seit der letzten Eiszeit, ist sie gerade einmal 80 Jahre alt. Bis Mitte der 1930er-Jahre reichte der Breiðamerkurjökull noch bis zur Ringstraße. Inzwischen geht der Gletscher rasch zurück (bis zu beängstigende 500 m pro Jahr) und entsprechend flott dehnt sich die Lagune aus.

Diamond Beach STRAND

An der Mündung des Jökulsá ruhen Eisblöcke und -berge fotogen auf dem schwarzsandigen Strand, bevor es auf ihre letzte Reise aufs Meer hinaus geht. Touristen haben dem Ort den Namen „Diamond Beach" verpasst und er blieb hängen.

Parkplätze befinden sich an der Meerseite der Ringstraße auf beiden Seiten der Brücke über den Fluss.

Aktivitäten & Geführte Touren

Die Bootsfahrten sind ausgezeichnet, doch zu Fuß am Ufer entlang kommt man fast genauso nah an die eisblauen Kunstwerke heran und kann auch uraltes Gletschereis aus dem Wasser fischen und kosten. Entlang der Ringstraße westlich vom Parkplatz befinden sich weitere ausgewiesene Parkbereiche, von wo aus zu Fuß über die Hügel weniger überlaufene Uferabschnitte zu erreichen sind.

Wanderweg Breiðármörk WANDERN

Vom westlichen Parkplatz am Jökulsárlón führt ein markierter Weg zu den Seen Breiðárlón (10 km einfach) und Fjallsárlón (15,3 km). Er ist als schwierig eingestuft und soll irgendwann von Skaftafell im Westen bis zur Lónsöræfi im Osten ausgebaut werden. Eine Wanderkarte (250 ISK) ist im Besucherzentrum in Höfn erhältlich.

Amphibienbootstouren BOOTSTOUR

(☎478 2222; www.icelagoon.is; Erw./Kind 5700/2000 ISK; ⌚Juni–Sept. 9–19 Uhr, Mai & Okt. 10–17 Uhr) Wie wäre es mit einer unvergesslichen 40-minütigen Fahrt mit einem Amphibienfahrzeug? Die Fahrzeuge tuckern ein Stück am Ufer entlang, bis sie auf das Wasser abschwenken. An Bord unterhalten Führer die Teilnehmer mit Histörchen über die Lagune und lassen sie 1000 Jahre altes Eis kosten. Termine stehen auf der Website, wo die Touren – im Sommer bis zu 40 täglich – auch gebucht werden können. Startpunkt ist beim Café auf dem östlichen Parkplatz.

Die letzte Abfahrt erfolgt ungefähr eine Stunde vor Schluss. Die Touren finden je nach Nachfrage und Witterung auch im April und November statt – aktuelle Infos beim Veranstalter.

Derselbe Veranstalter hat auch einstündige **Schlauchbootfahrten** auf der Lagune im Angebot (Erw./Kind 9800/5000 ISK; für Kinder unter zehn Jahren nicht empfehlenswert). Sie legen zu festen Zeiten ab und es lohnt sich, rechtzeitig online zu buchen.

Schlauchboottouren BOOTSTOUR

(☎860 9996; www.icelagoon.com; Erw./Kind 9700/6200 ISK; ⌚Mai–Sept. 9–17.30 Uhr) Dieser Tourveranstalter bietet ausschließlich Schlauchbootfahrten auf der Lagune. Die einstündige Fahrt mit maximal 20 Passagieren führt mit hoher Geschwindigkeit bis zum Rand des Gletschers (was die Amphibienfahrzeuge nicht tun). Anschließend geht es gemächlich zurück. Es lohnt sich, die Touren im Vorfeld online zu buchen. Teilnahme ab sechs Jahren.

IceGuide KAJAKFAHREN

(☎661 0900; www.iceguide.is; Zweierkajak Erw./Kind 10 900/5900 ISK) IceGuide hat seinen Hauptsitz auf dem Gehöft Flatey, aber eine Niederlassung auf dem Parkplatz am Jökulsárlón. Im Winter werden hier Eishöhlentouren angeboten und von Mitte Mai bis September kann man im Kajak mit den Eisbergen auf Tuchfühlung gehen – ein tolles Abenteuer für Naturfreaks! Die einstündigen Touren, die als leicht eingestuft sind, können im Internet gebucht werden. Mindestalter 14 Jahre.

Festivals & Events

Jökulsárlón-Feuerwerk FEUERWERK

(www.visitvatnajokull.is; Erw./Kind 1500 ISK/frei; ⌚Mitte Aug.) Wer sich Mitte August in dieser Region aufhält, sollte auf keinen Fall das alljährliche Feuerwerk versäumen, das als Benefizveranstaltung für die lokale Rettungsmannschaft am Jökulsárlón stattfindet. Sonderbusse fahren Zuschauer aus Höfn, Kirkjubæjarklaustur und Skaftafell hierher.

Schlafen & Essen

Die nächstgelegene Unterkunft befindet sich im Dörfchen Hali 13 km östlich und der nächstgelegene Campingplatz östlich des Jökulsárlón in Höfn.

Richtung Westen ist die nächstgelegene Unterkunft das Fosshótel in Hnappavellir (S. 207) 28 km vom Jökulsárlón. Campingplätze liegen 52 km entfernt am Svínafell (S. 205) oder 60 km entfernt im Nationalpark Skaftafell (S. 200).

Die Unterkünfte an diesem Abschnitt der Ringstraße sind sehr gefragt, frühe Reservierung ist unbedingt notwendig. Campingplätze müssen nicht gebucht werden.

Auf dem östlichen Parkplatz gibt's ein kleines **Café** (Snacks 900–1200 ISK; ⌚Juni–Sept. 9–19 Uhr, März–Mai & Okt. bis 18 Uhr, Nov.–Feb. bis 17 Uhr) und einen Andenkenladen sowie ein paar Toiletten, doch die veralteten Einrichtungen sind für den Besucherandrang völlig unzureichend. Da das Gebiet inzwischen zum Nationalpark Vatnajökull gehört, besteht Hoffnung auf neue Einrichtungen, z. B. ein neues Besucherzentrum, doch das kann dauern. Bis dahin kann man immerhin an ein paar Imbisswagen kleine, aber gute Speisen genießen wie das ausgezeichnete Hummercremesüppchen von **Heimahumar** (Hummerbrötchen 1800 ISK; ⏲Mai–Okt. 11.30–18 Uhr).

ℹ An- & Weiterreise

Sterna (S. 73) Bus 12/12a zwischen Reykjavík und dem Jökulsárlón verkehrt im Juli und August täglich. Man kann ihn ab Reykjavík (8¾ Std., 12 000 ISK) oder von verschiedenen Orten an der Südküste nehmen. Nach zwei Stunden an der Lagune kehrt er nach Vík zurück, wo man übernachten und am folgenden Tag nach Reykjavík zurückkehren kann (hin & zurück ab Reykjavík 24 000 ISK).

Strætó (S. 68) Bus 51 zwischen Reykjavík und Höfn (einfach 11 500 ISK, 6 Std.) verkehrt zweimal täglich und hält hier. Der Bus lässt die Fahrgäste nur aus- bzw. einsteigen, er wartet nicht.

Reykjavík Excursions (S. 196) Bus 15 pendelt im Juli und August zweimal täglich zwischen dem Besucherzentrum in Skaftafell und dem Jökulsárlón (2800 ISK, 45 Min.).

Vom Jökulsárlón nach Höfn

Den traumhaft schönen, 80 km langen Abschnitt der Ringstraße zwischen dem Jökulsárlón und Höfn säumen rund 20 ländliche Häuser (viele mit Gletscher dahinter), die Unterkunft, Aktivitäten und gelegentlich Essen anbieten.

Zu den eher gemütlichen, familienfreundlichen Reizen gehören ein Streichelzoo (S. 213), ein Eiscremehersteller (S. 213), ein gutes Museum, Feuchtgebiete voller Vögel und Freiluft-Hot-Pots. Wer sich ein bisschen auspowern möchte, kann zu (oder auf) Gletscherzungen wandern und im Winter Eishöhlen besuchen, auf Schneemobilsafari gehen, auf Gletscherseen Kajak fahren sowie auf Ausritten die spektakuläre Natur erleben.

⊙ Sehenswertes & Aktivitäten

Þórbergssetur MUSEUM

(☎478 1078; www.thorbergur.is; Hali; Erw./Kind 1000 ISK/frei; ⏲9–20 Uhr) Das Museum mit der großartigen Architektur (die Fassade sieht wie ein Bücherregal aus) ist dem berühmtesten Sohn dieser ziemlich dünn besiedelten Gegend gewidmet, dem Schriftsteller Þórbergur Þórðarson (1888–1974). Er war ein echter Tausendsassa: Seine Interessen umfassten Yoga genauso wie Esperanto und Astronomie. Sein erstes Buch *Bréf til Láru (Brief an Laura)* war wegen seiner radikal-sozialistischen Ansichten sehr umstritten.

Straße F985 PANORAMASTRASSE

Die Geländewagenpiste F985 zweigt von der Ringstraße, etwa 35 km östlich vom Jökulsárlón und 45 km westlich von Höfn, zum breiten Gletscher Skálafellsjökull ab. Sie ist 16 km lang und verläuft stellenweise praktisch vertikal. Im Winter ist sie zum Teil vereist. Glacier Jeeps (S. 212) und Glacier Journey bieten komfortable Fahrten auf den Gletscher mit anschließender weiterer Erkundung per Schneemobil oder im Superjeep an.

Auf keinen Fall die Straße F985 mit einem normalen Pkw befahren. Das Ende ist immer eine dicke Rechnung für die Bergung. F-Straßen eignen sich ausschließlich für Autos mit Vierradantrieb. Auch Fahrer von kleinen Geländewagen oder ohne Erfahrung mit Vierradantrieb sollten diese Strecke gar nicht erst in Erwägung ziehen.

Gehöft Flatey BAUERNHOF

Der Milchbauernhof Flatey (auch bekannt als Flatey á Mýrum) liegt exakt auf halber Strecke zwischen dem Jökulsárlón und Höfn und ist kaum zu übersehen. Der Schuppen zählt zu den größten Bauwerken in der Region. Hier gibt's ein Restaurant (S. 214) und im Sommer haben die Touranbieter IceGuide, Glacier Journey und Ice Explorers (S. 212) hier ein Büro.

Geführte Touren

★ **IceGuide** ABENTEUERTOUR

(☎661 0900; www.iceguide.is) Óskar und sein Team bieten im Sommer ein tolles, einzigartiges Erlebnis: Kajakfahren zwischen Eisbergen auf einem stillen Gletschersee, dem nahegelegenen Heinabergslón zu Füßen des Heinabergsjökull. Zum Ausflug gehört gewöhnlich ein kurzer Spaziergang auf dem Gletscher (Erw./Kind ab 15 900/8900 ISK; Mindestalter 14 Jahre). Die Kajaks sind Sit-on-Top-Boote, Erfahrung ist daher nicht erforderlich. Der Veranstalter hat auch Kajakfahren auf dem Jökulsárlón im Programm.

In Flatey starten auch die Sommerausflüge zum Heinabergslón. Buchung ist für alle Touren ratsam.

GLETSCHERERÖFFNUNGEN

Die Verwaltung des Nationalparks Vatnajökull (S. 200) hat sich mit einer Handvoll Landbesitzern zwischen Jökulsárlón und Höfn zusammengetan, um einige Gebiete von wilder landschaftlicher Schönheit öffentlich zugänglich zu machen und damit die beliebte Region Skaftafell angesichts steigender Touristenzahlen zu entlasten. Diese Gebiete sind an der Ringstraße ausgeschildert. Da sie bislang noch nicht besonders bekannt sind, stehen die Chancen gut, ein ganz ruhiges Fleckchen eisbedeckten Märchenlandes vorzufinden.

In der Gegend um Hjallanes und Heinaberg treffen drei Gletscherzungen aufeinander (Skálafellsjökull, Heinabergsjökull und Fláajökull). Eine vierte Gletscherzunge, der Hoffellsjökull, liegt weiter östlich näher an Höfn. In diesem Gebiet gibt es einige bemerkenswerte Wanderwege und landschaftliche Schönheiten (darunter Gletscherseen und Moränen, wo die Gletscher einst endeten):

Der **Heinabergsjökull** liegt 8 km über eine Schotterpiste abseits der Ringstraße (ein Stück östlich vom Guesthouse Skálafell ausgeschildert). Zu den Wanderwegen ab dem Guesthouse Skálafell (S. 213) gehören der 8 km lange Hjallanes-Rundweg und die 7,5 km lange Wanderung zum Heinabergslón (die Eislagune zu Füßen des Heinabergsjökull). Vom Heinabergslón geht es auf einem 8,3 km langen Weg zum Fláajökull. IceGuide (S. 209) bietet auch tolle Kajaktouren auf dem Heinabergslón an.

Auch der **Fláajökull** liegt 8 km über eine Schotterpiste abseits der Ringstraße und ist gleich östlich der Pension Hólmur (S. 213) ausgeschildert. Eine Hängebrücke, von der Wanderer tolle Ausblicke auf den Gletscher genießen konnten, wurde 2017 weggeschwemmt; sie soll aber neu errichtet werden. Glacier Trips (S. 211) unternimmt Gletscherwanderungen auf dem Fláajökull.

Der **Hoffellsjökull** ist von der Straße zur Pension Hoffell (S. 213) zu erreichen. Eine ausgeschilderte, 4 km lange Schotterpiste führt zum Gletscher, der in einen kleinen See kalbt. Von der Pension aus kann man ihn auch gut zu Fuß besuchen und nach der Wanderung in einem der Hot Pots der Pension ausspannen.

Die erwähnten Pensionen dienen auch als Informationsstellen (sie haben auch Karten auf Lager). Man kann sich aber auch im Informationszentrum in Höfn nach dem Straßenzustand erkundigen und erfahren, ob inzwischen noch weitere Areale freigegeben wurden. Die vom Nationalpark herausgegebene Karte *Heinaberg, Hjallanes, Hoffell* gibt es in den Besucherzentren in Höfn (S. 214) und Skaftafellsstofa (S. 204). Weitere Infos sind auf der Nationalpark-Website www.vjp.is im Abschnitt Hornafjörður zu finden.

Hinweis: Die Zufahrtsstraßen sind an der Ringstraße ausgeschildert. Sie sind nicht befestigt und oft sehr holprig (es sind keine F-Straßen). Es zahlt sich aus, sich vor der Fahrt mit einem Pkw vor Ort über die Straßenzustände zu erkundigen – die Antwort lautet stets „Geht schon in Ordnung, nur schön langsam fahren", aber einige Straßen sind besser als andere (einige werden nach dem Winter instandgesetzt).

Von November bis März unternimmt IceGuide Touren zu Eishöhlen vom Jökulsárlón aus (29 900 ISK; Mindestalter 16 Jahre). Zu den Ausflügen gehört eine Fahrt im Geländewagen zum Gletscherrand, dann geht es zu Fuß über holpriges Terrain weiter zur Höhle. Die Teilnehmer müssen halbwegs fit sein und warme Kleidung tragen. Weitere Informationen siehe Website.

Glacier Journey ABENTEUERTOUR
(☎478 1517; www.glacierjourney.is) Glacier Journey bietet Schneemobil- und Superjeeptouren sowie im Winter Eishöhlenerkundungen. Im Sommer (Juni–Sept.) hat Glacier Journey ein Büro auf dem Gehöft Flatey und fährt über die Straße F985 zu seiner Schneepiste, im Winter ist das Büro am Jökulsárlón. Schneemobiltouren kosten 24 500/12,250 ISK pro Erw./Kind, mit zwei Personen auf einem Schneemobil. Solofahrer zahlen 10 000 ISK zusätzlich. Im Juni und Juli gibt's auch eine Mitternachtssonnentour.

Glacier Trips ABENTEUERTOUR
(☎779 2919; www.glaciertrips.is; Gletscherspaziergang 19 900 ISK) Der Veranstalter bietet genau das, was der Name sagt, nämlich Gletscherwanderungen in kleinen Gruppen auf dem Fláajökull, einem Gletscher, der von keinem anderen Anbieter aufgesucht wird – eine prima Gelegenheit, die ausgetretenen Pfade

NICHT VERSÄUMEN

VATNAJÖKULL-BIER

Wir haben eine Schwäche für gute Werbeslogans und der für dieses Bier ist wirklich treffend: Das als „eingefroren in der Urzeit" bezeichnete Bier wird mit dem 1000-jährigen Wasser der Eisberge in der Gletscherlagune Jökulsárlón gebraut und mit arktischem Thymian aus der Region gewürzt. Es wird im Ölvisholt Brugghús (S. 146) nahe Selfoss hergestellt und in Restaurants im Südosten ausgeschenkt. Das Gebräu mit seinem fruchtigen, malzigen Geschmack ist auf jeden Fall eine Kostprobe wert.

zu verlassen. Treffpunkt ist das Lilja Guesthouse.

Im Winter stehen Eishöhlen (ab 19 500 ISK) im Mittelpunkt z. B. von Ganztagesausflügen zu weniger stark besuchten Zielen. Die Wintertouren beginnen am Jökulsárlón.

Glacier Adventure ABENTEUERTOUR
(☎571 4577; www.glacieradventures.is; Hali) Glacier Adventure hat sein Büro im Hali Country Hotel 13 km östlich vom Jökulsárlón und somit dem See am nächsten gelegen. Die Gletscherwanderungen finden auf dem Breiðamerkurjökull statt, mit ein bis 1½ Stunden auf dem Eis (Erw./Kind 14 900/7450 ISK). Angeboten werden auch halbtägige Eiskletterexkursionen (24 900 ISK) und im Winter Eishöhlenbesuche (ab 19 500 ISK), einschließlich einer schwierigeren Tour in einer abgelegenen Höhle.

Glacier Jeeps ABENTEUERTOUR
(☎894 3133, 478 1000; www.glacierjeeps.is; ⊙März–Mitte Okt.) Standort des alteingesessenen Schneemobilunternehmens ist das HI-Hostel Vagnsstaðir, das auch Startpunkt der Touren in der Zwischensaison ist. Von Mitte Juni bis Mitte Oktober gehen die dreistündigen Touren um 9.30 oder 14 Uhr auf einem kleinen Parkplatz an der Ringstraße zu Beginn der Straße F985 los.

Ice Explorers ABENTEUERTOUR
(☎866 3490; www.explorers.is) Veranstaltet im Sommer Superjeeptouren (18 500 ISK) über die landschaftlich herrliche F985 hoch ins Eis und im Winter (Nov.–März) Eishöhlenbesuche (19 900 ISK). Im Sommer hat das Unternehmen seine Basis auf dem Gehöft Flatey, im Winter beginnen die Touren am Jökulsárlón.

Schlafen

Viele der Unterkünfte an diesem Abschnitt haben in den letzten Jahren ihr Zimmerangebot für Touristen erweitert. Dennoch übertrifft im Sommer die Nachfrage das Angebot bei Weitem (und die Preise sind gesalzen). Unbedingt lang im Voraus buchen und auf den Websites die aktuellen Preise checken.

Die folgenden Unterkünfte sind von Westen nach Osten geordnet.

Hali Country Hotel HOTEL €€€
(☎478 1073; www.hali.is; EZ/DZ/Apt. mit Frühstück 28 500/36 500/51 900 ISK; 📶) Das Þórbergssetur-Museum (S. 210) dient diesem schicken und teuren Landhotel als Rezeption und Restaurant. Es ist das nächste Hotel am Jökulsárlón (und eine von mehreren Unterkünften im Ort Hali). Hochwertige Hotelzimmer sowie zwei Selbstversorgerapartments mit jeweils zwei Schlafzimmern stehen den Gästen zur Wahl.

★ **Skyrhúsið Guesthouse** PENSION €€
(☎899 8384; www.facebook.com/skyrhusid; Hali; DZ/3BZ ohne Bad 19 700/23 000 ISK; 📶) Die reizende kleine Pension befindet sich in Hali, direkt am Þórbergssetur. Die gemütliche Unterkunft hat neun gepflegte Zimmer (mit sehr einfacher Kochgelegenheit) und ein winziges, farbenfrohes Frühstückszimmer.

Gerði Guesthouse PENSION €€
(☎478 1905; www.gerdi.is; Hali; DZ ab 28 000 ISK) Das Gästehaus Gerði liegt für Erkundungen am Jökulsárlón optimal und bietet verschiedene Unterkünfte an: ältere Zimmer, einen neuen Flügel mit modernen Zimmern und mehrere „Bungalows", Zimmer im Motelstil. Alle Zimmer haben ein eigenes Bad und es gibt ein Restaurant.

HI-Hostel Vagnsstaðir HOSTEL, HOTEL €
(☎478 1048; www.hostel.is; Hostel B/DZ ohne Bad ab 5100/13 500 ISK, Hotel DZ/FZ mit Frühstück 24 400/38 600 ISK; 📶) Auf dem Gelände an der Ringstraße stehen zig Schneemobile, denn die Herberge ist auch das Hauptquartier von Glacier Jeeps. Das kleine Hostel voller Etagenbetten hat einen sonnigen abgeschlossenen Speisebereich. Neben dem Hauptgebäude gibt es zudem Hütten mit sechs Betten, jeweils mit WC, aber ohne Dusche. Gäste beklagen einhellig, dass die Duschmöglichkeiten und die kleine Küche angesichts der gestiegenen Bettenzahl nicht mehr ausreichen. Nicht-HI-Mitglieder zahlen 800 ISK mehr.

Hótel Smyrlabjörg HOTEL €€€
(☎478 1074; www.smyrlabjorg.is; EZ/DZ mit Frühstück ab 24 400/29 900 ISK; 📶) Eine gute Wahl für alle, die sich nach modernem Komfort sehnen, aber Schafe auf dem Parkplatz, Bergblick und Ruhe und Frieden nicht missen möchten. Das Restaurant des großen, anheimelnden Hotels (seit Kurzem doppelt so groß) ist für seine gute Küche aus heimischen Erzeugnissen (Hauptgerichte 2650–7500 ISK) bekannt. Das Hotel liegt 34 km östlich vom Jökulsárlón.

★ **Guesthouse Skálafell** PENSION €€
(☎478 1041; www.skalafell.net; DZ mit/ohne Bad mit Frühstück 28 500/24,150 ISK, Hütte 38 500 ISK; 📶) In dem netten Bauernhof am Fuß des Skálafellsjökull werden ein paar annehmbare Zimmer im Wohnhaus der Familie, ein paar Apartments im Motelstil sowie Hütten für Familien vermietet. Kochgelegenheiten gibt es nicht, dafür wird auf Wunsch Abendessen zubereitet. In Zusammenarbeit mit der Nationalparkverwaltung halten die kenntnisreichen Besitzer Hinweise für Reisende bereit und haben in der Gletscherlandschaft der Umgebung für die Allgemeinheit zugängliche **Wanderwege** markiert.

Hólmur PENSION €
(☎478 2063; www.holmurinn.is; EZ/DZ ohne Bad ab 10 800/14 000 ISK; 📶👪) Die 32 km von Höfn gelegene Pension Hólmur ist ideal für Familien: Auf dem Bauernhof gibt es sehr günstige Zimmer (noch preiswerter wird es bei den Schlafsackbetten) und einen niedlichen **Hoftierzoo** (Erw./Kind 900/700 ISK; Juni–Sept. 10–17 Uhr) mit zahlreichen gefiederten und pelzigen Tieren. Hier befindet sich auch das herausragende Restaurant Jón Ríki (S. 214).

Lambhús HÜTTEN €€
(☎662 1029; www.lambhus.is; Hütte ohne Bettwäsche 17 000–21 000 ISK; ⏲Juni–Mitte Sept.; 📶👪) Enten und Pferde, dazu elf einladende, kompakte Hütten für vier bis fünf Personen (ideal für Familien mit kleinen Kindern), verteilt auf ein Grundstück mit wunderschöner Aussicht. Die Besitzer, eine liebenswerte mehrsprachige Familie, haben sehr viel Erfahrung als Führer. Bettwäsche gibt's leihweise für 1000 ISK pro Person. Lambhús liegt 31 km von Höfn entfernt.

Brunnhóll HOTEL €€
(☎478 1029; www.brunnholl.is; DZ mit Frühstück ab 26 500 ISK; ⏲Feb.–Nov.; 📶) Das Hotel auf diesem sympathischen Milchbauernhof hat schlichte, recht große Zimmer mit herrlichem Ausblick. Abends wird ein einfaches Essen serviert. Die netten Leute von Brunnhóll stellen auch das leckere Jöklaís (der Name bedeutet „Gletschereiscreme") her, das den ganzen Tag über kugel- und becherweise verkauft wird.

Lilja Guesthouse PENSION €€
(☎892 4088; www.lilja.is; Hólabrekka; DZ mit Frühstück ab 27 600 ISK; 📶) Das Lilja ist ein Neuling in der Gegend. In einem auffallend modernen Gebäude wurden schicke Deluxe-Zimmer eingerichtet, einige davon mit fabelhaftem Gletscherblick. In einem älteren Gebäude stehen kleinere, billigere Zimmer mit Bad zur Verfügung. Der Service ist nett und man kann vor Ort zu fairen Preisen gut speisen, z. B. Kaisergranat-Sandwiches und selbst geräuchertes Lamm (Mahlzeiten 1290–2990 ISK).

Hoffell HOTEL €€
(Glacier World; ☎478 1514; www.glacierworld.is; DZ mit/ohne Bad mit Frühstück 31 100/21 000 ISK; 📶) Die originelle Pension in Hoffell bietet helle, frische Zimmer mit Gemeinschaftsbad. Mitte 2014 wurde in einem umgebauten Kuhstall ein neuer Bereich eröffnet, der Zimmer mit Bad beherbergt, die locker als Hotelzimmer durchgehen. Im Preis enthalten ist auch die Nutzung der **Hot Pots** (1000 ISK pro Pers.; ⏲10–20 Uhr) auf dem Gelände. Für Gäste gibt es zudem ein hauseigenes Restaurant.

Fosshótel Vatnajökull HOTEL €€€
(☎478 2555; www.fosshotel.is; Zi. ab 32 000 ISK; 📶) Das schicke Kettenhotel, 14 km nordwestlich von Höfn, hat seine Kapazität von 26 auf 66 Zimmer erweitert. Der moderne Anbau aus Holz und Beton wurde geschmackvoll in Blau- und Grautönen gestaltet, angelehnt an die eindrucksvolle Natur der Umgebung. Auch die älteren Zimmer erhielten eine Verschönerung, aber die neueren sind dann doch eine bessere Wahl. Dem Haus ist auch ein Restaurant (Abendgerichte 3200–6500 ISK) angegliedert.

Seljavellir Guesthouse PENSION €€
(☎478 1866; www.seljavellir.com; Zi. mit Frühstück ab 29 700 ISK; 📶) Das neu gebaute Haus mit 20 schicken, minimalistisch gestalteten Zimmern – alle mit großartiger Aussicht – und liebenswürdigem Management ist eine erstklassige Wahl. Es liegt gegenüber der Árnanes Country Lodge etwa 6 km von Höfn entfernt.

★ **Árnanes Country Lodge** HOTEL €€
(☎478 1550; www.arnanes.is; DZ mit/ohne Bad mit Frühstück 32 900/26 900 ISK; ⏲April–Mitte Okt.;

) Das feine 18-Zimmer-Haus 6 km von Höfn vermietet Motel- und Pensionszimmer. Das nette Sommerrestaurant (Hauptgerichte 2600–7500 ISK) serviert Gerichte aus Erzeugnissen benachbarter Höfe. Zudem können **Reitausflüge** für jedes Leistungsniveau arrangiert werden, auch für Nichtgäste.

Essen

Viele der Hotels und Pensionen an diesem Straßenabschnitt haben ein eigenes Restaurant für ihre Gäste, oft aber auch für Nichtgäste geöffnet. Selbstversorger sollten sich in Kirkjubæjarklaustur oder Höfn mit Lebensmitteln eindecken, da es hier keine Läden gibt.

Jöklasel CAFÉ €
(Juli & Aug. 11–13 Uhr) Jöklasel, die Basishütte von Glacier Jeeps, liegt auf 840 m Höhe oben an der Straße F985. Das Café verfügt über den vielleicht atemberaubendsten Ausblick in ganz Island – man fühlt sich buchstäblich himmelhoch – und bietet Kaffee und Snacks.

★ **Jón Ríki** ISLÄNDISCH €€
(478 2063; www.jonriki.is; Hauptgerichte 2600–5900 ISK; 17–21.30 Uhr) Das fabelhafte Landrestaurant in der Pension Hólmur (S. 213) ist so etwas wie eine Überraschung mit seiner pfiffigen Einrichtung, einer kleinen Hausbrauerei und schön angerichteten, hochwertigen Gerichten, darunter gegrillter Kaisergranat, Avocadochips und zum Nachtisch Panna cotta. Zur Pizza passt bestens eins der sehr interessanten Hausbiere wie das Mango-IPA oder das Jalapeño-Kürbis-Ale. Abends kann es recht voll werden, eine Reservierung ist ratsam.

Von September bis Mai ist die Abendkarte kürzer als im Sommer und es wird um Voranmeldung gebeten, damit die Besitzer wissen, dass Gäste zu erwarten sind.

Flatey Farm & Restaurant ISLÄNDISCH €€
(620 1070; www.facebook.com/flateyfarm; Hauptgerichte 1650–3500 ISK; 9–18 Uhr) Das neue Restaurant im Cafeteriastil auf einem großen Milchviehbetrieb (S. 210) ist tagsüber ein guter Boxenstopp auf halber Strecke zwischen dem Jökulsárlón und Höfn. Außerdem haben im Sommer einige Touranbieter hier ihr Büro. Auf der kleinen Karte stehen Suppen, warme Gerichte und Sandwiches sowie Kuchen.

Þórbergssetur Restaurant ISLÄNDISCH €€
(478 1078; www.hali.is/restaurant; Hali; Hauptgerichte mittags 1550–3100 ISK, abends 3200–5500 ISK; 11–21 Uhr) Das Museum in Hali, das Þórbergssetur (S. 210), hat ein gutes Café-Restaurant, dessen Spezialität Seesaibling ist. Es liegt 13 km östlich vom Jökulsárlón und kann überlaufen sein.

Höfn

1700 EW.

Es ist kaum größer als viele andere Dörfer in Europa und doch wirkt Höfn, der Hauptort des Südostens, nach den endlosen, menschenleeren Weiten wie eine pulsierende Metropole. Die Lage ist hinreißend. An klaren Tagen lohnt es sich, zum Wasser zu bummeln, sich auf eine Bank zu setzen und den Vatnajökull und seine benachbarten Gletscher zu betrachten.

Höfn bedeutet nichts anderes als „Hafen" und klingt korrekt ausgesprochen wie ein Schluckauf. Der Name passt – der moderne Ort lebt noch immer größtenteils von Fischfang und -verarbeitung und ist berühmt für *humar* (Kaisergranat oder Norwegischer Hummer).

Die meisten Reisenden, die auf der Ringstraße unterwegs sind, legen hier einen Stopp ein, um die Dienstleistungen zu nutzen. Besonders im Sommer sollte eine Unterkunft deshalb vorher reserviert werden. Auf Busfahrplänen und dergleichen wird der Ort manchmal als Höfn í Hornafirði („Höfn am Hornafjörður") bezeichnet, um ihn von allen anderen *höfn* (Häfen) im Land zu unterscheiden.

Sehenswertes & Aktivitäten

Zu den Aktivitäten auf der eisigen Weite des Vatnajökull – wie Gletscherwanderungen, Superjeeptouren, Kajakfahren auf den Lagunen und Schneemobilsafaris – geht es ab der Ringstraße westlich von Höfn.

Im Westteil des Orts lädt ein **Uferweg** zum Ausschreiten und Genießen der Aussicht ein.

Gamlabúð HISTORISCHES GEBÄUDE, MUSEUM
(470 8330; www.vjp.is; Heppuvegur 1; Juni–Aug. 9–19 Uhr, Mai & Sept. bis 18 Uhr, Okt.–April bis 17 Uhr) GRATIS Das Lagerhaus von 1864, das früher als Heimatmuseum diente, wurde von der Peripherie an den Hafen umgesetzt und zum Besucherzentrum umgestaltet. Es zeigt eine gute Ausstellung zum Vorzeige-Nationalpark der Region, insbesondere zu dessen Flora und Fauna, und einige Dokumentarfilme.

Ósland SPAZIERGANG

Ein Wanderweg führt um die Marschen und Lagunen dieser Landspitze etwa 1 km jenseits des Hafens Richtung **Seemannsdenkmal** (Óslandsvegur) auf der Erhöhung. Auf dem Weg lassen sich wunderbar Vögel beobachten, aber Vorsicht vor Küstenseeschwalben im Sturzflug.

Sundlaug Hafnar SCHWIMMEN

(☎ 470 8477; Víkurbraut 9; Erw./Kind 900/200 ISK; ⊙ Mo–Fr 6.45–21, Sa & So 10–19 Uhr) Das beliebte Freibad verfügt über Wasserrutschen, Hot Pots und eine Dampfsauna.

Festivals & Events

Humarhátíð ESSEN & TRINKEN

Jedes Jahr Ende Juni oder Anfang Juli findet in Höfn ein Fest zu Ehren des köstlichen Kaisergranats statt, den die Fischer des Ortes in rauen Mengen aus dem Meer ziehen. Es gibt zu diesem Anlass einen Jahrmarkt, Tanz, Alkohol in Strömen und sogar ein paar Kaisergranate.

Schlafen

Neben den Hotels und Pensionen in Höfn selbst, gibt es auch noch zahlreiche gute Unterkünfte (meist mit Verpflegungsmöglichkeit) entlang der Ringstraße westlich vom Ort. Die Sommerpreise in dieser bei Reisenden sehr gefragten Region sind sehr hoch. Aktuelle Preise und die teils erheblichen Ermäßigungen im Winter sind online zu erfahren.

In Höfn werden zudem über die üblichen Websites Ferienwohnungen vermietet.

Höfn Camping & Cottages CAMPINGPLATZ €

(☎ 478 1606; www.campsite.is; Hafnarbraut 52; Stellplatz 1800 ISK pro Pers., DZ-Hütte ohne Bettwäsche 12 000 ISK) Viele Besucher übernachten auf dem Campingplatz an der Hauptstraße in den Ort. Die elf Hütten sind recht preiswert und bieten bis zu sechs Personen Platz. Manche haben eine eigene Toilette, aber alle teilen sich den Duschblock. Auf dem Platz gibt es einen Spielplatz und Waschmaschinen, Campingausrüstung wird an der Rezeption verkauft. Nachteil: Es gibt nur wenige Duschen und kein WLAN.

HI-Hostel HOSTEL €

(☎ 478 1736; www.hostel.is; Hvannabraut 3; B/DZ ohne Bad ab 8600/19,950 ISK; 📶) Die einzige Budgetunterkunft Höfns ist an der N1 ausgeschildert und liegt versteckt in einem Wohngebiet. Das frühere Altersheim (ein

Höfn

Sehenswertes
1 Gamlabúð B3

Aktivitäten, Kurse & Touren
2 Sundlaug Hafnar A2

Schlafen
3 Guesthouse Dyngja B3
4 Höfn Camping & Cottages B1
5 Hótel Edda A3
6 Hótel Höfn A1
7 Old Airline Guesthouse A3

Essen
8 Hafnarbúðin A3
9 Humarhöfnin B3
10 Íshúsið Pizzeria B3
11 Kaffi Hornið A2
12 Nettó A2
Ósinn .... (s. 6)
13 Otto Matur & Drykkur B3
14 Pakkhús B3

Shoppen
Vínbúðin .... (s. 12)

Praktisches
Besucherzentrum Gamlabúð .... (s. 1)

weitläufiger, veralteter Komplex) ist im Sommer gewöhnlich voll mit Reisenden. Es hat die notwendigen Einrichtungen (Küche, Waschmaschine), aber keine Aufenthaltsräume. Nicht-HI-Mitglieder zahlen 800 ISK mehr, Bettwäsche ist inbegriffen.

★ Old Airline Guesthouse PENSION €€
(☎478 1300; www.oldairline.com; Hafnarbraut 24; EZ/DZ ohne Bad mit Frühstück 16 500/21 700 ISK; 📶) Die zentral gelegene Pension wird von der netten Gastgeberin Sigga tipptopp in Schuss gehalten. Im Angebot sind fünf Zimmer mit Gemeinschaftsbad, ein großer Aufenthaltsraum und eine Gästeküche (mit Selbstbedienungs-Frühstück). Ein dicker Pluspunkt für die kostenlose Waschmaschinennutzung. Die Pension liegt in dem Anbau an den kleinen Elektronik- und IT-Laden.

Guesthouse Dyngja PENSION €€
(☎866 0702; www.dyngja.com; Hafnarbraut 1; DZ ohne Bad mit Frühstück 19 500 ISK; 📶) Die kleine, makellos gepflegte Pension mit sechs Zimmern in erstklassiger Hafenlage bietet Selbstbedienungs-Frühstück und eine Terrasse. Außerdem gibt es unten eine geräumige Suite mit Bad (24 000 ISK).

Dynjandi PENSION €€
(☎849 4159; www.dynjandi.com; Straße 1; DZ ohne Bad mit Frühstück 18 500–21 500 ISK) Die kleine und behagliche Pension mit drei Gästezimmern – ohne eine Möglichkeit, selbst zu kochen – befindet sich etwa 3 km östlich des Abzweigs nach Höfn (insgesamt 9 km vom Ort entfernt) auf einem bildschönen Pferdehof in spektakulärer Lage an der Ringstraße zu Füßen der Berge. Die netten österreichisch-deutschen Gastgeber sind leidenschaftliche Pferdezüchter und Gletscher-/Wanderführer, haben also reichlich Insidertipps.

Hótel Edda HOTEL €€
(☎444 4850; www.hoteledda.is; Ránarslóð 3; Zi. ab 29 000 ISK; ⏲Mitte Mai–Sept.; 📶) Das Hotel in schöner Hafenlage ist mit seiner hübschen Lobby-Lounge und Terrasse mit Aussicht eine gute Wahl. Die gepflegten Zimmer ohne Schnickschnack verfügen alle über ein Bad, manche auch über einen tollen Gletscherblick. Frühstück kostet 2400 ISK.

★ Milk Factory PENSION €€€
(☎478 8900; www.milkfactory.is; Dalbraut 2; DZ/4BZ mit Frühstück 30 000/39 500 ISK; 📶♿) Großes Lob für die Familie, die nach eigenen Plänen diese alte Molkerei nördlich der Stadt meisterhaft restauriert hat. 17 moderne Zimmer mit Hotelstandard, davon zwei barrierefrei, werden hier vermietet. Die besten Unterkünfte sind die sechs geräumigen Suiten mit Zwischenetage, die Platz für vier Personen bieten – prima für Familien oder Freunde. Allerdings haben sie keine Küche.

Hótel Höfn HOTEL €€€
(☎478 1240; www.hotelhofn.is; Víkurbraut; EZ/DZ mit Frühstück ab 25 200/35 200 ISK; 📶) Im Sommer bevölkern oft Reisegruppen das Höfner Businesshotel. Die hübsch renovierten Zimmer sind aktuellen Trends gemäß eingerichtet. Die Aussicht ist der Hammer – unbedingt nach Gletscherblick fragen (was aber alle anderen auch tun). Zum Haus gehört auch das noch neue Restaurant **Ósinn** (Hauptgerichte 2150–6990 ISK; ⏲16–22 Uhr). Vorteil: gutes Frühstück. Nachteil: drei Stockwerke, kein Aufzug.

Essen & Ausgehen

Die lokale Spezialität ist *Humar* (Kaisergranat). Er landet gewöhnlich gegrillt und mit Knoblauchbutter auf dem Teller, entweder komplett oder nur der Schwanz, und kostet ab 6000 ISK. Es gibt auch günstigere Optionen wie Hummercremesuppe, Sandwiches oder Pizza und Pasta mit dem Fleisch von dem Schalentier.

In der Hochsaison sollte in den Restaurants im Voraus gebucht werden. Im Winter lohnt es sich, die Öffnungszeiten rechtzeitig zu überprüfen.

Im Sommer bietet der Imbisswagen Höfn Street Food unten am Hafen preiswerte Speisen wie Burger, Kaisergranat-Panini und Fish and Chips.

Hafnarbúðin FAST FOOD €
(☎478 1095; Ránarslóð 2; Snacks & Mahlzeiten 400–2600 ISK; ⏲9–22 Uhr) Der liebenswert altmodische, winzige Diner ist preiswert und gut und hat neben einem sättigendem Frühstück Fast-Food-Klassiker (Hotdogs, Burger, getoastete Sandwiches) und ein feines Kaisergranat-Baguette für relativ günstige 2500 ISK im Angebot. Es gibt sogar einen Autoschalter.

Nettó SUPERMARKT €
(Miðbær; ⏲Mo–Fr 9–20, Sa & So bis 19 Uhr) Supermarkt mit Bäckerei im zentralen Einkaufszentrum Miðbær. Hier sollte man ordentlich zuschlagen, denn das nächste Lebensmittelgeschäft ist meilenweit entfernt. Die Bäckerei verkauft kleine Speisen wie Sandwiches und Salate. Vor dem Einkaufszentrum befindet sich ein Geldautomat.

NICHT VERSÄUMEN

STOKKSNES

Etwa 7 km östlich der Abzweigung nach Höfn, kurz bevor die Ringstraße in den Almannaskarð-Tunnel mündet, führt eine ausgeschilderte Straße zur Landzunge Stokksnes. Nach 4,5 km liegt unter dem düster-schaurigen Berg Vestrahorn in wildromantischer Umgebung ein cooler kleiner Außenposten: das **Viking Cafe** (☎ 478 2577; www.vikingcafe.is; Snacks & Mahlzeiten 700–1500 ISK), wo Kaffee, Waffeln und Kuchen zu bekommen sind. Der Café-und Großgrundbesitzer vermietet auf seinem Gehöft auch Zimmer. Das wirklich sensationelle Stück Land zu erkunden, kostet 800 ISK. Hier steht u. a. die fotogene **Filmkulisse** eines Wikingerdorfs (2009 im Auftrag des isländischen Filmregisseurs Baltasar Kormákur erbaut, doch bisher noch nicht genutzt) und meilenlange **schwarze Sandstrände**, an denen Seehunde faulenzen, geben mit dem Vestrahorn im Hintergrund tolle Fotomotive ab. Im Preis fürs Zelten (2000 ISK pro Pers.) ist der Eintritt inbegriffen.

Otto Matur & Drykkur ISLÄNDISCH €€
(☎ 478 1818; Hafnarbraut 2; Hauptgerichte 2890–5990 ISK; ⏲12–22 Uhr) Das älteste Haus in Höfn (von 1897) beherbergt heute ein elegantes Restaurant im nordischen Stil. Auf der kleinen Karte stehen regionale Speisen wie Kaisergranat, Lachs und Lamm. Im Keller gibt's eine coole kleine Bar, die bis 1 Uhr geöffnet ist.

Íshúsið Pizzeria PIZZA €€
(☎ 478 1230; http://ishusidpizzeria.is; Heppuvegur 2a; Pizza 1950–3500 ISK; ⏲12–22 Uhr) Das familienfreundliche „Eishaus" in erhöhter Lage am Hafen verwöhnt seine Gäste mit dünnkrustiger Pizza aus dem Steinofen mit leckeren Belägen von „Hawaii" bis „Hummerfest".

Kaffi Hornið ISLÄNDISCH €€
(☎ 478 2600; www.kaffihornid.is; Hafnarbraut 42; Hauptgerichte 2250–6350 ISK; ⏲11.30–22 Uhr) Die Blockhütte beherbergt ein unprätentiöses Bar-Restaurant. Die Atmosphäre ist weniger anspruchsvoll als im Humarhöfnin oder im Pakkhús, dafür sind die Kaisergranatgerichte billiger und abwechslungsreicher (Salat, Pizza, Pasta). Auf der Speisekarte stehen u. a. auch Steak-Sandwiches, Pulled-Pork-Pizza und vegane Gerichte.

★ **Pakkhús** ISLÄNDISCH €€€
(☎ 478 2280; www.pakkhus.is; Krosseyjarvegur 3; Hauptgerichte 3100–6790 ISK; ⏲12–22 Uhr) Hut ab vor einer Speisekarte, auf der sogar der Name des Fischkutters angegeben ist, der die Küche mit ihrem Starprodukt beliefert. Das in einem stilvollen Lagerhaus am Hafen untergebrachte Pakkhús zeichnet sich durch eine gastronomische Kreativität aus, wie sie im ländlichen Island selten vorkommt. Superleckerer Kaisergranat, Lamm und Ente kitzeln die Geschmacksknospen. Zum Abschluss gibt es dann noch ein aufwendig zubereitetes Dessert – wer kann schon einem Nachtisch namens *skyr volcano* widerstehen?

Im Gegensatz zur Konkurrenz hat das Pakkhús keine preiswerteren Kaisergranatgerichte auf der Karte. Außerdem werden keine Reservierungen angenommen. Die Gäste müssen u. U. auf einen Tisch warten, aber im Untergeschoss gibt's eine Bar.

★ **Humarhöfnin** ISLÄNDISCH €€€
(☎ 478 1200; www.humarhofnin.is; Hafnarbraut 4; Hauptgerichte 2900–7900 ISK; ⏲Mai–Sept. 12–22 Uhr, Okt.–Nov. bis 21 Uhr) Das Humarhöfnin bietet „Gourmet-Kaisergranat" in einem hübschen, französisch angehauchten Lokal, das mit viel Liebe zum Detail eingerichtet wurde, wovon etwa der im Schachbrettmuster geflieste Boden oder die Kräutertöpfe auf den Fenstersimsen zeugen. Die Hauptgerichte drehen sich vor allem um die zangenbewehrten Schalentiere (ca. 7000 ISK), es gibt aber auch weniger kostspielige Speisen, z. B. ein köstliches Kaisergranat-Baguette (3900 ISK) oder Pizza (2900 ISK).

Vínbúðin ALKOHOLISCHE GETRÄNKE
(Miðbær; ⏲Mo–Do 11–18, Fr bis 19, Sa bis 16 Uhr) Staatlicher Alkoholladen.

ℹ Praktische Informationen

Besucherzentrum Gamlabúð (☎ 470 8330; www.visitvatnajokull.is; Heppuvegur 1; ⏲Juni–Aug. 9–19 Uhr, Mai & Sept. bis 18 Uhr, Okt.–April bis 17 Uhr) Das alte Lagerhaus am Hafen beherbergt ein Besucherzentrum des Nationalparks mit ausgezeichneten Ausstellungen sowie Informationen für Touristen, z. B. zu Wanderungen und andere Aktivitäten.

An- & Weiterreise

BUS

Im Sommer 2018 wurde die Busanbindung Höfns im Vergleich zu früheren Sommern drastisch eingeschränkt und es existierte keine direkte Busverbindung zwischen Höfn und Egilsstaðir. Das kann sich wieder ändern – siehe www.publictransport.is.

Die Fahrt nach Ostisland bzw. von dort weg ist schwierig, aber nicht unmöglich. Der Bus 4 von SVAust (www.svaust.is) fährt von Höfn nach Breiðdalsvík, Bus 2 von Breiðdalsvík nach Reyðarfjörður und Bus 1 von Reyðarfjörður nach Egilsstaðir, aber die Anschlusszeiten sind nicht aufeinander abgestimmt. Die Fahrpläne sind u.a. auf www.straeto.is zu finden. Am besten checkt man Websiten für Mitfahrgelegenheiten wie www.samferda.is oder fragt in der Unterkunft herum, ob jemand Richtung Egilsstaðir unterwegs ist, dem man sich anschließen kann.

Die Busse von **Strætó** (540 2700; www.straeto.is) halten an einer **Bushaltestelle** (Vikurbraut 9) vor dem Schwimmbad. Bus 51 von/nach Reykjavík hält am Jökulsárlón und in Skaftafell, Kirkjubæjarklaustur, Vík, Skógar, Hvolsvöllur, Hella und Selfoss.

FLUGZEUG

Der **Flugplatz** (www.isavia.is; Straße 1) von Höfn liegt 6,5 km nordwestlich des Ortes. Eagle Air (www.eagleair.is) pendelt ganzjährig zwischen Höfn und dem Inlandsflughafen von Reykjavík (also nicht dem Internationalen Flughafen Keflavík). Der einfache Flug kostet ab 20 000 ISK.

Von Höfn nach Djúpivogur

Der 105 km lange Abschnitt zwischen Höfn und Djúpivogur um die Südostecke Islands herum zählt zu den Panoramastrecken des Landes. Die Straße windet sich an einer Handvoll Bauerngehöfte im Schatten steil aufragender Gipfel vorbei. Schwarzsandige Strände und Feuchtgebiete voller Vögel entringen den Reisenden jede Menge bewundernde Ohs und Ahs.

Stafafell

Mitten im Nirgendwo liegt Stafafell, ein einsamer Bauernhof zu Füßen der Berge. Er ist eine tolle Ausgangsbasis für die Erkundung der Lónsöræfi.

Von hier lassen sich verschiedene Tageswandertouren in die Berge und Täler nördlich von Stafafell unternehmen. Die vielleicht schönste Tageswanderung ist gut markiert und führt von Stafafell nach **Hvannagil** (hin & zurück 14,3 km, 4–5 Std.), einer farbenprächtigen Rhyolithschlucht am Ostufer des Flusses Jökulsá í Lóni. Eine Routenbeschreibung ist auf dem Hof sowie auf www.stafafell.is erhältlich.

Der Hof gehört drei Brüdern, von denen einer ein **Hostel** (478 1717; www.stafafell.is; DZ ohne Bad 11 300 ISK, Hütten mit Bettwäsche 18 000–22 000 ISK) betreibt und ein paar einfache Hütten vermietet und ein anderer einen einfachen **Campingplatz** (699 6684; Stellplatz 1500 ISK pro Pers.) führt.

Hrafnavellir Guest House PENSION €€
(892 1527; hrafnavellir@hrafnavellir.is; DZ mit Frühstück 27 600 ISK;) Seit Sommer 2018 stehen 25 km östlich von Höfn in einer friedvollen Moorlandschaft sieben kleine Hütten mit Ausblick aufs Flussdelta und die Gipfel in der Ferne. Jede Hütte verfügt über ein modernes Zimmer im Hotelstil mit Bad und Terrasse. Die Website www.stafafell.is liefert viele Infos über die Gegend.

Lónsöræfi

Wer nach Island kommt, um wahre Einsamkeit zu finden, könnte in dem abgeschiedenen, gebirgigen Naturschutzgebiet Lónsöræfi die Erfüllung seines Traums finden. Die geschützte Wildnis landeinwärts von Stafafell ist mit 320 km² eines der größten Reservate Islands und hat Rhyolithberge in spektakulären Farben zu bieten.

Das Wandern in dieser Gegend ist eine echte Herausforderung und nur etwas für sehr erfahrene Wanderer (manche Strecken erfordern umfangreiche Flussdurchquerungen). Längere Touren führen zum östlichen Teil des Vatnajökull und Richtung Nordwesten zum Snæfell. Lónsöræfi gehört zwar nicht zum Nationalpark Vatnajökull, aber auf der Park-Website (www.vjp.is) finden sich dennoch Informationen zu Wanderungen und auch die Besucherzentren in Skaftafell, Höfn und Skriðuklaustur (im Osten, zuständig für die Nationalparkregion Snæfell) haben viele Tipps auf Lager. Außerdem werden dort die dringend benötigten topografische Wanderkarten verkauft.

Diese Gegend ist nur mit einem eigenen Fahrzeug zu erreichen. Die einzige Straße durch das Gebiet ist die F980, eine holperige Piste, die von der Ringstraße abgeht und nach 25 km am Illikambur endet. Sie kann nur von erfahrenen Fahrern und Superjeeps bewältigt werden, denn unterwegs muss ein schnell fließender Fluss durchquert werden. Kleine Wagen mit Vierradantrieb haben hier absolut keine Chance.

Der Rest des Schutzgebiets ist nur zu Fuß zugänglich.

South East ehf JEEPTOUR

(☎846 6313; www.southeasticeland.is) Siggi bietet gut bewertete, individuell zusammengestellte Superjeeptouren im Südosten an, einschließlich einer fünfstündigen Tour von Höfn in die Lónsöræfi (25 000 ISK pro Pers.) von Mitte Juni bis September. Buchung erforderlich.

Icelandic Mountain Guides WANDERN

(IMG; ☎587 9999; www.mountainguides.is) Im Juli und August bietet der Veranstalter eine viertägige, 50 km lange Rucksacktour durch die Lónsöræfi an (ab 139 900 ISK). Übernachtet wird in Berghütten; die Route führt von Norden nach Süden und beginnt beim Snæfell. Erläuterungen zur Tour befinden sich auf der Website unter „In the Shadow of Vatnajökull".

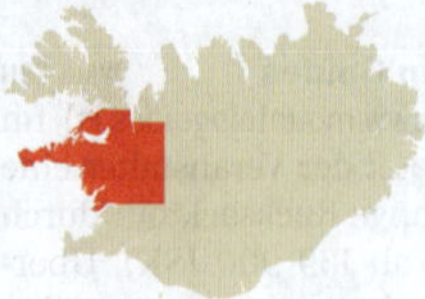

Westisland

Inhalt ➜

Gut essen

➜ Bjargarsteinn Mathús (S. 242)

➜ Hótel Húsafell (S. 231)

➜ Restaurant im Landnahmezentrum (S. 227)

➜ Narfeyrarstofa (S. 236)

Schön übernachten

➜ Guesthouse Nýp (S. 245)

➜ Hótel Egilsen (S. 236)

➜ Hótel Flatey (S. 235)

➜ Hótel Húsafell (S. 231)

➜ Bjarg (S. 225)

Auf nach Westisland!

Geografisch nahe bei Reykjavík, aber gefühlt Lichtjahre davon entfernt: Westisland ist ein herrlicher Mikrokosmos all dessen, was Island zu bieten hat. Doch viele Touristen haben Westisland gar nicht auf dem Zettel, sodass man entlegenere Teile dieser tollen Region oft quasi für sich allein hat.

Bei Besuchern ist der Landfinger der Halbinsel Snæfellsnes mit dem Gletscher Snæfellsjökull besonders beliebt. Das Gebiet rund um den Nationalpark ist ideal zur Vogel- und Walbeobachtung, für Wanderungen über Lavafelder und zum Reiten. Landeinwärts findet man hinter Reykholt Lavaröhren und Hochlandgletscher, darunter den riesigen Langjökull mit seiner ungewöhnlichen Eishöhle. Die Isländer schätzen Westisland wegen des reichen Sagenschatzes. Die Schauplätze zweier der bekanntesten isländischen Sagas, der *Laxdœla saga* und der *Egils saga*, sind an den düsteren Gewässern der Region zu finden, zu deren größten Attraktionen heute gespenstische Steingräber und ein tolles Museum im quirligen Städtchen Borgarnes gehören. Westisland bietet auf kompaktem Raum alles von windgepeitschten Stränden über historische Dörfer bis zu atemberaubender Landschaft.

Entfernungen (km)

	Borgarnes	Húsafell	Stykkishólmur	Hellnar	Buðardalur
Húsafell	65				
Stykkishólmur	99	158			
Hellnar	122	179	90		
Buðardalur	79	103	86	145	
Reykjavík	74	129	173	194	152

HVALFJÖRÐUR

Obwohl er nur eine halbe Autostunde vom Großraum Reykjavík entfernt liegt, sind der Hvalfjörður und seine Umgebung eine perfekte ländliche Idylle. Der glitzernde Fjord kann es zwar nicht mit der Erhabenheit der Halbinsel Snæfellsnes weiter nördlich aufnehmen, ist aber ein prima Ziel für einen Tagesausflug. Wer möglichst schnell nach Borgarnes kommen möchte, nimmt den 5,7 km langen Tunnel unter dem Fjord hindurch. Für Radfahrer ist die Tunnelbenutzung verboten.

Sehenswertes

★Glymur WASSERFALL

Am inneren Ende des Hvalfjörður liegt im Tal Botnsdalur der Glymur, mit 198 m der höchste Wasserfall Islands. Vom Beginn des Wanderwegs sind es bis zu den Aussichtspunkten am Wasserfall rund zwei Stunden Fußmarsch über teils anspruchsvolle, rutschige Pfade. An einer Stelle führt nur im Sommer ein Baumstamm als Behelfsbrücke über einen Fluss. Am Startpunkt des Wegs befindet sich eine gute Karte mit Hinweisen. Der Weg ist über den Abzweig von der Straße 47 ins Botnsdalur zu erreichen.

Wer den Fluss durchqueren und auf der Westseite zurückgehen möchte, sollte Wasserschuhe mitnehmen; alternativ geht es auf der Ostseite zurück. Am eindrucksvollsten ist der Wasserfall nach heftigen Regenfällen und nach der Schneeschmelze. Am Ausgangspunkt des Wegs ist Zelten übrigens nicht erlaubt.

Esja WANDERN

Das spektakulär aufragende Gebirgsmassiv Esja (914 m) auf der Südseite des Hvalfjörður ist ideal für Wildniswanderungen. Der beliebteste Weg zum Gipfel beginnt am Esjustofa Hiking Center (mit Café) unmittelbar nördlich von Mosfellsbær. Mehrere Routen führen auf den Berg hinauf, doch die meisten Leute wandern 2,8 km hoch zum Aussichtspunkt Steinn. Danach wird der Weg erheblich anspruchsvoller.

Um zum Startpunkt des Wegs zu gelangen, nimmt man ab Reykjavík den Bus Nr. 15 Richtung Mosfellsbær und steigt in Háholt in den Bus 57 zum Esjustofa Hiking Centre um.

War & Peace Museum MUSEUM

(Hernámssetrið; ☎433 8877; www.warandpeace.is; Hlaðir, Hvalfjarðarströnd; Erw./Kind 1250 ISK/frei; ⌚Ende Mai–Aug. Mi–Fr 13–17 Uhr, Sa & So ab 10 Uhr) Im Zweiten Weltkrieg befand sich im Hvalfjörður ein Marinestützpunkt für U-Boote und Kriegsschiffe, den im Laufe der Jahre über 20 000 amerikanische und britische Soldaten passierten. Dieses Museum beherbergt Gegenstände aus jener Zeit und ein kleines Café und verfügt außerdem über einen **Campingplatz** (1500 ISK pro Pers.) mit Swimmingpool.

Saurbæjarkirkja KIRCHE

(Hallgrímskirkja í Saurbæ; Straße 47) Die Kirche des Gehöfts Saurbær schmücken sehenswerte Buntglasfenster von Gerður Helgadóttir. Sie ist nach dem Dichter und Geistlichen Hallgrímur Pétursson benannt, der Islands bekanntestes sakrales Werk, die *Passíusálmar* (Passionspsalmen), verfasste und von 1651 bis 1669 hier tätig war.

Schlafen & Essen

Am Hvalfjörður gibt es ein Hotel, eine Handvoll Landpensionen und auf Gehöften gute Campingplätze, aber keine Lebensmittelläden.

Hótel Glymur HOTEL €€

(☎430 3100; www.hotelglymur.is; Straße 47; DZ mit Frühstück ab 19 000 ISK; @ 📶) Das Hotel bei Saurbær, auf der Nordseite des Hvalfjörður, verwöhnt seine Gäste mit modernen Annehmlichkeiten, von schicken Maisonette-Doppelzimmern mit riesigen Panoramafenstern bis zu einem Badebecken, das von der *New York Times* zu einem der fünf tollsten Hot Pots der Welt gekürt wurde. Dazu gibt es ein gutes Restaurant (2-Gänge-Menü 5900 ISK, Hauptgerichte 4300–5000 ISK; geöffnet 18.30–21 Uhr) mit spektakulärer Aussicht.

Hotel Laxárbakki HOTEL €€

(☎551 2783; www.laxarbakki.is; Straße 1, Hvalfjarðarsveit; DZ ohne Bad 12 800 ISK, Apt./Hütte ab 19 200/23 000 ISK; 📶 👪) Eine freundliche Familie hat diese Ansammlung von Hütten nur 6 km nördlich vom Hvalfjörður übernommen. In den sauberen, gut ausgestatteten Apartments haben zwei bis sechs Personen Platz, in den Hütten vier; die Standardzimmer teilen sich Gemeinschaftsbäder. Das Restaurant hat die übliche Kost im Angebot (Burger, Lamm, Fisch; Hauptgerichte 2000–4000 ISK; tgl. 9–21 Uhr).

Kaffi Kjós CAFÉ €

(☎566 8099; www.kaffikjos.is; Meðalfellsvegi (Straße 461); Hauptgerichte 1500–4000 ISK; ⌚Mai 12–20 Uhr, Juni & Juli 11–22 Uhr; 📶 ✍) Dieses

Highlights

❶ **Nationalpark Snæfellsjökull** (S. 244) Über knirschende Lavafelder, an der windgepeitschten Küste entlang und über den Snæfellsjökull stapfen, das eisige Herz des Nationalparks.

❷ **Stykkishólmur** (S. 234) Zwischen den bildhübschen bunten Häuschen der quirligen Hafenstadt herumstromern.

❸ **Hellnar** (S. 246) Auf dem Pfad von Hellnar Richtung Osten nach Arnarstapi den Meeresvögeln folgen und schroffe Felsformationen bestaunen.

❹ **Langjökull** (S. 232) Die Eishöhle in den Tiefen des

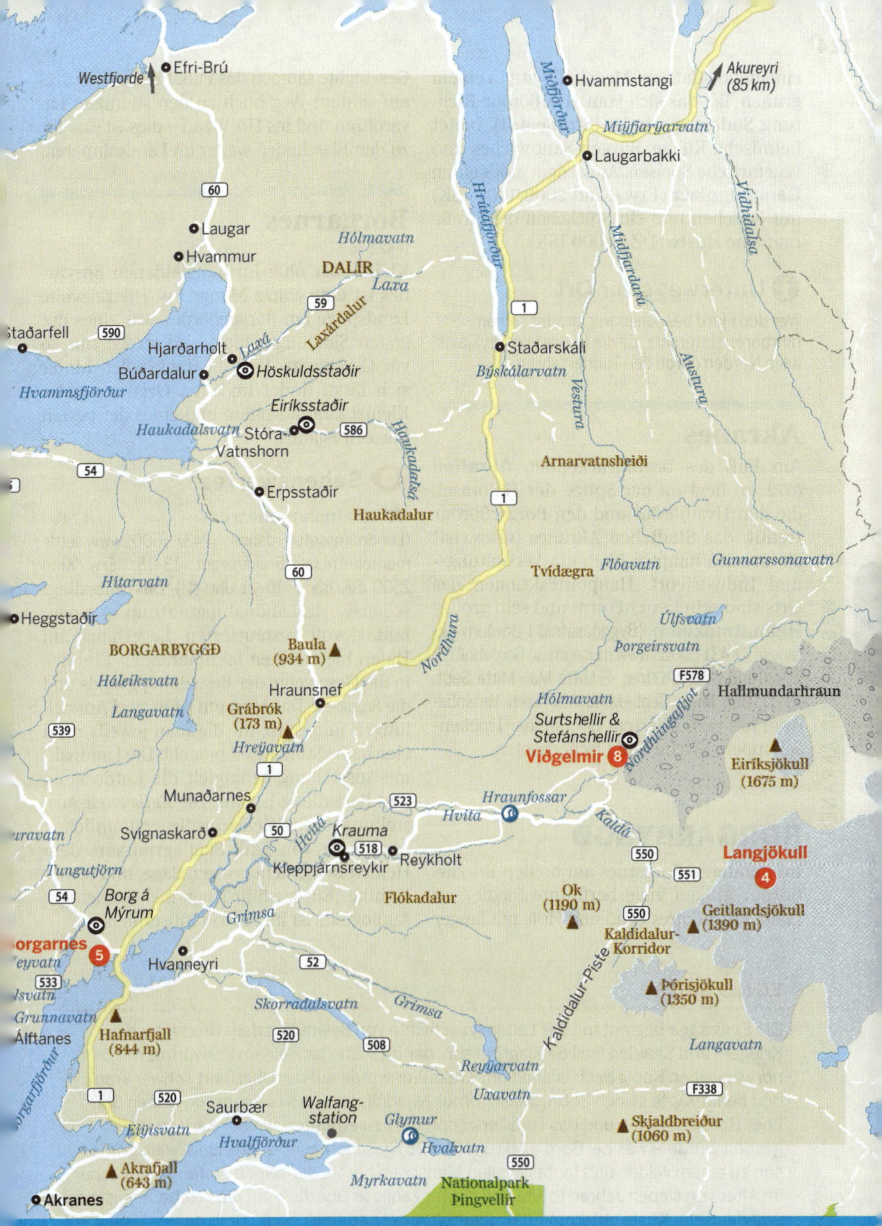

Gletschers besuchen und im Basislager in Húsafell speisen.

5 Borgarnes (S. 224) Im eindrucksvollen Landnahmezentrum der munteren Stadt in die Sagazeit zurückreisen.

6 Flatey (S. 235) Auf der winzigen Insel den Rest der Welt weit hinter sich lassen.

7 Breiðafjörður (S. 234) Auf einer Bootstour durch den schönen Fjord Papageitaucher beobachten und nach Walen Ausschau halten.

8 Viðgelmir (S. 231) In der riesigen Lavaröhre die unterirdischen Spuren eines heftigen Vulkanausbruchs entdecken.

einladende Café am Meðalfellsvatn in einem grünen Tal, das sich vom Hvalfjörður Richtung Südosten windet (Straße 461), bietet heimische Küche, Burger, Sandwiches und vegetarische Speisen. Außerdem gibt's einen **Campingplatz** (Erw./Kind 2000/1000 ISK) mit Duschen und ein Stückchen die Straße rauf eine **Hütte** (DZ 18 000 ISK).

Unterwegs vor Ort

Wer den Fjord besuchen will, braucht einen fahrbaren Untersatz, da die Busse von Reykjavík nach Norden durch den Tunnel fahren.

Akranes

Am Fuß des beeindruckenden **Akrafjall** (572 m) liegt an der Spitze der Halbinsel, die den Hvalfjörður und den Borgarfjörður trennt, das Städtchen Akranes (www.visit akranes.is), hauptsächlich ein Verwaltungs- und Industrieort. Hauptattraktionen des Orts sind sein **Leuchtturm** und sein großes **Heimatmuseum** (Byggðasafnið í Görðum Akranesi; ☎431 5566; www.museum.is; Garðaholti 3; Erw./Kind 800 ISK/frei; ⊙Mitte Mai–Mitte Sept. 10–17 Uhr, Mitte Sept.–Mitte Mai nach Vereinbarung) mit restauriertem Bootshaus, Trockenschuppen, Kirche und Fischerbooten.

BORGARBYGGÐ

Im munteren Borgarnes am breiten Borgarfjörður gingen viele berühmte Siedler an Land. Fruchtbares Land und Höfe mit langer Geschichte säumen das Flusstal landeinwärts auf seinem Weg hoch zu den steinigen Lavaröhren und ins Hochland – dies ist das Tor zu den Eisschilden weiter im Landesinneren.

Borgarnes

1962 EW.

Klein, aber oho: Im bescheidenen Borgarnes ist eine ganze Menge los. Die reizvolle Landspitze am Borgarfjörður war eines der ersten Siedlungsgebiete und strotzt nur so vor Geschichte. Wer die Tankstellen hinter sich lässt, findet im alten Ortskern nette Kleinstadtatmosphäre und eines der besten Museen Islands.

Sehenswertes

★ **Landnahmezentrum** MUSEUM

(Landnámssetur Íslands; ☎437 1600; www.settle mentcentre.is; Brákarbraut 13–15; Erw./Kind 2500 ISK/frei; ⊙10–21 Uhr; 📶) Das unbedingt sehenswerte Landnahmezentrum in einem fantasievoll restaurierten Lagerhaus am Hafen bietet einen faszinierenden Einblick in die Geschichte der Besiedlung Islands und die Sagazeit. Das Museum ist in zwei Ausstellungen unterteilt, für die man jeweils rund eine halbe Stunde Zeit braucht. Die Landnahme-Ausstellung behandelt die Entdeckung und Besiedlung Islands. Die *Egils-saga*-Ausstellung dreht sich um die erstaunlichen Abenteuer von Egill Skallagrímsson, dem Helden der gleichnamigen Saga, und seiner Familie. Ein ausführlicher mehrsprachiger Audioguide ist im Eintritt inbegriffen.

EGILS SAGA

Die *Egils saga* beginnt mit der Lebensgeschichte von Kveldúlfur, dem Großvater des Kriegers und Skalden Egill Skallagrímsson, der im 9. Jh. nach einem Zerwürfnis mit dem norwegischen König nach Island floh. Kveldúlfur wurde auf der Überfahrt schwer krank und beauftragte seinen Sohn, Skallagrímur Kveldúlfsson, nach seinem Tod seinen Sarg über Bord zu werfen und das Familiengehöft dort zu errichten, wo der Sarg an Land gespült würde – was bei Borg á Mýrum (S. 228) geschah. Hier wuchs Egill Skallagrímsson zu einem wilden und fantasievollen Menschen heran, der seinen ersten Widersacher im Alter von sieben Jahren tötete und später zahllose Überfälle auf die irische, englische und dänische Küste unternahm. Wiederholt rettete er seine Haut durch das Verfassen von Gedichten. Mehr darüber erfährt man im ausgezeichneten Landnahmezentrum in Borgarnes.

Wer genauer wissen möchte, wo in der Landschaft um Borgarnes weitere Schauplätze der Saga zu finden sind, kann sich die App Locatify SmartGuide und dann die „Egils Saga, Borg on the Moors"-Führung herunterladen. Sie erzählt, was sich an den einzelnen Orten zugetragen hat, die das Landnahmezentrum mit Steinmalen versehen hat, darunter Borg á Mýrum, Brákin (S. 225) und der Skallagrímsgarður (S. 225) mit dem Grabhügel von Vater und Sohn von Egill Skallagrímsson.

Dies ist kein Nullachtfünfzehn-Heimatmuseum: Es bietet einen tollen Einstieg in die isländische Geschichte sowie in Flora und Fauna des Landes. Die *Egils saga* ist eine der am besten ausgearbeiteten und spannendsten Sagas von allen. Das Museum hat an mehreren Orten in der Stadt Steinmale errichtet, wie sie schon früher als Wegmarkierungen dienten. Sie weisen auf wichtige Schauplätze der *Egils saga* hin. Außerdem gibt es im Haus ein erstklassiges Restaurant.

Borgarfjördur-Museum MUSEUM
(Safnahús; ☎433 7200; www.safnahus.is; Bjarnarbraut 4–6; Erw./Kind 1000 ISK/frei; ⌚Mai–Aug. 13–17 Uhr, Sept.–April Mo–Fr 13–16 Uhr) Das kleine kommunale Museum erzählt mit unzähligen Fotos und Fundstücken die Geschichte der isländischen Kinder in den letzten 100 Jahren. Zwar ist die Ausstellung auch auf Englisch beschriftet, aber es lohnt sich, einen Museumsmitarbeiter um eine Führung zu bitten. Hinter jedem Bild verbirgt sich eine faszinierende Geschichte und man dürfte noch lange an diese Ausstellung zurückdenken.

Brákin SKULPTUR
Þorgerður Brák war Egills Amme, wahrscheinlich eine keltische Sklavin. In einer der dramatischsten Szenen der *Egils saga* rettet sie Egills Leben, indem sie seinen Vater, der ihn aus Zorn töten will, ablenkt und danach, nun selbst auf der Flucht vor dem wütenden Skallagrímur, ins Meer springt. Skallagrímur wirft einen Stein nach ihr und sie taucht nie mehr aus den Fluten auf. An der Stelle, wo sie den Tod fand, steht eine Skulptur.

Skallagrímsgarður PARK
Das Landnahmezentrum hat Orte, die in der *Egils saga* vorkommen, mit Steinmalen markiert, so auch Skallagrímsgarður, den Grabhügel von Vater und Sohn des Sagenhelden Egill Skallagrímsson.

Aktivitäten & Geführte Touren

Schwimmbad THERMALBAD
(www.borgarbyggd.is; Þorsteinsgata; Erw./Kind 900/300 ISK; ⌚Mo–Fr 6–22, Sa & So 9–18 Uhr) Das schöne Schwimmbecken mit Hot Pots und Dampfbad, das zu einer großen Sportanlage direkt am Fjordufer gehört, ist ein wunderbarer Ort der Entspannung.

Hestaland REITEN
(Staðarhús; ☎435 1444; www.hestaland.net; Gestüt Staðarhús; 1½ Std. 10 000 ISK; ⌚Juni–Mitte Sept. Mo–Sa) Die Ausritte dieses erstklassigen Reiterhofs führen über Felder und am Fjord entlang. Bevor es losgeht, gibt's in der Reithalle eine kleine Einführung. Das Gehöft Staðarhús liegt 14 km nordöstlich von Borgarnes, 2 km abseits der Straße 1.

Zudem gibt's hier eine reizende **Pension** (www.stadarhus.com; DZ 19 900 ISK).

Oddsstaðir REITEN
(☎435 1413; www.oddsstadir.is; Straße 512, Gestüt Oddsstaðir) Mehrtägige Reittouren durch Westisland mit einer großen Gruppe von Pferden.

GOURMETTOUR DURCH WESTISLAND

Crisscross Food Tour (☎897 6140; www.crisscross.is) veranstaltet kulinarische Touren durch Westisland. Sie umfassen Bauernhofbesuche, Snacks und eine Mahlzeit (halber/ganzer Tag 24 900/39 500 ISK), aber auch schöne Natur, von Wasserfällen bis zu Lavafeldern. Abholung in Reykjavík oder Borgarnes.

Festivals & Events

Brákarhátíð KULTURFEST
(www.brakarhatid.is; ⌚Ende Juni) Ein Fest zu Ehren von Þorgerður Brák, einer Heldin aus der *Egils saga*, mit Umzügen und einem Konzert in der geschmückten Stadt und einem witzigen Schlammfußballspiel an der Küste.

Schlafen

HI-Hostel Borgarnes HOSTEL €
(☎695 3366; www.hostel.is; Borgarbraut 11–13; B 5900 ISK, DZ mit/ohne Bad 18 200/16 300 ISK; @📶) Die kürzlich runderneuerte Herberge wartet in den öffentlichen Bereichen mit einem eleganten Look sowie mit sauberen, behaglichen Zimmern auf. HI-Mitglieder erhalten 10 % Ermäßigung.

Campingplatz Borgarnes CAMPINGPLATZ €
(www.facebook.com/campinborgarnes; Borgarbraut; Stellplatz Erw./Kind 1200 ISK/frei) Der schlichte Campingplatz am Fjordufer liegt an der Hauptstraße, die die Halbinsel Borgarnes entlangführt.

★ **Bjarg** PENSION €€
(☎437 1925; www.facebook.com/bjargborgarnes; Gehöft Bjarg; DZ mit/ohne Bad mit Frühstück 20 700/17 300 ISK; 📶) Mit Blick auf den Fjord und die Berge zählen die netten Hütten

Borgarnes

0
500 m
A
B
C
D
1
2
3
4
5
6
7
1 Borg á Mýrum
Icelandair Hotel Hamar (3,5 km)
Mávaklettur
Fálkaklettur
Arnarklettur
Aussichts-plattform
Borgarbraut
Borgarvík
Garðavík
Kelttavík
8
9
13
Kveldúlfsgata
Borgarvogur
Borgarfjörður
Bushaltestelle
Brúartorg
7
17
18
Kjartansgata
Digranesgata
14
Þorsteinsgata
Skallagrímsgata
6
5
Brattagata
12
Helgugata
Gunnlaugsg
10
Borgarneskirkja
Sæunnargata
15
16
Egilsgata
3
Berugata
Skúlagata
2
11
Landnahme-zentrum
4
Bjarnarbraut
Brákarbraut
Brákarsund
Borgarfjarðarbrú

1,5 km nördlich vom Ortszentrum zu den am schönsten gelegenen Unterkünften in der Gegend. Hier gibt es gemütliche holzgetäfelte Zimmer mit frischer weißer Bettwäsche, außerdem Gästeküchen, ein gutes Frühstücksbuffet, eine Grillmöglichkeit, makellos saubere Bäder und eine Hütte mit Grassodendach für vier Personen.

Helgugata Guesthouse PENSION €€
(☎431 4442; www.booking.com/hotel/is/helgugata.html; Helgugata 5; EZ/DZ mit Frühstück ab 12 000/19 000 ISK) Die freundliche Ludmila leitet diese aufgeräumte Pension auf dem Felsen oberhalb des Fußballplatzes und des Fjords dahinter. Alle Zimmer außer einem im obersten Stockwerk mit eigener Toilette teilen sich Gemeinschaftsbäder. Die öffentlichen Bereiche präsentieren sich einladend und das Frühstück ist wirklich üppig.

Egils Guesthouse & Apartments PENSION €€
(☎860 6655; www.egilsguesthouse.is; Brákarbraut 11; DZ mit/ohne Bad mit Frühstück 22 000/18 000 ISK, Studios ab 19 125 ISK; P) Die Auswahl reicht von geschmackvollen Pensionszimmern mit Fjordblick im Gästehaus Kaupangur bis zu Studios und Apartments im nahe gelegenen Ortszentrum. Das Gästehaus hat auch ein kleines Café.

Kría Guesthouse PENSION €€
(☎845 4126; www.kriaguesthouse.is; Kveldúlfsgata 27; EZ/DZ ohne Bad mit Frühstück 13 600/18 600 ISK;) Die zwei Zimmer in einem Privathaus an einer stillen Wohnstraße haben einen schönen Blick aufs Wasser. Dazu gibt es eine nette Gemeinschaftsküche und ein großes, rollstuhltaugliches Bad, eine Terrasse mit Ausblick und einen Hot Pot.

B59 Hotel & Hostel HOTEL €€€
(☎419 5959; www.b59hotel.is; Borgarbraut 59; B ab 3500 ISK, DZ mit Frühstück ab 34 000 ISK;) Ein schnörkelloses Design prägt diese neue Adresse mit Zimmern samt Bad und Sóley-Organics-Pflegeprodukten im Hotelteil und schicken Dormbetten im Hostel.

Essen & Ausgehen

Kaffee und andere Getränke bieten die Restaurants des Orts. Alkoholisches gibt's ansonsten in der **Vínbúðin** (☎431 3858; www.vinbudin.is; Borgarbraut 58–60, Hyrnu-Torg-Zentrum; ⌚Juni–Aug. Mo–Do 11–18, Fr bis 19, Sa bis 16 Uhr, Sept.–Mai kürzere Öffnungszeiten).

Bónus SUPERMARKT €
(Digranesgata 6; ⌚Mo–Do 11–18.30, Fr 10–19.30, Sa 10–18, So 12–18 Uhr) An der Fjordbrücke auf dem Weg in die Stadt.

★ **Restaurant im Landnahmezentrum** INTERNATIONAL €€
(☎437 1600; www.landnam.is; Brákarbraut 13; Mittagsbuffet 2200 ISK, Hauptgerichte 2200–4600 ISK; ⌚10–21 Uhr;) Das helle, fröhliche Restaurant im Landnahmezentrum befindet sich in Räumen, die in den Fels hineingebaut sind. Es zählt zu den besten Speiselokalen der Region. Zur Auswahl stehen traditionelle isländische und internationale Gerichte (Lamm, Fischtopf usw.). Sehr beliebt ist das Mittagsbüffet (11.30–15 Uhr). Fürs Abendessen reservieren!

Englendingavík CAFÉ €€
(☎555 1400; www.englendingavik.is; Skúlagata 17; Hauptgerichte 2500–5100 ISK; ⌚Mai–Sept. 11.30–23 Uhr, April & Okt. kürzere Öffnungszeiten;) Das zwanglose, freundliche Lokal mit tol-

BIER AUS BORGARNES

Die kleine Familienbrauerei **Steðji Brugghús** (☎896 5001; www.stedji.com; Bierverkostung 1500 ISK; ⏲Mo–Sa 13–17 Uhr), 25 km nördlich von Borgarnes in der Nähe der Straße 50, hat eine schöne Auswahl heimischer Biere, von Erdbeer- und Lagerbier bis zu saisonalen Gebräuen. Sie alle gibt es im Verkostungsraum zu probieren.

ler Terrasse am Wasser serviert gute Hausmannskost, von Kuchen bis zu herzhaften Mahlzeiten mit Lammbraten oder frischem Fisch. Zum Lokal gehört auch eine **Pension** (DZ mit Gemeinschaftsbad ab 27 400 ISK) in einem renovierten Gebäude mit gutem Blick auf die Bucht.

Blómasetrið–Kaffi Kyrrð CAFÉ
(☎437 1878; www.blomasetrid.is; Skúlagata 13; ⏲Mo–Fr 9–21, Sa & So 11–19 Uhr; 📶) Der urige Blumen- und Andenkenladen ist gleichzeitig ein gemütliches Café mit warmen Getränken, Bier und Snacks. In den Sesseln kann man schön entspannen.

Shoppen

★ **Ljómalind** MARKT
(Bauernmarkt; ☎437 1400; www.ljomalind.is; Brúartorg 4; ⏲Mai–Sept. 10–18 Uhr, Okt.–April 12–17 Uhr) Der Bauernmarkt, den örtliche Erzeuger auf die Beine gestellt haben, befindet sich beim Kreisverkehr am Ortsrand. Er bietet alles von frischen Milchprodukten vom Hof Erpsstaðir (S. 251) und Biofleisch bis zu Badeartikeln, handgestrickten Pullovern und Schmuck aus der Region sowie allerhand Sammelkrimskrams.

Praktische Informationen

Touristeninformation (☎437 2214; www.west.is; Borgarbraut 58–60; ⏲Juni–Aug. Mo–Fr 9–17, Sa 10–16, So 12–16 Uhr, Sept.–Mai Mo–Fr 9–17 Uhr; 📶) Die Haupttouristeninformation für Westisland befindet sich im großen Einkaufszentrum.

An- & Weiterreise

Borgarnes ist der wichtigste Umsteigeort zwischen Reykjavík und Akureyri, Snæfellsnes und den Westfjorden. Die **Bushaltestelle** (Borgarbraut) befindet sich bei den Tankstellen (N1, Orkan). Im Winter besteht auf allen Linien ein eingeschränkter Busverkehr.

Stræto (S. 68):

- Bus 57 nach Reykjavík (1840 ISK, 1½ Std., Mo–Fr 7-mal tgl., Sa 3-mal, So 4-mal)
- Bus 57 nach Akureyri (8740 ISK, 5 Std., Mo–Fr 2-mal tgl., Sa 1-mal, So 2-mal)
- Bus 58 nach Stykkishólmur (2760 ISK, 80 Min., 1- oder 2-mal tgl.; in Vatnaleið Umsteigemöglichkeit in Bus 82 nach Hellissandur und Anfang Mai–Mitte Sept. nach Arnarstapi)
- Bus 59 nach Holmavík (5520 ISK, 2¼ Std. Mo, Mi, Fr & So, 1-mal)
- Bus 81 nach Reykholt (920 ISK, 40 Min., Mo, Di & Do 1-mal), fährt eine Schleife zurück nach Borgarnes.

Rund um Borgarnes

In der Umgebung von Borgarnes gibt es jede Menge preisgünstige Unterkünfte. Infos dazu bei der Touristeninformation Borgarnes und bei Hey Iceland (www.heyiceland.is).

Sehenswertes & Aktivitäten

★ **Borg á Mýrum** HISTORISCHES GEBÄUDE
(Fels in den Marschen; Straße 54) GRATIS Der Bauernhof Borg á Mýrum, ein wenig nordwestlich von Borgarnes an der Straße 54, ist der Ort, an dem sich Skallagrímur Kveldúlfsson, Egills Vater, zur Zeit der Landnahme niederließ. Das Gehöft (Privateigentum) ist nach dem großen Fels *(borg)* dahinter benannt. Wer zum Fels hinaufsteigt, hat einen weiten Ausblick. Auf dem kleinen Friedhof steht ein uralter Grabstein mit Runeninschrift.

Hafnarfjall WANDERN
Der steilwandige Hafnarfjall (844 m) erhebt sich am Südufer des Fjords, gegenüber von Borgarnes. Der 7 km lange Weg auf den Berg beginnt an der Straße 1, nicht weit vom südlichen Ende der Brücke nach Borgarnes. Beim Aufstieg sollte man sich vor den rutschigen Geröllhängen in Acht nehmen. Oben winkt ein herrlicher Rundumblick.

Schlafen & Essen

Ensku Húsin PENSION €€
(☎437 1826; http://enskuhusin.is; Straße 54; DZ mit/ohne Bad mit Frühstück 24 900/20 500 ISK; 📶) Das alte Fischerhaus in toller Lage am Fluss 8 km nordwestlich von Borgarnes an der Straße 54 wurde mit viel traditionellem Charme umgebaut. Die Zimmer oben haben noch altmodisches Flair; weitere Zimmer gibt es in einem neueren Anbau. Darüber hinaus vermieten die freundlichen Inhaber

auch Unterkünfte in einem 2 km entfernten Bauernhaus.

Hotel Varmaland HOTEL €€
(☎690 4220; www.hotelvarmaland.is; Straße 527, Grenihlíð; @📶) Im offenen Gelände Westislands ist das nette und geräumige Hotel Varmaland perfekt zum Entspannen inmitten von Weiden, Flüssen und Felsen. Die Zimmer haben alle ein eigenes Bad und in der Nähe gibt's einen Pool und einen Hot Pot.

Fossatún HOTEL €€
(☎433 5800; www.fossatun.is; Straße 50; Hütte/Haus 8700/31 000 ISK, DZ mit/ohne Bad ab 22 000/14 800 ISK; @📶) Die familienfreundliche Anlage hat neben einem tosenden Wasserfall eine Pension, ein Hotel, ein komplett ausgestattetes Häuschen und Campinghütten. Vom geräumigen **Restaurant** (Hauptgerichte 1600–3000 ISK) blicken die Gäste auf den Wasserfall und Spazierwege. Am südlichen Abschnitt der Straße 50, etwa 23 km östlich von Borgarnes und 18 km südwestlich von Reykholt.

Icelandair Hotel Hamar HOTEL, PENSION €€
(☎433 6600; www.icehotels.is; Straße 1, Golfvöllurinn; DZ ab 18 800 ISK; @📶) Das Hotel Hamar liegt an einem beliebten Golfplatz 4 km nördlich von Borgarnes. Das silbrige Äußere des Hotels ist etwas abschreckend, aber im Inneren sorgen eine schicke Einrichtung und jede Menge moderne Annehmlichkeiten für eine angenehme Überraschung. Zu dem Haus gehört auch ein Restaurant.

Skemma Café CAFÉ €
(Skemman Kaffihús; ☎868 8626; www.facebook.com/skemmancafe; im Komplex des Isländischen Landwirtschaftsmuseums, Havnneyri; Snacks 900–1350 ISK; ⏲Juni–Mitte Aug. Di–So 12–17 Uhr) Das kleine Café in einem renovierten Gebäude von 1896 im Dorf Hvanneyri, 12 km östlich von Borgarnes, hat eine Sonnenterrasse und Suppen, Waffeln, Kuchen und Kaffeespezialitäten im Angebot.

Shoppen

★Ullarselið BEKLEIDUNG, KUNSTHANDWERK
(☎437 0077; www.ull.is; Hvanneyri; ⏲Juni–Aug. 11–17 Uhr, Sept.–Mai Do–Sa 13–17 Uhr) Im abgelegenen Dorf Hvanneyri 12 km östlich von Borgarnes residiert in einem Haus am Fjord ein fantastisches Woll- und Handarbeitsgeschäft. Handgefertigte Pullover, Schals, Mützen und Decken teilen sich die Regale mit handgesponnener Wolle und interessanten Knochen- und Muschelknöpfen. Außerdem gibt es Nadeln und Strickmuster.

Oberer Borgarfjörður

Reykholt

Das unscheinbare Reykholt ist ein verschlafener Ort, der eigentlich nur aus ein paar Höfen besteht und auf den ersten Blick wenig von seiner Vergangenheit als eine der wichtigsten mittelalterlichen Siedlungen Islands verrät. Hier lebte und starb (ein Auftragsmord) einer der bedeutendsten Staatsmänner und Gelehrten des Mittelalters, Snorri Sturluson. Die wichtigsten Sehenswürdigkeiten des Orts haben mit ihm zu tun.

Sehenswertes & Aktivitäten

Krauma THERMALBAD
(☎555 6066; www.krauma.is; Deildartunguhver, Straße 50; Erw./Kind 3800 ISK/frei; ⏲Mitte Juni–Mitte Aug. 11–23 Uhr, sonst bis 21 Uhr) Wasser von der benachbarten **Deildartunguhver** – Islands größter heißer Quelle – beheizt diesen modernen Freiluft-Badekomplex mit fünf unterschiedlich warmen Hot Pots und zwei Dampfbädern. Die Gäste können auch einen Entspannungsraum nutzen und Mutige können mit einem Bad in einem Kaltwasserbecken ihren Kreislauf auf Schwung bringen. Angeschlossen ist ein Bistro mit isländischer Küche (Hauptgerichte 2700–3800 ISK).

Snorrastofa MUSEUM
(☎433 8000; www.snorrastofa.is; 1200 ISK; ⏲April–Sept. 10–18 Uhr, Okt.–März Mo–Fr bis 17 Uhr) Das Mittelalterstudienzentrum ist dem gefeierten Dichter, Historiker und Staatsmann Snorri Sturluson gewidmet. Es befindet sich auf seinem alten Hof, auf dem er auch umgebracht wurde. Das Museum erzählt von Snorris Leben und Werk, es besitzt eine Ausgabe der *Heimskringla* (Sagas der norwegischen Könige) von 1599. Außerdem gibt es Exponate zu Gesetzgebung, Literatur und Gesellschaft im Island des Mittelalters sowie zu den Ausgrabungen vor Ort. Wer Interesse hat, kann sich die moderne Kirche und die Lesesäle im Obergeschoss zeigen lassen.

Snorralaug QUELLE
GRATIS Der wichtigste Überrest von Snorri Sturlusons Gehöft ist das Snorralaug (Snorris Becken), ein rundes, steingefasstes Becken, das von einer heißen Quelle gespeist wird. Die Steine auf dem Grund des Beckens sind noch die Originalsteine aus dem 10. Jh. – hier soll Snorri gebadet haben. Der nicht öffentlich zugängliche holzvertäfelte Tunnel

SNORRI STURLUSON

Der Häuptling und Historiker Snorri Sturluson (1179–1241) ist eine der wichtigsten Figuren der mittelalterlichen isländischen Geschichte – er war einer der bedeutendsten Chronisten altnordischer Sagas und Erzählungen. Snorri wurde in Hvammur in der Nähe von Búðardalur geboren, aber im theologischen Zentrum Oddi bei Hella aufgezogen und ausgebildet. Später heiratete er die Erbin des geschichtsträchtigen Hofs Borg á Mýrum (S. 228) bei Borgarnes. Schließlich verließ er seine Familie in Borg und zog sich auf das reiche Kirchengut in Reykholt zurück. Reykholt war damals eine bedeutende Handelsstadt an der Kreuzung wichtiger Handelsrouten mit 60 000 bis 80 000 Einwohnern. Dort verfasste Snorri viele seiner wichtigsten Werke, u. a. die *Prosa-Edda* (ein Lehrbuch für Skalden) und die *Heimskringla* (eine Geschichte der norwegischen Könige). Snorri gilt außerdem als der Verfasser der *Egils saga*, einer Familiengeschichte des Wikinger-Hofdichters Egill Skallagrímsson.

Mit 36 Jahren wurde Snorri zum *lögsögumaður* (Gesetzessprecher) des Alþingi (Althing; isländisches Parlament) ernannt, aber der norwegische König wollte seine privaten Interessen durchsetzen und übte im Parlament starken Druck auf ihn aus. Also widmete sich Snorri verstärkt seinem Schreiben und der unzufriedene König Hákon erließ einen Befehl zu seiner Ergreifung – tot oder lebendig. Snorris politischer Rivale und ehemaliger Schwiegersohn Gissur Þorvaldsson sah seine Chance gekommen, den König zu beeindrucken und für seine Dienste vielleicht das Amt des Gouverneurs von Island zu erhalten. Er tauchte in der Nacht vom 22. auf den 23. September 1241 mit 70 bewaffneten Männern in Reykholt auf und erschlug Snorri im Keller seines Hauses.

neben der Quelle führt zu dem alten Bauernhaus, in dem Snorri auf grausame Weise ermordet wurde. Das Becken ist vielleicht das älteste Bauwerk in Island.

Alte Kirche von Reykholt KIRCHE

GRATIS Eines der neueren Gebäude auf Snorri Sturlusons Gehöft ist eine Kirche von 1896, die öffentlich zugänglich ist. Im Jahr 2001 wurde unter der Kirche eine aus der Zeit von 1040 bis 1260 stammende Zisterne für eine Schmiede gefunden, sichtbar durch eine in den Boden eingelassene Glasscheibe.

Islandziegenzentrum GEHÖFT

(☎435 1448; www.geitur.is; Straße 523, Háafell; Führung Erw./Kind 1500/750 ISK; ⌚Juni–Aug. 13–18 Uhr) Bei den Führungen geleiten Hofmitarbeiter die Besucher über hübsche Felder zu den vom Aussterben bedrohten Islandziegen. Der berühmteste Bewohner des Hofs ist Casanova, ein putzmunterer Ziegenbock, der einen Auftritt in *Game of Thrones* hatte: Er flüchtete vor einem Drachen. Der Hof liegt nordöstlich von Reykholt an der unbefestigten Straße 523. Kaffee oder Tee ist inbegriffen.

Schlafen & Essen

Reykholt hat ein schlichtes Restaurant in seinem Hotel. Deutlich mehr gastronomische Auswahl und Läden zur Aufstockung der Proviantvorräte gibt es in Borgarnes. Fein essen kann man in Húsafell.

Steindórsstaðir PENSION €€

(☎435 1227; www.heyiceland.is; Straße 517, Reykholtsdalur; EZ/DZ/3BZ ohne Bad 11 300/16 300/20 000 ISK; WLAN) Das nette Gästehaus eines Hofs in den sanft geschwungenen Feldern rund 2 km von Reykholt hat saubere, behagliche Zimmer mit Blick aufs Land. Dazu stellen die freundlichen Besitzer eine Gemeinschaftsküche und einen Whirlpool mit Ausblick zur Verfügung.

Fosshótel Reykholt HOTEL €€

(☎562 4000, 435 1260; www.fosshotel.is; DZ mit Frühstück ab 22 000 ISK; P @ WLAN) Das einzige Hotel direkt in Reykholt ist ein nichtssagender Klotz mit kürzlich modernisierten Zimmern im Business-Stil, zwei Hot Pots und einem Restaurant. Das Hotel wird derzeit erweitert und der neue Flügel soll 2019 eröffnen.

Hverinn Restaurant INTERNATIONAL €

(☎571 4433; www.hverinn.is; Straße 50, Kleppjámsreykir; Hauptgerichte 1600–4000 ISK; ⌚Mai–Okt. 10.30–21 Uhr) In dem großen Restaurant an der Straße serviert freundliches Personal einfache Gerichte von Tagessuppen bis zu Hamburgern. Es werden auch ein paar Lebensmittel verkauft. Dazu gibt es einen Campingplatz (1500 ISK/Erw.) und eine Pension (DZ mit Gemeinschaftsbad 14 500 ISK). Rund 5 km westlich von Reykholt nahe der Kreuzung der Straßen 518 und 50.

An- & Weiterreise

Bus 81 von Strætó (S. 68) fährt nach Borgarnes (920 ISK, 50 Min., Mo, Di & Do 1-mal) und hält auch in Kleppjárnsreykir.

Húsafell

Húsafell liegt in einem smaragdgrünen Tal zwischen dem Fluss Kaldá und einem eindrucksvollen Lavafeld. Mit Sommerhütten, Campingplatz, schickem Hotel, Bistro und Thermalbad ist es ein beliebter Erholungsort für die Bewohner von Reykjavík und der Hauptzugang zum nahen Langjökull-Gletscher.

Sehenswertes

★ Hraunfossar WASSERFALL

(Straße 518) Der Name der spektakulären Wasserfälle bedeutet „Lavafeld-Wasserfälle", denn ihr kristallklares Wasser sprudelt direkt aus dem Untergrund eines Lavafeldes. Wer auf dem markierten Weg ein Stückchen weitergeht, kommt zum Barnafoss, einem weiteren tosenden Wasserfall. Die Fälle liegen nördlich der Straße 518 und sind über eine Abzweigung 6,5 km westlich von Húsafell zu erreichen.

Sundlaugin á Húsafelli THERMALBAD

(Schwimmbad Húsafell; ☎435 1552; www.husafell.is; Straße 518; Erw./Kind 1300/300 ISK; ⏲Juni–Aug. Mo–Do 10–20, Fr & Sa bis 22 Uhr, Sept.–Mai Mo–Fr 13–19, Sa & So 12–20 Uhr) Schönes Thermalfreibad mit zwei Hot Pots.

Schlafen & Essen

Das Húsafell-Ferienzentrum hat ein kürzlich renoviertes Bistro (Juni–Aug. 11–21 Uhr, Hauptgerichte 2000–5000 ISK, Abendbuffet 2700 ISK) mit Minimarkt (im Sommer 9–21 Uhr) und im Hotel gibt es ein Gourmetrestaurant. Der nächste größere Ort mit mehr Auswahl ist Borgarnes.

Gamli Bær PENSION €

(Alter Bauernhof; ☎895 1342; sveitasetrid@simnet.is; Straße 518; DZ mit/ohne Bad ab 14 000/10 000 ISK; ⏲Mitte Mai–Sept.) Uriges, renoviertes Bauernhaus von 1908 mit jeder Menge Flair und Ausblicken aufs Land sowie Hot Pot; geführt vom freundlichen Sæmi.

Húsafell CAMPINGPLATZ €

(Ferðaþjónustan Húsafelli; ☎435 1556; www.husafell.is; Straße 518; Stellplatz Erw./Kind 1500/800 ISK; ⏲Mai–Sept.) Das Ferienzentrum Húsafell bietet grüne Campingplätze mit Duschen, einen Minimarkt, ein Bistro und ein Thermalbad.

★ Hótel Húsafell HOTEL €€€

(☎435 1551; www.hotelhusafell.com; Straße 518; DZ mit Frühstück ab 34 200 ISK; Ⓟ📶) Das Glanzstück des Feriendorfs Húsafell ist dieses schicke, moderne Hotel mit geräumigen, komfortablen Zimmern. Die erstklassigen Bäder sind mit isländischen Bio-Pflegeartikeln ausgestattet. Das Hotel ist mit Originalwerken des hier ansässigen Künstlers Páll Guðmundsson geschmückt und das **Restaurant** (☎435 1551; www.hotelhusafell.com; Straße 518; Hauptgerichte mittags 2600–5400 ISK, abends 4800–7600 ISK; Ⓟ) ist eines der besten der Region.

Hraunfossar Café CAFÉ €€

(☎435 1155; www.hraunfossar.is; Straße 518; Hauptgerichte 1900–2700 ISK; ⏲Juni–Aug. 10–20 Uhr, sonst kürzere Öffnungszeiten) Das einladende Café nicht weit entfernt von den gleichnamigen Wasserfällen bietet große Terrassen und ein solides Angebot an einfachen Suppen, Burgern, Salaten und Snacks.

An- & Weiterreise

Húsafell ist nur mit einem eigenen Transportmittel zu erreichen.

Hallmundarhraun

Östlich von Húsafell liegen an der Straße 518 die riesigen, kargen Lavaströme Hallmundarhraun, eine unheimliche Landschaft mit gigantischen Lavaröhren. Diese langen, tunnelähnlichen Höhlen entstehen, wenn geschmolzene Lava unter einer festen Lavakruste entlangströmt. Mehrere von ihnen können besichtigt werden.

Mit einem Allradfahrzeug kann man auf der Straße F578 hinter Surtshellir weiter ins Landesinnere vordringen, vorbei am Seengebiet **Arnarvatnsheiði** und weiter nach **Hvammstangi**. Die F578 ist gewöhnlich nur etwa sieben Wochen im Jahr geöffnet – Näheres auf www.road.is.

Sehenswertes

★ Viðgelmir – The Cave HÖHLE

(☎783 3600; www.thecave.is; abseits der Straße 518; Führung Erw./Kind ab 6500 ISK/frei) Die am einfachsten zugängliche Lavaröhre und gleichzeitig die größte Islands ist die 1100 Jahre alte, 1,5 km lange Viðgelmir-Höhle auf privatem Gelände beim Gehöft Fljótstunga. Die Höhle voller glitzernder Felsformationen ist durch stabile Holzstege erschlossen und mit Führungen zugänglich. Die Zeiten sind der Website zu entnehmen; Helm und Taschenlampe werden gestellt.

Surtshellir LAVARÖHRE
(Straße F578) GRATIS Ein Stückchen südöstlich von Fljótstunga markiert an der Straße 518 ein hellgelbes Schild den Abzweig auf die F578 (keine Mietwagen!) zur Arnarvatnsheiði. Die holprige Piste führt nach 7 km zur Surtshellir, einer spektakulären, 2 km langen Lavaröhre, die mit der Höhle Stefánshellir verbunden ist, einem zweiten, halb so großen Tunnel. Wer die Höhle Surtshellir auf eigene Faust erkunden möchte, braucht eine Ausrüstung zum Höhlenklettern (Helm, Taschenlampe etc.).

Langjökull & Kaldidalur-Piste

Südöstlich von Húsafell zieht sich das außergewöhnliche Tal Kaldidalur am Rand einiger Gletscher entlang. Es bieten sich fantastische Ausblicke auf die Eiskappe des Langjökull (des zweitgrößten isländischen Gletschers) und an klaren Tagen auf Eiríksjökull, Okjökull und Þórisjökull.

Auf der Kaldidalur-Piste, der ungeteerten Straße 550, kommt man nur langsam voran, aber das Eis auf den Bergen und der karge Fels machen die Strecke, die im Sommer oft in Nebel gehüllt ist, zu einem Erlebnis. Im Süden schließt sie an den Goldenen Kreis an und bietet damit die Möglichkeit, von Reykjavík aus eine verlängerte Schleife zu fahren. Der Zugang zur Straße 550 ist auf bestimmte Fahrzeuge beschränkt – vor der Fahrt bei der Autovermietung nachfragen!

Es werden Touren ab Reykjavík und Húsafell auf den Langjökull und in die Eishöhle des Gletschers angeboten. Auf keinen Fall sollte man versuchen, selbst auf den Gletscher zu fahren!

Sehenswertes

★ Langjökull GLETSCHER
Die Langjökull-Eiskappe ist der zweitgrößte Gletscher Islands und liegt von allen großen Gletschern des Landes am nächsten an Reykjavík. Der Langjökull ist über die Kaldidalur- oder die Kjölur-Allradpiste zu erreichen; das ihm nächstgelegene Dorf in Westisland ist Húsafell. Gletschertouren starten von Reykjavík oder Húsafell: Eine beliebte Touristenattraktion ist die Eishöhle Into the Glacier, Mountaineers of Iceland (S. 74) bietet Schneemobiltouren an und Dog Sledding (S. 74) veranstaltet im Sommer manchmal Hundeschlittentouren.

★ Into the Glacier HÖHLE
(Langjökull-Eishöhle; ☎578 2550; www.intotheglacier.is) Auf 1260 m Höhe über dem Meeresspiegel führt ein gewaltiger, künstlicher Tunnel von 300 m Länge mit mehreren abzweigenden Höhlen in den Langjökull-Gletscher. Der glitzernde, LED-erleuchtete Tunnel und die Höhlen wurden 2015 eröffnet. Sie beherbergen Ausstellungen, ein Café und sogar eine kleine Kapelle – für Paare, die hier im Gletscher den Bund der Ehe schließen wollen. Touren starten von Húsafell (Shuttle Erw./Kind 2000 ISK/frei) bzw. im Sommer vom Gletscherrand (Tour Erw./Kind 19 500 ISK/frei) mit eigenem Allradfahrzeug. Außerdem gibt's Touren ab Reykjavík (29 900 ISK) und es werden diverse Kombitouren angeboten, z. B. mit Schneemobil oder per Hubschrauber.

In Monstertrucks werden maximal 80 Besucher gleichzeitig auf den Gletscher gekarrt, die dann rund 45 Minuten Zeit für die Erkundung haben – der Gletscher wird in den kommenden Jahren weiter den Berg hinabkriechen.

Schlafen & Essen

Esslokale und Unterkünfte finden sich in Húsafell (S. 231), Reykholt (S. 229) und Borgarnes (S. 224); das Eishöhlen-Basislager hat nur ein winziges Café.

An- & Weiterreise

Am besten kommt man im Rahmen einer geführten Tour hierher. Die Straßen sind mit dafür zugelassenen Fahrzeugen befahrbar (bei der Mietwagenfirma nachfragen), aber niemand sollte sich ohne Führer auf den Gletscher wagen.

HALBINSEL SNÆFELLSNES

Fjorde, vulkanische Gipfel und schroffe Steilküsten, goldene Strände und krustige Lavaströme bilden die vielfältige, faszinierende Landschaft der 100 km langen Halbinsel Snæfellsnes. Das Gebiet wird vom glitzernden Gletscher Snæfellsjökull gekrönt, den Jules Vernes in seinem Fantasieroman *Reise zum Mittelpunkt der Erde* verewigt hat. Aufgrund guter Straßen und regelmäßiger Busverbindungen ist die Halbinsel ein Ausflugsziel, das von Reykjavík gut zu erreichen ist. Sie bietet in einer überschaubaren Re-

Halbinsel Snæfellsnes

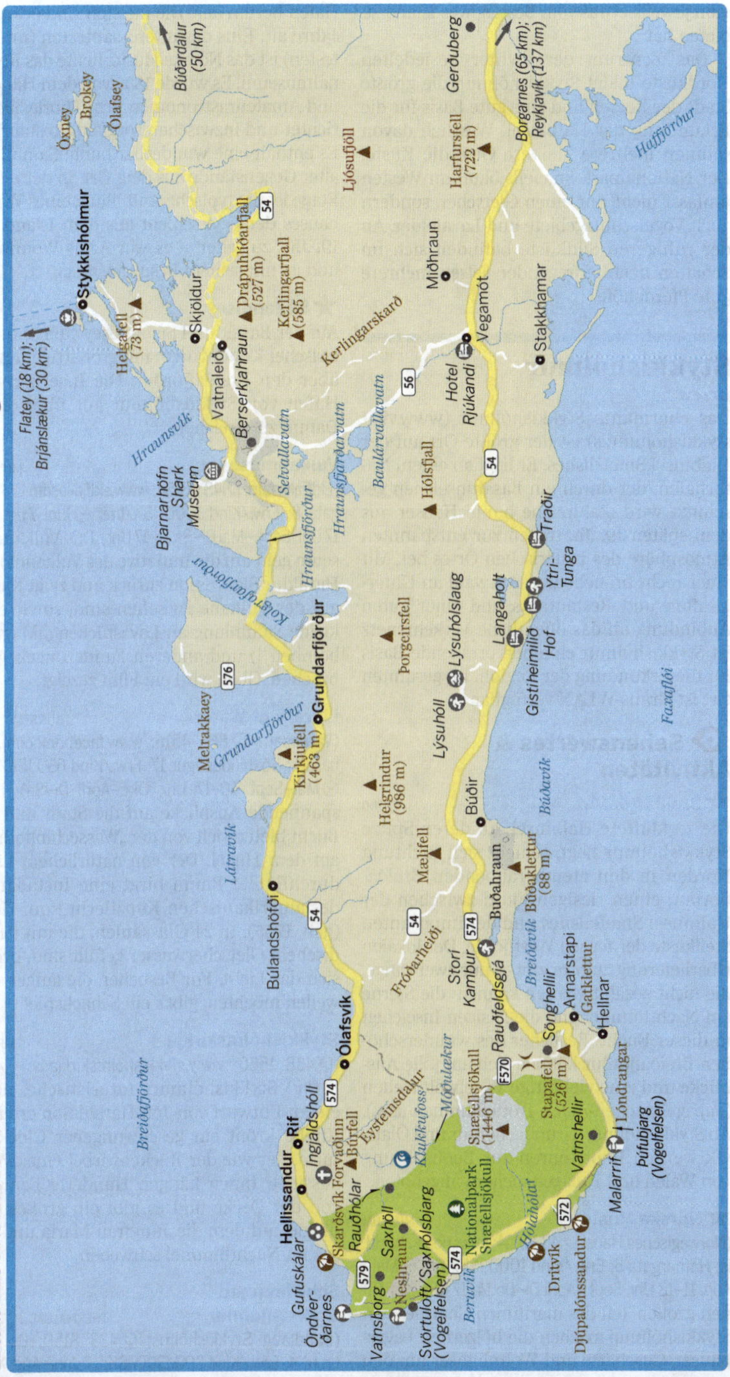

0 — 20 km

gion jeweils etwas vom Besten, was Island zu bieten hat.

Das Zentrum der dichter besiedelten Nordküste bildet Stykkishólmur, die größte Stadt der Region und eine gute Basis für die Erkundung der Halbinsel. Westlich davon säumen mehrere kleinere Orte die Küste. Der Nationalpark Snæfellsjökull im Westen umfasst nicht nur einen Gletscher, sondern auch Vogelschutzgebiete und Lavafelder. An der ruhigeren Südküste befinden sich im Schatten hoch aufragender Felsen mehrere gute Pferdehöfe.

Stykkishólmur

1173 EW.

Das charmante Stykkishólmur (www.visit stykkisholmur.is) ist der größte Ort auf der Halbinsel Snæfellsnes. Er liegt an einem Naturhafen, der durch ein Basaltinselchen geschützt wird. Zahlreiche bunte Häuser aus dem späten 19. Jh. tragen zur entspannten Atmosphäre des malerischen Ortes bei. Mit einer recht brauchbaren Auswahl an Unterkünften und Restaurants und einer guten Anbindung an das öffentliche Verkehrsnetz ist Stykkishólmur eine hervorragende Basis für die Erkundung der Region. Im gesamten Ort ist Gratis-WLAN verfügbar.

Sehenswertes & Aktivitäten

★ Breiðafjörður — FJORD

Die zerklüftete Halbinsel, an deren Spitze Stykkishólmur liegt, schiebt sich Richtung Norden in den atemberaubenden Breiðafjörður, einen riesigen Fjord zwischen der Halbinsel Snæfellsnes und der imposanten Steilküste der fernen Westfjorde. Der lokalen Überlieferung zufolge gibt es nur zwei Dinge, die nicht gezählt werden können: die Sterne am Nachthimmel und die felsigen Inselchen in dieser Bucht. Besucher des wunderschönen Breiðafjörður können sich auf tolle Ausblicke und eine vielfältige Vogelwelt freuen (Papageitaucher, Adler, Trottellummen usw.). Ab Stykkishólmur, Grundarfjörður und Ólafsvík werden Bootstouren zur Beobachtung von Walen und Papageitauchern angeboten.

★ Norska Húsið — MUSEUM

(Norwegisches Haus; ☎433 8114; www.norskahusid.is; Hafnargata 5; Erw./Kind 1000 ISK/frei; ⊙Mai–Aug. 11–18 Uhr, Sept.–April Di–Do 14–17 Uhr; WLAN) Einen großen Teil des maritimen Charmes von Stykkishólmur machen die hölzernen Lagerhäuser, Geschäfte und Wohnhäuser um den Hafen herum aus. Die meisten sind etwa 150 Jahre alt. Eins der interessantesten (und ältesten) ist das Norska Húsið, heute das Regionalmuseum. Es wurde 1832 von dem Händler und Amateurastronomen Árni Thorlacius errichtet und inzwischen sorgfältig restauriert. Es enthält eine wunderbar bunte Sammlung alter Gegenstände aus dem Ort. In der ersten Etage ist die typische Aufteilung eines Wohnhauses der Oberschicht aus dem Island des 19. Jhs. zu sehen – es war Árnis Wohnhaus und ist mit seinem Besitz ausgestattet.

★ Súgandisey — INSEL

Auf der Basaltinsel Súgandisey steht ein malerischer **Leuchtturm** mit großartigem Blick über den Breiðafjörður. Die Insel ist vom Hafen von Stykkishólmur aus über einen Damm zu erreichen.

Vulkanmuseum — MUSEUM

(Eldfjallasafn; ☎433 8154; www.eldfjallasafn.is; Aðalgata 8; Erw./Kind 1000 ISK/frei; ⊙Juni–Aug. 10–17 Uhr, Sept.–Mai Di–Sa 11–17 Uhr) Das Vulkanmuseum geht auf die Initiative des Vulkanologen Haraldur Sigurdsson zurück und zeigt Kunst, auf der Vulkane zu sehen sind, sowie eine kleine Sammlung an Lavastücken („Magmabomben"!) und anderen Funden nach Ausbrüchen. Oben wird ein Film gezeigt.

Library of Water — KUNSTMUSEUM

(Vatnasafn; ☎865 4516; www.facebook.com/vatnasafn; Bókhlöðustígur 17; Erw./Kind 650 ISK/frei; ⊙Mai–Sept. 10–17 Uhr, Okt.–April Di–Sa) Entspannende Ausblicke auf die Stadt und die Bucht bieten sich von der „Wasserbibliothek" auf dem Hügel. Der von natürlichem Licht durchflutete Raum birgt eine Installation der amerikanischen Künstlerin Roni Horn (geb. 1955). In 24 Glassäulen, die mit isländischem Gletscherwasser gefüllt sind, bricht sich das Licht. Für Besucher, die länger verweilen möchten, gibt's ein Schachspiel.

Stykkishólmskirkja — KIRCHE

(☎438 1560; www.stykkisholmskirkja.is; ⊙10–17 Uhr) Stykkishólmurs futuristische, nach einem Entwurf von Jón Haraldsson erbaute Kirche krönt ein geschwungener Glockenturm, der wie der Rückenwirbel eines Wals aussieht. Innen hängen Hunderte Lampen von der Decke und es gibt ein großes Gemälde, auf dem die Jungfrau Maria und Jesus im Nachthimmel schweben.

Schwimmbad Stykkishólmur — THERMALBAD, HOT POT

(Sundlaug Stykkishólms; ☎433 8150; Borgarbraut 4; Erw./Kind 900/300 ISK; ⊙Juni–Aug. Mo–

ABSTECHER

FLATEY

Von den zahllosen Inseln im Breiðafjörður ist das kleine Flatey („flache Insel") die einzige, die das ganze Jahr über bewohnt ist. Im 11. Jh. beherbergte Flatey (www.flatey.com) ein Kloster. Heute ist die Insel ein beliebter Zwischenstopp auf dem Weg in die Westfjorde und erfreut sich auch bei Filmregisseuren großer Beliebtheit: Auf Flatey wurden schon mehrere Filme und Fernsehserien gedreht. Hier geht alles einen etwas gemächlicheren Gang. Bestens lässt sich auf Flatey ein windiger Nachmittag inmitten bunter Häuschen und im Sturzflug herabschießender Küstenseeschwalben verbringen.

Schlafen & Essen

Krákuvör (☎438 1451; Stellplatz 1200 ISK pro Pers.; ⌚Juni–Aug.) Krákuvör bietet auf einem der Inselhöfe rund 300 m vom Schiffsanleger entfernt Zeltstellplätze auf einer Wiese, die sich zum Ufer hinabzieht.

Læknishús (☎438 1476; EZ ohne Bad 10 000 ISK; ⌚Juni–Aug., Sept.–Mai nur mit Reservierung) Das Læknishús bietet im Sommer 400 m vom Pier einfache Unterkünfte im ehemaligen Arzthaus. Ein Schlafsackbett kostet 4000 ISK. Außerhalb der Sommersaison gibt es kein Restaurant auf der Insel – dann muss man Proviant mitbringen und die Küche nutzen.

Hótel Flatey (☎555 7788; www.hotelflatey.is; EZ/DZ/3BZ ohne Bad mit Frühstück 25 900/29 900/38 900 ISK; ⌚Juni–Aug.) Die kuscheligen Zimmer im Hótel Flatey gehören zu den zauberhaftesten in ganz Island. Auch das hauseigene **Restaurant** (Hauptgerichte mittags 2400–3200 ISK, abends 4300–6100 ISK, 3-Gänge-Menü 9500 ISK; 12–17 & 18–21 Uhr) ist fantastisch. An manchen Abenden gibt es abends in der Kellerbar Livemusik.

An- & Weiterreise

Die Fähre *Baldur* (S. 240) schippert über den Breiðafjörður und legt unterwegs auf Flatey einen Stopp ein, allerdings nur für fünf Minuten. Im Sommer fahren zwei Boote: Dann kann man auf der Insel etwas Zeit verbringen und am selben Tag mit der zweiten Fähre Richtung Westfjorde/Stykkishólmur weiterfahren. Dafür muss man natürlich die erste Fähre des Tages nehmen. Auf Flatey sind Autos nicht zugelassen. Wer mit dem Auto unterwegs ist, kann sein Fahrzeug bei einem Zwischenstopp auf Flatey ohne Zusatzkosten über den Fjord vorausschicken.

Tagesausflügler können im Sommer eine der beiden Fähren von Stykkishólmur nehmen, auf Flatey aussteigen und mit der von den Westfjorden zurückkehrenden Fähre wieder zurück nach Stykkishólmur fahren.

Man beachte, dass die Fähre nur von Juni bis August zweimal täglich verkehrt – sonst fährt nur eine. Es werden auch organisierte Flatey-Touren angeboten.

Do 7–22, Fr bis 19, Sa & So 10–18 Uhr, sonst kürzere Öffnungszeiten) Wasserrutschen und Hot Pots sind die Highlights des Thermalbads in den städtischen Sportanlagen.

Geführte Touren

Seatours BOOTSTOUR
(Sæferðir; ☎433 2254; www.seatours.is; Smiðjustígur 3; ⌚Mitte Mai–Mitte Sept. 8–20 Uhr, sonst 9–17 Uhr) Bietet verschiedene Bootstouren an, u. a. die stark beworbene Tour „Viking Sushi", einen ein- oder zweistündigen Bootsausflug (6220/7700 ISK) zu Inseln, Vogelkolonien (Papageitaucher bis August) und Basaltformationen. Mit einem Netz werden Schalentiere gefangen, die dann roh verzehrt werden können. Auf dem Programm stehen auch Dinnerfahrten und die Gesellschaft betreibt die Fähre *Baldur* (S. 240) nach Flatey. Für Abholung ab Reykjavík sorgt Reykjavík Excursions. Mit Laden und Café. Kinder unter 15 Jahren fahren umsonst mit.

Ocean Adventures ANGELN, TIERBEOBACHTUNG
(☎898 2028; www.oceanadventures.is; Sæbraut; ⌚9–18 Uhr) Bei diesem beliebten Anbieter mit einem Kiosk am Hafen kann man sein Glück beim Angeln probieren (Erw./Kind 11 000/9000 ISK) oder an einer Tour zur Papageitaucherbeobachtung (Erw./Kind 7000/4500 ISK) teilnehmen.

Schlafen

Harbour Hostel HOSTEL €
(☎517 5353; www.harbourhostel.is; Hafnargata 4; B/DZ/4BZ ohne Bad ab 4500/14 800/21 400 ISK;) Das schlichte Hostel am Hafen bietet mit die besten billigen Unterkünfte der Stadt: Schlafsäle (mit vier, acht oder zwölf Betten), Doppelzimmer sowie Familienzimmer.

Campingplatz CAMPINGPLATZ €
(☎438 1075; Aðalgata 27; Stellplatz Erw./Kind 1500 ISK/frei; ⊙Ende Mai–Sept.;) Einfacher, vom nahen Golfplatz betriebener Campingplatz mit neuem Sanitärblock.

Akkeri PENSION €€
(☎844 1050; www.facebook.com/Akkeri-Guesthouse-390669541439953; Frúarstígur 1; DZ mit Frühstück ab 19 700 ISK;) Die nagelneue, von einer Familie betriebene Pension mitten im Ortszentrum bietet minimalistische, gemütliche Zimmer in kühlen Tönen mit schicken Bädern; ein Zimmer hat einen Balkon. Keine Gästeküche!

Bænir og Brauð PENSION €€
(☎554 7700; www.baenirogbraud.is; Aðalgata 7; DZ mit/ohne Bad 24 800/20 500 ISK;) Das behagliche Haus stammt von 1896. Die zuvorkommende Besitzerin Greta betreibt auch das Hótel Egilsen gegenüber. Das Frühstück ist nicht im Preis inbegriffen, aber es gibt eine tolle Gemeinschaftsküche. In der Nebensaison fallen die Preise erheblich.

Höfðagata Guesthouse PENSION €€
(☎831 1806; www.hofdagata.is; Höfðagata 11; DZ mit/ohne Bad mit Frühstück ab 22 100/16 500 ISK, Apt. 25 500 ISK;) Die ordentliche, gut geführte Pension vermietet fünf kleine, aber gut ausgestattete Doppelzimmer mit Gemeinschaftskühlschrank und ein komplett eingerichtete Apartment.

★ **Hótel Egilsen** BOUTIQUEHOTEL €€€
(☎554 7700; www.egilsen.is; Aðalgata 2; EZ/DZ ab 26 320/31 900 ISK;) Eins der allernettesten kleinen Hotels in ganz Island residiert in einem liebevoll restaurierten Holzhaus, das knarzt, wenn der Wind vom Fjord her bläst. Die freundliche Inhaberin hat die gemütlichen (winzigen!) Zimmer mit traditionellen Wolldecken, Originalkunst und Bio-Matratzen eingerichtet. Kostenlose iPad-Benutzung und persönlich zubereitetes Frühstück (2500 ISK) sind das Sahnehäubchen.

Fransiskus Hotel HOTEL €€€
(☎422 1101; www.fransiskus.is; Austurgata 7; EZ mit/ohne Bad mit Frühstück ab 19 000/13 100 ISK, DZ/FZ mit Frühstück ab 32 700/38 000 ISK;) Das Hotel im renovierten Flügel einer katholischen Kloster- und Hospitalanlage bietet gepflegte, moderne Zimmer, einige mit Bad und Flachbildfernseher. Hervorragendes Frühstück!

Fosshotel Stykkishólmur HOTEL €€€
(☎430 2100; www.fosshotel.is; Borgarbraut 8; EZ/DZ/3BZ 30 100/32 800/36 700 ISK;) Die besten Zimmer in diesem auffallenden Hotel auf einem Hügel haben einen tollen Ausblick auf die Bucht und die Inseln. Einrichtung im schlichten Motelstil; beliebt bei Reisegruppen.

Essen & Ausgehen

Alkohol verkauft die **Vínbúðin** (☎430 1414; www.vinbudin.is; Aðalgata 24; ⊙Juni–Aug. Mo–Do 14–18, Fr 13–19, Sa 11–14 Uhr, sonst kürzere Öffnungszeiten), oder man gönnt sich einen Drink in einem der Restaurants wie dem Sjávarpakkhúsið mit isländischem Bier vom Fass.

Nesbrauð BÄCKEREI €
(☎438 1830; www.facebook.com/nesbraudehf; Nesvegur 1; Snacks 400–1200 ISK; ⊙Mo–Fr 7.30–17, Sa & So ab 8 Uhr) Die Bäckerei an der Straße in den Ort ist eine gute Anlaufstelle für ein schnelles Frühstück oder Mittagessen. Es gibt Zuckergebäck wie *kleinur* (traditionelle Schmalzkringel) und *ástar pungur* („Liebeskugeln": frittierte Teigbällchen mit Rosinen).

Meistarinn IMBISS €
(☎848 0153; www.facebook.com/meistarinnsth; Aðalgata; Hotdogs 540–600 ISK, Baguettes 1400–1600 ISK; ⊙Juni–Aug. 12–20 Uhr) Der *pýlsuvagninn* (Hotdog-Wagen) bietet die besten Hotdogs in der Stadt. Jede Variante ist nach einer Person benannt, die aus Stykkishólmur stammt.

Bónus SUPERMARKT €
(Borgarbraut 1; ⊙Mo–Do 11–18.30, Fr 10–19.30, Sa bis 18, So 12–18 Uhr) Lebensmittelgeschäft in der Nähe des Schwimmbads.

★ **Narfeyrarstofa** ISLÄNDISCH €€
(☎533 1119; www.narfeyrarstofa.is; Aðalgata 3; Hauptgerichte 2000–5000 ISK; ⊙Mai–Sept. 11.30–22 Uhr, Okt.–April kürzere Öffnungszeiten;) Das bezaubernde Lokal ist das beliebteste Gourmetrestaurant auf Snæfellsnes.

Stykkishólmur

Stykkishólmur

Highlights
1 Breiðafjörður D1
2 Norska Húsið C2
3 Súgandisey C1

Sehenswertes
4 Library of Water C2
5 Stykkishólmskirkja D3
6 Vulkanmuseum C3

Aktivitäten, Kurse & Touren
7 Ocean Adventures C2
8 Seatours C2
9 Schwimmbad Stykkishólmur C4

Schlafen
10 Akkeri C2
11 Bænir og Brauð C3
12 Campground B4
13 Fosshótel Stykkishólmur C4
14 Fransiskus Hotel D2
15 Harbour Hostel C2
16 Höfðagata Guesthouse C3
17 Hótel Egilsen C2

Essen
18 Bónus C3
19 Meistarinn B3
20 Narfeyrarstofa C2
21 Nesbrauð B4
22 Sjávarpakkhúsið C2
23 Skúrinn C3

Shoppen
24 Gallerí Lundi C3
25 Leir 7 .... C3
26 Vínbúðin B3

Am besten reserviert man einen Tisch im Obergeschoss, um das romantische Licht antiker Lampen und den Hafenblick zu genießen. Das Gebäude hat eine interessante Geschichte – der Kellner erläutert auf Nachfrage gerne die Porträts an der Wand.

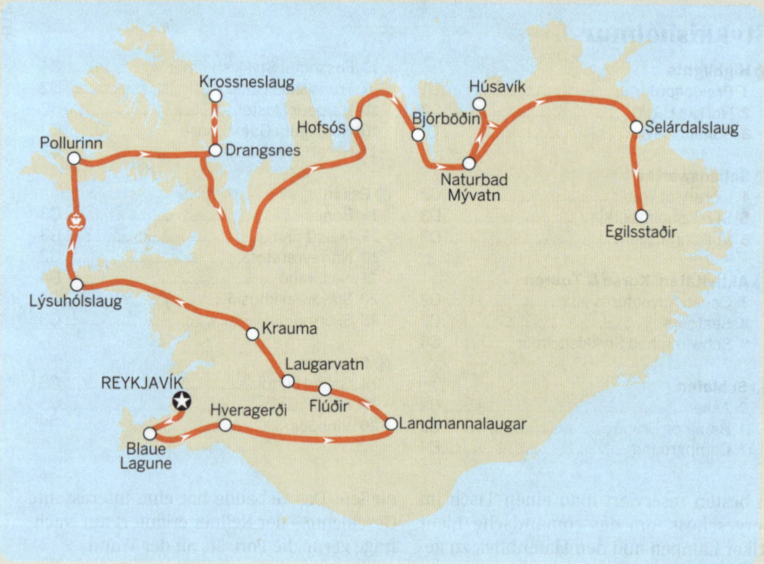
Krossneslaug
Húsavík
Hofsós
Bjórböðin
Selárdalslaug
Pollurinn
Drangsnes
Naturbad Mývatn
Egilsstaðir
Lýsuhólslaug
Krauma
Laugarvatn
REYKJAVÍK
Flúðir
Hveragerði
Landmannalaugar
Blaue Lagune

VERVERIDIS VASILIS/SHUTTERSTOCK ©

SAM SPICER/GETTY IMAGES ©

Oben: Naturbad Mývatn (S. 333)
Unten: Entspannung pur in einer Thermalquelle in Hveragerði (S. 137)

2 WOCHEN

Hot-Pot-Hopping

Rein in die Badesachen, um der Isländer liebstes Hobby zu genießen: das Aalen im warmen, mineralreichen Wasser, eine Wohltat für Körper und Seele. Auf dieser Geothermal-Wallfahrt kann man überall mal die Zehen eintunken.

➡ In **Reykjavík** nutzen die Einheimischen die öffentlichen Bäder zum entspannten Schwimmen und Plaudern.

➡ In der **Blauen Lagune**, dem Disneyland der Badewelt, schmiert man sich das Gesicht mit wohltuender Kieselerde ein.

➡ In **Hveragerði**, einem der aktivsten Geothermalgebiete Islands, gibt's genug blubberndes Wasser für alle.

➡ In **Landmannalaugar** sorgt eine dampfende Quelle für perfekte Erholung nach einer anstrengenden Wanderung.

➡ In **Flúðir** schaut man, wer noch so in der natürlichen, wiesenumrahmten Lagune ist.

➡ Unbedingt lohnt sich ein Stopp beim Fontana in **Laugarvatn**, um das natürliche Geysir-Dampfbad zu erleben.

➡ Dann inspiziert man **Krauma** – die gepflegte neue Anlage bei Reykholt nutzt die Energie von Europas größter Thermalquelle.

➡ Ein ausgiebiges Bad in der Algenbrühe von **Lýsuhólslaug** macht die Haut delfinglatt.

➡ **Pollurinn** bei Tálknafjörður ist ein beliebter Treffpunkt bei den Einheimischen.

➡ Leicht zu übersehen sind die warmen Becken von **Drangsnes** neben der Straße am Ufer.

➡ Ein unwirklich schönes Badeerlebnis wartet in **Krossneslaug** am steinigen Meeresstrand.

➡ Das Freibad von **Hofsós** bietet schier unendliche Aussicht aus den Becken direkt am Fjord.

➡ In Árskógssandur wird der Durst im **Bjórböðin** gestillt, wo Holzwannen mit Bier, Wasser, Hopfen und Hefe gefüllt werden.

➡ Das nördliche Gegenstück zur Blauen Lagune ist das **Naturbad Mývatn**.

➡ Nach einer Walbeobachtungstour lädt man im **GeoSea**, Húsavíks heißer neuer Attraktion seine Akkus wieder auf.

➡ Als Abschluss lockt **Selárdalslaug**, eingebettet zwischen zwei Hügeln bei Vopnafjörður.

➡ Von Egilsstaðir fliegt man zurück nach Reykjavík – aber erst checken, ob **Vök Baths**, der neue Spa-Komplex am See, schon eröffnet hat.

WUNSCHBERG HELGAFELL

Einem Volksglauben zufolge werden denen, die den bescheidenen „Berg" Helgafell besteigen, drei Wünsche erfüllt, sofern sie reinen Herzens sind. Dabei sind aber drei wichtige Regeln zu beachten:

1. Schritt Vom Grab der Guðrún Ósvífursdóttir losgehen, der Heldin einer alten Sage der Region.

2. Schritt Bis zum Tótt (der Kapellenruine) hinaufsteigen, ohne ein Wort zu reden oder sich umzudrehen (wie Orpheus, als er den Hades verließ).

3. Schritt An der Ruine beim Wünschen nach Osten wenden. Und die Wünsche niemandem verraten, sonst erfüllen sie sich nicht.

Sjávarpakkhúsið ISLÄNDISCH €€
(☎438 1800; www.sjavarpakkhusid.is; Hafnargata 2; Hauptgerichte 2800–3500 ISK; ⏲12–22 Uhr; 📶) Aus dem alten Lagerhaus für Fischereibedarf wurde eine Café-Bar mit Holzeinrichtung und Hafenterrasse. Die Spezialität des Hauses sind Miesmuscheln frisch aus dem Fjord, aber auch wenn man nichts essen möchte, kann man hier tagsüber prima abhängen. An den Wochenendabenden ist der Laden eine gut besuchte Bar, in der sich die Einheimischen gerne zu Musiksessions treffen.

Skúrinn INTERNATIONAL €€
(☎544 4004; Þvervegur 2; Hauptgerichte 1900–3200 ISK; ⏲12–14 & 18–21 Uhr; 📶) Das zwanglose Lokal tischt Pizza, Hamburger, Nachos, Fish and Chips und Bier auf und hat eine hübsche Holzterrasse für sonnige Tage.

Shoppen

Leir 7 KUNSTHANDWERK
(☎894 0425; www.leir7.is; Aðalgata 20; ⏲Mo–Fr 14–17, Sa bis 16 Uhr) In dieser Töpferei mitten im Ort stellt die Künstlerin Sigriður Erla aus dem dunklen Lehm des Fjords schöne Keramik her. Außerdem gibt es hier Kunsthandwerk aus Holz von Lára Gunnarsdóttir (www.smavinir.is).

Gallerí Lundi KUNSTHANDWERK
(☎893 5588; Aðalgata 4a; ⏲Mai–Sept. 12.30–18 Uhr) Nette Einheimische verkaufen Kunsthandwerk aus der Region und schenken Kaffee aus.

An- & Weiterreise

BUS

Nach Reykjavík (4140 ISK, 2½ Std.) steigt man in Borgarnes um. Im Winter verkehren weit weniger Busse.

Strætó-Busse (S. 68) halten an der Bushaltestelle (Aðalgata) bei der Olís-Tankstelle:

- Bus 58 nach Borgarnes (2760 ISK, 80 Min., 1- oder 2-mal tgl.).
- Bus 82 nach Hellissandur über Vatnaleið (Kreuzung der Straßen 54 und 56), Grundarfjörður, Ólafsvík und Rif (1840 ISK, 1¼ Std., Mitte Mai–Mitte Sept. 2-mal tgl., 1-mal tgl. weiter nach Arnarstapi). Das übrige Jahr verkehrt dieser Bus nur von Stykkishólmur bis Hellissandur und das auch nur viermal die Woche.

SCHIFF/FÄHRE

Die **Fähre Baldur** (☎433 2254; www.seatours.is) verkehrt von Stykkishólmur über Flatey (1½ Std.) nach Brjánslækur in den Westfjorden (2½ Std.). Von Juni bis August legt sie in Stykkishólmur täglich um 9 und 15.45 Uhr ab und fährt um 12.15 und 19 Uhr von Brjánslækur zurück. Im restlichen Jahr gibt es nur eine Fährverbindung pro Tag, nämlich um 15 Uhr ab Stykkishólmur (außer freitags und samstags) und zurück um 18 Uhr.

Erwachsene bezahlen im Sommer 5760 ISK für die Fahrt nach Brjánslækur; Kinder fahren gratis mit. Plätze für Fahrzeuge (5760/8340 ISK zusätzlich pro Auto/kleinem Wohnmobil) sollten reserviert werden. Die Hin- und Rückfahrt von Stykkishólmur nach Flatey kostet 7840 ISK. Ermäßigungen und Winterpreise sind auf der Website nachzulesen.

Von Stykkishólmur nach Grundarfjörður

Die schöne Landschaft zwischen Stykkishólmur und Grundarfjörður steckt voller Geheimnisse, mit Bergen von spiritueller Dimension und aus den Sagas bekannten Lavafeldern. Und vor der Küste funkelt das Wasser.

Sehenswertes

Helgafell BERG
Etwa 5 km südlich von Stykkishólmur erhebt sich der heilige Berg Helgafell (73 m). Er wurde einst von den Anhängern des Gottes Þór verehrt. Der verhältnismäßig kleine Hügel war in Sagazeiten so heilig, dass ältere Isländer ihn vor ihrem Tod aufsuchten. Heute glauben die Einheimischen, dass denen, die den Hügel besteigen, Wünsche erfüllt werden.

Im späten 10. Jh. trat Snorri Goði, ein prominenter Þor-Verehrer, zum Christentum über und baute oben auf dem Hügel eine Kirche, von der noch Ruinen vorhanden sind. Auf dem gleichnamigen Gehöft in der Nähe verbrachte die hinterhältige Guðrun Ósvífursdóttir aus der *Laxdæla saga* in völliger Abgeschiedenheit ihre letzten Lebensjahre. Ihr Grab befindet sich am Fuß des Hügels.

Berserkjahraun LAVAFELD

Etwa 15 km westlich der Kreuzung der Straßen 54 und 56 erstreckt sich das tief zerfurchte Lavafeld Berserkjahraun (Berserker-Lavafeld). Die von hohen Bergen umgebene Mondlandschaft ist nach einer Geschichte aus der *Eyrbyggja saga* benannt, einer weniger bekannten Saga, die auf der Halbinsel Snæfellsnes spielt: In ihr werden Geister für ihren Spuk zur Rechenschaft gezogen.

Bjarnarhöfn Shark Museum MUSEUM

(☎438 1581; www.bjarnarhofn.is; Gehöft Bjarnarhöfn; Erw./Kind 1200 ISK/frei; ⌚Juni–Aug. 9–18 Uhr, Sept.–Mai kürzere Öffnungszeiten) Der Bauernhof Bjarnarhöfn ist der führende Produzent von *hákarl* (fermentiertes Haifleisch, eine traditionellen isländischen Speise) in der Region. Das Museum erhellt die Geschichte dieser geruchsintensiven kulinarischen Kuriosität. Es zeigt Fischerboote der Familie und Verarbeitungsgeräte. Ein Film klärt über die Schlachtung der Haifische und den Fermentierungsprozess auf.

Das Museum liegt abseits der Straße 54 an einem Abzweig der Straße 577, am fjordseitigen, nordöstlichen Rand des **Bjarnarhafnarfjall** (575 m).

Frisch verzehrt ist das Fleisch von Grönlandhaien, aus dem *hákarl* hergestellt wird, giftig. Durch die Fermentierung wird das Gift neutralisiert. Der Grönlandhai ist übrigens als potenziell gefährdete Art eingestuft und ist das langlebigste Wirbeltier der Erde: Einige Exemplare werden über 500 Jahre alt.

Jeder Museumsbesucher erhält eine Kostprobe der gewöhnungsbedürftigen Spezialität; dazu gibt es einen *brennivín*, einen isländischen Schnaps, der auch „Schwarzer Tod" genannt wird. Im Trockenhaus hinter dem Museum baumeln oft Hunderte von Haifischstücken – das Trocknen ist der letzte Schritt der Verarbeitung.

Grundarfjörður

834 EW.

Der kleine Ort Grundarfjörður liegt spektakulär an einer dramatischen Bucht vor einer Kulisse aus Wasserfällen und eisbedeckten Gipfeln, die oft von Wattenebel eingehüllt sind. Mit seinen Fertighäusern anstelle von Holzhäusern sieht der Ort wie eine typische isländische Fischersiedlung aus, aber die touristischen Einrichtungen sind gut und die umliegende Landschaft mit dem markanten Kirkjufell ist unschlagbar.

Sehenswertes & Geführte Touren

★ Kirkjufell BERG

Es heißt, der Kirkjufell (463 m), der im Nordwesten über den Ort wacht, sei eines der beliebtesten Fotomotive in Island. Er taucht in *Game of Thrones* sowie auf zahllosen Instagram-Accounts auf. Reisende, die an einer Besteigung des Berges interessiert sind, sollten bei den Mitarbeitern des Sagazentrums nachfragen, ob sie einen Führer vermitteln können. An zwei Stellen sind Seile erforderlich, sodass die Besteigung bei Nässe oder ohne genaue Ortskenntnis gefährlich ist.

Hinter dem Kirkjufell rauschen die nicht minder fotogenen Fälle des **Kirkjufellsfoss**.

Sagazentrum MUSEUM

(Eyrbyggja Heritage Centre; ☎438 1881; www.grundarfjordur.is; Grundargata 35; ⌚9–17 Uhr; 📶) GRATIS Das Sagazentrum umfasst eine Touristeninformation, ein Café (s. u.), eine Bücherei, ein Internetcafé und ein kleines Museum. Im Museum sind alte Fischerboote mitsamt Ausrüstung und eine Spielzeugsammlung zu sehen. Bei der Touristeninformation kann man Karten des Nationalparks kaufen und eine kostenlose Wanderkarte der Gegend bekommen.

★ Láki Tours WAL- & TIERBEOBACHTUNG

(☎546 6808; www.lakitours.com; Nesvegur 5) Láki Tours bietet ausgezeichnete Angel- sowie Papageitaucher- und Walbeobachtungstouren ab Grundarfjörður oder Ólafsvík. Die Papageitaucher-Tour (Erw./Kind 5900 ISK/frei; Juni–Aug.) ab Grundarfjörður führt zur wundervollen Basaltinsel **Melrakkaey** mit Papageitauchern, Dreizehenmöwen und anderen Meeresvögeln. Walbeobachtungstouren (Erw./Kind 9900 ISK/frei, keine Touren Mitte Okt.–Mitte Dez.) führen ins beste Walrevier der Region – möglicherweise bekommt man Schwert-, Finn-, Blau, Mink- und Buckelwale zu Gesicht.

Touren und Abfahrtspunkte sind auf der Website verzeichnet. Die Filiale in Grundarfjörður hat ein **Café** (Hauptgerichte 1300–2500 ISK; 9–16 Uhr) mit Pizza und Paninis sowie einen Laden.

Snæfellsnes Excursions BUSTOUR
(☎616 9090; www.sfn.is; Sólvellir 5; Touren ab 10 000 ISK) Private Tagesausflüge zu den wichtigsten Sehenswürdigkeiten auf der Halbinsel Snæfellsnes ab Stykkishólmur, Grundarfjörður und Ólafsvík. Hat ab Arnarstapi auch eine Snæfellsjökull-Gletschertour (7900 ISK) im Programm.

Schlafen

Grundarfjörður bietet außer einer breiten Auswahl an Pensionen und ausgezeichneten Ferienwohnungen auch einen einfachen Campingplatz; eine komplette Liste ist unter www.grundarfjordur.is zu finden. Unterkünfte auf den Landspitzen der Umgebung wie Suður-Bár vermittelt Hey Iceland (www.heyiceland.is).

HI-Hostel Grundarfjörður HOSTEL €
(☎562 6533; www.hostel.is; Hlíðarvegur 15; B/EZ ab 6800/9700 ISK, DZ mit/ohne Bad ab 18 000/13 000 ISK, 4BZ 32 000 ISK; @📶) Hier gibt es alles von sauberen Schlafsälen bis zu schicken, apartmentartigen Zimmern. Die Rezeption befindet sich im roten Haus unter der angegebenen Adresse; die Unterkünfte verteilen sich auf mehrere Häuser im Ort. HI-Mitglieder erhalten 10 % Ermäßigung.

Hamrahlíð 9 Guesthouse PENSION €€
(☎824 3000; hamrahlid9@gmail.com; Hamrahlíð 9; DZ ohne Bad 18 700 ISK; 📶) Das gepflegte Hamrahlíð 9 bietet in zentraler Lage ordentliche kleine Zimmer sowie eine gut ausgestattete Küche und ein Wohnzimmer.

H5 Apartments APARTMENTS €€
(☎898 0325; Hrannarstígur 5; Apt. 28 800 ISK; 📶) Große moderne Apartments im Ortszentrum.

Essen

Café Emil CAFÉ €
(Kaffi Emil; ☎897 0124; www.facebook.com/pg/KaffiEmil; Grundargata 35, Sagazentrum; Hauptgerichte 1200–2000 ISK; ⏲9–18 Uhr; 📶) Das muntere Café im Sagazentrum (S. 241) ist die beste Adresse für Cappuccino, heiße Suppe und Sandwiches.

Meistarinn IMBISS €
(Grundargata; Hotdogs 540–600 ISK, Sandwiches 700–1600 ISK; ⏲Juni–Sept. 12–20 Uhr) Die Speisen auf der Karte der rollenden Wurst- und Sandwichbude sind nach Mitgliedern des dänischen Königshauses benannt.

Kjörbúðin SUPERMARKT €
(☎438 6700; www.samkaup.is; Grundargata 38; ⏲Mo–Fr 9–19, Sa 10–18, So 12–18 Uhr) Kleiner Supermarkt und N1-Tankstelle mit Grillimbiss.

★ **Bjargarsteinn Mathús** FISCH & MEERESFRÜCHTE €€
(☎438 6770; www.facebook.com/Bjargarsteinnrestaurant; Sólvellir 15; Hauptgerichte 2800–4900 ISK; ⏲Juni–Aug. 16–22 Uhr, Sept.–Mitte Dez. & Mitte Jan.–Mai 17–21 Uhr; 📶) Das hervorragende, an der Landspitze in Grundarfjörður gelegene Restaurant unter Leitung erfahrener Gastronomen präsentiert eine abwechslungsreiche Auswahl isländischer Gerichte, mit Schwerpunkt auf Fisch und frischen Zutaten. Auch die Desserts sind köstlich und sehr hübsch angerichtet. Die saisonale Speisekarte wechselt laufend, die Einrichtung ist gemütlich und das Lokal bietet einen fabelhaften Blick auf den Kirkjufell.

Praktische Informationen

Das Sagazentrum (S. 241) hat eine Touristeninformation und Karten der Umgebung.

An- & Weiterreise

Bus 82 von Stræto (S. 68) pendelt zwischen Stykkishólmur und Hellissandur (920 ISK nach Stykkishólmur, Mitte Mai–Mitte Sept. 2-mal tgl., 1-mal tgl. weiter nach Arnarstapi; das übrige Jahr 4-mal wöchentl. und nur von Stykkishólmur nach Hellissandur). Der Bus verkehrt über Vatnaleið (an der Kreuzung der Straßen 54 und 56) und Ólafsvík–Rif–Hellissandur; in Grundarfjörður hält er an der N1-Tankstelle.

Ólafsvík

970 EW.

Seine Fischfabrik macht das ruhige Örtchen nicht gerade zu einem attraktiven Besucherziel. Ólafsvík ist zwar die älteste Handelsstadt im Land (die Handelserlaubnis stammt aus dem Jahr 1687), aber es sind nur wenige Originalbauten erhalten. Für Reisende ist der Ort am ehesten als Ausgangspunkt für Walbeobachtungstouren geeignet.

Das **Pakkhúsið** (Packhaus; ☎433 6930; Ólafsbraut; Erw./Kind 500 ISK/frei; ⏲Juni–Mitte Sept. 12–17 Uhr) ist ein mäßig interessantes Heimat-

ÖNDVERÐARNES

Dort, wo an der Westspitze von Snæfellsnes die Straße 574 nach Süden führt, verläuft ein winziges Sträßchen (579), das nur teilweise asphaltiert ist, über einen alten Lavastrom nach Westen zur Spitze der Halbinsel Öndverðarnes, die sich ausgezeichnet zur Walbeobachtung eignet.

An der asphaltierten Strecke, die sich zwischen schwarzen Lavafelsen hindurchwindet, liegt **Skarðsvík**, ein goldener Strand mit Basaltwürfeln. In den 1960er-Jahren wurde hier ein Wikingergrab entdeckt und es ist gut nachzuvollziehen, warum diese atemberaubende Stelle als letzte Ruhestätte auserkoren wurde.

Hinter Skarðsvík wird die nun ungeteerte Piste erheblich holpriger, ist aber weiter mit einem normalen Pkw befahrbar. Links zweigt ein Fußweg über zerklüftete Lava zum imposanten Vulkankrater **Vatnsborg** ab. Geradeaus geht die Straße weiter bis zu einer T-Kreuzung. Einen Kilometer nach links liegen die spektakulären **Vogelfelsen Svörtuloft** (Saxhólsbjarg) mit ausgezeichneten Fußwegen und ein hoher orangefarbener **Leuchtturm**. Rechts verläuft parallel zum Meer eine Holperpiste 1,9 km weit bis zu einem gedrungenen **Leuchtturm** derselben Farbe. Vom Parkplatz beim Leuchtturm kann man bis zur Spitze der Halbinsel gehen, um nach **Walen** Ausschau zu halten, oder 200 m Richtung Nordosten bis zum alten Steinbrunnen **Fálkí**, von dem es früher hieß, dass er drei Arten Wasser enthält: frisches, heiliges und Bier!

museum, das die Entwicklung der Stadt zum Handelszentrum erzählt. Zum Haus gehören auch ein Kunstgewerbeladen und ein Café (Kaffee ist im Eintritt inbegriffen).

Schlafen & Essen

Við Hafið Guesthouse PENSION €
(☎436 1166; vid.hafid@hotmail.com; Ólafsbraut 55; B/DZ/4BZ ohne Bad mit Frühstück 5500/16 400/21 500 ISK;) Das große Gästehaus bietet saubere, schlichte Zimmer mit Gemeinschaftsbädern und -küche.

Campingplatz CAMPINGPLATZ €
(☎433 6929; www.snb.is; Dalbraut; Stellplatz Erw./Kind 1500 ISK/frei; ⊙Juni–Sept.) Städtischer Campingplatz mit Duschen und Spielplatz.

Welcome Apartments HOTEL €€
(☎487 1212; www.welcome.is; Ólafsbraut 19; Studio ab 17 500 ISK; @) Gute Studios mit kleiner Küche und teils mit Seeblick. Bei Reisegruppen beliebt. Das Schwesterhotel North Star mit rein funktionalen Zimmern sollte man besser meiden.

Hraun INTERNATIONAL €€
(☎431 1030; www.facebook.com/hraun.veitingahus; Grundarbraut 2; Hauptgerichte 2900–5900 ISK; ⊙Juni–Aug. Mo–Fr 11.30–21, Sa & So 12–21 Uhr, Sept.–Mai an manchen Wochenenden;) Das Gute-Laune-Lokal residiert in einem Gebäude aus hellem Holz mit breiter Terrasse davor. Es ist das einzige echte Restaurant am Ort und erfreut seine Gäste mit ausgezeichneten frischen Muscheln, Lamm, Hamburgern und Fisch sowie Bier vom Fass.

Praktische Informationen

Ólafsvík ist die größte Ortschaft im Bezirk Snæfellsbær – die zentrale **Touristeninformation** (☎433 6929; www.snb.is; Kirkjutún 2; ⊙Juni–Aug. Mo–Fr 9–17 Uhr, Sept.–Mai kürzere Öffnungszeiten) der Region ist in einem weißen Gebäude hinter dem Pakkhúsið untergebracht.

An- & Weiterreise

Bus 82 von Strætó (S. 68) pendelt zwischen Stykkishólmur und Hellissandur (1380 ISK nach Stykkishólmur, Mitte Mai–Mitte Sept. 2-mal tgl., 1-mal tgl. weiter nach Arnarstapi; das übrige Jahr 4-mal wöchentl. und nur von Stykkishólmur nach Hellissandur).

Rif

135 EW.

Das Hafendorf Rif ist so winzig, dass Ólafsvík im Vergleich wie eine Großstadt aussieht. In der Ferne ist der tief stürzende Wasserfall **Svödufoss** mit Kaskaden und spektakulären Basaltsäulen zu sehen.

Zwischen Rif und Hellissandur steht in **Ingjaldshóll** einsam eine **Kirche** von 1903. Ingjaldshóll ist der Schauplatz der *Víglundar saga*. Wenn die Kirche geöffnet ist, kann man drinnen ein Gemälde sehen, auf dem Christoph Kolumbus bei seinem (mutmaßlichen) Besuch in Island 1477 dargestellt ist. Manche Leute glauben, dass er mit der Handelsmarine nach Island kam und sich nach den Wikingerfahrten nach Vinland erkundigte.

Schlafen

Freezer Hostel HOSTEL €
(☎833 8200; www.thefreezerhostel.com; Hafnargata 16; B/Apt. ab 6100/21 200 ISK; 📶) Diese urige Herberge in einer früheren Fischfabrik vereint unter einem Dach karge Vier-, Sechs- und Acht-Bett-Schlafsäle mit einer coolen Location für Theater und Konzerte. Im Sommer wird ein umfassendes Programm mit Theateraufführungen, Geschichtenerzählen und Musik geboten – Näheres auf der Website. Das Hostel vermietet auch zwei Apartments in Hellissandur.

Gamla Rif PENSION €€
(Háarifi 3; DZ ohne Bad ab 14 000 ISK; 📶) Das Gamla Rif war früher ein beliebtes Café und wurde inzwischen in eine Handvoll holzvertäfelte Fremdenzimmer mit Blick auf die Berge oder das Meer samt Wohnbereich und Küche verwandelt.

An- & Weiterreise

Bus 82 von Strætó (S. 68) pendelt zwischen Stykkishólmur und Hellissandur (1840 ISK nach Stykkishólmur, Mitte Mai–Mitte Sept. 2-mal tgl.). Im Sommer fährt er einmal am Tag weiter nach Arnarstapi.

GUÐRIÐUR ÞORBJARNARDÓTTIR: DIE WEITGEREISTE

Guðriður Þorbjarnardóttir zählte zu den bedeutendsten Entdeckern und Entdeckerinnen Islands und hat sich ihren Spitznamen „die Weitgereiste" redlich verdient. Sie wurde vor dem Jahr 1000 in Hellnar geboren – eine kleine Skulptur markiert den Standort des Gehöfts ihrer Familie in Laugarbrekka – und wurde bald von einem unstillbaren Fernweh befallen. Nicht nur erreichte sie als eine(r) der ersten Europäer(innen) Vinland – wahrscheinlich das heutige kanadische Neufundland –, sondern sie brachte dort auch ein Kind zur Welt: den ersten in Nordamerika geborenen Europäer! Später trat Guðriður zum Christentum über und unternahm eine Pilgerreise nach Rom, wo sie vielleicht sogar den Papst traf und von ihren Reisen berichtete.

Näheres über Guðriður ist in der *Saga von Erik dem Roten* und der *Saga von den Grönländern* zu erfahren sowie in *The Far Traveler* von Nancy Marie Brown und *Der Weg nach Vinland* von Margaret Elphinstone.

Hellissandur

Hellissandur ist das älteste Fischerdorf der Gegend. Heute ist hier nicht mehr viel los – von den tollen Ausblicken auf den Gletscher und den Fjord einmal abgesehen. Das **Sjóminjasafnið** (Schifffahrtsmuseum; ☎436 6619; www.facebook.com/sjominjasafnhellissandi; Útnesvegur (Straße 574); Erw./Kind 1300 ISK/frei; ⏲Juni–Sept. 10–17 Uhr) beherbergt neben der *Bliki*, dem ältesten Fischerboot Islands, und dem tollen Nachbau eines Torfhauses eines Fischers alte Fotos und lauter Krimskrams, darunter Hebesteine, mit denen angehende Fischer ihre Kraft unter Beweis stellten.

Der Ort wartet mit einem einfachen Hotel und Campingplatz auf; an der Tankstelle gibt es Imbisskost. Die Betreiber des Freezer Hostel in Rif vermieten in Hellissandur zwei Ferienwohnungen.

Nationalpark Snæfellsjökull

Der **Nationalpark Snæfellsjökull** (☎436 6860; www.snaefellsjokull.is) umfasst einen großen Teil der Westspitze der Halbinsel Snæfellsnes mitsamt den zerklüfteten Hängen des Snæfellsjökull. An den Flanken des Gletschers am Ende der Halbinsel liegen Lavaröhren. Die geschützten Lavafelder sind die Heimat isländischer Fauna, prima Wanderreviere und in Küstennähe erstklassige Vogel- und Walbeobachtungsposten.

Wenn sich der Nebel um den Gletscher herum lichtet, tritt dessen riesiger Eisschild zutage. Seine Berühmtheit verdankt der Gletscher Jules Verne, der ihn als Schauplatz für seinen Roman *Reise zum Mittelpunkt der Erde* nutzte.

Sehenswertes

★ **Snæfellsjökull** GLETSCHER
Es ist leicht nachzuvollziehen, warum Jules Verne den Snæfell für seinen Abenteuerroman *Reise zum Mittelpunkt der Erde* auswählte – der Gipfel wurde auseinandergerissen, als der Vulkan explodierte und in seine eigene Magmakammer hineinstürzte, sodass eine riesige Caldera entstand. Unter verschiedenen New-Age-Gruppen gilt der Snæfellsjökull als eines der großen „Kraftzentren" der Welt. Heute ist der an der

ABSEITS DER ÜBLICHEN PFADE

ABSTECHER: STRASSE 590

Die 85 km lange Piste, die im normalen Pkw befahrbar ist, folgt der spektakulären Küste der oft vergessenen Halbinsel zwischen der Halbinsel Snæfellsnes und den Westfjorden (Abzweig von Straße 60 bei Fellströnd). Windgepeitschte Gehöfte scheinen fest in der Vergangenheit zu verharren und felsige Berge ziehen sich gen Himmel bis hoch zu ihren flachen Granitgipfeln. Und hier sind Seeadler zu erspähen.

Der Hof **Hvammur** am Beginn der Straße hat eine ganze Reihe prominenter Isländer hervorgebracht, z. B. Snorri Sturluson, Autor der *Prosa-Edda*. Der Hof wurde etwa 895 von Auður djúpúðga (Auður die Tiefgründige) besiedelt. Sie war die Frau des irischen Königs Olaf Godfraidh, der eine kleine Rolle in der *Laxdæla saga* spielte. Zufälligerweise wuchs auch Árni Magnússon in Hvammur auf, der 1728 die meisten Isländersagas in Kopenhagen vor dem Feuer rettete.

Übernachten können Reisende in der schön renovierten **Vogur Country Lodge** (☎ 435 0002; www.vogur.org; Straße 590, Fellsströnd; DZ/3BZ ab 12 500/28 800 ISK; ⏲ Restaurant 18–21 Uhr; 📶 👪) oder im abgeschiedenen, netten **Guesthouse Nýp** (☎ 896 1930; www.nyp.is; Straße 590, Skarðsströnd; DZ ohne Bad mit Frühstück 13 800 ISK; 📶) 🍃. Kurz vor **Skarð**, einem einsamen Gehöft, das seit über 1000 Jahren derselben Familie gehört, gibt es auch einen Campingplatz, **Á** (☎ 663 1420, 434 1420; traustibjarnason@gmail.com; Straße 590, Skarðsströnd; Stellplatz für Zelt oder Wohnmobil 3000 ISK; ⏲ Juni–Aug.).

höchsten Stelle 1446 m hohe Krater mit Eis aufgefüllt und im Sommer ein beliebtes Wanderziel.

Am besten gelangt man im Rahmen einer Tour mit Summit Adventure Guides (S. 246), Snæfellsjökull Glacier Tours (S. 246) oder Go West! (S. 247) hinauf zum Gipfel. Diese Veranstalter steuern den Gipfel von Süden her über die Piste F570 an. Der nördliche Zugang über die F570 ab Ólafsvík ist extrem holprig (nur per Allradfahrzeug zu bewältigen) und oft wegen Wetterschäden geschlossen. Selbst die fittesten und bestens ausgestatteten Wanderer dürfen den Gletscher nicht ohne örtlichen Guide besteigen; mehr Infos gibt es im Besucherzentrum des Nationalparks (S. 246) in Malarrif.

Saxhöll-Krater VULKAN

(Straße 574) Südöstlich der Halbinsel Öndverðarnes geht von der Straße 574 eine gekennzeichnete Piste zum Schlackekrater Saxhöll ab, von dem ein Teil der Lava dieser Gegend stammt. Ein befahrbarer Weg führt zum Fuß des Kraters, der auf einem holprigen, 300 m langen Weg bestiegen werden kann; von oben bieten sich grandiose Ausblicke über die Lavaströme Neshraun.

★ **Djúpalón-Strand** STRAND

(Djúpalónssandur; Straße 572) An der Südwestküste zweigt die Straße 572 von der 574 ab und führt hinunter zum wilden schwarzsandigen Strand Djúpalónssandur. Hier lohnt sich ein Spaziergang, vorbei an Felsformationen (einer Elfenkirche und einem **Kerling** – einer Trollfrau), zwei brackigen Becken, denen der Strand seinen Namen verdankt, und dem Felsbogen **Gatklettur**. Stellenweise ist der schwarze Sand mit verrostetem Metall von dem englischen Trawler *Eding* übersät, der 1948 hier zerschellte. Ein asphaltierter Parkplatz mit öffentlichen Toiletten macht den Strand auch für Reisebusse – und damit für größere Besucherscharen – zugänglich.

Unten am Strand liegen vier **Kraftsteine**, mit denen die Besatzungen von Fischerbooten die Kräfte potenzieller Fischer prüften. Der kleinste Stein ist Amloði (Versager) mit 23 kg, gefolgt von Hálfdrættingur (halbe Portion) mit 54 kg sowie Hálfsterkur (halbstark) mit 100 kg, und der größte ist Fullsterkur (volle Stärke) mit 154 kg. Hálfdrættingur markierte die Grenze zur Schwächlichkeit – wer diesen Stein nicht heben konnte, galt als ungeeignet für ein Leben auf See.

Auf dem Weg Richtung Norden über das zerklüftete Kap zum schwarzen Sandstrand von **Dritvík** erhebt sich an der Küste eine Reihe von Felstürmen aus dem Ozean, von denen einige zu einer Trollkirche gehören sollen. Vom 16. bis zum 19. Jh. war Dritvík mit bis zu 60 Booten die größte Fischfangstation Islands; heute sind davon am Rand des Lavafeldes jedoch nur noch Ruinen übrig.

Vatnshellir LAVARÖHRE

(Straße 574) Die 8000 Jahre alte Lavaröhre mit zahlreichen Höhlen liegt 1 km nördlich von Malarrif 32 m unter der Erdoberfläche.

An der Straße 574 befindet sich eine Haltebucht, aber die Röhre kann nur im Rahmen einer geführten Tour mit Summit Adventure Guides besichtigt werden.

Malarrif LEUCHTTURM

GRATIS Etwa 2 km südlich des Djúpalónssandur führt eine geteerte Straße hinunter zum raketenförmigen Leuchtturm von Malarrif. Von dort kann man in östlicher Richtung 1 km an der Steilküste entlang zu den Gesteinssäulen des erodierten Kraters **Lóndrangar** (mit eigenem Parkplatz abseits der Straße 574) gehen, die sich in überraschenden Formationen in die Höhe recken. Den Einheimischen zufolge benutzen Elfen sie als Kirche. Ein Stück weiter östlich liegen die **Vogelfelsen Þúfubjarg**, die auch von der Straße 574 aus zu erreichen sind. Hier befindet sich das Besucherzentrum des Nationalparks, Gestastofa.

Geführte Touren

★ **Summit Adventure Guides** ABENTEUERTOUR

(☎787 0001; www.summitguides.is) Bietet sehr beliebte 45-minütige Führungen durch die Lavaröhre Vatnshellir (Erw./Kind 3750 ISK/frei). Die Führer erläutern die faszinierenden geologischen Phänomene und erzählen auch etwas über die Trolllegenden der Region. Helme und Taschenlampen werden gestellt. Teilnehmer sollten sich warm anziehen, Wanderstiefel und am besten auch Handschuhe tragen. Außerdem veranstaltet der Anbieter verschiedenste Gletschertouren (13 900–22 900 ISK) auf den Snæfellsjökull, u. a. auch Skitouren. Dazu kommen noch anspruchsvolle Fatbike-Touren auf den Vulkan Rauðhóll (25 900 ISK).

Snæfellsjökull Glacier Tours SCHNEEMOBILTOUR

(☎865 0061; www.theglacier.is; Litli-Kambur; Pistenraupentour Erw./Kind 7900/5000 ISK, Schneemobiltour 18 000 ISK; ⌚Mai–Aug.) Auf den zweistündigen Pistenraupen- und Schneemobiltouren befahren die Teilnehmer den Gletscher bis auf etwa 1410 m Höhe.

Schlafen & Essen

Die meisten kleinen Orte unmittelbar außerhalb des Parks haben Ferienhäuser, Campingplätze oder Pensionen und sind schnell zu erreichen. Am Nordrand des Parks betreibt das Unternehmen Summit Adventure Guides das Westpark Guesthouse.

Am besten kauft man in Borgarnes oder Stykkishólmur ausreichend Proviant ein, denn Lebensmittelläden und Restaurants sind im Park dünn gesät.

Westpark Guesthouse PENSION €

(☎837 7700; www.westpark.is; Straße 574; EZ/DZ ohne Bad ab 8700/12 400 ISK, Haus mit 4 Schlafzimmern 34 000 ISK;) Die große, einfache Pension ist ein praktischer Ausgangspunkt für die Erkundung des Nationalparks Snæfellsjökull – es ist die einzige Unterkunft, die im Nationalpark liegt, wenn auch am Rand in der Nähe eines großen Sendemastes. Mit Gemeinschaftsbädern und -küchen.

Praktische Informationen

Nationalpark-Besucherzentrum – Gestastofa (Besucherzentrum des Nationalparks Snæfellsjökull; ☎591 2000, 436 6888; www.snaefellsjokull.is; Malarrif; ⌚Ende April–Okt. 10–17 Uhr, sonst Mo–Fr 11–16 Uhr;) Die wichtigste Anlaufstelle für Infos über den Nationalpark Snæfellsjökull ist dieses Informationszentrum in Malarrif mit Karten und Broschüren sowie Präsentationen zu Geologie, Geschichte, Flora, Fauna und Brauchtum der Region. Die Ranger bieten ein Sommerprogramm mit kostenlosen **geführten Touren** durch den Park an. Näheres hierzu ist auf der Website oder per E-Mail zu erfahren. Achtung: Das Parkbüro in Hellissandur dient nur Verwaltungszwecken und ist nicht für die Öffentlichkeit zugänglich.

An- & Weiterreise

Am besten lässt sich der Park mit einem eigenen Fahrzeug erkunden.

Bus 82 von Strætó (S. 68) fährt von Stykkishólmur nach Hellissandur (Mitte Mai–Mitte Sept. 2-mal tgl., 1-mal tgl. weiter nach Arnarstapi; das übrige Jahr 4-mal wöchentl. und nur von Stykkishólmur nach Hellissandur).

Südliches Snæfellsnes

Östlich des Nationalparks Snæfellsjökull führt die Küstenstraße 574 an den Örtchen Hellnar und Arnarstapi (hier sind Anbieter von Gletschertouren vor Ort) und interessanten, vom Meer geschaffenen Felsformationen vorbei. Weiter geht es auf dem breiten Küstenstreifen Richtung Osten, an riesigen Sandbuchten wie Breiðavík auf der einen Seite und hohen Gipfeln mit Wasserfällen auf der anderen Seite entlang. In dieser Gegend bieten sich tolle Möglichkeiten zum Reiten.

Hellnar

Bárður, von dem die *Bárðar saga Snæfellsáss* handelt, war Riese, Troll und Mensch zugleich. Er lebte in einem Gebiet namens Laugarbrekka bei Hellnar, einem idyllischen Ort an einer felsigen Bucht. Gegen Ende der turbulenten Saga wird Bárður zum Schutzgeist des Snæfell. Heute ist das ehemals bedeutende Hellnar ein winziges Fischerdorf, wo Seevögel kreischen und man regelmäßig Wale sehen kann.

Sehenswertes

Die **Bárðarlaug** oben an der Hauptstraße soll Bárðurs Badebecken gewesen sein – leider ist das Wasser im Becken heute nicht mehr warm. An der Küste liegt die Höhle **Baðstofa**, in der eine Menge Vögel nisten. Ganz in der Nähe nimmt der Küstenpfad nach Arnarstapi seinen Anfang. Uralte Lavaströme ziehen sich mit einem Samtmantel aus Moos bedeckt durch das **Hellnahraun** Richtung Osten.

Schlafen & Essen

★ Fosshotel Hellnar HOTEL €€€

(☎435 6820; www.fosshotel.is; Brekkubær; DZ ab 31 200 ISK; ⏲März–Nov.; P 📶) Mit seinen sonnendurchfluteten, komfortablen Zimmern ist das Fosshotel Hellnar die beste Unterkunft in der Gegend und daher oft komplett ausgebucht. Selbst wenn keine Übernachtung geplant ist, lohnt sich unbedingt ein Abendessen im hauseigenen **Restaurant** (Hauptgerichte 3800–5000 ISK; ⏲März–Nov. 18–22 Uhr; P 📶), denn hier werden isländische Gerichte aus regionalen Biozutaten zubereitet und zum Nachtisch gibt es himmlischen *skyr*-Kuchen. Reservieren! Hotel und Restaurant werden nach Nachhaltigkeitskriterien geführt.

Primus Café CAFÉ €

(☎865 6740; www.facebook.com/primuskaffi; Hellnavegur; Hauptgerichte 1600–2600 ISK; ⏲Mai–Mitte Sept. 10–21 Uhr, Mitte Sept.–April 11–16 Uhr) Einladendes Café mit Kuchen, Suppen und einfachen Gerichten.

★ Fjöruhúsið FISCH & MEERESFRÜCHTE €€

(☎435 6844; www.facebook.com/FjoruhusidHellnum; Kuchen & Quiches 950 ISK, Hauptgerichte 2500–2800 ISK; ⏲Juni–Aug. 11–22 Uhr, März–Mai & Sept.–Nov. kürzere Öffnungszeiten) Das urige, herrlich gelegene Fjöruhúsið und seine berühmte Fischsuppe lohnen den Abstieg zum Meeresufer über einen Steinweg. Das Lokal bei den Vogelfelsen am Startpunkt des wunderschönen Fußwegs von Hellnar nach Arnarstapi serviert den Kaffee noch in hübsch altmodischem Porzellan.

KÜSTENWANDERUNG VON HELLNAR NACH ARNARSTAPI

Auf Regionalkarten sind zwischen den Sehenswürdigkeiten auf der Halbinsel Snæfellsnes (www.snaefellsjokull.is) zahllose Wege verzeichnet. Einer der beliebtesten und schönsten ist der 2,5 km lange Küstenpfad (ca. 40 Min.) zwischen Hellnar und Arnarstapi. Der schmale Weg folgt der zerklüfteten Küste durch ein Naturschutzgebiet und führt an Lavaströmen und erodierten Steinhöhlen vorbei. Bei starkem Wind stiebt die Gischt durch die Felsbögen; bei schönem Wetter kann man nach nistenden Meeresvögeln Ausschau halten.

An- & Weiterreise

Nach Hellnar fahren keine öffentlichen Verkehrsmittel. Die nächste Anbindung ist der Bus 82 von Strætó (S. 68) zwischen Stykkishólmur und dem benachbarten Arnarstapi (Mitte Mai–Mitte Sept. 1-mal tgl.).

Arnarstapi

Die Ansammlung von Sommerhäuschen ist mit Hellnar durch die Hauptstraße und einen wundervollen Küstenpfad verbunden. Sie schmiegt sich zwischen die unruhigen arktischen Gewässer und die verwitterten Säulen zweier aneinandergrenzender Lavafelder. Ein Denkmal erinnert an Jules Verne und auf einem witzigen Schild sind die Entfernungen zu wichtigen Städten auf der Welt durch den Mittelpunkt der Erde hindurch angegeben. Ein zweites, riesiges trollartiges Denkmal würdigt Bárður, den Schutzgeist der Region und die Hauptfigur einer örtlichen Saga.

In der Nähe von Arnarstapi starten auch die meisten Touren auf die Gletscherkrone des Snæfellsjökull.

Geführte Touren

★ Go West! ABENTEUER- & RADTOUR

(☎695 9995; www.gowest.is) Das freundliche Paar Jón Joel und Maggy bietet umweltfreundliche Rad-, Wander-, Boots- und Gletschertouren sowie Touren zu heißen Quellen. Bei einigen liegt der Schwerpunkt auf kulturellen Aspekten, bei anderen auf der Landschaft. Die Snæfellsjökull-Gletschertouren (ab 22 000 ISK) sind Wanderungen; Steigeisen und Eispickel werden gestellt. Go West! bietet außerdem Touren in Südisland sowie Touren von Reykjavík aus.

1

HENRYOUDEEGBERINK/GETTY IMAGES ©

2

1. Drangsnes Hot Pot (S. 284)
Die kostenlosen Geothermal-Hot-Pots von Drangsnes direkt am Meer sind in die Küstenbefestigung eingelassen.

2. Seljavallalaug (S. 158)
Das Geothermal-Becken bei Skogar erfreut sich mittlerweile bei Badegästen großer Beliebtheit.

3. Landmannalaugar (S. 164)
In Landmannalaugar gibt es nicht nur atemberaubende vielfarbige Berge, sondern auch Thermalquellen zum Baden.

4. Gamla Laugin (S. 135)
Die „geheime Lagune" ist nachmittags sehr gut besucht, also besser früher oder später kommen.

4

KOVOP58 / SHUTTERSTOCK ©

JEAFISH PING/SHUTTERSTOCK ©

GORODISSKI/SHUTTERSTOCK ©

VON ARNARSTAPI RICHTUNG GLETSCHER

Wer von Arnarstapi die F570 hinauffährt, kommt am 526 m hohen Berg **Stapafell** vorbei, wo angeblich das kleine Volk (die Elfen) wohnt. Zu ihren Ehren sind Miniaturhäusergiebel auf die Felsen gemalt. Weiter geht es vorbei an einem eingebrochenen Krater mit Lavahöhlen etwa 1,5 km abseits der Hauptstraße. Die größte Höhle ist **Sönghellir** (Liederhöhle) mit Graffiti aus dem 18. Jh. – hier sollen Zwergenlieder widerhallen. Eine Taschenlampe ist hilfreich, um die Graffiti zu lesen, und man kann sein Lieblingslied schmettern, um das Echo zu testen.

Schlafen & Essen

In Arnarstapi kann man im Sommer Ferienhäuschen mieten. Am besten deckt man sich vor der Anreise in Borgarnes oder Stykkishólmur mit Proviant ein, denn in Arnarstapi gibt es keine Geschäfte.

Arnarstapi Center Hotel & Cottages HOTEL, HÜTTEN €€€

(Snjófell; ☎435 6783; www.arnarstapicenter.is; Arnarstapavegur; DZ/3BZ/4BZ mit Frühstück ab 30 000/35 800/50 500 ISK, Hütte ab 33 700 ISK; ⌚März–Okt.; 📶 👪) Das nagelneue Hotel breitet sich mit seinen Ferienhäuschen mitten in Arnarstapi aus. Die modernen Zimmer verfügen über schicke Bäder und die Hütten sind mit Kaffeemaschine, Mikrowelle und Kühlschrank ausgestattet. In einer älteren Pension gibt's außerdem einfachere Zimmer mit Gemeinschaftsbad. Das lichtdurchflutete **Restaurant** (Hauptgerichte 3600–5200 ISK; 9.30–22 Uhr) serviert Fisch, Lamm und Burger. Eventuell kommt demnächst noch ein Campingplatz hinzu.

Stapinn Café CAFÉ €

(☎766 7229; Arnarstapavegur; Gerichte 500–2400 ISK; ⌚12–20 oder 21 Uhr; 🌱) Das kleine, aber einladende Café an der Hauptstraße serviert neben Kaffee verschiedene kleine Speisen, vo Kuchen über Lammschnitzel bis hin zu Burgern (auch vegan).

An- & Weiterreise

Richtung Osten verkehren keine öffentlichen Verkehrsmittel. Wer im Sommer nach Reykjavík möchte, nimmt den Bus 82 bis nach Vatnaleið (an der Kreuzung der Straßen 56 und 55) und steigt dort in den Bus 58 nach Borgarnes um, wo man ein weiteres Mal umsteigen muss.

Bus 82 von Strætó (S. 68) fährt von Stykkishólmur nach Arnarstapi (2300 ISK, Mitte Mai–Mitte Sept. 1-mal tgl.); im Winter fährt er nicht bis Arnarstapi.

Rauðfeldsgjá

Rauðfeldsgjá SCHLUCHT

Unmittelbar nördlich von Arnarstapi und dem Berg Stapafell zweigt ein kleiner Weg von der 574 zur atemberaubenden Rauðfeldsgjá ab, einer steilen, engen Spalte, die auf geheimnisvolle Weise in der Felswand verschwindet. Vögel kreisen durch die Lüfte, durch die Schlucht rauscht ein Bach und man kann zwischen den steilen Felswänden recht weit herumkraxeln. Wie ein Schild am Parkplatz erläutert, taucht die Schlucht in einer dramatischen Szene der örtlichen Saga von Bárður auf.

Breiðavík

Östlich der Rauðfeldsgjá führt die Straße 574 an der langen Sandbucht Breiðavík vorbei. Die windgepeitschte Küste mit ihrem gelben Sandstrand ist wunderbar ruhig, aber schwer zu erreichen. Das Küstenweideland entlang der Berge von hier Richtung Osten nach Vegamót zählt zu den besten Reitrevieren Islands. Hier sind mehrere Pferdehöfe ansässig, die international einen Namen haben.

Am Ostrand der Breiðavík wird auf einer Tafel die grausame Geschichte von Axlar-Björn erzählt, einem berüchtigten isländischen Serienmörder des 16. Jhs.: In mageren Zeiten hielt er sich mit dem Meucheln von Reisenden über Wasser.

Geführte Touren

Stóri Kambur REITEN

(☎852 7028; www.storikambur.is; Straße 574; ⌚Ende Mai–Mitte Sept.) Der familienbetriebene Reiterhof bietet ein- oder zweistündige Ausritte (8000/14 000 ISK) am Strand, einige mit Saga-Bezug, aber alle an klaren Tagen mit Gletscherblick. Kurze Ausritte für Kinder kosten 3500 ISK. Außerdem werden Hütten vermietet (ab 20 000 ISK für 2 Pers.).

Búðir & Búðahraun

In Búðir stehen eine einsame Kirche und ein Hotel, aber vom alten Fischerdorf ist an den zerklüfteten, moosigen kleinen Buchten nichts mehr zu sehen. Ein Weg führt über das angeblich von Elfen bewohnte, uralte Lavafeld Búðahraun, das unter Naturschutz steht. In seinen Kuhlen und Spalten gedeihen Blumen und Farne, viele davon wiederum selbst geschützte isländische Arten. Über den Weg kommt man auch zum Krater Búðaklettur. Die Wanderung zum Krater und zurück dauert etwa drei Stunden. Der Überlieferung zufolge führt eine mit Gold und Edelsteinen gepflasterte Lavaröhre unter der Búðahraun bis nach Surtshellir im oberen Borgarfjörður.

Schlafen & Essen

Hótel Búðir HOTEL €€€

(☎ 435 6700; www.hotelbudir.is; Búðir; DZ 39 900–54 500 ISK, Suite 72 000 ISK; @📶) Das windgepeitschte, an einem romantisch-einsamen Küstenabschnitt gelegene Hótel Búðir versucht sich stilvoll zu geben, wird aber von Reisegruppen überschwemmt und verlangt stolze Preise für das Gebotene. Den besten Ausblick und einen winzigen Balkon genießen die Gäste in Zimmer 28. Das Restaurant (Hauptgerichte 4700–6000 ISK) ist manchmal nur für Reisegruppen mit Reservierung geöffnet.

Von Lýsuhóll nach Gerðuberg

In dieser Gegend liegen einige Pferdehöfe verstreut, teils mit Unterkünften. Wiesen und Sandstrände vor der Kulisse von Lavafeldern und Bergen sind ein tolles Reitrevier.

Sehenswertes & Aktivitäten

★ Lýsuhólslaug THERMALBAD

(☎ 433 9917; lysuholslaug@gmail.com; Erw./Kind 1000/300 ISK; ⏲ Juni–Mitte Aug. 11–20.30 Uhr) Die Thermalquelle der Lýsuhólslaug speist das Bad mit kohlensäurehaltigem, mineralreichem Wasser mit einer idealen Temperatur von 37 bis 39 °C. Das trübe Grün im Becken ist kein Grund zu erschrecken – in dem eisenreichen Wasser bilden sich viele Algen. Die Quelle liegt gleich hinter dem Gestüt Lýsuhóll.

Gerðuberg NATURDENKMAL

Wo sich die Straße 54 zwischen der Halbinsel Snæfellsnes und dem Festland in eine Kurve legt, erheben sich aus der Ebene die spektakulären Basalttürme der Felswand Gerðuberg.

★ Lýsuhóll REITEN, HÜTTEN

(☎ 435 6716; www.lysuholl.is) Pferdefreunde werden sich auf diesem sympathischen Reiterhof wohlfühlen. Selbst für Leute, die nicht reiten, ist die Farm mit Gästehaus und Sommerhütten (EZ/DZ/4BZ inkl. Frühstück 16 500/20 000/35 000 ISK, Hütte 27 000 ISK) ein nettes Quartier. Die Reitführer zeigen gerne die Ställe. Es werden sowohl kurze Ausflüge (1 Std. 7000ISK) als auch mehrtägige Reitexkursionen (8 Tage 1850 €) angeboten.

Ytri-Tunga TIERBEOBACHTUNG

An der Küste bei dem verlassenen Gehöft Ytri-Tunga unmittelbar östlich von Hof ist manchmal eine Seehundkolonie zu Gast, vor allem im Juni und Juli.

Schlafen & Essen

Traðir Guesthouse PENSION €€

(☎ 431 5353; www.tradirguesthouse.net; Straße 54, Gehöft Traðir; Stellplatz Erw./Kind 1500 ISK/frei, DZ ohne Bad ab 18 600 ISK, Hütte ab 26 500 ISK; 📶) Komfortable Gästezimmer, Hütten und ein Campingplatz am Südufer der Halbinsel

ABSTECHER

MILCHBAUERNHOF ERPSSTAÐIR

Wenn die kleinen Passagiere zu jammern anfangen „Sind wir bald da?", ist es Zeit, **Erpsstaðir** (☎ 868 0357; www.erpsstadir.is; Straße 60; Kuhstallführung Erw./Kind 600 ISK/frei; ⏲ Mitte Juni–Mitte Aug. 11–18 Uhr, Mitte Mai–Mitte Juni & Mitte Aug.–Mitte Sept. 13–17 Uhr; 👪) anzusteuern. Der Milchbauernhof ist ideal, um sich bei einem Zwischenstopp die Beine zu vertreten. Der Hof an der schönen Straße 60 (zwischen Búðardalur und Ringstraße; mit Gebirgstälern, Bächen und Wasserfällen) ist eine Oase für naschhafte Wanderer, denn er hat sich auf köstliche hausgemachte Eiscreme (400 ISK) spezialisiert. Besucher können die Hofanlage mitsamt ihren Kühen, Hühnern, Kaninchen und sogar Meerschweinchen besichtigen und sich zum krönenden Abschluss ein üppiges Eis gönnen. Der Hof verkauft auch *skyr* und Käse. Extrem lecker ist das raketenförmige *skyr*-Konfekt (die Form soll an ein Euter erinnern) – mit weißer Schokolade überzogenes, dickes *skyr*.

Für Besucher, die schon zum Frühstück Eis schmausen wollen, vermietet Erpsstaðir auch ein **Ferienhaus** (ab 26 000 ISK; Bettwäsche 1000 ISK pro Pers.).

Snæfellsnes; dazu tischt ein kleines Café einfache Mahlzeiten auf. Traðir bietet auch Reitmöglichkeiten und Angellizenzen für den nahen Fluss Staðará.

Hotel Rjúkandi HOTEL €€

(☎788 9100; www.rjukandi.com; Ecke Straße 54 & 56, Vegamót; DZ/4BZ mit Frühstück 20 200/36 600 ISK; ⊙Café 10–18 Uhr, Restaurant Juni–Aug. 18–22 Uhr, Sept.–Mai bis 20 Uhr;) Vegamót bedeutet Kreuzung und genau an einer solchen liegt das nachhaltig geführte Hotel, Café und Restaurant. Das Hotel bietet einfache, saubere Zimmer mit eigenen Bädern. Als Erstes fällt wahrscheinlich das Rjúkandi Kaffi (Snacks 450–1700 ISK) neben der N1-Tankstelle ins Auge. Es beglückt seine einheimische Stammkundschaft mit selbst gebackenen Kuchen und Tagessuppen. Das Hotelrestaurant serviert hübsch angerichtete isländische Speisen.

Guesthouse Hof PENSION, HÜTTEN €€

(☎846 3897; www.gistihof.is; Straße 54, Gehöft Hof; DZ mit/ohne Bad 17 500/14 900 ISK, Hütte mit 2 Schlafzimmern ab 28 000 ISK;) Das freundliche Gästehaus Hof bietet verschiedene einfache Unterkünfte im Apartmentstil, jede mit eigenem Whirlpool und schöner Aussicht, sowie freistehende Hütten mit eigenem Bad und Gemeinschaftskochhütte. Außerdem gibt es Schlafsackunterkünfte. WLAN ist nur in den Gemeinschaftsbereichen verfügbar.

HJARÐARHOLT & DIE SAGAS

Die Region Dalir spielt zwar in vielen bekannten isländischen Sagas eine zentrale Rolle, aber von den Gehöften aus der Sagazeit ist kaum noch etwas erhalten. Nichts ist mehr zu sehen von **Hjarðarholt**, dem Gehöft von Kjartan Ólafsson und seinem Vater, Ólaf dem Pfau. Ihr Hof mit Sagaszenen an den Wänden und einem riesigen Speisesaal, der Platz für bis zu 1100 Gäste bietet, galt als eines der Wunderwerke der nordischen Welt. An seiner Stelle steht dafür heute eine schöne **Kirche** mit tollem Blick auf das Tal, in dem sich die Geschichte der Region abspielte.

Auf **Höskuldsstaðir**, ganz in der Nähe und wie Hjarðarholt an der Laxá gelegen, wurde Hallgerður die Langbeinige (auch die Langhaarige genannt) geboren, die Frau von Gunnar aus Hlíðarendi aus der *Njáls saga*. Weitere wichtige Bewohner des Hofs waren Bolli und sein Ziehbruder Kjartan aus der *Laxdæla saga*.

DALIR

Die landschaftlich schöne Region mit sanft gewellten Feldern und von Flüssen ausgewaschenen und zerklüfteten Felsen zwischen Westisland und den Westfjorden war Schauplatz der *Laxdæla saga*, der beliebtesten isländischen Saga. Sie handelt von der Dreiecksgeschichte zwischen Guðrún Ósvífursdóttir, die als schönste Frau Islands galt, und den Pflegebrüdern Kjartan Ólafsson und Bolli Þorleiksson. Im Verlauf der typischen Sagageschichte wickelte Guðrún beide Männer um den Finger, schmiedete Ränke und intrigierte, bis beide am Ende tot waren – Kjartan wurde von Bolli getötet und Bolli von Kjartans Brüdern. Die meisten Isländer kennen diese Geschichte auswendig und schätzen die Gegend, in der sie spielt, als historisch bedeutsam.

Eiríksstaðir

Gehöft Eiríksstaðir HISTORISCHES GEBÄUDE

(☎434 1118; www.leif.is; Straße 586; Erw./Kind 1500 ISK/frei; ⊙Juni–Aug. 9–18 Uhr) Auf dem Hof Eiríksstaðir lebte Eiríkur Rauði (Erik der Rote), Vater von Leifur Eiríksson, der als der erste Europäer gilt, der Amerika einen Besuch abstattete. Von dem ursprünglichen Gehöft sind nur noch vage Umrisse vorhanden, aber mit Materialien und Werkzeugen, die zur Zeit Eriks zur Verfügung standen, wurde das Torfhaus nachgebaut. Führer in historischer Kleidung erzählen den Besuchern die Geschichte von Erik dem Roten, der später die erste europäische Siedlung auf Grönland gründete.

Eiríksstaðir liegt 8 km landeinwärts östlich der Kirche von Stóra-Vatnshorn am Fluss Haukadalsá und ist über die teils asphaltierte Straße 586 zu erreichen.

Búðardalur

272 EW.

Der kleine Ort Búðardalur, der in der Sagazeit als Handelsplatz gegründet wurde, liegt ziemlich hübsch an der Mündung der Laxá, mit Blick über den Hvammsfjörður. Heute ist er vor allem als Standort einer Molkerei bekannt, die den Großteil des isländischen

Käses produziert. Der hiesige Supermarkt führt eine gute Auswahl davon.

Schlafen & Essen

Campingplatz Búðardalur CAMPINGPLATZ €
(☎434 1644; www.visitdalir.is; Stellplatz Erw./Kind 1500 ISK/frei) Schlichter Campingplatz an der Straße mit Duschen (im Preis inbegriffen) und einer Waschküche.

Dalakot PENSION €€
(☎434 1644; www.dalakot.is; Dalbraut 2; DZ mit/ohne Bad 17 500/12 300 ISK;) Das Gästehaus hat einfache Zimmer und ein Restaurant (12–21 Uhr) mit v. a. Pizza und Burgern (Hauptgerichte 1700–3000 ISK).

Leifsbúð Café & Restaurant CAFÉ €€
(☎434 1441; www.leifsbud.is; Búðarbraut 1; Mai–Sept. Mi–Mo 11–16 & 18–21 Uhr; Snacks 800–1800 ISK, Hauptgerichte 1800–3200 ISK;) Das kleine Esslokal in Wassernähe bietet Kuchen, Suppe und Salat sowie Gerichte mit Fisch und Meeresfrüchten und Nudelgerichte.

Veiðistaðurinn FISCH & MEERESFRÜCHTE €€
(☎434 1110; www.facebook.com/pg/veidistadurinn; Vesturbraut 12a (Straße 60); Hauptgerichte 2500–5000 ISK; Mo–Do 12–15 & 18–21.30, Fr–So 12–21.30 Uhr) Das einfache Fischlokal wird von einer freundlichen Familie betrieben und serviert alles Mögliche von Fish and Chips bis zu Muscheln.

Shoppen

Bolli Craft KUNSTHANDWERK
(☎434 1410; www.facebook.com/bollicraft; Vesterbraut 12; Mai–Sept. 10–18 Uhr, Okt. Fr–So) Kunsthandwerk aus der Region wie Pullover, Knöpfe aus Schafshorn und reizende Elfen.

An- & Weiterreise

Bus 59 von Strætó (S. 68) befährt die Route Borgarnes–Bifröst–Búðardalur–Skriðuland–Króksfjarðarnes–Hólmavík (nach Hólmavík 3220 ISK, 1 Std., Mo, Mi, Fr & So 1-mal, im Winter seltener). In Búðardalur hält er an der N1-Tankstelle.

Laugar

Unmittelbar nördlich der Stelle, an der die Straße 590 von der Straße 60 nach Westen abzweigt, befindet sich Laugar, der Geburtsort der schönen Guðrun Ósvífursdóttir aus der *Laxdæla saga*. Historiker gehen davon aus, dass sie **Guðruns Bad (Guðrúnarlaug)** gefunden haben: Das heiße Becken ist oberhalb des Eingangs zum Hótel Edda ausgeschildert und verfügt über eine kleine Umkleidehütte. **Tungustapi** in der Ferne ist eine große Elfenkathedrale.

> **ABSEITS DER ÜBLICHEN PFADE**
>
> **LANDLUST**
>
> Ein Teil des Reizes von Dalir liegt in den weiten hügeligen Weideflächen und den Flusstälern. Wer so richtig ins ländliche Ambiente eintauchen möchte, kann z. B. im **Sauðafell Guesthouse** (☎846 6012; www.facebook.com/Saudafell-Guesthouse-1289366557754710; Straße 60, Gehöft Sauðafell; DZ ohne Bad mit Frühstück 23 300 ISK;) in einem renovierten Bauernhaus nächtigen. Oder man erkundet das einsame Hörðudal (Straße 581), wo die Halbinsel Snæfellsnes auf die Region Dalir trifft, und übernachtet bei **Dalahyttur** (☎586 1025; www.dalahyttur.is; Straße 581, Hlíð; Hütte 22 700 ISK) in einer Hütte mit Ausblick auf den Berg Hólsfjall oder im benachbarten **Seljaland Guesthouse** (☎434 1116; www.seljaland.is; Straße 581; DZ/3BZ 15 000/16 000 ISK; Mitte Mai–Mitte Sept.;).

Sehenswertes

Heimatmuseum Dalir MUSEUM
(☎434 1328; www.dalir.is/thjonusta/byggdasafn/; Hótel Edda; Erw./Kind 1000 ISK/frei; Juni–Aug. 10–16 Uhr, Sept.–Mai nach Vereinbarung) Der Kurator des schmucken Museums ist ein origineller Zeitgenosse, der sich in der glanzvollen Geschichte der Region Dalir bestens auskennt. Unter den unzähligen Ausstellungsstücken bietet die traditionelle **baðstofa** (Wohn-Schlafstube) von 1883 einen überraschenden Anblick. Das Museum ist im Untergeschoss des Hotels untergebracht.

Schlafen & Essen

Hótel Edda HOTEL, CAMPINGPLATZ €€
(☎444 4930; www.hoteledda.is; Sælingsdalur; Stellplatz 1200 ISK pro Pers., DZ mit/ohne Bad 20 325/11 700 ISK; Anfang Juni–Ende Aug.; @) Das Hótel Edda hat einen neueren Flügel mit erstaunlich modernen Zimmern, ein älteres Nebengebäude mit Krankenhausflair und Gemeinschaftsbädern und Schlafsackunterkünfte in ehemaligen Klassenzimmern. Das **Restaurant** (Hauptgerichte 2200–4400 ISK; Anfang Juni–Ende Aug. 18–21 Uhr) bekommt gute Kritiken – u. a. für die köstliche Eiscreme vom Hof Erpsstaðir. Zur Abrundung gibt es einen großen Swimmingpool.

Die Westfjorde

Inhalt ➜

Gut essen

- ➜ Tjöruhúsið (S. 274)
- ➜ Dunhagi (S. 263)
- ➜ Fisherman Kitchen (S. 268)
- ➜ Litlibær (S. 277)
- ➜ Stúkuhúsið (S. 262)

Schön übernachten

- ➜ Hótel Djúpavík (S. 286)
- ➜ Hótel Laugarhóll (S. 285)
- ➜ Camping im Naturschutzgebiet Hornstrandir (S. 280)
- ➜ Stekkaból (S. 262)
- ➜ Kirkjuból í Bjarnardal (S. 267)

Auf an die Westfjorde!

Die Westfjorde sind landschaftlich wohl das Schönste, was Island zu bieten hat – und hier gibt's keine Spur von Massentourismus: Nur 10 % der Besucher kommen her. Im Süden ziehen sich zerklüftete Vogelfelsen und breite, farbenreiche Strände die Küste entlang. Ausgefahrene Straßen folgen atemberaubenden Fjorden, die von winzigen Fischerdörfern gesäumt sind, deren Bewohner hartnäckig an der traditionellen Lebensweise festhalten, und führen über gewaltige Berge Richtung Norden. Die Krönung dieser stillen Region ist das Wanderparadies Hornstrandir ganz im Norden. Entlang der mit Steinhaufen markierten Wege kann man Vögel und Polarfüchse beobachten und Ausblicke aufs Meer genießen. Noch einsamer ist die Küste von Strandir mit heißen Quellen und winzigen Weilern am Meer. Hier irgendwo muss das Ende der Welt sein.

Wichtig ist, genügend Zeit einzuplanen: unbefestigte Straßen winden sich kurvenreich die Fjorde entlang und die Passstraßen sind mit Schlaglöchern übersät. Hat man sich einmal daran gewöhnt, fällt der Abschied von der ergreifenden Landschaft schwer.

Entfernungen (km)

	Patreksfjörður	Þingeyri	Ísafjörður	Holmavík	Norðurfjörður
Þingeyri	129				
Ísafjörður	175	47			
Holmavík	234	265	221		
Norðurfjörður	333	348	303	105	
Reykjavík	397	405	450	230	334

SÜDKÜSTE

Die dünn besiedelte Südküste der Westfjorde bietet einen Vorgeschmack auf das, was einen auf den wilden und wunderbaren Halbinseln weiter nördlich erwartet. Einsame Fjorde (hier in einer kleineren Version) säumen die Küste. Obwohl eine neue Straße durch die Einöde führt, ist es hier eindrucksvoll karg. Die Region ist das bevorzugte Brutrevier des vom Aussterben bedrohten Seeadlers.

Reykhólar

Das winzige Reykhólar liegt an der Südspitze der Halbinsel Reykjanes. Das kleine Geothermalfeld ist das Tor zum südlichsten Abschnitt der Westfjorde. Der Gilsfjörður im Osten ist ein Adlerbrutrevier. Die Küste Richtung Westen entlang sind Þorskafjörður, Djúpifjörður und Vatnsfjörður die besten kleinen Fjorde zur Beobachtung der Tiere.

Sehenswertes & Aktivitäten

Museum der Touristeninformation Reykhólar MUSEUM

(☎894 1011; www.visitreykholahreppur.is; Museum Erw./Kind 750/500 ISK; ⌚Anfang Juni–Aug. 11–17 Uhr; 📶) Die gut geführte Touristeninformation betreibt ein kleines Museum mit alten Booten, ausgestopften Vögeln und einem Film über das Leben vor Ort in den 1950er- und 1960er-Jahren. Dazu gibt's ein kleines Café (Snacks ab 600 ISK) sowie jede Menge Infos zu den Westfjorden.

Grettislaug THERMALQUELLE, HOT POT

(☎434 7738; www.visitreykholahreppur.is; Grettiströð; Erw./Kind 570/250 ISK; ⌚Mitte Juni–Aug. 9–21 Uhr, sonst kürzere Öffnungszeiten) Im Freiluftthermalbad in Grettislaug vergnügen sich Familien und von den beiden wohltuenden Hot Pots daneben schweift der Blick über die Ebene bis zum Meer.

Gleich dahinter befindet sich ein kleiner Campingplatz (pro Pers. 1700 ISK).

Seeadlerzentrum MUSEUM

(☎894 1011; www.visitreykholahreppur.is; Króksfjarðarnes; Erw./Kind 600 ISK/frei; ⌚Mitte Juni–Mitte Aug. 11–18 Uhr) Das Seeadlerzentrum berichtet von den Bemühungen, die Population der ums Überleben kämpfenden Art zu stärken, die 2011 in 66 Nestern brütete. Außerdem gibt's hier einen Kunstgewerbemarkt. Das Zentrum liegt unmittelbar nördlich von dem Damm, auf dem die Straße 66 über den Gilsfjörður führt.

Die Buslinie 59 von Strætó (S. 68) zwischen Hólmavík, Búðardalur und Borgarnes hält vor dem Zentrum.

Seebäder Reykhólar HOT POT

(Sjávarsmiðjan; ☎577 4800; www.sjavarsmidjan.is; Vesturbraut; Erw./Kind 3900 ISK/frei; ⌚unterschiedl.) Im windgepeitschten Reykhólar bieten Seetangbäder den Badenden die Aussicht auf weiche Haut und einen Ausblick über die Küstenebene mit ihren Salzbuchten. Sie sind normalerweise von Anfang Juni bis August von 13 bis 19 Uhr geöffnet, aber die Zeiten können sich ändern, also besser vorher anrufen.

Norður Salt WAHRZEICHEN

(☎537 9095; www.nordursalt.com; Hafnarslóð 1) Norður Salt an der Landspitze in Reykhólar verarbeitet das Meersalz aus den Salzbuchten. Man kann durch die Fenster in die Fabrik schauen.

Schlafen & Essen

Restaurants gibt es in Reykhólar keine, nur ein winziges Café bei der Touristeninformation. Die Tankstelle mit den zwei Zapfsäulen hat einen kleinen Lebensmittelladen (10–18 Uhr); Essen wird im Hótel Bjarkalundur, 15 km nordöstlich der Straße 60, serviert.

Miðjanes PENSION €

(☎690 3825; ⌚EZ/DZ ohne Bad 6100/11 100 ISK) Auf dieser Rinder- und Schaffarm zu Füßen eines steilen Bergrückens nahe einem rauschenden Wasserfall herrscht eine überaus ruhige Atmosphäre. Die schlichten Zimmer bieten einen weiten Blick auf die Küste und den Breiðafjörður. Miðjanes liegt ein Stück zurückgesetzt von der Straße 607, 5 km westlich von Reykhólar.

Reykhólar HI Hostel HOSTEL €

(Álftaland; ☎863 2362, 892 7558; www.hostel.is; Maríutröð; B/EZ/DZ/4BZ ohne Bad 6100/10 600/15 200/23 300 ISK; ⌚Mai–Sept.; 📶👪) Für einen komfortablen Aufenthalt sorgen eine gut ausgestattete Küche, eine gemütliche Lounge, ein luxuriöses Badezimmer und blitzblanke Gästezimmer. Die Schlafsäle und ihre Duschen sind einfacher, aber immer noch gut, und für alle stehen kostenloser Kaffee und ein Hot Pot hinter dem Haus bereit.

Hótel Bjarkalundur HOTEL €€

(☎519 2626; www.hotelbjarkalundur.is; DZ mit/ohne Bad 15 100/11 600 ISK, Hütte ab 16 600 ISK;

Highlights

1 Rauðasandur (S. 260) Am rosafarbenen Strand mit blauer Lagune Robben beim Faulenzen zuschauen.

2 Naturschutzgebiet Hornstrandir (S. 278) Entlang der Steilküste Polarfüchse sichten.

3 Dynjandi (S. 265) Im Sprühnebel des majestätischen Wasserfalls umherklettern.

4 Látrabjarg (S. 260) An den riesigen Vogelfelsen Papageitaucher durch die Lüfte segeln sehen.

5 Reykjarfjörður (S. 285) In einer alten Heringsfabrik modernste Kunst betrachten.

6 Ísafjörður (S. 268) Die spannende Geschichte der Region in ihrer kosmopolitischen Hauptstadt entdecken.

7 Strandir-Küste (S. 282) Die Küste erkunden und dann im geothermischen Infinity-Pool in Krossneslaug baden.

8 Halbinsel Þingeyri (S. 265) Mit dem Fatbike über abgelegene Küstenpfade zum Leuchtturm von Svalvogar radeln.

9 Bíldudalur (S. 264) Sich bei Seeungeheuergeschichten gruseln und die Spitze des atemberaubenden Arnarfjörður erkunden.

10 Ísafjarðardjúp (S. 276) Auf der Insel Vigur dem Angriff der Küstenseeschwalben standhalten und anschließend zwischen Robben im breiten Fjord Kajak fahren.

(Mai–Okt.;) Die öffentlichen Räume des Bjarkalundur wurden im traditionellen Stil umgestaltet, was den Status als ältestes Sommerhotel Islands betont: Dunkelgrüne Wände bilden nun den Hintergrund für Möbel aus lackiertem Holz, zerlesene Bücher und Ohrensessel. Die Gästezimmer sind schlichter eingerichtet und insgesamt hat das Hotel noch immer etwas von einem Motel. Das Bjarkalundur vermietet auch Hütten, Campingplätze (pro Pers. 1500 ISK) und hat ein recht gutes Restaurant.

An- & Weiterreise

Die Buslinie 59 von Strætó (S. 68) zwischen Hólmavík, Búðardalur und Borgarnes hält am Seeadlerzentrum in Króksfjarðarnes, fährt aber nicht nach Reykhólar rein.

Flókalundur

Flókalundur liegt am Ende des Vatnsfjörður an der Stelle, wo die Straße zu Arnarfjörður und Ísafjörður und die Straße 62 zu den südwestlichen Halbinseln aufeinandertreffen. Flókalundur ist nach dem Wikinger Hrafna-Flóki Vilgerðarson benannt, der Island 860 seinen Namen gab.

Das Interessanteste in der Gegend sind heute eine wunderbare heiße Quelle und das **Naturschutzgebiet Vatnsfjörður**, das zum Erhalt des Gebiets um den See Vatnsdalsvatn eingerichtet wurde und eine Niststätte für Kragenenten und Eistaucher ist. Um den See herum und in die Berge dahinter führen mehrere Wanderwege. Eine Wanderbroschüre ist im Hótel Flókalundur erhältlich.

Schlafen

Hótel Flókalundur HOTEL €€
(456 2011; www.flokalundur.is; Stellplatz pro Pers. 1500 ISK, DZ mit Frühstück 24 500 ISK; Mitte Mai–Mitte Sept.;) Das Hótel Flókalundur, ein jüngst modernisiertes Bungalowhotel, hat kleine, saubere Zimmer mit Holzpaneelen und renovierten Badezimmern. Durch die Panormafenster des hauseigenen **Restaurants** (Hauptgerichte mittags 1500–3500 ISK, abends 3000–5000 ISK; 7.30–10 & 11–21 Uhr;) ist der Fjord zu sehen. Einen Campingplatz gibt es auch, ebenso eine Zapfsäule. WLAN ist nur für Hotelgäste nutzbar.

NICHT VERSÄUMEN

HELLULAUG

Der unvergessliche natürliche Hot Pot **Hellulaug** (Straße 62; Spende erbeten) liegt etwa 500 m östlich vom Hótel Flókalundur an der Straße 62 in den Felsen nahe der Küste. Bei Flut springen die Einheimischen ins eisige Meer und rennen dann zurück zum großen Felsenbecken, um sich im 38 °C warmen Wasser wieder aufzuwärmen.

Brjánslækur

Brjánslækur ist nichts weiter als die Endstation der Fähre *Baldur* aus Stykkishólmur und Flatey. Westlich des Anlegers verläuft die holprige Straße 62 entlang der Küste bis zur Spitze des malerischen Patreksfjörður, der Beginn der südwestlichen Halbinseln.

Ein einfaches **Café** (860 0220; Straße 62; Imbiss 450–1300 ISK; Juni–Aug. 10–19 Uhr) serviert im Sommer Suppe, Sandwiches und Hotdogs; es verkauft auch Fährtickets und hat Broschüren ausliegen.

An- & Weiterreise

Brjánslækur ist der Endhafen der **Autofähre Baldur** (433 2254; www.seatours.is; Straße 62). Nach Reykjavík nimmt man die Fähre von Brjánslækur nach Stykkishólmur, dort die Buslinie 58 von Strætó (S. 68) nach Borgarnes und steigt dann in die Buslinie 57 nach Reykjavík um.

Von Juni bis August befährt ein Bus von Westfjords Adventures (S. 261) die Strecke Patreksfjörður–Brjánslækur–Flókalundur–Ísafjörður mit Halt in Brjánslækur (nach Patreksfjörður 3000 ISK, nach Ísafjörður 8400 ISK, Mo, Mi & Fr 1-mal tgl. in jede Richtung). Es ist auch möglich, Ende Mai und Anfang September die Strecke im Voraus zu buchen.

Nach vorheriger Buchung fährt auch ein Bus von Westfjords Adventures im Sommer von Brjánslækur nach Patreksfjörður, Látrabjarg und Rauðasandur, dann wieder zurück nach Brjánslækur (14 500 ISK für die gesamte Rundfahrt, egal wo man zusteigt). Er kehrt rechtzeitig zur Abfahrt der Fähre zurück, die wieder nach Stykkishólmur fährt.

Die nächstliegende Autovermietung befindet sich in Patreksfjörður.

SÜDWESTLICHE HALBINSELN

Die dreizackförmigen Halbinseln im Südwesten der Westfjorde haben eine spektakuläre Landschaft – eine echte Wildnis:

UNTERWEGS IN DEN WESTFJORDEN

An- & Weiterreise

Air Iceland Connect (☎570 3030; www.airicelandconnect.is; Inlandsflughafen Reykjavík) fliegt vom Inlandsflughafen in Reykjavík zweimal täglich nach Ísafjörður; Eagle Air (S. 470) fliegt von Reykjavík nach Bíldudalur und Gjögur.

Eine weitere Möglichkeit ist die Autofähre Baldur (S. 258), die zwischen Westisland und Stykkishólmur und Brjánslækur in den Westfjorden verkehrt. Zu erreichen ist sie mit der Buslinie 57 von Strætó (S. 68) ab Reykjavík nach Borgarnes, dort weiter mit dem Bus 58 nach Stykkishólmur. Der Fährhafen in Brjánslækur in den Westfjorden wird vom Bus von **Westfjords Adventures** (☎456 5006; www.westfjordsadventures.com) nur im Sommer angefahren.

Von Hólmavík an der Strandir-Küste in den Westfjorden fährt ganzjährig der Strætó-Bus 59 nach Borgarnes; von dort gibt es Anschlussverbindungen nach Reykjavík, Akureyri und Staðarskáli. Er hält auch unterwegs am Seeadlerzentrum in Króksfjarðarnes.

Unterwegs vor Ort

Die Busverbindungen in den Westfjorden können sich von Jahr zu Jahr ändern. Aktuelle Infos sind über www.westfjords.is oder www.publictransport.is zu erfahren.

Der Regionalbus von Hópferðamiðstöð Vestfjarða (S. 275) verkehrt von Mitte Mai bis Mitte September zwischen Hólmavík und Ísafjörður.

Die **kommunalen Busse** (☎456 5518; www.isafjordur.is) von Ísafjörður fahren nach Bolungarvík, Suðureyri, Flateyri und Þingeyri.

Von Juni bis August verkehrt ein Bus von Westfjords Adventures zwischen Patreksfjörður, Brjánslækur, Flókalundur, Dynjandi, Þingeyri und Ísafjörður (Mo, Mi & Fr 1-mal tgl. in jede Richtung). Fahrten Ende Mai und Anfang September können im Voraus gebucht werden.

Von Juni bis August fährt ein Bus (14 500 ISK, gilt für alle Zielorte) von Brjánslækur nach Patreksfjörður, Látrabjarg und Rauðasandur, dann wieder zurück nach Brjánslækur rechtzeitig zur Fährabfahrt zurück nach Stykkishólmur.

Ein **Flybus** (☎893 0809, 456 2336, 893 2636; Einheitspreis 2000 ISK) fährt nach Bedarf und entsprechend dem Flugplan von Patreksfjörður zum Flughafen Bíldudalur.

Benzin & Straßenverkehr

In Ísafjörður und Patreksfjörður sowie am Bíldudalur Airport gibt es Autovermietungen. Achtung: Die Straße zwischen Hrafnseyri und Þingeyri ist im Winter sechs bis acht Monate gesperrt. Infos auf www.road.is.

- Tankstellen sind in den gesamten Wesfjorden dünn gesät; wann immer eine in Sicht kommt, sollte man auftanken.
- Auf der offiziellen Touristenkarte der Westfjorde sind die N1-Tankstellen verzeichnet.
- An vielen Tankstellen gibt's kein Personal. Zum Tanken braucht man eine Kreditkarte mit PIN.
- An Tankstellen mit Personal sind N1-Karten erhältlich, auf die man ein Guthaben laden kann. Das empfiehlt sich für den Fall, dass die Kreditkarte mal nicht angenommen wird.
- Es ist mit vielen unbefestigen, oft zerfurchten, aber stets landschaftlich schönen Straßen zu rechnen. Die meisten Straßen sind mit einem normalen Pkw befahrbar.
- Mitfahrgelegenheiten werden auf www.samferda.net vermittelt.

Glitzerndes, blaues Wasser schlägt an weiße, schwarze, rote und rosa Strände und steil aufragende Felsen und imposante Berge ziehen sich die Fjorde entlang.

Das beliebteste Reiseziel in der Region ist Látrabjarg, eine 12 km lange Steilküste, auf der im Sommer Abertausende nistender Seevögel zu Hause sind. Auf den holprigen Straßen in dieser so gut wie unbewohnten Gegend kommt man nur langsam voran – tief durchatmen, irgendwann ist das Ziel erreicht.

Halbinsel Látrabjarg

Die abgeschiedene Halbinsel Látrabjarg ist für ihre dramatische Steilküste und ihre reiche Vogelwelt bekannt, aber sie bietet auch einsame Strände in verschiedenen Farbtönen wie etwa den bildschönen Rauðasandur und jede Menge Gelegenheiten für ausgedehnte Spaziergänge. Die Straßen sind sandig, holprig und voller Schlaglöcher, aber das macht wohl kaum jemandem etwas aus.

Sehenswertes

Nach dem Wechsel von Straße 62 auf Straße 612 kommt man am Ende des Fjordes zu dem vor sich hin rostenden Rumpf des Fischerbootes *Garðar*. Von dort führt die Straße an leeren goldenen Stränden, dem kleinen Flugplatz von Sauðlauksdalur und mehreren Sehenswürdigkeiten auf der Halbinsel vorbei.

★ Rauðasandur STRAND

Am Südrand der Halbinsel erstreckt sich in Schattierungen von Rosa und Rot der atemberaubende Rauðisandur. Der Strand zwischen donnernder Brandung und einer großen, azurblauen Lagune ist ein außergewöhnlich schöner und ruhiger Ort. Bei Ebbe kann man bis zum Rand der Lagune spazieren; Robben lassen sich hier oft blicken. Zwischen dem Rauðasandur und den Vogelfelsen von Látrabjarg verläuft ein Küstenweg (rund. 20 km). Autofahrer erreichen Rauðasandur über den Abzweig von der Straße 612 auf die steile und kurvige 614 und folgen dieser etwa 10 km.

★ Breiðavík STRAND

Ein großer, umwerfend schöner Sandstrand, umgeben von Felswänden und dem türkisfarbenen Wasser der Bucht. Das idyllische Plätzchen ist sicher einer der besten Strände Islands und normalerweise menschenleer. Hier steht auch das große Hotel Breiðavík (S. 261).

Leuchtturm von Bjargtangar LEUCHTTURM

An der Westspitze der Halbinsel Látrabjarg kommt der Leuchtturm von Bjargtangar an Europas westlichstem Punkt (die Azoren nicht mitgerechnet) in Sicht. Gleich daneben beginnen die bekannten Vogelfelsen von Látrabjarg.

Hvallátur STRAND

Der winzige Weiler Hvallátur etwa 8 km westlich der Breiðavík liegt an einem wunderbaren weißen Sandstrand. Service-Einrichtungen gibt's hier keine.

Minjasafn-Egils-Ólafssonar-Museum MUSEUM

(Hnjótur-Museum; ☎456 1511; www.hnjotur.is; Hnjótur, Örlygshöfn; Erw./Kind 1000 ISK/frei; ⊙Mai–Sept. 10–18 Uhr; 📶) In Hnjótur, etwa 10 km westlich von Sauðlauksdalur, lohnt sich ein Besuch des Museums. Die zusammengewürfelte Sammlung enthält geborgene Fischerboote und eine Darstellung zur Regionalgeschichte, von Walfang und Landwirtschaft bis hin zu Aufnahmen eines Schiffsunglücks von 1947. Es gibt auch ein schlichtes Café (Kuchen 500 ISK).

Aktivitäten

★ Vogelfelsen Látrabjarg VOGELBEOBACHTUNG

Die bekannte, spektakuläre Steilküste an der Landspitze neben dem Leuchtturm von Bjargtangar erstreckt sich über 12 km. Im Sommer lassen sich unzählige Seevögel auf den 40 bis 400 m hohen Felsen nieder. Von Juni bis Mitte August nisten hier massenhaft Papageitaucher, Tordalken, Trottellummen, Kormorane, Eissturmvögel, Seemöwen und Dreizehenmöwen. Die Vögel sind am besten abends zu beobachten, wenn sie in ihre Nester zurückkehren.

An windstillen Tagen liegen auf den Schären um den Leuchtturm herum sonnenbadende Seehunde. Achtung: Die Felsen sind der Erosion ausgesetzt und es gibt kaum Geländer – besonders bei starkem Wind ist extreme Vorsicht geboten. Es gibt keine Sanitäranlagen (die nächste Toilette befindet sich auf dem Campingplatz Brunnar 2 km östlich an der Straße landeinwärts); Campen ist an der Steilküste verboten.

Geführte Touren

Der Tourenveranstalter Westfjord Adventures (S. 261) in Patreksfjörður bietet geführte Wanderungen und Beobachtungstouren (Vögel und Robben) an. Treffpunkt ist direkt auf der Halbinsel oder man lässt sich von den Guides mit dorthin nehmen.

Schlafen & Essen

Die wenigen Campingplätze und Unterkünfte sind abgelegen, ziemlich einfach und liegen meist in hinreißender Umgebung.

★ Melanes Camping CAMPINGPLATZ €

(☎783 6600; www.melanes.com; Rauðasandur; Stellplatz pro Erw./Kind 1500 ISK/frei, Hütte

9900 ISK; ⌚Mitte Mai–Mitte Sept.) Melanes ist einer der Campingplätze an den Westfjorden in spektakulärster Lage – er liegt direkt an der weiten Bucht des Rauðasandur. Der grasbewachsene Platz hat neue Spültoiletten, Duschen, eine Küche und einen Waschsalon sowie niedliche, kleine Holzhüttchen für zwei Personen.

Melanes liegt etwa 4 km südöstlich des Abzweigs von der Straße 614 nach Rauðasandur.

Brunnar Camping CAMPINGPLATZ

GRATIS In Brunnar, etwa 2 km vor den Vogelfelsen von Látrabjarg (nordöstlich), kann man direkt am Strand zelten. Plumpsklos stehen zur Verfügung, es gibt nicht immer fließendes Wasser. Zelten auf den Vogelfelsen selbst ist verboten.

Hnjótur Guesthouse PENSION, CAMPINGPLATZ €€

(☎456 1596, 893 8024; www.hnjoturtravel.is; Hnjótur, Örlygshöfn; Stellplatz pro Pers. 2000 ISK, DZ mit/ohne Bad 23 000/18 000 ISK, FZ 28 000 ISK; 📶) Hnjótur ist nicht gerade superschick, aber die Zimmer sind komfortabel und der Besitzer Kristen ist überaus nett – auf Wunsch bereitet er abends auch eine Fischmahlzeit zu. Die Zimmer im oberen Stock sind feiner und es gibt eine Küche, eine Veranda und einige neue Holzhütten.

Hótel Látrabjarg HOTEL €€€

(☎456 1500; www.latrabjarg.com; Örlygshöfn; EZ/DZ/3BZ ab 24 160/36 600/46 500 ISK; ⌚Mitte Mai–Mitte Sept.) Aus einem ehemaligen Internat wurde ein reizvolles Hotel mit geschmackvollen, modernen Zimmern, die in leuchtenden Farben eingerichtet sind. Um zum Hotel zu gelangen, biegt man kurz hinter dem Museum in Hnjótur rechts auf die Straße 615 ab und folgt dieser rund 3 km.

Hotel Breiðavík PENSION €€€

(☎456 1575; www.breidavik.is; Breiðavík Bay; Stellplatz pro Erw./Kind 2200 ISK/frei, DZ mit/ohne Bad mit Frühstück 33 000/22 600 ISK; ⌚Mitte Mai–Mitte Sept.; 📶) Das Breiðavík am herrlichen cremefarbenen Sandstrand (S. 260) gleichen Namens hat eine Art Monopol in Sachen Unterkünfte in der Gegend. Die Preise sind für das Angebot gepfeffert: einfache Zimmer, Schlafsackunterkünfte (16 500 ISK) und Camping. Doch die Lage ist einmalig und eine Übernachtung auf der Halbinsel ist auf jeden Fall ein besonderes Erlebnis. Es gibt eine Waschküche, ein Restaurant, eine Gästeküche und einen Grillplatz.

★Franska kaffihúsið CAFÉ

(Französisches Café; ☎770 2161; www.facebook.com/FranskaKaffihusid; Rauðasandur; Imbiss 750–950 ISK; ⌚Mitte Juni–Aug. 12–18 Uhr) Auf einem Bauernhof namens Kirkjuhvammur hinter dem Rauðasandur befindet sich ein wunderbares, kleines Café, das leckeren Kuchen, Kaffee, Bier und Wein (1300 ISK) serviert. Bei Ebbe kann man bis hinunter zum Riff gehen.

An- & Weiterreise

Von Juni bis August fährt ein Bus (14 500 ISK) von Westfjords Adventures (S. 261) von Brjánslækur nach Patreksfjörður, Látrabjarg und Rauðasandur – dort kehrt er nach Brjánslækur rechtzeitig zur Abfahrt der Fähre nach Stykkishólmur zurück. Allerdings muss die Fahrt im Voraus gebucht werden.

Es ist möglich, die zerfurchten Pisten mit normalen Pkws langsam zu befahren, aber es gibt auf der Halbinsel keine Tankstelle. Auftanken sollte man in Patreksfjörður im Norden oder in Flókalundur im Osten.

Patreksfjörður

677 EW.

Das kleine, rührige Patreksfjörður ist das größte Dorf in diesem Teil der Westfjorde. Es liegt an dem gleichnamigen Fjord und ist ein praktischer Ausgangspunkt für Ausflüge auf die Halbinsel Látrabjarg. Vom schlichten Ort bieten sich tolle Ausblicke auf die Felsen und es gibt gute Versorgungsmöglichkeiten für Reisende, die auf dem Weg in noch einsamere Fjorde sind. Patreksfjörður ist nach dem hl. Patrick von Irland benannt, dem geistlichen Vorbild des ersten Siedlers in der Gegend, Örlygur Hrappson.

Aktivitäten

Schwimmbad Patreksfjörður SCHWIMMEN

(☎456 1301; Aðalstræti 55; Erw./Kind 700 ISK/frei; ⌚Mitte Mai–Mitte Sept. Mo–Fr 8–21.30, Sa & So 10–18 Uhr, im Winter kürzere Zeiten) Das Schwimmbad von Patreksfjörður ist absolut schön – der Infinity-Pool befindet sich auf einer Terrasse im 2. Stock mit Blick auf den Fjord. Zum Bad gehören auch eine Sauna und zwei Hot Pots.

Geführte Touren

★Westfjords Adventures WANDERN, JEEPTOUR

(☎456 5006; www.wa.is; Þórsgata 8a; ⌚Mitte Mai–Mitte Sept. Mo–Fr 8.15–17, Sa & So 10–12 Uhr, Mitte

Sept.–Mitte Mai 9–12 Uhr) Der wichtigste Tourenanbieter der Gegend veranstaltet alles von Vogelbeobachtungen und Wanderungen auf der Halbinsel Látrabjarg (29 500 ISK für 8 Std.) bis zu ganztägigen Jeeptouren (34 000 ISK) an den Fjorden entlang oder auf der abgeschiedenen „Kjaran's Avenue" (39 900 ISK), einer rauen Schotterpiste, die in den Fjord hineingebaut wurde. Außerdem werden verschiedene Boots-, Walbeobachtungs- und Angeltouren (ab 13 900 ISK) auf dem Patreksfjörður sowie Ausflüge zu entfernteren Zielen geboten.

Fahrräder werden ebenfalls verliehen (4 Std./Tag 4200/7200 ISK) und die Angestellten verkaufen Landkarten, beraten und buchen Unterkünfte. Westfjords Adventures ist auch das Busunternehmen (S. 261) in dieser Region

Schlafen

Patreksfjörður Camping CAMPINGPLATZ €
(☎849 8502; Aðalstræti 107; Stellplatz pro Erw./Kind 1700 ISK/frei; ⌚Juni–Mitte Sept.; 📶) Kommunaler Campingplatz auf einer Wiese mit sehr guten, neuen Duschen, Waschküche (1000 ISK pro Maschine) und Küche.

Stekkaból PENSION €€
(☎864 9675; www.stekkabol.net; Stekkar 14; EZ/DZ/4BZ ohne Bad, mit Frühstück 14 600/18 700/33 200 ISK; 📶) Das Stekkaból mit Fjordblick, aufgearbeiteten Holzmöbeln, Außenduschen und einer in den Hang gebauten Grillveranda verbreitet eine heitere, ausgelassene Atmosphäre. Es ist freundlich, gemütlich und fröhlich.

Ráðagerði Guesthouse PENSION €€
(☎456 1560; www.radagerdi.net; Aðalstræti 31; DZ mit/ohne Bad 24 000/19 000 ISK, 4BZ ohne Bad 30 500 ISK; 📶👪) Viele Zimmer in dieser stilvollen Pension gewähren einen grandiosen Blick auf den Fjord. Die Einrichtung ist modern, die Besitzer sind freundlich und es gibt ein herzhaftes Frühstück (im Preis enthalten).

Fosshótel Vestfirðir HOTEL €€
(Fosshótel Westfjorde; ☎456 2004; www.fosshotel.is; Aðalstræti 100; EZ/DZ/Suite mit Frühstück ab 24 500/28 700/44 500 ISK; ⌚Mai–Sept.; 📶) Eines der historischen Gebäude im Ort wurde zu diesem supereleganten, stilvollen Hotel mit modernen Zimmern inklusive Bad, Flachbild-TVs und Fjord- oder Bergblick umgebaut. Es hat auch ein Restaurant und eine Bar.

Hotel West HOTEL €€
(☎456 5020; www.hotelwest.is; Aðalstræti 62; EZ/DZ ab 20 000/26 000 ISK; 📶) Ein ehemaliges Genossenschaftsgebäude wurde zu einem schicken Hotel mit sonnigen Zimmern umgebaut, die wie aus einem skandinavischen Designmagazin eingerichtet sind; viele blicken auf den glitzernden Patreksfjörður.

Essen & Ausgehen

In Patreksfjörður können sich Reisende vor der Fahrt in die abgeschiedeneren Fjorde gut mit Proviant versorgen oder auch essen gehen – empfehlenswert sind das reizende Stúkuhúsið oder das Restaurant im Fosshótel.

Albína SUPERMARKT €
(☎456 1667; Aðalstræti 89; ⌚8–22, Sa & So ab 9 Uhr) Ein Supermarkt, der auch frisches Brot, Kuchen und Gebäck verkauft.

★**Stúkuhúsið** BISTRO €€
(☎456 1404; www.stukuhusid.is; Aðalstræti 50; Hauptgerichte 1300–4990 ISK; ⌚Mitte Mai–Aug. 11–23 Uhr, sonst Mi–Sa 12–16 Uhr; 📶✎) In diesem coolen Bistro serviert die freundliche Bedienung sättigende Salate, Hühnersuppe, isländisches Lamm und die Hausspezialität: saftigen Fisch frisch aus dem Fjord vor dem Fenster – der Kabeljau mit einem Hauch Wasabi ist hervorragend.

Vínbúðin ALKOHOLISCHE GETRÄNKE
(☎456 244; www.vinbudin.is; Þórsgata 10; ⌚Mo–Do 11–18, Fr bis 19, Sa bis 14 Uhr) Staatlicher Alkoholladen.

An- & Weiterreise

Für Busverbindungen sorgt Westfjords Adventures (S. 261).

Flybus (S. 107) bedient auf Wunsch die Strecke von Patreksfjörður zum Flughafen Bíldudalur (S. 264).

Westfjords Adventures betreibt eine Niederlassung des Autoverleihers Europcar und verleiht Fahrräder (4200 ISK für 4 Std.).

Tálknafjörður

231 EW.

Das von grünen Hügeln, felsigen Gipfeln und einem weiten Fjord umgebene verschlafene Tálknafjörður selbst ist eher langweilig, liegt jedoch in einer wunderschönen Landschaft.

Aktivitäten

Im Schwimmbad ist die detaillierte Wanderkarte *Vestfirðir & Dalir 4* (1200 ISK) er-

ABSTECHER

ARNARFJÖRÐUR & SELÁRDALUR

Die Fahrt auf der Straße 619 hinter Bíldudalur (S. 264) zur Spitze des Arnarfjörður ist absolut herrlich. Die winzige Piste führt an hohen Bergen, grünem Weideland in Tälern und unberührten Stränden vorbei, immer mit Blick auf den aufgewühlten Fjord und die unglaubliche Landschaft an seiner Nordseite. Kurz vor Sonnenuntergang und an teilweise bewölkten Tagen ändert sich das Licht ständig und oft bilden sich Regenbogen.

An der Spitze des Fjords (24 km) verbrachte der heimische Künstler Samúel Jónsson seine letzten Jahre auf einem abgelegenen Bauernhof in Selárdalur und schuf in dieser Zeit mehrere „naive", cartoonartige Skulpturen. Besucher können die surrealen Reste seines Bauernhofs, heute **Samúel Jónssons Kunstmuseum** (☎698 7533; www.samueljonssonmuseum.jimdo.com; Brautarholt, Selárdalur; Erw./Kind 500 ISK/frei; ⌚24 Std.), besichtigen. Zu sehen sind ein extravagantes Haus, ein Löwenkreis (als Vorbild diente eine Postkarte der Alhambra), eine kunstvolle Kirche und Samúels Wohnhaus.

hältlich, die den hinreißenden, 10 km langen und mit Steinhäufchen markierten Wanderweg nach Bíldudalur beschreibt.

★ Pollurinn THERMALBAD, HOT POT

(⌚24 Std.) GRATIS Die mit Zement ausgekleideten natürlichen Hot Pots (46° C) von Pollurin („Pfütze") sind ein Hot-Pot-Highlight an den Westfjorden. Die flachen Becken liegen vor der Bergkulisse in natürlicher Umgebung mit Blick auf den weiten Bogen des Fjords. Zu erreichen sind sie über die Straße 617, 3,8 km hinter dem Schwimmbad Tálknafjörður – sie sind mit einem winzigen weißen Schild mit schwarzer Schrift ausgeschildert.

Schwimmbad Tálknafjörður THERMALBAD, HOT POT

(☎456 2639; www.talknafjordur.is; Sveinseyri; Erw./Kind 900/370 ISK; ⌚Juni–Aug. 9–21 Uhr, sonst kürzere Öffnungszeiten) Das Schwimmbad Tálknafjörður wird von einem der Geothermalfelder in der Umgebung gespeist und ist *der* Treffpunkt im Ort. Im Sommer versorgen die Bademeister die Touristen mit Informationen.

Schlafen & Essen

Tálknafjörður-Campingplatz CAMPINGPLATZ €

(☎456 2639; www.talknafjordur.is; Stellplatz pro Erw./Kind 1500 ISK/frei ⌚Juni–Aug.; 📶) Campingplatz neben dem Schwimmbad (S. 262) mit Waschmaschinen, Kochmöglichkeiten und Duschen.

Guesthouse Bjarmaland PENSION €€

(☎891 8038; www.guesthousebjarmaland.is; Bugatún 8; DZ mit/ohne Bad 22.800/17.800 ISK; P📶) Das Bjarmaland ist eine blitzsaubere Unterkunft, deren nette Besitzer auch einen Raum für Schlafsackübernachtungen anbieten (4000 ISK).

★ Dunhagi ISLÄNDISCH €

(☎662 0463; www.cafedunhagi.is; Sveinseyri; Hauptgerichte 1900–3900 ISK; ⌚Ende Mai–Aug. 14–22 Uhr; 📶) Das Dunhagi ist ein echtes Westfjord-Erlebnis. Ein wunderschön restauriertes altes Haus mit groben Holzdielen, behaglichen Sitznischen und alten Fotos bildet das Ambiente für Speisen wie isländisches Lamm, fangfrische Forelle aus dem Fjord sowie Salate und Seetang, den die freundliche Besitzerin Dagný selbst am benachbarten Strand sammelt.

Hópið INTERNATIONAL €

(☎456 2777; Hrafnardalsvegur 3; Hauptgerichte 1300–4400 ISK; ⌚Mo–Fr 12–13 & 18–21, Sa & So 18–21 Uhr; 📶) Ein einfaches Lokal mit einem Billardtisch, das seine Gäste mit Hamburgern und isländischen Standardgerichten verköstigt.

Shoppen

★ Villimey KOSMETIK

(☎892 8273; www.villimey.is; Strandagata 44; ⌚Mitte März–Mitte Aug. unterschiedl. Öffnungszeiten) Der bekannte isländische Familienbetrieb stellt eine hervorragende Produktlinie von Bio-Cremes und -Salben aus isländischen Wildkräutern her. Es gibt keine festen Öffnungszeiten; wenn der Laden geschlossen ist, einfach anrufen, dann lässt einen eins der Familienmitglieder ein. Ansonsten hat er auch einen Online-Shop.

An- & Weiterreise

Der Flybus (S. 107) zwischen Patreksfjörður und Bíldudalur hält in Tálknafjörður, allerdings nur zu abgehenden bzw. eintreffenden Flügen. Näheres beim Schwimmbad (S. 262).

NICHT VERSÄUMEN

NATÜRLICHE QUELLEN

Am Kopf des winzigen Reykjarfjörður lohnt sich ein Halt an den herrlichen geothermischen Becken vom **Reykjarfjarðarlaug**. Vorne befindet sich ein frisch renoviertes Thermalbad aus Beton (32° C), aber das wahre Vergnügen ist 30 Schritte dahinter zu finden – ein heißes (45° C), natürliches, von Grassoden umgebenes Becken. Und drum herum Meeresvögel, Berge und Ausblicke auf den Fjord.

Die Becken liegen 23 km südöstlich von Bíldudalur und 17 km westlich vom Abzweig von der Straße 60.

Bíldudalur

225 EW.

Das hübsche Fischerdorf Bíldudalur (www.bildudalur.is) an einer herrlich stillen Bucht des Arnarfjörður und umgeben von hohen Gipfeln ist mit einer besonders malerischen Fjordlage gesegnet. Egal, aus welcher Richtung man anreist, die Szenerie ist atemberaubend. Bíldudalur wurde im 16. Jh. gegründet und ist heute ein wichtiger Garnelen- und Lachslieferant.

Sehenswertes

Isländisches Seeungeheuermuseum Skrímslasetur MUSEUM
(☎456 6666; www.skrimsli.is; Strandgata 7; Erw./Kind 1200 ISK/frei; ⊙Mitte Mai–Mitte Sept. 10–18 Uhr; 📶) Düstere, witzige, aufwendige und spektakuläre Exponate über isländische und ausländische Ungeheuer sind hier zu sehen. Eine interaktive Multimediatafel erzählt 180 Geschichten von Sichtungen in der Gegend. Den Arnarfjörður wird man hinterher nie wieder mit den gleichen Augen sehen.

Für ältere Kinder mag das zwar super sein, aber den ganz Kleinen könnten einige der Riesenmodelle Angst einjagen. Das Museum hat auch ein kleines Café.

Geführte Touren

Eagle Fjord Tours TOUR
(☎694 8057; www.eaglefjord.is; Gilsbakka 8; ⊙Juni–Sept.) Das kleine Unternehmen bietet Bootstouren in den zentralen und südlichen Westfjorden an (Erw./Kind ab 20 700/9590 ISK), auch Fahrten zu Vogelkolonien und zum Angeln im Arnarfjörður sowie Abendessen an Bord der Boote.

Schlafen & Essen

Campingplatz Bíldudalur CAMPINGPLATZ €
(☎867 3768; www.vesturbyggd.is; Hafnarbraut 3; pro Zelt 1450 ISK; 🚿) Wer sein Zelt auf der ebenen Wiese dieses Campingplatzes am Fjord aufschlägt, wacht mit Blick auf die Berge auf. Der Platz liegt direkt neben dem Schwimmbad des Orts, Camper können also auch dessen Duschen, Hot Pots und die Sauna benutzen.

Harbour Inn B&B €€
(☎898 2563; info@harbourinn.is; Dalbraut 1; EZ/DZ 16 800/22 800 ISK, ohne Bad 12 800/17 800 ISK, alle mit Frühstück; 📶) Die Einrichtung der zwölf behaglichen Zimmer in diesem großartigen kleinen B&B ist schick und modern, wird aber von der hinreißenden Aussicht auf Fjord und Berge in den Schatten gestellt. Es gibt eine Gästeküche und einen komfortablen Speiseraum.

Vegamót CAFÉ €
(☎456 2232; Tjarnarbraut 2; Hauptgerichte 1650–2570 ISK; ⊙10–22, Sa & So ab 12 Uhr) An sonnigen Tagen lohnt sich ein Platz auf der windgeschützten Veranda dieses fröhlichen kleinen Cafés. Zu essen gibt's Burger, Crêpes mit Knoblauchgarnelen und köstlichen Fisch aus hiesigen Gewässern mit Pommes frites. Angeschlossen ist auch ein toller kleiner Lebensmittelladen.

An- & Weiterreise

Eagle Air fliegt von/nach Reykjavík (ab 20 200 ISK, 45 Min., 1-mal tgl.) und zum **Flughafen Bíldudalur** (BIU; ☎456 2266) 8 km südlich der Stadt.

Flybus (S. 107) Fährt auf Bestellung via Tálknafjörður von/nach Patreksfjörður entsprechend dem Flugplan.

Hertz (☎522 4400; www.hertz.is; Bíldudalur Airport) Vermietet Autos am Flughafen Bíldudalur; andere Autovermietungen befinden sich in Patreksfjörður und Ísafjörður.

MITTLERE HALBINSELN

Die mittleren Halbinseln reichen von Ísafjarðardjúp im Norden (mit der quirligen Stadt Ísafjörður), nach Westen über den winzigen Fjord Súgandafjörður bis zum breiten, blauen Önundarfjörður im Süden (mit dem winzigen Örtchen Flateyri). Diese drei Fjorde sind durch einen Tunnel miteinander verbunden (S. 268).

Der spektakuläre Dýrafjörður weiter südlich ist ebenfalls einen Abstecher wert und kann von dem Dorf Þingeyri aus erkundet werden. Eine ausgefahrene Piste führt über die Berge zum mächtigsten Wasserfall der Westfjorde, dem Dynjandi. Er befindet sich in einem Nebenfjord des riesigen Arnarfjörður.

Dynjandi & Umgebung

★ Dynjandi WASSERFALL

(Fjallfoss) Über eine 100 m hohe, breite Gesteinskante am Ende der Bucht von Dynjandivogur stürzt sich der Dynjandi, der spektakulärste Wasserfall in den Westfjorden. Die holprige Anfahrt ist für die unglaublichen Aussichten berühmt; man sieht, wie sich das Wasser aus den Bergen und Tälern ringsum sammelt und in dem Wasserfall zusammenfließt. Von Juni bis August hält hier am Dynjandi zweimal täglich montags, mittwochs und freitags der Bus von Westfjords Adventures (S. 261), der zwischen Ísafjörður, Brjánslækur und Patreksfjörður verkehrt.

Der Aufstieg vom Parkplatz führt an vielen kleineren Wasserfällen vorbei, bis schließlich der donnernde große Fall erreicht ist. Es ist erlaubt, bis dicht an die gewaltigen Kaskaden heranzutreten, die über den Berghang hinabrauschen; der Blick über den breiten Fjord ist spektakulär.

Die Umgebung ist ein Naturschutzgebiet. Den (kostenlosen) Campingplatz hier dürfen nur Radfahrer und Wanderer nutzen (ein Auto kann hier nicht über Nacht geparkt werden), und dann auch nur für eine Nacht. Er hat einfache Toiletten (200 ISK) und fließendes Wasser.

Jón-Sigurðsson-Museum MUSEUM

(Hrafnseyri; ☎456 8260; www.hrafnseyri.is; Hrafnseyri, Arnarfjörður; ⌚Juni–Anfang Sept. 11–18 Uhr) GRATIS Das Gehöft Hrafnseyri ist der Geburtsort von Jón Sigurðsson (geb. am 17. Juni 1811), dem Vorkämpfer für Islands Unabhängigkeit. Das interessante, moderne Jón-Sigurðsson-Museum erzählt seine Lebensgeschichte. Ein Nachbau seines Grassodenhauses, eine Kirche aus dem 19. Jh. und ein kleines Café gehören dazu. Das Museum befindet sich in schöner Lage am Fjord.

Das Museum ist ab der holprigen Straße 60 ausgeschildert, die an der Nordseite des Arnarfjörður verläuft. Die Straße 60 zwischen Hrafnseyri und Þingeyri ist im Winter sechs bis acht Monate lang gesperrt – Genaueres auf www.road.is.

Þingeyri

281 EW.

Das kleine Dorf Þingeyri an der Südseite des schönen Dýrafjörður liegt am Rand einer wichtigen Wikingerstätte und feiert diesen Umstand mit einem Wikingerfest und einem nachgebauten Segelboot. Das Dorf (www.thingeyri.is) ist auch ein guter Ausgangspunkt für Wanderungen, Radtouren und Ausritte auf der Halbinsel Þingeyri gleich im Westen.

Sehenswertes & Aktivitäten

★ Halbinsel ÞINGEYRI WANDERN, RADFAHREN

Auf der Halbinsel mit ihren majestätischen Gipfeln westlich von Þingeyri bestehen fantastische Möglichkeiten zum Wandern und Radfahren. Fatbikes und Mountainbikes kann man im Café Simbahöllin (S. 266) leihen und dann der Piste folgen, die Richtung Nordwesten die Nordseite der Halbinsel am Dýrafjörður entlang nach **Haukadalur** führt, einer bedeutenden Wikingerstätte.

Wenn die Straße nicht durch Erdrutsche blockiert ist (vor Ort erfragen), kann man um die Spitze der Halbinsel herumfahren, vorbei an Vogelfelsen und dem einsamen Leuchtturm von **Svalvogar**. Mit einem normalen Pkw ist die Strecke auf keinen Fall zu schaffen! Lokale Tourveranstalter (inklusive der in Ísafjörður) unternehmen Ausflüge hierher.

Landeinwärts bietet der höchste Gipfel der Westfjorde, der **Kaldbakur** (998 m), gute Wandermöglichkeiten. Der steile Pfad zum Gipfel beginnt an der Straße etwa 2 km westlich vom Ort Þingeyri.

In der Touristeninformation in Þingeyri gibt es Karten und Tipps.

Alte Schmiede MUSEUM

(Gamla Smiðjan Þingeyri; ☎456 3291; www.nedsti.is; Hafnarstræti 14; Erw./Kind 1200/950 ISK; ⌚Mitte Mai–Aug. 9–17 Uhr) Die urige alte Schmiede von 1913 in Þingeyri war damals die erste ihrer Art in Island und ist noch heute vollgestopft mit originalen Geräten und Werkzeugen. Sie gehört zum Heimatmuseum der Westfjorde (S. 270) in Ísafjörður, das mit der gleichen Eintrittskarte besucht werden kann.

Schlafen & Essen

Campingplatz Þingeyri CAMPINGPLATZ €

(☎450 8470; tjald@isafjordur.is; Hafnarstræti; Stellplatz pro Zelt 1500 ISK; ⌚Mitte Mai–Mitte

ÞINGEYRI ERKUNDEN

Die erstklassigen Reitausflüge in kleinen Gruppen von **Simba Horses & Bike Rental** (Café Simbahöllin; ☎869 5654; www.westfjords-horseriding.com; Fjarðargata 5; ⌚Mitte Mai–Mitte Sept) führen tief in die abgeschiedene Halbinsel Þingeyri. Sie werden als zweistündiger Ausritt durch das stille Sandar-Tal (9900 ISK) und als Treck über Flüsse hinweg zu schwarzsandigen Stränden (12 900 ISK) angeboten. Es ist auch möglich, ein klassisches Mountainbike (ab 7500 ISK) oder ein geländegängiges Fatbike (ab 9000 ISK) für Touren über schroffe Pfade auf eigene Faust zu mieten.

Sept.; 📶) Der kleine und hübsche Campingplatz von Þingeyri ist hervorragend ausgestattet: Es gibt Waschmaschinen, Luxusduschen und eine schicke neue Küche mit Essraum. Er liegt hinter dem Schwimmbad des Orts.

Hotel Sandafell HOTEL €€
(☎456 1600; www.hotelsandafell.com; Hafnarstræti 7; EZ ohne Bad 14 400 ISK, DZ mit/ohne Bad 25 700/18 300 ISK, alle mit Frühstück; ⌚Mitte Mai–Mitte Sept.; 🅿📶) Das nette, einfache Hotel Sandafell im Dorfzentrum hat blitzblanke Zimmer. Zum Abendessen (tgl. 18–21 Uhr) gibt es beispielsweise Chili (3200 ISK), Pizza (2300 ISK) oder eine schmackhafte Fischsuppe (2800 ISK).

Við Fjörðinn PENSION €€
(☎456 8172; vidfjordinn@vidfjordinn.is; Aðalstræti 26; EZ/DZ ohne Bad ab 9500/20 500 ISK, Apt. ab 21 000 ISK; ⌚Mitte Mai–Sept.; 📶👪) Die komfortablen, traditionellen Zimmer in dieser freundlichen Pension sind heimelig eingerichtet. Es gibt nur Gemeinschaftsbäder, aber ein Fernsehzimmer, einen Grill und eine gute Gästeküche.

WLAN kann unbeständig sein.

★ **Simbahöllin** CAFÉ €€
(☎899 6659; www.simbahollin.is; Fjarðargata 5; Hauptgerichte 1400–3100 ISK; ⌚Mitte Juni–Aug. 10–22 Uhr, Mitte Mai–Mitte Juni & Anfang Sept. 12–18 Uhr; 📶) Das coole Café Simbahöllin befindet sich in einem restaurierten Gemischtwarenladen von 1915 mit freundlichen Angestellten, die tagsüber leckere belgische Waffeln und abends herzhafte Lamm-Tajine servieren. Es hat Tische draußen, Aussicht auf den Fjord und eine behagliche Atmosphäre und ist somit eines der besten Refugien an den Westfjorden.

Das Simbahöllin vermittelt auch spitzenmäßige Reittouren und verleiht Fatbikes und Mountainbikes.

ℹ Praktische Informationen

Touristeninformation Þingeyri (☎456 8304; www.thingeyri.is; Hafnarstræti 6; ⌚Mitte Mai–Anfang Sept. 10–18 Uhr) An der Hauptstraße.

ℹ An- & Weiterreise

Kommunale Busverbindungen (S. 259):
- Flateyri (350 ISK, 30 Min., Mo–Fr 3- bis 4-mal tgl.)
- Ísafjörður (350 ISK, 1 Std., Mo–Fr 3- bis 4-mal tgl.)

Auch die Busse von Westfjords Adventures (S. 261) fahren nach Þingeyri.

Dýrafjörður

Hinreißende breite Täler ziehen sich an der Nordküste des Dýrafjörður entlang. Der liebenswürdige Ort Þingeyri liegt an seiner Südküste, wo es wunderbare Wander- und Radfahrstrecken gibt. An der holprigen Pistenstraße 624 am Nordrand des Fjords befinden sich eine schöne **Kirche** mit einem Schindeldach und der älteste botanische Garten Islands.

Skrúður GÄRTEN
(⌚24 Std.) GRATIS An den unteren Hängen der Fjordtäler am Nordrand des Dýrafjörður liegt Islands ältester botanischer Garten. Der winzige Skrúður wurde 1909 als Lehrgarten angelegt. An einem der Eingänge, gleich abseits der Straße 624, sind gebogene Walknochen zu sehen.

Ingjaldssandur STRAND
Am nördlichen Ende des Dýrafjörður zweigt die Straße 624 von der Straße 60 nach Westen ab. Sie wird zu einer unbefestigten Piste und führt an einem verlassenen Bauernhof vorbei, bevor es landeinwärts über die Spitze der zerklüfteten Halbinsel geht. Zum Ingjaldssandur am Ende des Önundarfjörður sind es etwa 20 Minuten. Der isolierte Strand liegt inmitten eines malerischen Tals und ist der ideale Ort, um der Mitternachtssonne zuzusehen, wie sie am Horizont kurz mit dem Meer flirtet, um sich dann wieder nach oben zum Himmel zu bewegen.

Núpur Sólvellir FERIENHAUS €€
(Straße 624, Nupur; Haus 30 500 ISK; 📶) Die klaren, würfelartigen Linien von Núpur Sólvel-

lir sind ein kleines Stück hinter der Küste des Dýrafjörður zu sehen. Die modernen, offen angelegten Räume haben einen weiten Blick auf Berge und Fjord. Das Haus hat drei Schlafzimmer, eine voll ausgestattete Küche und allen Wohnkomfort – ein faszinierendes Refugium, um Abstand zur Welt zu bekommen.

Es gibt keine Website und keine E-Mail-Adresse, kann aber über Buchungsportale angemietet werden.

Önundarfjörður

Steile Felswände ragen zu beiden Seiten des azurblauen Önundarfjörður in die Höhe. An seinen Ufern trocknet Stockfisch auf Gestellen. Von dem winzigen Dorf Flateyri aus blickt man über den Fjord auf herrliche Sandbänke. Oberhalb der Ortschaft fällt die Lawinenmauer ins Auge. Sie wurde zum Schutz der Bevölkerung errichtet, nachdem sich 1995 ein tragisches Lawinenunglück ereignet hatte.

Schlafen

Korpudalur HI-Hostel PENSION, HOSTEL €
(Korpudalur Kirkjuból; ☎456 7808; www.korpudalur.is; Straße 627; Stellplatz pro Zelt 1600 ISK, B ab 5400 ISK, DZ ohne Bad ab 13 800 ISK; ⏲Mitte Mai–Mitte Sept.; 📶) Am Scheitel des Önundarfjörður führt eine Abzweigung mit der Beschilderung Kirkjuból (nicht mit der gleichnamigen Pension in der Nähe verwechseln) 5 km über die holprige Straße 627 zum beliebten Korpudalur HI-Hostel. Die hinreißende Lage am Kopf des Fjords und ein großzügiges Frühstück (2000 ISK) sprechen für das 100 Jahre alte Bauernhaus, die Zimmer sind allerdings mini. HI-Mitglieder erhalten einen Rabatt von 750 ISK.

★ **Kirkjuból í Bjarnardal** PENSION €€
(☎456 7679; www.kirkjubol.is; Straße 60, Bjarnardalur; DZ mit/ohne Bad, mit Frühstück 22 000/15 800 ISK; ⏲Juni–Aug.; 📶) Südlich des Önundarfjörður an der Ostseite der Straße 60 geht es über eine beschilderte Abzweigung zu diesem abgeschiedenen weiß-grünen Gehöft. Die Räumlichkeiten sind sehr sauber, die Zimmer sind mit Antiquitäten ausgestattet und es gibt eine Gästeküche sowie ein gemeinsames Wohnzimmer. Heiter-gelassene Atmosphäre, nette Inhaber und toller Blick auf den Fjord.

Flateyri

177 EW.

Flateyri (www.flateyri.is), die einstige riesige Versorgungsstation für norwegische Walfänger, ist heute ein verschlafenes kleines Nest auf einer Kieslandzunge, die in den glitzernden Önundarfjörður hineinragt. Es gibt dort ein reizendes Museum und ein Thermalbad, aber der eigentliche Besuchermagnet sind Kajakfahrten, Angeln und die bildschöne Szenerie.

Sehenswertes & Aktivitäten

Alter Buchladen in Flateyri MUSEUM
(Gamla Bókabúðin Flateyri; ☎840 0600; www.facebook.com/bokabudinflateyri; Hafnarstræti 3; Spende erbeten; ⏲Mitte Mai–Mitte Sept. 11–17 Uhr) Islands ältestes originales Geschäft ist dieser gut erhaltene, historische Buchladen und die angrenzende Wohnung, die wie in Bernstein konserviert wirken.

Kayak Flateyri KAJAKFAHREN
(☎863 7662; www.facebook.com/kajakleiga; Ólafstúni 7; Touren ab 7000 ISK) Mit oder ohne Guide hinauspaddeln auf den bildschönen Önundarfjörður.

Iceland ProFishing ANGELN
(☎861 7442; www.icelandprofishing.com; Melagata 3; ⏲April–Sept.) Verleiht Boote für Angeltrips in den Fjorden, vermittelt Guides und bietet einwöchige Ausflüge (ab 158 100 ISK) mit Unterkunft in Flateyri und Suðureyri.

Schlafen & Essen

Síma Hostel PENSION €
(☎897 8700; www.icelandwestfjords.com; Ránargata 1; DZ/FZ ohne Bad ab 11 300/19 200 ISK, Apt. 29 400 ISK; ⏲Mitte Mai–Anfang Sept.; 📶) Viele der ordentlichen, einfachen Zimmer und gemütlichen Apartments gewähren einen schönen Blick auf den Fjord.

Litlabyli Guesthouse PENSION €€
(☎848 0920; www.litlabyli.com; Ránargata 2; DZ mit/ohne Bad 19 200/15 400 ISK; 📶) Ein paar Sturmlaternen, Stapel alter Bücher und alte Schreibmaschinen tragen zur traditionellen Atmosphäre in dieser alten Pension bei. Hell gestrichene Wände und abgebeizte Fußböden sorgen für den modernen Touch. Zum Frühstück gibt es oft hausgebackenen Kuchen. Zur Pension gehört auch ein einfacher **Campingplatz** (pro Pers. 1300 ISK).

KEINE ANGST!

Der 9 km lange, 1996 fertiggestellte **Ísafjörður–Suðureyri–Flateyri-Tunnel** (Vestfjarðagöng) unter den Bergen wird auf Teilen des 6 km langen Abschnitts zwischen Ísafjörður und Flateyri einspurig. Mittendrin zweigt der 3 km lange Teil ab, der nach Suðureyri führt. Keine Sorge – überall in den feuchten Röhren gibt es Haltebuchten, damit man eventuellen Gegenverkehr passieren lassen kann.

Bryggjukaffi CAFÉ €
(Hafencafé; ☎861 8976; www.facebook.com/bryggjukaffi; Hafnarstræti 4; Kuchen 350–900 ISK, Suppe 1700 ISK; ⏲Juni–Aug. Sa–Mo 11–18 Uhr, sonst Sa & So 11–18 Uhr; 📶) Eine nette Einheimische serviert jeden Tag leckere Suppe (der Fischeintopf ist ein Gedicht!) mit sehr gutem, frischem Brot und backt Kuchen und unwiderstehliche Waffeln. Oben befinden sich einfache Gästezimmer (DZ/FZ mit Gemeinschaftsbad 12 200/18 200 ISK).

An- & Weiterreise

Verbindungen der kommunalen Busse (S. 259):

- Busse verkehren zwischen Þingeyri, Flateyri und Ísafjörður (350 ISK, Mo–Fr 3- bis 4-mal tgl.).
- In Flateyri hält der Bus an der Ránargata 1 (vor dem Síma Hostel, S. 267).

Suðureyri

257 EW.

Das am Eingang zum 13 km langen Súgandafjörður gelegene Fischerdorf Suðureyri (www.isafjordur.is) war wegen der unwirtlichen Berge jahrzehntelang isoliert. Jetzt ist das Dorf durch ein 9 km langes Tunnelnetz mit Ísafjörður und Flateyri verbunden und lockt Besucher vor allem mit seiner Fischertradition, den Angelangeboten und hervorragenden Fischrestaurants an.

Thermalbad THERMALBAD, HOT POT
(☎450 8490; ithrottamidstod@isafjordur.is; Túngata 8; Erw./Kind 750/350 ISK; ⏲Juni–Aug. 11–19 Uhr, sonst kürzere Öffnungszeiten) Das Thermalbad mit Innen- und Außenbecken, Sauna und Hot Pots ist ein Treffpunkt der Einheimischen.

Geführte Touren

Iceland ProFishing (S. 267) in Flateyri bietet auch Angeltrips ab Suðureyri an. Das Hotel-Restaurant Fisherman arrangiert **Touren** (☎450 9000; www.fisherman.is; pro Pers. 5000 ISK; ⏲Touren Mai–Sept. 11 Uhr) zum Thema Meeresfrüchte, wozu auch ein Besuch in der örtlichen Fischfabrik gehört.

Schlafen & Essen

Fisherman HOTEL €€
(☎450 9000; www.fisherman.is; Aðalgata 14; DZ mit/ohne Bad, mit Frühstück 26 000/19 700 ISK; ⏲Mai–Sept.; @📶) Hartholzböden, weiße Bettwäsche und modernes, dezentes Design sind die Merkmale der Zimmer in diesem kleinen Hotel. Es ist mehr oder weniger das Zentrum des Orts, vor allem dank dem schicken **Café** (Hauptgerichte 1490–1990 ISK; ⏲10–22 Uhr) und dem hervorragenden **Restaurant** (Hauptgerichte 3900–5000 ISK; ⏲18–21 Uhr).

Shoppen

Á Milli Fjalla KUNSTHANDWERK
(☎450 9000; sui@simnet.is; Aðalgata 14; ⏲Juli & Aug. 13–18 Uhr) Der winzige Laden, der nur im Sommer öffnet, verkauft vor Ort hergestellte Strickwaren, Keramiken und originellen Schnickschnack.

An- & Weiterreise

Der kommunale Bus (S. 259) fährt nach Ísafjörður (350 ISK, 25 Min., Mo–Fr tgl. 3- bis 4-mal).

Ísafjörður

2620 EW.

Ísafjörður (www.isafjordur.is), Drehscheibe der Westfjorde in Sachen Abenteuertourismus und bei Weitem der größte Ort der Region, ist ein angenehmes, florierendes Städtchen und ein guter Ausgangspunkt für Reisende. Es liegt auf einer gebogenen Landzunge, die in den Skutulsfjörður hinausragt, und ist von steilen Gipfeln und den dunklen Fjordgewässern umgeben.

Das Zentrum von Ísafjörður besteht aus alten Holz- und blechverkleideten Häusern. Viele sind seit dem 18. Jh. unverändert, als es im Hafen von Großseglern und norwegischen Walfängern nur so wimmelte. Heute ist Ísafjörður ein überraschend kosmopolitischer Ort. Wenn man einige Zeit in den Westfjorden umhergereist ist, wirkt das Städtchen mit seinen einladenden Cafés und abwechslungsreichen Restaurants wie eine geschäftige Metropole.

In den Bergen um den Ort gibt's Wandermöglichkeiten, im Winter kann man Ski

Ísafjörður

Ísafjörður

Highlights
1 Museum für Alltagskultur C2
2 Heimatmuseum der Westfjorde B4

Sehenswertes
3 Kulturhaus B1
4 Altstadt D2

Aktivitäten, Kurse & Touren
5 Borea C3
6 West Tours C3
7 Wild Westfjords C2

Schlafen
8 Gamla Gistihúsið C1
9 GentleSpace Guesthouse & Apartments B1
10 Hótel Edda A2
11 Hótel Ísafjörður C2
12 Ísafjörður Hostel C2
13 Koddinn B1
14 Litla D2
15 Mánagisting Guesthouse C2

Essen
16 Gamla Bakaríð C2
17 Hamraborg C2
Húsið .... (s. 13)
18 Netto C2
19 Thai Koon C2
20 Tjöruhúsið B4
Við Pollinn .... (s. 11)

Ausgehen & Nachtleben
21 Edinborg C3

Shoppen
22 Fiskbúð Sjávarfangs C4
23 Karitas C3
24 Neisti Centre C2
25 Rammagerð Ísafjarðar C3
26 Vínbúðin B3

ABSTECHER

VIGUR

Die zauberhafte Insel Vigur in der Mündung des Hestfjörður ist ein beliebtes Ziel von Tagesausflüglern ab Ísafjörður. In der Saison dient sie als Nistplatz für Hunderte Papageitaucher, im übrigen Jahr ist sie ein beschaulicher Ort mit weitem Blick über den Fjord in jede Richtung, wo Robben im Wasser planschen und sich manchmal Wale und Delfine blicken lassen.

Neben Tierbeobachtung und beschaulichen Spaziergängen kann man auch den ältesten Leuchtturm Islands (1837) knipsen und leckeren Kuchen im Café genießen, das in einem der unglaublich hübschen Häuser auf der Insel untergebracht ist (falls es Zimtschnecken gibt, unbedingt probieren). West Tours in Ísafjörður und Ögur Travel (S. 277) in Ögur bieten Bootsfahrten und Kajaktouren zur Insel an.

fahren und im Sommer bringen Boote regelmäßig Wanderer zur abgelegenen Halbinsel Hornstrandir.

Sehenswertes

★ Heimatmuseum der Westfjorde MUSEUM

(Byggðasafn Vestfjarða; ☎456 3293; www.nedsti.is; Neðstikaupstaður; Erw./Kind 1200 ISK/frei; ⌚Mitte Mai–Sept. 9–17 Uhr) Das Museum ist im **Turnhús** (1784) untergebracht, einem alten Lagerhaus, das zu einem Komplex historischer Holzhäuser am Hafen gehört. Es ist mit Fischerei- und Seefahrtobjekten vollgestopft, darunter Werkzeug aus Walfangtagen, faszinierende alte Fotos vom Leben im Ort im Lauf der Jahrhunderte und Akkordeons. Rechts von dem Gebäude befindet sich das **Tjöruhús** (1781), das heute ein nettes Fischrestaurant beherbergt. Das **Faktorhús** von 1765, in dem einst der Betreiber des Dorfladens wohnte, und die **Krambúd** (1757), ursprünglich auch ein Lagerhaus, sind heute private Wohnhäuser.

Die Eintrittskarte ist auch für die alte Schmiede (S. 265) in Þingeyri gültig.

★ Museum des Alltagslebens MUSEUM

(Hversdagssafn; ☎694 4266; www.everydaylife.is; Hafnarstræti 5; Erw./Kind 700 ISK/frei; ⌚Mo–Fr 10–17, Sa 11–14 Uhr) Die eindrückliche, kreativ aufbereitete Ausstellung würdigt die Magie des Alltäglichen; Schuhe, Bücher und Kurzfilme werden jeweils von persönlichen Erzählungen und kleinen Geschichten ergänzt. Es bietet einen faszinierenden Einblick in das Leben an den Westfjorden, und zwar in wunderschön poetischer und anregender Weise.

Altstadt STADTTEIL

(Tangagata) Die Altstadt liegt am Ostrand von Ísafjörður. Ein Rundgang beginnt in der Tangagata mit ihren blechverkleideten Giebelhäusern, oft leuchtend bunt in patriotischem Rostrot oder Blau gestrichen und mit Weiß abgesetzt. Beachtenswert sind die Baudaten aus den späten 1890er- und frühen 1900er-Jahren über den Türen.

Kulturhaus KULTURZENTRUM

(☎450 8220; Eyrartúni; ⌚Mo–Fr 13–18, Sa bis 16 Uhr) GRATIS Die Ausstellung im 2. Stock des ehemaligen Stadtkrankenhauses verdeutlicht, wie eng die Menschen in den Westfjorden miteinander verbunden sind. Zu sehen sind hier alte Waagen für Neugeborene, eine verstörende Eisensäge und ein Klistiergerät, das einem die Tränen in die Augen treibt, aber es gibt auch berührende Aussagen ehemaliger Patienten.

Aktivitäten

Pfad nach Óshlíð WANDERN, RADFAHREN

Von Ísafjörður führt ein riskanter Pfad um die Landzunge herum Richtung Bolungarvík und zum Berg Óshlíð. Der schmale Weg, auf den des Öfteren Steinschläge und Lawinen niedergehen, war einst der einzige Weg nach Bolungarvík. In der Touristeninformation ist der aktuelle Wegzustand zu erfahren – mit entsprechender Vorsicht kann man oft auf dem Abschnitt beim Tunnel nach Bolungarvík wandern oder Radeln und in der Ferne Hornstrandir und Snæfjallaströnd sehen.

Geführte Touren

★ West Tours ABENTEUERTOUR

(Vesturferðir; ☎456 5111; www.westtours.is; Aðalstræti 7; ⌚Juni–Aug. Mo–Fr 8–18, Sa 8.30–16.30, So 10–15 Uhr, Sept.–Mai Mo–Fr 8–16 Uhr) Das Programm des beliebten und professionellen Tourenveranstalters West Tours ist unglaublich breit gefächert und deckt die gesamten Westfjorde ab, einschließlich Touren zur Insel Vigur (11 000 ISK), Wandertouren auf Hornstrandir (ab 32 900 ISK) und Kajakausflüge (ab 7000 ISK) sowie Fahrrad-, Reit-,

Boots- und Angeltrips, Vogelbeobachtung und kulturelle Exkursionen. Kinder zahlen generell die Hälfte.

West Tours befindet sich im gleichen Gebäude wie die Touristeninformation (S. 275), betreibt auch einen Fährdienst nach Hornstrandir und verleiht Fahrräder (4/12 Std. 7500/10 000 ISK).

★ Borea ABENTEUER
(☎ 456 3322; www.borea.is; Aðalstræti 18; ⏲ Juni–Aug. Mo–Fr 8–18, Sa 9–19, So 10–16 Uhr, sonst kürzere Öffnungszeiten) Der Abenteueranbieter unternimmt Kajaktouren im Fjord (ab 13 900 ISK) sowie ausgezeichnete Wanderungen auf Hornstrandir (ab 41 900 ISK) und Mountainbiketouren (ab 13 900 ISK). Außerdem betreibt das Unternehmen eine Fähre nach Hornstrandir sowie Kviar, eine private Hütte im Naturreservat.

Wild Westfjords ABENTEUERTOUR
(☎ 456 3300; www.wildwestfjords.com; Hafnarstræti 9; ⏲ Mai–Sept. 9–17.30 Uhr, sonst kürzere Öffnungszeiten) Mehrtägige Fahrten um die Fjorde und quer durchs Land mit oder ohne Guide sowie Tagestouren, z. B. zum Wasserfall Dynjandi (Erw./Kind 28 000/14 000 ISK), Kajakfahren (ab 12 800 ISK), Wanderungen auf Hornstrandir (ab 33 900 ISK) und anstrengendere Trecks nur für Erwachsene zur berühmten Hornbjarg-Steilküste (44 000 ISK).

Fosshestar REITEN
(☎ 842 6969; www.fosshestar.is) Kurze Reitausflüge (ab 15 000 ISK) für alle Fertigkeitsstufen im nahen Tal Engidalur. Die Pferde dürfen auch gefüttert und gestreichelt werden (3500 ISK). Reservierung erforderlich; nur Barzahlung. Im Preis enthalten ist die Hin- und Rückfahrt von/nach Ísafjörður.

Schlafen

★ Ísafjörður Hostel HOSTEL €
(☎ 456 4611; www.isafjordurhotels.is; Mánagata 1; B 5500 ISK) Ein Luxushostel mit blitzsauberen Vier-Bett-Schlafsälen, Duschen mit Hotelstandard, einer gut ausgestatteten Küche und einer großen Lounge, wo sich Reisende austauschen können.

★ Campingplatz Tungudalur CAMPINGPLATZ €
(☎ 864 8592; www.gih.is; Tungudal; Stellplatz pro Erw./Kind 1800 ISK/frei; ⏲ Mitte Juni–Mitte Sept.; 📶) Der rauschende Fluss, der den Wasserfall Bunarfoss hinabstürzt, fließt mitten durch diesen friedlichen, malerischen Campingplatz. Es gibt Waschmaschinen (900 ISK), anständige Duschen und eine warme Küche mit Esstischen, wo Gäste auch auf einer akustischen Gitarre klimpern dürfen.

Der Platz liegt 5 km außerhalb von Ísafjörður; Busse fahren ganz in der Nähe.

Gistiheimilið Mánagisting PENSION, APARTMENT €
(Gästehaus Mánagisting; ☎ 615 2014; Mánagata 4; B/DZ ohne Bad 6000/12 000 ISK, Apt. 16 800 ISK; 📶) Der Hausflur und die Korridore in dieser weitläufigen, vierstöckigen Pension sind ausgesprochen marode, aber die einfachen Zimmer sind okay, wenn auch nicht makellos. Die Matratzen sind ziemlich dünn.

GentleSpace Guesthouse & Apartments APARTMENT €€
(☎ 892 9282; www.gentlespace.is; Hlíðarvegur 14; DZ/Apt. ab 13 200/20 500 ISK; 📶) Es sind die kleinen Dinge, die diese Unterkunft zum Hit machen: sanfte Naturfarben, Hartholzböden, Fußbodenheizung in den Gemeinschaftsbädern, kostenloser Kaffee und Kekse – und Robert, ein äußerst freundlicher Hausherr.

Gamla Gistihúsið PENSION €€
(☎ 456 4146; www.gistihus.is; Mánagata 5; DZ/3BZ ohne Bad, mit Frühstück 23 200/29 800 ISK; @📶) Die helle, freundliche und gepflegte Pension hat einfache, aber gemütliche Zimmer mit anheimelndem Flair. Es gibt nur Gemeinschaftsbäder, aber die Doppelzimmer haben Telefon, Waschbecken und Bademäntel. Die Pension gehört dem Hotel Ísafjörður, wo meist auch eingecheckt werden muss.

Koddinn PENSION €€
(☎ 456 5555; lovisa@snerpa.is; Hrannargata 2; EZ/DZ 7000/17 000 ISK;) Die fünf behaglichen Zimmer über der lebhaften Café-Bar Húsið (S. 274) sind mit altmodischen Möbeln eingerichtet, aber haben alle modernen Annehmlichkeiten und eine Küche. Es gibt nur Gemeinschaftsbäder. Wer nicht gerade ein Nachtschwärmer ist, sollte Freitag und Samstag vermeiden, da dann die Bar bis 3 Uhr geöffnet ist. Etwas billiger sind die Preise für Schlafsackübernachtung.

Hótel Edda HOTEL, CAMPINGPLATZ €€
(☎ 444 4960; www.hoteledda.is; Mantaskólinn; DZ/3BZ mit Bad 20 000/23 000 ISK; ⏲ Anfang Juni–Mitte Aug.) In den Sommerferien werden in der Oberschule der Stadt 33 einfache, aber schicke Zimmer mit Bad vermietet. Hinzu kommen schlichtere Schlafsackunterkünfte (2700 ISK) und ein Campingplatz nur für Zelte (ab 1200 ISK).

Isländische Kultur

Das Wetter vermiest einem das Wandern? Keine Angst – Island sorgt mit seiner vielfältigen Kultur für Ersatz. Aus den Sagas hat sich ein reiches literarisches Erbe entwickelt, Musik und Design verarbeiten auf inspirierende Weise die Natur und es wird sowohl der Tradition als auch dem Experiment gefrönt. Und man scheut sich nicht, seine isländische Identität zur Schau zu stellen – z. B. mit einem Pullover.

1

2

DARIA MEDVEDEVA/SHUTTERSTOCK ©

ARCTIC-IMAGES/GETTY IMAGES ©

1. Saga-Museum (S. 60)
Darstellung der Schlacht von Örlygsstaðir im Museum

2. Bildhauerei
Freiluftskulptur *Waiting* von der Künstlerin Aðalheiður S. Eysteinsdóttir in Siglufjörður (S. 304)

3. Reykjavík Pride (S. 26)
Für die Gay Pride Parade dekorierte Fußgängerzone

4. Hallgrímskirkja (S. 61)
Eine Laser-Lightshow an der Hallgrímskirkja zum alljährlichen Winter Lights Festival

5. Reykjavíker Kulturnacht (S. 26)
Reykjaviker beteiligen sich zahlreich an einem Tag und einer Nacht voller Kunst, Musik, Tanz und Feuerwerk.

KONDRUKHOV/SHUTTERSTOCK ©

Litla PENSION €€
(☎474 1455; Sundstræti 43; DZ/3BZ ohne Bad 16 000/17 800 ISK;) Die beherrschende Farbe hier ist ein schlammiges Olivgrün und die Zimmer sind eher gemütlich als schick, aber die behagliche Pension steht in einer der atmosphärischsten alten Straßen von Ísafjörður.

Hótel Ísafjörður BUSINESSHOTEL €€
(☎456 4111; www.hotelisafjordur.is; Silfurtorg 2; DZ/3BZ mit Frühstück 25 800/43 300 ISK; @) Das zentral gelegene, klassische Businesshotel steht bei Reisegruppen hoch im Kurs. Die Zimmer in den oberen Etagen gewähren einen netten Blick auf die Blechdächer der Stadt und das Wasser dahinter.

Essen

Hamraborg FAST FOOD €
(☎456 3166; www.facebook.com/pg/hamraborg ehf; Hafnarstraeti 7; Hauptgerichte ab 1200 ISK; 9–23.30 Uhr;) Bei nationalen Radioumfragen wurde das Hamraborg zur besten Imbissbude des Landes gewählt. Das Fast-Food-Lokal mit Béarnaise-Burgern und Pizza ist ein beliebter Treffpunkt der Einheimischen. Im Fernsehen läuft häufig Sport.

Thai Koon THAILÄNDISCH €
(☎456 0123; Hafnarstræti 9, Neisti Centre; Hauptgerichte ab 1800 ISK; Mo–Sa 11.30–20, So 17–20 Uhr) Nach ein paar Wochen Einheitskost im abgelegenen Island kommt einem das kleine Thai-Lokal echt exotisch vor. Zwar hat es kein bisschen Flair, aber die Curry- und Nudelgerichte sind köstlich und die Portionen sind riesig.

★ **Tjöruhúsið** FISCH & MEERESFRÜCHTE €€
(☎456 4419; www.facebook.com/tjoruhusid; Neðstakaupstaður 1; Hauptgerichte 2600–5700 ISK; Juni–Sept. 12–14 & 19–21 Uhr) Das freundliche, rustikale Tjöruhúsið in einem Haus von 1781 bietet mit die besten Meeresfrüchte in der Gegend. Zum Abendmenü mit Selbstbedienung gehören Suppe, Fisch (frisch vom Boot im nahen Hafen) und Desserts wie Mousse au chocolat. Bei sonnigem Wetter locken die Bänke draußen. Das Abendessen beginnt pünktlich um 19 Uhr und ist zu Recht sehr beliebt, daher ist Reservierung ratsam.

★ **Húsið** INTERNATIONAL €€
(☎456 5555; Hrannargata 2; Hauptgerichte 1890–3590 ISK; Küche 11–22 Uhr;) Das schmackhafte Essen und das heimische Bier vom Fass lassen sich ganz entspannt an den groben Holztischen oder auf der Sonnenterrasse genießen. Zu groovigen Sounds serviert hippes Personal Fisch, Burger, Pizza und isländisches Lamm. Ein toller Laden mit regelmäßigen Terminen für Livemusik und DJs.

Við Pollinn ISLÄNDISCH, FISCH & MEERESFRÜCHTE €€€
(☎456 3360; www.vidpollinn.is; Silfurtorg 2; Hauptgerichte 2700–5900 ISK; Mai–Sept. 11–21 Uhr, sonst kürzere Öffnungszeiten) Der minimalistischen Einrichtung des Restaurants im Hótel Ísafjörður fehlt zwar Pep, aber das Essen macht das mehr als wett. Die große Auswahl heimischer Gerichte, besonders Fisch, wird elegant zubereitet, und die Fenster bieten einen großartigen Blick über den Fjord – manchmal ist zu sehen, wie die nächste Mahlzeit in den Hafen geschippert wird.

Selbstversorger

Ísafjörður ist ideal, um sich vor dem Aufbruch in einsame Gegenden mit Proviant einzudecken.

Gamla Bakaríð BÄCKEREI €
(☎456 3226; www.facebook.com/gamlabakariid; Aðalstræti 24; Mo–Fr 7–18, Sa & So 8–16 Uhr) Fürs Frühstück, Mittagessen oder eine süße Sünde am Vormittag ist die Gamla Bakaríð die beste Adresse und meist voll mit Kundschaft, die sich hier mit Keksen, Donuts, Kuchen und frischem Brot eindeckt.

Bónus SUPERMARKT €
(☎527 9000; www.bonus.is; Skeiði 1; Mo–Do 11–18.30, Fr 10–19.30, Sa 10–18, So 12–18 Uhr) Der relativ preisgünstige Supermarkt liegt an der Hauptstraße Richtung Stadt.

Netto SUPERMARKT €
(www.netto.is; Hafnarstræti 9, Neisti Centre; 10–19 Uhr) In der Hafnarstræti.

Vínbúðin ALKOHOLISCHE GETRÄNKE
(☎456 3455; www.vinbudin.is; Suðurgötu 8; 11–18, Sa bis 19, So bis 16 Uhr) Staatlicher Spirituosenladen.

Ausgehen & Nachtleben

Edinborg CAFÉ, BAR
(☎456 8335; Aðalstræti 7; Mo–Do 12–23, Fr bis 3, Sa 16–3, So 16–23 Uhr;) Im Edinborg, einer Kombination aus relaxter Bar mit Billardtisch und Restaurant mit tollen Burgern und Fisch, herrscht eine coole Atmosphäre. Nicht nur deswegen ist es so beliebt, sondern auch wegen der gelegentlichen Livemusik und dem lokalen Bier vom Fass, dem vollmundigen, bernsteinfarbenen Dokkan.

Es befindet sich im gleichen Haus von 1907 wie die Touristeninformation.

Shoppen

Fiskbúð Sjávarfangs ESSEN & GETRÄNKE
(☎869 2429; kari10@simnet.is; Sindragata 11; ⏲Mo–Fr 11–18 Uhr) Tabletts voller Fisch, der nur ein paar Meter weiter an Land gebracht wurde, füllen die Auslage in diesem netten Fischgeschäft. Der Besitzer Kári verkauft gekochte Garnelen, geräucherte Regenbogenforellen und Seesaiblinge sowie Schellfisch-, Heilbutt- und Seewolf-*harðfiskur* (getrockneter Fisch). Außerdem gibt es Leder aus Lachshaut in verschiedenen Farben – als ganze Streifen (ab 4300 ISK) oder zu Taschen und Fliegen verarbeitet.

Karitas KLEIDUNG
(Aðalstræti 20; ⏲Mo–Do 11–18, Fr & Sa bis 16 Uhr) Ein kleiner Laden, der nur im Sommer öffnet und traditionelle, handgestrickte Islandpullover, Wollsocken, Mützen, Schals und Schmuck verkauft.

Rammagerð Ísafjarðar KUNSTHANDWERK
(☎456 3041; Aðalstræti 14; ⏲Mo–Fr 13–18, Sa 12–14 Uhr) Verkauft Strickwaren von guter Qualität sowie Kunsthandwerk aus der Region.

Neisti Centre EINKAUFSZETRUM
(Hafnarstræti 9; ⏲10–20, Sa & So ab 12 Uhr) Im zentralen Einkaufszentrum von Ísafjörður befinden sich das Postamt, ein Supermarkt und das Lokal Thai Koon.

Praktische Informationen

Krankenhaus (Heilbrigðisstofnun Vestfjarða Ísafirði; ☎450 4500; www.fsi.is; Torfnes) Das Krankenhaus von Ísafjörður mit umfassender Versorgung unterhält auch Kliniken im Gebiet der Westfjorde.

Postamt (☎580 1000; www.postur.is; Hafnarstræti 9; ⏲Mo–Fr 9–16.30 Uhr)

Regionales Informationszentrum Westfjorde (☎450 8060; www.isafjordur.is; Aðalstræti 7, Edinborgarhús; ⏲Juni–Aug. Mo–Fr 8–18, Sa & So 8–15 Uhr, Sept.–Mai Mo–Fr 8–16 Uhr) Am Hafen im Edinborgarhús (1907). Das hilfsbereite Personal hält jede Menge Infos zu den Westfjorden und zum Naturschutzgebiet Hornstrandir bereit. Ein Computer mit Internetanschluss kann zehn Minuten umsonst genutzt werden. Gepäckaufbewahrung kostet 200 ISK pro Tag.

An- & Weiterreise

AUTO

Mitfahrgelegenheiten vermittelt www.samferda.net.

Avis (☎591 4000; www.avis.com; Flughafen Ísafjörður)

Europcar (☎840 6074; www.holdur.is; Flughafen Ísafjörður)

Hertz (☎522 4400; www.hertz.is; Flughafen Ísafjörður)

BUS

Ísafjörður ist der wichtigste Busknotenpunkt in den Westfjorden. Der Busbahnhof für Fernbusse befindet sich am Touristeninformationszentrum. Busse von Westfjords Adventures (S. 261):

- Von Juni bis August fährt ein Bus nach Patreksfjörður (9900 ISK) und Brjánslækur (Anlegestelle der Stykkishólmur-Fähre; 8400 ISK) via Þingeyri, Dynjandi und Flókalundur (Mo, Mi & Fr 1-mal tgl. je Richtung).
- Ende Mai und Anfang September muss man vorab reservieren.
- Von Mitte September bis Ende Mai gibt es keine Busverbindungen.

Die folgenden Busse fahren von ca. Mitte bis Anfang September ab Ísafjörður (im Winter seltener):

- **Bus nach Hólmavík** (7000 ISK, 3 Std., 3-mal wöchentl.) des Busunternehmens **Hópferðamiðstöð Vestfjarða** (☎893 1058; vidfjordinn@vidfjordinn.is). Buchung einen Tag vorher.
- **Bus nach Reykjavík** (13,900 ISK, 7 Std., 3-mal wöchentl.) Mit dem Bus nach Hólmavík oder Brjánslækur und dort umsteigen. Ab Hólmavík fährt die Buslinie 59 von Strætó (S. 68) nach Borgarnes, wo nochmals umgestiegen wird. Von Brjánslækur geht es zunächst mit der Fähre nach Stykkishólmur, dort mit der Strætó-Buslinie 58 nach Borgarnes und von dort weiter nach Reykjavík.
- **Bus nach Akureyri** Erst geht's mit dem Bus nach Brjánslækur, dann mit der Fähre nach Stykkishólmur, nach einer Übernachtung dort am nächsten Morgen weiter mit dem Bus mit Umstieg in Borgarnes (25 500 ISK, 24 Std., 3-mal wöchentl.). Oder man fährt über Hólmavík nach Borgarnes und steigt dort um nach Akureyri (19 400 ISK, 12 Std., 3-mal wöchentl.). Zu beachten ist allerdings, dass letztere Option nur sonntags an einem Tag zu schaffen ist – mittwochs und freitags ist eine Übernachtung in Borgarnes oder Bifröst erforderlich. Die Strecke wird von den Bussen von Hópferðamiðstöð Vestfjarða und Strætó befahren.

Die kommunalen Busse (S. 259) halten in der Pollgata am Ufer:

- Flateyri und Þingeyri (350 ISK, Mo–Fr 3- bis 4-mal tgl.)
- Suðureyri (350 ISK, 20 Min., Mo–Fr 3- bis 4-mal tgl.)
- Ein Bus nach Bolungarvík (1000 ISK, 15 Min., Mo–Fr 5-mal tgl.) fährt am Kiosk in Hamraborg in der Nähe des Netto-Supermarkts ab.

Aktuelle Fahrpläne sind über das Informationszentrum oder auf www.westfjords.is zu erfahren.

FLUGZEUG

Air Iceland Connect (S. 259) bietet zweimal täglich Flüge vom **Flughafen Ísafjörður** (IFJ; ☎570 3000; www.airicelandconnect.com), 5 km südlich der Stadt am Fjord, nach Reykjavík (Inlandsflughafen). Es werden auch Tagestouren angeboten.

Ein auf den Flugplan abgestimmter Flybus verkehrt zwischen dem Flughafen und Ísafjörður (1000 ISK) und hält beim Hótel Ísafjörður. Der Bus fährt auch weiter nach Bolungarvík (1500 ISK).

SCHIFF/FÄHRE

Im Sommer legen an den Kais in Sundahöfn an der Ostseite des Kaps Fähren von West Tours (S. 270) und Borea (S. 271) nach Hornstrandir ab.

Unterwegs vor Ort

Die Stadtbusse (350 ISK) fahren von 7.30 bis 18.15 Uhr und verbinden das Stadtzentrum mit Hnífsdalur und Holtahverfi am Stadtrand. Die Bushaltestelle ist am Ufer.

West Tours (S. 270) verleiht Fahrräder (je 4/12 Std. 7500/10 000 ISK).

Bolungarvík

924 EW.

Trotz der spektakulären Lage an der Spitze des Fjords ist Bolungarvík selbst ein ziemlich ödes Nest allerdings lohnt das Seefahrtsmuseum durchaus einen Besuch. Einst war Bolungarvík mit Ísafjörður nur über einen gefährlichen Weg (S. 270) um den Berg Óshlíð verbunden, doch inzwischen wurde ein 5,4 km langer Tunnel zwischen den beiden Orten gebaut. Der Weg wird heute nur noch von Wanderern genutzt.

Sehenswertes

★ Seefahrtsmuseum Ósvör MUSEUM

(Ósvör Sjóminjasafn; ☎892 5744; www.osvor.is; Erw./Kind 1000 ISK/frei; ⌚Juni–Mitte Aug. 9–17, Sa & So ab 10 Uhr, sonst nach Vereinbarung) Die alten steinernen und mit Grassoden gedeckten Fischerhütten des Seefahrtsmuseums Ósvör erinnern eindringlich an andere Zeiten. Ein Museumsführer in typischer Fischerkleidung aus Lammfell geleitet die Besucher durch die Siedlung am Meeresufer und erläutert deren Geschichte und das traditionelle Seefahrerleben von der Landnahmezeit bis heute. Besucht wird auch eine beengte Fischerhütte voller Relikte aus der Vergangenheit sowie ein Fischerboot.

Das Museum ist über eine Abbiegung nach rechts gleich am Tunnelausgang Richtung Bolungarvík (aus Ísafjörður kommend) zu erreichen.

Naturkundemuseum MUSEUM

(☎456 7507; www.nabo.is; Vitastígur 3; Erw./Kind 1000 ISK/frei; ⌚Juni–Mitte Aug. 9–17, Sa & So ab 10 Uhr, sonst nach Vereinbarung) Zeigt eine große Mineraliensammlung (Braunkohle aus der Zeit, als Island von Wald bedeckt war) und ausgestopfte Tiere – darunter ein riesiger, über 100 Jahre alter Blauwalknochen und ein Eisbär, den Fischer aus dem Ort erlegten, als er vor der Küste von Hornstrandir umherschwamm.

Schlafen & Essen

Es gibt nur ein Restaurant in Bolungarvík, das reizende Einarshúsið; mehr Auswahl und größere Supermärkte gibt's in Ísafjörður.

Einarshúsið PENSION €€

(☎456 7901; info@einarshusid.is; Hafnargata 41; DZ/Suite ohne Bad 15 300/20 300 ISK; ⌚Mai–Sept.; 📶) Das Einarshúsið ist ein denkmalgeschütztes Haus aus der Jahrhundertwende nahe dem Hafen und nicht nur die beste Unterkunft, sondern auch das beste Restaurant. Die acht hübschen Zimmer sind im originalen Stil des Hauses eingerichtet, aber haben moderne Badezimmer (das Kellerzimmer ist nicht zu empfehlen). Das Restaurant (10–20 Uhr; Hauptgerichte 1900–3900 ISK) serviert Frühstück, Burger, Suppen usw. sowie exzellenten Fisch nach Tagesfang.

Shoppen

O-Design KUNSTHANDWERK

(☎692 5607; www.facebook.com/odesigniceland; Vitastígur 1; ⌚Do & Fr 16–18.30, Sa 12–16 Uhr) Der kleine, helle Laden verkauft isländisches Design, Kunst und Wohnaccessoires. Die Öffnungszeiten können unregelmäßig sein – daher vorher nachfragen.

An- & Weiterreise

Busse (S. 259) fahren nach Ísafjörður (1000 ISK, Mo–Fr 5-mal tgl.). Abfahrt an der Ecke Vitastígur und Aðalstræti.

Der Flybus zum Flughafen Ísafjörður (s. o.) kostet 1500 ISK und verkehrt entsprechend dem Flugplan.

Ísafjarðardjúp

Der größte Fjord in der Region, der 75 km lange Ísafjarðardjúp, hat aus der Landmasse der Westfjorde ein großes Stück herausgeschnitten. Die kurvenreiche Straße 61 windet sich auf der Südseite des Fjords an einer Reihe kleinerer Fjorde entlang, die sich wie die Zähne eines feinen Kamms aneinanderreihen, vom quirligen Ísafjörður (die größte Stadt der Westfjorde) bis Hólmavík an der Strandir-Küste.

Auf der anderen Seite des Fjords erstreckt sich der gewaltige Drangajökull-Gletscher. Das abgeschiedene Naturschutzgebiet Hornstrandir (S. 278) liegt noch weiter nördlich.

Súðavík

Östlich von Ísafjörður liegt das kleine Fischerdorf Súðavík (www.sudavik.is), von dem sich beeindruckende Ausblicke über den Fjord auf die Halbinsel Snæfjallaströnd bieten. Der Ort selbst besteht aus nicht mehr als einer Reihe heller, kastenartiger Gebäude; dennoch lohnt der Halt für einen Besuch im **Polarfuchszentrum** (Melrakkasetur; ✆456 4922; www.arcticfoxcenter.com; Eyrardalur; Erw./Kind 1200 ISK/frei; ⌚Juni–Aug. 9–18 Uhr, Sept. & Mai 10–16 Uhr, Okt.–April Mo–Fr 10–14 Uhr; WLAN). Der Polarfuchs wird am nahen Hornstrandir schon seit Jahren erforscht und dieses sehr geschätzte Zentrum erläutert das Leben der Tiere, ihre Beziehung zu Menschen und ihren Lebensraum. Es zeigt auch zahlreiche ausgestopfte Füchse in realistischen Posen sowie einige niedliche lebendige Füchse in einem Außengehege. Das Zentrum liegt auf dem renovierten Gehöft **Eyrardalur**, einem der ältesten Gebäude der Gegend. Das zentrumseigene Café ist ein prima Ort, um freundlichen Einheimischen zu begegnen – empfehlenswert ist die Tagessuppe (1600 ISK) mit hausgebackenem Brot. Möglichkeiten für Freiwilligenarbeit sind auf der Website vermerkt.

Skötufjörður

★ Litlibær CAFÉ €

(✆456 4809; Skötufjörður; Waffeln & Kaffee 1200 ISK; ⌚Mitte Mai–Mitte Sept. 10–17 Uhr) Litlibær ist eines der idyllischsten Lokale der Westfjorde, eine Hütte aus dem 19. Jh. mit Grassodendach, die voller Familienfotos und Erinnerungsstücke steckt. Die Besitzer sind auf diesem Gehöft am Skötufjörður geboren und aufgewachsen und servieren ihren Gästen heute leckere, herzförmige Waffeln mit Schlagsahne und hausgemachter Blaubeer- und Himbeermarmelade.

1 km weiter nördlich ist auch ein **Aussichtspunkt** (Straße 61; ⌚24 Stdt) GRATIS auf Robben.

Ögur

Ögur Travel TOUR

(✆857 1840; www.ogurtravel.com; Straße 61, Ögur; ⌚Mai–Sept.) Das Reiseunternehmen Ögur Travel bietet mehrstündige bis mehrtägige Kajak- und Wandertouren (ab 5500 ISK), die im Voraus gebucht werden müssen. Eine beliebte Kajaktour ist der vierstündige Ausflug zur Insel Vigur (S. 270; 24 500 ISK). Die Landschaft ist unglaublich und man bekommt die lokale Vogelfauna zu Gesicht. Ausgangspunkt ist das niedliche, einladende **Café** (Snacks 600–1400 ISK; ⌚Juni–Anfang Aug. 10–18 Uhr) an der Landspitze östlich des Skötufjörður.

Mjóifjörður

Heydalur PENSION, CAMPINGPLATZ €€

(✆456 4824; www.heydalur.is; Mjóifjörður; Stellplatz pro Erw. 1300 ISK, EZ/DZ/Hütte ab 15 500/17 200/25 600 ISK; WLAN, Pool) Der Abstecher über 11 km von der Straße 61 lohnt sich, um nach Heydalur am Kopf des Mjóifjörður zu fahren. Rund um eine umgebaute Scheune gruppieren sich Hütten, der Campingplatz liegt direkt am Fluss und es gibt mehrere Hot Pots, teils drinnen, teils draußen. Im **Restaurant** (Hauptgerichte 1800–3600 ISK; Juni–Aug. 10–21 Uhr) wird deftiges Essen serviert.

Im Angebot sind auch Aktivitäten wie geführte **Ausritte** (pro Std. 8000 ISK) und **Kajaktouren** (2 Std. 7000 ISK).

Reykjarfjörður

★ Saltverk Reykjanes LEBENSMITTEL

(✆519 6510; www.saltverk.com; Reykjarfjörður; Erw./Kind 2000 ISK/frei) Einige der besten Restaurants der Welt kaufen das knirschende Salz, das in dieser winzigen Fabrik auf einer Landzunge bei Reykjane hergestellt wird. Zu sehen sind das dampfende, saunagleiche Kesselhaus und wie die flockigen Salzkristalle aus riesigen Bottichen geschöpft werden. Wer will, kann zum Schluss Gläser mit dem Salz kaufen; zu den Geschmacksrichtungen gehören Seetang, Lakritze und Birkenrauch. Termine für Führungen sind telefonisch zu erfahren.

Hótel Reykjanes HOTEL, CAMPINGPLATZ €€

(✆456 4844; www.hotelreykjanes.is; Reykjarfjörður; Stellplatz pro Zelt 2900 ISK, B/DZ/4BZ ohne Bad 5500/20 200/33 700 ISK; @ WLAN, Pool) Am Ende des winzigen Reykjarfjörður liegt im großen weißen Komplex der ehemaligen

Bezirksschule das verwitterte Hótel Reykjanes. Es ist nur zu empfehlen, wenn Weiterfahren keine Option ist: Die Zimmer sind sehr einfach und haben überwiegend Gemeinschaftsbäder, aber es gibt einen Campingplatz auf der Wiese und ein 50 m langes Freiluft-Thermalbecken (Erw./Kind 700/400 ISK), das von einer dampfenden Quelle gespeist wird. Einfache Mahlzeiten kosten 1700 bis 5500 ISK.

Snæfjallaströnd

An der Nordostküste des Ísafjarðardjúp führt die unbefestigte Straße 635 Richtung Norden zur **Kaldalón**, wo sich ein schönes grünes Tal bis zum zurückweichenden Gletscher **Drangajökull** hinzieht. Es ist möglich, bis zur Schneegrenze zu wandern, aber aufs Eis sollte man sich wegen der gefährlichen Gletscherspalten, die unter der Schneedecke oft nicht zu sehen sind, nur mit einem ortskundigen Führer wagen.

Snæfjallaströnd weiter nordwestlich wurde 1995 verlassen, aber gut gerüstete Wanderer können den zweitägigen (30 km) Marsch auf der „Poststraße" ab der Kirche in Unaðsdalur an der Küste entlang zur Hütte in **Grunnavík** unternehmen. Von dort fahren Boote nach Ísafjörður.

Kurz vor der Kirche von Unaðsdalur liegt **Dalbær** (☎893 6405; www.snjafjallasetur.is/tourism.html; Straße 635; B 4000 ISK, Stellplatz pro Pers. 1500 ISK; ⏲Mitte Juni–Ende Aug.), ein toller Außenposten in der Wildnis am Rande von Hornstrandir mit Schlafsackunterkünften und Zeltplatz.

Steinshús MUSEUM
(☎822 1508; www.steinnsteinarr.is; Straße 635, Nauteyri; ⏲Juni–Sept. 10–20 Uhr) GRATIS Einer der berühmtesten Dichter Islands, Steinn Steinarr (1908–1958), wird in diesem Museum in seinem einstigen Gehöft gewürdigt. Auf Isländisch und Englisch wird seine unglückliche Kindheit beleuchtet, in der seine Familie auseinandergerissen wurde, aber auch, wie er die Poesie entdeckte und sich zum Schriftsteller entwickelte. Das Steinshús liegt etwa 3 km nördlich der Straße 61 an der unbefestigten Straße 635.

HORNSTRANDIR

Schroffe Berge, gefährliche Klippen und stürzende Wasserfälle säumen die fast unbewohnte Halbinsel Hornstrandir am nördlichen Ende der Westfjorde. Dies ist eines der letzten echten europäischen Wildnisgebiete im unwirtlichsten Teil Islands. Mit ihrem anspruchsvollen Terrain ist die Halbinsel ein fantastisches Ziel für Wanderer. Die Chancen stehen gut, Polarfüchse, Seehunde, Wale und massenhaft Vögel zu entdecken.

Ein paar zähe Bauern lebten bis in die 1950er-Jahre in Hornstrandir, aber 1975 wurde das 580 m² große Gebiet aus Tundra, Fjord, Gletscher und bergigem Hochland zum **Naturschutzgebiet Hornstrandir** (☎591 2000; www.ust.is/hornstrandir) erklärt. Die Schutzvorschriften gehören wegen der reichen, aber empfindlichen Vegetation zu den strengsten in Island. In letzter Zeit sind einige Nachkommen früherer Bauern zurückgekehrt und haben ihre alten Häuser wieder aufgebaut: ein Großteil des Landes ist in Privatbesitz (die Privatsphäre der Landbesitzer sollte also respektiert werden). Besucher sollten sich an die markierten Wege halten, die ausgewiesenen Campingplätze nutzen und allen Abfall wieder mitnehmen.

Wetter, Sicherheit & Ausrüstung

In Hornstrandir gibt es keine Versorgungsmöglichkeiten. Wanderer müssen auf alle Eventualitäten eingestellt sein. Die Pässe sind steil, die Flüsse sind nach schweren Regenfällen unpassierbar, es kann dichter Nebel aufziehen und man muss die gesamte Ausrüstung mitschleppen. Das Vorwärtskommen kann deshalb mühsamer sein als erwartet. Außerdem sind die meisten Wege nicht markiert, einfach und holprig – eine gute Karte (Vestfirðir & Dalir: 1), ein Kompass und GPS sind überlebensnotwendig. Die Parkaufseher weisen immer wieder darauf hin, dass die Ausrüstung erstklassig und komplett wasserdicht sein muss, da man oft im Regen wandert und nasse Sachen nicht trocknen können. Auf keinen Fall sollte man durch schlechte Vorbereitung eine Rettungsaktion auslösen!

Es verkehren zwar von Juni bis August planmäßige Fähren und die Touristensaison reicht von Ende Juni bis Mitte August, aber die beste Zeit für einen Aufenthalt in Hornstrandir ist der Juli. Außerhalb der Sommersaison sind sogar noch weniger Menschen unterwegs und das Wetter ist noch unberechenbarer. Zwischen September und dem 15. Juni ist die Registrierung bei einem Parkaufseher vorgeschrieben.

Selbst im Sommer ist es sinnvoll, geplante Touren bei www.safetravel.is zu registrieren. Es ist stets wichtig, vorauszuplanen und sich vor Ort beraten zu lassen, da auf den Bergpässen gewaltige, fast senkrechte Schneewehen entstehen können, Flüsse unüberwindbar sind und gelegent-

Hornstrandir
0
10 km
nur Notfallhütten
markierter Weg
unmarkierter Weg
Kögurnes
Fljótavík
Straumnes
Rekavík
Rekavíkurvatn
Fljótavatn
Hvannadalshorn (580 m)
Kjaransvík
Hlöðuvík
Búðir
Fannalágarfjall (618 m)
Bæjardalsfjall (644 m)
Hafnarfjall (667 m)
Horn (533 m)
Hornbjarg
Hornvík
Kalfátindar (534 m)
Polarfuchs-Forschungsstation (privat)
Skipaklettur
Rangerstation
Höfn
Dögunarfell (522 m)
Hornbjargsviti
Latravík
Hafnarós
Kyrdalur
Fährhaltestelle Látrar (auf Anfrage)
Mannfjall (272 m)
Glúmsdalur
Hesteyrarbrúnir
Kjarnsvíkurskarð
Aðalvík
Kagrafell (507 m)
Burfell (497 m)
Lónguhlíðardalur
622 m
Almenningar
482 m
Sæból (auf Anfrage)
Hvarfnúpur (368 m)
Rangerstation
Hesteyri
Grænahlíð
Nasi (425 m)
Nóngilsfjall
Skálafell (523 m)
Lækjarfjall (483 m)
Veiðileysufjörður
408 m
656 m
442 m
709 m
Smiðjuvík
Enbúi (538 m)
Kvíarfjall (480 m)
Skarðsfjall (502 m)
Bolungarvík
Ernir
Ernir (450 m)
Mótorsæti
Sléttunes
auf Anfrage
Hesteyrarfjörður
Jökulfirðir
auf Anfrage
Lónafjörður
Bláfell (736 m)
409 m
Paralátursfjörður
Norðurfjörður (43 km)
Furufjörður
Hrafnfjörður
Leirufjörður
Grunnavík
Ísafjörður (26 km)
Grunnavík
736 m
Skorardalur
Drangajökull
Reykjarfjörður

lich Eisbären auf Hornstrandir auftauchen, die auf Eisschollen angeschwemmt wurden.

An verschiedenen Stellen im Park stehen Nothütten mit UKW-Funkgeräten, die so eingestellt sind, dass man umgehend mit der isländischen Küstenwache in Kontakt treten kann. Die Nothütten befinden sich meist in der Nähe von Campingplätzen.

Die Fähre zurück muss grundsätzlich im Voraus gebucht werden; dies ist eine Sicherheitsmaßnahme – wer nicht auftaucht, wird gesucht. Zu beachten ist auch, dass die Fähren nicht jeden Tag zu allen Anlegern fahren – die Ankunft muss zeitlich so geplant werden, dass man rechtzeitig an der Fähre ist.

Wichtig ist auch, die Parkaufseher vor dem Abmarsch nach den aktuellen Zuständen zu fragen. Geführte Touren können ganz leicht mit Veranstaltern in Ísafjörður gebucht werden.

Geführte Touren

Die wichtigsten Veranstalter von Touren (zu Fuß, auf Skiern, im Boot oder Kajak etc.) auf der Halbinsel Hornstrandir sind West Tours (S. 270), Borea (S. 271) und Wild Westfjords (S. 271), alle in Ísafjörður.

Schlafen

Die meisten Besucher der Halbinsel campen, es gibt aber auch drei Schlafsackunterkünfte im meistbesuchten Teil von Hornstrandir: in Hesteyris, Hornbjargsviti und Grunnavík. Zwei weitere Bleiben findet man im äußersten Osten des Schutzgebiets: in Reykjarfjörður und Bolungarvík.

Campen auf Hornstrandir ist kostenlos. Der Müll muss wieder mitgenommen werden und man muss auf den ausgewiesenen Zeltplätzen übernachten: Wildes Campen ist im Schutzgebiet verboten. Alle Campingplätze verfügen über trockene Latrinen. Die Latrinentüren sind mit schwerem Holz beschwert, um sie, falls sie offen gelassen werden, vor stets drohenden Windschäden zu schützen.

Auf Privatgelände mit sanitären Einrichtungen zu campieren, kostet etwa 1500 ISK. Für eine Schlafsackunterkunft (weit im Voraus buchen, vor allem in Hesteyri) zahlt man 5000 ISK aufwärts.

Altes Arzthaus HOSTEL €

(Læknishúsið; ☎845 5075, Juni–Aug. 899 7661; www.hesteyri.net; Hesteyri; DZ mit Frühstück & Abendessen 16 000 ISK; ⌚Mitte Juni–Ende Aug.) Bei Weitem die komfortabelste Unterkunft in Hornstrandir. Zum Aufenthalt in dieser Café-Pension gehören Abendessen, Bett und Frühstücksbüffet. Frühzeitige Buchung ist ratsam.

Hornbjargsviti HOSTEL €

(☎852 0333, Ferðafélag Íslands 568 2533; www.fi.is; Stellplatz pro Pers. 2100 ISK, B 8500 ISK; ⌚Juli–Anfang Aug.) Das an den gleichnamigen Leuchtturm angeschlossene Hostel an der Ostküste wird von Ferðafélag Íslands (FI) betrieben und bietet Platz für 40 Personen, eine Küche, einen Trockenraum und münzbetriebene Duschen.

Grunnavík HOSTEL €

(☎866 5491, 456 4664; www.facebook.com/thjonustagrunnavik; Jökulfjirðir; Stellplatz pro Pers. 1500 ISK, B 5000 ISK; ⌚Juli–Mitte Aug.) Grunnavík liegt außerhalb des Naturschutzgebiets und bietet einen Campingplatz sowie etwa 20 Schlafsackbetten.

Bolungarvík á Ströndum HÜTTEN €

(☎861 1425, 893 6926; Hütte pro Pers. 4000 ISK; ⌚Juli, sonst nach Vereinbarung) Die einfache Hütte steht an der Südostküste von Hornstrandir. Hier nächtigen Wanderer auf dem Weg tiefer ins Naturschutzgebiet hinein.

Reykjarfjörður HÜTTEN €

(☎892 1545, Reykjarfjörður 853 1615; www.reykjarfjordur.is; Stellplatz pro Erw./Kind 1500 ISK/frei, B 4700 ISK, Hütte ab 15 600 ISK; ⌚Juni & Juli;) Hier gibt's Zeltstellplätze, Schlafsackbetten (kein Strom) und ein kleines Häuschen für fünf Personen sowie ein 20 m langes Thermalbecken und einen Hot Pot. Die Hütte befindet sich im Naturschutzgebiet Hornstrandir, nicht mit Reykjarfjörður weiter südlich an der Strandir-Küste verwechseln.

Essen

Im Læknishúsið (altes Arzthaus; S. 280) in Hesteyri werden einfache Mahlzeiten serviert – das war's. Weiterer Proviant muss selbst mitgebracht werden.

Lagerfeuer sind im Schutzgebiet verboten und Campingkocher sollten mit Vorsicht eingesetzt werden.

Praktische Informationen

Parkaufseher Hornstrandir (Umweltschutzbehörde von Island; ☎591 2000; www.ust.is/hornstrandir) Bei Besuchen des Naturschutzgebiets Hornstrandir (S. 278) zwischen September und 15. Juni muss man sich bei einem Parkaufseher melden und registrieren.

An- & Weiterreise

Von Juni bis August geht's mit der Fähre ab Ísafjörður (an den Anlegern von Sundahöfn (S. 276) an der Ostseite des Kaps) oder Norðurfjörður (an der Strandir-Küste) nach

WANDERN IN HORNSTRANDIR

Wie soll man sich unter all den tollen Wegen, die sich über die Halbinsel Hornstrandir ziehen, für eine Tour entscheiden? Einheimische und Touristen sind sich einig: Das „königliche Horn" (Hornsleið) umfasst die schönsten Ecken des Naturschutzgebiets. Die vier- bis fünftägige Wanderung vom Veiðileysufjörður nach Hesteyri kann bei schlechtem Wetter problemlos abgeändert werden. Der Pfad ist teilweise durch Steinhaufen markiert. Meist sind nur ganz wenige Touristen unterwegs, deshalb sollte man sorgfältig darauf achten, nicht vom Weg abzukommen. Die Wanderung ist eine tolle Art, diese abgeschiedene Gegend zu erkunden. Ganz wichtig ist, sich gut vorzubereiten, das Boot zurück vorher zu buchen und sich bei den Parkaufsehern nach den aktuellen Bedingungen zu erkundigen.

Das königliche Horn

Tag 1 Der erste Tag beginnt mit der Überfahrt von Ísafjörður in den Veiðileysufjöður, einen der örtlichen *jökulfirðir* (Gletscherfjorde). Die Wanderung startet auf einer Straße am unteren Ende des Fjords und folgt einem mit Steinhaufen markierten Pfad den Berg hinauf über die Passstraße. Von dort kann man auf beiden Seiten wieder vom Berg bis zum Campingplatz von Höfn an der Hornvík-Bucht. absteigen. Die Wanderung vom Veiðileysufjörður nach Hornvik kann zwischen vier und acht Stunden dauern. Am Campingplatz von Höfn ist eine Parkstation, in der Wanderer herzlich willkommen sind und nach den aktuellen Wetter- und Wanderbedingungen fragen können.

Tag 2 Die zweite Nacht verbringt man ebenfalls in der Hornvík-Bucht und besucht tagsüber **Hornbjarg**, einen der schönsten Vogelfelsen Islands mit einer artenreichen Flora und Fauna.

Tag 3 Am dritten Tag geht die Wanderung weiter von der Hornvík-Bucht zur Hlöðuvík-Bucht. Die Strecke ist nur zum Teil markiert; sie führt über einen Gebirgspass und ist relativ leicht zu finden. In der Hlöðuvík-Bucht erstreckt sich der Zeltplatz neben dem **Hlöðuvíkurós** (die Mündung des Flusses Hlöðuvík). Wie Hornvík öffnet sich auch Hlöðuvík nach Norden – perfekt, um die spektakuläre Mitternachtssonne zu beobachten. Nach Hlöðuvík sind es etwa sechs Stunden.

Tag 4 Am vierten Tag geht's dann über die Gebirgspässe **Kjarnsvíkurskarð** und **Hesteyrarbrúnir** nach Hesteyri (Dauer etwa 8 Std.). **Hesteyri** ist ein altes Dorf, das Mitte des 20. Jhs. verlassen wurde. Mitten in den Engelwurzwiesen liegen noch immer einige gut erhaltene Häuser. In der Nähe des Dorfs stehen die Ruinen einer Walfangstation (erb. um 1900). In dem Café in Hesteyri kann man auf die zuvor gebuchte Fähre zurück nach Ísafjörður warten.

Tag 5 Alternativ kann man eine weitere Nacht in Hesteyri verbringen und noch einen Tag wandern gehen. Eine Übernachtung ist auf dem Campingplatz möglich oder bei vorheriger Reservierung im alten Arzthaus (S. 280).

Die Kurzversion

Erst geht's mit der Fähre zum Veiðileysufjörður, dann zu Fuß nach Hornvík, wo man ein paar Tage übernachtet, mit genug Zeit für die Erkundung von Hornbjarg. Von dort geht's zurück zum Veiðileysufjörður, um die Fähre für die Rückfahrt zu nehmen – aber nur wenn sie vorher gebucht wurde!

Es besteht auch die Möglichkeit, mit dem Boot direkt nach Hesteyri zu fahren und von dort Tageswanderungen zu unternehmen. Schlafsackbetten im alten Arzthaus müssen reserviert werden.

Hornstrandir. Die einfache Fahrt kostet je nach Ziel 9500 bis 15 700 ISK, Kinder zahlen die Hälfte. Aus Sicherheitsgründen ist es vorgeschrieben, die Rückfahrt gleich mitzubuchen.

Von Ísafjörður bucht West Tours (S. 270) *Sjóferðir*-Boote nach:

Aðalvík (10 700 ISK, 2-mal wöchentl.)
Grunnavík (10 300 ISK, 1-mal wöchentl.)
Hesteyri (10 300 ISK, 6 mal wöchentl.)
Hornvík (6800 ISK, 1-mal wöchentl.)
Hrafnfjörður (15 700 ISK, 1-mal wöchentl.)

Veiðileysufjörður (2700 ISK, 2-mal wöchentl.)
Ebenfalls von Ísafjörður betreibt Borea (S. 271) *Bjarnarnes*-Boote nach:
Aðalvík (11 500 ISK, 2-mal wöchentl.)
Grunnavík (9500 ISK, 2-mal wöchentl.)
Hesteyri (10 500 ISK, 4-mal wöchentl.)
Hornvík (14 500 ISK, 2-mal wöchentl.)
Veiðileysufjörður (11 500 ISK, 6-mal wöchentl.)
Hornbjargsviti, Hlöðuvík, Fljótavík, Slétta (Sléttunes) und Lónafjörður werden nur auf Anfrage angesteuert. Anfang Juni und Ende August legen die Fähren erst ab einer Mindestpassagierzahl von acht Personen ab.

In Norðurfjörður an der Strandir-Küste fahren von Juni bis Mitte August *Strandferðir*-Boote fahrplanmäßig (oder können gechartert werden) nach Drangar (9000 ISK), Reykjarfjörður (10 500 ISK), Þaralátursfjörður/Furufjörður (13 000 ISK), Látravík/Hornbjargsviti (15 000 ISK) und Hornvík (16 000 ISK). Die Preise gelten für die einfache Fahrt, Kinder zahlen die Hälfte.

WANDERN

Eine Wanderung ins Naturschutzgebiet ist ab Dalbær im Süden, Grunnavík im Südwesten und Norðurfjörður an der Strandir-Küste möglich, aber die Entfernungen und das Terrain sollten nicht unterschätzt werden. Auf der Karte *Vestfirðir & Dalir: 1* sind geschätzte Zeiten für unterschiedliche Abschnitte der Wanderwege verzeichnet.

STRANDIR-KÜSTE

Die Ostküste der Westfjorde ist dünn besiedelt und herrlich friedlich, von Reisenden nahezu ignoriert und eine der eindrucksvollsten Regionen Islands. Die Fahrt von der einzigen etwas größeren Ansiedlung Hólmavík an Fjorden und hohen Bergen vorbei Richtung Norden ist rau, wild und absolut lohnenswert. Strandir galt als das Ende der Welt und man nahm an, dass hier Islands große, verfolgte Zauberer lebten. Südlich von Hólmavík erstrecken sich an der abgeschiedenen Küste bis nach Staðarskáli hinunter sanfte wellige Hügel. Hier lässt der plötzlich stärker werdende Verkehr erkennen, dass man wieder auf der Ringstraße mit ihrem Reiseverkehr angekommen ist.

Von Staðarskáli nach Hólmavík

Die Natur ist zwar weniger spektakulär als weiter im Norden, aber die lange Fahrt auf der Straße 68 von Staðarskáli (ehemals Brú) nach Hólmavík führt dicht am Rand des breiten Fjords entlang. Es ist eine idyllische Gegend mit sanften Hügeln, vereinzelten kleinen Bauernhöfen und einsamen Kirchen.

Das kleine **Schafzuchtmuseum** (Sauðfjársetur á Ströndum; ☎693 3474, 451 3324; www.strandir.is/saudfjarsetur; Erw./Kind 1000 ISK/frei; ⏲Juni–Aug. 10–18 Uhr; 📶) 12 km südlich von Hólmavík erläutert anhand von Fotos und Artefakten die Geschichte der Schafzucht in der Region und hat auch ein einladendes **Café**. Unterkunft bieten die schlichten Zimmer in der Pension **Kirkjuból** (☎451 3474; www.strandir.is/kirkjubol; Straße 68; EZ/DZ ohne Bad, mit Frühstück 10 500/16 200 ISK) oder die Schlafsäle im modernen **Broddanes HI-Hostel** (☎618 1830; www.hostel.is; B/DZ ohne Bad 5800/15 300 ISK; ⏲Mitte Mai–Mitte Sept.; 📶) an der Spitze südlich des Kollafjörður.

Öffentliche Verkehrsmittel fahren nicht auf der Straße 68, aber Strætó-Busse (S. 68) verbinden Staðarskáli mit Reykjavík und Akureyri (Bus 57) sowie Hólmavík mit Borgarnes (Bus 59).

Hólmavík

320 EW.

Vom Fischerdorf Hólmavík bieten sich weite Ausblicke über die stillen Gewässer des Steingrímsfjörður und dann wäre da noch ein skurriles Hexereimuseum (s. u.). Der ansonsten schmucklose Ort eignet sich prima, um die Vorräte aufzufüllen, bevor es in raue Gefilde weiter nördlich geht.

Sehenswertes & Aktivitäten

★ Museum der isländischen Hexerei MUSEUM

(Strandagaldur; ☎897 6525; www.galdrasyning.is; Höfðagata 8; Erw./Kind 950 ISK/frei; ⏲Mai–Sept. 9–19 Uhr, sonst kürzere Zeiten; 📶) Die mehrsprachig erläuterten Exponate in diesem preisgekrönten Museum vermitteln auf wunderbare Art finstere, dramatische Geschichten. Anders als bei anderen Hexenprozessen, z. B. denen von Salem in den USA, handelte es sich bei den auf Island verurteilten Hexen vor allem um Männer. Oft waren die „okkulten Praktiken“ einfach nur alte Wikingertraditionen und Aberglaube. Aber versteckte *grimoires* (Zauberbücher) voller rätselhafter Runenzeichen genügten den Hexenjägern (der Oberschicht der Gegend) schon, um 20 Menschen (meist Bauern) auf dem Scheiterhaufen zu verbrennen. Sehr lesenswert sind die detaillierten Beschreibungen von Zaubersprüchen und die gruseligen „Leichenhosen".

Hier befinden sich auch die Touristeninformation und das Restaurant Galdur.

Ein weiterer Teil des Museums, eine Zaubererhütte (S. 285) mit Grassodendach, steht in Bjarnarfjörður ein Stück die Küste hoch.

Láki Tours WALBEOBACHTUNG
(☎546 6808; www.lakitours.com; Hafnarbraut 14; Erw./Kind 7300/3650 ISK; ⊙Mitte Juni–Aug.) Auf diesen Touren in den windgeschützten Steingrímsfjörður des verantwortungsvollen kleinen Unternehmens stehen die Chancen gut, verspielte Buckelwale zu entdecken. Zu sehen sind auch Mink- und Grindwale, Weißschnauzendelfine und sogar Killer- und Pottwale.

Geführte Touren

Strandahestar REITEN
(☎862 3263; www.strandahestar.is; Víðidalsá; pro Std. 6000 ISK; ⊙Juni–Aug.) Ausritte in den beschaulichen Tälern um Hólmavík. Zu buchen telefonisch oder in der Touristeninformation.

Schlafen

Iceland Visit Hostel HOSTEL €
(☎860 6670; info@hotjoomlatemplates.com; Hafnarbraut 25; B 6500 ISK; 📶) Jedes Stockbett (wirklich jedes) hat sein eigenes Smart-TV sowie Vorhänge und Lampen. In den Schlafsälen stehen vier Betten und die Duschen und die Küche sind schick und modern.

Campingplatz Holmavík CAMPINGPLATZ €
(☎451 3560; www.strandabyggd.is; Stellplatz pro Erw./Kind 1290 ISK/frei; ⊙Mitte Mai–Mitte Sept.) Ein Rasenplatz neben dem Schwimmbad (dort wird auch gezahlt); mit Waschsalon.

Kríukot PENSION €€
(☎892 6737; Hafnarbraut 17; DZ ohne Bad ab 16 150 ISK; 📶) Hinter einer ziemlich verwitterten Fassade liegen stilvolle, ein wenig orientalisch eingerichtete Zimmer mit traditionellen Betten und grazilen modernen Stühlen. Die Gästeküche ist groß und die gemütliche Lounge blickt aufs Meer.

Es gibt weder E-Mail noch eine Website, aber man kann über andere Websites buchen.

Finna Hótel HOTEL €€
(☎451 3136; www.finnahotel.is; Borgarbraut 4; DZ mit/ohne Bad, mit Frühstück 22 500/15 500 ISK; 📶) In diesem kleinen Hotel am Hang führen Flure mit Schachbrettfliesen zu kirschroten Türen, die sich zu schicken, modernen Zimmern öffnen, die Hälfte von ihnen mit Meerblick. Der sonnige Frühstücksraum blickt auf den Fjord.

Essen & Ausgehen

Kaupfélag SUPERMARKT €
(☎455 3107; www.ksholm.is; Höfðatúni 4; ⊙Juni–Aug. 9–22.30 Uhr, sonst So geschl.) Das größte Lebensmittelgeschäft in der Gegend befindet sich an der N1-Tankstelle. Er hat auch ein kleines Café.

Restaurant Galdur CAFÉ €€
(☎897 6525; www.galdrasyning.is; Höfðagata 10; Hauptgerichte 1800–3500 ISK; ⊙9–21 Uhr; 📶) Die Speisekarte des netten Restaurants ändert sich täglich. Empfehlenswert sind der Fisch frisch aus dem Fjord, knusprige Pizza und zum Nachtisch Rhabarber mit Sahne. Bei sonnigem Wetter kann man draußen sitzen.

Café Riis INTERNATIONAL €€
(☎451 3567; www.caferiis.is; Hafnarbraut 39; Hauptgerichte 2000–3650 ISK; ⊙11.30–21 Uhr, Bar bis 22 Uhr; 📶) Das nette Kneipen-Restaurant

LEICHENHOSEN

Von all den mystischen Exponaten im Museum für isländische Hexerei ist wohl die abartigste eine Plastiknachbildung der legendären „Leichenhosen", die aus der Haut von Beinen und Unterleib eines toten Mannes gefertigt wurden. Die Menschen glaubten, dass, wenn ein Spender mündlich zustimme, seinen Leichnam enthäuten zu lassen, seine „Leichenhose" Geld hervorbrächte (der Hodensack würde sich ständig mit Münzen füllen). Damit das funktioniert, musste der enthäutete Teil der Leiche ohne Löcher sein, der Zauberer musste die Leichenhose sofort anziehen und dann ein Münze, die einer armen Witwe gestohlen wurde, in den Hodensack der Leichenhose stecken.

Die unerschöpfliche Geldquelle aus dem Hodensack war zwar ein Segen, aber es gab einen Haken: Wenn der Zauberer niemand anderen fand, der die Hose vor seinem eigenen Ableben übernahm, riskierte er, bis in alle Ewigkeit von Läusen befallen zu sein.

liegt in einem historischen Holzgebäude mit geschnitzten magischen Symbolen an der Bar. Das pikante Huhn in Sesamkruste ist köstlich.

Vínbúðin ALKOHOLISCHE GETRÄNKE
(☎461 2114; www.vinbudin.is; Höfðatúni 4; ⊙Mo–Fr 16–18, Sa 13–19, So 14–16 Uhr) Staatlicher Spirituosenladen.

Praktische Informationen

Die **Touristeninformation** (☎451 3111; www.holmavik.is/info; Höfðagata 10; ⊙9–18 Uhr;) im Hexereimuseum hat Internetzugang, jede Menge Infomaterial und Wanderkarten (1500 ISK).

An- & Weiterreise

Busse halten am Supermarkt nahe der N1-Tankstelle.

Reykjavík Erst mit der Buslinie 59 von Stræto (www.bus.is; ☎540 2700) von Hólmavík nach Borgarnes, dort umsteigen in die Buslinie 57 nach Reykjavík (6900 ISK, 4 Std., Mitte Mai–Mitte Sept. 4-mal wöchentl., Mitte Sept.–Mitte Mai 2-mal wöchentl.).

Akureyri Von Juni bis August fährt sonntags der Strætó-Bus 59 nach Bifröst oder Borgarnes, dort umsteigen in die Buslinie 57 nach Akureyri (14 200 ISK, 8 Std.). Mittwochs und freitags ist für die gleiche Strecke eine Übernachtung in Bifröst oder Borgarnes erforderlich.

Ísafjörður Ein Bus (7000 ISK, 3 Std., 3-mal wöchentl.) von Hópferðamiðstöð Vestfjarða (S. 275) verkehrt von Mitte Mai bis Mitte September und muss am Vortag gebucht werden.

Wer in Hólmavík tanken möchte, benötigt eine N1-Karte (hier nicht erhältlich) oder eine Kreditkarte mit Chip oder PIN.

Drangsnes

77 EW.

Auf der anderen Seite des Steingrímsfjörður, gegenüber von Hólmavík, liegen Drangsnes, ein kleines, entlegenes Dorf mit Ausblick nach Nordisland, und die kleine unbewohnte Insel Grímsey. Das Dorf lohnt einen Abstecher: Es gibt dort einen herrlichen Hot Pot direkt am Wasser, einen hohen Felsen, der mit Troll-Legenden in Verbindung steht, und Bootstouren mit Vogelbeobachtung.

Nördlich von Drangsnes windet sich die raue Straße 645 um bröckelige Steilwände und winzige Buchten voller Treibholz. Hier gibt es keine Versorgungsmöglichkeiten, aber wer mit dem eigenen Fahrzeug herkommt, wird mit unglaublicher Stille, großartigen Ausblicken und dem Gefühl absoluter Abgeschiedenheit belohnt. Für alle, die sich für die isländische Sagenwelt interessieren: Die *Njáls saga* beginnt hier.

Sehenswertes & Aktivitäten

Das **Schwimmbad** (☎451 3201; sundlaug@drangsnes.is; Grundargata 15; Erw./Kind 600 ISK/frei; ⊙Anfang Juni–Ende Aug. Mo–Fr 10–21, Sa & So 11–18 Uhr, sonst kürzere Öffnungszeiten) im Dorf hat zwei glitzernde Hot Pots – sehr praktisch, wenn das Wetter zu ungestüm ist, um die berühmten Hot Pots draußen am Meer zu nutzen.

★ **Drangsnes Hot Pot** HOT POT
(Aðalbraut; Spende erbeten) Eine der größten Attraktionen von Drangsnes sind die kostenlosen, geothermischen Hot Pots, die an der Küstenstraße in die Ufermauer hineingebaut wurden. Nur Adleraugen können das kleine Schild mit dem Hinweis aufs Schwimmen und das weiße Gebäude mit blauen Verzierungen auf der anderen Straßenseite mit den Duschen und Toiletten ausmachen. Nicht vergessen, nach isländischer Sitte vor der Nutzung der drei Becken zu duschen!

Kerling WAHRZEICHEN
Der Legende nach ist dieser stämmige Felsbrocken ein versteinerter Troll und die Felsformation im Meer nahe der Insel Grímsey sein Stier Uxi. Die Trolle sollen einen Graben ausgehoben haben, um die Westfjorde vom Festland abzutrennen. Sie waren so in ihre boshafte Aufgabe vertieft, dass sie die aufgehende Sonne nicht bemerkten. Ihre Strahlen verwandelten sie sofort in Felsen.

Malhorn Bootstouren BOOTSTOUR
(☎899 4238, 451 3238; www.malarhorn.is; Grundargata 17; Erw./Kind ab 8000/4000 ISK; ⊙Mitte Juni–Mitte Aug.) Bei einer Fahrt auf der stupsnasigen *Sundhani ST3* über den Steingrímsfjörður sind mit etwas Glück Robben, Papageitaucher und sogar Wale zu sehen. Bei schönem Wetter geht die vierstündige Bootstour zur Insel Grímsey donnerstags und sonntags um 14 Uhr los.

Schlafen & Essen

Malarhorn PENSION €€
(☎853 6520; www.malarhorn.is; Grundargata 17; DZ mit/ohne Bad ab 28 400/22 800 ISK, Apt. ab 38 600 ISK;) Die beschaulichen Fich-

tenholzhütten des Malarhorn wirken höchst modern, aber dennoch gemütlich; es gibt auch ein schickes Ferienhaus mit vier Schlafzimmern. Frühstück im hellen **Café** (Hauptgerichte 1950–5900 ISK; ⏲ Juni–Aug. 8–21 Uhr, sonst nach Vereinbarung; 📶) ist im Preis für die Pensionszimmer (nur im Sommer) enthalten; im Winter oder für das Apartment kostet es 2000 ISK pro Person.

Bjarnarfjörður

Die Attraktionen des beschaulichen Bjarnarfjörður vermitteln einen Einblick in die magische Vergangenheit dieser Küste – eine Nachbildung eines Zaubererhauses und ein malerischer Hot Pot, der von einer heiligen Quelle gespeist wird. Er ist auch der Ausgangspunkt für die spektakuläre Fahrt nach Norden, die schöne Ausblicke über die zerklüftete Halbinsel Skagi in Nordisland bietet. Mit dem ersten Schnee im Herbst wird die Straße oft gesperrt und dann bis zum Frühjahr unter Umständen nicht mehr geöffnet – vor Ort die aktuellen Bedingungen erfragen.

An der Bucht **Kaldbaksvík** ziehen sich die steilen Hänge eines breiten Fjords hinunter zu einem kleinen Anglersee, der die umliegenden Berge still widerspiegelt. Gleich hinter dem See führt ein 4 km langer Pfad zum Gipfel des felsigen **Lambatindur** (854 m). An dieser Straße fällt das viele Treibholz auf, das sich am Ufer auftürmt – das meiste ist über das Nordpolarmeer von Sibirien angeschwemmt worden.

★ Thermalbad THERMALBAD

(Erw./Kind 500/250 ISK; ⏲ Mai–Sept. 8–22 Uhr) Das Hótel Laugarhóll hat ein herrlich gelegenes Thermalbad (32–35° C). Absolut toll ist auch der winzige Hot Pot (41° C) daneben: Die tiefe, natürliche Felsmulde ist gerade groß genug für eine Person und wird von der **Gvenderlaug** GRATIS gespeist, dem heiligen Quellbecken gleich oben auf dem Hügel.

Zaubererhaus MUSEUM

(www.galdrasyning.is; Bjarnarfjörður; ⏲ Juni–Aug. 8–22 Uhr) GRATIS Das Zaubererhaus mit Grassodendach gehört zum Museum für isländische Hexerei (S. 282) in Hólmavík und zeigt, wie die vermeintlichen Zauberer damals lebten. Die drei dämmrigen, beengten und chaotischen Räume sind ungemein stimmungsvoll – bemerkenswert sind die Zaubersprüche, die in die Holzbalken geschnitzt sind; sie dienen dazu, Unheil abzuwehren, zu verhexen oder um Glück zu bringen. Das Haus ist hinter dem Hótel Laugarhóll ausgeschildert.

★ Hótel Laugarhóll HOTEL €€

(☎451 3380; www.laugarholl.is; EZ mit/ohne Bad 18 600/14 100 ISK, DZ mit/ohne Bad 25 700/20 000 ISK; ⏲ Mai–Sept.; @📶🏊👶) Willkommen in einem der reizvollsten Refugien der Westfjorde. Eine von Bergen umgebene alte Schule wurde zu einem schicken, aber zwanglosen Hotel umgebaut, das von zwei früheren Lehrern geführt wird. Die Zimmer sind mit strahlend weißen Bettdecken und originaler Kunst ausgestattet, ein üppiges Frühstücksbüffet ist im Preis enthalten. Zum Haus gehören auch ein geothermischer Hot Pot und ein **Pool**.

Das **Hotel-Restaurant** (12–17 & 19–21 Uhr) bietet ein hervorragendes Abendbüfet an (4900 ISK), das aus traditionellen isländischen Gerichten wie Schweinebraten mit Rhabarbermarmelade, gebratenem Kabeljau mit in Butter gedünsteten Zwiebeln und einem kräftigen Roggenbrot sowie Sultaninenpudding besteht.

Reykjarfjörður

Unter einer steilen Felswand und einem großen Wasserfall am Reykjarfjörður eingezwängt liegt die **Fabrik** (☎451 4037; www.djupavik.is; Reykjarfjörður; ⏲ Juni–Aug. 9–18.30 Uhr) GRATIS von **Djúpavík**, von der ein seltsamer Zauber ausgeht. Die Gegend war einst ein florierendes Zentrum der Heringsverarbeitung, wurde aber praktisch aufgegeben, als die Fabrik 1950 schloss. Die verfallene Fabrik (in der heute innovative Kunst ausgestellt wird) und ein gestrandeter Trawler stehen im Mittelpunkt dieses Dörfchens mit seinen malerischen Häusern und Schlafsaalunterkünften und erzeugen eine märchenhafte Stimmung an diesem enorm großen, abgelegenen und tiefen Fjord. .

Fabrikführung RUNDGANG

(☎451 4037; www.djupavik.is; Reykjarfjörður; pro Pers. 2000 ISK; ⏲ Führungen Juni–Aug. 10 & 14 Uhr) Die große, verlassene Heringsfabrik am Ufer des Reykjarfjörður wurde durch das Konzertvideo *Heima* von Sigur Rós aus dem Jahr 2007 berühmt. Die Führungen durch die verfallenen Räume beginnen am benachbarten Hótel Djúpavík und erläutern die Vergangenheit des Gebäudes.

Begeisterte Fotografen können sich für eine exklusive Gelegenheit anmelden, das Bauwerk auf eigene Faust zu durchstreifen (6000 ISK, plus 2000 ISK für jede weitere Person).

★ **Hótel Djúpavík** GASTHOF €€
(☎451 4037; www.djupavik.com; EZ/DZ/3BZ ohne Bad, mit Frühstück 16 200/22 600/29 00 ISK;) Der schöne Gasthof im ehemaligen Wohnhaus der Arbeiterinnen der Heringsfabrik ist mit Antiquitäten eingerichtet und liegt an einer der atemberaubendsten Buchten in ganz Island. Die Atmosphäre ist vom ersten Augenblick an sehr einladend, auch wegen des quirligen Restaurants (Hauptgerichte 2000–5000 ISK) im Erdgeschoss.

Norðurfjörður

Am Ende einer holprigen Straße entlang der Strandir-Küste klammert sich das winzig kleine Fischernest Norðurfjörður (auch der Name des Fjords) ans Ufer. Der lebhafte Weiler verfügt über ein Café, eine Tankstelle und ein paar Pensionen und ist die letzte Versorgungsmöglichkeit, bevor es zu Fuß oder mit dem Boot ins Naturschutzgebiet Hornstrandir (S. 278) geht.

Nördlich von Djúpavík auf dem Weg zum Norðurfjörður gibt es in **Árnes** zwei interessante Kirchen – eine in traditioneller Holzbauweise und die andere (ziemlich genau gegenüber) mit futuristischen Zügen. Das kleine Museum **Kört** (☎451 4025; Árnes 2; Erw./Kind 800 ISK/frei; ⌚Juni–Aug. 10–18 Uhr, sonst nach Vereinbarung) zeigt Ausstellungsstücke aus Fischerei und Landwirtschaft und verkauft Kunsthandwerk.

Der **Kistan** („Sarg") ist ein Gebiet voll schroffer Felsen und diente als Hauptrichtungsstätte von Zauberern und Hexen in der Region. Die letzte dokumentierte Verbrennung auf Island fand hier statt. Der Kistan ist an der Hauptstraße ausgeschildert, am einfachsten ist es aber, jemanden nach dem Weg zu fragen.

NICHT VERSÄUMEN

KROSSNESLAUG

Krossneslaug (Erw./Kind 650/200 ISK; ⌚24 Std.) ist ein geothermischer Infinity-Pool, den sich niemand entgehen lassen sollte. Er liegt an einer unbefestigten Piste etwa 3 km hinter Norðurfjörður, gleichsam am Rande des Universums an einem wilden Strand mit schwarzen Kieseln. Der Anblick der Mitternachtssonne über den Wellen am Ufer ist unglaublich.

Schlafen & Essen

Nahe der Tankstelle von Norðurfjörður gibt es ein gutes Hafenrestaurant und einen kleinen Supermarkt.

Norðurfjörður-Hütte HÜTTEN €
(☎655 0368; www.fi.is; B 7000 ISK; ⌚Juni–Sept.) Ferðafélag Íslands (FI) betreibt dieses simple Hostel am Strand in der Bucht von Norðurfjörður. Es hat Platz für 22 Gäste und eine Küche.

Zelten auf dem einfachen Campingplatz kostet 2500 ISK.

Bergistangi PENSION €
(☎842 5779; www.bergistangi.is; DZ 11 400 ISK) Eines der schlichten Zimmer dieses altmodischen Hostels hat einen weiten Blick auf Fjord und Berge. Billiger ist es, um eine Schlafsackunterkunft (4700 ISK) zu bitten.

Die Besitzer betreiben auch ein Hostel am Hafen selbst (B 4000 ISK).

★ **Urðartindur** PENSION €€
(☎843 8110; www.urdartindur.is; Norðurfjörður; DZ 18 900 ISK; ⌚Mai–Sept.) Die Zimmer mit Bad und Kühlschrank der einfachen, modernen Pension genießen einen freien Blick auf den Fjord – die besten haben einen Balkon mit Aussicht auf einen schwarzsandigen Strand. Zwei Hütten (ab 23 400 ISK) bieten jeweils Platz für bis zu vier Personen; auch Campen ist hier möglich (Stellplatz Erw./Kind 1350 ISK/frei).

Die Besitzer verraten gerne den geheimen Wanderweg, der zu einem versteckten See führt.

★ **Kaffi Norðurfjörður** ISLÄNDISCH €€
(☎862 3944; www.facebook.com/KaffiNordurfjordur; Hafen Norðurfjörður; Hauptgerichte 1390–4850 ISK; ⌚Juni–Aug. 12–21 Uhr) Während man sich an einem Tisch mit Blick auf den winzigen Hafen niederlässt, bereiten zwei nette Frauen die Gaben aus dem Fjord und den Hügeln zu – bekannt ist isländisches Lamm mit Sauce béarnaise und Kabeljau mit Kapern. Empfehlenswert ist auch, am Abend zuvor ein Frühstück zu bestellen, das aus amerikanischen Pfannkuchen, isländischem Porridge mit Zimt sowie Speck und Eiern besteht.

An- & Weiterreise

FLUGZEUG

Eagle Air (S. 470) bedient die Strecke zwischen dem Inlandsflughafen von Reykjavík und dem kleinen Flugplatz in Gjögur (22 300 ISK, 50 Min., 1-mal wöchentl.), 16 km südöstlich von Norðurfjörður.

SCHIFF/FÄHRE

Zwischen Juni und Mitte August verkehren Boote von **Strandferðir** (☎849 4079, 859 9570; www.strandferdir.is; Hafen von Norðurfjörður) fahrplanmäßig (oder als Charterboot) zum Naturschutzgebiet Hornstrandir (S. 278). Sie fahren von Norðurfjörður nach Drangar (9000 ISK), Reykjarfjörður (10 000 ISK), Þaralátursfjörður/Furufjörður (13 000 ISK), Látravík/ Hornbjargsviti (15 000 ISK) und Hornvík (16 000 ISK). Die Preise gelten für die einfache Fahrt, Kinder zahlen die Hälfte.

Nordisland

Inhalt ➡

Gut essen

- Vogafjós (S. 329)
- Gísli, Eiríkur, Helgi (S. 308)
- Siglunes Guesthouse Restaurant (S. 306)
- Sjávarborg (S. 292)
- Naustið (S. 340)

Schön übernachten

- Tungulending (S. 341)
- Deplar Farm (S. 304)
- Halllandsnes (S. 324)
- Kaldbaks-Kot (S. 339)
- Nordic Natura (S. 344)

Auf nach Nordisland!

Der Norden ist ein geologisches Wunderland. An Mondlandschaften erinnernde Lavafelder, blubbernde Schlammtöpfe, tosende Wasserfälle, Schneegipfel und Buchten voller Wale – hier zeigt Island, was es zu bieten hat. Unter der Erdoberfläche brodelt es und diese vulkanische Aktivität hat bei fast allen touristischen Highlights mitgemischt. Die restlichen stehen ganz im Zeichen von Wasser und Eis.

Hier warten zahllose Attraktionen: das kleine Akureyri mit erstaunlich großstädtischem Flair, windgepeitschte Fjordufer, an denen stämmige Islandpferde grasen, Fischerdörfer, die sich abseits jeder Teerstraße beharrlich durchkämpfen.

Vor der Küste bezaubern die von Vogelkolonien (und einigen zähen Isländern) bevölkerten Inseln, ein paar Halbinseln strecken ihre Finger in Richtung Polarkreis aus, Wildwasserläufe versprechen Adrenalinkicks und die Wanderwege des Nationalparks führen zu tollen Aussichtspunkten. Wintersportler können sich auf leeren Skipisten austoben und angesichts der Unterwasserschätze nehmen Taucher die eisigen Temperaturen gerne in Kauf.

Entfernungen (km)

	Reykjavík	Akureyri	Siglufjörður	Húsavík	Reykjahlið (Mývatn)
Akureyri	389				
Siglufjörður	384	76			
Húsavík	476	92	168		
Reykjahlið (Mývatn)	478	100	176	54	
Þorshöfn	613	235	311	142	172

ÖSTLICHER HÚNAFLÓI

Die dünn besiedelte Gegend rund um die Húnaflói-Bucht glänzt mit einer äußerst reichen Fauna. Den Namen „Eisbärenbucht" verdankt sie den grönländischen Eisbären, die gelegentlich auf Eisschollen hier antreiben. Die Landschaft ist sanfter als in den Westfjorden und die niedrigen, baumlosen Berge bieten zahlreichen Vogelarten Nistmöglichkeiten. Gepflegte Orte, eine Handvoll Museen, Seehunde und Reitmöglichkeiten auf dem Weg nach Akureyri sorgen für genügend Abwechslung.

Hrútafjörður

Die kleine Bucht des Hrútafjörður markiert die Grenze zwischen Nordwestisland und den Westfjorden. Die Straße 1 (Ringstraße) führt durch **Staðarskáli** (das ehemalige Brú). Der Ort besteht eigentlich nur aus einer Straßenkreuzung und einer geschäftigen N1-Tankstelle mit Cafeteria, wo motorisierte Reisende gerne Rast machen.

HI-Hostel Sæberg HOSTEL €
(☎894 5504; www.hostel.is; Reykjaskóli; B/DZ ohne Bad 3800/10 000 ISK, Hütte ab 16 000 ISK; ⌚März–Okt.; 📶) Die Jugendherberge Sæberg in Reykjaskóli, einer kleinen Siedlung 13 km nördlich von Staðarskáli, ist eine stille, überschaubare Anlage mit Hot Pots, Hütten und weiten Ausblicken. Auch Camper sind willkommen. Proviant mitbringen; der nächste Laden ist in Staðarskáli.

Staðarskáli N1 FAST FOOD €
(☎440 1336; www.n1.is; Staðarskáli; ⌚8–23.30 Uhr; 📶) Benzin, Toiletten, WLAN, ein Laden und eine Grill-Bar – Reisende sollten diese Gelegenheit nutzen, denn danach kommt an der Ringstraße erst einmal lange nichts mehr (bis Blönduós, wenn man Richtung Osten unterwegs ist).

Hvammstangi

578 EW.

Sechs Kilometer nördlich der Ringstraße liegt das verschlafene Hvammstangi. Touristisch profitiert es vor allem von den Robbenkolonien ganz in der Nähe. Viele Besucher kommen her, um eine Bootstour zu den Robben zu unternehmen, in der Umgebung zu reiten oder die landschaftlich schöne Strecke rund um die Halbinsel Vatnsnes zu befahren.

Sehenswertes & Aktivitäten

Selasetur Íslands MUSEUM
(☎451 2345; www.selasetur.is; Strandgata 1; Erw./Kind 1100 ISK/frei; ⌚Juni–Aug. 9–19 Uhr, Mai & Sept. bis 16 Uhr, April–Okt. Mo–Fr 12–15 Uhr) Hauptattraktion der Stadt ist das unübersehbare Isländische Robbenzentrum am Hafen. Themenschwerpunkte sind Robbenschutz, traditionelle, aus Robben gewonnene Produkte und Legenden, die sich um die Meeressäuger ranken. Hier gibt es außerdem eine hilfsbereite **Touristeninformation**, die gerne erklärt, wo man in der Gegend am besten hinfährt, um Robben zu beobachten.

Selasigling TIERBEOBACHTUNG
(☎897 9900; www.sealwatching.is; Höfðabraut 13; 1¾-Std.-Tour Erw./Kind 8500/4500 ISK; ⌚Mitte Mai–Sept.) Organisiert Robben- und Naturkundeausflüge im traditionellen hölzernen Fischerboot. Abfahrt der Fahrten ist (bei entsprechendem Wetter) täglich um 10, 13 und 16 Uhr jeweils am Hafen. Nach Vereinbarung werden auch Bootstouren bei Mitternachtssonne angeboten. Tickets werden im Isländischen Robbenzentrum (Selasetur Íslands) verkauft und gewähren gleichzeitig freien Eintritt dort.

Schlafen

Campingplatz Kirkjuhvammur CAMPINGPLATZ €
(☎899 0008; hvammur.camping@gmail.com; Kirkjuhvammi; Stellplatz 1200 ISK pro Pers., Campingsteuer 333 ISK; ⌚Anfang Mai–Mitte Okt.; 📶) Der ausgezeichnete, gepflegte Campingplatz Kirkjuhvammur liegt am Berg, nicht weit von der hübschen, alten Kirche (beim Schwimmbad abbiegen). Zur gut ausgestatteten Anlage gehört ein praktisches Servicegebäude mit großem Essbereich für die Camper. In der Umgebung gibt es schöne Wandermöglichkeiten.

Hvammstangi Cottages & Hostel HÜTTEN €€
(☎860 7700; www.stayinhvammstangi.is; Kirkjuhvammsvegur; Hütte mit Bettwäsche 18 200 ISK; 📶) Gleich neben dem Campingplatz stehen neun Hütten nah beieinander. Sie sind nicht groß, aber voll ausgestattet mit Bad, Küchenzeile und TV und bieten Schlafplätze für bis zu vier Gäste (drei Betten plus Bettsofa) – dann wird's allerdings ziemlich eng. Das nagelneue Hostel befindet sich der Uferstraße (Norðurbraut 22a/Straße 711).

Highlights

1 Húsavík (S. 335) Von diesem malerischen Flecken aus losschippern, um auf dem Meer Wale aus der Tiefe auftauchen zu sehen.

2 Jökulsárgljúfur (S. 342) Im Nationalpark Wasserfälle, bizarre Felsformationen und eine sagenumwobene Schlucht entdecken.

3 Tröllaskagi (S. 300) Herrliche Panoramablicke, schroffe Bergformationen und schöne Rastplätze genießen.

4 Mývatn (S. 325) Nach einer Wanderung zwischen Lavaburgen, Pseudokratern und zischenden Spalten im Naturbad ausspannen.

5 Akureyri (S. 310) In der zweitgrößten Stadt

des Landes „Großstadtleben“ auf Nordisländisch entdecken.

6 Skagafjörður (S. 294) Flussrafting mit Bädern im Hot Pot und Ausritten kombinieren.

7 Grímsey (S. 322) Den einzigen Zipfel Island jenseits des Polarkreises erkunden.

8 Rundfahrt im Nordosten (S. 347) Zwischen Küstenfelsen, Teichen und kleinen Weilern auf Tour gehen.

9 Drangey (S. 299) Auf die kleine Papageitaucher-Insel im Skagafjörður kraxeln.

10 Hofsós (S. 300) Vom Schwimmbad in schönster Lage direkt am Fjordufer bis zum Horizont blicken.

Mit schicken Zimmern mit Gemeinschaftsbad und -küche ein guter Deal!

Mörk Homestay PENSION €€
(☎862 5466; Straße 711; DZ 25 000 ISK) Gleich nördlich des Orts steht dieses nette Unterkunft, ein modernes, stilvoll eingerichtetes Häuschen am Fjordufer. Auf der zimmereigenen Terrasse lässt sich bei einer Tasse Kaffee die Aussicht aufs Wasser genießen. Das Frühstück (2500 ISK pro Pers.) wird aufs Zimmer gebracht. Buchbar über booking.com.

Guesthouse Hanna Sigga PENSION €€
(☎451 2407; www.facebook.com/hannasigg; Garðavegur 26; DZ/3BZ ohne Bad ab 16 000/19 800 ISK; 📶) Die gemütliche, einladende Pension in einer Wohnstraße im Ortszentrum ist eine prima Adresse. Die Zimmer sind gut in Schuss, es gibt eine Gästeküche und vor allem ein richtig leckeres, hausgemachtes Frühstück (1800 ISK), das in einer gemütlichen Ecke mit Meerblick serviert wird.

Essen

KVH Supermarket SUPERMARKT €
(☎455 2310; www.kvh.is; Strandgata 1; ⏲9–18, Sa ab 10, So 11–16 Uhr, April–Okt. kürzere Öffnungszeiten) Für Selbstversorger.

★ **Sjávarborg** ISLÄNDISCH €€
(☎451 3131; www.sjavarborg-restaurant.is; Strandgata 1; Hauptgerichte 2500–5000 ISK; ⏲11–23 Uhr, Okt.–Mai kürzere Öffnungszeiten; 📶) Hut ab vor diesem schicken Restaurant über dem Isländischen Robbenzentrum (S. 289). Die großen Panoramafenster – reservieren! – eröffnen Aussicht auf den Fjord und das Speisenangebot reicht von gebratenem Thunfisch über Gourmet-Burger bis zu sanft geschmorter Lammkeule. Die hausgemachte Blaubeer-Eiscreme ist ein Gedicht (und die Portion reicht locker für zwei).

Hlaðan Kaffihús CAFÉ €€
(Brekkugata 2; Mahlzeiten 1700–3500 ISK; ⏲Mai–Aug. 9–21, So ab 10 Uhr; 📶) Das schnuckelige altmodische Café am Hafen lockt seine Kundschaft mit den üblichen Verdächtigen: Suppen, Sandwiches, Quiche und Kuchen sowie gehaltvolleren Gerichte wie Lammkeule oder Forelle.

Praktische Informationen

Ausführliche Infos über Hvammstangi und Umgebung bietet die Broschüre *Húnaþing vestra* (online unter www.visithunathing.is). Auch die Website www.northwest.is hilft bei der Reiseplanung.

An- & Weiterreise

Der ganzjährig verkehrende Strætó-Bus 57 (S. 469) zwischen Reykjavík und Akureyri hält an einer Kreuzung 6 km außerhalb. Strætó betreibt auch einen Anschlussbus zu/von dieser Kreuzung (Bus 83; 460 ISK) in den Ort. Er muss aber mindestens zwei Stunden im Voraus gebucht werden.

Strætó:

- Bus 57 nach Reykjavík (5980 ISK, 3½ Std., So–Fr 2-mal tgl., Sa 1-mal).
- Bus 57 nach Akureyri (4600 ISK, 3 Std., So–Fr 2-mal tgl., Sa 1-mal).

Halbinsel Vatnsnes

Die kurze Halbinsel Vatnsnes, die in die Bucht Húnaflói hineinragt, ist ein betörend schönes Stück Erde mit einer Kette schroffer Berge als Rückgrat. Die Straße 711, eine holprige Schotterpiste, die an ihrer Küste entlangführt, ist ein toller Abstecher von der Ringstraße (insgesamt sind es etwa 82 km von der Ringstraße nach Hvammstangi und auf der Straße 711 um die Halbinsel).

Sehenswertes

★ **Hvítserkur** WAHRZEICHEN
(Straße 711) 30 km nördlich der Ringstraße gibt's an der Ostküste der Halbinsel Vatnsnes einen Parkplatz, eine Aussichtsplattform und einen markierten Fußweg zu der 15 m hohen Felsnadel Hvítserkur, die ein tolles Fotomotiv ist. Angeblich ist Hvítserkur ein Troll, der bei dem Versuch, das Kloster von Þingeyrar zu zerstören, vom Sonnenaufgang überrascht wurde. Uns erinnert der Felsen eher an ein riesiges Tier, das zum Trinken ans Wasser gekommen ist.

Vom Parkplatz geht auch ein kurzer Weg zu der Aussichtsplattform mit Blick auf die Felsnadel. Der Pfad in die andere Richtung führt zu einem schönen Strand mit schwarzem Sand. Hier kann man Seehunden dabei zuschauen, wie sie sich ins Meer stürzen.

Ganz in der Nähe befindet sich das HI-Hostel Ósar mit öffentlichen Toiletten und einer Bar mit Bier, Kaffee und Snacks in der Rezeption.

Schlafen & Essen

HI-Hostel Ósar HOSTEL €
(☎862 2778; www.hostel.is; Straße 711; B/DZ ohne Bad 5400/17 000 ISK; ⏲Nov.–April nur nach Vereinbarung; 📶) Gleich südlich von Hvítserkur (bzw. 30 km Schotterstrecke nördlich der Ringstraße) liegt das Ósar, dank seines

freundlichen Inhabers Knútur, der weiten Aussicht und der tierreichen Umgebung eines der nettesten Bauernhof-Hostels in Island. Außer schlichten Zimmern in mehreren Nebengebäuden eines Schaf- und Pferdehofs sind auch Hütten zu mieten. Es gibt eine Gästeküche und Waschmaschinen.

Geitafell ISLÄNDISCH €€
(☎861 2503; www.geitafell.is; Straße 711; Fischsuppe 3200 ISK; ⏱Anfang Mai–Sept. 11–22 Uhr) Ungefähr 25 km von Hvammstangi entfernt (3 km nördlich von Illugastaðir) verspricht das wunderbare Geitafell ein einmaliges Esserlebnis. Der absolute Renner des Restaurants in einer umgebauten Scheune ist die Fischsuppe, die mit Salat und selbst gebackenem Brot serviert wird (noch ein Highlight auf der überschaubaren Karte ist der Quark *skyr*). Die Besitzer Sigrún und Robert leben seit ewigen Zeiten hier und können unglaubliche Geschichten erzählen.

Von Hvammstangi nach Blönduós

Entlang der Ringstraße (Straße 1) zwischen Hvammstangi und Blönduós gibt es einige nette Ziele, die zu Abstechern verlocken, von Reiterhöfen bis zu fotogenen Steinkirchen.

Sehenswertes & Geführte Touren

Kolugljúfur SCHLUCHT
(Straße 715) Die Straße 715 führt von der Ringstraße nach Süden zum malerischen Wasserfall von Kolugljúfur, einer wildromantischen Schlucht, in der einstmals eine wunderschöne Trollfrau gehaust haben soll. Von der Abzweigung 7 km hinter dem Pferdehof Gauksmýri sind es 6 km bis zum Wasserfall.

Þingeyrar KIRCHE
(http://thingeyraklausturskirkja.is/en; Straße 721; Erw./Kind 500 ISK/frei; ⏱Juni–Aug. 10–17 Uhr) 19 km westlich von Blönduós bietet sich ein weiterer Abstecher an, diesmal auf der Straße 721. Nach 6 km erreicht man die schmucke Steinkirche von Þingeyrar, die einsam und sehr fotogen an der Hóp-Bucht thront. Der heutige Bau stammt aus den 1860er-Jahren, aber schon 800 Jahre zuvor gab es hier ein *þing* (Versammlungsstätte) und ein Benediktinerkloster. Ein kleines Besucherzentrum wartet mit einigen Ausstellungsstücken und Erfrischungen auf. Für das Eintrittsgeld zur Kirche bekommen die Besucher auch eine Führung geboten.

AGNES' GESCHICHTE

Die Halbinsel Vatnes war Schauplatz des Verbrechens, für das in Island zum letzten Mal die Todesstrafe verhängt wurde (1830). Agnes Magnúsdóttir und Friðrik Sigurðsson wurden wegen Mordes an zwei Männern in **Illugastaðir** (Straße 711) verurteilt und in **Þrístapar** südlich von Blönduós enthauptet. Ihre sterblichen Überreste liegen auf einem Friedhof in **Tjörn** etwas weiter im Norden der Halbinsel.

Verbrechen und Hinrichtung waren die Grundlage für den isländischen Film *Agnes* (1995) und den hoch gelobten Roman *Das Seelenhaus* der australischen Schriftstellerin Hannah Kent, dessen Verfilmung mit Jennifer Lawrence in der Hauptrolle demnächst ins Kino kommt. In der Broschüre *Burial Rites: The Story of Agnes* sind die Schauplätze der Geschichte aufgeführt. Eine Tour von **Seal Travel** (www.sealtravel.is) führt einen gleich hin.

Gauksmýri Lodge REITEN
(☎451 2927; www.gauksmyri.is; Straße 1) Neben angenehmen Unterkünften und einem Restaurant bietet Gauksmýri auch geführte Ausritte an. Besonders beliebt ist der 90-minütige Ausritt (Erw./Kind 9500/7000 ISK), der bei geeignetem Wetter täglich startet. Reservierung ist ratsam. Außerdem gibt es längere Reittouren, Besuche der Stallungen (800 ISK) und Pferdeshows (1800 ISK).

Brekkulækur REITEN
(☎451 2938; www.abbi-island.is; Straße 704) Eingefleischte Pferdenarren sollten Ausritte bei Brekkulækur buchen. Der Betrieb veranstaltet aufregende, renommierte Mehrtagestrips an (ab 1520 € für 8 Tage). Das Gehöft (mit Gästehaus) liegt 9 km südlich der Abzweigung nach Hvammstangi an der Straße 704. Eine Alternative sind verschiedene mehrtägige Wandertouren, und wer möchte, kann sich im September dem *réttir* (Schafabtrieb) anschließen (1740 €). Unterkünfte gibt's hier auch.

Schlafen & Essen

Gauksmýri Lodge HOTEL €€
(☎451 2927; www.gauksmyri.is; Straße 1; DZ mit/ohne Bad mit Frühstück 24 050/16 500 ISK;

(@☎♿) Pferdefreunde werden sich bei dem hoch geschätzten Reiterhof und Landhotel Gauksmýri wie im siebten Himmel fühlen. Er liegt an der Ringstraße 3,5 km östlich der Abzweigung nach Hvammstangi. In den komfortablen Zimmern verweisen dezente Dekodetails auf das Pferdethema. Zudem hat die Lodge schöne Außenanlagen, ein Restaurant und eine Lounge.

Das Restaurant steht auch Nichtgästen offen und bietet mittags und abends ein Büffet (2900/5900 ISK; Juni–Mitte Sept.) mit teilweise gewöhnungsbedürftigen Fleischsorten wie Fohlen, aber auch Seesaibling und Lamm. Dazu kommt eine breit gefächerte Speisekarte.

Blönduós

821 EW.

Ein paar kleine Museen, eine ungewöhnliche moderne Kirche und ein Insel-Naturlehrpfad – das war's auch schon in Blönduós. Bis auf eine unerwartete Feinschmeckeroase (s. u.) gibt es nicht viele Gründe, hier anzuhalten. Aber der Ort ist eine gute Gelegenheit, sich die Füße zu vertreten und das Auto aufzutanken.

Der reißende Fluss Blanda teilt das Städtchen in zwei Teile. Am nördlichen Eingang gibt es eine N1-Tankstelle.

Sehenswertes

Die kleine Insel **Hrútey** mitten im Blanda ist durch eine kleine Fußgängerbrücke mit dem Ort verbunden und bietet Gelegenheit zu einem Spaziergang, bei dem man die hiesige Vogelwelt beobachten kann, zu der u. a. Kragenenten gehören. Festes Schuhwerk ist angeraten, die Wege können rutschig sein.

Textilmuseum MUSEUM
(Heimilisiðnaðarsafnið; www.textile.is; Árbraut 29; Erw./Kind 1200 ISK/frei; ⌚Juni–Aug. 10–17 Uhr) Das schöne kleine Museum in einem auffallenden modernen Gebäude am Nordufer des Flusses zeigt regionales Kunsthandwerk, feine Stickereien und alte isländische Trachten.

Im Juni findet hier ein Strickfestival statt.

Schlafen & Essen

An der Hauptstraße liegen ein paar einfache Esslokale und nicht weit entfernt gibt es einen **Supermarkt** (☎455 9020; Húnabraut 4; ⌚Mo–Fr 9–19, Sa 10–18, So 12–18 Uhr) und ein Café.

★ **Brimslóð Atelier** PENSION €€
(☎820 0998; www.brimslod.is; Brimslóð 10; DZ/3BZ ohne Bad mit Frühstück 22 400/31 100 ISK; ⌚März–Nov.; ☎) Das fabelhafte Gästehaus am Meer ist bei Weitem die beste Adresse in Blönduós. Ein einheimisches Paar mit umfassenden kulinarischen Kenntnissen (die beide u. a. als Kochbuchautoren und Anbieter von Kochkursen weitergeben) betreibt diesen stilvollen Rückzugsort. Vier Zimmer teilen sich zwei Bäder und eine schicke Lounge. Wie zu erwarten, ist das Frühstück ein Highlight. Außerdem können die Gäste nach Voranmeldung ein dreigängiges Abendessen aus vorwiegend regionalen Zutaten genießen (7500 ISK). Die Kochkurse beschäftigen sich mit dem kulinarischen Erbe Islands.

Retro Guesthouse PENSION €€
(☎519 4445; www.facebook.com/Retroguesthouse; Blöndubyggð 9; DZ 19 700 ISK; ☎) In friedvoller Lage am Ufer stehen zwei schöne Hütten, eine in gewohnter Form eines kleinen Hauses, die andere in der eines liegenden Fasses – jede ein Refugium, perfekt für zwei Personen.

Glaðheimar CAMPINGPLATZ, HÜTTEN €€
(☎820 1300; www.gladheimar.is; Straße 1; Camping 1350 ISK pro Pers., Hütte ab 15 500 ISK) Das Glaðheimar in schöner Lage in Flussnähe bietet Campingmöglichkeiten und verschiedene Hütten für Selbstversorger mit Platz für bis zu sechs Personen. Die größeren Hütten haben außerdem einen Hot Pot, einige auch eine Sauna. Bettwäsche kostet extra.

An- & Weiterreise

Strætó (S. 469):

- Bus 57 nach Reykjavík (7360 ISK, 4 Std., So–Fr 2-mal tgl., Sa 1-mal).
- Bus 57 nach Akureyri (3220 ISK, 2¼ Std., So–Fr 2-mal tgl., Sa 1-mal).

Bus 84 fährt nach Skagaströnd (920 ISK, 30 Min., So–Fr 3-mal tgl., Sa 2-mal) – zwei Stunden vor der Abfahrt unter 540 2700 anmelden!

WESTLICHER SKAGAFJÖRÐUR

Die Region des Skagafjörður ist berühmt für Pferdezucht und ungebändigte Natur. Dazu gibt es einige historische Stätten zu entdecken und adrenalinfördernde Aktivitäten zu erleben, was die Gegend, alles zusammengerechnet, zu einem zwar noch nicht so bekannten, aber umso spannenderen Ziel in Island macht.

Am Ufer des Skagafjörður liegen die westlichen Siedlungen der Halbinsel Tröllaskagi (Hólar í Hjaltadalur, Hofsós, Lónkot). Außerdem gibt es im Fjord eine Handvoll Inseln, von denen besonders Drangey (S. 299) einen Besuch wert ist. Informationen sind unter www.visitskagafjordur.is zu finden.

Varmahlíð

127 EW.

Das Versorgungszentrum an der Ringstraße ist kaum mehr als eine Wegkreuzung, also kein richtiger Ort, aber eine ideale Basis für Aktivitäten wie Wildwasserrafting und Reiten. Die meisten Anbieter von Aktivitäten haben ihren Sitz an der asphaltierten Straße 752 südlich des Orts.

Varmahlíð ist auch ein praktisches Tor zum Hochland: Rund 25 km westlich vom Ort zweigt die Kjölur-Route (Straße 35) von der Ringstraße ab (Achtung: Mietwagen ohne Allradantrieb dürfen die Piste nicht befahren). Im Sommer verkehrt täglich ein Bus auf dieser Route.

Aktivitäten

Viele Pferdehöfe in der Gegend veranstalten regelmäßig etwa einstündige Pferdeshows. Dabei werden die fünf Gangarten des Islandpferds vorgeführt und die Zuchtgeschichte der Rasse erläutert. Die Vorführungen richten sich im Allgemeinen an Gruppen; Individualreisende können aber gerne dazustoßen. Bei Interesse bei der Touristeninformation (S. 296) oder bei den Pferdehöfen direkt nachfragen.

Eine besondere Veranstaltung ist das im Sommer wöchentlich dargebotene Abendprogramm „Horse & Heritage" (Pferd und Geschichte; 2000 ISK) auf dem Gehöft Lýtingsstaðir. Es wird in einem sehr hübschen Torfgebäude, genannt „Old Stable" (Alter Stall), präsentiert, in dem unabhängig davon auch eine Ausstellung zu sehen ist (Erw./Kind 1000 ISK/frei, tgl. geöffnet).

Geführte Touren

Reiten

Ein halbes Dutzend Anbieter in und um Varmahlíð hat kurze Ausritte (1–2 Std.) für Anfänger, aber auch längere Tagestouren im Programm. Einige organisieren auch einwöchige Wanderritte ins Hochland oder bieten Besuchern im September die Möglichkeit, am alljährlichen *réttir* teilzunehmen, dem Abtrieb der Schafe von den Sommerweiden.

ABSTECHER

GLAUMBÆR

Nördlich von Varmahlíð führt die Straße 75 zum Hof **Glaumbær** (www.glaumbaer.is; Straße 75; Erw./Kind 1700 ISK/frei; ⏲ Mitte Mai–Mitte Sept. 9–18 Uhr, Anfang Mai & Mitte Sept.–Mitte Okt. Mo–Fr 10–16 Uhr) aus dem 18. Jh. Unter den Museen dieser Art ist er in Nordisland der attraktivste und deshalb den 8 km langen Abstecher von der Ringstraße unbedingt wert.

Traditionell bestanden die isländischen Torfgehöfte aus mehreren Gebäuden, zu denen ein zentraler Verbindungsweg führte. Diesem Muster folgt auch die Anlage von Glaumbær. Einige Räume quellen über vor Möbeln, Haushaltsgegenständen und Arbeitsgeräten von anno dazumal und geben einen faszinierenden Einblick in die beengten Wohnverhältnisse der damaligen Zeit.

★ Lýtingsstaðir REITEN

(☎453 8064; www.lythorse.com; Straße 752; 1-/2-stündige Ausritte 6000/9000 ISK) 20 km südlich von Varmahlíð hält dieser hübsche Hof ein tolles Spektrum an kurzen und längeren Reittouren bereit. Das fantastische Angebot „Stop and Ride" beinhaltet eine Übernachtung in einer Selbstversorgerhütte und einen zweistündigen Ausritt (32 000 ISK für zwei Personen, inkl. Bettwäsche). Auch mehrtägige Touren (ab 1400 € für sechs Tage) sind im Programm, u. a. eine Hochlandtour oder die Beteiligung am Schafabtrieb. Gute Unterkünfte in Hütten.

Hestasport REITEN

(☎453 8383; www.riding.is; Straße 752) Hestasport, eines der bekanntesten isländischen Reitsportzentren, betreibt ein Büro nicht weit von der Ringstraße an der Straße 752. Angeboten werden ein- oder zweistündige Ausritte am Fluss Svartá für 8500/12 000 ISK (auch für Anfänger) und Tagesausflüge für 22 000 ISK. Auch mehrtägige Touren (ab 117 000 ISK) sind möglich, müssen aber weit im Voraus gebucht werden. Im Winter werden kurze Ausritte veranstaltet (10 000 ISK).

Rafting

Die Umgebung von Varmahlíð ist Nordislands bestes Revier fürs Wildwasserrafting.

Die Raftingsaison läuft etwa von Mai bis September, mit Touren auf dem abenteuerlichen Austari-Jökulsá (östlicher Gletscherfluss; Stromschnellen der Kat. IV+) und dem zahmeren, familienfreundlichen Vestari-Jökulsá (westlicher Gletscherfluss; Stromschnellen der Kat. II+). Trockenanzüge werden gestellt.

Bakkaflöt RAFTING
(☎453 8245; www.bakkaflot.com) Der ortsansässige Familienbetrieb Bakkaflöt veranstaltet familienfreundliche Raftingtouren auf dem schönen Vestari-Jökulsá (14 500 ISK) und einen nervenaufreibenden fünfstündigen Ritt auf dem wilden Austari-Jökulsá (24 500 ISK; Mindestalter 18 Jahre). Geführte Wildwasser-Kajaktouren und entspanntes abendliches Paddeln (9900 ISK) sind auch im Programm, darüber hinaus Reitausflüge in Kombinationen mit Segeltouren. Das solide Angebot an **Unterkünften** umfasst Camping, eine gemütliche Pension und schnieke Hütten. Ein gutes **Restaurant** gibt es auch. Das Gehöft liegt 11 km südlich von Varmahlíð abseits der Straße 752.

Viking Rafting RAFTING
(☎823 8300; www.vikingrafting.com; Straße 752) Zur Auswahl stehen u. a. ein familiengeeigneter Vier-Stunden-Trip auf dem Vestari-Jökulsá (Erw./Kind 14 990/9990 ISK; Mindestalter 6 J.), ein sechsstündiges Abenteuer auf dem Austari-Jökulsá (24 990 ISK; Mindestalter 18 J.) sowie die ultimative Raftingexpedition: ein dreitägiger Ausflug, der im Hochland von Sprengisandur beginnt (189 990 ISK). Auf Wunsch sind auch geführte Wildwasser-Kajaktouren möglich.

Der Anbieter hat sein Basecamp in Hafgrímsstaðir, 15 km südlich von Varmahlíð an der Straße 752. Hier kann auch gecampt werden. Für die längeren Touren ist eine Abholung in Akureyri möglich.

Schlafen & Essen

Rustikale Unterkünfte gibt es in der Gegend mehr als genug; nähere Informationen hat die Touristeninformation (s. u.). Wer eine Rafting- bzw. Reittour bei Bakkaflöt oder Lýtingsstaðir plant, sollte wissen, dass beide Anbieter auch gute Unterkünfte bieten. Sie können auch ohne Touren gebucht werden. Details auf der jeweiligen Website.

Der geschäftige Grillimbiss in der Tankstelle ist der Dreh- und Angelpunkt der Gegend. Hier ist auch der **Supermarkt** (☎455 4680; Straße 1; ⏲9–22 Uhr). Einen recht guten Ruf genießt das Restaurant im **Hótel Varmahlíð** (☎453 8170; www.hotelvarmahlid.is; Laugavegur 1; DZ/3BZ mit Frühstück ab 20 000/23 000 ISK; @📶), aber am besten isst man im Áskaffi im Glaumbær – ins Café kommt man auch, ohne Eintritt fürs Museum zu zahlen.

Campingplatz CAMPINGPLATZ €
(☎899 3231; http://tjoldumiskagafirdi.is; Stellplatz 1300 ISK pro Pers., Campingsteuer 333 ISK; ⏲Mitte Mai–Mitte Sept.) Der abgeschiedene Campingplatz in geschützter Lage oberhalb des Orts ist vom Hotel Varmahlíð aus ausgeschildert. In der Nähe des Platzes sind Wanderwege.

★**Hestasport Cottages** HÜTTEN €€
(☎453 8383; www.riding.is/cottages; Hütte für 2/4/6 Pers. 25 000/35 000/40 000 ISK; 📶👪) Sieben attraktive, frei stehende Holzhütten schmiegen sich an den Hügel über Varmahlíð. Sie bieten bequeme Zimmer, herrliche Ausblicke und einen einladenden Hot Pot im Steinbecken. Einige der Hütten haben Platz für sechs Personen; alle sind mit Küchen und Bettzeug ausgestattet. Sie bieten ein ausgezeichnetes Preis-Leistungs-Verhältnis, besonders für Familien und Gruppen.

Shoppen

Alþýðulist KUNSTHANDWERK
(☎453 7000; Straße 1; ⏲10–18 Uhr) Der Laden in einem hübschen Haus mit Grassodendach neben der N1-Tankstelle verkauft jede Menge farbenfrohe Strickwaren und Kunsthandwerk aus der Region um den Skagafjörður. Unter den traditionellen *lopapeysur* (Islandpullovern) sind auch solche mit Pferdemotiv. Hier befindet sich auch die Touristeninformation.

Praktische Informationen

Touristeninformation (☎455 6161; www.visitskagafjordur.is; Straße 1; ⏲Mitte Mai–Sept. 9–18 Uhr, sonst Mo–Fr 10–16 Uhr; 📶) Das Informationszentrum in einem Haus mit Grassodendach neben der N1-Tankstelle hat Broschüren und Landkarten.

An- & Weiterreise

Alle Busse halten an der N1-Tankstelle.

SBA-Norðurleið (S. 469):

- Bus 610a nach Reykjavík über die Kjölur-Route (13 700 ISK, 9 Std., Mitte Juni–Mitte Sept. 1-mal tgl.).

Strætó (S. 469) (So–Fr 2-mal tgl., Sa 1-mal):

- Bus 57 nach Reykjavík (7820 ISK, 5¼ Std.).
- Bus 57 nach Akureyri (2760 ISK, 1¼ Std.).
- Bus 57 nach Sauðárkrókur (920 ISK, 20 Min.).

Öxnadalur

Wer keine Zeit hat, um die malerischen Landschaften des Skagafjörður oder der Halbinsel Tröllaskagi zu erforschen, kann sich mit dem fast genauso spektakulären Panorama im Öxnadalur trösten. Das herrliche enge, 30 km lange Tal an der Ringstraße zwischen Varmahlíð und Akureyri bietet Blicke auf steile Bergrücken und schlanke Felsnadeln, die die Passstraße säumen. Der imposante, 1075 m hohe Gipfel des **Hraundrangi** und die umliegenden Berge des **Háafjall** gehören zu den schönsten Fotomotiven in Island.

Auf dem unterhalb des Hraundrangi schön gelegenen Hof **Auðnir** (☎847 9309; http://audnir1.wixsite.com/audnir; Straße 1; DZ ohne Bad 10 400 ISK) kann man Zimmer oder auch das ganze Haus mieten. Mit Gemeinschaftsbad und -wohnzimmer.

Sauðárkrókur

2574 EW.

Dort, wo sich der Fluss Jókulsá durch das sumpfige Delta am oberen Skagafjörður windet, hat das malerische Städtchen Sauðárkrókur einen ruhigen Platz am Ufer.

Wirtschaftlich betrachtet kann sich Sauðárkrókur nicht beklagen: Fischerei, Gerberei und Handel bieten einer gut durchmischten Bevölkerung ein solides Auskommen. Daher gibt es hier auch für Reisende alle notwendigen Dienstleistungen und dazu gute Nachtquartiere und Esslokale. Die Aufgaben einer Touristeninformation hat das Stadtmuseum übernommen. Sauðárkrókur ist auch das Tor zu den Attraktionen rund um Tindastóll (S. 299) und Ausgangspunkt aufregender Ausflüge zur vorgelagerten Insel Drangey (S. 299).

◉ Sehenswertes

Tannery Visitor Centre FABRIK

(Gestastofa Sútarans; ☎512 8025; www.facebook.com/tanneryvisitorcenter; Borgarmýri 5; ⏲Mitte Mai–Mitte Sept. 8–16, Sa & So bis 12 Uhr, sonst Mo–Fr 11–16 Uhr) Von Mitte Mai bis Mitte September werden werktags um 9 und um 14 Uhr Führungen durch Islands einzige Gerberei angeboten (500 ISK). Als Alternative bietet sich das Besucherzentrum an, wo die hergestellten Produkte zu bewundern (und auch zu kaufen) sind: kuschelige Schaffelle, bunte Lederwaren und einzigartige Objekte aus dem hier gegerbten Fischleder.

WINTERZAUBER

Seit einigen Jahren explodieren die Touristenzahlen in Island und manch einer fragt sich, ob es überhaupt noch möglich ist, die atemberaubende Natur ohne massenweise Artgenossen zu erleben. Und ob das möglich ist! Man muss nur im Winter kommen. Das Nordlicht ist in dieser Jahreszeit eine Riesenattraktion – aber bei Weitem nicht die einzige. Es muss sich auch niemand auf Reykjavík und Umgebung beschränken, Inlandsflüge nach Akureyri gibt es das ganze Jahr über. Außerdem wächst die Zahl der Anbieter von Winteraktivitäten und -touren im Norden des Landes, die ihren Gästen die Magie der verschneiten Bergwelt nahebringen.

Akureyri, die Halbinsel Tröllaskagi und die Umgebung des Mývatn sind allesamt Winteridyllen. Akureyri bietet Winterfestivals und leichten Zugang zu Islands größtem Skigebiet Hlíðarfjall (S. 313). Tröllaskagi bietet kleinere Skihänge (in Dalvík, Ólafsfjörður und Siglufjörður) sowie tolle Heliski-Möglichkeiten (Hauptsaison: März und April). Mehr Infos zum Skifahren und zu Skipässen gibt es unter www.skiiceland.is. Die Mývatn-Region lockt mit Schneeschuhtouren und Skilanglauf, Schneemobiltouren auf dem zugefrorenen See und Hundeschlittenfahrten in den Hügeln. Eine gute Reisezeit beginnt im Februar, wenn die Tage wieder etwas länger werden, aber auch die festlichen Tage zwischen Weihnachten und Neujahr haben ihren Reiz!

Wer wenig Erfahrung mit dem Autofahren bei winterlichen Verhältnissen hat, kann das getrost gut ausgerüsteten Profis mit Superjeep und Ortskenntnissen überlassen. Anbieter wie Saga Travel (S. 314) in Akureyri und am Mývatn sind eine verlässliche Adresse. Ein Blick auf die Websites von Unternehmen wie Bergmenn Mountain Guides (S. 307), Viking Heliskiing (S. 306) sowie von Geo Travel (S. 326), Hike&Bike (S. 326) und Sel-Hótel (S. 331) am Mývatn, die noch ganz andere Ideen auf Lager haben, weckt die Unternehmungslust.

Puffin & Friends MUSEUM
(☎845 1590; www.puffinandfriends.com; Aðalgata 24; Erw./Kind 1500/500 ISK; ⊙9–17, Sa & So ab 12 Uhr) Hier gibt es einiges über Papageitaucher, Wale und Robben zu erfahren und einen 360-Grad-Film über die Piepmätze und die Polarlichter zu sehen.

Minjahúsið MUSEUM
(Aðalgata 16b; ⊙Juni–Aug. 12–19 Uhr) GRATIS Zu dem bunten Sammelsurium in dem ausgezeichneten Heimatmuseum gehören restaurierte Werkbänke verschiedener Handwerksberufe, ein wie nagelneu aussehender Ford Model A von 1930 und ein ausgestopfter Eisbär, der 2008 von Einheimischen erlegt wurde.

Schlafen

Grand-Inn Bar & Bed PENSION €
(☎844 5616; www.facebook.com/GrandinnBarand Bed; Aðalgata 19; EZ/DZ ohne Bad 10 500/ 12 400 ISK; 📶) Zur Grand-Inn Bar (S. 299) an der Hauptstraße gehören auch zehn günstige Betten, verteilt auf fünf Zimmer, in dem Gebäude neben der Bar. Die Zimmer haben eine vernünftige Größe; dazu gibt es eine kleine Gästeküche nebst Lounge.

Campingplatz CAMPINGPLATZ €
(☎899 3231; http://tjoldumiskagafirdi.is; Skagfirðingabraut; Stellplatz 1300 ISK pro Pers., Campingsteuer 333 ISK; ⊙Mitte Mai–Mitte Sept.) Der Campingplatz neben dem Schwimmbad ist etwas karg und baumlos, aber die Ausstattung ist gut.

★ **Gamla Posthúsið** APARTMENTS €€
(☎892 3375; www.ausis.is; Kirkjutorg 5; Apt. 23 000–25 500 ISK; 📶) Als die Australierin Vicki 2010 hierher zog, beschloss sie, das alte Postamt gegenüber der Kirche zu renovieren. Herausgekommen sind zwei unheimlich gemütliche, kleine Ferienwohnungen mit jeweils einem Schlafzimmer, komplett eingerichteter, moderner Küche, viel Platz, skandinavischem Schick und einem Care-Paket als Willkommensgruß. Im Winter, wenn die Preise um rund 40 % purzeln, sind sie ein echtes Schnäppchen!

★ **Guesthouse Hofsstaðir** PENSION €€
(☎453 7300; www.hofsstadir.is; Straße 76; DZ/ 3BZ mit Frühstück 21 400/27 400 ISK; 📶) In unvergleichlicher Lage am oberen Ende des Skagafjörður und ungefähr gleich weit entfernt (20–25 km) von Sauðárkrókur, Varmahlíð und Hofsós bietet dieses gehobene Gästehaus herzliche Gastfreundschaft, erstklassige Zimmer und ein behagliches Restaurant (von April bis Oktober geöffnet). Das tolle Panorama können die Gäste auch von der eigenen Terrasse bewundern.

Helluland Guesthouse PENSION €€
(☎853 3220; www.helluland.is; Helluland 1; DZ ohne Bad mit Frühstück 15 500 ISK) Mit weiten Ausblicken auf den Fjord und raus aufs Meer stellen die gepflegten Zimmer auf einem Gestüt eine entspannende Übernachtungsmöglichkeit dar. Es gibt eine Gästeküche und ein modernes Gemeinschaftsbad und es können Ausritte arrangiert werden.

Keldudalur Farm Cottages HÜTTEN €€
(☎453 6233; www.keldudalur.is; Straße 754; Apt./Hütte ab 19 300/24 300 ISK; 📶) Die Ferienapartments und Hütten mit Fernseher, komplett ausgestatteter Küche und gemeinschaftlichem Hot Pot auf dem Gehöft Keldudalur bieten weite, schöne Ausblicke auf den Fluss und das Weideland.

Essen & Ausgehen

Sauðárkróksbakarí BÄCKEREI, CAFÉ €
(Aðalgata 5; ⊙Mo–Fr 7–18, Sa & So 9–16 Uhr) Die Bäckerei an der Hauptstraße ist der Lebensmittelpunkt des Städtchens. Hier kann man sich mit Proviant für die Weiterfahrt eindecken. Von frisch gebackenem Brot über Suppe bis zu glasierten Doughnuts und leckeren Keksen mit Schokostückchen ist alles da.

Hard Wok Cafe INTERNATIONAL €
(☎453 5355; www.facebook.com/Hard.Wok.Cafe. Island; Aðalgata 8; Hauptgerichte 1800–3000 ISK; ⊙Juni–Aug. 11.30–21.30 Uhr, sonst kürzere Öffnungszeiten; 📶) Der Neuling in der kulinarischen Szene von Sauðárkrókur ist ein zwangloses Restaurant. Auf Nudeln und asiatische Fusionskost spezialisiert, bietet es auch Pizza, Fish and Chips und andere Klassiker. Dazu warmherziges Personal und hausgemachte Eiscreme.

Skagfirðingabúð SUPERMARKT €
(☎455 4530; Ástorg 1; ⊙Mo–Fr 9–19, Sa 10–16 Uhr) Südlich der Stadt, nicht weit von der N1-Tankstelle.

Kaffi Krókur ISLÄNDISCH €€
(☎453 6454; www.kaffikrokur.is; Aðalgata 16; Hauptgerichte 1700–7000 ISK; ⊙11.45–21, Fr & Sa bis 22 Uhr; 📶) Das Restaurant mit der einladenden gelben Fassade punktet mit einer Speisekarte auf der jeder fündig wird und ist bekannt für seine Kaisergranat-Krabben-Sandwiches, Burger, Pizza und Lammgerichte.

NICHT VERSÄUMEN

DRANGEY

Das winzige, felsige Inselchen **Drangey** in der Mitte des Skagafjörður besteht aus einer abgeplatteten Tuffsteinmasse mit 180 m hoher Steilküste, die fast lotrecht aus dem Wasser aufragt. Die Felsküste ist Nistplatz für rund eine Million Meeresvögel (Papageitaucher, Trottel- und Dickschnabellummen, Tölpel, Dreizehenmöwen, Eissturmvögel, Sturmtaucher, Gerfalken) und diente den Einheimischen seit der Besiedlung Islands als „natürlicher Selbstbedienungsladen", der sie mit Vögeln und Eiern versorgte.

Grettirs saga erzählt, dass der geächtete Titelheld Grettir und sein Bruder Illugi drei Jahre auf der Insel lebten, bis sie dort getötet wurden. Mutige (oder eher tollkühne) Fans der Sage kommen hierher, um Grettir nachzueifern, der die 7 km von Drangey nach Reykir schwimmend zurücklegte.

Drangey Tours (☎821 0090; www.drangey.net; Touren Erw./Kind 13 500/7000 ISK) bietet fantastische dreistündige Bootstouren (Buchung erforderlich) nach Drangey an, die im kleinen Hafen neben dem Grettislaug in Reykir ablegen. Die Tour umfasst die Bootsfahrt und eine geführte Kraxeltour die Steilküste hinauf. Für Besucher mit Höhenangst oder körperlichen Einschränkungen kann das schwierig werden, da der Aufstieg teils mit Halteseilen und über Leitern erfolgt. Wer möchte, kann im Boot warten.

Achtung: Ab Mitte August sind auf Drangey normalerweise keine Papageitaucher mehr anzutreffen.

Grand-Inn Bar BAR
(Aðalgata 19; ⏲Mo–Mi 16–22, Do bis 24, Fr & Sa bis 3, So 15–18 Uhr) Coole Gipfelmotive und alte Sofas sorgen in dieser nur am Wochenende lange geöffneten Bar an der Hauptstraße von Sauðárkrókur für Stimmung. Auf der Karte stehen lokale Biere vom Fass und viele weitere Sorten in der Flasche. Das beste Fassbier ist Gæðingur – egal, ob als Helles, Weizen- oder Starkbier.

Vínbúðin ALKOHOLISCHE GETRÄNKE
(Smáragrund 2; ⏲Mo–Do 11–18, Fr bis 19, Sa bis 16 Uhr) Staatlicher Alkoholladen.

ℹ An- & Weiterreise

Die Busse halten an der N1-Tankstelle, die ca. 1,3 km südlich vom Zentrum an der Verlängerung der Aðalgata liegt.

Strætó (S. 469):

- Bus 57 nach Reykjavík (7820 ISK, 5 Std., So–Fr 2-mal tgl., Sa 1-mal).
- Bus 57 nach Akureyri (2760 ISK, 1½ Std., So–Fr 2-mal tgl., Sa 1-mal).
- Bus 57 nach Varmahlíð (920 ISK, 20 Min., So–Fr 2-mal tgl., Sa 1-mal).
- Bus 85 nach Hólar und Hofsós (beide Ziele 920 ISK, Mi, Fr & So 2-mal tgl.). Nur mit Vorausbuchung: Spätestens zwei Stunden vor Abfahrt bei Strætó anrufen.

Tindastóll & Grettislaug

Nördlich von Sauðárkrókur beginnt die Westküste des Skagafjörður, ein herrlich ruhiges Fleckchen Erde, umgeben von malerischen Bergen. Der markanteste Gipfel ist der Tindastóll. An seinem nördlichen Ende liegen ein geothermisches Feld und die sagenumwobene Thermalquelle Grettislaug.

Draußen vor der Skagafjörður-Mündung halten die beiden unbewohnten Inseln Drangey und Málmey Wacht, auf denen Seevögel ungestört brüten können. Im Sommer legen Bootstouren nach Drangey von einem kleinen Hafen neben dem Grettislaug ab.

Am Grettislaug befinden sich ein Campingplatz (1500 ISK pro Pers.) und eine schnörkellose **Pension** (☎841 7313; fagranesgisting@gmail.com; Straße 748, Reykir; DZ ohne Bad 16 800 ISK) mit Café. Ein Abstecher von Sauðárkrókur hierher ist bequem möglich.

Sehenswertes & Aktivitäten

Grettislaug THERMALBAD
(Grettirs Bad; Straße 748; Erw./Kind 1000 ISK/frei) Am Nordende des Tindastóll liegt das geothermische Feld Reykir, das in *Grettirs saga* erwähnt wird. Es heißt, Grettir sei von der Insel Drangey aus an Land geschwommen und hätte sich hier in einer wohltuenden Quelle von den Strapazen erholt. Heute sind Grettislaug und der daneben liegende zweite Hot Pot beliebte natürliche Badebecken.

Tindastóll BERG
Der 989 m hohe Tindastóll ragt als Wahrzeichen über dem Skagafjörður auf und erstreckt sich über 18 km die Küste entlang. Der Berg und seine Höhlen wurden angeb-

lich einst von Seeungeheuern, Trollen und Riesen bewohnt. Von seinem Gipfel aus bieten sich herrliche Ausblicke auf den gesamten Skagafjörður. Der einfachste Weg hinauf ist ein markierter Pfad, der an der Hochfläche an der Straße 745 auf der Westseite des Bergs beginnt (es ist eine anstrengende Wanderung). Im Winter kann man hier auch **Ski fahren** (s. http://skitindastoll.is).

TRÖLLASKAGI

Die Halbinsel Tröllaskagi („Halbinsel der Trolle") macht sich mit ihren bergigen Landmassen zwischen dem Skagafjörður und dem Eyjafjörður breit. Die zerklüfteten Berge und die tiefen, reißenden Flüsse hier erinnern an die Westfjorde – nur im größeren Maßstab! Tunnel schaffen eine Anbindung an die Orte Siglufjörður und Olafsfjörður oben im Norden. Früher, als die Städtchen noch am Ende einzelner Straßen lagen, verirrte sich kaum ein Tourist hierher.

Die Region lässt sich am besten mit dem eigenen Fahrzeug erkunden. Die Fahrt auf der Ringstraße (Straße 1) von Varmahlíð nach Akureyri verspricht 95 äußerst malerische Kilometer. Wer genug Zeit hat und gerne eigene Wege geht, kann auch die 186 km lange Strecke entlang der Tröllaskagi-Küste wählen (Straße 76 und 82). Sie führt ebenfalls von Varmahlíð nach Akureyri und passiert magische Landschaften, die einen geradezu zwingen, das Auto am Straßenrand zu parken und auf Entdeckungstour zu gehen.

Hólar í Hjaltadalur

94 EW.

Mit der auffälligen Kirche vor den hoch aufragenden Tröllaskagi-Gipfeln ist das kleine, geschichtsträchtige Hólar (www.holar.is) im malerischen Hjaltadalur ein interessantes Ziel für einen Abstecher von der Ringstraße. Der Bischofssitz war zwischen 1106 und der Reformation der theologische und kulturelle Mittelpunkt Nordislands. Es blieb ein religiöses Zentrum und Residenz der Bischöfe im Norden, bis das Bistum 1798 aufgelöst wurde.

Bis 1861 war Hólar Pfarrei. Dann wurde das Pfarramt Richtung Westen nach Viðvík verlegt. 1882 wurde die Landwirtschaftsschule gegründet, die heute als Hochschule Hólar bekannt mit den Spezialgebieten Pferdewissenschaften, Aquakultur und Agrartourismus bekannt ist. Seit 1952 ist Hólar auch wieder Pfarrei. Eine weitere Attraktion ist das **Icelandic Craft Beer Festival** (⏲ Juni).

Am Infoschalter für Unterkünfte gibt es auch eine Broschüre zu einem Geschichtswanderweg, der zu diversen Gebäuden in Hólar führt. Das historische Torfgehöft **Nýibær** aus der Mitte des 19. Jhs. war bis 1945 bewohnt. Sehenswert ist auch **Auðunarstofa**, ein Nachbau der bischöflichen Residenz aus dem 14. Jh., bei dem traditionelle Methoden und Werkzeuge eingesetzt wurden.

Es gibt einige schlichte Unterkünfte auf dem Campus der Hochschule und einen hübschen Campingplatz.

Von der Straße 76 fährt man 11 km bis Hólar. Die Abzweigung ist 20 km östlich von Sauðárkrókur bzw. 15 km südlich von Hofsós ausgeschildert.

Kathedrale KIRCHE
(Hóladómkirkja; www.kirkjan.is/holadomkirkja; ⏲ Juni–Mitte Sept. 10–18 Uhr) Der 1763 fertiggestellte Dom aus rotem Sandstein ist die älteste Steinkirche Islands und strotzt vor alten Kunstobjekten wie dem Taufbecken von 1674, das aus einem auf einer Eisscholle aus Grönland angeschwemmten Stück Speckstein gemeißelt ist. Auf der Website stehen Infos zu einer Sommerkonzertreihe.

Zentrum für die Geschichte des Islandpferds MUSEUM
(Sögusetur Íslenska Hestsins; ☎ 455 6345; www.sogusetur.is; Erw./Kind 900 ISK/frei; ⏲ Juni–Aug. Di–So 10–18 Uhr) Der Eintrittspreis beinhaltet eine individuelle Führung durch eine umfangreiche Ausstellung rund um die einzige isländische Pferderasse und ihre Rolle in der Landesgeschichte. Passend zum Thema ist das Museum in einem alten Stallgebäude im Herzen des Anwesens untergebracht.

Hofsós

147 EW.

Das Fischerdörfchen Hofsós war seit dem 16. Jh. ein Handelsplatz. Inzwischen hat es sich mit einem spektakulären Schwimmbad am Fjord richtig schick gemacht.

Sehenswertes & Aktivitäten

★ **Schwimmbad Hofsós** SCHWIMMEN
(Sundlaugin á Hofsósi; ☎ 455 6070; www.facebook.com/sundlauginhofsosi; Suðurbraut; Erw./Kind 900/300 ISK; ⏲ Juni–Aug. 7–21 Uhr, sonst kürzere Öff-

nungszeiten) Das herrliche Freibad mit Hot Pot nebenan wurde 2010 eröffnet und machte Hofsós zu einer landesweiten Attraktion. Die Finanzierung sicherten zwei hier ansässige Frauen durch großzügige Spenden. Die in die Fjordlandschaft integrierte Anlage mit prächtigen, schier unendlichen Ausblicken und das Design sind kaum zu toppen.

Infinity Blue (www.infinityblue.is) bietet spätabendliche entspannende Floating-Sessions im Schwimmbad an (4900 ISK). Die Sitzungen finden jeden Abend von 22 bis 24 Uhr statt (nach Möglichkeit auch bei Mitternachtssonne oder sogar Polarlicht). Wer teilnehmen will, muss reservieren.

Isländisches Auswanderungszentrum MUSEUM
(Vesturfarasetrið; ☎453 7935; www.hofsos.is; Erw./Kind 1700 ISK/frei; ⌚Juni–Aug. 11–18 Uhr) Mehrere restaurierte Gebäude am Hafen wurden zu einem Museum umfunktioniert, das erklärt, was Isländer bewog, nach Nordamerika auszuwandern, was sie sich vom Leben dort erhofften und wie die Wirklichkeit in der neuen Heimat aussah. Es ist schon verblüffend, dass dieses kleine Land zwischen 1870 und 1914 rund 16 000 Einwohner verlor und die Bevölkerung damals nur noch 88 000 Seelen zählte.

Die Hauptausstellung „Neues Land, neues Leben" zeichnet das Leben der Auswanderer anhand sorgfältig zusammengestellter Fotos, Briefe und Objekte nach.

Sailing in Skagafjörður BOOTSTOUR
(☎861 9803; www.hafogland.is; Touren Erw./Kind ab 9000/6000 ISK; ⌚Mai–Okt.) Der Anbieter organisiert Bootsfahrten vom kleinen Hafen. Zu erleben sind Landschaft und Vögel rund um das Inselchen Málmey und die bizarre Landzunge Þórðarhöfði, die nur über einen hauchdünnen Streifen mit dem Festland verbunden ist. Auf Anfrage werden auch Angel- und Vogelbeobachtungstouren durchgeführt.

Schlafen & Essen

Es gibt schlichte Unterkünfte im Ort, einen kleinen, spartanischen Campingplatz an der Skólagata (1300 ISK pro Pers.) und ein paar Quartiere in der Umgebung.

Für Besucher, die etwas Besonderes suchen, lohnt sich die 25 km lange Fahrt nach Süden zum Guesthouse Hofsstaðir (S. 298).

Sunnuberg PENSION €
(☎893 0220; www.sunnuberg.is; Suðurbraut 8; EZ/DZ 11 800/15 700 ISK; 📶) Die heimelige Pension 200 m hinter dem Schwimmbad (S. 300) und gegenüber von Zapfsäule und Supermarkt hat gemütliche Zimmer mit Bad (aber keine Küche).

KS Hofsósi SUPERMARKT €
(☎455 4692; www.ks.is; Suðurbraut 9; ⌚Juni–Aug. Mo–Fr 9.30–21.30, Sa & So 11–20 Uhr, Sept.–Mai Mo–Fr 9.30–18, Sa 11–16 Uhr) Hier bekommt man Proviant und einfache Grillgerichte. Vor dem Geschäft steht eine Zapfsäule.

Sólvík ISLÄNDISCH €€
(☎861 3463; www.facebook.com/solvikhofsos; Hafen; Hauptgerichte 1250–3500 ISK; ⌚Mai–Aug. 10–22 Uhr, Sept. 12–21 Uhr; 📶) Das nette, ländliche Restaurant am kleinen Hafen wartet mit einem sehr überschaubaren Angebot an lokalen Klassikern wie Kabeljau, Lamm, Burgern, Fish and Chips und traditionellen Pfannkuchen auf hungrige Gäste.

SKIPASS

Mit dem 5x5 Ski Pass (www.skiiceland.is; Erw./Kind 140/45 €, für Snowboarder 190/100 €) genießen Skifahrer und Snowboarder fünf Tage lang Zugang zu den fünf großen Skigebieten in Nordisland: Akureyri, Sauðárkrókur, Siglufjörður, Ólafsfjörður und Dalvík.

An- & Weiterreise

Hofsós mit öffentlichen Bussen zu erreichen, ist kompliziert, aber nicht unmöglich.

Bus 85 von Stræató (S. 469) verbindet Sauðárkrókur und Hofsós (920 ISK, Mi, Fr & So 2-mal tgl.). Er verkehrt jedoch nur, wenn mindestens zwei Stunden vor der Abfahrt telefonisch bei Strætó gebucht wird. Die Abfahrtszeiten sind darauf abgestimmt, dass der Anschluss zur Buslinie 57 zwischen Akureyri und Reykjavík möglich ist.

Nordwestliche Halbinsel Tröllaskagi

Die 60 km lange Strecke zwischen Hofsós und Siglufjörður ist landschaftlich die pure Augenweide. Zur Küstenseite genießt man den Blick auf das Inselchen **Málmey**, die Landzunge **Þórðarhöfði** und einige Seen. Landeinwärts liegen ein paar Bauernhöfe und Felder zwischen Tälern und Bergen verstreut. Letztere ziehen im Winter und Frühjahr Heliskier an. Einige Flüsse sind für Angler interessant.

1

Das Polarlicht

Das Polarlicht (oder Aurora borealis) zieht im Winter unzählige Besucher nach Island, die in der Hoffnung auf gute Sichtbedingungen und entsprechend eindrucksvolle Fotomotive anreisen.

Wie entsteht es?

Die Inuit hielten die Lichterscheinungen für die Seelen der Toten; nach skandinavischem Volksglauben sind es die Geister unverheirateter Frauen. Die Japaner prophezeiten einem unter den flackernden Strahlen gezeugten Kind ein glückliches Leben. Die moderne Wissenschaft erklärt das Polarlicht dagegen weit prosaischer.

Die märchenhaften Farbschleier am nordischen Nachthimmel entstehen durch den Sonnenwind – einen Strom von Sonnenteilchen, der in den oberen Atmosphärenschichten mit Sauer-, Stick- und Wasserstoff kollidiert. Diese Kollisionen erzeugen die fantastischen Grün- und Purpurtöne. Durch das Magnetfeld der Erde wird der Sonnenwind in Richtung der Polarregionen gelenkt.

Wo & wie kann man es sehen?

Um einen Blick auf das Polarlicht zu erhaschen, braucht man nur eine dunkle, einigermaßen klare, also wolkenarme, Nacht und etwas Glück.

Viele Tourveranstalter bieten Polarlicht-Touren (per Boot, Geländewagen oder Bus) an – sie bringen die Besucher in Gegenden mit möglichst wenig „Lichtverschmutzung“, wo man das Nordlicht, wenn es sich denn zeigt, besser sehen kann. Natürlich kann man sich auch auf eigene Faust aufmachen, wobei wir unerfahrenen Fahrern davon abraten,

KRISSANAPONG WONGSAWARNG/SHUTTERSTOCK ©

ARIET/SHUTTERSTOCK ©

1. Jökulsárlón (S. 208)
2. Halbinsel Snæfellsnes (S. 232)
3. Skaftafell (S. 200)

COOLKENGZZ/SHUTTERSTOCK ©

sich im Winter in entlegenen, verschneiten Gebieten auf die Suche nach einem klaren Himmel zu machen.

Am besten begibt man sich zu den empfohlenen Aussichtspunkten vor den Toren Reykjavíks (wie z. B. dem Leuchtturm Grótta in Seltjarnarnes oder dem Hügel Öskjuhlíð) oder bucht ein paar Nächte in einer Pension auf dem Land, wo man abends auf die Lichtshow warten kann. Viele Hotels bieten sogar einen Weckdienst an, falls die Lichter mitten in der Nacht aufflimmern.

In den letzten Wintern war das Polarlicht schon ab Ende August zu beobachten. Mitte September bis Mitte April ist die „offizielle" Saison, aber sie kann bei den richtigen Bedingungen auch länger dauern. Im tiefsten Winter ist es zwar besonders dunkel (ein wichtiger Faktor, um das Nordlicht zu sehen), aber gleichzeitig ist das Wetter schlechter und es gibt mehr Wolken und Stürme.

Und man muss nicht immer auf dem Land sein, um das Licht zu erleben – eine starke Aurora können nicht einmal die Lichter von Reykjavík verstecken.

Vorhersagen

Das Auftreten des Polarlichts vorherzusagen ist so gut wie unmöglich, aber es gibt Tools und Apps, die Auskunft über die Wahrscheinlichkeit geben, dass in naher Zukunft welches zu sehen ist.

Die Website des isländischen Wetterdiensts versucht, anhand mehrerer Faktoren eine Polarlicht-Vorhersage (gewöhnlich für eine Woche, von September bis Mitte April) zu liefern: http://en.vedur.is/weather/forecasts/aurora. Weitere Infos sind unter www.easyaurora.com zu finden.

Für diese Strecke braucht man ein eigenes Fahrzeug, denn hier verkehren keinerlei Busse.

Schlafen & Essen

★ Brúnastaðir FERIENHAUS €€
(☎467 1020; www.brunastadir.is; Straße 76, Fljótsdalur; Haus ab 29 000 ISK;) Brúnastaðir wird von einer großen, sympathischen Familie für große Familien (oder Gruppen) betrieben. Die beiden komplett ausgestatteten Häuser mit jeweils drei Schlafzimmern bieten Platz für bis zu zehn Personen. Der Ausblick ist umwerfend und der Garten voller Blumen. Es gibt Kajaks und Boote zu leihen und jede Menge Tiere – ein Paradies für Kinder. Bettwäsche ist im Preis nicht inbegriffen, aber für 2000 ISK pro Person auszuleihen.

Der Streichelzoo auf dem Gelände ist im Sommer gegen eine kleine Gebühr täglich von 10 bis 18 Uhr auch für Tagesgäste geöffnet. Das Gehöft befindet sich 22 km von Siglufjörður an der Straße 76.

Lónkot PENSION €€
(☎453 7432; www.lonkot.is; Straße 76; DZ mit/ohne Bad mit Frühstück ab 26 900/21 900 ISK; Mai–Sept.;) Das windumtoste Lónkot, ein Feinschmeckertipp an der zerklüfteten Küste 13 km nördlich von Hofsós, preist sich als „ländliches Resort" an. Es bietet Boutique-Unterkünfte (u. a. eine große Familiensuite) mit grandiosem Meerblick und einen Hot Pot in einem separaten Gebäude. Das Restaurant (Hauptgerichte 4300–5200 ISK; Mitte Mai–Aug. 12–21.30 Uhr) zaubert aus regionalen Zutaten mit sanften Garmethoden wunderbare Dinge.

Es wird auch Mittagessen gereicht, oder man legt eine Pause mit Kaffee und Kuchen ein. Auch Camper sind willkommen (1000 ISK pro Pers.), doch ihnen stehen nur begrenzte Einrichtungen zur Verfügung.

★ Deplar Farm CHALETS €€€
(☎349 7761; www.elevenexperience.com; Straße 82, Fljótsdalur; DZ ab 257 250 ISK;) Der Nordwesten der Halbinsel Tröllaskagi ist so malerisch, dass das Fljót-Tal auch Standort der exklusivsten Unterkunft von ganz Island ist: Die ultraluxuriöse Deplar Farm ist ein abgeschiedener Rückzugsort für Promis und Superreiche. Moderne Torfhäuser, wie man sie noch nie gesehen hat, bieten alle nur erdenklichen Annehmlichkeiten, der Service ist erstklassig und es steht Ausrüstung für viele Aktivitäten zur Verfügung. Nur mit Reservierung!

Siglufjörður

1182 EW.

Sigló (wie die Einheimischen sagen) liegt spektakulär am Fuß eines steilen Berghangs mit Blick auf einen herrlichen Fjord. Zu seinen Glanzzeiten wohnten 10 000 Arbeiter in Siglufjörður. Fischerboote drängten sich im kleinen Hafen, um ihren Fang zu löschen, den die wartenden Frauen dann ausnahmen und einsalzten.

Inzwischen verbinden Tunnel die Stadt mit Ólafsfjörður und anderen Zielen weiter im Süden. So erhält Sigló heute gebührende Aufmerksamkeit von Urlaubern, die seine Wanderwege, seinen Jachthafen und sein tolles Freizeitangebot schätzen – und vielleicht auch seine Rolle als schäbige Kleinstadt in der isländischen TV-Serie *Ófærð* (dt. *Gefangen in Island*) von 2015 sowie als Schauplatz der Krimis von Ragnar Jónasson. Schon die Anreise (egal aus welcher Richtung) ist wahrhaftig atemberaubend.

Sehenswertes

★ Museum der Heringsära MUSEUM
(Síldarminjasafnið; ☎467 1604; www.sild.is; Snorragata 10; Erw./Kind 1800 ISK/frei; Juni–Aug. 10–18 Uhr, Mai & Sept. 13–17 Uhr, sonst nach Vereinbarung) Über 16 Jahre hinweg mit Liebe aufgebaut, tut dieses preisgekrönte Museum sein Bestes, um die goldenen Jahre zwischen 1903 und 1968 wieder aufleben zu lassen, als Siglufjörðurs die „Hering-Hauptstadt" von Island war. Die drei Gebäude gehörten damals zu einer norwegischen Heringsfangstation; heute werden darin Arbeit und Leben der Stadtbewohner nacherzählt.

Zentrum für isländische Volksmusik MUSEUM
(Þjóðlagasetur; ☎467 2300; www.folkmusik.is; Norðurgata 1; Erw./Kind 800 ISK/frei; Juni–Aug. 12–18 Uhr) Wer für traditionelle Musik schwärmt, wird von diesem netten, kleinen Museum begeistert sein. Neben Musikinstrumenten aus dem 19. Jh. werden Aufnahmen von isländischen Volks- und Kirchenliedern präsentiert. Mit einem Ticket für das Museum der Heringsära ist der Eintritt frei.

Segull 67 Brugghús BRAUEREI
(☎863 2120; www.segull67.is; Vetrarbraut 8–10) In der kleinen Brauerei kann man köstliche Gerstensäfte probieren – für zwei Besucher oder mehr steht sie für Führungen und Verkostungen (2500 ISK) offen, gewöhnlich freitags und samstags. Am besten vorher anrufen!

Aktivitäten

Siglufjörður ist eine prima Ausgangsbasis für Wanderer und im Sommer können Golfer auf einem wahnsinnig schön gelegenen 9-Loch-Platz eine Runde spielen.

Oberhalb des Fjordanfangs laufen in **Skarðsdalur** (☎878 3399; www.skardsdalur.is) im Winter die Liftanlagen eines beliebten Skigebiets. Auf www.skiiceland.is sind Infos zu guten Skipass-Angeboten zu finden. Auf Tröllaskagi bieten verschiedene Veranstalter im Winter Heliskiing. Infos dazu hat Viking Heliskiing (S. 306) mit Sitz in Ólafsfjörður.

Wandern

In der Umgebung lockt eine ganze Reihe von interessanten Wanderungen. Mehrere Zugänge führen zu den rund 19 km markierter Wege hinter dem **Lawinenzaun** rund um den Ort. Eine übersichtliche Informationstafel neben dem Parkplatz am Nordrand von Siglufjörður verschafft den Durchblick.

Sehr beliebt ist auch ein Abstecher über die Pässe Hólsskarð und Hestsskarð zum wunderschönen unbewohnten **Héðinsfjörður**. An dem östlichen Nachbarfjord kommt die Verbindung zwischen Siglufjörður und Ólafsfjörður, die hauptsächlich aus zwei großen Tunneln besteht, auf einer kurzen Strecke ans Licht.

Ausführlichere Infos zu den verschiedenen Wanderstrecken gibt es unter www.fjallabyggd.is.

Festivals & Events

Folk Music Festival MUSIK
(www.folkmusik.is; ⌚Juli) Entspanntes fünftägiges Festival Anfang Juli für Fans der Folkmusik.

Heringsfest KULTUR
(⌚Aug.) Das größte Fest der Stadt findet am Feiertagswochenende Anfang August statt und ist eine Wiederbelebung der goldenen Zeiten von Siglufjörður. Bereits in der Woche davor wird in der ganzen Stadt gesungen, getanzt und Fisch geschlemmt.

Schlafen

Campingplatz CAMPINGPLATZ €
(Snorragata; Stellplatz 1200 ISK pro Pers.; ⌚Mitte Mai–Mitte Sept.) Nicht jeder findet die Lage des städtischen Campingplatzes mitten im Zentrum und nicht weit vom Hafen ideal. Ein kleiner Block beherbergt Duschen und Waschküche (800 ISK). Als Alternative gibt es eine zweite Grünfläche außerhalb der Stadtgrenzen. Sie ist über die Suðurgata zu erreichen (oder über die Snorragata, von dort aus in die Norðurtún abbiegen).

★ **Siglunes Guesthouse** PENSION €€
(☎467 1222; www.hotelsiglunes.is; Lækjargata 10; DZ mit/ohne Bad ab 23 000/19 1000 ISK, 4BZ 30 100 ISK; ⌚Restaurant Di–Do 18–21, Fr–So bis 22 Uhr; 📶👪) Cooles Gästehaus mit viel Charakter: In den Zimmern mit Hotelstandard sind alte Möbel mit moderner Kunst und ultramodernen Bädern kombiniert. Außerdem gibt es ebenso attraktive Pensionszimmer (Gemeinschaftsbäder, keine Küche), aber das eigentliche Highlight ist vielleicht das Restaurant des ausgezeichneten marokkanischen Kochs Jaouad Hbib.

Herring Guesthouse PENSION €€
(☎868 4200; www.theherringhouse.com; Hávegur 5; EZ/DZ ohne Bad 14 700/19 200 ISK, 4-Pers.-Apt. 48 200 ISK; 📶👪) Die zuvorkommenden, gut informierten Gastgeber Þorir und Erla (er ist ehemaliger Bürgermeister) bieten persönlichen Service in der stilvollen Pension mit Postkartenausblick und einem zweiten Haus hinter der Kirche (Hlíðarvegur 1). Im Haupthaus ist eine Gästeküche. Auf Bestellung wird ein wunderbares Frühstück serviert (2500 ISK). Für Familien ist das Apartment mit zwei Schlafzimmern schön.

Siglo Harbour Hostel & Apartments PENSION, APARTMENTS €€
(☎897 1394; www.sigloharbourhostel.is; Tjarnargata 14; DZ ohne Bad 13 500 ISK, Apt. 32 000 ISK; 📶👪) Der Hostel-Bereich der Herberge erinnert eher an eine Pension mit gutem Preis-Leistungs-Verhältnis: fünf Doppelzimmer mit Bettzeug, Gemeinschaftsbad, Küchennutzung und Waschküche. Die beiden geräumigen Apartments bieten jeweils Platz für sechs Personen und sind für Familien und Gruppen bestens geeignet. Wer länger bleibt, bekommt Rabatt.

★ **Sigló Hótel** HOTEL €€€
(☎461 7730; www.siglohotel.is; Snorragata 3; DZ/Suite mit Frühstück ab 40 140/70 900 ISK) Das vornehme Hafenhotel mit 68 Zimmern gehört zu einer örtlichen Kette, die auch mehrere Restaurants einschließt. Die Zimmer sind schick und gut ausgestattet, aber am eindrucksvollsten sind die öffentlichen Bereiche: das elegante Restaurant mit Bar, die stilvolle Lounge und der Hot Pot gleich am Wasser.

Essen & Ausgehen

In der Aðalgata, der Straße gegenüber dem Supermarkt, sind eine stark frequentierte

Bäckerei (☎467 1720; Aðalgata 28; Snacks 200–900 ISK; ⊙Mo–Fr 7–17, Sa 8–17, So 9–16 Uhr) und eine Pizzeria zu finden. Aber zu den Essenszeiten zieht es viele Hungrige in Richtung der knallbunt gestrichenen Hafengebäude.

Frida Chocolate CAFÉ €
(Frida Súkkulaðikaffihús; www.facebook.com/Fridachocolate; Túngata 40a; ⊙13–18 Uhr) In einem Laden hinter einer einzigartigen Fassade an der Hauptstraße im nördlichen Teil des Orts wird in einer Künstlergalerie handgefertigte Schokolade verkauft. Drinnen gibt's originelle Stühle, mit Cartoons tapezierte Toiletten und u. a. eine Cranberry-Meersalz-Schokolade.

Kjörbúðin SUPERMARKT €
(☎467 1987; www.samkaup.is; Túngata 2–4; ⊙Mo–Fr 9–19, Sa 11–18, So 12–18 Uhr) Gute Quelle für Selbstversorger. Drinnen ist auch ein Geldautomat.

★ **Siglunes Guesthouse Restaurant** MAROKKANISCH €€
(☎467 1222; www.hotelsiglunes.is; Lækjargata 10; Hauptgerichte 3000–4000 ISK; ⊙Di–Do 18–21, Fr–So bis 22 Uhr) Eine erfrischende Überraschung in diesem abgeschiedenen Winkel: Der marokkanische Koch Jaouad Hbib zaubert köstliche marokkanische Gerichte für das holzvertäfelte Restaurant des Siglunes Guesthouse. Die Tajines sind nicht nur heiß, sondern auch scharf. Zur Vorspeise werden feine Salate und exquisiter hausgemachter Käse serviert. Zum Abschluss bietet sich eine Crème brûlée an. Reservieren!

Kaffi Rauðka ISLÄNDISCH €€
(☎461 7730; www.raudka.is; Gránugata 19; Hauptgerichte 1900–2500 ISK; ⊙Juni–Aug. 12–17, Fr & Sa bis 22 Uhr; 📶🚸) Das rubinrote Rauðka bietet eine relaxte Atmosphäre und durchgehend Sandwiches, Salate und herzhafte Hauptgerichte wie den Fang des Tages.

Hannes Boy ISLÄNDISCH €€
(☎461 7734; www.hannesboy.is; Gránugata 23; Hauptgerichte 2300–4200 ISK, Büffet Erw./Kind 6600/3300 ISK; ⊙Juni–Aug. 11.30–21.30 Uhr) Ausrangierte Heringsfässer wurden in dem schicken, sonnengelben Lokal zu originellen Sitzgelegenheiten umfunktioniert. Es wird vom Inhaber des Sigló Hótel betrieben und bietet eine gute Auswahl an Fisch und Meeresfrüchten, Fleischgerichten und isländischen Desserts.

Vínbúðin ALKOHOLISCHE GETRÄNKE
(☎467 1262; www.vinbudin.is; Eyrargata 25; ⊙Mai–Aug. Mo–Do 11–18, Fr bis 19, Sa 11–14 Uhr, sonst Sa geschl.) Staatlicher Alkoholladen.

ℹ Praktische Informationen

Der Ort verfügt über Serviceeinrichtungen wie Bank, Apotheke, Postamt usw.

Touristeninformation (☎467 1555; www.visittrollaskagi.is; Gránugata 24; ⊙Juni–Aug. Mo–Fr 9–17, Sa & So 11–15 Uhr, sonst kürzer) Guter Infoschalter in der Bücherei.

ℹ An- & Weiterreise

Strætó-Bus 78 (S. 469) befährt die Strecke Akureyri–Dalvík–Ólafsfjörður–Siglufjörður (nach Akureyri 2760 ISK, 70 Min., Mo–Fr 3-mal tgl., So 1-mal).

Ólafsfjörður

792 EW.

Malerisch zwischen schroffe Bergrücken und dunkle Fjorde gebettet liegt das Fischerdorf Ólafsfjörður. Trotz der neuen Tunnelverbindung nach Siglufjörður im Norden hat es sich seine Abgeschiedenheit erhalten.

Von Akureyri kommend führt die Straße durch einen schmalen, 3 km langen Tunnel, hinter dem sich Ólafsfjörður wie eine attraktive Filmkulisse präsentiert.

Aktivitäten & Geführte Touren

Im Winter ist Ólafsfjörður relativ schneesicher. Infos zu guten Skipass-Angeboten bietet www.skiiceland.is. Eine Reihe von Veranstaltern bietet immer mehr Winteraktivitäten in der idyllischen Berglandschaft der Halbinsel Tröllaskagi an und unterhält Stützpunkte in Ólafsfjörður oder der näheren Umgebung.

Es gibt außerdem ein schönes **Schwimmbad** und einen **Golfplatz** mit neun Löchern. Das Hotel Brimnes verleiht Boote und Kajaks und gibt auf seiner Website Tipps für Outdooraktivitäten in der Gegend.

Viking Heliskiing SKIFAHREN
(☎846 1674; www.vikingheliskiing.com; 3-tägiges Tourenpaket ab 4900 €) Einheimische Experten (ehemalige Winter-Olympioniken) leiten Heliski-Touren in die bis zu 1500 m hohen Berge der Halbinsel. Die Saison geht (je nach Wetterlage) etwa von Mitte März bis Mitte Juni. Pauschalangebote umfassen auch die Anreise ab Akureyri sowie Unterkunft und Verpflegung in Berghütten.

Arctic Freeride ABENTEUERTOUR
(☎859 8800; www.facebook.com/arcticfreeride; 2-stündige Tour Erw./Kind 9000/5500 ISK; ⊙Jan.–Mai) Ein einheimisches Vater-Sohn-Team ver-

anstaltet von Januar bis Mai Touren mit einer Pistenraupe. Im Angebot sind u. a. eine Sightseeingtour auf den 984 m hohen Gipfel Múlakolla oder eine längere Abendtour zur Polarlicht-Beobachtung (saisonal). Wer will, kann auch nur eine Bergauffahrt mit der Pistenraupe buchen, um dann auf Skiern ins Tal zu brettern.

Schlafen & Essen

Zum Essen lohnt sich ein Abstecher nach Siglufjörður, wo das gastronomische Angebot besser ist.

Campingplatz CAMPINGPLATZ €
(☎466 4044; www.fjallabyggd.is; Aðalgata; Stellplatz 1200 ISK pro Pers., Campingsteuer 333 ISK; ⌚Mitte Mai–Mitte Sept.) Mit Toiletten, Wasser- und Stromanschluss; zum Duschen werden die Camper in das benachbarte Schwimmbad geschickt.

Brimnes Hotel & Bungalows HOTEL, HÜTTEN €€
(☎466 2400; www.brimnes.is; Bylgjubyggð 2; EZ/DZ mit Frühstück ab 9900/12 400 ISK, Hütte ab 19 800 ISK; 📶) Die Attraktion des größten Hotels am Platz sind fantastische Blockhütten und -häuser am Seeufer (in verschiedenen Größen und mit bis zu sieben Schlafplätzen) mit einem in die Veranda integrierten Whirlpool und Blick aufs Wasser. Zur Auswahl stehen weiter elf helle, frische Zimmer mit Bad. Ein brauchbares Restaurant (Juni–Aug. 18.30–21.30 Uhr) serviert die üblichen Suppen-, Fisch- und Burgergerichte.

Gistihús Jóa PENSION €€
(Joe's Guesthouse; ☎847 4331; www.kaffiklara.is; Strandgata 2; DZ/4BZ ohne Bad mit Frühstück ab 12 300/24 400 ISK; 📶👪) Joes hübsches Gästehaus im ehemaligen Postamt hat sechs Zimmer und im Erdgeschoss das Kaffi Klara, in dem auch das Frühstück serviert wird. Die kompakten Zimmer haben Handwaschbecken, originelle Holzböden und eine moderne Einrichtung in erdigen Farbtönen.

Kaffi Klara CAFÉ €
(☎466 4044; www.kaffiklara.is; Strandgata 2; Gerichte 950–2000 ISK; ⌚10–17.30, Fr & Sa bis 21 Uhr) Das liebevoll geführte Café in einem alten Postamt hält neben Suppen, Sandwiches, Kuchen und Wein auch Infos zur Gegend bereit. Regentage bringt man hier bestens mit Büchern und Brettspielen herum.

Kjörbúðin SUPERMARKT €
(☎466 2200; www.samkaup.is; Aðalgata 2–4; ⌚Mo–Fr 9–19, Sa 10–18, So 12–18 Uhr) Für Selbstversorger.

Praktische Informationen

Touristeninformation (☎464 9215; www.visittrollaskagi.is; Ólafsvegur 4; ⌚Mo–Fr 13–17 Uhr) Hilfreicher Infotresen in der öffentlichen Bibliothek, nur ein paar Schritte von der Hauptdurchgangsstraße.

An- & Weiterreise

Strætó (S. 469):

- Bus 78 nach Siglufjörður (920 ISK, 15 Min., Mo–Fr 3-mal tgl., So 1-mal tgl.).
- Bus 78 nach Akureyri (2300 ISK, 55 Min., Mo–Fr 3-mal tgl., So 1-mal tgl.). Über Dalvík.

Dalvík

1367 EW.

Das verträumte Dalvík ist ein gemütliches, malerisches Plätzchen zwischen dem rauen Eyjafjörður und den sanften Hügeln von Svarfaðardalur. Die meisten Besucher kommen hierher, um die Fähre nach Grímsey (S. 320) zu nehmen. Aber wer Zeit und Lust hat, findet genügend Abwechslung für einen Aufenthalt: tolle Outdooraktivitäten, interessante Museen und gute Unterkünfte.

Sehenswertes & Geführte Touren

Byggðasafnið Hvoll MUSEUM
(☎460 4928; www.dalvik.is/byggdasafn; Karlsbraut; Erw./Kind 800 ISK/frei; ⌚Anfang Juni–Mitte Aug. 11–18 Uhr, sonst Sa 14–17 Uhr) Neben den üblichen ausgestopften Tieren (klar, auch ein Eisbär ist mit von der Partie) hält das tolle Heimatmuseum eine skurrile Überraschung parat: Mehrere Räume widmen sich der ergreifenden Geschichte des von hier stammenden „Riesen" Jóhan Pétursson: Mit 2,34 m war er der größte Mann Islands, manche behaupten, der Welt.

Arctic Sea Tours TIERBEOBACHTUNG
(☎771 7600; www.arcticseatours.is; Hafnarbraut 22; 3-Std.-Tour Erw./Kind 9900/4950 ISK; ⌚März–Nov.) Der professionelle Veranstalter bietet von März bis November dreistündige Walbeobachtungstouren an – im Hochsommer bis zu viermal am Tag. Alle Ausflüge umfassen eine kurze Hochseeangel-Einlage; sobald das Boot wieder anlegt, landet der Fang auf dem Grill. Der Treffpunkt ist beim Ticketbüro von Arctic Sea Tours neben der N1-Tankstelle an der Hauptdurchgangsstraße.

Bergmenn Mountain Guides ABENTEUERTOUR
(☎858 3000; www.bergmenn.com) Der Pionier unter den Veranstaltern hat sein Büro au-

ßerhalb von Dalvík und ist auf Langlauf, Hochgebirgsskitouren, Heliskiing, Eisklettern, Klettern und andere Bergsportarten spezialisiert. Sieht so aus, als habe Inhaber Jökull Bergmann, dessen Name wörtlich übersetzt „Gletscher Bergmann" heißt, seine Bestimmung gefunden. Bergmann betreibt auch das Subunternehmen Arctic Heli Skiing (www.arcticheliskiing.com) und vier über die Halbinsel verstreute Berghütten.

Schlafen & Essen

★ HI-Hostel Dalvík HOSTEL €
(☎699 6616, 865 8391; www.dalvikhostel.com; Hafnarbraut 4; B/DZ/3BZ ohne Bad 5700/15 200/18 900 ISK;) Für uns eines der besten Hostels in Island und auf jeden Fall das hübscheste – eher Boutiquepension als Backpacker-Baracke. In der originellen, mit Flohmarktfunden ergänzten Einrichtung hat Heiða, Mitglied der sympathischen Inhaberfamilie, ihre kreative Ader voll ausgelebt. Die sieben Zimmer befinden sich in einem zentral gelegenen, weißen Haus namens Gimli.

Campingplatz CAMPINGPLATZ €
(www.dalvik.is; Svarfaðarbraut; Wohnmobil/Zelt 2500/1700 ISK, Campingsteuer 333 ISK; ⊙Juni–Aug.) Großer Campingplatz neben dem örtlichen Schwimmbad; den Schildern zum Hotel Dalvík folgen (bezahlt wird beim Schwimmbad).

Vegamót HÜTTEN €€
(☎699 6616, 865 8391; www.dalvikhostel.com; Skiðarbraut; Hütte 19 900–29 500 ISK;) Heiða und Bjarni, die netten Inhaber des ausgezeichneten HI-Hostels Dalvík, vermieten auch drei Holzhütten und Gamli Bærinn (das „Alte Bauernhaus"), eine romantische Bleibe für Selbstversorger. Die Unterkünfte befinden sich auf einem Grundstück gegenüber der Olís-Tankstelle am südlichen Ortseingang.

★ Gísli, Eiríkur, Helgi ISLÄNDISCH €
(Kaffihús Bakkabræðra; ☎666 3399; www.facebook.com/bakkabraedurkaffi; Grundargata 1; Suppen- & Salatbüffet 1990 ISK; ⊙10–22, Fr & Sa bis 1, So bis 19 Uhr) Das nach drei Brüdern aus einem Volksmärchen benannte Lokal ist das perfekte Kleinstadtcafé. Es wird von den Inhabern des retroschicken Hostels des Städtchens betrieben. Zur Einrichtung gehören viel Holz, haufenweise alter Krimskrams und zusammengewürfeltes Geschirr. Auf der Karte stehen eine tolle Fischsuppe und selbst gebackene Kuchen. Die Einheimischen lieben den Laden (verständlicherweise). Obendrein gibt es noch einen Barbereich und hinten ein kleines Theater.

Kjörbúðin SUPERMARKT €
(☎466 3211; www.samkaup.is; Hafnarbraut; ⊙Mo–Fr 9–19, Sa 10–18, So 14–18 Uhr) Supermarkt im Ortszentrum.

Praktische Informationen

Touristeninformation (☎846 4928; www.dalvikurbyggd.is; Goðabraut; ⊙Mo–Fr 9–17, Sa 12–17 Uhr) Der hilfreiche Infotresen befindet sich im Menningarhúsið Berg, dem modernen Kulturzentrum, das auch die Bibliothek und ein Café beherbergt. Das Personal hat Informationen über Aktivitäten in der Region, wie Reiten, Skifahren, Golf, Wanderungen und Vogelbeobachtung.

An- & Weiterreise

In Dalvík laufen die Fähren nach Grímsey (S. 320) sowie einige nach Hrísey (S. 317) aus, der wichtigere Fährhafen für Hrísey ist jedoch Árskógssandur.

Strætó (S. 469):

- Bus 78 nach Siglufjörður (1380 ISK, 35 Min., Mo–Fr 3-mal tgl., So 1-mal tgl.).
- Bus 78 nach Akureyri (1840 ISK, 40 Min., Mo–Fr 3-mal tgl., So 1-mal tgl.).

GROSSRAUM AKUREYRI

Akureyri liegt am längsten Fjord Islands, dem Eyjafjörður, in dem schon mal Wale zu erspähen sind. Wer Zeit und ein Auto zur Verfügung hat, sollte die Ringstraße unbedingt verlassen, um die wunderbare Umgebung von Akureyri zu erkunden. Zur kleinen Fjordinsel Hrísey verkehren regelmäßig Fähren.

Akureyri wartet mit Unterkünften aller Art auf und im Tal der Eyjafjarðará sowie rund um den Fjord gibt es eine Reihe von ländlichen Pensionen. Weitere Übernachtungs- und Campingmöglichkeiten sind bei der Touristeninformation in Akureyri (S. 322) zu erfragen.

Von Dalvík nach Akureyri

Eine fruchtbare Agrarregion erstreckt sich von Akureyri entlang der Straße 82 nordwärts bis nach Dalvík. Hier und da zweigen Seitenstraßen zu winzigen Fischerdörfern am Westufer des Eyjafjörður ab – von Süden nach Norden sind dies Hjalteyri, Hauganes und Árskógssandur. Árskógssandur ist der Hauptausgangspunkt für Besucher, die die kleine Insel Hrísey mitten im Fjord erkunden wollen.

Sehenswertes & Aktivitäten

Bjórböðin SPA

(☎414 2828; www.bjorbodin.is; Ægisgata 31, Árskógssandur; Bierbad 7900 ISK; ⊙Mo–Do 12–20, Fr & Sa 11–21 Uhr) Das von der ersten Mikrobrauerei Islands, Bruggsmiðjan – Kaldi, eröffnete Spa und sein Restaurant haben sich ganz den heilenden Kräften des Biers verschrieben. Ein Schlüsselerlebnis stellt das 25-minütige private Bierbad in einer großen handgefertigten Holzwanne dar. Die für jeden Gast frisch eingelassenen Bäder sind reich an Vitamin B, Antioxidantien und Alphasäuren. Außerdem gibt's an der frischen Luft einen Hot Pot mit spektakulären Fjordblicken.

Whale Watching Hauganes TIERBEOBACHTUNG

(☎867 0000; www.whales.is; Hafnargata 2, Hauganes; 3-Std.-Tour Erw./Kind 9900/4500 ISK; ⊙Mai–Mitte Nov.) Im Dörfchen Hauganes kann man eines von zwei ehemaligen Fischerbooten aus Eichenholz besteigen, um einen spannenden Törn mit Angeln und Walbeobachtung zu erleben. Dies ist das älteste Whale-Watching-Unternehmen Islands.

Bruggsmiðjan – Kaldi BRAUEREI

(Kaldi-Bier; ☎466 2505; www.bruggsmidjan.is; Öldugata 22, Árskógssandur; Führung 2000 ISK; ⊙Führungen nach Vereinbarung) In Árskógsströnd ist die Mikrobrauerei Bruggsmiðjan zu Hause, die nach tschechischen Methoden das erstklassige, gefragte Kaldi-Bier braut. Besucher sind in der Brauerei gern gesehen, sollten aber vorher anrufen, um einen Termin für eine Führung zu vereinbaren. Oder sie schließen sich einer Tour des Anbieters Saga Travel (S. 314) mit Sitz in Akureyri an (ab 15 900 ISK).

Hjalteyri DORF

Hjalteyri (43 Einwohner) war einst ein wichtiger Heringshafen und seine alte Fischfabrik in ihrer Entstehungszeit 1937 die größte Heringsverarbeitungsanlage von Island. Doch in den 1960er-Jahren verschwanden die Heringe und die Fabrik wurde geschlossen. Heute ist der Ort Hjalteyri für einen interessanten Spaziergang gut, auf dem ein paar Überraschungen warten: sommerliche Kunstausstellungen, Kunsthandwerker, der Tauchanbieter Strytan Dive Center (S. 318) und ein Außenposten des Whale-Watching-Unternehmens North Sailing (S. 338). Hjalteyri liegt 20 km nördlich von Akureyri.

Schlafen & Essen

★ Hótel Hjalteyri BOUTIQUEHOTEL €€

(☎897 7070, 462 2770; www.hotelhjalteyri.is; Hjalteyri; DZ/Apt. mit Frühstück ab 21 400/26 000 ISK; 📶) Das Hotel in einer ehemaligen Schule an der Straße zum Hafen von Hjalteyri ist ein Genuss. Das komplett renovierte Gebäude beherbergt drei Doppelzimmer und vier Apartments verschiedener Größe (u. a. ein reizendes Penthouse mit Hot Pot und Terrasse) und strotzt nur so vor Stilgefühl: großzügige Räumlichkeiten, jede Menge Kunst und Bücher, geschmackvolle Einrichtung.

★ Skjaldarvík PENSION €€

(☎552 5200; www.skjaldarvik.is; Straße 816; EZ/DZ ohne Bad mit Frühstück 20 900/22 600 ISK; @📶👪) Ein Stückchen Paradies in ländlicher Idylle verspricht diese Unterkunft 6 km nördlich von Akureyri. Sie gehört einer jungen Familie, die bei der Einrichtung ziemlich originelle Ideen hatte (Schuhe als Blumenübertöpfe, alte Schreibmaschinen als Wanddeko). Das unglaublich reichhaltige Frühstücksbüffet, Ausritte und Buggytouren (S. 314), Mountainbike-Verleih, der Hot Pot und die Bar mit Selbstbedienung in der gemütlichen Lounge sind feine Extras.

Das charmante Restaurant (Mai–Sept. 18.30–20.30 Uhr) bietet eine kleine Auswahl an gut zubereiteten Speisen (Büffet 4900 ISK) und steht auch Nichtgästen offen – Buchung sehr ratsam! Mit den ausgezeichneten Arrangements „Ride & Bite" oder „Buggy & Bite" lassen sich Essen und Aktivitäten miteinander verbinden.

Eyri Restaurant FISCH & MEERESFRÜCHTE €€

(☎618 3716; www.facebook.com/taleofawhale; Hjalteyri; Hauptgerichte 2600–4000 ISK; ⊙Juni–Aug. 10–21 Uhr) In einer gemütlichen Blockhütte können die Gäste Fisch direkt aus dem Fjord genießen oder auch Lamm- und Rindfleischgerichte.

Baccalá Bar FISH & CHIPS €€

(☎620 1035; www.ektafiskur.is; Hafnargata 6, Hauganes; Hauptgerichte 1900–3200 ISK; ⊙Mitte Mai–Sept. 11–21 Uhr) Das ortsansässige Unternehmen Ektafiskur, das für seinen traditionellen *bacalao* (Salzfisch) bekannt ist, betreibt in Hauganes, direkt neben dem Büro für Walbeobachtungstouren (S. 309), dieses Lokal mit Spaßfaktor – draußen sitzt man in einem Wikinger-Langboot. Die Karte ist kurz und simpel und verzeichnet fischige Klassiker wie Fischsuppe und Fish and Chips sowie Getränke und Eiscreme.

Akureyri

18 600 EW.

Akureyri (*a*-kü-rey-ri ausgesprochen) ist zwar Islands zweitgrößte Stadt, aber nicht gerade ein Melbourne, Manchester oder Montréal. Wie auch, mit nur 18 600 Einwohnern? Es grenzt schon an ein Wunder, dass in dieser „Stadt" (die überall sonst ein Kleinstädtchen wäre) überhaupt so viel los ist! Sie hat coole Cafés, gute Restaurants, eine Handvoll Kunstgalerien und sogar so etwas wie ein Nachtleben – viel mehr als andere Städtchen der isländischen Provinz.

Akureyri liegt am inneren Ende des Eyjafjörður, des mit 60 km längsten Fjords von Island, am Fuß schneebedeckter Berge. Im Sommer täuschen blühende Gärten über die Lage nur einen Katzensprung vom Polarkreis entfernt hinweg. Lebhafte Winterfeste und Skigebiete, die zu den besten des Landes gehören, bieten auch in der Nebensaison (und abseits der Pisten) reichlich Beschäftigung. Die entspannte Atmosphäre zusammen mit der großen Auswahl an Unterkünften und Restaurants machen den Ort zur idealen Ausgangsbasis für Touren zum Eyjafjörður und in die weitere Umgebung. Außerdem legen hier immer mehr Kreuzfahrtschiffe an und fluten die Stadt mit ihren Passagieren.

Sehenswertes

Akureyri wartet mit mehreren Museen auf – das interessanteste, das Kunstmuseum, ist gerade stark erweitert worden. Die in der Touristeninformation erhältliche Broschüre *Akureyri Art Trail* weist den Weg zu Kunst in der Stadt. Dazu kommen Museen zur Luftfahrt, zur hiesigen Industrie, zu altem Spielzeug und zu Motorrädern. Viele Besucher nutzen Akureyri auch als Stützpunkt, um die Halbinsel Tröllaskagi, den Mývatn und Húsavík zu erkunden.

★ Lystigarðurinn — PARK

(☎462 7487; www.lystigardur.akureyri.is; Eyrarlandsholt; ⏲Juni–Sept. Mo–Fr 8–22, Sa & So ab 9 Uhr) GRATIS Der nördlichste botanische Garten der Welt bietet sich an sonnigen Tagen als verlockendes Plätzchen für einen Spaziergang inmitten duftender Vegetation an. In Anbetracht der Nähe zum Polarkreis ist seine Pflanzenvielfalt wirklich erstaunlich. Jede in Island heimische Art ist hier vertreten, dazu kommen Exemplare aus aller Welt, die in nördlichen Breitengraden oder extremen Höhen gedeihen. Ein wunderschön gelegenes Café rundet das Erlebnis ab.

Akureyrarkirkja — KIRCHE

(☎462 7700; www.akureyrarkirkja.is; Eyrarlandsvegur; ⏲meist Mo–Fr 10–16 Uhr) Die hoch über der Stadt auf einem Hügel thronende Kirche ist das Wahrzeichen von Akureyri. Sie wurde von Guðjón Samúelsson entworfen, der auch die Hallgrímskirkja in Reykjavík baute. Beide Kirchen sind aus dem gleichen Naturstein, Basalt, aber dieses Exemplar hier wirkt wie ein stilisierter Wolkenkratzer aus den USA der 1920er-Jahre.

Die 1940 erbaute Akureyrarkirkja beherbergt eine große Orgel mit 3200 Pfeifen sowie eine Reihe ungewöhnlicher Reliefs mit Szenen aus dem Leben Christi. Ein von der Decke hängendes Schiff repräsentiert die alte nordische Tradition von Votivgaben zum Schutz Angehöriger auf See. Das auffälligste Merkmal ist das farbenprächtige Mittelfenster über dem Altar. Es schmückte ursprünglich die Kathedrale von Coventry in England.

Besucher sind zwar an den meisten Tagen willkommen, sollten aber vorher einen Blick auf die Tafel mit den Öffnungszeiten am Eingang werfen, die sich ständig ändern.

Kunstmuseum Akureyri — MUSEUM

(Listasafnið á Akureyri; ☎461 2610; www.listak.is; Kaupvangsstræti 8; 1500 ISK; ⏲Juni–Aug. 10–17 Uhr, Sept.–Mai Di–So 12–17 Uhr) Reichlich Anregung für die Sinne verspricht ein Rundgang durch das Kunstmuseum Akureyri, das abwechslungsreiche innovative Ausstellungen von Grafikdesign bis zu Porträtkunst präsentiert und von einer Handvoll Kunstgalerien umgeben ist. Zuletzt wurde es umfassend renoviert und erweitert, Museumsshop und Café inklusive.

Into the Arctic — MUSEUM

(Norðurslóð; ☎588 9050; www.nordurslod.is; Strandgata 53; Erw./Kind 1500 ISK/frei; ⏲Mo–Fr 11–18, Sa & So bis 17 Uhr) Die Ausstellungen im jüngsten Museum von Akureyri, Into the Arctic, befassen sich mit der Tierwelt, der Besiedlung und der Erforschung des Nordens sowie mit seiner Kultur, vom Schlittenhundefahren bis zu Luftfahrt und Kunsthandwerk. Ebenfalls gezeigt wird die umfangrei-

EIN LANGES WOCHENENDE IN ISLAND: DER DIAMANTKREIS

Die Lage zwischen Nordamerika und Europa hat Island zur Insider-Adresse für einen spannenden Wochenendausflug werden lassen. Dabei hat sich der beständige Touristenstrom ganz auf die dreitägige Tour von Reykjavík über den Goldenen Kreis zur Blauen Lagune eingeschossen. Warum nicht eine andere Runde ausprobieren und den atemberaubenden Diamantkreis ansteuern, eine 260 km lange Route mit den Topzielen Húsavík, Ásbyrgi, Dettifoss und Mývatn – siehe www.diamondcircle.is.

Nur Mut, die Tour ist unkomplizierter als viele glauben. Nach der Landung auf dem Internationalen Flughafen Keflavík kann man einen Bus oder Anschlussflug (mit vorherigem Transfer zum Inlandsterminal von Reykjavík) nach Akureyri nehmen.

1. Tag: Akureyri

Die Tour startet am besten mit einem landestypischen Vergnügen: Reiten auf einem Islandpferd, vorzugsweise auf einer Strecke mit traumhafter Aussicht. Danach ist ein halber Tag ausreichend, um durch die hübschen Straßen im Stadtzentrum zu schlendern. Wer nichts dagegen hat, erneut ins Flugzeug zu steigen, sollte am Nachmittag Grímsey (S. 320) ansteuern, ein Stück Island in der Polarregion. Zum Abendessen steht isländische Küche im Strikið (S. 318) oder Rub23 (S. 319) auf dem Programm. Der Tag endet mit einer feuchtfröhlichen Tour durch das Nachtleben von Akureyri.

2. Tag: Húsavík & Umgebung

Der Wecker klingelt: Auf nach Húsavík! Dort geht es zunächst ins Walmuseum (S. 336) als Vorbereitung für die anschließende Walbeobachtungstour. Am Nachmittag geht die Fahrt weiter Richtung Osten, um in der Schlucht von Ásbyrgi (S. 344) die abschüssigen Felswände dieses Canyons und später die tosenden Wassermassen am Dettifoss (S. 346) zu bewundern, bevor man beim Abendessen im Naustið (S. 340) in Húsavík sein Walabenteuer-Seemannsgarn zum Besten gibt. Den Tag ausklingen lassen kann man mit einem abendlichen Bad im Salzwasserbad GeoSea (S. 337).

3. Tag: Mývatn

Wen Fotos von Islands verführerischen türkis-blauen Spa-Quellen in Verzückung versetzen, der kommt heute auf seine Kosten. Der See Mývatn verfügt über seine eigene Version der Blauen Lagune: das Naturbad Mývatn (S. 333). Nach einem entspannenden Bad kommt bei einer dreistündigen Wanderung am Ostufer des Sees der Kreislauf wieder auf Touren. Sie führt vorbei an einem einzigartigen Ensemble geologischer Besonderheiten. Der Halt an den stinkenden, blubbernden Schlammlöchern von Hverir (S. 333) ist ein Muss. Wenn die Zeit reicht, sollte auch noch ein Spaziergang zwischen den Dampffontänen und dem türkisfarbenen Víti-Krater (S. 334) der Krafla drin sein. Auf dem Rückweg nach Akureyri wartet noch ein letztes Highlight – der himmlische Wasserfall Goðafoss (S. 324). Wer einen Wagen mit Allradantrieb fährt, kann auch noch den Aldeyjarfoss (S. 324) inspizieren.

che Landkartensammlung des Stifters des Museums.

Akureyri-Museum MUSEUM

(Minjasafnið á Akureyri; ☎462 4162; www.akmus.is; Aðalstræti 58; Erw./Kind 1500 ISK/frei; ⌚Juni–Sept. 10–17 Uhr, Okt.–Mai 13–16 Uhr) Das hübsche, gut kuratierte Heimatmuseum ist mit historischen und kunsthandwerklichen Objekten aus dem städtischen Leben bestückt, darunter Stadtpläne, Fotos und rekonstruierte Wohnungseinrichtungen von anno dazumal. Der **Museumsgarten** wurde 1899 als erste Baumschule Islands angelegt. Nebenan steht eine kleine, schwarz geteerte **Holzkirche** von 1846. Ein Kombiticket, das auch Eintritt zu dem benachbarten Nonnahús sowie weiteren Museen der Stadt beinhaltet, kostet 2000 ISK.

Nonnahús MUSEUM

(☎462 4162; www.nonni.is; Aðalstræti 54; Erw./Kind 1400 ISK/frei; ⌚Juni–Aug. 10–17 Uhr, Sept. &Okt. Do–So) Das interessanteste der Künstlerhäuser von Akureyri ist das Nonnahús, wo der berühmte Kinderbuchautor und Jesuit Jón Sveinsson (1857–1944), alias Nonni, aufwuchs. Seine altmodischen Abenteuergeschichten stecken voller Lokalkolorit. Das Haus von 1850 und seine mit einfachen Mö-

Akureyri

0
400 m
HI Hostel Akureyri (400 m); Bónus (500 m); Saga Travel (1,8 km)
Glerárgata
Eyrarvegur
Hjalteyrargata
Hríseyjargata
Grænagata
Eiðsvallagata
Norðurgata
Lundargata
Strandgata
Sport-stadion
Klapparstígur
Þórunnarstræti
Byggðavegur
Munkaþverárstræti
Hólabraut
Brekkugata
Helgamagrastræti
Geislagata
Bushaltestelle
Hof
Hofsbót
Ráðhústorg
Bjarkarstígur
Ásvegur
Oddeyrargata
Hafnarstræti
Skipagata
Hamarstígur
Bjarmastígur
Gilsbakkavegur
Oddagata
Lögbergsgata
Kaupvangsstræti
Campingplatz Hamrar (1,6 km)
Þingvallastræti
Laugargata
Skólastígur
Möðruvallastígur
Eyrarlandsvegur
Hafnarstræti
Eyjafjörður
Vanabyggð
Hrafnagilsstræti
Byggðavegur
Lystigarðurinn
Lystigarðurinn Akureyri (Botanischer Garten)
Jaðarsvöllur (800 m)
Spítalavegur
Drottningarbraut
Hafnarstræti
Fjórðungssjúkrahús
Mímisbraut
Aðalstræti
Sunnutröð
Nonnahús (500 m); Akureyri-Museum (550 m)
(1 km)

Akureyri

Highlights
1 Lystigarðurinn ... B6

Sehenswertes
2 Akureyrarkirkja ... C4
3 Kunstmuseum Akureyri ... B4
4 Katholische Kirche ... B5
5 Into the Arctic ... D2

Aktivitäten, Kurse & Touren
6 Ambassador ... C3
7 Elding ... C2
8 Ferðafélag Akureyrar ... C2
9 SBA-Norðurleið ... D1
10 Sundlaug Akureyrar ... B4

Schlafen
11 Akureyri Backpackers ... C3
12 Akureyri Campingplatz ... A4
13 Guesthouse Hvítahúsið ... B4
14 Gula Villan ... B3
15 Hótel Akureyri ... C4
16 Hótel Edda ... B5
17 Hótel Íbúðir ... C2
18 Hótel Kea ... C4
19 Hrafninn ... B3
20 Icelandair Hotel Akureyri ... A4
21 Sæluhús ... B7

Essen
22 Akureyri Fish Restaurant ... C3
23 Berlin ... C3
Blaá Kannan ... (s. 35)
24 Brynja ... C7
25 Café Laut ... B6
26 Greifinn ... B1
Icelandair Hotel Akureyri ... (s. 20)
27 Indian Curry House ... C3
28 Kaffi Ilmur ... B3
29 Krambúð ... A5
30 Nettó ... A1
31 Örkin hans Nóa ... D6
32 Rub23 ... C4
33 Serrano ... C3
34 Strikið ... C3

Ausgehen & Nachtleben
Akureyri Backpackers ... (s. 11)
35 Götubarinn ... C3
36 Ölstofa Akureyrar ... C4

Unterhaltung
37 Græni Hatturinn ... C3
38 Hof ... C3

Shoppen
39 Eymundsson ... C3
40 Flora ... C4
41 Fold-Anna ... C3
Geysir ... (s. 11)
42 Hornið ... C3
43 Sjoppan ... C4
44 Vínbúðin ... B2

beln vollgestopften Zimmer geben einen beeindruckenden Einblick in das isländische Alltagsleben im 19. Jh.

Aktivitäten

Vom Stadtzentrum bis zum Flughafen führt ein Uferweg am Fjord entlang. Im Winter ziehen die Pisten Skifahrer an, während Sommerbesucher zwischen Wandern, Golfen und isländischer Badekultur wählen können. Akureyri ist darüber hinaus die Drehscheibe für geführte Touren und verschiedenste Aktivitäten in ganz Nordisland.

Sundlaug Akureyrar SCHWIMMEN
(☎461 4455; www.visitakureyri.is; Þingvallastræti 21; Erw./Kind 950/250 ISK; ⊙Mo–Fr 6.45–21, Sa 8–21, So 8–19.30 Uhr; 👪) Akureyris Freibad ist eines der schönsten in Island und Zentrum des gesellschaftlichen Lebens. Es gibt drei kürzlich sanierte beheizte Becken sowie Hot Pots, Wasserrutschen, Saunen und Dampfbäder.

Hlíðarfjall Ski Centre SKIFAHREN
(☎462 2280; www.hlidarfjall.is; Straße 837; Tageskarte Erw./Kind 4900/1400 ISK; 👪) 5 km westlich der Stadt liegt Islands Vorzeigeskigebiet. Das Gebiet hat einen Höhenunterschied von 537 m. Die längste Piste ist durch einen neuen Lift jetzt über 2,6 km lang. Es gibt acht Lifte und 23 Skipisten sowie Loipen für Skilangläufer.

Die Saison dauert normalerweise von November bis Mai. Die besten Bedingungen herrschen im Februar und März, vor allem an Ostern ist hier viel los.

Während der dunklen Winterzeit werden alle Hauptpisten mit Flutlicht bestrahlt.

Neben Ski- und Snowboardverleih gibt es zwei Restaurants und eine Skischule. In der Saison sorgt ein Pendelbus für die Anbindung nach Akureyri. Näheres dazu auf der Website. Infos zu Skipässen gibt's auf www.skiiceland.is.

Kjarnaskógur OUTDOORAKTIVITÄTEN
(👪) Rund 3 km südlich der Stadt liegt der beliebteste „Wald" Islands, der 600 ha große Kjarnaskógur. In dem Naherholungsgebiet gibt es Wander- und Mountainbikewege, Picknick- und Grillstellen sowie Kinderspielplätze. Im Winter ist es ein schönes Revier

für Skilangläufer (mit einer 7 km langen, beleuchteten Loipe). Der Campingplatz Hamrar (S. 315) hat einen direkten Zugang zum Wald.

Ferðafélag Akureyrar WANDERN
(☎462 2720; www.ffa.is; Strandgata 23; ⏲Mai–Aug. Mo–Fr 14–17 Uhr, Sept.–April Mo–Fr 11–13 Uhr) Auskunft über die Wandermöglichkeiten in der Gegend erteilt der Ferðafélag Akureyrar. Auf der sehr nützlichen Website (auf Englisch) sind alle Hütten des Vereins in Nordisland und den Bergen aufgelistet. Dazu kommen Infos zum Askja-Weg und der Terminkalender des Vereins mit geführten Wanderungen und Skitouren, an denen auch Besucher teilnehmen können.

Súlur WANDERN
Eine schöne, aber anspruchsvolle Tageswanderung führt das Glerárdalur hinauf zum Gipfel des Súlur (1213 m). Der Weg beginnt am Súluvegur, der kurz vor der Glerá-Brücke links von der Þingvallastræti abzweigt. Für Hin- und Rückweg sollte man insgesamt mindestens sechs Stunden einplanen.

Geführte Touren

★ **Saga Travel** ABENTEUERTOUR
(☎558 8888; www.sagatravel.is; Fjölnisgata 6a; ⏲Ticketbüro Mo–Fr 8–16, Sa & So bis 14 Uhr) Die Agentur bietet ganzjährig ein umfangreiches Ausflugs- und Aktivitätsprogramm für den gesamten Norden des Landes an. Neben den klassischen Zielen Mývatn (ab 17 900 ISK), Húsavík (zur Walbeobachtung) und Askja im Hochland gibt es auch innovative Thementouren in Bereichen wie Gastronomie, Kunst und Design.

Im Winter umfasst das Angebot z. B. Schneemobilfahren, Schneeschuhwandern und Nordlichttouren. Letztere sind natürlich wetterabhängig; dafür gibt es dabei auch Tipps zum Fotografieren der Lichterscheinungen. Es besteht auch die Möglichkeit, die Route selbst festzulegen. Die Guides sind Einheimische mit einem guten Netzwerk. Die Teilnehmerzahl der Touren ist auf 19 Personen beschränkt (Mindestteilnehmerzahl 2 Pers.).

Traveling Viking ABENTEUERTOUR
(☎896 3569; www.ttv.is; 👪) Anbieter mit haufenweise regionalen Touren im Programm, vom Üblichen (Mývatn, Dettifoss, Húsavík) bis zum eher Ungewöhnlichen wie einem familiengeeigneten Vier-Stunden-Trip mit Fokus auf dem „unsichtbaren Volk“ oder Eisfischen im Winter. Dazu kommen eine *Game-of-Thrones*-Tour durch die Region Mývatn und Kajaktouren.

★ **Skjaldarvík** REITEN, ABENTEUERTOUR
(☎552 5200; www.skjaldarvik.is; Ausritte ab 11 900 ISK, Buggytouren 1/2 Pers. 23 900/38 800 ISK) Von ihrem malerischen Standort am Fjord 6 km nördlich der Stadt aus bietet die Pension Skjaldarvík auch Aktivitäten an: Reitausflüge und wilde Buggytouren. Die Buggys sind so etwas wie aufgemotzte Golfmobile, mit denen man über die Wege im umgebenden Farmland heizen kann (Führerschein erforderlich; Helm und Overall werden gestellt). Davon abgesehen gibt's hier ein erstklassiges Gästehaus (S. 309) nebst Restaurant.

Elding TIERBEOBACHTUNG
(☎519 5000; www.elding.is; Hafen von Akureyri; 3-Std.-Tour Erw./Kind 10 990/5495 ISK) Von einer Niederlassung hinter dem Kulturzentrum Hof am Hafen aus veranstaltet der Reykjavíker Anbieter Elding ganzjährig eine dreistündige Walbeobachtungstour sowie von April bis September „Expresstouren“ mit einem Festrumpfschlauchboot (20 000 ISK pro Pers.; nicht für Kinder unter zehn Jahren). Im Winter wird außerdem eine Polarlichttour angeboten.

Ambassador WALBEOBACHTUNG, BOOTSTOUR
(☎462 6800; www.ambassador.is; Anleger Torfunefsbryggja; 3-Std.-Tour Erw./Kind 10 990/5495 ISK) Ambassador organisiert eine wachsende Zahl von Ausflügen im Eyjafjörður, von dreistündigen Walbeobachtungstouren bis zu Rundfahrten mit rasanten Festrumpfschlauchbooten (2 Std., Erw. 19 990 ISK). Im Programm sind auch winterliche Nordlichtfahrten, allerdings ohne Nordlichtgarantie.

Circle Air RUNDFLUG
(☎588 4000; www.circleair.is) Das Unternehmen bietet Sightseeing-Rundflüge vom Flughafen Akureyri aus. Die Preise fürs „Flightseeing“ beginnen bei 42 000 ISK für einen 1½-stündigen Rundflug über den Dettifoss und den Mývatn. Andere Touren steuern das Hochland (52 000 ISK) an oder landen zu einem einstündigen Aufenthalt auf Grímsey (54 000 ISK).

SBA-Norðurleið BUSTOUR
(☎550 0700; www.sba.is; Hjalteyrargata 10) Der Bustourveranstalter bietet eine Reihe von Sightseeingtouren in Nordisland an, u. a. zu beliebten Zielen wie Mývatn, Dettifoss, Ásbyrgi und Húsavík.

Festivals & Events

Auf der Kalenderseite der Website www.visitakureyri.is sind alle möglichen Veranstaltungen aufgelistet.

Iceland Winter Games SPORT
(www.icelandwintergames.com; ⌚März) Im März dreht sich in Islands Wintersport-Hauptstadt alles um Aktivitäten im Schnee, wie die internationalen Freeski- und Snowboard-Wettbewerbe.

Summer Art Festival KULTUR
(Listasumar; www.listasumar.is; ⌚Mitte Juli–Aug.) Von Mitte Juli bis in den August huldigt Akureyri sechs Wochen lang den Künsten mit Ausstellungen, Veranstaltungen und Konzerten.

Stadtfest KULTUR
(⌚Aug.) Akureyris größtes Sommerfest feiert am letzten Wochenende im August mit Konzerten, Ausstellungen und Events den Geburtstag der Stadt.

UNTERKÜNFTE IN AKUREYRI

- In Akureyri wird's im Sommer voll – vorausbuchen!
- Im Umland der Stadt liegen viele Höfe, die attraktive Übernachtungsmöglichkeiten anbieten, allerdings meist nur mit eigenem Pkw erreichbar sind. Näheres steht auf der Website von Hey Iceland (www.heyiceland.is).
- Die meisten Unterkünfte sind ganzjährig geöffnet (an Winterwochenenden sind die Betten wegen des Skibetriebs besonders knapp).
- Die Website der Touristeninformation (S. 322) führt fast alle Unterkünfte der Gegend auf.
- Die aktuellen Preise und Nebensaison-Rabatte sind den Websites der Unterkünfte zu entnehmen.

Schlafen

Akureyri Backpackers HOSTEL €
(☎571 9050; www.akureyribackpackers.com; Hafnarstræti 98; B ab 4900 ISK, DZ ohne Bad 14 300 ISK; 📶) Neben der Toplage im Zentrum machen gechillte Vibes und eine beliebte Bar Laune. Die Zimmer verteilen sich auf drei Stockwerke. Die Einzel- und Doppelzimmer liegen ganz oben, die übrigen Räumen haben je vier bis acht Schlafplätze. Kleiner Punktabzug: Es gibt zwar auf jeder Etage Toiletten und Waschbecken, aber die Duschen liegen (zusammen mit einer kostenlosen Sauna) alle im Untergeschoss. Das Haus hat eine kleine Küche und eine Waschküche. Frühstück kostet 1215 ISK.

Campingplatz Hamrar CAMPINGPLATZ €
(☎461 2264; www.hamrar.is; Stellplatz 1500 ISK pro Pers.; ⌚Mitte Mai–Ende Sept.) Das riesige Gelände 1,5 km südlich der Stadt im lauschig grünen Kjarnaskógur bietet neuere sanitäre Einrichtungen als der städtische Campingplatz und Aussicht auf die Berge. Außerdem gibt es hier eine Art Hostelgebäude mit den billigsten Betten der Stadt: Matratzen im Dachgeschoss für 2000 ISK.

HI-Hostel Akureyri HOSTEL €
(Stórholt; ☎462 3657; www.hostel.is; Stórholt 1; B 5400 ISK, DZ mit/ohne Bad 20 350/14 600 ISK; @📶) Das freundliche, gut geführte Hostel liegt 15 Gehminuten nördlich vom Zentrum und hat im Haupthaus zwei Gästeküchen und eine TV-Lounge (die Zimmer haben auch alle TV), außerdem eine Grillterrasse und zwei Hütten mit je acht Schlafplätzen. Der Besitzer versorgt seine Gäste gern mit Tipps und Infos, beharrt aber streng auf der Eincheckzeit (ab 15 Uhr). HI-Mitglieder bekommen 10 % Ermäßigung.

Städtischer Campingplatz CAMPINGPLATZ €
(☎462 3379; www.hamrar.is; Þórunnarstræti 23; Stellplatz 1500 ISK pro Erw.; ⌚Anfang Juni–Mitte Sept.) Der zentral gelegene Campingplatz verdankt seine Beliebtheit dem Standort, nicht seinem Charme. Er hat eine Waschmaschine, einen kleinen Essbereich und Duschen (500 ISK). Autos sind (außer zum Be- und Entladen) auf dem Gelände nicht erlaubt (Wohnmobile ausgenommen). Achtung: Es gibt keine Küche! Gewissermaßen als Entschädigung liegt der Platz gleich neben einem Schwimmbad (S. 313) und einem Supermarkt.

★ **Icelandair Hotel Akureyri** HOTEL €€
(☎518 1000; www.icelandairhotels.com; Þingvallastræti 23; DZ ab 22 100 ISK; @📶) Bei der in Weiß und Karamell gehaltenen Einrichtung dieses Top-Hotels haben isländische Künstler und Designer Hand angelegt. Die Zimmer sind kompakt, aber gut geschnitten. Zu den besonderen Extras gehören eine Terrasse, ein gutes hauseigenes Restaurant und

eine Lounge (S. 319), die nachmittags einen *high tea* und zur Happy Hour am frühen Abend Cocktails serviert.

Guesthouse Hvítahúsið PENSION €€
(☎869 9890; www.guesthousenorth.is; Gilsbakkavegur 13; DZ ohne Bad ab 16 400 ISK; 📶) In einem höher gelegenen Wohngebiet, das hinter der Kaupvangsstræti liegt, besticht das „Weiße Haus" mit der persönlichen, stilvollen Note der Inhaberin Guðrún. Es gibt fünf Gästezimmer und eine Küche mit Tee und Kaffee zur kostenlosen Selbstbedienung (Hinweis: Es wird kein Frühstück gereicht). Am nettesten sind die Zimmer unterm Dach – eins davon sogar mit Balkon.

Hrafninn PENSION €€
(☎462 5600; www.hrafninn.is; Brekkugata 4; EZ/DZ ab 20 000/24 700 ISK; 📶) Das zentral gelegene „Rabe", das sich selbst als „Boutiquehotel" anpreist, wirkt wie ein elegantes Landhaus, aber kein bisschen hochnäsig oder gar steif. Die Zimmer auf drei Etagen haben allesamt Bad und TV; die Gemeinschaftsbereiche sind mit interessanter Kunst ausgestattet. Es gibt eine kleine Gemeinschaftsküche; Frühstück wird nicht serviert.

Hótel Íbúðir APARTMENTS €€
(☎892 9838; Geislagata 10; Studio 21 500 ISK, Apt. 19 400–37 600 ISK; 📶👪) Das Íbúðir bietet sechs ziemlich luxuriöse Apartments unterschiedlicher Größe – im größten können acht Gäste nächtigen. In zentraler Lage und mit Balkonen mit Ausblick auf die Stadt sind sie eine gute Wahl für Familien und Gruppen.

Hótel Akureyri HOTEL €€
(☎462 5600; www.hotelakureyri.is; Hafnarstræti 67; DZ mit Frühstück ab 19 200 ISK; 📶) Das Hotel im Boutiquestil hat kompakte, gut ausgestattete Zimmer und wird von einer freundlichen, entgegenkommenden Familie geführt. Die vorderen Zimmer blicken aufs Wasser, die hinteren auf üppiges Grün. Fjordblick kostet extra, ist es aber auch wert.

Gula Villan PENSION €€
(☎896 8464; www.gulavillan.is; Brekkugata 8; EZ/DZ/4BZ ohne Bad ab 12 100/17 400/26 290 ISK; 📶👪) Die hellen, gepflegten Zimmer in der freundlichen gelb-weißen-Villa in zentraler Lage werden zu sehr vernünftigen Preisen vermietet. Es gibt noch ein zweites Gebäude, Gula Villan II. Beide Häuser verfügen über Gästeküchen und servieren Frühstück (2000 ISK). Mit eigenem Schlafsack ist die Übernachtung billiger.

Hótel Edda HOTEL €€
(☎444 4900; www.hoteledda.is; Eingang in der Þórunnarstræti 14; DZ mit/ohne Bad ab 16 575/9775 ISK; ⏲Mitte Juni–Mitte Aug.; @📶) Mit über 200 Zimmern ist diese riesige Sommerunterkunft im örtlichen Internat alles andere als individuell. Der neuere Flügel mit hellen, gut eingerichteten Zimmern (Bad, TV) wurde sehr modern gestaltet. Im alten Flügel müssen sich die Gäste in den angestaubten Zimmern die Bäder teilen, bezahlen aber auch erheblich weniger. Die gemeinsamen Lounge-Bereiche sind sehr schön. Das Schwimmbad (S. 313) und der botanische Garten (S. 310) liegen nur ein paar Gehminuten entfernt.

★ **Sæluhús** APARTMENTS €€€
(☎412 0800; www.saeluhus.is; Sunnutröð; Studios/Häuser ab 26 750/32 250 ISK; 📶👪) Das tolle Minidorf aus modernen Studios und Ferienhäusern ist perfekt für alle, die ein paar Tage ausspannen wollen. Die Häuser sind wahrscheinlich besser ausgestattet als die eigene Wohnung zu Hause: drei Schlafzimmer (insgesamt sieben Schlafplätze), Küche, Waschmaschine, Veranda mit Whirlpool und Grill. Die kleineren Studios sind ideal für Paare – mit Küche, Zugang zu einer Waschküche (einige auch mit Whirlpool; der kostet jedoch extra).

Hótel Kea HOTEL €€€
(☎460 2000; www.keahotels.is; Hafnarstræti 87–89; DZ mit Frühstück ab 34 500 ISK; @📶) Akureyris größtes ganzjährig geöffnetes Hotel (104 Zimmer) ist bei Reisegruppen sehr beliebt. Die schicken Zimmer im Business-Stil mit Minibar und Wasserkocher haben wenig Isländisches, manche dafür aber einen Balkon mit schönem Blick auf den Fjord. Das Hotel liegt superzentral und das schicke Restaurant Múlaberg dient gleichzeitig als gemütliche Lounge.

Essen

Es gibt in Akureyri eine erstaunliche Vielfalt an Esslokalen, die auch fleißig besucht werden – im Sommer ist es ratsam zum Abendessen Reservierungen. Zahlreiche Fast-Food-Restaurants drängen sich an der Ostseite des Ráðhústorg.

Kaffi Ilmur CAFÉ €
(☎571 6444; www.kaffiilmur.com; Hafnarstræti 107b; Gerichte 1500–2500 ISK, Mittagsbüffet 2400 ISK; ⏲8–23, Fr–So bis 19 Uhr) In einem zauberhaften alten buttergelben Gebäude, in dem sich einst eine Sattlerei befand, kre-

ABSTECHER

HRÍSEY

Das friedliche, relativ flache Hrísey hat 151 Einwohner und ist nach Heimaey Islands zweitgrößte der Küste vorgelagerte Insel. Vom Festland leicht zu erreichen, liegt sie vor einem spektakulären Panorama mitten im Eyjafjörður und ist als Brutstätte und Schutzgebiet für Schneehühner bekannt. Außerdem ist hier eine riesige Küstenseeschwalbenkolonie zu Hause. Auf den Dorfstraßen tummeln sich zahme Schneehühner. Drei markierte Naturpfade schlängeln sich durch den südöstlichen Teil der Insel und passieren diverse gute Aussichtspunkte.

Eine kleine **Touristeninformation** (☎695 0077; www.hrisey.is; Norðurvegur 3; ⌚Juni–Aug. 13–17 Uhr) befindet sich im Hús Hákarla-Jörundur, einem kleinen Museum zum Haifischfang (Eintritt 500 ISK), das neben der Kirche des hübschen Dorfes bei der Anlegestelle liegt. Informationen bieten die hier und in Akureyri erhältliche Broschüre über Hrísey sowie die Website www.hrisey.is.

Um die Insel gemütlich zu erforschen, genügt ein halber Tag. Wer tiefer in das Inselleben eindringen will, gönnt sich eine Übernachtung. Auf der Website www.visithrisey.is sind einige Ferienhäuser auf der Insel aufgeführt.

Es gibt einen schlichten **Campingplatz** (☎461 2255; Austurvegur; Stellplatz 1500 ISK pro Pers.; ⌚Juni–Aug.); seine Rezeption und die Sanitäranlagen befinden sich in dem modernen Schwimmbadkomplex. Wie eine gemütliche Wohngemeinschaft wirkt das **Wave Guesthouse** (☎695 2277; www.waveguesthouse.is; Austurvegur 9; DZ ohne Bad 12 400 ISK; 📶), das drei Doppelzimmer und ein Zimmer mit zwei Einzelbetten vermietet. Alle Gäste teilen sich eine Küche, die Lounge und das Badezimmer. Das **Verbúðin 66** (☎467 1166; www.facebook.com/verbudin66; Sjávargata 2; Mahlzeiten 2000–3600 ISK; ⌚Juni–Aug. 11–22 Uhr) ist ein anheimelndes kleines Lokal in der Nähe des Fähranlegers. Auf der übersichtlichen Mittagskarte stehen Suppe und Sandwiches, Burger und der Tagesfang. Das sehr nette, klitzekleine Café **Eyjakaffi** (☎864 5901; www.facebook.com/pg/Eyjakaffi.Brynjolfshus; Austurvegur 12; ⌚Juli & Aug. 12–19 Uhr) in der Küche und im Wohnzimmer eines Wohnhauses ist nur im Hochsommer geöffnet. Es bietet Suppe, Kaffee und Wein sowie ausgezeichneten selbstgebackenen Kuchen. Selbstversorger können sich beim Dorfladen **Hríseyjarbúðin** (Norðurvegur 7; ⌚Mo–Fr 11.30–18, Sa & So 13–16 Uhr) eindecken.

Die Personenfähre **Sævar** (☎695 5544; www.hrisey.is) pendelt ganzjährig mindestens siebenmal täglich zwischen Árskógssandur und Hrísey (15 Min., Erw./Kind 1500/750 ISK). Bus 78 aus Akureyri fährt nicht bis nach Árskógssandur hinein, sondern hält ungefähr 1 km vom Fährhafen entfernt. Die Sæfari-Fähre (S. 321) fährt ein- oder zweimal pro Woche nach Dalvík (30 Min., Erw./Kind 1500 ISK/frei).

denzt das freundliche Café ein appetitliches Angebot an Frühstücks- und Mittagsspeisen sowie ein umfangreiches Mittagsbüffet. Die Küche schließt um 15.30 Uhr, dann gibt's noch Kuchen, Snacks und Getränke.

Berlin CAFÉ €
(☎772 5061; www.facebook.com/berlinakureyri; Skipagata 4; Frühstück 800–1700 ISK; ⌚8–18 Uhr; 📶✎) Ganztägiges Frühstück gefällig? Hallo, Berlin! Wer eine ordentliche Portion Eier mit Speck oder Avocado auf Toast braucht, wird in diesem gemütlichen, holzgetäfelten Café fündig. Obendrein ist der Kaffee ausgezeichnet und bei Bedarf werden Waffeln mit Karamellsauce dazu gereicht. Ab 11.30 Uhr kommen auch Mittagsgerichte wie Dhal (Linsencurry) mit Gemüse oder Chicken Wings auf den Tisch.

Blaá Kannan CAFÉ €
(☎461 4600; www.facebook.com/blaakannan; Hafnarstræti 96; Mittagsbüffet 1800 ISK; ⌚9–22.30, Sa & So ab 10 Uhr) Leutegucken ist das Hauptargument für eine Pause in der „blauen Teekanne" (die in einem dunkelblau gestrichenen Gebäude namens Café Paris untergebracht ist) mitten im Zentrum. Auf der Karte stehen Panini und Bagels, die Kuchentheke steht voller süßer Sünden. Auch Nachtschwärmer genießen hier gern einen spätabendlichen Kaffee oder Wein.

Café Laut CAFÉ €
(☎461 4601; www.facebook.com/cafelaut; Eyrarlandsvegur 30; Gerichte 1000–2600 ISK; ⌚Juni–Sept. 10–22 Uhr) Ein Designer-Café im botanischen Garten (S. 310) – kann es überhaupt noch etwas Schöneres geben? Das Café hat

TAUCHEN IM EYJAFJÖRÐUR

Wenn es um Sporttauchen geht, denkt man in der Regel an sonnige Strände und bunte Tropenfische. Deshalb mag es manch einen überraschen, dass einige der aufregendsten Tauchplätze der Welt im eisigen Wasser Islands zu finden sind. Die meisten Taucher zieht es in die kristallklare Silfra bei Þingvellir im Süden, aber die echte Herausforderung wartet unter den Wellen des Eyjafjörður: der **Strýtan**.

Der Geothermalschlot Strýtan ist ein gigantischer Kegel (55 m), der sich vom Meeresboden erhebt und ständig heißes Wasser ausspeit. Er besteht aus Magnesiumsilikat-Ablagerungen und ist an diesem Ort ein extrem ungewöhnliches Naturphänomen. Die einzigen Gebilde, die mit ihm vergleichbar sind, wurden bisher in einer Tiefe von 2000 m und mehr entdeckt. Strýtans Spitze liegt dagegen nur 15 m unter der Wasseroberfläche.

Außer dem Strýtan gibt es ein paar kleinere und weniger spektakuläre Vulkankegel auf der anderen Seite des Eyjafjörður. Das Alter des Wassers, das aus den Hydrothermalquellen der **Arnanesstrýtur** blubbert, wird auf 11 000 Jahre geschätzt. Das kochende Wasser ist komplett salzfrei, sodass man es mit einer Thermoskanne auffangen und nach der Rückkehr an die Wasseroberfläche damit eine heiße Schokolade zubereiten könnte.

Auch das Tauchen rund um die Insel Grímsey (S. 320) ist ein Erlebnis, das in Erinnerung bleibt. Das Wasser ist erstaunlich klar, aber die Hauptattraktion sind – die Vögel. Unmengen von Lummen tauchen bei der Jagd nach Essbarem tief ins Wasser ein. Mit Vögeln zu schwimmen ist schon etwas merkwürdig. Bei guter Sicht ist es ein bisschen wie Fliegen!

Wer diese und weitere kuriose Unterwasserattraktionen im Norden (u. a. Spalten und Thermalflüsse) erkunden möchte, sollte sich mit Erlendur Bogason in Verbindung setzen. Er betreibt das **Strytan Dive Center** (☎862 2949; www.strytan.is; Hjalteyri; 2 geführte Tauchgänge 40 000 ISK) in Hjalteyri, ungefähr 20 km nördlich von Akureyri. Erlendur entdeckte den Strýtan 1997 und ist heute offiziell für seinen Schutz zuständig. Auf der Website ist aufgeführt, welche Vorkenntnisse Taucher mitbringen müssen. An manchen Stellen kann man übrigens auch im Trockenanzug schnorcheln gehen.

wunderbare Panoramafenster, guten Kaffee, eine große Sonnenterrasse und ein Mittagsbüffet mit Suppe und Brot (1590 ISK) sowie Bagels, Salate und Panini.

Brynja EISCREME €
(www.facebook.com/Brynjuis; Aðalstræti 3; Eiscreme ab 500 ISK; ⌚10–23.30 Uhr; 👪) Ganz Island ist sich einig: Die legendäre Eisdiele ist eine der besten auf der Insel, obwohl sie ihre kalten Köstlichkeiten aus Milch, nicht aus Sahne zusammenrührt. Sie liegt 500 m bergab vom botanischen Garten (S. 310).

Serrano FAST FOOD €
(www.serrano.is; Ráðhústorg 7; Mahlzeiten 1500–1800 ISK; ⌚11–21, So ab 12 Uhr) Wer es eilig hat, es aber gerne etwas frischer hätte als in den N1-Grill-Bars, ist im Serrano richtig. Die auf Bestellung zubereiteten Burritos sind eine Wucht, aber auch Tacos und Quesadillas sind lecker – und zum Grasen gibt's Salate.

★ **Strikið** INTERNATIONAL €€
(☎462 7100; www.strikid.is; Skipagata 14; Hauptgerichte mittags 2000–3200 ISK, abends 4000–5500 ISK; ⌚11.30–22 Uhr) Riesige Fenster mit Fjordblick verleihen diesem Restaurant im 5. Stock das gewisse Etwas und die coolen Cocktails tun das Ihre dazu. Auf der Karte stehen vor allem Gerichte aus erstklassigen isländischen Zutaten (Rentierburger, superfrisches Sushi, Lammschulter, Hummersuppe). Die Crème brûlée bildet den krönenden Abschluss des Mahls. Das viergängige Menü des Hauses kostet 9000 ISK. Reservieren!

Örkin hans Nóa FISCH & MEERESFRÜCHTE €€
(☎461 2100; www.noa.is; Hafnarstræti 22; Hauptgerichte 3800–7400 ISK; ⌚16–21 Uhr) Die „Arche Noah" ist Kunstgalerie, Möbelladen und Restaurant in einem und wirklich einzigartig. Das liegt am einfachen, aber erfolgreichen Konzept: frischer Fisch, kurz gebraten und mit Gemüsebeilage in der Pfanne an den Tisch gebracht. Klassisch, einfach, gut. Für Gäste, die keine Fischfans sind, gibt es leckere Gerichte mit Rindfleisch oder Lamm. Reservierung ist ratsam.

Akureyri Fish Restaurant FISH & CHIPS €€
(☎414 6050; www.facebook.com/pg/Akureyri-fish-and-chips; Skipagata 12; Hauptgerichte 1500–2500 ISK; ⌚11.30–22 Uhr; 📶) Auf der Kreidetafel in dem zwanglosen, betriebsamen Lokal

steht eine kurze Auswahl fischiger Gaumenfreuden. Der Bestseller ist natürlich Fish and Chips; Alternativen sind im Ofen gebackener Lachs, panierter Kabeljau, Fischsuppe, Fischburger, Muscheln (saisonal) oder *plokkfiskur* (eine schmackhafte isländische Spezialität aus Fisch und Kartoffeln in sahniger Sauce, mit Roggenbrot serviert). Nachgespült wird mit leckeren isländischen Bieren.

Icelandair Hotel Akureyri SÜSSSPEISEN €€
(www.icelandairhotels.com; Þingvallastræti 23; High Tea 2750 ISK; ⌚High Tea 14–17 Uhr) Kleines Biotief am Nachmittag? Dagegen hilft eine gezielte Hebung des Blutzuckerspiegels beim supergünstigen *high tea* (Nachmittagstee) in der schicken Lounge des Icelandair Hotel (S. 315). Das dreiteilige Entzücken reicht von herzhaft über süß bis noch süßer (Kaffee/Tee inklusive, Champagner auf Wunsch). Schon geht's wieder besser!

Greifinn INTERNATIONAL €€
(☎460 1600; www.greifinn.is; Glerárgata 20; Hauptgerichte 1700–5000 ISK; ⌚11.30–22 Uhr; 👪) Das familienfreundliche Greifinn gehört zu den beliebtesten Ess-Adressen der Stadt und ist *immer* brechend voll. Es konzentriert sich auf klassische Gaumenschmeichler wie Rippchen, Chicken Wings, saftige Burger, Pizza, Pasta, Milchshakes und höllisch gute Eiscreme zum Dessert. Auch zum Mitnehmen.

Indian Curry House INDISCH €€
(☎461 4242; www.facebook.com/IndianCurryHut Akureyri; Ráðhústorg 3; Gerichte 1900–2500 ISK; ⌚Di–Fr 11.30–13.30 & 17.30–21, Sa & So 17.30–21 Uhr) An kühlen Abenden kann man sich mit den feurigen Currygerichten dieses familiengeführten Restaurants ganz hübsch aufwärmen.

Rub23 INTERNATIONAL €€€
(☎462 2223; www.rub23.is; Kaupvangsstræti 6; Hauptgerichte mittags 2600–3200 ISK, abends 5000–5900 ISK; ⌚Mo–Fr 11.30–14 & 17.30–22, Sa & So 17.30–22 Uhr) Das schicke Restaurant mit Schwerpunkt auf Fisch und Meeresfrüchten hat deutlich japanisches Flair, wirbt aber auch mit seinen speziellen „Rub"-Gewürzmischungen und -Marinaden (z. B. Mango-Chili oder Zitrus-Rosmarin). Am Abend steht eine verwirrende Auswahl von Menüs zur Wahl (darunter ein Sushi-Menü und Degustationsmenüs) – nur gut, dass hier alles hervorragend schmeckt. Reservierung ist ratsam.

Selbstversorger

Nettó SUPERMARKT €
(Glerárgata; ⌚10–19 Uhr) Im Einkaufszentrum Glerártorg.

Bónus SUPERMARKT €
(Langholt 1; ⌚Mo–Do 11–18.30, Fr 10–19.30, Sa 10–18, So 12–18 Uhr) Discounter.

Krambúð SUPERMARKT €
(www.samkaup.is; Byggðavegur 98; ⌚8–22.30, Sa & So ab 9 Uhr) Nicht weit vom Campingplatz (S. 315) westlich vom Stadtzentrum.

Ausgehen & Nachtleben

Beim abendlichen Bummel über die Hafnarstræti kommt man an einigen netten Kneipen vorbei und kann sich umschauen, wo etwas los ist.

★**Ölstofa Akureyrar** BAR
(☎663 8886; www.facebook.com/olstofak; Kaupvangsstræti 23; ⌚Mo–Do 18–1, Fr & Sa bis 3, So bis 22 Uhr) Die gesellige Kneipe ist die beste Adresse in der Stadt für (isländische) Biere vom Fass und hat sich kürzlich mit der beliebten hiesigen Brauerei Einstök zusammengetan und die Möglichkeit geschaffen, in einer Bierbrauerlounge (www.brewerslounge.is) deren köstlichen Erzeugnisse zu probieren.

Akureyri Backpackers BAR
(☎571 9050; www.akureyribackpackers.com; Hafnarstræti 98; ⌚Rezeption So–Do 7.30–23, Fr & Sa bis 1 Uhr) Die holzgetäfelte Bar bei Akureyri Backpackers (S. 315) ist Mittelpunkt des Geschehens an der Hauptstraße. Sie ist bei Reisenden und Einheimischen gleichermaßen beliebt und die Stimmung ist immer gut. Kein Wunder: Neben günstigen Burgern (und Brunch am Wochenende) gibt es hin und wieder Livemusik und vor allem eine riesige Bierauswahl. Ein guter Ort, um die regionalen Mikrobiere Kaldi und Einstök zu kennenzulernen.

Götubarinn BAR
(☎462 4747; www.facebook.com/gotubarinn; Hafnarstræti 96; ⌚Di 13.30–21, Do 17–1, Fr & Sa 17–3 Uhr) Die zentral gelegene „Straßenbar" ist der Liebling der Einheimischen und verströmt erstaunlich viel Gemütlichkeit und Charme für ein Lokal, das erst so spät schließt. Die Einrichtung besteht aus Holz, Spiegeln, Sofas und im Untergeschoss steht sogar ein Klavier, an das sich Gäste setzen können, die zu fortgeschrittener Stunde musikalische Anwandlungen bekommen.

GRÍMSEY

Die abgelegene Insel Grímsey, die als einziger Teil Islands den Polarkreis berührt, ist 40 km vom Festland entfernt. Auf diesem einsamen Fleckchen Erde sind die Vögel deutlich in der Überzahl, auf 10 000 von ihnen kommt ein menschlicher Inselbewohner. Die Insel ist winzig (5 km^2), empfängt Besucher aber mit großer Herzlichkeit.

Die malerische Steilküste und spektakuläre Basaltformationen bieten Dutzenden von Seevogelarten eine Heimat, u. a. zahllosen Papageitauchern und den kamikazeartig veranlagten Küstenseeschwalben. Es heißt, die Rollbahn am Flughafen müsse jedes Mal ein paar Minuten vor der Landung eines Flugzeugs von Küstenseeschwalben befreit werden.

Man kann mit den Vögeln gemeinsam tauchen oder schnorcheln – Papageitaucher und Trottellummen tauchen auf ihrer Suche nach Nahrung tief ins Meer; angeboten werden solchen Touren von Arctic Trip. Einige Hinweise für Vogelfreunde: Nach Anfang August gibt es keine Papageitaucher-Garantie – die Vögel sind am besten von Mai bis Juli zu beobachten. Die Küstenseeschwalben (Mai–Sept.) werden im Juli, wenn ihre Küken allmählich flügge werden, ziemlich aggressiv. Und noch eine Warnung: Oben auf der Steilküste *immer aufpassen*, wo man hintritt! Die Touristeninformation von Akureyri bietet Infos für Vogelkundler; außerdem gibt's Infos auf www.grimsey.is oder man fragt im Inselladen nach.

Der nördliche Polarkreis

Für viele verdankt Grímsey seinen Reiz seiner geografischen Lage: Die Touristen kommen in Scharen nach Grímsey, um ihr „I visited the Arctic Circle"-Zertifikat zu kassieren, aber auch, um die windumtoste Landschaft zu bewundern. Zwar ist der nördliche Polarkreis auf Landkarten fest bei 66,5 ° nördlicher Breite eingetragen, doch in Wahrheit ändert sich seine Lage durch die Veränderung der Achsenneigung der Erde in 40 000 Jahre um 2,4 °. Seit 2017 markiert eine 7980 kg schwere Betonkugel den Polarkreis auf der Insel – derzeit liegt sie etwa 45 Minuten zu Fuß nördlich des Flugfelds. Wer nicht zum Polarkreis joggen möchte, kommt also besser mit dem Boot oder übernachtet sogar hier, dann hat man auf der Insel länger Zeit.

Schlafen & Essen

Besucher, die das Polarkreisflair und die frische Luft der Insel intensiver genießen möchten, haben zwei Pensionen zur Auswahl sowie einen kleinen **Campingplatz** (800 ISK pro Pers.) beim Gemeindezentrum mit sehr einfacher Ausstattung – im Dorfladen nachfragen!

Básar (☎467 3103; www.gistiheimilidbasar.is; EZ/DZ ohne Bad mit Frühstück 14 900/19 200 ISK; 📶) Das heimelige Gästehaus liegt direkt am Flugplatz und bietet friedvolle Ausblicke auf die Felsen und das weite Meer. Auch eine Übernachtung mit Schlafsack ist möglich und es gibt eine Gästeküche und einen Loungebereich.

Gullsól (☎467 3190; www.gullsol.is; EZ/DZ ohne Bad ab 7500/13 000 ISK; 📶) Hier führt eine Treppe mit Falltür zu ein paar winzigen Zimmerchen über dem Souvenirshop der Insel, der

Vínbúðin ALKOHOLISCHE GETRÄNKE
(☎462 1655; www.vinbudin.is; Hólabraut 16; ⌚Mo–Do & Sa 11–18, Fr bis 19 Uhr) Staatlicher Alkoholladen.

☆ Unterhaltung

★ **Græni Hatturinn** LIVEMUSIK
(☎461 4646; http://graenihatturinn.is; Hafnarstræti 96) Die kleine Musikbühne versteckt sich in einer Gasse neben dem Blaá Kannan (S. 317), ist aber in Sachen Livemusik eine der besten Adressen der Stadt – ja eine der besten in ganz Island. Wer die Chance hat, ein Ticket zu bekommen: Zugreifen! Lohnt sich immer.

Hof MUSIK, THEATER
(☎450 1000; www.mak.is; Strandgata 12) Das moderne Kulturzentrum steht ganz im Dienste der Musik und der darstellenden Künste. Neben Konferenz- und Ausstellungsräumen gibt es hier auch ein gutes Restaurant (1862 Nordic Bistro). Auch Akureyris Touristeninformation (S. 322) ist im Haus untergebracht und kennt den Veran-

jeweils zu Anlegezeiten der Fähre geöffnet ist und auch Waffeln verkauft. Selbstversorger freuen sich über die gut eingerichtete Gästeküche.

Kríán (☎467 3112; ⏲Mitte Mai–Anfang Sept. 12–21 Uhr, sonst unterschiedliche Öffnungszeiten) Das einzige Restaurant der Insel ist nach der Küstenseeschwalbe benannt, die auf Isländisch *kría* heißt. Das nette Lokal bietet von seiner Terrasse Blick auf den Hafen und hat normalerweise Suppen und Fischgerichte im Angebot.

Búðin (☎898 2058; ⏲tgl.) Der Supermarkt ist klein, aber gut sortiert. Sollte er gerade geschlossen sein, reicht es meist, bei einem Einheimischen nachzufragen, damit er außer der Reihe geöffnet wird – so familiär geht es auf dieser Insel zu! Hier gibt's auch Infos übers Zelten und zum Thermalbad.

An- & Weiterreise

Grímsey ist per Fähre und Flugzeug zu erreichen. In den Sommermonaten werden gewöhnlich auch organisierte Touren zur Insel angeboten.

Flugzeug

Norlandair (www.norlandair.is) fliegt von Akureyri zur Insel (Juni tgl., Juli & Aug. 5-mal wöchentl., Sept.–Mai 3-mal wöchentl.). Auf dem 25-minütigen Flug bietet sich der Eyjafjörður in seiner vollen Länge dar – allein schon ein Erlebnis für sich. Der Ticketverkauf läuft über Air Iceland Connect. Der einfache Flug ist ab etwa 10 300 ISK zu haben. Flüge von Reykjavík nach Akureyri haben eventuell Anschluss an Flüge nach Grímsey. Wenn man auf der Website statt des normalen Flugtickets die „Tagestour" bucht (40 € zusätzl.), ist eine Führung inbegriffen. Zu den Rundfluganbietern, die Flüge mit einem einstündigen Aufenthalt auf der Insel im Programm haben, zählen Mýflug Air (S. 327; 48 000 ISK) am Mývatn und Circle Air (S. 314; 54 000 ISK) in Akureyri.

Schiff/Fähre

Es gibt eine ganzjährige Fährverbindung zwischen Dalvík und Grímsey. Die Fähre **Sæfari** (☎458 8970; www.saefari.is; 3 Std.; Erw./Kind 3500 ISK/frei) startet montags, mittwochs, donnerstags und freitags um 9 Uhr in Dalvík und legt zu unterschiedlichen Zeiten wieder in Grímsey ab. So ergibt sich ein Zeitfenster von zwei bis fünf Stunden auf der Insel. Von Juni bis August gibt's auch sonntags eine Verbindung.

Wer morgens mit der Buslinie 78 von Strætó (S. 469) aus Akureyri anreist, kommt nicht rechtzeitig zur Abfahrt der Fähre in Dalvík an. Wer kein eigenes Fahrzeug hat, muss daher die Nacht vor der Überfahrt in Dalvík verbringen.

Das auf der Insel ansässige Unternehmen **Arctic Trip** (☎848 1696; www.arctictrip.is) bietet ab Dalvík einen Tagesausflug mit der Sæfari-Fähre für 26 000 ISK. Arctic Sea Tours (S. 307) in Dalvík hat eine zehnstündige Tour mit vier Stunden Aufenthalt auf Grímsey – dort finden dann Führungen statt – für 25 200 ISK im Programm. In Húsavík bietet Gentle Giants (S. 338) eine Tagestour per Festrumpfschlauchboot nach Grímsey (72 300 ISK).

staltungskalender, den man aber auch auf der Website einsehen kann.

Shoppen

Diverse Läden in der Hafnarstræti verkaufen traditionelle Islandpullover *(lopapeysur)*, Bücher, Krimskrams und Souvenirs. Darauf achten, dass die Strickwaren auch wirklich aus Island stammen (einiges kommt inzwischen aus chinesischer Massenproduktion), und nicht vergessen, nach dem Formular für die Mehrwertsteuererstattung zu fragen.

Im Einkaufszentrum Glerártorg (www.glerartorg.is) ungefähr 1 km nördlich vom Stadtzentrum an der Straße 1 gibt es einen großen Nettó-Supermarkt sowie weitere Geschäfte und Dienstleister.

★ **Flora** DESIGN

(☎661 0168; www.facebook.com/flora.akureyri; Hafnarstræti 90; ⏲10–19, So ab 12 Uhr) Das Künstlerkollektiv verkauft kreative Designerstücke und Kunstgewerbe und bemüht sich mit der Verwendung von recycelten Materialien um Nachhaltigkeit.

★ **Geysir** BEKLEIDUNG
(☎519 6040; www.geysir.com; Hafnarstræti 98; ⏰10–18, So 12–17 Uhr) In diesem originellen Laden hätten wir am liebsten alles gekauft, von den Wolldecken über die hipster-schicken *lopapeysur* (Islandpullover) bis zu den alten Islandkarten. Sieht aus, als würde er all die Lumbersexuals einkleiden, die in der Stadt herumlaufen.

Sjoppan DESIGN
(☎864 0710; www.facebook.com/sjoppanvoruhus; Kaupvangsstræti 21; ⏰unterschiedliche Öffnungszeiten) Der süße, winzige Laden hat ein Verkaufsfenster, durch das die coolen Designobjekte und Geschenkartikel übergeben werden (die Kunden müssen klingeln). Er liegt gegenüber vom Kunstmuseum (S. 310). Die Öffnungszeiten variieren, sind aber zusammen mit weiteren Infos der Facebook-Seite des Ladens zu entnehmen.

Eymundsson BÜCHER, SOUVENIRS
(☎540 2180; www.eymundsson.is; Hafnarstræti 91–93; ⏰9–22, Sa & So ab 10 Uhr; 📶) Der erstklassige Buchladen mit Café verkauft Karten, Scrapbooks und internationale Zeitschriften in großer Auswahl. Das Café bietet seinen Gästen WLAN.

Hornið SPORT & FREIZEIT
(☎461 1516; www.utivistogveidi.is; Kaupvangsstræti 4; ⏰Mo–Fr 10–18, Sa bis 16 Uhr) Lange Unterhosen vergessen? Hier kann man sich für Reisen in die Wildnis und für sportliche Aktivitäten eindecken.

Fold-Anna BEKLEIDUNG
(Hafnarstræti 100; ⏰Mo–Fr 9.30–18.30, Sa & So 10–16 Uhr) In diesem Laden für *lopapeysur* (Islandpullover) und ausgewählte Kunstgewerbeartikel strickt das Personal hinter dem Tresen.

ℹ Praktische Informationen

MEDIZINISCHE VERSORGUNG

Akureyri Hospital (☎463 0100; www.sak.is; Eyrarlandsvegur) Direkt südlich vom botanischen Garten.

Apótekarinn (www.apotekarinn.is; Hafnarstræti 95; ⏰Mo–Fr 9–17.30 Uhr) Zentrale Apotheke.

Bereitschaftsärzte (☎1700; ⏰24 Std.) 24-Stunden-Hotline, nur für Notfälle.

Heilsugæslustöðin (Gesundheitszentrum; ☎460 4600; Hafnarstræti 99, 3. OG; ⏰Mo–Fr 8–16 Uhr)

NOTFÄLLE

Polizei (☎464 7700; Þórunnarstræti 138)

TOURISTENINFORMATION

Die freundliche und kompetente **Touristeninformation** (☎450 1050; www.visitakureyri.is; Hof, Strandgata 12; ⏰Juni–Mitte Sept. 8–18.30 Uhr, Mitte Sept.–April Mo–Fr 8–16 Uhr, Mai 8–16 Uhr; 📶) im Kulturzentrum Hof (S. 320) bietet zahlreiche Broschüren und Karten, Internetzugang und einen tollen Designladen. Das Personal kann gute Tipps für Touren und Verkehrsmittel geben.

ℹ An- & Weiterreise

AUTO

Nach Reykjavík ist Akureyri der zweitwichtigste Verkehrsknotenpunkt Islands. Alle großen Mietwagenfirmen sind am Flughafen vertreten. Gegen eine Gebühr sind die meisten mit der Übernahme in Akureyri und der Rückgabe in Reykjavík (oder umgekehrt) einverstanden.

Informationen über Mitfahrgelegenheiten stehen auf der Website www.samferda.is und sind an den Schwarzen Brettern in den Hostels ausgehängt.

BUS

Wegen der sich ständig ändernden Verbindungen, Fahrpläne und Preise ist es immer eine gute Idee, sich entweder auf den Websites der Busunternehmen selbst oder bei den Touristeninformationen zu informieren. Im Winter verkehren weniger Busse.

Akureyri ist der Dreh- und Angelpunkt im Busnetz von Nordisland, das Strætó (S. 469) betreibt. Die Busse fahren von einer **Haltestelle** (Strandgata 12) vor dem Kulturzentrum Hof (S. 320) ab. Im Sommer kommt eine Strecke dazu, die von SBA-Norðurleið befahren wird.

Strætó verkehrt im Allgemeinen ganzjährig:

➔ Bus 56 nach Egilsstaðir (8280 ISK, 3½ Std.) via Mývatn (2760 ISK, 1½ Std.) 1-mal tgl.; im Winter nur 4-mal wöchentl.

➔ Bus 57 nach Reykjavík über die Straße 1 (10 120 ISK, 6½ Std., 2-mal tgl., Sa 1-mal).

➔ Bus 78 Akureyri–Dalvík–Ólafsfjörður–Siglufjörður (2760 ISK, 70 Min., Mo–Fr 3-mal tgl., So 1-mal).

➔ Bus 79 nach Húsavík (2760 ISK, 1½ Std., Mo–Fr 3-mal tgl., Sa 1-mal, So 2-mal).

SBA-Norðurleið (S. 369):

➔ Bus 610a nach Reykjavík über die Kjölur-Route (17 900 ISK, 10½ Std., Juni–Mitte Sept. 1-mal tgl.)

FLUGZEUG

Der **Flughafen Akureyri** (www.isavia.is; Straße 821) liegt 3 km südlich vom Stadtzentrum.

Air Iceland Connect (☎460 7000; www.airicelandconnect.is) Bietet bis zu acht Flugverbindungen täglich zwischen Akureyri und dem Inlandsflughafen von Reykjavík (45 Min.). Manchmal gibt's auch Flüge von Keflavík nach Akureyri, allerdings nur als Anschlussflüge für internationale Verbindungen, was ausländischen Besuchern, die nach Akureyri wollen, den Transfer zum Inlandsflughafen von Reykjavík erspart. Diese Flüge können nur als Teil einer internationalen Flugverbindung von/nach Island mit Icelandair gebucht werden.

Norlandair (www.norlandair.is) Fliegt von Akureyri nach Grímsey (30 Min.) und nach Grönland. An Wochentagen gibt es noch einen Flug nach Vopnafjörður und Þórshöfn in Nordostisland.

ℹ Unterwegs vor Ort

Das Stadtzentrum von Akureyri ist relativ kompakt und leicht zu Fuß zu bewältigen.

AUTO

Akureyri hat ein Parksystem, das in vielen anderen nordeuropäischen Ländern, auch in Deutschland, durchaus verbreitet, in Island jedoch einmalig ist: Wer im Stadtzentrum parkt, stellt auf seiner Parkscheibe die Ankunftszeit ein und deponiert sie gut sichtbar auf dem Armaturenbrett.

Das Parken ist kostenlos, aber an manchen Straßen zeitlich begrenzt. Schilder geben die maximale Parkzeit an (werktags zwischen 10 und 16 Uhr von 15 Minuten bis zu zwei Stunden). Hinweis: „1 kls" bedeutet: 1 Stunde. Wer seinen Wagen länger stehen lässt, riskiert einen Strafzettel. Kostenlose Parkscheiben bekommt man von der Touristeninformationen (S. 322), bei Banken und Tankstellen.

BUS

Kostenlose Stadtbusse verkehren an Werktagen zwischen 7 und 20 Uhr sowie am Wochenende zwischen 13 und 18 Uhr regelmäßig auf sechs Linien. Sie sind an ihrer gelben Farbe zu erkennen. Die Touristeninformation hält Übersichts- und Fahrpläne bereit. Leider fahren keine Busse zum Flughafen.

TAXI

Der Taxistand von **BSO** (☎461 1010; www.bso.is; Strandgata) liegt gegenüber vom Kulturzentrum Hof (S. 320). Taxis können rund um die Uhr bestellt werden. Auf der Website von BSO und auf einer Tafel am Taxistand sind die Tarife für Fahrten zu den Sehenswürdigkeiten in der Nähe aufgelistet.

Südlich von Akureyri

Südlich von Akureyri erstreckt sich das Tal **Eyjafjarðarsveit**, das über die Straßen 821 und 829 zu erreichen ist. Der zugehörige Fluss, die Eyjafjarðará, fließt durch fruchtbares Ackerland mit Postkartenausblick auf die Berge. Im **Kaffi Kú** (☎867 3826; www.kaffiku.is; Straße 829; Gerichte 500–2500 ISK; ⏲10–18, Sa & So ab 12 Uhr; 👪) schmausen die Gäste über einem Hightech-Kuhstall ausgezeichnetes Rindergulasch, Roastbeef-Bagels oder Waffeln mit farmfrischer Sahne – und können dabei zusehen, wie die Kühe Schlange stehen, um sich von einem „Roboter" melken zu lassen. Der **Christmas Garden** (Jólagarðurinn; ☎463 1433; Straße 821; ⏲Juni–Aug. 10–21 Uhr, Sept.–Dez. 14–21 Uhr, Jan.–Mai 14–18 Uhr) füllt ein mehrstöckiges Lebkuchenhaus mit einer ganzen Kollektion äußerst festlicher, handgefertigter Dekoartikel sowie traditionellen isländischen Weihnachtsleckereien.

Östlicher Eyjafjörður

Das Ostufer des Eyjafjörður ist viel ruhiger als das westliche und bietet hin und wieder Gelegenheit zu einer Pause mit bezauberndem Ausblick, z. B. am originellen **Icelandic Folk & Outsider Art Museum** (Safnasafnið; ☎461 4066; www.safnasafnid.is; Straße 1 (Svalbarðsströnd); Erw./Kind 1000 ISK/frei; ⏲Mitte Mai–Sept. 10–17 Uhr) 12 km östlich von Akureyri an der Straße 1.

Weiter nördlich zweigt von der Ringstraße die Straße 83 ab. Sie führt 20 km nach Norden zum schmucken Fischerdörfchen **Grenivík**. Außer der spektakulären Aussicht gibt es hier einen Campingplatz, ein Schwimmbad, ein kleines Schifffahrtsmuseum und einen kleinen Supermarkt mit Restaurant. Unterwegs passiert man die fotogenen Grassodendächer von **Laufás** (☎462 4162; www.minjasafnid.is; Straße 83; Erw./Kind 1500 ISK/frei; ⏲Juni–Aug. 9–17 Uhr) und den renommierten Reiterhof **Pólar Hestar** (☎463 3179; www.polarhestar.is; Straße 83, Grýtubakki II; 1-/2-stündige Ausritte 6000/10 000 ISK).

In und um Grenivík bietet Nollur (www.nollur.is) architektonisch ansprechende Ferienhäuser, die in der Hauptsaison wochenweise vermietet werden (Sept.–Mai Mindestmietdauer 2 Nächte; nur online zu buchen) und neben einer tollen Aussicht allen erdenklichen Komfort bieten (inkl. Hot Pots).

ABSEITS DER ÜBLICHEN PFADE

ALDEYJARFOSS

Der spektakuläre **Aldeyjarfoss** (F26) 41 km südlich vom Goðafoss ist auf jeden Fall einen Abstecher wert. Der Wasserfall speist sich aus dem Fluss Skjálfandafljót, der hier durch eine enge Felspassage in ein tiefes Becken stürzt, dessen Schluchtwände aus faszinierenden Basaltsäulen bestehen.

Von der unbefestigten Straße 842 geht es auf die lange, einsame Sprengisandur-Route (Straße F26; S. 393), die Richtung Süden quer durchs Hochland führt und auf der nur Allradfahrzeuge erlaubt sind. Die letzten 3,5 km zum kleinen Parkplatz am Aldeyjarfoss führen über die F26. Wer nicht mit einem Allradwagen unterwegs ist, kann seinen Pkw an der Auffahrt zur F26 parken und die 3,5 km zu Fuß gehen.

★ Halllandsnes APARTMENTS €€

(☎895 6029; www.halllandsnes.is; Straße 1; Apt. ab 18 900 ISK;) Die hervorragende Anlage an der Straße 1, 6 km östlich von Akureyri, hat ein überraschend mediterranes Flair. Die weiß getünchten Gebäude und der attraktive Außenbereich genießen einen weiten Blick über den Fjord. Drinnen warten ansprechend eingerichtete Apartments in Tipptopp-Zustand, mit hochwertiger Ausstattung und kompletter Küche inklusive Spülmaschine und Wäschetrockner – man möchte gar nicht mehr abreisen. In jedem Apartment haben vier bzw. sechs Personen reichlich Platz.

Hotel Natur HOTEL €€

(☎467 1070; www.hotelnatur.com; Þórisstaðir; EZ/DZ mit Frühstück 20 500/29 400 ISK;) An der Straße 1, rund 15 km östlich von Akureyri, bietet dieser Familienbetrieb nordische Einfachheit mit minimalistisch eingerichteten Zimmern, einem riesigen Speiseraum und atemberaubendem Fjordblick. Die meisten Zimmer liegen im ehemaligen Kuhstall, dem sein Vorleben nicht mehr anzusehen ist. Nett gestaltet sind die Freizeitangebote, wie ein cooler Aussichtsturm, Wanderwege, ein Hot Pot und ein Billardtisch.

Goðafoss

Reisende, die zwischen Akureyri und dem Mývatn auf der Ringstraße unterwegs sind, kommen an dem bekannten Wasserfall Goðafoss vorbei, der die meisten Vorbeifahrenden zu einem Zwischenstopp verlockt.

★ Goðafoss WASSERFALL

(Straße 1) Der Goðafoss (Wasserfall der Götter) schäumt an der Straße 1 (Ringstraße) durch das Lavafeld Bárðardalur. Er ist zwar kleiner und weniger kraftvoll als andere Sturzbäche auf Island, gehört aber garantiert zu den schönsten. Es gibt zwei Parkplätze: einen an der Ringstraße und einen die Straße weiter hinunter neben der Tankstelle. Der Pfad hinter dem Wasserfall führt zu einem weniger überlaufenen Aussichtspunkt.

Der Wasserfall spielt eine Rolle in der isländischen Geschichte. Beim Alþingi (gesetzgebende Versammlung) im Jahr 1000 soll der *lögsögumaður* (Gesetzessprecher) Þorgeir eine Entscheidung über die Religion der Inselbewohner gefällt haben. Er ging 24 Stunden in Klausur und erklärte danach Island zu einer christlichen Nation. Auf dem Heimweg kam er in der Nähe seines Hofs an dem Wasserfall vorbei und warf die heidnischen Götterbilder in die Fluten. So erhielt der Wasserfall seinen Namen.

Schlafen & Essen

Kiðagil PENSION, CAMPINGPLATZ €€

(☎464 3290; www.kidagil.is; Straße 842; Zeltstellplatz 1800 ISK, DZ mit Frühstück mit/ohne Bad 23 200/14 400 ISK; ⊙Anfang Mai–Sept.;) Eine freundliche Familie betreibt die einfache Pension 24 km südlich vom Goðafoss mit sauberen Zimmern und gutem Essen. Es ist die dem nördlichen Zugang zur Sprengisandur-Route am nächsten gelegene Unterkunft. Mit Familienzimmern und Campingplatz.

Fosshóll PENSION €€

(☎464 3108; www.godafoss.is; Straße 1; DZ mit/ohne Bad mit Frühstück 26 000/21 500 ISK; ⊙Mai–Mitte Okt.;) Für diejenigen, auf die Wasserrauschen wie ein Schlaflied wirkt, empfiehlt sich eine (überteuerte) Übernachtung in einem der sonnengelben Zimmer von Fosshóll gleich neben dem Wasserfall. Wer nach Schlafsackunterkünften fragt, kommt billiger weg. Es gibt auch ein Restaurant.

Besucherzentrum CAFETERIA €

(Straße 1; ⊙8–22 Uhr;) Direkt neben dem Goðafoss befindet sich ein Komplex mit Touristeninformation, Gratis-WLAN, einem kleinen Lebensmittelangebot, Souvenirladen, öffentlichen Toiletten, Tankstelle und einer annehmbaren Cafeteria mit einfachen Gerichten wie Suppen, Burgern und Pizza.

An- & Weiterreise

Die Straße zum Goðafoss geht von der Ringstraße knapp östlich von der Abzweigung der Straße 85 nach Húsavík ab. Es gibt hier auch eine N1-Tankstelle.

Die Busse zwischen Akureyri und Mývatn halten hier; dasselbe gilt auch für einen Teil der Busse zwischen Akureyri und Húsavík (andere verkehren über die Straße 85).

MÝVATN & UMGEBUNG

Die schroffe Schönheit der mondartigen Landschaft mit gurgelnden Schlammtöpfen, bizarren Lavaformen, dampfenden Fumarolen und gähnenden Kraterschlünden macht die Gegend rund um den von Vögeln bevölkerten See Mývatn (gesprochen: *mi*-waht) unbestritten zum größten Schmuckstück der Region.

Sein Becken liegt direkt auf dem Mittelatlantischen Rücken, dessen erbarmungslose vulkanische Aktivität eine erstaunliche Landschaft hervorgebracht hat, die in ganz Island konkurrenzlos ist.

Geschichte & Geologie

Vor 10 000 Jahren lag das Mývatn-Becken unter einer dicken Eiskappe. Die Vulkantätigkeit brachte sie zum Schmelzen und ließ auch den darunterliegenden See verschwinden. Durch die Ausbrüche bildeten sich die symmetrischen *móberg*-Hügel (abgeflachte Bergkegel, die durch subglaziale Vulkaneruptionen entstehen) südlich des heutigen Sees. Östlich davon entstanden durch Tephra (Lockerprodukte, die bei Vulkanausbrüchen in die Luft geschleudert werden) die Lúdent-Krater.

Über 6000 Jahre später schuf eine neue, heftige Eruptionsphase den Vulkan Ketildyngja 25 km südöstlich des Mývatn. Seine Lava wälzte sich in Richtung Nordwesten durch das Tal Laxárdalur und erstarrte zu einer Art Damm, hinter dem sich ein neuer, größerer See staute. Nach weiteren rund 1000 Jahren spuckte an derselben Stelle ein erneuter Vulkanausbruch den Hverfjall aus, einen klassischen Tephra-Krater, der die heutige Umgebung des Sees dominiert. Während der darauffolgenden 200 Jahre verlagerte sich die Vulkantätigkeit ans Ostufer und überzog ein weites Gebiet mit zahllosen Kratern. Ihre Magmaauswürfe flossen in beständigen Strömen Richtung Öxarfjörður. Der Lavawall, der sich gegen Ende dieses Eruptionszyklus formierte, bildet das heutige Seeufer.

Zwischen 1724 und 1729 sorgten die Mývatnseldar („Mývatn-Feuer") für Aufsehen: Als Erster meldete sich der Leirhnjúkur nordöstlich des Sees unweit der Krafla. Die bisher letzte Ausbruchsserie der latent aktiven Spalte waren die Kröflueldar („Krafla-Feuer"). Sie begannen 1975 und dauerte neun Jahre.

1974 wurde die Gegend um den Mývatn herum als **Naturschutzgebiet Mývatn-Laxá** ausgewiesen. Der Hverfjall und das Pseudokraterfeld bei Skútustaðir am Südende des Sees gelten als Naturdenkmäler.

Orientierung

Eine 36 km lange, befestigte Straße (am West- und Nordufer Straße 1, am Süd- und Ostufer Straße 848) führt rund um den See. Reykjahlíð am nordöstlichen Zipfel ist der größte Ort und bietet eine Touristeninformation sowie zahlreiche Unterkünfte und Esslokale.

Die meisten Sehenswürdigkeiten liegen an der kurvigen Seestraße, so z. B. die Lavaformationen am östlichen Ufer, die Ansammlung von Pseudokratern im Süden und die von Vögeln bevölkerte Moorebene im Westen.

Im Norden führt die Ringstraße (Straße 1) von Reykjahlíð aus nach Osten weiter über den Pass Námaskarð zum Solfatarenfeld Hverir. Dort zweigt Straße 863 ab und führt weiter Richtung Norden bis zur Krafla (14 km ab Reykjahlíð). Wer auf der Ringstraße weiterfährt, erreicht nach 20 km die Abzweigung der (geteerten) Straße 862 zum Wasserfall Dettifoss.

Wer im eigenen Auto unterwegs ist, kann das Gebiet an einem Tag durchkämmen. Bus- und Fahrradfahrer sollten besser zwei Tage einkalkulieren. Wanderer, die auch abgelegenere Berge und Lavafelder erkunden wollen, brauchen mindestens drei Tage.

Aktivitäten

Tourismus wird in Reykjahlíð großgeschrieben. Besucher ohne eigenes Fahrzeug haben die Wahl zwischen verschiedenen Sightseeingtouren rund um den See (darunter einige ab Akureyri). Im Sommer sind die Touren schnell ausgebucht, deshalb ist es ratsam, spätestens einen Tag vorher zu reservieren.

Zahlreiche Veranstalter bieten Superjeeptouren mit Ziel Askja und Umgebung im Hochland an. Sie finden ab Mitte Juni statt (sobald die Straße geöffnet ist) und können – je nach Wetterverhältnissen – bis Ende September durchgeführt werden. Ab Akureyri ist das ein langer Tagesausflug von ca. 15 Stun-

Mývatn & Krafla

den, ab Reykjahlíð dauert die Tour etwa 12 Stunden. Die Tourveranstalter holen die Teilnehmer am Parkplatz beim Besucherzentrum ab und setzen sie dort auch wieder ab.

Saga Travel (S. 314) bietet ganzjährig eine Vielzahl an fantastischen Touren rund um den Mývatn an, u. a. Sightseeing, Höhlentouren, Vogelbeobachtung und Lavawanderungen (das vollständige Programm steht auf der Website). Bei den Nordlichttouren werden auch Tipps zum Fotografieren gegeben. Oft besteht die Möglichkeit, sich Touren anzuschließen, die von Akureyri oder Reykjahlíð starten.

★ Geo Travel ABENTEUERTOUR

(☎464 4442; www.geotravel.is) Die kleine Firma wird von zwei in der Gegend gut vernetzten Einheimischen geführt, die zum CO_2-Ausgleich für ihre Touren Bäume pflanzen. Sie bieten ein ganzjähriges Programm ausgezeichneter Touren in kleinen Gruppen an, von einer Tour zur Lava- und Eishöhle Lofthellir (17 500 ISK) bis zu Jeepausflügen zur Askja und zum Holuhraun (34 900 ISK), Nordlichttouren (17 500 ISK) und halbstündigen Schneemobilfahrten (14 900 ISK). Außerdem sind sie Spezialisten auf dem Gebiet der Vogelbeobachtung.

Mývatn Activity – Hike&Bike ABENTEUERTOUR

(☎899 4845; www.hikeandbike.is) Hike&Bike hat einen Kiosk neben der Kneipe Gamli Bærinn (S. 329) in Reykjahlíð. Hier können Touren gebucht und Mountainbikes (Erw./Kind 5000/4000 ISK pro Tag) ausgeliehen werden. Das umfangreiche Angebot beinhaltet u. a. eine Tour mit dem Fatbike zur Lava- und Eishöhle Lofthellir (24 900 ISK), eine einstündige Allradtour (22 500 ISK) und eine abendliche Sightseeing-Radtour mit anschließendem Weichspülgang im Naturbad (S. 333; 13 500 ISK, Eintritt inklusive).

Mýflug Air RUNDFLUG
(☎ 464 4400; www.myflug.is; Flughafen Reykjahlíð) Mýflug Air veranstaltet bei geeignetem Wetter täglich Sightseeing-Rundflüge wie z. B. einen 20-Minuten-Flug über den Mývatn und die Krafla (19 000 ISK). Auf der zweistündigen „Supertour" (57 000 ISK) werden auch Dettifoss, Ásbyrgi, Kverkfjöll, Herðubreið und Askja überflogen. Oder man lässt sich nordwärts fliegen zu einem einstündigen Aufenthalt auf Grímsey (48 000 ISK).

Snowdogs HUNDESCHLITTENTOUR
(☎ 847 7199; www.snowdogs.is; abseits der Straße 849; Schlittentour Erw./Kind 30 000/10 000 ISK) Der Hof Heiði liegt ca. 8 km von der Straße 848 entfernt in der einsamen Landschaft südlich des Mývatn (westlich von Skútustaðir die Straße 849 nehmen). Dort bieten Sæmi und seine Familie im Winter Hundeschlittentouren durch die Wildnis an. Die Touren variieren je nach Hundeteam, menschlichen Teilnehmern, Wetter- und Pistenbedingungen, dauern aber in der Regel etwa 45 bis 60 Minuten über eine Strecke von ungefähr 8 km. Im Sommer werden Hundewagenfahrten (19 000 ISK) angeboten. Eine Besichtigung der Hundezwinger (3500 ISK) ist ganzjährig möglich.

Saltvík REITEN
(☎ 847 6515; www.saltvik.is; Straße 848; 2 Std. 9900 ISK) Gleich südlich von Reykjahlíð bietet Saltvík von Juni bis August Sightseeing-Ausritte in die Umgebung des Mývatn an (für jedes Leistungsniveau). Saltvík hat noch einen größeren Reiterhof in Húsavík (S. 339).

Safarí Hestar REITEN
(☎ 464 4203; www.safarihorserental.com; Straße 848, Álftagerði III; 1/2 Std. 7000/11 000 ISK) Die landschaftlich reizvollen Touren starten auf dem Hof Álftagerði III 400 m westlich vom Sel-Hótel (S. 331) am Südufer des Sees und führen am Seeufer und an den Pseudokratern entlang.

SBA-Norðurleið BUSTOUR
(☎ 550 0700; www.sba.is) SBA hat eine Tour von Reykjahlíð (15 300 ISK; Ende Juni–Aug.) zum Dettifoss und zur Ásbyrgi-Schlucht mit Endziel Akureyri sowie weitere Sightseeingtouren im Nordosten im Programm.

Schlafen & Essen

Der Mývatn ist gerade sehr angesagt, sodass das Angebot an Schlafplätzen die Nachfrage kaum decken kann. Auf jeden Fall rechtzeitig reservieren. Die meisten Preise sind stark überzogen: Der Standardpreis für ein normales Hoteldoppelzimmer liegt auf dem Höhepunkt der Sommersaison bei umgerechnet 275 € (und der für Pensionszimmer nicht viel darunter). In der Nebensaison ist es deutlich günstiger. In vielen Pensionen kann man Geld sparen, wenn man seinen eigenen Schlafsack mitbringt.

Die meisten Unterkünfte und Esslokale sind in Reykjahlíð, Vógar und Dimmuborgir am Nordostufer des Mývatn sowie in Skútustaðir am Südufer. Mehrere große Hotels säumen das Seeufer und alle haben Restaurants, eines der besten ist das im Hótel Gígur (S. 331). Wein und Bier werden nur in Restaurants ausgeschenkt. Die nächste Vínbúðin (S. 340) ist in Húsavík.

Eine Spezialität der Gegend ist *hverabrauð*, ein feuchtes, schweres Roggenbrot, das übersetzt oft „Geysir-Brot" genannt wird. Es backt im geothermisch beheizten Erdofen stundenlang vor sich hin.

Praktische Informationen

Besucherzentrum Mývatnsstofa (☎ 464 4390; www.visitmyvatn.is; Hraunvegur 8; ⏲ Juni–Aug. 8.30–18 Uhr, sonst kürzere Öffnungszeiten) Das Besucherzentrum neben dem Supermarkt in Reykjahlíð hält gute Informationen bereit und bietet interessante Präsentationen zur Geologie der Umgebung. Auch die Parkranger erteilen Auskunft über Sehenswürdigkeiten in der Gegend. Die Broschüre *Mývatn* gibt einen recht guten Überblick über die Wanderwege in der Region – auch wenn sie nicht maßstabsgetreu ist.

An- & Weiterreise

Alle Busse halten am Besucherzentrum (s. o.) in Reykjahlíð. Manche Busse halten auch am Sel-Hótel (S. 331) in Skútustaðir.

Strætó (S. 469) (im Winter seltener):
- Bus 56 nach Akureyri (2760 ISK, 1½ Std., 1-mal tgl.).
- Bus 56 nach Egilsstaðir (5980 ISK, 2 Std., 1-mal tgl.).

Reykjavík Excursions (S. 469):
- Bus 14/14a nach Landmannalaugar fährt die Sprengisandur-Route durch das Hochland (16 100 ISK, 10 Std., Juli & Aug. 1-mal wöchentl.).

Unterwegs vor Ort

Es gibt herrliche Wanderwege rund um den Mývatn; allerdings sind nicht alle miteinander verbunden. Ohne eigenes Auto verbringt man sehr viel Zeit zu Fuß auf der Uferstraße.

In Akureyri gibt es die Möglichkeit, Autos zu mieten. Bei angenehmem Wetter ist ein Mountainbike von Hike&Bike (S. 326) eine gute Alternative. Die 36 m rund um den See sind leicht an einem Tag zu schaffen.

Ein Taxi kann man unter ☎893 4389 bestellen (Juni–Aug.).

Reykjahlíð

208 EW.

Reykjahlíð am Nordostufer des Mývatn ist der Hauptort und der beste Ausgangspunkt für Ausflüge rund um den See. Er besteht praktisch nur aus ein paar Pensionen und Hotels, einem Supermarkt, einer Tankstelle und einer Touristeninformation (S. 327).

Sehenswertes

Kirche von Reykjahlíð KIRCHE

(Reykjahlíðarkirkja) Mit dem Ausbruch der Krafla 1727 begann im Leirhnjúkur (S. 334) 11 km nordöstlich von Reykjahlíð eine zweijährige Phase vulkanischer Aktivitäten und sandte Lavaströme entlang alter Gletschermoränen Richtung Seeufer. Am 27. August 1729 schlug der Strom eine Schneise durchs Dorf und zerstörte Höfe und Häuser, doch die Holzkirche blieb auf wundersame Weise verschont, als sich der Strom teilte und die Kirche nur um wenige Meter verfehlte. 1876 wurde sie auf den alten Fundamenten neu errichtet, 1962 noch einmal.

Schlafen

Bjarg CAMPINGPLATZ €

(☎464 4240; ferdabjarg@simnet.is; Straße 1; Stellplatz 2000 ISK pro Pers.; ⏲Mitte Mai–Sept.) Der Campingplatz liegt schräg gegenüber vom Supermarkt wunderschön und ruhig am Seeufer. Im Sommer wird es hier allerdings voll und laut. Es gibt einen Kochbereich – ohne Herd oder Utensilien, also alles selbst mitbringen –, einen Wäscheservice (1200 ISK je Wasch- oder Trockengang), ein Tourenbuchungsbüro und einen Fahrradverleih. Achtung: kein WLAN.

Hlíð CAMPINGPLATZ, PENSION €

(☎464 4103; www.myvatnaccommodation.is; abseits der Straße 1, Hraunbrún; Stellplatz 2000 ISK pro Pers., B 5600 ISK, DZ mit Frühstück 26 000 ISK, 2-Schlafzi.-Hütte 40 000 ISK; @🛜👪) 300 m oberhalb der Kirche von Reykjahlíð hält das umtriebige, gut geführte Hlíð ein breit gefächertes Angebot bereit: Campingplatz, Betten in Schlafsälen, Zimmer mit Küchenbenutzung, einfache sowie aufwendiger eingerichtete Hütten mit sechs Schlafplätzen und Zimmer mit Bad. Dazu gibt es einen Waschsalon, einen Spielplatz und einen Fahrradverleih.

Icelandair Hotel Mývatn HOTEL €€

(☎444 4000; www.icelandairhotels.com; Straße 1; EZ/DZ mit Frühstück ab 20 000/23 800 ISK; @🛜) Die Grande Dame der Hotelszene am Mývatn wurde 2018 von Icelandair übernommen und renoviert und ist jetzt ein fein herausgeputztes Haus mit 50 schicken Zimmern mit moderner Ausstattung und nagelneuen Bädern sowie einer einladenden Bar. Schön sind auch die neun Zimmer im gemütlichen Nebengebäude, dem hübschen **Hótel Reykjahlíð** am Seeufer.

Helluhraun 13 B&B €€

(☎464 4132; www.helluhraun13.blogspot.com; Helluhraun 13; DZ ohne Bad mit Frühstück 19 000 ISK; ⏲Juni–Aug.; 🛜) Der freundliche Gastgeber dieser kleinen, gemütlichen Pension mit Blick auf die Lavafelder heißt Ásdis. Er vermietet nur drei Zimmer und ein Bad, alle hell, makellos sauber und geschmackvoll eingerichtet.

Vógar PENSION, CAMPINGPLATZ €€

(☎464 4399; www.vogahraun.is; Straße 1, Vógar; Stellplatz 1500/500 ISK pro Pers./Zelt, Pension DZ mit/ohne Bad ab 27 700/18 100 ISK; 🛜) 2,5 km südlich von Reykjahlíð haben die Gäste die Wahl: Camping, Hostelunterkünfte in einfachen Containerhütten oder kompakte Zimmer mit oder ohne Bad im neueren Gästehaus. Ein eigener Schlafsack lässt den Preis sinken, ebenso ein längerer Aufenthalt. Alle Zimmergäste dürfen die Küche nutzen. Bei den Zimmern mit Bad ist ein Frühstück im Preis enthalten.

Vogafjós Guesthouse PENSION €€

(☎464 3800; www.vogafjos.net; Straße 1, Vógar; DZ mit Frühstück ab 25 600 ISK; 🛜👪) Die Zimmer in dieser Blockhütte duften nach Kiefer und Zeder und sind dank Fußbodenheizung kuschelig warm. Die Pension steht auf einem Lavafeld 2,5 km südlich von Reykjahlíð in unmittelbarer Nähe des Restaurants Cowshed, wo das Frühstück serviert wird. Die meisten Zimmer haben zwei Betten; es gibt auch Familienzimmer.

Eldá PENSION €€

(☎464 4220; www.elda.is; Helluhraun 9; EZ/DZ ohne Bad mit Frühstück 16 400/21 300 ISK; @🛜) Zu dem netten Betrieb gehören drei einfache Gebäude an der Helluhraun mit schlichten Unterkünften. Es gibt Gästeküchen, TV-Lounges und ein Frühstücksbüffet. Die Rezeption befindet sich in der Helluhraun Nr. 9.

Essen

Kjörbúðin SUPERMARKT €
(☎ 464 4466; www.samkaup.is; Straße 1; ⌚ Mo–Fr 9–19, Sa 10–18, So 12–18 Uhr) Zu dem betriebsamen, gut sortierten Supermarkt mit Tankstelle neben dem Besucherzentrum (S. 327) gehört ein Grillimbiss mit Tischen draußen.

★ **Vogafjós** ISLÄNDISCH €€
(☎ 464 3800; www.vogafjos.net; Straße 848; Gerichte 2000–5900 ISK; ⌚ Juni–Aug. 10–23 Uhr, sonst kürzere Öffnungszeiten;) Ein Essen im idyllisch gelegenen „Kuhstall" 2,5 km südlich von Reykjahlíð bleibt garantiert in Erinnerung. Wem die schöne Aussicht allein nicht genügt, der kann auch beim Melken zuschauen (Melkzeiten 7.30 und 17.30 Uhr). Die Küche zaubert Köstliches aus regionalen Zutaten, z. B. geräuchertes Lamm, Mozzarella aus Eigenproduktion, mit Dill gebeizten Seesaibling, *hverabrauð*, selbst gebackene Kuchen und hausgemachtes Eis. Im Sommer schließt die Küche um 22 Uhr.

Gamli Bærinn ISLÄNDISCH €€
(☎ 464 4270; www.myvatnhotel.is; Straße 1; Hauptgerichte 2100–4000 ISK; ⌚ 10–23 Uhr;) Im quirligen „alten Bauernhof" neben dem Hótel Reynihlíð kommt den ganzen Tag gehobene Kneipenkost auf den Tisch, von Lammfleischsuppe über Burger und Grillforelle bis zu Pizza. Zu späterer Stunde wird das Lokal zum Szenetreff und am Wochenende kann die Party schon mal bis in die Puppen dauern. Die Küche schließt allerdings pünktlich um 22 Uhr.

Daddi's Pizza PIZZERIA €€
(☎ 773 6060; www.vogahraun.is; Straße 848, Vógar; kleine Pizza 1720–2900 ISK; ⌚ 12–23 Uhr;) Auf dem Campingplatz Vogár sorgt dieses kleine Lokal mit leckerer Pizza (auch zum Mitnehmen) für volle Mägen und zufriedene Gesichter. Wir empfehlen die Pizza des Hauses mit geräucherter Forelle, Pinienkernen und Frischkäse (die besser schmeckt, als es klingt).

Östlicher Mývatn

Wer nur wenig Zeit zur Verfügung hat, sollte diesen besonders schönen Teil der Mývatn-Region ansteuern. Die Sehenswürdigkeiten am Ostufer des Mývatn lassen sich bequem auf einer lockeren halbtägigen Wanderung verbinden.

WANDERUNG AM OSTUFER

Die Sehenswürdigkeiten am Ostufer des Mývatn lassen sich zwar auch gut mit dem Auto abklappern, aber bei gutem Wetter macht eine entspannte halbtägige Wanderung eindeutig mehr Spaß. Von Reykjalíð führt ein gut gekennzeichneter Wanderweg vorbei an der faszinierenden Grjótagjá -Spalte zum Hverfjall (s. u., 4 km). Danach geht es weiter zum Dimmuborgir-Becken (S. 330) (noch mal 3 km) und seinen knorrigen Lavaformationen. Wenn die Wanderung auf den späten Nachmittag gelegt und gut getimt wird, bietet sich zum Schluss beim Abendessen am Lavafeld ein toller Sonnenuntergang vor der außerirdisch erscheinenden Kulisse. Eine Alternative ist der 2,3 km lange Weg vom nordwestlichen Ende des Hverfjall zum Naturbad Mývatn (S. 333). Auch hier ist der Sonnenuntergang ein Erlebnis.

Sehenswertes

Grjótagjá HÖHLE
(Straße 860) Fans der Serie *Game of Thrones* erkennen die Höhle möglicherweise als den Ort, an dem Jon Snow – hüstel – seine Unschuld an Ygritte verliert. Grjótagjá ist eine riesige Felsspalte mit einer Höhle und einem kleinen See darin, dessen Wasser 45 °C warm ist. Sie befindet sich auf privatem Grund und Baden ist hier verboten, aber zum Besichtigen und Fotografieren ist das Gelände für die Öffentlichkeit zugänglich. Besonders schön ist der Anblick, wenn Sonnenstrahlen durch die Ritzen der Höhlendecke fallen und das Innere ausleuchten. Die Zugangsstraße ist problemlos befahrbar.

★ **Hverfjall** GEOLOGISCHE FORMATION
(abseits der Straße 848) Wie ein Fels in der Brandung erhebt sich inmitten der Lavafelder am Ostrand des Mývatn dieser klassische, fast symmetrische Tephra-Krater. Der Hverfjall (auch Hverfell genannt) entstand vor 2700 Jahren durch eine gewaltige Eruption. Mit 452 m Höhe und einem Durchmesser von 1040 m ist er das Ehrfurcht gebietende Wahrzeichen der Mývatn-Region.

Der Krater besteht aus lockerem Geröll, kann aber über den an der Nordwestseite beginnenden Pfad zum Gipfel (wo es neue Toiletten gibt) leicht erklommen werden.

ABSEITS DER ÜBLICHEN PFADE

LOFTHELLIR

Die fantastischen natürlichen Eisskulpturen in der Lavahöhle Lofthellir sind ein surrealer Anblick. Die Höhle gehört zu den Highlights in der Mývatn-Region. Sie befindet sich jedoch auf privatem Grund und ist nur im Rahmen einer Halbtagestour von Geo Travel (S. 326) zugänglich. Die Tour umfasst eine einstündige Geländefahrt und einen 25-minütigen Fußweg über ein wunderbares Lavafeld zur Höhle. Dort bekommt man die passende Ausrüstung (Stirnlampe, Stiefel mit Beschlag etc.) und muss sich zunächst durch einige Engen quetschen, um das Ziel zu erreichen. Unbedingt warm und wasserfest anziehen!

Im Winter führen die Touren über Schneefelder. Im Sommer kann man mit Mývatn Activity – Hike&Bike (S. 326) zur Höhle radeln. Die Höhlentouren, die von Geo Travel durchgeführt werden, können auch über Saga Travel (S. 314) gebucht werden.

Der Blick in den Krater und die Sicht auf die Umgebung ist berauschend. Ein anderer Weg führt am Westrand des Kraters entlang zu einem Aussichtspunkt im Süden und fällt dann recht steil ab Richtung Dimmuborgir.

Zum Beginn des Wanderwegs gelangt man über eine beschilderte Schotterstraße. Von der Hauptstraße bis zum Parkplatz sind es etwa 2,5 km.

★ Dimmuborgir LAVAFELD

(Straße 884) Das gigantische, schroffe Lavafeld Dimmuborgir (wörtlich „dunkle Burgen") gehört zu den faszinierendsten Lavaströmen Islands. Mehrere wenig anstrengende, farbig markierte Wanderwege ziehen sich durch die anthropomorph anmutende Landschaft des Dimmuborgir-Felds. Der beliebteste Pfad ist der – leichte – Kirchenrundweg (2,3 km). Im Sommer gibt es kostenlose Wanderungen mit Ranger. Auskunft erteilen das Besucherzentrum (S. 327) in Reykjahlíð und das Café in Dimmuborgir.

Die Säulen und Felsnadeln des Dimmuborgir sind vermutlich vor 2000 Jahren entstanden, als aus den Kraterketten von Þrengslaborgir und Lúdentarborgir ein Magmasee über einem Sumpfgebiet oder einem kleinen Gewässer zusammenfloss. Das Wasser im Sumpf begann zu kochen, worauf der Dampf durch die flüssige Lava schoss und sie abkühlte. Während die Lava weiter talabwärts floss, blieben die hohlen Lavasäulen stehen.

Höfði PARK

(Straße 848) Zu den lieblichsten Landstrichen der Gegend gehört der von Wildblumen, Birken und Fichten eroberte Lavastreifen von Höfði. Kleine Inseln ragen aus dem kristallklaren Wasser heraus und locken zahlreiche Zugvögel an.

Von den Fußwegen am Ufer sind kleine Höhlen und eindrucksvolle *klasar* (Lavasäulen) zu sehen. Die berühmtesten ragen in **Kálfaströnd** am Südende der Halbinsel Höfði aus dem Wasser. Die Halbinsel ist eine weiterer *Game-of-Thrones*-Drehort.

Schlafen & Essen

★ Dimmuborgir Guesthouse PENSION €€

(☎464 4210; www.dimmuborgir.is; Geiteyjarströnd 1, abseits der Straße 848; DZ/Hütte ab 23 300/37 200 ISK;) Die Anlage am Seeufer beim Lavafeld Dimmuborgir hat verschiedene Unterkünfte. In einem Block liegen schlichte Zimmer mit Bad (und einem gemeinsamen Koch-Ess-Bereich). Außerdem gibt es eine Reihe von Holzhütten, u. a. moderne, gut ausgestattete Häuschen mit Platz für eine ganze Familie. Das Frühstück wird im Haupthaus hinter großen Panoramafenstern mit Seeblick serviert.

Birkilauf PENSION €€

(☎554 0618; abseits der Straße 860; DZ 27 900 ISK) Die nagelneue Pension inmitten der Lavafelder und Wälder am Ostufer des Mývatn ist zwar aus Betonziegeln erbaut, aber die Zimmer mit ihrer schicken neuen Einrichtung und neuen Bädern sind sehr gemütlich. Außerdem gibt's großzügig bemessene Gemeinschaftsbereiche wie eine Gästeküche und eine Terrasse.

Kaffi Borgir ISLÄNDISCH €€

(☎464 1144; www.kaffiborgir.is; Straße 884; Hauptgerichte 1950–3950 ISK; ⏲Juni–Aug. 10–21.30 Uhr, sonst kürzere Öffnungszeiten) Der Souvenirladen mit Café liegt direkt am Kraterrand mit Blick auf das Lavafeld Dimmuborgir. Am Tisch auf der Terrasse schmeckt die Spezialität des Hauses (gegrillte Forelle) besonders gut, wenn dazu die letzten Sonnenstrahlen des Tages über die bizarren Lavaformationen tanzen. Von 11.30 bis 16 Uhr gibt es ein Suppenbüffet für 1950 ISK und an Sommerabenden lockt den Besucher ein preisgünstiges Tagesmenü mit zwei Gängen (3500 ISK).

Südlicher Mývatn

Die Südseite des Sees säumt eine Kette von Pseudokratern.

Abgesehen von Reykjahlíð ist **Skútustaðir** der einzige Ort am See. Mit ein paar Hotels, einer Pension, Tankstelle und Bushaltestelle hat er sich ganz dem Tourismus verschrieben.

Sehenswertes

★ Skútustaðagígar GEOLOGISCHE FORMATION

Die Skútustaðagígar-Pseudokrater entstanden, als flüssige Lava in den Mývatn floss und eine Reihe von Gasexplosionen auslöste. Das eingeschlossene Wasser erhitzte sich, stieß explosionsartig durch die Kruste und hinterließ kleine Schlackekegel und Krater.

Die am leichtesten zugängliche Gruppe liegt an dem kurzen Weg nach Skútustaðir. Dieser Weg streift auch den See **Stakhólstjörn**, ein kleines Paradies für nistende Wasservögel.

Schlafen & Essen

Skútustaðir Farmhouse PENSION €€

(☎464 4212; www.skutustadir.is; Straße 848, Skútustaðir; DZ mit/ohne Bad mit Frühstück 31 200/23 700 ISK, FZ 34 200 ISK; ⊙Dez. geschl.;) Freundliche Besitzer und blitzsaubere Zimmer zeichnen die empfehlenswerte, ganzjährig geöffnete Pension aus. Im gemütlichen Wohnhaus liegen Zimmer mit Gemeinschaftsbad, die fünf Zimmer im Anbau haben eigene Bäder. Zusätzlich stehen noch eine Hütte (53 500 ISK) mit zwei Schlafzimmern sowie ein neueres Gebäude mit Zimmern und großer Gästeküche bereit.

Hótel Gígur HOTEL €€

(☎464 4455; www.keahotels.is; Straße 848, Skútustaðir; DZ mit Frühstück ab 22 300 ISK; @) Der schicke moderne Look im Gígur kann nicht darüber hinwegtäuschen, dass die Zimmer selbst für isländische Verhältnisse klein sind. Zum Ausgleich gibt es einen freundlichen Service, eine wirklich erstklassige Seeuferlage in Skútustaðir und eine traumhafte Aussicht. Die Hauptattraktion des Hotels ist jedoch sein erstklassiges **Restaurant** (Hauptgerichte 2800–5500 ISK), eines der besten in der Gegend. Zu den regionalen Gerichten hier zählen gebratene Forelle und gegrilltes Lammfilet, beides perfekt zubereitet. Zum Nachtisch ist ein Rhabarber-Crumble mit Blaubeereis die richtige Wahl.

Hótel Laxá HOTEL €€€

(☎464 1900; www.hotellaxa.is; Straße 848; DZ mit Frühstück ab 41 400 ISK;) Das architektonisch aus dem Rahmen fallende Hotel im Ecodesign wurde Mitte 2014 etwa 2 km östlich von Skútustaðir eröffnet. Die 80 modernen, schlichten Zimmer sind komfortabel und in Farben eingerichtet, die mit der Umgebung harmonieren. Große Fenster und grüne Sofas in der Bar-Lounge laden zum Ausruhen und Entspannen ein. Zum Hotel gehört auch das stilvolle und renommierte Restaurant Eldey (Hauptgerichte 3200–5900 ISK; 18–21 Uhr).

Sel-Hótel Mývatn HOTEL €€€

(☎464 4164; www.myvatn.is; Straße 848, Skútustaðir; EZ/DZ mit Frühstück 28 700/35 000 ISK; @) Solide Mittelklassezimmer, der Lobbybereich und das freundliche Personal machen dieses Hotel zu einer sicheren Wahl. Das Beste: Im Winter sind die Zimmerpreise erheblich niedriger. Das schnörkellose **Restaurant** des Hotels bietet Büffets (mittags/abends 3900/6900 ISK) an, die besonders bei Reisegruppen beliebt sind, serviert aber auch Einzelgerichte à la carte. Außerdem werden Touren z. B. per Superjeep, Motorschlitten und Pferd angeboten.

Kaffi Sel CAFETERIA €

(Straße 848, Skútustaðir; Snacks 350–1800 ISK; ⊙Juni–Aug. 8–21 Uhr, Sept.–Mai 10–17 Uhr) Wer nur einen schnellen Happen braucht, bekommt in dem Souvenirshop mit Cafeteria neben dem Sel-Hótel Hotdogs, Suppen und abgepackte Sandwiches.

Westlicher Mývatn

Viele Reisende zieht es auch an das ruhigere, weniger erschlossene Westufer des Mývatn – vor allem, weil es beste Aussichten für Vogelbeobachter bietet.

Auch die Ringstraße (Straße 1) führt um das Westufer, nicht am betriebsameren Ostufer entlang. Die meisten Busse hingegen fahren das Süd- und Ostufer hinunter und nicht im Westen.

Sehenswertes & Aktivitäten

Fast nirgendwo sonst in Island kann man so gut **Vögel beobachten** wie am westlichen Mývatn. Mehr als 115 Arten wurden in der

Gegend gesichtet, darunter 28 Entenarten. Die meisten isländischen Wasservogelarten leben hier in großer Anzahl. Drei Entenarten – Spatel-, Trauer- und Schnatterenten – brüten sogar ausschließlich hier.

Weiteres ortsansässiges Federvieh sind Kragenenten, Reiherenten, Stockenten, Bergenten, Singschwäne, Eistaucher, Küstenseeschwalben und Goldregenpfeifer. Die Sümpfe, Teiche, Moraste und Feuchtwiesen in der Umgebung sind für sie ideale Brutgebiete. Zwischen dem 15. Mai und dem 20. Juli (wenn die Küken schlüpfen) sind Querfeldeinstreifzüge in einigen (ausgeschilderten) Bereichen am Westufer streng untersagt, aber das Terrain rund um das Vogelmuseum (s. u.) bietet auch dann genug Beobachtungsmöglichkeiten.

Vindbelgjarfjall WANDERN

(Straße 1) Der steile, aber nicht sehr anspruchsvolle Aufstieg zum 529 m hohen Vindbelgjarfjall (auch Vindbelgur genannt) am Westufer des Mývatn lohnt sich wegen des überwältigenden Blicks auf den See und die bizarren Pseudokrater. Der Fußweg beginnt an einem Parkplatz südlich des Bergs nicht weit von der Farm Vagnbrekka. Mindestens eine halbe Stunde Gehzeit bis zum Berg und eine weitere halbe Stunde bis zum Gipfel sind realistisch.

★ Sigurgeirs Vogelmuseum MUSEUM

(Fuglasafn Sigurgeirs; ☎464 4477; www.fuglasafn.is; abseits der Straße 1, Gehöft Ytri-Neslönd; Erw./Kind 1500/800 ISK; ⏲Mitte Mai–Okt. 12–17 Uhr, sonst kürzere Öffnungszeiten) Ein Besuch in Sigurgeirs Vogelmuseum vermag Begeisterung für die Welt der Vögel zu wecken. Es liegt direkt am See und vereint moderne Architektur mit der Bauweise des traditionellen isländischen Torfhofs. Gezeigt wird eine riesige Menge präparierter Vögel (über 180 Arten aus aller Welt), darunter jede Vogelart, die auf Island zu Hause ist – nur das Thorshühnchen fehlt. Ausführliche Beschreibungen, eine wirkungsvoll gesetzte Beleuchtung und ein kleines Café tun das Übrige.

Den Grundstock der Ausstellung bildete die private Sammlung von Sigurgeir Stefansson. Er verunglückte mit nur 37 Jahren auf dem See, woraufhin das Museum für seine Präparationen gegründet wurde. Hobbyornithologen mit der entsprechenden Begeisterung können vom Museum hochwertige Teleskope ausleihen und Beobachtungsunterstände mieten.

MARIMO-KUGELN

Marimos sind Grünalgenkolonien, die sich zu witzigen kleinen Kugeln verdichten und weltweit wohl nur an einer Handvoll Orten natürlich vorkommen, so im Mývatn und im japanischen Akansee. Das japanische Wort *marimo* bedeutet „Algenball". Die Bewohner rund um den Mývatn nennen die Kugeln *kúluskítur*, was so viel heißt wie „Ball aus Scheiße". In Sigurgeirs Vogelmuseum kann man die seltsamen Wesen in einem kleinen Becken mit Seewasser mitten im Ausstellungsraum bestaunen. Am besten lässt man sie sich zeigen. Neueren Untersuchungen zufolge nimmt die Zahl der *marimo*-Kugeln im Mývatn rapide ab, doch im Sommer 2016 und 2017 legten sie jeweils ein kleines Comeback hin.

Laxá FLUSS

Die klare und wilde Laxá (Lachsfluss), einer von vielen Flüssen Islands mit diesem Namen, strömt vom Westufer des Mývatn durch die Tundra in Richtung der walreichen Bucht Skjálfandi, an der auch Húsavík liegt. Die Laxá bietet mit die besten – und teuersten – Lachsangelmöglichkeiten in Island. Billiger ist es, Bachforellen zu angeln.

Nördlicher Mývatn

Am Nordufer des Mývatn führt die Ringstraße (Straße 1) durch typisch krustige Laváflächen mit ländlichen Gehöften.

Eldhraun LAVAFELD

Zum Lavafeld Eldhraun nördlich des Mývatn gehören die Gesteinsmassen, die die Kirche von Reykjahlíð (S. 328) nur knapp verfehlten. Das war 1729 während der Mývatnseldar („Mývatn-Feuer"), als auch der Leirhnjúkur ein kräftiges Bäuerchen machte. Wer sich das Lavafeld Eldhraun ansehen will, unternimmt von Reykjahlíð aus eine kleine Kraxelpartie.

Hlíðarfjall WANDERN

Auf dem Wanderweg von der Nordspitze des Mývatn bei Reykjahlíð in Richtung Krafla beherrscht auf halber Strecke der 771 m hohe Rhyolithkegel Hlíðarfjall das Landschaftsbild. Nur etwa 5 km von Reykjahlíð entfernt, kann er auf einer netten Tageswanderung erkundet werden – mit fotogenen Ausblicken auf den See und die Lavafelder der Krafla auf der anderen Seite.

★ Fosshótel Mývatn HOTEL €€€
(☎453 0000; www.fosshotel.is; Straße 1, Grímsstaðir; DZ/Suite ab 25 000/62 000 ISK; @📶) Eins der ersten Dinge, die man sieht, wenn man das nagelneue Hotel betritt, ist das prächtige Restaurant (Hauptgerichte 4000–5000 ISK; Abendessen 18–21.45 Uhr) mit breiten Fenstern und Ausblick auf das Lavafeld und den See. Die Zimmer sind modern und mit umweltfreundlichen Komponenten ausgestattet und es lohnt sich auf jeden Fall, für ein Zimmer mit Ausblick auf Lava und See mehr Geld auf den Tisch zu legen.

Östlich von Reykjahlíð

Geologische Kostbarkeiten liegen entlang der Ringstraße (Straße 1), die sich von der Nordspitze des Sees bis zum Abzweig zur Krafla durch schroffes Gelände windet. Zahlreiche Pfade laden dazu ein, die Gegend zu Fuß zu erkunden.

Bjarnarflag GEOTHERMALFELD
(Straße 1) Bjarnarflag heißt das aktive Geothermalfeld 3 km östlich von Reykjahlíð: Hier faucht und brodelt der Boden und Dampfschleier ziehen über das Tal. In der Vergangenheit wurden viele Versuche unternommen, das geballte Energiereservoir ökonomisch zu nutzen. Noch früher versuchten es Bauern mit Kartoffelanbau, allerdings war die Ernte allzu oft schon zu matschigem Püree verkocht.

In den 1960er-Jahren gab es Pläne für ein geothermisches Kraftwerk. Damals wurden in Bjarnarflag 25 Probebohrungen durchgeführt. Eine davon reicht bis in 2300 m Tiefe und der Wasserdampf zischt noch immer mit einer Temperatur von kolossalen 200 °C aus der Röhre.

Die nächste Idee war ein Werk zum Abbau von Kieselgur. Von dieser Anlage ist nur noch ein türkiser See übrig geblieben, den die Einheimischen „Blaue Lagune" getauft haben. Das einladend aussehende Gewässer ist allerdings ziemlich giftig und sollte auf keinen Fall mit dem Naturbad Mývatn direkt um die Ecke verwechselt werden, das ebenfalls manchmal „Blaue Lagune des Nordens" genannt wird.

★ Mývatn Nature Baths SPA
(Jarðböðin; ☎464 4411; www.myvatnnaturebaths.is; abseits der Straße 1; Erw./Kind 4700 ISK/frei; ⏲Mai–Sept. 9–24 Uhr, Okt.–April 12–22 Uhr) Nordislands Antwort auf die Blaue Lagune ist kleiner und ruhiger als die Konkurrenz im Süden und lange nicht so berühmt (was ein Vorteil ist), aber trotzdem ist es einfach ein himmlisches Gefühl, sich in das milchigblaue, mineralreiche Wasser sinken zu lassen und das Panorama zu genießen. Wer möchte, kann auch eins der beiden natürlichen Dampfbäder austesten oder in der einfachen Cafeteria eine kleine Stärkung zu sich nehmen (Suppe 1700 ISK). Früh oder spät da sein, um den Reisegruppen aus dem Weg zu gehen! 3 km östlich von Reykjahlíð.

Námafjall BERG
(Straße 1) Dampfende Spalten ziehen sich den rostroten Berggrat am Námafjall entlang, der etwa 3 km östlich des Bjarnarflag auf der südlichen Seite der Ringstraße liegt. Die Erhebung ist durch eine Spalteneruption entstanden, denn sie sitzt mitten auf der Bruchlinie der auseinanderdriftenden Kontinentalplatten. Wer den Námaskarð-Pass Richtung Osten überquert und auf der anderen Seite hinabsteigt, betritt die ganz und gar fremde Welt von Hverir.

★ Hverir HEISSE QUELLEN
(Straße 1) Die magische, ockerfarbene Welt von Hverir (auch Hverarönd genannt) ist eine Mondlandschaft mit sumpfigen Erdkesseln und dampfenden Spalten, glänzenden Mineralvorkommen und rauchenden Fumarolen. Blubbernde Schlammtöpfe, wabernde und stinkende Schwefelschwaden klingen vielleicht nicht gerade verführerisch, doch der ätherische Charme von Hverir hat noch jeden in seinen Bann gezogen.

Sichere Wege durch das Gelände sind abgesteckt. Um unnötige Risiken, gefährliche Verletzungen und Schäden der Natur zu vermeiden, ist es ratsam, die helleren Bodenflächen zu umgehen und sich hinter den Absperrungen zu halten. Ein Wanderweg schlängelt sich von Hverir hinauf zum Scheitel des Námafjall. Der 30-minütige Aufstieg wird mit einem Rundumblick auf die dampfende Landschaft belohnt.

Krafla

Dampffontänen und Krater warten in der Krafla, einer aktiven Vulkanzone 7 km nördlich der Ringstraße. Ursprünglich war es nur der 818 m hohe Berg, der Krafla genannt wurde, heute bezeichnet der Name auch die ganze Region, inklusive eines geothermischen Kraftwerks und der Eruptionskegel, die eins der beeindruckendsten Lavafelder Islands schufen. Während der sogenannten Mývatn-Feuer (1724–1729) öffneten sich viele

Schlote entlang der Eruptionsspalte. Die Krafla-Feuer (1975–1984) verliefen ganz ähnlich: Über neun Jahre gab es immer wieder Spalteneruptionen und Magmabewegungen.

Sehenswertes & Aktivitäten

Von Reykjahlíð führt eine relativ leichte, 13 km lange Wanderung (3–5 Std.) zum Hlíðarfjall und zum Leirhnjúkur. Der markierte Weg beginnt bei einem nahe gelegenen Flugplatz. Ein anspruchsvollerer Weg (3–5 Std.) schlängelt sich vom Namaskarð-Pass (gegenüber dem Námafjall) über den Bergkamm des Dalfjall zum Leirhnjúkur.

Krafla-Kraftwerk GEOTHERMISCHES KRAFTWERK
(www.landsvirkjun.com; Straße 863; ⌚Besucherzentrum Juni–Mitte Sept. 10–17 Uhr) Die Idee, an der Krafla ein geothermisches Kraftwerk zu bauen, wurde 1973 geboren und mit Probebohrungen auf ihre Durchführbarkeit getestet. Dann meldete sich die Krafla nach einer Ruhepause von mehreren hundert Jahren im Dezember 1975 mit einer Serie von neun Eruptionen zurück. Trotzdem wurde das Projekt fortgesetzt und die Anlage seitdem erweitert. Im Besucherzentrum wird genau erklärt, wie das Kraftwerk Energie produziert.

Ein Stück weiter die Straße 863 hinauf bietet ein Aussichtspunkt einen eindrucksvollen Panoramablick über die Gegend.

★ Leirhnjúkur LAVAFELD
1727 entstand die wohl beeindruckendste und sehr wahrscheinlich auch gefährlichste Attraktion der Krafla, der Leirhnjúkur-Krater und seine Solfataren. Er begann seine Karriere als einfacher Lavaspucker, dann schleuderte er zwei Jahre lang Tephra in die Luft und ging anschließend in Rente.

Ein gut erkennbarer Pfad beginnt am Krafla-Parkplatz (mit Toiletten) und führt nach Nordwesten zum Leirhnjúkur und in die Lavafelder. Da alle Zeichen – zischende Fumarolen, brodelnder Schlamm, hohe Temperaturen – auf vulkanische Aktivität schließen lassen, gilt auch hier: Immer brav auf dem Weg bleiben!

1975 begannen die Krafla-Feuer mit einem kleinen Lavaausbruch des Leirhnjúkur. Nach neun Jahren wiederholter Eruptionen wurde er schließlich zu dem ominösen, schwefelverkrusteten Schlammloch, das Touristen heute kennen und lieben. Hier ist die Erdkruste extrem dünn und an manchen Stellen kann der Boden unter den Füßen verflucht heiß werden.

★ Víti VULKAN
(Straße 863) Der ockerfarbene Vulkankegel Víti hält eine hübsche Überraschung bereit: Wer oben am Rand ankommt, blickt auf einen himmelblau glänzenden See im Kraterbecken. Der 320 m breite Explosionskrater entstand 1724 in der Anfangsphase der zerstörerischen Mývatn-Feuer. Vom Parkplatz führt ein Rundweg um den Rand herum.

Achtung: Diesen Víti-Krater sollte man nicht mit dem Víti-Krater neben der Askja-Caldera verwechseln! In Letzterem kann man baden, in diesem hier aber nicht. Víti bedeutet auf Isländisch übrigens „Hölle".

An- & Weiterreise

Besucher können von Reykjahlíð herwandern oder -radeln oder mit dem Auto kommen (15 Straßenkilometer über die Ringstraße und Straße 863).

VOM MÝVATN NACH EGILSSTAÐIR

Auf dem Weg von Reykjahlíð ostwärts nach Egilsstaðir quert die Ringstraße den Námafjall-Bergrücken (S. 333), passiert Hverir (S. 333) (deutlich zu erschnuppern!) und die Abzweigung zur Krafla (S. 333). Nach weiteren 20 km erreicht man die Abzweigung der asphaltierter Straße 862 nach Norden zum mächtigen Dettifoss (S. 346) und dann den Abzweig der Allradpiste F88, die nach Süden ins Hochland und zur Askja führt.

Bald darauf geht es auf einer Brücke über den Gletscherfluss Jökulsá á Fjöllum. Gleich östlich der Brücke ist die Straße 864 nach Norden ausgeschildert. Die holperige Schotterpiste ist normalerweise von Juni bis Oktober geöffnet und erreicht nach 31 km den Dettifoss (östlicher Zugang) und nach 60 km die Ásbyrgi-Schlucht.

Ab der Brücke nimmt die Ringstraße eine Abkürzung quer durch das unwirtliche Hochland im Nordosten der Insel. Wer keinen ausführlichen Abstecher ins Hochland eingeplant hat, bekommt hier zumindest einen Eindruck davon: karge graue Landschaft, durchsetzt von kleinen Hügeln und Seen, in denen sich Schmelzwasser sammelt, und durchschlängelt von Bächen und Flüssen.

Möðrudalur

In dieser unwirtlichen Gegend zu überleben, war immer schwer und die wenigen Höfe liegen weit voneinander entfernt. Möðrudalur, eine sagenumwobene Oase mitten in der Einöde, ist der am höchsten gelegene Bauernhof Islands (469 m). Das dazugehörige Mini-Dörfchen ist eine im Sommer gut besuchte Touristenattraktion.

Hier wird ein neuer Film über das vulkanische Hochland (500 ISK) gezeigt. Er ist wie die Touristeninformation für Reisende gedacht, die in der Gegend unterwegs sind oder das Hochland ansteuern. Tatsächlich brechen viele Besucher von Möðrudalur über die Straße F905 ins zentrale Hochland (S. 386) auf. Achtung: Wer so etwas vorhat, muss sich unbedingt ausreichend erkundigen und ausrüsten. Unerlässlich ist selbstverständlich ein Fahrzeug mit Allradantrieb!

Sehenswertes & Aktivitäten

Volcano Heli RUNDFLUG

(☎647 3300; www.volcanoheli.is; Straße 901, Möðrudalur) Hubschrauberpilot Matthias aus Liechtenstein und sein Team starten von einer Sommerbasis im Möðrudalur. Spektakuläre Landschaften wie Askja, Holuhraun, Mývatn und Kverkfjöll liegen nur einen kurzen Flug entfernt. Der Hubschrauber kann drei Passagiere mitnehmen. Die Preise gelten pro Flug (nicht pro Person) und beginnen bei 95 700 ISK für 30 Minuten.

Sænautasel MUSEUM

(☎853 6491; www.facebook.com/Saenautasel; abseits der Straße 907; 500 ISK; ⌚Juni–Mitte Sept. 10–18.30 Uhr) Das einsam gelegene, wieder aufgebaute Torfgehöft Sænautasel von 1843 erweckt die Vergangenheit zum Leben und verkauft Pfannkuchen und Kaffee. Es ist einer von mehreren Höfen in der Jökuldalsheiði, die aufgegeben wurden als die Askja 1875 ausbrach. Die Gegend war eine wichtige Inspirationsquelle für Halldór Laxness' Meisterwerk *Sein eigener Herr*. Viele Häuser hier tragen die Namen von fiktiven Höfen aus dem Roman. Sænautasel steht etwa 35 km südöstlich von Möðrudalur an einem See und verfügt auch über einen einfachen Campingplatz. 5 km südlich der Straße 901 ist es an der Straße 907 ausgeschildert.

Schlafen & Essen

★ **Fjalladýrð** PENSION, CAMPINGPLATZ €€

(☎471 1858; www.fjalladyrd.is; Straße 901, Möðrudalur; Stellplatz 1450 ISK pro Pers., DZ mit/ohne Bad 35 000/15 900 ISK;) Die Gästebetreuung auf dem Bauernhof Möðrudalur heißt Fjalladýrð und bietet eine große Auswahl ausgezeichneter Unterkünfte in verschiedenen Gebäuden und Preisklassen an: Camping, Schlafsackbetten (7800 ISK), Pensionszimmer, hübsche Hütten mit Grassodendach (45 000 ISK), Familiensuiten und nagelneue luxuriöse Zimmer mit Bad, opulentes Frühstück und friedvolle Ausblicke auf die Herðubreið inbegriffen. Außerhalb der sommerlichen Hochsaison sinken die Preise um ungefähr 30 %.

Für diejenigen, die das eisige Innere der Insel kennenlernen wollen, lohnt sich eine Übernachtung. Fjalladýrð bietet ausgezeichnete Superjeepausflüge mit Ziel Askja und Kverkfjöll an.

★ **Fjallakaffi** ISLÄNDISCH €€

(☎471 1858; www.fjalladyrd.is; Straße 901, Möðrudalur; Hauptgerichte 2150–7490 ISK; ⌚Mai–Sept. 7–22 Uhr, sonst kürzere Öffnungszeiten;) Wer in Möðrudalur nur auf der Durchreise ist, sollte beim Fjallakaffi zumindest auf einen Kaffee und hausgemachte *kleina* (Krapfen) oder *ástarpungur* (Liebeskugeln) haltmachen, wenn die Zeit nicht ausreicht, um die hervorragenden Gerichte zu probieren, die das Restaurant aus farmfrischen Zutaten zaubert. Das Angebot erstreckt sich von Berglammfilet über Gänsebrust und gebratenen Seesaibling bis zum Rentiersteak. Gegen den kleinen Hunger helfen einfache Suppen – wie wäre es mit einer isländischen Moossuppe? – oder Toast-Sandwiches.

An- & Weiterreise

Möðrudalur liegt 8 km südlich der Ringstraße an der Straße 901. Die Abzweigung von der Ringstraße kommt etwa 63 km hinter Reykjahlíð und 104 km westlich von Egilsstaðir. Benzin gibt es hier auch. Hinter Möðrudalur steuern viele Reisende über die Allradpiste F905, die gewöhnlich Ende Juni geöffnet wird, das zentrale Hochland an. Ein anderer Abstecher führt über die geschotterte Straße 901 Richtung Osten. Es handelt sich hier um die ehemalige Straße 1, die zwar holprig, aber im Sommer auch mit einem normalen Pkw passierbar ist.

HÚSAVÍK

2307 EW.

Die Hochburg der Walbeobachtung ist von den Reiserouten der Islandbesucher nicht mehr wegzudenken. Seine farbenfrohen Häuschen, einzigartige Museen und überwältigende Schneegipfel rund um die Bucht machen Húsavík außerdem zum schönsten Fischerdorf an der Nordostküste.

Húsavík

Sehenswertes

★ Húsavík Whale Museum MUSEUM

(Hvalasafnið; ☎414 2800; www.whalemuseum.is; Hafnarstétt 1; Erw./Kind 1900/500 ISK; ⌚Mai–Sept. 9–18 Uhr, sonst kürzere Öffnungszeiten) Das hervorragende Walmuseum verrät seinen Besuchern alles, was sie über die faszinierenden Gäste in der Skjálfandi-Bucht wissen müssen. Das Museum im ehemaligen Schlachthaus am Hafen beleuchtet Lebensgewohnheiten und Lebensräume der Tiere, die Geschichte des Walfangs in Island, Schutzmaßnahmen usw. Unter den wunderschön präsentierten Exponaten sind mehrere riesige Walskelette, die von der Decke baumeln (sie sind wirklich echt!), auch ein atemberaubendes Blauwalskelett.

★ Húsavíkurkirkja KIRCHE

(☎464 1317; www.husavikurkirkja.is; Garðarsbraut 9a; ⌚9–17 Uhr) Húsavíks heiß geliebte Kirche ist einzigartig. Obwohl sie 1907 aus norwegischen Hölzern gebaut wurde, hat die rot-weiße, zierliche Konstruktion irgendwie Alpenflair. Der kreuzförmige Grundriss wird erst im Inneren erkennbar. Im Mittelpunkt steht der Altaraufsatz (aus Lava!) mit der Darstellung der Auferweckung des Lazarus. Im Sommer ist die Kirche meist geöffnet.

Húsavík

Highlights
1 Húsavík Whale Museum C3
2 Húsavíkurkirkja C4

Sehenswertes
3 Kulturhaus D3
4 Exploration Museum C3
5 Skrúðgarður D5

Aktivitäten, Kurse & Touren
6 Gentle Giants C3
7 Húsavík Adventures C4
8 Húsavík Schwimmbad B2
9 North Sailing C4
10 Salka C4
11 Travel North C3

Schlafen
12 Árból D5
13 Campingplatz C1
14 Fosshótel Húsavík D4
15 Gamli Skólinn D4
16 Húsavík Cape Hotel A2
17 Húsavík Hostel C3

Essen
Café Hvalbakur .... (s. 19)
18 Fish & Chips C4
19 Gamli Baukur C4
20 Heimabakarí Konditori C4
21 Krambúð C3
22 Lókal B3
23 Naustið D5
24 Salka Restaurant C3

Shoppen
25 Vínbúðin D4

Skrúðgarður PARK
Der Stadtpark ist nicht weniger malerisch als die Uferpromenade und lädt zu einem entspannenden Spaziergang an seinem von Enten bevölkerten Bach ein. Der Park ist über eine Fußgängerbrücke am Ásgarðsvegur oder durch den Eingang neben der Pension Árból (S. 339) zu betreten.

Flatey INSEL
Flatey ist ein friedvolles 2,5 km langes Eiland 9 km vor Húsavík am Nordwestrand der Skjálfandi-Bucht. Der Name bedeutet einfach „flache Insel" (die höchste Erhebung ist 20 m hoch). Ein winziger Weiler mit Kirche, Leuchtturm und Sommerhäuschen liegt dort, doch weit zahlreicher als dessen Bewohner sind die Vögel, die die Insel ansteuern: 30 Arten, darunter Sturzflüge vollführende Küstenseeschwalben und Papageitaucher (Mai–Aug.) in rauen Mengen. Gentle Giants (S. 338) bietet eine Tour nach Flatey und im Sommer einen Yoga-Kurs auf der Insel an.

Exploration Museum MUSEUM
(☎464 2328; www.explorationmuseum.com; Héðinsbraut 3; Erw./Kind 1000/500 ISK; ⌚Juni–Aug. 14–18 Uhr, Sept. 12–15 Uhr, sonst nach Vereinbarung) Das 2014 eröffnete Museum ist dem Entdeckerdrang des Menschen und seiner Geschichte von den Wikingerreisen bis zur Polarexpedition gewidmet, doch die interessanteste Abteilung beschäftigt sich mit den Apollo-Astronauten, die in den 1960er-Jahren nach Island kamen, um in der mondähnlichen Landschaft rund um den Askja-Krater für die Mondlandung zu üben. Aus dieser Zeit gibt es ein paar großartige Fotos. 2015 organisierte das Museum die Rückkehr einiger der Astronauten von damals nach Húsavík.

Kulturhaus MUSEUM
(Safnahúsið; ☎464 1860; www.husmus.is; Stórigarður 17; Erw./Kind 1000 ISK/frei; ⌚Juni–Mitte Sept. 10–18 Uhr, Mitte Sept.–Mai Mo–Fr bis 16 Uhr; 📶) Der Museumskomplex, der Heimat-, Meeres- und Naturkunde unter einem Dach vereint, ist eines der interessantesten Regionalmuseen in ganz Nordisland. Die Abteilung „Mensch und Natur" zeichnet das Leben hier oben, wie es zwischen 1850 und 1950 war, mit viel Lokalkolorit nach. Hingucker unter den ausgestopften Tieren sind eine gruselige Mützenrobbe und ein Eisbär, der 1969 auf Grímsey mit einer doppelläufigen Flinte in Empfang genommen wurde.

Aktivitäten

GeoSea SPA
(☎860 0202; www.geosea.is; Vitaslóð 1; Erw./Kind 4300/1800 ISK; ⌚Mai–Sept. 9–24 Uhr, Okt.–April 12–22 Uhr) Das nagelneue Meerwasserspa GeoSea liegt am Nordrand des Städtchens an der Landspitze beim Leuchtturm, mit Ausblick über die breite Bucht auf die schneebedeckten Gipfel gegenüber. Die Becken sind mit durch Erdwärme auf schöne 38 bis 39 °C aufgeheiztem Meerwasser befüllt. Im modernen Café speist man mit Blick aufs Meer.

Schwimmbad Húsavík SCHWIMMEN
(Sundlaug Húsavíkur; ☎464 6190; Laugarbrekka 2; Erw./Kind 700/300 ISK; ⌚Juni–Aug. Mo–Fr 6.45–

21, Sa & So 10–18 Uhr, sonst kürzere Öffnungszeiten;) Das städtische Schwimmbad hat Hot Pots und Wasserrutschen für die Kids.

Geführte Touren

Walbeobachtung

Die meisten Besucher kommen überhaupt nur zur Walbeobachtung nach Húsavík. Die Meeresriesen lassen sich zwar auch anderswo in Island beobachten (z. B. bei Reykjavík und am Eyjafjörður, nördlich von Akureyri), aber die Gegend hat sich zur Top-Location entwickelt, da im Sommer bis zu elf verschiedene Walarten herkommen, um sich in der Bucht den Bauch vollzuschlagen. Die günstigste Zeit ist von Juni bis August; dann ist es nahezu sicher, dass man ein Exemplar zu sehen bekommt. Dies ist natürlich auch der Höhepunkt der Touristensaison.

Vier Agenturen bieten Walbeobachtungstouren an, die im Hafen von Húsavík ablegen. Bei der klassischen dreistündigen Tour liegen sie bei Preis und Leistung gleich auf (auch warme Overalls werden von allen gestellt). In der Brutzeit der Papageitaucher (etwa Mitte April–Mitte Aug.) haben sämtliche Anbieter eine Walbeobachtungstour im Programm, die auch an der Nistinsel Lundey vorbeiführt.

Bei allen Touren, die darüber hinausgehen, gibt es deutliche Unterschiede. North Sailing hat einen schönen alten Schoner – bei passendem Wetter werden auch die Segel gehisst; Gentle Giants wartet mit einem schnellen Festrumpfschlauchboot und einer Tour zur idyllischen Insel Flatey auf.

Von Juni bis August starten von ca. 8 bis 20 Uhr regelmäßig Touren. Die nächsten Abfahrtszeiten stehen auf großen Schildern an den Ticketschaltern. Im April und Mai und von September bis November fahren die Boote noch relativ häufig raus, im März, November und Dezember dann jedoch erheblich seltener. Im Winter werden Nordlichttouren angeboten. Die Buden direkt am Wasser sind nicht zu übersehen.

Bei der Buchung sollte man sich erkundigen, wie groß das Boot ist und wie viele Passagiere an Bord genommen werden. Meist ist es angenehmer, die Tour früh morgens oder abends zu machen (die Busgruppen kommen um die Mittagszeit). Achtung: Die Schlauchboottouren sind für Kinder unter sieben Jahren nicht geeignet.

Gentle Giants TIERBEOBACHTUNG
(☎464 1500; www.gentlegiants.is; Garðarsbraut; 3-Std.-Tour Erw./Kind 10 400/4400 ISK) Eigentümer Stefán, dessen Familie seit Generationen an der Bucht lebt, verfügt über eine kleine Flotte hölzerner Fischerboote für die dreistündigen Standardtouren sowie schnelle Festrumpfschlauchboote, in denen man mehr von der Bucht zu sehen bekommt (ab 19 000 ISK). Er veranstaltet außerdem spezielle Vogelbeobachtungstouren (29 900 ISK) mit Landgang auf Flatey (S. 337), Angeltrips sowie schnelle Schlauchboot-Tagestouren nach Grímsey (72 300 ISK).

North Sailing TIERBEOBACHTUNG
(☎464 7272; www.northsailing.is; Garðarsbraut; 3-Std.-Tour Erw./Kind 10 500/3500 ISK) Der älteste Touranbieter kommandiert eine Flotte liebevoll restaurierter Traditionsboote. Einige Touren werden als CO_2-neutral beworben, hier kommen Elektroboote zum Einsatz. Etwas ganz Besonderes ist die Tour auf einem alten Schoner (Erw./Kind 12 500/4000 ISK): Bei geeigneten Wetterverhältnissen werden die Segel gesetzt und die Motoren abgestellt. Im Winter werden Polarlichttouren angeboten (10 500 ISK), außerdem Kombitouren mit Skifahren und Segeltörns nach Grönland.

Salka TIERBEOBACHTUNG
(☎464 3999; www.salkawhalewatching.is; Garðarsbraut 7; 3-Std.-Tour Erw./Kind 9950/4200 ISK; ⏲Mai–Sept.) Der relativ neue Anbieter in der Szene tritt mit zwei kompakten Eichenbooten, etwas niedrigeren Preisen und einem eher kleinen Angebot gegen die etablierte Konkurrenz an. Wer außer Walen auch auch noch Papageitaucher sehen möchte, muss ein bisschen mehr investieren (Erw./Kind 11 500/4200 ISK). Als Anlaufstelle dient ein lichtdurchflutetes Café an der Hauptstraße. Es werden auch Kombitouren mit Ausritten angeboten.

Húsavík Adventures TIERBEOBACHTUNG
(☎853 4205; www.husavikadventures.is; Garðarsbraut 5; 2-Std.-Schlauchboottour Erw./Kind 17 900/11 900 ISK) Diese Firma bietet von Mai bis September drei- bis siebenmal täglich rasante Zwei-Stunden-Touren mit Festrumpfschlauchbooten an. In Kooperation mit Mývatn Activity – Hike&Bike (S. 326) sind ganzjährig Allradtouren im Programm.

Sonstige Touren

Die beiden größten Anbieter organisieren Kombitouren: Walbeobachtung plus Ausritt auf dem Pferdehof Saltvík. Bei Gentle Giants (s. o.) stehen außerdem Hochseeangeln, Yoga auf Flatey und eine zweitägige Wanderung auf dem Programm. North Sailing (s. o.)

schnürt im April und Mai das einmalige, mehrtägige Paket „Ski to the Sea" in Begleitung von Skiguides. Außerdem veranstaltet North Sailing jeden Sommer einwöchige Segeltörns nach Grönland. Details auf den Websites.

Fjallasýn ABENTEUERTOUR
(☎464 3941; www.fjallasyn.is) Der in Húsavík ansässige etablierte Veranstalter bietet verschiedene Aktivitäten an – ein- oder mehrtägige Touren, Ausflüge mit Geländefahrzeugen, Wanderungen, Exkursionen zur Vogelbeobachtung etc. – und zwar sowohl in der näheren Umgebung von Húsavík als auch in weiter entfernten Regionen von Nordostisland und im Hochland.

Pferdehof Saltvík REITEN
(☎847 9515; www.saltvik.is; Straße 85; 2 Std. 9900 ISK) Der Pferdehof Saltvík 5 km südlich von Húsavík führt zweistündige Reittouren an der Küste mit grandiosen Ausblicken über die Bucht von Skjálfandi durch. Die Teilnehmer müssen kein nennenswertes reiterliches Können mitbringen. Außerdem im Angebot: einwöchige Reitausflüge (um den Mývatn, in den entlegenen Nordosten oder auf der Sprengisandur-Route) sowie Unterkünfte im Bauernhaus.

Travel North SPAZIERGANG
(☎894 1470; www.travelnorth.is; Garðarsbraut 5; Touren ab 4000 ISK) Die örtliche Reiseagentur Travel North organisiert geführte Spaziergänge in und um Húsavík, eine nette und unkomplizierte Art, mehr über die Gegend zu erfahren. Zahlreiche weitere Touren und Arrangements kommen dazu.

Schlafen

Pensions- und Hotelzimmer sind sehr gefragt – rechtzeitig reservieren!

Húsavík Hostel HOSTEL €
(☎858 5848; www.husavikhostel.com; Vallholtsvegur 9; B 6600 ISK, DZ mit/ohne Bad 21 000/15 840 ISK; 📶) Das Hostel ist die einzige Budgetunterkunft im Ort und seine 21 Betten sind heiß begehrt. Zur Verfügung stehen Mehrbettzimmer mit Stockbetten sowie ein paar Privatzimmer (Bettwäsche eingeschlossen) und eine Küche, aber kein richtiger Aufenthaltsbereich. Die freundlichen Betreiber des Hauses haben gute Insidertipps parat.

Árból HOSTEL €
(☎464 3677; www.hostel.is; abseits der Straße 85, Aðaldalur; B/DZ ohne Bad 5600/15 300 ISK; ⏲April–Sept.; @📶) Eine von zwei HI-Herbergen, die einer Familie gehören. Die andere heißt Berg und wird sehr geschätzt. Beide befinden sich rund 20 km südlich von Húsavík abseits der Straße 85 auf friedvollen, abgeschiedenen Landgrundstücken. Um hierherzukommen, benötigt man ein eigenes Transportmittel und man muss Verpflegung selbst mitbringen. Die Einrichtungen sind annehmbar und es gibt gemütliche Gemeinschaftsbereiche. HI-Mitglieder erhalten 10 % Rabatt.

Campingplatz CAMPINGPLATZ €
(camping@nordurthing.is; Héðinsbraut; Stellplatz 1650 ISK pro Pers.; ⏲Mitte Mai–Sept.; 📶) Der gut gepflegte Campingplatz neben dem Sportplatz am nördlichen Ende der Stadt hat Waschmaschinen und Kochgelegenheiten (allerdings viel zu wenige gemessen am Gästeandrang im Sommer). Zahlen kann man entweder beim Schwimmbad (S. 337) oder beim Aufseher, der jeden Abend vorbeikommt.

★ **Kaldbaks-Kot** HÜTTEN €€
(☎892 1744; www.husavikcottages.com; Straße 85; 2-/4-Pers.-Hütte ab 22 000/26 000 ISK; ⏲Mai–Ende Sept.; @📶👪) 3 km südlich von Húsavík liegt eine Siedlung aus gemütlichen Holzhäuschen, die an Waldhüttenträume aus Kinderzeiten erinnern (nur wesentlich komfortabler eingerichtet). Das Servicelevel wählt jeder selbst: Bettwäsche leihen (1900 ISK pro Pers.) oder mitbringen, Frühstück selbst machen oder im toll umgebauten Kuhstall vorgesetzt bekommen (1850 ISK) und ansonsten einfach die Stimmung, die Hot Pots, den Ausblick, die Ruhe und die reiche Vogelwelt genießen.

Mindestaufenthalt: zwei Nächte. Es gibt auch größere Ferienhäuser für bis zu zehn Personen.

★ **Árból** PENSION €€
(☎464 2220; www.arbol.is; Ásgarðsvegur 2; EZ/DZ/4BZ ohne Bad mit Frühstück 12 400/21 100/36 500 ISK; 📶👪) Das 1903 erbaute Haus hat einen hübschen Bach und den Stadtpark als Nachbarn. Die großzügigen, blitzsauberen Zimmer verteilen sich auf drei Etagen – am schönsten sind die im Erdgeschoss und im obersten Stock (vor allem die mit Kiefernholz ausgekleideten Dachzimmer). Es gibt allerdings keine Küche.

Gamli Skólinn PENSION €€€
(☎847 5722; www.husavikapartments.is; Stórigarður 6; Apt. ab 50 000 ISK; 📶👪) In der „Alte Schule" warten schöne neue Apartments

mit zwei bzw. drei Schlafzimmern und vollständig ausgestatteter Küche auf Gäste. Hier kann man sich fast wie ein Einheimischer fühlen!

Fosshótel Húsavík HOTEL €€€

(☎464 1220; www.fosshotel.is; Ketilsbraut 22; DZ mit Frühstück ab 30 000 ISK; 📶) Die Hotelkette Fosshótel hat mit eleganten Grautönen und kräftigen Farbakzenten den 110 Zimmern ihren stilvollen, modernen Stempel aufgedrückt. Die Deluxe-Zimmer sind eine ganze Ecke besser als die Standardzimmer. Die geräumige Lobby sorgt für einen sehr ansprechenden ersten Eindruck; dezente Walmotive prägen die Einrichtung in Bar und Bistro.

Húsavík Cape Hotel HOTEL €€€

(☎463 3399; www.husavikhotel.com; Laugarbrekka 16; EZ/DZ mit Frühstück 28 400/35 500 ISK; 📶) Das Boutiquehotel in einer alten Fischfabrik oberhalb des Hafens bietet frische, moderne Zimmer von guter Größe – einige haben Etagenbetten und sind für Familien gedacht –, aber die Sommerpreise sind schon happig.

Essen

Fish & Chips FAST FOOD €

(☎464 2099; Hafnarstétt 19; Fish & Chips 1800 ISK; ⏲Mai–Okt. 11.30–22 Uhr) Nomen est omen: In dem kleinen Kiosk am Hafen wandern guter Fisch (meist Kabeljau) und Pommes über den Tresen. Vor der Tür stehen ein paar Campingtische, oben gibt's eine breite Veranda. Der Imbiss ist vom Hafen aus zu erreichen, aber auch von der Stadt: gegenüber der Kirche die Treppe hinunter und dann nach links.

Café Hvalbakur CAFÉ €

(☎464 7278; www.gamlibaukur.is; Hafnarstétt 9; Snacks & Mahlzeiten 400–1700 ISK; ⏲8–21 Uhr) Das nette Café von North Sailing (S. 338) hat eine geschützte Sonnenterrasse und serviert Baguettes, Wraps, Muffins und Kuchen aus einer großen Vitrine. Dazu gibt es guten Kaffee. Einfach neben dem North-Sailing-Ticketkiosk die Treppe nach unten nehmen.

Lókal CAFÉ €

(www.facebook.com/Lókal-Bistró-18369618579 8864; Hafnarstétt 1; Snacks 300–1600 ISK; ⏲8–20 Uhr; 📶) In dem kleinen Café kann man schnell etwas essen oder auch seine Mails checken. Die Füllungen für die Wraps werden genauso wie die Muffins und der Kuchen selbst gemacht. Das Café liegt hinter dem Walmuseum (S. 336).

Heimabakarí Konditori BÄCKEREI, CAFÉ €

(☎464 2901; www.heimabakari.is; Garðarsbraut 15; ⏲Mo–Fr 7–18, Sa & So 8–16 Uhr) Frisch gebackenes Brot, Sandwiches und eine Vitrine voller zuckersüßer Kuchen und Backwaren.

★ **Naustið** FISCH & MEERESFRÜCHTE €€

(☎464 1520; www.facebook.com/naustid; Ásgarðsvegur 1; Hauptgerichte 2000–4000 ISK; ⏲11.45–22 Uhr; 📶) Das butterblumengelbe Naustið begeistert mit ultrafrischem Fisch und einem schlichten Konzept, einfach gut umgesetzt wird: Fisch und Gemüse am Spieß, nach Bestellung gegrillt. Außerdem gibt es eine erstklassige Fischsuppe (logisch), Fisch-Tacos und Kaisergranat. Zum Nachtisch schmeckt selbst gebackener Rhabarberkuchen.

Gamli Baukur ISLÄNDISCH €€

(☎464 2442; www.gamlibaukur.is; Hafnarstétt 9; Hauptgerichte 3400–4700 ISK; ⏲Juni–Aug. 11.30–24 Uhr, sonst kürzere Öffnungszeiten) Das mit viel Holz und polierten nautischen Objekten herausgeputzte Bar-Restaurant serviert gehobene Küche (Spaghetti mit Meeresfrüchten, Gerste mit Wildpilzen, Bio-Lamm). Eine wunderschöne Terrasse und gelegentliche Livemusik machen es in der Sommerzeit zu einem der angesagtesten Lokale in Nordisland. Küche im Sommer bis 22 Uhr.

Salka Restaurant INTERNATIONAL €€

(☎464 2551; www.salkarestaurant.is; Garðarsbraut 6; Hauptgerichte 2100–4500 ISK; ⏲11.30–22 Uhr) Das historische Gebäude war einst Sitz von Islands erster Genossenschaft, heute ist hier ein zwangloses Restaurant mit vielfältigem Angebot ansässig: Hier gibt's vom Gemüsebratling über Kaisergranat, Burger, Sandwiches und Salzfisch bis zu Pizza alles.

Selbstversorger

Nettó SUPERMARKT €

(☎464 1750; www.netto.is; Garðarsbraut 64; ⏲10–19 Uhr) Südlich des Orts neben der Olís-Tankstelle.

Krambúð SUPERMARKT €

(☎464 1779; www.samkaup.is; Garðarsbraut 5; ⏲8–22, Sa & So ab 10 Uhr) Zentral gelegener Supermarkt.

Vínbúðin ALKOHOLISCHE GETRÄNKE

(☎464 2230; Garðarsbraut 21; ⏲Mai–Aug. Mo–Do 11–18, Fr bis 19, Sa bis 16 Uhr, sonst kürzere Öffnungszeiten) Staatlicher Alkoholladen.

Praktische Informationen

Informationen gibt's auf www.visithusavik.is.

An- & Weiterreise

Der Flughafen von Húsavík liegt 12 km südlich der Stadt. Eagle Air (www.eagleair.is) bietet ganzjährig Flüge von Reykjavík nach Húsavík an.

Bus 79 von **Strætó** (☎540 2700; www.straeto.is) fährt nach Akureyri (2760 ISK, 1¼ Std., Mo–Fr 3-mal tgl., Sa 1-mal, So 2-mal). Abfahrt an der N1-Tankstelle.

Aktuelle Infos bieten die Touristeninformationen sowie www.publictransport.is.

AUTO

Der **Húsavík Car Rental Service** (☎464 1888; www.bilaleigahusavikur.is; Garðarsbraut 66) erlaubt die Abgabe von Mietwagen in Akureyri, am Mývatn und am Flughafen Keflavík.

HALBINSEL TJÖRNES & VESTURSANDUR

Nördlich von Húsavík folgt die Straße 85 der Küstenlinie der breiten **Halbinsel Tjörnes**. Die Gegend ist berühmt für ihre fossilienreichen Küstenfelsen: Die ältesten Schichten sind rund zwei Millionen Jahre alt. Einen Besuch wert ist das **Mánárbakki-Museum** (☎464 1957; Straße 85; Erw./Kind 1000 ISK/frei; ⏲Anfang Juni–Aug. 9–18 Uhr) am äußersten Ende der Halbinsel.

Abgründe, Spalten und tiefe Senken (typisch für Verwerfungsgebiete) massakrieren den geschundenen Boden von **Kelduhverfi** – an dieser Stelle erreicht der Mittelatlantische Rücken den Arktischen Ozean. Ähnlich wie in Þingvellir ist hier deutlich zu erkennen, wie die Urgewalten Island innerlich zerreißen.

Rund 12 km östlich des Mánárbakki-Museums erreicht man einen tollen Aussichtspunkt an der Küste, dessen Infotafeln die Erdbewegungen genauer erläutern.

Danach führt die Straße hinab zu den Vogellagunen und Deltas des **Vestursandur**.

Schlafen & Essen

Eine einmalige Unterkunft ist Tungulending rund 13 km nordöstlich von Húsavík. Dazu kommen eine Handvoll Unterkünfte im Umkreis von 12 km rund um die Ásbyrgi-Schlucht in der Vestursandur-Region.

Im Hótel Skúlagarður gibt es ein Restaurant und die Pensionen Tungulending und Keldunes bereiten auf Wunsch Mahlzeiten zu. Der nächste Supermarkt ist in Húsavík, in Ásbyrgi gibt's einen kleineren Laden.

River Guesthouse PENSION €
(☎463 3390; www.skulagardur.com; Straße 85; EZ/DZ ohne Bad 6900/12 400 ISK; 📶) Der große blaue Mietcontainer bietet 30 *sehr* einfache Billigzimmer mit Gemeinschaftsbad und -küche. Das Ganze ist eine recht glanzlose Angelegenheit. Es gibt auch Schlafsackbetten (EZ/DZ 5100/9500 ISK). Die Pension gehört zum Hótel Skúlagarður nebenan.

★ **Tungulending** PENSION €€
(☎896 6948; www.tungulending.is; abseits der Straße 85; DZ/3BZ ohne Bad mit Frühstück ab 17 000/23 900 ISK; 📶) Das einzigartige, versteckt liegende Gästehaus bietet die Möglichkeit, die stille Stimmung am Meer zu erleben. Von der Abzweigung 11 km nordöstlich von Húsavík fährt man 2,5 km durch Ackerland (dabei alle Tore so hinter sich lassen, wie man sie vorfindet) bis zu dem liebevoll gestalteten Außenposten direkt am Wasser, der großartige Aussichten eröffnet. Es gibt keine Gästeküche, aber ein Café serviert köstliches Abendessen. Mindestaufenthaltsdauer zwei Nächte – einfach entspannen und genießen!

Hótel Skúlagarður HOTEL €€
(☎465 2280; www.skulagardur.com; Straße 85; EZ/DZ mit Frühstück 14 100/21 200 ISK; 📶) Hinter der abweisenden Fassade eines ehemaligen Internats verbergen sich einladende (wenn auch kleine), moderne, überteuerte Zimmer mit Bad. Angeschlossen ist ein schlichtes Restaurant mit guter Hausmannskost (z. B. ofengegarter Seesaibling oder Lammfilet; Hauptgerichte 3200–4500 ISK). Das Hotel liegt 13 km westlich von der Ásbyrgi-Schlucht. Zum Haus gehört auch das preiswertere River Guesthouse im Nebengebäude.

Keldunes PENSION €€
(☎465 2275; www.keldunes.is; Straße 85, Keldunes II; EZ/DZ ohne Bad mit Frühstück 14 900/20 900 ISK; 📶) Moderne Pension mit gutem Koch- und Essbereich für Gäste, Hot Pot und breiten Balkonen (perfekt zur Vogelbeobachtung!) sowie auf Wunsch Abendessen. Es gibt auch sehr anständige Hütten mit Bad (20 900 ISK) und ein paar schlichte Holzhütten mit Schlafsackpritschen (4000 ISK pro Pers.). Die Pension liegt 11 km westlich von der Ásbyrgi-Schlucht.

An- & Weiterreise

Von Húsavík führt die landschaftlich reizvolle Straße 85 nach Ásbyrgi (65 km).

Im Sommer 2018 wurden die Busse zwischen Húsavík und Ásbyrgi eingestellt. Aktuelle Infos gibt's in den Touristeninformationen und auf www.publictransport.is.

JÖKULSÁRGLJÚFUR (NATIONALPARK VATNAJÖKULL – NORD)

Der Nationalpark Vatnajökull wurde 2008 gegründet. Durch die Vereinigung des ehemaligen Jökulsárgljúfur-Nationalparks im Norden mit dem Skaftafell-Nationalpark im Südwesten entstand eines der größten Naturschutzgebiete Europas. Ziel der Zusammenlegung war es, den Vatnajökull-Gletscher und seine Schmelzwasserabflüsse in einem Gebiet gemeinsam zu schützen.

Das Gebiet von Jökulsárgljúfur umfasst einen einzigartigen, subglazialen vulkanischen Berg und eine 25 km lange Schlucht, die der zweitlängste Fluss der Insel, die **Jökulsá á Fjöllum**, gegraben hat. Jökulsárgljúfur bedeutet wörtlich „Gletscherfluss-Schlucht".

Die Jökulsá á Fjöllum entspringt unter der Eisdecke des Vatnajökull und mündet nach guten 200 km am Öxarfjörður in den Atlantik. Gletscherläufe (*jökulhlaup*, d. h. Flutwellen, die durch Vulkanausbrüche unter Gletschern entstehen) haben hier eine 100 m tiefe und 500 m breite Rinne ausgefräst. Die Schlucht ist berühmt für ihre Wasserfälle, von denen der Dettifoss der bekannteste ist.

Der Norden des Vatnajökull-Nationalparks kann grob in etwa drei Abschnitte eingeteilt werden.

Ásbyrgi Das nördliche Ende ist eine bewaldete, von senkrecht abfallenden Felsen umschlossene Ebene. Hier befindet sich das Besucherzentrum (S. 343).

Vesturdalur Der mittlere Teil hat Höhlen und faszinierende geologische Formationen zu bieten.

Dettifoss Der mächtige Wasserfall markiert das südliche Ende.

Ein schöner Weg für eine zweitägige Wanderung (S. 347) schlängelt sich durch den Park und führt an allen Sehenswürdigkeiten vorbei. Wer nicht so scharf aufs Wandern ist, kann Highlights wie die hufeisenförmige Ásbyrgi-Schlucht am Nordende des Parks und die Wasserfälle am Südende auch mit dem Auto abfahren. Sie sind über gut befahrbare Straßen zu erreichen. Die Straße zwischen Ásbyrgi und Dettifoss auf der Westseite der Schlucht (Straße 862) wird etappenweise geteert.

DROHNEN VERBOTEN!

Drohnen sind im Nationalpark Jökulsárgljúfur verboten, sofern nicht eine Genehmigung der Parkbehörde vorliegt.

Geführte Touren

Mehrere Unternehmen in Mývatn (z. B. Geo Travel; S. 326), Akureyri (z. B. Saga Travel; S. 314) und Húsavík (z. B. Fjallasýn; S. 339) bieten geführte Touren.

Von Mitte Juni bis Mitte August bieten Parkranger täglich kostenlose **geführte Wanderungen** an, die am Parkplatz in der Nähe der Ásbyrgi-Schlucht beginnen. Nähere Auskünfte dazu geben die Website des Nationalparks oder das Personal.

Active North ABENTEUERTOUR

(☎858 7080; www.activenorth.is; 2-Std.-Ausritt 10 900 ISK) Wie wäre es mit einem Ausritt in die Schlucht, die angeblich der Hufabdruck des Pferds von Óðin ist? Der Anbieter mit Quartier gegenüber dem Besucherzentrum (S. 343) führt einfache, landschaftlich schöne Ausritte rund um die Ásbyrgi-Schlucht durch, die zwei Stunden dauern. Weitere Reit-, aber auch Mountainbike- und Superjeeptouren sowohl im Nationalpark als auch außerhalb seiner Grenzen stehen auf dem Programm. Außerdem verleiht Active North Mountainbikes (990 ISK pro Std.).

Die Jeeptouren finden ganzjährig statt (es gibt auch eine Nordlichttour), die Reit- und Radtouren normalerweise von Juni bis September.

Schlafen & Essen

Im Umkreis von 15 km rund um den Nationalpark gibt's mehrere Übernachtungsmöglichkeiten: Nordic Natura (S. 344) liegt direkt am Rand, weitere Unterkünfte befinden sich zwischen Húsavík und Ásbyrgi. Dazu kommen ein paar Pensionen nördlich von Ásbyrgi, Richtung Kópasker, und südlich vom Dettifoss.

Im Nationalpark selbst gibt's Campingplätze. Der größte, mit den besten Einrichtungen, ist in Ásbyrgi.

Der Laden an der Straße 85, nicht weit vom Besucherzentrum der Ásbyrgi-Schlucht entfernt, hat eine Grill-Bar mit einfachem Essen und verkauft ein paar Lebensmittel (eine Zapfsäule gibt's auch). Wanderer decken sich aber besser in Húsavík oder am Mývatn mit Vorräten ein. Außerdem gibt es noch einen brauchbaren Supermarkt in Kópasker 35 km weiter nördlich.

Praktische Informationen

Wenn die Straße 862 einmal vollständig geteert sein wird, werden auch die Besucherzahlen steigen und das wird einen Ausbau der Infrastruktur und zwangsläufig auch Fahrplanänderungen bei den Busverbindungen nach sich ziehen. Deshalb ist es sinnvoll, sich auf der Website oder beim Besucherzentrum über den aktuellen Stand zu informieren.

Im Vesturdalur gibt es eine nur im Sommer besetzte Rangerstation.

Das extrem hilfsbereite Besucherzentrum des Nationalparks, das **Besucherzentrum Gljúfrastofa** (☎ 470 7100; www.vjp.is; Straße 85, Ásbyrgi; ⏲ Ende Mai–Aug. 9–18 Uhr, Sept. & Okt. 10–16 Uhr, sonst kürzere Öffnungszeiten; 📶) in der Ásbyrgi-Schlucht (ganz in der Nähe der Straße 85), hat eine Infotheke mit Karten und Broschüren, dazu informative Schautafeln und kompetentes und hilfsbereites Personal.

Die Ranger haben mehrere ausgezeichnete Karten der Region erstellt. Auf der Park-Karte (350 ISK) im Maßstab 1:55 000 sind die Wanderwege eingezeichnet und nach Schwierigkeitsgrad gekennzeichnet. Die Karte ist auch online erhältlich.

Ebenfalls nützlich sind die Karten von Útivist & afþreying; Nr. 3 (790 ISK) zeigt die Ásbyrgi–Dettifoss-Route.

An- & Weiterreise

Im Sommer 2018 wurde der Busverkehr zwischen dem Nationalpark und Húsavík bzw. dem Mývatn eingestellt. Aktuelle Infos gibt's in den Touristeninformationen und auf www.publictransport.is.

Die Verkehrsanbindung wird sich wieder ändern, wenn die Straße 862 komplett geteert ist.

Für die Erkundung des Parks kann man in Akureyri, Húsavík oder Egilsstaðir ein Auto mieten oder man kommt im Rahmen einer organisierten Tour hierher.

AUTO

Die (geteerte) Straße 85 schlängelt sich gemütlich zum Nordende des Parks und zum Besucherzentrum in der Ásbyrgi-Schlucht (65 km ab Húsavík).

Es gibt beiderseits der Schlucht zwei Straßen, die parallel in Nord-Süd-Richtung verlaufen. Obwohl der Nationalpark ganzjährig geöffnet ist, sind die Schotterstraßen nur von etwa Ende Mai bis Anfang Oktober offen (je nach Wetterlage; siehe www.road.is).

Straße 862 (Westseite) Von der Ringstraße bis zum Dettifoss (24 km) ist sie geteert. Nördlich des Dettifoss ist die Straße auf etwa 29 km Länge, vorbei an den Abzweigungen nach Hólmatungur und Vesturdalur, geschottert. Die letzten 8 km bis zur Ásbyrgi-Schlucht

Jökulsárgljúfur

und zu dem Anschluss an Straße 85 sind dann wieder geteert. Die Schotterstrecke soll etappenweise geteert werden; vor Ort nachfragen!

Straße 864 (Ostseite) Die 60 km lange Schotterpiste (schmaler als die Straße 862) ist für normale Pkws zwar machbar, aber sehr ausgefahren und voller Schlaglöcher. Da heißt es langsam fahren. Es gibt keine Pläne, am Zustand der Strecke etwas zu ändern.

Der geteerte Teil der Straße 862 von der Ringstraße bis zum Dettifoss ist im Prinzip ganzjährig geöffnet. Im Winter ist der Dettifoss jedoch nicht immer erreichbar, weil die Straße je nach Wetterlage für einige Tage oder auch länger unpassierbar werden kann. Zu solchen Zeiten ist es aber u. U. möglich, die Wasserfälle mit einer Superjeeptour vom Mývatn aus zu besuchen.

Besucher sollten grundsätzlich auf den Straßen und markierten Pisten bleiben. Wer durchs Gelände fährt, zerstört die empfindliche Natur der Insel und macht sich strafbar.

Ásbyrgi-Schlucht

Am Nordende des Nationalparks Vatnajökull erstreckt sich die gewaltige, hufeisenförmige Ásbyrgi-Schlucht. Die vegetationsreiche Schlucht ist in Nord-Süd-Richtung 3,5 km lang und im Durchschnitt 1 km breit. Vom Parkplatz am Ende der Straße (3,5 km südlich vom Besucherzentrum) führen mehrere leichte, kurze Wanderwege durch den Wald zu Aussichtspunkten über der Schlucht. Der östliche Weg endet an einer Quelle nicht weit von der Felswand; der westliche steigt ziemlich an, bietet dafür aber einen tollen Blick auf den Talgrund. Der mittlere Weg führt geradeaus zum **Botnstjörn**, einem kleinen See am Rand der Schlucht mit zahlreichen Vögeln. Ein beschilderter Rundweg beschäftigt sich außerdem mit der hiesigen Flora.

Besucher können vom Campingplatz aus den Eyjan (S. 345) erklimmen, den hervorstechenden Felsen mitten in der Schlucht (4,5 km hin und zurück), oder einen Weg vom Besucherzentrum aus nehmen – am einfachsten ist es, am Golfplatz entlang nach Osten zu gehen und dann an der Abzweigung nach Süden abzubiegen.

DIE ENTSTEHUNG DER SCHLUCHT

Über die Entstehung der Ásbyrgi-Schlucht kursieren die folgenden beiden Geschichten. Die ersten Siedler glaubten, Óðins achtbeiniges, fliegendes Pferd Slættur (in der Literatur auch Sleipnir genannt) hätte hier aus Versehen fast eine Bauchlandung hingelegt und dabei einen kräftigen Hufabdruck hinterlassen. Die andere Version ist wissenschaftlicher Natur, klingt aber nicht weniger fantastisch. Die Geologen glauben, der Canyon sei durch eine gigantische Eruption der Grímsvötn-Caldera unter dem recht weit entfernten Vatnajökull entstanden. Der Ausbruch habe einen verheerenden *jökulhlaup* (Gletscherlauf) provoziert, der sich durch das Flusstal der Jökulsá á Fjöllum nordwärts gewälzt und innerhalb weniger Tage den Canyon gegraben habe. Der Fluss soll dann rund 100 Jahre lang durch die Ásbyrgi-Schlucht geflossen sein, bevor er sich ostwärts in sein heutiges Bett verlagerte.

Schlafen & Essen

Dettifoss Guesthouse PENSION €
(☎869 7672; www.facebook.com/dettifossguesthouse; Straße 85, Lundur; EZ/DZ/4BZ ohne Bad 6600/13 600/18 800 ISK; 📶) Der Name ist eher irreführend: Das relativ preiswerte Gästehaus liegt nämlich 7 km nördlich von Ásbyrgi an der Strecke nach Kópasker (und nicht Richtung Süden bzw. Dettifoss). Es ist eine gemütliche Herberge mit elf Zimmern unterschiedlicher Größe, Gästeküche und schicken Gemeinschaftsbädern. Camper sind ebenfalls willkommen (1200 ISK pro Pers.).

Campingplatz Ásbyrgi CAMPINGPLATZ €
(☎470 7100; www.vjp.is; Stellplatz Erw./Teenager/Kind 1900/800 ISK/frei; ⏲Mitte Mai–Sept.; 📶) Im Park ist Zelten ausschließlich auf den offiziellen Campingplätzen in der Ásbyrgi-Schlucht und im Vesturdalur erlaubt; der Campingplatz am Dettifoss ist für Wanderer reserviert. Der große, gut zugängliche Campingplatz in der Ásbyrgi-Schlucht hat ein gutes Sanitärgebäude mit Duschen (500 ISK) und Waschmaschine (500 ISK). Es gibt Stellplätze mit Stromanschluss, aber keine Kochgelegenheiten für die Camper. Es werden keine Reservierungen angenommen.

★ **Nordic Natura** HÜTTEN €€
(☎862 7708; www.nordicnatura.is; Straße 85, Meiðavellir; Hütte 26 000 ISK; 📶👪) Die hübschen neuen Hütten auf einem Gehöft am Rand des Nationalparks bieten allesamt einen fabelhaften Ausblick auf die Ásbyrgi-Schlucht. Gebaut hat sie eine sehr freundliche Familie, die ihre Besucher mit offenen Armen empfängt. Die Hütten sind sehr modern, mit voll ausgestatteter Küche, Flachbildfernseher und WLAN eingerichtet. Dabei braucht man TV und Internet eigentlich gar nicht, wenn man auf der Terrasse sitzt und die Schönheit um sich herum genießt.

Ásbyrgi-Laden FAST FOOD €€
(☎465 2260; Straße 85; Hauptgerichte 900–2950 ISK; ⏲Juni–Aug. 9–22 Uhr, Sept.–Mai 10–18 Uhr) Der Laden nicht weit vom Besucherzentrum an der Straße 85 hat ein Sortiment an Lebensmitteln und eine Grill-Bar mit einfacheren Gerichten (z. B. Suppe, Lamm,

Fisch, Burger, Sandwiches). Hier kann man auch tanken. Im Winter ist der Grillimbiss manchmal geschlossen.

Vesturdalur

Das Tal Vestadalur liegt abseits der ausgetretenen Pfade und ist wegen seiner abwechslungsreichen Landschaft ein beliebtes Wanderziel. Ein Wegenetz zieht sich durch das Strauchgebiet beim Campingplatz bis zu den von Höhlen durchsetzten Felsnadeln Hljóðaklettar, zur Kraterreihe Rauðhólar, zu den Seen von Eyjan (nicht zu verwechseln mit Eyjan in der Ásbyrgi-Schlucht) und zur Schlucht Jökulsárgljúfur.

Im Sommer ist im Vesturdalur ein Ranger stationiert.

Campingplatz Vesturdalur CAMPINGPLATZ €
(☎470 7100; www.vjp.is; abseits der Straße 862; Stellplatz Erw./Teenager/Kind 1900/800 ISK/frei; ⏲Anfang Juni–Mitte Sept.) Camping ist innerhalb der Parkgrenzen nur auf den offiziellen Campingplätzen Ásbyrgi (S. 344) und Vesturdalur (plus Dettifoss, der allerdings nur für Wanderer) erlaubt. Der Campingplatz Vesturdalur befindet sich in der Nähe der Rangerstation und hat weder Stromanschlüsse noch Duschen oder Warmwasser – Toiletten und fließendes Wasser sind der einzige Luxus hier.

Das Vesturdalur liegt 14 km südlich von Ásbyrgi an einer Nebenstraße der Straße 862. Zur Zeit der Recherche fuhr man von der Straße 85 aus 8 km über das neu geteerte Teilstück der Straße 862, dann weitere 4 km auf Schotter bis zum Abzweig zum Vesturdalur und von dort noch 2 km bis zum Ziel.

★ Hljóðaklettar GEOLOGISCHE FORMATION
Bizarre Wirbel, Spiralen, Rosetten, Waben und Basaltsäulen machen die Hljóðaklettar zum verblüffenden Studienobjekt für Hobbygeologen und zum Highlight jeder Wanderung durch das Vesturdalur. Schwer zu sagen, welche vulkanischen Phänomene diese steinernen Verwindungen hervorgebracht haben: Es gibt ziehharmonikaähnliche Faltungen und sich wiederholende Muster; die andernorts meist vertikalen Basaltsäulen (die durch rasch abkühlende Lava entstehen) liegen hier quer.

Die seltsamen Formationen stellen die Akustik auf den Kopf, sodass nicht mehr erkennbar ist, aus welcher Richtung das Rauschen des Flusses kommt. Diesem verwirrenden Effekt verdanken die Hljóðaklettar ihren Namen „Echofelsen".

Ein **Rundwanderweg** (3 km) kann vom Parkplatz in ungefähr einer Stunde abgelaufen werden. Die bizarrsten Felsformationen und Lavahöhlen säumen das Flussufer nordöstlich vom Parkplatz.

Rauðhólar GEOLOGISCHE FORMATION
Die Kraterreihe Rauðhólar („rote Hügel") nördlich der Hljóðaklettar präsentiert sich als buntes Band, denn die Aschekegel leuchten in den verschiedensten Farben. Ein 5 km langer Rundweg zu den Kratern beginnt am Parkplatz Vesturdalur.

Karl og Kerling GEOLOGISCHE FORMATION
Die urigen Felsnasen am steinigen Westufer des Flusses (1 km vom Parkplatz Vesturdalur entfernt) heißen Karl og Kerling („Alter Mann und alte Frau") und sollen zwei versteinerte Trolle sein. Auf der anderen Flussseite liegt die **Tröllahellir**, die größte Höhle der Schlucht, die nur von der Straße 864 aus durch einen 5 km langen Querfeldeinmarsch auf der Ostseite zu erreichen ist.

Eyjan FELSEN
Der Eyjan ist ein inselartiger Felskeil mit niedrigem, struppigem Baumbewuchs und kleinen Teichen. Von Karl og Kerling kann man einen 7 km langen Weg um den Eyjan herum zum Vesturdalur gehen. Dazu folgt man dem Fluss Richtung Süden zum Kallbjarg, dann Richtung Westen auf dem Weg zum verlassenen **Svínadalur**, wo sich die Schlucht zu einem breiten Tal weitet, und schließlich am westlichen Fuß der Eyjan-Felsen zurück zum Vesturdalur-Parkplatz.

★ Hólmatungur NATUR
(Straße 887) Südlich des Vesturdalur machen üppige Vegetation, rauschende Wasserfälle und die friedliche Atmosphäre das Gebiet Hólmatungur zu einer der schönsten Naturoasen im Park. Unterirdische Quellen sprudeln aus dem Boden und vereinigen sich zu kurzen Flüsschen, die sich in Kurven und Kaskaden ihren Weg bis zur Schlucht Jökulsárgljúfur bahnen.

Der beste Panoramablick auf Hólmatungur bietet sich vom Hügel **Ytra-Þórunnarfjall** südlich vom Parkplatz.

Am beliebtesten ist der 4,5 km lange Rundwanderweg, der vom Parkplatz in nördliche Richtung an der Hólmá entlang bis zum Hólmáfossar führt, wo die schroffen Konturen der Schlucht weicher werden und mehrere hübsche Wasserfälle über die Felsen hüpfen.

Von dort geht es dann wieder südwärts, dieses Mal an der Jökulsá entlang, bis diese mit dem Flüsschen Melbugsá zusammenfließt und sie sich dann als **Urriðafossar** in die Tiefe stürzen. Um den Wasserfall in seiner ganzen Pracht zu sehen, am besten den (anspruchsvollen) 2 km langen Pfad nach Katlar gehen.

Um nach Hólmatungur zu gelangen, muss man von der Straße 862 auf die Straße 887 abbiegen. Ein Geländefahrzeug ist nicht unbedingt notwendig, aber ratsam – die Straße 887 (1 km) erfordert reichlich Bodenfreiheit. Ansonsten gibt es noch die Möglichkeit, das Auto im Vesturdalur abzustellen und sich auf eine ganztägige Rundwanderung zu begeben. Zelten ist verboten, aber ein Picknick in Hómatungur lohnt sich.

Dettifoss

Es gibt kaum ein beeindruckenderes Beispiel für die ungeheure Kraft der Natur als den Dettifoss, einen der mächtigsten Wasserfälle Islands.

Obwohl er nur 45 m hoch und 100 m breit ist, lässt er im Sommer gewaltige 400 m^3 Wasser pro Sekunde in die Tiefe donnern. Sein Gischtschleier ist noch aus 1 km Entfernung zu sehen. Was das Volumen angeht, ist der Dettifoss die Nummer eins in Europa und als Naturerlebnis einmalig. Wenn die Sonne scheint, spannen sich doppelte Regenbögen über die aufgewühlten, milchig weißen Wassermassen und die Besucher recken die Hälse, um auch wirklich die ganze Wucht mitzubekommen.

Der Wasserfall ist von beiden Seiten der Schlucht zu sehen, aber es gibt vor Ort keine Brücke oder eine anderweitige Verbindung zwischen den Seiten. Beide Aussichtspunkte bieten ein tolles Panorama und haben ihre Vor- und Nachteile. Sie liegen etwa 15 bis 20 Gehminuten vom jeweiligen Parkplatz entfernt. Viele Fotografen bevorzugen die Ostseite, besonders im Winter. Dafür ist die Anfahrt auf der Westseite einfacher (was natürlich auch mehr Tourbusse anlockt). Hier wie dort kann im Sommer ein Besuch bei Mitternachtssonne helfen, das größte Gedränge zu vermeiden. Vorsicht auf den Pfaden – die Gischt macht sie ziemlich rutschig.

Die geteerte Straße 862 führt von der Ringstraße zum **Westrand des Dettifoss**, wo ein Parkplatz mit Toiletten liegt. Vom Parkplatz ist es 1 km bis zum Wasserfall. Eine Alternative ist ein ebenfalls hier beginnender 2,5 km langer Rundweg, auf dem der spektakuläre Aussichtspunkt am Felsrand des Dettifoss liegt sowie mit Blicken auf seinen kleinen Bruder, den **Selfoss**. Gegen

ANFAHRT ZUM DETTIFOSS

Der Wasserfall wird von zahlreichen Bustouren heimgesucht, doch öffentliche Busverbindungen wurden im Sommer 2018 komplett eingestellt. Über den aktuellen Stand informieren die Website des Parks, die Touristeninformationen und www.publictransport.is. Wenn die Straße 862 vollständig asphaltiert ist, wird sich die Lage sicher wieder ändern.

Im Sommer ist der Dettifoss auf drei verschiedenen Wegen mit dem Auto zu erreichen, im Winter nur auf einem (ohne Garantie, dass man überhaupt durchkommt). Ob die Straßen geöffnet sind, ist auf www.road.is nachzuschauen.

Über die Straße 862 von der Ringstraße nach Norden Die Abzweigung zum Dettifoss befindet sich 27 km östlich von Reykjahlíð (Mývatn). Von dort führt eine problemlose 24 km lange Asphaltstrecke bis zum Wasserfall. Diese Straße kann im Winter durch Schnee unpassierbar werden; die winterliche Befahrbarkeit ist nicht garantiert. Wenn die Straße geschlossen ist, sind die Fälle u. U. nur mit einer Superjeeptour vom Mývatn aus zu erreichen.

Über die Straße 862 von Ásbyrgi nach Süden (37 km) Zur Zeit der Recherche wurde diese Strecke etappenweise geteert (die letzten 16 km Richtung Norden sollen bis zum Ende des Sommers 2019 fertig sein). Am besten vor Ort nach den Straßenverhältnissen erkundigen. Die Straße ist je nach Wetterlage etwa von Juni bis Anfang Oktober geöffnet.

Straße 864 am Ostufer des Flusses Eine 60 km lange Schotterstrecke, die von der Ringstraße bis zur Ásbyrgi-Schlucht führt. Sie ist nicht als F-Straße (nur für Geländewagen) ausgewiesen, kann aber in einem normalen Pkw ganz schön holperig werden. Die Straße 864 ist je nach Wetterlage etwa von Juni bis Anfang Oktober geöffnet.

ABSEITS DER ÜBLICHEN PFADE

WANDERUNG VOM DETTIFOSS ZUR ÁSBYRGI-SCHLUCHT

Die beliebteste Wanderung im Jökulsárgljúfur ist die zweitägige Tour (ca. 30 km) zwischen Dettifoss und Ásbyrgi-Schlucht. Sie führt durch Birkenwald und üppige Täler, zwischen markanten Gesteinsformationen und steil aufragenden Felswänden hindurch an allen wichtigen Sehenswürdigkeiten der Region vorbei und verspricht atemberaubende Schluchtpanoramen.

Die Tour kann in beide Richtungen gemacht werden. Die Parkverwaltung empfiehlt aber, vom Dettifoss nach Norden zu wandern. Infos und eine Karte gibt's im Besucherzentrum (S. 343) in Ásbyrgi, oder man lädt sich die Karte von der Website herunter und ruft im Besucherzentrum an, um die aktuelle Situation zu erfragen.

Die Wanderung vom Dettifoss zum Vesturdalur dauert schätzungsweise sechs bis acht Stunden. Für diese Etappe gibt es zwei Möglichkeiten: entweder die bei Weitem schwierigere, aber spektakuläre Route über den steilen Weg durch die Hafragil-Klamm (18 km) oder die einfachere Route nördlich an der Hafragil vorbei (19,5 km). Der Weg durch die Klamm ist nichts für untrainierte Wanderer oder Leute mit Höhenangst.

Am zweiten Wandertag locken einige Abstecher zu den Highlights des Vesturdalur, bevor man die gemächliche Wanderung zurück zur Ásbyrgi-Schlucht antritt (12 km, drei bis vier Stunden). Der Weg führt entweder am Rand der Ásbyrgi-Schlucht oder am Fluss Jökulsá entlang. Auf die Rückkehrer warten warme Duschen am Campingplatzes Ásbyrgi (S. 344).

Da derzeit keine Busse nach Ásbyrgi fahren, muss man eine Abholung vor Ort arrangieren. Nicht vergessen, die Wanderung auf safetravel.is einzuchecken!

die Sprühnebel des Wasserfalls schützt man sich am besten mit wasserfester Kleidung!

Wer die **Ostseite des Wasserfalls** über die geschotterte Straße 864 ansteuert, kann vom Dettifoss-Parkplatz noch 2 km nach Norden fahren und nach dem Wegweiser zum **Hafragilsfoss** Ausschau halten. Der etwas kleinere, aber sehr fotogene Wasserfall flussabwärts des Dettifoss ist von einem Aussichtspunkt mit grandiosem Blick über die Schlucht zu bewundern.

Schlafen & Essen

Direkt am Dettifoss kann man nicht übernachten, aber auf der Ostseite (Straße 864) gibt's in der Nähe der Ringstraße zwei Pensionen. Der Wasserfall ist aus verschiedenen Richtungen zu erreichen. Der nächste größere Ort ist das 52 km entfernte Reykjahlíð am Mývatn.

Nördlich vom Dettifoss gibt's an der Straße 862 einen winzigen, sehr einfachen Campingplatz, der Wanderern vorbehalten ist.

Grímsstaðir PENSION, CAMPINGPLATZ €€
(☎464 4292; www.grimsstadir.is; Straße 864, Grímsstaðir á Fjöllum; Stellplatz 750 ISK pro Pers., DZ ohne Bad mit Frühstück 19 900 ISK; ⏲Ende Juni–Mitte Sept.) Das Hochlandgehöft Grímsstaðir liegt 28 km südlich vom Dettifoss in der Nähe der Kreuzung mit der Ringstraße. In einem alten Hofhaus gibt's Schlafsackbetten (6000 ISK pro Pers.) und in dem Haus, das der Farmer bewohnt, drei Doppelzimmer inklusive Bettwäsche. Auf einem Feld am Bach kann gezeltet werden.

Grímstunga Cafe & Guesthouse PENSION €€
(☎464 4294; www.grimstunga.is; Straße 864, Grímstunga 1 in Grímsstaðir a Fjöllum; DZ mit/ohne Bad ab 24 500/17 500 ISK; 📶) Auch die einladende Pension Grímstunga befindet sich 28 km südlich vom Dettifoss in der Nähe der Kreuzung mit der Ringstraße. Sie bietet einfache, behagliche Zimmer mit Gemeinschaftsbad und Gästeküche. Das Café (9–19 Uhr) bietet tagsüber Kaffee und Kuchen und abends ein Büffet (4800 ISK). Außerdem besitzen die Eigentümer 6 km weiter nördlich in Hólssel an der Straße 864 noch ein Haus mit Zimmern mit Bad.

RUNDFAHRT IM NORDOSTEN

Die vielen Reisenden, die die Ringstraße nicht verlassen, verpassen den rauen, kaum bewohnten Küstenstreifen rund um die abgelegene Halbinsel im Nordosten. Die Route ist eine faszinierende Alternative zur Direktverbindung zwischen Mývatn und Egilsstaðir. Einsame Moore und die Schönheit der ungezähmten Natur machen die Region, die bis auf wenige Kilometer an den Polarkreis heranreicht, einzigartig. Wer das ursprüngliche, unverfälschte Island jenseits des Tourismus sucht – hier ist es!

Informationen

Infos über den Nordosten bietet www.edgeofthe arctic.is. Vogelfreunde sollte sich die Karte *Birding Trail* besorgen. Siehe www.birdingtrail.is.

Anreise & Unterwegs vor Ort

Im Sommer 2018 wurden die Busverbindungen in diese Gegend eingestellt. Aktuelle Infos gibt's in den Touristeninformationen und auf www.publictransport.is.

Die größtenteils geteerte Straße 85 verbindet Vopnafjörður, Þórshöfn, Raufarhöfn und Kópasker. Weiter führen dann unbefestigte Pisten.

Air Iceland Connect (S. 470) bietet wochentags eine Flugverbindung von Akureyri nach Þórshöfn und Vopnafjörður.

Kópasker

122 EW.

Das winzige Kópasker ist die westlichste Siedlung am Rande der Wildnis des Nordostens. Wer abgeschiedene Gegenden wie die Halbinsel Melrakkaslétta ansteuern und unterwegs zelten möchte, kann sich hier mit Proviant eindecken.

HI-Hostel Kópasker HOSTEL €
(☎465 2314; www.hostel.is; Akurgerði 7; B/DZ ohne Bad 5000/12 700 ISK; ⌚Mai–Mitte Okt.; 📶) Die beste Übernachtungsadresse ist das heimelige, von Benni geführte Kópasker HI-Hostel. Die Zimmer verteilen sich auf mehrere Gebäude und sind alle bestens in Schuss. In der Nähe liegen diverse Aussichtspunkte, um Vögel (und manchmal auch Robben) zu beobachten. HI-Mitglieder bekommen 10 % Rabatt. Nur Barzahlung möglich.

Campingplatz CAMPINGPLATZ €
(☎864 3013; www.nordurthing.is; Austurtröð 4; Stellplatz Erw./Kind 1200 ISK/frei; ⌚Juni–Aug.) Der ordentliche kleine Campingplatz liegt am südlichen Ortseingang.

Skerjakolla SUPERMARKT, CAFÉ €
(☎465 1150; www.facebook.com/budinaskerinu.skerjakolla; Bakkagata 10; Snacks & Pizza 300–2200 ISK; ⌚Juni–Aug. 10–20, Sa ab 12, So 12–18 Uhr, Sept.–Mai kürzere Öffnungszeiten) Skerjakolla ist eine wirklich nette Überraschung: ein brauchbarer Lebensmittelladen mit einem kleinen, schlichten Café, das Pizza, Sandwiches, Kaffee und Kuchen serviert. Zum Laden gehören sogar noch eine **Vínbúðin** (☎465 1118; www.vinbudin.is; Bakkagata 10; ⌚Mo–Do 16–18, Fr 13–18 Uhr) und eine Zapfsäule vor dem Haus.

Raufarhöfn

186 EW.

Das abgelegene Raufarhöfn (gesprochen: *reu*-wer-hap), der nördlichste Ort auf dem isländischen Festland, ist ein ruhiges Dorf mit einem orangefarbenen Leuchtturm an der Landspitze. Schon zu Sagazeiten war der Hafen ein wichtiger Anlaufpunkt. Aber erst zu Beginn des 20. Jhs. erlebte Raufarhöfn durch den Heringsfang einen echten Boom und wurde darin nur von Siglufjörður übertroffen. Die eintönigen Fertighäuser, die hier heute stehen, lassen allerdings keine Erinnerung an eine glorreiche Vergangenheit aufkommen. Hier fühlt man sich sehr weit weg von den Hochglanzbildern, die die gut geölte Tourismusmaschinerie des Landes andernorts hervorbringt. Am besten bekannt ist der Ort für das Projekt Arctic Henge.

Sehenswertes

Arctic Henge DENKMAL
(www.arctichenge.com; Straße 870; ⌚24 Std.) GRATIS Die markanten Steinbögen des Arctic Henge zieren zahlreiche Broschüren und erzeugen die Stimmung auf diesen Fotos tatsächlich auch von Angesicht zu Angesicht. Der Steinkreis auf dem Hügel nördlich von Raufarhöfn hat einen Durchmesser von 50 m. Die riesigen, bis zu 7 m hohen Felsentore repräsentieren den Jahreskreis. Die exakt konstruierte Sonnenuhr soll ein Anziehungspunkt und Versammlungsort zur Feier der Sonnenwenden und zum Bewundern der Mitternachtssonne werden. Darüberhinaus greift das Werk den nach wie vor lebendigen Volksglauben an die Mythen der *Völuspá* („Prophezeiung der Seherin") aus der *Edda* auf. An dem ambitionierten Projekt wird noch gearbeitet.

Schlafen & Essen

Es gibt einen **Campingplatz** (☎465 2254; www.nordurthing.is; Straße 870; Stellplatz Erw./Kind 1200 ISK/frei, Campingsteuer 333 ISK; ⌚Juni–Mitte Sept.), ein einfaches Hotel und zwei annehmbare Pensionen.

Nest PENSION €
(Gistiheimilið Hreiðrið; ☎472 9930; www.nesthouse.is; Aðalbraut 16; EZ/DZ/Apt. ohne Bad 8900/14 000/23 900 ISK; 📶👪) Die Pension an der

Hauptstraße bietet helle, ansprechende Zimmer sowie eine Gästelounge und eine Küche.

Hótel Norðurljós HOTEL €€
(☎465 1233; www.hotelnordurljos.is; Aðalbraut 2; DZ mit/ohne Bad 24 800/18 100 ISK; ⏲Juni–Sept.; 📶) Das Hótel Norðurljós ist die „schickste" Unterkunft des Örtchens, das heißt, es ist die einzige mit Zimmern mit eigenem Bad. Unter einem neuen Management nimmt das eher gesichtslose Hotel einen neuen Anlauf. Es verfügt über ein Restaurant – eine der wenigen Essmöglichkeiten in Raufarhöfn – und eine Terrasse zum Meer hinaus.

★ **Kaupfélagið Raufarhöfn** CAFÉ €
(☎849 3536; www.facebook.com/kaupfelagidRaufarhofn; Aðalbraut 24; Suppe & Kaffee 1500 ISK; ⏲10.30–21, Fr bis 19, So bis 17 Uhr) Der größte Lichtblick im Dorf ist dieses reizende Café mit Kunsthandwerksgalerie und viel Charme und Persönlichkeit (Treibholz, Kunstwerke, Kaffeekannen). Es serviert ein Frühstücksbüffet, nachmittags Kaffee und Kuchen und später schlichtes Abendessen.

Rauðanes

★ **Rauðanes** NATURSCHUTZGEBIET
Die Landzunge Rauðanes am Þistilfjörður ist ein prima Ziel für Wanderer. Ein 7 km langer, markierter Wanderweg führt zu bizarren Felsformationen, Steinbögen, Höhlen und abgeschiedenen Stränden. Außerdem tummeln sich hier viele Vogelarten (auch Papageitaucher). Die Stichstraße nach Rauðanes zweigt zwischen Raufarhöfn (42 km) und Þórshöfn (32 km) ab (der Wegweiser ist ziemlich klein). 1,5 km nach der Abzweigung erreicht man einen kleinen Parkplatz mit einer Infotafel, die einen Überblick über die Wanderwege gibt.

Þórshöfn

352 EW.

Þórshöfn hat seit Sagazeiten einen betriebsamen Hafen und erlebte seine goldene Ära Anfang des 20. Jhs., als hier eine Station zum Einsalzen von Heringen eingerichtet wurde. Heute gibt sich der Ort ganz bescheiden, ist aber der perfekte Ausgangspunkt für Ausflüge zur abgelegenen Halbinsel Langanes.

Sehenswertes & Aktivitäten

Sauðaneshús MUSEUM
(☎464 1860; Straße 869; Erw./Kind 800 ISK/frei; ⏲Mitte Juni–Aug. 11–17 Uhr) Das Sauðaneshús, das alte Pfarrhaus auf einem Pfarrhof 7 km nördlich des Orts auf dem Weg nach Langanes, bietet einen Einblick in den Alltag der hiesigen Bevölkerung vor hundert Jahren. Außerdem gibt's hier ein Café.

Sportkomplex SCHWIMMEN
(Íþróttahús; ☎468 1515; Langanesvegur 18b; Erw./Kind 800/400 ISK; ⏲Juni–Aug. Mo–Fr 8–20, Sa & So 11–17 Uhr, sonst kürzere Öffnungszeiten) Großer Schwimmbad- und Sportkomplex mit Touristeninformation.

Þórshöfn Kayak KAJAKFAHREN
(☎468 1250; www.baranrestaurant.is; Eyrarvegur 3; ⏲Mai–Sept.) Der Veranstalter mit Sitz im Restaurant Báran am Hafen bietet verschiedene Kajaktouren an, von netten Schnupperangeboten (1 Std., 4000 ISK) bis zu Küstenpaddeltouren, die an Steilküsten, einem Leuchtturm und Schwärmen von Meeresvögeln vorbeiführen (3 Std., 9700 ISK). Im Juni und Juli ist auch eine Mitternachtssonnen-Tour im Angebot. Trockenanzüge sind im Preis enthalten.

ABSTECHER

STRASSE 917

Östlich von Vopnafjörður führt die größtenteils ungeteerte Straße 917 73 km weit durch spektakuläre Berglandschaften und über die 655 m hohe **Hellisheiði** hinunter zur Ostküste. Bei schlechtem Wetter wird sie manchmal unpassierbar, aber im Sommer dürften selbst Kleinwagen keine größeren Probleme haben. Die Straße klettert über diverse Haarnadelkurven stetig in die Höhe und stürzt sich dann todesmutig hinunter zu den eisigen Flussdeltas des **Héraðssandur**.

Schlafen & Essen

Lyngholt Guesthouse PENSION €
(☎897 5064; www.lyngholt.is; Langanesvegur 12; EZ/DZ ohne Bad 9900/15 500 ISK, Hütte 21 000 ISK; 📶👪) Das schöne Holzhaus in der Nähe des Schwimmbads mit guter Ausstattung einschließlich Küche und Lounge macht Laune. Die Eigentümer betreiben noch zwei weitere Pensionen und vermieten ein Ferienhaus.

Campingplatz Þórshöfn CAMPINGPLATZ €
(☎468 1220; Miðholt; Stellplatz 1200 ISK pro Pers.; ⏲Juni–Mitte Sept.) Gepflegter Rasenplatz in der Nähe des Ortszentrums.

★ Grásteinn Guesthouse PENSION €€
(☎ 895 0834; www.grasteinnguesthouse.is; Straße 868, Holt; Hütte 20 500 ISK; 📶) Die schönen Hütten auf einem einsamen Schäferhof 14 km südwestlich von Þórshöfn bieten den Gästen die Möglichkeit, der Welt den Rücken zuzukehren. Bauer Siggi und Bäuerin Hildur haben die Zimmer in einem zurückhaltenden, gemütlichen Stil eingerichtet. Alle verfügen über eine Küchenzeile, einige auch über einen Balkon. Das Frühstück mit Zutaten vom Hof wird direkt an die Hütte geliefert. Perfekt zum Vertrödeln eines Tages oder zur Vorbereitung für eine Vogelbeobachtungstour.

Kjörbúðin SUPERMARKT €
(☎ 468 1100; Langanesvegur 2; ⌚ Mo–Fr 9–19, Sa 10–18, So 12–18 Uhr) Für Selbstversorger.

Báran ISLÄNDISCH €€
(☎ 468 1250; www.baranrestaurant.is; Eyrarvegur 3; Hauptgerichte 2900–4300 ISK; ⌚ Mai–Sept. 10–22, Fr bis 1, Sa bis 3 Uhr, Okt.–April kürzere Öffnungszeiten) Das Hafenrestaurant hinter der N1-Tankstelle ist eine echte Überraschung. Wer rechnet schon damit, hier ein Lokal mit Wohnzimmeratmosphäre, abwechslungsreichem Speisenangebot aus hochwertigen Zutaten und mehreren ausgezeichneten isländischen Biersorten vorzufinden? Neben gut zubereiteten Klassikern wie Pizza, Pasta und Burgern gibt es z. B. leckeres Lamm und Fisch aus der Region. Einige Reisende stört vielleicht, dass hier auch Minkwal auf der Karte steht. Wer möchte kann hier am Wochenende bis spät in die Nacht mit den Einheimischen picheln.

DIE SAGA VON DEN LEUTEN VOM VOPNAFJÖÐUR

Der Vopnafjöður spielt eine bedeutende Rolle in einer dramatischen Saga, die um 960 bis 990 spielt. Die im 13. Jh. aufgezeichnete *Vápnfirðinga saga* (Saga von den Leuten vom Vopnafjöður) beschreibt die Kapriolen vom hiesigen Häuptling Helgi Þorgilsson (bekannt als Brodd-Helgi) und von Geitir Lytingsson samt ihren Familien: Aus engen Bündnissen werden gewalttätige Fehden, doch am Ende steht die Versöhnung. In der Touristeninformation gibt's eine umfangreiche Broschüre zur Saga. Es können – einen Tag im Voraus – Führungen zu Schauplätzen rund um den Fjord gebucht werden.

Vinbúðin ALKOHOLISCHE GETRÄNKE
(☎ 560 7883; www.vinbudin.is; Langanesvegur 2; ⌚ Mo–Do 16–18, Fr 13–18 Uhr) Staatlicher Alkoholladen.

Langanes

Die neblige Landzunge Langanes erinnert der Form nach an eine Gans mit überdimensioniertem Kopf. Sie ist einer der einsamsten Flecken Islands, platt wie eine Flunder und übersät von Mooskissen und Geröll. Ideal also, um die neuen Wanderschuhe einzulaufen und die Einsamkeit zu genießen.

Die geteerte Straße 869 endet unmittelbar nördlich von Þórshöfn. Eine zerfurchte unbefestigte Straße führt 50 km weiter die Halbinsel Langanes entlang. Theoretisch kann der Weg bis zum Leuchtturm Fontur an der Spitze mit einem Allradwagen zurückgelegt werden, aber unterwegs gibt es einige recht schwierige Passagen.

Wer kein eigenes Fahrzeug hat, kann mit der Ytra Lón Farm Lodge gegen Gebühr die Abholung aus Þórshöfn vereinbaren.

Ytra Lón Farm Lodge APARTMENTS €€
(☎ 846 6448; www.ytralon.is; Straße 869; EZ/DZ mit Frühstück 22 000/24 500 ISK; 📶) Der ideale Stützpunkt, um Langanes zu erkunden, ist diese tolle Unterkunft 14 km nordöstlich von Þórshöfn, ganz in der Nähe der Straße 869. Die Lodge gehört zu einer Schaffarm, die von einer freundlichen niederländisch-isländischen Familie betrieben wird. Farbenfrohe Studio-Apartments mit Bad und Kochnische sind in einer Reihe umfunktionierter Frachtcontainer unter einer Art Gewächshausdach untergebracht. Dazu gibt es ein Frühstücksbüffet mit regionalen Zutaten und einen Hot Pot.

Vopnafjörður & Umgebung

526 EW.

Der „Waffenfjord" war der Überlieferung nach einmal die Heimat eines furchteinflößenden Drachens, der den Nordosten Islands beschützte. Heute gibt es keine Drachen mehr und der Ort wirkt nur noch sympathisch verschlafen. Er ist vor allem für die überragenden Lachsflüsse der Gegend bekannt (Prinz Charles und George Bush senior haben hier schon gefischt).

Übrigens wird Vopnafjörður offiziell Ostisland zugerechnet und Online-Informationen sind unter www.east.is zu finden. Wir haben es in diesem Reiseführer unter Nordisland aufgeführt, weil es logistisch am besten im Zuge einer Rundfahrt im Nordosten entlang der Straße 85 zu erreichen ist.

Sehenswertes & Aktivitäten

★ Selárdalslaug SCHWIMMEN
(abseits der Straße 85; Erw./Kind 700/350 ISK; ⌚Mitte Mai–Sept. 10–22 Uhr, sonst kürzere Öffnungszeiten) Das tolle Freibad befindet sich mitten im Nirgendwo am Ufer des reißenden Flusses Selá. Es ist ausgeschildert: 8 km nördlich von Vopnafjörður, abseits der Straße 85, südlich vom Fluss. Hier kann man ins Thermalwasser des Hot Pots, in ein Kaltwasserbecken oder auch in das normale Schwimmbecken hüpfen.

Kaupvangur KULTURZENTRUM
(☎473 1200; Hafnarbyggð 4a) GRATIS Das auffälligste Gebäude im Ort ist das restaurierte Zollhaus. Das Erdgeschoss beherbergt ein nettes Café, ein Informationszentrum und einen Kunsthandwerksladen. In der Etage darüber widmet sich eine gut gemachte Ausstellung zwei berühmten Söhnen von Vopnafjörður, sozusagen dem isländischen Gegenstück der Gershwin-Brüder. Dazukommt ein Geschoss darüber eine kleine Präsentation zur Erinnerung an die ostisländischen Auswanderer, von denen zwischen 1850 und 1914 viele genau hier ihre Schiffspassage nach Nordamerika buchten.

Das Gebäude ist auch Sitz des **East Iceland Emigration Center** (www.vesturfarinn.is). Es hilft „westlichen Isländern“ (d. h. Nordamerikanern isländischer Abstammung), ihre Wurzeln wiederzufinden.

Bustarfell MUSEUM
(☎471 2211; abseits der Straße 920; Erw./Kind 900/200 ISK; ⌚Juni–Sept. 10–17 Uhr) Das ausgezeichnete Volkskundemuseum ist in einem fotogenen Herrenhaus mit Grassodendach aus dem 18. Jh. südwestlich der Gemeinde Vopnafjörður untergebracht. Sein Café serviert hausgemachten Kuchen und Kaffee. Es liegt 8 km von der Straße 85 und 19 km von Vopnafjörður entfernt nicht weit von der geteerten Straße 920.

Schlafen & Essen

In den Tälern um Vopnafjörður liegen einige ausgezeichnete ländliche Pensionen.

Campingplatz CAMPINGPLATZ €
(☎473 1330; www.vopnafjardarhreppur.is; Hamrahlíð 9–15; Stellplatz 1300 ISK pro Pers.; ⌚Mai–Mitte Okt.)

ABSEITS DER ÜBLICHEN PFADE

ABSTECHER: STRASSE 870

Die ungeteerte, aber landschaftlich wunderschöne alte Küstenstraße (Straße 870) rund um die tierreiche und wenig besuchte Halbinsel **Melrakkaslétta** („Polarfuchsebene“) führt über 55 km von Kópasker nach Raufarhöfn, vorbei an den gewellten Feldern, Teichen und Marschen dieses Vogelparadieses. Von ihr zweigen Pisten und Wege ab, die zu einsamen Leuchttürmen auf abgelegenen Landzungen führen. Die Straße wird kaum in Schuss gehalten – für Geländefahrzeugen dürfte sie kein Problem sein, aber wer mit einem normalen Pkw auf die Straße 870 will, sollte erst vor Ort nachfragen, ob der Straßenzustand das zulässt.

Wer die Miðbraut in nördlicher Richtung entlangfährt und an der Schule links abbiegt, landet auf einem guten Campingplatz mit Blick auf den Fjord und die Stadt.

★ Hvammsgerði PENSION €€
(☎588 1298; www.hvammsgerdi.is; Straße 85; EZ/DZ/FZ ohne Bad mit Frühstück ab 9900/12 900/18 900 ISK;) Gleich nördlich der Abzweigung nach Selárdalslaug (etwa 9 km nördlich von Vopnafjörður) steht diese einladende Herberge am Flussufer: Die gemütliche, familienfreundliche Pension hat ansprechende Zimmer, niedliche Haustiere zum Streicheln und legefrische Eier auf dem Frühstückstisch (Frühstück 1800 ISK). Schlafsackunterkünfte sind auch vorhanden (3900 ISK).

Hótel Tangi HOTEL €€
(☎473 1203; www.hoteltangi.com; Hafnarbyggð 17; DZ mit/ohne Bad mit Frühstück 21 600/16 200 ISK;) Das freundliche, ganzjährig geöffnete Hotel im Ort hat ein auch Nichtgästen offenstehendes Restaurant, einen netten Loungebereich und Zimmer mit und ohne Bad. Die schickste Übernachtungsmöglichkeit ist das Studio, in dem bis zu vier Personen nächtigen können.

★ Kaupvangskaffi CAFÉ €
(☎473 1331; www.kaupvangskaffi.com; Hafnarbyggð 4a; Suppenbüffet 1390 ISK, Pizza 1360–4620 ISK; ⌚Juni–Sept. 11–21 Uhr, sonst kürzere Öffnungszeiten;) So ziemlich jeder, der durch den Ort kommt, macht hier einen Boxenstopp. Aus

sehr gutem Grund: Das Café im Kaupvangur hat Sofas zum Relaxen, köstlichen Kaffee, mittags ein umfangreiches Suppenbüffet, Pizza (die mit Kaisergranat und Knoblauch ist himmlisch; auch zum Mitnehmen) und eine verführerische Auswahl an süßen Sachen.

Kauptún SUPERMARKT €
(☎ 473 1403; www.facebook.com/Kauptun; Hafnarbyggð 4; ⌚ Mo–Fr 9.30–18, Sa 12–16 Uhr) Der Supermarkt teilt sich den Parkplatz mit dem **Vinbúðin** (☎ 471 2200; www.vinbudin.is; ⌚ Juni–Aug. Mo–Do 16–18, Fr 13–18 Uhr, sonst kürzere Öffnungszeiten).

Praktische Informationen

Touristeninformation (☎ 473 1331; www.visitvopnafjordur.com; Hafnarbyggð 4a; ⌚ Mo–Fr 11–17 Uhr) Das Büro befindet sich im Kaupvangur und bietet gute Informationen. Broschüren und Infos über die Umgebung sind auch außerhalb der Öffnungszeiten zu bekommen. Besonders nützlich sind die kostenlosen Führer zu den örtlichen Wanderwegen, interessant ist aber auch die Broschüre zur *Saga der Menschen vom Vopnafjöður*. Es werden Touren angeboten – einen Tag vorher buchen!

Informationen bieten außerdem www.vopnafjordur.com und www.east.is.

An- & Weiterreise

Es gibt keine Busverbindungen nach Vopnafjörður.

Der Ort liegt 137 km von Reykjahlíð und 136 km von Egilsstaðir (via Straße 85 und Ringstraße) entfernt. Vor der Abfahrt Tankanzeige checken!

Kürzer (95 km), schöner und definitiv aufregender ist die Fahrt nach Egilsstaðir durch die Berge auf der Schotterpiste 917.

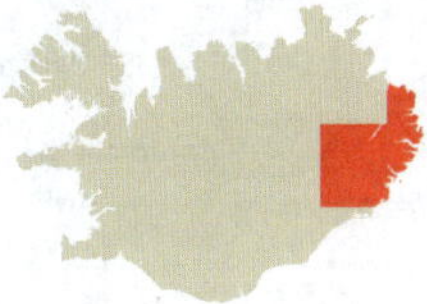

Ostisland

Inhalt ➡

Gut essen

- Klausturkaffi (S. 362)
- Norð Austur Sushi & Bar (S. 371)
- Beituskúrinn (S. 379)
- Havarí (S. 383)
- Randulffs-sjóhús (S. 377)

Schön übernachten

- Hafaldan Old Hospital Hostel (S. 370)
- Fosshótel Eastfjords (S. 380)
- Silfurberg (S. 382)
- Wilderness Center (S. 362)
- Blábjörg Guesthouse (S. 366)

Auf nach Ostisland!

Der vielfältige und nur spärlich besiedelte Osten Islands, das Austurland, präsentiert sich zurückhaltender als andere Landesteile. Er zeichnet sich mehr durch subtilen Charme als durch massentaugliche Attraktionen aus. Die reizvollsten Ziele sind die Ostfjorde. Besonders eindrucksvoll ist die Landschaft um die nördlichen Fjorddörfer zu Füßen der kargen Berge, von denen zahllose Wasserfälle hinabstürzen. An schönen Tagen sind Wanderungen hier unvergesslich.

Landeinwärts, südwestlich von Egilsstaðir, erstreckt sich der längste See Islands. Seine Ufer bieten viel Abwechslung. Tiefer im Landesinneren locken verlassene Höfe, kahle Berge und von Rentieren bevölkerte, einsame Heideflächen und natürlich der Snæfell, einer der berühmtesten Gipfel Islands. Es lohnt sich, nach einer Übernachtung in Egilsstaðir nicht gleich weiterzudüsen, denn die spektakulären Fjorde, wunderschönen Wanderwege, die faszinierende Geologie und die freundlichen Dörfer des Ostens gehören zu den versteckten Schätzen des Landes.

Entfernungen (km)

	Djúpivogur	Reykjavík	Egilsstaðir	Borgarfjörður Eystri	Seyðisfjörður	Neskaupstaður
Reykjavík	552					
Egilsstaðir	85	698				
Borgarfjörður Eystri	155	702	70			
Seyðisfjörður	111	660	27	92		
Neskaupstaður	164	703	72	140	96	
Breiðdalsvík	64	612	84	153	109	100

Highlights

1 Seyðisfjörður (S. 367) Mit der Fähre einen herrlichen, langen Fjord entlanggleiten und in diesem Künstlerdorf anlanden.

2 Borgarfjörður Eystri (S. 364) Beim Wandern nach dem „versteckten Volk" Ausschau halten und Papageitaucher knipsen.

3 Lagarfljót (S. 360) An den bewaldeten Ufern des Lagarfljót Seeungeheuer suchen.

4 Mjóifjörður (S. 374) An einem von Ruinen gesäumten Fjord erfahren, was Abgeschiedenheit bedeutet.

5 Stöðvarfjörður (S. 380) Die fabelhafte Mineraliensammlung des winzigen Orts bestaunen.

6 Wilderness Center (S. 362) Auf der abgelegenen Farm das Hochlandleben kennenlernen und fantastische Wanderwege entdecken.

7 Gestüt Húsey (S. 365) Vögel, Seehunde und die spektakuläre Landschaft vom Rücken eines Pferdes aus betrachten.

8 Havarí (S. 383) In dem wunderbaren Ort am Berufjörður Livemusik und vegetarische Küche genießen.

9 Breiðdalur (S. 382) In diesem wenig bereisten Tal mit bunten Gipfeln und verzweigten Flüssen der Stille auf der Spur sein.

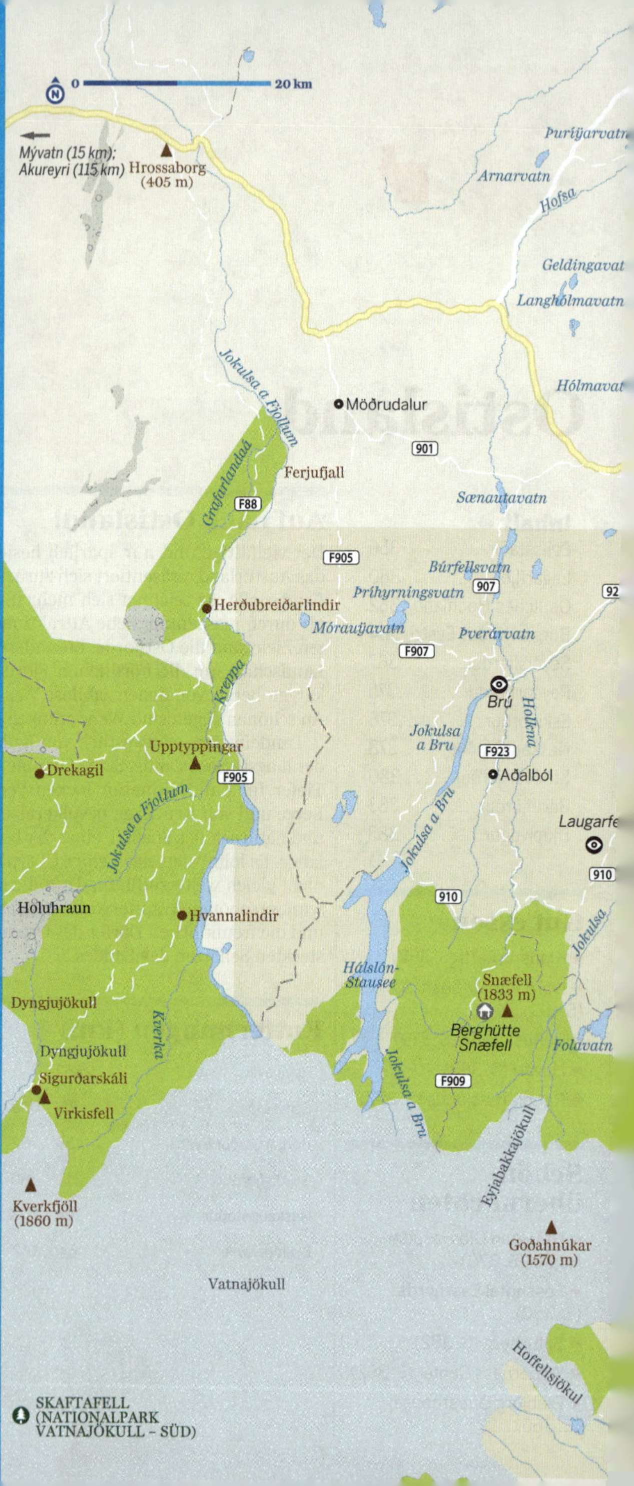

Vopnafjörður (10 km)
Héraðssandur
Héraðsflói
7 Húsey
Njarðvík
Borgarfjörður
Miklavatn
Vatnsskarð
Hafnarhólmi
Borgarfjörður Eystri 2
Geitfell (587 m)
Smjörfjöll (1251 m)
Stórurð
Dyrfjöll
Staðarfjall (621 m)
Breiðavík-Hütte
Álftavatn
Húsavík
Eiðavatn
Jokulsa a Bru
Klyppstaður-Hütte
Hjalmardalsheiði
Seyðisfjörður
Skálanes
Dalatangi
1
Urriðavatn
Sandvatn
Fellabær
Bjólfur (1085 m)
Stóravatn
Egilsstaðir
93
1 Seyðisfjörður
Brekkuþorp
4 Mjóifjörður
931
1
95
Móraudjavatn
Goðaborg (1148 m)
Neskaupstaður
Hengifossárvatn
953
Norðfjörður
3 Lagarfljót
Neskaupstaður-Tunnel
Hellisfjörður
931
Svartafjall (1021 m)
Oddsskarð
Hallormsstaðaskógur
Kistufell (1239 m)
1
Gerpir (Vogelfelsen)
Eskifjörður
Oddsskarð-Pass (gesperrt)
Fljótsdalsheiði
Alcoa-Aluminium-hütte
Hengifoss
Hallormsstaður
Vöðlavík
95
Hólmatindur (985 m)
Helgustaðanáma
Reyðarfjörður
92
910
Reyðarfjörður
Hádegisfjall (809 m)
Hólmavatn
Skriðuklaustur & Snæfellsstofa
Geitdalsá
Skriðuvatn
1
Fáskrúðsfjörður
Vattarnes
Fáskrúðsfjörður
6 Wilderness Center
Breiðdalsheiði
1
Sandfell (743 m)
Hafnarnes
Öxi-Pass
95
Norðurdalur
5 Stöðvarfjörður
Geltdalsa
939
966
9
95
Breiðdalur
Breiðdalsvík
Líkárvatn
964
1
1
Búlandstindur (1069 m)
Berunes
1
8 Havarí
Berufjörður
Þrándarjökull
Þrándarjökull (1248 m)
Djúpivogur
Djúpivogur
Geithellnadalur
Papey
Hofsjökull (1180 m)
Kollumúli
Jokulsa i Loni
Nord-Atlantik
1
Stafafell
Lon
Eystrahorn
Lonsvik
1

An- & Weiterreise

Auf der Website Visit East Iceland (www.east.is) erfährt man, wie man in diese Region kommt, welche Reisemöglichkeiten es vor Ort gibt und wohin man weiterreisen kann.

BUS

Egilsstaðir ist ein wichtiger Knotenpunkt an der Ringstraße, aber zuletzt gab es zwischen Egilsstaðir und Höfn keine direkte Busverbindung mehr.

Es ist möglich, aber umständlich, diese Strecke in den Südosten mit den Bussen von **SVAust** (☎ 471 2320; www.svaust.is) zurückzulegen; zur Zeit der Recherche waren dafür drei separate Busfahrten nötig: mit dem Bus 1 von Egilsstaðir nach Reyðarfjörður, mit dem Bus 2 von Reyðarfjörður nach Breiðdalsvík und schließlich mit dem Bus 4 von Breiðdalsvík nach Höfn. Eine Alternative sind Internetportale für Mitfahrgelegenheiten oder man fragt in seiner Unterkunft herum, ob jemand noch Platz im Auto hat.

Strætó (☎ 540 2700; www.straeto.is) ist das einzige Busunternehmen mit Verbindungen von Egilsstaðir nach Akureyri und zum Mývatn im Norden. In Egilsstaðir halten die Busse am Campingplatz.

- Bus 56 nach Reykjahlíð am Mývatn (5980 ISK, 2 Std., 1-mal tgl.)
- Bus 56 nach Akureyri (8280 ISK, 3½ Std., 1-mal tgl.)

FLUGZEUG

Der Flughafen von Egilsstaðir liegt 1 km nördlich der Stadt. Air Iceland (www.airiceland.is) fliegt ganzjährig dreimal täglich von Egilsstaðir zum nationalen Flughafen von Reykjavík (nicht zum Keflavík International Airport). Diese Flüge sind sehr begehrt und stellen im Winter manchmal die einzige Verbindung in den Osten dar.

Unterwegs vor Ort

AUTO

Egilsstaðir liegt an der Ringstraße (Straße 1), die 2017 Richtung Süden umgelegt wurde und jetzt durch die Fjorde Reyðarfjörður, Fáskrúðsfjörður und Stöðvarfjörður verläuft. Für Erkundungstouren bieten sich ab Egilsstaðir außerdem folgende Straßen an:

Straße 93 in Richtung Osten zum Seyðisfjörður.

Straße 94 in Richtung Norden zum Borgarfjörður Eystri.

Straße 95 in Richtung Süden, dann über die Straße 931 zum Lagarfljót mit seinen Sehenswürdigkeiten.

Leihwagen

Wer mit dem Flieger oder der Fähre nach Ostisland kommt, findet bei den großen Autoverleihern (Avis, Budget, Hertz und Europcar) in Egilsstaðir einen fahrbaren Untersatz.

BUS

Nahverkehrsbusse von SVAust fahren von Egilsstaðir zu den Dörfern an den Fjorden bis hinunter nach Höfn. Diese Busse befördern außer auf der Strecke zwischen Egilsstaðir und Seyðisfjörður keine Fahrräder.

Neben direkten Verbindungen nach Borgarfjörður Eystri und Seyðisfjörður bedient SVAust ganzjährig die folgenden Strecken, v. a. für Pendler zur Alcoa-Aluminiumfabrik. Die Busse 1 und 2 verkehren täglich (am Wochenende seltener), Bus 4 fährt nicht täglich.

Bus 1 Egilsstaðir–Reyðarfjörður–Eskifjörður–Neskaupstaður (Nordfjörður)

Bus 2 Reyðarfjörður–Fáskrúðsfjörður–Stöðvarfjörður–Breiðdalsvík

Bus 3 Egilsstaðir–Seyðisfjörður

Bus 4 Breiðdalsvík–Djúpivogur–Höfn

Bus 5 Egilsstaðir–Borgarfjörður Eystri

Näheres zu Fahrplänen und -preisen gibt es online (der Ticketpreis hängt von der Entfernung ab, 16 bis 30 km kosten beispielsweise 720 ISK) oder in den regionalen Touristeninformationen.

DAS LANDESINNERE

Im Landesinneren wartet Ostisland mit einigen Überraschungen abseits der Touristenpfade auf. Zu Erkundungen laden z. B. die schönen Ufer des Sees Lagarfljót ein. Wilde Rentiere streifen über die einsamen Heidelandschaften. Und das Gebiet des Snæfell im Nationalpark Vatnajökull lockt erfahrene Wanderer an.

Egilsstaðir

2875 EW.

Egal, wie viel Mühe man sich gibt, etwas versteckten Charme zu entdecken – Egilsstaðir ist nicht wirklich schön. Die Stadt ist regionaler Verkehrsknotenpunkt und Gewerbezentrum, sodass das Dienstleistungsangebot recht gut ist – das gilt auch für Unterkünfte und Restaurants. Der Ort wächst schnell, aber eher planlos und hat im Grunde kein richtiges Zentrum.

Etwas Positives kann Egilsstaðir dann aber doch vorweisen: Es liegt am Ufer des wunderbaren Lagarfljót, Islands drittgrößtem See. Seit Sagazeiten kursieren Geschichten über ein Ungeheuer, das in den Tiefen des Sees haust. Wer diesen Gerüchten nach-

STRECKENOPTIONEN

Wer von Egilsstaðir nach Djúpivogur unterwegs ist, hat drei Möglichkeiten: zwei Bergstraßen und eine Fjordroute. Die Fjordroute ist inzwischen die offizielle Ringstraße (Straße 1), nachdem ihr Verlauf im November 2017 geändert wurde.

Alle drei Strecken sind traumhaft schön. Im Winter ist die Straße 1 oft die einzige Möglichkeit – aktuelle Infos über Sperrungen bietet www.road.is. GPS-Systeme geben eventuell automatisch die Straße 939 als kürzeste Verbindung an; man sollte sich aber genau überlegen, ob man ihr gewachsen ist. Und wenn auf Schildern „unpassierbar" steht, sollte man sich unbedingt daran halten!

Achtung: Die Strecken sind im Folgenden von Egilsstaðir Richtung Süden beschrieben; wer von Djúpivogur nach Norden fährt, liest die Beschreibungen entsprechend von unten nach oben.

Straße 1 Die Ringstraße verläuft jetzt über die Fjorde Reyðarfjörður, Fáskrúðsfjörður und Stöðvarfjörður.

Straße 95 Von Egilsstaðir führt die Straße 95 (früher die Ringstraße) nach Süden. Von den einsamen Mooren der Hochebene Breiðdalsheiði geht's steil bergab, dann nach Osten durch das schöne Breiðdalur nach Breiðdalsvík und schließlich an der Küste entlang nach Djúpivogur. Rund 25 km dieser Strecke (über die Breiðdalsheiði und durchs Breiðdalur) sind nicht asphaltiert. Im Winter ist die Bergstraße über die Breiðdalsheiði oft wegen schlechten Wetters oder Schneefalls geschlossen.

Straße 939 Die nur im Sommer befahrbare Schotterstraße 939 bietet eine Abkürzung über den **Bergpass Öxi** (nicht bei schlechtem Wetter oder Nebel; im Winter geschl.). Die Straße zweigt etwa 45 km südlich von Egilsstaðir von der Straße 95 ab und erreicht nach 19 km das Ende des Berufjörður. Die Straße ist steil und nichts für unerfahrene Autofahrer.

spüren oder auch den Wald am Ostufer des Sees erkunden möchte, für den ist Egilsstaðir eine gute Ausgangsstation.

Sehenswertes & Aktivitäten

Minjasafn Austurlands MUSEUM
(Ostisländisches Heimatmuseum; www.minjasafn.is; Laufskógar 1; Erw./Kind 1000 ISK/frei; ⌚Juni–Aug. 10–18 Uhr, Sept.–Mai Di–Fr 11–16 Uhr) Ein nettes Museum mit Schwerpunkt Kulturgeschichte der Region, die Ausstellung widmet sich aber auch den wilden Rentieren Ostislands.

★**Vök Baths** SPA
(www.facebook.com/vokbaths; Straße 925) Im Sommer 2019 soll am See Urriðavatn 5 km nördlich von Egilsstaðir ein neues Thermalbad eröffnen. Die Pläne sehen sehr vielversprechend aus – der Entwurf für das Bad stammt von denselben Architekten, die auch für die Blaue Lagune und die Nature Baths am Mývatn verantwortlich zeichneten. Die beste Infoquelle zum Stand der Dinge ist die Facebook-Seite des Bads.

Sundlaugin Egilsstöðum SCHWIMMEN
(Tjarnarbraut 26; Erw./Kind 900/270 ISK; ⌚Juni–Aug. Mo–Fr 6.30–21.30, Sa & So 10–18 Uhr, schließt von Sept. bis Mai 1 Std. früher) Saunen, Hot Pots und Fitnessraum gehören zum Angebot des beliebten Schwimmbads nördlich des Ortskerns.

Baðhúsið Spa SPA
(☎471 1114; www.lakehotel.is; Hotelgäste/Spa-Besucher 2000/3500 ISK; ⌚10–22 Uhr) Der angenehm rustikale Wellnessbereich des Gistihúsið – Lake Hotel Egilsstaðir (S. 358) eignet sich wunderbar, um wandermüden Knochen etwas Gutes zu tun. Zu Hot Pot und Sauna gibt's den entspannenden Seeblick gratis dazu. Nur nach vorheriger Reservierung.

Geführte Touren

Jeep Tours JEEPTOUREN
(☎898 2798; www.jeeptours.is) Agnar, der sich sehr gut auskennt, bietet von Egilsstaðir ausgezeichnete Tagesausflüge im Geländewagen ins Hochland an, z. B. zur Askja und zur Herðubreið (46 500 ISK) oder als Rentiersafari (38 000 ISK). Die Agentur gehört zu den wenigen Anbietern, die eine Tagestour zur Kverkfjöll-Bergkette im Programm haben (46 500 ISK; erst auf der geteerten Straße 910 bis zum Kárahnjúkar-Staudamm, dann über einsame Allradpisten). Welche Touren im Winter angeboten werden, steht auf der Website.

INSIDERWISSEN

ISLAND MIT EINHEIMISCHEN

Tanni Travel (☎476 1399; www.meetthelocals.is) hat ein paar einmalige Ostisland-Touren für Reisende entworfen. Im Sommer hat das Unternehmen die verschiedensten geführten Dorfspaziergänge im Programm, kann Reiserouten zu unterschiedlichen Themen wie isländisches Essen oder nostalgisches Weihnachten ausarbeiten und den Kontakt zu Anbietern von Aktivitäten herstellen, was besonders im Winter praktisch ist. Tanni Travel ermöglicht Touristen zudem, bei Einheimischen zu Hause zu Abend zu essen (Erw./Kind 15 300/7650 ISK).

Wild Boys WANDERN
(☎864 7393; www.wildboys.is) Der kleine Anbieter arrangiert geführte Wanderungen in der Region, u. a. beliebte Tageswanderungen zum Snæfell, Dyrfjöll und Stórurð beim Borgarfjörður Eystri oder zur Askja sowie mehrtägige Wanderungen im östlichen Hochland.

Schlafen

Im Sommer sind Campingplätze und Zimmer in der Nacht von Mittwoch auf Donnerstag heiß begehrt, da am Donnerstagmorgen vom 27 km entfernten Seyðisfjörður die Fähre nach Dänemark bzw. zu den Färöern ablegt – also weit im Voraus reservieren! Das gilt natürlich besonders für all jene, die selbst die Fähre nehmen wollen. Die aktuellen Übernachtungstarife sind den Websites der Unterkünfte zu entnehmen.

Tehúsið Hostel HOSTEL €
(☎471 2450; www.tehusidhostel.is; Kaupvangur 17; B/DZ ohne Bad ab 6850/19 000 ISK; 📶) Das „Teehaus“, ein willkommener Neuling in der örtlichen Unterkunftsszene, bietet sechs Dorms – die sind zwar beengt, aber der Preis ist vernünftig, und die Zimmer können auch als Doppel- oder Familienzimmer gebucht werden. Es gibt eine Gemeinschaftsküche, aber am besten ist die coole Café-Bar mit viel Flair – schön zum Entspannen bei einem Bierchen.

Egilsstaðir Camping CAMPINGPLATZ €
(☎470 0750; camping@egilsstadir.is; Kaupvangur 17; Stellplatz Erw./Kind 1900 ISK/frei; @📶👪) Die Parzellen sind zwar in sehr zweckmäßigen Reihen abgesteckt, aber der Platz liegt zentral und die Serviceeinrichtungen sind okay; es gibt Waschmaschinen, aber keine Küche für die Camper. An der Rezeption werden Fahrräder verliehen (3000 ISK für 24 Std.) und man kann Touren buchen.

Icelandair Hótel Hérað HOTEL €€
(☎471 1500; www.icelandairhotels.is; Miðvangur 1–7; Zi. ab 25 400 ISK; @📶) Das im Businessstil eingerichtete, freundliche Hotel bietet den erwarteten Komfort mit allem Pipapo und setzt schöne farbliche Akzente. Ein Restaurant (Hauptgerichte 2390–7550 ISK) lädt zum Schlemmen ein; Spezialität: Rentier – der Rentierburger ist etwas echt Isländisches! Für das Frühstücksbuffet werden stolze 3000 ISK berappt.

Olga Guesthouse PENSION €€
(☎860 2999; www.gistihusolgu.com; Tjarnabraut 3; DZ mit/ohne Bad ab 23 260/18 660 ISK; 📶) In guter Lage im Zentrum bietet die in Rot gehaltene Pension Olga fünf Zimmer, die sich drei Bäder und eine kleine Küche teilen. Alle Zimmer sind mit Wasserkochern, TV und Kühlschrank ausgestattet. Zwei Häuser weiter befindet sich die Schwesterpension, das gelbe **Birta Guesthouse**, geführt von denselben freundlichen Betreibern und mit einer ähnlich hochwertigen Ausstattung. Zum Birta gehört ein Anbau, in dem sich Zimmer mit eigenem Bad befinden.

Hótel Eyvindará HOTEL, HÜTTEN €€
(☎471 1200; www.eyvindara.is; Eyvindará II; EZ/DZ mit Frühstück ab 21 900/25 200 ISK; ⏲April–Nov.; 📶👪) Das 4 km außerhalb des Ortes an der Straße 94 gelegene, familiengeführte Eyvindará bietet hübsche neue Hotelzimmer sowie gute Zimmer im Motelstil und niedliche Holzhütten. Letztere stehen versteckt unter Tannen; die Motelzimmer verfügen über Veranden und schöne Ausblicke. Außerdem ist das Hotel für sein freundliches Personal bekannt und es gibt ein recht gutes Restaurant (Juni–Aug.), einen stilvollen Loungebereich und neue Hot Pots.

Gistihúsið – Lake Hotel Egilsstaðir HOTEL €€€
(☎471 1114; www.lakehotel.is; Egilsstöðum 1–2; DZ mit Frühstück ab 29 400 ISK; @📶) Das alte Gehöft am Ufer des Lagarfljót, 300 m westlich der Kreuzung, gab der Stadt Egilsstaðir ihren Namen. Hier ist ein Gästehaus eingezogen, das mittlerweile so groß ist, dass es auch als Hotel durchgehen kann. Die Zimmer mit eigenem Bad im alten Flügel haben Charakter, die 30 modernen Zimmer im Neubau sind eher neutral. Außerdem gibt's ein ausgezeichnetes Restaurant vor Ort und ein Spa (S. 357).

Egilsstaðir

Egilsstaðir

Sehenswertes
1 Minjasafn Austurlands D1

Aktivitäten, Kurse & Touren
Baðhúsið Spa ..... (s. 3)

Schlafen
2 Campingplatz Egilsstaðir B3
3 Gistihúsið – Lake Hotel Egilsstaðir A1
4 Icelandair Hótel Hérað B2
5 Olga Guesthouse D2
6 Tehúsið Hostel B3

Essen
7 Bónus C1
Eldhúsið ..... (s. 3)
8 Fjóshornið A1
9 Nettó B2
10 Salt C2
11 Skálinn Diner D2

Shoppen
12 Vínbúðin C2

Essen

Fjóshornið CAFÉ €
(☎471 1508; Egilsstöðum; kleine Gerichte 750–1600 ISK; ⏲Di–So 12–18 Uhr) In der „Kuhstallecke" neben dem Gistihúsið – Lake Hotel Egilsstaðir kann man isländische Erzeugnisse wie Rindfleisch und Milchprodukte (z. B. *skyr* und Feta) frisch vom Bauernhof kaufen. Außerdem erhältlich sind Bagels, Suppe, Waffeln und Kuchen.

Bókakaffi Hlöðum CAFÉ €€
(☎471 2255; www.bokakaffi.is; Helgafelli 2; Mahlzeiten 1750–2500 ISK; ⏲Mo–Fr 9–18, Sa 12–18 Uhr; 📶) In Fellabær auf der Westseite der Brücke von Egilsstaðir verwöhnt das nette, ruhige Café mit hochwertigem Kaffee, leckerem Gebäck, Retromöbeln, Schallplatten, Second-Hand-Büchern, tollen Crêpes und erstklassigem Gebäck.

Salt INTERNATIONAL €€
(☎471 1700; www.saltbistro.is; Miðvangur 2; Snacks & Mahlzeiten 990–3900 ISK; ⏲Mo–Sa 10–22, So 12–22 Uhr; 📶🥬👪) Das coole Café-Bistro präsentiert eine der vielseitigsten Speisekarten im ländlichen Island. Die Bedienung kann langsam sein, doch das Essen ist prima. Tipp: die Pizza aus lokaler Gerste mit Gourmetbelag oder die Burger, Salate, Kebabs und indischen Tandoori-Gerichte. Außerdem gibt's jede Menge vegetarische Speisen und eine Kinderkarte.

ABSTECHER

HOFFRISCHE KÖSTLICHKEITEN

Vallanes (☎ 471 1747; www.vallanes.is; Mittagsbuffet 2500 ISK; ⌚ Juni–Aug. tgl. 9–18 Uhr, April, Mai, Sept. & Okt. Mo–Fr;) Der Biohof Vallanes baut Getreide (v. a. Gerste), Kräuter und Gemüse an und vertreibt seine Erzeugnisse unter dem Label Móðir Jörð (Mutter Erde). Besucher sind gern gesehen: Es gibt einen stilvoll-rustikalen Hofladen mit Café, gänzlich aus auf dem Anwesen gewachsenem Holz erbaut. Serviert wird ein vegetarisches Mittagsbüffet. Oder man bucht ein Frühstück aus hoffrischen Zutaten, zu dem auch eine Hofführung gehört (4500 ISK).

Erhältlich sind hier auch Erzeugnisse wie Marmelade, Pesto und Knäckebrot.

Wer möchte, kann hier auch übernachten (Schlafsackbett 5000–6000 ISK, Hütte-DZ 22 000 ISK, 4-Pers.-Apt. 34 000 ISK). Über den Verband WWOOF (Worldwide Opportunities on Organic Farms; www.wwoof.net) kann man hier zudem Freiwilligenarbeit leisten.

Das Gehöft liegt rund 13 km von Egilsstaðir an der Straße 931.

Skálinn Diner AMERIKANISCH €€
(☎ 471 1899; Fagradalsbraut; Hauptgerichte 990–2800 ISK; ⌚ 8–23 Uhr) Ein Stückchen Amerika in Ostisland: Das Tankstellenrestaurant wurde 2018 schön umgebaut und verströmt jetzt das Flair der USA der 1950er-Jahre: mit Ledersitznischen, Jukebox, Milchshakes, Pfannkuchen zum Frühstück und Brathähnchen auf Südstaatenart. Aber es gibt auch isländische Standardspeisen wie Hotdogs, Lammkoteletts und Fischsuppe. Die Küche ist bis 23 Uhr geöffnet.

★ **Eldhúsið** ISLÄNDISCH €€€
(☎ 471 1114; www.lakehotel.is; Egilsstöðum 1–2; Mittagessen 1490–3990 ISK, Hauptgerichte abends 3390–64390 ISK; ⌚ 11.30–22 Uhr;) Hier, im Restaurant des Gistihúsið – Lake Hotel Egilsstaðir, wird eine der kreativsten Küchen Ostislands geboten: Die Speisekarte ist ganz auf regionale Produkte (Lamm, Fisch, Wild) ausgerichtet. Die Spezialität ist Rind – das Fleisch stammt direkt vom Bauernhof. Sehr empfehlenswert sind etwa das Rib-Eye-Steak mit Sauce béarnaise und der fjordfrische Fisch mit Traubensalat und Dillmayonnaise. Die Nachspeisen werden hübsch präsentiert. Tischreservierung ist ratsam.

Selbstversorger

Nettó SUPERMARKT
(⌚ 9–20 Uhr) Hinter der N1-Tankstelle.

Bónus SUPERMARKT
(⌚ Mo–Do 11–18.30, Fr 10–19.30, Sa 10–18, So 12–18 Uhr) Nördlich der N1-Tankstelle an der Ringstraße.

Vínbúðin ALKOHOLISCHE GETRÄNKE
(Miðvangur 2–4; ⌚ Mo–Do 11–18, Fr bis 19, Sa bis 16 Uhr) Staatliches Wein- und Spirituosengeschäft.

Praktische Informationen

Besucherzentrum Egilsstaðastofa (☎ 470 0750; www.visitegilsstadir.is; Kaupvangur 17; ⌚ Juni–Aug. 7–23 Uhr, Mai & Sept. Mo–Fr 8–15 Uhr, Okt.–April Mo–Fr 8–12 Uhr;) Am Schalter in der Rezeption des Campingplatzes erhält man in erster Linie Infos zu Egilsstaðir und Umgebung und kann Busfahrkarten und verschiedene Touren buchen, z. B. geführte Wanderungen, Jeeptouren und Hochseeangeln. Leihräder kosten 2000 ISK für bis zu vier Stunden und 3000 ISK für 24 Stunden.

Regionales Informationszentrum Ostisland (☎ 471 2320; www.east.is; Miðvangur 1–3; ⌚ Juni–Aug. Mo–Fr 8.30–18, Sa 10–16, So 13–18 Uhr, Sept.–Mai kürzere Öffnungszeiten;) Karten und Faltblätter findet man hier reichlich – und überhaupt alles, was man braucht, um den Osten des Landes zu erkunden. Das Geschäft für Kunst und Design vor Ort ist top.

An- & Weiterreise

Egilsstaðir ist die Verkehrsdrehscheibe Ostislands. Die meisten Busse (S. 355) halten hier oder werden hier eingesetzt (die wichtigste **Haltestelle** ist am Campingplatz) und es gibt sogar einen Flughafen.

Lagarfljót

In den graubraunen Fluten des Flusses und Sees Lagarfljót soll seit Wikingerzeiten ein furchterregendes Ungeheuer hausen, der **Lagarfljótsormur**. Die letzte Sichtung dieses *wyrm* („Wurm") erregte einiges Aufsehen: Ein Bauer aus der Gegend machte 2012 Aufnahmen von einem riesigen Wesen, das sich im Fluss bewegte, und veröffentlichte sie. Sie wurden mehr als fünf Millionen Mal auf YouTube aufgerufen und sorgten international für Schlagzeilen. Mehr dazu steht auf www.lagarfljotsormur.com.

Ob imaginär oder real, jedenfalls muss das arme Monster ziemlich frieren, denn der Lagarfljót entspringt an der Eiskappe des Vatnajökull und fließt nordwärts zum Nordpolarmeer. Südlich von Egilsstaðir verbreitert sich der Fluss zu einem 38 km langen und 50 m tiefen See, der auch Lögurinn genannt wird. Auch wenn sich das Monster nicht blicken lässt, ist der See ein hübsches Ausflugsziel.

Die teils geteerte, am weniger befahrenen Westufer geschotterte Straße 931 zweigt etwa 10 km südlich von Egilsstaðir von der Straße 95 ab und führt um den See herum nach Fellabær – eine Schleife von rund 70 km. Für die Erkundung dieser Gegend benötigt man einen eigenen fahrbaren Untersatz.

Nützliche Infos zu dieser Gegend bietet die Website www.hengifoss.is.

Hallormsstaðaskógur

Einer der größten Wälder Islands ist der Hallormsstaðaskógur (740 ha; www.skogur.is). Er genießt auf der mit Bäumen nicht eben reich gesegneten Insel Kultstatus. Zwar würden wir das nicht unbedingt „Wald" nennen, doch angesichts der kahlen, abweisenden Bergrücken nördlich und südlich von Egilsstaðir ist der Hallormsstaðaskógur eine nette grüne Abwechslung. Hier wachsen heimische Zwergbirken und Ebereschen sowie rund 80 weitere, aus aller Welt importierte Baumarten.

Der Hallormsstaðaskógur ist ein beliebtes Erholungsgebiet, das mit markierten Wander- und Spazierwegen gespickt ist. Hier in der Gegend und in den Touristeninformationen in Egilsstaðir sind kostenlose Wanderkarten erhältlich.

Geführte Touren

East Highlanders ABENTEUER
(☎852 5450; www.easthighlanders.is; 1-Std.-Tour ab 17 000 ISK) East Highlanders bietet im Sommer unterhaltsame Touren mit Allrad-Quads durch den Hallormsstaðaskógur – unterwegs geht's auch durch Bäche und man wird ein wenig mit Schlamm bespritzt. Die Touren dauern eine bis drei Stunden; die Fahrer brauchen einen Führerschein – in einem Quad haben zwei Personen Platz. Auf dem Programm stehen außerdem Superjeeptouren.

Schlafen & Essen

Zutaten für ein Picknick einpacken! Im Wald und am See befinden sich Picknickstellen. Essen kann man außerdem im Hótel Hallormsstaður.

Campingplatz Atlavík CAMPINGPLATZ €
(Stellplatz 1500 ISK pro Pers.; ⏲Mitte Mai–Sept.) Auf dem in einer bewaldeten Bucht am Seeufer gelegenen, beliebten Campingplatz Atlavík werden an Sommerwochenenden oft feuchtfröhliche Partys gefeiert. Im Juli gibt es auch Tretboote, Ruderboote und Kanus zu leihen.

Campingplatz Höfðavík CAMPINGPLATZ €
(Stellplatz 1500 ISK pro Pers.; ⏲Mitte Mai–Sept.) Der zweite Campingplatz am See liegt gleich nördlich der Tankstelle; er ist klein und ruhig. Stellplätze auf Wunsch auch mit Stromanschluss.

Hótel Hallormsstaður HOTEL €€
(☎471 2400; www.hotel701.is; Hotel DZ ab 31 600 ISK, Pension EZ/DZ ohne Bad 16 900/22 700 ISK, jeweils mit Frühstück; 📶) Der hinter Bäumen versteckte Gebäudekomplex bietet ländlich-idyllische Unterkünfte, von modernen Hotelzimmern bis zu Häuschen und Zimmern im kleinen Gästehaus Grái Hundurinn, dazu zwei Restaurants (eins mit beliebtem Abendbuffet, das andere mit indischem Essen), ein Spa und schöne Außenanlagen. Ganz in der Nähe kann man Waldspaziergänge unternehmen, es können Mountainbikes geliehen werden und es werden auch Touren organisiert.

Hengifoss

★Hengifoss WASSERFALL
Hinter der Brücke über den Lagarfljót liegt an der Straße 931 der Parkplatz für die Besucher des zweithöchsten Wasserfalls Islands, des Hengifoss. Das Wasser stürzt 128 m tief in eine braun-rot gestreifte, felsige Schlucht.

Der Hengifoss ist nur zu Fuß zu erreichen (hin und zurück 1–2 Std., 2,5 km je Strecke). Vom Parkplatz führen ein Treppenaufgang und ein Pfad den Berg hinauf – der Hengifoss ist dann schon bald in der Ferne zu sehen. Der Aufstieg ist stellenweise recht steil, aber flacht dann in der Schlucht wieder ab.

Auf halber Strecke zum Hengifoss befindet sich ein netter kleinerer Wasserfall, der **Litlanesfoss**, umgeben von Basaltsäulen in Bienenwabenanordnung.

Skriðuklaustur

5 km südlich des Hengifoss-Wasserfalls kann man sich im historischen Skriðuklaus-

NICHT VERSÄUMEN

DAS „WILDNISZENTRUM"

Das 2016 eröffnete **Wilderness Center** (Óbyggðasetur Íslands; ☎440 8822; www.wilderness.is; Museum Erw./Kind 2500 ISK/frei) ist eine geniale Attraktion, die sich nicht so leicht in eine Schublade stecken lässt. Der entlegene Hof wartet ganzjährig mit musealen Ausstellungen, einzigartigen Übernachtungsmöglichkeiten, landestypischer Kost, Ausritten und Wanderwegen auf. Außerdem werden maßgeschneiderte Touren auf die Beine gestellt. Das Wildniszentrum liegt 12 km hinter dem Skriðuklaustur an der 934, am Ende des Tals Norðudalur und am Rande des östlichen Hochlands. Die Hofeigentümer (ein Filmemacher-Historiker-Gespann) haben die historischen Ausstellungen entwickelt. Sie sind erwartungsgemäß hochkarätig – so wie das gesamte Konzept der Anlage.

Übernachtet wird in schlichten Bauernhauszimmern mit Gemeinschaftsbad (DZ 18 600 ISK) oder – spannender – in einem Schlafsaal, der wie eine *baðstofa*, der traditionelle Wohn- und Schlafbereich alter isländischer Farmen, aufgemacht ist (B für 2 Pers. 14 100–15 100 ISK). Den ganzen Tag über bekommt man etwas zu essen (Mitte Mai–Sept.). Es gibt neue Hot Pots und für den Winter eine wundervolle Hütte zum Bestaunen des Nordlichts. Unter den geführten Touren sind z. B. dreistündige Ausritte (15 000 ISK) oder Ausflüge zu einem verlassenen Gehöft in der Nähe (8500 ISK). Man kann auch Mountainbikes leihen oder eine Superjeeptour buchen. Auch mehrtägige Exkursionen sind möglich; mehr Infos auf der Website.

Wer über Nacht bleiben will, sollte gleich mehrere Übernachtungen buchen und dem **Wasserfallwanderweg** nach Laugarfell folgen, eine entspannte sechsstündige Wanderung am Fluss (man kann sich eine Strecke fahren lassen).

tur über die Geschichte des Mittelalters und des 20. Jhs. schlaumachen und hervorragende lokale Erzeugnisse genießen. Neben dem Kulturzentrum des Skriðuklaustur ist das sehenswerte Besucherzentrum für den östlichen Teil des Nationalparks Vatnajökull zu finden.

Skriðuklaustur MUSEUM
(☎471 2990; www.skriduklaustur.is; Erw./Kind 1100 ISK/frei; ⏲Juni–Aug. 10–18 Uhr, Mai & Sept. 11–17 Uhr, April & Okt. 12–16 Uhr) An dieser Stelle stand im ausgehenden 15. Jh. ein Kloster, später diente das hübsche Skriðuklaustur als Heimstatt eines bei den Nationalsozialisten beliebten isländischen Schriftstellers, Gunnar Gunnarsson (1889–1975). Das auffällige schwarz-weiße Gebäude mit Grassodendach von 1939 beherbergt heute ein ihm gewidmetes Kulturzentrum. Gunnarsson war sehr produktiv und vor allem in Dänemark und Deutschland populär – in seinen besten Zeiten erreichte er Auflagen, die nur von Goethe übertroffen wurden.

Snæfellsstofa – Nationalpark-Besucherzentrum TOURISTENINFORMATION
(☎470 0840; www.vjp.is; ⏲Juni–Aug. 9–17 Uhr, Mai & Sept. 10–15 Uhr) GRATIS Das schicke Besucherzentrum konzentriert sich auf den östlichen Teil des riesigen Nationalparks Vatnajökull. Perfekte Dokumentationen zeigen die Naturschätze des Snæfell und des östlichen Hochlands, es gibt Karten zu kaufen und die Angestellten beraten Besucher zu Wanderungen und anderen Aktivitäten im Park.

★ **Klausturkaffi** CAFÉ €€
(☎471 2990; www.skriduklaustur.is; Mittagsbuffet Erw./Kind 3490/1745 ISK; ⏲Juni–Aug. 10–18 Uhr, Mai & Sept. 11–17 Uhr, April & Okt. 12–16 Uhr) Das Klausturkaffi im Skriðuklaustur bietet ein tolles Mittagsbuffet aus regionalen Zutaten (Meeresfrüchtesuppe, Rentierpastete, Brombeer-*skyr*-Kuchen). Noch verlockender ist das Kuchenbuffet („All you can eat" Erw./Kind 2290/1145 ISK), das ab 15 Uhr aufgefahren wird – der Traum einer jeden Zuckerschnute. Kinder sind willkommen. Übrigens: Wer nur ins Café will, muss keinen Eintritt fürs Skriðuklaustur zahlen.

Östliches Hochland

Der 1833 m hohe Snæfell ist Islands höchster Berg außerhalb des Vatnajökull-Massivs. Er erhebt sich über dem Südteil der Fljótsdalsheiði, einem Gebiet mit sumpfiger Tundra, Geröllhalden, ewigen Schneefeldern und Bergseen, das sich vom Lagarfljót nach Westen ins Hochland erstreckt.

Die Arbeiten am umstrittenen Kárahnjúkar-Staudamm und dem Fljótsdalur-Wasserkraftwerk brachten einen Ausbau der Straßen rund um den Snæfell mit sich, darunter die geteerte 910 ab Fljótsdalur, die beste Zufahrtsstraße zum Vulkan. Entlang der 910 gibt's oft wilde Rentiere zu sehen. Wer seine Badesachen eingepackt hat, kann an den heißen Quellen der Pension Laugarfell haltmachen. Will man sich durch die Gegend chauffieren lassen, sind die Angebote von Unternehmen wie Jeep Tours (S. 357) in Egilsstaðir interessant.

Die Straße 910 geht gleich nördlich von Skriðuklaustur von der 933 ab. Die Straße steigt sehr schnell an, flacht dann jedoch ab und kann im Sommer mit einem normalen Pkw bewältigt werden – im Winter ist sie oft gesperrt. Auf einen öffentlichen Bus wartet man hier vergeblich, aber ein paar Tourveranstalter organisieren Ausflüge in diese Gegend, größtenteils ab Egilsstaðir.

Wer vom Aussichtspunkt am Kárahnjúkar-Staudamm aus noch weiter nach Süden reisen will (z. B. zur Askja oder zu den Kverkfjöll), benötigt einen großen Geländewagen mit hoher Bodenfreiheit und ein GPS – diese Gegend ist wirklich sehr abgeschieden.

Kárahnjúkar-Staudamm AUSSICHTSPUNKT
Eine schöne, 60 km lange Strecke führt von der Abzweigung der Straße 910 zum Kárahnjúkar-Staudamm und Hálslón-Stausee. Hier kann man sich an Infotafeln und Aussichtspunkten ein Bild der ingenieurstechnischen Meisterleistung machen und einen Blick auf die unglaubliche Schlucht **Hafrahvammagljúfur** unterhalb des Damms werfen.

Aðalból HISTORISCHE STÄTTE
Die Straße F923 (abseits der Straße 910, nur für Allradfahrzeuge) führt ins Tal **Hrafnkelsdalur** mit den vielen Stätten, die mit der *Hrafnkells saga* in Verbindung stehen: Die Saga erzählt von den Auseinandersetzungen zwischen Häuptlingen und Bauern im Osten Islands im 10. Jh. Das abgeschiedene Gehöft Aðalból war das Zuhause des Helden der Saga, Hrafnkell Freysgoði, und hier befindet sich auch sein Begräbnishügel. Ein markierter Weg führt zu Schauplätzen der Saga. Außerdem gibt's hier eine **Pension** (☎471 2788; www.samurbondi.com; Aðalból II; Stellplatz 1800 ISK pro Pers., EZ/DZ ohne Bad mit Frühstück 10 600/19 900 ISK; ⏲Juli & Aug.) und einen Campingplatz.

Aðalból ist auch von der Ringstraße aus zu erreichen: Das Gehöft liegt 43 km entfernt über die unbefestigte Straße 923, die südlich des Hofes zu einer F-Straße wird – es muss ein Fluss durchfahren werden.

★**Laugarfell** PENSION, CAMPINGPLATZ €€
(☎773 3323; www.laugarfell.is; DZ/FZ ohne Bad 17 000/30 000 ISK; ⏲Juni–Sept.; 👪) Das Laugarfell lockt 2 km abseits der 910 (auch für normale Autos zu schaffen) mit **heißen Quellen** (Erw./Kind 1500/500 ISK) und gemütlichen Pensionszimmern. Das ehemalige Hostel hat die „Karriereleiter" erklommen und präsentiert sich jetzt gediegener mit Zweibett- und Familienzimmern für bis zu sechs Personen; Bettwäsche wird gestellt. Es gibt keine Gästeküche, aber auf Wunsch Frühstück (1900 ISK) und Abendessen (3500 ISK) sowie Sandwiches und Kuchen (tagsüber).

Snæfell

Niemand scheint zu wissen, ob der 1833 m hohe Snæfell ein erloschener oder ein noch aktiver Vulkan ist, der sich gerade nur eine Ruhepause gönnt. Islands höchster Berg außerhalb des Vatnajökull-Massivs ist relativ gut zugänglich und deswegen bei Wanderern und Bergsteigern beliebt.

Der Snæfell gehört zum weitläufigen Vatnajökull-Nationalpark, auf dessen Website www.vjp.is viel Wissenswertes steht. Auch das Besucherzentrum des Parks, Snæfellsstofa (S. 362), ist eine gute Infoquelle, bietet Kartenmaterial und mehr. Die Angestellten beantworten Fragen und geben Ratschläge.

Die F909, die von der 910 abzweigt, führt zur Berghütte am Fuß des Snæfell. Sie kann nur mit einem Geländewagen bezwungen werden. Von der Straße 910 sind es 12 km bis zur Hütte.

In dieser Gegend verkehren keine öffentlichen Verkehrsmittel.

Proviant muss man selbst mitbringen – der nächste Supermarkt ist in Egilsstaðir.

Aktivitäten

Der Aufstieg ist für erfahrene, gut vorbereitete Wanderer zwar nicht schwierig, aber das Wetter kann problematisch werden und Steigeisen sind ratsam. Am beliebtesten ist die Westroute, die je nach Eisverhältnissen sechs bis neun Stunden dauert. Am besten beim Hüttenwirt erkundigen.

Eine der anspruchsvollsten, aber auch lohnendsten Island-Wanderungen führt vom Snæfell ins Gebiet Lónsöræfi in Südostisland. Die drei- bis fünftägige Route (45 km) beginnt an der Snæfell-Hütte und führt über den Gletscher Eyjabakkajökull (einen Nebengletscher des Vatnajökull) zu den Hütten

Geldingafell, Egilssel und Múlaskáli, bevor sie zur Küste nach Stafafell hinabführt.

Diese Strecke sollte nicht leichtfertig angegangen werden – sie eignet sich nur für erfahrene Wanderer. Notwendig sind ein Satelliten-Navigationsgerät und zur Gletscherüberquerung Erfahrung im Umgang mit Seil, Steigeisen und Eispickel. Wer es sich nicht allein zutraut, sollte die Tour besser im Rahmen einer organisierten Wanderung, z. B. mit **Icelandic Mountain Guides** (IMG; ☎587 9999; www.mountainguides.is) machen. Die angebotene viertägige Rucksacktour (50 km) durch das Lónsöræfi-Gebiet (139 900 ISK) heißt „Im Schatten des Vatnajökull" und beginnt im Feuchtgebiet Eyjabakkar östlich des Snæfell – die Gletscherüberquerung lässt sie aus.

Berghütte Snæfell HUT €
(Snæfellsskáli; ☎842 4367; snaefellsstofa@vjp.is; N 64°48.223', W 15°38.479'; Stellplatz/B 1700/6500 ISK pro Pers.) Die Nationalparkverwaltung betreibt diese Berghütte mit Platz für 45 Gäste, einer Küche, einem Campingbereich und Duschen. Anfahrt nur mit Allradfahrzeug. Im Sommer sind Ranger vor Ort.

DIE OSTFJORDE

Die Fjorde sind das eigentliche Highlight Ostislands. Trotz (meist) guter Asphaltstraßen und der Aktivitäten rund um das Hüttenwerk Alcoa wirken die Ostfjorde noch immer recht abgeschieden – ein Eindruck, der durch die gewaltigen, spektakulären Berge und die winzigen Fischerdörfer zu ihren Füßen noch verstärkt wird.

Sie bieten herrliche Wanderwege, Kajaktouren zu fernen Landspitzen und Abertausende von Seevögeln. Es ist gar nicht so einfach, zu entscheiden, welcher der schönste Fjord ist: Am Borgarfjörður, an dem man sehr gut wandern kann, erheben sich magische Klippen aus Rhyolitgestein, am Seyðisfjörður herrscht eine fröhliche Bohème-Atmosphäre, der Mjóifjörður ist durchsetzt von zahlreichen Wasserfällen und Neskaupstaður hat in seinem Fjord regelmäßig Wale zu Besuch. Es bleibt also nur eins: anschauen und den eigenen Favoriten wählen!

In einigen der kleineren Orte wird sich mit der Verlegung der Ringstraße am Reyðarfjörður, Fáskrúðsfjörður und Stöðvarfjörður entlang sicher auch bald einiges an der Infrastruktur ändern.

Borgarfjörður Eystri

110 EW.

Umrahmt von schroffen Rhyolithzacken auf der einen und den spektakulären Dyrfjöll-Bergen auf der anderen Seite zeichnet sich das winzige Dorf Borgarfjörður Eystri durch eine atemberaubende Lage aus. Die Gegend ist ein Paradies für Wanderer. Das Dorf selbst, das üblicherweise Bakkagerði genannt wird, ist nichts Besonderes, auch wenn Treibholzskulpturen, unsichtbare Elfen und kreischende Seevögel für ein zauberhaftes Flair

ABSEITS DER ÜBLICHEN PFADE

WANDERN IN DEN DYRFJÖLL-BERGEN

Die Dyrfjöll-Berge, eine der spektakulärsten Gebirgsregionen Islands, erheben sich zwischen der sumpfigen Héraðssandur-Ebene und dem Borgarfjörður Eystri steil bis zu einer Höhe von 1136 m. Der Name Dyrfjöll bedeutet „Türberg" und erklärt sich aus der großen, auffälligen Kerbe im höchsten Gipfel – ein isländisches Pendant zum berühmten Lapporten in Schweden.

Es führen Wanderwege durch das Gebirge, die sich als Tagestouren ab dem Borgarfjörður Eystri eignen. Das Highlight ist die mit riesigen Felsbrocken übersäte Oase **Stórurð**.

Für die Routenplanung bietet sich die *Borgarfjörður Eystri & Víknaslóðir Hiking Map – Trails of the Deserted Inlets* (1000 ISK) an; wer einen Bergführer oder Transfers zu den Anfangspunkten der Wanderwege braucht, kann sich an Travel East Iceland (S. 365) in Borgarfjörður Eystri wenden; das Unternehmen ist über die Unterkunft Álfheimar (S. 366) zu erreichen.

Tourveranstalter wie Wild Boys (S. 358) können ab Egilsstaðir geführte Tageswanderungen ins Dyrfjöll-Massiv und nach Stórurð organisieren.

An der Straße 94 Richtung Borgarfjörður Eystri sind einige Zugangswege ausgewiesen. Oder man startet direkt im Dorf Borgarfjörður Eystri selbst.

sorgen. Außerdem ist dies einer der am besten zugänglichen Orte Islands, um nistende Papageitaucher aus nächster Nähe zu beobachten.

Infos zum Ort findet man hier: www.borgarfjordureystri.is.

Sehenswertes

★ Hafnarhólmi INSEL

(www.puffins.is) Etwa fünf Kilometer hinter der kleinen Kirche liegt der malerische Hafen (für kleine Boote) mit der Miniaturinsel Hafnarhólmi. Sie beherbergt eine große **Papageitaucher-Kolonie**. Eine Treppe und Aussichtsplattformen ermöglichen den Besuchern, die rührend tapsigen Tiere wie auch andere Seevögel aus nächster Nähe zu erleben. Die Papageitaucher nisten hier von Mitte April bis Anfang oder Mitte August, andere Vogelarten wie Dreizehenmöwen, Eissturmvögel und Eiderenten bleiben manchmal noch länger.

Bakkagerðiskirkja KIRCHE

Jóhannes Sveinsson Kjarval (1885–1972), Islands bekanntester Maler, wuchs ganz in der Nähe auf und bezog einen Großteil seiner Inspiration vom Borgarfjörður Eystri und seiner Umgebung. Sein ungewöhnliches Altarbild in der kleinen Kirche zeigt die Bergpredigt und richtet sich direkt an dieses Dorf: Jesus predigt vor dem Hintergrund des Bergs Dyrfjöll auf dem Álfaborg.

Álfaborg NATURSCHUTZGEBIET

Der Álfaborg (Elfenfelsen), ein kleiner, unter Naturschutz stehender Hügel nahe dem Campingplatz (S. 366), ist der „borg", dem der Borgarfjörður Eystri seinen Namen verdankt. Manche Einheimische glauben, dass hier die isländische Elfenkönigin lebt. Von ganz oben bietet sich ein großartiger Blick über die umliegenden Felder.

Lindarbakki HAUS

Das „grünste" und fotogenste Haus im Dorf ist nicht zu übersehen – das knallrote Lindarbakki (1899) ist fast völlig mit stoppeligem, grünem Gras bewachsen. Nur ein paar Fenster und ein gewaltiges Geweih lugen daraus hervor. Es ist ein privates Wohnhaus und nicht für die Öffentlichkeit zugänglich, aber die Infotafel davor erzählt seine Geschichte.

Aktivitäten

Das Gebiet rund um den Borgarfjörður wird von zahlreichen gut markierten Wegen durchzogen – für einfache, einstündige

ABSTECHER

HÚSEY

Der Weg zum **Pferdehof Húsey** (☎471 3010; www.husey.de; 2-/4-stündige Ausritte 9000/19 365 ISK) ist lang, aber malerisch: Auf den holprigen, ungeteerten Straßen 925 und 926 entfernt man sich 30 km von der Ringstraße und folgt dem Verlauf des Flusses Jökulsá á Brú (Gesamtstrecke ab Egilsstaðir: 60 km). Der entlegene Hof wartet mit Vogelbeobachtungspfaden und herumtollenden Seehunden auf. Und Húsey hat noch etwas ganz Besonderes im Angebot: Reitausflüge mit Seehundbeobachtung. Die zweistündigen Ausflüge (9000 ISK) starten täglich um 10 und 17 Uhr (nur mit Reservierung). Es lohnt sich, gleich ein paar Tage hier zu verbringen, um die heimelige Atmosphäre des schlichten **HI-Hostel Húsey** (☎471 3010; www.husey.de; B/DZ ohne Bad 4000/8500 ISK; ⊙Mitte März–Mitte Nov.;) und die Natur ringsum zu genießen. Bettwäsche kostet 1300 ISK, Verpflegung muss man jedoch selbst mitbringen; der nächstgelegene Supermarkt ist in Egilsstaðir.

Spaziergänge, aber auch für anspruchsvolle Bergtouren. Einen Überblick bietet die *Borgarfjörður Eystri & Víknaslóðir Hiking Map – Trails of the Deserted Inlets* (1000 ISK). Sie ist fast überall im Ort sowie in den Touristeninformationen in Egilsstaðir erhältlich.

Eine gute Quelle für Wanderinfos ist auch die Website des Wandervereins Fljótsdalshérað (www.ferdaf.is). Im Sommer werden Wanderungen angeboten, an denen auch Besucher teilnehmen können.

Für geführte ein- und mehrtägige Wanderungen gibt's einige Angebote. Die meisten Anbieter wie **Travel East Iceland** (☎471 3060; www.traveleast.is), Borg Guesthouse (S. 366) und Wild Boys (S. 358) können Transfers ab Egilsstaðir organisieren.

Musterið Spa SPA

(Der Tempel; ☎861 1792; www.blabjorg.com; Erw./Kind 3000/1000 ISK; ⊙15–22 Uhr oder nach Vereinbarung) Das Spa unterhalb vom Blábjörg Guesthouse wartet mit wunderbaren Ausblicken sowie Whirlpools drinnen und draußen und Saunas auf – Abgehärtete können sich anschließend im Meer abkühlen. Perfekt für ein Bad nach einer Wanderung! Gäste des Blábjörg zahlen keinen Eintritt.

Festivals & Events

Bræðslan MUSIK

(www.braedslan.is; Ende Juli) An einem Wochenende Ende Juli findet in einer ehemaligen Heringsfabrik eines der besten Sommermusikfestivals der Insel statt. Es ist sowohl für die exzellenten Konzerte als auch für seine intime Atmosphäre berühmt. Auf der Playlist stehen große isländische und auch einige internationale Stars.

Schlafen

Borg Guesthouse PENSION €

(894 4470, 472 9870; gistingborg@simnet.is; EZ/DZ/3BZ ohne Bad 11 000/18 000/23 000 ISK;) Das Borg ist eine solide Adresse für eine billige Unterkunft. Die Zimmer sind zwar etwas altmodisch, aber ganz okay; es gibt Kochgelegenheiten und Aufenthaltsräume. Frühstück kostet 1250 ISK. Wer im Schlafsack übernachtet, kommt günstiger weg (ein DZ ohne Bettwäsche kostet z. B. 14 000 ISK). Auf Wunsch werden Wanderungen, geführte Ausflüge und Gepäcktransfers arrangiert.

Campingplatz CAMPINGPLATZ €

(Stellplatz 1200 ISK pro Pers.; Mitte Mai–Mitte Okt.) Beliebter, gepflegter Platz mit Gästeküche, Waschmaschine und Duschen.

★ **Blábjörg Guesthouse** PENSION €€

(861 1792; www.blabjorg.com; EZ/DZ ohne Bad mit Frühstück ab 12 500/16 200 ISK;) In einer clever umgebauten Fischfabrik hat diese gut geführte, ganzjährig geöffnete Pension elf in Weiß gehaltene Zimmer (für den Meerblick zahlt man etwas mehr), eine Gästeküche und eine kleine Lounge eingerichtet. Dazu steht auch noch eine Handvoll toller kleinerer und größerer Apartments (ab 38 600 ISK) zur Verfügung. Ein großes Plus sind das Spa Musterið im Untergeschoss – Pensionsgäste zahlen keinen Eintritt – und die neue Café-Bar.

Álfheimar HOTEL €€

(471 2010; www.alfheimar.com; EZ/DZ/FZ mit Frühstück 22 200/28 900/40 800 ISK; April–Okt.;) Im Álfheimar sind in langen Anbauten 32 motelähnliche Einheiten untergebracht (die einzigen Zimmer im Ort mit Bad!), von denen die mit viel Holz ausgestatteten Zimmer im älteren Teil mehr Atmosphäre haben. Die netten Betreiber kennen sich in der Gegend bestens aus – sie sind mit Travel East Iceland (S. 365) verbandelt; es können geführte Wanderungen und andere Touren arrangiert werden.

Das **Hotelrestaurant** (2/3 Gänge 4800/6200 ISK; 19–21 Uhr) steht auch Tagesgästen offen und bietet Tagesgerichte mit Zutaten von den Fischern und Bauern am Fjord.

Essen

Dorfladen SUPERMARKT €

Der kleine Supermarkt beim Gemeindezentrum Fjarðarborg schloss 2017 die Pforten, doch zur Zeit der Recherche taten sich die Einheimischen zusammen, um einen stark benötigten Dorfladen aufzumachen. Am besten erkundigt man sich vor der Ankunft bei seiner Unterkunft, ob der Laden inzwischen geöffnet ist, und wenn ja, wann.

Frystiklefinn INTERNATIONAL €€

(846 0085; www.blabjorg.com; Hauptgerichte 1690–3200 ISK; Mai–Sept. 12–22 Uhr, im Winter kürzere Öffnungszeiten;) Die stylische, einladende Café-Bar im Blábjörg Guesthouse bietet eine kleine, aber gute Karte mit allem vom traditionellen isländischen Fischgericht *plokkfiskur* bis zu Hühnchenburgern, ergänzt durch Tagesgerichte und schöne Nachspeisen. Wer im Winter am Borgarfjörður Eystri ist, sollte sich nach den Öffnungszeiten erkundigen – dies ist dann wahrscheinlich die einzige Möglichkeit, essen zu gehen.

Já Sæll Fjarðarborg ISLÄNDISCH €€

(472 9920; Mahlzeiten 1500–3700 ISK; Juni–Aug. 11.30–24 Uhr;) Auf der Karte des simpel eingerichteten Lokals im Gemeindezentrum

BOXENSTOPP

Auf halbem Weg zwischen Egilsstaðir und Borgarfjörður taucht an der Straße 94 eine der schrägsten Erscheinungen der Straßen Ostislands auf: eine erbsengrüne Bude inmitten endloser Ödnis. Das kleine Gebilde wurde von einem einheimischen Exzentriker errichtet und ist nicht mehr und nicht weniger als ein solarbetriebener Kaltgetränkeautomat. Ist das Gerät gerade abgeschaltet, muss nur der Schalter auf „an" geknipst werden (kein Witz) und schwupps! gibt es nach zwei Minuten ein erfrischend kaltes Getränk oder einen Snack (während der Wartezeit kann man sich ins Gästebuch eintragen). Man benötigt isländische Münzen.

WANDERUNG VOM BORGARFJÖRÐUR ZUM SEYÐISFJÖRÐUR

Die zerklüftete Landschaft zwischen Borgarfjörður und Seyðisfjörður ist grandios, unerschlossen und eine der schönsten Gegenden für eine mehrtägige Sommerwanderung in dieser Region.

Zur Streckenplanung besorgt man sich am besten die *Borgarfjörður Eystri & Víknaslóðir Hiking Map – Trails of the Deserted Inlets* (1000 ISK). Wer mit einem Führer wandern möchte, kann sich an Travel East Iceland (S. 365) oder Wild Boys (S. 358) wenden. Informationen über Hütten entlang dieser Route stehen auf www.ferdaf.is.

Im Sommer bietet Icelandic Mountain Guides (www.mountainguides.is) die Tour „Hiking at the End of the World" an, ein Sechs-Tage-Arrangement dieser Wanderung mit und ohne Führung, und es werden Transfers und Hüttenbuchungen organisiert.

Tag 1 Start: Kolbeinsfjöru, 4 km außerhalb der Gemeinde Borgarfjörður Eystri. Über den Brúnavíkurskarð-Pass geht es hinauf in die Berge (Weg 19 auf der Karte). An der Notfallhütte in Brúnavík führt ein Abzweig nach Süden (Weg 21), der ein Stück weiter den wunderschönen Gebirgszug Kerlingarfjall passiert. Nach einem Marsch von fünf bis sechs Stunden (12,5 km) wird es Zeit für die Übernachtung in Zimmern oder auf dem Zeltplatz der Hütte in Breiðavík.

Tag 2 Am nächsten Tag steht nochmals eine atemberaubende Wanderung von fünf Stunden (13,5 km auf dem Weg 30) auf dem Programm. Zunächst geht es durch die Auen unterhalb des Hvítafjall, dann weiter auf der Geländewagenpiste in Richtung Süden zur Húsavík-Hütte, wo man die zweite Nacht verbringt. Im Gebiet zwischen Breiðavík und Húsavík wimmelt es von „verstecktem Volk" – der Elfensheriff lebt in Sólarfjall und der Elfenbischof in Blábjörg, weiter südlich an der Küste.

Tag 3 Am dritten Tag sind nochmals 14 km auf dem Pfad zu bewältigen (fünf Stunden auf dem Weg 37), der am stillen Loðmundarfjörður wieder ans Meer zurückführt. Die Geländewagenpiste endet an der neuen Klyppstaður-Hütte am Flussdelta des Norðdalsá am höchsten Punkt des Fjords.

Tag 4 Am letzten Tag geht es vom Loðmundarfjörður zum Seyðisfjörður (12 km; Weg 41). Am höchsten Punkt des Bergpasses gibt es ein Logbuch, in dem sich frühere Wandergruppen verewigt haben. Auf dem Weg nach unten zum Seyðisfjörður werden die müden Wanderer von rauschenden Stromschnellen begrüßt.

Fjarðarborg steht nicht viel, dafür kommt man bei Burgern oder Lammkoteletts schnell mit Einheimischen in Kontakt. Im Sommer finden jede Woche Konzerte statt.

ℹ An- & Weiterreise

Das Dorf liegt an der Straße 94, 70 km von Egilsstaðir entfernt (die halbe Strecke ist geteert; im Sommer mit normalem Pkw befahrbar). Sie klettert steil bergauf in die Dyrfjöll-Berge und fällt dann zur Küste hin wieder ab.

Nahe dem Ortseingang gibt es eine Tankstelle. Das ganze Jahr über verkehrt wochentags ein **Bus** (☎ 894 8305; www.svaust.is; 1800 ISK, 1 Std.) zwischen dem Gemeindezentrum Fjarðarborg (Abfahrt um 8 Uhr) und Egilsstaðir (Abfahrt am Campingplatz um 12 Uhr).

Seyðisfjörður

650 EW.

Wer nur Zeit für einen Ort in den Ostfjorden hat, sollte sich für das malerische, freundliche Seyðisfjörður entscheiden. Es ist der historisch und architektonisch interessanteste Ort in Ostisland, besteht aus bunten Holzhäusern und ist von schneebedeckten Bergen und Wasserfällen umgeben. Hier lebt eine gesellige und internationale Gemeinde aus Künstlern, Musikern, Kunsthandwerkern und Studenten.

Bei gutem Wetter ist die Anfahrt von Egilsstaðir auf der landschaftlich schönen Straße 93 ein Vergnügen. Sie erklimmt einen hohen Pass und führt dann bergab am wasserfallreichen Fluss Fjarðará entlang.

Im Sommer geht es am lebhaftesten zu, besonders wenn die Fähre der Smyril Line den Ort majestätisch über den 17 km langen Fjord ansteuert – die schönste Art, in Island anzukommen. Tipp: Im Sommer sind Zimmer und Restaurantsitzplätze mittwochabends Mangelware, da am Donnerstagmorgen die Fähre nach Dänemark bzw. zu den Färöern ablegt – lieber zu einem anderen Zeitpunkt vorbeischauen! Wer selbst mit der Fähre übersetzen möchte, muss sich rechtzeitig um eine Bleibe kümmern.

Seyðisfjörður

Seyðisfjörður

Highlights
1 Regenbogenstraße A3

Sehenswertes
2 Lawinendenkmal A3
3 Bláa Kirkjan A3
4 Skaftfell – Center for Visual Art C3

Aktivitäten, Kurse & Touren
5 Austursigling C2
6 Hlynur Oddsson B3
7 Hochseeangeln Seyðisfjörður C2
8 Seyðisfjörður Tours A3
9 Sundhöll Seyðisfjarðar B4

Schlafen
10 Campingplatz A3
11 Hafaldan Harbour Hostel A1
12 Hafaldan Old Hospital Hostel B4
13 Hótel Aldan B3
14 Hótel Aldan (Old Bank) A3
15 Hótel Aldan (Snæfell) B3
16 Post-Hostel C3
17 Við Lónið A3

Essen
18 Kjörbúðin B4
Norð Austur Sushi & Bar .... (s. 13)
Nordic Restaurant .... (s. 13)
19 Skaftfell Bistro C3

Ausgehen & Nachtleben
20 Kaffi Lára – El Grilló Bar A3

Unterhaltung
Bláa Kirkjan Sommerkonzerte .... (s. 3)

Shoppen
21 Vínbúðin C3

Geschichte

Der Ort Seyðisfjörður begann sein Dasein im Jahr 1848 als Handelsposten, verdankte seinen späteren Reichtum aber dem „Silber des Meeres": dem Hering. Der lange, schützende Fjord verlieh Seyðisfjörður gegenüber anderen Fischerdörfern einen Vorteil und der Ort entwickelte sich zum größten und wohlhabendsten in Ostisland. Die meisten der schönen, eigenwilligen Holzhäuser wurden von norwegischen Kaufleuten erbaut, die von der Heringsindustrie angelockt wurden.

Im Zweiten Weltkrieg war Seyðisfjörður ein Truppenstützpunkt der Briten und Amerikaner. Die einzige Kriegshandlung, die hier stattfand, war ein Bombenangriff dreier deutscher Kampfflieger auf einen Öltanker *(El Grillo)*. Die Bomben verfehlten ihr Ziel, aber eine explodierte so nah am Schiff, dass es dann doch auf den Grund des Fjords sank, wo es noch heute liegt – ein guter Tauchspot.

Aufgrund der steilen Bergflanken rund um den Ort ist Seyðisfjörður lawinengefährdet. 1885 tötete eine Lawine vom Bjólfur 24 Menschen und schob mehrere Häuser in den Fjord. 1996 begrub eine Lawine eine Fabrik im Ort unter sich, es kam niemand zu Tode.

Sehenswertes

In Seyðisfjörður gibt es viele Holzhäuser aus dem 19. Jh., die als Bausätze aus Norwegen herangeschafft wurden. Etliche der historischen Gebäude sind heute kleine Werkstätten, in denen Kunsthandwerker die verschiedensten Dinge herstellen. Einige Ateliers verkaufen Strickwaren, andere Kunst, Kunsthandwerk, oder Designerhaushaltswaren.

★ Regenbogenstraße STRASSE

(Norðurgata) Diese Straße ist wirklich sehr fotogen: Aufs Pflaster ist ein Regenbogen gemalt und die Blaue Kirche bildet dazu einen schönen Hintergrund. Die Regenbogenstraße taucht in jeder Menge Werbung auf und ist bei den Touristen ein beliebtes Fotomotiv.

Bláa Kirkjan KIRCHE

(Blaue Kirche; www.blaakirkjan.is; Bjólfsgata 10) Die „Blaue Kirche" ist bildhübsch und ziert so manches Touristenfoto. Das spektakuläre Bergpanorama stellt eine fabelhafte Kulisse dar. Das Gebäude ist häufig abgeschlossen, doch im Sommer finden jede Woche Konzerte statt (S. 374).

Tvisöngur WAHRZEICHEN

Von einem Parkplatz südlich vom Tækniminjasafn Austurlands braucht man 15 bis 20 Minuten hinauf zur Klangskulptur Tvísöngur, einer Installation des deutschen Künstlers Lukas Kühne. Sie besteht aus fünf miteinander verbundenen Betonkuppelbauten unterschiedlicher Größe – jede Kuppel hat ihre eigene Resonanz.

Lawinendenkmal DENKMAL

(Ránargata) Das Denkmal nahe der Kirche stammt aus dem Jahr 1996, als eine Lawine eine Fabrik begrub. Es besteht aus den verbogenen Stahlträgern des zerstörten Bauwerks, die weiß gestrichen und so aufgestellt wurden, wie sie damals gefunden wurden.

Skaftfell – Center for Visual Art KUNSTGALERIE

(☎472 1632; www.skaftfell.is; Austurvegur 42; ⌚Juni–Aug. 12–18 Uhr, Sept.–Mai unterschiedliche Öffnungszeiten) Es lohnt sich, einen Blick in die Galerie über dem Skaftfell-Bistro (S. 371) zu werfen. Skaftfell ist ein Zentrum für Bildende Kunst mit Schwerpunkt Gegenwartskunst, hier gibt es Ausstellungen und Workshops werden angeboten. Darüber hinaus werden Künstler durch kostenlose Wohnprogramme unterstützt. Mehr Infos dazu auf der Website.

Aktivitäten

Vom Museum aus führen kurze Wanderwege bergauf zu Wasserfällen und zur „Klangskulptur" **Tvísöngur** – fünf miteinander verbundenen Betonkuppeln. Ein weiterer kurzer Weg führt von der Straße am Nordufer des Fjords (ca. 6 km hinter der Blauen Kirche) zum ausgeschilderten **Dvergasteinn** (Zwergenstein): Der Überlieferung nach handelt es sich hierbei um eine Zwergenkirche.

Die Berge oberhalb von Seyðisfjörður sind ideal für längere Wanderungen. Das grasbewachsene Tal **Vestdalur** nördlich des Ortes ist für seine wundervollen Wasserfälle bekannt. Die Wanderung dorthin beginnt kurz vor den Langahlið-Hütten. Wer dem Fluss Vestdalsá folgt, erreicht nach zwei oder drei Stunden den kleinen See **Vestdalsvatn**, der fast das ganze Jahr über zugefroren ist – gewöhnlich liegt er bis Juli unter einer Schneedecke.

Die Wege sind auf der vielerorts erhältlichen *Borgarfjörður Eystri & Víknaslóðir Hiking Map – Trails of the Deserted Inlets* (1000 ISK) verzeichnet. Einige Routen sind auch auf der Website www.visitseydisfjordur.com zu finden, darunter der Sieben-Gipfel-Weg zu sieben über 1000 m hohen Gipfeln um den Ort herum.

Skigebiet Stafdalur SKIFAHREN
(www.stafdalur.is; ⏲Dez.–Mai Di–Fr 17–20, Sa 11–16, So 10–16 Uhr) Von Dezember bis Mai können Besucher im Skigebiet Stafdalur die Hänge hinunterwedeln bzw. langlaufen (und die nötige Ausrüstung dafür leihen). Die Pisten liegen 9 km von Seyðisfjörður entfernt an der Straße nach Egilsstaðir. Die Öffnungszeiten sind wetterabhängig. Am meisten los ist an den Wochenenden. Näheres weiß die Touristeninformation (S. 374).

Sundhöll Seyðisfjarðar SCHWIMMEN
(Suðurgata 5; Erw./Kind 950/300 ISK; ⏲Juni–Aug. Mo–Fr 7–11 & 15–20, Sa 13–16 Uhr, Sept.–Mai kürzere Öffnungszeiten) Seyðisfjörðurs Hallenbad verfügt über eine Sauna und Hot Pots.

Geführte Touren

Seyðisfjörður Tours TOUR
(☎785 4737; www.seydisfjordurtours.com; Norðurgata 6; ⏲Juni–Mitte Sept.) Dieser freundliche Anbieter im Ortszentrum verleiht Räder und veranstaltet geführte Spaziergänge und Wanderungen unterschiedlicher Länge durch den Ort und seine Umgebung (z. B. „Stories of Seyðisfjörður“, 75 Min., 4500 ISK; einfache zweistündige Wanderung 6000 ISK). Maßgeschneiderte Rad- und Bootstouren können ebenfalls arrangiert werden.

Hlynur Oddsson KAJAKFAHREN
(☎865 3741; hlynur@hotmail.de; Austurvegur 15b; ⏲Juni–Aug.) Wer Lust auf ein unvergessliches Outdoorabenteuer hat, wendet sich an Hlynur. Der Mann mit dem Charme eines Robert Redford verbringt hier seine Sommer und bietet maßgeschneiderte Ausflüge an. Die Fjord-Ausflüge dauern zwischen einer und sechs Stunden, mit Abstecher zu einem Schiffswrack oder zu Wasserfällen (1 /3 Std. 4000/8000 ISK). Für erfahrene Kajakfahrer gibt's längere Trips (ganzer Tag 25 000 ISK, mind. 2 Pers.).

Angeln im Seyðisfjörður BOOTSTOUR, ANGELN
(☎785 4737; www.seydisfjordurtours.com; 1 Std. 30 000 ISK; ⏲Juni–Aug., im Sept. nach Vereinbarung) Der erfahrene Fischer Halli nimmt bis zu sieben Personen in seinem Boot zum Angeln und/oder auf eine Sightseeing-Tour rund um den Fjord mit. Ausgangspunkt ist der kleine Fischerhafen. Schön sind z. B. Abstecher in den benachbarten Loðmundarfjörður. Die Mindestdauer der Ausflüge liegt bei einer Stunde, wer zwei Stunden wählt, hat aber mehr Möglichkeiten und Zeit zum Angeln. Buchungen über Seyðisfjörður Tours (s. o.). Das Tüpfelchen auf dem i: Seinen Fang kann man sich im Nordic Restaurant kochen lassen.

Austursigling BOOTSTOUR
(☎899 2409; www.austursigling.is) Vom Anleger beim Austurvegur unternimmt Beggi Bootsrundfahrten auf seinem Passagierschiff, auf dem zwölf Mitfahrer Platz haben. Die Standardtouren dauern drei Stunden – es sind aber auch kürzere oder längere Touren möglich – und umfassen Angeln oder Vogelbeobachtung samt Sonnenuntergang sowie im Winter die Beobachtung des Nordlichts. Der Preis variiert je nach Tourdauer und Teilnehmerzahl; für eine kleine Gruppe sind mindestens 15 000 ISK pro Stunde zu veranschlagen.

Schlafen

Die Unterkünfte im Ort genügen hohen Ansprüchen. Für Mittwochabende empfiehlt sich im Sommer eine Reservierung weit im Voraus, da donnerstags die Fähre nach Dänemark ablegt.

★ **Hafaldan Old Hospital Hostel** HOSTEL €
(☎611 4410; www.hafaldan.is; Suðurgata 8; B 5400 ISK, DZ mit/ohne Bad 16 300/14 700 ISK; ⏲April–Mitte Sept.; 📶👪) Seyðisfjörðurs erstklassiges HI-Hostel erstreckt sich über zwei Häuser: Das Harbour Hostel liegt etwas außerhalb, das Old Hospital Hostel ist die zentralere Alternative und hier befindet sich auch die Rezeption für beide Häuser. Man hat die Wahl zwischen Mehrbettzimmern und einer Handvoll Privatzimmern mit Bad. Im Untergeschoss gibt's ausgezeichnete Badezimmer und eine Sauna; schön ist auch der Küchen-/Essbereich. Bettwäsche ist im Übernachtungspreis inbegriffen.

Hafaldan Harbour Hostel HOSTEL €
(☎611 4410; www.hafaldan.is; Ránargata 9; B/DZ/4BZ ohne Bad 5400/12 930/23 100 ISK; ⏲April–Okt.; 📶👪) Gemütliche Ess- und Aufenthaltsräume mit tollen Ausblicken sind die Vorzeigeeinrichtungen des Harbour Hostel, das etwas außerhalb des Orts ein Stück hinter der Blauen Kirche (S. 369) zu finden ist. Die kleinen und unscheinbaren, aber netten Zimmer (alle mit Gemeinschaftsbädern) haben dünne Wände. Bettwäsche ist im Übernachtungspreis inbegriffen.

Campingplatz CAMPINGPLATZ €
(Ránargata 5; Stellplatz 1600 ISK pro Pers.; ⏲Mai–Sept.; 📶) Der Campingplatz besteht aus zwei

Arealen: Der geschützte Rasenplatz gegenüber der Bláa Kirkjan (S. 369) ist für Zelte gedacht, das andere Areal ganz in der Nähe für Wohnmobile. Duschen, Waschmaschinen und Küche sind im gemeinsamen Sanitärblock untergebracht.

★ Hótel Aldan HOTEL €€
(☎472 1277; www.hotelaldan.com; Norðurgata 2;) Das wunderbar freundliche Hotel verteilt sich auf drei alte Holzhäuser. Die Rezeption und ein Bar-Restaurant, in dem Frühstück serviert wird, sind in der Norðurgata untergebracht. Die Gästezimmer befinden sich in zwei anderen Gebäuden: Snæfell und Old Bank. Zum Hotel gehören auch zentral gelegene Apartments (ab 35 000 ISK) mit voll ausgestatteter Küche, Waschmaschine, viel Platz (2 bzw. 3 Schlafzimmer) und witzigen Retroelementen.

➡ Hótel Aldan (Snæfell) HOTEL €€
(☎472 1277; www.hotelaldan.com; Austurvegur 3; EZ/DZ mit Frühstück ab 14 300/18 000 ISK;) Das Snæfell ist ein knarrendes Gebäude mit Charakter. Hier liegen auf drei Stockwerken die billigsten Zimmer im Ort in frischem Weiß mit bunten indischen Tagesdecken. Im Erdgeschoss befinden sich Familiensuiten (ab 32 000 ISK).

➡ Hótel Aldan (Old Bank) HOTEL €€€
(☎472 1277; www.hotelaldan.com; Oddagata 6; DZ mit Frühstück ab 33 900 ISK;) Die „Alte Bank" ist das dritte Gebäude des Hótel Aldan. Die mit antiken Möbeln eingerichtete Pension hat Boutique-Schick und ein gediegenes Ambiente.

Við Lónið PENSION €€
(☎899 9429; http://vidlonidguesthouse.com; Norðurgata 8; Zi. ab 24 000 ISK;) Durch einen Umbau wurde ein als Bausatz angeliefertes Haus von 1907 mitten im Ort in eine schwarz gewandete Schönheit mit acht Zimmern verwandelt. Die neue Pension „An der Lagune" ist mit nordisch-minimalistischem Flair eingerichtet. Die schönsten Zimmer verfügen über einen Balkon mit Blick auf die Lagune.

Nord Marina Guesthouse PENSION €€
(☎787 0701; nordmarina1@gmail.com; Strandarvegur 21; DZ mit/ohne Bad 16 800/11 600 ISK; ⏲April–Okt.;) 2 km nordöstlich des Supermarkts steht diese unauffällige Pension am Wasser (toller Blick!). Sie beherbergt 13 preiswerte Zimmer, verteilt auf zwei Gebäude, eine Gästeküche und eine gemütliche Lounge. Die Betreiber vermieten zudem zwei Apartments; eine Wohnung bietet Platz für bis zu sieben Personen (37 300 ISK).

Post-Hostel PENSION €€
(☎898 6242; info@posthostel.com; Hafnargata 4; DZ mit/ohne Bad ab 19 100/16 600 ISK;) Die gehobene Pension mit elf frischen, renovierten Zimmern in einem alten Postamt bietet auch einige Familienzimmer mit Etagenbetten für Kinder sowie schicke Möglichkeiten zum Kochen und Wäschewaschen.

★ Langahlið HÜTTEN €€€
(☎897 1524; www.langahlid.com; Hütte für 4/6 Pers. ab 32 300/37 400 ISK;) Die sehr preisgünstigen Hütten mit drei Schlafzimmern, in denen bis zu sechs Personen komfortabel Platz haben, müssen wirklich *sehr* früh gebucht werden. Ausgestattet sind sie mit Küche, Lounge und Grill und Hot Pot auf der mit tollen Ausblicken gesegneten Terrasse. Die Hütten befinden sich 2 km nördlich des Hótel Aldan. Die netten italienischen Besitzer kümmern sich gut um ihre Gäste – am besten bucht man gleich zwei Nächte!

Essen & Ausgehen

Kjörbúðin SUPERMARKT €
(Vesturvegur 1; ⏲Mo–Fr 9–19, Sa 10–18, So 12–18 Uhr) Für Selbstversorger. Draußen befindet sich ein Geldautomat.

★ Norð Austur Sushi & Bar SUSHI €€
(☎787 4000; www.nordaustur.is; 2. OG, Norðurgata 2; kleine Gerichte 690–2190 ISK, Maki-Rollen 2190–2690 ISK; ⏲Juni–Anfang Sept. So–Do 17–22, Fr & Sa bis 23 Uhr) Die Einheimischen schwärmen zu Recht von diesem Laden. Der Fisch, der hier serviert wird (Lachs, Forelle und Saibling), gelangt direkt vom Boot in die Obhut eines versierten Sushi-Kochs mit internationaler Erfahrung. Die Probiermenüs sind jede Krone wert (5/7 Gänge 6300/7500 ISK), die Einrichtung ist cool – genau wie die Cocktails und der Sake. Besser reservieren!

★ Skaftfell Bistro INTERNATIONAL €€
(☎472 1633; http://skaftfell.is/en/bistro; Austurvegur 42; Pizza 1600–3500 ISK; ⏲15–22 Uhr;) In dem wunderbaren Mix aus Bistro, Bar und Kulturzentrum kann man herrlich chillen, essen und Kontakte zu Einheimischen und Künstlern knüpfen. Neben den beliebten Pizzas (z. B. mit Rentierfleisch oder Kaisergranat belegt) gibt es eine kleine, wöchentlich wechselnde Tageskarte. In der Galerie (S. 369) im Obergeschoss sind interessante Ausstellungen zu sehen. Die Küche schließt um 21 Uhr. Größere Gruppen reservieren besser.

BECKI SCOTT/GETTY IMAGES ©

1. Malamut-Schlittenhunde **2.** Hlíðarfjall Ski Centre (S. 313)
3. Eishöhle im Gletscher Gígjökull (S. 172) **4.** Skógafoss (S. 159)

DARIA MEDVEDEVA/SHUTTERSTOCK ©

Reisen im Winter

Im Winter nach Island zu reisen wird immer beliebter und der Reiz ist klar, Polarlichter tanzen über den Himmel, die Natur zeigt sich rau und unverfälscht und Nachteulen haben die Gelegenheit, verrückte Tagesrhythmen zu erleben. Eine tolle Option für alle, die dem sommerlichen Besucheransturm aus dem Weg gehen möchten.

Touren ab Reykjavík

Trotz der kurzen Tage geht das Leben in der Hauptstadt seinen normalen Gang und es gibt zahllose Möglichkeiten für Outdooraktivitäten: gefrorene Wasserfälle, schneebedeckte Berge, Eislaufen, Skifahren und Schneeschuhtouren. Um zu dieser Jahreszeit sicher zu reisen, nimmt man am besten Experten in Anspruch – Tagesausflüge ab Reykjavík (S. 68) sind ideal, und Einheimische kennen die besten Wintergeheimnisse.

Ski & Schneesportarten

Bláfjoll bei Reykjavík lockt von November bis April Skifahrer an, aber die echten Schneehasen zieht es nach Nordisland: In Akureyri liegt Islands größtes Skigebiet am Hlíðarfjall (S. 313), gleich nördlich davon warten kleinere Skigebiete sowie tolle Heliskiangebote auf der Halbinsel Tröllaskagi (S. 300). Ende März finden in Akureyri die Iceland Winter Games (S. 315) statt.

Eishöhlen

Der Südosten ist dank seiner wunderbaren blauen Eishöhlen ein echter Wintermagnet. Die Höhlen sind normalerweise von etwa November bis März zugänglich (meist an den Gletscherrändern). Man braucht einen Guide: Einheimische Experten führen Besucher von verschiedenen Punkten zwischen Skaftafell und Höfn. Die vergletscherten Landschaften nehmen im Winter oft einen wunderschönen leuchtend blauen Ton an.

Schneeschuhe & Hundeschlitten

In Island kann man das ganze Jahr über Schneemobil fahren, eisklettern, gletscherwandern und Hundeschlitten fahren. Eine wirklich märchenhafte Erfahrung aber bietet Mývatn im Winter, mit Schneeschuh- und Langlaufskitouren, Schneemobilfahrten auf dem zugefrorenen See sowie Hundeschlittenfahrten in den Bergen.

Nordic Restaurant ISLÄNDISCH €€
(☎472 1277; www.hotelaldan.is; Norðurgata 2; Mittagessen 1250–2650 ISK, Hauptgerichte abends 2900–4600 ISK; ⏲12–21 Uhr) In dem schick auf ländlich gestylten Rezeptionsgebäude des Hótel Aldan gibt's durchgehend Kaffee und Kuchen, auf der Mittagskarte stehen z. B. Ziegenkäsesalat oder Burger mit Pommes. Abends sorgen für Atmosphäre und die Küche verarbeitet regionale Zutaten wie Lamm und Fisch zu kreativen Gerichten. Für abends empfiehlt sich eine Reservierung.

Kaffi Lára – El Grilló Bar BAR
(☎472 1703; Norðurgata 3; ⏲So–Do 11–1.30, Fr & Sa bis 3.30 Uhr; 📶) Wer anderswo im Ort keinen Platz ergattert, findet gewöhnlich in dieser freundlichen zweistöckigen Café-Bar, die sehr leckere Grillgerichte anbietet und mehr als 20 isländische Biere auf Lager hat, noch einen Tisch. Tipp: das El-Grillo-Bier, gebraut nach einem Rezept mit toller Geschichte und benannt nach dem britischen Tanker, der auf dem Grund des Fjords liegt.

Vínbúðin ALKOHOLISCHE GETRÄNKE
(Hafnargata 4a; ⏲Mo–Do 16–18, Fr 13–18 Uhr) Staatlicher Alkoholladen.

☆ Unterhaltung

Sommerkonzerte in der Blauen Kirche LIVEMUSIK
(www.blaakirkjan.is; Bjólfsgata 10; Erw./Kind 2800 ISK/frei; ⏲Juli–Mitte Aug. Mi 20.30 Uhr) Von Juli bis Mitte August ist die Bláa Kirkjan (S. 369) Veranstaltungsort einer beliebten Konzertreihe mit Jazz, Klassik und Folkmusik. Das Programm wird auf der Website veröffentlicht. Wer mit der Donnerstagsfähre abreist, kann sich hier einen schönen Abschiedsabend machen.

ℹ Praktische Informationen

Vorm Supermarkt gibt es einen Geldautomaten.

Eine wahre Fundgrube an nützlichen Infos ist die Website www.visitseydisfjordur.com.

Die **Touristeninformation** (☎472 1551; www.visitseydisfjordur.com; Ferjuleira 1; ⏲Mai–Sept. Mo–Fr 9–17 Uhr, Okt.–April Mo–Fr 13–17 Uhr) im Fährterminal hat Infos zur Region und zum ganzen Land. Im Winter öffnet das Büro auch dienstagvormittags (8–12 Uhr), wenn die Smyril-Line-Fähre anlegt, sowie bei der Ankunft von Kreuzfahrtschiffen.

ℹ An- & Weiterreise

BUS

SVAust (☎893 2669, 472 1515) unterhält eine Buslinie zwischen Egilsstaðir und Seyðisfjörður (1080 ISK, ca. 45 Min.). Die Busse fahren ganzjährig von Montag bis Samstag ein- bis dreimal täglich. Der aktuelle Fahrplan ist auf www.visitseydisfjordur.com zu finden.

Am **Fährterminal** hält der Bus nur an Tagen, an denen Fähren verkehren; die Haupthaltestelle befindet sich vor der Bücherei im **Austurvegur**. In Egilsstaðir fährt der Bus zum Flughafen und zum Campingplatz.

SCHIFF/FÄHRE

Ganzjährig schippert die Autofähre *Norröna* der **Smyril Line** (☎Faröer-Inseln 298 345900; www.smyrilline.com; Ferjuleira 1) einmal wöchentlich von Hirtshals (Dänemark) über Tórshavn (Färöer-Inseln) nach Seyðisfjörður.

Von Mitte Juni bis Ende August läuft die *Norröna* donnerstags um 8.30 Uhr im Hafen ein und startet zwei Stunden später wieder in Richtung Skandinavien. Den Rest des Jahres kommt das Schiff dienstags um 9 Uhr an und fährt mittwochs um 20 Uhr wieder ab. Je nach Wetter verkehren die Fähren auch im Winter (also Okt.–März); mehr dazu auf der Website.

Mjóifjörður

Der Fjord südlich von Seyðisfjörður ist der von spektakulären Steilwänden und vielen rauschenden Wasserfällen umgebene Mjóifjörður („Schmaler Fjord"). Die ungeteerte Straße verlangt einem normalen PKW einiges ab und ist mit einem solchen auch nur im Sommer zu befahren. Aber wer sich durchkämpft, dem eröffnet sich ein Blick auf üppig grüne Berge mit faszinierenden Ruinen und auf Schwärme von Zuchtfischen im eisigen Fjordwasser. Am Ufer liegt das rostige Wrack eines gestrandeten Heringskutters – ein tolles Fotomotiv!

Hierher kommt man auf der Suche nach Ruhe und Abgeschiedenheit (und anscheinend auch zum Beerenpflücken) – am Mjóifjörður leben dauerhaft nur 14 Personen.

Rund um den Mjóifjörður gibt es tolle **Wandermöglichkeiten**. Die Mitarbeiter des Sólbrekka schippern Wanderer gegen ein kleines Entgelt über den Fjord, von wo es in vier Stunden bis nach Neskaupstaður geht. Möglich ist auch die Überquerung der nördlichen Berge bis nach Seyðisfjörður, ein Marsch von sechs bis sieben Stunden. Am schönsten wandert es sich hier im Spätsommer, also ab Mitte Juli oder noch später, wenn der Schnee auch hoch oben endlich geschmolzen ist.

Vom Scheitel des Mjóifjörður sind es 12 km bis **Brekkuþorp**, das oft als Islands kleinstes Dorf bezeichnet wird. Von dort aus führt die Straße zum 14 km östlich gelegenen **Leuchtturm Dalatangi**, dem ersten Islands (von 1895); daneben steht der „moderne" Leuchtturm von 1908, der immer noch in Betrieb ist. Jenseits von Brekkuþorp ist man mit einem geländegängigen Fahrzeug besser beraten.

Kaffee und Snacks bietet das **Sólbrekka Café** (Snacks & Sandwiches 350–650 ISK; ⌚ Juli–Mitte Aug. 11–19 Uhr). Übernachtungsgäste bekommen auf Wunsch auch Frühstück und Abendessen. Weitere Verpflegung in Egilsstaðir oder Reyðarfjörður einkaufen.

Sólbrekka PENSION, HÜTTEN €€
(☎ 476 0007; http://mjoifjordur.weebly.com; Hütte ohne Bettwäsche 18 500 ISK; ⌚ Pension Juli–Mitte Aug., Hütten Juni–Sept.) Die einzige Übernachtungsmöglichkeit vor Ort ist das Sólbrekka an der Nordseite des Mjóifjörður. Nahe dem Wasser steht eine Schule, die Camping (1200 ISK pro Pers.) und schlichte Zimmer mit Gemeinschaftsbad anbietet (EZ/DZ 9850/12 300 ISK), aber wirklich toll sind die beiden Holzhütten oben auf dem Hügel, in denen jeweils vier Personen unterkommen können (es gibt ein Schlafzimmer, einen kleinen Dachboden zum Schlafen und eine Schlafcouch).

An- & Weiterreise

Von Egilsstaðir bis zum Beginn des Mjóifjörður sind es 30 km auf den Straßen 1 und 953 und noch mal 12 km bis Brekkuþorp. Die Strecke wird nicht von öffentlichen Verkehrsmitteln bedient.

Von Oktober bis Mai ist die Straße von/nach Mjóifjörður unpassierbar und der Ort kann nur per Boot ab Neskaupstaður (zweimal wöchentlich) erreicht werden.

Reyðarfjörður

1270 EW.

Beim Schönheitswettbewerb um den hübschesten Fjord hätte der Reyðarfjörður keine Chance. Die Siedlung hier ist relativ neu und entstand erst im 20. Jh. als Handelshafen.

In jüngerer Zeit erhielt Reyðarfjörður die ersehnte Aufmerksamkeit, als Alcoa eine riesige, 2 km lange Aluminiumhütte gleich hinter dem Ort am Fjordufer errichtete. Umweltschützer gingen auf die Barrikaden, aber der Zuzug ausländischer Arbeiter brachte einen Hauch internationales Flair nach Reyðarfjörður und in die umgebenden Orte. Dass mit den Jobs bei Alcoa – das Unternehmen beschäftigt hier rund 450 Leute – auch Geld in die Gegend kam, beweisen die neuen Häuser.

Der Reyðarfjörður dient übrigens der britischen Fernsehserie *Fortitude* als fabelhafte Kulisse.

Sehenswertes

Íslenska Stríðsárasafnið MUSEUM
(http://stridsarasafn.fjardabyggd.is; Spítalakampu; Erw./Kind 1500 ISK/frei; ⌚ Juni–Aug. 13–17 Uhr) Im Zweiten Weltkrieg waren in Reyðarfjörður etwa 3000 alliierte Soldaten stationiert – zehnmal so viele wie der Ort Einwohner hatte. Das ausgezeichnete, aber teure Isländische Kriegsmuseum am oberen Ende des Heiðarvegur dokumentiert die Jahre dieser eigentümlichen Besatzung. Das Gebäude ist von Minen, Jeeps und Flugzeugpropellern umgeben und birgt im Innern weitere Kriegsrelikte. Fotos und szenische Darstellungen geben einen Einblick in die Rolle Islands während des Krieges.

Schlafen

HI-Hostel Reyðarfjörður HOSTEL €
(Hjá Marlín; ☎ 474 1220, 892 0336; www.hjamarlin.is; Vallargerði 9; B 6500 ISK, DZ mit/ohne Bad 21 000/15 600 ISK, 4BZ mit Bad 32 000 ISK; @ 📶 👪) Marlín ist Belgier, lebt aber seit über 20 Jahren in Island, spricht alle möglichen Sprachen und ist der herzliche Gastgeber in diesem expandierenden Hostel. Im Haupthaus gibt es Zimmer mit eigenem Bad und einen Frühstücksbereich (Frühstück: 2000 ISK). In einem großen zweiten Gebäude die Straße runter findet man einfache Zimmer, einen Grill und eine Sauna. In einem umgebauten Möbelgeschäft am nahe gelegenen Austurvegur sind noch zwölf Vierbettzimmer mit eigenem Bad hinzugekommen.

Campingplatz CAMPINGPLATZ €
(Stellplatz 1200 ISK pro Pers.; ⌚ Mitte April–Mitte Okt.) Am Ortseingang an der Straße 92 erstreckt sich ein gepflegter Campingplatz in Nachbarschaft zu einem Ententeich. Die Einrichtungen inklusive Waschmaschine sind okay.

Tærgesen PENSION €€
(☎ 470 5555; www.taergesen.com; Búðargata 4; DZ mit/ohne Bad, mit Frühstück 24 300/16 200 ISK; 📶 👪) Die mit Holz und weißen Fensterläden aufgehübschten, behaglichen Zimmer mit Gemeinschaftsbad über dem Restaurant Tærgesen verströmen Hüttencharme. Sie befinden sich in einem schwarzen Well-

blechgebäude von 1870. Neuer ist ein Nebengebäude mit 22 geräumigen Motelzimmern mit Bad.

Essen & Ausgehen

Sesam Brauðhús BÄCKEREI, CAFÉ €

(www.sesam.is; Hafnargata 1; Snacks ab 300 ISK; Mo–Fr 7.30–17, Sa 9–16 Uhr) Die erstklassige Bäckerei mit angeschlossenem Café wartet mit einer verlockenden Auswahl an Sandwiches, Salaten und Gebäck auf.

Krónan SUPERMARKT €

(Hafnargata 2; Mo–Do 11–18, Fr bis 19, Sa bis 17, So 12–16 Uhr) Zentral gelegen.

Tærgesen ISLÄNDISCH €€

(470 5555; www.taergesen.com; Búðargata 4; Hauptgerichte 1480–5540 ISK; 10–22 Uhr) Das Tærgesen kommt in einer britischen TV-Serie *(Fortitude)* vor und schlachtet diesen Umstand ordentlich aus. Davon abgesehen ist der Laden bekannt für seine Pizza und herzhafte traditionelle Küche, die Gerichte wie Steak-Sandwiches oder gebratene Forelle bietet.

Nebenan befindet sich das von denselben Leuten geführte Kaffi Kósý: Die bei den Einheimischen beliebte Bar ist freitag- und samstagabends geöffnet.

Vínbúðin ALKOHOLISCHE GETRÄNKE

(Hafnargata 2; Mo–Do 11–18, Fr bis 19, Sa bis 16 Uhr) Staatlich betriebener Alkoholladen.

Praktische Informationen

Auf Karten und Infotafeln ist Fjarðabyggð verzeichnet – das ist die Gemeinde, deren Zentrum am Reyðarfjörður liegt und weitere Fjorde von Mjóifjörður bis Stöðvarfjörður umfasst. Eine prima Infoquelle ist www.visitfjardabyggd.is.

An- & Weiterreise

Busse von SVAust (S. 354) verbinden Reyðarfjörður täglich mit Egilsstaðir und den benachbarten Fjorden.

Eskifjörður

1015 EW.

Der freundliche, aufstrebende Ort erstreckt sich entlang einer kleinen Einbuchtung des Hauptfjords Reyðarfjörður. Seine Lage ist erstklassig: Der Blick fällt direkt auf den mächtigen Hólmatindur (985 m), der sich steil aus dem schimmernden blauen Wasser erhebt.

Sehenswertes

Helgustaðanáma STEINBRUCH

Die Reste der weltgrößten Kalkspatmine befinden sich östlich von Eskifjörður. Kalkspat (*silfurberg* auf Isländisch) ist eine Art Kalzitkristall, der völlig durchsichtig ist und das Licht in zwei parallele Strahlen brechen kann. Er spielte eine wichtige Rolle beim Bau der ersten Mikroskope.

Um zum Steinbruch zu gelangen, folgt man der holprigen Piste hinter der Pension Mjóeyri 7 km am Fjordufer entlang bis zu einer Infotafel und öffentlichen Toiletten. Dort angekommen sind es noch 500 m zu Fuß bergauf.

Sjóminjasafn Austurlands MUSEUM

(Strandgata 39b; Erw./Kind 1500 ISK/frei; Juni–Aug. 13–17 Uhr) Das schwarze Holzhaus „Gamlabuð" ist ein Warenlager von 1816 in dem heute das Ostisländische Meeresmuseum, beherbergt ist, das die zweihundertjährige Geschichte des lokalen Herings-, Wal- und Haifischfangs nacherzählt. Wer sich für dieses Thema interessiert, sollte auch unbedingt im Randulffs-sjóhús (S. 377) vorbeischauen.

Aktivitäten

Es gibt zahlreiche Wanderstrecken in den nahen Bergen. Mehrtägige Wanderungen bieten sich vor allem auf den Halbinseln östlich von Eskifjörður an – besonders beliebt ist die als Gerpir bekannte Gegend. Zur Zeit der Recherche waren Wanderkarten vor Ort nur schwer erhältlich, also vor Ort nach Infos und Tipps fragen! Die Besitzer des Ferðaþjónustan Mjóeyri stellen Kontakte zu Guides her und organisieren Aktivitäten (zudem vermieten sie Motorboote).

Die **Gönguvikan** (Wanderwoche) ist ein Highlight im örtlichen Veranstaltungskalender und findet in der Woche nach der Sommersonnenwende statt.

★ **Halbinsel Hólmanes** WANDERN

Die Südküste der Halbinsel Hólmanes unterhalb des **Hólmatindur** ist ein Naturschutzgebiet. Bei einer Wanderung in der Gegend eröffnen sich großartige Ausblicke aufs Meer. Hier tummeln sich auch Delfinschulen. Der Hólmaborgi-Weg südlich der Hauptstraße ist eine beliebte Rundwanderung von nur ein bis zwei Stunden.

Oddsskarð SKIFAHREN

Je nach Wetter kann man von Dezember bis April an den Hängen nahe dem Bergpass

Oddsskarð oberhalb des Orts Ski fahren – Infos auf www.visitfjardabyggd.is.

Sundlaug Eskifjarðar SCHWIMMEN
(Eskifjarðarvegur; Erw./Kind 900/250 ISK; ⏲ Mo–Fr 6–21, Sa & So 10–18 Uhr) Das Schwimmbad wartet mit Wasserrutschen, Hot Pots und einer Sauna auf. Es liegt an der Hauptstraße, die in den Ort hineinführt.

Schlafen

Guesthouse Askja PENSION €
(☎476 1150; www.kaffihusid.is/guesthouse-askja; Strandgata 86; DZ/3BZ ohne Bad ab 12 150/16 650 ISK; 📶) Im Jahr 2018 haben neue Eigentümer diese Pension am Wasser übernommen und sie einer Verjüngungskur unterzogen – und sie haben unten sogar ein kleines Thai-Restaurant eröffnet. Die preisgünstigen, gemütlichen Zimmer teilen sich Gemeinschaftsbäder sowie eine Gästeküche und einen netten Wohnbereich. Das Haus gehört auch zum HI-Herbergsnetz – HI-Mitglieder können sich also nach Rabatten erkundigen.

Campingplatz CAMPINGPLATZ €
(Strandgata; Stellplatz 1200 ISK pro Pers.; ⏲ Mitte Mai–Mitte Sept.) Einfacher Platz in schöner Lage mit Bäumen. Nicht weit vom Ortseingang entfernt.

★ **Ferðaþjónustan Mjóeyri** PENSION, HÜTTEN €€
(☎696 0809, 477 1247; www.mjoeyri.is; Strandgata 120; EZ/DZ ohne Bad 15 400/20 100 ISK, Hütte ab 31 900 ISK; 📶 👪) Der mit schönen Ausblicken gesegnete Komplex am Ostrand des Ortes steht am äußersten Ende einer winzigen Landzunge. Im Haupthaus befinden sich Pensionszimmer, erste Wahl sind jedoch die tollen familienfreundlichen Hütten auf dem Gelände. Außerdem gibt's auch Einrichtungen für Camper sowie in einem umgebauten Boot einen der schönsten Hot Pots, die uns bis jetzt untergekommen sind.

Hotel Eskifjörður HOTEL €€
(☎476 0099; www.hoteleskifjordur.is; Strandgata 47; DZ 27 000–29 000 ISK; 📶) Im Zentrum der Stadt erhebt sich dieses Hotel, ehemals eine Bank, die in eine stilvolle Unterkunft mit niedlichem Papageitaucher-Dekor umgewandelt wurde. Die Preise hängen von der Zimmergröße und dem jeweiligen Ausblick ab. Die teuersten verfügen über einen Balkon. Frühstück: 1550 ISK.

Essen & Ausgehen

Es gibt nicht viele Restaurants im Ort und außerhalb der Sommermonate schrumpft das Angebot noch weiter, weshalb man manchmal in die Nachbarorte fahren muss, um eine leckere Mahlzeit zu bekommen. Für einen Happen auf die Schnelle eignet sich z. B. die Tankstelle mit Grillimbiss. Eine Überraschung stellt das Thai-Restaurant **Hús Fílsins – Ban Chang** (☎476 1150; Strandgata 86; Gerichte 2000–2800 ISK; ⏲ Mi–Mo 12–14 & 18–21.30 Uhr) dar.

Kjörbúðin SUPERMARKT €
(Strandgata 50; ⏲ Mo–Fr 9–19, Sa 10–18, So 12–18 Uhr) Für Selbstversorger und Picknicker. Vor dem Geschäft befindet sich ein Geldautomat.

★ **Randulffs-sjóhús** ISLÄNDISCH €€
(☎477 1247; www.mjoeyri.is; Strandgata 96; Hauptgerichte 3290–6790 ISK; ⏲ Juni–Aug. 17–21 Uhr oder nach Vereinbarung) Als die neuen Besitzer 2008 das ungewöhnliche, 1890 erbaute Bootshaus in Beschlag nahmen, stellten sie fest, dass sich hier seit gut 80 Jahren nichts getan hatte. Die Schlafkammern der Fischer in der oberen Etage sind erhalten geblieben; im Untergeschoss ist ein gemütliches, mit Marine-Accessoires eingerichtetes Restaurant eingezogen. Auf der gediegenen Karte stehen hauptsächlich köstliche Fischgerichte, u. a. die isländischen Spezialitäten Hai und Stockfisch.

Kaffihúsið BAR
(☎476 1150; www.kaffihusid.is; Strandgata 10; ⏲ Di–Do 18–23, Fr 18–3, Sa 12–3, So 12–23 Uhr; 📶) Die riesige Kaffeetasse, die als „Hinweisschild" für diese Restaurant-Bar (Küche schließt um 21.30 Uhr) dient, ist wirklich nicht zu übersehen. Das „Kaffeehaus" ist ein beliebter Einheimischentreff. Hinten befinden sich überdies ein paar Zimmer (EZ/DZ 9000/13 600 ISK), einfach, aber ausreichend, mit Gemeinschaftsbad – am Ende der Woche allerdings laut.

An- & Weiterreise

Eskifjörður befindet sich 15 km nordöstlich von Reyðarfjörður an der Straße 92. 2017 wurde ein neuer, 8 km langer Tunnel zwischen Eskifjörður und dem weiter östlich gelegenen Neskaupstaður eröffnet.

Eine schöne Bergstraße über den Oddsskarð-Pass war früher die einzige Zufahrt nach Neskaupstaður. Die Straße von Eskifjörður nach Oddsskarð bleibt im Sommer geöffnet (nicht jedoch das Stück von Oddsskarð nach Neskaupstaður); die Fahrt nach Oddsskarð lohnt sich: Es geht steil bergauf und man kann den Blick ringsum schweifen lassen.

Neskaupstaður

1460 EW.

Neskaupstaður (auch bekannt als Norðfjörður) ist zwar einer der größten Fjordorte, die Lage am Ende der Welt lässt ihn aber sehr klein und verlassen wirken. Beim Versuch, noch weiter nach Osten vorzudringen, stößt man auf ein Problem: Irgendwann hört die Straße auf!

Wie die meisten Orte an den Ostfjorden entstand Neskaupstaður im 19. Jh. als Handelsposten und florierte während des Heringsbooms zu Beginn des 20. Jhs. Die Zukunft des Ortes wurde durch den Bau von Síldarvinnslan (SNV) gesichert, dem größten Fischverarbeitungs- und -gefrierwerk Islands am Ende des Fjords. Hier steht außerdem das wichtigste regionale Krankenhaus Ostislands.

Sehenswertes & Aktivitäten

★ Fólkvangur Neskaupstaðar NATURSCHUTZGEBIET

Das reizende Naturschutzgebiet am östlichen Orts- und Straßenende ist ideal für kurze Spaziergänge. Verschiedene Pfade führen über Holzstege und an Felsen, Torflöchern, Steilwänden und dem tosenden Meer vorbei. Für die Geräuschkulisse sorgen Meeresvögel und vielleicht erspäht man vor der Küste sogar Wale.

Safnahúsið MUSEUM

(Egilsbraut 2; Erw./Kind 1500 ISK/frei; ⌚Juni–Aug. Mo–Sa 13–21, So 13–17 Uhr) Die drei kleinen Museen sind in einem knallroten Speicher am Hafen untergebracht, dem Museumshaus. Das Kunstmuseum **Tryggvasafn** präsentiert Bilder des herausragenden modernen Künstlers Tryggvi Ólafsson, der 1940 in Neskaupstaður geboren wurde. Das **Meereskundemuseum** in der ersten Etage stellt Meeresobjekte eines Sammlers aus und im Obergeschoss zeigt das **Naturkundemuseum** viele lokale Gesteinsarten (darunter Kalkspat aus der Helgustaðanáma-Mine, (S. 376) sowie eine bunte Menagerie präparierter Landtiere, Vögel, Fische und auf Nadeln gespießte Insekten.

Stefánslaug SCHWIMMEN

(Miðstræti 15; Erw./Kind 900/250 ISK; ⌚Juni–Aug. Mo–Fr 6–20, Sa & So 10–18 Uhr, Sept.–Mai kürzere Öffnungszeiten) Der ganze Stolz des Orts ist dieses Schwimmbad mit Hot Pots, Wasserrutschen und herrlichem Ausblick.

Geführte Touren

★ Skorrahestar REITEN, WANDERN

(☎477 1736; www.skorrahestar.is; Skorrastaður; 1 Std. 8500 ISK; ⌚kurze Ausritte Mitte Mai–Mitte Okt.) Von einem Hof westlich des Ortes bietet Skorrahestar längere Treks für erfahrene Reiter an, u. a. einwöchige Reittouren zu einsamen Fjorden. Geführt wird das Ganze von Doddi, der gern Geschichten erzählt und Gitarre spielt – er ist ein ehemaliger Biologe und Lehrer (und vielleicht der perfekte Guide). Um auf den Geschmack zu kommen, bieten sich die zweistündigen geführten Wander-/Reittouren in der Natur ringsum an, gefolgt von Pfannkuchen und Kaffee. Es gibt auch nette Unterkünfte.

★ Neskaupstaður Sailing BOOTSFAHRTEN

(☎477 1950; www.hildibrandhotel.com/neskaupstadur-sailing; 2½ Std. Erw./Kind 8900/4450 ISK) Auf einem alten Segelschiff kann man die spektakuläre Szenerie rund um Neskaupstaður genießen, während man etwas über die Lokalgeschichte lernt und nach Walen Ausschau hält. Die Fahrten dauern 2½ Stunden und finden am Abend statt. Einmal in der Woche wird außerdem eine herrliche Fahrt in den stillen Mjóifjörður angeboten (11 900 ISK). Auf Wunsch werden Hochseeangeln und maßgeschneiderte Touren arrangiert – siehe Website.

Festivals & Events

Eistnaflug MUSIK

(www.eistnaflug.is; ⌚Juli) Immer am zweiten Wochenende im Juli findet im Ort das beliebte Metal- und Punkfestival Eistnaflug statt, was übersetzt soviel heißt wie „Fliegende Hoden" – 60 Bands, freundliche Metalfans und lange Tage sorgen für eine tolle Sommersause!

Schlafen

Campingplatz CAMPINGPLATZ €

(Stellplatz 1200 ISK pro Pers.; ⌚Mitte Mai–Mitte Sept.) Bei den Lawinenzäunen hoch über der Stadt (wohin sich ein Aufstieg schon wegen der Aussicht lohnt) finden Camper ihr Plätzchen zum Schlafen. Der Weg ist ab dem Krankenhaus ausgeschildert.

Tónspil PENSION €

(☎894 1580; www.tonspil.is; Hafnarbraut 22; EZ/DZ/3BZ ohne Bad ab 5900/9900/14 900 ISK; 📶) Wie im Film *High Fidelity* müssen Gäste den Typ im Musikladen nach den Zimmern darüber fragen! Die sind einfach und billig und es gibt einen praktischen Fernseh- und Küchenbereich mit Waschmaschine.

★ **Hildibrand Hotel** HOTEL €€

(☎477 1950; www.hildibrand.com; Hafnarbraut 2; DZ/Apt. ab 18 500/28 700 ISK) Der Komplex mit 15 sehr geräumigen, voll ausgestatteten Apartments mitten im Ort ist das Beste, was Neskaupstaður in den letzten Jahren passiert ist. Die Apartments haben ein bis drei Schlafzimmer (für bis zu 8 Pers.), eine Küche, einen Balkon mit tollem Ausblick und Möbel, die nicht von der Stange kommen – man könnte glatt einziehen! In einem benachbarten Gebäude sind außerdem normale Zimmer zu finden. Sie sind klein, aber hell und super eingerichtet.

Hótel Edda HOTEL €€

(☎444 4860; www.hoteledda.is; Nesgata 40; DZ ab 16 575 ISK; ⏱Anfang Juni–Mitte Aug.; @☎) Am Ostende des Ortes, direkt am Wasser, bietet das nette, gut geführte Sommerhotel sagenhafte Ausblicke und saubere Standardzimmer (alle mit Bad) sowie ein gutes, abends geöffnetes Restaurant (Hauptgerichte 2500–3200 ISK). Auch Frühstück für 2400 ISK.

Essen & Ausgehen

Nesbær Kaffihus CAFÉ €

(Egilsbraut 5; Mittagessen 890–2290 ISK; ⏱Mo–Mi & Fr 9–18, Do bis 22, So 10–18 Uhr; ☎) Das Flair dieser Bäckerei mit Café und Kunstgewerbeladen ist der Inbegriff des Kleinstädtischen. Es gibt leckere Crêpes, Kuchen, Sandwiches und Suppe.

Kjörbúðin SUPERMARKT €

(Hafnarbraut 13; ⏱Mo–Fr 9–19, Sa 10–18, So 12–18 Uhr) Supermarkt gegenüber vom Hildibrand Hotel im Ortszentrum.

★ **Beituskúrinn** FISCH & MEERESFRÜCHTE €€

(The Bait Shack; ☎477 1950; www.facebook.com/beituskurinn; Egilsbraut 26; Hauptgerichte 1300–3600 ISK; ⏱So–Do 12–22, Fr & Sa bis 2 Uhr) Ein Stück Neuengland in den Ostfjorden: Dieser fotogene Schuppen am Wasser ist als fröhlich-rustikales Speise- und Trinklokal wieder auferstanden – von der Terrasse bieten sich grandiose Ausblicke. Die Karte schweift von getoasteter Focaccia zu Pizza, doch die Glanzlichter sind das traditionelle Fischgericht *plokkfiskur* und die *fiskipanna* – eine einfache Fischpfanne mit frischem Fisch, Kartoffeln und Salat.

Kaupfélagsbarinn ISLÄNDISCH €€

(☎477 1950; www.hildibrand.com; Hafnarbraut 2; Hauptgerichte 1990–5690 ISK; ⏱17–21 Uhr; ☎) Das Restaurant im Hildibrand-Komplex ist bei Weitem das nobelste der Gegend. In den großen Räumlichkeiten von der Mitte des 20. Jhs. stehen auf der Karte regionale Zutaten im Rampenlicht, in Speisen wie Kaisergranat-Baguettes, Lammburgern, Salaten zum Selbstzusammenstellen und der fabelhaften Probierplatte „von Bauern und Fischern".

Vínbúðin ALKOHOLISCHE GETRÄNKE

(Hafnarbraut 15; ⏱Mo–Do 14–18, Fr 11–19, Sa 11–14 Uhr) Staatlicher Alkoholladen.

An- & Weiterreise

2017 wurde ein neuer 8 km langer Tunnel zwischen dem Fjord und Eskifjörður eröffnet. Bis dahin führte nur ein (Land-)Weg dorthin: Der höchste Fernstraßenpass (632 m) Islands und ein nervenaufreibender, einspuriger Tunnel (630 m). Der alte Tunnel ist jetzt für den Verkehr gesperrt.

Zwar fahren ein paar öffentliche Busse (S. 355), die meisten Reisenden erkunden diese Gegend aber mit dem eigenen Wagen.

Fáskrúðsfjörður

710 EW.

Das verschlafene Dorf Fáskrúðsfjörður, manchmal auch Búðir genannt, wurde ursprünglich von französischen Seeleuten besiedelt, die ab Ende des 19. Jhs. bis 1914 zum Fischen an die isländische Küste kamen. In Anlehnung an das historische Erbe sind sämtliche Straßenschilder auf Isländisch und auf Französisch.

Die komplette Geschichte der Franzosen in Fáskrúðsfjörður wird im Fosshótel Eastfjords beleuchtet, einer schicken Anlage im einfühlsam renovierten alten französischen Krankenhaus und anderen Gebäuden aus der Zeit.

Sehenswertes & Aktivitäten

Frakkar á Íslandsmiðum MUSEUM

(☎475 1170; Hafnargata 12; Erw./Kind 2000 ISK/frei; ⏱Mitte Mai–Sept. 10–18 Uhr, sonst nach Vereinbarung) Hier wird ein detailliertes Porträt der Beziehungen zwischen den Franzosen und den Einheimischen gezeichnet. Zutritt zu dem gut gemachten, aber sehr teuren Museum hat man in der Lobby des Fosshótel Ostfjorde. Die Hotelrezeption ist im alten Arzthaus untergebracht; ein Fußgängerweg unter der Hafnargata verbindet es mit dem alten Krankenhaus, wo inzwischen Hotelzimmer untergebracht sind. Sehenswert sind die nachgebauten Seemannsquartiere. Für Hotelgäste ist der Museumseintritt kostenlos.

Sandfell WANDERN

Geologen werden vom Lakkolithberg Sandfell (743 m) oberhalb des Südufers des Fjords begeistert sein. Er wurde durch geschmolzenes Rhyolithgestein gebildet, das sich seinen Weg durch ältere Lavaschichten bahnte – weltweit eines der schönsten Beispiele für diese Art Berg. Bis zur Spitze und zurück sind es etwa vier Stunden Fußmarsch.

Schlafen & Essen

Guesthouse Elín Helga PENSION €

(☎868 2687; elinhelgak99@gmail.com; Stekkholt 20; DZ ohne Bad ab 9800 ISK; 📶) Die schöne Pension mit vier gemütlichen Kiefernholzzimmern hoch über dem Ort (erreichbar über den Skólavegur und Holtavegur) zeichnet sich durch seine nette Gastgeberin, das fabelhafte Frühstück (1120 ISK) und wunderschöne Ausblicke aus. Es gibt zwar keine Küche, aber man kann seine Wäsche waschen.

Campingplatz CAMPINGPLATZ €

(Óseyri; Stellplatz 1200 ISK pro Pers.; ⏲Mitte Mai–Mitte Sept.) Klein und einfach, am westlichen Ende des Dorfs.

★ **Fosshótel Eastfjords** HOTEL €€

(☎470 4070; www.fosshotel.is; Hafnargata 11–14; DZ mit Frühstück ab 27 200 ISK; 📶) Das gefeierte Hotel eröffnete 2014 im früheren französischen Krankenhaus seine Pforten, das „versetzt" und restauriert wurde. Hier ist alles vom Feinsten: 56 erstklassige Zimmer in stylischen Blau- und Grautönen, dazu hübsch miteinander kombinierte alte und neue Einrichtungsgegenstände plus Restaurant und Loungebar mit fabelhafter Aussicht.

Kjörbúðin SUPERMARKT €

(Skólavegur 59; ⏲Mo–Fr 9–19, Sa 10–18, So 12–18 Uhr) Für Selbstversorger; mit Vínbúðin.

L'Abri ISLÄNDISCH €€

(☎470 4070; www.fosshotel.is; Hafnargata 9; Hauptgerichte abends 3290–7990 ISK; ⏲12–23 Uhr) Passend zur Location (im ehemaligen französischen Krankenhaus) verströmt das L'Abri einen Hauch von französischem Flair. Auf dem Speiseplan stehen lokale Erzeugnisse, aus denen u. a. Gerichte wie Meeresfrüchtesuppe und Rinderfilet gezaubert werden. Dazu gibt es leichtere, preiswertere Bistrogerichte (Salate und Pizzas um 2500 ISK). Das Restaurant ist Teil des Fosshótel-Komplexes und bietet einen tollen Fjordblick. Ein prima Ort für einen Boxenstopp mit Kaffee und Kuchen.

Vínbúðin ALKOHOLISCHE GETRÄNKE

(⏲Mo–Do 16–18, Fr 13–18 Uhr) Staatlicher Alkoholaden.

An- & Weiterreise

Fáskrúðsfjörður liegt nicht weit abseits der Ringstraße (Straße 1). Zwar fahren ein paar öffentliche Busse (S. 355), die meisten Reisenden erkunden diese Gegend aber mit dem eigenen Wagen.

Stöðvarfjörður

185 EW.

Wer Geologie zum Gähnen langweilig findet, sollte sich in diesem Dörfchen, das jetzt direkt an der Ringstraße liegt, vom Gegenteil überzeugen. Es ist klein, hat sich jedoch einen erstaunlichen Ruf erarbeitet, einerseits wegen seiner Steinsammlung, andererseits wegen seiner Kreativität. Sehenswert ist z. B. der wohl niedlichste Verschlag für Vogelbeobachtungen des gesamten Landes. Er befindet sich westlich des Orts an der Fjordspitze.

Auf Karten und Infotafeln ist oft von Fjarðabyggð die Rede – das ist die Gemeinde, zu der die Fjorde vom Stöðvarfjörður Richtung Norden bis zum Mjóifjörður gehören. Ausgezeichnete Informationen sind im Internet auf www.visitfjardabyggd.is zu finden.

Sehenswertes

★ **Steinasafn Petru** MUSEUM

(☎475 8834; www.steinapetra.is; Fjarðarbraut 21; Erw./Kind 1500 ISK/frei; ⏲Mai–Mitte Okt. 9–18 Uhr) Die außergewöhnliche Steinsammlung ist das Ergebnis einer lebenslangen Leidenschaft von Petra Sveinsdóttir (1922–2012). Ihr Haus ist vom Fußboden bis zur Decke mit Steinen und Mineralien vollgestopft – 70 % davon stammen aus der direkten Umgebung. Darunter sind schöne Jaspiswürfel, leuchtend-milchige „Geistersteine", polierte Achate, glitzernde Quarze, lilafarbene Amethyste ... eine wahre Schatztruhe.

Kreativzentrum Fish Factory KUNSTZENTRUM

(☎537 0711; www.inhere.is; Bankastræti 1) Die einst verwaiste Fischfabrik nahe dem Hafen ist ein sprudelnder Quell der Kreativität, der verschiedene Namen trägt (Fish Factory, Sköpunarmiðstöð, „In Here"). Auf dem Gelände mit Künstlerateliers und einem Aufnahmestudio wird Zusammenarbeit großgeschrieben, auf dem Veranstaltungskalender stehen Workshops und Konzerte. Viele der Events lohnen sich, aber man kann auch einfach so vorbeischauen, am besten nach vorheriger Anmeldung, denn die Arbeitsstätte hat keine fixen Öffnungszeiten. Besucher sind aber generell jederzeit willkommen und man freut sich über eine Spende von 500 ISK.

Schlafen & Essen

Campingplatz CAMPINGPLATZ €

(Stellplatz 1200 ISK pro Pers.; Mitte Mai–Mitte Sept.) Kleiner, ordentlicher, schlichter Campingplatz östlich des Dorfs – er ist an der Hauptstraße ausgeschildert. Es gibt keine Duschen, aber das örtliche Schwimmbad ist ganz in der Nähe.

Saxa PENSION €€

(511 3055; www.saxa.is; Fjarðarbraut 41; EZ/DZ/3BZ ab 10 100/16 800/21 300;) Die beste Übernachtungsmöglichkeit vor Ort demonstriert einmal mehr, dass es kein Bauwerk gibt, das die Isländer nicht in eine Pension umwandeln könnten! Dieses hier war einst ein Supermarkt und beherbergt heute neue Zimmer zu guten Preisen, alle mit eigenem Bad. Eine Gästeküche gibt es allerdings nicht. Dafür kann man sich in dem angenehmen, ganztägig geöffneten **Café** mit hausgemachter Kost (toller Kuchen!) verwöhnen (Snacks und Mahlzeiten 400–3900 ISK), auch abends gibt es ein paar Gerichte.

Kaffi Sunnó CAFÉ €

(Fjarðarbraut 21; Suppe 1300 ISK; Juni–Mitte Sept. 10–17 Uhr) Guter Reiseproviant: Vor dem Steinasafn Petru (S. 380) gibt's an einem kleinen Kiosk Suppe, Kaffee und Backwaren zum Mitnehmen.

Shoppen

Salthússmarkaður KUNSTHANDWERK

(Fjarðarbraut 43; Mitte Mai–Mitte Sept. 11–17 Uhr) Der Markt im Gemeindehaus wartet mit schönen, von Einheimischen gefertigten Artikeln (Geschnitztes, Steine, Keramik) auf. Besonders gut ist das Angebot an Strickwaren.

An- & Weiterreise

Stöðvarfjörður liegt dank der Umlegung der Fernstraße Ende 2017 jetzt direkt an der Ringstraße (Straße 1).

Zwar fahren ein paar öffentliche Busse (S. 355), die meisten Reisenden erkunden diese Gegend aber mit dem eigenen Wagen.

Breiðdalsvík

135 EW.

Das Fischerdörfchen Breiðdalsvík liegt wunderschön am Ende des Breiðdalur. Es ist ein sehr ruhiger Ort – mehr ein Ausgangspunkt für Wanderungen in den nahen Bergen und zum Angeln in den Flüssen und Seen als selbst ein sehenswertes Ziel. Der letzte Neuzugang im Dorf ist eine Minibrauerei – ein nettes Örtchen, das neugierige Reisende anlockt.

Informationen erhält man auf der Website www.breiddalsvik.is.

Tinna Adventure ABENTEUERTOUR

(832 3500; www.tinna-adventure.is; Selnes 28–30) Diese Agentur kann alle möglichen Touren und Aktivitäten in der Gegend organisieren, egal ob Angeln oder geführte „Yoga-Wanderungen". Gut ist auch das ganzjährige Angebot an Jeeptouren, darunter im Sommer eine halbtägige Tour zu den Highlights des Breiðdalur (24 900 ISK).

Schlafen & Essen

Campingplatz CAMPINGPLATZ €

(Stellplatz 1000 ISK pro Pers.; Mai–Sept.) Hinter dem Hótel Bláfell gibt's einen kleinen Campingplatz.

Hótel Bláfell HOTEL €€

(470 0000; www.hotelblafell.is; Sólvellir 14; EZ/DZ mit Frühstück ab 12 800/17 100 ISK;) Das Hótel Bláfell im Zentrum des „Dorfes" (wenn man es denn so nennen kann) hat schicke, in einer Grundfarbe gehaltene Zimmer (z. T. mit Holzvertäfelung), eine Sauna und eine hübsche Lounge mit Kamin. Das Hotel unterhält im Ort außerdem zwei gute Wohnungen mit zwei Schlafzimmern und das Hotel Post nebenan.

Hamar PENSION €€

(846 5547; www.facebook.com/hamarkaffihus; Straße 1; DZ mit Frühstück ab 23 700 ISK) Die gemütliche Lodge mit fünf Zimmern an der Straße 1 Richtung Stöðvarfjörður kommt jetzt in neuem Gewand daher. Die Zimmer sind einfach und modern und haben teils einen Balkon. Unten gibt's ein erstklassiges **Café** (Hauptgerichte 1590–2990 ISK; 11–21 Uhr).

Kaupfjélagið CAFÉ €

(475 6670; www.facebook.com/kaupfjelagid; Sólvellir 23; leichte Mahlzeiten 370–1650 ISK; Mo–Do 10–19, Fr & Sa bis 20, So bis 17 Uhr) Das Kaupfjelagið bietet neben Kaffee und kleinen Speisen auch Lebensmittel. Das Beste

HEIMISCHE GEBRÄUE

Vielleicht sollte selbst jedes noch so kleine Kaff eine eigene kleine Brauerei haben – besonders wenn sie so freundlich ist wie das **Beljandi Brugghús** (☎860 9905; www.facebook.com/beljandi brugghus; Sólvellir 23; ⏲Juni–Aug. Fr–Mi 11–23.45 Uhr, sonst kürzere Öffnungszeiten). Die 2016 eröffnete Brauerei mit Ausschank bietet kostenlose Proben ihrer Erzeugnisse; das Vorzeigegebräu des Hauses, das Beljandi, ist ein Pale Ale, aber es gibt auch noch das Skuggi, ein Porter, und das Spaði, ein IPA. In der Bar finden manchmal Veranstaltungen wie Konzerte und Sportübertragungen statt – und natürlich kann man hier weitere Biere probieren.

an dem Café sind aber die hier ausgestellten Gemischtwarenladenartikel, die bei Renovierungen im Dachgeschoss gefunden wurden – Vintage und witzig! Manche stehen zum Verkauf.

Frystihúsið ISLÄNDISCH €
(www.breiddalsvik.is; Sólvellir; Hauptgerichte 1250–1950 ISK; ⏲unterschiedliche Öffnungszeiten) Die alte Fischfabrik gegenüber vom Hótel Bláfell ist heute ein großes, helles Gemeindezentrum mit Platz für Veranstaltungen. Im Sommer ist es an den meisten Tagen geöffnet und bietet Mittagessen im Cafeteriastil für Gruppen und durchreisende Touristen. Außerdem gibt's hier eine interessante kostenlose Ausstellung mit einer großen Reliefkarte von Island, die der Künstler Axel Helgason in den 1930er-Jahren aus Beton schuf.

An- & Weiterreise

Breiðdalsvík liegt an einem 1 km langen Zubringer abseits der Ringstraße. Zwar fahren ein paar öffentliche Busse (S. 356), die meisten Reisenden erkunden diese Gegend aber mit dem eigenen Wagen.

Breiðdalur

Landeinwärts von Breiðdalsvík erstreckt sich das landschaftlich reizvolle „Breite Tal" Breiðdalur. Es ist von farbenfrohen Rhyolithfelsen eingefasst und wird von einem Fluss durchzogen, der bei Anglern beliebt ist: der Breiðdalsá.

Durch das Tal führt die Straße 95. Einst war die Straße Teil der Ringstraße, doch 2017 wurde diese an die Küste verlegt. Somit wirkt diese Gegend jetzt noch abgeschiedener als ohnehin schon – hier sind nur wenige Touristen unterwegs, sodass man das Tal teils ganz für sich allein hat.

Flögufoss WASSERFALL
Wer Lust auf eine kleine Wanderung hat, kann an der Straße 966 die Abzweigung zum Flögufoss nehmen, einem 60 m hohen Wasserfall 19 km westlich des Dorfs Breiðdalsvík.

Geführte Touren

Strengir Angling Service ANGELN
(☎660 6890; www.strengir.com) Zeigt Anglern, wo's hier die meisten Lachse gibt, und betreibt außerdem die luxuriöse Eyjar Fishing Lodge.

Odin Tours Iceland REITEN
(☎475 8088, 849 2009; www.odintoursiceland.com; Höskuldsstaðir) Odin Tours bietet das ganze Jahr über Reit- und Wandertouren im Breiðdalur an und vermietet ein Ferienhäuschen. Etwa 24 km von Breiðdalsvík.

Schlafen & Essen

Eyjar Fishing Lodge PENSION €€
(☎567 5204; www.strengir.com; Zi. mit Frühstück 25 000 ISK; 📶) Diese noble, ganzjährig geöffnete Unterkunft wird von Strengir betrieben, einem Reykjavíker Unternehmen, das Angler hierher zu den lachsreichen Gewässern der Gegend bringt. Es gibt einen Whirlpool und eine Sauna, eine herrliche Lounge und Abendessen. Die Lodge liegt an der Straße 964, die von der Straße 1 abzweigt.

Hótel Staðarborg HOTEL €€
(☎475 6760; www.stadarborg.is; EZ/DZ mit Frühstück ab 13 600/20 200 ISK; 📶) In einer früheren Schule befindet sich das freundliche Hótel Staðarborg mit vielen Grünpflanzen. Es bietet gepflegte, moderne Zimmer und die Möglichkeit, an einem See zu angeln und reiten zu gehen. Außerdem gibt's eine Handvoll nette Hütten mit einem Schlafzimmer, einen Whirlpool, eine Sauna und Abendmahlzeiten (Hauptgerichte um 4000 ISK). 6 km westlich von Breiðdalsvík.

★ **Silfurberg** PENSION €€€
(☎475 1515; www.silfurberg.com; Þorgrímsstaðir; DZ mit Frühstück ab 48 000 ISK; ⏲Juni–Aug.; 📶) Das Silfurberg ist eine umwerfende noble Boutique-Pension auf einem abgeschiedenen ländlichen Anwesen 50 km südlich von Egilsstaðir und 30 km von Breiðdalsvík. Mit

Sinn für Stil, Humor und handwerklichem Können sind in einer Scheune vier Zimmer, eine Suite und wunderschöne luxuriöse Gemeinschaftsbereiche entstanden. Das Sahnehäubchen sind die Außensauna und der überkuppelte Hot Pot. Mahlzeiten gibt es nach vorheriger Vereinbarung.

Berufjörður

Zwischen Djúpivogur und Breiðdalsvík windet sich die Ringstraße um den Berufjörður, einen langen Fjord zwischen Rhyolithbergen. Das idyllische Ufer wird von vereinzelten Gehöften gesäumt, ein Dorf sucht man vergeblich. Das Südwestufer dominiert ein pyramidenförmiger Berg, der **Búlandstindur**. Er erhebt sich 1069 m über dem Wasser.

Teigarhorn NATURSCHUTZGEBIET
(869 6550; www.teigarhorn.is; Juni–Aug. 9–17 Uhr) Der Hof 5 km nordwestlich von Djúpivogur ist inzwischen ein Naturdenkmal und Naturschutzgebiet: Die hiesigen Zeolithkristalle sind berühmt. Das kleine **Museum** kann man sich auf Nachfrage vom Hausmeister aufschließen lassen – am besten kündigt man sich vorher an. Zur Farm gehören zudem kurze Wanderwege entlang der Küste – prima, um sich die Beine zu vertreten und Vögel zu beobachten.

Öxi-Pass (Straße 939) BERGPASS
Am oberen Ende des Fjords bietet die 19 km lange Passstraße zum Öxi-Pass (Straße 939) Autofahrern im Sommer die Möglichkeit, den Weg nach oder von Egilsstaðir abzukürzen. So spart man sich auf der Strecke zwischen Djúpivogur und Egilsstaðir gegenüber der Ringstraße, die an der Küste entlang verläuft, insgesamt etwa 70 km und genießt unterwegs wunderbare Ausblicke. Die 939 ist allerdings eine schmale, ungeteerte Straße, die bei Nebel oder schlechten Witterungsverhältnissen (oder von unsicheren Autofahrern!) besser nicht befahren werden sollte. Im Winter ist die Straße gesperrt.

Google Maps und Navis geben die Straße über den Öxi-Pass eventuell als kürzeste Verbindung an – das ist auch richtig (jedenfalls im Sommer), aber man sollte sich genau überlegen, ob man sich der Straße gewachsen fühlt.

Schlafen & Essen

★ HI-Hostel Berunes HOSTEL €€
(478 8988, 869 7227; www.berunes.is; B/DZ ohne Bad 6600/16 200 ISK, Hütte ab 22 620 ISK; April–Okt.;) Die Jugendherberge Berunes auf einem 100 Jahre alten Hof wird von dem freundlichen Besitzer Ólafur und seiner Familie geführt. Das herrlich knarzende, alte Bauernhaus hat Zimmer, dazu eine Küche und eine Lounge, weitere Zimmer befinden sich im neueren Haus. Camper können draußen für 1750 ISK pro Person ihr Zelt aufstellen, außerdem stehen Hütten mit Bad zur Wahl. Zum Frühstück gibt's selbst gebackenes Brot und Kuchen, im Sommer nimmt auch ein Restaurant den Betrieb auf (Selbstversorger sollten Vorräte mitbringen).

Wer nicht HI-Mitglied ist, zahlt ein bisschen mehr oder besorgt sich die Mitgliedschaft hier im Hostel.

Das Hostel liegt 22 km südlich von Breiðdalsvík an der Ringstraße, 40 km von Djúpivogur. Am Hostel beginnen erstklassige Wanderwege.

★ Havarí CAFÉ, HOSTEL €
(663 5520; www.havari.is; Karlsstaðir; Mahlzeiten 800–2000 ISK; Mai–Sept. 8–21 Uhr, Okt.–April kürzere Öffnungszeiten;) Das einladende, mit Kreativität betriebene Gehöft 1 km östlich vom HI-Hostel Berunes führt die wunderbare isländische Tradition fort, Livemusik auch an unerwarteten Orten zu spielen. Ein Mitglied der jungen Inhaberfamilie ist der gefeierte Musiker Prins Póló. Eine umgebaute Scheune dient inzwischen als Café und Musikbühne; Veranstaltungen werden auf der Facebook-Seite des Havarí angekündigt. Wir können die auf dem Hof hergestellten *bulsur* (vegane Würstchen) empfehlen.

Man kann auch Kaffee, Suppe und Waffeln bestellen. Außerdem gibt's hier ein tolles neues kleines Hostel mit Gemeinschaftsküche und -bädern (B/DZ ab 5860/17 300 ISK).

Außerhalb des Sommers sind die Öffnungszeiten des Cafés nicht so festgelegt – am besten ruft man an oder sieht auf Facebook nach.

Das Gehöft liegt 21 km über die Ringstraße südlich von Breiðdalsvík bzw. 41 km von Djúpivogur.

Djúpivogur

350 EW.

Die adretten historischen Häuser, das Museum und der kleine Hafen des freundlichen Fischerdörfchens Djúpivogur am Ende des Berufjörður lohnen durchaus eine Stippvisite – es liegt hier auch ein gewisses künstlerisches Flair in der Luft, doch Besucher kommen hauptsächlich her, weil hier das Boot zur Insel Papey ablegt. Zur Zeit der Recherche fanden aufgrund von Bootslizenzproblemen keine Inseltouren statt, was sich inzwischen aber hoffentlich geklärt hat.

Djúpivogur (*dju*-pi-vor) ist einer der ältesten Häfen des Landes – ihn gab es schon im 16. Jh., als deutsche Kaufleute Handelswaren importierten. Das letzte aufregende Ereignis fand 1627 statt, als Piraten aus Nordafrika an Land ruderten, das Dorf und die umliegenden Höfe plünderten und Dutzende von Einwohnern als Sklaven verschleppten.

Dieser Tage hat sich der Ort der „Cittaslow"-Bewegung verschrieben („Langsame Städte"; www.cittaslow.org), einem Ableger der Slow-Food-Bewegung. Djúpivogur ist das einzige isländische Mitglied des „Cittaslow"-Netzwerks, dessen Ziel die Förderung und Verbreitung einer „Kultur des guten Lebens" ist.

Sehenswertes

Djúpivogur verströmt ein unaufdringliches, kreatives Flair. Ein paar unkonventionelle Kunsthandwerker fertigen Schmuck und andere Kunstobjekte aus Stein und Treibholz aus der Region. Die Ateliers sind dann geöffnet, wenn die Künstler vor Ort sind, im Sommer in der Regel täglich.

Eggin í Gleðivík KUNST IM ÖFFENTLICHEN RAUM
Hinter dem Langabuð geht's zu Fuß oder im Auto zum Wasser und dann auf der Straße westwärts weiter bis zu diesem Kunstobjekt: Jedes der 34 überdimensionalen Eier repräsentiert eine heimische Vogelart. In der Nähe steht die alte Fischfabrik (Bræðsla), in der im Sommer zeitgenössische Kunst gezeigt wird.

JFS Handcraft & Stone Garden GALERIE
(Hammersminni 10; ⏲10–18 Uhr) GRATIS Eine kleine Einrichtung mit tollem Ruf, den sie ihrem Betreiber zu verdanken hat: Jón ist ein freundliches Urgestein mit einer wunderbaren Sammlung an Steinarbeiten und stellt schönen Schmuck und nette Andenken her.

Langabúð Museum MUSEUM
(Erw./Kind 500/300 ISK; ⏲Juni–Aug. 10–18 Uhr) Djúpivogurs ältestes Haus, das lange, leuchtend rote **Langabúð**, ist ein hölzerner Speicher aus dem Jahr 1790 am Hafen, in dem heute ein **Café** (☎899 7600; www.langabud.is; Mittagessen 550–1750 ISK; ⏲Mai–Sept. So–Do 10–18, Fr & Sa bis 23.30 Uhr) und ein ungewöhnliches Heimatmuseum untergebracht sind. Unten sind Werke des Bildhauers Rikarður Jónsson (1888–1977) ausgestellt: naturalistische Büsten prominenter Isländer, Spiegel mit Meerjungfrauen, Reliefs von Sagagestalten und mehr. Oben auf dem Speicher, wo es nach Teer riecht, werden Objekte mit Bezug zur Ortsgeschichte gezeigt.

Aktivitäten

Für die Erkundung der umliegenden Berge und Fjorde besorgt man sich am besten die Karte *Göngu-leiðir í Djúpavogshreppi* (Wanderwege in der Gemeinde Djúpavogur; 1000 ISK).

Die Gegend beeindruckt mit einer reichhaltigen Vogelwelt. Gute allgemeine Infos für Vogelfreunde bietet die leider nicht aktuelle Website www.birds.is.

Schlafen

Klif Hostel HOSTEL €
(☎478 8802; klifhostel@simnet.is; Kambur 1; DZ/4BZ ohne Bad 12 000/24 000 ISK; ⏲Mai–Okt.; 📶) Das relativ neue Klif ist ein kleines, heimeliges Hostel mit fünf Zimmern in der alten Post. In den sehr vernünftigen Preisen ist die Bettwäsche inbegriffen und es wird auch Frühstück angeboten.

Campingplatz CAMPINGPLATZ €
(Stellplatz 1750 ISK pro Pers.; 📶) Der Campingplatz hinter dem Við Voginn wird vom Hótel Framtíð betrieben (bezahlt wird an der Hotelrezeption oder am Infoschalter). Es gibt Kochgelegenheiten, münzbetriebene Duschen und Waschmaschinen. Neuer sind die coolen Holzhütten, die wie große Fässer aussehen, mit drei Betten und wenig mehr (ab 16 800 ISK ohne Bettwäsche).

★ **Bragðavellir Cottages** HÜTTEN €€
(☎787 2121; www.bragdavellir.is; 1-/2-Schlafzi.-Hütte 25 000/36 000 ISK; 📶👪) Dieses makellose Anwesen rund 13 km von Djúpivogur beeindruckt mit seinen Ausblicken und seinen Tieren wie Enten und Hühnern, im Winter vielleicht Rentieren, und es gibt tolle Wanderwege. Die Selbstversorgerhütten stehen in zwei Größen zur Verfügung: mit einem oder zwei Schlafzimmern. Außerdem gibt's hier ein „Scheunenrestaurant".

Hótel Framtíð HOTEL €€€
(☎478 8887; www.hotelframtid.com; Vogaland 4; DZ mit/ohne Bad 34 900/21 000 ISK; 📶) Für so ein winziges Dorf ist dieses Hotel wirk-

lich beeindruckend! Es hat schon ein paar Jahre auf dem Buckel (das Gebäude stand ursprünglich in Kopenhagen und wurde 1906 in Einzelteile zerlegt und hier wieder aufgestellt). Es gibt unterschiedliche Unterkünfte: mit Holz verkleidete Hotelzimmer, vier lauschige Hütten und fünf Apartments, darunter zwei schicke neue.

Essen & Ausgehen

Kjörbúðin SUPERMARKT €
(Búland 2; Mo–Fr 9–19, Sa 10–18, So 12–18 Uhr) An der Hauptstraße des Ortes, mit Vínbúðin.

Við Voginn FAST FOOD €€
(478 8860; Vogaland 2; Mahlzeiten 1000–2100 ISK; Mo–Fr 9–21, Sa & So 10–21 Uhr) Der beliebte Imbiss bietet köstliche Fish and Chips, Burger, Hotdogs und Pitas sowie zum Frühstück z. B. Eier und Schinken.

Hótel Framtíð Restaurant ISLÄNDISCH €€€
(478 8887; www.hotelframtid.com; Vogaland 4; Hauptgerichte abends 3860–6400 ISK; 10–21 Uhr) Das elegante Restaurant im Hótel Framtíð ist auf jeden Fall die attraktivste Essadresse am Platz. Gegrillte Hummerschwänze und Lammfilet sind für Gaumen und Geldbeutel das Nonplusultra, aber es gibt auch Pizza ab 1830 ISK sowie Kaffee und Kuchen.

Vínbúðin ALKOHOLISCHE GETRÄNKE
(Búland 1; Juni–Aug. Mo–Do 16–18, Fr 13–18 Uhr) Staatlicher Alkoholladen.

Praktische Informationen

In der saisonal geöffneten **Touristeninformation** (470 8740; Mitte Mai–Mitte Sept. Mo–Fr 9–17, Sa & So 10–14 Uhr) am Campingplatz bekommt man einen Stadtplan. Der Ort hat eine ganz gute Infrastruktur mit Bank, Post etc.

An- & Weiterreise

Bei Redaktionsschluss gab es im Sommer keine direkte Busverbindung mehr von Egilsstaðir über Djúpivogur nach Höfn.

SVAust (www.svaust.is; 471 2320) betreibt Busse in Ostisland. Bus 4 verkehrt zwischen Breiðdalsvík, Djúpivogur und Höfn, jedoch nicht täglich. Die Fahrpläne stehen auf der Website.

Die Busse fahren vor dem Hótel Framtíð ab. Die Fahrt von Djúpivogur nach Breiðdalsvík dauert eine Stunde (1800 ISK), nach Höfn 80 Minuten (2520 ISK).

Das Hochland

Gut essen

- ➜ Highland Center Hrauneyjar (S. 395)
- ➜ Hveravellir (S. 392)
- ➜ Kerlingarfjöll Highland Centre (S. 392)
- ➜ Árbúðir (S. 390)

Schön übernachten

- ➜ Kerlingarfjöll Highland Centre (S. 392)
- ➜ Þorsteinsskáli-Hütte (S. 398)
- ➜ Laugafell-Hütte (S. 394)
- ➜ Sigurðarskáli-Hütte (S. 401)
- ➜ Hveravellir (S. 392)
- ➜ Gíslaskáli (S. 390)

Auf ins Hochland!

Die hügeligen bunten Lavafelder, die Gletscher, die rauchenden Vulkane und die weiten Horizonte aus Sand, Fels und Bergen im inneren Hochland wirken wie aus einer anderen Welt. Wer den Blick über die öden Weiten schweifen lässt, könnte meinen, er befinde sich auf dem Mond oder auf dem Mars. Keine so abwegige Assoziation, sonst hätten die *Apollo*-Astronauten nicht hier für die Mondlandung trainiert.

Das Hochland beherbergt Islands König und Königin der Berge und das einzige Lebenszeichen hier – außer anderen menschlichen Wesen – ist hin und wieder ein feines Stückchen Moos oder eine Blume oder auch die knallgrüne Vegetation an einem heißen Fluss. Die meisten Leute kommen gerade wegen der Abgeschiedenheit der Natur in ihrer rauesten Ausprägung hierher. Die Einsamkeit ist umwerfend, der Blick unendlich weit. Doch es gibt praktisch keine Versorgungseinrichtungen, Unterkünfte, Brücken über Flüsse oder Sicherheitsvorkehrungen. Entsprechend sollte man logistisch vorbereitet und mit einem Sinn für Abenteuer ausgestattet sein.

Gut zu wissen

- ➜ Das Hochland ist nicht das ganze Jahr über zu bereisen. Der Zugang ist abhängig davon, ob die Bergstraßen geöffnet sind, was wiederum vom Wetter abhängt. Die Straßen werden nicht alle zur gleichen Zeit geöffnet, sondern über einen Zeitraum von Anfang Juni bis Anfang Juli. Im September oder Oktober werden sie dann allmählich unpassierbar und wieder gesperrt.
- ➜ Informationen gibt's auf www.road.is und unter der Telefonnummer 1777.
- ➜ Einige Gebiete im Hochland sind auch im Winter zu erreichen, aber nur im Rahmen organisierter Touren mit Schneemobilen oder großen, umgebauten Superjeeps, die von erfahrenen Einheimischen gesteuert werden.

KJÖLUR-ROUTE

Für alle, die die Wüstenlandschaft im Hochland kennenlernen, aber keine Flussdurchquerungen unternehmen möchten, eignet sich die 200 km lange Kjölur-Route, auf der alle Flüsse von Brücken überspannt sind. Im Sommer nutzen Busse diese Straße planmäßig als „Abkürzung" zwischen Reykjavík und Akureyri. Sie verkehren täglich.

Aus südlicher Richtung beginnt die Straße 35 beim Gullfoss, führt zwischen zwei riesigen Gletschern hindurch und endet bei Blönduós an der Nordwestküste. Den höchsten Punkt (etwa 700 m) erreicht sie zwischen dem Langjökull und dem Hofsjökull in der Nähe des Berges Kjalfell (1000 m). Der nördliche Teil der Strecke verläuft landschaftlich herrlich an einem riesigen Stausee vorbei, dem Blöndulón, der das Wasserkraftwerk Blanda versorgt. Die Straßenverhältnisse im Norden sind besser als im Süden

Die Kjölur-Route öffnet in der Regel Mitte Juni und wird irgendwann im September wieder geschlossen, abhängig von der Wetterlage.

UNTERWEGS INS & IM HOCHLAND

Bei einer Tour ins Hochland sollte folgendes beachtet werden.

Wetter Das Wetter hier ist sehr launisch, selbst im Hochsommer. Auf www.vedur.is sowie der entsprechenden App gibt es aktuelle Wetterberichte.

Straßenöffnung Hängt vom Wetter ab; meist werden die Wege irgendwann zwischen Anfang Juni und Anfang Juli freigegeben. Aktuelle Infos stehen auf www.road.is; alternativ die 1777 anrufen.

Sicherheit Warnungen und Hinweise auf www.safetravel.is verfolgen und beherzigen. Seine Reiseplanung im Internet registrieren sowie in Hütten in das Gästebuch schreiben. Gute Karten und ein gutes Navi besorgen. Man sollte außerdem seine Fahrkünste vernünftig einschätzen und das passende Fahrzeug für die ausgewählte Strecke wählen (Infos über F-Straßen siehe S. 467).

Allrad Die Straßen im Hochland sind ausschließlich für leistungsstarke Hochrad-Geländewagen geeignet (nicht für Allrad-Pkws), da schroffes Gelände und tückische Flussdurchquerungen keine Seltenheit sind. Wie man einen Fluss durchfährt, sollte man wissen, bevor man sich auf den Weg macht. Außerdem sollte man sich bei Einheimischen nach den aktuellen Wasserständen der Flüsse erkundigen.

Konvoi Es ist ratsam, dass immer zwei Fahrzeuge gemeinsam unterwegs sind. Falls eines stecken bleibt oder eine Panne hat, kann das andere es herausziehen, Hilfe holen oder die Insassen zu einem Unterschlupf fahren. Im Juli und August ist auf den beliebtesten Routen mit mehr Verkehr zu rechnen, sodass diese Vorsichtsmaßnahme nicht unbedingt notwendig ist. Wer auf weniger befahrenen Pisten unterwegs ist, sollte sich jedoch auch im Sommer daran halten.

Vor der Fahrt auftanken Im Hochland gibt es nur in Hrauneyjar auf dem südlichen Abschnitt der Sprengisandur-Route eine Tankstelle. Eine weitere nützliche Anlaufstelle für Sprit ist Möðrudalur, nahe einer der Nordzufahrten zur Askja-Route. Entgegen dem, was auf verschiedenen Websites steht, gibt es auf der Kjölur-Route keinen Treibstoff am Hveravellir!

Vorräte anlegen Je nachdem, was man vorhat, benötigt man eventuell zusätzlichen Treibstoff. Und was man ganz sicher braucht, ist Proviant. Orte und Geschäfte, wo man Lebensmittel kaufen kann, sind im Hochland spärlich gesät.

Busse und/oder Touren Eine gute Alternative zum Mietauto. Die Allradbusse, die im Sommer die Routen Kjölur und Sprengisandur befahren, können als Tagestour (z. B. von Reykjavík nach Akureyri) oder als Linienbus mit Ein- und Ausstieg entlang der Route genutzt werden. Die Tourenanbieter verfügen über komfortable Fahrzeuge und haben versierte Fahrer/Führer.

Nicht querfeldein fahren Wie überall in Island ist es ratsam, auf den nummerierten und markierten Wegen zu bleiben. Durchs Gelände zu brausen ist äußerst schädlich für die empfindliche Umwelt und verstößt außerdem gegen das Gesetz. Inzwischen sieht die Polizei im Hochland nach dem Rechten.

Highlights

1 Askja (S. 395) Über das Lavafeld wandern, den Blick über die Caldera auf sich wirken lassen und dann ins Wasser des Víti-Kraters springen.

2 Kerlingarfjöll (S. 392) Die Wanderwege rund um das majestätische Massiv und durch ein farbenfrohes Geothermalgebiet erkunden.

3 Herðubreið (S. 398) Der Königin der Berge die Ehre erweisen.

4 Kjölur-Route (S. 387) Mit Zwischenstopps an heißen Quellen und Kletterfelsen

Abwechslung in die Ödnis aus Fels und Eis bringen.

5 **Kverkfjöll** (S. 401) In einem riesigen Gletscher Höhlen bestaunen, die sich durch geothermische Wärme auftun.

6 **Sprengisandur-Route** (S. 393) Auf der längsten, einsamsten Nord-Süd-Verbindung Islands der Geister und Geächteten gedenken, die hier ihr Unwesen treiben.

7 **Holuhraun** (S. 400) Behutsam über Islands jüngstes Lavafeld gehen und eine beeindruckende Geologie-Lektion mitnehmen.

TOUREN INS HOCHLAND

Abgesehen von Tagesausflügen zur Askja und in die Kverkfjöll sowie den Bussen, die im Sommer auf der Kjölur- und Sprengisandur-Route unterwegs sind, besteht die Möglichkeit, das zentrale Hochland auf einer mehrtägigen Tour zu entdecken.

Unternehmen wie Fjalladýrð (www.fjalladyrd.is) in Möðrudalur, Geo Travel (www.geotravel.is) am Mývatn und Wild Boys (www.wildboys.is) in Egilsstaðir bieten bei Vorausbuchung Exkursionen mit Übernachtung.

Ferðafélag Akureyrar (www.ffa.is) organisiert fünftägige Wanderungen von Hütte zu Hütte auf dem Askja Trail.

Eldhestar (www.eldhestar.is) organisiert für sehr gute Reiter sechstägige Reittouren durch die Wildnis entlang der Kjölur- und der Sprengisandur-Route.

Icelandic Mountain Guides (www.mountainguides.is) bietet im Winter zehntägige Skitouren auf der Sprengisandur-Route.

Wer nur wenig Zeit hat, sollte einen Rundflug in Erwägung ziehen, um einen Eindruck von der wunderschönen Landschaft zu bekommen. In Akureyri und am Mývatn stehen Leichtflugzeuge zur Verfügung, in Möðrudalur Hubschrauber.

Geführte Touren

Entlang der Kjölur-Route werden geführte Wanderungen und Reitausflüge angeboten, z. B. von Eldhestar (S. 75; oder online, hier auch nach Kjalvegur suchen), außerdem ein paar Jeeptouren (z. B. von Saga Travel). Die planmäßig eingesetzten Sommerbusse kann man sowohl für Tagestouren als auch als Linienbusse nutzen.

Saga Travel JEEPTOUR
(☎558 888; www.sagatravel.is) Wenn es das Wetter zulässt, stellt Saga Travel von Juli bis September einen geführten Querfeldein-Tagesausflug von Reykjavík nach Akureyri (215 900 ISK für ein 4-Pers.-Fahrzeug) auf die Beine. Zunächst werden die Highlights des Goldenen Kreises besucht, dann geht es auf der Kjölur-Route nach Norden, mit Halt (und genug Zeit für ein Bad) am Hveravellir. Die Teilnehmer können in Akureyri bleiben oder nach Reykjavík zurückfliegen (nicht im Preis inbegriffen).

Schlafen & Essen

Die beiden Organisationen, die die beliebten Übernachtungsmöglichkeiten im Kerlingarfjöll und am Hveravellir betreiben, betreuen auch die Hütten entlang der Strecke (Schlafsack mitbringen). Camper können ihre Zelte neben den Unterkünften aufstellen. Die Betten in den Hütten müssen vorab reserviert werden.

In den Hütten Kerlingarfjöll, Árbúðir und Hveravellir bekommt man etwas zu essen, bei Übernachtungen in anderen Hütten muss man jedoch selbst für die Verpflegung sorgen. Die Küchen in den Hütten dürfen gewöhnlich von den Gästen genutzt werden, sie sind aber nicht zuverlässig mit Küchenutensilien ausgestattet.

Gljásteinn HÜTTE €
(☎486 8757; www.gljasteinn.is; Stellplatz 1200 ISK pro Pers., B 6000–6800 ISK; ⊙Mitte Juni–Aug.) Verfügt über drei sehr gut ausgestattete Hütten an der Kjölur-Route bzw. nahebei, geeignet für Autofahrer, Wanderer und Reiter. Die Betten müssen im Voraus reserviert werden. Es kann auch gezeltet werden. Von Norden nach Süden:

➡ **Fremstaver**
(N 64°45.207', W 19°93.699'; Stellplatz 1200 ISK pro Pers., B 6000 ISK) Gemütliche, von Gljásteinn betriebene Hütte mit Platz für 25 Personen. Kochgelegenheit. Am südlichen Abhang des Bláfell.

➡ **Árbúðir**
(N 64°609.036', W 19°702.947'; Stellplatz 1000 ISK pro Pers., B 6800 ISK) Von Gljásteinn betriebene prima Hütte für 30 Gäste. Küche, Dusche mit Warmwasser (750 ISK). Am Ufer des Flusses Svartá, direkt an der Straße 35, etwa 42 km nördlich vom Gullfoss. In dem kleinen Café (9–22 Uhr) vor Ort gibt's was zu essen sowie Kunsthandwerk.

➡ **Gíslaskáli**
(N 64°744.187', W 19°432.508'; Stellplatz 1200 ISK pro Pers., B 6000 ISK) In der tollen, von Gljásteinn betriebenen Hütte können bis zu 50 Personen nächtigen. Es gibt Küche, Ess-/Aufenthaltsbereiche, Warmwasserduschen und täglich mehrere Stunden Strom. 4 km

nördlich vom Abzweig Richtung Kerlingarfjöll und 1 km abseits der Straße 35.

Ferðafélag Íslands HÜTTE €
(☎568 2533; www.fi.is; Stellplatz 2000 ISK pro Pers., B 5500–6000 ISK) Betreibt drei Hütten, die über Toiletten und eine Küche verfügen (keine Küchenutensilien vorhanden!). Die Betten müssen reserviert werden. Auch ohne Übernachtung können die Einrichtungen tagsüber für 500 ISK genutzt werden. Von Norden nach Süden:

➡ **Hvítárnes**
(N 64°37.007', W 19°45.394'; Stellplatz 2000 ISK pro Pers., B 6000 ISK) Im Juli ist die meiste Zeit ein ehrenamtlicher Hüttenwart vor Ort, teils auch im August. Platz für 30 Gäste. Gasherd in der Küche, aber keine Utensilien (Nutzungsgebühr für Camper 500 ISK). Betten müssen reserviert werden.

➡ **Þverbrekknamúli**
(N 64°43.100', W 19°36.860'; Stellplatz 2000 ISK pro Pers., B 6000 ISK) Ca. 4 km südöstlich der winzigen Eisspitze des Hrútafell. Platz ist für 20 Personen, kein Hüttenwart. Nur mit Reservierung. In der Regel nicht per Auto zugänglich.

➡ **Þjófadalir**
(N 64°48.900', W 19°42.510'; Stellplatz 2000 ISK pro Pers., B 5500 ISK) Für elf Personen. Am Fuße des Raudkollur, etwa 12 km südwestlich vom Hveravellir. Kein Hüttenwart vor Ort. Übernachtung nur mit Reservierung. Nicht per Auto zugänglich.

ℹ An- & Weiterreise

AUTO

Die Kjölur-Route ist als Straße 35 (nicht F35) auf Karten eingezeichnet. Auch wenn es technisch möglich ist, sie mit einem Zweiradantrieb zu befahren, ist das nicht erlaubt – worauf Schilder eindeutig hinweisen! –, denn die Strecke bleibt doch eine Gebirgsstraße. Der Weg ist gespickt mit Schlaglöchern bzw. Pfützen, in denen ein Kleinfahrzeug versinken könnte. Es besteht die Gefahr, auf der äußerst langsamen und holprigen Fahrt die Fahrzeugunterseite zu beschädigen. Autovermietungen untersagen den Mietern von zweiradangetriebenen Fahrzeugen ausdrücklich, auf dieser Strecke zu fahren, und man muss für eventuelle Schäden aufkommen.

Mit dem Geländewagen lässt sich die Kjölur-Route problemlos bewältigen. Wen die Neugier dennoch mit einem normalen Pkw ins Hochland treibt, darf sich freuen, dass die ersten 14 km der Strecke (nördlich vom Gullfoss) asphaltiert sind.

BUS

Im Sommer fahren täglich Linienbusse zwischen Reykjavík und Akureyri (in beide Richtungen) auf der Kjölur-Route. Man kann sie auch für Tagesausflüge nutzen. Die Busverbindung ist im Buspass von Reykjavík Excursions enthalten.

SBA-Norðurleið (www.sba.is) Bus 610 Reykjavík–Akureyri, 610a Akureyri–Reykjavík (Mitte Juni–Mitte Sept. 1-mal tgl.) Der SBA-Bus braucht 10½ Stunden für die gesamte Strecke, mit jeweils halbstündigen Pausen an Geysir und Gullfoss. Anschließend hält der Bus an der Kreuzung Hvítárnes und in Árbúðir. Außerdem hält er 15 Minuten am Kerlingarfjöll und eine ganze Stunde am Hveravellir (das reicht für ein paar Schwimmzüge). Die letzten beiden Stopps vor Akureyri sind Svartá und Varmahlíð. Eine Fahrkarte für die ganze Strecke kostet 17 900 ISK (einfache Fahrt).

Auf den ersten Blick erscheint die Fahrt mit dem Bus verlockend, doch Leser haben uns berichtet, dass man sich an der anfänglich reizvollen Ödnis beidseits der Straße rasch sattgesehen hat und die zehn Stunden ziemlich lang werden können, wenn man die Reise nicht zwischendurch unterbricht.

FAHRRAD

Von allen Inlandsrouten ist die Kjölur für Radfahrer wohl am besten geeignet. Einen witzigen Reisebericht liefert Tim Moore mit seinem Buch *Frost on My Moustache*.

Der Linienbus, der im Sommer auf der Kjölur-Route verkehrt, befördert bei Vorausbuchung auch Fahrräder (4000 ISK).

KJÖLUR-WANDERUNG

Auf der Suche nach einer mehrtägigen, individuellen Wanderroute in der Gegend?

Alte Kjalvegur-Route (www.fi.is) Eine leichte und landschaftliche schöne Dreitageswanderung (39 km) von Hvítarvatn nach Hveravellir (oder andersherum). Sie folgt dem alten Kjölur-Reitweg (westlich der heutigen Piste) und führt über die Berghütten Hvítárnes, Þverbrekknamúli und Þjófadalir.

Hringbrautin (www.kerlingarfjoll.is/routes) Ein anspruchsvoller Dreitagesrundweg (47 km) um den Kerlingarfjöll. Start und Ziel ist das Kerlingarfjöll Highland Centre. Hütten befinden sich in Klakkur und Kisubotnar.

Hvítárvatn

Der blassblaue Hvítárvatn 35 km nordöstlich vom Gullfoss ist die Quelle des Gletscherflusses Hvítá, der bei Anbietern von Wildwasserfahrten aus Reykjavík ganz oben auf dem Programm steht. Eine Gletscherzunge von Islands zweitgrößtem Gletscher Langjökull kalbt manchmal in den See hinein, wodurch Eisberge entstehen, die ihn noch schöner machen.

Wer mit dem Bus kommt, steigt an der Kreuzung Hvítárnes aus und geht dann 8 km über die Allradpiste zur Hütte.

Kerlingarfjöll

Bis in die 1850er-Jahre glaubten die Isländer, dass der Gebirgszug 10 km jenseits der Straße 35 an der F347 die Heimat der übelsten Gesetzlosen sei. Sie sollten tief im Herzen der 150 km² großen Bergregion in einem abgeschiedenen und paradiesartigen Tal hausen. Dieser Glaube war so stark, dass sich erst gegen Mitte des 19. Jhs. jemand in den Kerlingarfjöll wagte. 1941 wurde der Gebirgszug vom Ferðafélag Íslands (Isländischer Wanderverein) gründlich erkundet.

Die vielfarbige Landschaft voller heißer Quellen wird von schroffen Bergen und Höhenrücken unterbrochen, von denen der Snækollur (1477 m) der höchste ist. Ein echtes Highlight ist das dampfende Geothermalgebiet **Hveradalir**.

Zugang zum Kerlingarfjöll hat man 10 km abseits der Straße 35 über die F347. Der Bus hält hier.

Achtung: Beim Kerlingarfjöll Highland Centre gibt's kein Benzin, obwohl auf einigen Karten und Schildern ein Tankstellensymbol verzeichnet ist.

Aktivitäten

Eine schwierige, 5 km lange Wanderung führt vom Kerlingarfjöll Highland Centre durch eine atemberaubend bunte Landschaft hoch zum Geothermalgebiet **Hveradalir**. Bevor man losgeht, sollte man sich allerdings nach den Bedingungen erkundigen: Der Weg ist bis weit in den Juli hinein gewöhnlich zu matschig. Die meisten Leute fahren 15 Minuten zu einem Parkplatz am Berg Keis. Von dort ist es nur ein kurzer, steiler Spaziergang hinunter ins Hveradalir.

Der Touranbieter des Highland Centre, Mountains.is (www.mountains.is), bietet in der gesamten Gegend geführte Touren.

Schlafen & Essen

Proviant selbst mitbringen (im Kerlingarfjöll Highland Centre steht eine Küche zur Verfügung) oder das kleine Restaurant aufsuchen. Fürs Frühstücksbuffet zahlt man 2200 ISK. Tagsüber sind Sandwiches und Suppen im Angebot, abends werden schlichte, aber leckere Gerichte wie Fischeintopf, gebackener Lachs oder Lammsuppe zubereitet.

★ Kerlingarfjöll Highland Centre PENSION €€

(☎ Sommer 664 7878, ganzjährig 664 7000; www.kerlingarfjoll.is; Stellplatz 2000 ISK pro Pers., DZ mit Bad und Frühstück 32 850 ISK; ⏲ Mitte Juni–Mitte Sept.; 📶) Das großartige, abgeschieden liegende „Zentrum für das Hochland" bietet eine breite Palette an Zimmern, Hütten und Häuschen, mit verschiedenen Kombinationen mit/ohne Bad, mit/ohne Bettzeug (Schlafsackunterkunft 5900–7900 ISK). Dazu gibt es einen Campingplatz, eine Gästeküche mit einfachen Utensilien, ein einfaches Restaurant (Hauptgerichte abends 3100–3800 ISK) und natürliche Hot Pots. Das Zentrum unterhält auch zwei Berghütten, die eine dreitägige Rundwanderung in der Gegend ermöglichen.

Hveravellir

Das Naturschutzgebiet Hveravellir ist ein beliebtes Geothermalfeld mit Fumarolen und heißen Quellen auf halber Strecke zwischen dem Gullfoss im Süden und der Ringstraße im Norden. Zu den Wasserbecken zählen das strahlend blaue Bláhver, das Öskurhólshver, das einen zischenden Dampfstrahl ausstößt, sowie ein fantastisches gebautes **Schwimmbecken**. Eine weitere heiße Quelle, Eyvindurhver, ist nach dem Gesetzlosen Fjalla-Eyvindur benannt. Hveravellir war angeblich eines von vielen Verstecken dieses Banditen aus dem 18. Jh.

Tagesgäste zahlen für das Parken und die Nutzung von Toiletten oder Duschen 500 ISK.

Hveravellir HÜTTE €

(☎ Sommer 452 4200, ganzjährig 894 1293; www.hveravellir.is; Stellplatz 1900 ISK pro Pers., B 7500 ISK, Zi. mit Frühstück 28 500 ISK; ⏲ Juni–Sept., Okt.–Mai vorher anrufen; 📶) In der alten Hütte (mit Kocheinrichtung) haben rund 30 Personen Platz (Herbergsbetten, Bettwäsche 2000 ISK). Die neue Hütte hat Zimmer (28 500 ISK) mit Gemeinschaftsbad, aber keine Kochmöglichkeiten. Außerdem gibt's

DAS ÖDLAND

Geächtete standen außerhalb des Schutzes der Gesellschaft und wer einen Groll gegen sie hegte, konnte sie nach Gutdünken töten. Viele *útilegumenn* wie der bekannte Eiríkur Rauðe (Erik der Rote) gingen freiwillig ins Exil außer Landes. Andere konnten einem Rachemord entkommen, indem sie in die Berge, Täler und Weiten des rauen Hochlands flohen, wohin sie nur wenige zu verfolgen wagten.

Zweifellos musste jeder, der in den harten, kargen Wüsten überleben konnte, ein außergewöhnlicher Mensch sein. Klar, dass den isländischen Geächteten alle möglichen schrecklichen Taten zugeschrieben wurden, zumal die normale Bevölkerung sich vor dem endlosen Ödland fürchtete, von dem sie glaubte, dass dort übernatürlich böse Kräfte walteten. Die *útilegumenn* schafften es so in dieselbe Kategorie wie Riesen und Trolle und lieferten den Stoff für beliebte Geschichten wie etwa die fantastische *Grettirs saga*.

Ein Geächteter wurde zum Gegenstand unzähliger isländischer Volksmärchen: Fjalla-Eyvindur („Eyvindur der Berge"), ein charmanter, aber unheilbarer Kleptomane aus dem 18. Jh. Er floh mit seiner Frau ins Hochland und machte sich weiterhin Feinde, weil er Schafe stahl, um zu überleben. Im gesamten Hochland sind Unterstände und Verstecke zu finden, die mit ihm in Verbindung gebracht werden. Überall hört man Geschichten darüber, wie er unter unmöglichen Bedingungen überlebte und seinen Verfolgern immer einen Schritt voraus war.

einen Campingplatz, ein einfaches Café und einen Laden. Die hilfsbereiten Mitarbeiter informieren über Wanderwege in der Umgebung. Der gleiche Anbieter betreibt die Hütte Áfangi rund 38 km nördlich beim Stausee Blöndulón.

Das kleine Café (7–22 Uhr) bietet Frühstück (1800 ISK) sowie Suppen, Sandwiches, Kuchen und warme Gerichte wie Fischauflauf oder Hühnchen mit Kartoffeln (Hauptgerichte 2900–3100 ISK). Der WLAN-Hotspot kann gegen Gebühr genutzt werden.

SPRENGISANDUR-ROUTE

Bei den Landesbewohnern ruft der Name Sprengisandur Bilder von Geächteten und bösen Geistern, die hier ihr Unwesen treiben, sowie von langen Schafstrieben über die karge Ödnis hervor. Die Sprengisandur-Route (F26) ist die längste Nord-Süd-Strecke und durchquert trostlose Ödlandmoore, die einem selbst noch im Allradfahrzeug Schauer über den Rücken jagen können!

Sie bietet jedoch auch wunderbare Ausblicke auf die Gletscher Vatnajökull, Tungnafellsjökull und Hofsjökull sowie auf Askja und Herðubreið. Eine ältere, jetzt aber aufgegebene Strecke liegt ein paar Kilometer westlich der heutigen Route.

ℹ Die Route

Die Sprengisandur-Route beginnt beim Goðafoss in Nordwestisland als Straße 842. Nach etwa 41 km geht die Straße hinter einem Metalltor in die F26 über. Auf einer Tafel werden Sehenswürdigkeiten und Streckendetails erläutert. 1 km weiter kommt der fotogenste Wasserfall Islands in Sicht, der Aldeyjarfoss (S. 324): Das Wasser braust durch eine schmale, von wabenförmigen Basaltsäulen gesäumte Klamm und donnert schäumend den Felshang hinab. Noch ein kleines Stückchen weiter, eine beschilderte Nebenstraße 1 km runter, tosen die zahlreichen Kaskaden des **Hrafnabjargafoss** (F26).

Hinter dem Wasserfall führt die Sprengisandur-Route 240 km durch unwirtliches Terrain weiter nach Südwesten bis zum Þjórsárdalur. Auf halber Strecke gibt es noch zwei weitere Zugangswege zur Sprengisandur-Route.

Anfahrt vom Eyjafjörður Von Norden trifft beim Laugafell die F821 vom südlichen Eyjafjörður (südlich von Akureyri) auf die Skagafjörður-Zufahrt.

Anfahrt vom Skagafjörður Aus nordwestlicher Richtung verbindet die 81 km lange F752 den südlichen Skagafjörður (der nächstgelegene Ort ist Varmahlíð an der Ringstraße) mit der Sprengisandur-Route. Die beiden Strecken treffen beim Fjórðungsvatn, 20 km östlich des Hofsjökull, aufeinander.

Die Hauptstrecke öffnet in der Regel Anfang Juli.

ℹ An- & Weiterreise

AUTO

Nur hohe Allradfahrzeuge (Superjeeps) können die Sprengisandur-Route befahren, denn große Flüsse queren den Weg. Aber auch mit dem richtigen Fahrzeug ist man für alle Schäden, die man bei einer Flussdurchquerung am Mietfahrzeug verursacht, verantwortlich. Nur wer wirklich viel Erfahrung hat, sollte daher Flüsse durchfahren!

Entlang der Route gibt es keine Tankmöglichkeit. Vom Goðafoss bis Hrauneyjar sind es 240 km, es muss also vorgesorgt werden.

Die nächsten Tankstellen sind in Akureyri (bei der Anfahrt vom Eyjafjörður), Varmahlíð (bei der Anfahrt vom Skagafjörður) und Fosshóll beim Goðafoss (für die Hauptroute aus dem Norden durchs Bárðardalur). Wer von Süden kommt, bekommt im Hrauneyjar Treibstoff.

BUS

Von Juli bis August betreibt Reykjavík Excursions (www.re.is/iceland-on-your-own) Busse entlang der Sprengisandur-Route. Ab wann genau, hängt davon ab, wann die Straßen geöffnet werden: Bus 14 Landmannalaugar–Mývatn und Bus 14a Mývatn–Landmannalaugar (Gesamtstrecke 16 100 ISK, 10 Std.). Durch ausgedehnte Pausen im Nýidalur, am Aldeyjarfoss und am Goðafoss hat die Fahrt mit den Linienbussen Tourcharakter.

Die Busse transportieren Räder (4000 ISK).

Laugafell

Der interessanteste Punkt an der Skagafjörður-Zufahrt ist der Laugafell, ein 879 m hoher Berg mit heißen Quellen an den Nordwesthängen. Übernachtungsmöglichkeiten bieten Wanderhütten in der Nähe mit einem durch Erdwärme beheizten natürlichen Thermalbad.

Laugafell-Hütte HÜTTE €

(☎462 2720, Juli & Aug. 822 5192; www.ffa.is; N 65°01.630', W 18°19.950'; Stellplatz 2000 ISK pro Pers., B 7500 ISK;) Die Ferðafélag-Akureyrar-Hütte am Laugafell hat 35 Betten, eine Küche und ein wunderbares natürliches Thermalbecken. Von Juli bis August kümmert sich ein Hüttenwart um die Unterkunft.

ℹ An- & Weiterreise

Der Laugafell liegt sowohl an der Skagafjörður-Zufahrt (93 km über Straße 752 und F752) als auch an der Eyjafjörður-Verbindungsstraße (87 km südlich von Akureyri entlang der Straßen 821 und F821) zur Sprengisandur-Route.

Hier fahren keine Busse.

Ein paar Tourenanbieter in Akureyri bieten Tagesausflüge mit dem Allrad in diese Gegend an, z. B. Traveling Viking (S. 314).

Nýidalur

Das Nýidalur (auch Jökuldalur), der Gebirgszug südlich des Tungnafellsjökull-Eisfelds, wurde 1845 von einem Reisenden entdeckt, der sich verirrt hatte. Viele Besucher unterbrechen ihre Fahrt auf der Sprengisandur-Route hier (100 km vom Hrauneyjar), denn es gibt einen Campingplatz und eine Hütte sowie schöne Wanderwege.

Nýidalur-Hütte HÜTTE €

(☎Juli & Aug. 860 3334; www.fi.is; N 64°44.130', W 18°04.350'; Stellplatz 2000 ISK pro Pers., B 8500 ISK) Mit einem Campingplatz, zwei Hütten (für bis zu 79 Pers.) und zahlreichen Wanderwegen eignet sich das Nýidalur bestens für eine Unterbrechung der Fahrt auf der Sprengisandur-Route. Die Hütten haben Küchen mit Töpfen und anderen Utensilien und Duschen (500 ISK). Proviant muss man selbst mitbringen. Betten sollten vorab reserviert werden. Camper dürfen die Hütteneinrichtungen nicht nutzen.

Im Sommer ist ein **Aufseher des Vatnajökull-Nationalparks** (☎842 4377; www.vjp.is; ⏲Juli & Aug.) zugegen.

ℹ An- & Weiterreise

Es gibt zwei Flüsse. Der eine, 500 m von der Hütte entfernt, ist gewöhnlich selbst mit einem Allradfahrzeug nur schwer zu durchfahren. Vor Ort nach den Bedingungen erkundigen!

Die Sprengisandur-Busse halten hier.

Þórisvatn

Bevor für das Tungnaá-Wasserkraftwerk in Südwestisland Wasser vom Kaldakvísl in den Þórisvatn umgeleitet wurde, war der See nur 70 km² groß. Nun ist er mit 85 km² einer der größten Seen Islands. Der See liegt 11 km nordöstlich der Kreuzung der F26 mit der Fjallabak-Route (F208). Die nächsten Essmöglichkeiten befinden sich im Highland Center Hrauneyjar südwestlich des Sees.

Veiðivötn

Veiðivötn nordöstlich von Landmannalaugar (S. 164) ist eine schöne Seenlandschaft in einem vulkanischen Becken, das eine Fortsetzung der Spalte ist, die den Lavastrom Laugahraun im Naturschutzgebiet Fjallabak erzeugte. Die Gegend ist bei Forellenanglern sehr beliebt.

Das Gebiet liegt etwa 30 km entfernt von den Unterkünften in Hrauneyjar. Im Sommer stehen hier auch einfache Hütten und Zeltmöglichkeiten zur Verfügung (Schlafsackbett 3500 ISK, Zeltstellplatz 4000 ISK). Angelgenehmigungen sind vor Ort erhältlich, siehe www.veidivotn.is oder Anfrage per E-Mail an ampi@simnet.is. Angelgenehmigungen für die Seen weiter südlich gibt's in Landmannahellir.

Verpflegungstechnisch ist man hier ganz auf sich selbst gestellt – alles mitbringen!

Veiðivötn erreicht man über die Straße F228 östlich von Hrauneyjar.

Hrauneyjar

Inmitten von Lava- und Geröllfeldern westlich des Þórisvatn in der Hrauneyjar-Region tauchen unerwartet ein Gästehaus und ein nagelneues Hotel auf. Sie liegen an der Kreuzung der Sprengisandur-Route (F26) mit der F208 nach Landmannalaugar, sind also ideal, um von dort aus viele der Sehenswürdigkeiten im Hochland zu erkunden.

Im Sommer ist ein **Aufseher des Vatnajökull-Nationalparks** (☎842 4377; www.vjp.is; ⌚Mitte Juni–Aug. 9–17 Uhr) zugegen.

Die Unterkünfte sind teuer, aber dennoch heiß begehrt, da Landmannalaugar nicht weit ist.

Im Highland Center gibt's keine Kochmöglichkeiten, dafür zwei Restaurants und die Möglichkeit, ein paar einfache Lebensmittel zu kaufen. Der größte Teil des Proviants ist besser mitzubringen.

Highland Center Hrauneyjar HOTEL **€€€**
(☎487 7782; www.thehighlandcenter.is; Straße 26; DZ/3BZ mit Frühstück ab 24 900/38 800 ISK, Apt. 53 500 ISK; @📶♿) Das Hochlandzentrum Hrauneyjar bietet sowohl ein einfacheres Pensionsgebäude mit kleineren Zimmern, Schlafsackbetten (13 400 ISK) und einem Restaurant (Hauptgerichte 1900–5800 ISK) als auch, 1,4 km entfernt, eine Anlage mit größeren, luxuriöseren Zimmern, Bar, schickem Gourmetrestaurant, Hot Pot und Sauna. Von Oktober bis Mai ist der Komplex nur für Gruppen ab acht Personen geöffnet.

Das Hrauneyjar Highland Center hat Benzin und Diesel. Die Straße 32 nach Hrauneyjar aus westlicher Richtung ist asphaltiert (geht zwischen Selfoss und Flúðirit von der Straße 30 ab), alternativ nimmt man die Straße 26 (geht bei Hella von der Ringstraße ab).

Die Busse auf der Sprengisandur-Route halten am Hrauneyjar.

ASKJA-ROUTE

Die grandiose Askja-Route führt quer durchs bunte Hochland zur Herðubreið (1682 m), der von den Isländern geliebten „Königin der Berge", sowie zum gigantischen Askja-Krater.

Die normale Anfahrtsstraße ist die F88, die 32 km östlich vom Mývatn von der Ringstraße abzweigt, die ein Stückchen weiter östlich gelegene Route über die Straßen F905 und F910 (nahe Möðrudalur) hat den Vorteil, dass hier die Flüsse zuverlässiger durchfahrbar sind.

Die Route

Die Straße F88 geht am **Hrossaborg**, einem 10 000 Jahre alten Krater in der Form eines Amphitheaters, von der Ringstraße ab. Der Krater diente als Kulisse im Science-Fiction-Film *Oblivion* (2013) mit Tom Cruise. Der größte Teil der Strecke über die F88 ist flach. Sie folgt dem Westufer des Gletscherflusses Jökulsá á Fjöllum und schlängelt sich über Tephrawüsten und raue, die Reifen strapazierende Abschnitte des 4400 km² großen Lavafelds mit dem treffenden Namen **Ódáðahraun** („Lavafeld der Missetaten").

Anschließend stehen zwei Flussdurchquerungen an; bei einer versinken kleinere Jeeps regelmäßig im Wasser. Vor der Abfahrt Bedingungen erfragen!

Nach einer langen Fahrt durch die von Lava und Fluten verwüstete Ebene ist die hübsche Oase **Herðubreiðarlindir** am Fuß der **Herðubreið** eine Wohltat. Von hier führt die Route Richtung Westen durch Dünen und Lavaströme vorbei an der **Drekagil-Schlucht** mit Hütten und bergan Richtung Askja, wo das Auto abgestellt werden muss. Die letzten 2,5 km bis zum **Krater** können nur zu Fuß bewältigt werden.

Bei der Zufahrt zur Askja über die Straßen F905 und F910 (nahe Möðrudalur) sind die Flussdurchquerungen weniger herausfordernd, aber auch hier gilt: Vor der Abfahrt aber immer die Bedingungen checken!

Aktivitäten

Unabhängige Wanderer finden auf der Website des Ferðafélag Akureyrar, dem Wanderverein von Akureyri (www.ffa.is), Details

MONDLANDSCHAFTEN

Die endlos graue Sandwüste und die zerklüfteten Lavagebilde von Ódáðahraun haben etwas Außerirdisches. Es ist also nicht verwunderlich, dass die NASA in den 1960er-Jahren zweimal ihre Astronauten zur Einstimmung auf eine *Apollo*-Mission in die Region um die Askja (genauer das Gebiet südlich der F910, östlich der Askja, bei der Drekagil-Schlucht) schickte.

WICHTIGE HOCHLANDROUTEN

Kjölur-Route (Straße 35) Nord-Süd-Route quer durchs Land; im Sommer fahren Linienbusse; sämtliche Flüsse sind mit Brücken bestückt.

Sprengisandur-Route (Straße F26) Nord-Süd-Route quer durchs Land; im Sommer fahren Linienbusse.

Askja-Route (Öskjuleið; Straße F88 oder F905/910) Route aus dem Norden zum Askja-Krater, zum Herðubreið und zum neuen Lavafeld Holuhraun; wird von mehreren Touranbietern bedient (vor allem vom Mývatn aus).

Kverkfjöll-Route (Straße F905, F910, dann F902) Route aus dem Norden oder Osten zu den Eishöhlen und zum Gletscher der Kverkfjöll; wird von einigen Touranbietern befahren.

Landmannalaugar und der tolle Fernwanderweg Laugavegurinn, das Naturschutzgebiet Fjallabak im Südwesten und Snæfell im Osten eignen sich wunderbar für Erkundungen.

zum **Askja-Weg**, auf Isländisch „Öskjuvegurinn". Der FFA-Wanderweg durch das Ódáðahraun-Feld startet in Herðubreiðarlindir und endet am Svartákot-Hof im oberen Teil des Bárðardalur (Straße 843). Entlang der Strecke gibt es Hütten. Die Hüttenbetten müssen aber weit im Voraus beim FFA reserviert werden – Details auf der Website.

Wanderinfos stehen auch auf der Website des Nationalparks (www.vjp.is).

Wer allein eine lange Wanderung unternimmt, sollte einen Ranger über seine Pläne informieren und sich auf safetravel.is registrieren und auf den Hütten immer seine Wanderpläne ins Gästebuch eintragen.

Für Transfers in der Gegend wendet man sich am besten an Mývatn Tours (S. 397) oder Fjalladýrð. Die Anbieter fahren Wanderer auf Wunsch zu einer Hütte und holen sie dort ein paar Tage später wieder ab.

Geführte Touren

Mehrere Veranstalter bieten ab Mitte Juni (wenn die Straßen geöffnet werden) bis spät in den September/Oktober, solange es das Wetter zulässt, Superjeeptouren zur Askja an.

Von Akureyri ist das ein sehr langer Tagesausflug (bis zu 15 Stunden). Günstiger ist es, von Reykjahlíð am Mývatn zu starten (auch von hier dauert die Tour zwischen 11 und 12 Stunden). Noch besser beginnt man die Tour in Möðrudalur (9–10 Std.). Wer es lieber etwas entspannter angeht (und die Abendstille im Hochland genießen möchte), sollte es mit einer zweitägigen Tour versuchen.

Bei allen Touren wird erwartet, dass die Teilnehmer sich selbst um ihr Mittagessen kümmern (mitnehmen oder bestellen) und genügend Wasser mitnehmen; einige Veranstalter legen auf dem Rückweg einen Stopp für einen späten Nachmittagskaffee in Möðrudalur ein, andere steuern das noch weiter südlich gelegene Lavafeld Holuhraun an. Wer vorhat, im kalten Víti-Krater der Askja schwimmen zu gehen, sollte Badezeug und Handtuch einpacken.

Angesichts steigender Touristenzahlen haben viele Reiseveranstalter ihr Programm an Hochlandtouren erweitert. Im Angebot sind individuelle mehrtägige Ausflüge, geführte Wanderungen und Allradtouren zu weniger bekannten Naturzielen. Zugenommen hat auch die Auswahl an Wintertouren (in riesigen, wetterfesten Superjeeps oder mit Schneemobilen).

Preise, Angebote und Tipps für das richtige Tourgepäck stehen auf den Websites der Tourveranstalter.

★ **Fjalladýrð** JEEPTOUR, WANDERN
(☎ 471 1858; www.fjalladyrd.is; Straße 901, Möðrudalur) Der erfahrene Anbieter hat seinen Sitz auf dem Möðrudalur-Hof an der Straße 901, in perfekter Lage für Touren zur Askja (36 000 ISK) über F905 und F910. Es werden auch Kombitouren zur Askja und zu den Kverkfjöll angeboten (1/2 Tage 44 000/72 000 ISK) sowie Wanderungen auf die Herðubreið (36 000 ISK). Betreibt direkt am Abfahrtspunkt gute Unterkünfte (S. 335) und Essmöglichkeiten (S. 335).

Geo Travel JEEPTOUR
(☎ 864 7080; www.geotravel.is) Das tolle kleine Unternehmen gehört zwei Männern aus der Gegend. Im Programm: Tagesausflüge in kleinen Gruppen ab Reykjahlíð zur Askja und zum Holuhraun (34 900 ISK) sowie eine zweitägige Tour zum Holuhraun, zur Askja und zu den Kverkfjöll (Preise je nach Teilnehmerzahl).

Wild Boys WANDERN
(☎ 896 4334, 864 7393; www.wildboys.is) Das Unternehmen ist in Egilsstaðir ansässig, daher liegt der Schwerpunkt bei den meisten

Wandertouren auf dem östlichen Hochland mit Kverkfjöll und Snæfell. Mehrtägige Touren wie eine dreitägige Wanderung in den Kverkfjöll (129 900 ISK) können über www.traveleast.is gebucht werden.

Ferðafélag Akureyrar WANDERN
(Wanderverein Akureyri; FFA; Karte S. 312; ☎462 2720; www.ffa.is; Strandgata 23, Akureyri) Mehrmals im Jahr (im Sommer) organisiert Ferðafélag Akureyrar fünftägige Wandertouren auf dem Askja-Weg von Hütte zu Hütte (85 900 ISK pro Pers.). Details stehen auf der Website unter „The Askia Trail", konkrete Datumsangaben findet man in den Monaten Juli und August unter „Touring Program".

Saga Travel JEEP- & BUSTOUR
(☎558 8888; www.sagatravel.is) Zuverlässige tägliche Bustouren ab Akureyri und dem Mývatn (ab Akureyri/Mývatn 34 900/ 24 900 ISK – Achtung: Die Tour ab Akureyri startet um 6.30 Uhr und dauert bis zu 16 Stunden!) sowie per Superjeep ab dem Mývatn (34 900 ISK). Zum Angebot gehören auch mehrtägige Privattouren.

Jeep Tours JEEPTOUR
(☎898 2798; www.jeeptours.is; Egilsstaðir) Während alle anderen Anbieter die Askja von Norden anfahren, fährt Jeep Tours eine einmalige Tour, die in Egilsstaðir in Ostisland startet. Askja (46 500 ISK), die Kverkfjöll (46 500 ISK) und das östliche Hochland gibt's als Tagestour. Anfahrt über die (asphaltierte) Straße 910 bis zum Kárahnjúkar-Damm, wo es auf die Geländestrecken geht.

Fjallasýn JEEP- & BUSTOUR
(☎464 3941; www.fjallasyn.is) Tägliche Bus- und Jeeptouren zur Askja (24 900 ISK) ab Reykjahlíð. Bietet außerdem zahlreiche Erkundungen im Landesinneren, u. a. auf Anfrage eine zweitägige Kverkfjöll-Tour und mehrtägige Wandertouren. Abfahrt auch ab Húsavík, dem Sitz des Unternehmens, möglich.

North Travel BUSTOUR
(☎566 4000; www.northtravel.is) Bietet in Zusammenarbeit mit dem Busunternehmen SBA-Norðurleið von Anfang Juli bis Ende August wöchentlich eine beliebte dreitägige Tour an (Askja, Kverkfjöll, Vatnajökull und Holuhraun). Abfahrt ist jeden Montag in Akureyri, Zusteigen am Mývatn möglich. Die Tour kostet 58 500 ISK für Transport und Führer (aber ohne Unterkunft und Verpflegung); Schlafplätze in Hütten werden reserviert.

Mývatn Tours BUSTOUR
(☎464 1920; www.askjatours.is; Mývatn) Von Ende Juni bis Anfang September machen sich täglich große Geländebusse in Reykjahlíð auf den Weg (23 000 ISK). Dies ist der beste Anbieter für alle, die in ein Wandergebiet gebracht und am nächsten Tag wieder abgeholt werden möchten.

ℹ Praktische Informationen

Die Askja liegt im riesigen Nationalpark Vatnajökull: Ausgezeichnete Informationen und gute Karten mit Wanderwegen sind daher auch auf der Website des Parks (www.vjp.is) zu finden.

Im Sommer sind in Drekagil Nationalparkranger (☎842 4357) stationiert und bieten Infos für Besucher.

ℹ An- & Weiterreise

Auf der Askja-Route verkehren keine öffentlichen Verkehrsmittel, aber zahlreiche Touren führen hierher. Wer sich einen großen Geländewagen mieten und selbst fahren will, sollte sich auf felsiges Terrain einstellen und sich im Hinblick auf die Durchquerung von Flüssen beraten lassen. Die Strecke wird in der Regel Mitte oder Ende Juni geöffnet.

Wer über die F88 zur Askja fährt, sollte über die F910/F905 (mit einfacheren Flussdurchquerungen) zurückfahren, um nicht denselben Weg nehmen zu müssen. Weitere Möglichkeiten wären, von der Askja ostwärts Richtung Egilsstaðir zu fahren oder westwärts auf der extrem schwierigen Gæsavatnaleið-Route (F910 Richtung Westen) zur Sprengisandur-Route (vor Ort nach den Bedingungen fragen und Ratschläge einholen – die Strecke ist nur für Superjeeps geeignet!). Zu den Kverkfjöll geht's auf der F910 Richtung Osten, danach auf der F902 südwärts.

Auf der ganzen Route gibt es keine Zapfsäulen. Die nächsten sind in Möðrudalur (90 km von der Askja) und am Mývatn (120 km von der Askja).

Herðubreiðarlindir

Die Oase Herðubreiðarlindir, ein Naturschutzgebiet mit dichtem grünem Moos, Engelwurz und den rosavioletten Blüten des Arktischen Weidenröschens *(Epilobium latifolium)* wurde durch Quellen geschaffen, die unterhalb der Lavawüste Ódáðahraun herausfließen. Von hier bietet sich ein fantastischer Blick auf die Herðubreið. Es sei denn, man wird von einer Wand aus dichtem Nebel und/oder dem vom Wind aufgewühlten Sand begrüßt.

Hier gibt's eine nette Hütte und einen Campingplatz sowie im Sommer eine besetzte Rangerstation. Hinter der Hütte befindet sich ein „Banditenversteck" von Fjalla-Eyvindur. Eyvindur soll hier im Winter 1774/1775 gehaust und sich von Engelwurzwurzeln und rohem Pferdefleisch ernährt haben, das er auf dem Dach der Hütte lagerte, um drinnen ein bisschen Wärme zu speichern. Wasser erhielt er von dem Bach, der durch ein Loch sprudelte.

Hütte und Campingplatz Þorsteinsskáli sind beliebt und bieten eine grünere, freundlichere Umgebung als die Drekagil.

Lebensmittel kann man hier nirgendwo kaufen – Proviant selbst mitbringen!

Þorsteinsskáli-Hütte HÜTTE €
(☎822 5191; www.ffa.is; N 65°11.544', W 16°13.360'; Stellplatz/B 2000/7500 ISK pro Pers.) Zum kleinen Touristenservice in Herðubreiðarlindir gehören ein Informationsbüro (im Sommer von Hüttenwarten besetzt), ein Campingplatz und die gemütliche Þorsteinsskáli-Hütte mit 30 Betten, Duschen (500 ISK) und Küche. Die Hüttenschlafplätze vorab reservieren!

Herðubreiðarlindir ist 60 km vom Hrossaborg entfernt und liegt an der nördlichen Spitze der Straße F88. Bis zur Drekagil sind es 35 km.

Herðubreið

Islands vielleicht markantester Berg (1682 m) wird von den Isländern respektvoll „Königin der Berge" genannt. Die Herðubreið („breite Schultern") ist kilometerweit sichtbar und taucht immer wieder in den Werken einheimischer Dichter und Maler auf, die von ihrer Schönheit hingerissen sind.

Sie ist ein Beispiel für einen Tuffberg *(móberg)*, der durch subglaziale Vulkaneruptionen gebildet wurde. Würde man vom Vatnajökull das Eis entfernen, würden der Grímsvötn und die Kverkfjöll wahrscheinlich fast genauso wie die Herðubreið aussehen.

Der Hütten- und Campingbereich heißt Herðubreiðarlindir und befindet sich ganz in der Nähe.

Drekagil

Ihren Namen verdankt die Schlucht Drekagil („Drachenschlucht") 35 km südwestlich der Herðubreið der Gestalt eines Drachens, die in den schroffen Felswänden zu erkennen ist. Hinter den Dreki-Hütten beginnt eine Wanderung den gewundenen **Canyon** hinauf zu einem eindrucksvollen Wasserfall. Der ist aber nur zu erreichen, wenn der Fluss in der Schlucht niedrig genug ist, um ihn zu durchqueren.

Außerdem kann man eine 8 km lange Wanderung über einen markierten Weg bis zur Askja unternehmen oder fahren. Ein anderer markierter Weg (20 km) führt zur Bræðrafell-Hütte. Allerdings ist sie oft geschlossen, daher erst bei den Dreki-Hüttenwarten nachfragen.

Die Dreki-Hütten sind der ideale Ausgangspunkt für Exkursionen in die Umgebung. Die Tagesnutzung (Toiletten usw.) kostet 500 ISK pro Person.

BESTEIGUNG DER HERÐUBREIÐ

Wer die Herðubreið besteigen möchte, kann sich nicht auf eine topographische Karte verlassen. So himmlisch schön die Königin auch sein mag, die Wanderung kann bei ungenügender Vorbereitung erbarmungslos und frustrierend sein. Wenn das Wetter im Frühjahr etwas wärmer wird, verändern zahlreiche Steinschläge Pfade und Gelände. Der Berg ist oft in Wolken gehüllt, was die Orientierung erschwert. Ohne GPS geht gar nichts; zur Grundausstattung gehören außerdem Helm, Steigeisen und Eispickel – und natürlich Erfahrung um Umgang damit.

Die Herðubreið galt früher als unbezwingbar, wurde aber 1908 schließlich bestiegen. Unter optimalen Bedingungen lässt sich der Berg im Sommer in einem langen Tag erklimmen. Von der Þorsteinsskáli-Hütte führt ein 12 km langer markierter Weg um die Herðubreið herum zum Fuß des Westhangs, über den ein Weg nach oben führt. Eins sollte klar sein: Der Aufstieg ist anspruchsvoll und die Gefahr von Schnee, Steinschlag, Erdrutschen oder schlechtem Wetter macht es unmöglich, ihn ohne ordentliche Bergsteigerausrüstung zu wagen.

Der Berg sollte nicht alleine angegangen werden. Man muss auf übelstes Wetter eingestellt sein und sollte die Hüttenaufsicht in Herðubreiðarlindir über sein Vorhaben informieren. Sicherer ist es, sich einer geführten Tour anzuschließen, Fjalladýrð in Möðrudalur organisiert das.

EIN NEUES LAVAFELD ENTSTEHT

Am 16. August 2014 wurde rund um die Bárðarbunga, einem von vielen Vulkanen unter der Eiskappe des Vatnajökull, eine erhöhte seismische Aktivität registriert. (Das immense Vulkansystem befindet sich unter dem nordwestlichen Teil der Eiskappe.)

Das Magma in der Caldera der Bárðarbunga bildete unterhalb des Auslassgletschers Dyngjujökull einen sogenannten magmatischen Dyke (Magmatunnel) durch die Erde. Am 29. August trat Magma aus – der Spaltenausbruch mit spektakulären Lavafontänen begann auf dem Holuhraun, einem 200 Jahre alten Lavafeld, das etwa 5 km vom Rand des Gletschers Dyngjujökull entfernt liegt.

Die Eruption dauerte noch fast sechs Monate an und war Islands größter Lavaausbruch seit 230 Jahren. Die dazugehörende Statistik ist beeindruckend: Das neue Basaltlavafeld hat eine Fläche von ca. 85 km² (und ist somit deutlich größer als Manhattan), ist im Schnitt 10 bis 14 m dick und wiegt in etwa so viel wie 600 Mio. Elefanten. Die Lava hat bei Austritt eine Temperatur von ungefähr 1180 °C und das Flusssystem und das Land ringsum verändern sich noch immer.

Im Sommer gibt's an der Drekagil eine **Parkaufsicht** (☎ 842 4357; 8–19 Uhr).

Lebensmittel kann man hier nirgendwo kaufen – Proviant selbst mitbringen!

Dreki-Hütten HÜTTE €
(Askja-Camp; ☎ 822 5190; www.ffa.is; N 65°02.503', W 16°35.690'; Stellplatz/B 2000/8500 ISK pro Pers.; ⊙ Mitte/Ende Juni–Anfang Sept.) Die Dreki-Hütten werden vom Wanderverein Ferðafélag Akureyrar betrieben und bieten bis zu 60 Personen Platz. Sie haben Duschen, eine Küche und eine Informationsstation (8–19 Uhr) und ein Hüttenwart ist zugegen. Auch Zelten ist erlaubt, aber bei Wind, Staub und Kälte kann das ganz schön ungemütlich werden. Der Campingplatz im 35 km entfernten Herðubreiðarlindir ist da wahrscheinlich die bessere Wahl. Die Dreki-Hütten und der Campingplatz sind sehr beliebt. Hüttenbetten im Voraus buchen!

ℹ An- & Weiterreise

Von der Drekagil-Schlucht führt eine 8 km lange Straße zum Askja-Parkplatz. Anschließend sind es noch malerische 2,5 km quer über die Lavafelder der Caldera zum See.

In der Drekagil-Schlucht zweigt die Gæsavatnaleið-Route (F910) von der Askja-Route ab, durchquert Furcht einflößende Weiten und stößt nach etwa 125 km im Nýidalur auf die Sprengisandur-Route. Unterwegs müssen zahlreiche Flüsse durchquert werden; nur größere Fahrzeuge sind dafür geeignet. Richtung Osten stößt die F910 auf die F902 zu den Kverkfjöll.

Askja

Der Askja-Krater wirkt absolut trostlos, ist aber trotzdem das Hauptziel aller Touren im nordöstlichen Teil des Hochlands. Die riesige Caldera (50 km² groß) sollte sich keiner entgehen lassen. Die Kräfte, die hier einmal am Werk waren, kann man kaum ermessen.

Den ersten Blick auf den saphirblauen See **Öskjuvatn** im Zentrum des Kraters wird man nicht so schnell vergessen. Seine Farbe bildet einen Kontrast zum milchigen Wasser in dem kleinen, stark konischen Krater neben der Caldera, dem **Víti**.

Für ein Thermalbad ist es zwar etwas kühl (die Temperaturen liegen derzeit bei etwa 22 °C), aber ein Sprung in das milchigblaue Wasser gehört zu den Highlights jeder Askja-Tour (wenn's sein muss, auch ohne Badebekleidung). Der Weg hinunter ist rutschig und steil. Es kommt vor, dass er aus Sicherheitsgründen gesperrt ist.

Kostenlose, geführte Wanderungen von einer Stunde starten von Mitte Juli bis Mitte August täglich um 13 Uhr vom Askja-Parkplatz.

Schlafen & Essen

Die nächsten Unterkünfte sind die Dreki-Hütten und der Campingplatz bei der Schlucht Drekagil. Außerdem gibt's eine Hütte und einen Campingplatz im einladenderen und grüneren Herðubreiðarlindir.

Lebensmittel kann man hier nirgendwo kaufen – Proviant selbst mitbringen! Man kann bei den Dreki-Hütten essen oder sich an einem schönen Tag ans Ufer des Öskjuvatn setzen.

ℹ An- & Weiterreise

Von der Drekagil-Schlucht führt eine 8 km lange Straße zum Askja-Parkplatz, der jetzt über neue Kompostklos verfügt. Anschließend sind es noch malerische 2,5 km quer über

GESCHICHTE DER ASKJA

Die Naturkatastrophe, die den See im Askja-Krater (und im Víti-Krater) schuf, ereignete sich vor gar nicht allzu langer Zeit: im Jahr 1875. Zwei Kubikkilometer Vulkanasche wurden mit solcher Macht aus der Askja hochgeschleudert, dass Teile davon sogar auf dem europäischen Kontinent landeten. Die Asche vergiftete in Nordisland eine große Anzahl Rinder, was eine Auswanderungswelle nach Amerika auslöste. Es ist ziemlich beängstigend, sich vor Augen zu führen, dass sich solch verheerende Katastrophen jederzeit wiederholen können.

Nach der ersten Eruption brach eine Magmakammer zusammen und so entstand 300 m unterhalb des ursprünglichen Eruptionskraterrandes ein 11 km^2 großes Kraterloch. Diese neue Kuhle füllte sich mit Wasser und wurde zum saphirblauen Öskjuvatn, der mit 220 m der zweittiefste See Islands ist.

Beim Ausbruch explodierte an der Nordostecke des Sees ein Schlot und bildete den Aschenkrater Víti, in dem sich geothermisches Wasser sammelte. „Víti" ist das isländische Wort für Hölle und der Víti an der Askja ist einer von zwei bekannten Kratern dieses Namens; der andere liegt an der Krafla nahe dem Mývatn.

1907 ruderten die deutschen Forscher Max Rudloff und Walther von Knebel auf den See hinaus und verschwanden spurlos; ihre Leichen wurden nie gefunden. Es wurde gemutmaßt, dass es im See gefährliche Strömungen oder Strudel gebe, aber ein unsicheres Segeltuchboot und eisiges Wasser sind wohl als Erklärung für ihren Tod ausreichend. Am Rand des Kraters erinnert ein Steinhügel an die beiden Männer.

Lavafelder in und durch die Caldera (einfach bis moderat, je nach Ausmaß der Schneeschmelze und Witterungsbedingungen) zum Víti und zum See.

Holuhraun

Islands riesiges neues Lavafeld entstand 2014/2015. Bei einem Rundflug kann man sich einen Eindruck von den erstaunlichen Ausmaßen verschaffen. Auf dem Landweg ist Holuhraun von der Drekagil-Schlucht aus zu erreichen. Schilder verweisen auf einen Parkplatz und einen markierten Weg, der Besuchern einen Spaziergang auf einem kleinen Lavastück ermöglicht. Die Lava ist fragil, scharfkantig und schroff, also vorsichtig sein! An dieser Stelle ist der Unterschied zwischen dem alten und neuen Lavafeld deutlich zu erkennen. Interessant anzusehen ist das Zusammenspiel zwischen Lava und Fluss.

Die Parkranger der Drekagil-Schlucht informieren über Holuhraun und klären über die notwendigen Sicherheitsvorkehrungen auf. Außerdem bieten sie ab dem Parkplatz kostenlose einstündige Führungen (Mitte Juli–Mitte Aug. 1-mal tgl.). Dies ist ein Gebiet mit aktivem Vulkanismus, deshalb immer schön auf den ausgewiesenen Wegen bleiben!

Die nächsten Übernachtungsmöglichkeiten sind die Dreki-Hütten an der Drekagil-Schlucht.

Hier gibt's keine Verpflegungsmöglichkeiten, also sämtlichen Proviant mitbringen!

ℹ An- & Weiterreise

Von Drekagil weisen Schilder den Weg zum Holuhraun-Parkplatz; auf der F910 der Ausschilderung Richtung Süden folgen (ca. 24 km).

Einige Askja-Tagestouren umfassen auch einen Abstecher zum Lavafeld Holuhraun.

KVERKFJÖLL-ROUTE

Die Kverkfjöll-Route führt durch das Hochland in die Kverkfjöll an den nördlichen Ausläufern des Vatnajökull-Gletschers.

Beim Kverkfjöll-Massiv handelt es sich um mehrere Gipfel, die auf das Konto eines großen zentralen Vulkans gehen. Er ist zum Teil vom Eis der Kverkjökull bedeckt, einer nördlichen Zunge des Vatnajökull. Seit geraumer Zeit bezieht sich der Name „Kverkfjöll" auch auf die Eishöhlen, die sich aufgrund der ausgeprägten geothermischen Aktivität in dieser Gegend unterhalb des Ostrands des Dyngjujökull-Eises bilden.

An der Zufahrtsstraße F902 (geht von der F910 ab) liegen mehrere interessante Orte, darunter die pyramidenförmigen **Upptyppingar-Zwillingsberge** in der Nähe der Brücke über die Jökulsá á Fjöllum sowie die Oase **Hvannalindir** ca. 20 km nördlich der Sigurðarskáli-Hütte (gleichzeitig die wichtigste Unterkunft und Infoquelle im Kverkfjöll-Gebiet).

Eine markierte Wanderung (2 km hin und zurück) führt hinter der Hütte hinauf zum **Virkisfell** (1108 m), von wo aus sich ein spektakulärer Blick über die Kverkfjöll und das Quellgebiet der Jökulsá á Fjöllum bietet.

Kverkfjöll

Die Kverkfjöll sind nicht nur das Ursprungsgebiet des reißenden Jökulsá á Fjöllum, des mächtigsten Flusses in Zentralisland, sondern auch eines der größten Geothermalfelder Islands.

Die unteren **Kverkfjöll-Eishöhlen** liegen 3 km von der Sigurðarskáli-Hütte entfernt, 15 Minuten Fußweg vom Ende der Allradpiste. Hier fließt unterhalb des kalten Gletschereises ein warmer Fluss, über den Dampfwolken wirbeln. Die Höhlen sind nicht zugänglich – hier sind schon Menschen zu Tode gekommen –, aber je nach Jahreszeit lassen sich Öffnungen im Gletschereis erkennen.

Von den unteren Eishöhlen gehen von Parkrangern geführte Touren weiter hinauf auf den eigentlichen Gletscher. Bei längeren Exkursionen überquert man den Gletscher auf dem Weg zu dem bemerkenswerten Geothermalfeld Hveradalur.

Die Kverkfjöll gehören zum Nationalpark Vatnajökull; auf der Website des Parks (www.vjp.is) gibt es weitere Informationen.

Lebensmittel kann man hier nirgendwo kaufen – Proviant selbst mitbringen!

Sigurðarskáli-Hütte HÜTTE €
(☎ Sommer 863 9236, ganzjährig 863 5813; www.ferdaf.is; N 64°44.850', W 16°37.890'; Stellplatz/B 2000/8000 ISK pro Pers.; ⏲Mitte Juni–Anfang Sept.) Die große Sigurðarskáli-Hütte verfügt über komfortable Unterkünfte für 75 Gäste in einem neuen Gebäude und hat einen gut gepflegten Campingplatz. Zur Ausstattung gehören Küche, Toiletten und Duschen (500 ISK). Camper zahlen für die Nutzung der Hütteneinrichtungen wie z. B. der Küche 800 ISK zusätzlich.

Geführte Touren

Ohne einen robusten Geländewagen lassen sich die Kverkfjöll nur auf einer geführten Tour erkunden. Autofahrer können den Jeep abstellen und bis zum Aussichtsbereich mit Blick auf die Eishöhlen (Zutritt streng verboten!) laufen– ohne einen Guide weiter zu gehen, ist absolut leichtfertig.

Neben kurzen Spaziergängen in der Umgebung bieten die Ranger der Sigurðarskáli-Hütte im Sommer manchmal auch geführte Wanderungen an: auf den **Kverkjökull-Auslassgletscher** oder zum Geothermalfeld **Hveradalur** (17 500 ISK) auf 1700 m. Das aktuelle Angebot kann man per E-Mail unter ferdaf@ferdaf.is oder telefonisch unter 863 9236 erfragen.

Außerdem gibt es Tourenpakete inklusive Transport und Führung. Von Osten her

EIN NEUER NATIONALPARK?

Zahlreiche isländische Organisationen und Vereinigungen (darunter Interessengruppen von Umweltschützern über Behörden bis hin zur Reisebranche) haben sich zusammengeschlossen, um sich für die Einrichtung eines Nationalparks im zentralen Hochland stark zu machen. Sie wollen die weitläufige Wildnis mit ihren einzigartigen, unberührten Landschaften schützen und dafür sorgen, dass auch in Zukunft verantwortungsvoll mit der Natur umgegangen wird. Das designierte Areal hat eine Fläche von rund 40 000 km² und umfasst den gesamten Nationalpark Vatnajökull.

2018 setzte die Regierung eine Kommission ein, die mit der Einrichtung des neuen Nationalparks beauftragt wurde.

Der Hochland-Nationalpark wäre z. T. auch eine Schutzmaßnahme gegen die expandierende Energie- und Tourismusindustrie im Land. Die Befürworter hoffen, dass der Nationalparkstatus Bauvorhaben in dem Gebiet auf ein Minimum beschränken und Flüsse und Geothermalfelder vor der Nutzbarmachung für die Energiegewinnung (etwa durch den Bau von Staudämmen, Wasserkraftwerken und Hochspannungsmasten) bewahren wird.

Umfragen zeugen von dem großen Zuspruch innerhalb der Bevölkerung (61 % sind für die Einrichtung eines Nationalparks). Auch internationale Unterstützung ist von Bedeutung; derzeit läuft eine Petition. Mehr zum Thema unter www.halendid.is.

hat Jeep Tours (S. 397) einen Tagesausflug im Superjeep ab Egilsstaðir im Programm. Wild Boys (S. 396) bietet verschiedene ein- und mehrtägige Touren. Fjalladyrð (S. 396) bietet eine zweitägige Tour ab Möðrudalur an. Am Mývatn startet die Zwei-Tages-Exkursion Askja–Kverkfjöll von Geo Travel (S. 396) und North Travel (S. 397) sammelt in Akureyri und am Mývatn die Teilnehmer der beliebten dreitägigen Askja–Kverkfjöll–Vatnajökull-Tour ein.

An- & Weiterreise

Die Straße zu den Kverkfjöll (F902; auf Isländisch „Kverkfjalaleið") öffnet Mitte bis Ende Juni.

Die Kverkfjöll-Route verbindet Möðrudalur (70 km östlich vom Mývatn abseits der Ringstraße) über die F905, F910 und F902 mit der Sigurðarskáli-Hütte. Nach dem Besuch der Askja bietet sich die Weiterfahrt zu den Kverkfjöll auf der F902 in südlicher Richtung an (70 km).

Wichtig für Autofahrer: Die Tankstelle in Möðrudalur ist die letzte Möglichkeit, zu tanken.

Island verstehen

Island aktuell

Islands boomender Tourismus (jährlich fast 30 % Wachstum seit 2010) trug zur wirtschaftlichen Stabilisierung nach dem Bankencrash von 2008 bei. Der Tourismus brachte aber auch Veränderungen wie große Menschenmengen und mehr ausländische Arbeitnehmer mit sich. Infrastruktur und Logistik versuchen mitzuhalten. Derweil macht die Bevölkerung der Regierung Druck, auf den Wandel zu reagieren, die Umwelt zu schützen und öffentliche Skandale aufzuarbeiten. Aber alle sind stolz auf ihre erfolgreiche Fußballmannschaft.

Top-Filme

Heima (2007) Dokumentarfilm über Sigur Rós auf Island-Tournee.

Sture Böcke (*Hrútar*; 2015) Faszinierende Geschichte von zwei zerstrittenen Brüdern und ihren Schafen.

Nói Albinói (2003) Coming-of-Age-Geschichte eines Außenseiters in einer abgelegenen Kleinstadt.

Von Menschen und Pferden (2013) Ein surreales Porträt des Zusammenlebens von Mensch und Pferd.

101 Reykjavík (2000) Schwarze Komödie über Sex, Drogen und das Leben eines Taugenichts in Reykjavík.

Der Tote aus Nordermoor (2006) Krimi nach einem Roman von Arnaldur Indriðason.

Top-Bücher

Kältezone (Arnaldur Indriðason; 2004) Spannender Thriller des Meisters des nordischen Krimis.

Sein eigener Herr (Halldór Laxness; 1934/1935) Düstere Tragikomödie aus der Feder des Nobelpreisträgers.

Sagas aus Island: Von Wikingern, Berserkern und Trollen (Rudolf Simek, Reinhard Hennig; 2011) Vier der schönsten Sagas Islands.

Die Teufelsinsel (Einar Kárason; 1983) Im Reykjavík der Nachkriegszeit treffen amerikanische Kultur und ländliche Traditionen aufeinander.

Schattenfuchs (Sjón; 2003) Poetische Fantasieerzählung, die im 19. Jh. spielt.

Tourismusboom

Nach dem Ausbruch des Eyjafjallajökull von 2010 und einer cleveren Kampagne des isländischen Fremdenverkehrsamts begannen Touristen massenhaft ins Land zu strömen. Von 2010 bis 2017 stieg ihre Zahl um 444 %, allein 2017 waren es 2,2 Mio. Besucher, erschreckend viele angesichts der Tatsache, dass Island nur 350 000 Einwohner hat. Auch die touristischen Dienstleister boomten; heute macht der Tourismus 39,2 % des Waren- und Dienstleistungsverkehrs Islands (2010 waren es 18,8 %) und 8,6 % des BIP aus und beschäftigt 14,3 % der arbeitenden Bevölkerung.

Es gibt Zeichen einer Abschwächung, da die starke isländische Krone und höhere Preise Reisen (und Leben) in Island teurer machen und die Aufenthaltsdauer der Besucher potenziell verkürzen. Zudem verteilt sich der Tourismus ungleichmäßig im Land: Viele Touristen halten sich an die Hauptstadt, den Südwesten und die Ringstraße. Während es dort also überfüllt ist, sind Regionen wie die Nord-, Ost- und Westfjorde relativ wenig besucht.

Auswirkungen des Tourismus

Die Stärkung der Wirtschaft durch den Tourismus ist unbestritten. Viele Isländer schätzen die neuen Dienstleistungen, den höheren internationalen Bekanntheitsgrad und die Lohnsteigerungen (7,3 % von 2017 auf 2018), den der Zweig mit sich bringt.

Aber es gibt eine Kehrseite. Kurzzeitvermietungen von Wohnungen in Reykjavík drängen Einheimische aus dem Wohnungsmarkt. In der Hauptstadt werden massenhaft Hotels gebaut – bis 2020 wird es um die Hälfte mehr geben – was auch Veränderungen mit sich bringt.

Nachrichten berichten ständig von Umweltzerstörung (Geländefahrten, Abfall, Exkremente) oder der Bergung hilfloser Touristen von Gletschern, Bergen und Stränden durch heimische Rettungsteams, die auf Freiwillige und Spenden angewiesen sind. 2016 fanden über 75 % der Isländer die Auswirkungen des Tourismus auf die Umwelt zu groß – von übermäßigen Wal- und Papageitauchertouren bis zu Massenandrang an Naturattraktionen.

Auch der erhöhte Bedarf an ausländischen Arbeitskräften (2018 waren es 13 % aller Arbeitnehmer) verändert den Alltag der Isländer wirkt sich auf den Gebrauch der isländischen Sprache aus (zunehmend herrscht Englisch vor).

Reagiert wird auf diese Veränderungen z. B. mit der Einschränkung von Kurzzeitvermietungen, zusätzlichen Warnschildern und Absperrungen an Sehenswürdigkeiten, der Beschränkung von wildem Campen, Aufklärungskampagnen für Touristen und besseren Informationen über Sicherheit und Wanderregistrierung (www.safetravel.is). Offiziell soll der Tourismus im ganzen Land verteilt werden, dennoch wurde 2018 der Busverkehr im Norden und Osten eingeschränkt.

Island schützen

Aktuell diskutiert man, wie die fragile isländische Natur dem Druck standhalten kann. Die unberührten Naturlandschaften werden von Isländern geschätzt und sind ein wichtiger Touristenmagnet. Wenn sich das derzeitige Wachstum fortsetzt, könnten 2020 fast 3 Mio. Besucher ins Land kommen. Mit Besorgnis wird auch das ausländische Interesse am Kauf weiter Landstriche gesehen, einschließlich wichtiger Lachsflüsse.

Wie viel Tourismus können die Wasserfälle, Wanderwege und Lavafelder verkraften? Wie können sie geschützt werden, damit alle sie noch genießen können?

Die Tourismusbehörden bemühen sich derzeit mit Nachdruck, für verantwortliches Reisen zu werben und Besucher anzuhalten, die ungewöhnliche Umwelt zu erleben und zu schützen. Geplant ist auch ein Hochland-Nationalpark (S. 401), der 40 % des Landes schützen soll, zudem wirbt eine Volksinitiative dafür, Wale zu beobachten, statt sie in Restaurants zu essen.

Island profitiert auch von seinen erneuerbaren Energiequellen (v. a. Geothermie und Wasserkraft). Sie versorgen die Insel, ziehen aber auch große Energieverbraucher an – (umstrittene) Aluminiumhütten (S. 450) haben sich bereits dank des billigen Stroms angesiedelt, „Serverfarmen" für Computer sind auf dem Vormarsch.

Politische Possen

Die Isländer, die als eine der wenigen Nationen nach dem Finanzkollaps von 2008 die verantwortlichen Banker vor Gericht brachten, beobachten ihre Politiker scharf und ziehen sie zur Rechenschaft, ob beim Skandal um die Panama Papers 2016, der Premierminister Sigmundur Davíð Gunnlaugsson stürzte, oder bei der Kontroverse von 2017, die zum Bruch der Koalition von Premierminister Bjarni Benediktsson führte (als sein Vater einen überführten Pädophilen verteidigte).

Die nach dem Finanzkollaps eingeführten Kapitalverkehrskontrollen (Maßnahmen zur Einschränkung der Ein- und Ausfuhr von Bargeld und Kapital) wurden 2018 aufgehoben. Im gleichen Jahr machte Island Schlagzeilen, als es als erstes Land der Welt Lohngleichheit für Männer und Frauen gesetzlich festlegte.

EINWOHNER: **350 000**

FLÄCHE: **103 000 KM²**

TOURISTEN: **2,2 MIO. (2017)**

SCHAFE: **459 000**

STROM AUS ERNEUERBAREN ENERGIEN: **100 %**

Hätte Island nur 100 Einwohner, wären …

Religionszugehörigkeit

(% der Bevölkerung)

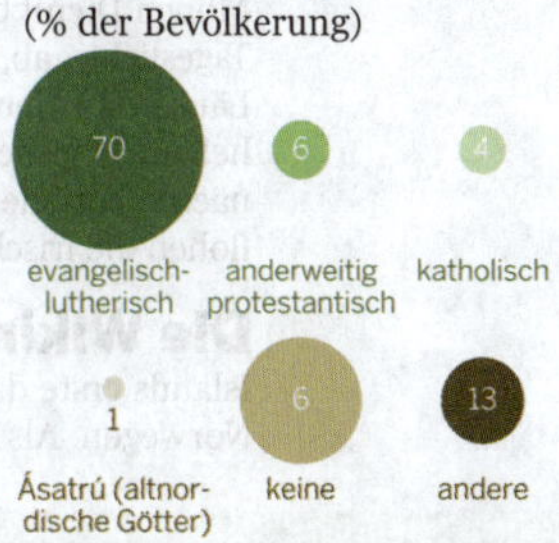

Einwohner pro km²

Geschichte

Geologisch jung, glühend unabhängig, von Natur- und auch wirtschaftlichen Katastrophen gebeutelt: Island blickt auf eine bewegte Geschichte zurück, zu der nordische Besiedlung und literarisches Genie ebenso gehören wie erbitterte Fehden, Fremdherrschaft und Unterdrückung. Einfach war das Leben in dieser unwirtlichen Landschaft nie. Die Herausforderungen und Härten des Alltags haben einen modernen isländischen Charakter geprägt, der sich der stürmischen Vergangenheit bewusst und doch bemerkenswert robust, extrem individualistisch, auf stille Weise innovativ und zu Recht stolz ist.

Die Geschichte Islands von Jón R. Hjálmarsson ist eine lebendige Darstellung der Entwicklung der isländischen Nation von der Zeit der Besiedlung bis zum Ende des 20. Jhs.

Frühe Entdecker & irische Mönche

Vom geologischen Standpunkt aus betrachtet steckt Island noch in den Windeln: Die Insel ist gerade einmal 20 Mio. Jahre alt. Doch erst als der griechische Forschungsreisende Pytheas um 330 v. Chr. über die Insel Ultima Thule sechs Tagesreisen nördlich von Britannien schrieb, erfuhren die Europäer von einer Landmasse jenseits ihrer Seekarten in einem „erstarrten" Meer.

Jahrhundertelang schreckten Gerüchte, Mythen und Fantasiegeschichten über wilde Stürme, heulende Winde und barbarische, hundsköpfige Bewohner Entdeckungsreisende ab, den großen nördlichen Ozean, *oceanus innavigabilis,* zu erkunden. Als Nächstes verschlug es irische Mönche nach Island. Sie segelten auf der Suche nach Einsamkeit und Abgeschiedenheit regelmäßig zu den Färöern. Wahrscheinlich ließen sich um 700 n. Chr. irische *papar* (Priester) auf Island nieder. Der irische Mönch Dicuil berichtete 825 von einem Land, in dem es im Winter kein Tageslicht gab, während in Sommernächten „jede Aufgabe, und sei es, Läuse vom Hemd abzulesen, genauso leicht zu bewerkstelligen ist wie bei hellem Tageslicht". Das dürfte sich auf die langen isländischen Sommernächte beziehen. Als im frühen 9. Jh. die ersten Nordmänner eintrafen, flohen die irischen Mönche.

Die Wikinger kommen!

Islands erste dauerhafte Siedler nach den irischen Mönchen kamen aus Norwegen. Als Besiedlungs- oder Landnahmezeit gilt der Zeitraum zwi-

ZEITACHSE

600–700

Irische Mönche stoßen auf das unbewohnte Island und lassen sich vorübergehend dort nieder. Dafür gibt es kaum archäologische Beweise, aber das Wort *papar* (Priester) ist in Ortsnamen überliefert.

850–930

Norwegische und schwedische Siedler geben der Insel den Namen Snæland (Schneeland), dann Garðarshólmi (Garðars Insel) und schließlich Ísland (Eisland). Überall entstehen Bauernhöfe.

871

Der norwegische Wikinger Ingólfur Arnarson gilt als erster dauerhafte Bewohner der Insel; er lässt sich in einer vielversprechend aussehenden Bucht der Südwestküste nieder und tauft sie Reykjavík.

schen 870 und 930. Damals vertrieb politischer Unfriede viele Menschen vom skandinavischen Festland. Die meisten, die sich in der Folgezeit in der Nordatlantikregion ansiedelten, waren wohl eher einfache Bürger: Bauern, Hirten und Händler, die sich überall in Westeuropa niederließen und Mischehen mit der englischen, irischen und schottischen Bevölkerung eingingen.

Wahrscheinlich entdeckten die Nordmänner Island zufällig, als sie auf der Fahrt zu den Färöern vom Kurs abgetrieben wurden. Der erste Ankömmling war Naddoddr. Er kam aus Norwegen und landete um 850 an der Ostküste der Insel. Er nannte sie Snæland (Schneeland), bevor er wieder Kurs auf sein ursprüngliches Ziel nahm.

Der nächste Islandbesucher, Garðar Svavarsson, umsegelte die Insel und überwinterte bei Húsavík an der Nordküste. Als er im Frühjahr wieder absegelte, wurden einige Mitglieder seiner Mannschaft – ob freiwillig oder unfreiwillig – zurückgelassen und waren so die ersten Nordmänner, die blieben.

Um 860 packte der Norweger Flóki Vilgerðarson seinen Hof und seine Familie zusammen und brach nach Snæland auf. Er benutzte dabei Raben als Navigationshilfe, die ihn nach einigen Fehlversuchen auch ans Ziel führten. Dieser eigenwilligen Methode verdankte er seinen Spitznamen Hrafna-Flóki (Raben-Flóki). Hrafna-Flóki landete im Vatnsfjörður an der Westküste, hatte aber bald genug von der Gegend. Als er Eisberge im Fjord sichtete, taufte er die Insel in Ísland (Eisland) um und fuhr heim nach Norwegen. Jedoch kehrte er schließlich nach Island zurück und ließ sich im Skagafjörður an der Nordküste nieder.

Die erste geplante dauerhafte Landnahme ging dem *Íslendingabók* aus dem 12. Jh. zufolge auf das Konto von Ingólfur Arnarson, der zusammen mit seinem Blutsbruder Hjörleifur aus Norwegen geflohen war. Er landete 871 in Ingólfshöfði (im Südosten) und zog dann 874 an der Küste entlang bis zu einem Ort, den er nach dem Dampf der dortigen Thermalquellen Reykjavík („Rauchbucht") nannte. Hjörleifur ließ sich in der Nähe der heutigen Stadt Vík nieder, wurde aber kurz darauf von seinen Sklaven ermordet.

Ingólfur wählte seinen Wohnsitz gemäß einem heidnischen Ritual: Neue Siedler mussten bei der Anlandung ihre Hochsitzpfosten – Symbol der Autorität bei den Häuptlingen – ins Meer werfen und ihr Heim dort errichten, wo die Götter die Pfosten an Land treiben ließen. Dieser Tradition folgten auch die anderen Siedler vom norwegischen Festland, die in der Folge verstärkt nach Island kamen.

Iceland's 1100 Years: The History of a Marginal Society von Gunnar Karlsson ist eine aufschlussreiche moderne Geschichte Islands von der Landnahme bis zur Gegenwart.

Spuren der Wikinger

- *Nationalmuseum (Reykjavík)*
- *Landnahmeausstellung (Reykjavík)*
- *Nationalpark Þingvellir (bei Selfoss)*
- *Víkingaheimar (Njarðvík)*
- *Eiríksstaðir (Rekonstruktion; Dalir)*
- *Gehöft Stöng (Þjórsárdalur)*
- *Landnahmezentrum (Borgarnes)*
- *Stätten aus der Njáls saga (Hvolsvöllur)*

Das Alþingi

Als Ingólfurs Sohn Þorsteinn das Erwachsenenalter erreichte, gab es bereits über die ganze Insel verstreut Bauernhöfe. Nun machte sich das Ge-

930
In Þingvellir wird das älteste noch existierende Parlament der Welt gegründet, das Alþingi. Ein gewählter Gesetzessprecher schlichtet Streitigkeiten und lernt die Gesetze auswendig.

986
Erik der Rote gründet die erste ständige Kolonie in Grönland und errichtet im Südwesten die Siedlungen Eystribyggð und Vestribyggð.

999–1000
Island wird auf Druck des norwegischen Königs christlich; das Heidentum besteht weiter. Leifur der Glückliche landet in Neufundland und ist der erste Europäer, der Amerika erreicht.

1100–1230
Im goldenen Zeitalter der isländischen Literatur entstehen die altnordischen Sagas. Mehrere davon werden dem Historiker, Dichter und Politiker Snorri Sturluson zugeschrieben.

DIE WIKINGER

Den größten Einfluss auf die Weltgeschichte hatte Skandinavien in der Wikingerzeit. Im 8. Jh. gab es im westlichen Norwegen einen Überschuss an ruhe- und landlosen jungen Männern. Gleichzeitig wurden im Schiffsbau entscheidende Fortschritte gemacht: Die nordischen Schiffsbauer entwickelten einen schnellen und wendigen Schiffstyp, der stabil genug für Ozeanüberquerungen war.

Schon ab 780 ließen sich norwegische Bauern friedlich auf den Orkney- und Shetlandinseln nieder. Die Wikingerzeit wird aber offiziell erst ab 793 datiert, als die „Nordmänner" das Kloster des hl. Cuthbert auf der Insel Lindisfarne vor der Küste des englischen Northumberland überfielen.

Die Wikinger nahmen sich besonders gern Klöster vor, da ihre Blitzüberfälle dort reiche Beute brachten. Sie legten christliche Gemeinden in Schutt und Asche und massakrierten englische und irische Mönche, die sich hilflos fragten, durch welche Sünde sie diese heidnische Heimsuchung verdient hatten. Die Grausamkeiten der Wikinger waren jedoch wohl kaum schlimmer, als es damals üblich war – was ihnen ihren furchterregenden Ruf einbrachte, war die Plötzlichkeit und das Ausmaß ihrer Überfälle.

In den folgenden Jahren kehrten die räuberischen Wikinger mit größeren Flotten zurück, terrorisierten, ermordeten, versklavten und vertrieben die einheimische Bevölkerung und eroberten ganze Regionen in Britannien, Irland, Frankreich und Russland. Sie reisten bis ins maurische Spanien und in den Nahen Osten, griffen Konstantinopel sechsmal an und verdingten sich sogar als Söldner für das Heilige Römische Reich.

Die isländische Überlieferung führt die nordische Besiedlung der Insel auf den tyrannischen Harald Hårfagre (Harald Schönhaar), König von Vestfold im Südosten Norwegens, zurück. Harald, der voller Expansionsdrang steckte, gewann 890 eine wichtige Seeschlacht bei Hafrsfjord (Stavanger). Die besiegten Häuptlinge zogen es vor, zu fliehen statt sich ihm zu unterwerfen, und landeten zum großen Teil in Island.

Während die Wikinger weiter raubend und mordend durch Europa zogen, brach Eiríkur Rauði (Erik der Rote) mit rund 500 Leuten nach Westen auf und gründete 986 die erste dauerhafte europäische Siedlung in Grönland. Eiríkurs Sohn Leifur der Glückliche segelte sogar noch weiter und erkundete im Jahr 1000 die Nordostküste Amerikas. Das neue Gebiet nannte er Vínland (Weinland). Eine dauerhafte europäische Besiedlung scheiterte jedoch an den *skrælings* (den nordamerikanischen Indianern), die sich alles andere als gastfreundlich zeigten.

Die Raubzüge der Wikinger wurden immer seltener. Ihre Ära endete mit dem Tod von König Harald Harðráði (Harald III.), dem letzten großen Wikingerkönig, der 1066 in England in der Schlacht von Stamford Bridge fiel.

fühl breit, man brauche allmählich so etwas wie eine Regierung. Islands Grundbesitzer trafen sich zunächst auf regionalen Versammlungen, um zu handeln und Streitigkeiten beizulegen, aber es wurde schnell deutlich, dass eine gesamtisländische Versammlung gebraucht wurde. Das

1104

Erster historisch verbürgter Ausbruch der Hekla. Der Vulkan begräbt das Tal Þjórsárdalur mit seinen Bauernhöfen unter einer Schicht aus Asche, Stein und Schlacke.

1200

In der Sturlungenzeit gleitet Island in die Anarchie ab. Die Regierung löst sich auf und das Land wird 1281 von Norwegen annektiert.

1241

70 bewaffnete Männer tauchen in Snorri Sturlusons Haus in Reykholt auf, um ihn wegen Hochverrats nach Norwegen zu bringen. Snorri weigert sich und wird in seinem Keller erstochen.

1397

Am 17. Juni 1397 wird in Schweden die Kalmarer Union besiegelt; Norwegen, Schweden und Dänemark werden unter einer Krone vereinigt. Island gelangt unter dänische Kontrolle.

war damals eine vollkommen neuartige Idee, doch die Isländer fanden, sie könne nur besser sein als die grausame Tyrannei der norwegischen Monarchie.

Im frühen 10. Jh. hielt Þorsteinn Ingólfsson bei Reykjavík die erste große Bezirksversammlung ab. Gegen 920 wurde der selbst ernannte Rechtsgelehrte Úlfljótur nach Norwegen entsandt, um die norwegischen Gesetze zu studieren und etwas Ähnliches für Island zusammenzustellen.

Gleichzeitig wurde Grímur Geitskör beauftragt, einen Ort für das Alþingi („Althing" – allgemeine Volksversammlung) ausfindig zu machen. Bláskógar an der Ostgrenze von Ingólfurs Ländereien schien mit seinem herrlichen See und seiner bewaldeten Ebene ideal. An einer Seite der Ebene erhob sich eine lange Felswand mit erhöhtem Sockel (der Mittelatlantische Rücken), von dem sich die Sprecher an das unten versammelte Volk wenden konnten.

930 wurde Bláskógar in Þingvellir (Versammlungsfeld) umgetauft. Þorsteinn Ingólfsson erhielt den Ehrentitel *allsherjargoði* (Oberhäuptling) und Úlfljótur wurde zum ersten *lögsögumaður* (Gesetzessprecher) ernannt. Dessen Aufgabe war es, das gesamte Recht des Landes auswendig zu lernen und jährlich mündlich vorzutragen. Der Gesetzessprecher verkörperte zusammen mit den 48 *goðar* (Häuptlingen) die gesetzgebende Gewalt.

Es gab zwar Streitereien wegen der Auswahl von Anführern, auch wurden Gefolgschaften ständig überdacht, aber das neue parlamentarische System erwies sich als erfolgreich. Auf der Jahresversammlung im Jahr 999 oder 1000 war die Versammlung in zwei erbitterte Lager aufgeteilt, in Heiden und Christen – ein Bürgerkrieg lag in der Luft. Zum Glück war der amtierende Gesetzessprecher Þorgeir ein Meister der Diplomatie. Das *Íslendingabók* berichtet, dass er sich in seine Zelle zurückzog und einen Tag und eine Nacht mit niemandem sprach, um über die Angelegenheit zu sinnieren. Als er wieder zum Vorschein kam, verkündete er, dass Island die neue Religion akzeptieren und zum Christentum übertreten solle. Heiden (wie ihm selbst) sollte jedoch die Ausübung ihrer Religion im Stillen gestattet sein. Diese Entscheidung bescherte den bislang getrennten Gruppen zumindest den Anschein nationaler Einheit. Schon bald entstanden die ersten Bischofssitze: in Skálholt im Südwesten und Hólar im Norden.

In der Folgezeit wurde die zweiwöchige Volksversammlung in Þingvellir das gesellschaftliche Ereignis des Jahres. Teilnahmeberechtigt waren alle freien Männer. Unverheiratete suchten hier Partner, Ehen wurden ausgehandelt und geschlossen, Geschäfte besiegelt, Zweikämpfe ausgetragen und Hinrichtungen vollzogen. Das Berufungsgericht erließ Urteile in Fällen, die von den untergeordneten Gerichten nicht beigelegt werden konnten.

Das Wort „Wikinger" ist von *vík* abgeleitet (altnordisch für „kleine Bucht") und bezog sich vermutlich auf die Ankerplätze der Wikinger bei ihren Raubzügen.

Das Althing in Thingvellir von Helmut Lugmayr erklärt die Funktion und Geschichte des ältesten Parlaments der Welt und enthält auch einen Abschnitt über die einzigartige Geologie von Þingvellir.

1402–1404
In Island wütet die Pest, 50 Jahre nach ihrer Ausbreitung auf dem europäischen Festland; etwa die Hälfte der Bevölkerung fällt ihr zum Opfer.

1550
Christian III. führt in Island den Protestantismus ein: Der katholische Bischof Jón Arason wird gefangen genommen und mit zweien seiner Söhne in Skálholt geköpft.

1590
Die Landkarte Islands von Bischof Guðbrandur Þorláksson erscheint. Das Meer ist darauf von walartigen Ungeheuern bevölkert, die Hekla „erbricht unter furchtbarem Getöse Steine".

1602
Dänemark verhängt ein Handelsmonopol, das dänischen und schwedischen Firmen exklusive Handelsrechte in Island gewährt. Das führt zur Verarmung Islands.

Anarchie & Sturlungenzeit

Gegen Ende des 12. Jhs. begann die Sagazeit, in der Geschichtsschreiber und Dichter monumentale Erzählungen über Islands Besiedlung, Familienfehden, Liebesgeschichten und tragische Helden aufzeichneten. Das meiste Wissen über diese Zeit stammt aus zwei gewichtigen Werken: aus dem *Íslendingabók*, ein historischer Abriss der frühen Besiedlungszeit, im 12. Jh. von dem Gelehrten Ari Þorgilsson (Ari der Gelehrte) verfasst, und dem *Landnámabók*, ein detaillierter Bericht über die Landnahme.

Die schönsten isländischen Sagas, übersetzt von Rolf Heller, erzählt die großen Sagas Islands nach, darunter die von Njal, Egil und Grettir.

Doch trotz dieser kulturellen Errungenschaften ging es mit Island bergab. Zu Beginn des 13. Jhs. näherte sich die Friedenszeit, die immerhin 200 Jahre angedauert hatte, ihrem Ende. Ständige Machtkämpfe zwischen rivalisierenden Häuptlingen führten zu blutigen Fehden. Wikingerähnliche Privatarmeen plünderten Bauernhöfe im ganzen Land. Dieses finstere Kapitel der isländischen Geschichte nennt sich nach den Sturlungen, dem mächtigsten isländischen Familienclan der Zeit, Sturlungenzeit. Die tragischen und brutalen Ereignisse dieser 40-jährigen Epoche sind in der dreibändigen *Sturlunga saga* anschaulich dokumentiert.

Während Island im Chaos versank, zwang der norwegische König Hákon Hákonarson Häuptlinge, Priester und die neue Schicht der Aristokraten, seine Autorität anzuerkennen. Die Isländer sahen schließlich keine Alternative mehr: Sie demontierten ihre Regierung bis auf die Fassade und schworen dem König den Treueeid. 1262 wurde ein Bündnisvertrag geschlossen. 1281 lancierte der König eine neue Gesetzessammlung, das *Jónsbók*, und verleibte Island dem norwegischen Königreich ein.

Norwegen ging umgehend daran, eigene Bischöfe in Hólar und Skálholt einzusetzen und unmäßige Steuern zu erheben. Die ehemaligen Häuptlinge gerieten sich über die Verteilung hoher Ämter in die Haare, insbesondere über das des *járl* (Grafen). Diesen Titel ergatterte der skrupellose Gissur Þorvaldsson, der 1241 Islands bekanntesten Geschichtsschreiber und Dichter, Snorri Sturluson, ermordete.

Zwischenzeitlich brach der Vulkan Hekla dreimal aus und bedeckte ein Drittel des Landes mit Asche. Es folgte eine Mini-Eiszeit, deren grausame Winter Vieh und Ernten vernichteten. Und zu guter Letzt löschte eine Pestepidemie die halbe Bevölkerung aus. Der einst so unbeugsame Geist der Isländer schien gebrochen.

Auftritt der Dänen

Islands Schicksal lag jetzt in den Händen des höchsten norwegischen Bieters, der die Verwaltung der Insel für je drei Jahre erwerben konnte. 1397 brachte die Vereinigung Norwegens, Schwedens und Dänemarks in der Kalmarer Union Island unter dänische Herrschaft. Nach Auseinandersetzungen zwischen Kirche und Staat beschlagnahmte die dänische Regierung den Kirchenbesitz und führte im Rahmen der Reformation

1625–1685	1627	1703	1783–1784
Hexenjagd in den Westfjorden: Jón Rögnvaldsson wird wegen „Anrufung eines Geistes" und Besitzes einer okkulten Runenschrift als Erster auf dem Scheiterhaufen verbrannt.	Algerische Piraten überfallen die Ostküste Islands und die Vestmannaeyjar, nehmen Hunderte Bewohner gefangen und töten alle, die Widerstand leisten.	Islands erste Volkszählung: Es gibt 50 358 Einwohner, davon sind 55 % Frauen. Die körperlich arbeitenden Männer sind von Mangelernährung und Hunger stärker betroffen.	Die Laki-Krater brechen aus; ein Viertel der Bevölkerung und die Hälfte des Viehs werden durch giftige Gase getötet. Die Aschewolke führt zu Unwettern und Hungersnöten in ganz Europa.

von 1550 zwangsweise den Protestantismus ein. Als sich der dickköpfige katholische Bischof von Hólar, Jón Arason, dem widersetzte und eine Gefolgschaft hinter sich sammelte, wurden er und seine beiden Söhne nach Skálholt geschafft und enthauptet.

1602 verhängte der dänische König ein lähmendes Handelsmonopol. Es räumte schwedischen und dänischen Kaufleuten jeweils für zwölf Jahre exklusive Handelsrechte in Island ein. Die Folge waren Wucherpreise, die Einfuhr verdorbener oder minderwertiger Ware und noch mehr Leid und Not für die Bevölkerung – ein Zustand, der weitere 250 Jahre andauern sollte. Die Monopolstellung hatte jedoch auch ein Gutes. Um die Handelsblockade zu umgehen und das heimische Gewerbe anzukurbeln, baute der isländische Landvogt Skúli Magnússon Webereien, Gerbereien und Wollfärbereien – die zu den Grundlagen der modernen Stadt Reykjavík werden sollten.

Elend ohne Ende

Als wäre die Verelendung unter den dänischen Herren nicht schon schlimm genug, schlugen nun auch noch Berberpiraten zu: Sie überfielen die Ostfjorde und die Halbinsel Reykjanes und machten sich schließlich 1627 über Vestmannaeyjar her. Die wehrlose Bevölkerung versuchte, sich in den Klippen und Höhlen von Heimaey zu verstecken. Doch die Piraten durchkämmten die Insel, töteten wahllos alles und jeden und verbrachten 242 Menschen auf ihre Schiffe. Die unglückseligen Isländer wurden nach Algier verschleppt und großteils als Sklaven verkauft. Daheim wurde Geld zusammengekratzt und gespart, mit dem schließlich 13 der Gefangenen freigekauft werden konnten. Die berühmteste Gefangene war Guðríður Símonardóttir, die nach ihrer Rückkehr Hallgrímur Pétursson heiratete, einen der bekanntesten Dichter Islands – die drei Glocken der Hallgrímskirkja sind nach dem Paar und ihrer Tochter benannt.

Im gleichen Zeitraum schwappte der Hexenwahn aus Europa auch auf Island über. Bei den isländischen Hexen handelte es sich überwiegend um Männer – von den 130 Fällen, die in den Gerichtsakten auftauchen, waren nur 10 % Frauen. Hatten die Beschuldigten Glück, wurden sie ausgepeitscht; 21 der Unglückseligsten wurden auf dem Scheiterhaufen verbrannt, meist, weil sie angeblich ihre Nachbarn krank gemacht hatten oder magische Schriften oder verdächtige Amulette besaßen.

Dies war zwar das Zeitalter der europäischen Aufklärung, doch ist es eigentlich ein Wunder, dass überhaupt ein Isländer das 18. Jh. überlebte. In dem einsamen Außenposten im Nordatlantik kämpften die 50 000 Einwohner angesichts einer verheerenden Pockenepidemie, die 1707 Island erreichte und geschätzte 18 000 Menschen dahinraffte, und einer Reihe von Vulkanausbrüchen ums nackte Überleben: Die Katla brach

Iceland Saga von Magnús Magnússon bietet einen unterhaltsamen Einblick in isländische Geschichte und Literatur und erläutert zahlreiche Geschehnisse und Schauplatze der Sagas.

1786
Offizielle Gründung von Reykjavík (damals knapp 200 Einwohner). Die Siedlung erhält einen Handelsfreibrief, Kaufleute werden mit Steuervergünstigungen angelockt.

1855–1890
Erste Schritte in Richtung Unabhängigkeit: Wiederherstellung des freien Handels und eine eigene Verfassung für Island. Gleichzeitig wandern viele Isländer nach Nordamerika aus.

1917–1918
Island leidet unter dem „Winter des Großen Frosts“. Die Temperaturen sinken auf nie dagewesene -38 °C; alle Häfen sind von Eisbergen blockiert.

1918
Nach Einführung der Selbstverwaltung 1904 wird am 1. Dezember 1918 der Unionsvertrag unterzeichnet. Island wird unabhängiger Staat innerhalb des dänischen Königreichs.

1660, 1721 und noch einmal 1755 aus, die Hekla 1693 und 1766 und der Öræfajökull 1727.

Es kam noch schlimmer. 1783 brachen die Laki-Krater aus und stießen acht Monate lang Milliarden Tonnen Lava und giftige Gaswolken aus. 50 Bauernhöfe in der unmittelbaren Umgebung wurden völlig ausgelöscht, der giftige Staub und Dunst und die folgende „Nebelhungersnot" töteten um die 9000 Isländer – erst starben Pflanzen, dann Vieh und schließlich Menschen. Die Aschewolken beeinträchtigten ganz Europa. Sie führten zu ungewöhnlichen Wettererscheinungen wie saurem Regen und Überschwemmungen. Die dänischen Behörden dachten darüber nach, alle Bewohner Islands – das waren 1801 nur 47 000 Personen – nach Dänemark umzusiedeln.

Das Seelenhaus von Hannah Kent ist ein Roman, der auf der wahren Geschichte der letzten öffentlichen Hinrichtung in Island basiert. Er spielt im Jahr 1829, ist umfassend recherchiert und beschwört die Härte des Lebens auf dem Land in Island herauf. Unter der Regie von Luca Guadagnino soll ein Film mit Jennifer Lawrence daraus entstehen.

Zurück zur Unabhängigkeit

Nach fünf Jahrhunderten Fremdherrschaft und Unterdrückung erblühte im 19. Jh. der isländische Nationalismus. Auch an den Isländern war das Freiheitsstreben im übrigen Europa nicht spurlos vorübergegangen. 1855 erwirkte der isländische Gelehrte Jón Sigurðsson die Wiederherstellung des freien Handels. 1874 erhielt Island eine Verfassung und die Kontrolle über seine inneren Angelegenheiten zurück.

In dieser Zeit entstanden Islands erste politische Parteien und in dem bis dahin sehr ländlich geprägten Eiland wuchsen nun die Städte. Doch reichte dies nicht aus, um die einsetzende Auswanderungswelle zu stoppen: Zwischen 1870 und 1914 wanderten rund 16 000 Isländer auf der Suche nach einem besseren Leben nach Nordamerika aus. Die Gründe für die Emigration waren u. a. mangelnde Arbeitsplätze – die wachsende Fischindustrie konnte nicht all jene beschäftigen, die vor dem harten Leben auf dem Land in die neuen Städte flohen – und 1875 ein weiterer Vulkanausbruch, der der Askja, deren Asche das Vieh vergiftete.

1918 unterzeichnete Island den Unionsvertrag. Er befreite das Land von der dänischen Herrschaft und machte es zu einem unabhängigen Staat im Königreich Dänemark.

Island profitierte wirtschaftlich vom Ersten Weltkrieg durch hohe Preise für Woll-, Fleisch- und Fischexporte. Vor dem Zweiten Weltkrieg erklärte sich Island als neutral, um die wichtigen Handelsbeziehungen zu Großbritannien und Deutschland nicht zu gefährden.

Am 9. April 1940 marschierten die Deutschen in Dänemark ein. Daraufhin übernahm das Alþingi die Zuständigkeit für Islands Außenpolitik. Ein Jahr später, am 17. Mai 1941, forderten die Isländer ihre volle Unabhängigkeit ein. Am 17. Juni 1944 wurde in Þingvellir offiziell die Republik Island ausgerufen – dieser Tag wird heute als Unabhängigkeitstag gefeiert.

1940–1941

Nach der Besetzung Dänemarks durch die Nazis besetzen britische Truppen prophylaktisch das neutrale Island. Später wird in Keflavík eine US-Militärbasis eingerichtet.

1944

Eine Mehrheit der Isländer spricht sich für die Unabhängigkeit von Dänemark aus; am 17. Juni wird die Republik Island formell ausgerufen.

1966

Im September strahlt das staatliche Fernsehen Islands seine ersten Sendungen aus.

1974

Mit Eröffnung der Skeiðarárbrú-Brücke am 14. Juli ist die Ringstraße rund um die Insel vollendet. Bis dahin war Höfn einer der abgelegensten Orte Islands.

Zweiter Weltkrieg & Eingreifen der USA

Nachdem Deutschland 1940 Dänemark besetzt hatte, musste sich Island in der Kriegszeit selbst um seine Außenbeziehungen kümmern – und begab sich so auf den Weg zur Unabhängigkeit. Dass Island kein eigenes Militär besaß, beunruhigte die Alliierten. Großbritannien, das eine deutsche Besetzung der Insel am meisten zu fürchten hatte, entsandte im Mai 1940 Truppen, um Island selbst zu besetzen. Den Isländern blieb nichts anderes übrig, als die Situation zu akzeptieren. Letztlich profitierte die Wirtschaft des Landes von den Bauprojekten und Investitionen der Briten.

Als die Briten 1941 wieder abrückten, gestattete die Regierung US-amerikanischen Truppen, deren Platz einzunehmen – gegen die Zusage eines Truppenabzugs nach Kriegsende. Tatsächlich zog das US-Militär 1946 ab, behielt sich aber das Recht vor, bei Kriegsgefahr wieder einen Stützpunkt in Keflavík einzurichten. Nach der zurückerlangten Unabhängigkeit widerstrebte es den Isländern, sich erneut einer fremden Macht zu unterwerfen. Als sich die Regierung 1949 nötigen ließ, Gründungsmitglied der NATO zu werden, brachen in Reykjavík Krawalle aus. Die Regierung machte allerdings zur Bedingung, dass sich Island nie an einem Angriffskrieg beteiligen würde und zu Friedenszeiten keine ausländischen Truppen im Land stationiert werden dürften.

Diese Bedingungen wurden sehr bald hinfällig. 1950 begann der Koreakrieg und auf Ersuchen der Nato überließ die isländische Regierung 1951 den von der Sowjetunion bedrohten USA erneut die Verantwortung für die Verteidigung der Insel. Im Lauf der nächsten vier Jahrzehnte bauten die USA ihre Truppenstärke und ihre Einrichtungen auf der Militärbasis in Keflavík immer weiter aus und Island diente während der Zeit des Kalten Krieges als wichtiger Stützpunkt zur Überwachung der Sowjetunion. Die umstrittene amerikanische Militärpräsenz in Island endete erst im September 2006 mit der endgültigen Stilllegung des Keflavíker Stützpunktes.

Wasteland With Words: A Social History of Iceland von Sigurður Gylfi Magnússon wertet Tagebücher und Briefe von Isländern aus den vergangenen Jahrhunderten aus, besonders aus der Zeit von 1850 bis 1940.

Island heute

Im 20. Jh. wandelte sich Island von einem der ärmsten zu einem der bestentwickelten Länder Europas.

Nach dem Kalten Krieg erlebte Island eine Zeit des Wachstums, des Umbaus und der Modernisierung. 1974 wurde die Ringstraße fertig und erschloss verkehrstechnisch auch den abgelegenen Südosten. Außerdem wurden Projekte wie das Krafla-Kraftwerk im Nordosten und das Svartsengi-Kraftwerk bei Reykjavík gebaut. Bestärkt durch einen Boom der Fischfangindustrie weitete Island seine Schutzzone in den 1970er-Jahren auf 200 Seemeilen (322 km) aus. Das führte allerdings zum schlimmsten der sogenannten Kabeljaukriege, da sich Großbritannien weigerte, die

1975

Im dritten „Kabeljaukrieg" zwischen Island und Großbritannien geht es wie schon in den 1950er-Jahren um Fischereirechte: Island hatte seine Hoheitsgewässer ausgedehnt.

1980

Vigdís Finnbogadóttir wird Präsidentin von Island und ist damit die erste Frau der Welt, die zum Staatsoberhaupt gewählt wurde.

1986

Der Anfang vom Ende des Kalten Kriegs: Generalsekretär Gorbatschow und Präsident Ronald Reagan vereinbaren ein Gipfeltreffen im Höfði-Haus in Reykjavík.

2006

Im September wird die umstrittene US-Militärbasis in Keflavík nach 45 Jahren geschlossen; die Regierung genehmigt wieder den kommerziellen Walfang.

neue Fischereizone anzuerkennen. In dem sieben Monate andauernden Konflikt zerschnitten isländische Schiffe die Netze britischer Trawler, es fielen Schüsse und Schiffe beider Parteien wurden gerammt.

Die Fischereiwirtschaft war für Island immer schon lebenswichtig gewesen, auch wenn ihre Lage nicht immer rosig war. In den 1990er-Jahren wurden Islands Fischfangquoten gesenkt, damit sich die Bestände erholen konnten. Daraufhin kam die Fischfangindustrie ins Trudeln, die Arbeitslosenquote stieg auf 3 % und die isländische Krone verlor stark an Wert. Als sich die Fischfangindustrie wieder stabilisierte, begann eine Phase der wirtschaftlichen Erholung. Heute hat der Fischfang einen Anteil von 33,6 % an den Exporten und erwirtschaftet 12 % des Bruttoinlandsproduktes; 4 % aller Arbeitskräfte sind in der Fischerei beschäftigt. Die Fischwirtschaft reagiert auch heute noch empfindlich auf schwindende Fischbestände.

2003 nahm Island trotz des weltweiten Walfangmoratoriums den Walfang im Rahmen eines wissenschaftlichen Forschungsprogramms wieder auf. 2006 kehrte Island schließlich zum kommerziellen Walfang zurück – trotz empörter Proteste aus aller Welt. Der Fang von Zwergwalen hält an und stößt international auf Ablehnung; die Jagd auf gefährdete Finnwale wurde 2016 eingestellt, 2018 jedoch wieder aufgenommen.

Finanz-Crash & Vulkanausbrüche

Islands massive Abhängigkeit von der Fischindustrie und von Importen war schon immer der Grund für die relativ hohen Preise und eine schwankende Währung. Das Ausmaß ihrer Anfälligkeit zeigte sich im September 2008, als die Weltwirtschaftskrise das Land voll erwischte. Reykjavík wurde monatelang von heftigen Protesten erschüttert, die Popularität der amtierenden Regierung verflüchtigte sich ebenso wie der Reichtum des Landes.

Island on Fire von Alexandra Witze und Jeff Kanipe untersucht die Ausbrüche des Laki 1783, die Katastrophe, an der die Isländer alle anderen Vulkanausbrüche messen.

Premierminister Geir Haarde trat im Januar 2009 zurück. Seine Nachfolgerin Jóhanna Sigurðardóttir machte als erste offen lesbische Regierungschefin der Welt internationale Schlagzeilen. Ihre erste wichtige Handlung war der Antrag auf die EU-Mitgliedschaft, mit dem Ziel, zwecks Stabilisierung der Wirtschaft schließlich auch der Euro-Zone beizutreten. Die Mitgliedschaft in der EU war und ist bis heute umstritten.

Im April 2010 gelangte Island erneut weltweit in die Schlagzeilen, als die Aschewolke aus der Eruption unter dem Gletscher Eyjafjallajökull den europäischen Flugverkehr sechs Tage lang zum Erliegen brachte und auf dem Kontinent für Chaos sorgte. Im Vergleich war die Eruption des Vulkans Grímsvötn im folgenden Jahr nur ein Klacks – die Aschewolke behinderte den Flugverkehr lediglich drei Tage lang. 2014 brachte das Grummeln des Vulkans Bárðarbunga erneut die Anfälligkeit Islands ins Bewusstsein, ebenso das Rumpeln der Katla 2016. Im Jahr 2018

2008	2009	2009	2010
Die weltweite Finanzkrise trifft Island hart und führt zur schwersten Bankenkrise des Landes – alle drei isländischen Großbanken brechen zusammen.	Island stellt einen Antrag auf Mitgliedschaft in der EU, die Bevölkerung ist gespalten. Die Gespräche mit der EU beginnen 2010, werden 2013 ausgesetzt, 2014 zurückgezogen.	Jóhanna Sigurðardóttir ist die erste Frau im Amt des Premierministers Islands und die erste offen lesbische Staatschefin der modernen Zeit.	Der Vulkan unter dem Gletscher Eyjafjallajökull bricht aus. Die 9 km hohe Aschewolke bringt für sechs Tage den europäischen Flugverkehr zum Erliegen.

DER ÖKONOMISCHE ZUSAMMENBRUCH

Von 2003 bis 2008 strotzte Island vor Zuversicht. Der Reichtum des Landes basierte jedoch zum großen Teil auf einem riesigen Schuldenberg: Die Verbindlichkeiten der isländischen Banken waren zehnmal so hoch wie das jährliche Bruttoinlandsprodukt. Als die weltweite Finanzkrise Island erreichte, hatte sie sich zu einem Tsunami ausgewachsen und brachte die gesamte Wirtschaft des Landes zum Einsturz.

Im Oktober 2008 brach der isländische Aktienmarkt zusammen, die isländische Krone stürzte ins Bodenlose und verlor fast über Nacht die Hälfte ihres Wertes, alle drei Großbanken wurden unter Insolvenzverwaltung gestellt und das Land stand am Rand des Bankrotts.

Im November 2008 half der Internationale Währungsfond (IWF) Island mit einem Darlehen in Höhe von 2,1 Mrd. US$ und die skandinavischen Nachbarn legten noch einmal 3 Mrd. US$ drauf. Trotzdem fiel das Realeinkommen der Isländer durch die galoppierende Inflation, Lohnkürzungen und Entlassungen um ein Viertel. In Reykjavík randalierten Demonstranten. Sie fühlten sich von der Regierung betrogen, weil sie das aufgeblähte Bankensystem hatte gewähren lassen.

Der Crash war für die Isländer ein harter Schlag. Die Folgen waren hohe Haushaltsverschuldung, hohe Inflation, Arbeitslosigkeit in Rekordhöhe (9,4 % Anfang 2009) und Emigration aufgrund fehlender Arbeitsplätze – in den vier Jahren nach dem Crash zogen rund 5000 Isländer nach Norwegen.

Erstaunlicherweise hat sich die Wirtschaft jedoch heute wieder weitgehend erholt. Während andere Länder mit finanziellen Schwierigkeiten lieber ihre Geldinstitute retten, weigerte sich die isländische Regierung, Steuergelder zur Stützung der Banken zu verwenden. Stattdessen machte sie die Sozialfürsorge zur Priorität, half jenen Bürgern, die von dem Crash am schlimmsten betroffen waren, und ließ die Gläubiger privater Banken die Konsequenzen tragen. Ihre Herangehensweise hat den Isländern Lob vom Internationalen Währungsfonds und von zahlreichen Ökonomen eingetragen.

Diese ungewöhnliche Entscheidung hat sich ausgezahlt. Während andere Länder noch tief in der finanziellen Krise stecken und mit enorm hohen Arbeitslosenquoten zu kämpfen haben, geht es mit Island weiterhin bergauf. 2018 lag die Arbeitslosenquote wieder bei niedrigen 2,8 % und die Kapitalverkehrskontrollen (Maßnahmen, die die Bewegung von Bargeld und Kapital ins und aus dem Land begrenzen), die nach dem Banken-Crash eingeführt wurden, wurden schließlich aufgehoben.

wurde am Öræfajökull erhöhte seismische Aktivität gemessen, während die Bárðarbunga unruhig blieb.

Tourismusboom & politische Skandale

Die Ereignisse in Island bewiesen, dass es keine schlechte Publicity gibt. Durch den Vulkanausbruch von 2010 und die Berichterstattung, die darauf folgte, sowie durch konzertierte isländische Aktionen, Flugstre-

2013

Bei den Parlamentswahlen stimmen die Wähler gegen die Sparmaßnahmen der Sozialdemokraten nach der Bankenkrise. Die neue Regierung ist eine Mitte-Rechts-Koalition.

2013

Die Zahl der ausländischen Besucher steigt auf 807 000 (gegenüber 320 000 im Jahr 2003). Ein Jahr später sind es rund eine Million, 2017 bereits 2,2 Millionen.

2014–2016

Im August 2014 wird um die Bárðarbunga, ein großer Vulkan unter dem Gletscher Vatnajökull, erhöhte seismische Aktivität gemessen, Mitte 2015 kommt es zu Eruptionen. Mitte 2016 rumpelt die Katla.

2016

Als Folge der Enthüllungen der Panama Papers und der daraus resultierenden Proteste tritt Premierminister Sigmundur Davíð Gunnlaugsson zurück.

cken auszubauen und das Land nach außen zu präsentieren, boomte der Tourismus – die Branche wuchs von 2010 bis 2017 um 440 %. Island ist das am schnellsten expandierende Reiseziel Europas, mit allen Vorteilen (Wirtschaftswachstum und Arbeitsplätze) und allen Nachteilen (Infrastruktur- und Umweltprobleme), die dieser Status mit sich bringt.

Im April 2013 gingen die Isländer zur Wahlurne: Zwar erholte sich die Wirtschaft, aber die Wähler waren erbost über die straffen Sparmaßnahmen der Regierung (u. a. höhere Steuern und Einschnitte bei den Ausgaben). Das Ergebnis war ein Absturz der regierenden Sozialdemokraten; das Mitte-Rechts-Lager mit der Fortschrittspartei und der Unabhängigkeitspartei führte einen erfolgreichen Wahlkampf, indem es Schuldenerlasse und Steuersenkungen versprach und sich gegen den Antrag auf eine Mitgliedschaft in der EU aussprach.

Eines der berühmtesten Essays zur isländischen Bankenkrise von 2008 ist Michael Lewis' „Wall Street on the Tundra", den er 2009 für *Vanity Fair* schrieb. Er ist im Internet zu finden, liest sich toll, aber ist nicht sehr schmeichelhaft für Island.

Die beiden Parteien bildeten eine Koalitionsregierung. Anfang 2014 stellte die Regierung die Verhandlungen mit der EU ein – obwohl sie versprochen hatte, zu der Diskussion, ob die Verhandlungen fortgeführt werden sollten, eine Volksbefragung durchzuführen. Zwar ist Umfragen zufolge immer noch eine Mehrheit der Isländer gegen eine EU-Mitgliedschaft, doch die Verhandlungen ohne Referendum einzustellen, erwies sich als sehr unpopulär.

Im April 2016 enthüllten die Panama Papers der Kanzlei Mossack Fonseca Finanzmauscheleien, die drei isländische Minister belasteten, auch den Premierminister Sigmundur Davíð Gunnlaugsson. Als Reaktion auf massive Proteste trat Gunnlaugsson als Premierminister zurück. Sigurður Ingi Jóhannsson sprang als amtierender Premierminister ein und vorgezogene Neuwahlen brachten kein klares Ergebnis.

Im Juni 2016 wählten die Isländer im Zuge einer Protestwelle gegenüber dem Establishment erstmals seit 20 Jahren einen neuen Präsidenten, den Historiker und Autor Guðni Thorlacius Jóhannesson.

Im Januar 2017 bildete sich mit nur 32 von 63 Abgeordneten eine kurzlebige Koalition unter Führung der Unabhängigkeitspartei von Bjarni Benediktsson. Im September brachte ein Skandal um den Einsatz von Benediktssons Vater für einen verurteilten Pädophilen diese Regierung jedoch schon wieder zu Fall.

Ende 2017 fand sich dann eine neue Regierungskoalition unter Führung von Premierministerin Katrín Jakobsdóttir, der Vorsitzenden der Links-Grünen Bewegung, mit der Unabhängigkeitspartei und der Fortschrittspartei (Framsóknarflokkurinn), einer Bauernpartei, zusammen.

Wunder der Natur

Es fällt schwer, von der erstaunlichen Vielfalt der isländischen Natur nicht beeindruckt zu sein: Mondlandschaften aus bizarren Lavaströmen, hohe Vulkane mit dunstigen Eiskappen, steilwandige, glitzernde Fjorde, smaragdgrüne Hügel, von Gletschern geschaffene Täler, blubbernde Schlammlöcher und weite, wüstengleiche Flächen. Es ist diese Mischung aus ungewöhnlichen Landschaften und die Möglichkeit, solche Extreme so nah beieinander zu erleben, die Besucher anzieht und fasziniert.

Unbeständiges Island

Island liegt auf dem Mittelatlantischen Rücken, einem 18 000 km langen Grabenbruch zwischen zwei der größten tektonischen Platten der Erde. Die Insel ist eine sich stets wandelnde, dampfende Lektion in Geologie. Hier stellen sich Fragen nach Vulkantätigkeit, Solfataren (ein vulkanischer Schlot, aus dem heiße Gase austreten) oder dem Unterschied zwischen Lava und Magma.

Oben Heimaey (S. 180)

Island ist eine der jüngsten Landmassen der Erde und wurde vor etwa 20 Mio. Jahren durch unterseeische Vulkanausbrüche entlang der Grenze zwischen der nordamerikanischen und der eurasischen Platte gebildet. Die Erdkruste hat in Island nur ein Drittel ihrer üblichen Stärke. Magma (geschmolzenes Gestein) steigt noch immer von tief unten herauf und drückt die beiden Platten auseinander. Das Ergebnis lässt sich besonders deutlich in Þingvellir beobachten, wo der große Grabenbruch Almannagjá jährlich um 1 bis 18 mm auseinanderdriftet. Den Bergrücken Námafjall (in der Nähe des Mývatn) kennzeichnen Solfatarenfelder.

Mit 103 000 km² ist Island ungefähr so groß wie Portugal. Es gibt rund 30 aktive Vulkane. 3 % der Landesfläche sind Seen, 11 % Eiskappen und Gletscher, 23 % Vegetation und 63 % Lava und anderes schroffes Gelände.

Vulkane

Die dünne Erdkruste und die knirschenden Platten sind verantwortlich für diverse Vulkanformen. Island hat viele verschiedene Vulkane – einige sind aktiv, einige erloschen, andere schlafen und träumen wahrscheinlich von ihren zukünftigen Ausbrüchen. Spalteneruptionen und ihre Krater sind vermutlich die häufigste Form des Vulkanausbruchs in Island. Das extremste Beispiel sind die noch immer unruhigen Lakagígar-Krater um den Berg Laki. Sie haben im 18. Jh. den größten Lavastrom der Menschheitsgeschichte verursacht, der ein Gebiet von 565 km² bis zu 12 m hoch überzog.

Einige der aktivsten Vulkane Islands befinden sich unter Gletschern, was zu dramatischen Eruptionen führt, wenn flüssige Lava und Eis aufeinandertreffen, wie 2010 beim Ausbruch des Eyjafjallajökull: Es kam zu einem *jökulhlaup*, einem Gletscherlauf (Überschwemmung durch einen Vulkanausbruch unterhalb der Eisdecke). Er zerstörte einen Teil der Ringstraße. Ihm folgte die berühmte Aschewolke, die schließlich den Flugverkehr in Europa lahmlegte. Der aktivste Vulkan der Insel, Grímsvötn, liegt unter dem Vatnajökull-Gletscher und hat sich 2011 ähnlich aufgeführt.

In Island gibt es aber nicht nur subglaziale Ausbrüche, sondern auch Eruptionen unter Wasser. 1963 entstand die Insel Surtsey bei einem untermeerischen Vulkanausbruch. Hier erforschen Wissenschaftler, wie Pflanzen und Tiere neues, noch schwelendes Gelände wieder besiedeln. Surtsey darf nicht besucht werden. Dafür können Besucher auf zahlreichen anderen, typisch aussehenden Vulkantrichtern herumklettern, wie auf der Hekla, die man früher für den Eingang zur Hölle hielt, auf dem

GEOLOGISCH GESPROCHEN

Überall in Island werden Besucher mit geologischem Fachchinesisch zur Beschreibung der Landschaft bombardiert. Wer diese Begriffe kennt, ist geologischen Anfängern eine Nasenlänge voraus.

Basalt Häufigste Form erstarrter Lava: stark verdichtetes, hartes, dunkles Vulkangestein, meist zu sechseckigen Säulen aufgetürmt.

Eruptivgestein Aus heißer flüssiger Lava oder Magma entstanden.

Moräne Von Gletschern angehäufte Schutt- und Geröllablagerung.

Obsidian Schwarzes vulkanisches Gesteinsglas aus Lava, die rasch abgekühlt ist, ohne regelmäßige Kristallstrukturen.

Rhyolith Helles, feinkörniges Vulkangestein mit ähnlicher Zusammensetzung wie Granit.

Schlacke Poröses Vulkangeröll, das während der Fließbewegung abrupt abgekühlt ist und eine glasige Oberfläche erhalten hat, die eisenhaltige Kristalle zum Schimmern bringt.

Tephra (auch: Pyroklastika) Lockermaterialien, die bei einem Vulkanausbruch in die Luft geschleudert werden.

LEONOV.O/SHUTTERSTOCK ©

Oben Eisberge in der Lagune von Jökulsárlón (S. 208)

Unten Hverfjall-Krater (S. 329)

Eldfell, der 1974 die Stadt Heimaey begrub, und auf dem Snæfellsjökull auf der Halbinsel Snæfellsnes.

Die letzten Ausbrüche waren eher harmlos – Einheimische nennen sie „Touristenausbrüche", weil die Magmafontänen, magnetischen Stürme und dramatischen Aschewolken perfekte Fotomotive sind, aber vergleichsweise geringen Schaden anrichten. Das liegt zum Teil an dem dünn besiedelten Land, aber auch daran, dass die besonders zerstörerischen Kräfte wie schnell fließende Lava, Lahare (Schlammströme) und Glutwolken oder -lawinen (die einst Pompeji und Herculaneum ausradierten) in diesem Teil der Erde kaum vorkommen.

Hintergrundinfos über die vielfältigen Landschaftsformen Islands liefert die 2014 erschienene 2. Auflage von *Iceland – Classic Geology in Europe* von Þór Þórdarson und Armann Hoskuldsson (auf Englisch).

Die größte Gefahr geht von den austretenden Gasen aus: erstickendes Kohlendioxid, hochgradig säurehaltige Schwefelgase und das tödliche Fluor, das Menschen und Tiere bei den Laki-Ausbrüchen 1783 vergiftete. Der Isländische Wetterdienst (Veðurstofa Íslands; www.vedur.is) beobachtet die Eruptionen und Erdbeben, die den Ausbrüchen meist vorangehen, sowie die Emissionen, die ihnen folgen. Er erstellte während der seismischen und vulkanischen Aktivitäten an der Bárðarbunga in den Jahren 2014/2015 tägliche Protokolle. Seit 2018 stehen die Vulkane Katla, Hekla und Öræfajökull unter Beobachtung, deren Eruption längst überfällig ist.

Geysire, Quellen & Fumarolen

Islands Großer Geysir ist der Namensgeber für alle hochschießenden heißen Quellen der Welt – das Wort stammt vom isländischen Wort für „hervorströmen". Zu seiner aktivsten Zeit hat er das Wasser bis auf eine Höhe von 80 m in die Luft gespritzt. Aber Erdbeben haben den Druck innerhalb des unterirdischen Röhrensystems verändert, sodass der Geysir inzwischen wesentlich ruhiger ist. Besonders schön lässt sich die Fontäne heute am benachbarten Strokkur beobachten, der alle fünf bis zehn Minuten eine Dampfsäule in die Luft bläst.

Geysire sind recht seltene Phänomene. Es gibt weltweit nur etwa 1000. In Island kann Wasser, das durch die Felsen eingesickert ist und von Magma überhitzt wurde, auf viele verschiedene Weisen an die Oberfläche gelangen. An einigen Stellen brodelt das Wasser in heißen Quellen, Becken und Flüssen. Natürliche heiße Quellen gibt es überall auf der Insel, dazu gehören die Quellen von Landmannalaugar, der Fluss bei Hveragerði und das warme, blau-weiße Becken im Víti-Krater der Askja. Die Isländer haben sich dieses wohltuende Geschenk der Natur schon lange zunutze gemacht und die Quellen in Geothermalbäder und -spas verwandelt. Am besten ist ihnen das beim Naturbad Mývatn und der Blauen Lagune gelungen. Allerdings sind diese keine natürlichen heißen Quellen, sondern künstliche Lagunen, die vom Überlaufwasser der benachbarten Erdwärmekraftwerke gespeist werden.

Island ist streng genommen kein arktisches Land – das Festland liegt einige Kilometer vom nördlichen Polarkreis entfernt. Um diese Grenze zu überschreiten, muss man die Insel Grímsey (S. 320) besuchen – Islands einziges echtes Stück Arktis.

Bei Fumarolen tritt überhitztes Wasser als Dampf an der Erdoberfläche aus – die sonderbarsten Beispiele der Insel sind bei Hverir zu finden, wo sich die Gase ihren Weg aus den Schwefelspalten förmlich herausschreien. In Schlammlöchern geht's da träger und chaotischer zu, z. B. in Seltún (Krýsuvík) auf der Halbinsel Reykjanes, wo sich erhitztes Wasser mit Schlamm und Lehm vermischt. Die bunten Spritzer rund um einige der Schlammlöcher werden von Mineralien verursacht (schwefelgelb, eisenrot) und auch von extremophilen Bakterien und Algen, die irgendwie in dieser kochenden, säurehaltigen Umwelt überleben.

Eis & Schnee

Gletscher und Eiskappen bedecken rund 11 % des Landes. Viele sind Überreste aus einer Kälteperiode, die vor 2500 Jahren begann. Eiskappen bilden sich durch jahrtausendelange Anhäufung von Schneemassen in Gebieten, in denen es für die Schneeschmelze nicht warm genug wird.

Das Gewicht des Schnees komprimiert ihn langsam zu Eis, bis das Land unter der Eiskappe zermalmt wird.

Der Vatnajökull im Südosten bedeckt rund 8 % des Landes und ist das größte Eisfeld der Welt außerhalb der Polargebiete. Der mächtige, glitzernde Koloss aus Eis scheint unbeweglich, aber an seinen Kanten fließen nahezu unmerklich Eismassen (Gletscher) den Berghang hinab. Wie Flüsse tragen die Gletscher Sedimentgestein mit sich, das sie in schlackeartigen Moränen am Fuß des Berges oder auf weiten Kiesfel-

WALFANG IN ISLAND

Ende des 19. Jhs. hatte sich der Walfang durch die Entwicklung von Dampfschiffen und Explosivharpunen zu einem ertragreichen Wirtschaftszweig entwickelt. Norwegische Jäger bauten 13 große Walfangstationen auf Island und jagten, bis die Fanggründe 1913 praktisch leer waren. Die Isländer begründeten 1935 ihre eigene Walindustrie, bis die Zahl der Wale erneut bedrohlich gesunken war und die Internationale Walfangkommission (IWC) 1986 den Walfang stoppte. Zum Entsetzen von Umweltaktivisten auf der ganzen Welt kehrte Island 2006 zum kommerziellen Walfang zurück. Die Frage, warum Island heute noch Walfang betreibt, ist nicht einfach zu beantworten.

Die isländischen Behörden betonen, es sei schon immer die Ansicht des Landes gewesen, dass die Walbestände in nachhaltiger Weise wie alle anderen Meeresressourcen auch ausgebeutet werden dürfen. Die Fangquoten für Zwerg- und Finnwale folgen den Vorgaben des Isländischen Meeresforschungsinstituts – für die Fangsaison 2018 waren das 217 Minkwale und 209 Finnwale (plus zusätzliche 20 % – 29 Tiere – aus der nicht ausgeschöpften Vorjahresquote, also insgesamt 238).

Diese Zahlen erregen die Gemüter, besonders angesichts der Tatsache, dass Finnwale gemäß der Roten Liste der Weltnaturschutzorganisation IUCN weltweit als gefährdet gelten. 2016 und 2017 wurde der Fang von Finnwalen wegen Handelsstreitigkeiten mit Japan ausgesetzt (Minkwale wurden jedoch weiterhin gefangen) und unter massivem internationalem Protest 2018 wieder aufgenommen. Wegen der Erweiterung des Meeresschutzgebiets im östlichen Teil der Faxaflói-Bucht bei Reykjavík, dem Hauptfanggebiet für Minkwale, wurde deren Fang für die Saison 2018 eingestellt, nachdem nur sechs Tiere getötet worden waren. Zudem wurde ein neues Schutzgebiet in Nordisland in Eyjafjörður und der Skjálfandi-Bucht ausgewiesen.

Zu den größten Gegnern des Walfangs gehören Mitglieder der isländischen Tourismusbehörde. Sie befürchten, dass die isländische Walindustrie den Waltourismus beeinträchtigt (dies wird wiederum vom Ministerium für Industrie und Innovation bestritten). Dahinter steckt, dass mit dem boomenden Tourismus ein lebendiger Wal (zum Beobachten) wertvoller ist als ein toter (zum Essen). Pikanterweise werden schätzungsweise 35 bis 40 % des Walfleischs von neugierigen Touristen verzehrt, nur 1 % der Isländer essen regelmäßig Walfleisch; ein Großteil wird nach Japan exportiert, allerdings ist die Nachfrage dort ebenfalls gesunken. 2012 haben der Internationale Tierschutzfonds (IFAW; www.ifaw.is) und IceWhale, der Isländische Walbeobachtungsverband (www.icewhale.is), eine spektakuläre Kampagne gestartet mit dem Slogan: „Meet us, don't eat us“, um Touristen davon zu überzeugen, auf Walbeobachtungstouren zu gehen, anstatt die Tiere zu essen. Ihre Petition im Jahr 2016 sammelte über 100 000 Unterschriften und auf ihrer Website sind walfreundliche Restaurants in Island verzeichnet.

Der isländische Walfang wird international auch von anderer Seite verurteilt – 2014 protestierten 35 Nationen, darunter die USA, Australien und mehrere EU-Mitgliedsländer, auf diplomatischem Weg gegen den Walfang. 2018 wurde ausführlich über den Fang eines seltenen Blauwal-Finnwal-Mischlings berichtet und die Verantwortlichen wurden von einer Gruppe Umweltschützer verklagt.

Die Kampagne aus den USA *Don't Buy from Icelandic Whalers* (www.dontbuyfromicelandicwhalers.com) will die Öffentlichkeit dazu bringen, keinen Fisch von Lieferanten und Geschäften zu kaufen, die ihre Ware von isländischen Unternehmen beziehen, die mit dem Walfang in Verbindung stehen. Derzeit jedoch wird der Walfang fortgesetzt.

dern, wie dem Skeiðarársandur in Südostisland, ablegen. Dies kann aber auch ganz schnell gehen, wenn Vulkane unter dem Eis ausbrechen und einen *jökulhlaup* (Gletscherlauf) auslösen: 1996 zerstörte der vom Ausbruch des Grímsvötn ausgelöste *jökulhlaup* die längste Brücke Islands und spülte Felsbrocken in Größe von Jeeps auf die Ebene hinab.

Viele isländische Gletscher „münden" in einen See. Am Jökulsárlón lässt sich wunderbar beobachten, wie sich Eisberge aus dem Breiðamerkurjökull herauslösen. Leuchtend blaue Stücke sind ein Zeichen für das hohe Alter des Eises, denn jahrhundertelanger Druck hat die Luftblasen aus dem Eis gepresst, die ihm normalerweise den typisch silberweißen Glanz verleihen. Eisberge können aber auch dank der Lichtbrechung blau wirken.

Gletscher haben einen Großteil der isländischen Landschaft seit ihrer Entstehung geformt. So entstanden Gletschertäler und Fjorde, die heute für die Ansichtskartenpanoramen sorgen. Über die Jahrtausende und auch mit den einzelnen Jahreszeiten geht das Eis mal zurück, mal wächst es an. Mittlerweile gibt es jedoch beunruhigende Zeichen, dass die großen Eiskappen Islands – Vatnajökull und Mýrdalsjökull im Südwesten sowie Langjökull und Hofsjökull im Hochland – seit dem Jahr 2000 in beispiellosem Maße abschmelzen. Gletscherexperten glauben, dass die Eiskappe des Snæfellsjökull in Westisland – mit einer durchschnittlichen Eisdicke von nur 30 m – sowie einige der Auslassgletscher der größeren Eiskappen innerhalb von wenigen Jahrzehnten vollständig verschwinden könnten. Andere haben ihren Gletscherstatus wegen der Schmelze verloren, z. B. 2014 der Ok in Westisland, ehemals der Okjökull.

Tiere & Pflanzen

Säugetiere & Meeresbewohner

Wer außer Vögeln, Schafen und Pferden noch weitere Säugetiere in Island zu Gesicht bekommt, kann sich glücklich schätzen. Das einzige größere einheimische Säugetier ist der scheue Polarfuchs, der am ehesten im abgelegenen Hornstrandir in den Westfjorden zu beobachten ist. Wer sich dafür interessiert, kann sich vorab bewerben, um diese Kreaturen im Rahmen einer ehrenamtlichen Mitarbeit beim Arctic Fox Center (www.arcticfoxcenter.com) zu beobachten. In Ostisland gibt es manchmal von der Straße aus Rentierherden zu sehen. Sie wurden im 18. Jh. aus Norwegen mitgebracht und leben heute in den Bergen des Ostens. Eisbären kommen gelegentlich auf Eisschollen von Grönland herüber, doch bewaffnete Bauern sorgen dafür, dass sie nicht allzu lange überleben.

Die Wikinger haben das reinrassige Islandpferd *(Equus scandinavicus)* nach Island gebracht. Die kleinen, kräftigen Tiere passten perfekt zu den schwierigen Bedingungen des Landes. Islandpferde haben fünf Gangarten, darunter den *tölt* – eine gelaufene Gangart, die so sanft ist, dass der Reiter ein Glas Bier trinken kann, ohne einen Tropfen zu verschütten.

Dafür gibt es rund um Island eine Vielfalt an Meerestieren, vor allem Wale. Bei Walbeobachtungstouren ab Húsavík in Nordisland hat man gute Chancen, Wale *(Cetacea)* zu erspähen, insbesondere Delfine, Tümmler, Zwerg- und Buckelwale. Besucher haben auch schon Pottwale, Finnwale, Seiwale, Grindwale, Killerwale und Blauwale rund um Island gesichtet. Viele Robben leben in den Ostfjorden, auf der Halbinsel Vatnsnes in Nordwestisland, in der Region Mýrar an der Südostküste (auch im Jökulsárlón), im Breiðafjörður im Westen und in den Westfjorden.

Vögel

Vögel gibt es zuhauf, zumindest von Mai bis August. Auf den Küstenfelsen und den Inseln vor Island hocken oft riesige Kolonien von Seevögeln. Schon rein zahlenmäßig beeindruckend sind Tölpel, Trottellummen, Möwen, Tordalken, Dreizehenmöwen, Eissturmvögel und Papageitaucher. Nicht ganz so zahlreich sind Bruchwasserläufer, Küstenseeschwalben, Raubmöwen, Sturmtaucher, Goldregenpfeifer, Sturmschwalben und Wellenläufer. In den südlichen Westfjorden sind gelegentlich gefährdete

Seeadler zu entdecken. Außerdem gibt es viele Arten von Enten, Alpenschneehühnern, Singschwänen, Rotdrosseln, Tauchern und Gerfalken sowie zwei Eulenarten zu bestaunen.

Blumen & Pilze

Obwohl Island vor langer Zeit weitgehend entwaldet wurde, ist die isländische Vegetation überraschend vielfältig – wer etwas näher herangeht, kann sich leicht davon überzeugen. Meistens sind es niedrig wachsende Pflanzen, die sich so weit wie möglich ausbreiten, um besseren Halt auf dem erosionsgefährdeten Boden zu finden. Winderosion und Schäden durch Geländefahrer sind ein großes Problem für den Naturschutz. Sogar die Bäume – sofern es sie denn gibt – sind kleinwüchsig. Wie ein alter isländischer Witz sagt: Wer sich hier im Wald verirrt, muss einfach nur aufstehen.

Im Sommer werden Besucher im ganzen Land von einer ungeheuren Pracht blühender Wildblumen begrüßt. Die meisten der 450 Blütenpflanzen Islands sind eingeführte Arten, so auch die allgegenwärtige lila Lupine, die ursprünglich die Umwelt unterstützen sollte und heute eher hinderlich ist. 2004 wurde durch Volksbefragung die Weiße Silberwurz (*Dryas octopetala* oder auf Isländisch *holtasóley*) zur Nationalblume gewählt. Sie ist auf Kiesflächen und in felsigem Gelände zu finden; ihre Blüte hat einen Durchmesser von 3 cm, mit acht grazilen, weißen Blütenblättern um eine strahlende, sonnengelbe Mitte.

Typisch für die Küstengebiete sind niedriges Grasland, Torfmoor und Sumpfland; in höheren Lagen bedeckt harte oder weiche Tundra den Boden.

Auf Wanderungen stößt man fast überall auf Pilze. Rund 2000 verschiedene Sorten wachsen in Island, von weißen, rundkappigen bis hin zu leuchtend orangefarbenen, flachkappigen Pilzen. Sie wuchern an den Wegesrändern oder auf Feldern.

Die Blütenpflanzen und Farne Islands von Hörður Kristinsson ist der beste Allroundführer zu Islands Blumenwelt.

PAPAGEITAUCHER

Knuffig, tollpatschig und anrührend komisch ist der Papageitaucher (*Fratercula arctica*, *lundi* auf Isländisch), einer der beliebtesten Vögel Islands. Berühmt ist er vor allem für seine ungeschickten Flugmanöver und Bruchlandungen. Unter Wasser zeigt sich dieser Vogel überraschend anmutig, weshalb er einst als Mischwesen aus Vogel und Fisch galt.

Der Papageitaucher gehört zur Familie der Alken und verbringt die meiste Zeit des Jahres auf dem Meer. Nur für vier oder fünf Monate kommt er zum Brüten an Land und bleibt dabei jahrein, jahraus Partner und Brutstätte (die aus mehreren Kammern besteht) treu.

Bis vor Kurzem brüteten 60 % der Weltpopulation der Papageitaucher in Island. Von Ende Mai bis August waren sie in großer Zahl an den Küsten zu sehen. Während der letzten zehn Jahre ist der Papageitaucherbestand im Süden Islands allerdings schlagartig zurückgegangen. Zwar kommen Papageitaucher immer noch nach Südisland – die Papageitaucherkolonie auf den Vestmannaeyjar ist die größte der Welt –, aber in kleinerer Zahl und mit weitaus geringerem Bruterfolg. Die Gründe dafür sind nicht bekannt. Es wird vermutet, dass die erhöhte Meerestemperatur dafür verantwortlich ist, dass der Bestand ihrer Hauptnahrungsquelle, des Sandaals, schrumpfte. Es ist aber auch möglich, dass die Jagd auf den Vogel und das Einsammeln seiner Eier dazu geführt haben. 2018 warnte BirdLife International, dass Papageitaucher weltweit vom Aussterben bedroht sind.

Erfreulicherweise sind die Papageitaucher im Norden und Westen (einstweilen) weniger betroffen. Die fotogenen Vögel flattern weiter um die Felsen von Grímsey und Drangey, ebenso wie am Borgarfjörður Eystri, in den Westfjorden und auf der Snæfellsnes.

Im südlichen und östlichen Island werden neu entstandene Lavafelder zuerst von Moosen besiedelt, die das raue Gestein mit einem samtigen Teppich überziehen. Ältere Lavaflüsse im Osten und in höheren Lagen werden zuerst von Flechten bewachsen. Verwirrenderweise ist Isländisches Moos *(Cetraria islandica)*, das wirklich überall graugrün oder blassbraun wuchernde Gewächs, eigentlich eine Flechte.

Nationalparks & Naturschutzgebiete

Island verfügt über drei Nationalparks und über 100 Naturschutzgebiete, Naturdenkmäler und Landschaftsparks mit einer geschützten Gesamtfläche von 18 806 km^2 (etwa 18 % der Landesfläche). Ein geplanter Hochland-Nationalpark (www.halendid.is) würde einen großen Teil des isländischen Binnenlands (40 000 km^2), ganze 40% des Landes, umfassen.

2002 haben Wissenschaftler die mit 0,4 Mikrometern zweitkleinste Kreatur der Welt entdeckt: *Nanoarchaeum equitans* lebt in fast kochendem Wasser in einem hydrothermalen Schlot vor der isländischen Nordküste. Der Name bedeutet „die Feuersphäre reitend".

Viele dieser Schutzgebiete werden von der Umweltbehörde Umhverfisstofnun (www.ust.is) verwaltet. Die Website enthält Informationen über die Arbeit der Behörde sowie über die nachhaltige Nutzung der natürlichen Ressourcen Islands. Hier stehen auch Hinweise, wie sich Besucher möglichst umweltschonend verhalten. Außerdem rekrutiert die Behörde jedes Jahr Freiwillige, die in Umweltprojekten in den Nationalparks mitarbeiten.

Der Nationalpark Þingvellir (S. 124), Islands ältester Nationalpark, schützt einen malerischen, 84 km^2 großen See und die geologisch bedeutsame Schlucht Almannagjá und er ist die Stätte des früheren Alþingi (isländisches Parlament). Der Park gehört zum Unesco-Welterbe.

Der Nationalpark Snæfellsjökull (S. 244) in Westisland wurde im Juni 2001 eröffnet. Der Park schützt den durch Jules Verne zur Berühmtheit gelangten Gletscher Snæfellsjökull und die umgebenden Lavafelder und Küsten.

Der Nationalpark Vatnajökull (S. 342) ist der größte Nationalpark in ganz Europa und nimmt etwa 13 % der Fläche Islands ein. Er entstand 2008 durch die Zusammenlegung zweier bestehender Nationalparks, Skaftafell (S. 200) in Südostisland und Jökulsárgljúfur (S. 342) weiter nördlich. Der Park umfasst die gesamte Vatnajökull-Eiskappe, den mächtigen Wasserfall Dettifoss und verschiedenste geologisch bedeutsame Stätten.

Energieprojekte

Geringe Bevölkerungsdichte, unberührte Wildnis, fehlende Schwerindustrie und die breite Nutzung von Erdwärme und Wasserkraft (2017 wurden 81,2 % der verbrauchten Energie stammte aus erneuerbaren Quellen) machen Island zu einem beneidenswerten Vorbild in Sachen Umweltschutz. Das Land nutzt die Erdwärme kreativer als irgendein anderes Land der Welt. Isländische Energieexperten beraten inzwischen Unternehmen in Asien und Afrika über Möglichkeiten, geothermische Quellen anzuzapfen.

Allerdings sind die reichen natürlichen Energiereserven des Landes nicht nur für Isländer interessant. Auch ausländische Industrieunternehmen haben auf der Suche nach günstiger Energie ihr Auge auf die Gletscherflüsse und geothermischen Brennpunkte geworfen. Für eins der umstrittensten Projekte in Island war Alcoa, ein amerikanischer Aluminiumhersteller, verantwortlich: Das Kárahnjúkar-Wasserkraftwerk (S. 363) in Ostisland war das größte Bauprojekt in der isländischen Geschichte und wurde 2009 fertiggestellt. Es besteht aus Dämmen und Tunneln, einem riesigen Staubecken, einem Kraftwerk und kilometerlangen Hochspannungsleitungen, die Strom zu einer 80 km entfernt liegenden Aluminiumhütte am Reyðarfjörður liefern.

Alcoa macht viel Aufhebens um seine Bemühungen, seine CO_2-Bilanz zu verbessern – in der Tat wird für das in Island produzierte Aluminium

Wanderer im Skaftafell (S. 200)

billige „grüne" Energie aus erneuerbaren Quellen genutzt, weswegen ja auch zwei Hütten in den USA geschlossen wurden, um die isländische zu bauen. Umweltschützer brachten jedoch zahlreiche Bedenken gegen das Projekt vor, nicht zuletzt dass durch den gewaltigen Staudamm, der zur Stromversorgung für die Alcoa-Hütte gebaut wurde, die Landschaft zerstört wurde. Die Einheimischen jedoch äußerten sich weniger lautstark – viele freuten sich über die neuen Arbeitsplätze in der Region.

Die Macht der Energie

Das Staudammprojekt und die Aluminiumhütte Kárahnjúkar machen deutlich, in welchem Dilemma sich Island befindet.

Um wirtschaftlichen Wohlstand zu gewährleisten, möchte Island seine Rolle als Supermacht auf dem Sektor nachhaltiger Energien stärken. Dank der reichen Energiereserven aus Erdwärme und Wasserkraft sowie inzwischen auch Windkraft (mehr dazu auf www.nea.is) erzeugt Island heute mehr Strom pro Kopf als jedes andere Land weltweit – doppelt so viel wie Norwegen, das an zweiter Stelle liegt. Interessanterweise verbraucht Island auch doppelt so viel Strom pro Kopf wie andere Länder. 80 % des Stroms werden an eine Handvoll multinationaler Unternehmen in Island verkauft wie etwa die Betreiber der Aluminiumhütten; aber durch den Export von Energie könnten neue Einnahmequellen erschlossen werden.

Island und Großbritannien haben erste Projektstudien erstellt, saubere Energie aus Wasserkraft über ein 1500 km langes Seekabel von Island nach Großbritannien zu exportieren (mehr Informationen auf www.atlanticsuperconnection.com). Island baut außerdem seine energieintensiven Industrien aus und entwickelt sich zu einem globalen Datenspeicherzentrum, einem Standort für Server, die digitalisierten Informationen speichern.

Echte Engelwurz *(Angelica archangelica)* wächst in vielen Teilen Islands wild. Schon seit den Zeiten der Wikinger gilt sie als Heilkraut und taucht heute zunehmend wieder in Rezepten auf. Die Brauerei Kaldi braut sogar ein Bier, das Stinnings Kaldi, mit Engelwurz als Zutat.

Doch wenn solche Initiativen fruchten sollen, muss erst einmal die dafür notwendige Energie erzeugt werden und es müssen Kraftwerke und Hochspannungsleitungen gebaut werden. Wo sollen diese entstehen? Welche Hochlandwildnisgebiete Islands sind vielleicht durch Megabauprojekte bedroht? Die isländische Umweltschutzorganisation Landvernd (www.landvernd.is) hat vorgeschlagenen, das zentrale Hochland durch die Schaffung eines Nationalparks zu schützen. Profite gegen Naturschutz – ein uralter Kampf. Man darf gespannt sein, wie es weitergeht.

Die Kartenreihe Forlagið (Mál og Menning) umfasst inzwischen auch schöne Themenkarten wie die *Fuglakort* (Vogelbeobachtungskarte), *Höggunarkort* (Tektonische Karte), *Jarðfræðikort* (Geologische Karte) und *Plöntukort* (Botanische Karte), mit Text auf Isländisch, Englisch und Deutsch.

Auswirkungen des Tourismus

Über 2,2 Mio. Besucher machen sich jedes Jahr nach Island auf, um in den urwüchsigen Landschaften ihren Traumurlaub zu verbringen. Die natürliche Folge: Der Tourismusboom bedroht gerade das, weswegen alle nach Island kommen, nämlich die unberührte Natur des Landes.

Die Isländer haben zu Recht Bedenken, ob eine Bevölkerung von 350 000 und die bestehende Infrastruktur dafür gerüstet sind, um die Ansprüche und das Verhalten all dieser Besucher bewältigen zu können. Die Medien berichten ständig über Touristen, die die Natur missachten oder gefährliche Risiken eingehen: Sie wandern bei schlechtem Wetter ohne entsprechende Ausrüstung, bleiben mit ihren Fahrzeugen in Flüssen stecken, fahren mit dem Auto auf Gletscher, fallen Felswände hinab oder werden am Strand von Wellen fortgerissen. 2016, 2017 und 2018 wieder wurden z. B. Touristen dabei erwischt, wie sie das Eis auf dem Jökulsárlón überquerten. Auch Videoaufnahmen und soziale Medien, die rücksichtsloses, riskantes Verhalten zeigen (siehe Justin Bieber, der sich 2015 in seinem Video *I'll Show You* in empfindlichem Moos wälzt), ermuntern zur Missachtung von Regeln, Schildern und gesundem Menschenverstand.

Für die Rettung muss dann die außerordentlich kompetente und sehr angesehene isländische Such- und Rettungsorganisation (ICE-SAR; www.icesar.com) einspringen. Sie besteht nur aus Freiwilligen und wird durch Spenden finanziert. Über die Organisation erschien im November 2015 ein interessanter Artikel im *New Yorker* („Life is Rescues"). ICE-SAR stellt auf ihrer Website (www.safetravel.is) und der App „112 Iceland", auf denen Reisende ihre Wanderungen und Ausflüge anmelden können, Unfallprävention und Aufklärung in den Mittelpunkt.

Als erste Maßnahme haben die Isländer mehr Schilder aufgestellt (obwohl die Einheimischen sie eher verabscheuen – sie verschandeln die Landschaft), Seile entlang einiger Wanderwege gespannt, die manche Besucher noch immer missachten, und eine Aufklärungskampagne gestartet (www.inspiredbyiceland.com/icelandacademy). Zudem hat die Regierung angeordnet, dass Wohnmobile die Nacht auf organisierten Campingplätzen statt am Straßenrand oder auf Parkplätzen verbringen müssen, u. a. damit die Leute den Straßenrand nicht als Toilette benutzen. Für Wanderer und Radfahrer sind die Vorschriften etwas entspannter, sie müssen jedoch beim Zelten die Genehmigung des Landbesitzers einholen, einen angemessenen Abstand zu offiziellen Campingplätzen einhalten und sicherstellen, dass sie nicht mehr Zelte aufstellen als erlaubt und dass sie nicht auf Kulturland campen

Traumland: Was bleibt, wenn alles verkauft ist? (2009, dt. 2011) von Andri Snær Magnason untersucht kritisch die Entscheidungen der Regierung zum Kárahnjúkar-Damm. Der eindringliche Dokumentarfilm *Dreamland*, der auf dem Buch basiert, wurde von der Kritik gelobt.

Letztlich ist der Schutz der isländischen Umwelt eine gemeinschaftliche Aufgabe von Isländern und ihren Besuchern. Aufgabe der Isländer ist der Ausbau der Infrastruktur, die Festlegung von Vorschriften und die Förderung von umweltbewusstem Verhalten, die der Besucher die Beachtung der Hinweise und der Respekt für das Land, das sie bereisen.

Geplante Besuchergebühren & -obergrenzen

Nach wie vor wird über den Plan diskutiert, Gebühren einzuführen, um die Besucher am Naturschutz zu beteiligen und möglicherweise die Besucherzahl an bestimmten Orten zu kontrollieren.

Fimmvörðuháls-Pass (S. 163)

Unter den Vorschlägen ist eine einmalige Gebühr, vielleicht eine Einreisesteuer, die am Flughafen bezahlt wird, oder ein Naturpass, dessen Preis sich nach der Länge des Aufenthalts richtet. Daneben gibt es die Idee, kostenpflichtige Tageskarten oder Parkscheine auszugeben. Das scheint vernünftig, besonders wenn man die geringe Bevölkerungszahl Islands in Betracht zieht: Die hat inzwischen jede Menge Wanderer und Bustouristen zu Gast, die allesamt Parkplätze, Toiletten, Picknicktische, Abfalleimer, bessere Beschilderung und nicht zuletzt Ranger benötigen, die für Informationen und Sicherheitshinweise sorgen.

Gelegentlich werden auch Auslosungen oder Obergrenzen für Besucherzahlen in bestimmten Regionen oder auf bestimmten Wanderwegen erörtert (z. B. auf dem Laugavegurinn-Wanderweg). Bislang jedoch wurden noch keine Strategien oder Gesetze festgeklopft.

Isländische Kultur

Island gleicht seine Isolation, die endlosen Winter und die geringe Bevölkerungszahl mit einer glühenden Leidenschaft für Kultur aus. Das einzigartige literarische Erbe des Landes beginnt mit den actionreichen mittelalterlichen Sagas und reicht bis zu den aktuellen Krimibestsellern. Jeder Isländer scheint in einer Band zu spielen und das Land bringt eine überproportional hohe Anzahl erstklassiger Musiker hervor. Die isländische Lebensart und die großartigen Landschaften inspirieren Künstler in unterschiedlichsten Bereichen. Ihre Werke erzählen von der einzigartigen isländischen Perspektive.

Literatur

Blutrünstig, geheimnisvoll und nuanciert – die Sagas des 12. und 13. Jhs. gehören zu den größten kulturellen Errungenschaften Islands. Hallgrímur Péturssons *Passíusálmar* (Passionspsalmen) von 1659 sind ein isländischer Klassiker, der in der Fastenzeit gesungen oder gelesen wird. Und der Nobelpreisträger Halldór Laxness beförderte Island im 20. Jh. auf die internationale Literaturbühne. In Island werden heute weltweit die meisten Autoren und Literaturübersetzungen pro Kopf publiziert.

Ein altes isländisches Sprichwort sagt *Betra er berfættum en bókarlausum að vera* (Lieber barfuß sein als ohne Buch). Die Isländer haben eine Leidenschaft für das geschriebene Wort, da ist es kein Wunder, dass Reykjavík zur Unesco-Literaturstadt mit entsprechenden Programmen und Führungen erklärt wurde.

Die Sagas

Die mittelalterlichen Sagas Islands gehören zu den einfallsreichsten und beständigsten Werken der frühen Literatur. Ihre epischen, oft grausamen Geschichten sind reich an Weisheit, Zauber, elegischer Poesie und Liebe.

Aufgeschrieben wurden die Sagas zwischen dem späten 12. und frühen 14. Jh. und erzählen von Fehden, Familien, tragischen Romanzen und legendären Kriegern, Dichtern und Gesetzlosen zur Landnahmezeit. Die meisten Sagas stammen von unbekannten Verfassern, auch wenn die *Egils saga* Snorri Sturluson zugeschrieben wird. Einige Sagas dienen als historische Quellen wie die *Saga der Grönländer* und die *Saga von Erik dem Roten*, die die Reisen von Erik und seiner Familie beschreiben, darunter die seines Sohnes Leif, der sich in Nordamerika niederließ.

Die Sagas entstanden in den langen, verzweifelten Jahrhunderten der norwegischen und dänischen Fremdherrschaft und festigten die kulturelle Identität der Isländer zu einer Zeit, als sie selbst nicht viel anderes hatten. An Winterabenden versammelten sich die Menschen zur *kvöldvaka* (Abendwache). Während die Männer aus Pferdehaaren Seile knüpften und die Frauen Wolle spannen oder strickten, las ein Familienmitglied aus den Sagas vor und rezitierte *rímur* (lyrische Versionen der Sagas).

Bis heute sind die Sagas sehr lebendig. Da sich die isländische Sprache seit der Wikingerzeit kaum verändert hat, können sie in Altnordisch – der Sprache, in der sie vor 800 Jahren niedergeschrieben wurden – von Isländern aller Altersklassen gelesen werden. Die meisten können Passagen daraus zitieren, kennen die Höfe, auf denen die Figuren lebten und starben, und strömen in Scharen in die Kinos, um sich die neuesten Verfilmungen anzusehen. Weitere Informationen zu den Sagas hält die Icelandic Saga Database (www.sagadb.org) bereit.

Edda & Skaldendichtung

Die ersten Siedler brachten ihre mündliche Dichtkunst vom skandinavischen Festland mit, in Form von Gedichten, die im 12. Jh. auf Pergament geschrieben wurden.

Die Verse der Edda wurden in freien, variablen Metren geschrieben, die in ihrer Struktur der altdeutschen Dichtkunst gleicht. Am bekanntesten ist wohl das Spruchwerk *Hávamál*, das die Tugenden des einfachen Lebens preist – die weisen Spüche über das gute Benehmen als Gast werden noch heute zitiert.

Die Skaldendichtung wurde von den norwegischen Hofpoeten (den Skalden) verfasst und rühmte die skandinavischen Könige. Die ausführlichen Beschreibungen wurden in exakt komponierte Zeilen mit strengen Alliterations-, Silbenzählungs- und Betonungsregeln gepackt. Besonders kompliziert werden sie durch die *kenningar*, eine Art verdichtetes Wortspiel. Blut heißt hier „Wundentau" und ein Arm kann als „Falkenstange" bezeichnet werden.

Der bekannteste Skalde war der Saga-Antiheld Egil Skallagrímsson. Anno 948, nachdem er verhaftet und zum Tode verurteilt worden war, komponierte Egil die Ode *Höfuðlausn* (Kopfgeld) für seinen Kidnapper Eirík Blutaxt. Der geschmeichelte Monarch ließ ihn daraufhin unbeschadet frei.

Nordische Mythen

Lebendige Nacherzählungen nordischer Sagen und Mythen bieten z. B. diese Bücher:

Nordische Mythen und Sagen von Neil Gaiman

Sagen und Mythen der nordischen Götter von Roger Lancelyn Green

Die wilden Götter von Tor Åge Bringsværd

Moderne Literatur

Das moderne Genie der isländischen Literatur ist der Nobelpreisträger Halldór Laxness. Ebenso bekannt ist auch der Kinderbuchautor Jón Sveinsson (genannt „Nonni") aus dem frühen 20. Jh., dessen altmodische Geschichten von Heldentaten eine eindeutig isländische Stimmung haben und einst in 40 Sprachen übersetzt wurden. Sveinssons Haus in Akureyri ist heute ein interessantes Museum. Zwei weitere Großmeister der isländischen Literatur sind Gunnar Gunnarsson (1889–1975; u. a. *Die Eidbrüder. Roman der ersten Islandsiedler*) und Þórbergur Þórðarson (1888–1974; u. a. *Islands Adel*).

Zeitgenössischere Kost bietet Einar Kárasons herausragendes Werk *Die Teufelsinsel*, der erste Band einer Trilogie über das Leben in Reykjavík

ISLÄNDISCHE SAGAS

Egils saga Handelt von dem vielschichtigen, verschlagenen, aber auch einfühlsamen Egil Skallagrímsson und spielt größtenteils nahe dem heutigen Borgarnes. Egil, ein renommierter Dichter, erfolgreicher Kämpfer und gewiefter Unterhändler, ist aber auch Enkel eines Werwolfs und Formwandlers und erreicht im Gegensatz zu vielen Sagahelden ein hohes Alter.

Laxdæla saga Eine tragische Saga, die im Nordwesten Islands am Breiðafjörður und in der Region Dalir spielt: unglückliche Ehen, hintertriebene Liebe und Mord im Überfluss.

Njáls saga Zwei der größten isländischen Helden, Njál und Gunnar, werden in eine verhängnisvolle, 50-jährige Familienfehde verwickelt.

Gisli Surssons saga Gislis Saga ist der Inbegriff einer Geächtetengeschichte mit Rache, Brudermord und Verbannung.

Völsungasaga (Saga der Völsungen) Teile dieser Saga mögen bekannt erscheinen – sowohl Richard Wagner *(Der Ring des Nibelungen)* als auch J. R. R. Tolkien *(Der Herr der Ringe)* haben sich einiger Episoden bedient.

Eyrbyggja saga Eine kleinere Saga, die auf der Halbinsel Snæfellsnes spielt und wegen ihres unüblichen, übernatürlichen Tons lesenswert ist; wohl die einzige mittelalterliche Geschichte Islands, in der Geister wegen ihrer Spukerei vor Gericht gebracht werden.

HALLDÓR LAXNESS

Während seiner langen Lebenszeit schaffte es der Literaturnobelpreisträger Halldór Laxness (1902–1998), die Welt der isländischen Literatur wiederzubeleben. Heute ist er der berühmteste isländische Autor des 20. Jhs.

Geboren wurde er als Halldór Guðjónsson, aber er legte sich den Namen des familieneigenen Hofes Laxnes (plus ein zusätzliches „s") als Künstlernamen zu. Laxness war ehrgeizig und wissbegierig; er veröffentlichte sein erstes Werk im Alter von 14 und begann mit 17 seine ruhelose Reisezeit. Seinen ersten Roman, *Undir Helgahnúk (Am heiligen Berg)*, schrieb er während einer Phase glühenden Katholizismus' im Kloster. Danach machte Laxness sich auf den Weg nach Italien, wo er sich immer mehr von der Kirche lossagte und zunehmend eine linkspolitische Haltung annahm, was schließlich in dem Roman *Vefarinn mikli frá Kasmír (Der große Weber von Kaschmir)* mündete. In den 1930er-Jahren zog er nach Amerika, um sein Glück in der florierenden Filmindustrie von Hollywood zu suchen, bevor er sich ganz dem Kommunismus zuwandte und längere Zeit durch den Ostblock reiste. 1962 kehrte er für den Rest seines Lebens nach Laxnes bei Þingvellir (heute ein Museum) zurück. Hier verfasste er *Skáldatími (Zeit zu schreiben)* – eine scharfe Abrechnung mit allem, was er je zu Ehren der Kommunistischen Partei geschrieben hatte.

1955 wurde ihm der Literaturnobelpreis verliehen und Laxness wurde – typisch isländisch – zum Volkshelden. Seine Bücher sind ironische Meisterwerke. Seine Figuren, wie daneben sie auch sein mögen, zeichnet er mit großer Sympathie. Laxness wichtigstes Werk ist möglicherweise *Sjálfstæt folk (Sein eigener Herr)* von 1934/1935, eine in opulenter, eindringlicher Sprache erzählte düstere Tragikomödie über die harten Lebensbedingungen in Island zu Anfang des 20. Jhs. Im Mittelpunkt steht die Geschichte des sturen Bauern Bjartur í Sumarhúsum und seiner hart arbeitenden Familie. Es entsteht ein detailliertes Bild des traditionellen Lebens auf einem Bauernhof. Faszinierend ist auch *Íslandsklukkan (Die Islandglocke)*, ein sagaähnliches Porträt äußerster Armut und unbarmherziger Justiz zur Zeit der dänischen Herrschaft über Island. Weitere in deutscher Übersetzung erhältliche Werke sind z. B. *Ljós heimsins (Weltlicht), Brekkukotsannáll (Das Fischkonzert), Paradísarheimt (Das wiedergefundene Paradies)* und *Kristnihald undir Jökli (Am Gletscher)*.

in den 1950er-Jahren; die beiden anderen Bände sind *Die Goldinsel* und *Das gelobte Land*. Auf *101 Reykjavík* von Hallgrímur Helgason basiert der gleichnamige Kultfilm, eine schwarze Komödie über das stumpfsinnige Leben und die blühende Fantasie des arbeitslosen Hlynur, der mit seiner Mutter in der Reykjavíker Innenstadt lebt. Noch schwärzer ist die Geschichte *Engel des Universums* von Einar Már Guðmundsson über die Aufenthalte eines schizophrenen Mannes in einer psychiatrischen Klinik. In Svava Jakobsdóttirs *Gunnlöds saga* verschmilzt modernes Leben mit nordischer Mythologie.

In Island wird pro Kopf die größte Anzahl von Büchern weltweit veröffentlicht. Die Alphabetisierung liegt bei 100 %.

Auf der Erfolgswelle der Nordischen Krimis schwimmt Arnaldur Indriðason, dessen Reykjavík-Krimis dauerhaft die Bestsellerlisten anführen. Viele seiner Romane sind auch auf Deutsch verfügbar, darunter *Engelsstimme*, das preisgekrönte *Todeshauch*, *Kältezone* und, wahrscheinlich der beste, *Nordermoor*, Inspiration für den Film *Der Tote aus Nordermoor*. Auch Yrsa Sigurðardóttirs Krimis wurden ins Deutsche übersetzt, zuletzt *DNA* und *R.I.P.* Der erste Band der Island-Thrillerserie von Ragnar Jónasson, *Schneebraut*, ist im abgeschiedenen Siglufjörður angesiedelt. Viktor Arnar Ingólfssons *Bevor der Morgen graut* wurde als Fernsehserie verfilmt.

Interessant sind außerdem Guðrún Eva Mínervudóttirs düsterer psychologischer Roman *Der Schöpfer* sowie der im 19. Jh. spielende Fantasy-Abenteuerroman *Schattenfuchs* von Sjón, einem ehemaligen Mitglied der Sugarcubes; sein jüngstes Werk: *Der Junge, den es nicht gab*.

Musik

Pop, Rock & Electronica

In der Pop- und Rockmusikwelt spielt Island in der ersten Liga. Zu den international berühmten isländischen Musikern zählen ganz klar Björk und ihre alte Band, die Sugarcubes. Von ihrem mit Platin ausgezeichneten Album *Debut* (1993) bis zu ihrer jüngsten Veröffentlichung *Utopia* (2017) bleibt Björk tonangebend.

Sigur Rós, Stars auf der internationalen Bühne, erhielten begeisterte Kritiken mit Alben wie *Ágætis Byrjun* (1999) und *Takk* (2005). Ihr jüngstes Werk, *Route One* (2017), wurde aus Musik zusammengestellt, die entstand, als die Band im Mittsommer 2016 die gesamte Ringstraße abfuhr. Absolut sehenswert ist ihr Konzertfilm *Heima* (2007). Der Sänger Jónsi hatte außerdem mit seinem munteren Soloalbum *Go* (2010) Erfolg.

Die Indie-Folk-Band Of Monsters and Men stürmten mit ihrem Debütalbum *My Head is an Animal* 2011 die US-Charts. Das Stück *Little Talks* von diesem Album erreichte 2012 die Nummer Eins des Billboard US Alternative Songs Chart. Ihr jüngstes Album *Beneath the Skin* (2015) stand sofort auf Platz drei des US Billboard 200.

Ásgeir Trausti, der schlicht unter dem Namen Ásgeir auftritt, landete einen Superhit mit *In the Silence* (2014). Seine Konzerte sind auch im Ausland ausverkauft. Sein neuestes Werk ist *Afterglow* (2017).

Die Musikszene in Reykjavík wächst und gedeiht. Ständig tauchen neue Bands und Sounds auf den Bühnen auf. Die Website www.icelandmusic.is gibt einen Überblick über die Vielfalt.

Die Indie-Folk-Band Seabear hat mehrere Topmusiker hervorgebracht wie Sin Fang (z. B. *Flowers* von 2013 oder *Spaceland* von 2016) und Sóley (*We Sink* von 2012, *Ask the Deep* von 2015 und *Endless Summer* von 2017). Árstíðir nehmen minimalistischen Indie-Folk auf und hatten 2013 einen YouTube-Hit, als sie in einem Bahnhof in Deutschland a cappella eine isländische Hymne des 13. Jhs. intonierten. Ihr Album, *Nivalis*, erschien 2018. Das Duo Kiasmos mixt düstere, minimalistische Electronica, zu hören auf ihrem Album *Kiasmos* (2014) oder mehreren EPs, die sie seitdem veröffentlichten.

GusGus, eine Pop-Electronica-Band, hat schon zehn Studioalben aufgenommen und spielte bei Justin Timberlakes ausverkauftem Konzert in Reykjavík 2014 als Vorgruppe. Im September 2016 eröffnete Sturla Atlas, das isländische Hip-Hop/R&B-Phänomen, das Konzert für den anderesn Justin (Bieber); Biebers Video *I'll Show You* wurde in Island gedreht. Ein weiterer bekannter isländischer Rapper ist Gisli Pálmi.

Kaleo, eine populäre Blues-Folk-Rock-Band aus Mosfellsbær, hat die internationale Bühne im Sturm erobert – der Song *No Good* von ihrem Debüt-Studioalbum *A/B* von 2016 brachte ihnen eine Grammy-Nominierung ein.

Das Debüt des auf den Vestmannaeyjar geborenen Júníus Meyvant, *Floating Harmonies* (2016), ist ein kreativer Mix aus wunderschön instrumentiertem Folk, Funk und Soul.

Die Electronica-Band FM Belfast gründete für ihr erstes Album *How to Make Friends* (2008) ein eigenes Label; ihr jüngstes Album ist *Island Broadcast* (2017). Múm erzeugt experimentelle Elektroklänge, gemixt mit traditionellen Instrumenten (ihr letztes Album ist *Smilewound*, 2013).

Prins Póló, benannt nach einem Schokoriegel, nimmt textlastigen Dance-Pop auf. Hörenswert sind auch Hafdís Huld, deren jüngstes Pop-Album *Dare to Dream Small* heißt, und die überschwänglichen Garage-Rocker Benny Crespo's Gang. Die Band Just Another Snake Cult geht mit ihrem Album *Cupid Makes a Fool of Me* (2013) Richtung psychedelisch. Ehrlichen Rock präsentiert hingegen Singapore Sling.

Die innovative Konzerthalle von Reykjavík, Harpa, zeichnet eine Fassade aus schimmernden Achtecken aus. Sie hat vier hochmoderne Bühnen mit großartiger Akustik – ein wundervolles Ambiente für ein Konzert.

Die Liste ist schier endlos. Auch die Musikkneipenszene in Reykjavík ist ständig in Bewegung; am besten ist es, das kostenlose Heft *Reykjavík Grapevine* (www.grapevine.is) oder dessen App (Appening Today) zu konsultieren. Mehr und mehr ist heimische Livemusik in ganz Island zu hören. Falls man gerade während eines der vielen Musikfestivals in Island ist, nichts wie hin! Beim fabelhaften Festival Icelandic Airwaves (S. 27) im November in Reykjavík treten die Besten der Besten aus der isländischen Musikszene und internationale Acts auf, genauso wie beim Secret Solstice (S. 25) im Juni. Das Þjóðhátíð aka Nationalfestival (S. 26) lockt Ende Juni oder Anfang August mit vier Tagen Musik und Ausschweifung bis zu 16 000 Gäste auf die Vestmannaeyjar.

Das Kulturfestival Reykjavík (Ende Mai/Anfang Juni) bietet die perfekte Gelegenheit, isländische Kunst und Kultur zu erleben.

Traditionelle Musik

Bis der Rock 'n' Roll im 20. Jh. das Land erreichte, kam Island praktisch ohne Instrumente aus. Die Wikinger brachten *fiðla* und *langspil* aus Skandinavien mit: beides Holzkästen mit zwei Saiten, die der Musiker auf den Knien hielt und mit einem Bogen spielte. Sie waren nie als Solo-Instrumente gedacht, sondern begleiteten ausschließlich den Gesang.

Musikinstrumente waren in der Regel ein unerhörter Luxus und Gesang war die einzige Form von Musik. Die bekanntesten Gesangsstile sind *rímur* (Gedichte oder Geschichten aus den Sagas in düsterem Sprechgesang; Sigur Rós experimentieren mit dieser Form) und *fimmundasöngur* (von zwei Personen im Gleichklang gesungen). Da Island von äußeren Einflüssen praktisch abgeschnitten war, veränderte sich der Gesangsstil vom 14. bis ins 20. Jh. kaum. Es blieben sogar Harmonien erhalten, die im restlichen Europa von der Kirche als Teufelswerk verbannt worden waren.

In ganz Island führen Chöre traditionelle Musik auf und verschiedene Kompilationsalben wie *Inspired by Harpa – The Traditional Songs of Iceland* (2013) geben einen Eindruck von isländischen Volksliedern oder *rímur*.

Kino & Fernsehen

Islands Filmindustrie ist jung und stark – eine regelmäßige Filmproduktion begann erst Anfang der 1980er-Jahre – und bringt eindrucksvolle Werke auf die Leinwand. Isländische Kurz- und Spielfilme erhalten internationale Preise und Anerkennung und zeichnen sich oft durch eine packende Thematik aus – grandios in Szene gesetzt vor dem Hintergrund der eindrucksvollen isländischen Naturkulisse.

1992 nahm die Filmwelt erstmals von Island Notiz, als *Kinder der Natur* (1991) als bester ausländischer Film für den Oscar nominiert wurde. Ein altes Paar flieht darin aus einem Altenheim in Reykjavík aufs Land. Der Regisseur des Films, Friðrik Þór Friðriksson, hat in isländischen Filmkreisen Legendenstatus. *Cold Fever* (1994), *Engel des Universums* (2000) und *The Sunshine Boy* (2009) zählen zu den sehenswerten Streifen, auch ist er Produzent vieler Filme.

Ein weiterer Film, der Reykjavík ins Rampenlicht der Filmwelt gerückt hat, war *101 Reykjavík* (2000) unter der Regie von Baltasar Kormákur und nach dem Roman von Hallgrímur Helgason: eine schwarze Komödie über Sex, Drogen und das Leben eines Faulenzers in der Reykjavíker City. In Kormákurs *Der Tote aus Nordermoor* (2006) spielt der immer sehenswerte Schauspieler Ingvar E. Sigurðsson Islands beliebtesten Detektiv, Kommissar Erlendur aus den Krimis von Arnaldur Indriðason. Kormákurs Film *The Deep* (2012) nach der wahren Geschichte eines Mannes, der sich nach einem Schiffbruch um die Vestmannaeyjar-Inseln rettete, war ein Hit. 2013 startete er seine Hollywood-Karriere mit *2 Pistolen* mit Denzel Washington und Mark Wahlberg, gefolgt von *Everest* (2015) mit Keira Knightley, Robin Wright und Jake Gyllenhaal. Kormákur hat die

TRAUMKULISSE

Island hat sich zu einer Traumkulisse für Hollywood entwickelt. Die atemberaubende, außerirdisch wirkende Schönheit der Natur und 20 % Produktionspreisnachlass für Filmemacher haben auch Hollywoodregisseure geködert. So mancher Blockbuster ist teilweise vor isländischem Hintergrund gedreht: *Tomb Raider* (2001), *Stirb an einem anderen Tag* (2002), *Batman Begins* (2005), *Flags of Our Fathers* (2006), *Stardust* (2007), *Reise zum Mittelpunkt der Erde* (2008), *Prometheus – Dunkle Zeichen* (2012), *Oblivion* (2013), *Thor: The Dark Kingdom* (2013), *Star Trek: Into Darkness* (2013), *Das erstaunliche Leben des Walter Mitty* (2013), *Noah* (2014), *The First Avenger: Civil War* (2016), *Justice League* (2017) und die Fernsehserie *Game of Thrones* (Drehorte vom Mývatn bis zum Gjáin). Auch der Christopher-Nolan-Hit *Interstellar* (2014) und die jüngsten Star-Wars-Filme *Das Erwachen der Macht* (2015) und *Rogue One* (2016) wurden hier gedreht. Die britische Fernsehserie *Fortitude* wurde in Reyðarfjörður in Ostisland gefilmt (spielt aber in Norwegen). Und dann gibt es noch Filme wie *Land Ho!* (2014), die in Island spielen und auch hier gedreht wurden

Film- und Fernsehregisseure sind nicht die Einzigen, die eine computergenerierte Bilderwelt für echte Kulissen in Island links liegen lassen. Auch Musiker drehen hier ihre Videos, darunter die isländischen Stars Björk, Of Monsters and Men und Sigur Rós. Sehenswert ist der Sigur-Rós-Konzertfilm *Heima* (2007), in dem die Isländer, ihre tosenden Wasserfälle und hohen Berge die Hauptrolle spielen. Das sechsminütige Bon-Iver-Video *Holocene* von 2011 sollte der isländische Tourismusverband als Werbefilm nutzen. Und Justin Biebers *I'll Show You* von 2015 ist ein Werbefilm für das, was man nicht tun sollte (Moos zerstören und im Gletschersee baden).

Einige Reiseunternehmen bieten spezielle Touren zu Drehorten an, die auch mit der App *Iceland Film Locations* (www.filmlocations.is) zu finden sind.

RVK Studios gegründet, die auch die erfolgreiche Fernsehserie *Trapped – Gefangen in Island* (2015) produziert, einen herausragenden, düsteren Krimi mit Schauplatz Seyðisfjörður in Ostisland (allerdings in Siglufjörður im Norden gefilmt). Zu seinen jüngsten Projekten gehörte der Thriller *Der Eid* (*Eiðurinn;* 2016) und *Adrift* (2018) mit Shailene Woodley und Sam Claflin.

Regisseur Dagur Kári feierte internationale Erfolge mit Filmen wie *Nói Albinói* (2003), der Geschichte eines rastlosen Teenagers in einem eingeschneiten nordisländischen Fjordstädtchen, und dem englischsprachigen *The Good Heart* (2009). Eine andere Produktion der RVK Studios, Káris *Virgin Mountain (Fúsi)* ist ein berührendes Porträt eines sanftmütigen, isolierten Mannes, der bei der Berlinale 2015 Premiere hatte.

Die aktuellen isländischen Spielfilme, Dokumentationen und Trickfilme werden auf der Website www.icelandicfilmcenter.is aufgeführt.

Sehenswert ist auch Hilmar Oddssons *Kaltes Licht* (*Kaldaljós;* 2004), ein langsamer, ergreifender Film über das Leben in einem isolierten Ort am Fjord mit der beeindruckenden Darstellung eines kleinen Jungen, der im Zentrum des Geschehens steht. Der schräge Dokumentarfilm *The Final Member* von 2012 beschreibt ausführlich die bizarre Suche nach einem Homo-sapiens-Penis für das Isländische Phallusmuseum in Reykjavík.

Von Hafsteinn Gunnar Sigurðssons erstem Spielfilm *Á annan veg* (2011) über zwei Straßenarbeiter, die Streifen auf die Landstraße malen, drehte David Gordon Green in den USA ein Remake unter dem Namen *Prince Avalanche* (2013). Sigurðssons *Paris des Nordens* (2014), ein komisches Vater-Sohn-Drama, das im abgelegenen Ostisland spielt, war bei Filmfestivals ein Hit, sein jüngstes Werk ist *Under the Tree* (2017).

Benedikt Erlingssons *Von Menschen und Pferden* (2013) war als surreales Porträt über das miteinander verwobene Leben von Menschen und Pferden aus der Perspektive der Pferde eine Independent-Sensation. Der Film wurde als isländischer Beitrag für die Oscars nominiert. Erlingsson ist auch Schauspieler und spielte in Rúnar Rúnarssons *Eldfjall* (2011) mit; darin geht es um ein älteres Ehepaar, das nach dem Ausbruch des Eldfjall von den Westmännerinseln evakuiert wird. *Þrestir*, Rúnarssons verstörendes Porträt der zunehmenden Qualen eines jungen Mannes, der von Reykjavík in einen abgelegenen Ort in den Westfjorden zieht (vieles wurde in Flatey gedreht), war 2015 ein Erfolg.

Sture Böcke (*Hrútar;* 2015) des Regisseurs Grímur Hákonarson ist eine faszinierende Tragikomödie über zwei zerstrittene Brüder und ihre Schafe. Er war ein durchschlagender Erfolg, erhielt den Preis „Un Certain Regard" in Cannes und war isländischer Beitrag für die Oscars 2016.

Ása Hjörleifsdóttirs *Svanurinn* (2018), eine Geschichte über ein junges Mädchen, das in den Norden aufs Land geschickt wird, und was sie dort entdeckt, wurde beim Toronto Film Festival uraufgeführt.

Leichtere Koste bieten Þórhildur Þorleifsdóttirs *Stella í Orlofi* (1986) voller Verwechslungsspäße, *Blóðberg* (2015), eine boshafte, moderne Komödie, in der das Leben einer „perfekten" Familie auf den Kopf gestellt wird, oder *Albatross* (2015), wo der Großstädter Tommi den Sommer auf dem Golfplatz von Bolungarvík mit lauter Bekloppten verbringt.

Dazu kommen zahllose weitere Titel, die nicht international vertrieben oder synchronisiert wurden, siehe www.icelandiccinema.com.

Malerei & Bildhauerei

Viele der erfolgreichsten isländischen Künstler haben im Ausland studiert, ehe sie nach Hause zurückkehrten und sich mit der rätselhaften Nationalseele auseinandersetzten. Das Ergebnis ist ein europäisch beeinflusster Stil mit isländischen Landschaften und von den Sagas inspirierten Motiven. Erfreulicherweise sind in den isländischen Museen Künstlerinnen gleichberechtigt neben Künstlern vertreten.

Viele isländische Maler und Musiker sind in mehreren Kunstgattungen unterwegs. Einige sind auch im Ausland bekannt, z. B. Ragnar Kjartansson, der die neueste Variante des isländischen Künstlers repräsentiert: Er ist zugleich Maler, Schauspieler, Regisseur und Musiker. Das Hafnarhús des Kunstmuseums Reykjavík und die Reykjavíker Galerien stellen die Kunstszene Islands vor.

Der erste große isländische Landschaftsmaler war der höchst produktive Ásgrímur Jónsson (1876–1958). Er schuf eine erstaunliche Vielzahl von impressionistischen Öl- und Aquarellgemälden, auf denen isländische Landschaften und Volksmärchen dargestellt sind. Seine Werke sind in der Nationalgalerie in Reykjavík ausgestellt.

Ein Schüler von Ásgrímur war Jóhannes Kjarval (1885–1972), der beliebteste Künstler Islands, der im entlegenen ostisländischen Borgarfjörður Eystri aufwuchs. Seine ersten Auftragsarbeiten waren Zeichnungen von Bauernhöfen für Auswanderer, doch am berühmtesten sind seine frühen Kohleskizzen von Dorfbewohnern und seine surrealen Landschaften. Ein ganzes schönes Gebäude des Kunstmuseums Reykjavík (Kjarvalsstaðir) ist nach ihm benannt.

Island hat auch diverse Bildhauer hervorgebracht, überall im Land zieren Skulpturen Parks, Gärten und Galerien. Den berühmtesten isländischen Bildhauern sind jeweils Museen in Reykjavík gewidmet. Zu den bemerkenswerten Vertretern gehören Einar Jónsson (1874–1954), dessen geheimnisvolle Arbeiten um Tod und Auferstehung kreisen, und Ásmundur Sveinsson (1893–1982), dessen breitgefächerte, bezaubernde kinetische Werke Island, seine Geschichten und seine Menschen feiern. Ásmundarsafn, das friedvolle ehemalige Atelier des Künstlers voller inspirierender Skulpturen, ist ein Standort des Kunstmuseums Reykjavík und unbedingt sehenswert. Sigurjón Ólafsson (1908–1992) war auf Büsten spezialisiert, versuchte sich aber auch in abstrakten Formen. Gerður Helgadóttir (1928–1975) produzierte wunderschöne Glasmalerei und Skulpturen, ein Museum in Kópavogur zeigt ihr Schaffen. Sie ist auch im Hljómskálagarður-Park in Reykjavík vertreten, neben Werken von Gunnfríður Jónsdóttir (1889–1968), Nína Sæmundson (1892–1962), Þorbjörg Pálsdóttir (1919–2009) und Ólöf Pálsdóttir (geb. 1920).

Der berühmteste zeitgenössische Maler Islands ist wahrscheinlich die Pop-Art-Ikone Erró (Guðmundur Guðmundsson, geb. 1932), der sein gesamtes Werk dem Hafnarhús des Kunstmuseums Reykjavík gestiftet hat. Der dänisch-isländische Künstler Olafur Eliasson (geb. 1967) schafft beeindruckende Installationen und hat auch die Fassade der großartigen Konzerthalle Harpa entworfen. Der Künstler Páll Guðmundsson (geb. 1959) kreiert in Húsafell eindringliche Skulpturen und Gemälde und baute die ungewöhnliche *steinharpa*, ein xylophonähnliches Instrument aus Stein, das er zusammen mit der Band Sigur Rós spielte.

Das winzige Museum für Design und angewandte Kunst (www.honnunarsafn.is) in Garðabær gleich südlich von Reykjavík präsentiert die isländische Designszene vom frühen 20. Jh. bis zur Gegenwart, ein kleiner Laden verkauft Design von Kraum.

Architektur & Design

Die isländischen Langhäuser der Wikinger haben dem Zahn der Zeit nicht standgehalten. Dennoch wurde die traditionelle Grassoden- und Holzbauweise bis ins 19. Jh. hinein angewandt. Ein gutes Beispiel für den Baustil steht in Glaumbær (S. 295) in Nordisland.

Guðjón Samúelsson (1887–1950), vielleicht einer der bekanntesten isländischen Architekten des 20. Jhs., schuf einen eigenen isländischen Stil. Seine minimalistischen Bauten sind im ganzen Land zu finden, von der Hallgrímskirkja und dem nahen Schwimmbad Sundhöllin in Reykjavík bis zum Þingvallabær (Bauernhaus in Þingvellir) und der Héraðskólinn, einer ehemaligen Schule in Laugarvatn. In *A Guide to Icelandic Architecture* (herausgegeben von der isländischen Architektenvereinigung) werden 250 isländische Gebäude und Entwürfe vorgestellt.

Viele Designer, Künstler und Architekten sind in Reykjavík ansässig, doch das ändert sich allmählich mit dem Touristenboom. Viele schließen sich zu Kollektiven zusammen und eröffnen Geschäfte und Galerien mit schönen, handgemachten Arbeiten, von erstaunlichen Schalen aus „Rettichpapier" bis hin zu cooler Mode. Das Iceland Design Centre (Hönnunarmiðstöð; ☎771 2200; www.icelanddesign.is; Aðalstræti 2; ⏲Mo–Sa 10–18 Uhr) in Reykjavík bietet jede Menge weitere Informationen. Beim alljährlichen DesignMarch (S. 24) finden zahllose Ausstellungen statt und werden Ateliers für die Öffentlichkeit geöffnet.

Isländische Lebensart

Jahrhunderte der Isolation und ein entbehrungsreiches Leben haben ihre Spuren in der kleinen und homogenen isländischen Bevölkerung hinterlassen. Die Isländer empfinden eine tiefe Verbundenheit mit ihrem Land, ihrer Geschichte und ihren Landsleuten, selbst wenn das Land diese Liebe mit einer gewissen Grausamkeit (z. B. Vulkanausbrüchen und Erdbeben) erwidert. Die 350 000 Seelen reagieren auf die Herausforderungen des Lebens mit einer überzeugenden Mischung aus Mut, Aufrichtigkeit und Kreativität, gewürzt mit einem schwarzen, trockenen Humor.

„Þetta reddast" & Mentalität

Isländer gelten als zähe, urige Naturburschen. In den ländlichen Gebieten leben tatsächlich immer noch die meisten vom Fischfang oder von der Landwirtschaft. Der Begriff „ländlich" trifft eigentlich auf den allergrößten Teil des Landes außerhalb des Raums Reykjavík zu, in dem nur 36 % aller Isländer leben.

Wie es sich für ein Volk gehört, das auf einer entlegenen Insel unter kargen Bedingungen lebt, sind die Isländer eigenwillige Individualisten, die sich nur ungern reinreden lassen. Aber dieses standhafte Äußere verbirgt häufig ein verträumteres Inneres. Island besitzt eine reiche Kultur, eine unglaublich hohe Alphabetisierungsrate und eine Leidenschaft für alles Künstlerische. Dies gilt für das ganze Land, macht sich aber vor allem in Reykjavík bemerkbar: Hier scheint fast jeder in einer Band zu spielen, sich künstlerisch oder gestalterisch zu betätigen, Filme zu drehen, Gedichte oder Prosa zu schreiben. Die Isländer platzen geradezu vor kreativen Impulsen.

Dem Global Peace Index zufolge ist Island (in Folge seit 2008) das friedlichste Land der Welt. Der Index berechnet sich aus Faktoren wie Kriminalitätsrate, politische Stabilität und Anteil der in Haft befindlichen Bevölkerung.

Die schwungvolle Wer-nicht-wagt-der-nicht-gewinnt-Mentalität wurde während des Finanzkollapses 2008 stark strapaziert. Suppenküchen eröffneten in Reykjavík und Tausende junge Menschen verließen Island, um ihr Glück in Norwegen zu suchen. Aber Isländer sind widerstandsfähig. Innerhalb weniger Jahre sind die Auswanderungsraten wieder zurückgegangen, es machte sich wieder Zuversicht im Land breit und ließ neue Unternehmen für den boomenden Tourismus entstehen. Das Land hat den Glauben an das alte Sprichwort *Þetta reddast* (sinngemäß übersetzt: „Das wird schon schiefgehen") beibehalten. Dieser Spruch wird so oft verwendet, dass er so etwas wie das Landesmotto ist.

Isländer sind unbeschwert patriotisch. Das zeigte sich bei ihren Siegen während der Fußballeuropameisterschaft 2016 mit ihrem „Hu"-Klatschen und der Tatsache, dass etwa 10 % der Bevölkerung zu den Spielen nach Frankreich fuhren. 2018 nahm die Mannschaft zum ersten Mal an der Weltmeisterschaft teil, was für noch größere Begeisterung sorgte. Isländer, die international erfolgreich sind, werden still gefeiert: Im Ruhm von Prominenten wie den Musikern Björk und Sigur Rós strahlt auch ihre Heimat mit.

Isländer haben weltweit eine der höchsten Lebenserwartungen – 80,7 Jahre bei Männern, 83,7 Jahre bei Frauen.

Stadtgrundrisse, der ehemalige US-Militärstützpunkt sowie die Allgegenwärtigkeit von Hotdogs und Coca-Cola zeugen von einem ausgeprägten amerikanischen Einfluss. Noch wichtiger sind den Isländern jedoch ihre Beziehungen zu den skandinavischen Ländern. Obwohl sie dem

Wikingerfiguren, Saga Museum (S. 60)

kühlen und ruhigen Stereotyp der Nordländer zu entsprechen scheinen, sind sie ausgesprochen neugierig auf Besucher und brennen darauf, zu erfahren, was die Leute von auswärts über sie denken. „How do you like Iceland?" – mit dieser Frage werden Besucher oft gleich zu Anfang bombardiert. Und am Freitag- und Samstagabend findet eine unglaubliche Verwandlung statt, wenn Hemmungen über Bord geworfen werden und die Gespräche genauso munter sprudeln wie der Alkohol.

Arbeite hart und habe Spaß

Im letzten Jahrhundert hat sich der isländische Lebensstil von isolierten Familienverbänden, die auf verstreut liegenden Höfen und in Küstendörfern lebten, zu einer eher städtischen Gesellschaft entwickelt. Die meisten Menschen wohnen inzwischen im Südwestzipfel der Insel rund um Reykjavík. Trotz dieses Wandels wird Familie in Island noch immer großgeschrieben. Junge Leute, die auf dem Land aufwachsen, ziehen zwar wahrscheinlich für Studium und Beruf nach Reykjavík, aber der Tourismus bringt auch wieder Unternehmens- und Arbeitsmöglichkeiten ins Hinterland.

Bis 1988 hatte Island nur einen Fernsehsender. Donnerstags war Sendepause, damit die Bürger auch mal einem anderen Zeitvertreib nachgingen. Es heißt, dass vor 1988 die meisten Kinder an einem Donnerstag gezeugt wurden ...

Die Isländer arbeiten hart und lang – das Renteneintrittsalter liegt derzeit bei 67 und demnächst bei 70 – und oft haben sie mehrere Jobs gleichzeitig, besonders im Sommer, wenn es darum geht, all die Touristen zu versorgen. Die Isländer genossen am Ende des 20. und zu Beginn des 21. Jhs. einen hohen Lebensstandard. Doch das Bedürfnis, mit all den anderen Jónssons und Jónsdóttirs Schritt zu halten, hatten einen hohen Preis: Jahrzehntelang nahmen junge Isländer direkt nach dem Uniabschluss Kredite auf, um sich ein Haus oder einen Geländewagen leisten zu können, sodass sie den Rest ihres Lebens auf Pump lebten und ihre Kredite abbezahlten. Als 2008 die Finanzkrise einsetzte, mussten plötzlich riesige Schuldenberge zurückgezahlt werden. Viele fragten sich, wie Island jemals wieder aus dem wirtschaftlichen schwarzen Loch herauskommen sollte. Aber mit ihren typischen Eigenschaften Mut, Widerstandskraft, Anpassungsfähigkeit und Kreativität haben die Isländer ihr Land aus der wirtschaftlichen Katastrophe wieder herausgezogen.

Das Gegengewicht zum harten Arbeitsethos der Isländer ist absolutes Entspannen. Die Saufgelage, die in Reykjavík an Freitag- und Samstagabenden stattfinden, sind ein Beispiel für die Exzesse des Freizeitvergnügens. Aber im ganzen Land sind auch unzählige Sommerhäuser zu sehen und ungewöhnlich viele Schwimmbäder, die einen sozialen Mittelpunkt des isländischen Lebens darstellen.

In seinem Buch *Gebrauchsanweisung für Island* zeigt der halb deutsche, halb isländische Schriftsteller Kristof Magnusson ebenso das sagenhafte wie das alltägliche Island – das jüngste Land der Erde, das vom Erdbeben bis zur Finanzkrise keinen Unfug auslässt.

Frauen in Island

2017 belegte Island zum neunten Mal nacheinander den Spitzenplatz auf dem globalen Geschlechter-Gleichstellungsindex des Weltwirtschaftsforums. Der Index bewertet 136 Länder im Hinblick auf die Unterschiede zwischen Männern und Frauen in den vier Schlüsselbereichen Gesundheit, Bildung, Wirtschaft und Politik. Island ist also auch weiterhin das Land mit den geringsten Unterschieden zwischen den Geschlechtern weltweit. 2018 hat Island als erstes Land der Welt ein Gesetz erlassen, nach dem Frauen und Männer für dieselbe Tätigkeit in gleicher Höhe bezahlt werden müssen.

Die Wikingersiedlungen in Island erforderten ganz klar Charakterstärke und die Sagas sind voll von resoluten Frauen (z. B. Hallgerður Höskuldsdóttir, die sich weigert, das Leben ihres Ehemannes zu retten, weil er ihr vor Jahren eine Ohrfeige verpasst hatte). Jahrhundertelang mussten sich die isländischen Frauen um Hof und Familie kümmern, während die Männer auf See waren.

Frauen und Männer kämpften sich hier zwar gleichermaßen durch die lange und dunkle Geschichte Islands, aber die moderne Geschlechtergerechtigkeit ist ein eher junges Phänomen. Frauen erhielten 1920 das

WAS DER NAME AUSSAGT

Isländische Namen sind eine Kombination aus eigenem Vornamen und Vornamen des Vaters (seltener auch der Mutter). Bei Mädchen wird an den Namen des Vaters der Zusatz *dóttir* (Tochter) angehängt, bei Jungen *son* (Sohn). Jón, der Sohn von Einar, hieße also Jón Einarsson. Guðrún, die Tochter von Einar, hieße Guðrún Einarsdóttir.

Weil die isländischen Nachnamen gewöhnlich nur darüber Auskunft geben, wie der Vater der Person heißt, halten sich die Isländer nicht mit „Herr Einarsson" oder „Frau Einarsdóttir" auf. Stattdessen werden auch Fremde grundsätzlich mit Vornamen angesprochen. Das sorgt für wunderbar demokratische Verhältnisse: Sogar Staatspräsidenten oder Kriminalhauptkommissare werden hier mit dem Vornamen begrüßt. Und auch das Telefonbuch ist nach Vornamen sortiert.

Etwa 10 % der Isländer haben richtige Familiennamen, die meisten stammen aus der Zeit der Landnahme. Sie werden aber nur selten gebraucht. Um das System weiter zu vereinheitlichen, untersagt die Regierung ihren Bürgern per Gesetz, neue Familiennamen oder den Namen des Ehepartners anzunehmen.

Auch gibt es in Island eine offizielle Liste mit zugelassenen Vornamen für Kinder. Namen, die nicht auf dieser Liste stehen, müssen erst von der isländischen Namensbehörde genehmigt werden. Für die rund 5000 jährlich in Island geborenen Kinder erhält die Behörde rund 100 Anträge, von denen etwa die Hälfte zurückgewiesen wird. Zu den Anforderungen an einen Vornamen gehört laut dem Internetportal der Regierung, dass er „sich an die Struktur der isländischen Sprache und die Rechtschreibkonventionen anpassen lässt".

vollständige Wahlrecht, aber erst als die Proteste der Frauenbewegung die Insel in den 1970er-Jahren erreichten, veränderten sich wirklich die Einstellungen. Besonders machtvoll war der Generalstreik der Frauen am 24. Oktober 1975: Als 90 % der isländischen Frauen der Arbeit fernblieben und die Mütter die Kinder bei ihren Männern ließen, hörte das Land auf zu funktionieren.

1980 war Island das erste Land, das eine Frau an die Staatsspitze wählte – die überall beliebte Vigdís Finnbogadóttir. 2009 übernahm Jóhanna Sigurðardóttir als erste Regierungschefin, die offen lesbisch lebte, die Regierungsgeschäfte. Unter allen OECD-Ländern hat Island mit 77 % mit die höchste Quote von berufstätigen Frauen.

Ein hervorragendes Sozialsystem sorgt dafür, dass sich alleinerziehende Isländerinnen keine Gedanken darüber machen müssen, wie sie finanziell über die Runden kommen: Die Bestimmungen für Mutterschaftsurlaub sind ausgezeichnet, die Kinderbetreuung ist erschwinglich, eine Mutterschaft gilt nicht als Hindernis bei Studium und Arbeit und Alleinerziehende werden hier nicht stigmatisiert. Das Land ist kein Paradies – sexuelle Belästigung und Gewalt sind noch immer ein Thema –, aber isländische Frauen sind gut ausgebildet und unabhängig. Sie haben die gleichen Möglichkeiten wie isländische Männer.

Religion

Nordische Mythologie

Zur Zeit der Landnahme Islands war Ásatrú die herrschende Religion, wörtlich bedeutet Ásatrú „Glaube an die Asen" (die altnordischen Götter). Óðinn (Odin), Þór (Thor) und Freyr (Frey) waren das führende Dreigestirn, dem ganz Skandinavien huldigte. Óðinn, der höchstrangige Gott, ist der Gott des Krieges und der Dichtkunst und eine düstere, furchterregende Erscheinung. Þór ist der Gott, der in Island am meisten verehrt wurde (isländische Namen wie Þórir, Þórdís und Þóra sind noch immer sehr beliebt). Der stämmige, rothaarige Gott der einfachen Leute herrscht über Donner, Wind, Sturm und Naturkatastrophen. Für die Bauern und Fischer war es deshalb immer von entscheidender Bedeutung, ihn gnädig zu stimmen. Freyr und seine Zwillingsschwester Freyja (Freya) gelten als Götter der Fruchtbarkeit und Sexualität. Freyr bringt Mensch und Tier den Frühling – mit allem, was an romantischem Firlefanz dazugehört – und ist für die Arterhaltung zuständig.

Vor über 1000 Jahren konvertierten die Isländer zum Christentum, aber die alten Götter sind geblieben. In den 1970er-Jahren gewann der Asenglaube, Ásatrú, fast gleichzeitig in Island, den USA und Großbritannien wieder an Bedeutung. Während die Mitgliederzahlen der anderen Religionen relativ konstant sind, wächst der Ásatrúarfélagið (Ásatrú-Verband): 2018 hatte die Gemeinde rund 4126 Mitglieder (eine Steigerung von 54 % seit 2015) und bildet damit die größte nicht christliche Religionsgemeinschaft Islands.

Obwohl Isländisch von allen lebendigen Sprachen dem Wikinger-Idiom am nächsten kommt, ist Island von allen nordischen Staaten am wenigsten rein skandinavisch. DNA-Studien haben gezeigt, dass ein Großteil des isländischen Erbguts keltischen Ursprungs ist, was darauf hindeutet, dass viele Wikingersiedler mit ihren britischen und irischen Sklaven Kinder gezeugt haben.

Christentum

Traditionell wird das Datum des Erlasses, durch den Island offiziell zum Christentum konvertierte, mit dem Jahr 1000 angegeben. Forschungen haben jedoch ergeben, dass er wohl schon 999 in Kraft trat. Schon länger bekannt ist, dass der Wechsel der Religionszugehörigkeit eine politische Entscheidung war. Im isländischen Alþingi (Parlament) spalteten sich Christen und Heiden in zwei radikale Lager und drohten, das Land zu entzweien. Þorgeir, der *lögsögumaður* (Gesetzessprecher), bat um Mäßigung auf beiden Seiten. Schließlich kamen alle überein, dass das Christentum offiziell zur neuen Religion erklärt werden sollte, die Heiden aber weiterhin privat ihre Rituale abhalten durften.

ÜBERNATÜRLICHES ISLAND: DAS VERSTECKTE VOLK

Wer die Lavafelder, gespenstischen Naturformationen und abgelegenen Höfe in der isländischen Landschaft gesehen hat, wundert sich kaum mehr über den Volksglauben der Isländer, dass ihr Land von *huldufólk* (verstecktem Volk) und Geistern bewohnt ist.

Auf den Lavafeldern leben *jarðvergar* (Gnome), *álfar* (Elfen), *ljósálfar* (Feen), *dvergar* (Zwerge), *ljúflingar* (wörtlich „Lieblinge", eine Elfenart), *tívar* (Berggeister) und *englar* (Engel). Ihre Geschichten werden von Generation zu Generation weitererzählt und viele moderne Isländer behaupten, sie schon einmal gesehen zu haben – oder wenigstens jemanden zu kennen, der einen gesehen hat.

Es kursieren Geschichten von fehlgeschlagenen Bauvorhaben, bei denen die Arbeiter versuchten, Straßen durch die Behausungen des *huldufólk* zu bauen: Das Wetter verschlechtert sich, Baumaschinen gehen kaputt, Arbeiter werden krank. Mitte 2014 machte Island wieder Schlagzeilen mit seiner vermeintlichen Exzentrik, als ein Straßenbauprojekt zwischen der Halbinsel Álftanes und dem Reykjavíker Vorort Garðabær gestoppt wurde, nachdem Protestierende darauf hingewiesen hatten, dass die Straße durch ein Elfengebiet führe.

Isländische Geister sind körperliche Wesen und keine wabernden Schatten wie anderswo in Europa. Írafell-Móri (die Begriffe *móri* und *skotta* werden für männliche bzw. weibliche Geister verwendet) braucht angeblich abends immer noch eine Mahlzeit und eines der berühmtesten Spukwesen des Landes, Sels-Móri, wird seekrank, wenn er sich auf einem Schiff versteckt. Ungewöhnlich ist auch, dass sich zwei Geister, die im selben Gebiet ihr Unwesen treiben, oft miteinander verbünden, um für noch mehr Unheil zu sorgen.

Bizarren Lavaformationen und Felsen überall im Land wird häufig nachgesagt, sie seien Trolle, die vom Sonnenaufgang überrascht und für immer versteinert wurden. Lebendige Trolle werden eher selten gesichtet – sie sind vor allem Stoff für Kindergeschichten.

Umfragen zufolge glaubt mehr als die Hälfte der Isländer an die Existenz des versteckten Volkes oder möchte diese Möglichkeit zumindest nicht ausschließen. Aber: Viele Isländer haben genug davon, nach ihrem Glauben an übernatürliche Wesen gefragt zu werden. Das ständige „Ach, wie süß, die Isländer glauben ja an Gespenster!" verletzt ihren Stolz. Deshalb würden auch durchaus abergläubische Menschen dies Fremden gegenüber nie zugeben.

Wer mehr wissen möchte, kann sich in Hafnarfjörður, 10 km südlich von Reykjavík, einer Tour anschließen oder an einem Kurs der Isländischen Elfenschule (Álfaskólinn; www.elfmuseum.com) in Reykjavík teilnehmen. Die gibt's tatsächlich und sie bietet fast jeden Freitag vierstündige Einführungskurse.

Heute gehören die meisten Isländer (etwa 71 %), ähnlich wie die Festlandskandinavier, der evangelisch-lutherischen Kirche an. Jedoch sind nur wenige praktizierende Christen und die Gottesdienste sind sehr schlecht besucht.

Ahnen- & Genforschung auf Isländisch

Biotechnologieforschung wird ganz großgeschrieben in Island – unter anderem dank Ari dem Gelehrten, einem Historiker aus dem 12. Jh. Sein *Landnámabók* und *Íslendigabok* ermöglichen, dass die Isländer ihre Familienstammbäume bis ins 9. Jh. zurückverfolgen können.

1996 erkannte der Neurowissenschaftler Dr. Kári Stefánsson, dass sich dieses genealogische Material mit der ungewöhnlich homogenen Bevölkerung Islands zu etwas Einzigartigem – einem landesweiten Genforschungslabor – zusammenfügen ließe. Sehr umstritten war 1998 der Beschluss der isländischen Regierung, eine Datenbank mit allen genealogischen, genetischen und medizinischen Daten der Isländer zu schaffen. Noch umstrittener war die Entscheidung, Stefánssons Biotechfirma deCODE Genetics damit zu beauftragen, diese Datenbank zu erstellen, und ihr für ihre biomedizinische Forschung zum Aufspüren von Erbkrankheiten und den dafür verantwortlichen Genen die Zugriffsrechte auf die Daten zu übertragen.

Diese Entscheidung entfachte in Island einen Sturm der Entrüstung und weltweit Diskussionen über die menschenrechtlichen und medizinethischen Folgen. Darf eine Regierung die medizinischen Daten ihrer Bürger verkaufen? Ist es zulässig, dass ein Privatunternehmen diese Daten zu kommerziellen Zwecken nutzt?

Während der Streit immer weiter hochkochte und Investoren an die Tore klopften, fing die Biotechfirma mit der Arbeit an. 2003 wurde die Datenbank für verfassungswidrig erklärt; 2010 ging deCODE in Konkurs und wurde 2012 an den amerikanischen Biotech-Giganten Amgen verkauft. Bis dahin hatte deCODE aus der DNA und den klinischen Daten von mehr als 100 000 Freiwilligen – einem Drittel der Bevölkerung – eine Forschungsdatenbank aufgebaut und es war der Firma gelungen, Genmutationen zu isolieren, die mit Herzinfarkt, Schlaganfall und Alzheimer in Verbindung gebracht werden konnten.

Derweil ist deCODE weiter damit beschäftigt, die Geheimnisse des menschlichen Genoms zu enträtseln, 160 000 Isländer haben bisher freiwillig Daten geliefert. Mit ihrer abgeschlossenen Forschung konnte die Firma auch das Erbgut von Isländern berechnen, die überhaupt nicht an dem Projekt teilgenommen hatten – was ethische Fragen aufwirft: Sollten sie Träger von gefährlichen Genmutationen informieren, selbst wenn diese Personen der Teilnahme nicht zugestimmt hatten? Nach langen Debatten richtete deCode 2018 eine Website ein, um Genspenderinnen darüber zu informieren, ob bei ihnen das mutierte Brustkrebsgens 2 nachgewiesen wurde.

The Little Book of the Icelanders von Alda Sigmundsdóttir ist eine wunderbare Sammlung von 50 Essays über die „Macken" der Isländer, geschrieben von einer Isländerin, die nach 22 Jahren im Ausland wieder in die Heimat zurückkehrte.

Isländische Küche

Wenn Leute überhaupt etwas über isländische Küche wissen, dann meist nur, dass tapfere Isländer grenzwertige Gerichte essen, wie fermentierten Hai oder Schafskopf. Dabei gibt es in Island köstliche Zutaten frisch vom Bauernhof, Fisch und Meeresfrüchte aus den umliegenden eisigen Gewässern, eigene Milchprodukte (*skyr*!) und clevere traditionelle Konservierungsmethoden, die von den gefeierten Köchen der neuen nordischen Küche wieder geschätzt werden. Vor allem Reykjavík hat eine wachsende kreative Gastroszene.

Oben *Skyr*-Dessert, serviert im Pakkhús (S. 217), Höfn

Das kulinarische Erbe

Island war fast in seiner ganzen Geschichte eine bettelarme, abgelegene Provinz. Der spärliche Boden und die ungünstigen Wetterverhältnisse bedeuteten kümmerliche Ernten und so waren die Bauern und Fischer auf Schafe, Fische und Seevögel angewiesen, um nicht zu verhungern. Alle Körperteile eines Tieres wurden gegessen: frisch oder getrocknet, eingesalzen, geräuchert, eingelegt in Molke oder sogar – wie bei Haifischen – verbuddelt in der Erde. Durch die Konservierung wurde gewährleistet, dass es auch in mageren Zeiten etwas zu essen gab.

Heute holen isländische Lebensmittelerzeuger und Köche mit neuem Stolz auf das kulinarische Erbe des Landes vermehrt alte Rezepte und Zubereitungsmethoden hervor – und das Ergebnis kann ziemlich speziell sein. Von der Hauptstadt bis zu erlesenen Restaurants, die sich manchmal an seltsam entlegenen Orten befinden, bekommt man köstliche, fantasievolle isländische Speisen. Die ausgeprägte Slow-Food-Bewegung zieht landeseigene Produkte den den Importen vor und die Restaurants setzen stolz regionale Spezialitäten auf die Karte.

Das wunderbare Buch *North: The New Nordic Cuisine of Iceland* von den Köchen Gunnar Karl Gíslason und Jody Eddy stellt traditionelle isländische Lebensmittelerzeuger vor, von denen viele Gunnars erstklassiges Restaurant Dill beliefern.

Typisches & Spezialitäten

Fisch & Meeresfrüchte

„Die Hälfte unseres Landes ist Meer“ sagt ein altes isländisches Sprichwort. Fisch ist das wichtigste Standbein der Landesküche. Was in Restaurants oder auf Märkten angeboten wird, ist immer fangfrische Ware, die dann gekocht, gebraten, gebacken oder gegrillt auf den Tisch kommt.

Früher aßen die Isländer nur die als Delikatessen geltenden Bäckchen und die Zunge des *þorskur* (Kabeljau), der Rest wurde exportiert. Mittlerweile stehen auch Kabeljaufilets auf der Karte, außerdem *ýsa* (Schellfisch), *bleikja* (Seesaibling) und der beliebte, in der Konsistenz fleischähnliche *skötuselur* (Seeteufel). Außerdem gibt's *lúða* (Heilbutt), *steinbítur* (Seewolf), *sandhverfa* (Steinbutt; kein einheimischer Fisch), *síld* (Hering), *skarkoli* (Scholle) und *skata* (Rochen). Im Sommer werden *silungur* (Bachforelle) und *villtur lax* (Wildlachs) angeboten. *Eldislax* ist Zuchtlachs und das ganze Jahr über erhältlich; er taucht geräuchert auf unzähligen Speisekarten auf.

Harðfiskur ist ein beliebter Imbiss, der mit Butter gegessen und in Supermärkten und an Marktständen zu haben ist. Dahinter verbirgt sich in Streifen geschnittener Schellfisch, der ausgenommen und so lange an der Luft getrocknet wird, bis er gedörrt und mürbe ist.

EINE REISE FÜR DIE GESCHMACKSNERVEN

Fisch und Lamm aus Island sollten ganz oben auf der persönlichen Speisekarte für das Land stehen. Vielleicht möchten manche Besucher auch Ungewohntes wie Wal, Papageitaucher oder sogar *hákarl* (fermentierter Grönlandhai) probieren – aber das sollte man sich bitte gut überlegen. Empfehlenswert sind hingegen folgende isländische Spezialitäten.

Skyr Cremiges, an Quark erinnerndes Milchprodukt, manchmal mit Zucker und Beeren angereichert. Man kann es in Getränken oder isländischen Nachspeisen bekommen, es wird auch im Käsekuchen und in Crème brûlée verarbeitet; es gibt sogar „skyramisu“.

Hangikjöt Abgehangenes Fleisch, meist geräuchertes Lamm, in dünnen Scheiben serviert – ein traditionelles Weihnachtsgericht.

Harðfiskur Krümelige Stückchen von luftgetrocknetem Schellfisch, oft mit Butter gegessen.

Pýlsur Isländischer Hotdog aus Lamm-, Rind- und Schweinefleisch, wahlweise garniert mit rohen oder frittierten Zwiebeln, Ketchup, Senf oder pikanter Remouladensauce (wer *eina með öllu* bestellt, bekommt einen mit allem).

Lakritze Salzige wie auch mit Schokolade überzogene Lakritzspezialitäten füllen die Süßigkeitenregale der Supermärkte.

Rúgbrauð Kräftiges, dunkles Roggenbrot. Am Mývatn sollte man nach *hverabrauð* Ausschau halten, das im Erdofen mit Erdwärme gebacken wird.

HIER KOMMT ALLES AUF DEN TISCH!

Wer einen Teller mit einem althergebrachten isländischen Gericht betrachtet, muss damit rechnen, dass es zurückstarrt. Früher wurde nämlich nichts weggeworfen und manche traditionellen Spezialitäten erinnern eher an Requisiten für einen Horrorfilm als an Lebensmittel. Zum Glück sind sie auf den Speisekarten kaum zu finden – sie werden meist nur bei *þorramatur*-Büfetts während des Mittwinterfests Þorrablót (benannt nach dem altnordischen Monat Þorri, Mitte Januar bis Mitte Februar) gegessen. Dazu wird jede Menge *brennivín* (Kümmelschnaps) gebechert.

Svið Abgesengter, halber Schafskopf (komplett mit Augen), gekocht und direkt verzehrt oder manchmal eingelegt.

Sviðasulta (Schafskopfsülze) Stücke von *svið*, in glibberige Laibe gepresst und in Molke eingelegt.

Slátur („Schlachteplatte") Gibt's in zwei Formen: *lifrarpylsa* ist eine Leberwurst im Schafsmagen aus einem Gemisch aus Schafsgedärmen, Leber und Fett (ähnlich dem schottischen *haggis*). Bei *Blóðmör* kommt noch Schafsblut hinzu (eine Art Blutwurst).

Súrsaðir hrútspungar Widderhoden, in Molke eingelegt und zu einem Block gepresst.

Hákarl Islands berühmt-berüchtigtes Gericht besteht aus Grönlandhai, der so schwer verdaulich ist, dass er erst einmal sechs Monate lang, in Erde eingebuddelt, vergammeln muss. Die meisten Ausländer finden schon den Gestank (eine Mischung aus Ammoniak und verrotteter Tierleiche) unerträglich, aber das Zeug schmeckt besser, als es riecht. Der Nachgeschmack ist allerdings bestialisch; ein kräftiger Schluck *brennivín* wird traditionell als Gegenmittel gereicht. Dabei ist zu bedenken, dass die Bestandszahlen des Grönlandhais unklar sind.

Auch *rækja* (Krabben), *hörpudiskur* (Jakobsmuscheln) und *kræklingur* (Miesmuscheln) werden in isländischen Gewässern gefangen – Muscheln sind zu Beginn und am Ende des Sommers am besten. Der *humar* (oder *leturhumar*) ist ein echter Leckerbissen. Die Isländer bezeichnen ihn als „Hummer", aber andernorts sind diese Tiere als „Kaisergranat" bekannt. Besonders beliebt sind die aus Höfn in Südostisland. Dort gibt's sogar jedes Jahr ein Hummerfest.

Fleisch

Isländisches Lamm (das hier beworben wird: www.icelandiclamb.is) ist schwer zu toppen. Im Sommer streifen die Schafe frei durch Berge und Täler und fressen chemiefreies Gras. Im September werden sie beim *réttir* zusammengetrieben und überwintern in Ställen. Ergebnis dieses luxuriösen Lebens ist ein unglaublich zartes Lammfleisch mit leichtem Wildaroma. In den meisten Restaurants stehen Lammfilet, Lammkotelett und geräuchertes Lamm auf der Karte.

Auch Rind schmeckt ausgezeichnet, ist aber seltener und daher teurer. Pferdefleisch hat ebenfalls seine Liebhaber, gilt aber als eine Art Delikatesse. Auf Speisekarten kann durchaus Fohlenfilet auftauchen.

Das ostisländische Hochland ist das Revier wilder Rentiere, die dort als Steaks auf dem Teller landen. Die Rentierjfagd ist streng reguliert; die Saison dauert von Ende Juli bis weit in den September hinein.

Vögel bereichern seit jeher den isländischen Speisezettel. *Lundi* (Papageitaucher) wurden einst geräuchert oder gekocht in leberartigen Stücken serviert, allerdings immer seltener nach dem besorgniserregenden Rückgang der Bestände. *Svartfugl*, ein weiterer Seevogel, wird auf englischsprachigen Speisekarten oft mit *blackbird* (Amsel) übersetzt; tatsächlich handelt es sich dabei um die Trottellumme. Spitzenrestaurants, die auf saisonale Zutaten Wert legen, bieten im Herbst manchmal gebratene *heiðagæs* (Kleine Rietgans) an. Alpenschneehuhn ist eine Weihnachtsspezialität, seine Zahlen schwanken allerdings.

Wo gibt's das frisch?

Kaisergranat: Höfn

Tomaten: Flúðir

Rentierfleisch: Egilsstaðir und Ostisland

Hverabrauð („Thermalquellenbrot"): Mývatn

Muscheln: Stykkishólmur

Fohlenfleisch: Skagafjörður

Süßigkeiten & Desserts

Probierenswert ist *skyr*, eine quarkähnliche Leckerei aus Magermilch. Trotz des sahnigen Geschmacks enthält sie wenig Fett und viel Eiweiß. Sie wird durch die Zugabe von Zucker, Früchten (vor allem Blaubeeren) und Rahm zu einer wunderbar cremigen Köstlichkeit. Jeder Supermarkt hat *skyr* im Kühlregal und Restaurants bieten ihn als Dessert an.

Isländer mögen ihre *pönnukökur* (Pfannkuchen) dünn, süß und mit Zimt. *Kleinur* („geknotetes" Schmalzgebäck) sind ebenso lecker wie ihre Abart *ástarpungar* („Liebesbällchen"), frittierte, pikante Krapfen. Bäckereien verkaufen diese und viele weitere fantastische Kuchen und Teilchen – einige der wenigen süßen Hinterlassenschaften der dänischen Fremdherrschaft.

Isländische Milchbetriebe produzieren auch köstliche, hausgemachte Eiscreme, die häufig auf der Speisekarte von Restaurants der Umgebung zu finden ist.

Der Koch Anthony Bourdain beschrieb *hákarl* (fermentierter Grönlandhai) als das Schlimmste, was er je in den Mund genommen hatte. Die ungewöhnliche Art kann bis zu 512 Jahre alt werden – das ist das höchste Alter, das weltweit bei einem Wirbeltier gemessen wurde).

Getränke

Alkoholfreies

Ein Leben ohne *kaffi* (Kaffee) ist in Island undenkbar. In jedem Café und an jeder Tankstelle steht immer eine Kanne Filterkaffee auf dem Tresen bereit und in manchen Läden gibt's für Kunden eine Tasse gratis. Gemütliche Cafés nach europäischem Vorbild, die Espresso, Latte, Cappuccino und Mokka anbieten, werden immer beliebter, auch in den entlegensten Winkeln der Insel – allerdings ist der Kaffee nicht immer der beste. Es gibt auch Tee, aber das Angebot kann bei Weitem nicht mit dem für Kaffee mithalten. Die in den Supermärkten am weitesten verbreiteten Marken ergeben nur ein schwaches Gebräu. Wegen der erhöhten Nachfrage durch Touristen ändert sich das jedoch allmählich.

Neben all dem Kaffee trinken Isländer pro Kopf mehr Coca-Cola als die Einwohner der meisten anderen Länder. Ebenfalls gern getrunken werden Egils Appelsín (Orangenlimonade) und Egils Malt Extrakt, ein sehr süßes, typisch isländisches Malzbier.

Flaschenwasser zu kaufen wird in Island nicht als Verbrechen geahndet, sollte es aber eigentlich. Das Leitungswasser kommt hier normalerweise vom nächsten Gletscher oder aus der nächsten Quelle und ist so rein wie sonst kaum irgendwo.

Alkohol

Manchen Isländern kommt es beim Alkohol weniger auf den Geschmack an – Hauptsache, er macht betrunken. Vor allem in Reykjavík heißt Ausgehen am Wochenende „Saufen bis zum Umfallen".

Das Mindestalter für den Kauf von Bier, Wein oder Spirituosen ist 20 Jahre. Alkohol gibt es nur in Kneipen und Restaurants mit Schanklizenz sowie in den Vínbúðin, den staatlichen Alkoholläden (www.vinbud.is). Davon gibt's landesweit rund 50 – einen in fast jedem größeren Ort und im Großraum Reykjavík ein rundes Dutzend. In größeren Orten haben sie meist montags bis donnerstags und samstags von 11 bis 18 Uhr sowie freitags von 11 bis 19 Uhr geöffnet (So geschl.). In kleinen Dörfern öffnen die Vínbúðin nur ein oder zwei Stunden am späten Nachmittag oder Abend. Freitags bilden sich dort gegen 17 Uhr oft lange Schlangen. Die Preise für eine Flasche Wein fangen bei 1500 ISK an, für Bier wird ein Drittel des Kneipenpreises verlangt.

Die süßlich-pfeffrigen Kümmelsamen würzen in Island nicht nur *brennivín*, sondern auch Käse, Kaffee und Brot. Nach der Blüte der Kümmelpflanze Ende August machen viele Reykjavíker einen Ausflug zur Insel Viðey, um Kümmelsamen zu sammeln.

Tankstellen und Supermärkte verkaufen das schwache und wässrige sogenannte Pilsner mit 2,2 % Alkohol – aber da verzichten die meisten Isländer lieber ganz. Die größten Brauereien der Insel, Egils, Gull, Thule und Víking, brauen durchschnittliches helles Bier und Pils. Es wird auch Bier importiert. Und in den letzten Jahren sind überall in Island gute kleine Brennereien und Brauereien entstanden, die neben Whisky und

Wodka auch Dutzende sehr guter Craft-Biere erzeugen – Näheres auf unserem Spickzettel auf S. 96. Auch nach saisonalen Bieren sollte man die Augen offen halten – besonders beliebt sind die Weihnachtsbiere.

Berichte über astronomische Alkoholpreise in Island rühren daher, dass ein halber Liter Bier in einer Kneipe oder einem Restaurant etwa 1100 bis 1900 ISK kostet. In Reykjavík bieten viele Läden Happy Hours; dann zahlt man für ein Bier nur noch 700 bis 900 ISK. Für Preisbewusste gibt's die Smartphone-App Reykjavík Appy Hour.

Für Feinschmecker sind vielleicht die kulinarischen Touren wie jene ab Akureyri von Saga Travel (www.sagatravel.is) oder die Touren in Westisland von Crisscross (www.crisscross.is) interessant.

Das traditionelle alkoholische Getränk der Isländer ist der *brennivín* (Branntwein), ein starker Schnaps aus Kartoffeln und Kümmel mit dem verheißungsvollen Beinamen *svarti dauði* (schwarzer Tod). Dieser Schnaps ist quasi unvermeidlich, wenn man leckere traditionelle Häppchen probiert (S. 444). Daneben gibt es noch weitere lokale Branntweinhersteller, vor allem für Wodka.

Wohin zum Essen & Trinken?

Restaurants

Islands beste Restaurants befinden sich in Reykjavík, aber inzwischen gibt es fantastische Gastronomie auch außerhalb der Hauptstadt. Sie wendet sich an Reisende, die authentische Regionalküche genießen möchten. Diese Restaurants lassen sich von kleinen, lokalen Erzeugern beliefern: Gersten- und Gemüsebauern, Muschelzüchtern, Schafzüchtern und Fischern. In vielen Lokalen kommen die Zutaten direkt von nebenan.

Die Preisunterschiede zwischen hervorragenden und durchschnittlichen Restaurants sind oft nicht sehr groß. Es lohnt sich also durchaus, ab und zu ein besseres Lokal zu besuchen. Auf dem Land gibt's meist nicht viel Auswahl – das einzige Restaurant im Ort ist vielleicht das des örtlichen Hotels (oder der Imbiss an der Tankstelle). Und in der Hochsaison bekommt man ohne Reservierung womöglich keinen Tisch oder muss lange warten.

Die Speisekarten enthalten normalerweise mindestens ein Fischgericht, ein vegetarisches Gericht (meist Pasta) und mehrere Fleischgerichte, vor allem Lamm. Zahlreiche Restaurants bieten auch billigere Mahlzeiten wie Hamburger oder Pizza an. Zudem gibt's in der Regel Suppe – als Mittagsgericht (z. B. als Teil eines Suppen- und Salatbuffets) oder als Vorspeise am Abend. *Fiskisúpa* (Fischsuppe) wird nach verschiedenen Familienrezepten zubereitet; in der *kjötsúpa* (Fleischsuppe) sind gewöhnlich Gemüse und kleine Stücke Lamm zu finden.

Länderküche: Island – Das Kochbuch von Gudrun M. H. Kloes und Áslaug Snorradóttir oder das *Island-Kochbuch* Maike Hanneck bieten einen Einblick in die isländische Küche.

In Reykjavík und (etwas seltener) in Akureyri gibt's thailändische, japanische, italienische, mexikanische, indische, chinesische und andere ausländische Spezialitätenlokale. Auch gibt es manchmal willkommene Überraschungen – äthiopische Küche in Flúðir und marokkanische in Siglufjörður.

Restaurants sind in der Regel täglich von 11.30 bis 14.30 und von 18 bis 22 Uhr geöffnet. Selbst im Sommer kann es jedoch sein, dass die Küche um 21 Uhr schließt.

Cafés & Kneipen

Die vielen hippen Café-Kneipen in der Innenstadt Reykjavíks sind ideal, um gemütlich einen Kaffee zu schlürfen, Leute zu beobachten, Ansichtskarten zu schreiben oder mit dem Laptop die Zeit zu vertrödeln. Das Angebot reicht von einfachen Suppen und Sandwiches bis zu Fischgerichten und opulenten Burgern. In den letzten Jahren ist auf den Speisekarten der Cafés ein Trend zur Restaurantküche erkennbar, mit entsprechend höheren Preisen. Die Cafészene breitet sich aus: Vielerorts im Land sind coole neue Läden zu finden.

Viele Cafés in Reykjavík verwandeln sich abends (meist freitags und samstags) in turbulente Bars, wo plötzlich DJs auftauchen, statt Kaffee

Oben Kaffi Lára – El Grilló Bar (S. 374), Seyðisfjörður

Unten Isländische *fiskisúpa* (Fischsuppe) mit Lachs und Garnelen

CATCHASNAP/SHUTTERSTOCK ©

PREISKATEGORIEN ESSEN

Die aufgeführten Lokale wurden nach dem Preis für ein durchschnittliches Hauptgericht in die folgenden Preiskategorien unterteilt:

€ unter 2000 ISK (16 €)

€€ 2000–5000 ISK (16–40 €)

€€€ über 5000 ISK (40 €)

Bier bestellt wird und das Partyvolk bis irgendwann zwischen 4 und 5 Uhr morgens immer lauter und ausgelassener wird. Außerhalb von Reykjavík ist die Kneipenszene sehr viel gesetzter, wenn auch in Akureyri freitags und samstags einiges los ist.

Würstchenbuden & Tankstellen

Der Biertag (1. März) geht auf den glorreichen Tag im Jahr 1989 zurück, als in Island Bier legalisiert wurde – den größten Teil des 20. Jhs. war es verboten. Wie zu erwarten wird dann in den Clubs und Kneipen in Reykjavík besonders kräftig gefeiert.

Isländer lieben Fast Food – wenn sich in Reykjavík irgendwo eine Schlange bildet, steht dort höchstwahrscheinlich eine Bude, die *pýlsur* (Hotdogs) verkauft. Viele große Tankstellen haben einen angeschlossenen Imbiss mit Cafeteria – meist günstig, gut und von Einheimischen belagert. Normalerweise gibt's Sandwiches und Fast Food von 11 bis 21 oder 22 Uhr und um die Mittagszeit manchmal auch herzhafte Tellergerichte wie Fleischsuppe, fangfrischen Fisch oder Lamm. Die Cafeterias der N1-Tankstellen an der Ringstraße sind immer voll.

Supermärkte & Bäckereien

Jede Stadt und jedes Dorf hat zumindest einen kleinen Supermarkt. Die teuersten sind die der Kette 10–11, die dafür aber meist lange geöffnet haben. Bónus (leicht erkennbar an dem gelben Schild mit rosa Schweinchen) ist der isländische Billigsupermarkt. Weitere Ketten heißen Hagkaup, Kjarval, Krónan, Nettó und Kjörbúðin, ehemals bekannt als Samkaup-Strax. Die Öffnungszeiten sind sehr uneinheitlich. In Reykjavík haben die meisten Supermärkte täglich von 9 bis 23 Uhr geöffnet, außerhalb der Hauptstadt normalerweise nicht so lange. Sonntags sind die Läden kürzer oder gar nicht geöffnet.

Die isländischen Bäckereien *(bakari)* kann man gar nicht hoch genug loben. Es gibt sie in fast jedem Ort – vielleicht in einem Supermarkt – und in der Regel haben sie werktags von 7 oder 8 bis 17 Uhr geöffnet (manchmal auch samstags). Die *bakari* verkauft ein breites Sortiment an preiswertem, frischem Brot, Kleingebäck, Kuchen, Sandwiches und Kaffee, meist gibt's dort auch Tische und Stühle.

Die meisten Lebensmittel werden importiert, die Preise sind daher gepfeffert – oft zwei- oder dreimal so hoch wie im restlichen Europa. Überraschend günstig sind Fisch von guter Qualität (in der Dose oder geräuchert) und Milchprodukte. Etwas Obst und Gemüse kommt aus lokalem Anbau und ist frisch und aromatisch, während Importware manchmal schon ziemlich angegammelt aussieht, wenn sie in den Ladenregalen landet.

Salt Eldhús (www.salteldhus.is) ist eine kleine Kochschule in Reykjavík, die praxisbezogene Gourmetkochkurse mit regionalen Zutaten anbietet.

Vegetarier & Veganer

In Reykjavík haben Vegetarier und Veganer keine Probleme. Einige ausgezeichnete Café-Restaurants in der Innenstadt servieren fleischfreie Kost und in vielen Lokalen steht auch Vegetarisches auf der Karte (wer einmal im Gló gegessen hat, will wahrscheinlich immer dort essen). Im Rest des Landes haben die meisten Restaurants zumindest ein Angebot auf der Karte – allerdings fast ausnahmslos Pasta mit Käse und Tomatensauce, Pizza oder ein Salat, was auf die Dauer ziemlich langweilig werden kann. Veganer müssen sich gewöhnlich selbst versorgen, obwohl Restaurants diese Ernährungsweise langsam mehr auf dem Schirm haben.

Praktische Informationen

Allgemeine Informationen

Arbeiten in Island

Bewerber für einen der gefragten Sommerjobs (z. B. Zimmermädchen und Bedienung in Hotels, Pensionen und Restaurants) müssen aus der EU bzw. dem Europäischen Wirtschaftsraums (EWR) stammen. Für qualifizierte Jobs sind isländische Sprachkenntnisse meist eine Voraussetzung (Ausnahmen gibt's in der wachsenden Software- und Spieleindustrie sowie im Tourismus).

Für Leute, die nicht aus der EU/dem EWR stammen, wird es komplizierter – sie brauchen eine Arbeitsgenehmigung, die gewöhnlich die Bürgschaft eines isländischen Unternehmens erfordert. Alle Einzelheiten stehen auf der Website der Einwanderungsbehörde www.utl.is.

Eine der besten Quellen für Informationen und Kontaktadressen ist die Website der isländischen Arbeitsbehörde Vinnumálastofnun (www.vinnumalastofnun.is).

Barrierefreies Reisen

Für Menschen mit Behinderung ist Reisen in Island komplizierter als in den meisten nordeuropäischen Ländern. Informationen über barrierefreie Einrichtungen gibt **Þekkingarmiðstöð Sjálfsbjargar** (Sjálfsbjörger Wissenszentrum; ☎550 0118; www.thekkingarmidstod.is; Hátún 12, Reykjavík). Die Website God Adgang (www.godadgang.dk), eine dänische Initiative, die in Island übernommen wurde, informiert über isländische Anbieter und Einrichtungen, bei denen Barrierefreiheit registriert und zertifiziert wurde.

Besonders gut geeignet für individuelle Touren durch Island sind All Iceland Tours (www.allicelandtours.is) und Iceland Unlimited (www.icelandunlimited.is). Gray Line Iceland (www.grayline.is) und Reykjavík Excursions (www.re.is) organisieren Besichtigungs- und Tagestouren ab Reykjavík und sind Reisenden mit Behinderung behilflich, aber sie empfehlen, sie schon vor der Reise zu kontaktieren, um die jeweiligen Anforderungen abzusprechen.

Die Stadtbusse in Reykjavík sind mit Rampen ausgestattet und daher barrierefrei. In anderen Orten haben die Busse weder Rampen noch Hebebühnen. Lonely Planets kostenloser Führer *Accessible Travel* kann unter http://lptravel.to/AccessibleTravel heruntergeladen werden.

Botschaften & Konsulate

Aktuelle Informationen zu den Botschaften und Konsulaten (sowohl zu isländischen

STEUERFREI EINKAUFEN

Jeder mit einem permanenten Wohnsitz außerhalb Islands kann sich bei einem (einzelnen) Einkauf von über 6000 ISK die Mehrwertsteuer erstatten lassen. Nach dem Schild „tax-free shopping" im Schaufenster Ausschau halten und an der Kasse nach dem Formular für die Steuererstattung fragen.

Vor dem Einchecken für den Rückflug in Keflavík müssen im Erstattungsbüro der Arion Banki (in der Ankunftshalle gegenüber dem Mietwagenschalter) das ausgefüllte Formular, der Reisepass, die Rechnungen und die Einkäufe vorgelegt werden. Die Waren dürfen nicht benutzt sein. Die Öffnungszeiten des Büros richten sich nach den Abflugzeiten.

Wer das Land vom Flughafen Reykjavík oder von einem Hafen verlässt, geht vor dem Einchecken zum Zollamt.

Vertretungen im Ausland als auch zu Botschaften in Island) können auf der Website des isländischen Außenministeriums (www.mfa.is) abgerufen werden (über den Punkt „Diplomatic Missions", dann „Foreign Missions").

Feiertage & Ferien

Die gesetzlichen Feiertage werden oft für Familienzusammenkünfte genutzt. Wenn sie auf ein Wochenende fallen, zieht es die Isländer aufs Land und sie gehen campen. Wer an Feiertagen unterwegs ist, vor allem am langen Wochenende des Handelsfeiertags, sollte Berghütten und Busfahrten weit im Voraus buchen.

Gesetzliche Feiertage in Island:

Neujahr 1. Januar

Ostern März oder April (Gründonnerstag bis Ostermontag)

Sommeranfang Erster Donnerstag nach dem 18. April

Tag der Arbeit 1. Mai

Himmelfahrt Mai oder Juni

Pfingsten Mai oder Juni

Nationalfeiertag 17. Juni

Handelsfeiertag Erster Montag im August

Weihnachten 24.–26. Dezember

Silvester 31. Dezember

Schulferien

Die Sommerferien dauern von der ersten Juniwoche bis zur dritten Augustwoche. In dieser Zeit sind die meisten Edda- und Sommerhotels geöffnet.

Die Weihnachtsferien dauern zwei Wochen, etwa vom 21. Dezember bis zum 3. Januar. Außerdem gibt's um Ostern herum eine Woche Ferien.

Freiwilligenarbeit

Freiwilligenarbeit im Ausland ist eine gute und relativ günstige Möglichkeit, Land und Leute kennenzulernen.

Um die Ausbeutung von Freiwilligen zu verhindern, gibt die von den Gewerkschaften erstellte Website www.volunteering.is einen Überblick über die Rechte von ehrenamtlichen Mitarbeitern.

Iceland Conservation Volunteers (www.ust.is/the-environment-agency-of-iceland/volunteers) Die isländische Umweltbehörde Umhverfisstofnun (UST) stellt jeden Sommer rund 150 ehrenamtliche Helfer für Naturschutzprojekte im ganzen Land ein. Siehe auch Working Abroad (www.workingabroad.com).

SEEDS (www.seeds.is) Die isländische Organisation arrangiert Workcamps und Urlaub mit Freiwilligenarbeit (meist über zwei bis drei Wochen), vor allem bei Umweltprojekten, bei Renovierungen oder zur Unterstützung bei Events.

Volunteer Abroad (www.volunteerabroad.com) Überblick über mögliche Projekte in Island.

Workaway (www.workaway.info) Fördert den Austausch zwischen Reisenden/Freiwilligen und Familien oder Organisationen, die Helfer suchen.

Worldwide Friends (www.wf.is) Die isländischen Worldwide Friends betreiben kurzzeitige Workcamps, die sich um Umwelt- und kommunale Projekte kümmern.

WWOOF (www.wwoofindependents.org) World Wide Opportunities On Organic Farms (auch bekannt als Willing Workers On Organic Farms) hat eine Handvoll Bio-Bauernhöfe in Island im Programm.

Geld

Geldautomaten

- Wer eine gültige Karte dabei hat, braucht lediglich kleine Beträge aus den Geldautomaten zu ziehen.
- Fast jeder Ort in Island hat eine Bank mit einem Geldautomaten *(hraðbanki)*, an dem mit MasterCard, Visa-, Maestro- oder Cirrus-Karten Geld abgehoben werden kann.
- Geldautomaten gibt es auch an allen größeren Tankstellen und in Einkaufszentren.

Kredit- & Bankkarten

- Die Isländer zahlen selbst kleine Einkäufe mit der Karte.
- Vor der Reise sollte man sich vergewissern, dass man mit der eigenen Karte in Island Geld bekommt – bei Einkäufen werden nur Karten mit PIN akzeptiert.
- Visa und MasterCard werden in den meisten Läden, Restaurants und Hotels akzeptiert. American Express wird auch in der Regel angenommen, Diners Club eher nicht.
- Sogar der Flybus vom internationalen Flughafen in Keflavík nach Reykjavík kann mit Plastikgeld bezahlt werden. Praktisch für alle, die gerade erst im Land angekommen sind.
- Wer auf einem Bauernhof übernachtet oder abgelegene Dörfer besucht, sollte vorsichtshalber genug Bargeld bei sich haben, um über die Runden zu kommen.

Reiseschecks

Reiseschecks und Banknoten können bei allen großen Banken gegen isländische Währung umgetauscht werden, allerdings gibt es Bankfilialen nur in größeren Ortschaften.

> **WICHTIG: KREDITKARTEN-PIN**
>
> Für alle Zahlungen per Kredit- oder Bankkarte ist die vierstellige Geheimzahl notwendig, z. B. auch an Tankstellen ohne Personal. Vor der Abreise also unbedingt einen PIN-Code besorgen, falls man noch keinen hat.

ETIKETTE

Hot Pots & Pools Vor dem Besuch eines Hot Pots oder Schwimmbads nackt und gründlich duschen.

Schuhe Beim Betreten von Wohnungen immer die Schuhe ausziehen.

Geländefahrten Niemals die Straße verlassen.

Drohnen Drohnen dürfen in Nationalparks nicht benutzt werden.

Sperrungen Niemals Hinweise, dass Straßen oder Stätten gesperrt sind, ignorieren – es sind Sicherheitsmaßnahmen.

Steuern & Erstattungen

Der Standardsatz der Mehrwertsteuer in Island beträgt 24 %. Für bestimmte Produkte und Dienstleistungen, u. a. Bücher, Lebensmittel und Unterkunft, beträgt er 11 %. Die Mehrwertsteuer ist in den angegebenen Preisen enthalten.

Trinkgeld

- Weil Service und Mehrwertsteuer immer im Preis inbegriffen sind, ist Trinkgeld in Island nicht notwendig.
- Das Aufrunden der Restaurantrechnung oder ein kleines Trinkgeld für guten Service wird aber gern gesehen

Währung

Die isländische Währung ist die Króna, Plural Krónur (ISK).

- Es gibt 1-, 5-, 10-, 50- und 100-Kronen-Münzen.
- Banknoten gibt es im Wert von 500, 1000, 2000, 5000 und 10 000 ISK.
- Einige Unterkünfte und Tourenanbieter geben ihre Preise in Euro an, um Währungsschwankungen auszugleichen, doch bezahlt wird in Kronen.

Gesundheit

Reisen in Island ist nicht mit besonderen gesundheitlichen Risiken verbunden.

Leitungswasser kann ohne Bedenken getrunken werden, die Hygienestandards sind hoch und es gibt keine einheimischen Schädlinge.

Krankenversicherung

Eine Reiseversicherung, die auch Krankheitsfälle abdeckt, wird dringend empfohlen. Auch sollte stets das Kleingedruckte überprüft werden, etwa um zu wissen, ob auch riskante Sportarten wie Wandern, Tauchen, Reiten, Ski- oder Schneemobilfahren im Vertrag inkludiert sind.

Impfungen

Es sind keinerlei Impfungen erforderlich oder empfohlen.

Medizinische Versorgung

Die medizinische Versorgung in Island ist ausgezeichnet. Viele Ärzte und Pflegekräfte sprechen Englisch. Außerhalb von größeren Städten können die Wege zum nächsten Arzt aber sehr lang sein.

Gegen kleinere Wehwehchen haben die meisten Apotheker gute Ratschläge und rezeptfreie Medikamente parat. Apotheken sind am Schild *apótek* zu erkennen. Die Apotheker können auch beurteilen, wann ärztliche Hilfe vonnöten ist.

Für die ärztliche Versorgung sind die Gesundheitszentren, *heilsugæslustöð*, zuständig. Die Zentren im Raum Reykjavík sind auf www.heilsugaeslan.is aufgelistet; anderswo kann man in einer Touristeninformation oder in der Unterkunft nachfragen, wo das nächste Zentrum zu erreichen ist.

Bürger der nordischen Staaten müssen nur ihren Pass zeigen, um behandelt zu werden. Bürger des Europäischen Wirtschaftsraums (EWR) erhalten auf Vorzeigen der Europäischen Krankenversicherungskarte (EHIC, European Health Insurance Card) kostenlose medizinische Notfallversorgung. Sie zahlen die gleichen Gebühren wie Isländer.

Bürger aus anderen Ländern können sich medizinisch behandeln lassen, müssen die Behandlung aber selbst bezahlen (die eigene Krankenversicherung erstattet den Betrag, Belege aufheben!). Eine einfache ärztliche Beratung kostet rund 10 000 ISK. Eine Auslandsreisekrankenversicherung ist ratsam. Informationen über die medizinische Versorgung von Touristen stehen auf www.sjukra.is/english/tourists.

Unterkühlung & Erfrierungen

Die größten Gesundheitsgefahren gehen von dem extremen Klima aus. Eine gute Vorbereitung kann die Risiken begrenzen. Selbst an warmen Tagen kann das Wetter in den Bergen blitzartig umschlagen, deshalb immer wasserdichte, warme Kleidung mitnehmen und andere über die geplante Route informieren.

Akute Unterkühlung stellt sich ein, wenn die Temperatur innerhalb kürzester Zeit erheblich sinkt. Allmählicher Temperaturabfall über mehrere Stunden hinweg ruft chronische Unterkühlungen hervor. Erste Anzeichen von Unterkühlung sind Zittern, abnehmendes Urteilsvermögen und verminderte Reaktionsfähigkeit. Werden keine Gegenmaßnahmen ergriffen, wird der Betroffene apathisch, geistig verwirrt und fällt schließlich ins Koma. Deshalb unbedingt einen Unterschlupf suchen, warme, trockene Kleidung tragen, heiße, süße Getränke trinken und durch Körperkontakt aufwärmen.

Erfrierungen treten an den Körperextremitäten auf. Ihr Grad variiert je nach Wind, Temperatur und Dauer der Frosteinwirkung. Zuerst erscheinen auf der Haut weiße, taube Stellen, die meist wieder komplett verschwinden, sobald der Betroffene ins Warme kommt. Im nächsten Stadium treten Frostbeulen auf und schließlich färbt sich das Gewebe schwarz. In solchen Fällen kann es zu irreparablen Schäden kommen. Warme, trockene Kleidung, viel Flüssigkeit und ausreichende Kalorienzufuhr sind die besten Vorbeugemaßnahmen gegen Erfrierungen. Wer erste Anzeichen feststellt, muss so schnell wie möglich ins Warme.

Leitungswasser

Island hat so ziemlich das sauberste Wasser der Welt: Leitungswasser lässt sich unbedenklich trinken. Die Einheimischen lächeln amüsiert über Reisende, die Flaschenwasser kaufen, wenn die gleiche Qualität aus der Leitung zu haben ist.

Heißes Thermalwasser riecht nach Schwefel, kaltes Wasser hat jedoch keinen Geruch.

Internetzugang

WLAN ist in Island weit verbreitet.

- Viele Unterkünfte und Restaurants/Cafés im ganzen Land, oft auch Busse, haben WLAN. Für Gäste und Kunden ist die Nutzung in der Regel kostenlos. Der Zugangscode muss unter Umständen beim Personal erfragt werden.
- Die meisten N1-Tankstellen bieten kostenloses WLAN.
- Die einfachste Art, ins Internet zu kommen, ist eine isländische SIM-Karte mit Datenvolumen für das Smartphone. Andere Geräte können dann via Handy ins Internet einloggen.
- Wer mit seiner eigenen WLAN-Verbindung reisen will, kann sich über Trawire (http://iceland.trawire.com) ein tragbares 4G-Modem mit unbegrenztem Einsatz ab 9 US$ pro Tag leihen (bis zu zehn Laptops oder Handys können angeschlossen werden).
- Einige Verleihfirmen von Autos und Wohnmobilen bieten tragbare Modems als Extra an.
- In den meisten isländischen Bibliotheken stehen Computer, die von Besuchern genutzt werden können, auch in den kleineren Orten; oft gegen eine geringe Gebühr.
- Auch Touristeninformationen verfügen häufig über einen öffentlichen Internetzugang, bei kurzer Nutzung oft kostenlos.

Karten & Stadtpläne

Online-Karten sind durchaus nützlich, aber in Island ist es besser, sich gedruckte Karten zu besorgen und nicht blind den GPS-Anweisungen zu folgen: Es gibt reichlich Geschichten von Fahrern, die von Online-Karten im Winter über Berg-

PRAKTISCH & KONKRET

Ermäßigungen Studenten und Rentner bekommen bei Inlandsflügen, einigen Fähr- und Busstrecken, Touren und beim Museumseintritt Ermäßigungen, wenn ein entsprechender Nachweis vorgelegt wird.

Maße & Gewichte Das metrische System wird verwendet.

Radio Der öffentlich-rechtliche Sender RÚV (www.ruv.is) sendet drei Programme: Rás 1 (Nachrichten, Wetter, Kultur), Rás 2 (Popmusik, Aktuelles) und Rondó (klassische Musik).

Rauchen In öffentlichen Gebäuden verboten. Dazu gehören auch Cafés, Bars, Clubs, Restaurants und öffentliche Verkehrsmittel. Auch die meisten Unterkünfte sind Nichtraucher-Unterkünfte.

Wäsche Waschsalons sind nicht leicht zu finden. Auf Campingplätzen und in Hostels und Pensionen gibt's manchmal eine Waschmaschine, die Gäste gegen Bezahlung benutzen können. Businesshotels bieten teils einen (teuren) Wäscheservice. In einigen Ferienwohnungen stehen Waschmaschinen.

Zeitungen & Zeitschriften Die Tageszeitung *Morgunblaðið* (www.mbl.is) hat auf der Website auch Lokalnachrichten auf Englisch (www.icelandmonitor.mbl.is/new). Aktuelle Nachrichten stehen im *Iceland Review* (www.icelandreview.com). *Reykjavík Grapevine* (www.grapevine.is) bietet für Touristen exzellente Artikel und über das Alltagsleben in Island sowie einen Programmkalender. Die kostenlose Druckausgabe von *Grapevine* ist überall erhältlich.

pässe geschickt wurden, weil es technisch die kürzeste Strecke, aber definitiv nicht die sicherste war.

Gute Online-Karten sind auf ja.is und map.is zu finden.

In den letzten Jahren sind in Island neue Straßen und Tunnel gebaut und Schotterpisten asphaltiert worden. Daher empfehlen wir eine möglichst aktuelle Straßenkarte. Sie sollte auf jeden Fall die neue Route der Ringstraße aufzeigen (in Ostisland 2017 neu festgelegt).

In den Touristeninformationen gibt es nützliche kostenlose Karten der jeweiligen Städte und Regionen. Sie haben auch die kostenlose Broschüre *Rund um Island* vorrätig, mit Infos und Stadtplänen.

Straßenkarten werden in Touristeninformationen, Tankstellen und Buchläden verkauft.

Der Kartenverlag Ferðakort (www.mapoficeland.com) verkauft online und führt eine eigene Kartenabteilung im **Buchladen Iðnú** (☎517 7210; www.ferdakort.is; Brautarholt 8; ⏲Mo–Fr 10–16 Uhr) in Reykjavík. Ein weiterer zuverlässiger Kartenverlag mit einem großen Angebot ist Forlagið (Mál og Menning). Erhältlich sind die Karten z. B. in seiner **Kartenhandlung** (☎580 5000; www.bmm.is; Laugavegur 18; ⏲Mo–Fr 9–22, Sa 10–22 Uhr;) in Reykjavík oder online (www.forlagid.is – im Reiter „Bækur & Kort" auf „landakort" klicken).

Beide Verlage haben eine gute allgemeine Straßenkarte für Island im Programm (1:500 000 oder 1:600 000; ca. 2000 ISK). Der detailliertere Ferðakort-Straßenatlas (4000 ISK) im Maßstab 1:200 000 bietet auch Infos zu Unterkünften, Museen und Schwimmbädern.

Beide Verlage veröffentlichen außerdem zahlreiche Regionalkarten. Forlagið (Mál og Menning) bietet eine Reihe von acht Regionalkarten *(landshlutakort)* im Maßstab 1:200 000 (je 1800 ISK). Außerdem gibt's 31 detaillierte topografische Karten im Maßstab 1:100 000, die das gesamte Land abdecken und ideal für Wanderer sind, sowie Themenkarten z. B. zu den Sagas, zur Geologie oder zur Vogelbeobachtung.

Wanderer können auch bei der örtlichen Touristeninformation oder den Besucherzentren in den Nationalparks nach Karten fragen. Dort sind oft preiswerte Karten zu Wanderungen in der Gegend erhältlich.

Kinder

Island mag zwar keine großen Attraktionen für Kinder haben, aber mit der wilden Natur, den Tieren und lebendig dargestellten Wissenschaftsprojekten ist das ganze Land ein Abenteuer. In Island mit Kindern zu reisen ist ziemlich problemlos, zumal man sich hier abseits der meisten städtischen Gefahren befindet. Kinder sollten jedoch von den Klippen und ungesicherten Wasserfällen ferngehalten werden.

Spektakuläre Landschaften, zahlreiche Schwimmbäder und die Freundlichkeit der Isländer halten die Kinder bei Laune und wahrscheinlich werden sie sich auch für die Vogelkolonien, Wasserfälle, Vulkangebiete und Gletscher begeistern. Geeignet sind auch kurze Wanderungen, Superjeeptouren, Reitausflüge, Walbeobachtungen, Bootsfahrten und leichte Gletscherwanderungen (hierfür sollten die Kids mindestens acht bis zehn Jahre alt sein).

Reykjavík ist der kinderfreundlichste Ort in Island mit der größten Auswahl an entsprechenden Angeboten. Im Rest des Landes können die Entfernungen groß sein, daher ist es besser, sich auf eine oder zwei Regionen zu beschränken.

Die *Íslandskort barnanna* („Kinderkarte von Island") von Forlagið (Mál og Menning) mit Text auf Isländisch und Englisch richtet sich an kleinere Kinder.

Praktisch & Konkret

- Kinder zahlen für den Eintritt in Museen und Schwimmbädern die Hälfte oder gar nichts. Erwachsenenpreise gelten von Ort zu Ort unterschiedlich ab einem Alter von zwölf bis 18 Jahren.
- Auf Inlandsflügen und Touren mit Air Iceland Connect (www.airiceland connect.is) zahlen Kinder zwischen zwei und elf Jahren den halben Preis, Kleinkinder unter zwei reisen kostenlos.
- Die meisten Busunternehmen und Tourenveranstalter gewähren 50 % Ermäßigung für Kinder von vier bis elf Jahren; die Touren von Reykjavík Excursions (www.re.is) sind für Kinder unter elf Jahren sogar kostenlos; Kinder im Alter von zwölf bis 15 zahlen die Hälfte.
- Die internationalen Autovermietungen bieten gegen Aufpreis Kindersitze an (nur auf Vorbestellung).
- Das wechselhafte, oft nasskalte Wetter schreckt sicher viele von einem Campingurlaub mit Kindern ab, aber auf Campingplätzen oder Ferienbauernhöfen, in Hostels und anderen Unterkünften zahlen Kinder von zwei bis zwölf Jahren normalerweise nur den halben Preis. Für unter Zweijährige ist der Aufenthalt kostenlos.
- Viele Unterkünfte, auch Hostels, Pensionen und Bauernhöfe, bieten Familienzimmer. Größere Hotels haben häufig Kinderbetten, bei kleineren ist das eher unüblich.
- Viele Restaurants in Reykjavík und anderen größeren Orten haben günstige Kindergerichte und die meisten auch Kinderhochstühle.
- Die Toiletten in Museen und anderen öffentlichen

Klima

Akureyri

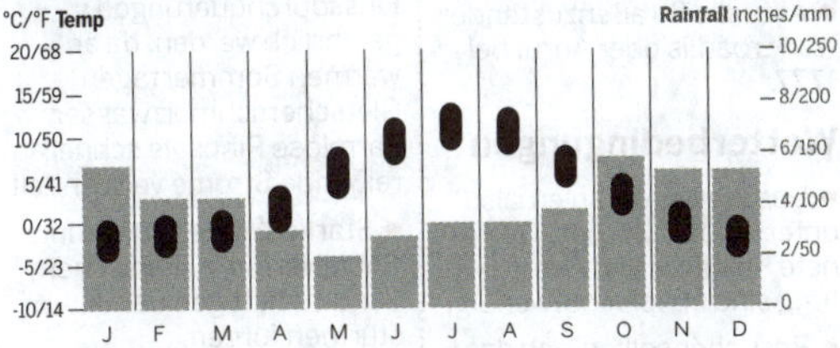

Reykjavík

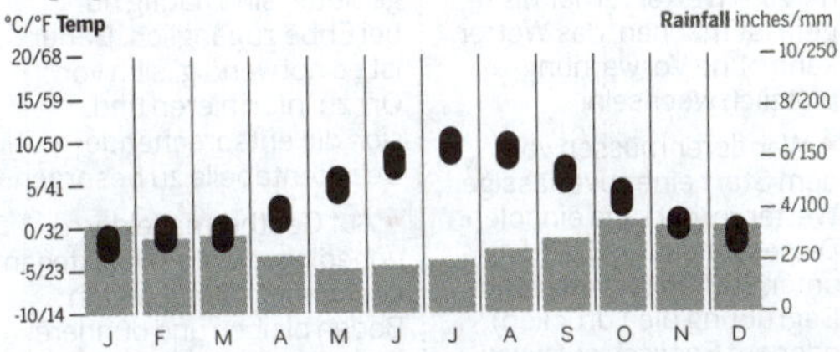

Vík

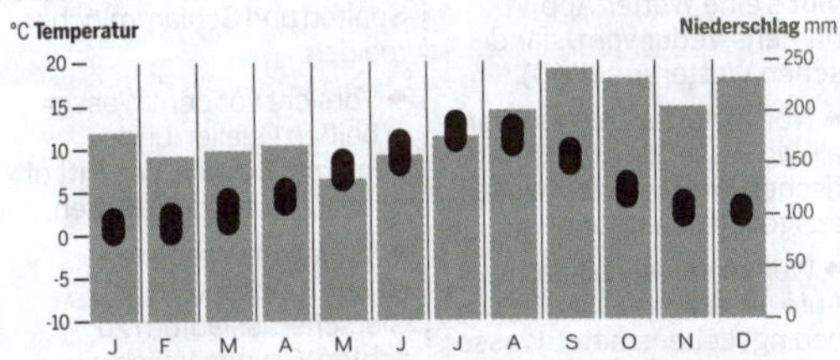

Einrichtungen verfügen teils über Wickelräume; ansonsten muss man improvisieren.

➜ Die Einstellung zum Stillen in der Öffentlichkeit ist in der Regel locker.

➜ Babynahrung, Windeln und anderes sind überall erhältlich.

LGBT+ unterwegs

Die Isländer sind Schwulen und Lesben gegenüber sehr aufgeschlossen, obwohl die Schwulenszene kaum in Erscheinung tritt, selbst in Reykjavík (S. 99) nicht.

Öffnungszeiten

Die Öffnungszeiten sind je nach Jahreszeit unterschiedlich (einige Einrichtungen bleiben außerhalb der Hochsaison geschlossen). Generell sind die Öffnungszeiten von Juni bis August länger als zwischen September und Mai. Übliche Öffnungszeiten:

Banken Mo–Fr 9–16 Uhr

Büros Mo–Fr 9–17 Uhr

Café-Bars So–Do 10–1, Fr & Sa 10 bis zwischen 3 & 6 Uhr

Cafés 10–18 Uhr

Geschäfte Mo–Fr 10–18, Sa 10–16 Uhr; in einigen Einkaufszentren und Einkaufsstraßen in Reykjavík auch sonntags

Postämter Mo–Fr 9–16 oder 16.30 Uhr (in größeren Orten bis 18 Uhr)

Restaurants 11.30–14.30 und 18–21 oder 22 Uhr

Supermärkte 9–21 Uhr

Tankstellen 8–22 oder 23 Uhr (automatisierte Zapfsäulen sind durchgängig nutzbar)

Vínbúðin (staatliche Alkoholläden) Unterschiedlich; außerhalb von Reykjavík öffnen einige nur ein paar Stunden am Tag

Post

Die Isländische Post (www.postur.is) ist verlässlich und effizient. Die Gebühren sind vergleichbar mit denen in anderen westeuropäischen Staaten.

Ein Brief ins europäische Ausland kostet 225 ISK, in außereuropäische Länder 285 ISK. Eine vollständige Liste der Portogebühren, Filialen und Öffnungszeiten gibt es online.

Rechtsfragen

Die isländische Polizei tritt eher selten in Erscheinung und die meisten Besucher werden kaum in ihre Fänge geraten. Gut zu wissen:

➜ Die Gesetzgebung bei Alkohol am Steuer ist sehr streng – schon zwei alkoholische Getränke reichen gegebenenfalls, um die gesetzliche Promillegrenze von 0,5 zu überschreiten. Als Strafe drohen Führerscheinentzug und eine saftige Geldbuße.

➜ Wer sich ein Verkehrsdelikt zuschulden kommen lässt – überhöhte Geschwindigkeit oder fahrlässiges Verhalten im Straßenverkehr –, kann dazu verdonnert werden, unverzüglich auf dem Polizeirevier ein Bußgeld zu zahlen.

➜ Betrunkene und Randalierer landen unter Umständen für eine Nacht in einer Zelle, werden aber in der Regel am nächsten Morgen wieder auf freien Fuß gesetzt.

➜ Die Strafen für Besitz, Konsum oder Handel mit

illegalen Drogen sind streng. Es drohen lange Haftstrafen und hohe Bußgelder.

Sicherheit

Island hat eine sehr niedrige Kriminalitätsrate. Die größte Gefahr für Reisende geht von den Straßenbedingungen, der unberechenbaren Witterung und den geologischen Besonderheiten aus.

- Eine gute Informationsquelle zur Vermeidung von Gefahren ist die Website von Safetravel (www.safetravel.is). Sie entstand auf Initiative der isländischen Lebensrettungsgesellschaft (ICE-SAR).
- Auf der Website wird die Smartphone-App 112 Iceland (nützlich bei Notfällen) vorgestellt und erklärt das Prozedere, wenn man bei ICE-SAR oder einem Freund/Bekannten einen Reiseplan hinterlegen möchte.

Verkehrssicherheit

- Besondere Gefahren (S. 466) für Fahrer sind Nutztiere auf der Straße, einspurige Brücken, nicht übersehbare Steigungen und Schotterpisten.
- Die zahlreichen F-Straßen (S. 467) sind nur für Geländewagen geeignet, bringen oft Flussdurchquerungen mit sich und sind häufig nur während der Sommermonate geöffnet.
- Aktuelle Straßenzustände: www.road.is oder Anruf bei 1777.

Wetterbedingungen

- Das Wetter darf niemals unterschätzt werden. Geeignete Kleidung und Ausrüstung sind absolut notwendig.
- Besucher sollten sich das ganze Jahr über auf unbarmherzige Wetterverhältnisse gefasst machen; das Wetter kann ohne Vorwarnung plötzlich wechseln.
- Wanderer müssen vor dem Start eine zuverlässige Wettervorhersage einholen. Diese gibt es vom Band unter 902 0600 (nach der Begrüßung die 1 drücken) oder auf Englisch auf www.vedur.is/english. Ansonsten gibt's eine Wetter-App namens Vedur vom isländischen Wetteramt (IMO).
- Notfallhütten gibt es überall, wo Reisende problematischen Wetterverhältnissen ausgesetzt sein können.
- Wer im Winter mit dem Auto unterwegs ist, sollte unbedingt Lebensmittel, Wasser und Decken einpacken.
- Im Winter sind Mietwagen mit Winter- oder Allwetterreifen ausgestattet.

Geologische Gefahren

- Auf Wanderungen können Flussdurchquerungen gefährlich werden, da an warmen Sommertagen Gletscherschmelzwasser harmlose Rinnsale schnell in reißende Ströme verwandelt.
- Starke Winde können in Gebieten mit vulkanischem Sand zu heftigen Sandstürmen führen.
- Wanderwege in Küstengebieten sind häufig nur bei Ebbe zugänglich. Daher ist es notwendig, sich vor Ort zu informieren und sich die entsprechende Gezeitentabelle zu besorgen.
- Auf Geothermalfeldern unbedingt auf den Holzstegen oder dem sichtbar festen Boden bleiben und dünnere Erdschichten mit hellerem Boden um dampfende Spalten und Schlammlöcher meiden.
- Vorsicht vor dem Wasser in heißen Quellen und Schlammlöchern – es tritt oft mit 100 °C aus dem Boden.
- In Gletschergebieten ist auf Treibsand an den Gletscherausläufern zu achten. Grundsätzlich nie ohne Steigeisen und Eispickel aufs Eis gehen (und einen Bogen um Spalten machen).
- Felsspalten, scharfe Lavabrocken oder rutschige Schlackeabhänge können durch Schneefelder verborgen sein.
- Vor Wanderungen in Gebieten mit aktiven Vulkanen immer Rat bei den Einheimischen suchen.
- Einsame Wanderungen und Gletscherbesteigungen nur mit entsprechender Erfahrung unternehmen, sich vorher bei Einheimischen erkundigen und/oder einen Führer engagieren.
- In Gegenden, wo leicht Unfälle geschehen können (große Wasserfälle, Gletscherfronten, Felskanten, Strände mit hohen Wellen und starken Strömungen),

SAISONALE ÖFFUNGSZEITEN

Einige regionale Attraktionen und auf Tourismus ausgelegte Unternehmen sind nur für eine kurze Zeit während des Sommers, normalerweise von Juni bis August, geöffnet. Attraktionen und Dienstleister in Reykjavík haben meist ganzjährig offen. Da der Tourismus wächst, geben einige Unternehmen nur ungenaue Öffnungszeiten an; immer mehr öffnen irgendwann im Mai oder sogar schon im April und bleiben bei Bedarf bis Ende September oder bis in den Oktober hinein geöffnet. Mit dem anwachsenden Wintertourismus sind mehr und mehr touristische Einrichtungen (besonders an der Ringstraße) auch ganzjährig geöffnet. Von September bis Mai öffnen manche Museen auf dem Land auf Nachfrage auch gerne für Einzelpersonen, wenn sie rechtzeitig informiert werden – Kontakt über die Website des Museums oder die örtliche Touristeninformation.

fehlen häufig Warnhinweise. Aufmerksam bleiben und Kinder nicht aus den Augen lassen.

Strom

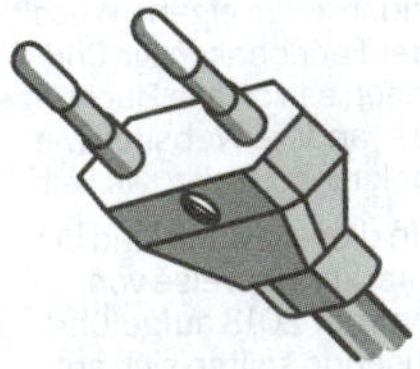

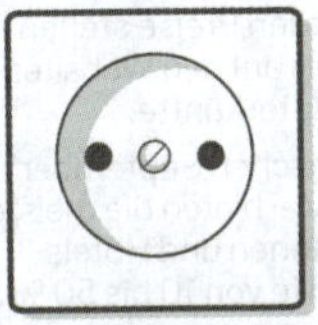

Typ C
230 V / 50 Hz

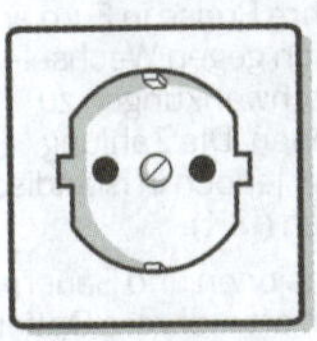

Typ F
230 V / 50 Hz

Telefon

➡ Öffentliche Telefonzellen gibt es in Island kaum noch. Gelegentlich sind welche an größeren Busbahnhöfen oder Tankstellen zu finden. Viele Münztelefone akzeptieren auch Kreditkarten.

➡ Für Auslandsanrufe aus Island erst die 00, dann die Landesvorwahl, die Ortsvorwahl ohne 0 und die Telefonnummer wählen.

➡ Aus dem Ausland nach Island den jeweiligen internationalen Zugangscode, dann die Landesvorwahl (354) und am Ende die siebenstellige Telefonnummer wählen.

➡ Island hat keine Ortsvorwahlen.

➡ Gebührenfreie Nummern beginnen in Island mit 800; Handynummern fangen mit 6, 7 oder 8 an.

➡ Eine Onlineversion des Telefonbuchs gibt's unter http://en.ja.is.

➡ Nützliche Nummern: Telefonauskunft 118 (Inland), 1811 (Ausland).

Handys

Die Netzabdeckung für Handys ist umfassend. Besucher mit GSM-Handys können Roaming-Anrufe tätigen. Wer einen längeren Aufenthalt plant, sollte eine isländische SIM-Karte erwerben.

➡ Seit Mitte 2017 gibt es innerhalb der EU keine zusätzlichen Roaming-Gebühren mehr. Bürger der EU und des Europäischen Wirtschaftsraums (EWR, zu dem Island gehört) zahlen unter diesen Bestimmungen bei Reisen in Ländern der EU und des EWR den gleichen Preis wie in ihrem Heimatland.

➡ Für Nicht-EU-Bürger ist die günstigste und praktischste Möglichkeit, Anrufe zu Ortsgebühren zu führen, eine isländische SIM-Karte. Tipp: Zu diesem Zweck ein ausgedientes Handy von daheim mitbringen.

➡ Vor der Abreise bei der eigenen Mobilfunkgesellschaft klären, ob das Handy auch in anderen Mobilfunknetzen funktioniert.

NOTFALL-NUMMER

Alle Notfalldienste (Polizei, Krankenwagen, Rettungsdienste) sind über die Nummer ☎112 zu erreichen.

➡ Prepaid-SIM-Karten sowie Prepaid-Guthaben können in Buchhandlungen, Lebensmittelläden und Tankstellen sowie auf Flügen mit Icelandair erworben werden.

➡ Die isländische Telekommunikationsgesellschaft Síminn (www.siminn.is/prepaid) hat die beste Netzabdeckung, gleich danach folgt Vodafone (http://vodafone.is/english/prepaid). Beide Anbieter haben Einsteigerpakete mit einer isländischen SIM-Karte. Bei Síminn kostet das 2900 ISK (inkl. entweder 10 GB Datenguthaben oder 5 GB und 50 Minuten internationale Gesprächszeit). Nova (www.nova.is) ist ein dritter Anbieter; er ist billig, hat aber keine landesweite Netzabdeckung.

Telefonkarten

Die günstigsten Telefonkarten (für öffentliche Telefonzellen, die sehr selten sind) kosten 500 ISK und können in Lebensmittelgeschäften und Tankstellen gekauft werden. In vielen Geschäften und an zahlreichen Kiosken gibt es auch günstige Karten für Telefonate ins Ausland.

Toiletten

Touristen, die an unangebrachten Orten (z. B. auf Parkplätzen und Straßenrändern) öffentlich ihr Geschäft erledigen, bringen die Isländer auf die Palme. Viele machen vor allem Camper, die Campingplätze meiden, für die Verbreitung dieser Unsitte verantwortlich.

Das hat dazu geführt, die es inzwischen ein Gesetz gibt, das wildes Campen verbietet. In Reykjavík und größeren Orten sind überall öffentliche Toiletten vorhanden, aber bei Natursehenswürdigkeiten gibt es oft zu wenige Sanitäranlagen für die steigende Besucherzahl. Es gibt außerdem immer noch lange Straßenabschnitte ohne Toiletten, auch wenn entlang der Ringstraße inzwischen einige neue aufgestellt wurden (zu erkennen an blauen Straßenschildern mit einer schwarzen Tür). Unser Rat: Die Fahrt gut planen und bereit sein, für die Nutzung einer Toilette eine kleine Gebühr zu zahlen (z B. 200 ISK).

Touristeninformation

Websites

Offizielle Tourismusseiten des Landes:

Visit Iceland (www.visiticeland.com)

Inspired by Iceland (www.inspiredbyiceland.com)

Jede Region hat ihre eigenen nützlichen Websites:

Reykjavík (www.visitreykjavik.is)

Südwestisland (www.visitreykjanes.is; www.south.is)

Westisland (www.west.is)

Westfjorde (www.westfjords.is)

Nordisland (www.northiceland.is; www.visitakureyri.is)

Ostisland (www.east.is)

Südostisland (www.south.is; www.visitvatnajokull.is)

Smartphone-Apps

Zu den nützlichen und praktischen Smartphone-Apps gehören die unverzichtbare App „112 Iceland" für sicheres Reisen, Vedur (Wetter) und die Apps von Busunternehmen wie **Strætó** (☎540 2700; www.bus.is) und **Reykjavík Excursions** (☎580 5400; www.ioyo.is). Auch Offline-Karten sind praktisch.

Es gibt noch jede Menge Apps zu allen möglichen Themen wie Geschichte und Sprache, Polarlicht, Führungen durch Reykjavík und dergleichen. Die Apps von Reykjavík Grapevine (Appy Hour, Appetite und Appening Today) verdienen eine besondere Erwähnung, da sie ein Leitfaden für die wirklich vergnügliche Seite in der Hauptstadt sind.

Unterkünfte

Die Unterkünfte in Island reichen von schlichten Wanderhütten bis zu Businesshotels, Hostels, Bauernhöfen, Pensionen, Ferienwohnungen und -häuschen und Sommerhotels in Schulen. Luxus- und Boutiquehotels finden sich v. a. in Reykjavík und in den Touristenhochburgen im Südwesten sowie in einigen ausgewählten Ecken im restlichen Land.

In letzter Zeit sind zahlreiche neue Hotels und Pensionen entstanden und viele bestehende wurden ausgebaut und modernisiert, um sich auf die schnell steigenden Besucherzahlen einzustellen. Trotzdem übersteigt in beliebten Touristenzentren (z. B. in Reykjavík, im Süden und am Mývatn) die Nachfrage oft das Angebot. Im Sommer sind die Preise hoch.

Der Standard der Unterkünfte ist mit Blick auf die Preise oft niedriger als in anderen westeuropäischen Ländern. Mit den neueren Hotelbauten ändert sich das allmählich, doch in älteren Häusern sind die Zimmer in der Regel zwar sauber, aber meist klein, hellhörig und nur mit dem Nötigsten ausgestattet.

➡ Zwischen Juni und August sollten alle Unterkünfte im Voraus gebucht werden (dies gilt nicht für Campingplätze). Das trifft mehr und mehr auch für Mai und September zu. Reykjavík ist das ganze Jahr über gefragt.

➡ Touristeninformationen und die offiziellen regionalen Tourismus-Websites geben Auskunft über Unterkünfte in ihrer Stadt/Region.

➡ Den günstigsten Preis gibt's oft über direkten Kontakt mit der Unterkunft. Einige Unterkünfte haben jedoch keine eigene Website oder Facebook-Page und ziehen es vor, alle Buchungen über andere Websites wie booking.com abzuwickeln.

➡ In diesem Buch sind die Unterkunftspreise von Sommer 2018 aufgeführt. Reisende sollten sich auf jährlich steigende Übernachtungspreise einstellen. Die aktuellen Preise stehen jeweils auf den Websites der Unterkünfte.

➡ Zwischen September und Mai bieten die meisten Pensionen und Hotels Rabatte von 10 bis 50 % auf die Sommerpreise.

➡ Einige Unterkünfte haben im Winter geschlossen, die Termine der Wiedereröffnung stehen in den Infos. Viele schließen zwischen Weihnachten und Neujahr. In Reykjavík sind die Feiertage jedoch die zweite Hochsaison und die meisten Hotels haben geöffnet. Ganzjährig betriebene Unterkünfte sind ohne Öffnungszeiten aufgeführt.

➡ Manche Unterkünfte geben ihre Preise in Euro an, um sich gegen Wechselkursschwankungen zu wappnen. Die Zahlung erfolgt jedoch in isländischen Kronen (ISK).

➡ Pensionen und Bauernhöfe bieten oft mehrere Optionen: Camping, Zimmer mit/ohne Bad, mit bezogenen Betten oder Schlafsackplätze, Hütten mit/ohne Küche und/oder Bad. Ausführliche Infos stehen auf den Websites.

➡ In den Beschreibungen steht, ob ein eigenes Bad oder Bettwäsche zum Angebot gehören, ob es eine Schlafsackunterkunft gibt und ob Frühstück im Preis enthalten ist.

Bauernhof

Viele Bauernhöfe bieten Campingmöglichkeiten, Schlafsackunterkünfte, Gästezimmer und Hütten. Das Angebot ist unterschiedlich: Einige Bauernhöfe bieten Mahlzeiten oder haben eine Gästeküche, andere haben Hot Pots, viele bieten Reitmöglichkeiten oder organisieren Aktivitäten wie Angelausflüge. Hinweisschilder an den Straßen weisen auf Bauernhöfe mit Übernachtungsmöglichkeiten hin und geben Auskunft über die Ausstattung

Die Preise sind ähnlich wie bei Pensionen in Städten: Schlafsackunterkünfte kosten um 7500 ISK, Gästezimmer zwischen 11 000 und 18 000 ISK pro Person. Frühstück ist im Preis für Gästezimmer in der Regel enthalten, ein Abendessen (das oft zu einer festen Zeit serviert wird) kostet etwa 7000 ISK.

Camping

Tjaldsvæði (Campingplätze) gibt es in fast jeder Stadt, bei einigen Bauernhöfen auf dem Land sowie an den wichtigsten Wanderrouten. Die besten Plätze haben Waschmaschinen, Kochgelegenheiten und heiße Duschen, manche aber auch nur kaltes Wasser und Toilettenhäuschen. Einige liegen direkt an einem *sundlaug* (Schwimmbad) mit Duschmöglichkeiten, die man für einen Obolus nutzen kann.

Das isländische Wetter ist berüchtigt für seine Launenhaftigkeit und wer zelten möchte, sollte in ein gutes Zelt investieren. In Reykjavík bieten verschiedene Läden die Möglichkeiten, Campingausrüstung zu leihen, zudem stellen einige Autovermietungen Zelte, Schlafmatten und Kochausrüstung zur Verfügung.

Angesichts steigender Besucherzahlen ist auch auf den Campingplätzen immer mehr los und Sanitärblöcke mit meist zwei Toiletten und einer Dusche reichen für Dutzende von Campern einfach nicht aus. Zur Vermeidung langer Wartezeiten, gibt es mancherorts die Möglichkeit, die Sanitäranlagen im nächsten Schwimmbad gegen Bezahlung zu nutzen.

Es ist selten notwendig (oder möglich), einen Stellplatz im Voraus zu buchen. Viele Campingplätze in kleineren Orten haben kein Personal. Häufig hängt dann am Waschraum die Telefonnummer vom Platzwart aus oder die Aufforderung, die Gebühr bei der Touristeninformation oder im Schwimmbad zu zahlen. Es kann auch vorkommen, dass abends ein Platzwart auftaucht, um die Gebühren einzusammeln.

Ein paar Hinweise sind zu beachten:

- Beim Campen in Nationalparks und Naturschutzgebieten gilt die übliche Regel, den Platz so zu verlassen, wie er vorgefunden wurde. Das heißt: Biologisch abbaubare Seife verwenden und Müll wieder mitnehmen.
- Offenes Feuer ist nicht erlaubt, also einen Kocher mitbringen. Butangaspatronen und Petroleum gibt's an Tankstellen. Die blauen Campingaz-Kartuschen sind nicht unbedingt überall erhältlich, häufiger sind die grauen Coleman-Kartuschen.
- Campen mit Zelt oder Wohnmobil bzw. Wohnwagen kostet normalerweise zwischen 1200 und 1900 ISK pro Person. Strom wird häufig mit weiteren 800 ISK berechnet, viele Campingplätze lassen sich auch die Nutzung der Duschen bezahlen.
- Auch eine „Übernachtungssteuer" von 333 ISK pro Stellplatz wird erhoben. Bei einigen Campingplätzen wird sie gleich in den Übernachtungspreis pro Person eingerechnet, bei anderen muss man die Steuer zusätzlich zahlen.

CAMPINGVORSCHRIFTEN

Ende 2015 wurden neue gesetzliche Vorschriften für Camper erlassen, hauptsächlich um die zahlreichen Wohnmobile und Wohnwagen daran zu hindern, über Nacht an Straßenrändern oder Parkplätzen statt auf regulären Campingplätzen zu halten. Diese Angewohnheit ist unter den Einheimischen alles andere als gern gesehen, denn sie führte dazu, dass immer mehr Menschen die Natur als Klo benutzen – höchst uncool.

Die Gesetze werden auf der Website von Umhverfisstofnun, der isländischen Umweltschutzbehörde (www.ust.is), unter der Überschrift „Where can I camp in Iceland?" kurz dargelegt. Grundsätzlich gilt: Wer mit einem Campingfahrzeug jeglicher Art unterwegs ist (Wohnmobil, Wohnwagen, Zeltanhänger usw.), muss auf regulären, ausgewiesenen Campingplätzen campen.

Für Wanderer und Radfahrer sind die Gesetze etwas weniger streng, aber es gibt dennoch Vorschriften, die einzuhalten sind, z. B. Einholung der Genehmigung des Landbesitzers, hinreichende Entfernung von einem regulären Campingplatz, nicht mehr als die erlaubte Anzahl Zelte aufstellen und kein Campen auf kultiviertem Land.

PREIS-KATEGORIEN SCHLAFEN

Die Preiskategorien beziehen sich auf den Preis für ein Doppelzimmer während der Hochsaison:

€ unter 15 000 ISK (120 €)

€€ 15 000–30 000 ISK (120–240 €)

€€€ über 30 000 ISK (240 €)

➡ Der Kauf einer preiswerten Camping Card (www.campingcard.is) für 149 € könnte sich lohnen. Damit kann man 28 Nächte auf 41 Campingplätzen überall im Land übernachten; sie gilt von Mitte Mai bis Mitte September für zwei Erwachsene und bis zu vier Kinder. Allerdings sind Übernachtungssteuer und Kosten für Strom und Duschen nicht enthalten. Infos auf den Websites.

➡ Die meisten Campingplätze sind von Mitte Mai bis Mitte September geöffnet. Große Plätze, die außerdem Hütten oder Häuschen anbieten, haben evtl. auch ganzjährig geöffnet. In der Nebensaison geben die Touristeninformationen Auskunft.

➡ Das kostenlose Unterkunftsverzeichnis *Áning* (erhältlich in den Touristeninformationen) listet viele, aber nicht alle Campingplätze in Island auf.

Hostels

Im ganzen Land gibt es 34 gut geführte Hostels, die zum isländischen Ableger Hostelling International Iceland (www.hostel.is), des internationalen Jugendherbergsverbands gehören. In Reykjavík, Akureyri und einigen anderen Orten befinden sich außerdem unabhängige Backpacker-Hostels. Es ist immer empfehlenswert zu buchen, vor allem aber von Juni bis August. Etwa die Hälfte der HI-Hostels ist ganzjährig geöffnet. Die Öffnungszeiten sind auf der Website zu finden.

Alle Hostels bieten warme Duschen, Kochgelegenheiten und Schlafsackunterkünfte, die meisten haben auch Einzel- und Doppelzimmer (einige mit eigenem Bad). Bei den meisten ist Bettwäsche mittlerweile im Preis enthalten, wenn nicht, kostet es rund 2000 ISK pro Person und Aufenthalt, sie zu leihen. Frühstück (wo im Angebot) kostet zwischen 1700 und 2300 ISK.

Wer im Heimatland Mitglied bei Hostelling International (www.hihostels.com) ist, profitiert von einer Preisermäßigung von 10 % pro Person. Nichtmitglieder zahlen für ein Bett im Schlafsaal mit Bettwäsche etwa 3800 bis 6500 ISK, Einzelzimmer kosten ab 7500 ISK und Doppelzimmer 10 000 bis 18 000 ISK (mit eigenem Bad noch mehr). Kinder im Alter von vier bis zwölf Jahren erhalten einen Rabatt von 1500 ISK.

SCHLAFSACKUNTERKÜNFTE

Ein Geheimtipp sind Schlafsackunterkünfte. Hostels und einige Pensionen und Hotels bieten diese Übernachtungsvariante an. Für einen Bruchteil des üblichen Preises wird ein Bett ohne Decke und Bezug zur Verfügung gestellt: Einfach den eigenen Schlafsack mitbringen. Eine Schlafsackunterkunft bedeutet nicht, dass man in einem Schlafsaal übernachtet, meist handelt es sich um ein Einzel- oder Doppelzimmer, nur eben ohne Bettwäsche – auch Handtuch und Kissenbezug müssen selbst mitgebracht werden. Frühstück ist niemals im Preis enthalten, es kann aber oft separat bestellt werden. Außerhalb der Hauptsaison oder in ländlichen Gebieten wird die Möglichkeit, im eigenen Schlafsack zu nächtigen, häufiger angeboten. Generell kosten Schlafsackunterkünfte um die 7500 ISK pro Nacht und Person.

Hotels

Jede größere Stadt hat mindestens ein Hotel der Businessklasse mit komfortablen, aber unspektakulären Zimmern mit eigenem Bad, Telefon, Fernseher und manchmal Minibar sowie einem anständigen Restaurant.

Die Sommerpreise für Einzel- und Doppelzimmer beginnen bei 20 000 bzw. 28 000 ISK und sind meist inklusive Frühstücksbüfett. Ein Doppelzimmer in einem schönen, aber nicht luxuriösen Hotel in einer Touristengegend kann zur Hochsaison leicht über 34 000 ISK kosten. Die Preise in Nobelhotels in Reykjavík und luxuriösen Landhotels können schnell 50 000 ISK übersteigen. Außerhalb der Hochsaison (Juni–Aug.) können die Preise erheblich fallen. Wer online bucht, bekommt oft günstigere Preise.

Die größten einheimischen Hotelketten sind Icelandair Hotels (www.icelandairhotels.is), Íslandshotel (www.islandshotel.is), zu dem auch die Marke Fosshótel gehört, Keahotel (www.keahotels.is) und CenterHotels (www.centerhotels.is). Viele internationale Hotelketten eröffnen derzeit in Reykjavík, z. B. Hilton und Marriot.

SOMMERHOTELS

Viele Internate und Hochschulen werden von Anfang Juni bis Ende August (manche auch länger) als Sommerhotels mit einfachen Schlafmöglichkeiten genutzt. Zehn gehören zu der Kette Hótel Edda (www.hoteledda.

is), die wiederum zu Icelandair Hotels gehört. Die Zimmer sind schlicht, aber funktional, meist mit zwei Einzelbetten, einem Waschbecken und Gemeinschaftsbad. Einige Sommerhotels bieten auch Zimmer mit eigenem Bad und manchmal auch „Edda Plus"-Zimmer mit höherem Standard (mit Bad, Fernseher und Telefon). Ein paar haben auch Schlafsackunterkünfte, die meisten ein eigenes Restaurant. Die Preise: rund 4000 ISK für eine Schlafsackunterkunft im Schlafsaal (falls vorhanden), ab 21 000/13 500 ISK für ein Doppelzimmer mit/ohne Bad und rund 2400 ISK für Frühstück.

Notfallhütten

Leuchtend orangefarbene Rettungshütten liegen auf Hochgebirgspässen und an entlegenen Küstenabschnitten (auf Landkarten meist gekennzeichnet). Die Hütten sind mit Notfallrationen, Brennstoff und Decken ausgestattet – und mit einem Funkgerät, um Hilfe holen zu können. Sie dürfen nur in echten Notfällen genutzt werden.

Pensionen

Die isländische Bezeichnung *gistiheimilið* (Gästehaus bzw. Guesthouse) deckt ein breites Spektrum ab – von Unterkünften bei Familien, die ein paar Zimmer vermieten, über Ferienhäuschen bis zu speziellen Wohnanlagen mit Gästezimmern. Die Unterschiede sind entsprechend riesig, von stilvollem Ambiente bis hin zu einfacher oder altmodischer Ausstattung. Überraschend viele Pensionen haben nur Zimmer mit Gemeinschaftsbad.

Die meisten sind komfortabel und gemütlich eingerichtet mit Gästeküchen, Fernsehzimmer und Frühstücksbüfett (entweder im Übernachtungspreis enthalten oder extra für etwa 2200 ISK). Wer unbedingt eine Selbstversorgerküche braucht, sollte sich vorher erkundigen, ob es eine gibt. Doppelzimmer kosten im Sommer 17 000 bis 26 000 ISK und separate Unterkünfte für Selbstversorger ohne Bettwäsche ab 19 000 ISK. Pensionszimmer mit eigenem Bad kosten oft genauso viel wie Hotelzimmer.

Wanderhütten

Private Wandervereine oder Veranstalter unterhalten an vielen beliebten Wanderrouten sogenannte *skálar* (Berghütten; Singular *skáli*). Sie stehen jedem offen und bieten Schlafsackunterkünfte in einfachen Schlafsälen. Manche haben Kochgelegenheiten, Campingplätze und im Sommer einen Hüttenwart.

Die Hütten in Landmannalaugar, im Þórsmörk und rund um die Askja sind auch mit Allradfahrzeugen zu erreichen, die Hütten in Hornstrandir per Boot. Viele andere Wanderhütten liegen an Wanderwegen und sind ausschließlich zu Fuß zugänglich. Die GPS-Koordinaten der Hütten sind bei den Infos angegeben.

Der größte Betreiber von Wanderhütten ist **Ferðafélag Íslands** (Isländischer Wanderverein; ☎568 2533; www.fi.is; Mörkin 6) mit 40 Hütten im ganzen Land (einige in Verbindung mit einem lokalen Wanderverein). Die besten Hütten haben Duschen (kosten um 500 ISK extra), Küche, Personal und Trinkwasser, einfachere Hütten gewöhnlich nur Betten, eine Toilette und einen Kochbereich. Für Nichtmitglieder kosten Betten 6000 bis 9000 ISK. An manchen Hütten gibt es Campingplätze für 2000 ISK pro Person.

Andere Hüttenbetreiber sind **Ferðafélag Akureyrar** (Wanderverein Akureyri; ☎462 2720; www.ffa.is; Strandgata 23; ⏲Mai–Aug. Mo–Fr 14–17 Uhr, Sept.–April Mo–Fr 11–13 Uhr) mit Hütten im Nordosten, u. a. entlang des Askja-Wanderwegs, und **Útivist** (☎562 1000; www.utivist.is; Laugavegur 178; ⏲Mo–Fr 12–17 Uhr) mit Hütten in Básar und am Fimmvörðuháls-Pass im Þórsmörk.

Es ist wichtig, über die zuständige Organisation Plätze zu reservieren, denn die Hütten sind schnell ausgebucht.

Buchungsportale

Booking.com wird in Island am häufigsten genutzt und macht es möglich, alle zu einem bestimmten Termin verfügbaren Unterkünfte in einer Stadt/Region abzufragen

Etwa 170 Bauernhöfe sind Mitglied bei Hey Iceland (www.heyiceland.is), ehemals Icelandic Farm Holidays. Das Unternehmen organisiert auch Pauschalreisen für Selbstfahrer.

Versicherung

Obwohl Island ein sehr sicheres Reiseland ist, kommt es gelegentlich zu Diebstählen. Krankheiten und Unfälle sind prinzipiell immer möglich. Eine Reiseversicherung gegen Diebstahl, verlorene Wertsachen und Krankheit ist zu empfehlen.

Vor dem Abschluss der Versicherung immer das Kleingedruckte lesen, um zu prüfen, ob die Police auch Unfälle bei riskanten Sport-

UNTERKÜNFTE ONLINE BUCHEN

Weitere Unterkunftsempfehlungen von Lonely Planet Autoren gibt es auf http://lonelyplanet.com/hotels. Dort sind unabhängige Besprechungen und Empfehlungen für die besten Unterkünfte zu finden. Und das Schönste: Man kann gleich online buchen.

arten wie Wandern, Tauchen, Reiten, Ski- und Schneemobilfahren abdeckt.

Eine weltweit gültige Reiseversicherung ist über www.lonelyplanet.com/travel-insurance erhältlich. Abschluss, Verlängerung und Inanspruchnahme sind jederzeit online möglich, auch von unterwegs.

Visa

Island hat das Schengen-Abkommen unterzeichnet, mit dem die EU-Länder (bis auf Bulgarien, Kroatien, Rumänien, Zypern, Irland und Großbritannien) sowie Island, Norwegen, Liechtenstein und die Schweiz vereinbart haben, Kontrollen an gemeinsamen Grenzen abzuschaffen.

Bürger der EU- und Schengen-Länder benötigen bei Aufenthalten von maximal drei Monaten kein Visum.

Um in Island zu arbeiten oder zu studieren, ist meist eine Genehmigung nötig – Infos gibt's bei den isländischen Botschaften und Konsulaten oder online.

Zeit

- Island liegt in derselben Zeitzone wie London (Greenwich-Zeit), es ist hier also eine Stunde früher als in Mitteleuropa (MEZ – 1 Std.).
- Da es in Island keine Sommerzeit gibt, ist es dort ab Ende März bis Ende Oktober zwei Stunden früher als in Mitteleuropa.

Zoll

Island hat ziemlich strenge Einfuhrbestimmungen. Sämtliche Regelungen sind auf www.customs.is zu finden.

Zollfreie Alkoholmengen für Reisende über 20 Jahre:

- 1 l Spirituosen und 750 ml Wein und 3 l Bier oder
- 3 l Wein und 6 l Bier oder
- 1 l Spirituosen und 6 l Bier oder
- 1,5 l Wein und 12 l Bier oder
- 18 l Bier

Außerdem:

- Personen über 18 Jahre dürfen 200 Zigaretten oder 250 g Tabak mitbringen.
- Die Höchstgrenze für Lebensmittel liegt bei 3 kg (Ausnahmen: rohe Eier, einige Fleisch- und Milchprodukte), vorausgesetzt sie sind nicht mehr als 25 000 ISK wert. Eine Möglichkeit der Kostenreduzierung für Selbstversorger.
- Um das Einschleppen von Krankheiten zu vermeiden, sind bei mitgebrachter Angel- und Reitkleidung tierärztliche Nachweise über eine Desinfektion vorzulegen. Andernfalls muss für die Desinfektion der Kleidung bei Ankunft gezahlt werden. Das Mitbringen von gebrauchter Reitausrüstung (Sattel, Zaumzeug usw.) ist illegal. Siehe www.mast.is.
- Viele Besucher reisen auf der Fähre mit dem eigenen Auto an. Eine Befreiung vom Einfuhrzoll für die Fahrzeuge gilt für Aufenthalte bis zu einem Jahr.

Verkehrsmittel & -wege

ANREISE

Dank einem breiteren Angebot an Flügen und Verbindungen ist Island heute viel besser erreichbar als noch vor ein paar Jahren. Die Anreise mit der Fähre (von Norddänemark) ist eine gute Alternative für alle, die gern ihr eigenes Fahrzeug mitnehmen.

Flüge, Mietwagen und Touren können auch online auf lonelyplanet.com/bookings gebucht werden.

Einreise

Informationen siehe Visa (S. 462).

Flugzeug

Internationaler Flughafen Keflavík (KEF; ☎525 6000; www.kefairport.is; Reykjanesbraut; ⌚24 Std.) Islands größter internationaler Flughafen liegt 48 km südwestlich von Reykjavík.

Flughafen Reykjavík (Reykjavíkurflugvöllur; www.isavia.is; Innanlandsflug) Für Flüge im Inland, nach Grönland und auf die Färöer ist dieser kleine Flughafen im Stadtzentrum zuständig.

Immer mehr Fluglinien, darunter auch Billigfluglinien, bieten Flüge nach Island an, einige aber nur in den Sommermonaten Juni bis August. Eine Liste aller Fluggesellschaften, die Island anfliegen, steht auf www.visiticeland.com (unter Plan Your Trip/Flights).

Air Iceland Connect (☎570 3030; www.airicelandconnect.is; Flughafen Reykjavík) Die Inlandsfluglinie (nicht zu verwechseln mit Icelandair) fliegt auch nach Grönland und auf die Färöer.

Eagle Air (☎562 2640; www.eagleair.is; Flughafen Reykjavík) Planmäßige Inlandsflüge zu kleinen Flughäfen.

Icelandair (www.icelandair.com) Die nationale Fluglinie besitzt ein ausgezeichnetes Sicherheitsprotokoll.

WOW Air (www.wowair.com) Isländische Billigfluglinie mit Flügen u. a. nach Berlin, Frankfurt, Düsseldorf und Salzburg.

Übers Meer

Smyril Line (www.smyrilline.com) betreibt eine teure, aber beliebte wöchentliche Autofähre; die Norröna fährt von Hirtshals (Dänemark) über Tórshavn (Färöer-Inseln) nach Seyðisfjörður in Ostisland. Sie ist das ganze Jahr über in Betrieb, allerdings hängen die Überfahrten im Winter vom Wetter ab – genauere Infos auf der Website

Die Fahrpreise variieren stark, abhängig von der Reisezeit, der Kabinenkategorie, ob mit/ohne Fahrzeug bzw. je nach Fahrzeugtyp. Die Überfahrt von Dänemark zu den Faröer-Inseln dauert rund 36 Stunden, von den Faröern nach Island 19 Stunden.

Es ist möglich, die Überfahrt auf den Färöer-Inseln zu unterbrechen. Informationen dazu gibt's auf der Website der Smyril Line.

UNTERWEGS VOR ORT

Auto & Motorrad

Wer mit dem eigenen Fahrzeug in Island unterwegs ist, hat natürlich viel mehr Freiheiten, das Land zu erkunden. Dank (relativ) guter Straßen und (relativ) geringer Verkehrsdichte ist das Fahren in Island recht unproblematisch.

- Die Ringstraße (Straße 1) führt einmal um die Insel und ist asphaltiert.
- Von der Ringstraße zweigen zu den meisten Ortschaften Asphalt- oder Schotterstraßen ab.
- An der Küste ist die Landschaft oft spektakulär, aber es geht nur langsam voran, da Bergpässe zu überwinden sind und sich die Straßen an den langen Fjorden entlangschlängeln.
- Im Sommer ist mit einem normalen Pkw fast alles erreichbar (bis auf Ziele im Hochland und an den F-Straßen).

AUSREISEGEBÜHR

Island erhebt keine Ausreisegebühr.

KLIMAWANDEL & REISEN

Jede Form des Reisens, die auf Brennstoff auf Kohlenstoffbasis beruht, erzeugt CO_2, das für den von Menschen verursachten Klimawandel hauptverantwortlich ist. Modernes Reisen ist von Flugzeugen abhängig, die zwar pro Kilometer und Person weniger Kraftstoff als die meisten Autos verbrauchen, aber sehr viel weitere Strecken zurücklegen. Auch die hohen Luftschichten, in die Flugzeuge Treibhausgase (darunter CO_2) und Schadstoffe ausstoßen, verstärken ihren Einfluss auf den Klimawandel. Viele Websites bieten Emissionsrechner, mit denen Reisende die CO_2-Emissionen ihrer Reise ausrechnen und die Auswirkung dieser Treibhausgase mit einem Beitrag für klimafreundliche Projekte in der ganzen Welt ausgleichen können. Lonely Planet gleicht die CO_2-Bilanz aller Reisen der Mitarbeiter und Autoren aus.

- Im Winter sind viele Straßen nach schweren Schneefällen unpassierbar. Hochlandstraßen werden in der Regel erst im Juni geöffnet und teils bereits im September wieder geschlossen. Aktuelle Informationen zum Straßenzustand gibt's auf www.road.is.
- Wer sich ein Auto mietet, sollte sich nicht ein Navigationssystem aufschwatzen lassen – mit einer guten, aktuellen Straßenkarte und der Fähigkeit, sie zu lesen, geht es auch ohne Navi. Ein GPS lohnt sich aber, wenn abgelegene Wege geplant sind.

Mit dem eigenen Fahrzeug

Ein Auto zu mieten ist in Island teuer. Den eigenen Wagen mitzunehmen ist also vielleicht nicht so verrückt, wie es sich anhört. Die Fähren der Smyril Line bringen im Sommer Autos aus allen Teilen Europas von Dänemark auf die Insel (Überfahrt weit im Voraus buchen).

Für eine befristete steuerfreie Einfuhr müssen Fahrzeugpapiere und der Führerschein mitgebracht werden. Ein gültiger Versicherungsnachweis („grüne Versicherungskarte") ist eigentlich nicht mehr notwendig (außer wenn das Auto nicht in einem der nordischen Staaten oder in einem EU-Mitgliedsland angemeldet ist), erleichtert aber die Schadensabwicklung, falls es einen Unfall gibt.

Die Genehmigung für die befristete steuerfreie Einfuhr eines Kraftfahrzeugs wird bei der Ankunft für eine Dauer von zwölf Monaten erteilt und ist verbunden mit der Auflage, das Fahrzeug nicht zu verleihen oder zu verkaufen. Weitere Informationen gibt es beim isländischen Zollamt (www.customs.is).

Bei Einreise im Winter sind Winterreifen Vorschrift (Spikereifen sind von November bis Mitte April erlaubt).

Wer länger in Island bleibt, kann sich sein Fahrzeug von der Frachtschiffreederei Eimskip (www.eimskip.com) auf die Insel bringen lassen. Das ist jedoch nicht billig und erfordert jede Menge Papierkram. Für alle, die lange bleiben und viel Ausrüstung oder ein gut ausgestattetes Wohnmobil/Geländefahrzeug haben, kann das aber durchaus nützlich sein. Eimskip befährt im Nordatlantik fünf Strecken.

Führerschein

Für das Fahren in Island genügt der deutsche, österreichische bzw. Schweizer Führerschein.

Benzin & Ersatzteile

- Im ganzen Land gibt es in regelmäßigen Abständen Tankstellen, aber im Hochland sollte vor einer Fahrt geprüft werden, wie viel Benzin noch im Tank und wie weit die nächste Tankstelle entfernt ist.
- Zum Zeitpunkt der Recherche kosteten bleifreies Benzin und Diesel etwa 220 ISK (1,80 €).
- Einige isländische Straßen können sehr einsam sein – Wagenheber, Ersatzreifen und Überbrückungskabel gehören auf jeden Fall ins Auto (beim Abholen des Mietwagens sollte der Ersatzreifen gecheckt werden).
- Im Fall einer Panne oder eines Unfalls sollte sofort die Autovermietung angerufen werden.
- Obwohl dem isländischen Automobilclub Félag Íslenskra Bifreiðaeigenda (FÍB; www.fib.is) nur Einheimische beitreten dürfen, können unter Umständen auch Personen, die beim ADAC (oder bei einem anderen dem ARC Europe angeschlossenen Automobilclub) Mitglied sind, den Pannenhilfsdienst des FÍB in Anspruch nehmen – beim heimischen Automobilclub nachfragen.
- Der FÍB ist rund um die Uhr unter der Pannennummer 511 2112 erreichbar. Auch Nichtmitgliedern werden meist Informationen und Telefonnummern von Abschlepp- und Pannendiensten vermittelt.

Mietwagen

Einige Teile Islands sind nur mit dem Auto zu erreichen. Mietwagen sind hier zwar im internationalen Vergleich sehr teuer, aber immer noch günstiger als Bus oder Flugzeug, vor allem, wenn man nicht allein reist und sich die Kosten teilt. Am günstigsten wird es durch Angebotsvergleiche und Online-Buchung.

Wer ein Auto mieten möchte, muss mindestens 20 Jahre alt sein (23–25 Jahre für einen Geländewagen) und einen gültigen Führerschein vorlegen können.

Die billigsten Mietwagen, meist ein Kleinwagen mit Heckklappe, kosten in der Hochsaison (Juni–Aug.) rund 8000 ISK pro Tag, für den kleinsten Geländewagen – der einen höheren Radstand als ein normaler Pkw hat, aber für die meisten Flussdurchfahrten trotzdem nicht zu empfehlen ist – ist mit etwa 10 000 bis 12 000 ISK zu rechnen, ein größeres Allradmodell kostet 15 000 bis 20 000 ISK.

Im Preis enthalten sind unbegrenzte Kilometer, Mehrwertsteuer (saftige 24 %) und meist auch eine Teilkaskoversicherung.

Wochenpreise sind meist etwas günstiger. Zwischen September und Mai sollte es möglich sein, erheblich günstigere Angebote zu finden.

Auf jeden Fall immer das Kleingedruckte lesen, da sich zusätzliche Kosten für Versicherungen, Abholung vom Flughafen und Gebühren für Einwegmieten summieren können.

Im Winter empfiehlt sich aus Sicherheitsgründen ein größerer, robusterer Wagen, vorzugsweise mit Vierradantrieb (also auf keinen Fall ein Kleinwagen).

Im Hochsommer haben viele Vermieter absolut kein Auto mehr zur Verfügung – daher weit im Voraus buchen!

Viele Reiseorganisationen (z. B. Hostelling International Iceland, Hey Iceland) haben Pauschalangebote, die ein Mietauto einschließen.

Die meisten Autovermietungen befinden sich in und um Reykjavík und Keflavík und haben Büros in der Stadt und am Flughafen. Größere Unternehmen betreiben außerdem Mietstationen in weiteren Orten (meist in Akureyri und Egilsstaðir). Wer mit der Fähre über Seyðisfjörður einreist, findet Autovermietungen im nahen Egilsstaðir.

Autovermietungen:

Átak (www.atak.is)

Avis (www.avis.is)

Budget (www.budget.is)

Cars Iceland (www.carsiceland.com)

Cheap Jeep (www.cheapjeep.is)

Europcar (www.europcar.is) Die größte Autovermietung in Island.

Geysir (www.geysir.is)

Go Iceland (www.goiceland.com)

Hertz (www.hertz.is)

SADcars (www.sadcars.com)

Saga (www.sagacarrental.is)

CAR-SHARING

Ein paar Car-Sharing-Plattformen in Island bieten Leuten die Möglichkeit, in direktem Kontakt Privatautos von Einheimischen zu mieten, darunter Carrenters (www.carrenters.is). Über airbnb.com ist es ebenfalls gelegentlich möglich, Autos und Wohnmobile von Isländern zu mieten.

Wer sich dafür entscheidet, sollte sich schlau machen und Kosten und Kleingedrucktes berücksichtigen – nach unserer Recherche unterschieden sich manche Preise nicht sehr von denen der Mietwagenfirmen, die Autos waren manchmal sehr alt und es fehlt die Gewissheit, dass das Unternehmen einspringt, wenn etwas schiefläuft.

Wohnmobile

Ein Wohnmobil zu mieten ist eine boomende und

WICHTIGE INFOS IM INTERNET

Fünf Websites, die jeder Reisende kennen sollte:

Safetravel (www.safetravel.is) Alles, was man wissen muss, um die Risiken bei einer Reise durch Island zu minimieren.

Isländischer Wetterdienst (www.vedur.is) Das Wetter in Island und seinen Einfluss auf die Reise darf man niemals unterschätzen. Die Website bietet zuverlässige Vorhersagen für jedes Reiseziel. Telefonische Auskunft gibt's unter ☎902 0600; nach der Ansage die 1 drücken. Sinnvoll ist auch die App namens Vedur.

Vegagerðin (www.road.is) Islands Straßenverkehrsamt informiert über Straßenöffnungen und -schließungen im ganzen Land. Unverzichtbar bei Fahrten in wenig besuchten Gegenden und im einsamen Hochland sowie für Informationen zu Straßenpassierbarkeit im Winter.

Carpooling in Iceland (www.samferda.is) Praktische Website, die Fahrer und Mitfahrer im ganzen Land zusammenbringt – die Mitfahrer beteiligen sich zumeist an den Benzinkosten. Dies ist für die Mitfahrer eine clevere Alternative zum Trampen und die Fahrer können ihre Kosten senken.

Public Transport (www.publictransport.is) Eine beeindruckende Netzkarte und Datenbank mit Suchfunktion aller öffentlichen Verkehrsmittel im Land.

kostengünstige Lösung für Unterkunft und Transport. Besonders gut ist das im Sommer, denn dann ist auch ein bisschen Spontanität möglich – als einzige Form der Unterkunft müssen Campingplätze nicht vorgebucht werden. Reisen im Wohnmobil ist auch im Winter möglich, aber nicht empfehlenswert – in dieser Jahreszeit sind weniger Campingplätze offen und wegen des Wetters kann es gefährlich sein.

Große Autovermietungen verleihen meist auch Wohnmobile, aber es gibt außerdem ausgefallenere Angebote, von Backpacker- bis Familiengröße und auch richtige Geländewohnmobile für Fahrten im Hochland. Einige Unternehmen bieten zudem Ausrüstungsverleih an, damit auf der Fahrt nichts schiefgeht (Navi, Kochgeschirr und Kocher, Grill, Schlafsäcke, Campingstühle, Angelausrüstung, tragbarer WLAN-Hotspot usw.).

Es gibt Dutzende Unternehmen, die Wohnmobile vermieten. Wie bei Mietwagen richten sich die Preise nach Größe und Alter des Fahrzeugs, der Mietdauer, Haupt- oder Nebensaison, Extras usw. Man sollte Angebote vergleichen und das Kleingedruckte lesen. Ein einfaches, kleines Wohnmobil kostet ab ca. 12 000 ISK pro Tag.

Camp Easy (www.campeasy.com)

Camper Iceland (www.campericeland.is)

Go Campers (www.gocampers.is)

Happy Campers (www.happycampers.is)

JS Camper Rental (www.jscamper.com) Campераufsatz auf Gelände-Pick-ups.

Rent Nordic (www.rent.is)

Motorräder

Biking Viking (www.rmc.is/en/biking-viking) Vermietung von Motorrädern, organisierte Touren und Reparaturen.

Versicherung

Von Fahrzeugen, die in den nordischen Staaten oder einem EU-Mitgliedsland angemeldet sind, wird angenommen, dass sie eine gültige Versicherung haben. Ansonsten braucht man eine grüne Versicherungskarte als Beleg dafür, dass das Fahrzeug versichert ist; beim Versicherer nachfragen.

Wer ein Auto mietet, sollte das Kleingedruckte lesen. Die meisten Mietfahrzeuge haben eine Haftpflicht- und Teilkaskoversicherung, sodass Schäden am Mietwagen abgedeckt sind. Auf jeden Fall sollte die Höhe der Selbstbeteiligung geprüft werden, die kann überraschend hoch sein.

Bei Mietfahrzeugen sind Schäden an Reifen, Scheinwerfern, Windschutzscheibe und an der Unterseite, die durch das Fahren auf unbefestigten Straßen, durch Wasser oder in Sandstürmen entstehen, nicht abgedeckt. Viele Autovermietungen versuchen, zusätzliche Versicherungen zu verkaufen, die solche Schäden abdecken. Dabei muss man sich genau überlegen, ob eine solche Versicherung für die geplante Reise sinnvoll ist oder ob man bereit ist, eventuelle Schäden aus eigener Tasche zu begleichen. Es ist nicht vorhersehbar, welche Wetterbedingungen man unterwegs antrifft.

Straßenzustand & Gefahren

Dank guter Straßenbeläge auf den Hauptstraßen und geringer Verkehrsdichte (besonders außerhalb der Hauptstadt und des Südwestens) ist das Fahren in Island recht einfach, aber es gibt auch einige Gefahrenquellen. Einen Eindruck gibt das Video „Drive Safely on Icelandic Roads“ auf www.drive.is (auf Englisch).

Tiere Im Sommer grasen Schafe überall im Land und laufen häufig auf die Straße. Wenn in der Nähe der Straße Tiere auftauchen: abbremsen und langsam vorbeifahren.

Unbefestigte Straßen Der Übergang von asphaltierten zu Schotterstraßen ist mit dem Warnschild „Malbik endar“ gekennzeichnet – hier sofort die Geschwindigkeit verringern, um nicht auf dem Schotter ins Schleudern zu geraten. Die meisten Unfälle ausländischer Fahrer in Island passieren, weil sie auf unbefestigten Straßen zu schnell fahren. Wenn das Fahrzeug ins Schleudern kommt: Fuß vom Gaspedal nehmen und das Lenkrad langsam in die Richtung drehen, in die die Vorderreifen gehen sollen. Nicht bremsen!

Unübersichtliche Kuppen In den meisten Fällen haben Straßen zwei Fahrspuren mit abschüssigem Straßenrand ohne Seitenstreifen. Gegenverkehr kann auf der Straßenmitte fahren. Unübersichtliche Bergkuppen sind mit den Schildern

TANKEN

Die meisten kleineren Tankstellen haben kein Personal und alle Zapfsäulen sind automatisiert. Es gibt die zeitaufwendige Variante, in der Tankstelle die Angestellten zu bitten, die Zapfsäule auf manuell umzustellen, um selbst aufzutanken und danach zu zahlen. Aber das ist nicht bei allen Tankstellen möglich.

Beim ersten Tanken ist es sinnvoll, eine besetzte Tankstelle aufzusuchen, falls es irgendwelche Probleme gibt. Wer keine Kreditkarte mit PIN hat, kann sich eine Prepaid-Karte an einer N1-Tankstelle für die automatisierten Zapfsäulen kaufen.

F-STRASSEN

Es könnten einem für diese holprigen, manchmal kaum erkennbaren Wege schon einige F-Wörter einfallen, aber tatsächlich steht „F“ für *fjall* – das isländische Wort für „Berg“. F-Straßen sind nicht mit normalen unbefestigten Straßen zu verwechseln: Diese sind auch mit normalen Pkw zu befahren, selbst wenn sie teils recht holprig sind.

- F-Straßen sind auf Karten (es sollte eine gute Karte sein) und Schildern durch ein „F“ vor der Straßennummer gekennzeichnet (z. B. F26 oder F88).
- Die Freigabetermine hängen vom Wetter ab, liegen aber meist bei etwa Mitte bis Ende Juni.
- Die F-Straßen sind nur für Geländewagen geeignet. Wer mit einem normalen Mietfahrzeug auf einer F-Straße fährt, verliert damit seinen Versicherungsschutz. F-Straßen mit normalen Pkw zu befahren ist gefährlich. Man tut sich selbst keinen Gefallen, wenn man es dennoch versucht. Also: Für die Fahrt auf F-Straßen einen Geländewagen mieten oder einfach an einer Bus- oder Superjeeptour teilnehmen.
- Vor der Fahrt auf einer F-Straße sollte sich jeder danach erkundigen, was einen erwartet (z. B. Flussdurchquerungen) und ob die gesamte Strecke freigegeben ist. Infos siehe www.road.is.
- Einige F-Straßen sind zwar kaum in der Landschaft auszumachen, aber das Verlassen markierter Wege ist überall in Island strikt verboten, da Querfeldeinfahren das fragile Ökosystem schädigt.

„Blindhæð“ gekennzeichnet, hier sollte man die Geschwindigkeit verringern und sich rechts halten.

Einspurige Brücken Wer auf eine einspurige Brücke zufährt (gekennzeichnet als „Einbreið Brú“), sollte die Geschwindigkeit drosseln. Vorfahrt hat das Fahrzeug, das der Brücke am nächsten ist.

Blendendes Sonnenlicht Die Sonne steht häufig niedrig am Horizont, eine Sonnenbrille ist beim Fahren sehr zu empfehlen.

Winterbedingungen Im Winter sollte man sich vergewissern, dass der Wagen mit Winterreifen ausgerüstet ist und dass man eine Schaufel, Decken, Proviant und Wasser dabeihat.

Asche & Sandstürme Vulkanasche und starke Sandstürme können den Autolack abscheuern; bei starkem Wind kann der Wagen sogar umkippen. Besonders gefährliche Zonen sind mit orangefarbenen Warnschildern gekennzeichnet.

F-Straßen Straßen (s.o.), die nur für Allradfahrzeuge geeignet sind.

Flussdurchfahrten Nur wenige Straßen im Hochland haben Brücken. Furten sind auf Karten mit einem „V“ gekennzeichnet.

Tunnel Es gibt etliche Tunnel in Island – ein paar sind einspurig und etwas angsteinflößend! Vor der Einfahrt in einen solchen Tunnel zeigt ein Schild an, welche Fahrtrichtung Vorfahrt hat. Im Tunnel selbst sind ein paar Haltebuchten (mit „M“ gekennzeichnet). Ist die Haltebucht an der Seite der eigenen Fahrtrichtung, muss man dort anhalten und den Gegenverkehr passieren lassen.

Verkehrsregeln

- Rechtsverkehr
- Gurtpflicht auf Vorder- und Rücksitzen
- Immer mit Abblendlicht fahren
- Alkoholgrenze ist 0,5 ‰
- Handys beim Fahren nur mit Freisprechanlage benutzen
- Kinder bis sechs Jahre müssen im Kindersitz sitzen.
- Nicht auf ungekennzeichneten Straßen und Allradpisten fahren – es ist gesetzeswidrig und hat ein Bußgeld zur Folge.

Geschwindigkeitsbeschränkungen

- Innerhalb von Ortschaften 50 km/h
- Auf unbefestigten Straßen 80 km/h
- Auf asphaltierten Straßen 90 km/h

Bus

Island hat ein schrumpfendes Streckennetz für Fernbusse, das von einer Handvoll größerer Unternehmen bedient wird. Einen Überblick über die Strecken bietet die kostenlose Karte *Public Transport in Iceland*, die in Touristeninformationen erhältlich oder online auf www.publictransport.is einzusehen ist.

Von ungefähr Juni bis August verkehren zu den meisten Orten an der Ringstraße, zu den beliebten Wandergebieten im Südwesten und zu den größeren Orten in den West- und Ostfjorden sowie auf den Halbinseln Reykjanes und Snæfellsnes planmäßig Busse. In den übrigen Monaten gibt es zum Teil tägliche

FLUSSDURCHQUERUNG

Wer im Hochland von Island wandert oder fährt, wird sehr wahrscheinlich auf Flüsse ohne Brücken treffen, die durchquert werden müssen. Dabei gibt es einige Regeln zu beachten:

- Schmelzender Schnee lässt die Wassermenge im Fluss ansteigen. Die beste Zeit für die Durchquerung ist früh am Morgen, bevor es richtig warm wird; meiden sollte man die ersten 24 Stunden nach einem heftigen Regenguss.
- Schmale Abschnitte vermeiden, die sind meist tief – die breiteste Furt ist sehr wahrscheinlich auch die seichteste.
- Die schnellste und stärkste Strömung befindet sich in der Mitte von geraden Abschnitten und am Rand von Biegungen. Am besten sind die Stellen, an denen sich das Wasser möglichst wenig oder kaum spürbar bewegt.

Niemals versuchen, einen Fluss oberhalb eines Wasserfalls zu überqueren oder bei Hochwasserströmen (leicht erkennbar an schmutzigem, leicht fließendem Wasser, in dem Schutt und Äste treiben).

Für Wanderer

- Eine glatte Oberfläche deutet an, dass der Fluss zu tief ist, um zu Fuß durchquert werden zu können. Alles, was tiefer geht als bis zum Oberschenkel, ist ohne Erfahrung und besondere Ausrüstung nicht durchquerbar.
- Vor dem Versuch, tiefe oder schnell fließende Ströme zu durchqueren, sollte klar sein, dass man das Gepäck in der Strommitte abwerfen kann, wenn nötig.
- Wer allein wandert, sollte einen Wanderstab benutzen, um das Flussbett nach der besten Route abzusuchen und um sich im Wasser Halt zu verschaffen.
- Niemals einen Fluss barfuß durchqueren! Wer nicht mit den Wanderstiefeln ins Wasser möchte, sollte sich wasserdichte Schuhe oder Sandalen einpacken.
- Während der Durchquerung sollte man flussaufwärts schauen und auf keinen Fall nach unten sehen; es besteht die Gefahr, dass einem schwindlig wird und man das Gleichgewicht verliert. Zwei Wanderer können sich gegenseitig Halt geben, indem sie ihre Arme auf die Schultern des anderen legen.
- Wer während der Durchquerung hinfällt, sollte nicht versuchen aufzustehen. Den Rucksack abnehmen (aber festhalten), auf den Rücken drehen und die Füße flussabwärts ausrichten. So versuchen, zu einer seichten Stelle oder zum Ufer zu gelangen.

Für Autofahrer

- Wer nicht mit anderen Fahrzeugen unterwegs ist, sollte eventuell auf ein anderes Fahrzeug warten und dann beobachten, wo und wie erfahrene Fahrer einen Fluss durchqueren.
- Am besten die beabsichtigte Strecke erst einmal zu Fuß durchwaten, so wie für Wanderer beschrieben, um Tiefe und Strömung zu prüfen. Eine gute Faustregel: Wenn man einen Fluss nicht durchwaten möchte, sollte man auch nicht durchfahren.
- Dann mit dem Wasser arbeiten – diagonal in Richtung der Strömung mit niedrigem Gang fahren. Gleichmäßig fahren, ohne zu stoppen oder den Gang zu wechseln, nur etwas schneller, als das Wasser fließt (wer zu langsam fährt, läuft Gefahr, stecken zu bleiben und Wasser in den Auspuff zu bekommen).

bis zu mehrmals wöchentliche Verbindungen, manchmal auch gar keine.

- Zur Zeit der Recherche gab es keine Verbindungen zwischen Egilsstaðir im Osten mit Höfn im Südwesten; unter diesen Umständen ist es nicht möglich, die gesamte Ringstraße mit dem Bus zu befahren.
- Im Sommer verkehren auf einigen F-Straßen (Bergstraßen) Allradbusse, z. B. auf der Kjölur-, Sprengisandur- und Askja-Route im Hochland, die nicht mit

normalen Pkw befahrbar sind.

➡ Viele Busstrecken können auch für Tagesausflüge genutzt werden: Die Busse bleiben ein paar Stunden an ihrem Zielort stehen und fahren dann wieder zum Ausgangspunkt zurück; teils halten sie unterwegs auch an ein paar touristisch interessanten Stellen.

➡ Viele Busse sind mit kostenlosem WLAN ausgestattet.

➡ Die Busunternehmen fahren in einem Ort manchmal unterschiedliche Stellen an. In Reykjavík gibt's mehrere Busbahnhöfe; in kleineren Orten halten die Busse gewöhnlich an einer Tankstelle oder einem Campingplatz, aber es ist ratsam, sich zu vergewissern, wo genau die Busse abfahren.

➡ Viele Busse haben auch GPS-Tracking, sodass zu erkennen ist, wann sich der Bus der Haltestelle nähert.

Busunternehmen

Die wichtigsten Busunternehmen:

Reykjavík Excursions (☎580 5400; www.ioyo.is) Abfahrt am BSÍ-Busbahnhof in Reykjavík.

SBA-Norðurleið (☎550 0700; www.sba.is) Abfahrt am BSÍ-Busbahnhof in Reykjavík.

Sterna (☎551 1166; www.icelandbybus.is) Abfahrt vor der Harpa in Reykjavík; hält am Reykjavík Campsite.

Strætó (☎540 2700; www.bus.is) Busbahnhof für Fernbusse ist in Mjódd.

Trex (☎587 6000; www.trex.is) Bus für Wanderer; fährt an mehreren Stellen in Reykjavík ab (auch an der zentralen Touristeninformation und am Reykjavík Campsite).

Fahrrad

Mit dem Rad zu fahren ist eine zunehmend beliebte Art, das Land zu erleben, aber Radfahrer sollten mit rauen Bedingungen rechnen. Orkanartige Winde, peitschender Regen, Sandstürme, Graupelschauer und plötzliche Schneefälle sind das ganze Jahr über möglich. Wir empfehlen, möglichst flexibel zu planen, um schlechtes Wetter, wenn nötig, auszusitzen.

Radfahrer sind gezwungen, auf der Ringstraße dicht neben dem Autoverkehr zu fahren, da es keine Standspuren gibt.

Die großen Busunternehmen befördern auch Fahrräder – wenn also das Wetter schlecht oder die Hochlandtour doch nicht so toll wie erwartet ist, kann man auf den Bus umsteigen. Ein Platz kann allerdings nicht reserviert werden. Die Busse von **Strætó** (☎540 2700; www.bus.is) transportieren die Räder gratis; andere Busunternehmen, wie **SBA-Norðurleið** (☎550 0700; www.sba.is) und **Reykjavík Excursions** (☎580 5400; www.ioyo.is), verlangen 4000 ISK. Man sollte sich vorher mit ihnen wegen der Regeln und Plätze in Verbindung setzen.

An Flickzeug und Ersatzteile ist außerhalb von Reykjavík nur schwer heranzukommen – das sollte man also von zu Hause mitbringen oder sich in Reykjavík besorgen. Unterwegs sollten Radfahrer auf jeden Fall die wichtigsten Reparaturen selbst ausführen können.

Wer es mit dem Hochland aufnehmen möchte: Auf der Kjölur-Route sind die größeren Flüsse überbrückt, sodass die Route für Radfahrer recht gut zugänglich ist. Eine weniger anspruchsvolle Strecke ist die F249 ins Þórsmörk. Auch die Westfjorde bieten einige wunderbare, anspruchsvolle Radfahrgebiete.

Leihräder

Es gibt etliche Verleiher von Mountainbikes, die aber meist nur für die Umgebung gedacht und oft für längere Strecken nicht geeignet sind.

Wer Radwandern will, sollte sein eigenes Rad von zu Hause mitbringen oder eines bei der Ankunft kaufen. Tourenräder verleiht Reykjavík Bike Tours (www.icelandbike.com).

Infos im Internet

Cycling Iceland (www.cyclingiceland.is) Online-Version der wunderbar detaillierten Karte *Cycling Iceland*, die jährlich herausgegeben wird.

Icelandic Mountain Bike Club (http://fjallahjolaklubburinn.is) Die englischsprachigen Seiten dieser Website sind eine Fundgrube an Informationen.

The Biking Book of Iceland Es gibt eine Reihe von Fahrradbüchern von Ómar Smári Kristinsson, die Wege in den Westfjorde abdecken, aber nur eines wurde ins Englische übersetzt.

Fahrradtransport nach Island

Die meisten Fluglinien befördern Fahrräder im Frachtraum, wenn sie richtig in einem Transportkoffer verpackt sind; genauere Informationen geben die Fluglinien.

Am Flughafen gibt es e ine neue Einrichtung (ein Container 100 m östlich des Ausgangs der Ankunftshalle), um Fahrräder zu montieren und zu demontieren. Auch im **Reykjavík City Hostel** (☎553 8110; www.hostel.is; Sundlaugavegur 34; P@; 14) gibt es diese Möglichkeit ebenso wie die Aufbewahrung von Fahrradkoffern. Das Bílahótel (www.bilahotel.is) am Flughafen Keflavík ist eine Garage (im gleichen Gebäude wie Geysir Car Rental), die Gepäckaufbewahrung, auch von Fahrradkoffern, anbietet. Bitte beachten: Fahrräder können nicht im Strætó-Bus 55 vom Flughafen Keflavík nach Reykjavík mitgeführt werden.

Die Fähren der Smyril Line (www.smyrilline.com) von Dänemark berechnen für den Fahrradtransport 20 € pro Fahrt.

Flugzeug

Island hat ein ausgebautes Inlandsflugnetz, das die Einheimischen fast wie Linienbusse benutzen. Im Winter ist ein Flug manchmal die einzige Möglichkeit, ein bestimmtes Ziel zu erreichen, jedoch kann das Wetter zu dieser Jahreszeit die Flugpläne komplett durcheinanderbringen.

Inlandsflüge starten vom kleinen **Flughafen Reykjavík** (Reykjavíkurflugvöllur; www.isavia.is; Innanlandsflug), nicht vom Internationalen Flughafen in Keflavík.

Es gibt eine Handvoll Flugplätze, von denen Rundflüge starten – z. B. von den Flugplätzen Mývatn, Skaftafell, Reykjavík und Akureyri. Immer beliebter werden auch Hubschrauberrundflüge.

Ein Verzeichnis kleiner Flugplätze und hilfreiche Information zu ihnen stehen auf www.isavia.is.

Air Iceland Connect (☎570 3030; www.airicelandconnect.is; Flughafen Reykjavík) Nicht zu verwechseln mit der internationalen Fluglinie Icelandair. Flugziele sind: Reykjavík, Akureyri, Grímsey, Ísafjörður, Þórshöfn, Vopnafjörður und Egilsstaðirn. Bietet auch Tagesausflüge.

Eagle Air (☎562 2640; www.eagleair.is; Flughafen Reykjavík) Bietet planmäßige Flüge ab Reykjavík zu fünf kleinen Flughäfen: Vestmannaeyjar, Húsavík, Höfn, Bíldudalur und Gjögur, außerdem einige Tagesausflüge.

Nahverkehr

Bus

Reykjavík hat ein umfassendes Stadtbusnetz mit Verbindungen zu sämtlichen Vororten und sogar bis nach Akranes, Borgarnes, Hveragerði und Selfoss. Auf einigen Strecken verkehren auch samstags und sonntags von 1 bis 4.30 Uhr Nachtbusse. Fahrpläne, Preise und Strecken sind auf www.straeto.is verzeichnet.

Auch in Akureyri und Ísafjörður sowie im Raum Reykjanesbær und um die Ostfjorde fahren Stadtbusse.

Taxi

Die meisten Taxis gibt es im Raum Reykjavík, aber auch in vielen anderen, größeren Orten werden Taxidienste angeboten. Außerhalb Reykjavíks sollte man eher ein Taxi vorbestellen.

Taxis haben Taxameter und sind oft recht teuer. Trinkgeld wird nicht erwartet.

Zur Zeit der Recherche gab es keine Mitfahrbestellungen über eine App, z. B. Uber und Lyft.

Zug

In Island gibt es kein Bahnnetz.

Schiff/Fähre

In Island gibt es mehrere Fähren, die das ganze Jahr fahren. Auf allen größeren Strecken werden Autos mitgenommen, es lohnt sich aber, die Überfahrt mit dem Auto frühzeitig zu buchen.

Herjólfur (www.seatours.is) Verbindet Landeyjahöfn in Südisland mit den Vestmannaeyjar-Inseln.

Sævar (www.hrisey.is) Häufige und bequeme Verbindungen von Árskógssandur in Nordisland (nördlich von Akureyri) mit der Insel Hrísey.

Baldur (www.seatours.is) Verbindet Stykkishólmur in Westisland mit Brjánslækur in den Westfjorden mit Zwischenstopp an der Insel Flatey.

Sæfari (www.saefari.is) Verbindet Dalvík in Nordisland mit der Insel Grímsey am nördlichen Polarkreis.

Von Juni bis August fahren regelmäßig Fähren von Bolungarvík und Ísafjörður zu verschiedenen Anlegestellen auf der Halbinsel Hornstrandir in den Westfjorden.

Trampen & Fahrgemeinschaften

Trampen ist nirgends ganz ohne Risiko und daher nicht zu empfehlen. Wer trampt, sollte sich darüber im Klaren sein, dass er ein kleines, aber potenziell ernstes Risiko eingeht. Dennoch sind uns massenhaft Touristen begegnet, die durch Island getrampt sind. Die meisten berichteten von sehr guten Erfahrungen. Alleinreisende Frauen und Paare werden meist am schnellsten mitgenommen.

Voraussetzung beim Trampen ist neben Geduld auch eine gewisse Logik – also wo der beste Platz zum Trampen ist. Günstig sind Abzweigungen, Tankstellen oder auch Bónus-Supermärkte.

Es ist auch nicht schlecht, nach Eintreffen in der Unterkunft allen mitzuteilen, wo es am nächsten Tag hingehen soll. Vielleicht fährt einer der anderen Gäste in die gleiche Richtung und bietet eine Mitfahrgelegenheit an.

Fahrgemeinschaften werden über Carpooling in Iceland (www.samferda.is) vermittelt – allerdings wird erwartet, dass Mitfahrer sich an den Benzinkosten beteiligen.

Sprache

Isländisch ist eine germanische Sprache, so wie Deutsch, Englisch, Niederländisch und die skandinavischen Sprachen. Es stammt vom Altnordischen ab und hat die Buchstaben „eth" (*ð*) und „thorn" (*þ*) bewahrt, die auch im Altenglischen existieren. Die komplexe isländische Grammatik kann verwirrend sein, besonders wenn man versucht, Busfahrpläne oder Ortsnamen zu lesen, denn auch Orts-, Straßen- und Personennamen werden dekliniert.

Die meisten Isländer sprechen Englisch und man kommt gut ohne Isländisch durch, aber jeder Versuch, ein paar Brocken zu sprechen, wird begeistert aufgenommen.

Viele Buchstaben werden wie im Deutschen ausgesprochen; die Unterschiede sind unten aufgelistet. Die Betonung liegt immer auf der ersten Silbe. Vokale sind lang, wenn einer der Konsonanten p, t, k, j, r oder v folgt oder aber eine Kombination der Konsonanten p, t, k mit j, r oder v (pr, tr, kj usw.). In fast allen anderen Fällen ist der Vokal kurz.

ALPHABET

Buchstabe	Aussprache
Á á	au (wie in laut)
Ð ð	englisches th (stimmhaft wie in *that*)
É é	je (wie in jemand)
Í í	ie (wie in Lied)
Ó ó	o (wie in Note)
Ú ú	u (wie in du)
Ý ý	ie (wie in Lied)
Þ þ	englisches th (stimmlos wie in *think*)
Æ æ	ai (wie in Mai)
Ö ö	ö (wie in Moers)

GRUNDLAGEN

Hallo	*Halló*	ha·llou
Guten Morgen	*Góðan daginn*	*gohth*-an *dai*-in
Tschüs	*Bless*	bless
Gute Nacht	*Gott kvöld*	gott kwöld
Gute Nacht	*Goða nótt*	*goh*-th-a nott
Vielen Dank	*Takk./ Takk fyrir*	takk/ takk *fi*·rir
Entschuldigung	*Afsakið*	*af*·sa·kith
Das tut mir leid	*Fyrirgefðu*	*fi*·rir·gjäw·thö
Ja	*Já*	jau
Nein	*Nei*	nej

NOCH MEHR ISLÄNDISCH?

Mehr zur Sprache und nützliche Wendungen für alle, die fit in Englisch sind, bieten die Phrasebooks von Lonely Planet. Sie sind im Buchhandel oder online auf **shop.lonelyplanet.com** erhältlich.

Wie geht es dir? *Hvað segir þú gott?*	kwath *sej*·ir thu gott
Gut. Und selbst? *Allt fínt. En þú?*	alt fiint en thu
Wie heißt du? *Hvað heitir þú?*	kwath *haj*·tir thu
Ich heiße ... *Ég heiti ...*	jäch *hej*·ti ...
Sprichst du Englisch? *Talarðú ensku?*	*ta*·lar thu *ens*·kö
Ich verstehe nicht. *Ég skil ekki.*	jäch skil *ähk*·ki
Es wird schon schiefgehen. *Þetta reddast.*	*thä*-tä *räd*-ast

RICHTUNGSANGABEN

Wo ist das (Hotel)? *Hvar er (hótelið)?*	kwar er (*hou*·te·lith)
Kannst du mir das (auf der Karte) zeigen? *Geturðu sýnt mér (á kortinu)?*	*gjä*·tör·thö siint mjär (au *kor*·ti·nu)
Wie ist deine Adresse? *Hvert er heimilisfangið þitt?*	kwärt er *hej*·mi·lis·taun·gith thitt

ESSEN & TRINKEN

Was können Sie empfehlen?
Hverju mælir þú með? kwär·jö *mai*·lir thu meth

Haben Sie vegetarisches Essen?
Eruð þið með grænmetisrétti? *er*·uth thith meth *grain*·mä·tis·rjät·ti

Ich nehme ein ...
Ég ætla að fá ... jäch *aicht*·la ath fau ...

Prost!
Skál! skaul

Ich hätte gern ..., bitte.	*Get ég fengið ..., takk.*	get jäch *fejn*·gith ... takk
einen Tisch für (vier)	*borð fyrir (fjóra)*	borth *fi*·rir (*fjou*·ra)
die Rechnung	*reikninginn*	*rejk*·niin·ginn
die Weinkarte	*vínseðillinn*	*wiin*·sä·thi·dlinn
die Karte	*matseðillinn*	*mat*·sä·thi·dlinn
das Gericht	*þennan rétt*	*the*·nan rjätt
eine Flasche (Bier)	*(bjór)flösku*	(*bjour*)·*flös*·kö
(eine Tasse) Kaffee/Tee	*kaffi/te (bolla)*	*kaf*·fe/tä (*bo*·dla)
ein Glas (Wein)	*(vín)glas*	(*wiin*)·glas
Wasser	*vatn*	*wa*·tn
Frühstück	*morgunmat*	*mor*·gün·mat
Mittagessen	*hádegismat*	*hau*·dej·jis·mat
Abendessen	*kvöldmat*	*kwöld*·mat

NOTFÄLLE

Hilfe!	*Hjálp!*	chjälp
Geh weg!	*Farðu!*	*far*·thö
Rufe ...!	*Hringdu á ...!*	*chring*·dö au ...
einen Arzt	*lækni*	*laik*·ni
die Polizei	*lögregluna*	*löch*·reg·lö·na

Ich habe mich verlaufen.
Ég er villtur/villt. (m/f) jäch er *wil*·tür/willt

Wo sind die Toiletten?
Hvar er snyrtingin? kwar er *snir*·tin·gin

SCHILDER

Inngangur	Eingang
Útgangur	Ausgang
Opið	Geöffnet
Lokað	Geschlossen
Bannað	Verboten
Snyrting	Toiletten

ZAHLEN

1	*einn*	e(i)dn
2	*tveir*	twejr
3	*þrír*	thriir
4	*fjórir*	*fjour*·ir
5	*fimm*	fimn
6	*sex*	sex
7	*sjö*	sjö
8	*átta*	*auch*·ta
9	*níu*	*nii*·ö
10	*tíu*	*tii*·ö
20	*tuttugu*	*tüch*·tu·gu
30	*þrjátíu*	*thrjau*·tii·ö
40	*fjörutíu*	*fjörö*·tii·ö
50	*fimmtíu*	*fimm*·tii·ö
60	*sextíu*	*sex*·tii·ö
70	*sjötíu*	*sjö*·tii·ö
80	*áttatíu*	*auch*·ta·tii·ö
90	*níutíu*	*nii*·tii·ö
100	*hundrað*	*hün*·drath

SHOPPEN & SERVICE

Ich suche ...
Ég er að leita að ... jäch er ath *lej*·ta ath ...

Wie viel kostet das?
Hvað kostar þetta? kwath *kos*·tar *the*·tta

Das ist zu teuer.
Þetta er of dýrt. *the*·tta er ow diirt

Das ist fehlerhaft.
Það er gallað. thath er *ga*·dlath

Wo ist ...?	*Hvar er ...?*	kwar er ...
eine Bank	*bankinn*	*baun*·kinn
der Markt	*markaðurinn*	*mar*·ka·thü·rinn
eine Post	*pósthúsið*	*poust*·hu·sith

VERKEHRSMITTEL & -WEGE

Gibt es einen Bus dorthin?
Er hægt að taka rútu þangað? er haicht ath *ta*·ka *ru*·tö *thaun*·gath

Wo kann ich einen Fahrschein kaufen?
Hvar kaupi ég miða? kwar *köj*·pi jäch *mi*·tha

Ist dies ... nach (Akureyri)?	*Er þetta ... til (Akureyrar)?*	er *the*·tta ... til (*a*·kö·rej·rar)
die Fähre	*ferjan*	*fer*·jan
der Bus	*rútan*	*ru*·tan
das Flugzeug	*flugvélin*	*flöch*·wje·lin

Wann fährt der … Bus?	*Hvenær fer … strætisvagninn?*	kwe·nair fer … strai·tis·wag·ninn
erste	*fyrsti*	firs·ti
letzte	*síðasti*	sii·thas·ti
Eine … Fahrkarte (nach Reykjavík), bitte.	*Einn miða … (til Reykjavíkur), takk.*	edn *mi*·tha … (til rej·kja·wii·kür) takk
einfach	*aðra leiðina*	ath·ra lej·thi·na
Rück-	*fram og til baka*	fram och til *ba*·ka

Ich hätte gern ein Taxi …	*Get ég fengið leigubíl …*	gjät jäch fejn·gith lej·chu·biil …
um (9 Uhr)	*klukkan (níu fyrir hádegi)*	klü·kkan (*nii*·ö fi·rir *hau*·dej·ji)
morgen	*á morgun*	au *mor*·gün

Wie viel kostet es nach …?
Hvað kostar til … ? kwath *kos*·tar til …

Bitte halten Sie hier.
Stoppaðu hér, takk. *stop*·pa·thö chjär takk

Bitte bringen Sie mich (zu dieser Adresse).
Viltu aka mér til (þessa staðar)? *wil*·tö *a*·ka mjär til (*thäs*·sa *sta*·thar)

GLOSSAR

Im Kapitel Isländische Küche (S. 442) stehen nützliche Wörter und Wendungen rund ums Essen.

á – Fluss (wie in Laxá, wörtlich „Lachsfluss")
álfar – Elfen
austur – Osten

bær – Bauernhof/Ort
Basalt – hartes vulkanisches Gestein, bildet oft sechseckige Säulen
bíó – Kino
brennivín – einheimischer Schnaps, auch *svartidauði* (wörtlich schwarzer Tod) genannt

Caldera – kesselförmiger Vulkankrater

dalur – Tal

Edda – altnordische Götter- und Heldenlieder
Eiskappe – permanenter Gletscher oder eisbedeckte Gebirgsspitze
ey – Insel

fell – *s. fjall*
fjall – Berg
fjörður – Fjord
foss – Wasserfall
Fumarole – Austrittsstelle von Wasserdampf und vulkanischen Gasen

gata – Straße
Geysir – heiße Springquelle, Name stammt vom Großen Geysir in Island
gistiheimilið – Pension
gjá – Schlucht
goðar – politische und religiöse Führer bestimmter Landesteile vor der Christianisierung (Singular *goði*)

hákarl – fermentierter Hai
hestur – Pferd
höfn – Hafen
Hot Pot – heiße Quelle oder Spabereich, auf Isländisch *heitur pottur*
hraun – Lavafeld
huldufólk – übernatürliche, verborgene Wesen
hver – Geysir, Springquelle

Íslands – Island

jökull – Gletscher

kirkja – Kirche
kort – Karte

Landnámabók – Landnahmebuch, historischer Text über die Besiedlung Islands
laug – warme Quelle; zum Schwimmen geeignet
Lavatunnel – unterirdischer Tunnel, der von flüssiger Lava unter einer festen Erdkruste „gegraben" wurde
lón – Lagune
lopapeysa/lopapeysur (sg/pl) – isländischer Wollpullover
lundi – Papageitaucher

nes – Landspitze, Halbinsel
norður – Norden

puffling – junger Papageitaucher

reykur – Rauch, wie in Reykjavík (wörtlich „Rauchbucht")

safn – Museum
Sagas – altisländische Erzählungen
sandur – Sand, Sander, Sedimente aus Gletscherflüssen
Schildvulkan – schildartig aufgewölbter Vulkan aus dünnflüssigem, gasarmem Magma
Schlammtopf – Becken mit blubbernden, heißem Schlamm
Scoria – glasiger Lavastein
sími – Telefon
skáli – Hütte (Snackbar)
skógur – Wald
stræti – Straße
suður – Süden
sumar – Sommer
sundlaug – beheiztes Schwimmbad

Tephra – von einem Vulkan ausgestoßene Lockermaterialien
tjörn – Teich
torg – Platz

vatn – See, Wasser
vegur – Weg, Straße
vestur – Westen
vetur – Winter
vík – kleine Bucht, Meeresarm
vogur – Bucht

Hinter den Kulissen

WIR FREUEN UNS ÜBER EIN FEEDBACK

Post von Travellern zu bekommen ist für uns ungemein hilfreich – Kritik und Anregungen halten uns auf dem Laufenden und helfen, unsere Bücher zu verbessern. Unser reiseerfahrenes Team liest alle Zuschriften genau durch, um zu erfahren, was an unseren Reiseführern gut und was schlecht ist. Wir können solche Post zwar nicht individuell beantworten, aber jedes Feedback wird garantiert schnurstracks an die jeweiligen Autoren weitergeleitet, rechtzeitig vor der nächsten Auflage.

Wer Ideen, Erfahrungen und Korrekturhinweise zum Reiseführer mitteilen möchte, hat die Möglichkeit dazu auf www.lonelyplanet.com/contact/guidebook_feedback/new. Anmerkungen speziell zur deutschen Ausgabe erreichen uns über www.lonelyplanet.de/kontakt.

Hinweis: Da wir Beiträge möglicherweise in Lonely Planet Produkten (Reiseführer, Websites, digitale Medien) veröffentlichen, ggf. auch in gekürzter Form, bitten wir um Mitteilung, falls ein Kommentar nicht veröffentlicht oder ein Name nicht genannt werden soll. Wer Näheres über unsere Datenschutzpolitik wissen will, erfährt das unter www.lonelyplanet.com/privacy.

DANK VON LONELY PLANET

Vielen Dank an die folgenden Leser, die mit der letzten Ausgabe unterwegs waren und uns wertvolle Hinweise, Tipps und interessante Anekdoten geschickt haben: Abigail Prince, Adrienne Murray Nielsen, Ben Podborski, Diego Tan, Dolores Schech, Donna Harshman, Erik Verberkt, Gates Dupont, Isabella Pollak, Jared Brooks, Jeroen Castelein, Johan Lupander, Judy Pex, Kathryn Hall, Keith A. Liker, Laura Fortey, Nadine Cangi, Peter Kempster, Robin Daus, Sam Rudd-Jones, Sheri St. Clair

DANK DER AUTOREN

Alexis Averbuck

Meine Zeit in Island wäre ohne die großartige Unterstützung von Carolyn Bain nicht dieselbe gewesen. Sie teilte äußerst großzügig ihre Freunde und ihre genialen Tipps zu diesem tollen Land mit mir. Leute wie Halldór von Visit North Iceland und Addi, Anton, Stefán, Jóhanna, Finnur, Villi, Elisabet und Odinn und andere, die ich unterwegs getroffen habe, gaben liebenswürdigerweise ihre Geschichten und Ideen zum Besten. Dank auch an meinen persönlichen tollen König der Berge, RVB.

Carolyn Bain

Herzlichen Dank an isländische Freunde, alte und neue, dafür, dass sie meinen Umzug nach Reykjavík zu so einem bereichernden Schritt machten. Wie immer sorgte ein riesiger Cast aus Einheimischen, Reisenden und Expats dafür, dass dieses Rechercheprojekt zu einem Vergnügen wurde, und ich bin ihnen allen dankbar dafür, dass sie mir halfen, mehr zu sehen, mehr zu verstehen und mehr zu genießen. Danke an Clifton Wilkinson für den Auftrag und an meine Koautorinnen für ihren Gemeinschaftssinn und vor allem an Alexis und Belinda dafür, dass sie Gin-getränkte Träume von zukünftigen Projekten entzündet haben.

Jade Bremner

Dank an Titelredakteur Clifton Wilkinson für seine ausgezeichneten Landes- und Verlagskenntnisse. Und an alle, die hinter den Kulissen an diesem Projekt gearbeitet haben – Cheree Broughton, Dianne, Jane, Neill Coen, Evan Godt und Helen Elfer. Und schließlich, danke an meine Reisekomplizin Harriet Sinclair, die mich ein paar abenteuerliche Tage begleitet, den Vulkan Hekla erklommen und den legendären Fimmvörðuháls-Weg mit mir gegangen ist.

Belinda Dixon

Was für eine außergewöhnliche Gelegenheit – auf erodierten Straßen an ausgedehnten Fjorden entlangzu fahren und unterwegs in Hot Pots zu entspannen. Ein Dank so groß wie jene Berge geht an das ganze Lonely Planet Team und alle, die Informationen und Inspiration mit mir geteilt haben, darunter Magnus in Djúpavík, Charis in Reykjanes, Kári und Thomas in Ísafjörður und Eyþor in Flateyri. Und an die herzlichsten, klügsten Mitstreiterinnen, die eine Autorin sich wünschen kann: Alexis Averbuck und Carolyn Bain – darauf ein *snúður*!

QUELLENNACHWEIS

Die Angaben auf der Klimakarte stammen von Peel MC, Finlayson BL & McMahon TA (2007) „Updated World Map of the Köppen-Geiger Climate Classification", Hydrology and Earth System Sciences, 11, 1633-44.

Titelfoto: Víkurkirkja, Vík, Della Huff/ Alamy ©

ÜBER DIESES BUCH

Dies ist die 6. deutsche Auflage von *Island*. Sie basiert auf der 11. englischen Auflage von Alexis Averbuck, Carolyn Bain, Jade Bremner und Belinda Dixon. Die vorigen beiden Auflagen schrieben Carolyn und Alexis. Dieser Reiseführer wurde produziert von:

Titelredaktion Cliff Wilkinson
Leitung Produktredaktion Genna Patterson
Regionale Leitung Kartografie Valentina Kremenchutskaya
Produktredaktion Kate Kiely
Layout Jessica Rose
Redaktionsassistenz Judith Bamber, Peter Cruttenden, Gabrielle Innes, Kate James, Helen Koehne, Kate Morgan, Charlotte Orr, Susan Paterson, Monique Perrin
Kartografieassistenz James Leversha
Titelbildrecherche Naomi Parker
Dank an Sasha Drew, Aomi Ito, Clara Monitto, Martine Power, Kathryn Rowan

Register

ALPHABETISCHE SORTIERUNG

Der isländische Buchstabe Þ erscheint am Ende des Alphabets nach dem Buchstaben Z.

Kartenverweise **000**
Fotoverweise **000**

Kartenlegende

Sehenswertes
- Strand
- Vogelschutzgebiet
- buddhistisch
- Burg/Schloss/Palast
- christlich
- konfuzianisch
- hinduistisch
- islamisch
- jainistisch
- jüdisch
- Denkmal
- Museum/Galerie/histor. Gebäude
- Ruine
- shintoistisch
- Sikh
- taoistisch
- Weingut/Weinberg
- Zoo/Wildschutzgebiet
- sonstige Sehenswürdigkeit

Aktivitäten, Kurse & Touren
- bodysurfen
- tauchen
- Kanu/Kajak fahren
- Kurs/Tour
- Sento Hot Baths/Onsen
- Ski fahren
- schnorcheln
- surfen
- Swimmingpool
- wandern
- windsurfen
- sonstige Aktivität

Schlafen
- Hotel/Pension/Hostel
- Camping
- Hütte/Unterstand

Essen
- Restaurant

Ausgehen & Nachtleben
- Bar/Kneipe/Club
- Café

Unterhaltung
- Unterhaltung

Shoppen
- Shoppen

Praktisches
- Bank
- Botschaft/Konsulat
- Krankenhaus/Arzt
- Internet
- Polizei
- Post
- Telefon
- Toilette
- Touristeninformation
- sonstige Informationen

Geografie
- Strand
- Tor
- Hütte/Unterstand
- Leuchtturm
- Aussichtspunkt
- Berg/Vulkan
- Oase
- Park
- Pass
- Rastplatz
- Wasserfall

Städte
- Hauptstadt (Staat)
- Hauptstadt (Provinz)
- Großstadt
- Stadt/Ort

Transport
- Flughafen
- Grenzübergang
- Bus
- Seilbahn/Standseilbahn
- Radweg
- Fähre
- Metrostation
- Schwebebahn
- Parkplatz
- Tankstelle
- S-Bahnstation
- Taxi
- T-bane/Tunnelbana-Station
- Bahnhof/Bahnlinie
- Straßenbahn
- Tube Station
- U-Bahnstation
- sonstiger Transport

Hinweis: Nicht alle in der Legende aufgeführten Symbole sind Bestandteil der Karten dieses Buches

Verkehrswege
- Mautstraße
- Autobahn
- Hauptstraße
- Landstraße
- Verbindungsstraße
- sonstige Straße
- unbefestigte Straße
- Straße im Bau
- Platz, Promenade
- Treppe
- Tunnel
- Fußgängerbrücke
- Spaziergang
- Abstecher vom Spaziergang
- Weg/Pfad

Grenzen
- Staatsgrenze
- Provinzgrenze
- umstrittene Grenze
- Regional-/Bezirksgrenze
- Meeresschutzgebiet
- Kliff
- Mauer

Gewässer
- Fluss, Bach
- periodischer Fluss
- Kanal
- Gewässer
- Salzsee/trockener/periodischer See
- Riff

Gebietsform
- Flughafen/Flugplatz
- Strand/Wüste
- christlicher Friedhof
- sonstiger Friedhof
- Gletscher
- Watt
- Park/Wald
- Sehenswertes (Gebäude)
- Sportplatz
- Sumpf/Mangroven

DIE AUTORINNEN

Alexis Averbuck

Westisland, Nordisland, Das Hochland Alexis ist schon an die unterschiedlichsten Orte der Welt gereist und hat dort gelebt, von Sri Lanka bis Ecuador und von Sansibar und bis zur Antarktis. In letzter Zeit hat sie von ihrem Wohnsitz auf der Insel Hydra ihre griechische Wahlheimat erkundet, hat in der Bretagne Austern geschlürft und in Island surreale Lavafelder, glitzernde Fjorde und Gletscherzungen erforscht. Alexis ist seit über 20 Jahren Reisebuchautorin, hat schon ein Jahr in der Antarktis gelebt, den Pazifik im Segelboot überquert und Bücher über ihre Reisen durch Asien, Europa und den amerikanischen Doppelkontinent geschrieben. Außerdem malt sie – mehr auf www.alexisaverbuck.com – und wirbt in Videos und im Fernsehen für Reisen und Abenteuer. Alexis schrieb auch die Kapitel im Abschnitt Island verstehen.

Carolyn Bain

Südostisland, Ostisland Carolyn, seit über 20 Jahren Jahren Reiseautorin und -redakteurin, hat bereits an verschiedenen Ecken des Globus gelebt, studiert und gearbeitet, darunter Dänemark, London, St. Petersburg und Nantucket. Sie hat an über 50 Lonely Planet Titeln mitgeschrieben, dabei ist und bleibt ihr allerliebstes Recherchezíel Island. Es gefällt ihr dort so gut, dass sie kürzlich von Melbourne, Australien, nach Reykjavík gezogen ist. Carolyn schrieb auch die Kapitel für den Abschnitt Reiseplanung mit Ausnahme von Outdooraktivitäten, sowie die Praktischen Informationen.

Jade Bremner

Südwestisland Jade ist seit über zehn Jahren Journalistin und hat in vier verschiedenen Regionen gelebt und von dort berichtet. Wo immer sie hinfährt, findet sie Action-Sportarten zum Ausprobieren, je seltsamer desto besser, und es ist kein Zufall, dass viele ihrer Lieblingsorte einige der besten Wellen der Welt bieten. Jade hat Reisemagazine und Beiträge für Time Out und Radio Times redigiert und Artikel für *The Times*, CNN und *The Independent* verfasst. Sie fühlt sich privilegiert, wenn sie Geschichten von diesem wunderbaren Planeten, der unsere Heimat ist, teilen kann und ist immer auf der Suche nach dem nächsten Abenteuer.

Belinda Dixon

Reykavík, Die Westfjorde Belinda, die nur glücklich ist, wenn ihre Füße angemessen sandig sind, reist, recherchiert und schreibt seit 2006 (mit Freude) für Lonely Planet. Dabei hat sie in Hot Pots in Islands Westfjorden entspannt, Stonehenge bei Sonnenaufgang bewundert und Veronas Fresken betrachtet. Die der ausgebildeten Radiojournalistin ureigene Neugier führt dazu, dass kaum eine Schlafgelegenheit unerkundet bleibt. Belinda ist zudem Abenteuerautorin – sie hat im Schneesturm walisische Berge bezwungen, ist auf Felsen in Dartmoor geklettert, in der winterlichen englischen See geschwommen und gesurft, hat eine veritable Stehpaddel-Sucht entwickelt und unter dem Sternenzelt geschlafen. Mehr auf ihrem VideoBlog unter belindadixon.com.

DIE LONELY PLANET STORY

Ein ziemlich mitgenommenes, altes Auto, ein paar Dollar in der Tasche und Abenteuerlust – 1972 war das alles, was Tony und Maureen Wheeler für die Reise ihres Lebens brauchten, die sie durch Europa und Asien bis nach Australien führte. Die Tour dauerte einige Monate, und am Ende saßen die beiden – erschöpft, aber voller Inspiration – an ihrem Küchentisch und schrieben ihren ersten Reiseführer *Across Asia on the Cheap*. Innerhalb einer Woche hatten sie 1500 Exemplare verkauft. Lonely Planet war geboren. Heute hat der Verlag Büros in Melbourne, London, Oakland, Franklin, Delhi und Beijing mit mehr als 600 Mitarbeitern und Autoren. Und alle teilen Tonys Überzeugung, dass ein guter Reiseführer drei Dinge erfüllen sollte: informieren, bilden und unterhalten.

Lonely Planet Global Limited
Digital Depot
The Digital Hub
Dublin D08 TCV4
Ireland

Obwohl die Autoren und Lonely Planet alle Anstrengungen bei der Recherche und bei der Produktion dieses Reiseführers unternommen haben, können wir keine Garantie für die Richtigkeit und Vollständigkeit dieses Inhalts geben. Deswegen können wir auch keine Haftung für eventuell entstandenen Schaden übernehmen.

Verlag der deutschen Ausgabe:
MAIRDUMONT, Marco-Polo-Str. 1, 73760 Ostfildern,
www.lonelyplanet.de, www.mairdumont.com, lonelyplanet-online@mairdumont.com

Chefredakteurin deutsche Ausgabe: Birgit Borowski

Redaktion: Bintang Buchservice GmbH, www.bintang-berlin.de (Gritta Deutschmann, Kirsten Gleinig, Katharina Grimm, Julia Niehaus)
Übersetzung: Petra Dubilski, Gunter Mühl
An früheren Auflagen haben außerdem mitgewirkt: Valeska Henze, Christel Klink, Dagmar Klotz, Silvia Mayer, Kathrin Schnellbächer, Nicole Stange, Inga-Brita Thiele, Katja Weber

Island
6. deutsche Auflage August 2019, übersetzt von *Iceland, 11th edition*, Mai 2019, Lonely Planet Global Limited

MIX
Papier aus verantwortungsvollen Quellen
FSC® C018236

Printed in Poland